(X)HTML & XML

Das große Buch

(X)HTML & XML

Florian Harms
Daniel Koch
Oliver Kürten

DATA BECKER

Copyright	© 2000 by DATA BECKER GmbH & Co. KG Merowingerstr. 30 40223 Düsseldorf
	1. Auflage 2000
Produktmanagement und Lektorat	Stefan Ullrich
Umschlaggestaltung	Inhouse-Agentur DATA BECKER
Druck	Media-Print, Paderborn
E-Mail	buch@databecker.de

Alle Rechte vorbehalten. Kein Teil dieses Buchs darf in irgendeiner Form (Druck, Fotokopie oder einem anderen Verfahren) ohne schriftliche Genehmigung der DATA BECKER GmbH & Co. KG reproduziert oder unter Verwendung elektronischer Systeme verarbeitet, vervielfältigt oder verbreitet werden.

ISBN 3-8158-2105-3

Wichtiger Hinweis

Die in diesem Buch wiedergegebenen Verfahren und Programme werden ohne Rücksicht auf die Patentlage mitgeteilt. Sie sind für Amateur- und Lehrzwecke bestimmt.

Alle technischen Angaben und Programme in diesem Buch wurden von den Autoren mit größter Sorgfalt erarbeitet bzw. zusammengestellt und unter Einschaltung wirksamer Kontrollmaßnahmen reproduziert. Trotzdem sind Fehler nicht ganz auszuschließen. DATA BECKER sieht sich deshalb gezwungen, darauf hinzuweisen, dass weder eine Garantie noch die juristische Verantwortung oder irgendeine Haftung für Folgen, die auf fehlerhafte Angaben zurückgehen, übernommen werden kann. Für die Mitteilung eventueller Fehler sind die Autoren jederzeit dankbar.

Wir weisen darauf hin, dass die im Buch verwendeten Soft- und Hardwarebezeichnungen und Markennamen der jeweiligen Firmen im Allgemeinen warenzeichen-, marken- oder patentrechtlichem Schutz unterliegen.

Hinweis

Listings im Internet

Zur Erleichterung der Arbeit mit diesem Buch stehen Ihnen umfangreiche Listings unter www.databecker.de zum Download bereit.

INHALTSVERZEICHNIS

1. Meta-Languages: Wichtige Gemeinsamkeiten und Unterschiede 17

- 1.1 HTML, XML oder XHTML? Die Websprachen 19
- 1.2 Zu Standards, Konventionen und mehr 21
- 1.3 Die Grenzen von (X)HTML und wie man sie erweitert ... 24

2. Für Eilige: Die erste (X)HTML-Seite 25

- 2.1 Formatierung von Texten in (X)HTML 28
  - Der Grundaufbau 28
  - Überschriften einfügen 34
  - Absätze einrichten 36
- 2.2 Attribute lockern den Text auf 37
- 2.3 Sonderzeichen und Umlaute integrieren 39
  - Codes statt Zeichen 39
  - Angabe des benutzten Zeichensatzes 41
- 2.4 Die Bedeutung der Unterschiede zwischen HTML und XHTML für Ihre Arbeit 42
- 2.5 Bilder in die Seite einbinden 45
  - Rahmen um Grafiken 48
- 2.6 Optimale Gestaltung von Hintergründen 49
  - Richtige Größe wählen 50
  - Stehenden Hintergrund erzeugen ... 51
  - Hintergrundgrafik erstellen 52
- 2.7 Navigieren Sie durch Links 56
  - Link im gleichen Dokument 57
  - Link im anderen Dokument 58
  - Link auf Datei 59
  - Link auf WWW-Adresse 59
  - Link auf weitere Internetadressen . 59
  - Link auf Mailadresse 60
  - Links ohne Unterstreichung 60
- 2.8 Weniger Arbeit mit etwas Planung 62
- 2.9 Erste Webseite mit allen Elementen 63

3. Grafiken im praktischen Webeinsatz 65

- 3.1 Grafikformate, Farbpaletten und Transparenz 67
  - Grafikdateiformate im World Wide Web 67
  - Das GIF-Format 68
  - Das JPEG-Format 70
  - Das PNG-Format 72
  - Übersicht der Formateigenschaften 72

	Welches Bildformat für welchen Zweck nutzen?............................	74
	Transparenz in Bildern	74
	Die Dateigröße optimieren	80
	Bilder in die Webseite einbinden und platzieren...........................	85
	Grafiken als Hintergrund nutzen	99
	Erstellen einer individuellen Hintergrundgrafik	100
3.2	**Bewegung auf der Seite: Animierte Grafiken**	**107**
	Animierte GIFs...	107
	Entwicklung einer Slideshow als animiertes GIF............................	108
	Diashow mit animierten GIFs	111
	Diashow durch refresh	112
3.3	**Grafiken als Banner, Buttons und mehr**.......................	**113**
	Bannerwerbung...	113
	Interaktive Buttons	114
3.4	**Image Maps: Grafiken als Links**	**116**
	Erstellen von Image Maps in Macromedia Fireworks.....................	119
3.5	**Nutzung von unsichtbaren Grafiken**	**123**
	Platzhalter für Bilder...	123
	Textfluss ändern	123
	Unsichtbare Grafiken als Zwischenbilder in Diashows	125

4. Seitenkonstruktion und -layout mit Tabellen............... 127

4.1	**Listen und Tabellen erzeugen**	**127**
	Unsortierte Listen	127
	Bullet festlegen...	129
	Menülisten..	129
	Verzeichnislisten...	130
	Kompakte Listen	130
	Sortierte Listen	131
	Alphabetisch nummerieren	132
	Römische Ziffern verwenden	133
	Start der Nummerierung festlegen	134
	Definitionslisten..	134
	Tabellen einbinden	136
	Aufteilung der Tabelle	138
	Tabelle strukturieren	139
4.2	**Dynamische Tabellen nutzen**..	**140**
	Tabular Data Control (TDC)...	144
4.3	**Gestaltung von Tabellen**...	**145**
	Tabellenüberschrift...	145
	Zellen verbinden...	148
	Zeilenumbruch unterbinden	150
	Dimension der Tabelle festlegen	150
	Zeilen und Spalten formatieren	152
	Farbige Tabellen	153
	Farbiger Rand	155
	Linien verändern	156
	Erstellen einer Tabelle für Sammlungen	158
4.4	**Navigation mithilfe von Tabellen**	**161**
4.5	**Tipps und Tricks für die Tabellennutzung**	**164**
	Tabellen mit Text umfließen	165

5. Mit Frames die Seiten aufteilen 169

5.1 Mit Frames gliedern Sie Ihre Seiten 169
Machen Sie es den Nutzern einfacher 169
Frameseiten erregen Aufmerksamkeit 170
Wen wollen Sie erreichen? 170
Entwickeln Sie eine Grundstruktur 171
Eine Checkliste für den Erfolg 172
Teilen Sie mit Frames die Seiten auf 172
Das Grundgerüst 172
Das Frameset definieren 174

5.2 Frames zur effektiven Navigation nutzen 194
Erstellung eines dreiteiligen Framesets 196
Frames mithilfe von HTML-Editoren erstellen 204

5.3 Eingebettete Frames im Internet Explorer 211
Das Grundgerüst 212
Den Inhalt von eingebetteten Frames festlegen 213
Breite und Höhe des IFrames definieren 213
Das eingebettete Frame ausrichten 214
Die Randabstände definieren 216
Bildlaufleisten nutzen 218
Den Rahmen ausblenden 219
Den Text am IFrame ausrichten 220
Den Textabstand definieren 222
Verweise auf eingebettete Frames 223
Namen vergeben 224
Das sollten Sie bei IFrames beachten 225

5.4 Weniger Frames sind mehr Frames – Tipps für den Umgang mit Frames 226

6. Aktionen durch JavaScript erzeugen 229

6.1 JavaScript in Websites einbinden 229
Dynamische Schaltflächen mit JavaScript erstellen 231

6.2 JavaScript-Basics 240
Variablen und Befehlszeilen 240
Berechnungen 243
Funktionen 245
Abfragen 246
Schleifen 248
Spezielle Zeichen 251

6.3 Objekte und Eigenschaften 252
Das Browserfenster 252
Das Dokument 262
Cookies setzen 265

6.4 Professionell entwickeln 269
Java-Entwicklungssysteme 270
Java versus JavaScript 272

6.5 Applets: Selbst bauen oder fertige nutzen? 272
Java-Applets in die Webseite einbinden 273

	Applets einbinden	273
6.6	**Mit JavaScript die Website schützen**	**278**
	Verstecken Sie Ihren mailto-Eintrag	279
	Bilder schützen	280
	Seite verschlüsseln	281
6.7	**Kurzübersicht zu JavaScript**	**297**
	JavaScript-Befehle	298
	JavaScript-Methoden	298
	Vordefinierte JavaScript-Funktionen	301
	JavaScript-Objektfelder	301
	JavaScript-Objekteigenschaften	302

7. CSS: Perfekte Formatierung und Layout 307

7.1	**Mit CSS die (X)HTML-Grenzen sprengen**	**307**
	Was ist ein CSS?	309
7.2	**Die Frage der Browserkompatibilität**	**314**
	Wie löst man Kompatibilitätsprobleme?	316
7.3	**Schematischer Aufbau der Stylesheets**	**317**
	Eigene CSS-Definitionen aufbauen	320
	Die richtige Wahl des Weges	323
7.4	**CSS-Formate zusammenstellen**	**324**
	Unterklassen definieren	328
	Format des Tags <a>	330
	Schnellformate mit Inline Styles	330
7.5	**Die CSS-Attribute in der Übersicht**	**332**
	Die Einheiten in einem CSS	335
	Bemerkungen in einem CSS	337
	Schrift formatieren per CSS	338
	Text transformieren per CSS	345
	Listen gestalten mit CSS	354
	Farben und Hintergrund per CSS	361
	Abstände per CSS	369
	Rahmen per CSS	372
	Eine vorhandene Website mit CSS vereinheitlichen	376
7.6	**Webeditoren und Cascading Style Sheets**	**383**
7.7	**Troubleshooting für CSS**	**388**
	CSS-Probleme durch Browserprobleme	388
	CSS-Probleme durch Eingabefehler	389

8. Dynamic Web mit DHTML 393

8.1	**Dynamic HTML = HTML dynamisch?**	**393**
8.2	**Die Strukturen von DHTML**	**399**
	Browserspezifisches	400
8.3	**Das D.O.M.**	**403**

8.4	Event Handling – Ereignisse provozieren Reaktionen ...	408
	onAbort	413
	onBlur	416
	onChange	418
	onClick	420
	onDblClick	423
	onError	424
	onFocus	426
	onKeydown	428
	onKeypress	430
	onKeyup	430
	onLoad	430
	onMousedown	433
	onMousemove	434
	onMouseout	435
	onMouseover	435
	onMouseUp	437
	onReset	438
	onSelect	439
	onSubmit	440
	onUnload	440
	Dynamische Filter von Microsoft	442
	Spezialfilter: Gray	443
	Spezialfilter: Glow	444
	Spezialfilter: DropShadow	445
	Spezialfilter: Invert	446
	Spezialfilter: Wave	447
	Spezialfilter: Blur	448
	Spezialfilter: FlipV	449
	Spezialfilter: Chroma	450
	Spezialfilter: FlipH	451
	Spezialfilter: XRay	452
	Spezialfilter: Shadow	453
	Cursor	455
	Der Wave-Filter	456
8.5	DHTML: Selbst programmieren oder einbauen?	458
	DHTML-Tricks aus dem World Wide Web	461
8.6	HTML- und DHTML-Anteile prüfen	462
	Probleme mit der Lesbarkeit	462
8.7	Lösungen bei DHTML-Problemen	465
	Rechnen Sie mit Umstellungen in Ihrer Seite	466
	Rechnen Sie mit unterschiedlichen Browsern	466

9. Formulare und Scripts: Dialog mit dem Besucher ... 473

9.1	Formulare erstellen – Wissen, was der Besucher will...	473
	Formulare definieren	474
	Einzeilige Eingabefelder	475
	Eingabefelder mit Text belegen	476
	Eingabefelder – Lesen, aber nicht schreiben	476
	Mehrzeilige Eingabefelder	477
	Mehrzeilige Eingabefelder – Textvorbelegung	478
	Mehrzeilige Eingabefelder – Zeilenumbruch erzwingen	478
	Auswahllisten einbauen	479
	Optionsfelder nutzen	481
	Kontrollkästchen einfügen	482
	Optionsfelder & Kontrollkästchen – Einträge vorselektieren	482

	Tabulatorreihenfolge festlegen	483
	Tastaturkürzel verwenden	484
	Elemente interaktiv ausgrauen	486
	Formularelemente gruppieren	487
	Elemente – logische Zusammenhänge	490
	Klick-Schaltflächen definieren	490
	Schaltflächen – Formulare senden und löschen	492
	Automatisches Vervollständigen von Benutzereingaben	492
	Formulare gestalten – Tabellen nutzen	494
	Formulare und Eingabefelder nutzen	496
	Übertragungsmethoden – Get und Post	497
	Suchabfragen – Die „großen" Dienste nutzen	497
	News durch Datenbankanbindung bereitstellen	498
9.2	**CGI-Scripts einbinden**	**501**
	Wie Sie CGI aufrufen	502
	Was Sie für den Einsatz von CGI benötigen	502
	Ein einführendes Beispiel – Hallo CGI	504
	Passwortabfrage und CGI	504
	Freie CGI-Scripts	505
	Speicherplatz mit CGI-Unterstützung	506
	Interaktion mit Ihrem Gast – Foren für die Homepage	506
	Zugriffe protokollieren	507
	Die Referer-Statistik auswerten	509
9.3	**Haken und Ösen: Troubleshooting**	**512**
	Scripts vor dem Upload testen	512
	Die häufigsten Fehlermeldungen	512
9.4	**Exkurs: Im Dialog durch Active Server Pages (ASP)**	**515**
	Die Vorteile von ASP sind vielfältig	516
	Ein einführendes Beispiel in ASP	516
9.5	**Aktiv mit ActiveX**	**518**
	FrontPage und ActiveX	519
	ActiveX in Word 2000	521
	Das ActiveX-Control Pad	522
	Als Objekt einbinden	524
	Ein Beispiel – Zeitzonen	525

10. XML – Inhalt statt Beschreibung 527

10.1	**Ein Vergleich – XML und XHTML**	**528**
	XML – Die Voraussetzungen	528
	Ein erstes Beispiel	529
	Tags definieren	531
	Interne und externe DTD	532
	XML-Dokumente – „wohlgeformt" oder „gültig"	535
	XML-Dokumente ansehen	537
	Das XML Notepad	540
	Automatisierung mit XML-Tools	541
10.2	**HTML und XML**	**542**
	XML – mit XSL ausgeben	547
	Dateien automatisch sortieren	556
	XLINK – Hyperlinks in XML	559
	Hyperlinks steuern	562
	Verschiedene Auslösungsvariationen	563
	Grafische Hyperlinks	564
	Positionsbezogenes Verweisen	566

	Erweiterte Hyperlinks	567
10.3	**XML in Office 2000**	**568**
	Mit Office 2000 ein XML-Dokument erzeugen	569
10.4	**Konfusionen? – Lösungen bei XML-Problemen**	**573**
	XML – Den Zeichensatz beachten	575
	Korrekte Tag-Schreibung: ein Muss	576
10.5	**SMIL – Videos und Sounds im Web**	**579**
	Warum und wofür SMIL?	580
	Regeln für SMIL	583
	Mögliche Formate und deren Elemente	583
	SMIL-Elemente	583
	Das Layout	589
	Das SMIL-Zeitmodell	591
	Verknüpfungen mit SMIL	597
	Auswahlmöglichkeiten – SWITCH	598
	Multimedia darstellen – ohne Smile	600
	SMIL-Werkzeuge	603
	Real-Dateien	612

11. WAP – Das mobile Internet 617

11.1	**Erstellung von WML-Strukturen**	**617**
	Aufbau von WML-Seiten	618
	Textdarstellung in WML	620
	Card-Struktur einer WAP-Seite	624
	Links auf andere Seiten	626
	Grafikeinbindung	626
	Interaktive WAP-Seiten	629
	Entwicklungstools für WAP-Seiten	633
11.2	**Interaktion durch WMLScript**	**634**
	Grundlagen der Programmierung mit WMLScript	640
	Datenaustausch zwischen WML und WMLScript	643
11.3	**WAP-Browser und -Tools**	**647**
	WAP auf Handys	648
	WAP auf dem Palm	648
	WAP auf dem PC	650
11.4	**No WAP, no Fun: Troubleshooting**	**662**
	Serverkonfiguration	662
	Wie wähle ich eine WAP-Seite an?	662
	WAP-Konfiguration für verschiedene Provider	664
	GSM-Frequenzen	664
	Verschiedene Grafiken für verschiedene Handys	665
	Texteingabefelder verdecken die Seite	667
	Anruf von einer WAP-Seite	667
	WAP und E-Mail	668
	WAP-Suchmaschinen	669

12. Plug-Ins: Entdecke die Vielfalt 671

12.1	**Der Umgang mit Plug-Ins**	**671**
	Automatisches Laden von Plug-Ins	672

12.2	**Unterschiede zwischen Netscape Navigator und Internet Explorer**	**673**
	Beispiel: Gestaltung der Seiten für den Internet Explorer	673
12.3	**Flash-Animationen einbinden**	**675**
	Was ist eigentlich Macromedia Flash 5?	675
	Die Struktur von Flash	681
	Die Werkzeuge in Kürze	683
12.4	**Jetzt wird's laut: Sounds einbinden**	**699**
	Das Musical Instrument Digital Interface	699
	General MIDI Standard	700
	MIDI-Dateien in Homepages einbinden	700
	Der MP3-Standard	700
	Alternative Audioformate	701
12.5	**Fernsehen im Web? – Binden Sie Videos ein**	**701**
	QuickTime VR	701
	QuickTime Video	702
12.6	**Streaming Media**	**703**
12.7	**Viewer für alle Gelegenheiten**	**704**
	Kleiner Exkurs im Deinstallieren von Plug-Ins	706
12.8	**VRML – The Web goes 3-D**	**708**
	VRML-Standards	708
	VRML-Betrachter	709

13. Upload: Wenn die Site fertig ist 711

13.1	**Simulation der Site mit dem Microsoft Personal Web Server**	**711**
	Installation des Personal Web Servers	712
13.2	**Wie kommt die Site ins Netz?**	**721**
	Das benötigen Sie zur Publikation	722
	So publizieren Sie Ihr Projekt (mittels FTP-Programm)	723
	Anforderungen an ein FTP-Programm	723
	FTP leicht gemacht – WS_FTP Pro	723
	So publizieren Sie Ihr Projekt mit FrontPage	727
13.3	**Meta-Text: Anmeldung bei Suchmaschinen**	**728**
	Für Suchmaschinen	729
	Dublin Core-Meta-Tags	730
	Für Browser	731
	Erfolgreiche Suchmaschinenregistrierung	732
13.4	**Werben Sie für Ihre Site**	**734**
	Gästebücher nutzen	734
	Links für die Site erstellen	735
	Bannertausch als Werbemöglichkeit	735
13.5	**Siteverwaltung ohne Probleme**	**736**
	HTML-Code und Links prüfen	737
	Die Übersicht bewahren	737
	FrontPage zur Siteverwaltung nutzen	739

14. Tools für (X)HTML 743

14.1 Programme für Webseiten 743
Konverter 744
Website-Verwaltung 746
Webseitengestaltungsprogramme 747
Microsoft FrontPage 2000 750
Macromedia Dreamweaver 3 754
Netscape Composer und FrontPage Express 757
XHTML-Helfer 759

14.2 Alles für die Webgrafik 761
ACDSee 762
Macromedia Fireworks 764
Paint Shop Pro 766
Weitere Grafikprogramme 767

14.3 Zur Prüfung: Site- und Link-Checker 767

15. Anhang 769

15.1 Referenz der HTML-Befehle 769

15.2 XML-Kurzreferenz 803

15.3 Sonderzeichen-Tabelle 810

15.4 Farbnamen-Tabelle 813

15.5 Cascading Style Sheets-Referenz 815

15.6 Event-Handling-Referenz 853

Stichwortverzeichnis 859

1. Meta-Languages: Wichtige Gemeinsamkeiten und Unterschiede

Als 1993 der Siegeszug des Internet begann, haben wohl auch seine Väter kaum absehen können, wie rasant sich die Veränderungen im World Wide Web gestalten werden. Kein anderes Medium hat die Informationsbeschaffung der Menschen so nachhaltig verändert wie die dezentrale Zusammenschaltung von Millionen von Rechnern auf der ganzen Welt im Internet.

Der Erfolg des Internet ist auf die Art der Darstellung der angebotenen Daten zurückzuführen. Die Informationen auf den Internetseiten eines Computers lassen sich nämlich mit den Daten anderer Computer dank HTML verknüpfen. HTML bedeutet **H**yper**t**ext **M**arkup **L**anguage und beschreibt die Möglichkeit der Vernetzung über einfache „Links". Ein Mausklick genügt, und dem Anwender werden eine Fülle weiterer Internetseiten zu einem gesuchten Thema angeboten.

Webseiten bestehen mittlerweile aus zahlreichen statischen und dynamischen Bestandteilen; sogar Chatforen lassen sich in eine Webseite integrieren. Die Basis solcher Seiten ist HTML

Die Idee, die hinter HTML steckt, geht auf das Programm TeX zurück, das bereits Ende der siebziger Jahre an der Universität von Stanford durch Professor Donald Knuth entwickelt und durch Leslie Lamport unter der Bezeichnung LaTeX ergänzt wurde. LaTeX ist eine Art Textverarbeitung mit einer Besonderheit: Text und Stilvorlagen wurden getrennt gespeichert. Dadurch ergibt sich ein großer Vorteil: Soll ein Text optisch verändert werden, mussten lediglich die Stile ausgewechselt werden. Der Erfolg von LaTeX beruhte außerdem auf seiner Flexibiltät. Durch die variablen Stilvorlagen konnten Buchstabenketten sogar in Formeln umgewandelt werden. An den Universitäten wurde LaTeX daher schnell zum Renner.

Das in LaTeX eingesetzte System bezeichnet man als inhaltsbasierende Formatierung bzw., auf Englisch, Content-based Markup. Daraus entwickelte sich eine eigene Sprache, die als **S**tandard **G**eneralized **M**arkup **L**anguage (SGML) in der ISO-Norm 8879 festgeschrieben wurde.

HTML und folgende Entwicklungen

1990 entwickelte der Forscher Tim Berners-Lee vom Hochenergieforschungszentrum CERN in Genf eine Möglichkeit, neben reinen Texten auch Formeln, Zeichnungen und Grafiken durch einfache Positionsangabe in den Texten zu übermitteln. Das war die Geburtsstunde von HTML, das auf SGML basiert.

Die so genannten HTTP-Server stellen die HTML-Seiten für Benutzer des Internet bereit. Gelesen werden die Dokumente mithilfe eines Browsers. Seit der Zeit des ersten Browsers, der den Namen Mosaic trug und der vom späteren Netscape-Gründer Marc Andreesen entwickelt wurde, hat sich viel verändert. Der Grund dafür liegt in der steigenden Kommerzialisierung des Internet und den damit verbundenen gewachsenen Anforderungen an die Internet-Infrastruktur und damit auch an die Möglichkeiten zur Präsentation der Daten.

Längst reicht es nicht mehr aus, nur statische Inhalte anzubieten. Animationen und Klänge lassen sich genauso in Webseiten einbinden wie dreidimensionale Darstellungen und Videos, die mit den neuesten Playergenerationen nahezu DVD-Qualität erreichen.

Geändert hat sich aber auch die Art der Informationsaufbereitung. HTML weist einige Nachteile auf, die durch mittlerweile neu etablierte Standards aufgehoben werden sollen. Zu den Nachteilen gehört beispielsweise die feste Zuordnung der Informationen zu ihrer Formatierung. Sollen die Daten einer Webseite in anderer Form – beispielsweise als Liste – dargestellt werden, gerät der Programmierer einer HTML-Seite ganz schön ins Schwitzen, denn dies ist ohne weiteres nicht möglich und bedarf eines hohen Programmieraufwands – und damit verbunden auch hoher Kosten.

Die Industrie hat die Schwächen erkannt und XML (**Ex**tensible **M**arkup **L**anguage) eingeführt. XML ergänzt HTML und stellt nicht etwa einen Ersatz dar. Neueste Entwicklung ist XHTML, die HTML und XML zusammenführt.

1.1 HTML, XML oder XHTML? Die Websprachen

HTML ist eine Sprache, die die einzelnen Bestandteile eines Dokuments beschreibt. Sie können HTML dazu benutzen, Überschriften zu definieren, Tabellen festzulegen oder Absätzen eine bestimmte Form oder Farbe zu geben.

HTML ist also der Schlüssel zu Ihrer eigenen Webseite. Der Vorteil von HTML liegt in seinem einfachen Aufbau und der unkomplizierten Nutzung. Da HTML eine Klartextsprache ist, benötigen Sie zur „Programmierung" lediglich einen Texteditor, der zum Beispiel bei Windows in Form von Note-Pad mitgeliefert wird.

Der Anfänger wird schnell befriedigende Ergebnisse bei der Gestaltung der Webseite bekommen; der Fortgeschrittene kann durch geschicktes Vorgehen oder durch Einsatz von Scripts oder HTML-Erweiterungen seinem Auftritt im World Wide Web den richtigen Pfiff geben. Mit HTML können Sie beispielsweise Tabellen erstellen, Grafiken in Ihre Webseiten einbinden, Texte formatieren und Navigationshilfen einbauen.

Hyperlinks als Grundlage des WWW

Aber egal wie Sie HTML einsetzen, Sie werden schnell die wichtigste Eigenschaft der Sprache kennen lernen: die Hyperlinks. Hinter den Hyperlinks verstecken sich Verweise, mit denen Sie einen Anwender an andere Stellen im Dokument oder im gesamten Internet führen können. Die Hyperlinks ermöglichen Ihnen, schnell ein umfassendes Angebot für die anderen Internetsurfer anzubieten. Der Einsatz von HTML ist übrigens nicht auf das Internet beschränkt. Da sich die Browser auch „offline" betreiben lassen, können HTML-Seiten auch auf dem lokalen PC gespeichert und aufgerufen werden. Zahlreiche Softwarehersteller machen sich dies zu Nutze, indem sie ihre Hilfedateien im HTML-Format anbieten.

Nachteile inklusive

Wir wollen Ihnen aber auch die Nachteile von HTML nicht verschweigen. Wie bereits angesprochen, gibt es Unterschiede zwischen den Browsern. Obwohl die Institution, die den Standard von HTML bestimmt, das W3-Konsortium (W3C, www.w3c.org), festgelegt hat, wie die HTML-Befehle aufgebaut sind, welche Parameter sie erwarten und welche Aktionen sie auslösen, ist das Ergebnis in den verschiedenen Webbrowsern unterschiedlich – Überschriften sind mal größer und mal kleiner; hervorgehobener Text erscheint im einen Browser kursiv, im anderen fett. HTML ist eben keine detaillierte Layoutsprache; die Ausführung der Befehle variiert. Wenn Sie das bereits vor dem Entwurf Ihrer ersten Webseite wissen, können Sie dieses ungewollte Verhalten einplanen. Am besten, Sie testen die Ergebnisse in zwei oder drei Browsern; damit umgehen Sie große Überraschungen.

XML ergänzt HTML

Wie Sie sehen können, sind Sie mit HTML Ihr eigener Herr. Sie bestimmen selbst, wie bestimmte Dokumente dargestellt werden und welche Bestandteile sie enthalten. Aber wie sieht es beispielsweise aus, wenn Sie ein Buch im Internet veröffentlichen wollen, das später vielleicht sogar einmal gedruckt werden soll? Bücher enthalten bestimmte Bestandteile, die der Leser erwartet. So besitzt ein Buch einen Titel und mehrere Kapitel, die in Unterkapitel aufgeteilt sind. Im Buch findet sich ein Inhaltsverzeichnis, vielleicht sogar ein Stichwortverzeichnis. Alle diese Dinge müssten Sie beachten und die einzelnen Bestandteile wie Fließtext und Überschriften so formatieren, wie es der Leser in einem Buch erwartet.

XML kann Ihnen genau diese Arbeit abnehmen. Der Inhalt wird in XML nämlich von seiner Formatierung getrennt. Sie können also den reinen Text schreiben, ohne sich um dessen Formatierung zu kümmern. Die wird nämlich in einer Dokumentenstruktur festgelegt, der so genannten **D**ocument **T**ype **D**efinition (DTD).

Text und Inhalt werden getrennt

Die DTD enthält alle Anweisungen, wie bestimmte Textteile später angezeigt werden und welche Bestandteile eines Dokuments vorhanden sein müssen. Auch hier lässt sich dies an einem Buchbeispiel verdeutlichen: So ist es denkbar, dass ein Buch aus vier Kapiteln besteht, ein anderes Buch hingegen aus sechs Kapiteln. Der Leser würde dies nicht etwa als Fehler bemängeln, sondern als Eigenheit der jeweiligen Bücher erkennen. Hingegen müssen die Bücher einen Titel tragen. Ein Buch ohne Titel wäre merkwürdig und würde vom Leser nicht akzeptiert.

Die Schwierigkeit ist nun, in der DTD diese Freiheiten und Zwänge zu definieren. Eine DTD für ein Buch muss demnach einen Titel und verschiedene Kapitel vorschreiben, hingegen ist die Anzahl der Kapitel variabel. Der Vorteil dieser Vorgehensweise liegt auf der Hand: Die Daten können später in einer anderen Anwendung weiter verwendet werden. So kann ein Buchdrucker den Text übernehmen, wobei die Bestandteile des Buches erhalten bleiben, die Formatierung aber für das gedruckte Buch geändert wird.

Gerade für die kommerzielle Nutzung ist diese Art der Informationsaufbereitung ein wesentlicher Fortschritt. So kann bei einer Banküberweisung eine DTD definiert werden, die alle relevanten Daten wie Bankleitzahl, Kontonummer und Inhaber vorschreibt. Diese Daten lassen sich leicht an eine andere Bank transferieren, die bereits beim Einlesen der Daten die Felder auf Vollständigkeit überprüfen (parsen) kann, ohne auf Textformatierungen Rücksicht nehmen zu müssen. XML kann also immer dann zum Einsatz kommen, wenn Informationen unabhängig von der späteren Formatierung gespeichert und weiterverarbeitet werden sollen – ein wesentlicher Unterschied zu HTML.

XHTML als verbindendes Element

Wie Sie erfahren haben, existieren zwei Ansätze bei der Darstellung von Informationen im Internet: Mit HTML können Sie die Daten selbst formatieren und die Freiheiten der Webgestaltung nutzen. Dabei ist es jedoch möglich, auch Gestaltungsfehler zu machen. Oder Sie verwenden XML und greifen auf DTDs zurück, die von Profis entwickelt wurden und Ihre reinen Daten so aufbereiten, wie es der Anwender gewohnt ist.

Die sinnvollste Lösung hingegen ist die Kombination von HTML und XML. Dies hat auch das W3-Konsortium erkannt und im Januar 2000 die E**x**tensible **H**ypertext **M**arkup **L**anguage (XHTML) verabschiedet. Sie verbindet die Vorteile beider Ansätze und bietet dem Webseitenprogrammierer somit größtmögliche Flexibilität. Auf der einen Seite lassen sich die Webseiten so darstellen wie bisher, auf der anderen Seite können DTDs genutzt werden.

Ein Analyst verglich HTML und XML mit zwei Menschen, die unterschiedliche Sprachen sprechen. XHTML stellt eine dritte Sprache dar, mit der sich die beiden unterhalten können. Zumindest so lange, bis sich XML als neuer Standard durchsetzen wird. XHTML ist also eine Übergangslösung mit Vorteilen gegenüber HTML.

1.2 Zu Standards, Konventionen und mehr

Die Sprachen im Internet unterliegen gewissen Standards, die vom W3-Konsortium festgelegt werden. Diese Standards legen die Elemente einer Sprache fest und definieren damit auch, wie ein Webbrowser gewisse Elemente zu interpretieren hat. Bis zum Standard HTML 4.0 wurden diese Standards von den Browserherstellern noch recht locker gehandhabt. So lassen die Browser zahlreiche „Schlampereien" der Programmierer durchgehen. Ab XHTML wird sich dies ändern. Dieser Standard ist bedeutend strenger und lässt weniger Spielraum zur Interpretation.

HTML 1.0

Die erste HTML-Version spielt mittlerweile keine Rolle mehr. HTML 1.0 beruht auf dem TeX-Textsatz-System von UNIX, daher enthielt dieser Standard lediglich die grundlegenden Elemente wie Überschriften und einfache Textformatierungsbefehle für Absätze. Aber auch Grafiken konnten in HTML 1.0 eingebettet werden, und natürlich ließen sich die Links, also die Verweise auf andere Textstellen oder Dokumente, integrieren.

Mit Netscape kam schließlich Bewegung in die Entwicklung von HTML. Das Unternehmen erkannte schnell auch den kommerziellen Nutzen des Internet, das bis zum Beginn der neunziger Jahre hauptsächlich von Universitäten für den Informationsaustausch benutzt wurde.

Die Anwender wiederum nahmen die Browser mit grafischer Benutzeroberfläche dankend an, denn sie ermöglichten ein bequemes Navigieren im WWW.

HTML 2.0

HTML 2.0 definiert die heutigen Mindestanforderungen an einen Webbrowser. Dabei waren bereits vor der Verabschiedung durch das W3-Konsortium die Entwickler in den Softwarelabors ihrer Zeit voraus. Die Version 1.1 von Netscape war nämlich schon in der Lage, Tabellen darzustellen – eine Option, die man in der HTML-2.0-Version vergeblich sucht.

Netscape beschleunigte seine Entwicklungsgeschwindigkeit. Noch während HTML 2.0 gültiger Standard war, präsentierte das Entwicklerteam um Andreesen Netscape 2.0. Mit dieser Browserversion begann der eigentliche Boom des Internet, denn der Browser ermöglichte mehrere Fenster – die auch heute noch üblichen Frames.

Viele Entwickler erkannten die enormen Fähigkeiten von Netscape und schufen Webseiten, die diese Merkmale nutzten – sehr zum Leidwesen anderer Browserbesitzer.

Der Druck auf das W3-Konsortium wuchs, da endlich ein zukunftsweisender Standard geschaffen werden musste, der auch die sinnvollen Entwicklungen Netscapes berücksichtigte.

HTML 3.2

Obwohl das Internet mittlerweile hohe Zuwachszahlen verzeichnen konnte, konzentrierte sich das W3-Konsortium auf den HTML-Standard in der Version 3.0 – der nie offiziell in Kraft getreten ist. Zu groß waren Mitte der neunziger Jahre die Unterschiede zwischen den Vorstellungen der Akademiker und den kommerziellen Unternehmen, die nun in das Internet drängten.

Eine große Überraschung waren daher die fehlenden Spezifikationen für die Frames, die immer beliebter wurden. Immerhin wurden seit Anfang 1997 Tabellen offiziell unterstützt.

Diese zögerliche Haltung des W3-Konsortiums hat dazu beigetragen, dass die Standards in den verschiedenen Browsern unterschiedlich interpretiert werden – schließlich wollten weder Netscape noch das inzwischen ebenfalls interessierte Microsoft auf ihre eigenen Entwicklungen verzichten.

HTML 4

Seit Beginn 1998 existiert der HTML-Standard in der Version 4. Das W3-Konsortium hat mit der Entwicklung dieses Standards wesentlich zum breiten Erfolg des Internet beigetragen. Die Akademiker haben die Wünsche der kommerziellen Softwareentwickler berücksichtigt und in diese Version einfließen lassen.

Damit hat das Konsortium auch dafür gesorgt, dass der Kampf um die Vorherrschaft auf dem Browsermarkt zwischen Microsoft und Netscape ruhiger geworden ist – beide Unternehmen respektieren die Standards und versuchen nun nicht mehr, ihre Browser als Quasi-Standard durchzusetzen.

Endlich finden auch die Frames Berücksichtigung, außerdem lassen sich Erweiterungen wie CSS Style Sheets und Script-Sprachen einbinden.

XHTML

Schätzungen gehen davon aus, dass zu Beginn der 21. Jahrhunderts der Umsatz bei Geschäften zwischen Unternehmen über das Internet in den Billiardenbereich steigen wird. Bei solchen Summen und den Chancen, die sich daraus für viele Menschen ergeben, sollte nie vergessen werden, dass der Erfolg eines Webauftritts von der Webseite und damit von ihrer Struktur und ihrem Design abhängig ist.

Besonders der steigende E-Commerce, also der Handel über das Internet, verlangt nach neuen Formen des Informationsangebots und der Datenverarbeitung.

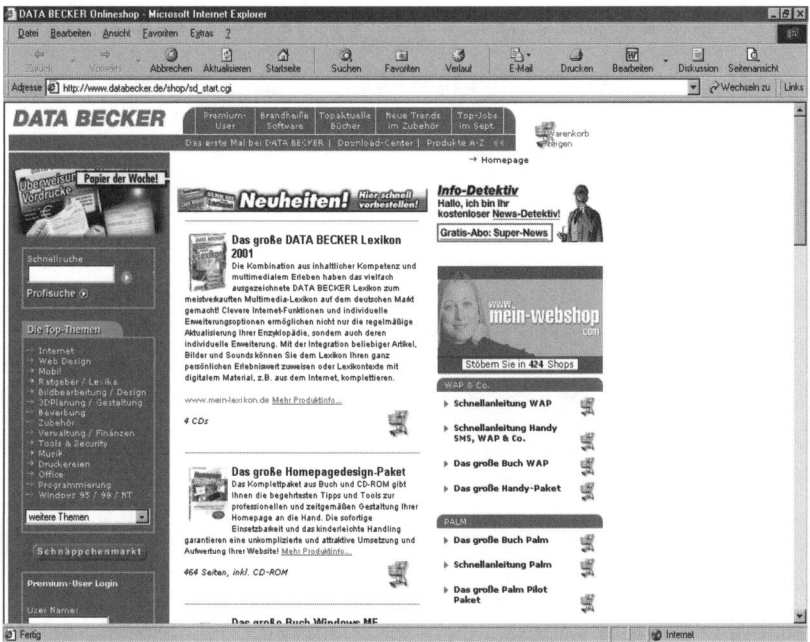

Kommerzielle Webseiten und Onlineshops (hier www.databecker.de) werden zukünftig von XML profitieren. Die Inhalte lassen sich auf verschiedene Arten darstellen, beispielsweise in Listenform oder als Kurzübersicht. Der Anwender wird entscheiden können, wie die Daten personalisiert werden sollen

Anfang 2000 formulierte das W3C daher den neuen Standard XHTML als Empfehlung (Recommendation). Er soll eine Brücke bilden zwischen den begrenzten Möglichkeiten von HTML und XML (siehe auch ab Seite 527). Mittlerweile ist die erste Version von XHTML verabschiedet worden.

XHTML soll insbesondere den Austausch der Daten zwischen verschiedenen Anbietern ermöglichen. Dies wird durch die Trennung der Inhalte von den Formatierungen erreicht. In den Mittelpunkt der Webseiten wird nicht mehr die Darstellung der Daten gestellt, sondern deren flexible Handhabung. So können Daten auf Abhängigkeiten voneinander geprüft werden.

So lassen sich aus einem Rezept alle Zutaten herausfiltern, und der Anwender kann auf den ersten Blick erkennen, ob er das Rezept mit den vorrätigen Lebensmitteln nachkochen kann.

Im Unternehmensbereich lassen sich mit XHTML bestimmte Regeln entwerfen, die festlegen, welche Daten in einem Dokument vorliegen müssen. Ganze Bestellsysteme lassen sich so aufbauen.

Das Internet dient in diesem Fall als Front-End, das die Daten für den Kunden anzeigt, gleichzeitig können die über DTDs definierten Datenstrukturen an andere Anbieter weitergereicht und dort auf einfachste Art und Weise weiter verarbeitet werden.

1.3 Die Grenzen von (X)HTML und wie man sie erweitert

Der große Nachteil in HTML bzw. XHTML ist – neben den verschiedenen Darstellungsformen einzelner Befehle – das Fehlen von ausgeklügelten Formatierungsbefehlen. Zwar gibt es die Möglichkeit, Text bestimmte Attribute wie Fettschrift zuzuweisen, ein genaues Platzieren von Elementen auf dem Bildschirm ist aber nicht möglich.

Wenn Sie eine Grafik etwa genau über einem Wort ausrichten wollen, gerät ein solches Unterfangen in HTML zu einem aussichtslosen Geduldsspiel – es sei denn, Sie setzen die HTML-Erweiterung CSS ein. Hinter CSS verbergen sich die **C**ascading **S**tyle **S**heets, die Text detailliert beeinflussen können. Sie können Abstände zwischen Elementen regeln und Farben zuweisen, Rahmen ziehen und Linien einbauen.

CSS geht aber noch weiter: Sie können für verschiedene Ausgabemedien bestimmte Formatierungen angeben, sodass ein Text auf dem Bildschirm anders aussieht als auf dem Monitor. Außerdem ist es möglich, Texte per Sprachausgabe vorlesen zu lassen. Dabei können Sie nicht nur die Stimmlage des Vorlesers beeinflussen, sondern auch seine Position im Stereo- oder Surround-Feld und seine Stimmung. Die CSSs werden wie HTML vom W3-Konsortium festgelegt und weiterentwickelt. Die neuesten Spezifikationen finden Sie im Internet unter www.w3.org. Nähere Informationen zu den Cascading Style Sheets finden Sie ab Seite 307 in diesem Buch.

2. Für Eilige: Die erste (X)HTML-Seite

HTML bietet gegenüber anderen „Programmiersprachen" den Vorteil, dass Sie ohne viel Einarbeitung sehr schnell Ergebnisse produzieren können. In diesem ersten praktischen Kapitel werden wir Ihnen zeigen, welche Befehle Sie benötigen, um unproblematisch eine Webseite aufbauen zu können. Bereits am Ende des Kapitels werden Sie in der Lage sein, Ihre erste Webseite nach eigenen Ideen zu gestalten.

Als Arbeitsmittel benötigen Sie nur wenige Werkzeuge: einen Webbrowser, also beispielsweise den Netscape Navigator oder den Internet Explorer (möglichst in den neusten Versionen) sowie einen Texteditor wie zum Beispiel das von Windows mitgelieferte NotePad.

> **Tipp**
> **Weniger ist mehr**
> Sie sollten Ihre Webseiten nicht unbedingt mit Microsoft Word erstellen, obwohl dies grundsätzlich möglich ist. Das dort erzeugte DOC-Dateiformat enthält unsichtbare Steuerzeichen, die von Ihrem Browser falsch interpretiert werden können. Nutzen Sie besser das im Zubehörordner befindliche NotePad. Dieses Programm erzeugt reinen ASCII-Text und ist damit ideal für unser Vorhaben geeignet. Da dieses Programm zum Lieferumfang von Windows gehört, entstehen Ihnen keine zusätzlichen Kosten.

Am Ende dieses Kapitels werden Sie in der Lage sein, eine einfache Webseite zu gestalten, einschließlich Überschriften, formatierten Absätzen und eingebundenen Grafiken. Über Links können Sie Verweise auf andere Dokumente oder zu anderen Textstellen setzen.

Aufbau der Befehle

Bevor Sie nun loslegen können, wollen wir Sie kurz mit dem Aufbau der gängigen HTML-Befehle bekannt machen. Die HTML-Dateien, die den Aufbau der Webseiten enthalten, bestehen in erster Linie aus den Informationen, die Sie veröffentlichen wollen, und den HTML-Befehlen, die als Tags bezeichnet werden.

Tags sind daran zu erkennen, dass sie in spitze Klammern (<>) eingefasst werden. Viele HTML-Befehle bestehen aus einem einleitenden und einem abschließenden Tag. Alle zwischen diesen Tags befindlichen Informationen werden damit von dem Befehl beeinflusst. Dies kann nützlich sein, wenn Sie zum Beispiel einen ganzen Textabschnitt in Kursivschrift angeben wollen.

Die erste (X)HTML-Seite

Vor dem Abschnitt steht dann der einleitende Kursiv-Befehl, am Ende des Abschnitts steht der Befehl, der die Kursivschrift wieder ausschaltet.

Ein solches Tag kann also zum Beispiel folgendermaßen aussehen:

```
<i>
Hier steht der kursive Text
</i>
ab hier wird wieder normal geschrieben
```

Die abschließenden Tags enthalten den gleichen Befehl wie das einleitende Tag, allerdings ist ein Schrägstrich vorangestellt (/).

> **Hinweis**
>
> **Befehlsreferenz**
> Wir stellen Ihnen hier nicht alle Tags vor, die in HTML definiert sind. Eine Referenz der gebräuchlichen Tags finden Sie ab Seite 769.

Aber auch hier gilt: keine Regel ohne Ausnahme. Neben diesen einleitenden und abschließenden Tags gibt es auch Tags, die alleine stehen, weil die Ausdehnung auf einen größeren Gültigkeitsbereich keinen Sinn macht. Dies ist zum Beispiel dann der Fall, wenn Sie eine Zeile an einer Stelle umbrechen wollen. Der Befehl <br /> kann in diesem Fall nur an einer Stelle auftreten. Beispiel:

```
Hier gibt es kein<br />
abschließendes Tag
```

Beachten Sie, dass sich zwischen dem Befehl *br* und dem folgenden Schrägstrich (/) ein Leerzeichen befindet. Diese Definition unterscheidet sich von früheren Definitionen, beispielsweise in HTML 4.0. Dort war es möglich, das Tag <br> einzusetzen. In XHTML ist die Syntax hingegen wesentlich strenger ausgelegt. Alle Tags, die kein abschließendes Tag benötigen, müssen mit dem folgenden Schrägstrich gekennzeichnet sein.

Tags können durchaus ineinander verschachtelt werden. Dadurch können Sie eine Überschrift erstellen, in der ein Wort kursiv geschrieben wird. Das sieht so aus:

```
<h1>
Diese Überschrift <i>wird an dieser Stelle</i> kursiv geschrieben
</h1>
```

h steht für Header und kennzeichnet eine Überschrift. *h1* ist eine besondere Form der Überschrift, die in einer bestimmten Zeichengröße dargestellt wird. Innerhalb der Überschrift schalten wir kurzzeitig auf kursive Schrift um; das Tag für Kursivschrift wird also vom Tag für die Überschrift eingeschlossen.

Aufbau der Befehlszeilen

Wie Sie außerdem erkennen können, lassen sich die Befehle in eine Zeile schreiben oder aber über mehrere Zeilen verteilen. Hier macht der Browser keine Unterschiede; beide Formen akzeptiert er. Selbst mehrere Leerzeichen hintereinander werden wie ein einziges Leerzeichen behandelt. Um die Konformität mit XHTML zu wahren – und um ein Listing übersichtlich zu gestalten –, sollten Sie jedoch auf unnötige Leerzeichen verzichten.

Wir raten Ihnen jedoch dazu, gerade bei größeren verschachtelten Abschnitten die Tags über mehrere Zeilen zu verteilen und die eingelagerten Tags jeweils in der Zeile einzurücken – das erhöht die Übersicht. Beispiel:

```
<h1>Diese Zeile enthält <i>mehrere</i> Tags</h1>
```

oder besser:

```
<h1>
   Diese Zeile enthält
      <i>mehrere</i>
   Tags
</h1>
```

Je umfangreicher eine solche Konstruktion ist, desto mehr Vorteile ergeben sich aus der zweiten Version, da Sie hier sofort die Zugehörigkeiten der Tags erkennen können.

In HTML 4.0 hat es übrigens keinen Unterschied gemacht, ob Sie die Tags groß- oder kleingeschrieben haben. Das hat sich mit dem neuen Standard XHTML 1.0 jedoch geändert. Von nun an werden alle Tags kleingeschrieben. Damit Ihr Quellcode auch in zukünftigen Browserversionen einwandfrei läuft, sollten Sie diese Regelung unbedingt übernehmen.

Tags Werte zuweisen

Es ist außerdem möglich, den Tags bestimmte Werte zu übergeben. Diese Werte stehen in der Regel in den einleitenden Tags, wodurch die eingeschlossenen Informationen weiter beeinflusst werden können. In unserem Beispiel mit der Überschrift wäre es demnach denkbar, die Ausrichtung des Überschrifttextes mit anzugeben, also linksbündig, zentriert oder rechtsbündig. Und genau solche Angaben lässt HTML auch zu. Beispiel:

```
<h1 align="left">
Diese Überschrift erscheint linksbündig
</h1>
```

Mit Beendigung des Befehls wird auch die Ausrichtung des Textes aufgehoben; der nachfolgende Text wird also von dem Ausrichtungsbefehl nicht weiter beeinflusst. Im obigen Beispiel können dem Befehl *align* bestimmte Schlüsselwörter zugewiesen werden. Ab Seite 769 finden Sie eine Referenz der gebräuchlichen HTML-Befehle, aus der auch hervorgeht, welche Werte Sie bei den einzelnen Tags einsetzen dürfen.

> **Tipp**
>
> **Legen Sie die Breite fest**
>
> Breitenangaben sind in der Regel auf zwei Arten möglich: Sie können die Breite als nummerischen Wert in Pixeln (zum Beispiel 150) oder in Prozentangaben (zum Beispiel 75 %) angeben. Der Prozentsatz bezieht sich dann auf die Fensterbreite bzw. auf das übergeordnete Element.

Schreibweise bei Wertzuweisungen

Einige Tags erfordern auch die Angabe eines Speicherortes, etwa dann, wenn Sie eine Grafik laden wollen.

Befindet sich die Datei im gleichen Ordner wie die HTML-Datei, können Sie nur den Dateinamen angeben, in allen anderen Fällen müssen Sie auch die Pfade festlegen (z. B. „http://mydirectory/image.jpg").

Alle zugewiesenen Werte sollten nach den Vorgaben in XHTML in Anführungszeichen eingeschlossen werden. Die aktuellen Browser verwenden diese Regelung zwar noch nicht, dennoch sollten Sie sich an diese Konvention halten. Das Gleiche gilt für die Zeichenabstände zwischen den Wertzuweisungen: Achten Sie möglichst darauf, dass sich hier keine Leerzeichen befinden, also nicht

```
align = "left"
```

sondern besser

```
align="left"
```

Ein Webbrowser könnte bei Verwendung der ersten Version Fehler bei der Zuweisung der Werte melden.

Nun wissen Sie also, was Tags sind und wie Sie mit diesen Befehlen grundsätzlich verfahren sollten. Jetzt ist es an der Zeit, die erste Seite zu erstellen.

2.1 Formatierung von Texten in (X)HTML

Damit Sie Ihre Ergebnisse sofort überprüfen können, sollten Sie den Texteditor und den Webbrowser gleichzeitig geöffnet haben. So können Sie zunächst die Seite erstellen, um diese anschließend im Browser zu betrachten.

Der Grundaufbau

Jede HTML-Datei besteht aus zwei Elementen: dem so genannten Header, der die Überschrift bzw. den Seitentitel enthält und dem Body, in dem die Informationen untergebracht sind. Eine grundlegende HTML-Datei sieht folgendermaßen aus:

Die erste (X)HTML-Seite

```
<html>
  <head>
    Seitentitel
  </head>
  <body>
    Inhalt der Seite
  </body>
</html>
```

Wie bereits im vorherigen Abschnitt erläutert, besteht die HTML-Datei aus verschachtelten Tags. Damit der Webbrowser die Datei als HTML-Datei erkennt, wird sie mit dem <html>-Tag eingeleitet und abgeschlossen. Innerhalb dieser HTML-Tags sind die beiden Bestandteile gut zu erkennen. Der Kopf wird mit den Tags <head> ... </head> umschlossen, der Körper des Dokuments mit den Tags <body> ... </body>.

Wichtigster Inhalt des Headers ist der Titel der Seite. Auch wenn dies zunächst unspektakulär klingt, ist gerade die richtige Wahl des Titels entscheidend für den Erfolg Ihrer Webseite. Der Titel wird nämlich benutzt, um in der Fensterzeile Ihres Browsers angezeigt zu werden, außerdem benutzen zahlreiche Suchmaschinen den Titel für ihre Einträge. Zusätzlich wird der Titel in die Lesezeichen-Liste des Browsers übernommen. Wählen Sie also einen Titel aus, der in wenigen Worten den Inhalt Ihrer Seite beschreibt. Die Angabe erfolgt so:

```
<title>Der Titel meiner Seite</title>
```

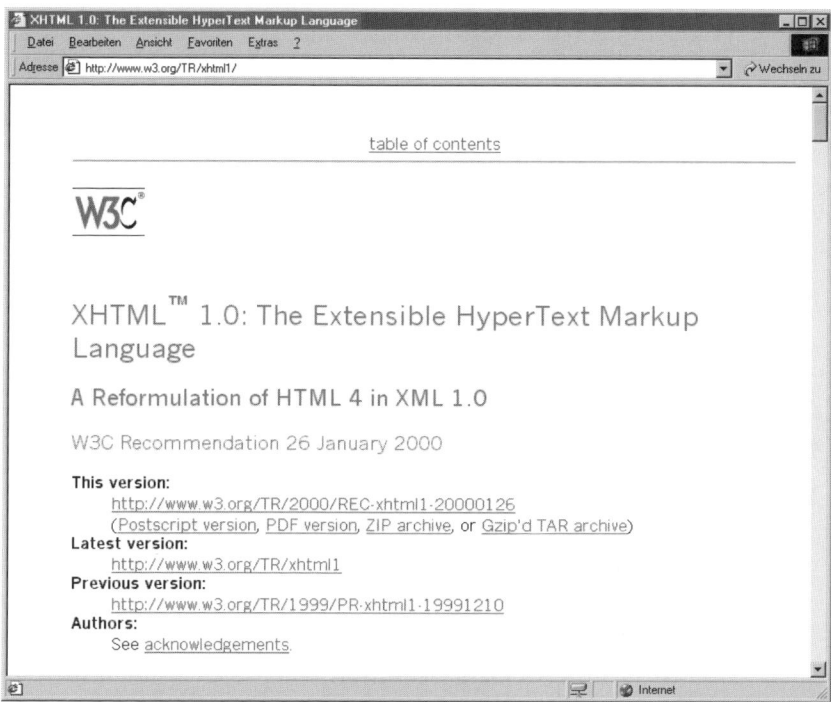

Die Spezifikationen der XHTML-Standards finden Sie im Internet unter www.w3.org

Eine weitere Angabe, die wir Ihnen vorstellen möchten, ist zwar nicht zwingend notwendig, kann Ihnen zukünftig jedoch viel Ärger ersparen. Da es HTML in verschiedenen Ausprägungen gibt, ist es für den Browser auf Anhieb nicht erkennbar, welche Sprachversion der von Ihnen erstellten Webseite zugrunde liegt.

Die Kennzeichnung dieser Sprachversion erfolgt über das *!DOCTYPE*-Tag, das noch vor dem HTML-Tag angegeben wird. Die Angabe *DOCTYPE HTML PUBLIC* bedeutet, dass der Text auf der öffentlich zugänglichen HTML-**D**oc-**T**ype**D**efinition (DTD) beruht, die vom W3-Konsortium (siehe Seite 19) festgelegt wird.

Neben der Sprachversion wird noch die Sprache definiert (*EN*=Englisch), in der die Tag-Befehle definiert wurden. Beachten Sie, dass sich die Sprachangabe nicht auf den Inhalt der Seite bezieht. Da HTML-Tags immer in Englisch definiert wurden, ist hier auch immer die Angabe EN erforderlich.

In XHTML können dabei aber verschiedene Typen zum Einsatz kommen.

Folgende DOCTYPE-Einträge können Sie vornehmen:

DOCTYPE-Eintrag	Bedeutung
"-//W3C//DTD HTML 2.0//EN"	HTML in der Version 2.0
"-//W3C//DTD HTML 3.2//EN"	HTML in der Version 3.2
"-//W3C//DTD HTML 4.0//EN"	HTML in der Version 4.0
"-//W3C//DTD HTML 4.0 Frameset//EN"	HTML in der Version 4.0 mit Frames (Rahmen für Elemente)
"-//W3C//DTD HTML 4.0 Transitional//EN"	HTML in der Version 4.0 mit Scripts oder Stylesheets für verbesserte Darstellung und Interaktivität
"-//W3C//DTD XHTML 1.0 Strict//EN" "http://www.w3.org/TR/xhtml1/DTD/xhtml1-strict.dtd">	XHTML in der Version 1.0 bei der Verwendung von Cascading Style Sheets
"-//W3C//DTD XHTML 1.0 transitional//EN" "http://www.w3.org/TR/xhtml1/DTD/xhtml1-transitional.dtd">	XHTML in der Version 1.0 bei der Verwendung von älteren Browsern, die auch keine Cascading Style Sheets unterstützen
"-//W3C//DTD XHTML 1.0 frameset//EN" "http://www.w3.org/TR/xhtml1/DTD/xhtml1-frameset.dtd">	XHTML in der Version 1.0 bei der Verwendung von Frames im Seitenaufbau

Der Typ Strict soll dann benutzt werden, wenn Cascading Style Sheets (CSS) (siehe dazu ab Seite 307) verwendet werden. Transitional soll verwendet werden, wenn die Anwender, an die sich diese Webseite wendet, keine aktuelle Browser besitzen, und die beispielsweise auch kein CSS unterstützen. Der Typ Frameset soll verwendet werden, wenn Frames für den Aufbau der Seite benutzt werden.

Lassen Sie sich jetzt nicht verwirren, wir werden Ihnen die verschiedenen Einträge später noch genau erläutern.

Die erste (X)HTML-Seite

Belassen wir es im Moment bei *"-//W3C//DTD XHTML 1.0 Strict//EN" "http://www.w3.org/TR/xhtml1/DTD/strict.dtd">*. Unser komplettes Grundgerüst für die ersten Webseiten sieht also so aus:

```
<!DOCTYPE html PUBLIC "-//W3C//DTD XHTML 1.0 strict//EN"
    "http://www.w3.org/TR/xhtml1/DTD/xhtml1-strict.dtd">
<html xmlns="http://www.w3.org/TR/xhtml1">

<head>
  <head>
    <title>Mein Seitentitel</title>
  </head>
  <body>
     Inhalt der Seite
  </body>
</html>
```

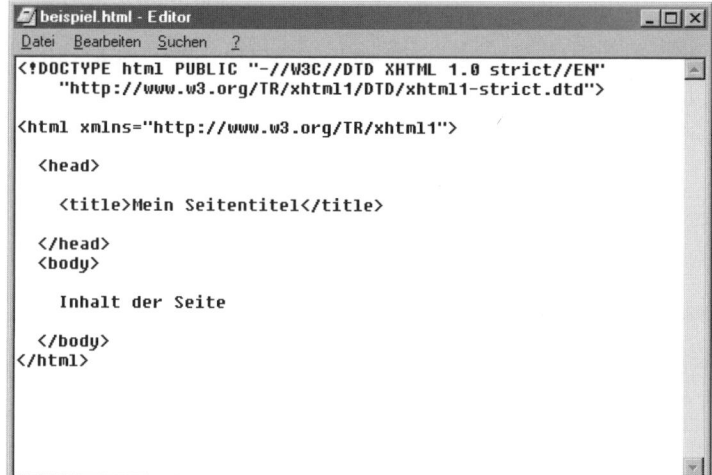

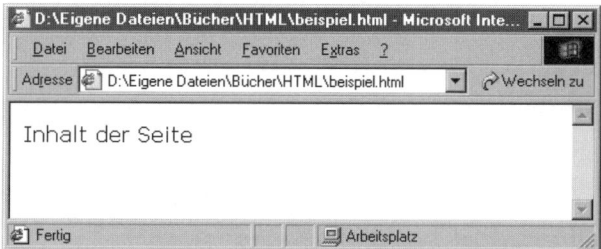

Beispieldatei im Texteditor und die Umsetzung im Webbrowser

Geben Sie dieses Listing nun in Ihren Texteditor ein, dann speichern Sie den Text unter *beispiel.html* ab. Im Webbrowser rufen Sie die Datei *beispiel.html* auf.

Verändern Sie das Beispiel nun so, dass Sie in den Body des HTML-Dokuments einen längeren Text einfügen, der sich über mehrere Zeilen erstreckt. Wir benutzen folgendes Beispiel:

Die erste (X)HTML-Seite

```
<!DOCTYPE html PUBLIC "-//W3C//DTD XHTML 1.0 strict//EN"
    "http://www.w3.org/TR/xhtml1/DTD/xhtml1-strict.dtd">
<html xmlns="http://www.w3.org/1999/xhtml">
    <head>

        <title>Seite mit Textblock</title>
    </head>
    <body>
        Der Inhalt der Seite erstreckt sich nun über mehrere
Zeilen.
        Obwohl
        wir an dieser Stelle einen Zeilenumbruch und
        mehrere Leerzeichen        einfügen, wird der Text korrekt
dargestellt
    </body>
</html>
```

Im Texteditor sieht diese Beispieldatei folgendermaßen aus:

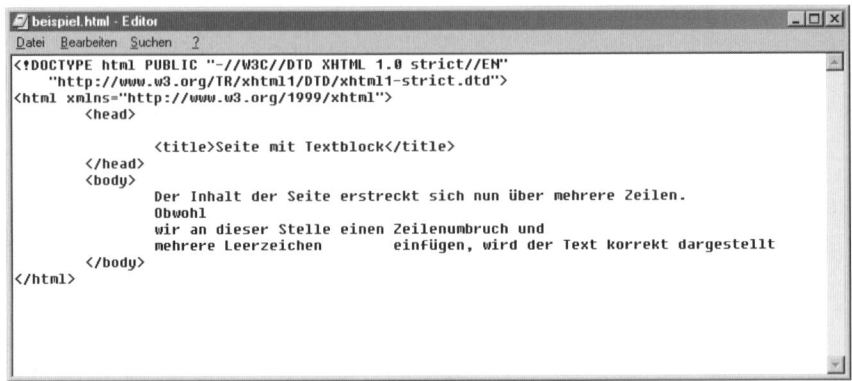

Die formatierte HTML-Datei im Texteditor

Jetzt betrachten Sie diese Datei in Ihrem Webbrowser. Die Zeilenumbrüche im Texteditor sind verschwunden, die Leerzeichen wurden auf ein Leerzeichen gekürzt:

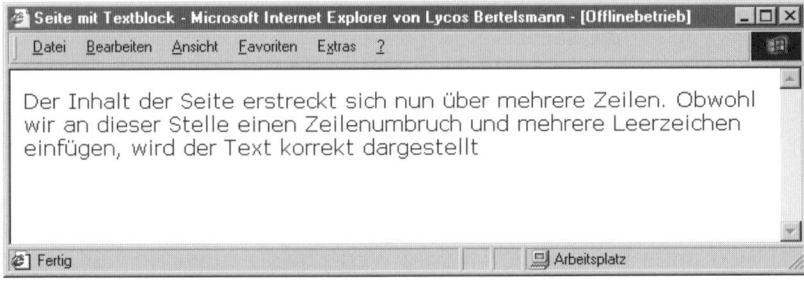

Korrekte Darstellung der Zeilen im Browser

Verändern Sie nun die Breite des Browserfensters. Beachten Sie dabei, wie sich die Zeilenumbrüche der Fensterbreite anpassen:

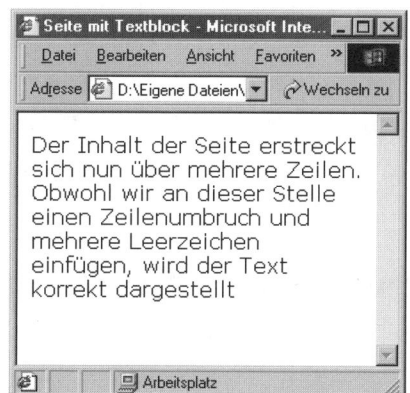

Die Zeilenumbrüche passen sich der Fensterbreite an

Damit haben Sie einen der Grundzüge von HTML kennen gelernt.

Denn nicht die Formatierungen im Quelltext sind entscheidend für das Aussehen im Browserfenster. Wenn Sie den Text eingeben, können Sie ihn also ruhig so formatieren, dass Sie eine möglichst große Übersicht behalten – bedenken Sie aber, dass diese Darstellung nicht in HTML übernommen wird. Zeilenumbrüche werden ignoriert, mehrere Leerzeichen auf eines zusammengekürzt.

Diese Beschränkungen gelten übrigens auch für Tabulatoren. Wenn Sie mehrere Texte untereinander darstellen wollen, können Sie Tabellen oder die so genannten Stylesheets benutzen, die HTML erweitern.

Nähere Hinweise dazu finden Sie später in diesem Buch (siehe ab Seite 127 und 307).

Was aber tun, wenn Sie nun doch mehrere Leerzeichen einfügen wollen bzw. einen Zeilenumbruch benötigen? Natürlich bietet HTML Ihnen auch in diesem Fall eine Möglichkeit.

Bereits im letzten Abschnitt haben wir den Break-Befehl <br /> kurz kennen gelernt. Er dient dazu, einen Zeilenumbruch zu erzwingen.

Daneben existiert auch ein „geschütztes" Leerzeichen, das also nicht zusammengekürzt wird. Solche Zeichen gehören zu den Sonderzeichen, die nicht über Tastaturkürzel eingegeben werden.

Vielmehr geben Sie den Code des Zeichens an, der dann vom Browser entsprechend umgesetzt wird. Der Code für das geschützte Leerzeichen lautet * *.

In den Referenzen ab Seite 769 finden Sie eine Sonderzeichen-Tabelle, in der Sie alle Zeichencodes nachschlagen können. Diese sind auch bei der Verarbeitung von Umlauten wichtig, auf die wir später noch zu sprechen kommen.

Probieren Sie nun die neuen Befehle aus. Wir ersetzen den BODY-Bereich durch folgenden Text:

Die erste (X)HTML-Seite

```
              Der Inhalt der Seite erstreckt sich nun über
                                          mehrere Zeilen.<br />
              Da<br />
              wir an dieser Stelle einen Zeilenumbruch und <br />
              mehrere Leerzeichen          einfügen,
                                                      wird der Text
              anders als zuvor dargestellt
```

Schauen Sie sich das Ergebnis im Browser an.

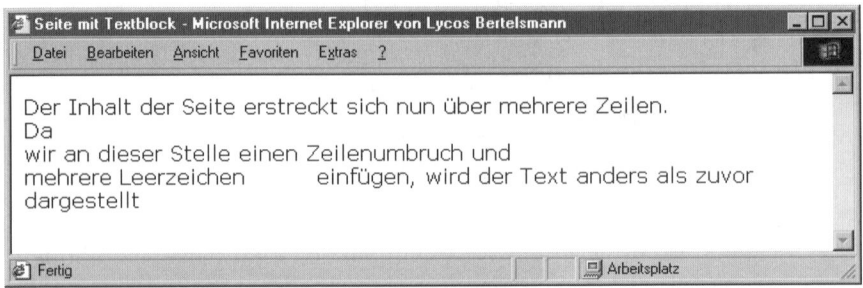

Darstellung des Textes mit Umbrüchen und Leerzeichen

Überschriften einfügen

Damit Sie Ihren Text besser strukturieren können, bietet HTML die Möglichkeit, bis zu sechs Formen von Überschriften in die Dokumente zu integrieren.

Die Tags beginnen mit <h>, dann folgt die Angabe der Größe der Überschrift, also zum Beispiel <h3>...</h3>. Das abschließende Tag muss mit der Angabe der Größe des einleitenden Tags übereinstimmen.

Die Überschriften sehen folgendermaßen aus:

Tag	Bedeutung
<h1> ... </h1>	Überschrift h1
<h2> ... </h2>	Überschrift h2
<h3> ... </h3>	Überschrift h3
<h4> ... </h4>	Überschrift h4
<h5> ... </h5>	Überschrift h5
<h6> ... </h6>	Überschrift h6

Und so stellt sich das im Browser dar:

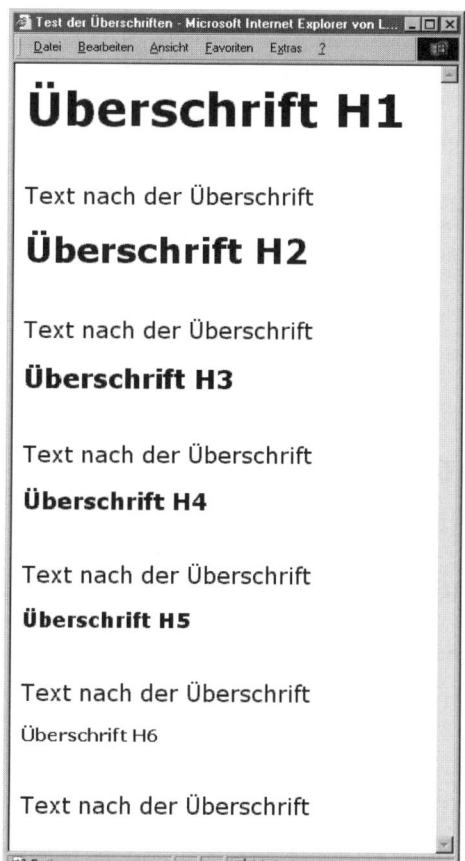

Die Überschriften h1 bis h6 in der Übersicht

Diese Überschriften können Sie nun auch noch ausrichten. Es stehen die Werte *left*, *center* und *right* für den Parameter *align* zur Verfügung. In der Praxis sieht das so aus:

```
<h3 align="left">Überschrift links</h3>
Zunächst steht die Überschrift auf der linken Seite
<h2 align="center">Überschrift Mitte</h2>
Jetzt befindet sie sich in der Mitte des Fensters
<h3 align="right">Überschrift rechts</h2>
und nun auf der rechten Seite
```

Im Browser wird dieser Text so dargestellt:

Die erste (X)HTML-Seite

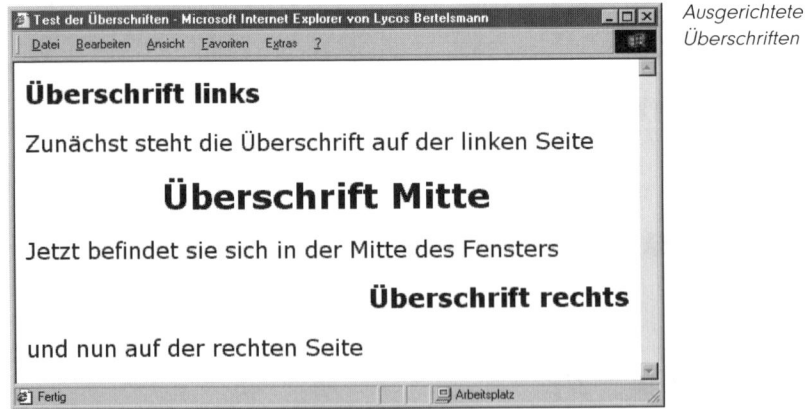

Ausgerichtete Überschriften

Absätze einrichten

Nachdem Sie Zeilenumbrüche und Überschriften kennen gelernt haben, zeigen wir Ihnen noch, wie Sie einzelne Absätze festlegen und diese ausrichten. Absätze werden mit dem <p>-Tag eingeleitet – *p* steht für **P**aragraph. Wie bei den Überschriften können Sie die Absätze ausrichten, ebenfalls mit *left*, *center* und *right*. Das Beispiel erklärt die Verwendung des *p*-Befehls:

```
Dieser erste Absatz wird ohne Formatierungshinweise
angelegt<p></p>
Hier folgt der zweite Absatz, der ebenfalls nicht formatiert ist
<p align="center">Der dritte Absatz wird<br />zentriert auf dem
Bildschirm ausgegeben</p>
<p align="right">Der vierte Absatz befindet<br />sich auf der
rechten Seite des Fensters</p>
<p align="left">während der fünfte Absatz wieder linksbündig<br
/>dargestellt wird </p>
```

Der Browser übernimmt die Ausrichtungen der Absätze; die Ausgabe sieht so aus:

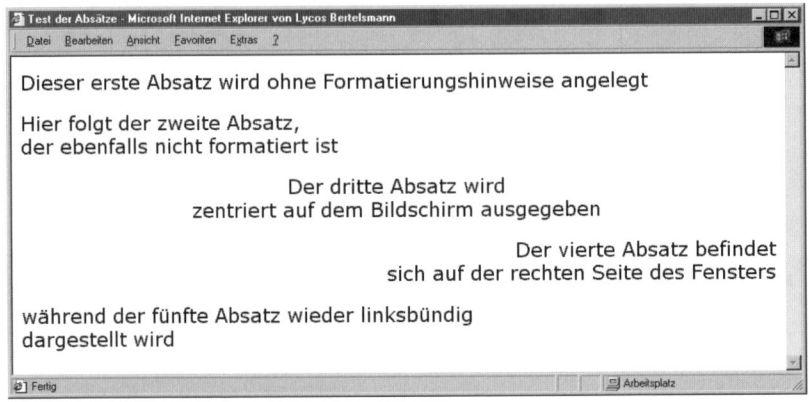

Absätze mit verschiedenen Ausrichtungen

An dieser Stelle sind Sie bereits in der Lage, Text mit wenigen Befehlen zu formatieren und Überschriften festzulegen.

Im folgenden Abschnitt werden Sie einzelne Wörter mit bestimmten Eigenschaften versehen.

2.2 Attribute lockern den Text auf

Wie Sie auf den meisten Webseiten erkennen können, wird der Text nicht nur einheitlich dargestellt. Einige Wörter sind fett geschrieben, manche kursiv, andere wiederum unterstrichen.

Auch hier gilt: Diese Formatierungen nehmen Sie nicht im Texteditor vor. In Word oder einem anderen Textverarbeitungsprogramm würden Sie ein Wort markieren und dann in der Werkzeugleiste das Unterstreichen-Symbol anklicken.

In HTML funktioniert das nicht.

Für jede Formatierung des Textes existiert auch hier ein Befehl, der zunächst eingeleitet und dann abgeschlossen wird.

Folgende Textformatierungen sind möglich:

Formatierung	Bedeutung
<b> </b>	fett geschrieben
<i> </i>	kursiv geschrieben
<big> </big>	größer geschrieben
<small> </small>	kleiner geschrieben
<u> </u>	unterstrichener Text
<blink> </blink>	Wörter blinken
<s> </s> oder <strike> </strike>	durchgestrichene Wörter
	tiefgestellter Text
	hochgestellter Text
<tt> </tt>	Schreibmaschinen-Text

Geben Sie diesen Text in den Body-Bereich des HTML-Grundgerüsts ein. Haben Sie auch nichts vergessen?

An das Ende jeder Zeile müssen Sie den Befehl <br /> setzen, sonst werden alle Formatierungen in eine Zeile geschrieben.

Das Ergebnis sieht folgendermaßen aus:

Die erste (X)HTML-Seite

Die Textformatierungen in der Übersicht

Natürlich können Sie auch hier die Textformatierungen ineinander verschachteln, also mit

```
<b><u>unterstrichen und fett</u></b>
```

zwei Attribute gleichzeitig einschalten. Achten Sie auch hier wieder auf die Konventionen von XHTML. Das eingeschlossene Tag – in diesem Beispiel die Unterstreichung – muss zunächst abgeschlossen werden, bevor das <b>-Tag geschlossen wird. Ein mit den vorgestellten Formatierungen aufgebauter Text könnte folgendes Aussehen haben:

```
Das von Ihnen gekaufte <b>Mondgrundstück</b> umfasst:<br />
<b><u>12.000 qm</u><sup>2</sup></b><vr />
und es befindet sich <big>kein</big> Wasser (H<sub>2</sub>O)
darauf.<br />
```

Im Browser erscheint der Text folgendermaßen:

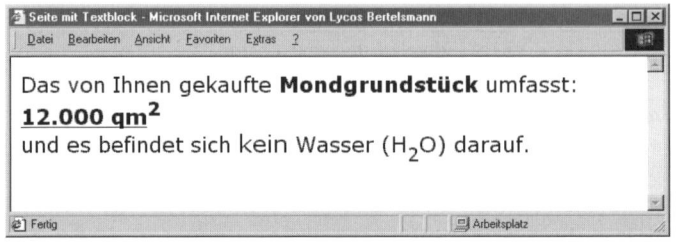

Verschiedene Formatierungen in einem Text

Beachten Sie im Text die Kleinigkeiten bei der Textformatierung. Wir wollen Sie besonders auf die qm-Angabe hinweisen. Bevor die 2 hoch gestellt wird, schalten wir die Unterstreichung aus, ansonsten wäre auch die 2 mit einem Unterstrich versehen. Obwohl die Tags <u>, <s> und <strike> von unserem Browser unterstützt werden, sollten Sie bei Ihren Texten darauf verzichten.

Das W3-Konsortium möchte zukünftig die Gestaltungsmöglichkeiten der so genannten Stylesheets stärker unterstützen, die eben diese Formatierungen auch ermöglichen.

Der entsprechende Befehl würde für das Unterstreichen

```
<span style="TEXT-DECORATION:UNDERLINE">....</span>
```

lauten. Hier haben Sie zwar mehr zu tippen, dafür sind die Befehle zukunftssicher. Nähere Informationen finden Sie ab Seite 307.

2.3 Sonderzeichen und Umlaute integrieren

Bisher haben Sie sich sicherlich keine Gedanken darüber gemacht, ob alle geschriebenen Wörter im Webbrowser genauso erscheinen, wie Sie diese im Texteditor eingegeben haben. Schauen Sie sich das folgende Beispiel an:

Ä, Ö, Ü werden nicht in allen Sprachversionen unterstützt. Das gilt auch für Sonderzeichen wie ß. Hier hilft nur die Eingabe des entsprechenden HTML-Codes. Unsere Bildschirmausgabe im Webbrowser sieht plötzlich so aus:

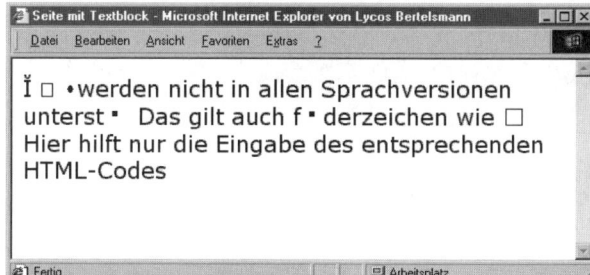

Ausgabe von Sonderzeichen mit anderem Zeichencode

Der Text ist nicht mehr lesbar; die Sonderzeichen Ä, Ö, Ü usw. sind nicht mehr zu erkennen. Was ist geschehen?

Da viele Länder eigene Sonderzeichen besitzen – denken Sie nur an die kyrillische Schrift oder das in Skandinavien weit verbreitete durchgestrichene Ø – gibt es auch entsprechend viele Zeichensätze. Zwar stimmen diese in weiten Teilen überein, aber gerade die Sonderzeichen sind in den einzelnen Ländern durch unterschiedlichen Codes ersetzt bzw. gegen andere Sonderzeichen ausgetauscht.

Codes statt Zeichen

Wie Sie bereits gesehen haben, können Sie einzelne Zeichen – denken Sie an das geschützte Leerzeichen – auch über ihre Codes angeben. Das funktioniert auch bei den Sonderzeichen. Es ist aber gar nicht so leicht, sich die komplizierten Zahlenwerte zu merken.

Die erste (X)HTML-Seite

HTML bietet daher bestimmte Schlüsselcodes an, die die entsprechenden Sonderzeichen in allen Zeichensätzen korrekt einfügen. Folgende Zeichenfolgen werden unterstützt:

Buchstabe	Zeichenfolge
ä	&auml
Ä	&Auml
ö	&ouml
Ö	&Ouml
ü	&uuml
Ü	&Uuml
ß	&szlig

Ein kleines *ä* erhält demnach den Code *&auml* für *a Umlaut*. Der obige Text ist also folgendermaßen korrekt:

```
&Auml, &Ouml, &Uuml werden nicht in allen Sprachversionen
unterst&uumltzt. Das gilt auch f&uumlr Sonderzeichen wie &szlig.
Hier hilft nur die Eingabe des entsprechenden HTML-Codes.
```

Im Webbrowser sieht das Ergebnis so aus:

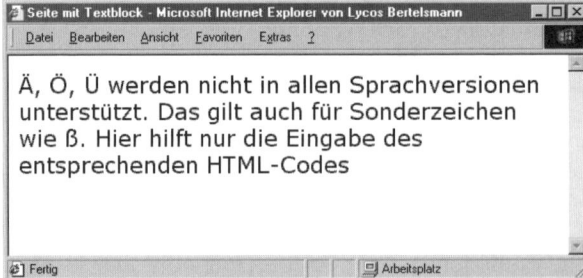

Richtige Wiedergabe der Sonderzeichen

Beachten müssen Sie, dass – im Gegensatz zu den HTML-Befehlen – zwischen Groß- und Kleinschreibung unterschieden wird. Die Zeichencodes funktionieren also nur, wenn Sie diese wie in der Tabelle aufgeführt eingeben. In den Referenzen ab Seite 769 finden Sie eine Tabelle mit den Sonderzeichen, in der auch die Zeichencodes für alle wichtigen Zeichen aufgeführt sind.

Tipp
Ältere Browser unterstützen

Da Sie nicht davon ausgehen können, dass jeder Anwender den neusten Browser einsetzt, sollten Sie auf Kompatibilität achten. Dazu gehört auch, dass die Umlaute mit einem Semikolon beendet werden. Damit können Sie sicher sein, dass Ihre Texte beispielsweise im Netscape Communicator richtig dargestellt werden.

Angabe des benutzten Zeichensatzes

Ab HTML-Version 4.0 gibt es noch eine weitere Möglichkeit, die Sonderzeichen korrekt darzustellen. Dazu geben Sie im Kopfbereich der HTML-Seite den verwendeten Zeichensatz an. Beispiel:

```
<head>
<meta http-equiv="Content-Type" content="text/html; charset=iso-8559-1" />
</head>
```

Die Angabe des Zeichensatzes erfolgt in einem so genannten Meta-Tag. Der hier aufgeführte Zeichensatz *iso-8559-1* bezeichnet den Zeichensatz „Western Latin-1". Dieser Zeichensatz enthält neben den normalen Buchstaben und Zahlen auch die deutschen Umlaute. Wenn Ihr Texteditor diesen Zeichensatz ebenfalls unterstützt, können Sie die Sonderzeichen nach Angabe des Meta-Befehls einfach wie gewohnt eintippen – der Browser sorgt dafür, dass die Zeichen richtig wiedergegeben werden.

Eine Liste der verfügbaren Zeichensätze finden Sie im Internet unter ftp://ftp.isi.edu/in-notes/iana/assignments/character-sets.

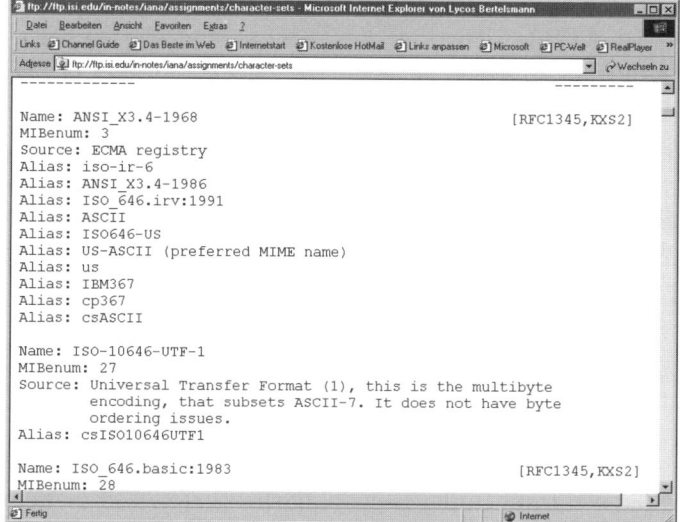

Eine Liste der Zeichensätze finden Sie im Internet

Allerdings gibt es bei dieser Art der Darstellung einen Haken: Der aufgeführte Zeichensatz muss auf dem Zielrechner installiert sein. Wenn dies nicht der Fall ist, werden die Sonderzeichen wieder falsch dargestellt. Ist diese Voraussetzung aber erfüllt, erfolgt die Darstellung korrekt, wie die Bildschirmausgabe des folgenden Listings beweist:

```
<!DOCTYPE html PUBLIC "-//W3C//DTD XHTML 1.0 Transitional//EN"
    "http://www.w3.org/TR/xhtml1/DTD/xhtml1-transitional.dtd">
<html xmlns="http://www.w3.org/TR/xhtml1">
<head>

    <title>Seite mit Textblock</title>
    <meta http-equiv="Content-Type"
```

Die erste (X)HTML-Seite

```
        content="text/html; charset=iso-8559-1" />
</head>
<body>
    &Auml;, &Ouml;, &Uuml; werden nach der Angabe des richtigen
    Zeichensatzes unterst&uuml;tzt. Das gilt auch f&uuml;r
    Sonderzeichen wie &szlig;.
</body>
</html>
```

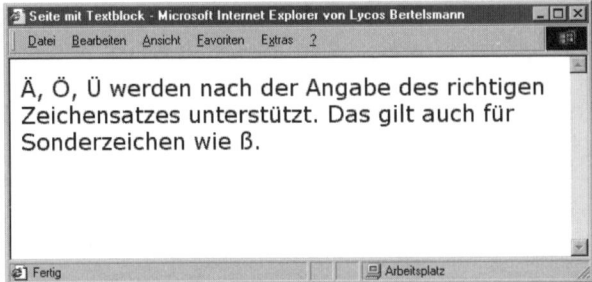

Mit dem Meta-Befehl werden die Zeichen richtig angezeigt

Allerdings gibt es noch einen Fall, bei dem die Darstellung des Originaltextes zu Komplikationen führen kann.

Da die HTML-Befehle selbst durch Sonderzeichen wie < oder & eingeleitet werden, kann der Browser nicht unterscheiden, ob jetzt ein HTML-Befehl folgt oder das Kleinerzeichen gemeint ist.

Moderne Browser wie der Internet Explorer erkennen zwar die Unterschiede zwischen HTML-Tag und Kleiner- bzw. Größerzeichen, damit Ihre Texte aber auch in älteren Browsern richtig angezeigt werden, sollten Sie die Zeichen ebenfalls durch die entsprechenden HTML-Zeichenfolgen ersetzen. Dabei gilt:

Zeichen	Zeichenfolge
&	&
"	"
<	<
>	>

Nun sind Sie nicht nur in der Lage, einfache Texte zu formatieren, sondern auch so einzugeben, dass diese in anderen Ländern richtig wiedergegeben werden.

2.4 Die Bedeutung der Unterschiede zwischen HTML und XHTML für Ihre Arbeit

Für den Fall, das Sie sich schon etwas mit den Grundzügen von HTML beschäftigt haben, fassen wir die Unterschiede zu XHTML noch mal zusammen. Obwohl sich XHTML in einigen Bereichen von HTML 4 unterscheidet, gibt es keine neuen Tags, die revolutionäre Neuerungen bringen. Der Sprachschatz der beiden Sprachen ist also weitgehend unverändert geblieben. Dennoch sind einige Dinge zu beachten, wenn Sie Ihre Webseiten so aufbauen wollen, dass sie XHTML entsprechen.

XHTML-Dokumente müssen wohlgeformt sein. Wohlgeformt bedeutet in diesem Fall, dass sich die Dokumente an alle Regeln der Spezifikation halten müssen. Dazu gehört auch die Einhaltung der Kleinschreibung bei Tags. Da XML zwischen Groß- und Kleinschreibung unterscheidet, ist das Tag <p> nicht identisch mit dem Tag <P>.

Zur Wohlgeformtheit gehört beispielsweise auch die korrekte Einhaltung der Tags. Die Reihenfolge

```
<p>Hier wird <i>kursiv geschrieben</p></i>
```

ist ab sofort nicht mehr erlaubt. Das kursive Element muss in das <p>-Tag eingeschlossen werden. Die richtige Reihenfolge lautet daher:

```
<p>Hier wird <i>kursiv geschrieben</i></p>
```

In HTML war es zudem Sitte, bestimmte Tags nicht zu schließen. So wurde ein neuer Paragraf mit

```
<p>
```

eingebaut und ein Zeilenvorschub mit dem Befehl

```
<br>
```

eingeleitet. Beide Befehle dürfen so in Zukunft nicht mehr benutzt werden. Ein neuer Paragraf wird mit

```
<p></p>
```

definiert, eine Leerzeile mit

```
<br />
```

wobei vor dem abschließenden Schrägstrich ein Leerzeichen vorhanden sein muss.

Wenn Sie Attribute mit Werten belegen, müssen die Attributwerte in Anführungszeichen angegeben werden. Aus

```
<align=center>
```

wird also

```
<align="center">
```

Die erste (X)HTML-Seite

Drei Dokumententypen-Definitionen

In XHTML 1.0 können drei **D**okumenten**t**ypen-**D**efinitionen zum Einsatz kommen: Strict, Transitional und Frameset. Die DTDs werden folgendermaßen eingesetzt:

Strict:

```
<!DOCTYPE html PUBLIC "-//W3C//DTD XHTML 1.0
 Strict//EN"
 "http://www.w3.org/TR/xhtml1/DTD/strict.dtd">
```

Strict wird benutzt, wenn Cascading Style Sheets zum Einsatz kommen sollen.

Transitional:

```
<!DOCTYPE html PUBLIC "-//W3C//DTD XHTML 1.0
 Transitional//EN"
 "http://www.w3.org/TR/xhtml1/DTD/
 transitional.dtd">
```

Transitional wird benutzt, wenn der Anwender einen älteren Browser besitzt, der keine Cascading Style Sheets unterstützt.

Frameset:

```
<!DOCTYPE html PUBLIC "-//W3C//DTD XHTML 1.0
 Frameset//EN"
 "http://www.w3.org/TR/xhtml1/DTD/
  frameset.dtd">
```

Der DTD Frameset wird benutzt, wenn der Autor Frames für den Aufbau der Seiten ausgewählt hat.

Basisdokument als Grundlage

Folgendes Dokument können Sie als Basis für eigene Experimente nutzen. Wie bei HTML auch, werden in XHTML die Informationen zur Webseite im Kopf (Head) abgelegt, die eigentliche Seite wird im Body definiert.

```
<!DOCTYPE html PUBLIC "-//W3C//DTD XHTML
1.0 Strict//EN" "http://www.w3.org/TR/
 xhtml1/DTD/strict.dtd">
<html xmlns="http://www.w3.org/TR/
 xhtml1">
<head>
   ...
</head>
<body>
   ...
</body>
</html>
```

2.5 Bilder in die Seite einbinden

Da Sie jetzt wissen, wie Sie Text formatieren können, ist es an der Zeit, auch Grafiken in Ihre Webseiten einzubinden. Die Art und Weise, wie diese Grafiken behandelt werden, ist in etwa mit dem Word-Befehl *Grafik mit Word-Datei verknüpfen* zu vergleichen. Die Grafik wird also nicht direkt in den HTML-Text eingefügt; dort wird vielmehr ein Befehl aufgerufen, der eine verknüpfte Datei aufruft und diese an der Stelle des Aufrufs einfügt. Beispiel:

```
Wir wollen Ihnen zeigen, wie Grafiken eingebettet werden<br />
An dieser Stelle <img src="Grafik.jpg">
steht eine Grafik.
```

Dieser body-Text erzeugt folgende Bildschirmausgabe:

Einbetten einer Grafik in eine HTML-Datei

Das Tag <img> steht für **Im**age, also Bild, <src> bezeichnet die Quelle (**S**ource) des Bildes, also deren Speicherort. Wie Sie erkennen können, wird die Grafik einfach zwischen den Wörtern platziert, wo sie aufgerufen wurde.

Wie in HTML üblich, werden die Grafiktypen JPG und GIF unterstützt, in unserem Beispiel heißt die Grafik originellerweise *Grafik.jpg*.

Allerdings wirkt unser Beispiel noch nicht richtig überzeugend. Eine Grafik im Hochkantformat, wie wir sie hier verwendet haben, würde den Aufbau eines längeren Textes zerstören, da alle neben der Grafik befindlichen Bildteile vom Text freigehalten werden. Achten Sie darauf, dass der Zeilenumbruch mit <br /> nach dem ersten Satz dazu führt, dass der restliche Text am unteren Ende der Grafik angezeigt wird. Soll die Grafik allein angezeigt werden, also ohne die Einbettung zwischen zwei Wörtern, setzen Sie den Image-Befehl in einen eigenen Absatz. Beispiel:

```
<p><img src="Grafik.jpg"></p>
```

Damit ist unser Problem aber noch nicht gelöst, denn der Text soll entweder links oder rechts das Bild umfließen, damit der Platz auf der Webseite optimal ausgenutzt werden kann. Die Lösung sieht folgendermaßen aus:

```
<img src="Grafik.jpg" align="right">
```

Sie können also wie bei der Ausrichtung von Überschriften auch bei den Grafiken bestimmen, wie der Text laufen soll. Im obigen Beispiel wird die Grafik rechtsbündig ausgerichtet, wenn Sie *left* statt *right* verwenden, wird die Grafik linksbündig ausgerichtet und der Text fließt auf der rechten Seite des Bildes. Probieren Sie dies aus:

```
<img src="screenshot.jpg" align="right">
Wir wollen Ihnen zeigen, wie Grafiken eingebettet werden.
An dieser Stelle steht eine Grafik, die vom Text auf der linken
Seite umflossen wird.
```

Der Text wird jetzt richtig dargestellt:

Die Grafik wird auf der linken Seite von Text umflossen

Damit sind aber noch nicht alle möglichen Fälle behandelt worden. So ist es denkbar, dass Sie zwar den Text zunächst auf der linken Seite der Grafik platzieren wollen, aber nur bis zu einer bestimmten Stelle.

Ab dieser Stelle soll der Text unterhalb der Grafik fortgesetzt werden.

Auch diesen Fall haben die HTML-Entwickler berücksichtigt. Mit dem Befehl

```
<br clear="all" />
```

erzeugen Sie nicht nur einen Zeilenvorschub, Sie können auch den zuvor festgelegten Textfluss beenden. Testen Sie, ob das funktioniert:

```
<img src="Grafik.jpg" align="right">
Wir wollen Ihnen zeigen, wie Grafiken eingebettet werden.
An dieser Stelle steht eine Grafik, die vom Text auf der linken
Seite umflossen wird.
<br clear="all" />
Ab hier wird der Text wieder unterhalb der Grafik angezeigt
```

Der Befehl bringt tatsächlich den gewünschten Erfolg (wir wussten das schon vorher ;-):

Der Textfluss wird unterhalb der Grafik fortgesetzt

Wir haben in unseren Beispielen bisher lediglich Grafiken aufgerufen, die im gleichen Verzeichnis abgelegt sind wie das eigentliche HTML-Dokument.

Daher müssen wir auch keine Pfade zum Speicherort angeben. Befindet sich die Grafik in einem anderen Verzeichnis, müssen Sie den Pfad dorthin – ausgehend vom Verzeichnis des Dokuments – mit angeben, also zum Beispiel:

```
<img src="Verzeichnis/Unterverzeichnis/Grafik.jpg">
```

Auch Grafiken auf einer anderen Webseite können Sie aufrufen; in diesem Fall geben Sie die gültige Webadresse an:

```
<img src="http://www.mydomain.com/Unterverzeichnis/Grafik.jpg">
```

Die erste (X)HTML-Seite

Bedenken Sie auch, dass eine Grafik eventuell nicht angezeigt werden kann. Sie erhalten dann anstelle der Grafik einen Platzhalter, der je nach Browser anders aussehen kann.

Platzhalter sind nicht sehr aussagekräftig

Im letzten Beispiel könnte der Internetserver vielleicht heruntergefahren sein oder der Besitzer der Webseite hat die von Ihnen aufgerufene Grafik an einen anderen Ort verschoben.

HTML bietet Ihnen für solche Fälle mit dem <alt>-Tag die Möglichkeit, einen alternativen Text einzugeben.

    <img src="Grafik.jpg" alt="Dieses Bild stellt die Weltkarte dar">

Der zwischen den Anführungszeichen nach dem Schlüsselwort *alt=* befindliche Text wird in einigen Browsern außerdem als so genannter Tooltip verwendet.

Er erscheint, wenn Sie mit dem Mauszeiger längere Zeit über der Grafik stehen bleiben.

Rahmen um Grafiken

Grafiken können Sie auch mit einem Rahmen versehen. Dazu geben Sie innerhalb des Image-Befehls die Rahmendicke in Pixeln hinter dem Schlüsselwort *border* an. Beispiel:

    <img src="Grafik.jpg" border="5">

Falls Sie später einmal Script-Sprachen in Ihre Webseite einbinden möchten (siehe ab Seite 229 und 473), um beispielsweise Interaktivitäten zu ermöglichen, benötigen Sie eventuell den Bezug auf eine Grafik. Für diesen Zweck können Sie einer Grafik in HTML einen Namen geben. Das sieht folgendermaßen aus:

    <img src="Grafik.jpg" name="Grafik_1">

Der Name der Grafik darf keine Umlaute und Leerzeichen enthalten, außerdem wird zwischen Groß- und Kleinschreibung unterschieden.

Grafiken können aber nicht nur benutzt werden, um im Vordergrund einzelne Elemente darzustellen, Grafiken lassen sich auch als Hintergrund einbinden.

Wie Sie Ihre Webseite mit einer Hintergrundgrafik versehen, erfahren Sie im folgenden Abschnitt.

2.6 Optimale Gestaltung von Hintergründen

Eine Möglichkeit, die Aufmerksamkeit für eine Webseite zu erhöhen, ist eine auffällige Gestaltung des Hintergrundes. Sie kennen das wahrscheinlich von Windows, denn dort können Sie auch Grafiken in den Hintergrund laden.

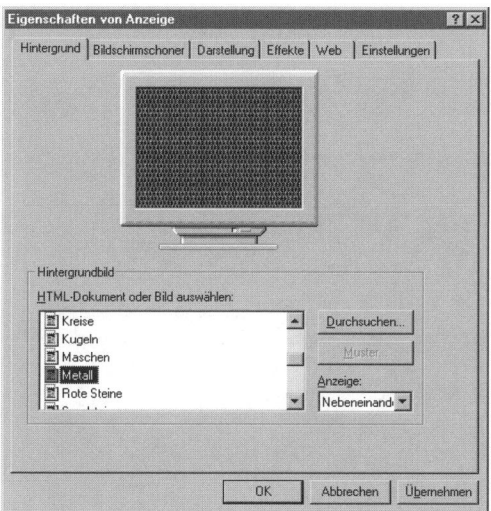

Hintergrundgestaltung in Windows

Die gleiche Möglichkeit bietet Ihnen auch HTML. Schauen Sie sich das folgende Listing an:

```
<!DOCTYPE html PUBLIC "-//W3C//DTD XHTML 1.0 Transitional//EN"
    "http://www.w3.org/TR/xhtml1/DTD/xhtml1-transitional.dtd">
<html xmlns="http://www.w3.org/TR/xhtml1">
<head>

  <title>Hintergrundgrafiken testen</title>
</head>
<body background="kugeln.bmp">
  Das ist ein Beispiel f&uuml;r eine Hintergrundgrafik
</body>
</html>
```

In diesem Beispiel haben wir vorher schon einen der Windows-Hintergründe (*kugeln.bmp*) aus dem *Windows*-Ordner in das Verzeichnis des HTML-Dokuments kopiert. Wenn Sie dies nicht tun, müssen Sie, wie oben beschrieben, einen Verzeichnispfad zu dieser Datei eingeben, ansonsten wird sie nicht angezeigt.

Beachten Sie, dass Sie für Ihre Webseite die BMP-Grafik mit dem Windows-Hilfsprogramm Paint oder einem anderen Bildbearbeitungsprogramm (zum Beispiel Paint Shop Pro) in eine JPG- oder GIF-Grafik umwandeln, da diese auch auf anderen Betriebssystemen dargestellt werden können.

Richtige Größe wählen

Die Grafiken sollten übrigens sehr klein gehalten werden und Icon-Größe umfassen, damit der Hintergrund schnell geladen werden kann. Sie werden in Kachelform, also neben- und übereinander wiederholt. Achten Sie auch darauf, dass nicht auf jedem Computer Echtfarben eingestellt sind. 16 oder 256 Farben reichen meistens völlig aus; sie sorgen zusätzlich für eine geringe Dateigröße der Grafiken.

Das Ergebnis unseres Beispiellistings sieht so aus:

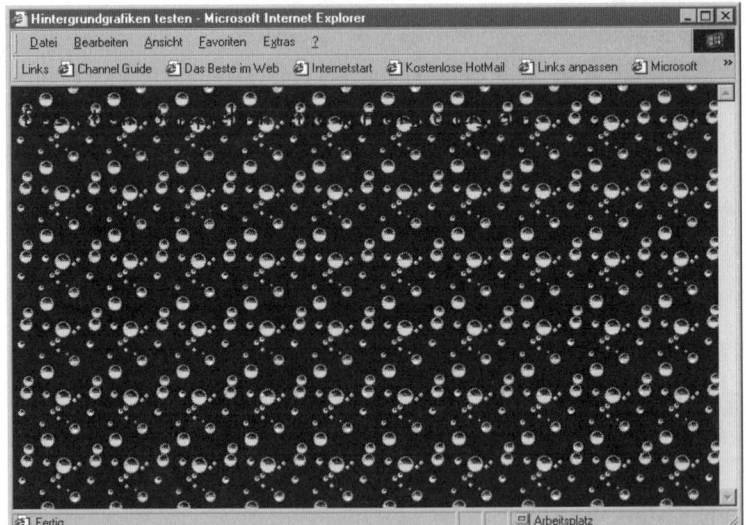

Kugeln als Hintergrundgrafik

Obwohl durchaus die richtige Grafik im Hintergrund abgebildet wird, ist das Ergebnis nicht befriedigend. Der von uns eingegebene Text ist auf der dunklen Hintergrundgestaltung nicht zu erkennen.

Sie haben zwei Möglichkeiten, diesen Effekt zu umgehen: Entweder entscheiden Sie sich für eine andere Hintergrundgrafik mit helleren Farben oder Sie geben dem Text eine andere Farbe, die sich deutlich von der Grafik abhebt. Die Textfarbe ändern Sie, indem Sie den <body>-Tag um ein weiteres Schlüsselwort ergänzen:

```
<body background="kugeln.bmp" text="gold">
```

Das Schlüsselwort *text* legt die Farbe des Textes im *body*-Bereich fest. Sie können hier entweder die Farbe mit den Werten für Rot, Grün und Blau direkt eingeben (*#RRGGBB*) oder Sie geben einen Farbnamen an. Diese Farbnamen finden Sie in der Farbnamentabelle in den Referenzen ab Seite 769 des Buches. Wir haben uns für *gold* entschieden. Das Ergebnis ist schon besser als im letzten Beispiel:

Hintergrund mit goldener Schrift

Wir kommen aber schließlich doch zu der Erkenntnis, dass eine Hintergrundgrafik nicht zu unserem goldenen Text passt. Vielmehr sollte der Hintergrund in einem satten Blau erstrahlen, das sehr gut mit unserem Text harmoniert. Daher verändern wir den einleitenden <body>-Tag:

```
<body bgcolor="blue" text="gold">
```

Dieses Ergebnis kann sich sehen lassen:

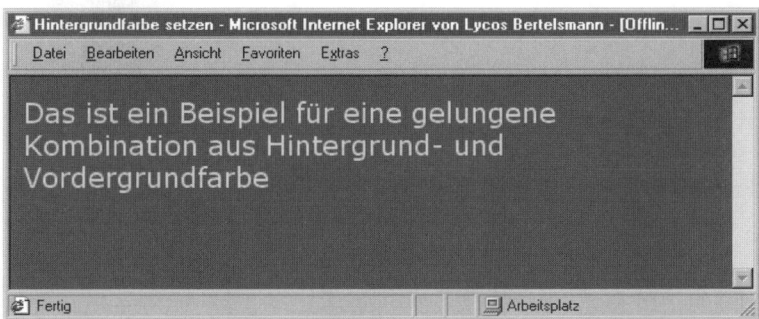

Blauer Hintergrund und goldene Schrift

Das Schlüsselwort *bgcolor* setzt also die Farbe des Hintergrundes, wenn keine Grafik eingebunden ist. Die Verwendung erfolgt analog zu *text*.

Stehenden Hintergrund erzeugen

Obwohl es also auch manchmal besser ist, auf eine auffällige Hintergrundgrafik zu verzichten, können Sie noch eine weitere Möglichkeit zur Hintergrundgestaltung nutzen. Wenn Sie eine Grafik in den Hintergrund einbinden, wird diese normalerweise gescrollt, wenn die Informationen länger als eine Bildschirmseite sind. Text und Grafik verschieben sich bei Bedienung des Scrollbalkens also parallel. HTML gestattet aber zusätzlich einen so genannten Wasserzeichen-Effekt. Obwohl also der Text gescrollt wird, bleibt der

Die erste (X)HTML-Seite

Hintergrund stehen. Sie erreichen diesen Effekt, indem Sie nach der Hintergrundgrafik das Schlüsselwort *bgproperties* einfügen:

```
<body background="Grafik.jpg" bgproperties="fixed">
```

Der folgende Text kann nun gescrollt werden, während *Grafik.jpg* fixiert ist. Das Wasserzeichen gehört übrigens zu den Befehlen, die leider nicht im Netscape Navigator dargestellt werden können. Im Internet Explorer funktioniert der Befehl hingegen tadellos.

Hintergrundgrafik erstellen

Obwohl es möglich ist, in dem bei Windows mitgelieferten Malprogramm *Paint* die Hintergrundkacheln für eine Webseite zu erstellen, ist es doch wesentlich komfortabler, auf ein speziell dafür entwickeltes Programm zurückzugreifen. In diesem Beispiel verwenden wir das Freeware-Programm Reptile, dessen aktuellste Version Sie im Internet auf der Webseite www.sausage.com/reptile/ finden.

Starten Sie das Programm. Die Oberfläche ermöglicht Ihnen zahlreiche Einstellungen, dennoch ist die Bedienung sehr einfach. Mit den Farbskalen in der Mitte des Fensters legen Sie die Grundfarbe der zu erzeugenden Kachel fest, unter *Presets* finden Sie einige Voreinstellungen.

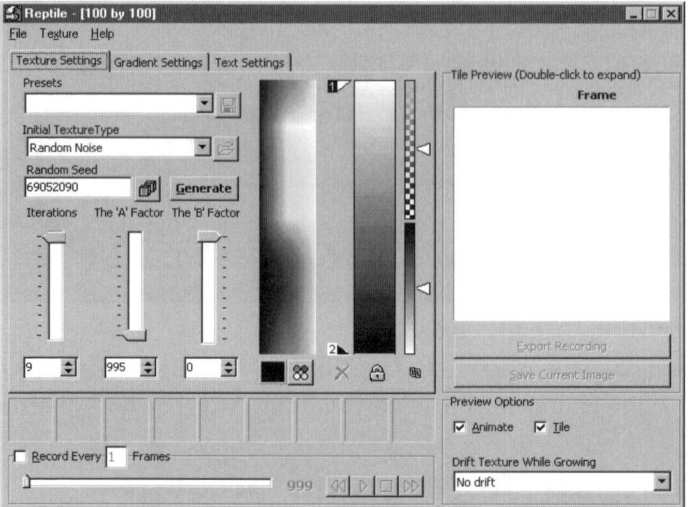

Ihre erste Kachel, noch blütenweiß

Bevor Sie irgendeinen Wert verändern, drücken Sie auf *Generate*. Damit haben Sie bereits Ihre erste Kachel erzeugt. Das Ergebnis sehen Sie im rechten Fenster. Reptile variiert die von Ihnen vorgegebenen Werte; Sie können eine Vorschau am unteren Bildschirmrand erkennen. Wenn Sie auf eine der Variationen klicken, erscheint das Bild in der rechten größeren Ansicht und Sie können begutachten, ob es sich als Hintergrundkachel eignet.

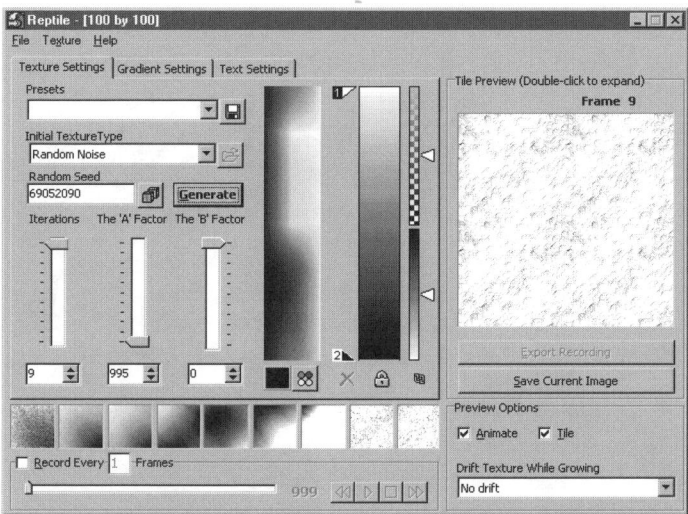

Kachel in Raufaser ...

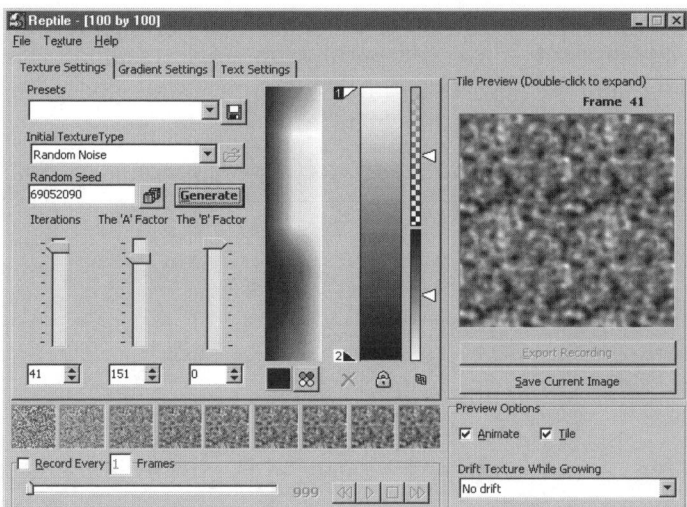

... oder lieber in Granit?

Wir haben das erste Variationsbild angeklickt. Zunächst waren die Kachelübergänge deutlich zu erkennen. Wir haben den Schieber *The 'A' Factor* so lange verschoben und danach auf *Generate* gedrückt, bis sich ein Muster ergeben hat, das kaum noch Übergänge zwischen den Kacheln erkennen lässt.

Wenn Ihnen die Grafik zusagt, können Sie zunächst testen, ob sich auch Schrift darauf lesen lässt. Klicken Sie dazu auf das Register *Text Settings*. Im unteren linken Fensterbereich können Sie die Farbwerte der im rechten Fenster dargestellten Texte verändern.

Die erste (X)HTML-Seite

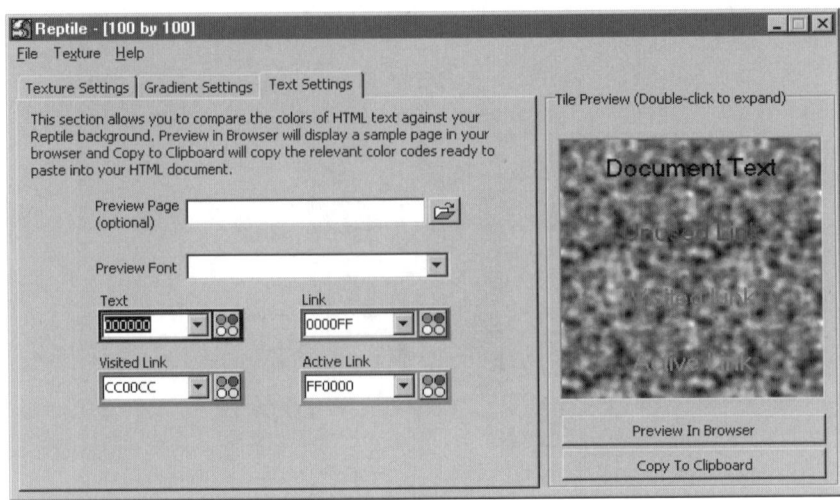

Kann man alles erkennen?

Scheinbar sind alle Texte zu lesen, dennoch ist der Test im Browserfenster zu empfehlen. Klicken Sie auf *Preview In Browser*, daraufhin wird der installierte Internetbrowser gestartet und Sie können einen Beispieltext vor dem eingestellten Hintergrund betrachten.

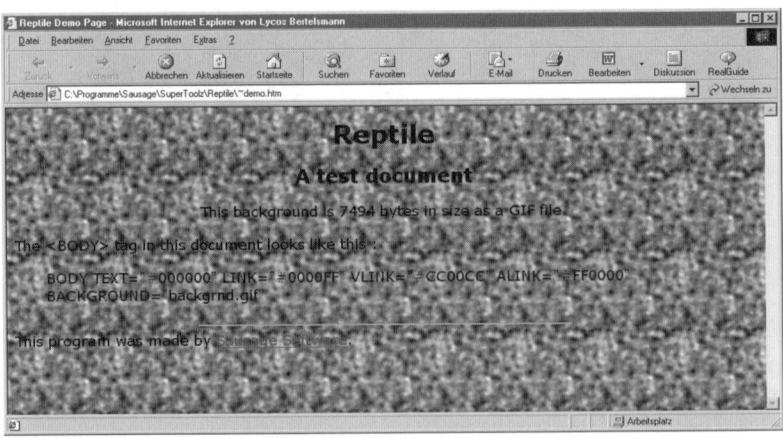

Das Ergebnis des ersten Versuchs

Unsere Wahl war wohl doch nicht so ideal. Während der blaue Verweis auf die E-Mail-Adresse noch zu lesen ist, können die anderen Textzeilen nicht identifiziert werden. Wir müssen daher einen anderen Hintergrund erstellen.

Die erste (X)HTML-Seite

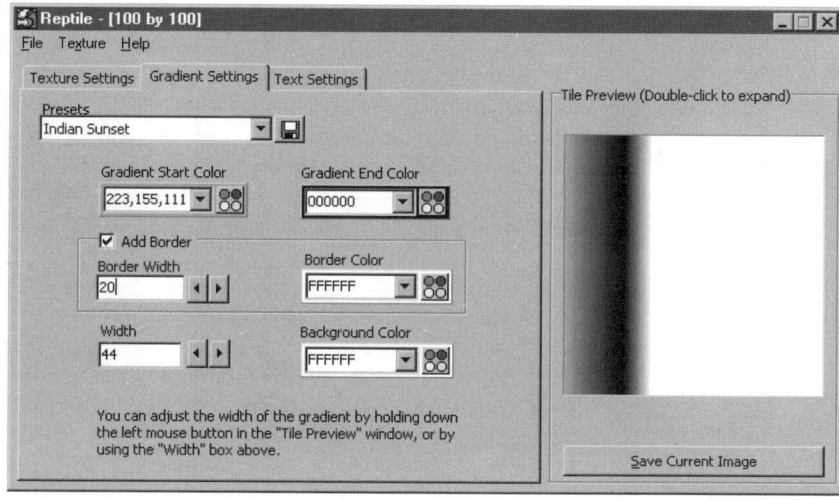

Einstellung von Farbverläufen

Rufen Sie jetzt das Register *Gradient Settings* auf. In diesem Fenster können Farbverläufe definiert werden, die auch als Rahmen links und rechts auf der Webseite zum Einsatz kommen können. Wir haben uns für den voreingestellten Verlauf mit der Bezeichnung *Indian Sunset* entschieden. Sie können sowohl die Start- als auch die Endfarbe des Verlaufs bestimmen. Wir haben zusätzlich einen Rahmen mit *Add Border* erzeugt und dessen Breite auf 20 gesetzt.

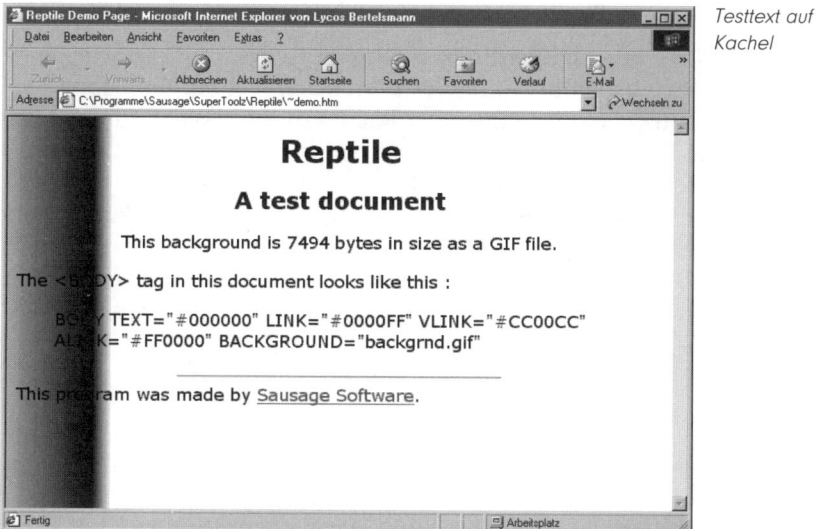

Testtext auf Kachel

Gehen Sie nun wieder auf *Text Settings* und lassen Sie sich den Verlauf im Browserfenster anzeigen. Das sieht gut aus; Sie können den Verlauf nun speichern. Klicken Sie auf *Save Current Image* im *Gradient*-Fenster.

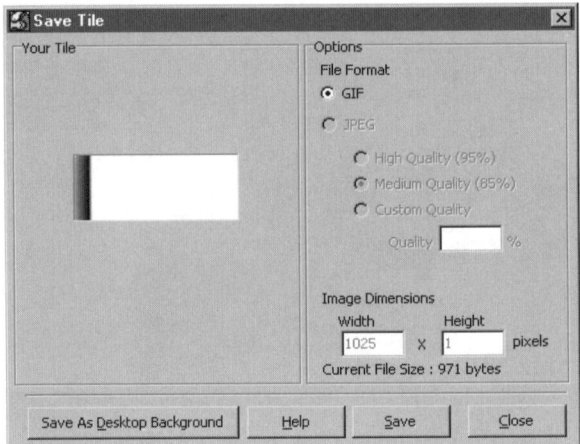

Die Kachel in der Vorschau

Hier sehen Sie noch einmal eine Vorschau des Verlaufs. Mit *Save* speichern Sie die Grafik als GIF-Datei ab, die Sie anschließend als Hintergrundkachel in Ihre Webseite integrieren können.

2.7 Navigieren Sie durch Links

Zu den wichtigsten Eigenschaften der Webseite gehören die Links. Diese Verweise machen den Sprung zu anderen Informationen oder auf andere Webseiten erst möglich.

Die Links bergen allerdings auch eine Gefahr, auf die wir Sie gleich zu Beginn des Abschnitts aufmerksam machen wollen: Sie haben die Verantwortung dafür, dass die Anwender leicht auf Ihrer Webseite navigieren können. Da alle Links grundsätzlich gleich aufgebaut sind, ist es die Anordnung und der Text, die dem Anwender Hinweise darauf geben, ob ein Link ihn auf eine andere Webseite oder an den Anfang des eigenen Dokuments bringt. Seien Sie also sorgfältig, wenn Sie Links einbauen, und überprüfen Sie gelegentlich, ob die Links – gerade wenn sie auf andere Webseiten deuten – überhaupt noch aktuell sind. Ein eingebauter Link sieht folgendermaßen aus:

```
<a href="Link">
Erläuterungstext
</a>
```

Das *A* ist die Kurzform für Anker (**A**nchor), *href* ist die Abkürzung für **H**ypertext-**Ref**erence, als der Bezug, auf den der Link verweist. Der Erläuterungstext steht an der Stelle des Links; er wird in der Regel unterstrichen dargestellt und kann angeklickt werden.

An Stelle des Erläuterungstextes können Sie auch eine Grafik einbinden oder dem Text beispielsweise mit dem Stylesheet-Befehl *text-decoration* weitergehende Attribute hinzufügen. Für weitere Erläuterungen zu diesem Befehl lesen Sie bitte ab Seite 307 nach.

Link im gleichen Dokument

Die einfachste Form des Links ist der Verweis auf eine andere Stelle im gleichen Dokument. Dazu setzen Sie zunächst in einem Text ein Sprungziel mit dem Befehl

```
<a name="Link_1">Linkziel</a>
```

Die Bezeichnung des Links darf in dem Dokument natürlich nur einmal vorkommen, damit der Browser auch das Ziel genau definieren kann. Hier dürfen übrigens keine Sonderzeichen und Leerzeichen vorkommen, lediglich der Unterstrich kann zur Abtrennung der Nummerierung mehrerer Links genutzt werden.

Das Linkziel kann entweder ein Wort, eine Grafik oder eine Überschrift in der Datei sein. Nun müssen Sie den Link auf das eben definierte Sprungziel festlegen. Dies geschieht mit dem Befehl:

```
<a href="#Ziel-Link">Text für das Linkziel</a>
```

Damit haben Sie das erste Linkpaar definiert. Beachten müssen Sie, dass der Browser Groß- und Kleinschreibung unterscheidet. *Link_1* stimmt also mit *link_1* nicht überein.

Testen Sie die Links an folgendem Beispiel:

```
<!DOCTYPE html PUBLIC "-//W3C//DTD XHTML 1.0 Transitional//EN"
"http://www.w3.org/TR/xhtml/DTD/xhtml1-transitional.dtd">
<html xmlns="http://www.w3.org/TR/xhtml1">
<head>

<title>Test der Links</title>
</head>
<body>
<a name="Link_1"></a>
<h1 align="center">Linktest</h1>

<br />
<br />
<br />
<br />
<br />
<br />
<br />
<br />
<br />
<br />
<br />

 In diesem Beispiel zeigen wir Ihnen, wie Links
funktionieren.<br />
 <a href="#Link_1">Zur&uuml;ck</a> zum Abschnitt Linktest<br />
</body>
</html>
```

Die erste (X)HTML-Seite

Im Browserfenster sieht die Seite folgendermaßen aus:

Link auf eine Stelle im gleichen Dokument

Sie erkennen bereits das unterstrichene Wort *Zurück*. Schieben Sie nun das Fenster so weit zu, dass die unteren beiden Sätze nicht zu lesen sind, und scrollen Sie an das Ende der Datei. Wenn Sie nun auf *Zurück* klicken, springt der Fensterinhalt zurück an den Anfang des Dokuments, da ja der Link auf die Überschrift *Linktest* verweist – der Versuch ist also gelungen.

In unserem Beispiel hat der bereits angeklickte Link übrigens eine grünliche Farbe. Diese Farbwerte können Sie im <body>-Tag selbst bestimmen. Die Befehlszeile:

```
<body alink="red" link="blue" vlink="green">
```

setzt die Farbe eines bereits angeklickten Links auf rot (*red*), die Farbe der noch nicht angeklickten Links auf blau (*blue*) und die Farbe eines gerade angeklickten Links auf grün (*green*) (siehe auch ab Seite 307).

Link im anderen Dokument

Eine weitere Möglichkeit besteht darin, dass sich der Link in einer anderen Datei befindet. Die Definition des Links erfolgt wie im obigen Beispiel. Unterschiede ergeben sich jedoch beim Aufruf des Verweises. Im Gegensatz zum ersten Beispiel wird der Name der Datei angegeben, in der sich das Ziel befindet. Der Befehl lautet also folgendermaßen:

```
<a href="Datei.html#Ziel-Link">Text für das Linkziel</a>
```

Befindet sich die Datei im gleichen Verzeichnis wie das Dokument, genügt es, den Namen der Datei zu nennen. Ansonsten müssen Sie den kompletten Pfad angeben.

Link auf Datei

Wenn Sie einen Link auf ein anderes Dokument bzw. eine andere Datei einbauen wollen, sollten Sie beachten, dass Sie die Pfade immer vollständig angeben. Ein solcher Link kann folgendermaßen aufgebaut sein:

```
<a href="Verzeichnis/Datei.html">Text für das Linkziel</a>
```

Diese relativ genannte Art der Dateiangabe bezieht sich immer auf das Verzeichnis, in dem sich das aktuelle Dokument befindet. Eine Angabe mit zwei Punkten wie

```
../Datei.html
```

bezieht sich auf eine Datei, die sich im direkt übergeordneten Verzeichnis befindet. Sie sollten übrigens Klein- und Großschreibung bei Dateinamen unbedingt beachten. Einige Betriebssysteme, unter ihnen das weit verbreitete UNIX bzw. Linux, unterscheiden nämlich sehr wohl zwischen *Datei.html* und *datei.html*. Unter Windows wird die Datei in den meisten Fällen geladen, unter UNIX erfolgt hingegen eine Fehlermeldung.

Link auf WWW-Adresse

Sie können natürlich auch in Ihrem Dokument auf eine andere Webadresse verweisen. Dazu geben Sie hinter *href=* die http-Adresse des Ziels an. Beispiel:

```
<a href="http://myaddress.de/htmldocs">Text für das Linkziel</a>
```

Auch hier gilt: Kontrollieren Sie hin und wieder, ob der Link noch gültig ist, da sich die Webseiten im Internet oft ändern.

Link auf weitere Internetadressen

Neben http-Adressen gibt es im Internet noch weitere Adressformen, etwa Gopher, Telnet oder FTP. Am FTP-Beispiel zeigen wir Ihnen, wie der Link-Befehl aussehen sollte:

```
<a href="ftp://Benutzer:Passwort@ftp.myaddress.de:21/htmldocs">
Text für das Linkziel</a>
```

Hier folgt zunächst die Angabe des Benutzers und sein Passwort beim Zugriff auf den FTP-Server. Sie können diese Daten auf diese Art und Weise übertragen, müssen es aber nicht; der Server fragt Sie sonst nach Ihrem Benutzernamen und dem zugehörigen Kennwort. Nach der Adresse folgt ein Doppelpunkt, nach dem die Portadresse des Servers angegeben werden kann. Sie können diese Angabe auch weglassen, wenn der Standardport benutzt wird.

Link auf Mailadresse

Links auf E-Mail-Adressen werden häufig auf Webseiten eingesetzt, damit die Besucher der Seite mit dem Autor in Kontakt treten können. Der Aufbau des Link-Befehls sieht so aus:

```
<a href="mailto:Peter@domain.com">E-Mail an Peter
(Peter@domain.com)</a>
```

Nach *href=* folgt zunächst das Schlüsselwort *mailto:* gefolgt von der E-Mail-Adresse des Empfängers. Vielleicht haben Sie sich ja gewundert, warum wir in der Beschreibung der Mailadresse diese erneut aufgeführt haben. Der Grund ist folgender: der Befehl *mailto:* startet lediglich das Mailprogramm auf dem Rechner des Anwenders, der den Link angeklickt hat. Ist dort aber kein Mailprogramm installiert, weiß der Anwender nicht, welche E-Mail-Adresse er für den Kontakt benötigt. Daher sollten Sie auch an diese Möglichkeit denken und die Mailadresse noch einmal angeben.

Das Ergebnis präsentiert sich folgendermaßen:

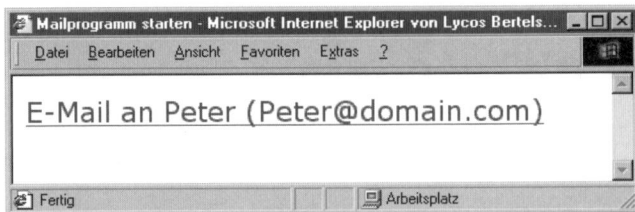

Link auf E-Mail-Adresse mit Angabe der Mailadresse

Ein Klick auf diesen Link startet das Mailprogramm des Rechners, auf dem die Webseite aufgerufen wird:

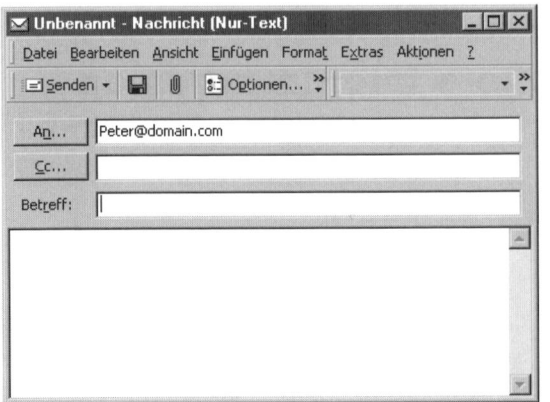

Mailprogramm mit der bereits eingesetzten Mailadresse

Links ohne Unterstreichung

Wie Sie gesehen haben, werden Links standardgemäß immer unterstrichen. Das ist zwar in vielen Fällen sinnvoll, in manchen wirkt es hingegen ziemlich störend. Besonders attraktiv sind diese unterstrichenen Links auch nicht.

Die erste (X)HTML-Seite

Hier nun ein Beispiel, wie Sie diese Unterstreichungen vermeiden können.

Sieht einfach besser aus

```
<!DOCTYPE html PUBLIC "-//W3C//DTD XHTML 1.0 Transitional//EN"
"http://www.w3.org/TR/xhtml1/DTD/xhtml1-transitional.dtd">
<html xmlns="http://www.w3.org/TR/xhtml1">

<head>

  <title>Links ohne Unterstreichung</title>
  <meta http-equiv="Content-Type" content=
  "text/html; charset=iso-8859-1" />

  <style type="text/css">
    <!--
    .link {  text-decoration: none}
    -->
  </style>

</head>

<body bgcolor="#FFFFFF">
<p><font face="Verdana, Arial, Helvetica, sans-serif"><b>Links
ohne
Unterstreichung</b></font></p>

<p><a href="file://datei1.htm" class="link"><font face=
"Verdana, Arial, Helvetica, sans-serif">Hier steht ein
Link</font></a></p>

<p><a href="file://datei2.htm" class="link"><font face=
"Verdana, Arial, Helvetica, sans-serif">Hier ist noch ein
Link</font></a></p>

<p class="link"><a href="file://datei3.htm" class="link"><font
face="Verdana, Arial, Helvetica, sans-serif">Ebenfalls ein
Link</font></a></p>
```

```
<p> </p>
</body>
</html>
```

Sie müssen für diesen Effekt mit so genannten Stylesheets arbeiten. (Lesen Sie zum besseren Verständnis ab Seite 307). Entschließen Sie sich hierzu, müssen Sie sich im Vorfeld eine gute Farbgebung überlegen.

Haben diese Links die gleiche Farbe wie der übrige Text, kann man sie natürlich nicht erkennen.

2.8 Weniger Arbeit mit etwas Planung

Bisher haben Sie lediglich statische Seiten erstellen können. Sie haben also die Möglichkeit, Grafiken darzustellen und Texte auf Ihrer Webseite zu präsentieren. Dies könnten Sie jedoch mit jedem anderen Textverarbeitungsprogramm auch.

Sie sollten sich daher bereits vor der Erstellung Ihrer Webseiten im Klaren darüber sein, warum Sie HTML benutzen. Es geht dabei nicht nur um die Darstellung irgendwelcher Informationen, HTML ist vielmehr in der Lage, diese Informationen über Verweise in einen Kontext zu anderen Informationen zu stellen. Bevor Sie also eine Seite erstellen, sollten Sie sich zunächst darüber informieren, welche weitergehenden Informationen zum Thema Ihrer Seite im Internet verfügbar sind. Dabei helfen Ihnen Suchmaschinen wie www.lycos.com, www.altavista.com, www. hotbot.com und andere. Vielleicht existiert eine Seite, die Sie anbieten wollen, bereits. Dann sparen Sie sich Arbeit und ergänzen die dort angebotenen Informationen mit Ihrem Wissen. Für den Anwender bedeutet der Klick auf einen Link keine zusätzlichen Mühen – vorausgesetzt, die Navigation erfolgt benutzerfreundlich. Überlegen Sie also, ob Sie Ihrer Seite nicht ein Inhaltsverzeichnis spendieren wollen, das alle wichtigen Einträge in Form von Links enthält.

Ein Anwender muss beim Besuch Ihrer Seiten nicht erst den gesamten Text durchschauen, er kann einfach auf den Eintrag im Inhaltsverzeichnis klicken, der ihm gefällt, schon werden ihm die Daten gezeigt.

Es ist sinnvoll, dass Sie, bevor Sie mit der Gestaltung Ihrer Seiten anfangen, zuerst eine grobe Struktur erstellen, vielleicht als Zeichnung. Sollen alle Informationen in einem Dokument untergebracht sein oder soll es mehrere thematisch aufgeteilte Seiten geben? Wie und wo werden diese Seiten verknüpft? In welchem Verzeichnis sollen die Daten gespeichert werden? Welche externen Links müssen auf der Seite anwählbar sein? Das sind viele Fragen, die Sie aber vor dem Entwurf klären sollten. Dann wird es für Sie später wesentlich einfacher sein, die Seiten zu einem Highlight werden zu lassen – denn Fehlermeldungen, die nach dem Klick auf einen Link angezeigt werden, vergraulen viele Anwender.

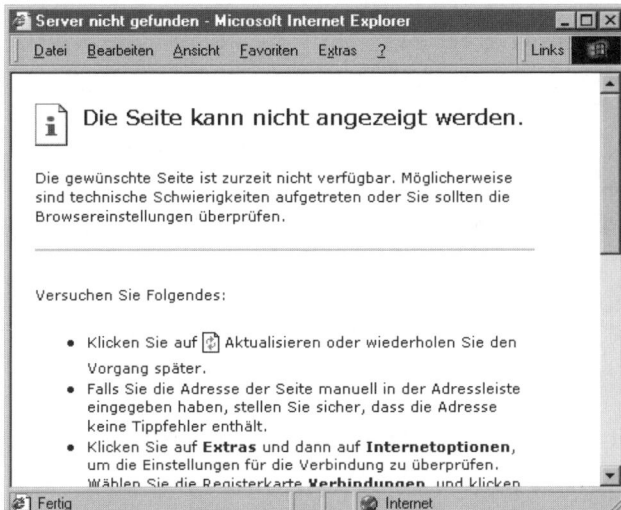

Ärgerliche Fehlermeldung, weil ein Link nicht mehr verfügbar ist

2.9 Erste Webseite mit allen Elementen

Zum Abschluss dieses Kapitels wollen wir Ihnen ein kurzes Listing präsentieren, das alle bisher bekannten Elemente enthält. Sie werden staunen, welche Webseiten Sie bereits jetzt erstellen können, denn alle wichtigen Elemente können Sie bereits einsetzen.

Hier ist das Listing mit allen wesentlichen Elementen:

```
<!DOCTYPE html PUBLIC "-//W3C//DTD XHTML 1.0 Transitional//EN"
"http://www.w3.org/TR/xhtml1/DTD/xhtml1-transitional.dtd">
<html xmlns="http://www.w3.org/TR/xhtml1">

<head>

  <title>Webseite erstellen</title>
</head>

<body bgcolor="wheat" text="red">
<h1 align="center">Die erste Webseite</h1>

Diese erste Webseite enth&auml;lt alle Elemente, die wir bisher
kennen gelernt haben. Dazu geh&ouml;ren<br />
Zeilenumbr&uuml;che und neue Kapitel mit eigenen
&Uuml;berschriften.

<h3 align="right">Kapitel&uuml;berschrift</h3>

<p align="center">Der Text kann auf der Seite ausgerichtet werden,<br />
wobei er linksb&uuml;ndig, mittig oder<br />
rechtsb&uuml;ndig angezeigt wird</p>
```

Die erste (X)HTML-Seite

```
<img src="Grafik.jpg" border="5" align="left" />Sie k&ouml;nnen
einzelnen W&ouml;rtern Attribute wie <b>fett</b> oder
<i>kursiv</i>
zuweisen, sogar Leerzeichen lassen     sich
gezielt
eingeben. Auch Grafiken k&ouml;nnen eingebunden werden, wobei der
Text die Grafik links oder rechts umflie&szlig;t bzw.<br clear=
"all" />
unterhalb des Bildes fortgesetzt werden kann. <br />
<br />
Wenn Sie dem Autor eine Mail schicken wollen, k&ouml;nnen Sie
dessen Mailadresse als Link einf&uuml;gen: <a href=
"mailto:Peter@domain.com">E-Mail an Peter (Peter@domain.com)</a>
</body>
</html>
```

Laden Sie die HTML-Datei in Ihren Webbrowser. Sie erhalten folgendes Ergebnis:

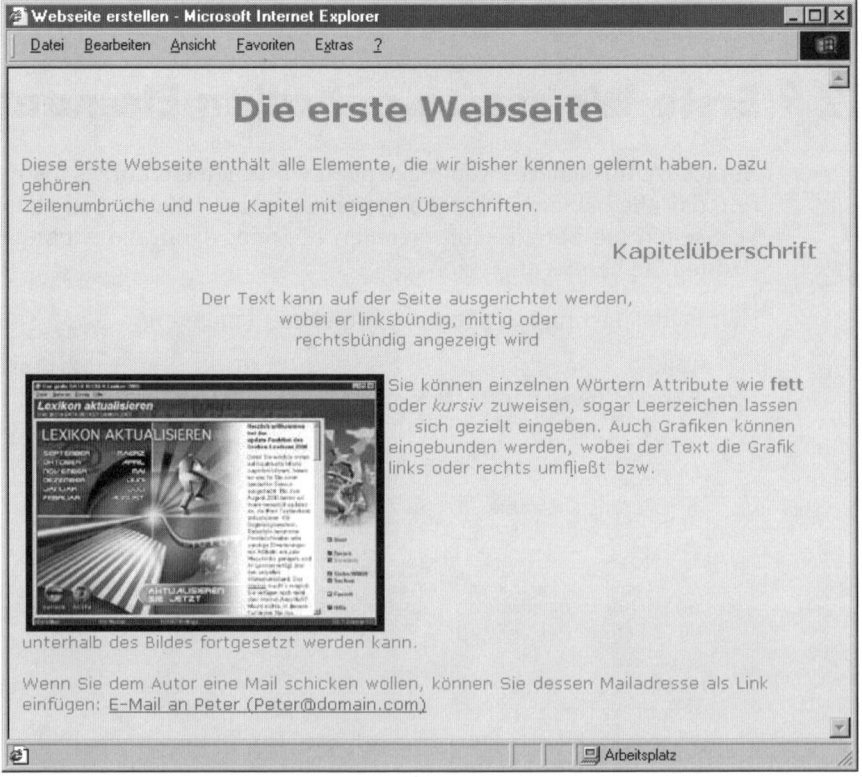

Beispiel mit den wichtigsten Tags

3. Grafiken im praktischen Webeinsatz

Erst durch die Möglichkeit, größere Grafiken zu betrachten, hat das World Wide Web seinen weltweiten Durchbruch als Massenmedium erreicht. In der Tat: Der Anteil an Multimedia-Daten übersteigt bei weitem die restlichen Informationen, die im Netz übertragen werden. Dies liegt nicht zuletzt an den Datenmengen, die für eine Grafik über das Web zu Ihnen wandern müssen, bevor die Grafik komplett auf Ihrem Bildschirm dargestellt wird. Hierbei wird manchmal aus dem Internet das „World Wide Wait".

Grafiken dienen in der Regel zur Erklärung und Auflockerung der Textinformation. In der Werbung übernehmen Bilder inzwischen den entscheidenden Teil zum Transport der Aussagen zum Produkt vom Anbieter zum Kunden.

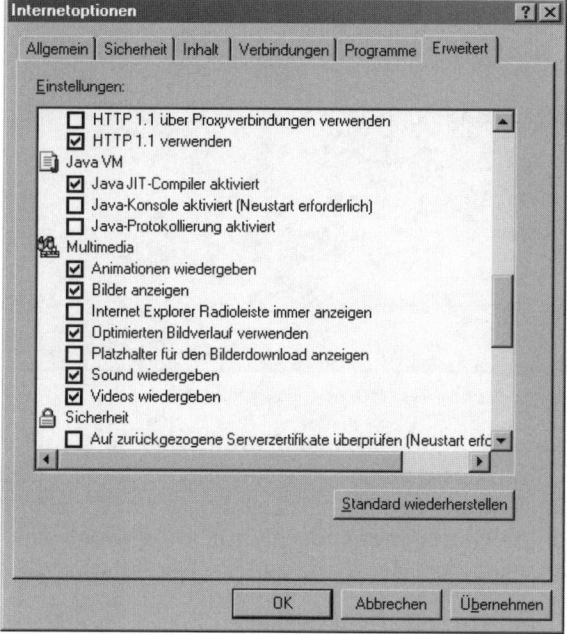

Die Einstellung der erweiterten Internetoptionen beim Internet Explorer 5

Im World Wide Web steht eine unglaublich große Zahl von Bildern zur Verfügung. Die überwiegende Mehrheit lässt sich mit den im Einsatz befindlichen Browsern direkt darstellen. Damit sich eine Datei auf den Weg zu Ihnen macht, muss sie angefordert werden. HTML-Seiten, auf denen Grafiken dargestellt werden sollen, übernehmen die Steuerung des Transports in der Regel selbsttätig. Haben Sie in Ihrem Browser die Option *Grafiken anzeigen* eingeschaltet, fragt Ihr Browser nicht nach, sondern holt die Grafik direkt ab, so wie die Seitensteuerung dies vorsieht. Sie können das automatische Laden der Bilder in jedem HTML-Dokument auch unterdrücken. Im Explorer müssen Sie dazu im Menü *Extras* die *Internetoptionen* wählen. Auf der Registerkarte *Erweitert* deaktivieren Sie dann die Option *Bilder anzeigen* im Bereich *Multimedia*. Dadurch wird das automatische Laden jeglicher Bilder unterdrückt.

Verwenden Sie den Netscape Navigator, finden Sie die Option zum Einstellen dieser Funktion im Menü *Einstellungen*. Wählen Sie dort aus den Kategorien den Bereich *Erweitert* und deaktivieren Sie die Einstellung für das automatische Laden der Grafiken.

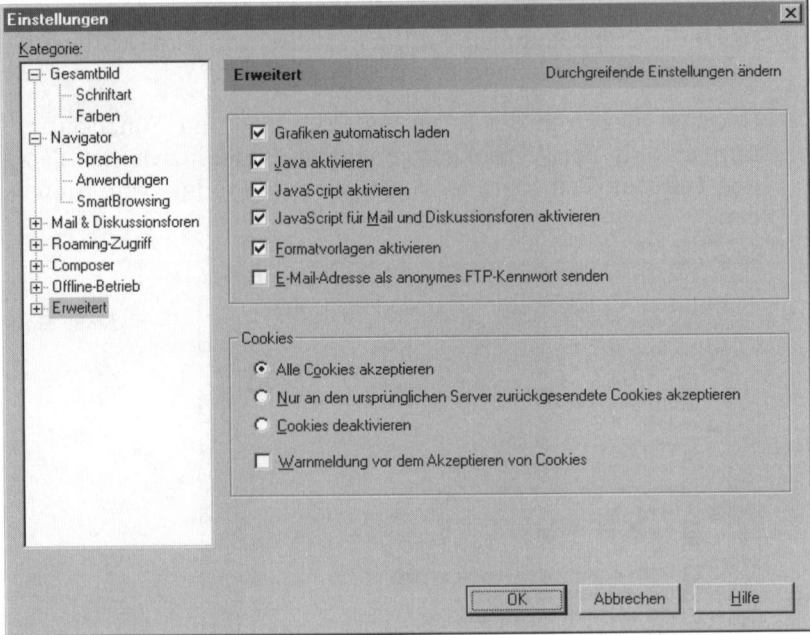

Die erweiterten Einstellungsoptionen des Netscape Navigators 4.7

Natürlich können Sie sich Grafiken aus dem Internet auch anders holen. So bieten zahlreiche Foren des Usenets – die Nachrichtenforen – ebenfalls Grafiken in mannigfaltiger Menge an. In manchen Foren finden sich pro Tag über tausend neue und alte Grafiken zur Veröffentlichung. Auch hier übernimmt Ihr Programm – in diesem Fall der Newsreader – das Abholen der Grafiken.

Die empfangene Datei wird nicht nur auf dem Bildschirm angezeigt, sondern auch auf Ihrer Festplatte gespeichert. Nahezu alle Browser besitzen ein Verzeichnis zum Speichern der Dateien, die Sie aus dem Internet bekommen. Der Microsoft Internet Explorer legt beispielsweise im Windows-Verzeichnis Ihres PCs den Ordner *Temporary Internet Files* an. In diesem finden sich weitere Verzeichnisse, in denen alle Dateien aus dem World Wide Web abgelegt werden. Netscape verwendet in seinem Programmverzeichnis den Ordner *Cache*, der sich im Ordner *User* befindet.

Sehen Sie sich die gleiche Webseite bei einem Besuch im World Wide Web erneut an, überprüft der Browser, ob sich die mit der Seite verknüpften Dateien bereits auf Ihrem Rechner befinden. Ist das der Fall, stellt das Programm die Daten von Ihrer Festplatte zur Verfügung. Hierdurch steht die Webseite erheblich schneller bereit. Den Verzeichnissen wird jedoch nicht unendlich viel Speicherplatz eingeräumt. Deshalb löschen die Browser regelmäßig veraltete Daten.

Grafiken sind nicht nur lästige Mitbringsel und „Transferbremsen", sondern können auch zur Navigation und zur Orientierung verwendet werden. Mit dem Wissen, wie Bilder nahezu ohne Qualitätsverlust komprimiert werden können, lässt sich die Ladegeschwindigkeit der Webseiten fast verdoppeln! Dieses Kapitel klärt die unterschiedlichen Verfahrensweisen um Grafiken und Animationen zu erstellen und für das Web zu optimieren.

> **Tipp**
>
> **Nicht nur Grafiken nutzen**
>
> Häufig wollen Sie eine Webseite zu einem Großteil nur mit grafischen Elementen gestalten. Besonders gerne werden solche grafischen Seiten als Einstiegs- oder Indexseiten eingesetzt. Dabei entsteht ein Problem mit der Indizierung durch die gängigen automatischen Dienste der großen Suchmaschinen. Diese finden natürlich in reinen Grafikseiten kaum brauchbaren Text zum Indizieren der Seite. Um diesem Missstand Abhilfe zu leisten – schließlich wollen Sie ja, dass Ihre Seiten auch gefunden werden – sollten Sie die Funktionen der Meta-Tags nutzen und diese bereits auf der Portalseite setzen (siehe ab Seite 728).

3.1 Grafikformate, Farbpaletten und Transparenz

Die Voraussetzung für die Darstellung von Bildern im World Wide Web ist die Auswahl des richtigen Dateiformates. Zur Wahl stehen derzeit die Formate GIF, JPEG und PNG.

Grafikdateiformate im World Wide Web

Obwohl sich die Welt der Grafiken in Vektor- und Pixelformate aufteilt, haben nur wenige Systeme der Pixelgrafiken Einzug in das World Wide Web gefunden. Es stehen Ihnen grundsätzlich drei Dateiformate zur Verfügung, die von den großen Browsern in deren Ansichtsfenstern angezeigt werden können.

Das **G**raphics **I**nterchange **F**ormat – kurz GIF genannt – wird unterschieden in die Formate GIF87a und GIF89a. Die Zahlenangaben stehen für das Entstehungsjahr des Formats. Das Format JPEG -benannt nach seinen Entwicklern, der **J**oint **P**hotographic **E**xpert **G**roup – wurde als zweites Bildformat fürs World Wide Web entwickelt. Das PNG-Format (**P**ortable **N**etwork **G**raphic) ist die neueste Entwicklung als Bilddateiformat fürs World Wide Web. Es stellt eine Kombination der Eigenschaften von GIF und JPEG dar. Alle drei Bildformate sind pixelorientierte Formate. Ein Vektorformat hat es dagegen bisher nicht geschafft, als Grafik in den Browsern auf allen Betriebssystemen zur Verfügung zu stehen.

Das GIF-Format

Das GIF-Format ist das erste Grafikformat, das speziell für den Onlineeinsatz geschaffen wurde. Viele Bildformate – beispielsweise BMP, WMF oder Pict – sind auf den Einsatz im jeweiligen Betriebssystem oder auf den Ausdruck konzipiert worden. CompuServe erkannte den Bedarf des elektronischen Transports von Grafiken über das Internet und entwickelte das CompuServe **G**raphics **I**nterchange **F**ormat (GIF), das inzwischen das gebräuchliche Format für die Darstellung von indizierten Pixelbildern im World Wide Web und anderen Online-Diensten ist. Die GIF-Grafiken finden in den Webseiten ihren Einsatz beispielsweise als Schalter oder Logos. Das GIF-Format zeichnet sich durch seine hohe Komprimierungsdichte aus. Mit ihm lassen sich Bitmap-, Graustufen- oder indizierte Farbbilder speichern.

Eine Bitmap-Datei im BMP-Format benötigt bei gleichem Bildinhalt etwa zehn bis dreißig Mal so viel Speicher wie eine GIF-Datei. Aktuell ist hier das Format GIF89a. Es bietet als Besonderheiten die Optionen *Interlaced*, *Transparenz* und *Animation*. Mit der Version GIF87a konnte noch keine Transparenz eingesetzt werden.

Die Interlaced Option beim GIF-Format ist eine besondere Art der Speicherung von Grafikdaten. Durch diese Option wird es dem Browser ermöglicht, eine Art Vorschau der Grafik beim Ladevorgang darzustellen. Ohne die Option *Interlaced* stellt der Browser eine Grafik erst dar, wenn sie komplett übertragen ist.

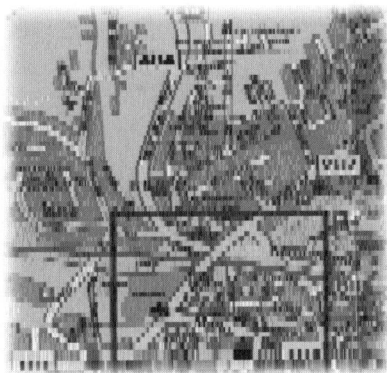
Eine Interlaced Vorschau beim Laden einer GIF-Grafik

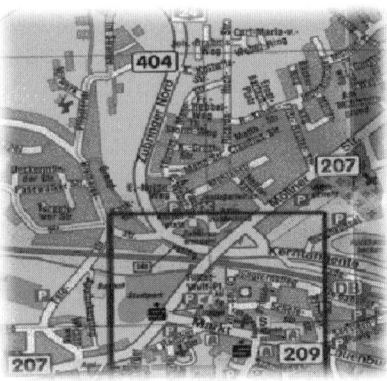
Das vollständig geladene Bild

Ist eine Grafik interlaced, wird sie bereits während des Ladens lagenweise dargestellt. Die Qualität der Vorschau steigt mit dem Fortschreiten der Datenübertragung, bis die komplette Grafik angezeigt werden kann.

Sie können sich diesen Vorgang wie ein Übereinanderlegen einzelner Folien mit unterschiedlichen Details vorstellen, aus denen erst durch das Zusammentragen das Gesamtbild entsteht. Die *Interlaced*-Option von Grafiken eignet sich besonders für Seiten mit großen und/oder sehr vielen Grafiken.

Im Format GIF89a können Sie eine Datei als *Horizontal Interlaced* abspeichern. Dadurch erreichen Sie, dass eine Grafik beim Laden schichtweise aufgebaut wird. Die Grundstruktur der Grafik gelangt so sehr schnell auf den Bildschirm des Anwenders. Mit jeder Schicht werden mehr Details sichtbar, mehr Daten nach und nach eingelesen, bis das vollständige Bild sichtbar ist.

Die Option *Transparenz* erlaubt Ihnen, einen Farbwert als transparent zu definieren. Damit lassen sich transparente Hintergründe bei Grafiken definieren, womit sich gute Effekte erzielen lassen. Im transparenten Bereich der Grafik scheint der Hintergrund der Seite durch. Die Möglichkeit, mehrere Einzelbilder in einer einzigen Grafikdatei zu speichern, kombiniert mit verschiedenen Optionen zur Steuerung der Einzelbilder, ermöglicht die Realisierung animierter Grafiken.

> **Hinweis**
>
> **Monitor- und Buchdruck Auflösungen**
>
> Aus drucktechnischen Gründen sind die Bilder in diesem Kapitel größer dargestellt, als es die Werte in den Unterschriften wiedergeben. Für den Buchdruck reicht die Auflösung der Grafiken aus dem Web von 96 dpi nicht aus. Sie würden sie als unscharf empfinden. Die Verluste an Bildschärfe und Farbtiefe lassen sich besser auf dem Bildschirm Ihres Monitors unterscheiden.

Damit die Daten der Grafik etwas aussagen, sollen Sie die Maße des Originals erfahren. Die ursprüngliche Datei hatte ebenfalls die Größe 400 x 523 Pixel bei 96 dpi und kam, als TIFF-Datei unkomprimiert gespeichert, auf 620 KByte.

Der wesentliche Nachteil des GIF-Formats ist, dass es maximal 256 verschiedene Farben für eine Bilddatei speichern kann. Setzen Sie die Funktion *Transparenz* ein, stehen nur 255 Farben zur Verfügung. Die entstehenden Einschränkungen der Farbenpalette werden aber aufgehoben, indem für das Bild aus der Gesamtpalette von 16,7 Millionen Farben entsprechende oder ähnliche Farbwerte herausgesucht werden.

Grafiken im praktischen Webeinsatz

GIF-Grafik mit den Ausmaßen 400 x 523 Pixel und einer Auflösung von 96 dpi (hier auf 40 % verkleinert). Das Foto hat die Größe von knapp 120 KByte und zeigt den Antennenpark von SES-ASTRA, dem Betreiber der TV-Satelliten (Foto mit freundlicher Genehmigung von SES-ASTRA)

Dank der in das GIF-Format eingebauten LZW-Komprimierung lassen sich GIF-Grafiken – bis auf die Einschränkung der Farbtiefe – nahezu verlustfrei komprimieren. LZW ist eine Komprimierung, die dem ZIP ähnelt. Das Programm gruppiert gleiche Informationen und setzt in den sich wiederholenden Bereichen einen Platzhalter ein. Hierdurch wird in diesem Fall die Grafikdatei kleiner. Bei größeren Archiven wird dieses jedoch mit einer längeren Ladezeit erkauft.

Das JPEG-Format

Ein bedeutender Prozentsatz der Pixelgrafiken im Web basiert auf dem von der **J**oint **P**hotographic **E**xperts **G**roup entwickelten JPEG-Format. Es ist – ebenso wie GIF – das gebräuchliche Format für die Darstellung von Fotos und anderen Halbtonbildern in HTML-Dateien im World Wide Web. JPEG wird aber hauptsächlich zur Weitergabe und Darstellung von höherwertigen Fotos verwendet. Im Gegensatz zu GIF erhält JPEG sämtliche Farbinformationen eines RGB-Bildes, wenn keine Komprimierung gewählt wird.

Die ISO/CCITT-Kommission hat das JPEG-Verfahren für gescannte Bildvorlagen in 24 Bit Farbtiefe übernommen. Bei dieser Organisation handelt es sich um den Vorgänger der heutigen **I**nternational **T**élécommunications **U**nion (ITU). Die alte Abkürzung CCITT bedeutet **C**omité **C**onsultatif **I**nternationale de **T**elegrafic et **T**elefonic. Diese Kommission war für weite Bereiche der Normungsverfahren innerhalb der Europäischen Union zuständig und deshalb auch für die Einführung neuer Standards verantwortlich. Sie zeichnete unter anderem für den ISDN-Standard und das X25-Protokoll verantwortlich.

Bei der Kompression im JPEG-Format gehen Bildinformationen verloren, da durch die Komprimierung Informationen, die die Entwickler des Formats als überflüssig erachten, ausgefiltert werden. Die Bildqualität leidet in Abhängigkeit vom verwendeten Kompressionsfaktor mehr oder weniger. Der Faktor lässt sich in den meisten Programmen zur Bildbearbeitung direkt bei der Speicherung einstellen. Je höher der Kompressionsfaktor gewählt wird, desto schlechter ist die Bildqualität, desto kleiner ist aber die Datei.

Als JPEG-Grafik mit einer Kompressionsrate von 30 % belegt das Bild nur noch 22 KByte

Eine Kompressionsrate um 30 % ist für eine gute Bildqualität auf Webseiten ein sinnvoller Wert. Das JPEG-Dateiformat hat gegenüber GIF den Vorteil, dass es bis zu 16,7 Millionen Farben pro Pixel unterscheiden und speichern kann. Eine JPEG-Grafik wirkt in der Regel farbechter.

Hinweis
Kompressionsraten variieren

Je nach verwendeter Bildbearbeitung variieren die Angaben zur Kompressionsrate bei der JPEG-Speicherung. Während Adobe Photoshop beispielsweise eine Skala von 1 bis 10 angibt (10 bedeutet Speicherung ohne Kompression), verwendet Paint Shop Pro eine prozentuale Skala, die diametral arbeitet. Es lohnt sich also der Blick in die Online-Hilfe.

Eine Variante des JPEG-Formats ist das P-JPEG (Progressives JPEG). Dabei wird, ähnlich wie beim GIF-Format in der Variante *Interlaced*, zuerst eine vollständige, aber noch schemenhafte Fassung der Grafik am Bildschirm aufgebaut. Das dient auch hier dazu, die Grundstruktur der Grafik schnell auf einem Browser anzuzeigen.

Das PNG-Format

Das PNG-Format (**P**ortable **N**etwork **G**raphic) ist ein Grafikformat, das ausschließlich für den Einsatz im World Wide Web entwickelt wurde. PNG soll alle Vorteile von GIF und JPEG in sich vereinen. Die Komprimierung verläuft verlustfrei, das Format unterstützt 16,7 Millionen Farben, ist unabhängig von der Computer-Plattform des Lesers und unterstützt transparente Hintergrundfarben. Mit einer PNG-Datei können Sie außerdem zusätzliche Informationen wie beispielsweise Autor- und Copyright-Hinweise abspeichern. PNG-Dateien haben jedoch auch Nachteile: Die Dateien sind in der Regel größer als die GIF- und JPEG-Verwandten, außerdem können ältere Browser sie nicht lesen.

Als PNG-Datei belegt die Grafik ca. 306 KByte

Der Windows Internet Explorer unterstützt bereits ab der Version 3.0 das Format PNG. Für den Netscape Navigator werden betriebssystemabhängige Plug-Ins für die älteren Versionen angeboten. Die aktuellen Netscape-Versionen haben keinerlei Probleme mit der Darstellung von PNG-Grafiken. Probleme können aber bei der Darstellung der Transparenz auftreten. Auch Mosaic 95, X Mosaic V 2.7b1 und MacMosaic V 3.0A1 unterstützen das PNG-Format.

Übersicht der Formateigenschaften

Jedes der webtauglichen Pixelformate hat Vor- und Nachteile. In der folgenden Tabelle finden Sie die unterschiedlichen Leistungsparameter der Dateiformate und ihrer Unterformate zusammengestellt. Alle anderen – hier nicht aufgeführten – Formate lassen sich auf Webseiten nur mithilfe spezieller

Programme anzeigen, die zuvor auf dem Rechner des Lesers installiert sein müssen. Hierzu ab Seite 671 mehr. Die Grafikformate des World Wide Web in tabellarischer Übersicht:

Eigenschaft	GIF87a	GIF89a	JPEG	P-JPEG	PNG
Farbtiefe	1-8 Bit	1-8 Bit	24 Bit	24 Bit	8, 16, 24, 48 Bit
Farbkodierung	Farbpalette	Farbpalette	Direkt RGB	Direkt RGB	Farbpalette o. Direkt RGB
Maximale Farbdarstellung	256	256	16,7 Mio.	16,7 Mio.	16,7 Mio.
Farbspektrum	16,7 Mio.	16,7 Mio.	16,7 Mio.	16,7 Mio.	16,7 Mio.
Gamma-Informationen	Nein	Nein	Nein	Nein	Ja
Kompressionsmethode	LZW	LZW	DCT und Huffman-Codierung	DCT und Huffman-Codierung	Verschiedene
Kompressionsrate	3:1-5:1	3:1-5:1	10:1-50:1	10:1-50:1	4:1-7:1
Verlustfreie Kompression	Ja	Ja	Nein	Nein	Ja
Interlacing	Ja, horizontal	Ja, horizontal	Nein	Ja, horizontal und vertikal	Ja, horizontal und vertikal
Transparenz	Nein	Ja	Nein	Nein	Ja
Mehrere Einzelbilder in einer Datei	Ja	Ja	Nein	Nein	Nein
Alpha-Kanäle	Nein	Nein	Nein	Nein	Ja
Bitmap-Ebenen	Nein	Nein	Nein	Nein	Ja

Einige Erklärungen zu den Begriffen, die hier nicht sehr tief gehend behandelt werden können: Die Farbtiefe gibt an, wie viel Bits zur Adressierung eines Farbwerts zur Verfügung stehen. Je größer dieser Wert ist, um so mehr Farbwerte lassen sich speichern. Mit der Zunahme der Farbtiefe steigt natürlich auch der Platzbedarf der Grafik. Die Farbkodierung bestimmt, aus welchem Farbbestand die Farben entnommen werden. Sie spielt direkt mit der Farbtiefe zusammen.

Die Gamma-Informationen dienen zur Aufnahme der Kalibrierungsdaten des Systems, mit dem die Bilder erstellt oder bearbeitet wurden. Laden Sie eine mit der Gamma-Information gespeicherte Grafik, passt eine professionelle Bildverarbeitung die Farbwerte auf Ihr System an, damit sie den ursprünglichen Farben entsprechen.

Alpha-Kanäle und Bitmap-Ebenen stellen Ihnen Möglichkeiten der Maskierung zur Verfügung. Auf die Alpha-Kanäle wird gleich eingegangen. Mithilfe der Bitmap-Ebenen werden heute viele Grafiken zusammengestellt. Auf diesen befinden sich einzelne Bildelemente wie beispielsweise Überschriften. In einem DTP-Programm lassen sich nun die einzelnen Ebenen unterschiedlich mit den anderen Elementen einer Seite zusammenführen. In Webseiten spielen diese Features bisher eine untergeordnete Rolle.

Welches Bildformat für welchen Zweck nutzen?

Den Nutzen der einzelnen Bildformate können Sie aus der oben vorgestellten Tabelle der Grafikformate im World Wide Web ableiten. Trotzdem sollten Sie ein weiteres Kriterium in Ihre Überlegungen zum Dateiformat mit einbeziehen. Zuerst müssen Sie entscheiden, wie wichtig und wie filigran die Grafiken sind. Soll das Foto – wie in unserem Beispiel die Satellitenschüsseln – für repräsentative Zwecke eingesetzt werden, so bieten sich nur die hoch auflösenden Formate an. Auch die Feinheit der Details würde für ein Dateiformat sprechen, das mehr von der Darstellung übrig lässt. Hier würden wir zu JPEG greifen, jedoch den Kompressionsfaktor ausschalten. Gleichzeitig könnte man einen Link zu einer größeren Kopie des Bildes anbieten, damit sich der Leser bei Bedarf die Grafik auch als großes Bild abholen kann.

Bei Bildern, die nicht größer als 150 mal 150 Pixel sind oder keinen feingezeichneten Inhalt haben, macht es keinen Sinn, ein hoch farbauflösendes Dateiformat einzusetzen. Dem Betrachter würden dadurch keine zusätzlichen Informationen vermittelt, jedoch eine längere Übertragungszeit beschert werden. Setzen Sie also für kleine Bilder, Bitmaps, Steuergrafiken und Ähnliches immer das GIF-Format ein. Sie sparen dadurch viel Platz, und die Grafiken erleiden keine gravierenden Qualitätseinbußen. Für größere Bilder, vor allem ab 200 mal 200 Pixel, greifen Sie besser auf das JPEG-Format zurück. Die Bilder sehen meistens einfach besser aus. Hintergrundgrafiken wiederum und Schalter, Banner usw. können dagegen als GIF gespeichert sein. Hier ist die Qualität entweder nicht ausschlaggebend oder – bei Hintergründen – vollkommen ausreichend. Schalter und Hintergründe sollten so schnell wie möglich auf dem Monitor dargestellt werden, damit der Leser weiß, wo er gelandet ist und dass gearbeitet wird. Der Einsatz von PNG-Grafiken setzt sich immer mehr durch. Durch die relativ großen Dateien entstehen dem Besucher Ihrer Site jedoch, wie gesagt, höhere Wartezeiten. Wir würden zurzeit von diesem Grafikformat noch keinen intensiven Gebrauch machen.

Transparenz in Bildern

Wie zuvor schon angesprochen, bieten Ihnen die Dateiformate GIF89a und PNG die Möglichkeit, auf eine Farbe zu verzichten. Diese kann als Transparenz eingesetzt werden. Die Fähigkeit können Sie sich zu verschiedenen Zwecken nutzbar machen. Am häufigsten wird die Hintergrundfarbe einer Grafik als transparente Farbe gewählt. So lassen sich unregelmäßige Konturverläufe ohne hässliche Umrandungen auf Ihrer Webseite darstellen. Eine weitere Möglichkeit ist, den Hintergrund der Webseite an einigen Stellen eines Bildes durchscheinen zu lassen. Im Transparenzmodus wird eine Farbe dazu verwendet, bei der Ansicht der Grafik im Browser nicht dargestellt zu werden. Hierfür müssen Sie logischerweise auf eine von den maximal 256 unterschiedlichen Farben des GIF-Formats verzichten. Dies ist nicht immer einfach, wie das folgende Beispiel zeigt:

Grafiken im praktischen Webeinsatz

Der Richtantennenpark von SES-Astra, mit denen die Satelliten für das Fernsehen gefüttert werden. In einem solchen Bild eine Farbe zur Transparenz auszuwählen ist nicht ganz simpel

Nun könnte man natürlich einfach mithilfe des Grafikprogramms Ihrer Wahl eine Farbe zur Transparenzmaske erklären. Das funktioniert in diesem Bild natürlich nicht. Der Himmel besitzt viele Farbnuancen, die ebenfalls in den Objekten des Vordergrundes vorkommen. Unser Bild würde mit der Maskierung aus einer im Foto vorkommenden Maske im Browser etwa so aussehen:

Fehlerhafte Maskierung

Der Himmel als Hintergrund ist immer tückisch, wenn es um die einfache Erstellung einer Transparenzmaske geht. Hier haben wir auf der einen Seite nicht alle Bereiche des Himmels transparent geschaltet, auf der anderen Seite sind die Objekte im Vordergrund bereits „angefressen". Hier muss also mit dem Grafikprogramm Hand an das Bild gelegt werden.

> **Tipp**
> **Große Bilder freistellen**
> Müssen Sie ein Bild manuell freistellen, so bedarf es eines Programms zur Bildbearbeitung. Damit Sie nun nicht mit Filigrantechniken an einzelnen Pixeln arbeiten müssen, sollten Sie die Arbeit zum Freistellen durchführen, bevor Sie das Bild auf die Maße für den Einsatz auf der Webseite bringen. Sie sollten bei der Freistellung auch prüfen, ob wirklich alle Objekte in der Grafik gebraucht werden. So sehen Sie in der oberen linken Ecke unseres Beispiels das Rudiment einer weiteren Antenne, die jedoch für das Bild nicht benötigt wird und somit auch verschwinden kann.

Zum Erzeugen von Bildern mit *Transparenz* können Sie eines der vielen Bildbearbeitungsprogramme einsetzen. Fast alle neueren Vertreter dieser Programme stellen Ihnen in den Exportfunktionen zu GIF und PNG eine Option Transparenz zur Verfügung. Die verschiedenen Grafiken haben wir mit Paint Shop Pro freigestellt. Zur Freistellung einer Grafik bieten die unterschiedlichen Bildbearbeitungsprogramme verschiedene komfortable Tools an. Bei den Grafikprogrammen von Adobe findet man häufig die Werkzeuge *Zauberstab* und *Lasso*, mit denen man ein Bild recht einfach freistellen kann.

Lasso und Zauberstab in Adobe Photoshop

Klicken Sie das Werkzeug *Zauberstab* an und stellen Sie die Toleranz ein. Die Toleranz bestimmt, ab welchen Abweichungen bei den Farbwerten in einem Bild ein Bildteil nicht mehr Bestandteil der Auswahl wird. Klicken Sie anschließend mit dem Zauberstab auf den Hintergrund eines Bildteils, den Sie freistellen wollen. Der Zauberstab erzeugt eine Auswahl, die Sie entfernen können. Wiederholen Sie dieses Verfahren mit dem Zauberstab, bis alle großen Flächen entfernt sind. Sollte das Bild noch immer nicht vollkommen freigestellt sein, entfernen Sie die restlichen Bereiche mit dem *Lasso*-Werkzeug.

Details müssen in der Regel von Hand mithilfe der Werkzeuge freigestellt werden, hier in Adobe Photoshop Nachdem Sie alle Bereiche, die nicht übernommen werden sollen, mithilfe der Werkzeuge maskiert haben, können Sie den Hintergrund nun entfernen. In der Regel bewährt es sich, zuvor eine weiche Auswahlkante von einem Pixel auszuwählen. In diesem Bereich reduziert die Bildbearbeitung den Farbwert der Pixel. Hierdurch wirken die Übergänge vom Objekt zum Hintergrund weicher, nicht so stufig. Sie entfernen den Hintergrund zumeist mit einem Druck auf die [Entf]-Taste.

Der Hintergrund wurde aus dem Bild entfernt

Die grau-weißen Kästchen im Hintergrund symbolisieren die Transparenz. An diesen Stellen erscheint also der Hintergrund der Seite, in die Sie das Bild einfügen.

Bevor Sie nun zum Speichern schreiten, sollten Sie einmal die Auswahl umdrehen. Nun sind alle verbliebenen Bildbereiche maskiert. Bei vielen Programmen erreichen Sie das mit [Strg]-[Umschalt]-[I]. Mithilfe der Tonwertkorrektur beschränken Sie nun den Farbinhalt um ein paar Nuancen. In der Regel nehmen wir die Helligkeit auf einen Maximalwert von 250 zurück.

Hierdurch verschwindet die Farbe Weiß aus dem Bereich. Diese Farbe findet sich also nur noch im freigestellten Bereich.

Grafiken im praktischen Webeinsatz

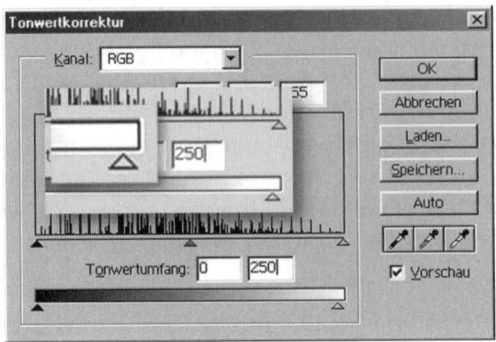

Die Tonwertkorrektur verteilt Farben und Helligkeit auf den neu zugewiesenen Bereich

Da wir nun den Farbwert Weiß aus den Objekten entfernt haben, kann diese Farbe nun als Träger der Transparenz-Information verwendet werden. Nachdem die Grafik freigestellt wurde, können Sie an den Ausmaßen des Bildes arbeiten. Hierzu beschneiden und skalieren Sie die Grafik nun auf die gewünschte Einsatzgröße. Als Ergebnis bleiben nur noch die Objekte übrig, die wirklich in der Webseite eingesetzt werden sollen.

Benötigen Sie die Datei nun als GIF mit Transparenz, fehlt jetzt nur noch die Reduktion der Grafik auf 256 Farben und das Abspeichern im richtigen Dateiformat. Für GIF-Dateien besitzen viele Bildbearbeitungen separate Exportfilter. So sieht das in Adobe Photoshop aus:

Mithilfe des Exportfilters wurde die Farbe markiert, die im Einsatz transparent gehalten werden soll

Die in diesem Beispiel eingesetzte Datei hat nach der Bearbeitung eine Größe von 600 x 665 Pixeln bei 96 dpi. Als GIF-Datei belegt sie 173 KByte. In einer Webseite würde die Grafik so erscheinen:

Im Hintergrund der Webseite wurde ein Verlauf eingezogen, der nun als neuer Himmel fungiert

Zwischen den verschiedenen Arten der Transparenz existieren erhebliche Unterschiede. Die althergebrachte GIF-Transparenz definiert eine Farbe im Farbspektrum des Bildes als transparent. Im PNG-Format steht mit der Alpha-Transparenz ein vollkommen anderes System zum Einsatz bereit. Zum besseren Verständnis: Jede Pixelgrafik mit farbigem Inhalt wird zur Ausgabe in verschiedene Grundfarben zerlegt. Das Verfahren wird sowohl auf Ihrem Monitor angewendet als auch bei der Ausgabe per Farbdrucker. Ihr Bildschirm besitzt – gleich einem Fernseher – eine Maske mit Öffnungen. Aus jedem Loch gibt das System Licht in einer Farbe ab. Insgesamt drei verschiedene Grundfarben werden ausgestrahlt: **R**ot, **G**rün und **B**lau, kurz RGB. Die Helligkeit jedes einzelnen Punkts kann geregelt werden; die Trägheit des Auges setzt die einzelnen Punkte wieder zum Bild zusammen. Im Vergleich: Ein Farbdrucker arbeitet mit den vier Grundfarben: Cyan, Magenta, Gelb und Schwarz; er nutzt aber ebenso die Schwäche unseres Sehvermögens.

Die Farbbilder in den Webseiten sind in der Regel RGB-Bilder. Bildbearbeitungen stellen Ihnen generell die Bearbeitung jedes Pixels zur Verfügung. Das nutzt jedoch nichts, wenn das Foto verfärbt ist. Hier wollen Sie die Farbbalance steuern, nicht den Grafikinhalt. Zu diesem Zweck bietet Ihnen Adobe Photoshop oder Paint Shop Pro das Bild auch in seine Grundfarben zerlegt an – diese nennt man Kanäle. In jedem Kanal befindet sich die Farbinformation einer Grundfarbe in 256 Graustufen abgelegt. Schwarz bedeutet hier „Vollton", Weiß heißt „keine Farbe".

So können Sie zum Beispiel im Kanal für die Farbe Blau Änderungen vornehmen, die im zusammengesetzten Bild nur die Blautöne beeinflusst. Die Programme bieten Ihnen aber auch an, eigene Kanäle einzurichten und zu nutzen. So entsteht ein Alpha-Kanal. In diesem befindet sich nicht eine Grundfarbe, sondern die Transparenzmaske ist abgelegt. Diese können Sie nun genauso einsetzen, als würden Sie mit der Farbe malen. So erreichen Sie Transparenzeffekte, die mit der GIF-Transparenz nicht vergleichbar ist. Das Dateiformat PNG lässt bis zu 256 Alpha-Kanäle zu. Hiermit können also auch effektvolle Arbeiten erledigt werden.

Der Alpha-Kanal wird zur Aufnahme einer Transparenzmaske genutzt

Der Nachteil dieses Verfahrens soll jedoch nicht ungenannt bleiben: Die Alpha-Transparenz sorgt für eine erheblich größere Datei. In diesem Beispiel enthält die Grafik 20 % mehr Daten, die auch zum Leser transportiert werden müssen. Somit sollte der Einsatz von Alpha-Transparenzen genau überlegt sein. Die Alpha-Transparenz wird nicht von allen Browsern voll unterstützt. Netscape Navigator 4.7 unterstützt PNG, aber keine Alpha-Kanäle. Microsoft Internet Explorer 5 unterstützt PNG Alpha-Kanäle voll; bei der Explorer Version 4 gab es jedoch bei komplexeren Transparenzen Schwierigkeiten.

Die Dateigröße optimieren

Die einfachste Möglichkeit, die Grafikdateien kleiner zu bekommen, ist mit einer Verringerung der Ausmaße der Grafik zu erreichen.

Die Dateigröße

Eine professionelle Grafik, die für die Druckvorstufe verwendbar ist, kann enorme Ausmaße annehmen. So hat zum Beispiel ein unkomprimiertes TIFF-Bild der Größe DIN A4 mit einer Auflösung von 300 dpi in RGB-Farben schnell auf der Festplatte 30 MByte belegt. Natürlich sind solche Datenmengen für die Betrachtung im Webbrowser vollkommen ungeeignet. Allein die Übertragung zum Rechner Ihres Lesers würde per ISDN bereits mehr als eine Stunde dauern. Ihr Leser könnte mit einem Bild dieser Größe auch nichts anfangen: Sein Monitor stellt nur einen geringen Teil der Grafik dar.

Der Antennenpark als hochauflösendes Bild (circa 10 MByte)

Für Grafiken in Webseiten sollten Sie die folgenden Maße im Auge behalten: Die Grafik sollte nicht größer als die Webseite sein, denn ein Browser liefert nur einen bestimmten Platz zur Darstellung. Der Innenraum des Browserfensters ist für Sie die Maximalgröße. Folgende Maße stehen Ihnen in der maximierten Ansicht des Browsers zur Verfügung:

Einstellung der Grafikkarte	Innenraum im Browserfenster
640 x 480 Pixel im Standardfenster	536 x 196 Pixel
640 x 480 Pixel, maximiert	600 x 300 Pixel
800 x 600 Pixel, maximiert	760 x 420 Pixel
1024 x 768 Pixel, maximiert	955 x 600 Pixel

Grafiken im praktischen Webeinsatz

Dies sind Standardgrößen, die – je nach Browser und den im Browser eingeschalteten Funktionen – variieren können. Grundsätzlich sollten die Bilder immer auf die Größe reduziert werden, die sie auf Ihrer Webseite auch einnehmen sollen. Ein Wort zur Auflösung: Der Monitor an Ihrem PC hat eine Auflösung von 96 dpi. Arbeiten Sie am Mac, werden hier die Bilder nur mit 72 dpi dargestellt. Ihnen ist sicherlich klar, dass Sie für Bilder, die nur auf dem Bildschirm dargestellt werden sollen, keine höhere Auflösung benötigen.

Tipp
An die Mac-Nutzer
Besonders die Grafiker unter Ihnen, die auf dem Mac die Bilder bearbeiten, sollten den Bildern im Web 96 dpi gönnen. Der Speicherbedarf ist nur gering höher, dafür sehen die Bilder aber auch besser auf den PCs aus.

Die gleiche Grafik, jedoch in Größe und Auflösung reduziert

Reduzieren Sie nun eine Grafik, wie wir sie zu Beginn als Beispiel nannten, so wird aus der 30-MByte-Datei des Originals für den Webeinsatz eine Datei von circa 2 MByte. Dies ist immer noch eine zu große Datenmenge für den Webeinsatz, doch nun kommt die Datenreduktion durch Kompression ins Spiel.

Die Kompression

Es ist auch anders möglich, die Datenmenge einer Grafik zu verringern. Im Folgenden wollen wir Daten einer Grafik so reduzieren, dass der Unterschied zwischen Original und bearbeiteter Grafik vom Auge möglichst nicht wahrgenommen werden kann.

JPEG-Kompressionsfaktor

Das JPEG-Format lässt sich relativ einfach komprimieren. Über einen Schieber kann beim Abspeichern einer JPEG-Datei der Kompressionsfaktor beliebig eingestellt werden. Noch einmal zur Erinnerung: Vorsicht bei verlustreicher Komprimierung, herausgerechnete Bildinformationen lassen sich nicht wieder herstellen.

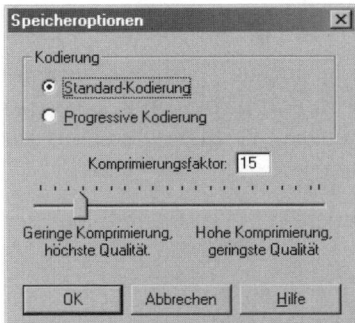

Einstellungsoption zum Speichern von JPEG-Dateien unter Paint Shop Pro

In diesen Ausschnitten sehen Sie ein Auszug aus den JPEG-Dateien. Die linke Einblendung zeigt JPEG ohne Komprimierung (532 KByte), die rechte wurde sehr stark komprimiert (56 KByte).

Ein Komprimierungsfaktor von circa 15 % erreicht meist ausgezeichnete Ergebnisse. Inwieweit die Komprimierung weiter hoch geschraubt werden kann, hängt ganz vom jeweiligen Bild ab.

Farbtiefe ändern, um Dateien zu verkleinern

Hat eine Grafik eine Farbtiefe von n Bit, enthält diese Grafik 2^n Farben.

Die folgende Tabelle veranschaulicht noch einmal, wie die Farbtiefe mit der Anzahl verschiedener Farben zusammenhängt.

Farbtiefe	Farben
1 Bit	2 Farben (Schwarz/Weiß)
2 Bit	4 Farben
3 Bit	8 Farben
4 Bit	16 Farben
5 Bit	32 Farben
6 Bit	64 Farben
7 Bit	128 Farben
8 Bit	256 Farben
24 Bit	16.777.216 Farben
32 Bit	4.294.967.296 Farben

Die GIF-Grafiken können durch Änderung der Farbtiefe wesentlich verkleinert werden.Hierbei sollte man im Hinterkopf behalten, dass durch eine geringere Farbtiefe auch weniger Farben zur Verfügung stehen, wie in der Tabelle oben dargestellt.

Diese Technik eignet sich also besonders für homogene Bilder wie im folgenden Beispiel.

Komplexe Bilder, mit vielen unterschiedlichen Farben, leiden eher durch die Reduktion der Farbtiefe.

Einige im Bild enthaltene Farben können nach der Datenreduktion nicht mehr dargestellt werden und müssen durch andere ersetzt oder durch die so genannte Dither-Technik angenähert werden.

Das folgende Beispiel zeigt, wie die Farbtiefe reduziert werden kann, ohne wesentliche Qualitätsverluste im Bild. Das Bild besteht im Wesentlichen aus dem Grün der Pflanze und den dunklen Farben des Hintergrundes. Bei Bildern wie diesem, in dem wenige Farben stecken, ist es meist möglich, die Farbtiefe zu reduzieren und somit Daten zu sparen.

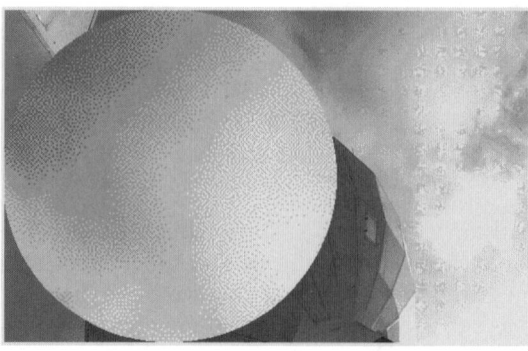

Die Satelliten als GIF-Grafik mit einer Farbtiefe von drei Bit, Größe 74 KByte

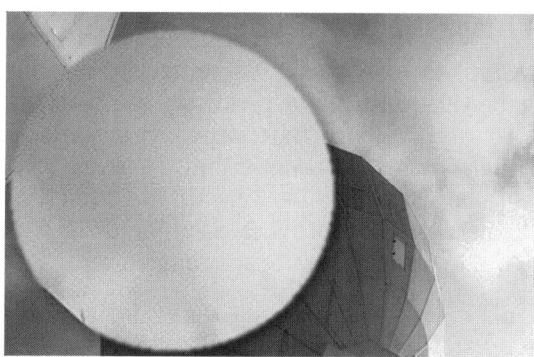

Die gleiche Grafik mit fünf Bit Farbtiefe und einer Größe von 258 KByte. Es wurde keine Kompression eingesetzt. Das Original hatte mit einer Farbtiefe von 8 Bit eine Größe von 259 KByte

Bei der Reduktion der Farbtiefe verhalten sich Bildbearbeitungen sehr unterschiedlich. So liefert zum Beispiel Adobe Photoshop wesentlich bessere Ergebnisse als Paint Shop Pro. Doch zwischen beiden Programmen liegt auch ein kleiner finanzieller Unterschied. ;-)

Das Aussehen einer Grafik im World Wide Web hängt sehr stark vom Computertyp, dem Grafiksubsystem, dem Betriebssystem und dem eingesetzten Browser ab, der zur Anzeige der Internetgrafik eingesetzt wird.

Um ein möglichst einheitliches Erscheinungsbild Ihrer Webseiten zu gewährleisten, sollten Sie sich die Grafiken vor der Veröffentlichung in verschiedenen Browsern auf unterschiedlichen Plattformen und mit verschiedenen Farbtiefen ansehen.

Bilder in die Webseite einbinden und platzieren

Nachdem Sie Ihre Bilder zur Darstellung im World Wide Web gesammelt und in ein internetfähiges Format konvertiert und optimiert haben, wollen Sie diese natürlich auch in effektvoller Weise präsentieren.

Tipp
Große Bilder schaffen lange Ladezeiten

Bedenken Sie beim Erzeugen von Grafiken für das World Wide Web immer, dass viele Benutzer noch nicht über sehr schnelle Internetzugänge verfügen. Große Grafiken und Bilder verursachen dementsprechend lange Ladezeiten und können bei den Besuchern schnell zur Verärgerung führen. Versuchen Sie deshalb schon beim Erzeugen der Grafiken, diese in der Anzahl der Farben zu reduzieren, die Bildgröße zu optimieren und nicht zu viele Bilder und Grafiken auf einer Webseite darzustellen. Geben Sie bei Grafiken immer auch die Höhe und Breite im HTML-Quelltext an. Auch hier gilt: „Weniger ist häufig mehr".

Bilder in die Webseite einbinden

Zum Einbinden von Grafiken in HTML-Dokumenten müssen einige Grundvoraussetzungen gegeben sein. Zum einen müssen Grafiken in einem von den verschiedenen Browsern lesbare Dateiformat vorliegen, zum anderen muss der Speicherort der Grafiken von der HTML-Seite aus erreichbar sein. In die HTML-Seite schreiben Sie einen Verweis auf die Bilddatei. Mit diesem Verweis, auch Referenzierung genannt, verbinden Sie die Informationen über die Positionierung und weitere Funktionsparameter.

Beispiel:

```
<img src="Grafikdatei.gif" />
```

oder

```
<img src="Bilddatei.jpg"> />
```

Der Verweis auf eine Grafik bzw. ein Bild beginnt immer mit <img src=. Dabei steht img für **Im**age (Bild), src steht für **S**o**urc**e (Quelle). Hinter dem Gleichheitszeichen geben Sie in Anführungsstrichen den Namen der gewünschten Grafikdatei an. Der Dateiname muss dabei in Anführungszeichen gesetzt werden. Grafikreferenzen werden wie alle anderen Befehle in XHTML auch in Dreiecksklammern gesetzt.

Im XHTML-Code werden alle Befehle und Attribute kleingeschrieben. Zusätzlich müssen alle Tags auch wieder aufgehoben werden. Der Befehl <img> hatte bisher kein schließendes Pendant. Er gehörte somit in die kleine Klasse der HTML-Befehle, zu denen auch <br> und <hr> gehören. Diese beiden liefern einen Zeilenumbruch (
 gleich **Br**eak) und eine Horizontallinie. Zur Anpassung an XHTML haben die Schöpfer der Sprache – das W3C – nun alle Befehle einigermaßen gleichgestellt. Die Aufhebung findet mit dem gleichen Befehl statt, der den Effekt einschaltet. Er erhält lediglich das Aufhebungszeichen / vorangestellt. Das ist – bis auf die hier genannten Ausnahmen – auch in XHTML so. Damit ältere Browser in diesen Sonderfällen nun nicht auf Probleme auflaufen, wird in den Tags <img>, <br>, <hr> <input> und <param> das Auflösungszeichen vor der schließenden spitzen Klammer eingefügt. Aus dem HTML-Tag <img ...> wird in XHTML <img ... />, aus <br> wird
 (das Leerzeichen nicht vergessen).

Übrigens: Alle Werte, die mit einem Attribut an den XHTML-Befehl übergeben werden, stehen in Anführungszeichen. Es gibt auch keine Attribute mehr, die nur durch ihre Anwesenheit einen Wert setzen; aus dem Attribut *checked* wird in XHTML *checked="checked"*. Ganz wichtig: Setzen Sie verschachtelte Tags, zum Beispiel <p><b>Hallo</p></b>, so war das in HTML noch zulässig. In XHTML müssen jedoch die Tags in umgekehrter Reihenfolge aufgehoben werden: <p><b>Hallo</b></p>

Grafiken im praktischen Webeinsatz

> **Hinweis**
>
> **Wichtiges zur Umstellung auf XHTML!**
> Viele Programme zur Webseitengestaltung generieren noch nicht XHTML. Wenn Sie beispielsweise mit einer älteren Version von Macromedia Fireworks eine Grafik für HTML vorbereiten und den HTML-Sourcecode einsetzen wollen, müssen Sie nach der Generierung das erstellte HTML-Dokument von Hand durcharbeiten und die Tags auf XHTML korrigieren.

Das hier gezeigte Beispiel geht davon aus, dass die Bilddatei und der XHTML-Quellcode in einem Verzeichnis liegen. Deshalb ist es hier nicht notwendig, den Verzeichnispfad der Grafik genauer anzugeben. Sie können die Grafiken natürlich an jedem Ort im Internet platzieren, müssen dann aber genau angeben, auf welchem Server und in welchem Verzeichnis sich das Bild befindet.

```
<img src="HTTP://WWW.COMPUTERKUNST.DE/GRAFIK/Hier.jpg" />
```

Grafiken an den unterschiedlichsten Orten

Aus Gründen der Übersichtlichkeit sollten Sie bei umfangreicheren Internetprojekten eine Trennung zwischen XHTML-Dateien und Grafiken vornehmen. Diese Trennung kann auch dann sinnvoll sein, wenn Sie nur eingeschränkten Speicherplatz auf einem Webserver haben. Sie können Ihre Internetseiten dann auf verschiedene Webserver verteilen und mit einer geschickten Referenzierung wieder zusammenführen. Für den Besucher Ihrer Webseiten sind diese Verteilungsstrategien theoretisch ohne Belang. Die Einträge in der XHTML-Datei mit direkten Verzeichnisangaben sähen dann zum Beispiel so aus:

```
<img src="file:///D|/BILDER/INTERNET/Blister.gif" />
<img src="file:///H|/DATA BECKER/WEBSEITEN/BILDER/Sail.jpg" />
```

Natürlich können Sie auf Ihren Webseiten jedes Bild, das auf einem Server im Internet abgelegt ist, einbinden. Dazu ist es dann nur notwendig, statt der Verzeichnisangabe auf dem lokalen Webserver die vollständige Internetadresse der Grafik (URL) anzugeben. Der wesentliche Nachteil beim Einbinden von Grafiken auf unterschiedlichen Servern ist, dass Sie Ihre Seiten dadurch sehr schlecht pflegen können und abhängig von der Erreichbarkeit aller anderen referenzierten Internetserver sind.

```
<img src="http://www.computerkunst.de/grafik/hier.jpg" />
```

Als Referenzierung auf einen anderen Webserver, reicht es aus, die vollständige Adresse des Bildes nach dem *img*-Tag anzugeben.

> **Hinweis**
>
> **Vorsicht Copyright**
> Bei der Verwendung fremden geistigen Eigentums, und das sind auch alle Bilder und Texte im Internet, sollten Sie immer bedenken,

dass diese Quellen durch das Urheberrecht geschützt sind. Wollen Sie also die Texte, Bilder oder Grafiken eines Anderen in Ihren Seiten einbinden, sollten Sie den Inhaber des Urheberrechts vorher um seine Zustimmung bitten.

Relative Pfadnamen

Wollen Sie Ihre Internetseiten gleichzeitig auf verschiedenen Webservern veröffentlichen, ist es nicht zweckdienlich, mit fixen Dateipfaden zu arbeiten. Sie müssten sonst auf jedem Webserver die Links und Referenzen neu anpassen. Um diese Problematik zu umgehen, haben Sie die Möglichkeit, alle Dateipfade mit relativen Pfadnamen anzugeben.

```
<img src="Cruxia.gif" />
<img src="BILDER/IMAGEBEISPIELE/Heiko_Peball.gif" />
<img src="../BILDER/INTERNET/Silvia.gif" />
```

Wie Sie an den oben stehenden Beispielzeilen sehen können, unterscheiden sich die relativen Pfadangaben von den eindeutigen durch den Referenzbefehl. Es wird hier kein File angegeben – und so der Verzeichnisort lokalisiert –, sondern es wird ausgehend vom Quellverzeichnis des XHTML-Textes der Webseite eine relative Referenz aufgebaut.

Bei diesen relativen Referenzen wird ausgehend vom Bezugsverzeichnis in Verzeichnissen aufwärts oder abwärts referenziert.

Das bedeutet, dass eine Grafik, die in einem Unterverzeichnis des Quellverzeichnisses abgelegt ist, mit dem Namen des Unterverzeichnisses, einem Schrägstrich (unbedingt darauf achten: erforderlich ist ein einfacher Schrägstrich) und dann dem Namen der Grafikdatei referenziert wird.

Befindet sich die Grafik in einem Verzeichnis eine Ebene höher, beginnen Sie die Referenzierung mit zwei Punkten, gefolgt von einen Schrägstrich und dann dem Namen der Grafik. Je weiter im Verzeichnisbaum das Grafikverzeichnis vom Quellverzeichnis entfernt ist, desto komplexer werden die Aneinanderreihungen der einzelnen Verzeichnisse.

Die beiden folgenden Referenzierungen eines Bildes sind im nachfolgenden Bild als Baumdiagramm dargestellt.

Sehr gut ist hier nachvollziehbar, dass dieser relative Verzeichnisstamm auf jeden beliebigen Webserver portierbar ist.

```
<img src="../BILDER/INTERNET/Picture_1.GIF" />
<img src="BILDER/Web _Bilder/Picture_2.JPG" />
```

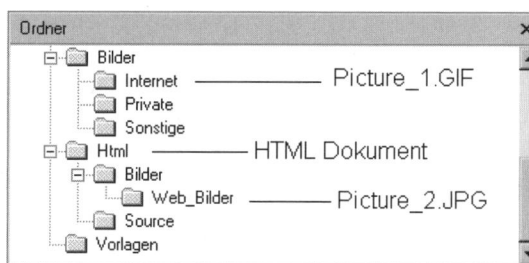

Das Baumdiagramm der beiden Beispielreferenzierungen

Über Links auf Bilder zugreifen – Galerien

Sie können auch einen Link zu einer Grafik legen. Das beste Beispiel für diese Art der Einbindung von Grafiken ist die Bildergalerie.

Eine Vielzahl kleinere Bilder, die als Vorschau dienen, sind mit einem Link auf das entsprechende große Bild versehen. So kann der Betrachter sich vorher die kleinen Grafiken anschauen und danach mit einem Klick auf eins der kleinen Bildchen das Bild in voller Größe genießen.

Der Link wird genauso wie jeder andere Link auf ein XHTML-Dokument gesetzt, nur dass nun das Ziel eine JPEG-Grafik ist.

Anwendungsbeispiel Bildergalerie

Das Beispiel der Bildergalerie lässt den Vorteil schon erahnen. Sie möchten eine große Menge datenschwerer Bilder ins Web stellen. Alle Grafiken auf einer Seite würden das Laden dieser Seite zu einem zeitaufwendigen Unterfangen machen. Stattdessen stellen Sie die Grafiken stark verkleinert (zum Beispiel auf 20 Prozent) im GIF-Format auf die Seite. Die kleinen Grafiken erhalten dann den Link zum schönen großen JPEG-Bild. Diese kleinen Vorschaugrafiken werden auch Thumbnails genannt.

```
<p><a href="pyram0.jpg" /><img src="pyram0k.jpg" /></a></p>
```

Auf diese Weise hat der Betrachter einen Überblick über alle Grafiken und kann sich bestimmte durch Anklicken genauer betrachten. So müssen nicht alle großen JPEG-Bilder geladen werden, sondern nur die kleineren GIFs, was das Laden der Seite wesentlich beschleunigt. Im vorigen Beispiel sind die GIFs auf 25 % der ursprünglichen JEPG-Größe verkleinert worden. Damit wurde eine circa zwanzigfache Datenreduktion erzielt.

Tipp
Links auf andere Formate als XHTML

Sie können als Ziel des HREF auch andere Dateien als nur Bilddateien und XHTML-Dokumente wählen. Wie damit umgegangen wird, hängt ganz vom Browser des Betrachters ab. Sie können zum Beispiel als Ziel auch eine Videodatei oder Audiodateien angeben. Der Browser startet dann Plug-Ins zum Abspielen dieser Dateien (siehe auch ab Seite 671). Unter den neueren Netscape- und Explorer-Versionen funktioniert dies problemlos. Mit dieser Methode können Sie auch komplette Video-Archive oder Ihre gesammelten Sounds auf Ihrer Homepage anbieten.

Ersatztexte für Bilder

Was passiert eigentlich, wenn ein Bild, das Sie in Ihrer Webseite eingebunden haben, mit einmal nicht mehr verfügbar ist?

Auf der Seite wird (im Internet Explorer) in diesem Fall einfach ein Rechteck mit einem roten X angezeigt. Mit dieser Information kann der Betrachter recht wenig anfangen. Deshalb sollten Sie für diesen Fall vorsorgen und der Referenzierung des Bildes einen so genannten Ersatztext mitgeben.

Dieser Ersatztext wird dann anstelle des Bildes angezeigt, wenn das Bild selbst nicht verfügbar ist. Haben Sie die Größe des Bildes ebenfalls mit angegeben, wird auch der äußere Rand des Bildes im Webbrowser angezeigt.

Grafiken im praktischen Webeinsatz

Die Seite mit vorhandenem Bild

Auf dem folgenden Bild sehen Sie dieselbe Webseite, aber diesmal ohne dass der Browser auf das referenzierte Bild zugreifen kann. Hinter dem Fehlzeichen sehen Sie den so genannten Ersatztext.

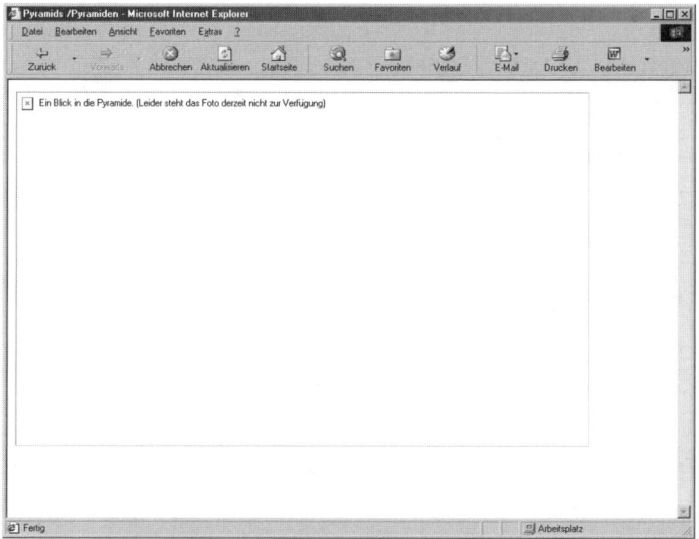

Die gleiche Seite; das Bild ist aber nicht im angegebenen Verzeichnis zu finden

Zum Angeben eines Referenztextes verwenden Sie mit dem *img*-Tag das Attribut *alt*. Zusammen mit dem Attribut wird der Attributwert angegeben.

```
<img src="bitmap.jpg " alt="Text der Kurzbeschreibung " />
```

Fügen Sie für einen Referenztext also einfach nach der Referenzierung des Bildes das Attribut *alt="..."* mit dem erläuternden Textteil in Anführungszeichen ein. Das Attribut *alt* leitet sich vom Begriff Alternative ab.

> **Hinweis**
> **Hilfreich oder lästig?**
> Der Alternativtext wird immer angezeigt. Ist die darzustellende Grafik groß, sieht der Leser zunächst den Alternativtext, bevor dieser von der inzwischen geladenen Grafik überdeckt wird. Verwenden Sie Bilder, die sich interlaced aufbauen, ist die Zeit der Darstellung des Textes jedoch recht kurz.

Grafiken mit Rahmen versehen

Sie wollen eine Grafik klar von Ihrer Webseite absetzen, die Farben des Bildes heben sich aber nicht sehr deutlich von Ihrem Webseitenhintergrund ab. In diesem Fall bietet es sich an, die Grafik mit einem Rahmen zu versehen, der eine deutliche optische Trennung zwischen dem Bild und der übrigen Webseite ermöglicht.

Zusammen mit dem *img*-Tag wird dazu das Attribut *border* eingesetzt.

```
<img src=" Bitmap.jpg" border="10" alt=" Text der
Kurzbeschreibung " />
```

Mit dem Attribut *border* erzeugt der Browser einen Rand, dessen Stärke in Pixel nach dem Attribut angegeben wird. Setzen Sie das Attribut *border* auf *"0"*, wird kein Rahmen angezeigt.

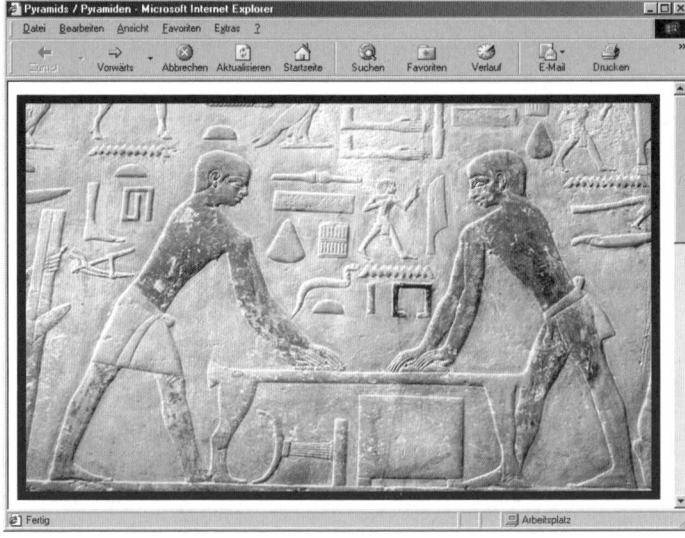

Die Darstellung mit einem Rahmen von zehn Pixeln

Der vollständige XHTML-Code für das Bild lautet:

```
<html>
<head>
<title>Pyramids / Pyramiden</title>
</head>
<body>
<p><img src="pyram1.jpg" width="709" height="444" border="10" />
```

```
</p>
</body>
</html>
```

Hier sehen Sie schon sehr gut, dass auch beim *img*-Tag einfach nur alle gewünschten Attribute zur näheren Beschreibung an das Tag angehängt werden.

Grafiken benennen

Um auf Grafiken in XHTML-Dokumenten mit Java oder JavaScript (siehe ab Seite 229) zu Steuerungszwecken zugreifen zu können, müssen diese einen eindeutigen, einmaligen Namen haben. Um einer Grafik einen solchen Namen zuzuordnen, wird zum *img*-Tag das Attribut *id* hinzugefügt.

```
<img src="affe.gif" height="240" width="320" id="logo" />
```

Tipp
Tabelle von Namensattributen
Haben Sie die Absicht, Teile Ihrer Webseiten mit Scripts zu steuern, ist es immer zu empfehlen, die Vergabe von Namensattributen in einer gesonderten Tabelle mitzuschreiben. So können Sie von Anfang an Doppelnennungen und Überschneidungen vermeiden. Zudem erleichtert eine solche Referenzdatenliste die Suche nach den einzelnen Sprung-, Anker- und Referenzpunkten beim Programmieren der Steuerungs-Scripts ungemein.

Ladegeschwindigkeit optimieren

Zur Optimierung der Geschwindigkeit beim Aufbau Ihrer Internetseiten empfiehlt es sich, beim Einbinden aller Grafiken in eine Webseite deren Höhe und Breite mit anzugeben. Diese Angaben nutzt der Webbrowser des Anwenders, um in der angegebenen Größe einen Leerraum für die Grafik beim Seitenaufbau freizulassen. So können die Textelemente einer Seite vom Besucher schon gelesen werden, während die Grafikinformationen noch nachgeladen werden.

Geben Sie für die Grafiken die Größe nicht an, muss der Browser diese Angaben aus dem Header der einzelnen Bilder auslesen. Erst nachdem er aus allen Grafiken der Seite die Header ausgelesen hat, beginnt er mit dem Aufbau der Seite. Dadurch entstehen unnötige Verzögerungen, die Sie vermeiden sollten.

Für die Größenangabe in Pixel werden in XHTML die Attribute *width* und *height* benutzt. Hierbei bestimmt *width* die Breite der Grafik, *height* die Höhe (aus dem Englischen width = Breite, height = Höhe).

Zum Angeben der Größe einer Grafik müssen Sie nur die beiden Befehle für die Größenangabe an den eigentlichen Verweis auf die Grafik anfügen. Sie bekommen die Angaben zu Höhe und Breite aus Ihrem Bildbearbeitungsprogramm.

Grafiken im praktischen Webeinsatz

```
<img src="http://ftp.computerkunst.de/grafik/hier.jpg"
width="150" height="160" />
```

Arbeiten Sie mit XHTML-Editoren wie Macromedia Dreamweaver oder Hot-Dog Professional, so lesen diese Programme die Angaben zu den Bildgrößen aus dem Header automatisch aus. Die Werte für die Grafikhöhe und Grafikbreite werden von diesen Programmen dann auch automatisch an das *img*-Tag angehängt.

Hinweis
Auf Abmessungen achten

Achten Sie bei der Eingabe der Grafikgrößen unbedingt darauf, die richtigen Abmessungen der Grafik anzugeben. Stimmen die angegebenen Werte nicht mit den tatsächlichen Werten der Grafik überein, korrigiert der Browser die Werte nicht, sondern stellt die Grafik verzerrt in den angegebenen Größenverhältnissen dar. Unbeabsichtigt ist dieser Effekt sehr unschön, absichtlich eingesetzt bietet er eine Fülle von Möglichkeiten, Grafiken zu verändern.

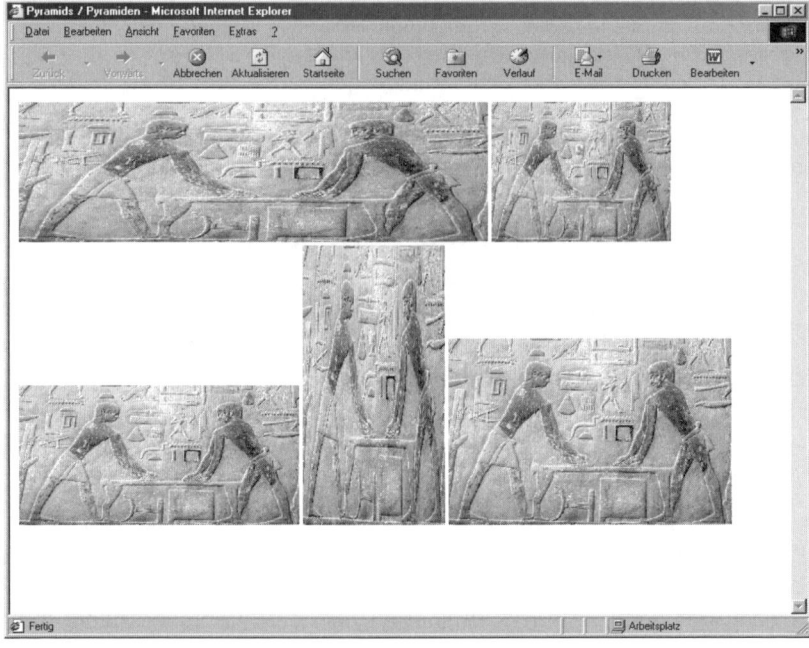

Die gleiche Grafik mit unterschiedlichen height- und width-Parametern

Tipp
Skalierung nicht dem Browser überlassen

Ist Ihnen eine Grafik zu groß für Ihre Seite, ist es selbstverständlich möglich, diese über die Parameter *height* und *width* zu skalieren, also die Grafik zu verkleinern. Dies ist natürlich auch ohne Verzerrung möglich, wenn sie die Verhältnisse zwischen Höhe und Breite beibehalten. Von dieser Art der Skalierung ist allerdings abzuraten, da der Browser die Verkleinerung oder Vergrößerung des Bilder vornimmt. Die Skalierungsalgorithmen der Browser sind meist schlechter als die der Grafikprogramme. Aus diesem Grund sollten Sie besser die Grafiken genau für Ihre Seite entwerfen und in ihrer Originalgröße einbinden.

Bilder platzieren und positionieren

Es gibt eine schier unglaubliche Vielzahl an Möglichkeiten, Bilder in XHTML-Dokumenten zu platzieren und zu positionieren. Wir stellen Ihnen die unterschiedlichen Methoden immer an den Stellen des Buches vor, an denen die Hauptmethode auch beschrieben wird. Also zum Beispiel das Einbinden, Positionieren und Ausrichten von Bildern in Tabellen im ab Seite 169. Ebenso finden Sie den Umgang mit Grafiken wieder ab Seite 307.

An dieser Stelle zeigen wir Ihnen deshalb nur die wichtigsten Steuerungsmöglichkeiten zur Platzierung und Positionierung von Grafiken in XHTML-Dokumenten.

Bilder und Texte trennen

Referenzieren Sie in Ihrer Webseite eine Grafik und geben anschließend oder vor der Grafik Text ein, wird der Freiraum um die Grafik automatisch vom Browser mit Text aufgefüllt.

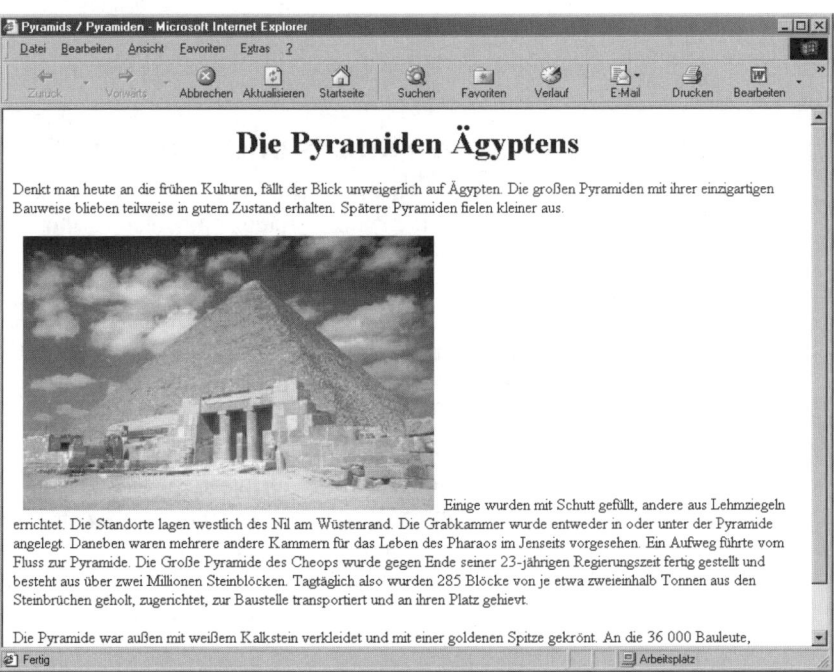

Eine Grafik, von Text umgeben

Soll ein Bild auf der Webseite nur oben und unten von Text begrenzt werden, setzen Sie das Bild am besten in einen eigenen Textabsatz. Dazu schreiben Sie das Paragraph-Tag <p> einfach vor und hinter den Verweiseintrag für die Grafik. Dadurch wird die Grafik vom Browser wie ein Textabsatz behandelt und zwischen den Text gesetzt, ohne das dieser dass Bild umfließt.

```
<p>
<img src="pyram0k.jpg" />
</p>
```

Das XHTML-Dokument hat sich nur um einige wenige Zeichen vergrößert die Darstellung ist jetzt aber eine ganz andere.

```
<html>
<head>
<title>Pyramids / Pyramiden</title>
</head>
<body>
<h1 align="center">Die Pyramiden &Auml;gyptens</h1>
<p>Denkt
   man heute an die fr&uuml;hen Kulturen, so f&auml;llt der Blick unweigerlich
   auf &Auml;gypten. Die großen Pyramiden mit ihrer einzigartigen Bauweise blieben teilweise in gutem Zustand
   erhalten. Sp&auml;tere Pyramiden fielen kleiner aus.</p>
<img src="pyram0k.jpg" width="407" height="275" hspace="10"  />
<p>Einige wurden mit Schutt gefüllt,
   andere aus Lehmziegeln errichtet. Die Standorte lagen westlich
...
</p>
</body>
</html>
```

Abstände zwischen Bildern und anderen Elementen

Um einen Abstand zwischen Grafik und Text oder anderen Elementen zu erhalten, fügen Sie das Attribut *hspace* beziehungsweise *vspace* ein. Dabei definiert das Attribut *hspace* den horizontalen Abstand zwischen einer Grafik und beliebigen anderen Elementen in einer Webseite. Dieser horizontale Abstand wird als Wert in Pixel angegeben und gilt für beide Seiten der Grafik, links und rechts. Das Attribut *hspace* leitet sich vom Englischen **h**orizontal **space** ab, was auf deutsch horizontaler Abstand bedeutet.

```
<img src="pyram0k.jpg" hspace="50" />
```

Mit dem Attribut *vspace* definieren Sie den vertikalen Abstand zwischen der Grafik und anderen Elementen im XHTML-Dokument. Auch hier wird der Abstandswert in Pixel eingegeben. *vspace* leitet sich vom Englischen **v**ertical **space** ab und bedeutet vertikaler Abstand. Es wirkt sich daher logischerweise auf die Elemente direkt über und unter der Grafik aus.

```
<img src="pyram0k.jpg" vspace="50" />
```

Sie können *hspace* und *vspace* genau wie alle anderen Attribute einfach an das *img*-Tag anhängen. Die beiden Attribute haben keinen Einfluss aufeinander und können in beliebiger Reihenfolge miteinander kombiniert werden.

Im folgenden Beispiel wurden die eben beschriebenen Attribute eingefügt, damit die Schrift dem Bild des lachenden Herren nicht zu nahe kommt. Der Abstand zwischen dem schwarzen Bild und der Schrift ist deutlich an der freien grauen Flächen zwischen Bild und Schrift zu erkennen.

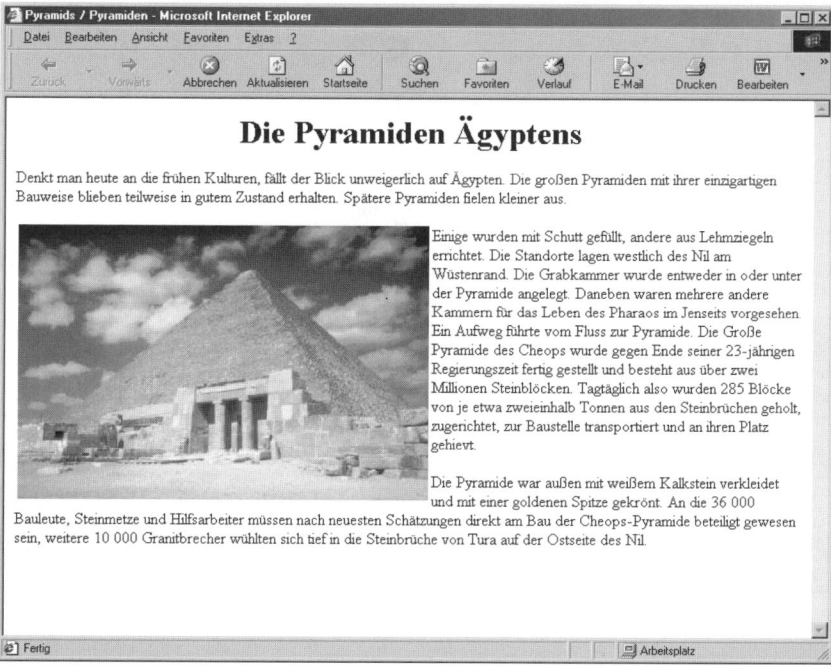

Bild mit Abstand zum Text

Aus dem Einsatz dieser Attribute erwächst ein Nachteil: Sie können keine differenzierten Angaben zu einzelnen Abständen zur Grafik machen. Wollen Sie einzelne Elemente gezielt in Abstand und Lage steuern, müssen Sie sich anderer Hilfsmittel bedienen. In Frage kommen hierfür vor allem Tabellen und Stylesheets. Besonders unter Zuhilfenahme der Stylesheet-Angaben zu Abständen, Rändern und Ausrichtung wird es Ihnen möglich, gezielt Abstände an einzelnen Seiten einer Grafik zusammen mit dem *img*-Tag zu definieren.

Die Grafik ausrichten

Neben dem <center>-Tag für beliebige Objekte steht für Grafiken ein Attribut des *img*-Tag zur Verfügung. Mit diesem Attribut können Grafiken links beziehungsweise rechts ausrichtet werden.

```
<img src="bild.jpg" align="right" />
```

Der nachfolgende Fließtext wird entweder links von der Grafik stehen und gegebenenfalls um die Grafik herumfließen.

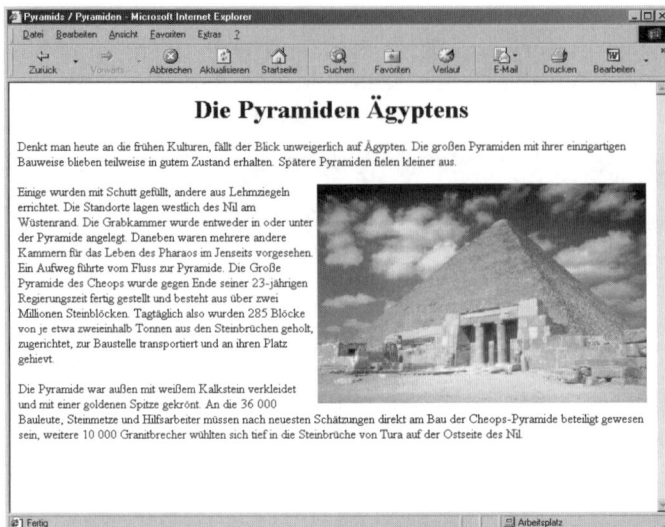

Ein Bild mit align="right"; der Text fließt links am Bild entlang

Grafiken beschriften

HTML stellt standardmäßig drei Varianten zur Beschriftung von Grafiken zur Verfügung. Dazu verwenden Sie wieder das Attribut *align*.

Hier stehen Ihnen nun drei Ausrichtungen zur Verfügung. Sie könne die Beschriftung der Grafik am oberen Rand *(align="top")*, am unteren Rand der Grafik *(align="bottom")* oder mittig *(align="middle")* anordnen.

```
<img src="Grafik.gif" align="bottom"  />Beschriftungstext der Grafik </p>
```

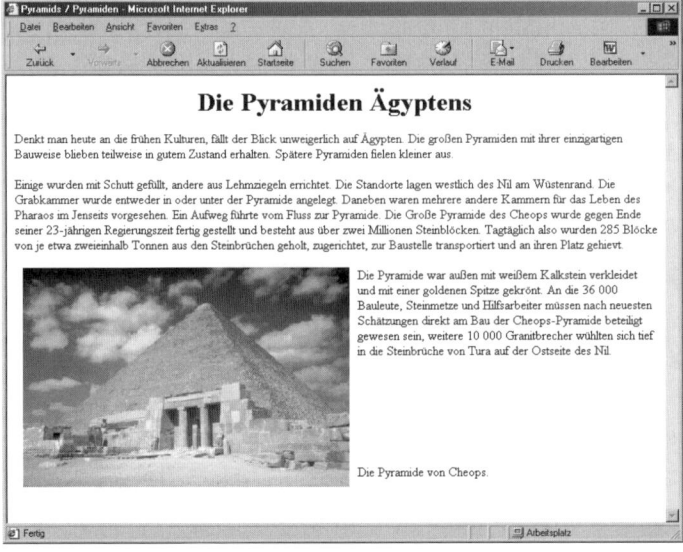

Die Beschriftung erscheint rechts vom Bild

Grafiken als Hintergrund nutzen

Über das *bgcolor*-Attribut im <body>-Tag lässt sich eine Hintergrundfarbe für Ihre Seite einstellen. Ebenso einfach funktioniert das mit Grafiken. Mit dem *background*-Attribut können Sie eine Grafik angeben, die als Hintergrund dienen soll.

```
<body background="pyram3.gif"> </body>
```

Das würde in jetzt vielleicht so aussehen:

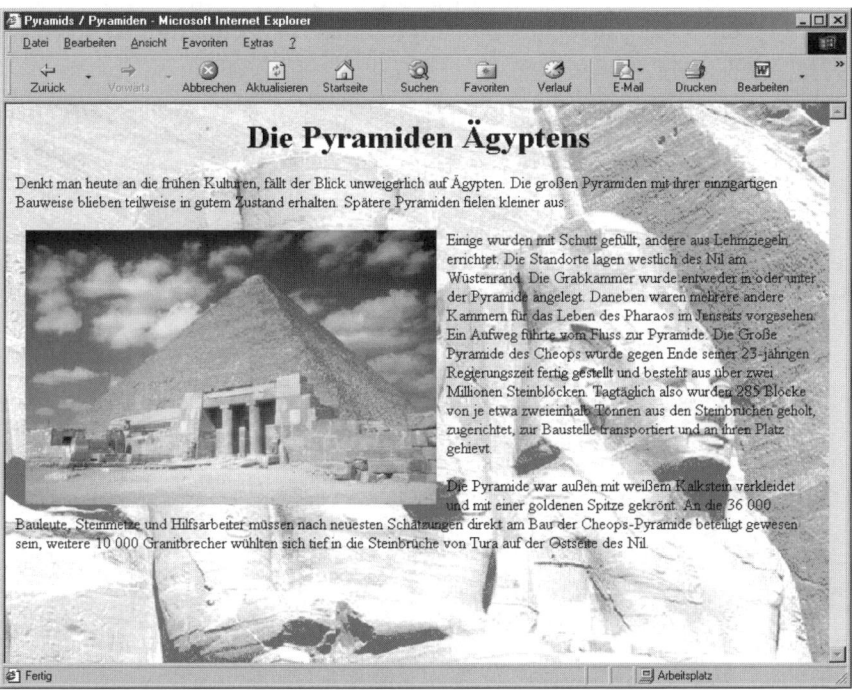

Eine Hintergrundgrafik

Diese Grafik, obwohl sie schon bearbeitet wurde, stört in Bereichen das Lesen des Textes. Ein Hinweis dafür, dass sich nicht jedes Bild für den Hintergrund eignet. Hätten wir das Foto der Pyramide nach hinten gesetzt, wäre vom Text kaum noch etwas zu lesen.

Den Hintergrund kacheln

Die Hintergrundgrafik wird über das gesamte angezeigte Browserfenster hinweg immer wiederholt, sodass dann ein Kacheleffekt entsteht, wenn die Grafik kleiner als das Browserfenster ist. Für einen solchen Kacheleffekt sind relativ kleine abstrakte Grafiken geeignet, wenn sie nicht zu unruhig sind. Ein gekachelter Hintergrund ist nur dann sinnvoll, wenn er nicht wesentlich von dem Wichtigsten Ihrer Seite ablenkt: den Informationen. Dabei sollte besonders auf die Größe der Grafik geachtet werden, damit der Hintergrund attraktiv gefüllt und trotzdem Übertragungszeit gespart wird. Allerdings sollten die Grafiken auch nicht zu klein sein, sonst kann der Aufbau des Hintergrundes bei älteren Rechnern störend wirken. Bei einer Hintergrundgrafik von 20 mal 20 Pixel und einer Bildschirmauflösung von 1.024 mal 768 müsste der Rechner diese Grafik immerhin knapp 2.000-mal positionieren.

Es haben sich hier Grafiken im Bereich von 50 mal 50 bis 100 mal 100 Pixel als ein gutes Mittelmaß herausgestellt. Die Grafik muss nicht unbedingt quadratisch sein. Sie können auch gute Ergebnisse mit rechteckigen Grafiken erzielen.

Nimmt man nun einfach irgendeine Grafik als Hintergrund, sieht das meist nicht so gut aus. Die Übergänge zu den benachbarten Grafiken werden sichtbar.

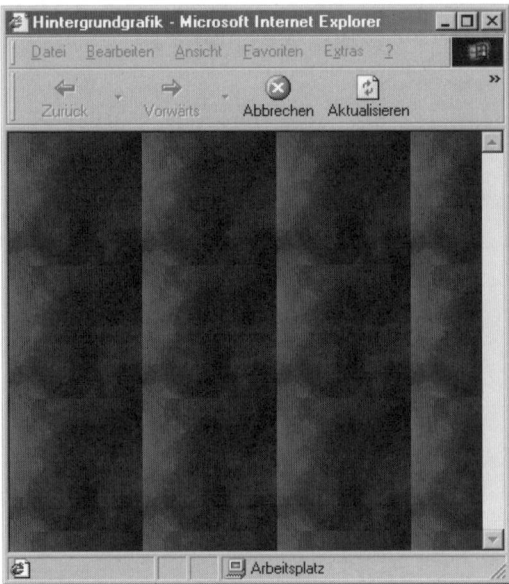

Ein schlechtes Beispiel für einen Hintergrund

Selbstverständlich gibt es eine Fülle vorgefertigter Grafiken, die extra für die Anwendung als Hintergrundgrafik entworfen wurden. Bei diesen Grafiken brauchen Sie sich über solche negativen Effekte keine Sorgen zu machen. Die Hintergrundkacheln sind etwas aus der Mode gekommen. Nur in wirklich gelungenen Gestaltungen sehen sie gut aus und stören nicht bei der Aufnahme des Textes.

Erstellen einer individuellen Hintergrundgrafik

Aus den eben beschriebenen Gründen werden Kacheln für den Hintergrund kaum noch eingesetzt. Im Gegensatz dazu werden Verläufe immer beliebter auf den Webseiten der Welt. Deshalb sollten Sie einmal den folgenden Workshop mit einem Grafikprogramm Ihrer Wahl nachvollziehen. Wir haben dazu Paint Shop Pro verwendet.

Grafiken im praktischen Webeinsatz

1 Zunächst starten Sie das Programm. Über das Menü *Datei/Neu* erhalten Sie ein Dialogfenster zur Einrichtung der neuen Grafik.

Mit Paint Shop Pro wird eine neue Grafik angelegt

2 Die Grafik erhält die Breite von 1.000 Pixeln und die Höhe von 6 Pixeln. Bis einschließlich einer Bildschirmauflösung von 1.280 x 1.024 Bildpunkten wird ein Hintergrundbild dieser Ausmaße am rechten Rand nicht wiederholt. Als Auflösung wählen Sie 96 dpi. Sie kann aber auch mit 72 dpi angelegt werden, da in der Grafik nur ein Farbverlauf erscheinen soll. Als Bildtyp wählen Sie TrueColor mit 24 Bit, damit der Farbverlauf fein ausfällt. Mit [OK] legen Sie die Grafik an.

Der Grafikstreifen ist angelegt.

3 Die Grafik erscheint hier relativ groß, da sie in Paint Shop Pro mit einer achtfachen Vergrößerung dargestellt wurde. Mit den Tasten [Strg]-[+] und [Strg]-[-] können Sie in den meisten Bildbearbeitungen in die Grafik hinein- und herauszoomen.

4 Als Nächstes bestimmen Sie die Anfangs- und Endfarbe des Verlaufs, den Sie einsetzen wollen. Hierzu bietet Paint Shop Pro zwei Farbfelder für die Vorder- und Hintergrundfarbe an. Als Letztere wählen Sie Weiß. Die Vordergrundfarbe soll einen Ockerton haben. Hierfür klicken Sie auf das Feld der Vordergrundfarbe. Es ist das obere linke Feld in der Farbwahl und sieht so aus:

Grafiken im praktischen Webeinsatz

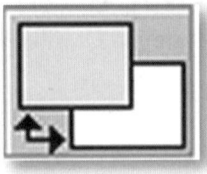 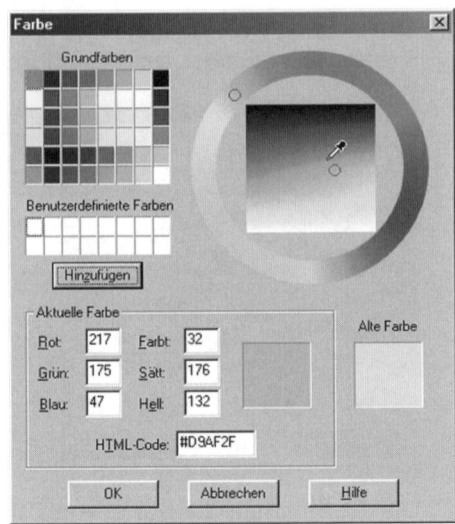

Das Auswahlfenster für die Vorder- und Hintergrundfarbe (links).
Mit einem Mausklick auf ein Feld erhalten Sie das Auswahlmenü des Farbwerts

5 In vielen Programmen haben Sie einen direkten Füller für Verläufe. Paint Shop Pro stellt die Funktion mithilfe des Flächenfüllers (Farbeimer) zur Verfügung. Damit nun nicht der gesamte Grafikstreifen zur Färbung verwendet wird, grenzen wir mithilfe der Auswahl den Wirkungsbereich ein. Die Auswahl sollte etwa die linke Hälfte der Grafik belegen. Nun rufen Sie den Farbeimer auf. Über die Werkzeugeigenschaften lässt sich der Flächenfüller konfigurieren.

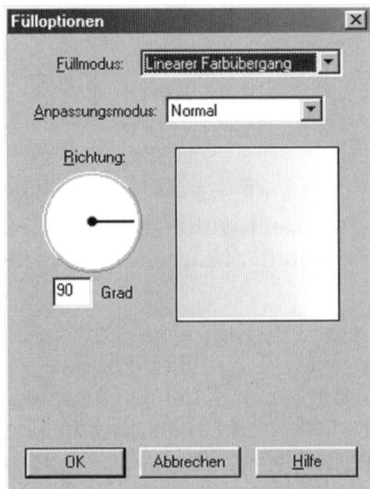

Der lineare Farbübergang

6 Als Füllmodus wählen Sie hier den linearen Farbübergang aus. Als Richtung geben Sie den Winkel *90 Grad* an. Mit [OK] bestätigen wir die Auswahl. Nun steht dem Füllen nichts mehr im Weg. Mit einem Klick haben Sie die Auswahl des Grafikstreifens mit einem Verlauf versehen.

7 Nun kann die Grafik gespeichert und eingebaut werden. Ein Bild dieser Größe braucht – als JPEG gespeichert – keine weitere Komprimierung, die Datei in diesem Beispiel hat 909 Bytes. Eine starke Komprimierung oder auch das zusätzliche Weichzeichnen würden eher Probleme verursachen, die sich in der Webseite als Moiré darstellen würden. Die Grafik wird in der Webseite mit dem Attribut *background="hintergrund.jpg"* eingebunden und sieht so aus:

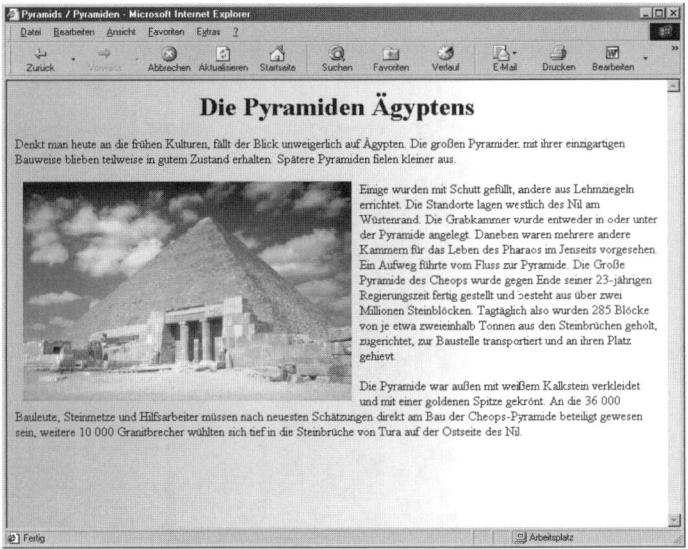

Pyramide mit sandigem Hintergrund

Hintergründe für Kacheln lassen sich aber auch aus Bildern heraus extrahieren.

Hintergrundgrafik aus einem Foto

Grafiken im praktischen Webeinsatz

> **Tipp**
> **Texturen, um den Hintergrund zu kacheln**
> Diese Grafiken, um den Hintergrund zu kacheln, werden auch Texturen genannt. Auf CDs oder im Internet gibt es viele Grafiken, die speziell für diesen Einsatz entworfen wurden. Mit einer eigens entworfenen Textur kann man aber sicher sein, dass diese nicht auch auf anderen Seiten im Netz den Hintergrund schmückt. Sie sollten nur „normale" Texturen einsetzen. Viele der Texturen, die Sie mit einem Gestaltungsprogramm erwerben, liegen zwischen „scheußlich" und „schrecklich". Ist die Textur zu intensiv, wird der Leser das Wichtigste nicht lesen: den Textinhalt.

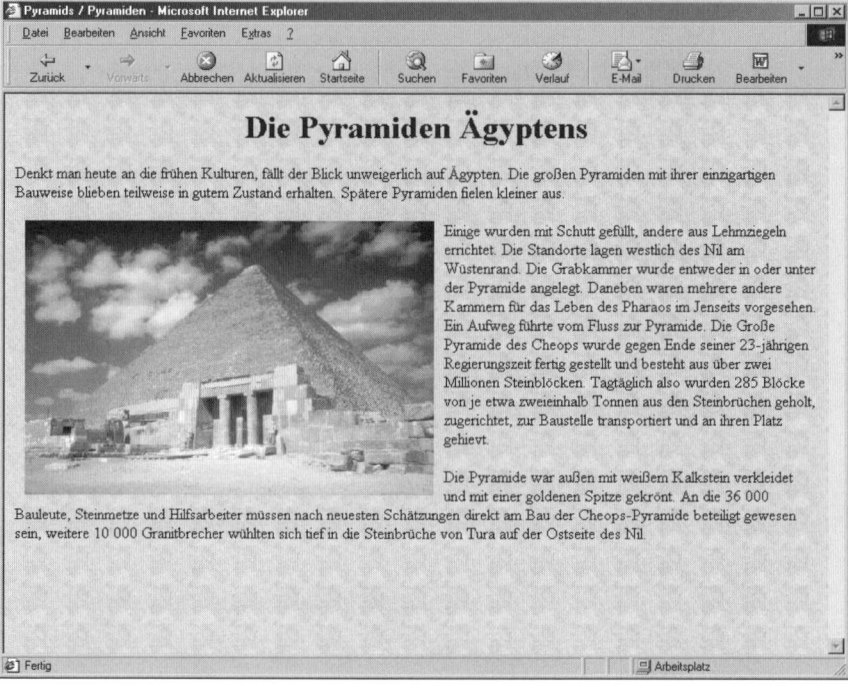

Gekachelter Hintergrund

Grafikhintergründe in Tabellen

Da Tabellen aus einzelnen Zellen aufgebaut sind, bieten sie die Möglichkeit, jeder einzelnen Zelle eine eigene Hintergrundgrafik zuzuordnen. Bis ins kleinste Detail könnten Sie also Pixelgrafiken auf Webseiten aus Tabellen mit Hintergrundfarben erstellen.

Interessanter ist da aber sicher die Möglichkeit, eine Grafik in mehrere Teile zu zerlegen und mit einer Tabelle wieder zusammenzusetzen. Auf diesem Wege lassen sich sehr effektvolle Grafiksteuerungen und Seitengliederungen realisieren.

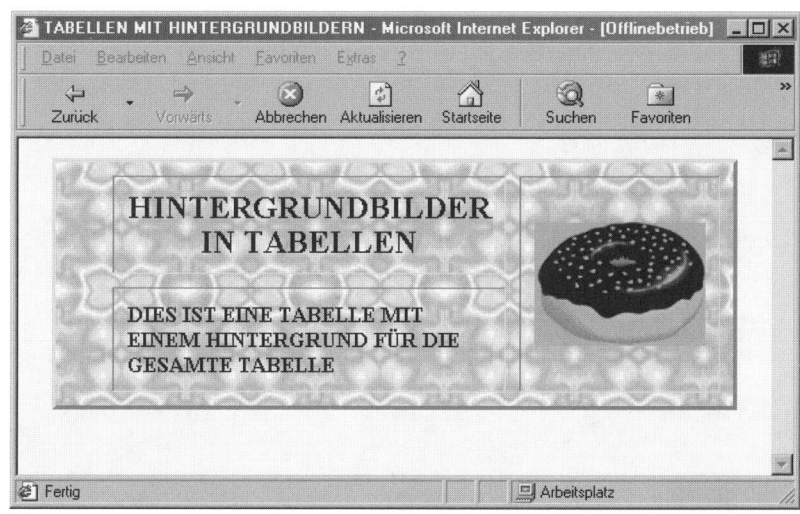

Beispiel für eine Tabelle mit Hintergrundgrafik

Das Einbinden von Bildern in Tabellen als Hintergrund funktioniert vom Ablauf her genauso wie bei Hintergrundbildern für ganze XHTML-Dokumente. Seit HTML 4.0 gehören die Hintergrundbilder in Tabellen zum Standard.

Sie sollten von daher unbedingt auf die Kompatibilität zu älteren Browsern achten, wenn Sie mit Hintergrundbildern in Tabellen arbeiten.

Umgehen können Sie eventuelle Probleme durch den Einsatz von Cascading Style Sheets, die dieselben Möglichkeiten bieten, aber besser abwärtskompatibel sind.

Der Quellcode für ein Hintergrundbild in einer Tabelle enthält im Gegensatz zur Tabelle ohne Hintergrundbild nur in der Zeile mit dem *TABLE*-Tag zusätzlich das Attribut *background*.

Das im Bild gezeigte Beispiel liest sich im XHTML-Quelltext dann so:

```
<html>
<head>
<title>Tabellen mit Hintergrundbildern </title>
</head>
<body>
<table background="hintergrund_tabellen.jpg" width="10"
height="10" border="3" align="center" cellspacing="10"
cellpadding="10">
<tr>
<td width="0"></td>
<td align="center" width="30%"><font size="5"
color="#000000"><b>Hintergrundbilder in Tabellen </b></font></td>
<td align="center" rowspan=5 width=70%><img
src="hintergrund_tabellen_bild.jpg" border="0" /></td>
</tr>
<tr>
<td></td>
```

```
<td rowspan="4" align="left" valign="top"><font
color="#000000"><b>Dies ist eine Tabelle mit einem Hintergrund
für die gesamte Tabelle</b></td>
</tr>
</table>
</body>
</html>
```

Zum Einfügen der Hintergrundbilder in einzelne Zellen einer Tabelle müssen Sie nur noch den Einfügepunkt für das Attribut *background* verändern.

Setzen Sie das Attribut direkt in den Definitionsbereich einer Tabellenzelle, wird das Hintergrundbild nur noch in dieser Zelle der Tabelle angezeigt.

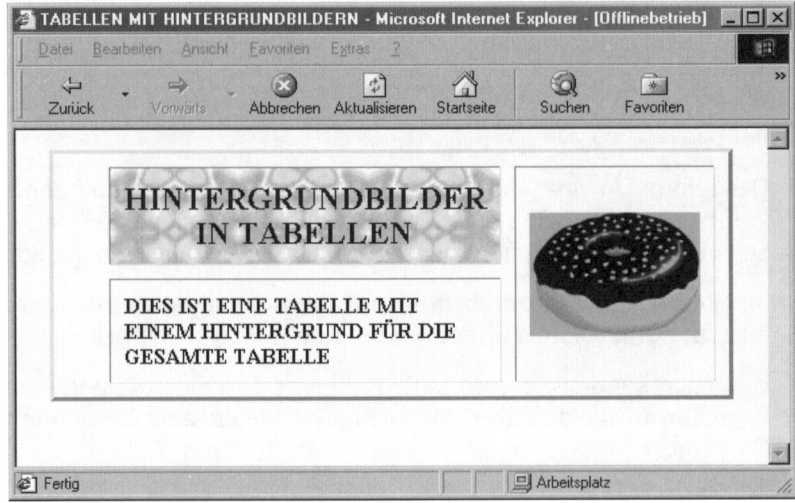

Beispiel für Zelle mit Hintergrundbild

Da sich der Quellcode nur in einer Zeile verändert, sehen Sie hier die Zeile mit der Definition der Tabellenzelle, in der das Hintergrundbild gezeigt werden soll.

Eigentlich sind es zwei Zeilen. Die Hintergrundgrafik für die gesamte Tabelle müssen Sie noch entfernen.

```
<tr>
<td width="0"></td>
<td background="hintergrund_tabellen.jpg" align="center"
width="30%"><font size="5" color="#000000"><b>Hintergrundbilder
in Tabellen </b></font></td>
<td align="center" rowspan="5" width="70%"><img
src="hintergrund_tabellen_bild.jpg" border="0" /></td>
</tr>
```

3.2 Bewegung auf der Seite: Animierte Grafiken

Sicher sind Ihnen im Internet schon häufiger Animationen und interaktive Schaltflächen und Buttons aufgefallen. Diese netten kleinen Animateure, die den Besucher Ihrer Webseiten auf die vielfältigsten Arten erfreuen können, sollen hier vorgestellt werden.

Animierte GIFs

Wie schon zuvor in der Tabelle der Grafikformate dargestellt, unterstützt das GIF- Format die Möglichkeit, mehrere Einzelbilder in einer Grafikdatei zusammenzufassen. Nach einem in der Grafikdatei festgelegten Algorithmus werden dann die Einzelbilder der Datei nacheinander angezeigt. Die zeitliche Abfolge der einzelnen Bilder und andere Anzeige-Eigenschaften können Sie mit der Grafikdatei abspeichern. Dadurch bekommen Sie die Möglichkeit, Slide-Shows (Diashows) und einfache Bild-Animationen (Daumenkino) in Ihre Internetseiten als Grafiken einzubinden.

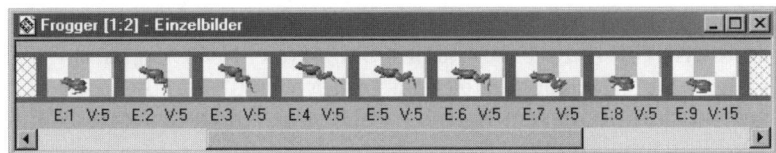

Ein animiertes GIF in der Einzelbilderansicht von Animation Shop

> **Tipp**
> **Animationen mit transparentem Hintergrund**
> Auch bei Animationen können Sie die Transparenz von GIF-Grafiken nutzen. Wie im Beispiel mit den Frosch, in dem der grauweiße Hintergrund nicht die Farbe darstellt, sondern die Transparenz. Es ist also völlig egal, vor welchem Hintergrund Sie diesen Frosch hüpfen lassen, die grau weißen Kästchen, die die Transparenz darstellen, werden später vom jeweiligen Hintergrund Ihrer Seite ersetzt.

In den meisten Bildbearbeitungsprogrammen finden Sie heute die Möglichkeit, animierte GIFs zu erzeugen. Diese Option ist entweder fester Bestandteil des Programms, wie bei Adobe Image Ready und Macromedia Fireworks, oder die Funktionalität wird als Zusatztool ausgelegt, wie in Paint Shop Pro 6.0. Außerdem finden sich im Internet auch noch eine Vielzahl an Zusatzprogrammen, die ausschließlich zum Erstellen von animierten GIFs dienen. Hier ist an erster Stelle das GIF-Construction Set zu nennen, aber auch Animagic GIF Animator, Ulead GIF Animator 2.0, der World Wide Web GIF Animator oder der Coffecup Gif Animator stellen zuverlässige Tools zum Erzeugen von animierten GIFs dar. Im GIF-Construction Set finden Sie inzwischen eine Anzahl weiterer Tools zum Erstellen von webeigenen Bildern. Es stehen Funktionen zum Erzeugen von Bannern, Buttons und Laufschriften zur Verfügung. Eine Sonderstellung nehmen dann noch Konvertierungsprogramme wie das Tool FLIC to GIF von Paul Johnston ein, die aus einer Animationsdatei ein animiertes GIF erzeugen.

> **Hinweis**
>
> **Dateigröße**
>
> Aus nachvollziehbaren Gründen sind für animierte GIFs keine hochauflösenden Bilder geeignet. Denn auch hier gilt zu beachten, dass die Dateigröße der gesamten Grafikdatei später nicht groß wird. Ansonsten hat der Internetbesucher keine große Freude an den übermäßig langen Wartezeiten beim Laden Ihrer Animationen. Bedenken Sie also auch hier: Weniger ist oft mehr.

Anhand eines Beispiels in Paint Shop Pro und Animation Shop wollen wir Ihnen das Erstellen eines animierten GIFs vorstellen.

Entwicklung einer Slideshow als animiertes GIF

In den folgenden Schritten können Sie beispielhaft nachvollziehen, wie eine animierte GIF-Datei in Animation Shop erstellt werden kann. Es gibt dabei so viele weitere Möglichkeiten, dass Ihrer Phantasie eigentlich keine Grenzen gesetzt sind. In diesem Beispiel wollen wir ein Objekt erzeugen, dass sich in der Bildfläche dreht.

Die Einzelbilder wurden in diesem Beispiel mit Paint Shop Pro erstellt und mit dem Paint Shop Pro beigefügten Animation Shop zu einer Animation zusammengefügt.

1 Erstellen Sie ein neues Bild mit transparentem Hintergrund in Paint Shop Pro und geben Sie diesem einen Namen.

2 Zeichnen Sie jetzt das Objekt, das sich in der Animation bewegen soll.

3 Erstellen Sie mehrere Ebenen mit den einzelnen Bewegungsschritten. Dazu duplizieren Sie die Ausgangsebene. Die Grafik in der neuen Ebene drehen Sie um 45 Grad. Duplizieren Sie nun die bereits gedrehte Grafik und drehen Sie diese erneut. Wiederholen Sie diese Schritte noch fünf Mal, und Sie haben dann acht Ebenen.

4 Schalten Sie diese Ebenen separat ein und speichern Sie diese als eigenständige Grafik ab. Es ist empfehlenswert, die Namen der einzelnen Grafiken in eine sinnvolle Reihenfolge zu bringen (zum Beispiel *01_Ani.gif* bis *08_Ani.gif*)

5 Wenn Sie nun Ihre einzelnen zu animierenden Bilder in einem Ordner gespeichert haben, kann es zur eigentlichen Animation gehen. Öffnen Sie dazu den Animation Shop und starten Sie den Animation Wizard.

Grafiken im praktischen Webeinsatz

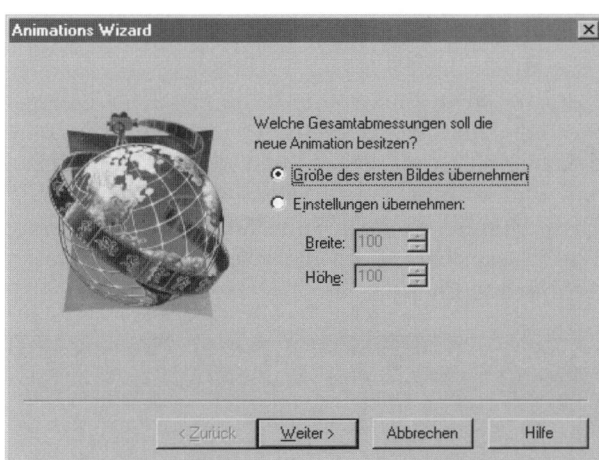

Der Animation Wizard von Animation Shop

6 Sind die einzelnen zu animierenden Bilder exakt gleichgroß, kann mit der Größe des ersten Bildes gearbeitet werden.

7 Als Nächstes fragt Sie der Wizard nach der Standardleinwandfarbe. Mit einer Transparenz ist Ihre Animation später flexibler einsetzbar. Steht eine Hintergrundfarbe für Ihre Seite schon fest, können Sie selbstverständlich auch diese setzen.

8 Der nächste Schritt des Wizards kann übersprungen werden. Sie sollten immer versuchen, alle Einzelbilder in den gleichen Abmessungen abzuspeichern.

9 Dann werden Sie gefragt, wie oft die Animation durchlaufen werden soll und wie viel Zeit zwischen den einzelnen Bildern ablaufen soll.

10 Nun müssen Sie die Bilder markieren, die Sie zu Beginn mit logischem Namen abgespeichert haben. Haben Sie die Grafiken durchnummeriert, werden Sie automatisch sortiert. Sie können alle markieren und auf einmal hinzufügen. Ein Sortieren ist in diesem Fenster noch möglich, aber bei sinnvoller Benennung der einzelnen Grafiken nicht nötig.

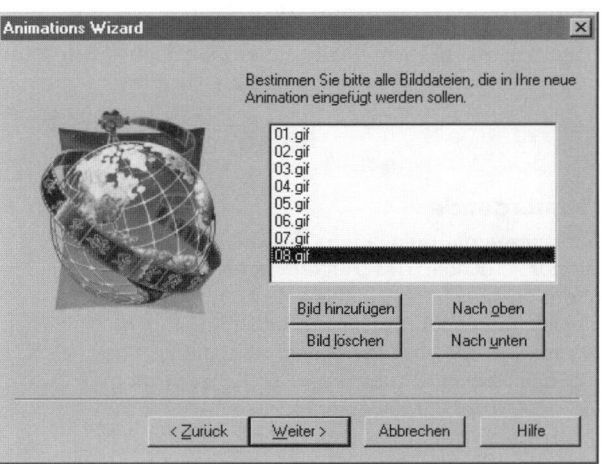

Der Animation Wizard mit hinzugefügten Grafiken

11 Jetzt sind alle Vorbereitungen erledigt und der Wizard stellt Ihre Animation fertig.

12 Der Wizard hat allen Einzelbildern die gleiche Wiedergabezeit verpasst. Es ist aber möglich, die Parameter für jedes einzelne Bild zu ändern. Gehen Sie dazu einfach mit der rechten Maustaste auf das zu bearbeitende Einzelbild und wählen Sie im Menü *Eigenschaften* aus oder über die Drop-down Menüleiste *Bearbeiten/Einzelbild-Eigenschaften*. Auf ähnlichem Wege lassen sich auch die Wiederhohl-Parameter der Animation noch nachher ändern.

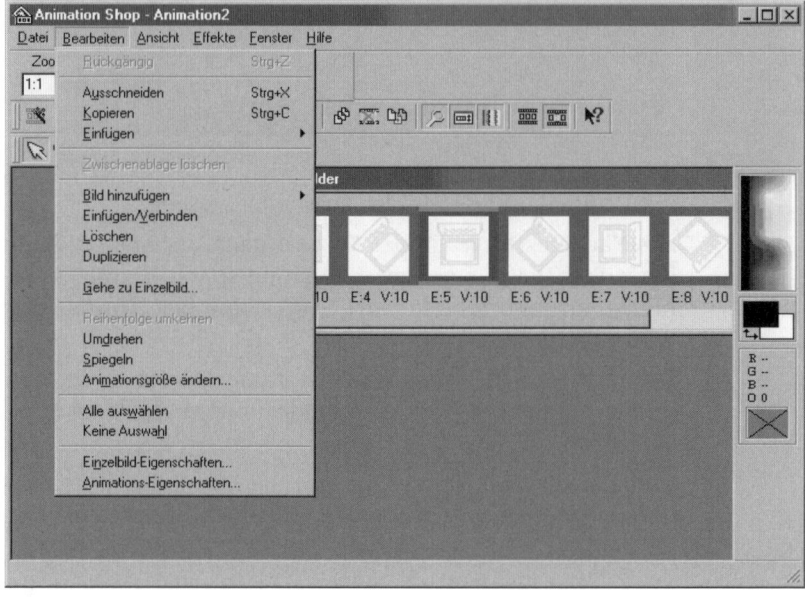

Eine einfache Animation im Animation Shop

13 Beim Abspeichern der Animation können Sie noch die Qualität und damit verbundene Dateigröße variieren. Der Animation Shop rechnet Ihnen dann auch prompt die Ladezeit Ihrer Animation aus.

14 Die fertige GIF-Animation wird wie ein statisches Bild eingebunden.

```
<img src="Animation.gif" />
```

--- **Tipp** ---

Animationen als Hintergünde

Die neuen Browser unterstützen die animierten GIFs voll. Sie können sogar eine Animation zum Kacheln des Hintergrundes benutzen, was bei älteren Browsern noch nicht funktionierte. Es kann aber vorkommen, dass die gleiche Animation im Hintergrund mit einer anderen Geschwindigkeit abläuft, als eine nur einmal eingefügte. Das hängt mit der Leistung des Rechners zusammen. Es ist auch möglich, animierte GIFs in JavaScript einzufügen. Man sollte es aber nicht übertreiben, sonst kann zu viel Bewegung schnell nervend wirken.

Grafiken im praktischen Webeinsatz

> **Hinweis**
>
> **Animationseffekte**
>
> Viele Animationsprogramme bieten eine Effektpalette. Mit diesen Effekten kann man ohne viel Arbeit recht einfach wirkungsvolle Animationen erstellen. Verschiedene Übergänge zwischen zwei Grafiken sind so zum Beispiel in wenigen Minuten zu realisieren.

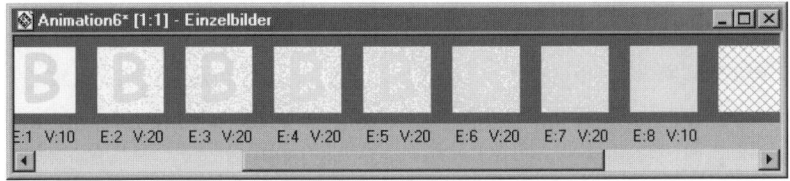

Eine schnell erstellte Animation mit dem Auflösen-Effekt

Zusätzlich zu den Optimierungsaufgaben, die oft standardmäßig beim Speichern von GIF-Dateien angewendet werden, gibt es für animierte GIF-Dateien noch eine Vielzahl weiterer Optimierungsoptionen. Wenn Sie die animierte GIF-Datei mithilfe einer Flexibel- oder Wahrnehmung-Palette optimieren, wird eine auf allen Frames in der Animation beruhende Palette für die Datei generiert. Durch eine besondere Dithering-Methode wird sichergestellt, dass die Dither-Muster in allen Frames konsistent sind, um ein Flackern beim Abspielen zu verhindern. Außerdem werden die einzelnen Frames so optimiert, dass nur Frames, die sich von einem Frame zu einem folgenden Frame ändern, in die Animationsdatei eingeschlossen werden. Auf diesem Weg kann die Dateigröße der animierten GIF-Datei erheblich verringert werden.

Diashow mit animierten GIFs

Diashow-Effekte können Sie zum Beispiel verwenden, um in schneller Abfolge die typischen Produkte Ihrer Firma anzuzeigen oder um in ein interaktives Lernprojekt zum Erlernen einer Fremdsprache neue Vokabeln kurz einzublenden („unterbewusst lernen"). Sie können auch mehrere mit einer Gesamtbedeutung assoziierte Bilder in Reihe schalten und auf diese Weise animierte Symbole oder animierte Cliparts präsentieren. Wichtig ist, dass die Einzelbilder für den Anwender einen nachvollziehbaren Zusammenhang ergeben.

Die Erstellung dieser Diashows ist identisch mit der eines animierten GIFs. Nur werden bei einer Diashow die Einzelbilder hart geschnitten. Es gibt keine Verläufe von einem Bild zum anderen. Nach dem Erstellen der Diashow können Sie die Anzeigedauer der einzelnen Bilder noch editieren. Um etwas Abwechslung zu bekommen, ist er ratsam, die Zeiten nicht alle gleich zu wählen.

Diashow durch refresh

Mithilfe eines Tricks im Kopf einer HMTL-Datei können Sie mehrere Text- oder Grafikinhalte automatisch nacheinander anzeigen lassen (Diashow-Effekt). Dieser Trick ist vor allem in Verbindung mit Frames (separaten Fensterbereichen) praktisch.

So können Sie zum Beispiel in einem Frame Informationen anbieten, während in einem anderen Frame automatisch Bilder in abwechselnder Folge angezeigt werden.

Sie brauchen für jedes „Dia" eine eigene XHTML-Datei. Mithilfe einer Anweisung im Dateikopf wird nach einer bestimmten Zeit automatisch die nächste Datei aufgerufen. Das nächste Beispiel arbeitet mit fünf Dateien.

```
<html>
<head>
<title>diashow</title>
<meta http-equiv="refresh" content="2; url=dia3.html">
</head>
<body>
<img src="flyinglizard.gif" />
</body>
</html>
```

Mit dem XHTML-Tag <meta http-equiv="refresh" ... > und der in den Beispielen verwendeten Syntax können Sie erzwingen, dass nach einer anzugebenden Zeit automatisch die nächste, ebenfalls anzugebende Datei aufgerufen wird. Mit der Zusatzangabe *content="2"* bestimmen Sie die Anzeigedauer der Datei in Sekunden. Die „2" im Beispiel bedeutet also, dass die Datei zwei Sekunden lang angezeigt wird. Danach wird die nächste Datei aufgerufen, die mit *url="..."* spezifiziert wird.

Notieren Sie den gesamten Befehl inklusive der etwas ungewohnten Stellung der Anführungszeichen so, wie in den Beispielen oben angegeben. Setzen Sie jeweils Ihre gewünschte Anzeigedauer und den Namen der nächsten aufzurufenden Datei ein.

Im obigen Beispiel enthält die letzte der fünf Dateien wieder einen Aufruf der ersten Datei. So erzeugen Sie eine „Endlosschleife", das heißt, die Diashow läuft so lange ab, bis der Anwender mithilfe der Navigationsmittel seines Browsers (oder bei Frames in einem anderen Anzeigefenster) einen Verweis anklickt und dadurch eine andere Datei aufruft.

Der Vorteil dieser Methode ist, dass nicht alle Bilder der Diashow geladen werden müssen. Die Bilder werden immer nach und nach geladen, wenn das neue Dokument aufgerufen wird. Die Diashow mit einem animierten GIF muss das gesamte GIF laden, in dem alle Einzelbilder enthalten sind. Bei größeren Diashows mit vielen Bildern ist diese Methode der des animierten GIFs vorzuziehen.

3.3 Grafiken als Banner, Buttons und mehr

Banner und interaktive Buttons beleben Ihre Seite. Gerade durch dynamische Aktionen lässt sich eine Webseite aufwerten und der Besucher wird zum Bleiben und Forschen animiert. Kleine Effekte findet man auf fast jeder Webseite und bei anspruchsvollen Seite gehören sie einfach dazu.

Bannerwerbung

Banner ist der Name für Werbung im Web schlechthin. Hinter diesem Begriff verbergen sich die ganzen bunten bewegten Kästchen, die Ihnen heute auf fast jeder professionellen Webseite begegnen. Sie sind auch die ersten Auslöser für die Kommerzialisierung des Webs gewesen. Je nach Häufigkeit des Zugriffs auf eine Seite, wird der Werbewert dieser Seite bestimmt. Heute versuchen die Analysten sogar schon, genau herauszufinden, welcher Internetsurfer, welche Webseite wie häufig ansteuert.

Dadurch lassen sich die Werbeplätze auf den großen Portalseiten, wie zum Beispiel von Yahoo (www.yahoo.com), zu sehr attraktiven Konditionen vermieten. Solche Banner-Kampagnen werden heute wie große Werbekampagnen in den Film- und Printmedien vorbereitet und realisiert.

Dabei verfolgt jede Banner-Kampagne zwei grundsätzliche Ziele:
- Erstens soll sie den Namen Ihres Unternehmens oder Produkts bekannt machen (Branding).
- Zweitens sollen direkte Rückmeldungen von Interessenten erlangt werden (Direct-response).

Je nach Marke haben die Firmen unterschiedliche Identifikationspunkte; das so genannte Corporate Identity spielt dabei eine sehr große Rolle. Dieses Firmengesicht soll auch über die Bannerwerbung weiter verbreitet und in der Menge der möglichen Kunden verankert werden. Bei großen Unternehmen sind von daher die Page Impressions bei möglichst vielen zielgruppennahen Onlinemedien am wichtigsten. Wie verschiedene Studien in den letzten Jahren ergeben haben, hat schon das Wahrnehmen eines Banners eine signifikante Steigerung des Bekanntheitsgrades einer Marke zur Folge. Daraus wiederum folgt, dass das so genannte Branding im Internet erfolgreich angewendet werden kann.

Diese Strategien sind für den Normalbürger jedoch genauso uninteressant wie für den kleinen und mittelständischen Unternehmer. Für diese Nutzergruppe ist die Direktwerbung der weitaus interessantere Aspekt bei der Bannerwerbung. Dabei geht es dann nicht um die Page Impressions, sondern darum, so viele Surfer wie möglich dazu zu bewegen, das eigene Banner anzuklicken, und so auf die eigene Webseite weiterzuleiten.

Das Ziel Ihrer Bannerkampagne sollte von daher immer eine möglichst hohe click-through-rate (CTR) sein. Diese gibt Auskunft über den Erfolg Ihres Banners. Die Gestaltung von Bannern ist eine ebenso große Kunst wie der Entwurf von traditionellen Werbeträgern. Die Prinzipien bei der Bannerwerbung sind dabei die selben wie in der klassischen Direktwerbung, nur dass beim Banner noch weniger Platz zur Verfügung steht. Dafür besteht bei Bannern für den Kunden die Möglichkeit, sich ohne Medienbruch sofort über ein Angebot informieren zu können. Dieser Vorteil ist wohl auch eines der entscheidenden Erfolgsgeheimnisse der Bannerwerbung.

Interaktive Buttons

Die verschiedenen Elemente und Objekte in den Bildern Ihrer Webseiten können Sie als Schaltflächen benutzen. Diese Schaltflächen können ihr Aussehen ändern, wenn der Benutzer den Mauszeiger über sie bewegt oder darauf klickt. Programme wie ImageStyler von Adobe generieren für Sie den dazu notwendigen JavaScript-Code, den Sie ausschneiden und in den Quelltext Ihrer Webseiten einfügen können. Natürlich ist es prinzipiell möglich, die Area-Shapes, die den Aktionsbereich einer interaktiven Grafik beschreiben, auch selbst zu definieren. Die damit verbundene Fleißarbeit sollte man sich aber schon aus Zeitgründen lieber von einem entsprechenden Programm abnehmen lassen. Die Programme ImageReady und ImageStyler von Adobe sowie Fireworks von Macromedia beherrschen alle diese JavaSript Unterstützung.

Als Aktionen stehen Ihnen für interaktive Grafiken unter anderen die EventHandler *"noAction"*, *"onMouseOver"* und *"onMouseDown"* zur Verfügung. Diese erlauben Ihnen den interaktiven Bildwechsel bei Mausaktionen des Webseitenbesuchers.

- *onMouseOver* wird angezeigt, wenn sich der Mauszeiger direkt über dem Objekt befindet, wenn es in einer Webseite angezeigt wird.
- *onMouseDown* wird angezeigt, wenn Sie mit dem Mauszeiger auf das Objekt klicken, wenn es in einer Webseite angezeigt wird.
- *onMouseOut* wird angezeigt, wenn Sie den Mauszeiger vom Objekt wegziehen, wenn es in einer Webseite angezeigt wird.

Damit ein Benutzer diese Aktionen – die Änderung der Zustände eines Bildes – sehen kann, benötigt er einen JavaScript-aktivierten Browser. Ist dieser nicht vorhanden, ist für den Betrachter nur der Status „noAction" sichtbar.

Sie können selbstverständlich die Grafiken mit jedem beliebigen Grafikprogramm erstellen. Der Kreativität sind da keine Grenzen gesetzt.

Grafiken im praktischen Webeinsatz

Ein Beispiel, wie solche Buttons aussehen könnten

Die Grafiken müssen dann noch in das JavaScript eingefügt werden. Kopieren Sie dazu das folgende Listing in den <HEAD> Ihrer Seite.

```
<head>
<title>Rolloverbutton</title>
<script language="javascript">
//
// Dynamische Schaltflaechen
// Bilder vorab laden
// in JavaScript geschrieben.
//
var img = new array()
// objekt bild
function doc_image(dateiname)
{
 this.normal   = new image()
 this.high     = new image()
this.normal.src = dateiname + "_aus.gif"
this.high.src   = dateiname + "_an.gif"
return this
}
// Dateiinformationen
function load_images(name, dateiname)
{
img[name] = new doc_image(dateiname)
}
// Bild zeigen
function show_image(name)
{
document[name].src = img[name].high.src
return true
}
// Bild verstecken
function hide_image(name)
{
document[name].src = img[name].normal.src
}
//
// die Grafik mit dem normalen Namen ist das Standardbild,
// "_high" das aktive, wenn der Mauszeiger über dem Bild ist.
//
// Bilder laden
//
load_images("button","button")
</script>
</head>
```

Der Umgang mit JavaScript wird ab Seite 229 ausführlich erläutert. Hier soll nur gezeigt werden, wie man mit einem fertigen Script umgeht, und nicht wie man es erstellt. Diese Scripts generiert Image Styler automatisch, sodass Sie sich darüber keinerlei Sorgen zu machen brauchen. Dasselbe gilt für das folgende Listing.

Mit dem folgenden Quellcode fügen sie die dynamischen Schaltflächen in Ihre Seite ein.

```
<a href="ling.html" onmouseover="show_image('button'); return
true" onmouseout="hide_image('button')"><img src="button
_aus.gif" id="button" alt="Schalter" border="0" height="57"
width="158" /></a>
```

Nun müssen die Grafiken nur noch den richtigen Namen erhalten. Speichen Sie die Grafiken unter den Namen *Button_ an.gif* und *Button_aus.gif* im gleichen Verzeichnis wie das XHTML-Dokument ab. Die *onmousedown* - Funktion wird in diesem Beispiel nicht benutzt.

Wer sich nicht mit dem Quellcode herumärgern will, kann sich diesen auch von Programmen wie zum Beispiel dem Adobe ImageStyler erstellen lassen.

3.4 Image Maps: Grafiken als Links

Eine besondere Form der als Verweise funktionierenden Grafiken stellen die so genannten Image Maps dar. Bei ihnen können einzelne Bildpunkte oder Bildbereiche zu verschiedenen Ankern führen. Das einleuchtendste Beispiel hierfür ist eine Landkarte, auf der man einzelne Orte anklicken kann, zu denen man dann nähere Informationen erhält. Von dieser Anwendung stammt wohl auch der Name Image Map (map ist englisch für Landkarte)

Image Maps in XHTML

Die folgenden Steueranweisungen werden verwendet, um eine Grafik als Verweis-sensitiv zu definieren.

```
<map id="ankername">
</map>
```

Diese Steueranweisung leitet die Definition einer Verweis-sensitiven Fläche ein. Mit der Angabe des Namens für die Verweis-sensitive Fläche wird ein Anker definiert, der genau die gleiche Funktion hat wie ein Anker in einem normalen Verweis. Der Ankername muss in Anführungszeichen stehen.

Innerhalb der MAP-Struktur werden die folgenden Anweisungen zur Definition der einzelnen Verweis-sensitiven Flächen benötigt:

```
<area shape=form coords=koordinaten verweis>
```

Die *area*-Steueranweisung hat drei Attribute, die alle drei notwendig sind.

Dabei ist unbedingt darauf zu achten, dass sich alle Attribute bezüglich der Position und Form auf die Fläche der Grafik und nicht auf das Anzeigefenster des Browsers beziehen. Die Pixelangaben bedeuten also absolute Werte innerhalb der Umrandung der Verweis-sensitiven Grafik.

Mit *shape* wird die Form der Verweis-sensitiven Fläche festgelegt. Drei Ausprägungen stehen zur Verfügung:

```
shape="rect"
shape="circle"
shape="polygon"
```

Größe und Lage werden mit einer Koordinatenangabe innerhalb eines Koordinatensystems über der Grafik festgelegt. Dabei ist die genaue Form der anzugebenden Koordinaten von der Form der Verweis-sensitiven Fläche abhängig.

Für *shape="rect"* werden die folgende Koordinaten benötigt. Die linke obere Ecke und die rechte untere Ecke werden festgelegt.

```
coords=(X-Wert links oben,Y-Wert links oben,X-Wert rechts unten,Y-Wert rechts unten)
```

Für *shape="circle"* werden die Koordinaten eines Kreises benötigt, die durch den Kreismittelpunkt mit seiner X-Koordinate, und Y-Koordinate und dem Radius des Kreises bestimmt werden.

```
coords=(X-Wert Mittelpunkt,Y-Wert Mittelpunkt,Radius)
```

Für *shape="polygon"* werden die X-Koordinaten und alle Y-Koordinaten aller Punkte benötigt. Der letzte Punkte wird dann mit dem ersten verbunden.

```
coords=(X-Wert 1. Punkt,Y-Wert 1. Punkt,...,X-Wert n'ter Punkt,Y-Wert n'ter Punkt)
```

Alle diese Koordinatenangaben beziehen sich auf die Ecke links oben innerhalb der Grafik. Die X-Werte werden also vom linken Rand der Grafik in Pixel angegeben und die Y-Werte vom oberen Rand.

Als letzte Angabe fehlt noch der eigentliche Verweis. Mit der Angabe *href=* wird das Ziel definiert. Es gelten dabei die gleichen Regeln wie bei den üblichen Verweisen.

Hinweis

Image Maps

Sie sollten unbedingt darauf achten, dass sich die sensitiven Bereiche einer Grafik nicht überschneiden. Die sauberste und einfachste Aufteilung erhalten Sie mit Rechtecken. Am kompliziertesten ist die Aufteilung mit unregelmäßigen Polygonen, allerdings ergeben sich damit auch die interessantesten Möglichkeiten.

Was jetzt noch fehlt, ist die Referenzierung der Grafik. Dies geschieht wie immer mit dem *img*-Tag. Und so könnte eine fertige Image Map aussehen:

```
<html>
<head>
</head>
<body>
<map id="map">
<area shape="rect" coords="373,319,548,363" href="hamburg.html"
alt="Hamburg">
<area shape="rect" coords="2,320,121,354" href="berlin.html"
alt="Berlin">
<area shape="rect" coords="64,3,448,59" href="frankfur.html"
alt="Frankfurt">
</map>
<img src="landkarte.gif" border=0 usemap="#map" height="365"
width="550" /></td>
</body>
</html>
```

Serverside Image Map

Die Technik, die dieser Image Map zugrunde liegt, nennt man CGI-Script (**C**ommon**G**ateway**I**nterface). Dieses Interface ist ein Standardverfahren zur Erweiterung der Funktionalität eines Internetservers. Es dient dazu, Programme oder Scripts auf einem Webserver auf Anforderung eines Browsers auszuführen. Anwendung findet die CGI-Technologie zum Beispiel zur Realisierung von Befehlsverknüpfungen mit Image-Maps. Deshalb heißen diese auf den Server bezogenen Image Maps dann auch Serverside Image Map.

Um das Ganze etwas zu verdeutlichen, hier die Beschreibung des praktischen Ablaufs beim Ansteuern eines Serverside Image Maps durch einen Mauszeiger in einem Browserfenster.

Der Browser hat die Aufgabe, die aktuelle Cursorposition des Zeigegeräts relativ zu den Abmessungen des Anzeigefensters zu bestimmen und einen Mausklick festzustellen. Tritt das Ereignis Mausklick auf einem Bildpunkt im inneren Bereich der Image Map ein, wird dieses Ereignis an den Server übermittelt. Auf dem Server wird die Meldung in einem CGI-Programm verarbeitet. Das Ergebnis der Programmbearbeitung wird dann zurück an den Client geschickt.

Um dem Browser explizit anzuzeigen, dass es sich bei den Verknüpfungen innerhalb eines *img*-Tags nicht um eine einfache Grafikreferenz handelt, wird das Attribut *ISMAP* eingesetzt. Innerhalb des *img*-Tags wird es der Grafikreferenz durch ein Leerzeichen getrennt nachgestellt. Das Attribut *ISMAP* muss außerhalb der Anführungszeichen stehen, in die die Grafik eingeschlossen ist.

Clientside Image Map

Neben den Serverside Image Maps gibt es seit HTML 3.2 die Möglichkeit, verweissensitive Grafiken zu definieren, die auch offline funktionieren. Um den Vorteil der Image Map-Funktionen ohne Server-Verbindung nutzen zu können, ist etwas mehr Aufwand bei der Webseitenerstellung notwendig. Sie müssen quasi einen Teil des CGI-Konzepts auf dem Client mit HTML-Mitteln simulieren. Das bedeutet, dass zum einen die Flächen der verweissensitiven Grafik selbst definiert werden, zum anderen wird ein Befehl benötigt, mit dem der Verweis auf ein Ziel festgelegt werden kann.

Am einfachsten lässt sich dieser Vorgang an einem Beispiel nachvollziehen.

Erstellen von Image Maps in Macromedia Fireworks

Bevor Sie mit dem Clientside Image Map beginnen, müssen Sie eine Grafik erzeugen, die Ausgangspunkt und Basis Ihrer neuen grafischen Schaltfläche werden soll. Die Bilder für die Hotspots können Sie auch nachträglich in Fireworks erzeugen.

> **Hinweis**
>
> **Macromedia Fireworks**
>
> Eine Trial-Version von Fireworks 3 können Sie sich unter www.macromedia.com/de herunterladen. Weiterführende Informationen zu diesem äußerst vielseitigen Webgrafikprogramm finden Sie in „Das große Buch Webgrafik mit Fireworks", ebenfalls bei DATA BECKER erschienen.

Clientside Image Map

1. Starten Sie Fireworks und öffnen Sie dann eine Quellgrafik, in die ein Hotspot eingesetzt werden soll.

2. Wählen Sie jetzt das URL-Polygonwerkzeug aus der URL-Symbolleiste aus. Fireworks aktiviert dabei gleichzeitig die URL-Überlagerung.

    *Die drei URL-Werkzeuge*

3. Erstellen Sie jetzt einen Hotspot-Bereich über dem Grafikbereich. Fahren Sie dazu die Kontur des Bereichs ab und setzen Sie einige Eckpunkte.

4. Wählen Sie den Befehl *Neuer Link* aus dem Options-Popup in der URL-Symbolleiste. Das Dialogfenster *Link-Info* wird geöffnet.

5. Geben Sie in das Dialogfenster die URL ein, mit welcher der Hotspot verknüpft werden soll. Außerdem können Sie eine Browserstatusleistenmeldung und ein Ziel eingeben.

6. Klicken Sie anschließend auf die Schaltfläche *Überlagerungsfarbe*, um eine Überlagerungsfarbe auszuwählen. Die Überlagerungsfarben dienen dazu, die Hotspots farblich zu ordnen.

Grafiken im praktischen Webeinsatz

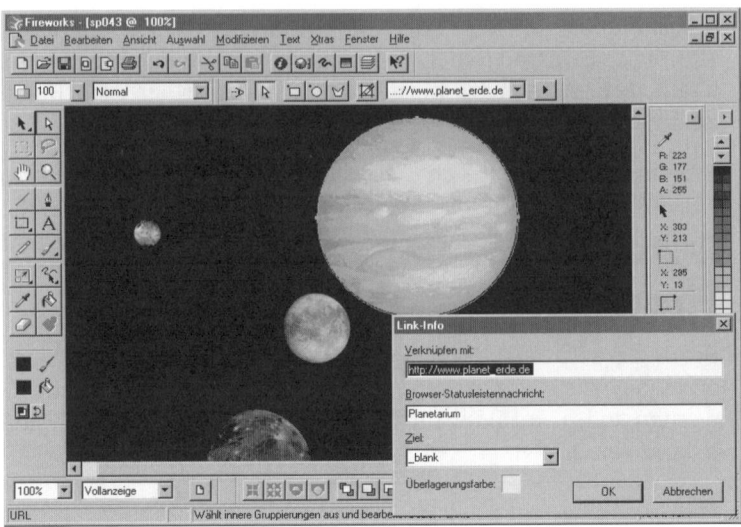

Der Hotspot für die erste Figur wurde gesetzt und die URL, ALT-Text sowie das Ziel eingegeben

7 Bestätigen Sie abschließend Ihre Eingaben mit *OK*.

8 Wiederholen Sie den Vorgang für die anderen Bildbereiche und vergeben Sie auch für diese jeweils einen neuen Link.

9 Klicken Sie zum Beenden der URL-Eingaben die Schaltfläche *URLs ein-/ausblenden* an, um in den Zeichenmodus von Fireworks zurückzukommen.

> **Hinweis**
>
> **Image Map-Informationen im Dokument**
> Eine Client-basierende Image Map erfordert, dass die Image Map-Informationen im XHTML-Dokument gespeichert werden. Die eigentliche URL wird dabei in der Statusleistenmeldung unten im Browserfenster angezeigt.

Serverside Image Map

Eine Server-basierende (NCSA) Image Map erfordert, dass die Image Map-Informationen in einer separaten Datei auf dem Server gespeichert werden. Auf diese wird dann mit einem CGI-Script zugegriffen. Diese Art von Image Maps ist sehr viel komplexer in der Einrichtung. Außerdem wird sie nicht von allen Webservern unterstützt. Das Verhalten von Server-basierenden Image Maps variiert von System zu System. Kontaktieren Sie auf alle Fälle zuerst Ihren Serviceanbieter, wenn Sie mit Server-basierenden Image Maps arbeiten wollen, um die Serverproblematik abzuklären.

1 Um die sensitive Grafik in Ihre Webseite einbauen zu können, müssen Sie sich den HTML-Code von Fireworks exportieren lassen.

2 Fireworks öffnet die Exportvorschau, in der Sie alle Einstellungen um Export vornehmen können.

Grafiken im praktischen Webeinsatz

3 Wählen Sie als Bilddateiformat GIF (**G**raphics **I**nterchange **F**ormat) aus. Da das Bild nur eine sehr kleine Farbpalette benötigt ist das kleinere GIF-Format auf alle Fälle ausreichend.

4 Bestätigen Sie Ihre Eingaben mit einem Klick auf die Schaltfläche *Exportieren*.

5 Im Dialogfenster *Export* geben Sie jetzt das Zielverzeichnis und den Dateinamen für das neue Bild im GIF-Format an. Aktivieren Sie außerdem unbedingt die Option *HTML- erstellen*.

6 Fireworks speichert jetzt das Bild und die HTML-Datei unter einem Namen im Zielverzeichnis ab. Die fertige HTML-Datei sieht dann so aus:

```
<html>
<head>
<title>Image map</title>
</head>
<body bgcolor="#ffffff">
<img src="image.gif" width="300" height="109" usemap="#image"
border="0" />
<map id="image">
<area shape="poly"
coords="240,105,285,104,283,97,289,93,283,72,290,52,291,40,285,21
,270,14,266,7,256,8,255,14,243,22,233,38,236,49,241,69,237,83,236
,93,243,93" href="http://www.planet_erde.de/star01"
title="star01" alt="star01" >
<area shape="poly"
coords="177,104,218,104,216,98,222,97,225,90,217,70,224,59,230,63
,231,52,224,36,222,12,170,11,170,32,163,50,164,58,171,57,177,69,1
69,90,174,96,176,96,176,96"
href="http://www.planet_erde.de/star02" title="star02"
alt="star02" >
<area shape="poly"
coords="109,104,146,104,145,97,155,94,154,85,147,76,156,53,152,31
,135,17,119,17,106,25,97,42,97,57,106,72,104,82,101,91,109,96,109
,96" href="http://image-seite.de/map/" title="map" alt="map" >
<area shape="poly"
coords="19,55,20,33,35,17,44,11,58,12,73,21,84,39,82,55,94,68,97,
79,92,82,88,94,87,102,12,104,16,102,10,92,9,84,3,74,7,70,14,61,14
,61" href="http://image-seite.de/star/" target="_top"
title="star" alt="star" >
</map>
</body>
</html>
```

Auch Fireworks generiert die fertigen Scripts für Image Maps, einschließlich der notwendigen Zeilen zur Einbindung in ein HTML-Dokument.

7 Die MAP-Datei wird für Server-basierende Image Maps erstellt, wenn Sie im Dialogfeld *Image Map-Optionen* einen Map-Typ von *Beide* oder *Server-Basierend* angeben.

Dieses Beispiel hat Ihnen gezeigt, wie schnell und einfach Sie Client Image Maps erzeugen können.

Hinweis

Image Maps mit Polygonen und Kreisen

Verwenden Sie Image Maps, sollten Sie berücksichtigen, dass bei älteren Browsern die Polygone und Kreise nach dem Anklicken oft mit hässlichen Linien dargestellt werden. Außerdem erzeugen Polygone eine Menge HTML-Quellcode, wie im Beispiel zu sehen ist. Aus diesen beiden Gründen empfiehlt es sich, auf rechteckige Shapes zu begrenzen.

Grafiken zerschneiden und in Tabellen anordnen

Sie können sich die Arbeit mit den Image Maps sparen, wenn alle Ihre sensitiven Bereiche rechteckig sind. Dazu zerschneiden Sie Ihre Grafik in mehrere kleinere und setzen diese Teilgrafiken in einer Tabelle wieder zusammen.

Nun können Sie den einzelnen Teilgrafiken über *href=* ein Ziel zuordnen.

Die folgende Grafik zeigt, wie Sie ein Bild beispielsweise unterteilen können. Die Striche sollen die Unterteilungen markieren. Sie markieren die einzelnen Bereiche, kopieren diese und fügen sie in ein neues Fenster wieder ein, das Sie dann abspeichern.

Dann kann zum Beispiel jeder einzelnen Flasche ein eigenes Ziel zugeordnet werden.

Beispiel, eine Grafik zu zerschneiden, um den Einzelgrafiken dann eigene Ziele zuzuordnen

Tipp

Eine große Grafik in mehrere kleine zerschneiden

Haben Sie große Grafiken auf Ihrer Homepage, so ist es ratsam, diese in mehrere kleine zu unterteilen und aus den Bausteinen die Gesamtgrafik in einer blinden Tabelle später wieder zusammenzufügen.

Mit diesem Trick ist Ihre Seite meist schneller beim Betrachter aufgebaut. Sie sollten allerdings darauf achten, dass die blinde Tabelle auch wirklich eine blinde ist. Soll heißen: *<table border="0">* *<table cellspacing="0">* und so weiter.

3.5 Nutzung von unsichtbaren Grafiken

Mit unsichtbaren Grafiken sind Grafiken gemeint, die sich vom Hintergrund nicht abheben, zum Beispiel eine weiße Grafik auf weißem Hintergrund. Dabei ist wichtig, dass Hintergrund und Grafik exakt die gleiche Farbe haben. Öffnen Sie hierzu Ihr Grafikprogramm und erstellen Sie eine neue Grafik mit den gewünschten Maßen. Anschließend füllen Sie den gesamten Bereich mit der Hintergrundfarbe Ihrer Seite. Nun kann die Farbpalette noch auf Ihre Hintergrundfarbe reduziert werden, da die Grafik nur aus dieser einen Farbe besteht und die Datenmenge dadurch wesentlich gestaucht werden kann.

Sie werden sich jetzt vielleicht wundern, aus welchem Grund Sie eine Grafik auf Ihrer Seite einfügen sollten, wenn die Grafik hinterher nicht zu sehen ist. Nun, es gibt eine Menge Beispiele, wo diese unsichtbaren Grafiken sehr nützlich sind.

Platzhalter für Bilder

Beim Entwerfen einer Seite können diese Grafiken sehr nützlich sein, um das Layout vorzubereiten. Sind Grafiken noch nicht fertig bearbeitet, fügen Sie einfach eine solche unsichtbare Grafik ein und ersetzen diese später durch das Bild.

Textfluss ändern

Sie möchten den Textfluss auf Ihrer Seite etwas variieren. Der Text soll nicht in einem Block dargestellt und wichtige Bereiche vielleicht besonders formatiert werden.

Fügen Sie in Ihrem Text an der gewünschten Stelle eine unsichtbare Grafik ein. Mit der Angabe *align="left"* fließt der folgende Text rechts um die links ausgerichtete Grafik, mit der Angabe *align="right"* fließt er links um die rechts ausgerichtete Grafik. Schon haben Sie das Layout Ihrer Seite geändert.

Grafiken im praktischen Webeinsatz

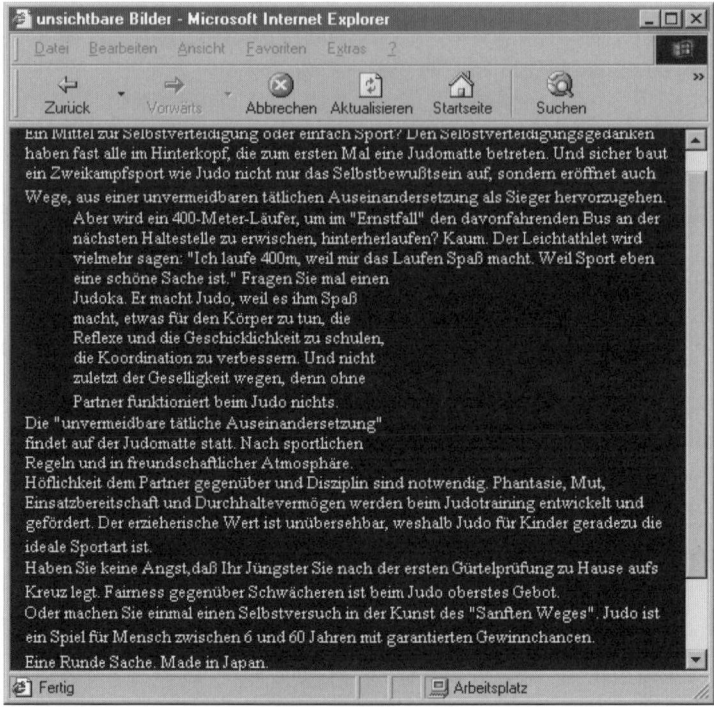

Geänderter Textfluss durch unsichtbare Grafiken

Textfluss mit <spacer>

Sie können „unsichtbare Bilder" definieren, also Rechtecke von frei wählbarer Größe. Diese unsichtbaren Bilder haben auf den umgebenden Text die gleiche Auswirkung wie referenzierte Grafiken.

Durch die Zusatzangaben *type="block"*, *width=* und *height=* definieren Sie ein Rechteck für den gewünschten Leerraum. Mit *width=* bestimmen Sie die Breite des Rechtecks, mit *height=* die Höhe. Beide Angaben erfolgen in Pixel. Den Textfluss formatieren Sie wie im letzten Beispiel.

Wenn Sie diesen Befehl gleich hinter dem einleitenden <body>-Tag notieren und die Höhe hinreichend groß wählen (zum Beispiel *height=10000*), können Sie auf diese Weise Seitenränder erzwingen.

```
<spacer type="block" width="100" height="50" align="left">Der
hier stehende Text fließt links um ein unsichtbares Rechteck.
```

Unter dem Explorer 5 funktioniert diese Funktion allerdings nicht. Wollen Sie auf der sicheren Seite bleiben und Ihre Seite für möglichst alle Betrachter gleich dargestellt haben, dann sollten Sie eher wirkliche Grafiken einfügen.

Unsichtbare Grafiken als Zwischenbilder in Diashows

Bei den bereits vorgestellten Diashows wurden die Einzelbilder direkt aufeinander geschaltet. Sie können aber auch zwischen die einzelnen Bilder ein unsichtbares Bild schalten. Erzeugen Sie dazu eine Grafik von der gleichen Größe wie die anderen Bilder und fügen Sie dieses Zwischenbild, wie der Name schon sagt, zwischen die anderen Bilder. Dazu müssen Sie in die Einzelbilder-Ansicht gehen und können dann über *Kopieren* und *Einfügen* die unsichtbare Grafik einfügen.

Grafiken im praktischen Webeinsatz

4. Seitenkonstruktion und -layout mit Tabellen

„Ordnung muss sein" – so auch in HTML bzw. XHTML. Wenn Sie also geordnete, sortierte Informationen darstellen wollen, benötigen Sie die dazugehörigen Befehle. Natürlich haben die Entwickler von HTML auch dafür gesorgt. Doch die Tücken stecken im Detail. So existieren zwar besondere Befehle für die Darstellung von Menüs – im Browser unterscheiden sie sich jedoch nicht von den anderen Listen. In diesem Kapitel weisen wir Sie auf diese Probleme hin und verraten Ihnen, wie Sie Tabellen perfekt gestalten.

4.1 Listen und Tabellen erzeugen

Bevor Sie die komplexeren Tabellen kennen lernen, widmen wir uns zunächst dem Aufbau von Listen. In Listenform können Sie zu einem Oberbegriff gehörige Begriffe aufführen. HTML bietet Ihnen dabei die Möglichkeit, entweder unsortierte Listen zu erzeugen oder sortierte, wobei diese Bezeichnung eigentlich irreführend ist, wie Sie noch sehen werden. Im ersten Fall werden die Einträge der Liste mit einem vorangestellten Sonderzeichen, dem so genannten Bullet, dargestellt. Alle Einträge haben also die gleiche Wertigkeit; das Bulletzeichen gibt keine Auskunft darüber, ob ein Element wichtiger als ein anderes ist. Bei den sortierten Listen werden die Einträge nicht etwa automatisch zum Beispiel nach dem Alphabet sortiert, sondern die Bullets werden durch Zahlen bzw. Buchstaben ersetzt. Damit ist es also möglich, einem Eintrag den ersten, zweiten, dritten usw. Rang zuzuweisen.

Unsortierte Listen

Der Aufbau der unsortierten Liste (**u**nordered **l**ist, ul) sieht folgendermaßen aus:

```
<ul>
    <li>Eintrag</li>
    <li>Eintrag</li>
    ...
    <li>Eintrag</li>
</ul>
```

Die Liste wird also mit dem Tag <ul> umschlossen, die Listeneinträge vom Tag <li>. Bei der Darstellung der Liste stoßen Sie auch wieder auf die Unwägbarkeiten der verschiedenen Browser. Wie die Bullets aussehen, ist nämlich vom Hersteller des Browsers abhängig: Im einen Browser erscheinen sie als Quadrat, in dem anderen als Karo.

Seitenkonstruktion und -layout mit Tabellen

Auf dem Bildschirm sieht eine unsortierte Liste folgendermaßen aus:

Unsortierte Liste mit vorangestellten Bullets

Unsortierte Listen können sogar verschachtelt werden. Das folgende Listing zeigt, wie Sie eine Liste in eine zweite Liste einbetten:

```
<h3 align="left">Angebotsliste</h3>
<ul>
 <li>Briefmarken</li>
 </ul>
   <li style="list-style: none">
   <li>1910-1950</li>
   <li>1951-heute</li>
   </ul>
   </li>

   <li>Telefonkarten</li>
   <li>Sonderbl&auml;tter</li>

   <li style="list-style: none"></li>
    <ul>
      <li>1964-1975</li>
      <li>1976-1989</li>
      <li>1990-heute</li>
    </ul>
   </li>
</ul>
```

So sieht das Ergebnis aus:

Verschachtelte unsortierte Liste

Bullet festlegen

Im vorigen Beispiel haben Sie gesehen, dass der Browser wieder selbst bestimmt, wie die Bullets aussehen.

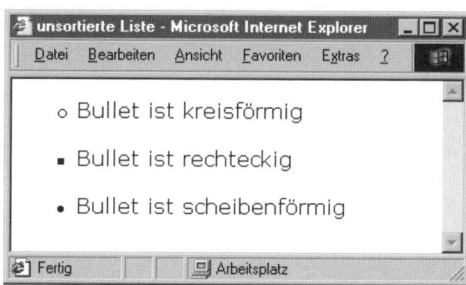

Verschiedene Bullets

Die Bullets der Hauptliste sind in unserem Fall ausgefüllte Kreise, die Bullets der verschachtelten Listen sind leere Kreise. Sie können hier aber auch ganz gezielt eingreifen: Mit

```
<ul type="circle">
```

wird das Bullet rund dargestellt,

```
<ul type="square">
```

erzeugt ein rechteckiges Bullet und bei

```
<ul type="disc">
```

ähnelt das Bulletsymbol einer Scheibe. Probieren Sie diese neuen Bullets gleich mal aus:

```
<ul type="circle">
<li>Bullet ist kreisförmig</li>
</ul>
<ul type="square">
<li>Bullet ist rechteckig</li>
</ul>
<ul type="disc">
<li>Bullet ist scheibenförmig</li>
</ul>
```

Menülisten

Vielleicht wundern Sie sich, wenn Sie die beiden folgenden Listentypen ausprobieren. In der Regel stellen die Browser diese Listen nämlich nicht anders dar, als die bisher bekannte unsortierte Liste.

Wir stellen Ihnen diese beiden Sonderformen der Vollständigkeit halber vor.

Wer weiß – vielleicht entschließen sich die großen Browserhersteller ja tatsächlich dazu, diese beiden Listentypen zukünftig besonders formatiert darzustellen.

Seitenkonstruktion und -layout mit Tabellen

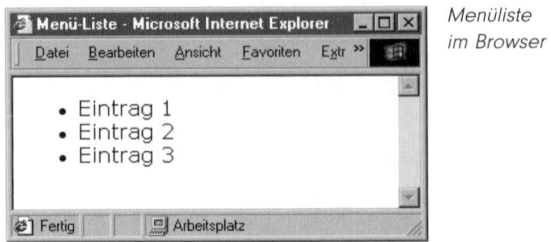

Menüliste
im Browser

Die Menülisten sind folgendermaßen aufgebaut:

```
<menu>
<li>Eintrag 1</li>
<li>Eintrag 2</li>
<li>Eintrag 3</li>
</menu>
```

Verzeichnislisten

Auf die Verzeichnisliste treffen die gleichen Bemerkungen wie zuvor auf die Menüliste zu – die Browserdarstellung unterscheidet sich nicht von der einer gewöhnlichen Liste.

Darstellung der
Verzeichnisliste

Die Verzeichnislisten wurden in die Spezifikationen aufgenommen, um damit Verzeichnisse im Computer auflisten zu können. Die Verzeichnislisten werden so aufgebaut:

```
<dir>
<li>Eintrag 1</li>
<li>Eintrag 2</li>
<li>Eintrag 3</li>
</dir>
```

Die Einträge in der Verzeichnisliste dürfen übrigens mehrere Zeilen lang sein – bei den Menülisten sind nur einzeilige Einträge erlaubt.

Kompakte Listen

Eine mögliche Darstellungsform bleibt bei den unsortierten Listen noch übrig: die kompakte Darstellung.

Sie können diese Form beispielsweise dazu nutzen, mehr Informationen auf einer Browserseite unterzubringen.

Seitenkonstruktion und -layout mit Tabellen

Kompakte Listen bauen Sie so auf:

```
<ul compact>
  <li>Eintrag 1</li>
  <li>Eintrag 2</li>
  <li>Eintrag 3</li>
</ul>
```

Aber auch hier gilt: Die Browser zeigen die Unterschiede nur selten an. Verkleinern Sie besser die Schriftgröße, dann ist der Unterschied auf Anhieb erkennbar.

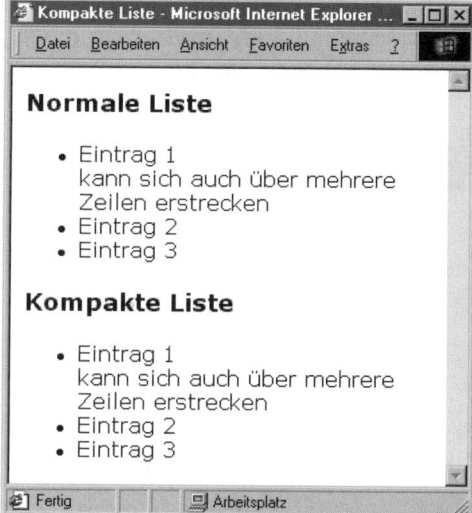

Im Internet Explorer ist der Unterschied nicht erkennbar

Sortierte Listen

Die unsortierte Liste habt einen entscheidenden Nachteil: die in ihr definierten Einträge sind nicht bewertet. Wenn Sie nun eine Liste einrichten wollen, in der der erste Eintrag auch der wichtigste ist und daher auch mit einer 1 gekennzeichnet werden soll, können Sie auf die sortierte beziehungsweise nummerierte Liste zurückgreifen.

Hier stehen keine Bullets vor den Einträgen, sondern Zahlen, Buchstaben oder Ziffern. Eine sortierte Liste ist so aufgebaut:

```
<ol>
  <li>Eintrag</li>
  <li>Eintrag</li>
  <li>Eintrag</li>
</ol>
```

Seitenkonstruktion und -layout mit Tabellen

Sortierte Liste im Browserfenster

Beachten Sie die automatische Nummerierung der Liste. Obwohl wir keine Nummern angegeben haben, erscheinen diese im Browserfenster. Testen Sie nun, wie sich das Verschachteln der Listen, das bei unsortierten Listen kein Problem darstellte, im Browser präsentiert:

Verschachtelte sortierte Liste

Wahrscheinlich haben Sie hier ein anderes Ergebnis erwartet, aber die automatische Nummerierung der untergeordneten Listen mit 1.1, 1.2 usw. wird von HTML noch nicht unterstützt. Sie müssen daher die Untereinträge selbst mit der entsprechenden Nummerierung versehen.

Alphabetisch nummerieren

Neben Zahlen können Sie in sortierten Listen auch Buchstaben zur Nummerierung verwenden. Dazu geben Sie einfach den Type mit dem Schlüsselwort *type* an. Testen Sie folgendes Beispiellisting:

```
<ol type="a">
  <li>Eintrag</li>
  <li>Eintrag</li>
  <li>Eintrag</li>
</ol>
<ol type="A">
  <li>Eintrag</li>
  <li>Eintrag</li>
  <li>Eintrag</li>
</ol>
```

Im Browser sieht das so aus:

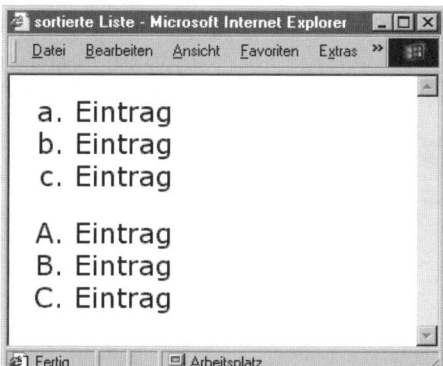

Mit kleinen und großen Buchstaben nummerierte Liste

Römische Ziffern verwenden

Gerade in wissenschaftlichen Publikationen werden an Stelle der dezimalen Nummerierung oft römische Ziffern benutzt. Dazu brauchen Sie das obige Listing nur minimal bei der Typenangabe zu verändern:

```
<ol type="i">
   <li>Eintrag</li>
   <li>Eintrag</li>
   <li>Eintrag</li>
</ol>
<ol type="I">
   <li>Eintrag</li>
   <li>Eintrag</li>
   <li>Eintrag</li>
</ol>
```

So sieht das im Browser aus:

Römische Ziffern in sortierten Listen

Start der Nummerierung festlegen

Eine Schwierigkeit wurde bisher noch nicht angesprochen: Wie kann zum Beispiel eine Liste angezeigt werden, die an Position 20 beginnen, fünf Elemente enthalten und dann bei Position 40 fortgesetzt werden soll?

Beeinflussung der Werte in einer sortierten Liste

Dazu bietet HTML die Möglichkeit, den Startwert mit dem Schlüsselwort *start* und einen neuen Wert mit dem Schlüsselwort *value* zu übergeben.

In Listingform sieht das so aus:

```
<ol start="20">
<li>Eintrag</li>
  <li>Eintrag</li>
  <li>Eintrag</li>
  <li>Eintrag</li>
  <li>Eintrag</li>
<li value="40">Eintrag</li>
  <li>Eintrag</li>
  <li>Eintrag</li>
</ol>
```

Definitionslisten

Nun bleibt noch eine Listenform übrig, die bisher noch nicht erwähnt wurde, die so genannte Definitionsliste. Definitionslisten kennen Sie beispielsweise aus Büchern. Dort tauchen sie in Form eines Glossars auf. Zunächst wird ein Begriff genannt und eingerückt folgt in der nächsten Zeile die Definition des Begriffs.

In HTML wird dies folgendermaßen umgesetzt:

```
<dl>
  <dt>erster Begriff</dt>
  <dd>der erste Begriff hat diese Bedeutung</dd>
  <dt>zweiter Begriff</dt>
  <dd>der zweite Begriff hat diese Bedeutung</dd>
</dl>
```

Im Browser wird eine Definitionsliste so dargestellt:

Defintionsliste mit zwei Einträgen

Definitionslisten können übrigens auch verschachtelt werden. Schauen Sie sich das folgende Listing an:

```
<dl>
<dt>erster Begriff</dt>
<dd>der erste Begriff hat diese Bedeutung</dd>
<dl>
<dt>erster Unterbegriff</dt>
<dd>der erste Unterbegriff hat diese Bedeutung</dd>
</dl>
<dt>zweiter Begriff</dt>
<dd>der zweite Begriff hat diese Bedeutung</dd>
</dl>
```

Der Nachteil dieser Darstellung ist ihre Unübersichtlichkeit. Der erste Unterbegriff geht in dieser Liste beinahe unter.

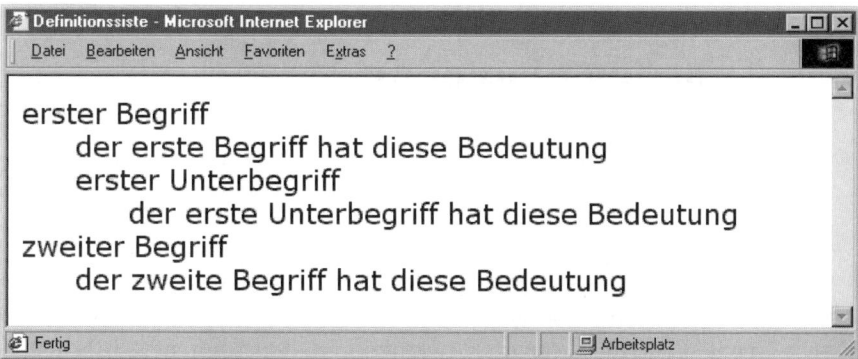

Verschachtelte Definitionsliste

Dieses Problem können Sie mit zwei einfachen Zeilenumbrüchen umgehen. Die Liste im folgenden Bild ist dadurch einfacher zu lesen:

Seitenkonstruktion und -layout mit Tabellen

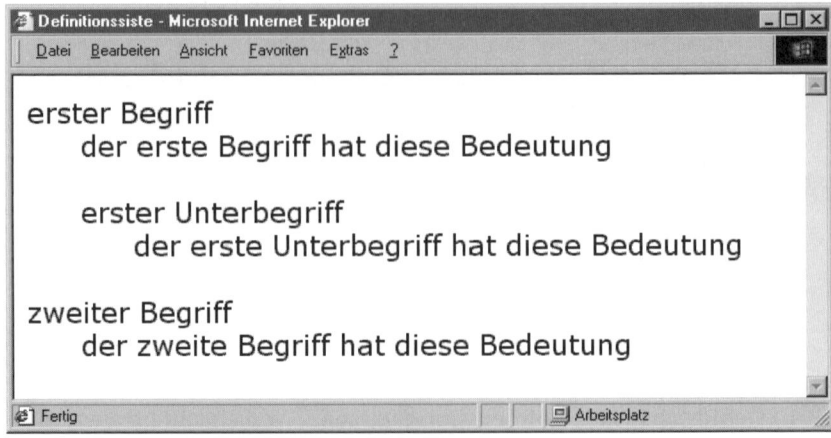

Verschachtelte Definitionsliste mit Zeilenumbrüchen

Das Listing hat sich im Vergleich zur vorigen Liste kaum verändert. Beachten Sie nur die
-Tags vor und nach dem ersten Unterbegriff:

```
<dl>
<dt>erster Begriff</dt>
<dd>der erste Begriff hat diese Bedeutung</dd>
<dl>
<dt><br />erster Unterbegriff</dt>
<dd>der erste Unterbegriff hat diese Bedeutung</dd>
</dl>
<br />
<dt>zweiter Begriff</dt>
<dd>der zweite Begriff hat diese Bedeutung</dd>
</dl>
```

Tabellen einbinden

Listen haben Sie nun kennen gelernt und sind damit in der Lage, Daten formatiert und in übersichtlicher Form darzustellen. Listen haben jedoch einen entscheidenden Nachteil: ihre Einträge erscheinen stets untereinander. Oft werden jedoch auch Übersichten benötigt, in denen Daten nebeneinander oder in anderen gruppierten Formen erscheinen. Dafür sind die Tabellen in HTML zuständig. Tabellen erfüllen zudem einen weiteren Zweck: Wenn Sie die Gitternetzlinien weglassen, eignen sich Tabellen hervorragend, um damit Text im Browserfenster zu platzieren. So können Sie Ihre Seiten auf verschiedene Arten gestalten. Doch zunächst widmen wir uns dem grundsätzlichen Aufbau von Tabellen in HTML. Testen Sie einmal folgendes Listing:

```
<table border>
<tr>
<th>Überschrift 1</th>
<th>Überschrift 2</th>
<th>Überschrift 3</th>
</tr>
<tr>
<td>Zeile 2, 1. Spalte</td>
```

```
<td>Zeile 2, 2. Spalte</td>
<td>Zeile 2, 3. Spalte</td>
</tr>
<tr>
<td>Zeile 3, 1. Spalte</td>
<td>Zeile 3, 2. Spalte</td>
<td>Zeile 3, 3. Spalte</td>
</tr>
<tr>
<td>Zeile 4, 1. Spalte</td>
<td>Zeile 4, 2. Spalte</td>
<td>Zeile 4, 3. Spalte</td>
</tr>
</table>
```

Im Browser präsentiert sich diese Beispieltabelle folgendermaßen:

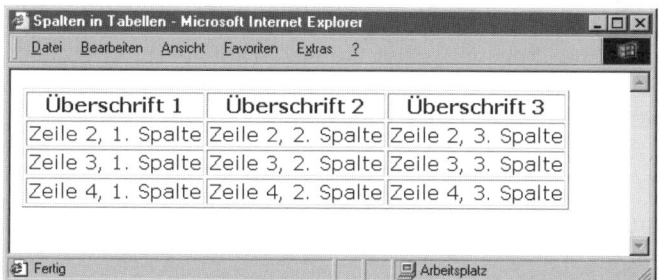

Tabelle mit drei Zeilen und drei Spalten

Mit <table border> leiten Sie die Definition einer Tabelle mit Gitternetzlinien ein. Die Inhalte der Zellen werden zeilenweise eingegeben, wobei <tr> die Zeilen und <td> die Inhalte der Datenzellen festlegt. <th> erzeugt die Überschriften der Spalten, die fett ausgegeben werden.

Auch hier finden Sie eine Zusammenstellung aller für Tabellen relevanten Tags ab Seite 769. Innerhalb der Zellen können Sie übrigens nicht nur Text platzieren, hier finden auch andere Elemente wie zum Beispiel Grafiken (siehe ab Seite 65), Formulare (siehe ab Seite 473) oder neue Tabellen Platz. Wie bereits angesprochen, können Sie auch Tabellen erzeugen, in denen die Gitternetzlinien fehlen. Lassen Sie in diesem Fall das Schlüsselwort *border* bei der Einleitung zur Tabelle weg.

Tabelle ohne Gitternetzlinien

Aufteilung der Tabelle

Vielleicht ist Ihnen im vorigen Beispiel aufgefallen, dass wir dem Browser nicht mitgeteilt haben, wie er die Tabelle zu formatieren hat. Die Informationen hat er aus der Anzahl der Zeilen gelesen. In unserem Beispiel stellt das keine größeren Schwierigkeiten dar, da die Tabelle sehr klein ist.

Bei größeren Tabellen hingegen muss der Browser die gesamte Tabelle erst einlesen, bevor er mit der Darstellung der Daten beginnen kann. Dies wirkt auf den Betrachter der Seiten verwirrend, da der Seitenaufbau sehr lange benötigt. Abhilfe können Sie schaffen, indem Sie gleich zu Beginn der Tabelle ihr Aussehen definieren – allerdings funktioniert das erst ab HTML 4.0. Der HTML-Befehl zur Definition der Spalten heißt <colgroup>. Mit <colgroup> können Sie sowohl Tabellen definieren, deren Spalten alle die gleiche Breite aufweisen, als auch Spalten mit unterschiedlichen Breiten.

In unserem ersten Beispiel sehen Sie eine Tabelle, die drei Spalten umfasst, deren Breite identisch ist. Die Breite der Spalten legen Sie über das Schlüsselwort *width* fest, die Anzahl der Spalten über *span*.

```
<table border>
  <colgroup width="150" span="3">
  </colgroup>
<tr>
  <td>Inhalt 1</td>
  <td>Inhalt 2</td>
  <td>Inhalt 3</td>
</tr>
</table>
```

Drei Spalten mit gleicher Spaltenbreite

Im folgenden Beispiel haben die Spalten unterschiedliche Breiten:

```
<table border>
   <colgroup>
      <col width="70">
      <col width="140">
      <col width="250">
   </colgroup>
   <tr>
   <td>Inhalt 1</td>
   <td>Inhalt 2</td>
   <td>Inhalt 3</td>
   </tr>
</table>
```

Seitenkonstruktion und -layout mit Tabellen

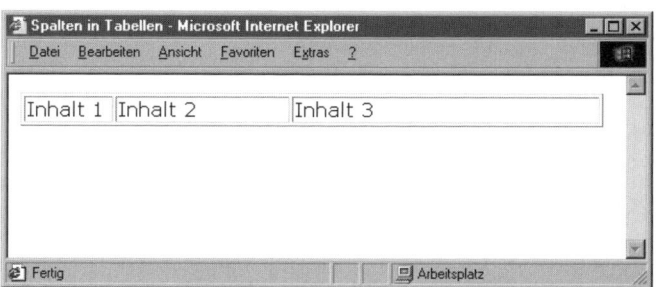

Unterschiedliche Spaltenbreiten

Neben den festen Werten können Sie auch das Verhältnis der Spalten untereinander definieren. Beispiel:

```
<table border>
   <colgroup>
      <col width="3*">
      <col width="4*">
      <col width="1*">
   </colgroup>
   <tr>
   <td>Inhalt 1</td>
   <td>Inhalt 2</td>
   <td>Inhalt 3</td>
   </tr>
</table>
```

In diesem Beispiel hat Spalte 1 eine Breite von 3/8, Spalte 2 von 4/8 und Spalte 3 ist 1/8 der Gesamtbreite breit. Der Stern deutet dem Browser an, dass der Zahlenwert nicht als absoluter, sondern als relativer Breitenwert zu interpretieren ist. Sie dürfen übrigens auch mehrere <colgroup>-Tags hintereinander einsetzen. Der Befehl

```
<colgroup width="200" span="2"> <colgroup width="100" span="3">
```

definiert hier zum Beispiel 5 Spalten, von denen die ersten 2 eine Breite von 200 haben, die letzten 3 haben eine Breite von 100.

Tabelle strukturieren

Tabellen bestehen nur in den wenigsten Fällen aus reinen Datenzellen. Daneben existiert zumindet ein Tabellenkopf, der beispielsweise auch die Überschrift der Tabelle enthält.

HTML geht hier sogar noch weiter: Es existieren Kopf- (<thead>), Daten- (<tbody>) und Fußbereiche (<tfoot>). Ein Beispiel:

```
<table border rules="groups">
 <thead>
  <td>Inhalt 1</td>
  <td>Inhalt 2</td>
  <td>Inhalt 3</td>
 </thead>
 <tbody>
```

```
    <td>Inhalt 1</td>
    <td>Inhalt 2</td>
    <td>Inhalt 3</td>
  </tbody>
  <tfoot>
    <td>Inhalt 1</td>
    <td>Inhalt 2</td>
    <td>Inhalt 3</td>
  </tfoot>
</table>
```

Kopf-, Daten- und Fußbereiche können getrennt definiert werden

4.2 Dynamische Tabellen nutzen

Eine der größten Stärken von HTML ist die Möglichkeit, Daten entsprechend der Besucherinteressen aktuell darzustellen. Tabellen eignen sich besonders für die dynamische Anbindung von Daten. Realisiert wird eine solche Anbindung einer externen Datenquelle über ActiveX-Controls (ActiveX ist eine Programmsammlung von Microsoft, mit deren Hilfe Anwendungsprogramme um verschiedene Funktionen erweitert werden können). Wir beschränken uns im folgenden Abschnitt auf die Nutzung dieser Controls und zeigen Ihnen praktische Beispiele, wie Sie eigene Daten einbinden können.

Die Beispiele benutzen das **T**abular **D**ata **C**ontrol (TDC). Dies erlaubt den Anwendern über Schaltflächen die Datensätze aufzurufen. Das TDC dient der Anbindung einer Datenbank in eine HTML-Seite. Zunächst benötigen Sie einen externen Datensatz bzw. eine Textdatei, in der die einzelnen Datensätze definiert sind. Die meisten Datenbankprogramme erlauben den Export der Daten in dieser Form. Eine solche Datei sieht folgendermaßen aus:

Name |Straße |Ort
Person 1|Straße 1|Wohnort 1
Person 2|Straße 2|Wohnort 2
Person 3|Straße 3|Wohnort 3
Person 4|Straße 4|Wohnort 4
Person 5|Straße 5|Wohnort 5
Person 6|Straße 6|Wohnort 6

Seitenkonstruktion und -layout mit Tabellen

Die einzelnen Datensätze sind durch das Sonderzeichen „|" (Pipe) voneinander getrennt. Manche Datenbanken benutzen auch das Komma oder Semikolon, allerdings dürfen Sie diese Zeichen dann nicht in den Datenfeldern benutzen, unsere Anwendung wüsste sonst nicht, ob ein neuer Datensatz beginnt oder das Zeichen zum Feldinhalt gehört.

Die HTML-Datei zur Auswertung der Daten sieht folgendermaßen aus:

```
<!DOCTYPE html PUBLIC "-//W3C//DTD XHTML 1.0 Transitional//EN"
    "http://www.w3.org/TR/xhtml1/DTD/xhtml1-transitional.dtd">
<html xmlns="http://www.w3.org/1999/xhtml">
<head>
<meta name="generator" content="HTML Tidy, see www.w3.org" />
<title></title>
</head>
<body>
"http://www.w3.org/TR/xhtml1/DTD/xhtml1-strict.dtd"&gt;

<h3>Adressliste</h3>

<object id="Adressliste"
classid="clsid:333C7BC4-460F-11D0-BC04-0080C7055A83"><param
name="DataURL" value="adr.txt" />
<param name="UseHeader" value="true" />
<param name="FieldDelim" value="|" />
</object>

<form>
<table id="MeineTabelle" datasrc="#Adressliste" datapagesize="1"
width="100%">
<colgroup>
<col width="150" />
<col /></colgroup>

<tr>
<td bgcolor="#5FEEEE"></td>
<td bgcolor="#8FEEE5" align="right"><input type="button"
value=" - " onclick="document.all.MeineTabelle.previousPage();"
/>
<input type="button" value=" + "
onclick="document.all.MeineTabelle.nextPage();" /></td>
</tr>

<tr>
<td bgcolor="#5FEEEE" valign="top"><b>Name:</b></td>
<td bgcolor="#8FFFE5" valign="top"></td>
</tr>

<tr>
<td bgcolor="#5FEEEE" valign="top"><b>Stra&szlig;e:</b></td>
<td bgcolor="#8FFFE5" valign="top"></td>
</tr>

<tr>
<td bgcolor="#5FEEEE" valign="top"><b>Ort:</b></td>
<td bgcolor="#8FFFE5" valign="top"></td>
```

```
    </tr>
   </table>
  </form>
 </body>
</html>
```

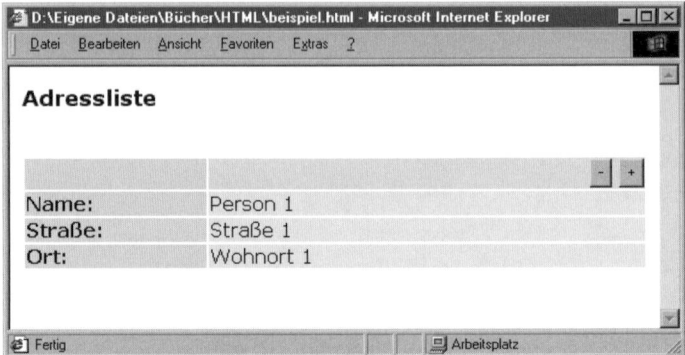

Tabelle mit dynamischem Inhalt

Zum Einbinden der Daten benötigen Sie das Tag <object>. Die *id* (**Id**entification) identifiziert das Objekt. Dies kann ein beliebiger Name sein, über den Sie später auf die Daten Zugriff erhalten. Die *classid* ist eine Referenz auf das ActiveX-Control, das wir in unserem Beispiel nutzen. Wenn Sie auf Datensätze zugreifen wollen, die sich in einer Textdatei befinden und die durch Zeilen voneinander getrennt sind, müssen Sie die in unserem Beispiel angegebene *classid* verwenden.

```
<object id="Adressliste" classid="clsid:333C7BC4-460F-11D0-BC04-
0080C7055A83">
 <param name="DataURL" value="adr.txt">
 <param name="UseHeader" value="true">
 <param name="FieldDelim" value="|">
</object>
```

Die Angabe <param name="DataURL"...> übergibt den Namen der Datei, in der die Datensätze abgelegt sind, in unserem Beispiel heißt sie *adr.txt*. Setzen Sie hier den Namen Ihrer Datei ein.

Wenn <param name="UseHeader"...> den Wert *true* zugewiesen bekommt, bedeutet dies, dass der Browser die erste Zeile der Datei nicht als Datensatz, sondern als Feldbeschreibung interpretiert.

<param name="FieldDelim"...> enthält schließlich das Trennzeichen der Datensätze, in unserem Fall das |. Nun folgt der grundsätzliche Aufbau der Tabelle:

```
<form>
<table id="MeineTabelle" datasrc="#Adressliste" datapagesize="1"
width="100%">
<colgroup>
<col width="150">
<col>
```

Seitenkonstruktion und -layout mit Tabellen

Über die *id* im <table>-Tag geben Sie der Tabelle einen Namen. *datasrc* stellt die Verbindung zur Datei mit den Datensätzen her. Hier geben Sie jedoch nicht den Namen der Datei an, sondern deren *id*, die Sie im <object>-Tag festgelegt haben. Vor diesen Bezug stellen Sie das Zeichen #.

Rufen Sie das vorige Listing noch einmal auf und lassen Sie die Angabe *datapagesize* weg. Hier ist das Ergebnis:

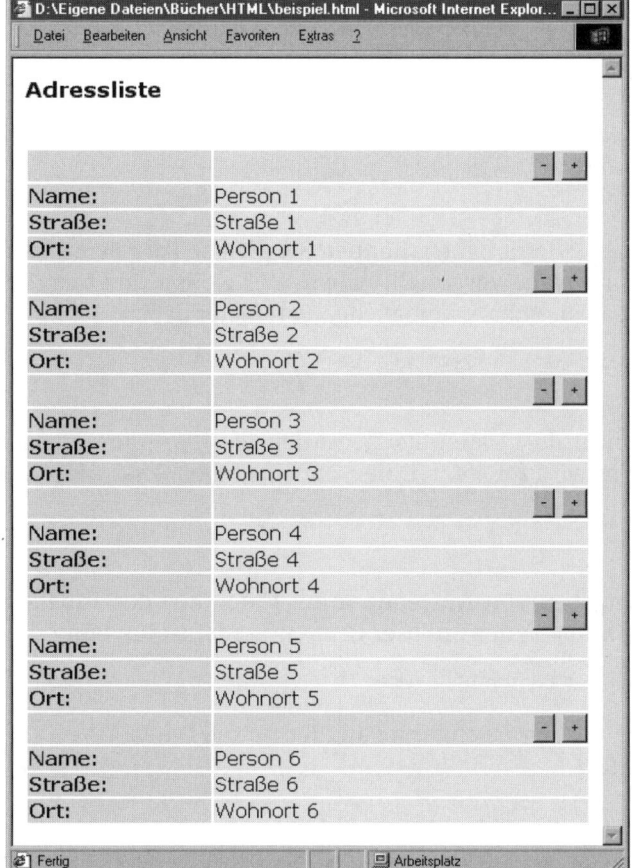

Datensätze ohne Angabe von datapagesize

datapagesize legt demnach fest, wie viele Datensätze gleichzeitig angezeigt werden sollen.

Die folgende Tabelle birgt nun keine Überraschungen mehr für Sie. Eine kleine Ausnahme stellen noch die Schaltflächen dar, mit deren Hilfe Sie in den Datensätzen navigieren.

```
<input type="button" value=" - "
onclick="document.all.MeineTabelle.previousPage();">
<input type="button" value=" + "
onclick="document.all.MeineTabelle.nextPage();">
```

onclick stellt einen so genannten *eventHandler* dar, der beim Klicken mit der Maus (*onclick*) aktiviert wird. Mit *type* legen Sie die Darstellung der Schaltflächen fest. In unserem Beispiel haben wir uns dafür entschieden, die Schaltflächen für das Zurückblättern mit – zu kennzeichnen; die Vorwärts-Schaltfläche erhält das Pluszeichen.

Tabular Data Control (TDC)

In unserem Beispiel haben wir das Tabular Data Control benutzt. Die Syntax sieht so aus:

```
<object id="ID des Objektes" classid=
                "clsid:333C7BC4-460F-11D0-BC04-0080C7055A83">
  <param name="" value="">
</object>
```

Wie Sie kennen gelernt haben, können Sie diverse Parameter übergeben, von denen wir nur wenige vorgestellt haben. Wir wollen Ihnen im Folgenden eine kurze Übersicht über die möglichen Parameter geben.

```
<param name="AppendData" value="X">
X="true"
```

Beim Blättern in den Datensätzen werden diese an die Tabelle angehängt. Normalerweise wird für jeden Datensatz eine neue Seite aufgebaut.

```
<param name="CaseSensitive" value="X">
X= "true"
```

Wenn Sie Eingaben von Anwendern mit Daten aus der Tabelle vergleichen wollen, unterscheidet der Browser Groß- und Kleinschreibung.

```
<param name="CharSet" value="X">
```

Geben Sie statt X den Zeichensatz an, der für die Daten gelten soll. Voreingestellt ist *iso-8859-1*.

```
<param name="DataURL" value="X">
```

Angabe der Datei, die die Datensätze enthält.

```
<param name="EscapeChar" value="X">
```

Hier können Sie ein Zeichen eingeben, das ein folgendes Zeichen kennzeichnet. Sie können damit auch Trennzeichen innerhalb von Datenfeldern benutzen. Beispiel: Sie benutzen zum Trennen der Daten ein Komma, eines Ihrer Datenfelder enthält jedoch ebenfalls Kommas. Damit diese nicht als Trennzeichen interpretiert werden, können Sie ihnen ein weiteres Zeichen voranstellen, beispielsweise]. Das nachfolgende Komma wird in diesem Fall nicht als Datensatztrenner interpretiert:

```
<param name="FieldDelim" value="X">
```

Trennzeichen der Datensätze.

```
<param name="Filter" value="X">
```

Mit dem Filter können Sie nur bestimmte Datensätze anzeigen lassen, die dem Filterwert entsprechen.

Beispiel: *value="Name = 'Müller'"* würde nur Datensätze anzeigen, in den der Name = *Müller* vorkommt.

```
<param name="Language" value="X">
```

Angabe der Sprache, in denen die Daten in der Datensatzdatei vorliegen.

```
<param name="RowDelim" value="X">
```

Hier können Sie ein Datensatzbegrenzungszeichen angeben, wenn die Datensätze nicht zeilenweise getrennt sind.

```
<param name="Sort" value="X">
```

Wenn datapagesize größer als 1 ist, können Sie die Datensätze sortiert anzeigen lassen. Beispiel *value="Name"* sortiert die Daten nach Namen.

```
<param name="TextQualifier" value="X">
```

Manche Datenbanken schließen alle Datensätze in Sonderzeichen ein, beispielsweise in das Anführungszeichen. Dieses Zeichen können Sie hier eingeben. Beispiel: *value="'"*.

```
<param name="UseHeader" value="X">
X="true"
```

In diesem Fall enthält die erste Zeile der Datensatzdatei keine Datensätze, sondern die Namen der Felder.

4.3 Gestaltung von Tabellen

Die Tabellenformen, die Sie bisher kennen gelernt haben, wirkten eher monoton wie in einer Tabellenkalkulation. Dabei wollen Sie doch ansprechende Seiten im Internet gestalten, die sich jeder gerne anschaut. In diesem Abschnitt erfahren Sie, wie Sie Tabellen in eine Form bringen, die es auch dem Betrachter der Seiten leichter macht, die Inhalte zu verstehen.

Tabellenüberschrift

Damit der Betrachter weiß, welche Inhalte in der Tabelle dargestellt werden, sollten Sie die Tabelle mit einer Überschrift versehen. Dafür benutzen Sie den Befehl *caption*.

```
<table border>
  <caption align="top">Eine erste Überschrift</caption>
```

Seitenkonstruktion und -layout mit Tabellen

```
     <tr>
      <td>Eintrag 1</td>
      <td>Eintrag 2</td>
      <td>Eintrag 3</td>
     </tr>
   </table>
```

Wie Sie sehen, können Sie auch die Ausrichtung der Tabellenüberschrift mit *align* festlegen.

Tabelle mit Überschrift

Folgende Werte können Sie hinter *align* eintragen:

Wert	Bedeutung
top	Überschrift oben
bottom	Tabellenunterschrift
left	Tabellenbezeichnung links
right	Tabellenbezeichnung rechts

Wie die Werte im Browser dargestellt werden, sehen Sie in der Abbildung:

Die verschiedenen Überschriften im Überblick

Das dazugehörige Listing sieht folgendermaßen aus:

Seitenkonstruktion und -layout mit Tabellen

```
<!DOCTYPE html PUBLIC "-//W3C//DTD XHTML 1.0 Transitional//EN"
    "http://www.w3.org/TR/xhtml1/DTD/xhtml1-transitional.dtd">
<html xmlns="http://www.w3.org/1999/xhtml">
<head>
  <meta name="generator" content="HTML Tidy, see www.w3.org" />
  <title>Tabelle mit &Uuml;berschrift</title>
</head>

<body>
<table border="1">
<caption align="top">&Uuml;berschrift oben (top)</caption>

<tr>
  <td>Eintrag 1</td>
  <td>Eintrag 2</td>
  <td>Eintrag 3</td>
  <td>Eintrag 4</td>
  <td>Eintrag 5</td>
  </tr>
</table>

<br />
<br />

<table border="1">
  <caption align="bottom">Tabellenunterschrift (bottom)</caption>
  <tr>
  <td>Eintrag 1</td>
  <td>Eintrag 2</td>
  <td>Eintrag 3</td>
  <td>Eintrag 4</td>
  <td>Eintrag 5</td>
  </tr>
</table>

<br />
<br />

<table border="1">
  <caption align="left">Tabellenbezeichnung links
(left)</caption>
  <tr>
  <td>Eintrag 1</td>
  <td>Eintrag 2</td>
  <td>Eintrag 3</td>
  <td>Eintrag 4</td>
  <td>Eintrag 5</td>
  </tr>
</table>

<br />
<br />

<table border="1">
  <caption align="right">Tabellenbezeichnung rechts
(right)</caption>
```

Seitenkonstruktion und -layout mit Tabellen

```
      <tr>
       <td>Eintrag 1</td>
       <td>Eintrag 2</td>
       <td>Eintrag 3</td>
       <td>Eintrag 4</td>
       <td>Eintrag 5</td>
      </tr>
  </table>
 </body>
</html>
```

Zellen verbinden

Manchmal kommt es vor, dass in einer Tabelle Einträge gruppiert werden sollen. Dazu benötigen Sie eine eigene Überschrift, die sich über mehrere Zellen erstreckt.

HTML bietet Ihnen für diesen Zweck die Möglichkeit, mehrere Zellen gezielt miteinander zu verbinden.

Der Befehl dazu lautet *colspan*.

Diesem Parameter weisen Sie die Anzahl der Spalten zu, über die sich die Zelle erstrecken soll. Beispiel:

```
<table border>
 <tr>
  <th colspan="3">Manche Zellen können sich über mehrere Spalten
                                                    erstrecken</th>
 </tr>
  <tr>
   <td>Inhalt einer Zelle</td>
   <td>Inhalt einer weiteren Zelle</td>
   <td>Inhalt einer dritten Zelle</td>
  </tr>
</table>
```

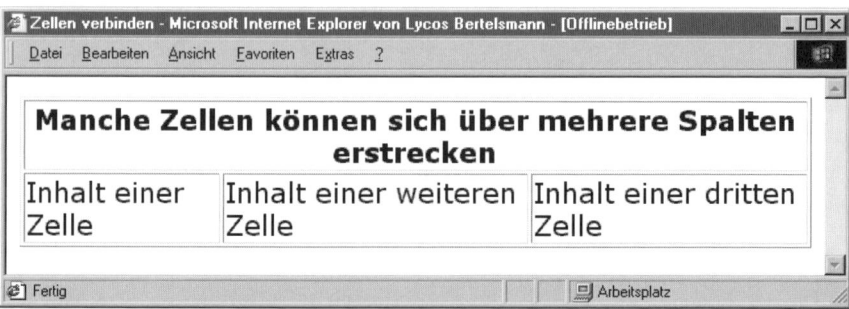

Zellen in mehreren Spalten

Dieses Spiel funktioniert natürlich auch in der anderen Richtung, also zeilenweise.

Der Befehl lautet dann *rowspan*. Beispiel:

Seitenkonstruktion und -layout mit Tabellen

```
<table border>
<tr>
  <th rowspan="4">Zelle über 4 Zeilen</th>
  <td >Inhalt 1</td>
</tr>
<tr>
  <td>Inhalt 2</td>
</tr>
<tr>
  <td>Inhalt 3</td>
</tr>
<tr>
  <td>Inhalt 4</td>
</tr>
</table>
```

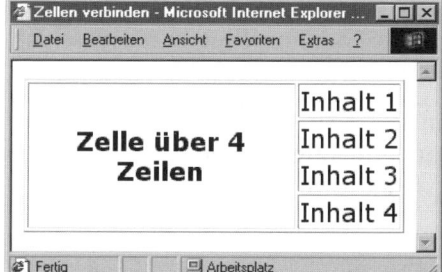

Zellen über mehreren Zeilen

Natürlich lassen sich diese Befehle auch kombinieren.

Das folgende Beispiel zeigt, wie sich eine solche Tabelle erstellen lässt:

```
<table border>
<tr>
  <th colspan="2" rowspan="2">Zeilen und Spalten miteinander verbunden</th>
  <td>Inhalt</th>
</tr>
<tr>
  <td>Inhalt</td>
</tr>
<tr>
  <td>Inhalt</td>
  <td>Inhalt</td>
  <td>Inhalt</td>
</tr>
</table>
```

Seitenkonstruktion und -layout mit Tabellen

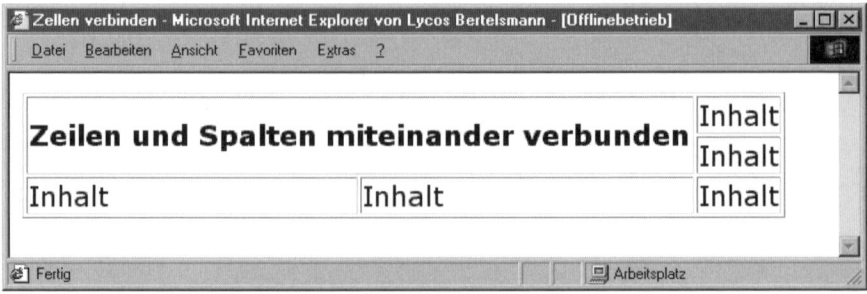

Verbundene Zeilen und Spalten

Zeilenumbruch unterbinden

Wenn Sie sich das vorletzte Beispiel anschauen, können Sie erkennen, dass der Inhalt der Zellen automatisch umbrochen wird. Wäre das Fenster breiter, würde der Text in einer Zeile stehen.

Manchmal kann es erwünscht sein, dass der Zeilenumbruch nicht automatisch eingesetzt wird, sondern unterbleiben soll, damit der ursprüngliche Aufbau der Tabelle nicht zerstört wird.

Mit dem Befehl *nowrap* können Sie den Umbruch verhindern. Beispiel:

```
<table border>
   <tr>
      <td nowrap>Inhalt der nicht umbrochen werden darf, weil wir
      den Befehl nowrap benutzen</td>
   </tr>
</table>
```

Obwohl der Inhalt der Zelle über den Fensterrand hinausgeht, wird er in einer Zeile angezeigt. Auf dem Bildschirm sieht das so aus:

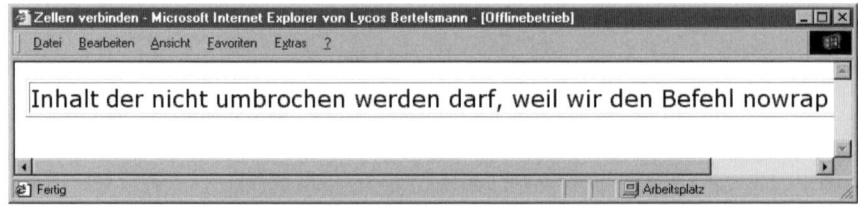

Ein Scrollbalken ermöglicht das Betrachten des Inhalts

Dimension der Tabelle festlegen

Wie Ihnen vielleicht aufgefallen ist, haben wir bisher dem Browser überlassen, wie breit die Tabelle angezeigt wird. Sie können dies jedoch auch selbst festlegen; dazu dienen die Befehle *width* und *height*. Beispiel:

```
<table border width="80%" height="200">
   <caption align="top">Überschrift oben (top)</caption>
      <tr>
```

Seitenkonstruktion und -layout mit Tabellen

```
            <td>Eintrag 1</td>
            <td>Eintrag 2</td>
            <td>Eintrag 3</td>
            <td>Eintrag 4</td>
            <td>Eintrag 5</td>
        </tr>
</table>
```

Schauen Sie sich die Unterschiede der beiden folgenden Bilder an:

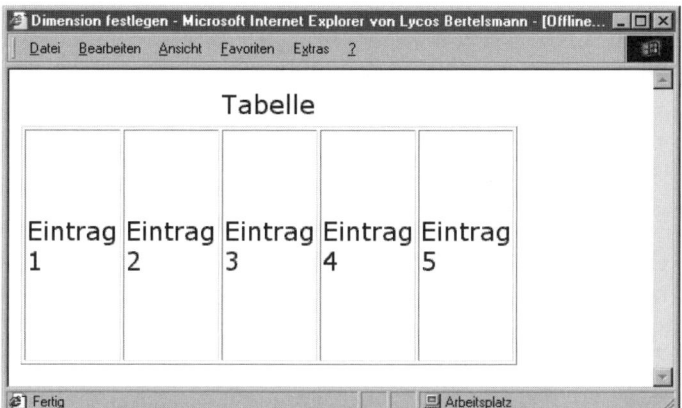

Kleines Fenster mit der Tabelle

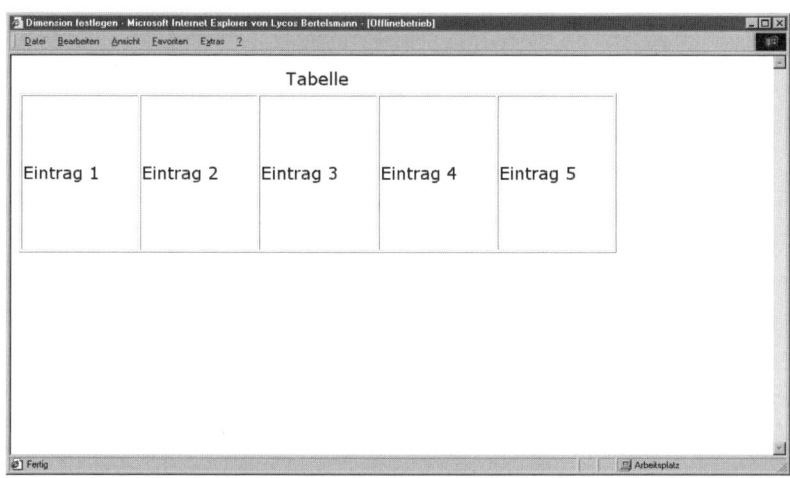

Großes Fenster mit der Tabelle

Wir haben in diesem Fall nur die Größe des Fensters verändert. Betrachten Sie zunächst die Breite der Tabelle: Sie bleibt im Verhältnis zur Fensterbreite gleich. Dies bewirkt die Prozentangabe in unserem Beispiel.

Die Tabelle soll 80 % der Fensterbreite einnehmen.

Die Höhe der Zellen haben wir jedoch als Pixelwert eingegeben. Obwohl wir die Fensterhöhe im zweiten Beispiel verändert haben, verändert sich die Höhe der Zellen nicht.

Beachten Sie, dass Sie eine solche Formatierung nur dann durchführen können, wenn das Fenster größer als die Tabelle ist – ansonsten übernimmt der Browser die automatische Formatierung.

Zeilen und Spalten formatieren

Einzelne Zeilen und Spalten können Sie ebenfalls manipulieren. So lassen sich jeweils für eine Zelle bestimmte Zeilenhöhen eingeben, für die Spalten lassen sich spaltenweise die Breiten verändern.

Ein Beispiel für unterschiedliche Zeilenhöhen mithilfe des *height*-Befehls:

```
<table border>
   <tr>
      <th height="150">Spalte 1</th>
      <th>Spalte 2</th>
      <th>Spalte 3</th>
   </tr>
   <tr>
      <td height="100">Inhalt</td>
      <td>Inhalt</td>
      <td>Inhalt</td>
   </tr>
   <tr>
      <td height="50">Inhalt</td>
      <td>Inhalt</td>
      <td>Inhalt</td>
   </tr>
</table>
```

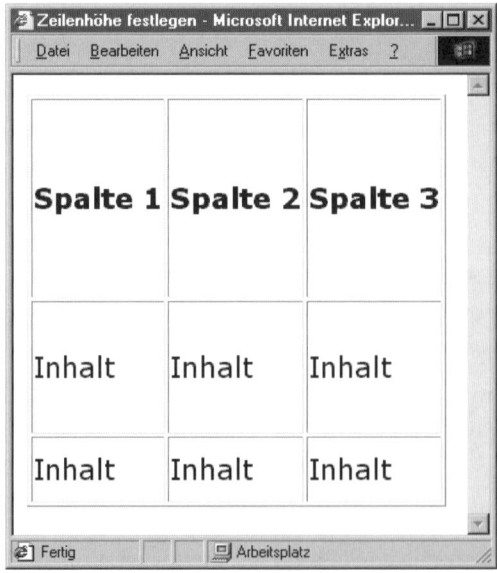

Verschiedene Zellenhöhen

Wie bei der Zeilenhöhe können Sie auch die Spaltenbreite nach eigenen Kriterien festlegen. Dazu benutzen Sie den Befehl *width*:

```
<table border>
 <tr>
   <th width="200">Spalte 1</th>
   <th>Spalte 2</th>
   <th>Spalte 3</th>
 </tr>
 <tr>
   <td>Inhalt</td>
   <td>Inhalt</td>
   <td>Inhalt</td>
 </tr>
 <tr>
   <td>Inhalt</td>
   <td>Inhalt</td>
   <td>Inhalt</td>
 </tr>
</table>
```

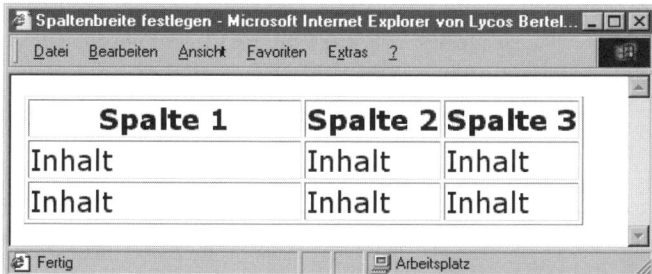

Verschiedene Spaltenbreiten in einer Tabelle

Sowohl bei Spalten als auch bei Zeilen können Sie Prozentwerte eingeben. Die Zeilenhöhe bzw. Spaltenbreite wird damit abhängig von der Größe des Fensters.

Farbige Tabellen

Keine Frage: Bunte Elemente ziehen auf einer Webseite noch mehr Aufmerksamkeit auf sich. Da sollten Sie auch die Tabellen nicht außen vor lassen. Sie haben entweder die Möglichkeit, die gesamte Tabelle mit einer Farbe zu hinterlegen oder einzelne Zellen bunt einzufärben. Die Hintergrundfarbe einer Tabelle definieren Sie mit dem Befehl *bgcolor*. Beispiel:

```
<table border bgcolor="beige">
   <tr>
      <td>Inhalt 1</td>
      <td>Inhalt 2</td>
      <td>Inhalt 3</td>
   </tr>
   <tr>
      <td>Inhalt 4</td>
      <td>Inhalt 5</td>
      <td>Inhalt 6</td>
   </tr>
</table>
```

Seitenkonstruktion und -layout mit Tabellen

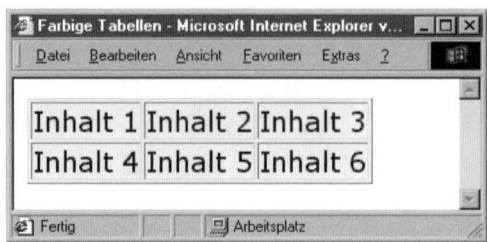

Beige hinterlegte Tabelle

Sie können als Farbe die bekannten vordefinierten Farben nehmen, die Sie auch in den Referenzen ab Seite 769 in der Farbnamentabelle vorfinden, oder Sie geben direkt die RGB-Werte an. Bedenken Sie jedoch, dass Sie in diesem Fall das # voranstellen müssen. Die RGB-Werte setzen sich aus den hexadezimalen Farbwerten für den **R**ot-, **G**rün- und **B**lauanteil zusammen, die auch die Farben für die Monitordarstellung bilden.

Jeder dieser Farbanteile kann aus 256 (hexadezimal entspricht das FF) Farbwerten bestehen. Je höher der Wert ist, desto stärker ist der Farbanteil vertreten. FFFFFF ist demnach Weiß, 000000 entspricht Schwarz, FF0000 einem leuchtenden Rot. Beispiel:

```
<table border bgcolor="#EEEC00">
```

Neben der Farbe für die gesamte Tabelle lassen sich auch einzelne Zeilen und Zellen einfärben. Der Befehl lautet ebenfalls *bgcolor*, er wird jedoch den Zellen direkt zugeordnet. Beispiel:

```
<!DOCTYPE html PUBLIC "-//W3C//DTD XHTML 1.0 Transitional//EN"
    "http://www.w3.org/TR/xhtml1/DTD/xhtml1-transitional.dtd">
<html xmlns="http://www.w3.org/1999/xhtml">
<head>
  <meta name="generator" content="HTML Tidy, see www.w3.org" />
  <title>Farbige Tabellen</title>
</head>

<body>
  <table border="1" bgcolor="beige">
  <tr bgcolor="aqua">
    <td>Inhalt 1</td>
    <td>Inhalt 2</td>
    <td>Inhalt 3</td>
  </tr>

  <tr>
  <td>Inhalt 4</td>
  <td bgcolor="khaki">Inhalt 5</td>
  <td>Inhalt 6</td>
  </tr>
  </table>
</body>
</html>
```

Der Browser stellt die Tabelle so dar:

Seitenkonstruktion und -layout mit Tabellen

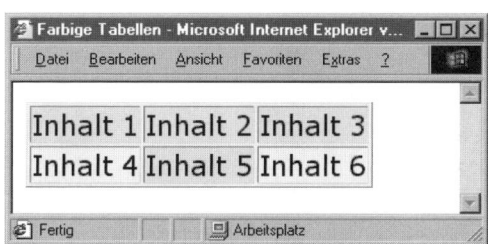

Farbige Zeile und einzelne Zelle

Wie Sie erkennen können, überlagern die Farben für die Zeile bzw. die Zelle die Farben des Hintergrundes.

Farbiger Rand

Den Inhalt können Sie nun einfärben; bleiben noch die Umrandungen. HTML unterscheidet zwischen dem Rahmen um die Tabelle und den Gitternetzlinien, die Sie auch aus einer Tabellenkalkulation kennen. Diesen Elementen können Sie ebenfalls eigene Farben zuordnen.

Betrachten wir zunächst den Rahmen:

Wenn Sie die Tabellendefinition des vorigen Beispiels folgendermaßen abändern:

```
<table border bgcolor="beige" bordercolor="blue">
```

wird die Tabelle von einem doppelten blauen Rahmen umgeben.

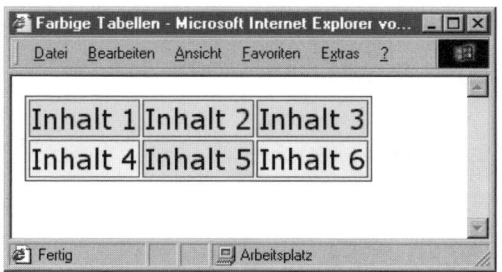

Doppelter blauer Rahmen

Doch etwas Merkwürdiges ist geschehen: Betrachten Sie zunächst das vorletzte Bild. Dort wirken die Gitternetzlinien dreidimensional. Im letzten Beispiel wirkt die Tabelle flacher. Wenn Sie den dreidimensionalen Effekt beibehalten wollen, sollten Sie die Gitternetzlinien unterschiedlich einfärben: hell auf der lichtbeschienenen Seite, dunkel auf der Schattenseite. Die Befehle lauten *bordercolorlight* und *bordercolordark*. Beispiel:

```
<table border bgcolor="beige" bordercolorlight=l"ightgreen"
bordercolordark="darkgreen">
```

Das Ergebnis sieht so aus:

Seitenkonstruktion und -layout mit Tabellen

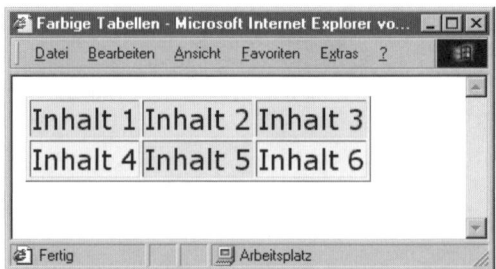

Hell-/dunkelgrüner Rahmen

Linien verändern

Neben der farbigen Veränderung der Tabellenlinien können Sie auch deren Breite bzw. deren Aussehen verändern. Dabei lässt HTML Ihnen eine ganze Reihe von Möglichkeiten, die wir Ihnen auf den folgenden Seiten beispielhaft demonstrieren möchten.

Die Stärke des Rahmens um die Tabelle können Sie mit einer Wertzuweisung bei *border* erreichen. Beispiel:

```
<table border="10">
   <tr>
      <td>Inhalt 1</td>
      <td>Inhalt 2</td>
      <td>Inhalt 3</td>
   </tr>
   <tr>
      <td>Inhalt 4</td>
      <td>Inhalt 5</td>
      <td>Inhalt 6</td>
   </tr>
</table>
```

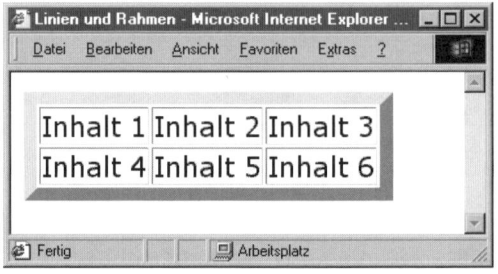

Umrandung einer Tabelle

Die Gitternetzlinien können Sie über den Befehl *cellspacing* verändern. Beispiel:

```
<table border="10" cellspacing="10">
```

Seitenkonstruktion und -layout mit Tabellen

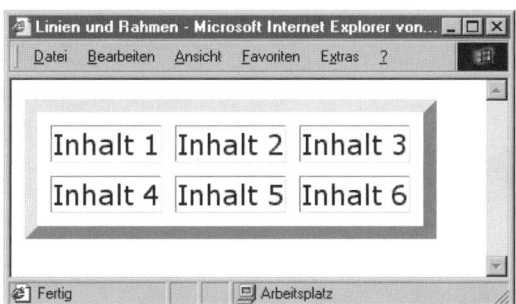

Dickere Gitternetzlinien innerhalb der Tabelle

Hier ergibt sich aber ein Problem: Die Inhalte der Zellen sehen stark gequetscht aus, da die Tabelle sehr großzügig angelegt ist, die Inhalte der Tabellen jedoch sehr nahe an den Begrenzungslinien zu finden sind. Abhilfe schafft hier ein größerer Abstand zur Umrandung der Zellen.

Der Befehl lautet *cellpadding*. Beispiel:

```
<table border="10" cellspacing="10" cellpadding="10">
```

Die Tabelle sieht danach so aus:

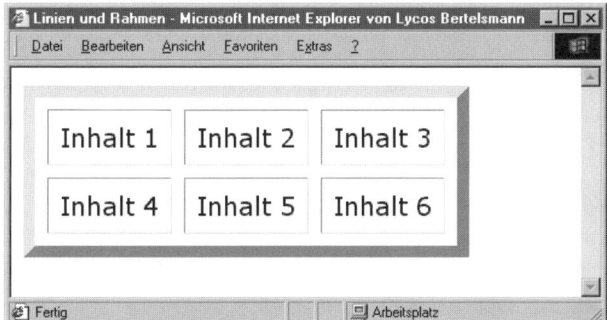

Größerer Abstand der Inhalte zur Umrandung

In den bisherigen Beispielen haben wir immer alle Linien angezeigt. Das muss aber nicht so sein. Sie können durchaus ganz gezielt einige Linien weglassen, die in Ihrer Tabelle nicht benötigt werden. Den Rahmen können Sie mit dem Befehl *frame* in der Tabellendefinition verändern. Dabei sind mehrere Werte erlaubt:

Werte	Wirkung
above	der Rahmen erscheint nur oberhalb der Tabelle
below	der Rahmen erscheint nur unterhalb der Tabelle
box	Die Darstellung entspricht dem Befehl *border*; es wird ein Rahmen um die gesamte Tabelle gezogen
hsides	der Rahmen erscheint nur ober- und unterhalb der Tabelle
lhs	der Rahmen erscheint links
rhs	der Rahmen erscheint rechts
void	es wird kein Rahmen angezeigt
vsides	der Rahmen erscheint links und rechts

Seitenkonstruktion und -layout mit Tabellen

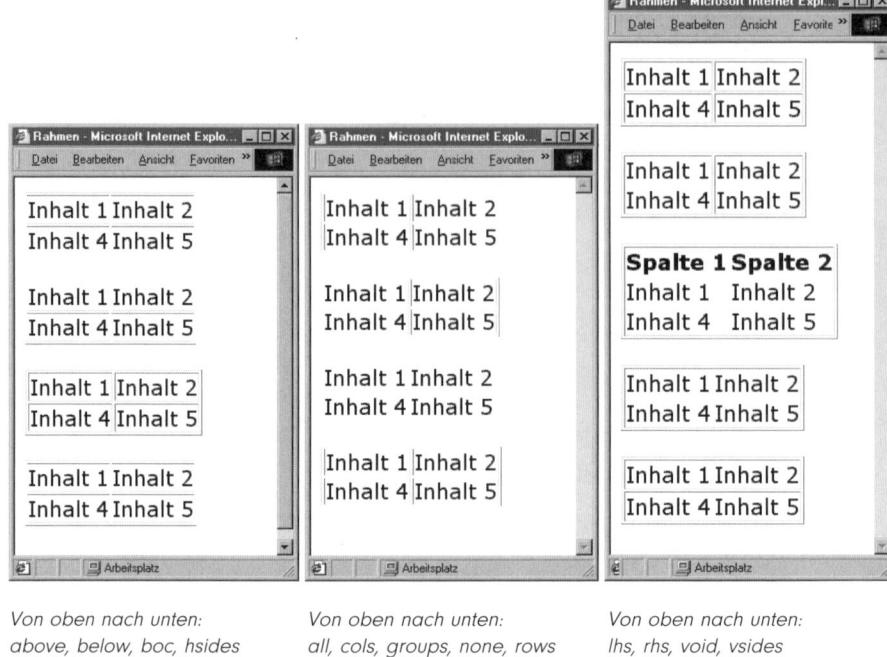

Von oben nach unten:
above, below, boc, hsides

Von oben nach unten:
all, cols, groups, none, rows

Von oben nach unten:
lhs, rhs, void, vsides

Auch bei den Gitternetzlinien können Sie bestimmen, welche angezeigt werden sollen. Dies legen Sie über Regeln fest, die Sie mit dem Befehl *rules* übergeben. *rules* kann folgende Werte annehmen:

Werte	Wirkung
all	alle Linien werden dargestellt
cols	nur die Spalten werden liniert
groups	Linien zwischen Kopf-, Daten- und Fußbereich
none	es werden keine Gitternetzlinien angezeigt
rows	nur die Zeilen werden liniert

Erstellen einer Tabelle für Sammlungen

Sie haben nun alle wesentlichen Befehle kennen gelernt, mit denen Sie Tabellen formatieren können. Damit Sie nicht selbst so viel ausprobieren müssen, geben wir Ihnen das Grundgerüst für eine Tabelle an die Hand, die beispielsweise als Grundlage für die Anzeige einer Sammlung dienen kann.

Wir haben uns dafür entschieden, eine Tabelle aufzubauen, die Filme auflistet und verschiedene Informationen für diese Filme bereitstellt. Schauen Sie sich zunächst das Ergebnis an:

Seitenkonstruktion und -layout mit Tabellen

	Film-Übersicht				
	Filmkategorie			**Information**	
	Kategorie	Laufzeit	Altersangabe	Kurzbeschreibung	Verleih
Der Predator	Action	122	ab 16	nichts für schwache Nerven	DBrothers, Inc.
Der Aufräumer	Action	91	ab 18	mit W. Honder	Better UK.
Am Kap	Humor	86	-	gute Gags	Honey&Co.
Lucky and me	Tragikomödie	141	ab 12	flaues Ende	Heart, Inc.
Cornwall im Sommer	Reisebericht	47	-	tolle Bilder	SummerSeason, Ireland

Tabellarische Filmübersicht

Die Tabelle besteht aus insgesamt sechs Spalten, die in drei Zonen aufgeteilt sind. In der ersten Spalte finden sich die Titel der Filme, dann folgen drei Spalten, in denen die Kategorie des Films beschrieben wird, schließlich folgen zwei Spalten mit zusätzlichen Informationen.

Schauen Sie sich zunächst den Kopf des Dokuments an:

```
<!DOCTYPE html PUBLIC "-//W3C//DTD XHTML 1.0 Transitional//EN"
    "http://www.w3.org/TR/xhtml1/DTD/xhtml1-transitional.dtd">
<html xmlns="http://www.w3.org/1999/xhtml">
<head>
  <meta name="generator" content="HTML Tidy, see www.w3.org" />
  <title>Filmtabelle</title>
</head>

<body>
  <table border="10" bgcolor="beige">
  <caption>Film-&Uuml;bersicht</caption>

  <tr>
  <td rowspan="2" width="200"><br />
  </td>
  <th colspan="3" bgcolor="lightgreen">Filmkategorie</th>
  <th colspan="2" bgcolor="lightblue">Information</th>
  </tr>
```

Wir legen zuerst fest, um welchen HTML-Typ es sich handelt und bestimmen „Filmtabelle" als Titel des Dokuments. Zu Beginn der Tabellendefinition bestimmen wir eine Randbreite von 10 Pixeln und eine Hintergrundfarbe für die gesamte Tabelle. In unserem Fall ist das beige.

Es folgt die Überschrift der Tabelle („Film-Übersicht"). Dann folgt die Definition der ersten Zeile, die sich über zwei Spalten erstreckt (*rowspan="2"*). Außerdem haben wir festgelegt, dass die Spaltenbreite der ersten Spalte mindestens 200 Pixel betragen soll (*width="200"*). Dann folgen drei verbundene Zellen mit dem Inhalt „Filmkategorie", die hellgrün unterlegt sind. Schließlich folgen zwei verbundene Zellen mit dem Inhalt „Information". Diese Zellen sind hellblau hinterlegt.

```
<tr>
  <th bgcolor="khaki">Kategorie</th>
  <th bgcolor="khaki">Laufzeit</th>
```

Seitenkonstruktion und -layout mit Tabellen

```
    <th bgcolor="khaki">Altersangabe</th>
    <th bgcolor="yellow">Kurzbeschreibung</th>
    <th bgcolor="yellow">Verleih</th>
</tr>
```

Nun folgt die Definition der zweiten Zeile. Die ersten drei Überschriften (*th*) sind khaki hinterlegt, die letzten beiden gelb.

```
<tr>
    <th align="left">Der Predator</th>
    <td align="center">Action</td>
    <td align="center">122</td>
    <td align="center">ab 16</td>
    <td align="center">nichts f&uuml;r schwache Nerven</td>
    <td align="center">DBrothers, Inc.</td>
</tr>
```

Zu guter Letzt folgen die Einträge in die Liste. Achten Sie darauf, dass hier sechs Spalten ausgefüllt werden. Wir haben die erste Spalte links ausgerichtet (*align="left"*), die folgenden Zeilen sind zentriert (*align="center"*). Der Filmtitel erscheint übrigens deshalb fett, weil wir ihm die Formatvorlage einer Überschrift (*th*) zugewiesen haben.

Hier ist das Listing noch einmal im Zusammenhang:

```
<!DOCTYPE html PUBLIC "-//W3C//DTD XHTML 1.0 Transitional//EN"
    "http://www.w3.org/TR/xhtml1/DTD/xhtml1-transitional.dtd">
<html xmlns="http://www.w3.org/1999/xhtml">
<head>
  <meta name="generator" content="HTML Tidy, see www.w3.org" />
  <title>Filmtabelle</title>
</head>

<body>
<table border="10" bgcolor="beige">
<caption>Film-&Uuml;bersicht</caption>

<tr>
    <td rowspan="2" width="200"><br />
    </td>

    <th colspan="3" bgcolor="lightgreen">Filmkategorie</th>
    <th colspan="2" bgcolor="lightblue">Information</th>
</tr>

<tr>
    <th bgcolor="khaki">Kategorie</th>
    <th bgcolor="khaki">Laufzeit</th>
    <th bgcolor="khaki">Altersangabe</th>
    <th bgcolor="yellow">Kurzbeschreibung</th>
    <th bgcolor="yellow">Verleih</th>
</tr>

<tr>
    <th align="left">Der Predator</th>
    <td align="center">Action</td>
```

```
      <td align="center">122</td>
      <td align="center">ab 16</td>
      <td align="center">nichts f&uuml;r schwache Nerven</td>
      <td align="center">DBrothers, Inc.</td>
   </tr>

   <tr>
      <th align="left">Der Aufr&auml;umer</th>
      <td align="center">Action</td>
      <td align="center">91</td>
      <td align="center">ab 18</td>
      <td align="center">mit W. Honder</td>
      <td align="center">Better UK.</td>
   </tr>

   <tr>
      <th align="left">Am Kap</th>
      <td align="center">Humor</td>
      <td align="center">86</td>
      <td align="center">-</td>
      <td align="center">gute Gags</td>
      <td align="center">Honey and Co.</td>
   </tr>

   <tr>
      <th align="left">Lucky and me</th>
      <td align="center">Tragikom&ouml;die</td>
      <td align="center">141</td>
      <td align="center">ab 12</td>
      <td align="center">flaues Ende</td>
      <td align="center">Heart, Inc.</td>
   </tr>

   <tr>
      <th align="left">Cornwall im Sommer</th>
      <td align="center">Reisebericht</td>
      <td align="center">47</td>
      <td align="center">-</td>
      <td align="center">tolle Bilder</td>
      <td align="center">SummerSeason, Ireland</td>
   </tr>

</table>
</body>
</html>
```

4.4 Navigation mithilfe von Tabellen

Schauen Sie sich einmal das folgende Beispiel an:

Seitenkonstruktion und -layout mit Tabellen

Tabelle als Inhaltsverzeichnis einer Seite, hier bei einem Onlinewörterbuch (http://www.yourdictionary.com/languages.html)

Das Onlinewörterbuch yourdictionary nutzt eine Tabelle als Inhaltsverzeichnis für ihre Webseite.

Diese Form der Navigation hat gleich zwei Vorteile: Der Benutzer der Seite erhält einen sofortigen Überblick über die angebotenen Themen und kann auf Anhieb erkennen, welche der Links er zuvor besucht hat (hier werden diese Links lila angezeigt).

Das erleichtert die Suche nach Informationen bei einem zweiten Besuch der Seite.

Die Umsetzung einer solchen Navigationshilfe ist sehr einfach: Es handelt sich um eine Kombination aus Tabellen und Links, die Sie bereits ab Seite 25 kennen gelernt haben.

Das Grundprinzip sieht so aus:

Seitenkonstruktion und -layout mit Tabellen

Tabelle und Liste auf einer Webseite

Jeder Eintrag aus der Tabelle ist mit der Überschrift einer Liste, die der Tabelle folgt, über einen Link verbunden. Wird *Eintrag 1* angeklickt, springt der Cursor auf der Seite zur entsprechenden Listenüberschrift, wodurch die dort aufgeführten Links angeklickt werden können. Das Listing sieht folgendermaßen aus:

```
<!DOCTYPE html PUBLIC "-//W3C//DTD XHTML 1.0 Transitional//EN"
    "http://www.w3.org/TR/xhtml1/DTD/xhtml1-transitional.dtd">
<html xmlns="http://www.w3.org/1999/xhtml">
<head>
  <meta name="generator" content="HTML Tidy, see www.w3.org" />
  <title>Navigation mit Tabellen</title>
</head>

<body>
<h1>Navigation mit Tabellen</h1>

<table width="100%" border="10">
<tr>
   <td align="center"><a href="#Eintrag1">Eintrag 1</a> </td>
   <td align="center"><a href="#Eintrag2">Eintrag 2</a> </td>
</tr>

<tr>
   <td align="center"><a href="#Eintrag3">Eintrag 3</a> </td>
   <td align="center"><a href="#Eintrag4">Eintrag 4</a> </td>
</tr>

<tr>
   <td align="center"><a href="#Eintrag5">Eintrag 5</a> </td>
   <td align="center"><a href="#Eintrag6">Eintrag 6</a> </td>
</tr>
```

```
<tr>
  <td align="center"><a href="#Eintrag7">Eintrag 7</a> </td>
  <td align="center"><a href="#Eintrag8">Eintrag 8</a> </td>
</tr>
</table>

<p><a id="Eintrag1" name="Eintrag1"></a></p>

<h3>Eintrag 1</h3>

<ul>
<li><a href="http://mydomain1.com/xyz.html">n&auml;here Angabe zu
Punkt 1</a></li>

<li><a href="http://mydomain2.com/xyz.html">n&auml;here Angabe zu
Punkt 2</a></li>

<li><a href="http://mydomain3com/xyz.html">n&auml;here Angabe zu
Punkt 3</a></li>

<li><a href="http://mydomain4com/xyz.html">n&auml;here Angabe zu
Punkt 4</a></li>

<li><a href="http://mydomain5com/xyz.html">n&auml;here Angabe zu
Punkt 5</a></li>
</ul>
</body>
</html>
```

Die Tabelle soll in unserem Fall die gesamte Fensterbreite einnehmen, daher auch die Angabe *table width="100%"*. Der Rahmen um die Tabelle ist 10 Pixel breit (*border="10"*).

Dann folgen die Einträge in die Tabelle. Setzen Sie hier die Werte ein, die Sie benötigen. Wir haben uns in diesem Beispiel auf eine anschließende Liste beschränkt. Wenn Sie auf *Eintrag 8* klicken, würde sich nichts auf dem Bildschirm bewegen, da das Sprungziel nicht definiert ist. Wir haben lediglich *Eintrag1* beispielhaft als Sprungziel (<a name=„Eintrag1„></a>) angegeben.

4.5 Tipps und Tricks für die Tabellennutzung

Wie Sie ja bereits wissen, können Tabellen nicht nur mit Rahmen angezeigt werden. Wozu sollen aber rahmenlose Tabellen dienen? Denken Sie in diesem Zusammenhang an Zeitungsseiten: Dort finden Sie den Text in zwei oder mehr Spalten. Genau das können auch die Tabellen für Sie erledigen. Das Listing sieht so aus:

```
<!DOCTYPE html PUBLIC "-//W3C//DTD XHTML 1.0 Transitional//EN"
    "http://www.w3.org/TR/xhtml1/DTD/xhtml1-transitional.dtd">
<html xmlns="http://www.w3.org/1999/xhtml">
```

Seitenkonstruktion und -layout mit Tabellen

```
<head>
  <meta name="generator" content="HTML Tidy, see www.w3.org" />
  <title>Tabelle ohne Rahmen</title>
</head>

<body>
<h1 align="center">Text in Zeitungsform</h1>

<table width="100%" frame="vsides">
<tr>
  <td>Der folgende Text wird mehrspaltig dargestellt. Dieser Text
  erscheint in Spalte 1.</td>
  <td>Der folgende Text wird mehrspaltig dargestellt. Dieser Text
  erscheint in Spalte 2.</td>
</tr>
</table>
</body>
</html>
```

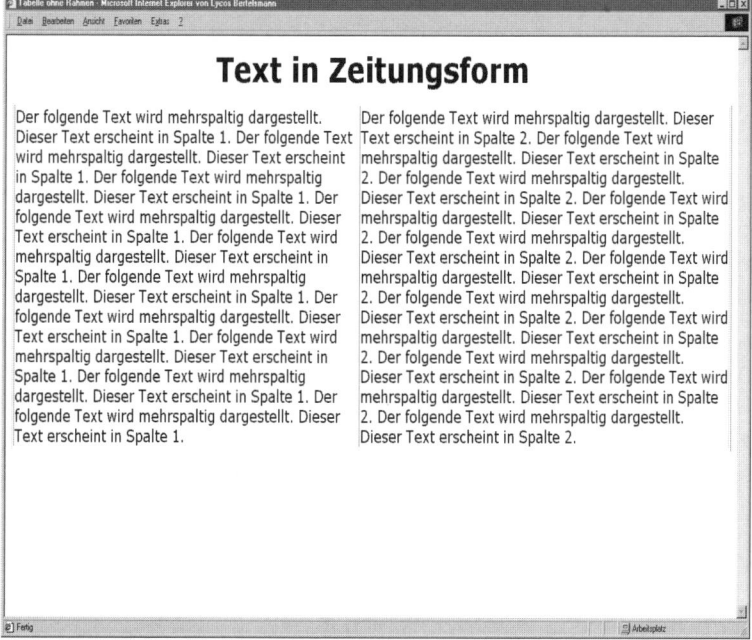

Zweispaltiger Text

Tabellen mit Text umfließen

Ähnlich wie bei Grafiken können Sie kleine Tabellen auch mit Text umfließen lassen.

Die Ausrichtung der Tabelle legen Sie mit *align* in der Tabellendefinition fest.

```
<!DOCTYPE html PUBLIC "-//W3C//DTD XHTML 1.0 Transitional//EN"
    "http://www.w3.org/TR/xhtml1/DTD/xhtml1-transitional.dtd">
<html xmlns="http://www.w3.org/1999/xhtml">
```

165

Seitenkonstruktion und -layout mit Tabellen

```
<head>
  <meta name="generator" content="HTML Tidy, see www.w3.org" />
  <title>Text umflie&szlig;t Tabelle</title>
</head>

<body>
<table border="1" width="40%" align="left" hspace="30">
<tr height="100">
  <td>Eintrag 1</td>
  <td>Eintrag 2</td>
  <td>Eintrag 3</td>
</tr>
</table>

Manchmal soll der Text auch neben der Tabelle erscheinen. In
diesem
Fall auf der rechten Seite...<br />
<br />
<br />
<br />
<table border="1" width="40%" align="right" hspace="40"
vspace="50">
<tr height="100">
  <td>Eintrag 1</td>
  <td>Eintrag 2</td>
  <td>Eintrag 3</td>
</tr>
</table>

Manchmal soll der Text auch neben der Tabelle erscheinen. In
diesem
Fall auf der linken Seite, wobei <br clear="all" />
 der Text auch unterhalb der Tabelle mit dem Abstand in vspace
fortgesetzt werden kann
</body>
</html>
```

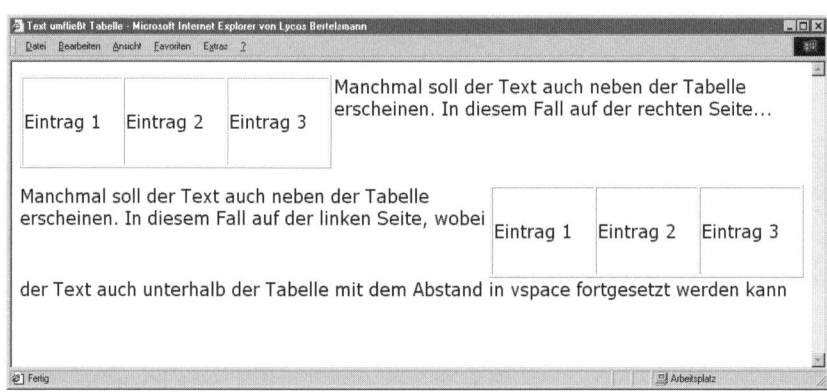

Text kann Grafiken umfließen

Mit *align="left"* schieben Sie die Tabelle auf die linke Seite, *align="right"* legt die Tabelle auf die rechte Seite. Mit *hspace* legen Sie den horizontalen Abstand des Textes von der Tabelle fest, *vspace* definiert den vertikalen Abstand zur Tabelle. Allerdings sind dies keine offiziellen Parameter – die korrekte Darstellung erfolgt im Netscape Navigator, während der Internet Explorer den *vspace*-Wert ignoriert.

Seitenkonstruktion und -layout mit Tabellen

5. Mit Frames die Seiten aufteilen

Frames heißt so viel wie Rahmen, was für dieses Gestaltungsmittel ein passender Name ist, da es darum geht, Internetseiten in mehrere gleichzeitig angezeigte Seiten, in „Rahmen", zu unterteilen.

In diesem Kapitel werden Sie die Möglichkeiten für den Einsatz von Frames ebenso kennen lernen wie die korrekte Erstellung einer Frame-Struktur, eines so genannten Framesets. Außerdem haben wir für Sie alle möglichen Gestaltungsmittel für Frames zusammengestellt.

Des Weiteren werden Sie anhand von zahlreichen Beispielen an jedes Stilmittel herangeführt.

Obwohl wir auch auf die Nachteile und auf häufige Fehlerquellen hinweisen werden, sollten Sie diese nicht davon abhalten, Frames einzusetzen. Denn richtig angewandt, können sie eine große Bereicherung für jedes Projekt sein.

5.1 Mit Frames gliedern Sie Ihre Seiten

Die Erfindung der Frames geht auf die Firma Netscape zurück. Obwohl Frames nicht zum damals offiziellen HTML 3-Standard gehörten, wurde die Entwicklung dieser Technologie vorangetrieben, nicht zuletzt, da so andere Browser, die dieses Feature nicht unterstützten, langsam vom Markt verdrängt wurden. Seit HTML 4 gehören die Frames aber nun auch offiziell zum Standard. Worin besteht denn aber nun eigentlich der Zweck von Frames? Mit Frames haben Sie, wie gesagt, die Möglichkeit, Ihre Website in verschiedene Fenster aufzuteilen.

In HTML wird nun in jedem dieser Framefenster eine eigene Website angezeigt. Und damit noch nicht genug, diese Fenster können auch noch von beliebiger Größe sein. Mit Frames können Sie aber auch von einem Fenster ein anderes kontollieren. Das bietet Ihnen die Möglichkeit, alle Frames von einem Hauptframe aus zu steuern. Dies sind nur einige der möglichen Einsatzbereiche von Frames.

Machen Sie es den Nutzern einfacher

Haben Sie nicht auch schon einmal Seiten besucht, auf denen die Navigation so unübersichtlich gestaltet war, dass wohl nur der Erschaffer wusste, wie diese zu bedienen ist? Da gibt es Seiten, auf denen eine Hälfte aus Links besteht. Nach Möglichkeit darf deren Anzahl auch nicht unter 30 liegen. Und selbstverständlich wurden diese noch durch Applets kreiert und immer wenn Sie einen Link angeklickt haben, wird eine neue Seite geöffnet.

Die Nutzung von Frames bietet hier die Möglichkeit, schnell und komfortabel Abhilfe zu schaffen. Denn gerade wenn die Navigation zum Beispiel über Java oder aufwendige Grafiken gelöst werden soll, bieten Frames die besseren Voraussetzungen, um die Ladezeiten gering zu halten. Die Navigationsleiste wird zum Beispiel in einem separaten Fenster geladen und braucht nicht immer wieder neu geladen zu werden.

Frameseiten erregen Aufmerksamkeit

Es gibt zahlreiche Seiten im Netz, auf denen die Informationen aus reinem Text bestehen. Das hat in den meisten Fällen auch seine Berechtigung, denn in dieser Form können Informationen sehr stark konzentriert werden. Nun wird es aber durchaus in den meisten Fällen so sein, dass Sie Ihren Besuchern auch noch etwas „fürs Auge" bieten wollen. Mit dem geschickten Einsatz von Frames können Sie Ihren Seiten umfangreiche Gestaltungsmaßnahmen zukommen lassen. Sie können zum Beispiel durch verschiedene Hintergründe sehr gute Effekte erzielen.

Es gibt aber bei weitem noch mehr Dinge, die einen Frameeinsatz rechtfertigen. Haben Sie nicht schon Seiten besucht, auf denen an einer Seite ein ganz schmaler Rand war und auf der anderen Seite ging dieser nur bis zur Hälfte der Seite. Vielleicht haben Sie sich ja gefragt, wie man so etwas realisieren kann. Frames können hier die Antwort sein. Ebenso können kleinere Frames zum Einbinden von Multimedia-Objekten wie kleinen Filmen genutzt werden. Mit der Frametechnologie bieten sich Ihnen ungeahnte Gestaltungsmöglichkeiten.

Wen wollen Sie erreichen?

Der folgende Satz mag vielleicht etwas hart klingen: Sie machen sich mit dem Einsatz von Frames nicht nur Freunde. Wie schon erwähnt, gibt es genügend Nutzer, die Frames aus verschiedenen Gründen ablehnen.

Das sind aber nicht die einzigen, die mit dieser Technologie nichts anfangen können. Selbst wenn die zwei gängigsten Browser, der Netscape Navigator ab Version 2.0 und der Microsoft Internet Explorer ab Version 3.0, Frames darstellen können, gibt es noch genügend andere Browser, die dies eben nicht tun. Überlegen Sie sich deshalb, ob Sie diesen Umstand ignorieren, eine zweite Variante Ihres Projekts anbieten oder – der drastischere Schritt – eben ganz auf Frames verzichten.

Entwickeln Sie eine Grundstruktur

Die Entwicklung einer framebasierenden Website stellt sich am Anfang etwas kompliziert dar. Der Grund für vielerlei Missverständnisse in Bezug auf Frames beruht in der Mehrzahl nicht etwa auf der Komplexität der Syntax, vielmehr mangelt es an aussagekräftigen und konkreten Anleitungen. Häufig werden die Zusammenhänge zwischen der Frameset-Definition, der Aufteilung und den Fensterinhalten nicht korrekt dargestellt, was zwangsläufig zu einem falschen Verständnis führen muss. Die folgende Abbildung zeigt die Abhängigkeit der Grundelemente eines Framesets voneinander. Obwohl an dieser Stelle noch nicht konkret auf die einzelnen Teile eines Framesets eingegangen werden soll, ist diese Grafik eine geeignete Einstiegshilfe.

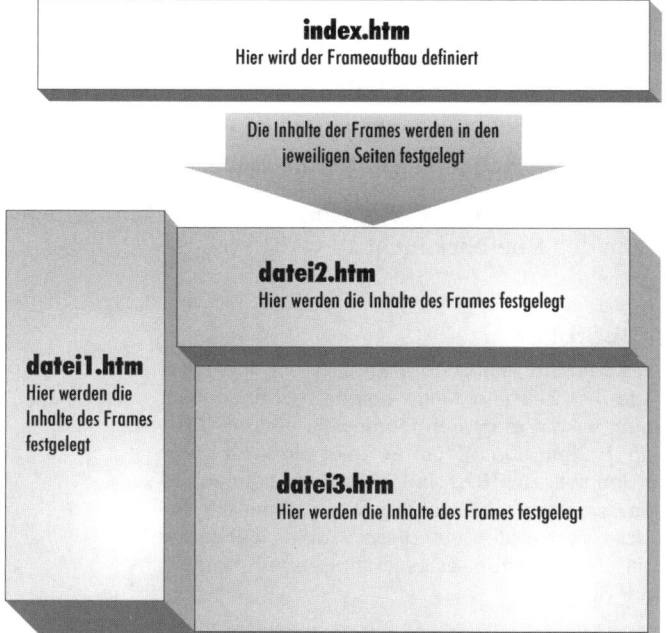

Schema der Beziehung zwischen Index- und Framedatei

Anhand dieser Grafik lässt sich das im Zusammenhang mit der Erstellung eines Framesets am häufigsten auftretende Missverständnis erkennen. Innerhalb einer Steuerdatei (hier *index.htm*) wird lediglich das Erscheinungsbild des Framesets definiert. So wird in dieser beispielsweise festgelegt, in welcher Form die einzelnen Frames angezeigt und gegebenenfalls verschachtelt werden sollen.

Die eigentlichen Inhalte, die in den unterschiedlichen Bereichen später angezeigt werden, müssen als eigenständige HTML-Dateien definiert werden. Nur wenn dies beachtet wird, kann eine framebasierte Website im Browser korrekt dargestellt werden.

Eine Checkliste für den Erfolg

Das Wichtigste beim Umgang mit Frames ist eine logische und gut durchdachte Grundstruktur. Vor allem, wenn Sie diese Technologie zum ersten Mal anwenden, ist dies besonders wichtig (später aber natürlich auch ;-). Stellen Sie sich vor Beginn Ihrer Arbeit also folgende Fragen:

- Wie umfangreich wird mein Projekt?
- Wen möchte ich erreichen?
- Wie soll die Navigation der Seiten realisiert werden?

Haben Sie diese Punkte zu Ihrer Zufriedenheit geklärt, können Sie etwas konkreter an Ihr Projekt gehen.

- Welches Grundgerüst soll das Frameset bekommen? Wie viele Frames möchten Sie integrieren?
- In welchem Frame sollen die Links bzw. die Verweise stehen?
- Wo möchten Sie die Linkziele geöffnet haben?
- Wollen Sie eine Alternativlösung ohne Frames anbieten?

Machen Sie sich vielleicht eine einfache Skizze, wie Ihre Seite am Ende aussehen soll, um den Überblick nicht zu verlieren.

> **Tipp**
>
> **Namen schaffen Überblick**
>
> Ein weiterer Schritt, mit dem Sie sich bei der Realisierung Ihres Projekts bereits im Vorfeld viel Zeit und Mühe ersparen können, sind gut durchdachte Namen für die einzelnen Frames. Es gibt wohl keinen Grund, ein Frame, in dem später zum Beispiel ein Werbebanner eingeblendet werden soll, zum Beispiel „49jfmlj" zu nennen. Logischer und vor allem weniger fehleranfällig wäre „Banner". Sie müssen bedenken, dass Sie später auf diese Frames verweisen müssen, was sich bei der Vergabe eines komplizierten Namens weitaus fehleranfälliger darstellt.

Teilen Sie mit Frames die Seiten auf

In den vorangegangenen Ausführungen haben Sie bereits gesehen, dass ein Frameset per Definition nicht aus einem, sondern aus mehreren Frames besteht. Im folgenden Abschnitt soll ein solches Gerüst erstellt werden..

Das Grundgerüst

Ein Gerüst aus Frames, das Frameset, basiert immer auf einer HTML-Datei, in der die verschiedenen Frames definiert werden.

Diese in vielen Fällen Indexdatei genannte Datei bildet das Grundgerüst eines Framesets. Sie wird immer als erste vom Browser geladen, daher ist es sinnvoll, ihr den Namen *index.htm* zu geben. So heißt die Startseite zwingend bei

Mit Frames die Seiten aufteilen

vielen Providern. Fragen Sie dort aber nach, wenn Sie sich zur Verwendung von Frames entschieden haben. Sollte Ihr Provider Ihnen einen anderen Namen nennen (zum Beispiel *start.htm* oder etwas Ähnliches), dann verwenden Sie diesen als Bezeichner für die Indexdatei.

Wenn diese Datei nicht zuerst geladen wird, kann auch kein Frameset in Ihrem Projekt angezeigt werden, da in ihr die Struktur Ihrer Konstruktion festgelegt wird. Beachten Sie, dass in dieser Datei aber lediglich die Größe und die Position der einzelnen Frames sowie Verweise auf die gewünschten Frameinhalte und eventuelle Verschachtelungen angegeben werden, nicht jedoch die Inhalte der jeweiligen Frames.

Eine Beispielstruktur könnte so aussehen: (ohne Inhaltsdefinition):

```
<!DOCTYPE html PUBLIC http://www.w3.org/TR/xhtml1/DTD/strict.dtd>
<html>
   <head>
   <title>Das ist das Grundgerüst</title>
   </head>
      <frameset...>
      Hier wird das Frameset definiert
      <noframes>
   <body>
   Tut uns leid, Ihr Browser kann leider keine Frames
                                              interpretieren.
   </body>
      </noframes>
      </frameset>
</html>
```

Nachdem Sie den Kopf der Datei mit </head> geschlossen haben, beginnt mit <frameset> die eigentliche Frameset-Definition. Nun können Sie ein einzelnes, oder verschachtelte Frames definieren, wie Sie es im Verlaufe dieses Kapitels sehen werden.

Sind sämtliche einzufügenden framerelevanten Angaben eingefügt, müssen Sie mit </frameset> die Definition abschließen. Achten Sie darauf, dass es bei verschachtelten Frames (siehe Seite 177) durchaus möglich sein kann, dass Sie das Frameset mehrmals schließen müssen.

Nun können Sie im Dateikörper, der mit <body> eingeleitet wird, alle Ihnen bekannten HTML-Elemente verwenden. Oft wird dieser Bereich zur Definition von so genannten No-Frame-Bereichen verwendet. Hier können Sie Nachrichten an die Nutzer unterbringen, die mit einem nicht-framefähigen Browser ausgestattet sind.

Dies kann, wie hier, ein einfacher Hinweistext sein, Sie können sich aber auch die Mühe machen, eine zweite Version Ihrer Seiten ohne Frames anzubieten. Im Laufe dieses Kapitels wird noch detaillierter auf den No-Frame-Bereich eingegangen.

Das Frameset definieren

Frames werden in Reihen und Spalten aufgeteilt. In welcher Form dies realisiert wird, sollten Sie stets vor dem Beginn der eigentlichen Framedefinition festlegen und sich vielleicht in Form einer Skizze vor Augen führen. Der gleiche Aspekt gilt für die Größe der einzelnen Segmente einer Framedatei. Wird diesem Punkt im Vorfeld die nötige Aufmerksamkeit geschenkt, mindert das den Zeitaufwand und die Fehleranfälligkeit bei der Definition einer framebasierenden Website.

Reihen

Über die Definition der Reihen legen Sie die horizontale Teilung des Bildschirms fest. Dabei sollten Sie allerdings einige Punkte berücksichtigen. Werden innerhalb eines Framesets zu viele Reihen definiert, kann dies zu Anzeigeproblemen führen.

Zudem macht eine zu starke Teilung des Anzeigenbereichs wegen der Übersichtlichkeit der bereitgestellten Informationen keinen Sinn. Vermeiden Sie aus diesen Gründen im Regelfall die Festlegung von mehr als drei Reihen innerhalb eines Framesets.

Mittels der folgenden Syntax wird die Unterteilung des Bildschirms in Reihen realisiert.

```
<frameset rows="10%,80%,10%">
```

Durch das Attribut *rows="Zahl"* legen Sie die Anzahl der Zeilen und deren jeweilige Höhe fest. In unserem Beispiel wurden drei Spalten definiert, die jeweils 10, 80 und erneut 10 % der Gesamtbreite ausmachen.

Achten Sie darauf, die Zahlenwerte durch Kommata voneinander zu trennen. Sie haben verschiedene Möglichkeiten zur Größenangabe:

- Prozentangabe. Dieser Wert wird in Prozent angegeben, zum Beispiel *rows="30%,70%"*.
- Absolute Größenangabe. Diese Angabe wird in Pixel vorgenommen, zum Beispiel *rows="100,200"*.
- Die Wildcard (auch Jokerzeichen genannt), z. B. *rows="100,130,*"*. Hier nimmt das obere Frame 100 Pixel ein, der mittlere 130 und der dritte den Rest des Fensters.

Ein Beispiel, bei dem der Bildschirm in zwei Reihen aufgeteilt wird. In der oberen wird *Datei1.htm* geladen, in der unteren Reihe wird hingegen die *Datei2.htm* aufgerufen.

Mit Frames die Seiten aufteilen

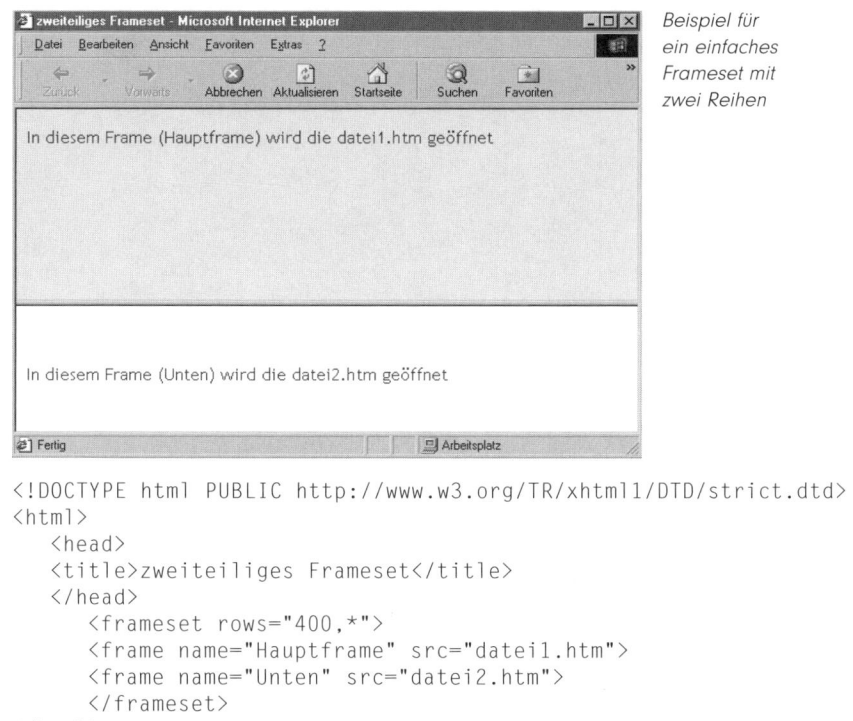

Beispiel für ein einfaches Frameset mit zwei Reihen

```
<!DOCTYPE html PUBLIC http://www.w3.org/TR/xhtml1/DTD/strict.dtd>
<html>
   <head>
   <title>zweiteiliges Frameset</title>
   </head>
      <frameset rows="400,*">
      <frame name="Hauptframe" src="datei1.htm">
      <frame name="Unten" src="datei2.htm">
      </frameset>
</html>
```

Hierbei wird das Browserfenser in zwei Reihen unterteilt. Dem oberen Frame haben wir eine Größe von 400 Pixel, dem unteren wurde keine explizite Größe zugewiesen.

Tipp

Achten Sie auf die Darstellung am Monitor

Wollen Sie dieses Beispiel nachvollziehen, kann es sein, dass die hier dargestellte Abbildung von dem von Ihnen erzielten Ergebnis abweichen kann. Dies liegt an der hier als absolut festgelegten Größe von 400 Pixeln. Dieser Wert wirkt auf einem 15-Zoll-Monitor anders als auf einem mit einer 17-Zoll-Bildschirmdiagonale.

Spalten

Mit der Definition der Spalten wird die vertikale Aufteilung des Bildschirms festgelegt. Zum Beispiel

```
<frameset cols="10%,80%,10%">
```

Mit der Angabe *cols="Zahl"* legen Sie die Menge der Spalten und deren Größe analog zu dem oben Erläuterten fest. Auch hierbei wird die Anzahl der Spalten durch die Anzahl der Zahlen bestimmt.

Mit Frames die Seiten aufteilen

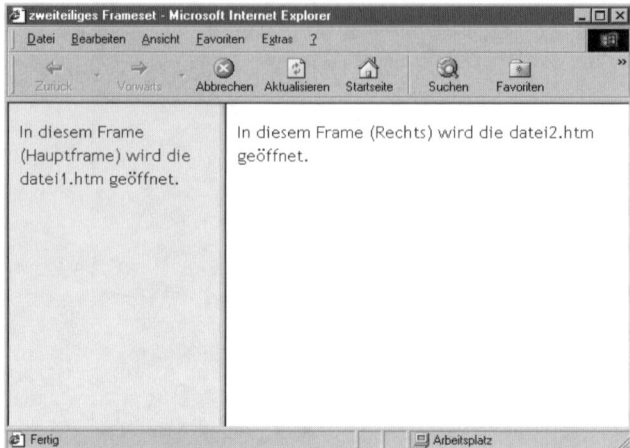

Ein Frameset mit zwei Spalten

Dieses Frameset entsteht durch folgenden Quelltext:

```
<!DOCTYPE html PUBLIC http://www.w3.org/TR/xhtml1/DTD/strict.dtd>
<html>
   <head>
   <title>zweiteiliges Frameset</title>
   </head>
      <frameset cols="200,*">
      <frame name="Hauptframe" src="datei1.htm">
      <frame name="Rechts" src="datei2.htm">
      </frameset>
</html>
```

In diesem Beispiel haben wir dem linken Frame (*"Hauptframe"*) 200 Pixel des Anzeigefensters zugewiesen. Diese Größenangabe ist absolut. Das rechte hingegen hat eine variable Größe. Es nimmt je nach Bildschirmgröße und Auflösung eine unterschiedliche Größe an, die nach Abzug der 200 Pixel zur Verfügung steht.

Beachten Sie bei der Erstellung Ihrer Seiten, dass das rechte Frame daher je nach Auflösung und verwendetem Monitor bei Ihren Besuchern unterschiedlich groß angezeigt werden kann.

Testen Sie Ihr Ergebnis daher am besten mit mehreren Bildschirmauflösungen und passen Sie gegebenenfalls die Breite der Frames an, wenn es unübersichtlich wird und wichtige Informationen verloren gehen.

Jetzt wird's komplizierter: Dreiteilige Framesets

Natürlich beschränkt sich die Aufteilung des Bildschirms nicht nur auf jeweils zwei Elemente von Reihen und Spalten allein. Im folgenden Beispiel kommt noch eine dritte Komponente hinzu.

Mit Frames die Seiten aufteilen

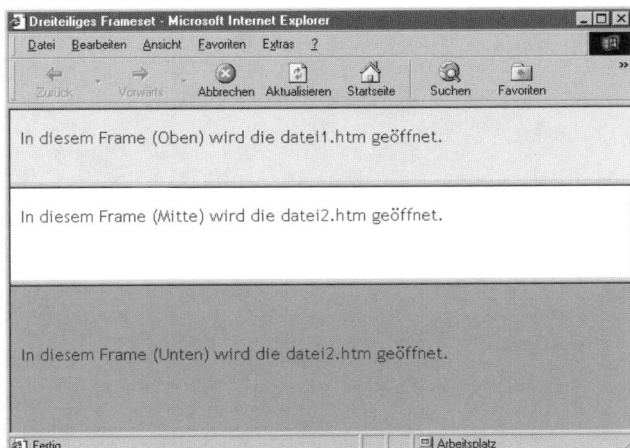

Beispiel für ein dreiteiliges Frameset

```
<!DOCTYPE html PUBLIC http://www.w3.org/TR/xhtml1/DTD/strict.dtd>
<html>
    <head>
    <title>Dreiteiliges Frameset</title>
    </head>
        <frameset rows="70,90,*">
        <frame name="Oben" src="datei1.htm">
        <frame name="Mitte" src="datei2.htm">
        <frame name="Unten" src="datei3.htm">
        </frameset>
</html>
```

In diesem Fall wird das Anzeigenfenster in drei Reihen geteilt. Der oberen wurden 70 Pixel und der mittleren 90 Pixel als Größe zugewiesen. Die untere ist wiederum frei definiert.

Tipp

Anzeigenprobleme vermeiden

Vermeiden Sie, das Anzeigenfenster in zu viele Reihen zu unterteilen, da Sie im Vorfeld nicht wissen, mit welcher Bildschirmgröße und Auflösung ein Nutzer Ihre Seiten besucht. Um die an dieser Stelle möglicherweise auftretenden Probleme umgehen zu können, empfiehlt sich das Testen der Seite unter verschiedenen Bedingungen. Um herausfinden zu können, wie die Frameseite bei verschiedenen Nutzern angezeigt wird, ändern Sie kurzzeitig die Auflösung Ihres Monitors und testen sämtliche zu dem Frameset gehörenden Seiten.

Frames verschachteln

In der Praxis werden Frames nur in den wenigsten Fällen auf die zuvor beschriebene Weise unterteilt. Häufig lassen sich die gewünschten Strukturen nur über eine Verschachtelung der verschiedenen Frames realisieren. Für diesen Zweck werden bereits definierte Frames durch eine weitere Unterteilung ineinander verschachtelt. Um eine Verschachtelung vorzunehmen, müssen Sie hierarchisch vorgehen. Legen Sie zunächst immer die äußere Struk-

Mit Frames die Seiten aufteilen

tur fest. Definieren Sie nun in dem Frame, das Sie unterteilen wollen, einfach mit <frameset> ein weiteres Frame.

Beachten Sie, dass Sie auch dieses Frame dann erneut durch </frameset> schließen müssen.

Das hört sich zunächst etwas kompliziert an. Wie Sie aber an dem nächsten Beispiel erkennen, ist es nicht schwer, solange man den Überblick behält.

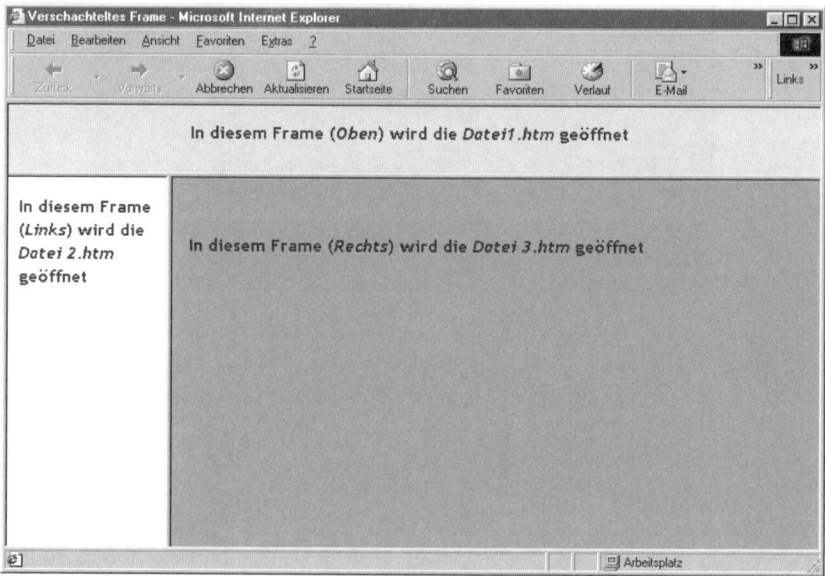

Ein verschachteltes Frame

Die Syntax für die hier dargestellte Abbildung zeigt das folgende Listing.

```
<!DOCTYPE html PUBLIC http://www.w3.org/TR/xhtml1/DTD/strict.dtd>
<html>
   <head>
   <title>Verschachteltes Frame</title>
   </head>
      <frameset rows="64,*">
      <frame name="Oben" src="datei1.htm">
         <frameset cols="150,*">
         <frame name="Links" src="datei2.htm">
         <frame name="Rechts" src="datei3.htm">
         </frameset>
      </frameset>
</html>
```

In diesem Beispiel haben Sie zunächst das Anzeigenfenster in zwei Reihen aufgeteilt, wobei der oberen eine Größe von 64 Pixel zugewiesen wurde. Die untere Reihe richtet sich nach der tatsächlichen Größe des sichtbaren Bildschirmbereichs. Im nächsten Schritt wird die untere Reihe in zwei Spalten aufgeteilt. Hierbei haben wir der linken eine Größe von 150 Pixel zugedacht. Die rechte Reihe nimmt sich wieder den Platz, der über die 150 Pixel hinaus-

Mit Frames die Seiten aufteilen

geht. Achten Sie besonders darauf, dass das Frameset zweimal geschlossen werden muss.

Diese Frameset-Struktur wird Ihnen sicherlich bereits begegnet sein. Die Vorteile für diese Aufteilung liegen auf der Hand: Im oberen Frame können wichtige Informationen (vielleicht ein Werbebanner), im linken die Verweise und rechts die sich öffnenden Verweisziele angezeigt werden. Wie Sie die einzelnen Frames verwenden, bleibt natürlich Ihnen überlassen.

Auch die nächste Form findet in der Praxis dank ihrer vielen Vorteile große Verwendung. Denn hier steht Ihnen noch ein weiteres Frame zur Verfügung. Das untere kann zum Beispiel für Grafiken genutzt werden. Ebenso können aber auch weiterführende Links angezeigt werden.

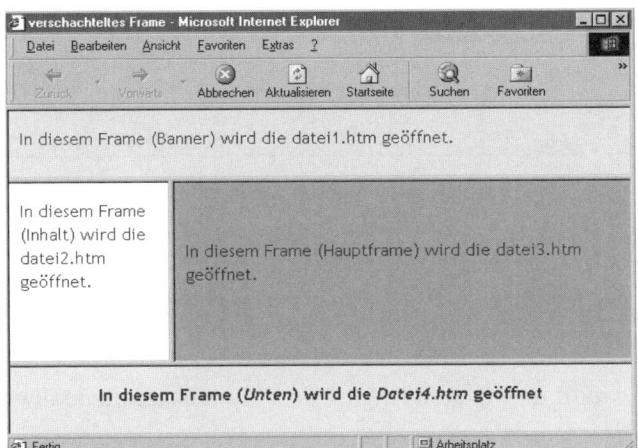

Ein weiteres verschachteltes Frame

Der Quelltext dürfte Ihnen jetzt nicht mehr schwer fallen, da lediglich eine weitere Verschachtelung eingefügt wurde.

```
<!DOCTYPE html PUBLIC http://www.w3.org/TR/xhtml1/DTD/strict.dtd>
<html>
   <head>
   <title>verschachteltes Frame</title>
   </head>
      <frameset rows="64,*,64">
      <frame name="Banner" src="datei1.htm">
         <frameset cols="150,*">
         <frame name="Inhalt" src="datei2.htm">
         <frame name="Hauptframe" src="datei3.htm">
      </frameset>
         <frame name="Unten" src="datei4.htm">
      </frameset>
</html>
```

Tipp

Begrenzung der Verschachtelung

Verschachteln Sie Ihr Frameset nicht zu sehr! Eine Ausnahme bilden hierbei Seiten, auf denen es der grafischen Optimierung dient.

Mit Frames die Seiten aufteilen

Steuern Sie Ihr Projekt aber nie über vier oder fünf Frames. Das kann schnell dazu führen, dass Ihre Besucher verwirrt werden. Für normale Steueraufgaben genügen im Regelfall 2 – 3 Frames.

Den No-Frame-Bereich definieren

Wie schon erwähnt, gibt es ältere Browser, die Frames nicht darstellen können. Um den Besuchern, die noch mit solch einem Browser arbeiten, ebenfalls Ihre Informationen zur Verfügung zu stellen, gibt es die No-Frame-Bereiche. Hier können Sie im einfachsten Fall den Nutzer darauf hinweisen, dass er Ihre Seiten nicht betrachten kann.

Wir werden Ihnen aber auf den folgenden Seiten diverse Wege vorstellen, wie Sie den No-Frame-Bereich für Ihre Zwecke optimieren können.

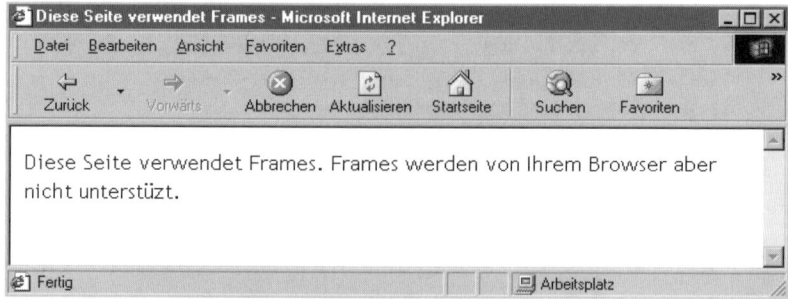

Praktikabel, aber nicht elegant

Diese Lösung wird, wie Sie am Anfang des Kapitels gesehen haben, ganz einfach realisiert.

```
<!DOCTYPE html PUBLIC http://www.w3.org/TR/xhtml1/DTD/strict.dtd>
<html>
   <head>
   <title>Diese Seite verwendet Frames</title>
   </head>
      <frameset...>
      Hier wird das Frameset definiert
      <noframes>
   <body>
   Diese Seite verwendet Frames. Frames werden von Ihrem Browser
                                          aber nicht unterstützt.
   </body>
      </noframes>
      </frameset>
</html>
```

Mit dem einleitenden <noframe>-Attribut teilen Sie dem nicht framefähigen Browser mit, dass Ihre Seiten mit dieser Technologie ausgestattet sind. Damit Ihr Besucher überhaupt eine Information erhält, können Sie ihn durch einen diesbezüglichen Hinweistext darauf aufmerksam machen. Es ist klar, dass ein solcher Satz nicht besonders hilfreich ist.

Zwar weiß Ihr Besucher nun, dass Sie mit Frames arbeiten, die gewünschten Informationen bleiben ihm jedoch trotz dieses Satzes weiterhin verborgen. Das kann auch nicht in Ihrem Interesse sein.

Nehmen wir an, dass Ihr Gast keinen framefähigen Browser besitzt. Ruft er nun Ihre Seite auf, sieht er zum Beispiel Folgendes:

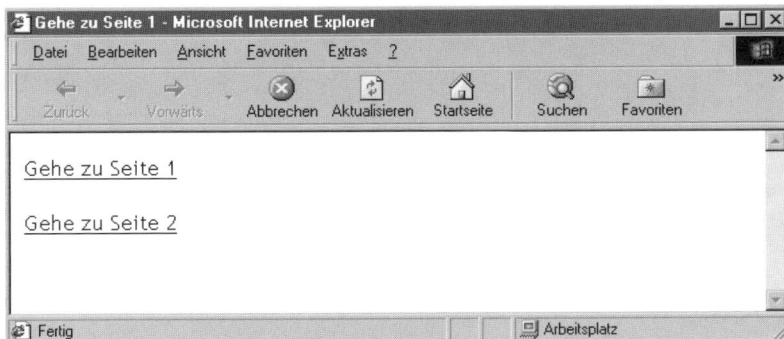

Eine andere (bessere) Variante

So wird auch der Nutzer ohne framefähigen Browser auf Ihre Seiten geführt.

```
<!DOCTYPE html PUBLIC http://www.w3.org/TR/xhtml1/DTD/strict.dtd>
<html>
   <head>
   <title>Diese Seite verwendet Frames</title>
   </head>
      <frameset>
      Hier wird das Frameset definiert
         <noframes>
         <body>
         <a href="Seite1.htm">Gehe zu Seite 1</a><br>
         <a href="Seite2.htm">Gehe zu Seite 2</a>
         </body>
         </noframes>
      </frameset>
</html>
```

Nun kann sich der Nutzer die gewünschten Informationen ansehen. Ob er damit aber nun wirklich zufrieden ist? Denken Sie daran, dass in dem zuvor beschriebenen Beispiel lediglich zwei Seiten vorhanden sind.

Wie würde das aber bei Projekten mit beispielsweise 60 Seiten wirken? Sehr übersichtlich wird es auf alle Fälle nicht sein. Also ist es am sinnvollsten, zwei Bereiche Ihres Projekts zu bauen, die jeweils auf die verschiedenen Anwendungen zugeschnitten sind. Dann können Sie dem Besucher Ihrer Seiten die Wahl lassen, zum Beispiel so:

Mit Frames die Seiten aufteilen

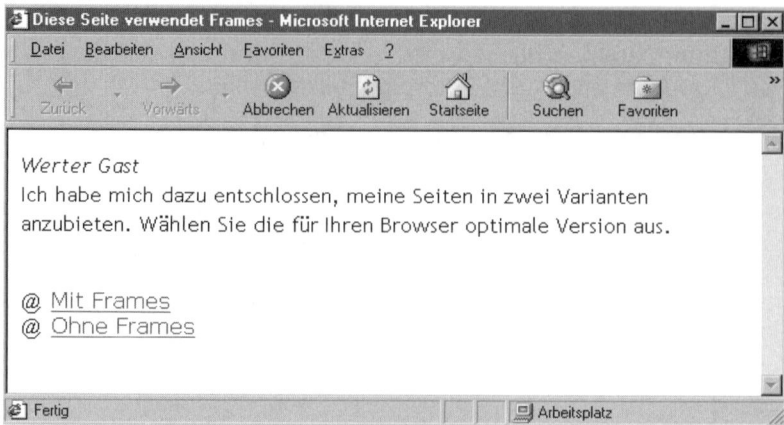

Dem Ziel schon näher

```
<!DOCTYPE html PUBLIC http://www.w3.org/TR/xhtml1/DTD/strict.dtd>
<html>
   <head>
   <title>Diese Seite verwendet Frames</title>
   </head>
   <body>
    <font face="Trebuchet MS"><i>
   Werter Gast</i><br>
    Ich habe mich dazu entschlossen, meine Seiten in zwei
Varianten anzubieten.
     Wählen Sie die für Ihren Browser optimale Version aus.</font>
     <p><br>
     @  <font face="Verdana"><a href="variante1.htm">Mit
Frames</a><br>
     </font>@  <font face="Verdana"><a href="../neu-
kompendium/andere.htm">Ohne
     Frames</a> </font></p>
   </body>
</html>
```

Das ist eine recht elegante Lösung. Denn so stellen Sie nicht nur Besucher zufrieden, die einen nicht-framefähigen-Browser nutzen, sondern auch solche, die Frames aus Prinzip ablehnen.

Diese Variante eignet sich aber nur dann, wenn sie durchdacht angewandt wird. Denn wie bei den vorangegangenen Beispielen gilt auch hier: Denken Sie an die Funktionalität und vor allem die praktikable Navigation in Ihrem Projekt! Sie werden zweifellos mit dieser Lösung mehr Besucher auf Ihre Seiten locken. Bedenken Sie aber, dass dem ein erheblich größerer Zeitaufwand bei der Erstellung Ihres Projekts vorangeht.

Denn nur in den seltensten Fällen können die in einem framebasierenden Webauftritt vorhandenen Navigationsstrukturen auf ein herkömmliches Projekt ohne Frames übertragen werden.

Mit Frames die Seiten aufteilen

> **Tipp**
>
> **No-Frame-Bereich erstellen**
>
> Definieren Sie in jedem Fall einen No-Frame-Bereich. Legen Sie nach Möglichkeit ein zweites Projekt ohne Frames an. Somit kann der Nutzer selbst entscheiden, wie er sich die Seiten anschauen möchte. (Geben Sie ihm diese Entscheidungsfreiheit nicht, wird er aller Voraussicht nach selbst entscheiden, dass er so bald nicht wiederkommt.)

Bildlaufleisten

Bei der Arbeit mit einem grafisch orientierten Betriebssystem, zum Beispiel Windows, werden Ihnen sicherlich bereits Bildlaufleisten (Scrollbars) begegnet sein. Diese befinden sich am rechten oder am unteren Bildschirmrand, wenn der anzuzeigende Bereich größer ist als der sichtbare Bereich des Monitors. Bei Ihren Internetseiten können Sie Bildlaufleisten anders als bei einem Betriebssystem allerdings aus- bzw. einblenden. Dieses Bild dürfte Ihnen vertraut sein.

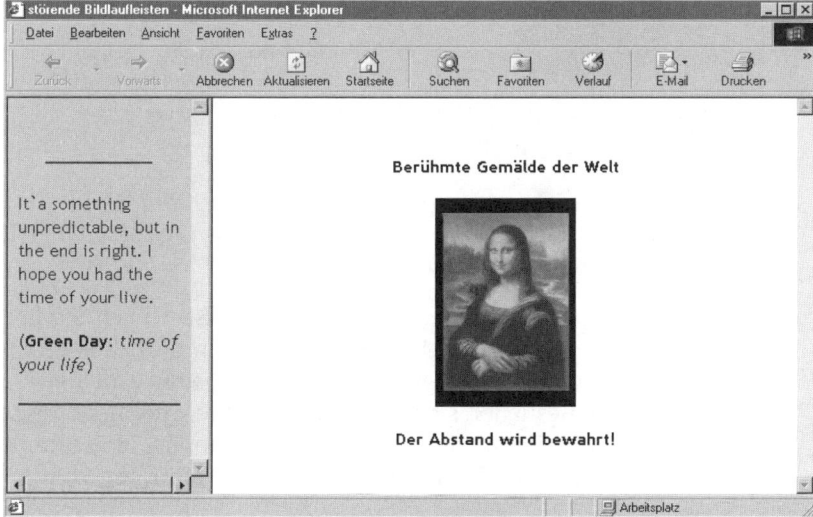

Die Bildlaufleisten wirken hier störend

So nützlich Bildlaufleisten in vielen Fällen auch sein mögen, in einem wie zuvor abgebildeten Beispiel sind sie völlig fehl am Platz und sollten unterdrückt werden.

Dies sollte nicht nur aus ästhetischen Gesichtspunkten heraus geschehen.

Wie Sie an der Abbildung sehen können, nehmen Bildlaufleisten sehr viel Platz ein. Diesen könnten Sie für andere Dinge nutzen.

```
<!DOCTYPE html PUBLIC http://www.w3.org/TR/xhtml1/DTD/strict.dtd>
<html>
  <head>
    <title>zweiteiliges Frameset</title>
```

Mit Frames die Seiten aufteilen

```
    </head>
      <frameset cols="25%,75%">
        <frame src="links.htm" name="Links" scrolling="no">
        <frame src="rechts.htm" name="Rechts" scrolling="no">
      </frameset>
</html>
```

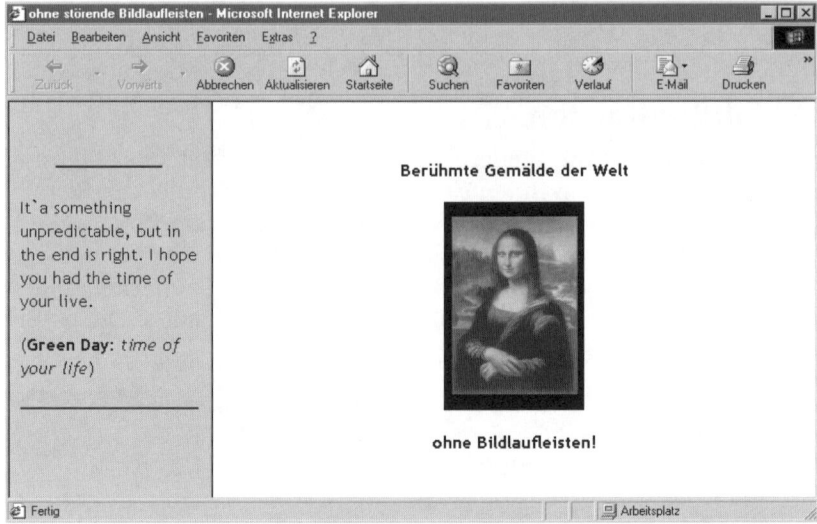

Die gleiche Website ohne Bildlaufleisten

In unserem Beispiel werden durch die Angabe *scrolling="no"* die Bildlaufleisten unterdrückt. Das gilt auch für den Fall, dass die Inhalte der Datei größer als das angezeigte Fenster sind.

Achten Sie also darauf, wie groß Ihre Anzeige ist. Gehen Sie bei dieser Einschätzung nicht von Ihrem Monitor aus. Es kann durchaus sein, dass bei Ihnen alles korrekt angezeigt wird, weil Sie Ihre Seiten an einem 19-Zoll-Gerät betrachten, ein Besucher sieht die gleiche Seite an einem 15-Zoll-Monitor, wodurch Inhalte, die sich am unteren Ende befinden, abgeschnitten werden, was zu einer unvollständigen Anzeige der Website führen würde.

Benutzen Sie diese Angabe deshalb nur, wenn dies erforderlich ist. Es gibt verschiedene nachvollziehbare Gründe, die Bildlaufleisten auszublenden. Der ästhetische Gesamteindruck Ihrer Seiten kann durch sie erheblich verschlechtert werden, da sie unter Umständen dort auftauchen, wo man sie am wenigsten wünscht, zum Beispiel in der Seitenmitte.

Am Rand oder unten stören sie das Aussehen dagegen nicht sonderlich und können dort ein akzeptabler Kompromiss sein.

Sie haben aber auch die Möglichkeit, Bildlaufleisten ständig zu erzwingen. Dazu müssen Sie *scrolling="yes"* angeben. Mit dieser Angabe werden die Bildlaufleisten auch dann angezeigt, wenn der Inhalt der Datei dies nicht erfordert.

Außerdem haben Sie die Möglichkeit, durch das Attribut *scrolling="auto"* es dem Browser zu überlassen, ob Bildlaufleisten eingesetzt werden sollen. Die Bildlaufleisten werden also nur dann angezeigt, wenn sie benötigt werden.

Da diese Variante im Browser standardgemäß voreingestellt ist, können Sie auf diesen Eintrag aber auch verzichten.

- *scrolling="no"* – Hiermit werden die Bildlaufleisten auf jeden Fall ausgeblendet.
- *scrolling="yes"* – Hiermit werden die Bildlaufleisten immer angezeigt, auch wenn dies nicht nötig wäre.
- *scrolling="auto"* – Hiermit werden Bildlaufleisten nur dann angezeigt, wenn sie benötigt werden.

Tipp
Bei Bildlaufleisten genau testen

Vergewissern Sie sich vor dem Ausblenden der Bildlaufleisten, dass die Datei in jedem Fall vollständig angezeigt wird. Testen Sie dies auch mit anderen Bildschirmauflösungen.

Schrecken Sie nicht davor zurück, Bildlaufleisten auszublenden. Obwohl wir Ihnen die möglichen Fehlerquellen so explizit vorgestellt haben, können Sie dieses Gestaltungsmittel, vorausgesetzt Sie setzen es korrekt ein, ohne schlechtes Gewissen verwenden.

Wenn Bildlaufleisten nicht zwingend notwendig sind, sollten sie ausgeblendet werden. Ein Frame ohne Bildlaufleisten sieht, so finden wir, einfach eleganter aus und wirkt sich zudem positiv auf den zur Verfügung stehenden Platz aus.

Wenn Sie mit dem Gedanken spielen, die Bildlaufleisten in dem Frame, in dem Sie die Verweise untergebracht haben, zu entfernen, überlegen Sie sich das reiflich. Denn eine vollständige Navigationsleiste sollte in jedem Fall angezeigt werden.

Rahmen unterdrücken

Wenn nicht anders definiert, wird jedem sich innerhalb eines Framesets befindlichen Frame ein Rahmen zugewiesen. Obwohl in der offiziellen XHTML-Spezifikation des W3C eine Syntax existiert, mit der die Breite dieser Rahmen verändert werden kann, führt deren alleinige Anwendung dank browserspezifischer Syntaxbesonderheiten nicht zum Erfolg.

Wollen Sie für Ihr Frameset die Rahmenstärke verändern, müssen Sie dies den verschiedenen Browsern mit deren spezieller Syntax mitteilen.

An dieser Stelle zeigen wir Ihnen zunächst die offizielle HTML-Syntax für das Unterdrücken von Rahmen, die in dieser Form in der XHTML-Spezifikation festgelegt wurde.

```
<!DOCTYPE html PUBLIC http://www.w3.org/TR/xhtml1/DTD/strict.dtd>
<html>
  <head>
  <title>Ein Frameset ohne Rahmen</title>
```

Mit Frames die Seiten aufteilen

```
        </head>
    <frameset cols="25%,75%">
    <frame src="Datei1.htm" name="Links" frameborder=0">
    <frame src="Datei2.htm" name="Rechts">
    </frameset>
</html>
```

Die Praxis sieht für den Netscape Navigator und den Internet Explorer allerdings etwas anders aus, denn das Ergebnis weist im Microsoft Internet Explorer einen störenden sichtbaren Abstand zwischen den Frames auf.

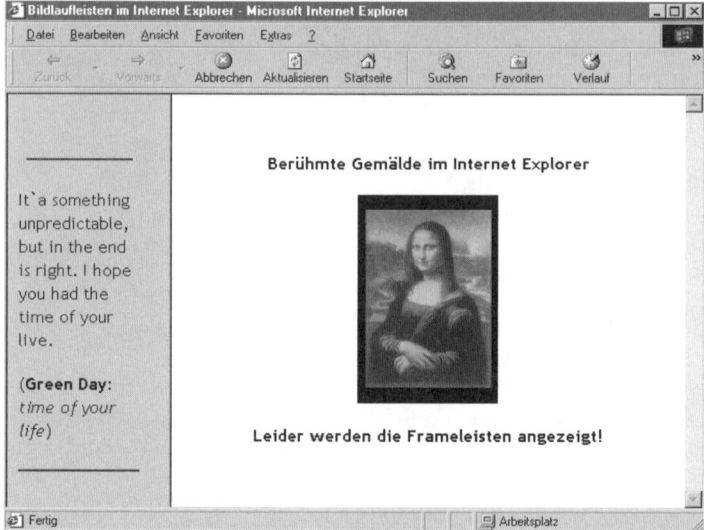

Die Darstellung im Internet Explorer ist fehlerhaft

Auch der Navigator ist nicht besser

Mit Frames die Seiten aufteilen

Auch der Netscape Navigator ist nicht in der Lage, mit nur einem Attribut die Seite richtig darzustellen.

Wie Sie sehen, müssen noch andere Attribute eingebaut werden, um das gewünschte Ergebnis zu erzielen. Nur dadurch erreichen Sie das konsequente Unterdrücken der Rahmen.

```
<!DOCTYPE html PUBLIC http://www.w3.org/TR/xhtml1/DTD/strict.dtd>
<html>
   <head>
   <title>Ein Frameset ohne Rahmen</title>
   </head>
         <frameset cols="25%,75%" border=0 frameborder=0
      framespacing="0">
      <frame src="links.htm" name="Links">
      <frame src="rechts.htm" name="Rechts">
      </frameset>
</html>
```

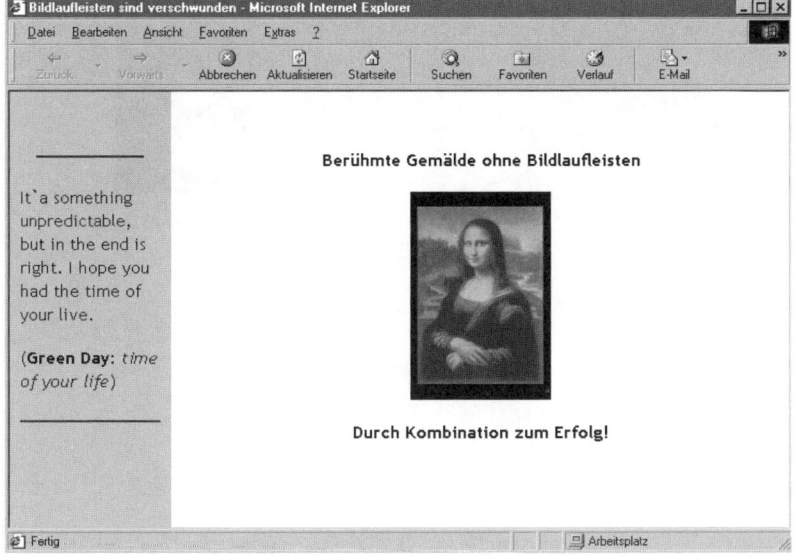

Ein Frameset ohne Rahmen

Mit dem Attribut *border="Pixel"* bestimmen Sie die Breite des Rahmens in der Syntax des Navigators. Wenn Sie also *border="0"2* setzen, wird der Rahmen im Nescape Navigator nicht mehr angezeigt. Für den Internet Explorer geben Sie entweder *frameborder="1"* oder *frameborder="0"* an. Dadurch bestimmen Sie, ob der dreidimensionale Rahmen dargestellt wird. Das gleiche Resultat erzielen Sie mit *frameborder="yes"* oder *frameborder="no"*, wobei durch die Angabe *yes* der Internet Explorer aufgefordert wird, den Rahmen anzuzeigen.

Um den Frameabstand für den Internet Explorer einzustellen, benötigen Sie das *framespacing="Pixel"*-Attribut. Je größer die Pixel gewählt werden, desto weiter liegen die Frames auseinander. Wenn Sie für den Internet Explorer nicht *framespacing="0"* und *frameborder="0"* angeben, stellt dieser zwar nicht den bekannten 3-D-Rahmen, wohl aber flache Zwischenräume zum Abtrennen der verschiedenen Frames dar. Sollten Sie sich dazu entschließen, die Rahmen zu unterdrücken, bedenken Sie, dass dies dem Attribut *noresize* gleichkommen würde. Der Nutzer hat demnach keine Möglichkeit, die Größe der einzelnen Frames zu verändern. Testen Sie also vor dem Einsatz Ihr Projekt wieder mit mehreren Bildschirmauflösungen. Es kann in einigen Fällen von Nutzen sein, die Abstände zwischen den einzelnen Frames zu vergrößern. Dies kann Ihre Seiten interessanter erscheinen lassen.

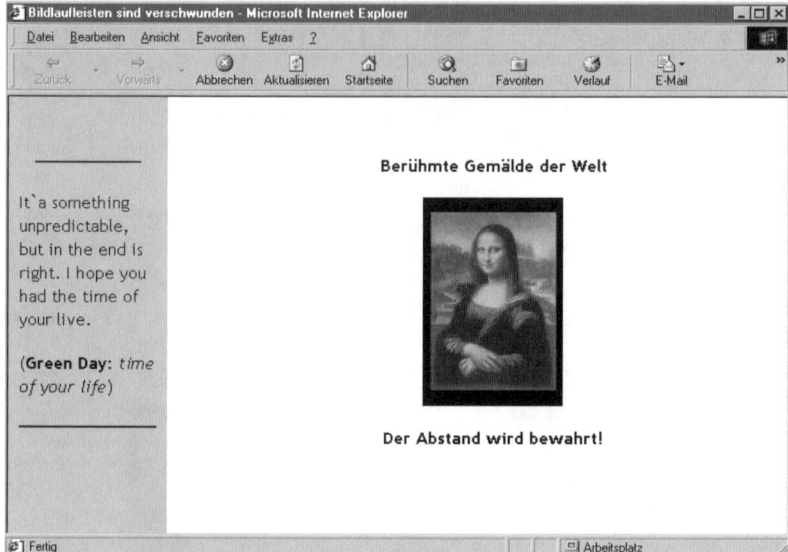

Der Abstand zwischen den Frames wurde vergrößert

```
<!DOCTYPE html PUBLIC http://www.w3.org/TR/xhtml1/DTD/strict.dtd>
<html>
   <head>
   <title>Abstände festlegen</title>
   </head>
      <frameset cols="25%,75%" border=0 frameborder=1
framespacing=10>
      <frame src="Datei1.htm" name="Links" scrolling=no>
      <frame src="datei2.htm" name="Rechts">
      </frameset>
</html>
```

Bedenken Sie vor dem Verbreitern des Abstands zwischen den einzelnen Frames, dass dies wiederum viel Platz in Anspruch nehmen kann. Besonders ein Gast mit einem 14-Zoll-Monitor wird Ihre kreativen Fertigkeiten in dieser Hinsicht nicht zu schätzen wissen. Sie haben folgende Möglichkeiten der Gestaltung:

- border="Pixel"
- frameborder="1" bzw. "yes"

Mit Frames die Seiten aufteilen

- frameborder="0" bzw. "No"
- framespacing="Pixel"

Rahmenfarben

Im Hinblick auf das Definieren von Hintergrundfarben stellen die standardmäßig grau angezeigten Rahmen ein ästhetisches Problem dar, wirken sich diese doch in vielen Fällen negativ auf das Gesamterscheinungsbild einer Webseite aus.

Ab den Browserversionen Netscape Navigator 3.0 und Internet Explorer 4.0 haben Sie die Möglichkeit, auf die Rahmenfarbe Einfluss zu nehmen und diese den jeweiligen Erfordernissen anzupassen.

Ändern Sie innerhalb des zuletzt vorgestellten Quelltextes einfach die fünfte Zeile in

```
<frameset cols="25%,75%" border="0" frameborder="1"
framespacing="10" bordercolor="#FFF000">
```

um folgendes Ergebnis zu erhalten:

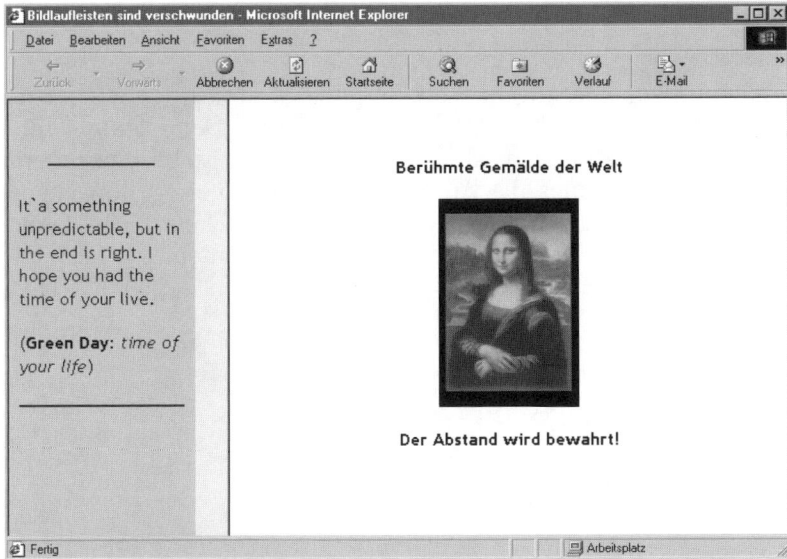

Ein witziger Effekt: farbige Rahmen

Über das Attribut *bordercolor* können also Rahmen zwischen Framefenstern farbig dargestellt werden.

Bedenken Sie aber vor dem Einsatz dieser Erweiterung, dass diese nicht zum offiziellen HTML 4-Standard gehört.

Mit Frames die Seiten aufteilen

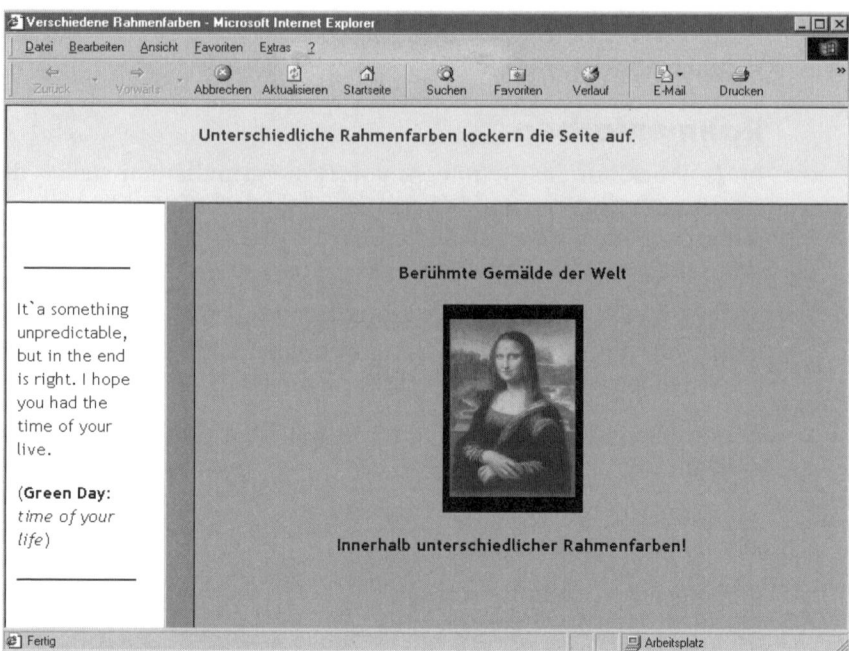

Unterschiedliche Rahmenfarben

Wie die vorangegangene Abbildung zeigt, lassen sich für mehrere Rahmen jeweils unterschiedliche Farben definieren. Der nachfolgend aufgeführte Quellcode zeigt eine diesbezügliche Anwendung. Es wird innerhalb der verschiedenen Frames die Angabe *bordercolor"* gefolgt von der gewünschten Farbe notiert. Dies muss, wenn die Rahmen verschiedenfarbig dargestellt werden sollen, für jedes Frame wiederholt werden. Das Definieren der Rahmenfarben folgt den Regeln zum Definieren von Farben in XHTML.

```
<!DOCTYPE html PUBLIC http://www.w3.org/TR/xhtml1/DTD/strict.dtd>
    <html>
        <head>
        <title>Verschiedene Rahmenfarben</title>
        </head>
            <frameset bordercolor="#fff000" rows="64,*"
framespacing="25">
                <frame name="Banner" src="Datei1.htm" target="_self">
                <frameset bordercolor="#ff0000" cols="150,*">
                <frame name="Inhalt" src="Datei2.htm">
                <frame name="Hauptframe" src="Datei3.htm"
scrolling="auto">
            </frameset>
                <noframes>
                </noframes>
            </frameset>
    </html>
```

Feste Fenstergröße

Grafische Benutzeroberflächen bieten dem Nutzer an, die Größe einzelner Fenster zu verändern. Erreicht wird dies durch das Zeigen des Mauszeigers auf den Rahmen und anschließendes Drücken und Ziehen auf die gewünschte Größe. Gleiches gilt für Frames. Auch hierbei kann ein Nutzer die Größe der einzelnen Segmente seinen Erfordernissen anpassen. So nützlich dies auch für den Besucher in vielen Fällen sein mag, entspricht diese Vorgehensweise auch Ihren Wünschen? Gesetzt dem Fall, Sie bieten innerhalb eines Frames Informationen an, die dem Nutzer für die gesamte Verweildauer auf Ihren Seiten vor Augen geführt werden sollen, kann es nicht in Ihrem Sinn sein, dass dieses Fenster bis zur Unkenntlichkeit verkleinert wird. Die folgende Beispielsyntax beschreibt, wie Sie das beschriebene Szenario vermeiden können.

```
<!DOCTYPE html PUBLIC http://www.w3.org/TR/xhtml1/DTD/strict.dtd>
<html>
   <head>
   <title>Feste Fenstergröße</title>
   </head>
      <frameset cols="25%,75%">
      <frame src="Datei1.htm" name="Links" noresize>
      <frame src="datei2.htm" name="Rechts">
      </frameset>
</html>
```

Obwohl sich auf den ersten Blick nichts verändert hat, haben Sie mit der Angabe *noresize* festgelegt, dass die Größe des Frames nicht verändert werden kann.

Beachten Sie aber, dass sämtliche angrenzenden Frames auch nicht mehr verschoben werden können. Bedenken Sie diesen Punkt, bevor Sie dieses Attribut verwenden. Sollten Sie sich dennoch dazu entschließen, dann testen Sie Ihre Seiten mit den gängigen Bildschirmgrößen und Auflösungen. In manchen Fällen kann es ziemlich ärgerlich sein, wenn die Framegröße nicht veränderbar ist. Wenn Sie ein zweigeteiltes Frameset definiert haben, auf dessen linker Seite nur Hyperlinks stehen und auf der rechten Seiten die Verweiszeile mit umfangreichen Textinformationen abgebildet werden, ist es nicht sehr sinnvoll, das Verschieben zu unterbinden. Besonders dann, wenn Ihre Seite relativ breit ist, kann dies bei einem kleinen Monitor zu Anzeigenproblemen führen. Oder besuchen Sie gern Seiten, auf denen Sie jede Zeile nach rechts scrollen müssen, um sich deren Inhalt anzusehen?

Festlegen der Mindestabstände zwischen Fensterrand und Fensterinhalt

Der Inhalt eines Frames zu dessen Fensterrand ist veränderbar. Dieser Aspekt gewinnt besonders dann an Bedeutung, wenn Sie eine Grafik exakt an einer bestimmten Stelle des Fensters anzeigen möchten.

Ganz gleich, an welcher Position das eingebettete Objekt, zum Beispiel ein Bild, ein Werbebanner oder anderes, erscheinen soll, nun wird es genau dort auch auftauchen, wo dies gewünscht ist, und nicht anhand von browserspezifischen Vorgaben. Durch ein wenig Ausprobieren werden Sie die für Sie günstigsten Abstände entdecken. Bedenken Sie aber auch hierbei: Sie schreiben diese Seiten nicht nur für Ihren Monitor. Wählen Sie die Abstände also nicht zu groß, denn bei einem kleineren Monitor oder einer anderen Bildschirmauflösung können diese nicht eingehalten werden, und Ihr gewünschter Effekt ist dahin. Ein Beispiel:

```
<!DOCTYPE html PUBLIC http://www.w3.org/TR/xhtml1/DTD/strict.dtd>
<html>
<head>
<title>Mindestabstände festlegen</title>
</head>
    <frameset cols="25%,75%">
    <frame src="links.htm" name="Links" marginwidth=20>
    <frame src="rechts.htm" name="Rechts" marginheight=20>
    </frameset>
</html>
```

Mit dem Attribut *marginwidht* legen Sie den Mindestabstand zwischen dem linken bzw. rechten Fensterrand und dem Inhalt des Fensters fest. Die Angabe des Abstands erfolgt in Pixel (in unserem Beispiel beträgt er also 20 Pixel).

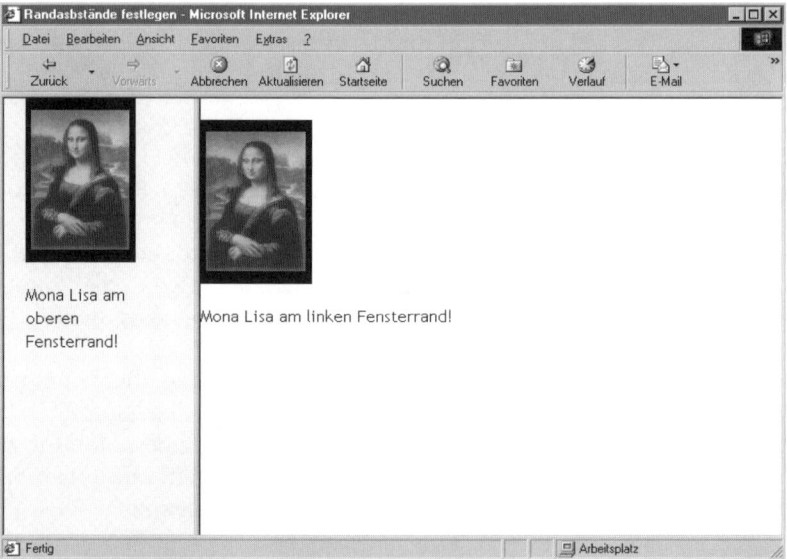

Legen Sie Abstände fest

Durch das Attribut *marginheight* wird der Mindestabstand des Fensterinhalts analog zum oberen bzw. unteren Fensterrand festgelegt.

Auch dieser Abstand wird in Pixel angegeben.

Mit Frames die Seiten aufteilen

Sie können zwar beide Angaben gleichzeitig verwenden, dies ist allerdings nicht zwingend notwendig. Ebenso können Sie auch nur eines der beiden Attribute verwenden. Anzeigenprobleme resultieren hieraus nicht.

Der angegebene Mindestabstand ist nicht in jedem Fall zwingend. Stößt der Browser auf eine diesbezügliche Angabe, ignoriert er sie für den Fall, dass die definierten Inhalte größer sind oder das Einfügen eines Zeilenumbruchs nicht möglich ist.

Exakte Positionierung

Interessante Effekte lassen sich durch das Unterdrücken eines Abstands zwischen Framerand und dessen Inhalt erzielen. Um dies realisieren zu können, benötigen Sie die Attribute *marginheight="0"* und *marginwidth="0"*.

Exakt wird dieses Feature allerdings nur vom Microsoft Internet Explorer interpretiert; der Netscape Navigator fügt einen winzigen Rand ein, der sich jedoch nur unmerklich auf das Design der entwickelten Website auswirkt.

Die folgende Abbildung zeigt eine diesbezügliche Anwendung. In diesem Beispiel wird eine Grafik mittels der zuvor genannten Attribute am linken oberen Rand ohne störenden Zwischenraum eingefügt.

Das Banner wird direkt am oberen Rand ausgerichtet

```
<!DOCTYPE html PUBLIC http://www.w3.org/TR/xhtml1/DTD/strict.dtd>
<html>
    <head>
    <title>Mindestabstände festlegen</title>
    </head>
        <frameset cols="25%,75%" framespacing="0" frameborder="0">
        <frame src="links.htm" name="Links" marginwidth=0>
        <frame src="rechts.htm" name="Rechts" marginheight=0>
        </frameset>
</html>
```

Mit Frames die Seiten aufteilen

┌──── **Tipp**
Nur für Bilder, nicht für Text nutzen
Vermeiden Sie unbedingt, Textpassagen durch die Attribute *marginheight="0" marginwidth="0"* direkt am Rand auszurichten. Die Lesbarkeit der dargestellten Informationen kann aufgrund dieser Syntax nicht gewährleistet werden.

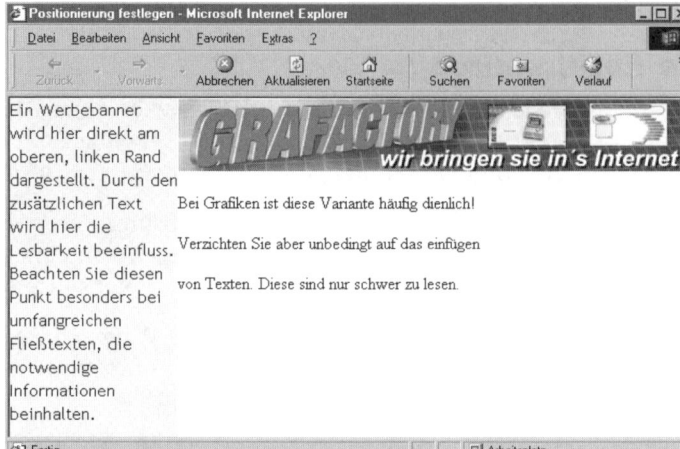

Die Lesbarkeit wird beeinflusst

5.2 Frames zur effektiven Navigation nutzen

Frames dienen, unabhängig von dem ästhetischen Gesichtspunkt, einer benutzerfreundlichen Navigation zwischen den sich in einem Internetauftritt befindlichen Objekte. Dieser Punkt kommt besonders dann zur Geltung, wenn die Navigationsleiste in einem Frame ständig eingeblendet bleibt und nicht nach jeder Anklicken eines Hyperlinks neu geladen werden muss.

```
<!DOCTYPE html PUBLIC http://www.w3.org/TR/xhtml1/DTD/strict.dtd>
<html>
   <head>
   <title>Verweise auf andere Frames</title>
   </head>
      <frameset cols="25%,75 >
      <frame src="links.htm" name="Links">
      <frame src="rechts.htm" name="Rechts">
      </frameset>
</html>
```

In dem oben stehenden Beispiel haben wir den beiden Frames durch das Attribut *name="..."* einen Namen zugeordnet. Dies ist die Grundvoraussetzung, um auf das gewünschte Frame verweisen zu können.

Sämtliche weiteren Informationen bezüglich des Verhaltens eines Hyperlinks werden in der eigentlichen HTML-Datei, in der der Verweis notiert wurde, definiert..

```
<!DOCTYPE html PUBLIC http://www.w3.org/TR/xhtml1/DTD/strict.dtd>
<html>
   <head>
   <title>Verweise auf andere Frames</title>
   </head>
   <body>
      < a href="Seite1.htm" target="Links">Forum</a>
   </body>
</html>
```

Durch das *target*-Attribut geben Sie das Frame an, in dem das Verweisziel geöffnet werden soll. Achten Sie darauf, dass das Verweisziel in Anführungszeichen notiert werden muss. Die Angabe des Zielframes muss in exakt der gleichen Schreibweise geschehen, wie dies in der Framedatei definiert wurde. Wird hier nicht auf Groß- und Kleinschreibung geachtet, kann der Browser das Zielfenster nicht eindeutig identifizieren. Hieraus resultiert beim Anklicken des Hyperlinks die Öffnung eines neuen Browserfensters. Gewöhnen Sie sich aus diesem Grund eine einheitliche Schreibweise an. Vergeben Sie entweder nur groß- oder nur kleingeschriebene Namen innerhalb eines Projekts. Achten Sie darauf, dass die Namen kurz und logisch gehalten sind. Verwenden Sie am besten „geografische" Namen, wie zum Beispiel links, rechts, oben, unten. Stellen Sie sich vor, Sie haben etwa 20 Hyperlinks, deren Verweisziele alle in dem selben Frame geöffnet werden sollen. Es wäre ziemlich müßig, für jedes einzeln das gleiche Zielframe zu definieren. Um Ihnen diese äußerst unbefriedigende Aufgabe abzunehmen, steht innerhalb der XHTML-Spezifikation ein Atribut zur Verfügung, dessen Anwendung die folgende Beispielsyntax beschreibt.

```
<!DOCTYPE html PUBLIC http://www.w3.org/TR/xhtml1/DTD/strict.dtd>
<html>
   <head>
   <title>Verweise auf andere Frames</title>
      <base target="links">
   </head>
      <frameset cols="25%,75 >
      <frame src="links.htm" name="Links">
      <frame src="rechts.htm" name="Rechts">
      </frameset>
</html>
```

Mit der Angabe *base target="..."* bestimmen Sie ein Standardzielframe für Ihr Projekt. In diesem werden, wenn nicht in Einzelfällen extra bestimmt, alle Verweisziele geöffnet.

Verweise, die ein Frameset beenden

Da der Sinn von Hypertext darin besteht, auf weiterführende Informationen zu verweisen, kommt es sicherlich häufiger vor, dass Sie einen Verweis auf eine nicht zu Ihrem Projekt gehörende Seite setzen. Dabei kann es zu unschönen Schaufenstereffekten kommen.

Das heißt, dass fremde Seiten von Ihrem Projekt so umrahmt werden, dass man annehmen muss, Sie haben diese Seiten geschaffen. Sie sollten niemals eine Seite in Ihrem Frameset „untergehen" lassen; viele Nutzer fühlen sich dann gezwungen, bei Ihnen zu bleiben. Um dieses Problem zu umgehen, gibt es verschiedene Möglichkeiten, die es Ihnen erlauben, Ihr Frameset zu beenden und fremde Seiten in ihrem Originalzustand anzeigen zu lassen.

Beispiel 1

```
<a href="www.talknet.de/~daniel-koch" target="_parent">
HTML-Workshop</a>
```

Mit dem Attribut *target="_parent"* erzwingen Sie, dass die aufgerufenen Seiten in dem Fensterzustand angezeigt werden, in dem Sie sich vor dem Start Ihres Framesets befunden haben.

Beispiel 2

```
<a href="www.talknet.de/~daniel-koch" target="_blank">
HTML-Workshop</a>
```

Die Angabe *target="_blank"* ermöglicht das Öffnen eines neuen Browserfensters. Ihr Fenster bleibt dem Nutzer im Hintergrund erhalten; er kann also jederzeit zurückkehren.

Wenn Sie anstelle des Namens *blank* einen anderen verwenden, der in Ihrem Projekt nicht existiert, erzielen Sie denselben Effekt.

Um den offiziellen HTML-Standard zu berücksichtigen, halten Sie die zuvor beschriebene Syntax aber ein.

Beispiel 3

```
<a href="www.talknet.de/~daniel-koch" target="_top">
HTML-Workshop</a>
```

Durch das Attribut *target="_top"* wird ein neues Fenster geöffnet.

Dies wird als volles Browserfenster angezeigt. Um keine Missverständnisse aufkommen zu lassen: Diese Verweise werden direkt in die normale HTML-Datei geschrieben und nicht in die Indexdatei.

Erstellung eines dreiteiligen Framesets

Durch Praxis zum Erfolg: Diesem Motto widmen wir den folgenden Abschnitt. Wir wollen Ihnen aufzeigen, wie ein framebasierender Internetauftritt am effektivsten entwickelt werden kann. Als Beispiel soll hier eines in der Praxis häufig angewandtes Frameset dienen, das universell einsetzbar und dank korrekter Vorgehensweise leicht zu erstellen ist.

Mit Frames die Seiten aufteilen

Ein weiterer Vorteil liegt in der Übersichtlichkeit. Wie Sie der unten stehenden Abbildung entnehmen können, fällt die Navigation auf diesen Seiten besonders leicht, da die Navigationsleiste am linken Rand immer sichtbar ist.

Diese Form eines Framesets ist besonders beliebt bei Homepage-Besitzern, die durch Einblendung von Werbebannern ihre Site kommerziell nutzen bzw. nebenbei etwas Geld verdienen wollen.

Durch die ständige Präsenz der Rahmen kann auch ein Werbebanner, Logo oder Ähnliches ständig aktiv sein.

Die Aufgabe ist folgendermaßen definiert: Beim Anklicken der einzelnen Verweise im linken Frame sollen die Verweisziele innerhalb des mittleren Frames geöffnet werden.

Das Werbebanner im oberen Frame bleibt hingegen ständig sichtbar.

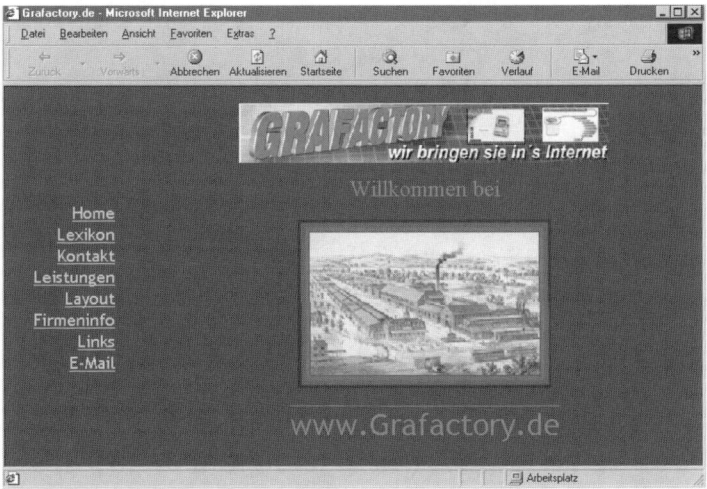

Das Ziel dieses Beispiels

1 Zu Beginn sollten Sie sich je nach einzubindenden Segmenten eine gewisse Anzahl von HTML-Dateien anlegen. In diesem Beispiel wären das drei. Benennen Sie diese am zweckmäßigsten nach ihrer Lage. So vermeiden Sie Verwechslungen und können effizienter auf diese zugreifen.

- *oben.htm*
- *links.htm*
- *mitte.htm*

2 Speichern Sie diese am besten im gleichen Verzeichnis.

3 Sie können diese Dateien selbstverständlich auch in unterschiedliche Verzeichnisse speichern. Halten Sie sich dabei an die Regeln für das Setzen von Verweisen in HTML. Für dieses Beispiel ist ein gemeinsam genutztes Verzeichnis aber übersichtlicher.

Nun können Sie jede Seiten Ihren individuellen Bedürfnissen anpassen.

Mit Frames die Seiten aufteilen

Das Ganze kann dann zum Beispiel so aussehen:

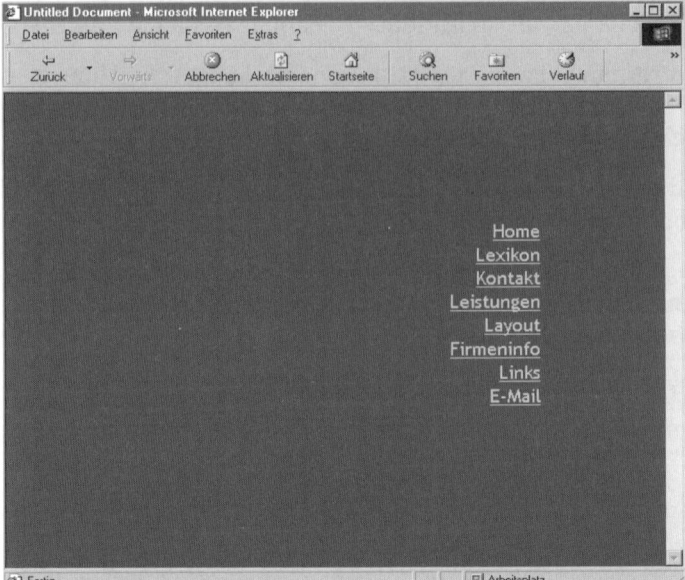

Die Datei links.htm

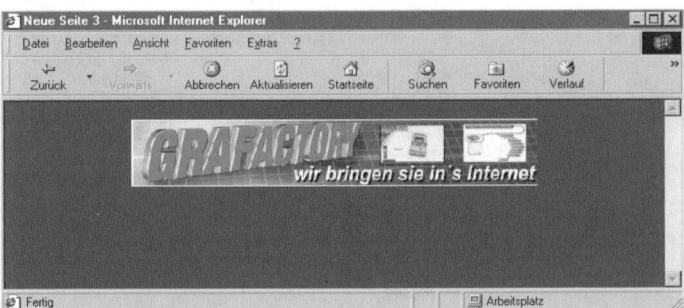

Die Datei oben.htm

Die Datei mitte.htm

Mit Frames die Seiten aufteilen

Das Frameset definieren

Jetzt kommen wir zum wichtigsten Schritt in diesem Beispiel. Wir definieren das Frameset. Legen Sie eine neue Seite an und speichern Sie diese unter dem Namen *index.htm* ab. Der Name, den Sie vergeben, ist hierbei besonders wichtig. Wenn Sie Ihr Projekt später publizieren möchten, wird diese Seite Ihre Startseite sein, also die, die zuerst geladen wird und dann das Frameset aufruft. Geben Sie den einzelnen Frames logische Namen. Da im oberen Frame in unserem Beispiel ein Werbebanner eingeblendet werden soll, haben wir dieses „Banner" genannt. Beachten Sie unbedingt die Groß- und Kleinschreibung.

```
<!DOCTYPE html PUBLIC http://www.w3.org/TR/xhtml1/DTD/strict.dtd>
<html>
    <head>
    <title>Frameset definieren</title>
    <head>
        <frameset rows="20%,*">
          <frame name="Banner">
          <frameset cols="20%,*">
          <frame name="Verweise">
          <frame name="Hauptframe">
          </frameset>
          <noframes>
    <body>
    Diese Seite verwendet Frames.
    Frames können von Ihrem Browser aber nicht dargestellt werden.
    </body>
          </noframes>
          </frameset>
</html>
```

Rufen Sie zur Kontrolle diese Seite mit Ihrem Browser auf. Sie sollten nun das folgende Bild erhalten.

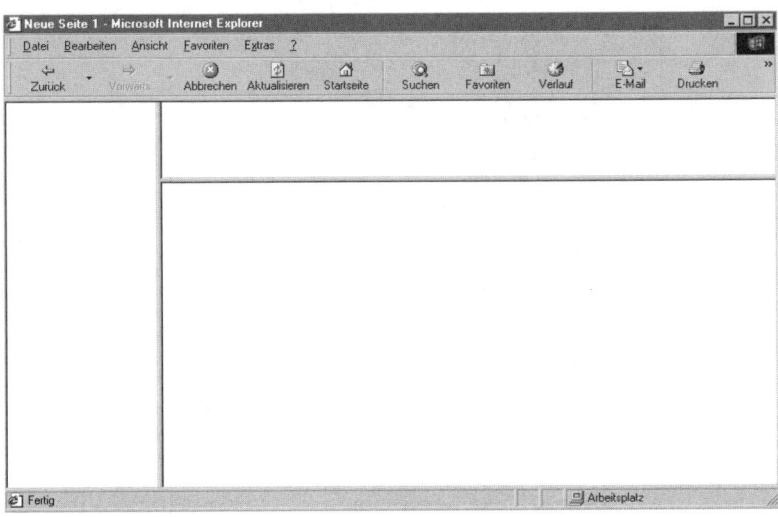

Das fertige Frameset

Zugegeben, es ist noch nicht allzu viel zu sehen. Trotzdem können Sie bereits an dieser Stelle erkennen, ob Sie das Frameset korrekt definiert haben.

Den Inhalt der Frames festlegen

Nachdem die Aufteilung des Framesets beendet ist, müssen die Inhalte der einzelnen Frames festgelegt werden. Hier kommen nun die drei zu Beginn gestalteten Seiten zum Einsatz.

```
<!DOCTYPE html PUBLIC http://www.w3.org/TR/xhtml1/DTD/strict.dtd>
<html>
    <head>
    <title>Inhalte festlegen</title>
    <head>
       <frameset rows="20%,*">
       <frame name="Banner" src="oben.htm">
       <frameset cols="20%,*">
       <frame name="Verweise" src="links.htm">
       <frame name="Hauptframe" src="mitte.htm">
       </frameset>
       <noframes>
    <body>
    Diese Seite verwendet Frames.
    Frames können von Ihrem Browser aber nicht dargestellt werden.
    </body>
       </noframes>
       </frameset>
</html>
```

Wie Sie sehen, hat allein schon die Vergabe von logischen Namen dazu geführt, dass Sie genau wussten, wo die einzelnen Seiten eingefügt werden müssen. Öffnen Sie nun erneut die *index.htm*. Sie sehen Folgendes:

Die Seiten wurden korrekt geöffnet

Verweise auf Frames setzen

Legen Sie im folgenden Schritt diejenigen HTML-Dateien an, auf die später verwiesen werden soll. Als Beispiel sollen drei Dateien angelegt werden.:

- *lexikon.htm*
- *kontakt.htm*
- *leistungen.htm*

Speichern Sie diese in dasselbe Verzeichnis wie die zuvor angelegten Dateien. Auch dies gilt wiederum nur der Übersichtlichkeit dieses Beispiels. In unserem Beispiel sollen die Verweise in dem Frame *Verweise* stehen und die Verweisziele im Hauptframe geöffnet werden. Jetzt sind die Namen, die den Frames zu Beginn zugewiesen wurden, von elementarer Bedeutung. Zu Ihrer eigenen Sicherheit können Sie passende Überschriften auf den jeweiligen Seiten einfügen.

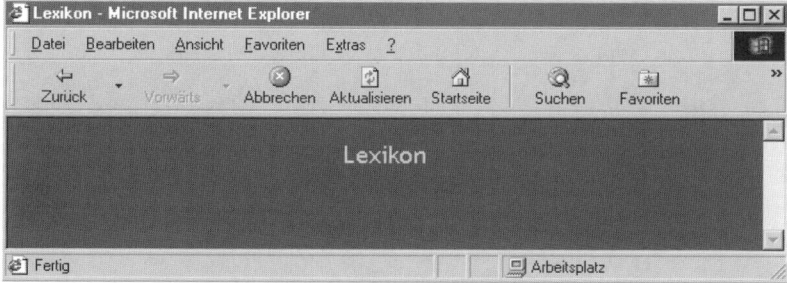

Hier entsteht ein Internetlexikon

Ermöglichen Sie die Kontaktaufnahme

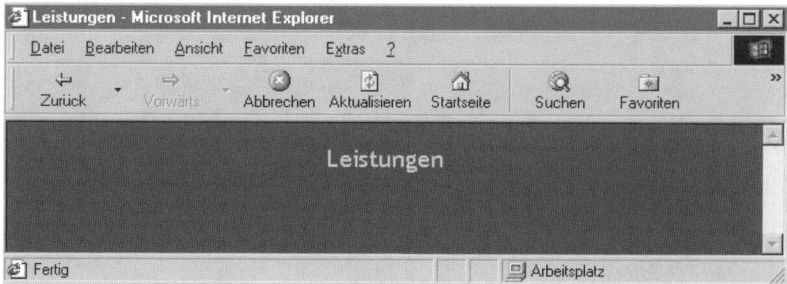

Preisen Sie Ihre Leistungen an

Mit Frames die Seiten aufteilen

Die Methode, durch Überschriften die Übersicht zu behalten, bietet sich übrigens nicht nur beim Umgang mit Frames an. Es gibt wohl für einen Webdesigner nichts Schlimmeres, als dass er die verschiedenen Seiten nicht mehr auseinander halten kann. Überlegen Sie sich also, ob Sie diesen kleinen Tipp nicht auch bei Ihren sonstigen Aktivitäten anwenden.

Öffnen Sie nun die Datei *links.htm* und setzen Sie die Verweise auf die jeweiligen Seiten. Hierbei müssen Sie sich an die offizielle HTML-Syntax halten. Anschließend geben Sie über das Attribut *target* das Zielframe an. Hierbei ist unbedingt auf die Schreibweise zu achten.

```
<html>
<head>
<title>Untitled Document</title>
<meta http-equiv="Content-Type" content="text/html; charset=iso-8859-1">
<base target="ROben">
</head>

<body bgcolor="#303C38" text="#CCCCCC" link="#CCCCCC"
vlink="#CCCCCC" alink="#CCCCCC">
<table width="82%" border="0" cellspacing="0" cellpadding="0"
height="393">
  <tr>
    <td height="42"> </td>
  </tr>
  <tr>
    <td>
      <div align="right"><font color="#CCCCCC"><a
href="frhome.html" target="haupt"><font size="4" face="Trebuchet
MS">Home</a><br>
      </font><a href="lexikon.htm" target="RUnten"><font
size="4" face="Trebuchet MS">Lexikon</font></a><font size="4"
face="Trebuchet MS" color="#006666"><br>
      </font><a href="kontakt.html" target="haupt"><font
size="4" face="Trebuchet MS">Kontakt</font></a><font size="4"
face="Trebuchet MS" color="#006666"><br>
      </font><a href="leistungen.html" target="haupt"><font
size="4" face="Trebuchet MS">Leistungen</font></a><font size="4"
face="Trebuchet MS" color="#006666"><br>
      </font><a href="referenzen.html" target="haupt"><font
size="4" face="Trebuchet MS">Layout</font></a><font size="4"
face="Trebuchet MS" color="#006666"><br>
      </font><a href="firmeninfo.html" target="haupt"><font
size="4" face="Trebuchet MS">Firmeninfo</font></a><font size="4"
face="Trebuchet MS" color="#006666"><br>
      </font><a href="links.html" target="haupt"><font size="4"
face="Trebuchet MS">Links</font></a><font size="4"
face="Trebuchet MS" color="#006666"><br>
      </font><a href="mailto:info@grafactory.de"><font size="4"
face="Trebuchet MS">E-Mail</font></a></font></div>
    </td>
  </tr>
  <tr>
    <td> </td>
```

Mit Frames die Seiten aufteilen

```
        </tr>
    </table>
    <p> </p>
    </body>
</html>
```

Wenn Sie nun Ihre *index.htm* mit einem Browser aufrufen und einen Hyperlink anklicken, sollte die dazugehörige Seite im Fenster, also im Hauptframe, geöffnet werden.

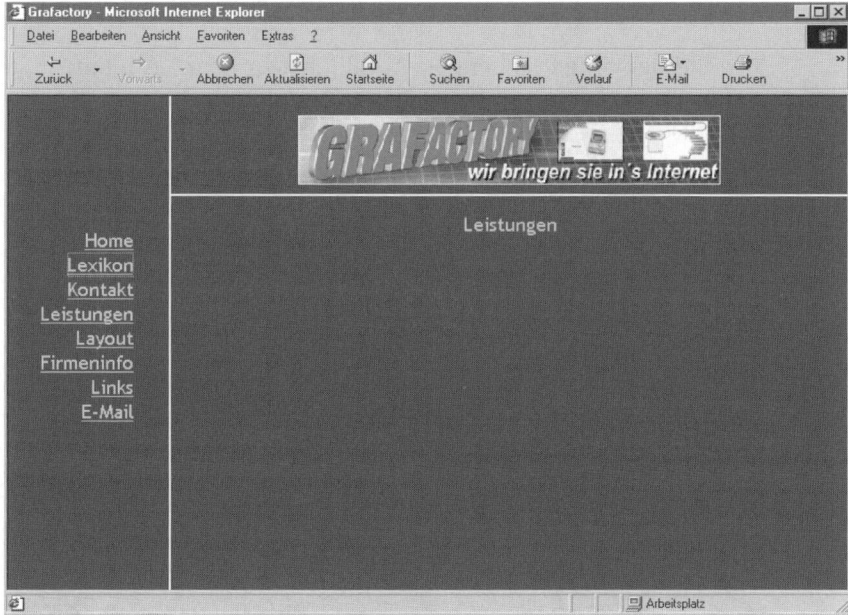

Die Verweise werden im richtigen Frame geöffnet

Frameabstände und Randbreite festlegen

Nun ist die Funktionalität des Framesets gewährleistet. Somit können wir uns nun beruhigt an das Gestalten dieser Seite heranwagen. Sei es nun das Ausblenden der Rahmen, der Abstand der einzelnen Frames zueinander oder etwas völlig anderes.

```
<!DOCTYPE html PUBLIC http://www.w3.org/TR/xhtml1/DTD/strict.dtd>
<html>
    <head>
    <title>Workshop</title>
        <frameset framespacing="0" border="0" frameborder="0" rows="20%,*">
            <frame name="Banner" src="oben.htm" target="Inhalt">
            <frameset cols="20%,*">
            <frame name="Inhalt" src="verweise.htm" target="Hauptframe">
            <frame name="Hauptframe" src="mitte.htm">
        </frameset>
        <noframes>
```

Mit Frames die Seiten aufteilen

```
<body>
Diese Seite verwendet Frames. Die können von Ihrem Browser
aber nicht dargestellt werden.
</body>
   </noframes>
   </frameset>
</html>
```

In unserem Beispiel haben wir den Abstand der Frames auf 0 und die Rahmendicke ebenfalls auf 0 gesetzt. Durch diese Attribute ersparen Sie sich die Angabe von *noresize*.

Wie Sie der unten stehenden Abbildung entnehmen können, stehen Ihnen genügend Gestaltungsmittel zur Verfügung, um die Seite Ihren Ansprüchen anzupassen.

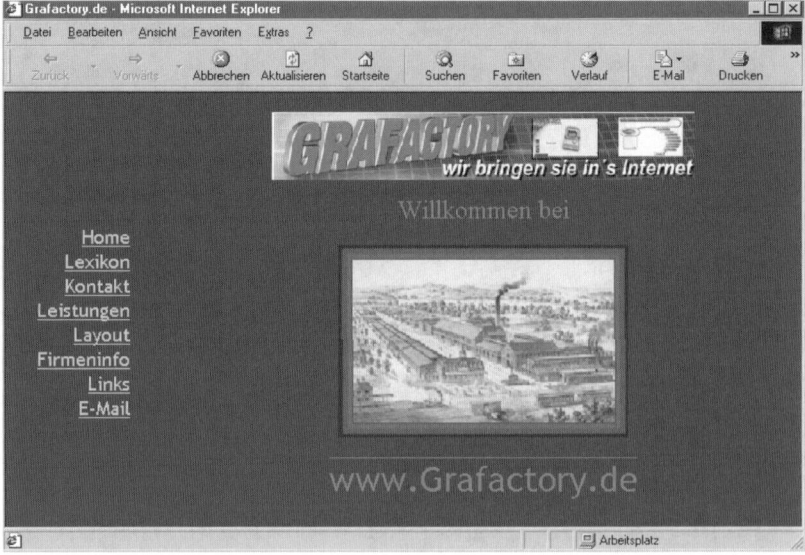

Das fertige Frameset

Frames mithilfe von HTML-Editoren erstellen

Um einen framebasierenden Webauftritt realisieren zu können, empfiehlt sich die Verwendung eines Editors, durch den sich die diesbezüglichen Arbeitsschritte automatisieren lassen. Besonders bei der Erstellung mehrerer Projekte kann durch den Einsatz eines Editors eine erhebliche Zeitersparnis realisiert werden.

Die gängigsten Browser bieten mittlerweile eine Frameunterstützung an, die sich in den meisten Fällen an die offizielle Syntax des W3C hält. Im folgenden Abschnitt soll die Definition eines Framesets anhand zweier weit verbreiteter Editoren erörtert werden. Zum Einsatz kommen an dieser Stelle Dreamweaver 3 und FrontPage 2000, die sowohl im professionellen als auch im privaten Bereich zum Einsatz kommen.

Mit Frames die Seiten aufteilen

Gleichgültig welchen Editor Sie als Ihren Favoriten ausweisen, auf eines sollte, besonders im Hinblick auf Frames, geachtet werden. Sie müssen aktiv in den Quellcode eingreifen und an diesem Änderungen vornehmen können. Nur hierdurch lässt sich ein ähnliches Ergebnis für die gängigsten Browser gleichermaßen erzielen.

Frames mit Dreamweaver 3

Bei Webdesignern ist das Programm Dreamweaver des Softwareherstellers Macromedia eines der am häufigsten eingesetzten Programme. Der Hauptgrund hierfür dürfte sein, dass er sehr „sauberen" Code abliefert und relativ leicht zu bedienen ist.

Neben vielen nützlichen Features wie beispielsweise dem automatischen Einfügen von JavaScripts für Rollover-Effekte und animierte Navigationsleisten steht eine ausgefeilte Frameunterstützung zur Verfügung.

Um eine Frameseite mittels Dreamweaver entwickeln zu können, sollten Sie als visuelle Unterstützung den Framerahmen für das ausgewählte Dokument einfügen und sich anzeigen lassen. Wählen Sie hierzu aus dem Menü *Ansicht* den Punkt *Frame-Rahmen* aus. Um ein Frameset zu erstellen, gehen Sie im Menü *Ändern* auf den Eintrag *Frameset* und wählen dort die gewünschte Form aus. Die folgende Abbildung zeigt ein Frameset, das durch den Menüeintrag *Frame links teilen* erstellt wurde.

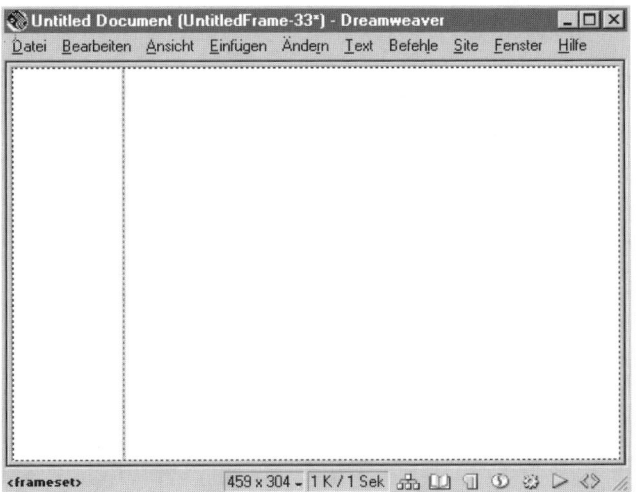

Frameset mit angezeigtem Rahmen

Als visuelle Unterstützung bietet sich die Anzeige des Frame Inspectors an. Hier lässt sich die Framestruktur leicht und übersichtlich erkennen und den entsprechenden Erfordernissen anpassen. Um den Frame Inspector nutzen zu können, gehen Sie auf das Menü *Fenster* und wählen dort den Eintrag *Frames* aus.

Mit Frames die Seiten aufteilen

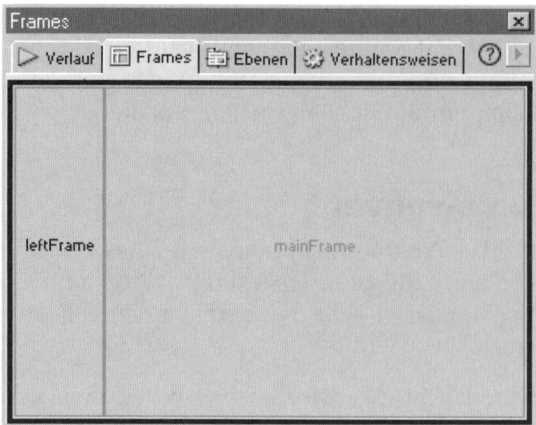

Der Frame Inspector

Um ein Frame mit diesem Tool bearbeiten zu können, klicken Sie es innerhalb des Frame Inspectors an. Dies ermöglicht eine schnelle und effiziente Einstellung aller framespezifischen Eigenschaften. Um das komplette Frameset auswählen zu können, genügt das Anklicken des Rahmens, der die einzelnen Frames umgibt.

Um die Eigenschaften eines Frames bearbeiten zu können, muss zunächst die auf der folgenden Abbildung dargestellte Symbolleiste angezeigt werden. Um dies realisieren zu können, markieren Sie das Frame, für das die Eigenschaften festgelegt werden sollen, und wählen aus dem Menü *Fenster* den Eintrag *Eigenschaften* aus.

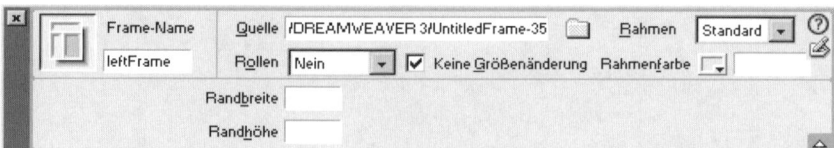

Hier lassen sich die Eigenschaften bearbeiten

Dank dieses Fensters können Sie schnell und unproblematisch alle gewünschten Frameeigenschaften definieren. Die Palette umfasst hier alle gängigen Angaben wie Rahmenstärke, Rahmenfarbe usw.

Eines der nützlichsten Tools in Bezug auf die Erstellung eines framebasierenden Webprojekts steht unter *Ändern/Frameset/No-Frame* zu Verfügung. Es handelt sich hierbei um einen Editor, der speziell für die Gestaltung eines No-Frame-Bereichs in dieses Programm integriert wurde. So lässt sich fortan auch dieser Teil eines Framesets ohne fortgeschrittene Programmierkenntnisse erstellen.

Mit Frames die Seiten aufteilen

Erstellung des No-Frame-Bereichs

Dreamweaver stellt einige Varianten vordefinierter Frames zur Verfügung. Diese sind zwar nicht sonderlich zahlreich, in Bezug auf viele Anwendungen dürften die hier integrierten allerdings völlig ausreichend sein. Um ein vordefiniertes Frameset integrieren zu können, sind die folgenden Arbeitsschritte notwendig. Wählen Sie aus dem Menü *Fenster* den Untereintrag *Objekte* aus. Es wird anschließend ein Fenster geöffnet, das mit der folgenden Abbildung identisch ist.

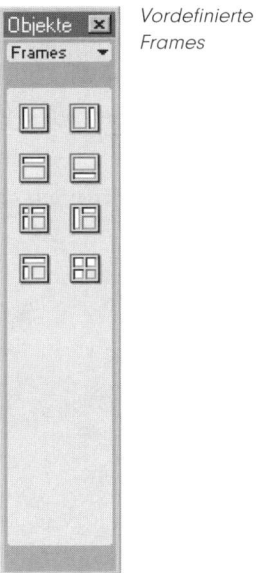

Vordefinierte Frames

Wählen Sie hier durch Anklicken die gewünschte Frameset-Form aus. Sollte Sie eine zu dieser hier abgebildeten nicht konforme Ansicht erhalten, wählen Sie in dem Fenster *Objekte* den Listeneintrag *Frames* aus.

Frames mit FrontPage 2000

Bei diesem Programm haben Sie zwei Möglichkeiten, Frameseiten zu erstellen. Sie können bereits vorgefertigte Seiten mit dem entsprechenden Layout wählen oder diese Ihren eigenen Bedürfnissen nach verändern. Widmen wir uns zunächst der wohl einfachsten Methode, dem Verwenden einer Vorlage. In vielen Fällen reicht diese bereits aus, um Ihre Seiten zu gestalten.

1 Wechseln Sie zunächst in den FrontPage-Editor

2 Klicken Sie im Menü *Datei* auf *Neu*; das Dialogfeld *Neu* wird angezeigt.

3 Gehen Sie auf das Register *Frameseiten*. Sie erhalten folgende Ansicht:

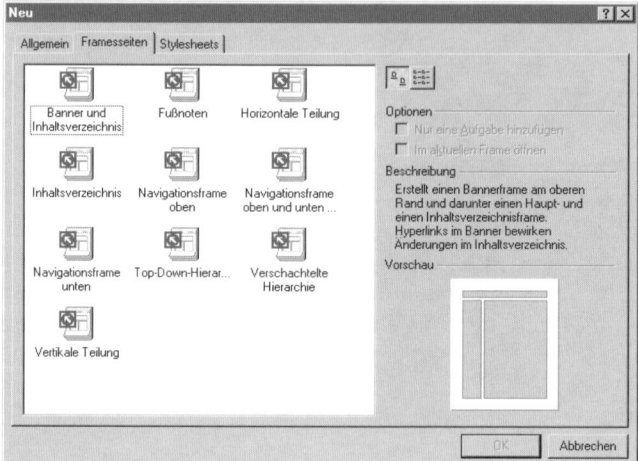

FrontPage ist bereit

Nun können Sie das für Sie geeignete Frameset auswählen. Bestätigen Sie Ihre Auswahl mit der Schaltfläche *OK*.

Nun bekommen Sie den folgenden, zugegebenermaßen noch nicht besonders aussagekräftigen Bildschirm zu sehen.

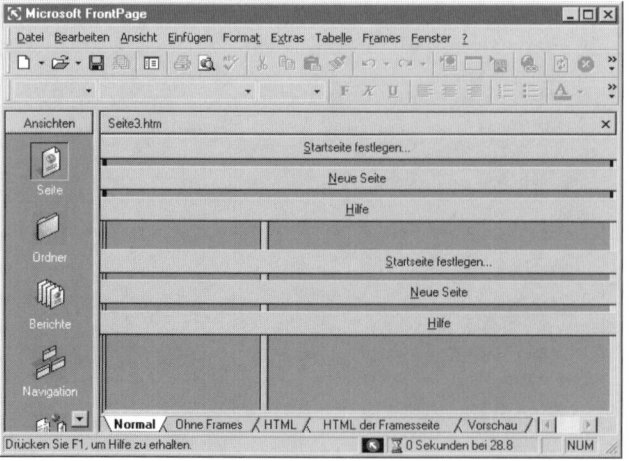

Das ist die Grundstruktur

Mit Frames die Seiten aufteilen

Wie Sie sehen können, haben Sie nun aber immerhin schon die Grundstruktur Ihrer Seite festgelegt. Hier nun ein kleiner Tipp: Beachten Sie die Schaltfläche *Startseite festlegen* nicht, sondern klicken Sie in dem jeweiligen Frame auf die rechte Maustaste. Das folgende Dialogfeld erscheint:

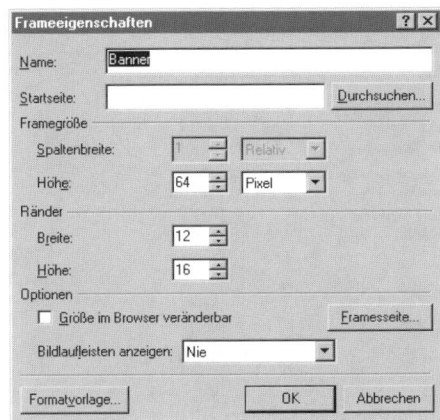

Die Eigenschaften der Frames festlegen

Hier können Sie nun sämtliche Ihnen bereits bekannten Attribute für das Frame angeben. Die Auswahl reicht von der eigentlichen Datei, die in diesem Frame angezeigt werden soll, über die Größe, bis hin zu den Bildlaufleisten. Wenn Sie allen Frames ihre Eigenschaften zugewiesen haben, besteht die Möglichkeit, die Eigenschaften des Framesets zu definieren. Dazu klicken Sie auf die Schaltfläche *Framesseite*. Sie erhalten erneut ein Dialogfeld.

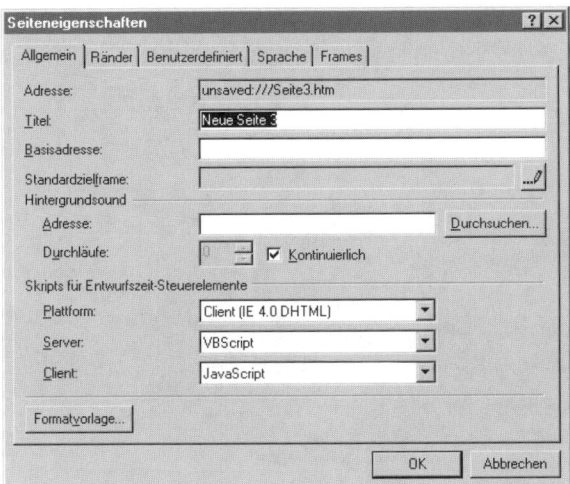

Die Eigenschaften des Framesets definieren

In diesem Dialogfeld können Sie alle Angaben das Frameset betreffend tätigen. Hier reicht die Palette vom Festlegen der Randabstände, über das Ausblenden der Rahmen, bis hin zu Hintergrundgeräuschen. Ein wichtiger Punkt muss nun aber noch geklärt werden. In welchem Frame sollen die jeweiligen Verweise geöffnet werden? Dazu müssen Sie auf das entsprechende Frame mit der rechten Maustaste klicken. Wählen Sie nun *Seiteneigenschaften*. Sie erhalten erneut ein Dialogfeld.

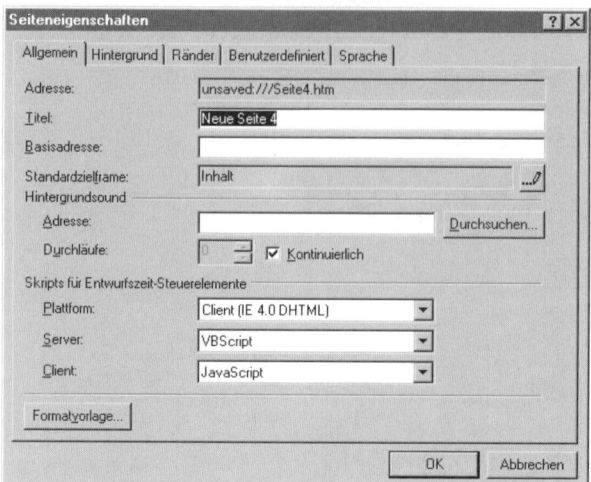

Verweisziele angeben

Hier haben Sie verschiedene Auswahlmöglichkeiten. Sie können den Namen des Zielframes per Hand eingeben. Ebenso ist es aber auch möglich, das entsprechende Zielframe per Maus anzuklicken. Für externe Verweise eignen sich die Namen rechts. Wie Sie sicherlich bemerkt haben, sind die Vorlagen nicht besonders zahlreich. Obwohl sie für viele Zwecke ausreichend sind, können sie nicht jeden Wunsch erfüllen. Schauen Sie sich das nachfolgende Frameset an.

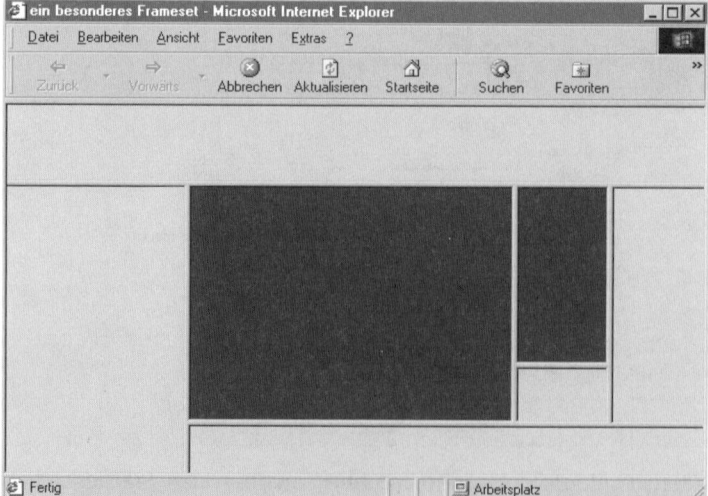

Auch so etwas ist machbar

Auch dieses Frameset wurde, trotz der ausgefallenen Form, nicht per Hand, sondern durch den Einsatz von FrontPage 2000 entwickelt, was die Leistungsfähigkeit dieses Programms, zumindest im Hinblick auf framebasierende Websites, verdeutlicht. Um ein anderes als die von FrontPage vorgeschlagenen Framesets entwickeln zu können, müssen Sie folgendermaßen vorgehen: Zeigen Sie mit der Maus auf den Rand der Frames. Der Mauszeiger verändert sich daraufhin. Nun drücken Sie die [Umschalt]-Taste und halten diese gedrückt. Daraufhin können Sie den Rahmen in die gewünschte Richtung ziehen. Damit erreichen Sie die Teilung des entsprechenden Frames.

5.3 Eingebettete Frames im Internet Explorer

In dem nun folgenden Abschnitt werden Sie den Umgang mit eingebetteten Frames, den so genannten IFrames (Inline oder auch Floating Frames) erlernen.

Um es gleich vorweg zu nehmen: Obwohl IFrames zum offiziellen HTML 4-Standard gehören, werden Sie nur vom Microsoft Internet Explorer ab Version 3.x interpretiert. Netscape ist bis heute auf diese Entwicklung nicht eingegangen.

Dies ist zwar schade, sollte Sie aber trotzdem nicht entmutigen, die großartigen Gestaltungsmöglichkeiten, die diese Technologie bietet, zu erlernen.

Wir werden Ihnen im Laufe unseres Beispiels selbstverständlich eine Möglichkeit aufzeigen, wie Sie alle Besucher Ihrer Homepage glücklich machen und trotzdem ein solch neues und innovatives Stilmittel wie eingebettete Frames bedenkenlos einsetzen können.

Eigentlich haben IFrames mit „nomalen" Frames wenig gemeinsam. Denn anders als bei ihren Namensvettern teilen eingebettete Frames nicht den Bildschirm auf, sondern sind lediglich Bereiche, die sich in einer HTML-Datei befinden. Dort kann nun parallel zu der aufgerufenen Seite eine zweite angezeigt werden. Wenn Sie einmal eine Seite besucht haben, die diese Möglichkeit nutzt, werden Sie feststellen, dass es, etwas euphorisch ausgedrückt, einfach ein hervorragendes Stilmittel ist.

Ebenso vielseitig wie die Gestaltungs- sind auch die Einsatzmöglichkeiten. Sie können ein eingebettetes Frame beispielsweise als Vorschaufenster für andere Seiten benutzen. Es ist aber auch eine gute Möglichkeit, Werbebanner effektvoll in Szene zu setzen. Ebenso lassen sich multimediale Element wie zum Beispiel Videos und sogar Java-Applets integrieren und so noch eindrucksvoller darstellen.

Ja selbst ein komplettes Webprojekt können Sie mit nur einer Seite anlegen und auf dieser ein IFrame integrieren, über das dann die gesamten Inhalte angezeigt werden. Die Einsatzmöglichkeiten sind wirklich nahezu unbegrenzt. Um Ihnen zunächst einmal zu zeigen, wie denn überhaupt ein solches IFrame aussieht, hier ein kleines Beispiel.

Mit Frames die Seiten aufteilen

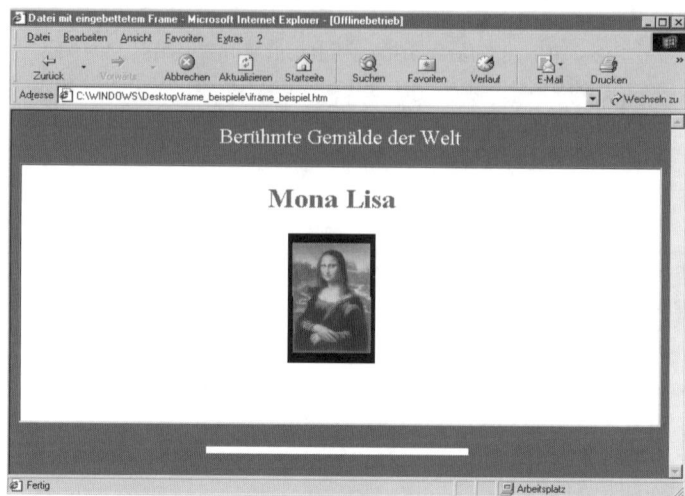

Ein eingebettetes Frame

Das Grundgerüst

Wenn Sie bereits mit „normalen" Frames gearbeitet haben, werden sie bemerken, dass hier nicht extra ein Frameset definiert werden muss. Das IFrame wird direkt im Grundgerüst der HTML-Datei eingefügt.

```
<!DOCTYPE html PUBLIC http://www.w3.org/TR/xhtml1/DTD/strict.dtd>
<html>
    <head>
    <title>Datei mit eingebettetem Frame</title>
    </head>
    <body>
    <p align="center"><big><big>Eingebettete
Frames</big></big></p>
        <IFRAME src="mitte.htm" name="iframe">
Dieser Text wird angezeigt,
wenn der Browser den Befehl nicht kennt
        </IFRAME>
    </body>
</html>
```

Alle Angaben, die das eingebettete Frame betreffen, müssen sich zwischen den Attributen <iframe> und </iframe> befinden. Das bedeutet, alle weiteren Gestaltungsmittel, Verweise oder sonstige Attribute die das eingebettete Frame betreffen, werden hier festgelegt.

Ein Satz wie zum Beispiel „Diese Seiten verwenden IFrameS. Ihr Browser kann diese leider nicht darstellen!" wird all den Besuchern Ihres Projekts angezeigt, deren Browser keine eingebetteten Frames anzeigen kann. Über das Attribut *src* wird der Inhalt des eingebetteten Frames definiert. Diese Angabe muss in Anführungszeichen stehen. Damit Sie später auf das IFrame verweisen können, müssen Sie diesem einen eindeutigen Namen zuweisen. Dieser muss ebenfalls in Anführungszeichen gesetzt werden. Zudem sollten Sie darauf achten, dass der Name nicht zu lang ist und keine Sonderzeichen ent-

Den Inhalt von eingebetteten Frames festlegen

Eine der wichtigsten Angaben ist wohl die, was denn in dem zuvor definierten eingebetteten Frame erscheinen soll. Es kann sich hierbei um ein Bild, JavaApplet oder vielleicht sogar ein Video handeln. Sind Sie sich nun darüber im Klaren, was in dem geschaffenen Fenster untergebracht werden soll, kreieren Sie diese Seite. Machen Sie dies am besten vor dem Anlegen des IFrames. So haben Sie einen guten Überblick, welche Anforderungen an das eingebettete Frame gestellt werden: ob Sie beispielsweise Bildlaufleisten benötigen, den Rahmen ausblenden wollen oder an welcher Seite Sie Ihr eingebettetes Frame ausrichten wollen.

```
<!DOCTYPE html PUBLIC http://www.w3.org/TR/xhtml1/DTD/strict.dtd>
<html>
   <head>
   <title>Datei mit eingebettetem Frame</title>
   </head>
   <body>
      <IFRAME src="Datei.htm" name="iframe">
Diese Seiten verwenden IFRAMES.
Ihr Browser kann diese leider nicht darstellen!
      </IFRAME>
   </body>
</html>
```

Über das Attribut *scr="Pfad"* bestimmen Sie, welche Datei eingebunden werden soll. Hier gelten die üblichen Regeln für das Einbinden von Dateien oder Objekten in XHTML.

Breite und Höhe des IFrames definieren

Die Breite und Höhe eines Inline-Frames sind von elementarer Bedeutung und sollten aus diesem Grund sorgfältig gewählt werden. Es ist darauf zu achten, dass die Lesbarkeit der Fensterinhalte auch für andere Bildschirmgrößen und Auflösungen gewährleistet ist. Eine der Grundvoraussetzungen hierfür ist eine prozentuale Größendefinition. Hierdurch lassen sich zumindest die gewünschten Größenverhältnisse auch unter anderen Bedingungen beibehalten. Um die Breite des IFrames zu bestimmen, müssen Sie das Attribut *width=Pixel/Prozent"* verwenden.

```
<IFRAME src="Datei" name="Iframename" widht=Wert height="Wert">
```

Die Höhe des eingebetteten Frames definieren Sie hier mit der Angabe *height=Pixel/Prozent*, wobei Sie, wie gesagt, am besten Prozentangaben verwenden.

Mit Frames die Seiten aufteilen

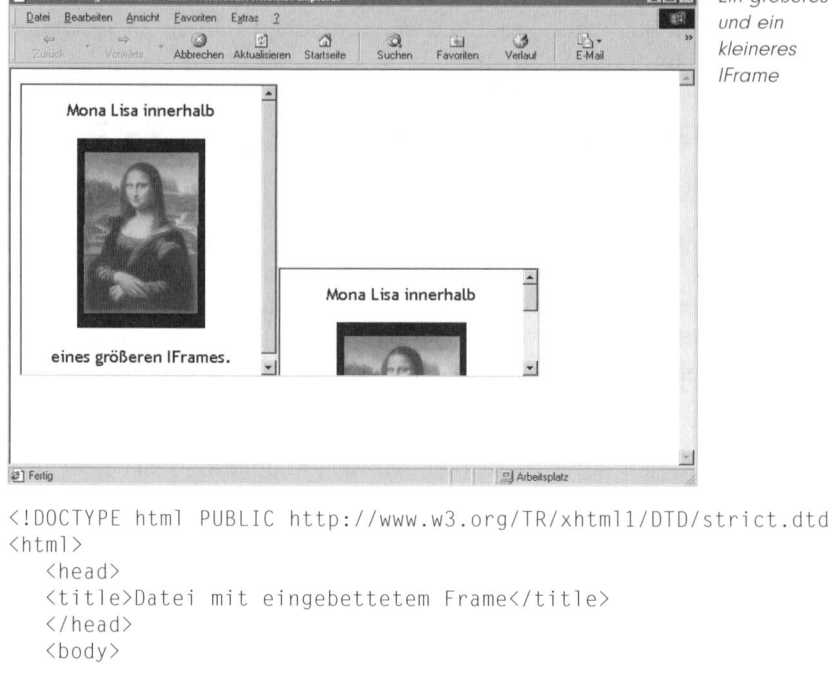

Ein größeres und ein kleineres IFrame

```
<!DOCTYPE html PUBLIC http://www.w3.org/TR/xhtml1/DTD/strict.dtd>
<html>
   <head>
   <title>Datei mit eingebettetem Frame</title>
   </head>
   <body>

   <iframe src="mitte.htm" name="iframe" width="40%"
height="80%">
   <iframe src="mittel.htm" name="iframe" width="40%" height="30%">
     Dieser Text wird angezeigt,
     wenn der Browser den Befehl nicht kennt
     </iframe>
     </body>
</html>
```

Das eingebettete Frame ausrichten

Wie bei anderen Ihnen bereits bekannten Elementen, zum Beispiel Grafiken, Text oder Tabellen, haben Sie auch bei IFrames die Möglichkeit, diese nach Ihren Bedürfnissen auszurichten. Das kann aus den unterschiedlichsten Gründen geschehen. Beachten Sie hierbei das „Fließverhalten" des dem eingebetteten Frame folgenden Textes. Dieses verhält sich nach der veränderten Ausrichtung anders als vorher. Sie haben folgende Möglichkeiten, das IFrame auszurichten:

- *align="right"*
- *align="left"*

Mit dem Attribut *align="left"* können Sie das eingebettete Frame am linken Fensterrand ausrichten. Der nachfolgende Text fließt hierbei rechts um das IFrame. Die andere Variante ist *align="right"*.

Mit Frames die Seiten aufteilen

Hierdurch bestimmen Sie, dass das IFrame am rechten Rand ausgerichtet werden soll. Der nachfolgende Text fließt hierbei links um das eingebettete Frame.

Beachten Sie also unbedingt die Fließrichtung des Textes. Ihre Seite kann durch eine andere Ausrichtung des eingebetteten Frames ein völlig neues Aussehen erhalten, und so zu unerwünschten Ergebnissen führen.

```
<!DOCTYPE html PUBLIC http://www.w3.org/TR/xhtml1/DTD/strict.dtd>
<html>
   <head>
   <title>Datei mit eingebettetem Frame</title>
   </head>
   <body bgcolor="#CCCCFF">

   <iframe src="mitte.htm" name="iframe" width="40%" height="80%" align="right">

   Dieser Text wird angezeigt,
   wenn der Browser den Befehl nicht kennt
   </iframe>
    <p> </p>
    <p><font face="Trebuchet MS">10 million dollars on a loosing
campaign <br>
    20 million dollars for writing in pain <br>
    big strong
people unwilling to give <br>
    small in vision an perspective <br>
    </font><font face="Trebuchet MS">one in five kids below the
poverty line<br>
    one population running out of time</font></p>
    <p><font face="Trebuchet MS">(<b><i>Bad Religion</i></b>:
Punk Rock Song)</font></p>
   </body>
</html>
```

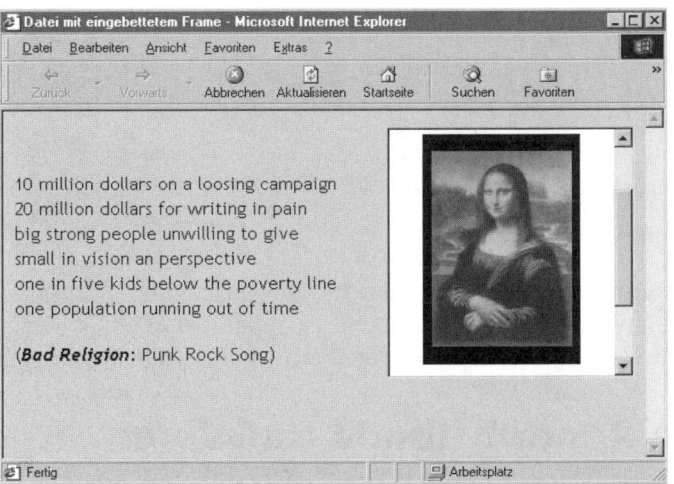

Das IFrame rechts ausgerichtet

Mit Frames die Seiten aufteilen

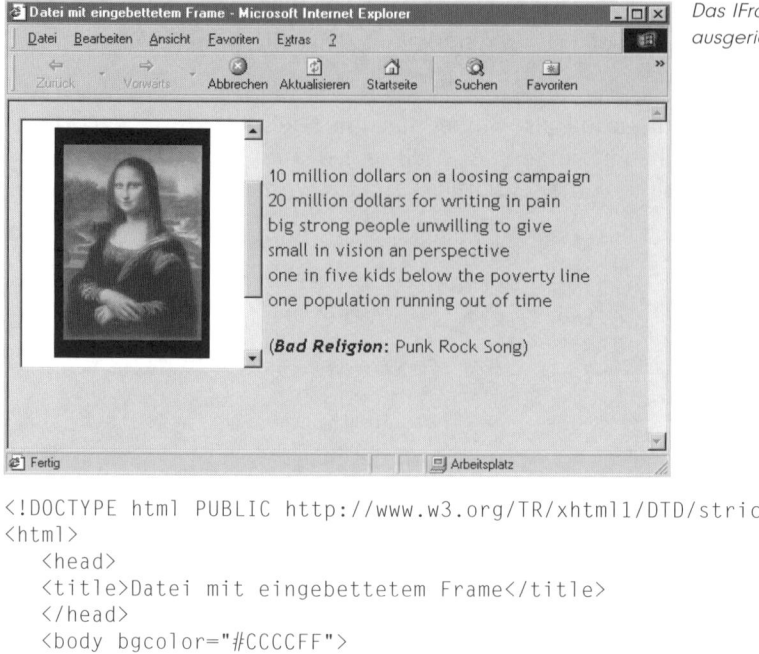

Das IFrame links ausgerichtet

```
<!DOCTYPE html PUBLIC http://www.w3.org/TR/xhtml1/DTD/strict.dtd>
<html>
   <head>
   <title>Datei mit eingebettetem Frame</title>
   </head>
   <body bgcolor="#CCCCFF">

      <iframe src="mitte.htm" name="iframe" width="40%" height="80%"
align="left">

      Dieser Text wird angezeigt,
      wenn der Browser den Befehl nicht kennt
      </iframe>
       <p> </p>
       <p><font face="Trebuchet MS">10 million dollars on a loosing
campaign <br>
       20 million dollars for writing in pain <br>
       big strong
people unwilling to give <br>
       small in vision an perspective <br>
       </font><font face="Trebuchet MS">one in five kids below the
poverty line<br>
       one population running out of time</font></p>
       <p><font face="Trebuchet MS">(<b><i>Bad Religion</i></b>:
Punk Rock Song)</font></p>
   </body>
</html>
```

Obwohl in den beiden oberen Beispielen lediglich die Ausrichtung des eingebetteten Frames verändert wurde, sehen beide völlig verschieden aus. Der nachfolgende Text umfließt das IFrame in entgegengesetzter Richtung.

Die Randabstände definieren

Ein weiteres Gestaltungsmittel ist das Definieren der Randabstände. Sie können nun Inhalte für den Betracher im ersten Moment „unsichtbar" machen.

Mit Frames die Seiten aufteilen

Oder Sie möchten einfach den Inhalt des IFrames nicht direkt am oberen oder linken Rand stehen haben.

```
<IFRAME src="mitte.htm" name="iframe" marginheight=Wert>
```

Um die Randhöhe des IFrames festzulegen, benutzen Sie hier das *marginheight=Pixel*-Attribut. Die Randbreite legen Sie über die Angabe *marginwidth=Pixel* fest. Wählen Sie in jedem Fall einen vernünftigen Randabstand.

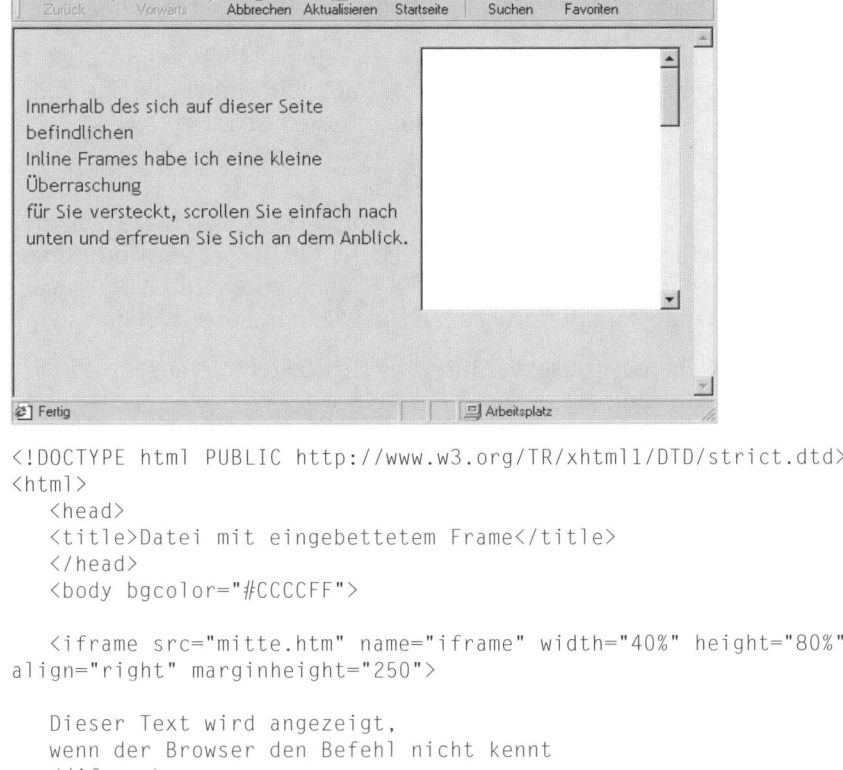

Der Inhalt ist scheinbar verschwunden

```
<!DOCTYPE html PUBLIC http://www.w3.org/TR/xhtml1/DTD/strict.dtd>
<html>
   <head>
   <title>Datei mit eingebettetem Frame</title>
   </head>
   <body bgcolor="#CCCCFF">

   <iframe src="mitte.htm" name="iframe" width="40%" height="80%" align="right" marginheight="250">

   Dieser Text wird angezeigt,
   wenn der Browser den Befehl nicht kennt
   </iframe>
    <p> </p>
    <p><font face="Trebuchet MS">Innerhalb des sich auf dieser Seite
   befindlichen <br>
   Inline Frames habe ich eine kleine Überraschung<br>
   für Sie versteckt, scrollen Sie einfach nach<br>
   unten und erfreuen Sie sich an dem Anblick.</font></p>
   </body>
</html>
```

Wie Sie sehen, sehen Sie nichts ;-). Der Randabstand wurde in diesem Beispiel so groß gewählt, dass der Inhalt dem Betrachter im ersten Moment verborgen bleibt.

Bildlaufleisten nutzen

Auch hier sind die Geschmäcker natürlich verschieden. Aber gleichwohl wie Sie persönlich zu Bildlaufleisten stehen, ein paar wichtige Punkte sollten Sie dennoch nicht außer Acht lassen.

Das Wichtigste ist hierbei wohl die Größe der eingebetteten Datei. Sollte diese größer als das Fenster des eingebetteten Frames sein, sollten Sie auf jeden Fall Scrolleisten zulassen.

Für den Besucher Ihrer Seiten wäre es nämlich nicht sehr erbaulich, wenn er nur ein Teil von einem Bild oder nur ein Stück von einem Text sieht.

Andererseits sieht es nicht in jedem Fall besonders schön (Geschmackssache) aus, wenn eine kleine Grafik, die ohne Probleme in dem eingebetteten Frame zu sehen ist, von Bildlaufleisten „verziert" ist.

```
<IFRAME src="mitte.htm" name="iframe" scrolling="no">
```

Um die Bildlaufleisten auch dann anzeigen zu lassen, wenn dies nicht erforderlich ist, verwenden Sie das *scrolling="yes"*-Attribut. Ebenso haben Sie aber auch die Möglichkeit, die Bildlaufleisten durch die Angabe *scrolling="no"* ständig zu unterdrücken. Gehen Sie mit dieser Variante aber vorsichtig um.

Nicht jeder Besucher Ihrer Seiten arbeitet mit derselben Bildschirmgröße und Auflösung.

So können Sie ihm beispielsweise verwehren, eine Abbildung komplett zu sehen. Wenn es nicht dringend notwendig ist, dass Bildlaufleisten angezeigt werden sollen oder nicht, überlassen Sie diese Entscheidung dem Browser.

Dieser erkennt automatisch, ob Bildlaufleisten nötig sind.

```
<!DOCTYPE html PUBLIC http://www.w3.org/TR/xhtml1/DTD/strict.dtd>
<html>
   <head>
   <title>Datei mit eingebettetem Frame</title>
   </head>
   <body bgcolor="#CCCCFF">

   <iframe src="mitte.htm" name="iframe" width="40%" height="80%"
align="right" scrolling="no">

   Dieser Text wird angezeigt,
   wenn der Browser den Befehl nicht kennt
   </iframe>
    <p> </p>
    <p><font face="Trebuchet MS">Dank dem Ausblenden der
Bildlaufleisten<br>
    lassen sich interessante Effekte erzielen.</font></p>
    </body>
</html>
```

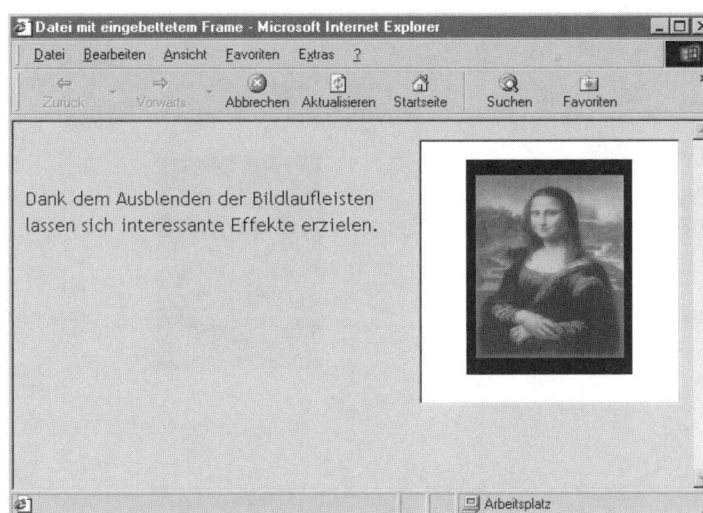

Bildlaufleisten sind ausgeblendet

Den Rahmen ausblenden

Wie Sie sicherlich bereits bemerkt haben, wird um das IFrame immer ein Rahmen angezeigt. Dieser kann unterdrückt werden:

```
<IFRAME src="mitte.htm" name="iframe" frameborder=0>
```

Der Rand, der standardgemäß das IFrame umgibt, wird durch die Angabe *frameborder="0"* entfernt. Zwar steht Ihnen mit *frameborder="1"* ein Attribut zur Darstellung des dreidimensionalen Rahmens zur Verfügung, da dieser aber standardmäßig angezeigt wird, brauchen Sie diese Angabe nicht zu machen. Der Vollständigkeit halber sei es aber an dieser Stelle erwähnt. Die gleichen Effekte erzielen Sie mit *frameborder="no"* bzw. *frameborder="yes"*.

```
<!DOCTYPE html PUBLIC http://www.w3.org/TR/xhtml1/DTD/strict.dtd>
<html>
   <head>
   <title>Datei mit eingebettetem Frame</title>
   </head>
   <body>

   <iframe src="mitte.htm" name="iframe" width="40%" height="80%"
align="right" frameborder="no" >

   Dieser Text wird angezeigt,
   wenn der Browser den Befehl nicht kennt
   </iframe>
    <p> </p>
    <p><font face="Trebuchet MS">Dank dem Ausblenden der
Ränder<br>
   lassen sich interessante Effekte erzielen.</font></p>
   </body>
</html>
```

Mit Frames die Seiten aufteilen

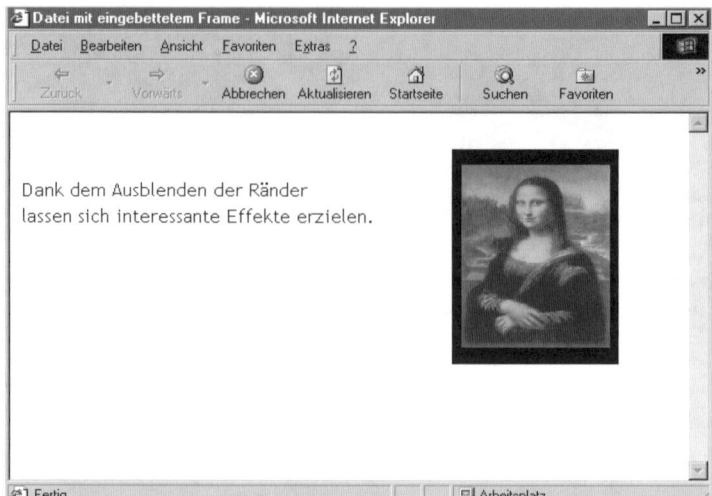

IFrame ohne Rahmen

Den Text am IFrame ausrichten

Sie können den Text vollends nach Ihren jeweiligen Bedürfnissen ausrichten. Dazu können Sie zwischen drei Varianten – oben, in der Mitte, oder am unteren Rand – wählen. Wie Sie sehen ist auch hierbei für jeden Geschmack etwas dabei. Folgende Varianten stehen Ihnen zur Verfügung:

- *align="top"* – Der Text wird am oberen Rand ausgerichtet
- *align="middle"* – Der Text wird an der Mitte ausgerichtet
- *align="bottom"* – Der Text wird am unteren Rand ausgerichtet

Mit *align="top"* wird der umfließende Text an der Oberseite des eingebetteten Frames ausgerichtet. Geben Sie stattdessen *align="middle"* an, wird die Textpassage in der Mitte des IFrames angezeigt. Und zu guter Letzt können Sie Ihren Text noch an der Unterkante des IFrames platzieren. Dies realisieren Sie über *align="bottom"*.

```
<!DOCTYPE html PUBLIC http://www.w3.org/TR/xhtml1/DTD/strict.dtd>
<html>
    <head>
    <title>Datei mit eingebettetem Frame</title>
    </head>
    <body bgcolor="#CCCCFF">

    <iframe src="mitte.htm" name="iframe" width="40%" height="80%"
align="middle">

    Dieser Text wird angezeigt,
    wenn der Browser den Befehl nicht kennt
    </iframe><font face="Trebuchet MS">Dieser Text wird an der
Mitte ausgerichtet.</font>
    </body>
</html>
```

Mit Frames die Seiten aufteilen

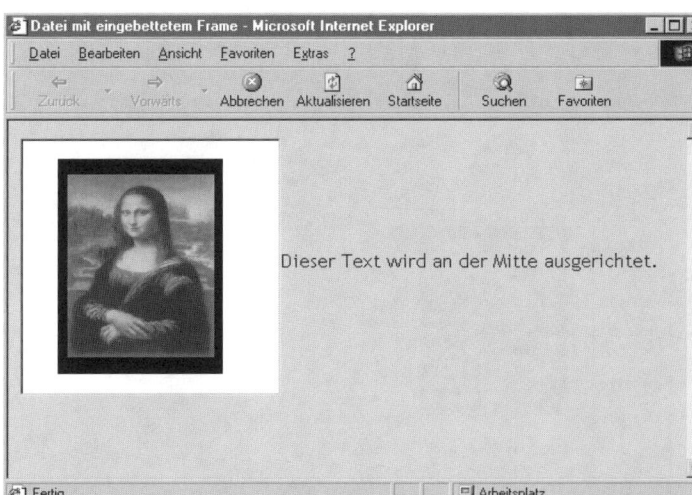

Der Text steht in der Mitte

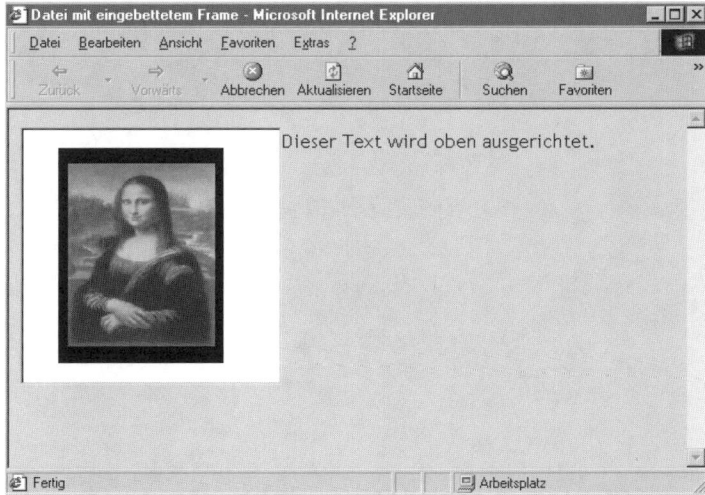

Der Text oben ausgerichtet

```
<!DOCTYPE html PUBLIC http://www.w3.org/TR/xhtml1/DTD/strict.dtd>
<html>
   <head>
   <title>Datei mit eingebettetem Frame</title>
   </head>
   <body bgcolor="#CCCCFF">

   <iframe src="mitte.htm" name="iframe" width="40%" height="80%"
align="top">

   Dieser Text wird angezeigt,
   wenn der Browser den Befehl nicht kennt
   </iframe><font face="Trebuchet MS">Dieser Text wird oben
ausgerichtet.</font>
   </body>
</html>
```

Mit Frames die Seiten aufteilen

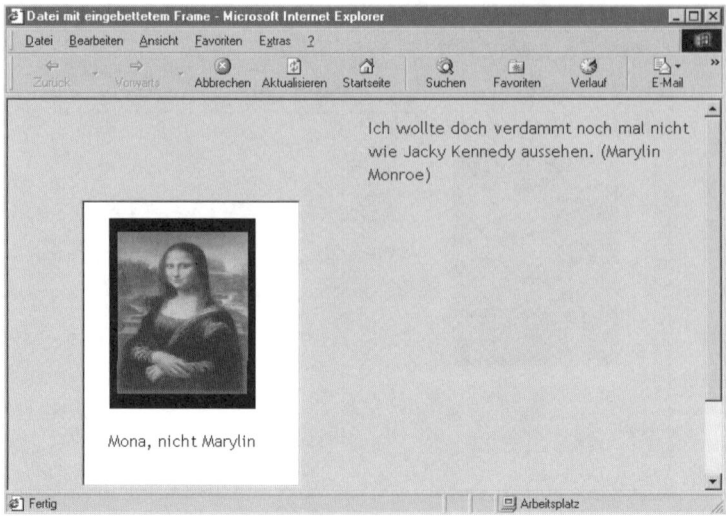

Der Text unten ausgerichtet

```
<!DOCTYPE html PUBLIC http://www.w3.org/TR/xhtml1/DTD/strict.dtd>
<html>
   <head>
   <title>Datei mit eingebettetem Frame</title>
   </head>
<body bgcolor="#CCCCFF">

   <iframe src="mitte.htm" name="iframe" width="40%" height="80%"
align="bottom">

   Dieser Text wird angezeigt,
   wenn der Browser den Befehl nicht kennt
   </iframe><font face="Trebuchet MS">Dieser Text wird unten
ausgerichtet.</font>
   </body>
</html>
```

Den Textabstand definieren

Sie haben auch die Möglichkeit, den Abstand des Textes zu dem eingebetteten Frame festzulegen. Der Grund hierfür dürfte in den meisten Fällen in der Ästhetik der Seite zu finden sein. Aber ebenso wichtig wie das Erscheinungsbild sollten Sie auch die Übersichtlichkeit nehmen. Ein wohlüberlegter Abstand zwischen Text und eingebettetem Frame kann wahre Wunder wirken. Versuchen Sie, durch Übung den für Ihr Projekt geeignetsten Abstand zu finden. Eine Standardlösung gibt es dafür nicht.

```
<IFRAME src="mitte.htm" name="iframe" hspace="Wert"
vspace="Wert">
```

Das Attibut *hspace="Pixel"* gibt Ihnen die Möglichkeit, den Text in dem von Ihnen gewünschten Abstand neben dem IFrame darzustellen. Um Textpassagen über oder unter dem eingebetteten Frame abzubilden, verwenden Sie die Angabe *vspace="Pixel"*.

Mit Frames die Seiten aufteilen

Die beiden eben vorgestellten Attribute werden zwar vom Microsoft Internet Explorer interpretiert, gehören allerdings nicht zum offiziellen HTML 4-Standard.

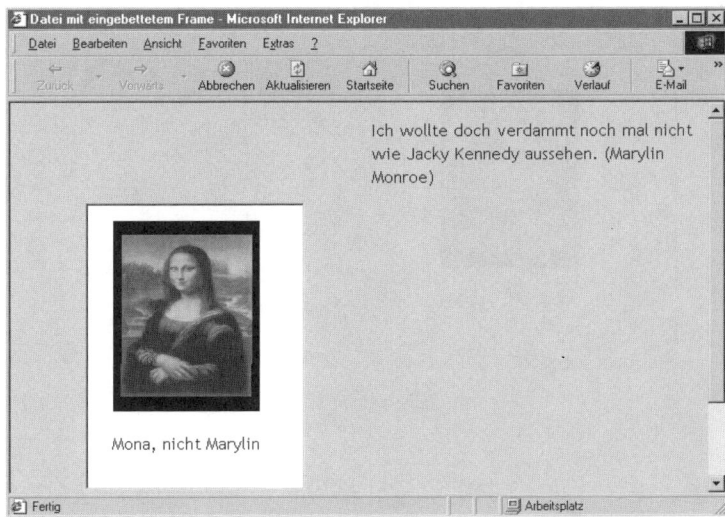

Textabstand wurde festgelegt

```
<!DOCTYPE html PUBLIC http://www.w3.org/TR/xhtml1/DTD/strict.dtd>
<html>
   <head>
   <title>Datei mit eingebettetem Frame</title>
   </head>
   <body bgcolor="#CCCCFF">

   <iframe src="mitte.htm" name="iframe" width="40%" height="80%"
align="left" hspace="60" vspace="80">

   Dieser Text wird angezeigt,
   wenn der Browser den Befehl nicht kennt
   </iframe><font face="Trebuchet MS">Ich wollte doch verdammt
noch mal gewiß nicht
      wie Jacky Kennedy aussehen. (Marylin Monroe)</font>
   </body>
</html>
```

Verweise auf eingebettete Frames

Nun kommen wir zu einem sehr interessanten Punkt. Es wäre ja durchaus sinnvoll, einen Verweis in dem IFrame zu öffnen.

Durch das Attribut <a href> geben Sie die Datei an, die im eingebetteten Frame erscheinen soll. Gehen Sie hierbei wie bei normalen Verweisen vor. Damit die Datei auch in diesem IFrame geöffnet wird, müssen Sie den Namen des eingebetteten Frames als Ziel angeben. In unserem Beispiel haben wir zu Beginn das Frame „iframe" genannt. Achten Sie unbedingt auf die Groß- und Kleinschreibung.

Mit Frames die Seiten aufteilen

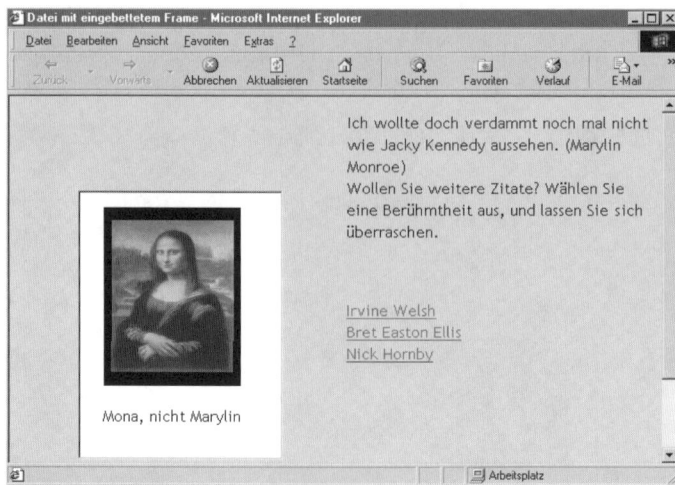

Drei Verweise, die im IFrame geöffnet werden sollen

```
<!DOCTYPE html PUBLIC http://www.w3.org/TR/xhtml1/DTD/strict.dtd>
<html>
   <head>
   <title>Datei mit eingebettetem Frame</title>
   </head>
   <body bgcolor="#CCCCFF">

   <iframe src="mitte.htm" name="iframe" width="40%" height="80%"
align="left" hspace="60" vspace="80">

   Dieser Text wird angezeigt,
   wenn der Browser den Befehl nicht kennt
   </iframe><font face="Trebuchet MS">Ich wollte doch verdammt
noch mal gewiss nicht
   wie Jacky Kennedy aussehen. (Marylin Monroe) <br>
   Wollen Sie weitere Zitate? Wählen Sie eine Berühmtheit aus,
und lassen Sie
   sich überraschen.</font>
   <p> </p>


   <font face="Trebuchet MS">
   <a href="welsh.htm" target="iframe">Irvine Welsh</a><br>
   <a href="ellis.htm" target="iframe">Bret Easton Ellis</a><br>
   <a href="hornby.htm" target="iframe">Nick Hornby</a></font>
   </body>
</html>
```

Wenn Sie nun einen Hyperlink anklicken, wird die entsprechende Datei in dem eingebetteten Frame geöffnet.

Namen vergeben

Um überhaupt einen Verweis in dem eingebetteten Frame zu öffnen, ist der Name von elementarer Bedeutung. Sollten Sie sich dazu entschließen, mehre

IFrames in Ihrem Projekt zu integrieren, achten Sie darauf, dass jeder Name nur einmal vorkommt.

```
<!DOCTYPE html PUBLIC http://www.w3.org/TR/xhtml1/DTD/strict.dtd>
<html>
<head>
<title>Datei mit eingebettetem Frame</title>
</head>
<body>
<IFRAME src="Datei.htm" name="iframe">
Diese Seiten verwenden IFrames.
Ihr Browser kann diese leider nicht darstellen!
</IFRAME>
</body>
</html>
```

Durch das Attribut *name="Bezeichnung"* weisen Sie dem eingebetteten Frame einen Namen zu. Hierbei ist unbedingt auf die Groß- und Kleinschreibung zu achten. Der Name muss in Anführungszeichen stehen und darf keine Sonderzeichen enthalten. Verwenden dürfen Sie nur Buchstaben, Unterstriche und Ziffern.

Das sollten Sie bei IFrames beachten

Obwohl Sie nun den Umgang mit eingebetteten Frames erlernt haben, sollten Sie noch einige wichtige Punkte berücksichtigen:

- Setzen Sie IFrames nur dort ein, wo dies auch sinnvoll ist. Nicht für jede Grafik ist es nötig, sie extra in einem eingebetteten Frame darzustellen.
- Vermeiden Sie eine vollständige Navigation Ihrer Seiten über ein IFrame. Die Seitenstruktur Ihres Webprojekts würde eine völlig andere als beispielsweise für den Netscape Navigator sein. Dies bedeutet einen immensen Arbeitsaufwand, der nur bei umfangreichen Webauftritten gerechtfertigt scheint.
- Nicht jeder „liebt" IFrames! Bedenken Sie dies vor deren Einbindung. Nehmen Sie davon Abstand, IFrames nur der IFrames willen zu integrieren. Die Internetgemeinde merkt sehr schnell, ob jemand nur um zu zeigen, dass er die IFrame-Technologie beherrscht, solche verwendet.
- Überlagern Sie Ihre Seiten nicht! Sollten Sie mit dem Gedanken spielen, vier bis fünf IFrames auf einer Seite einzubauen, lassen Sie lieber von diesem Vorhaben Abstand nehmen. Man kann durch den Einsatz von eingebetteten Frames eine Seite zwar optisch auflockern und übersichtlicher gestalten, mit mehr als ein bis zwei von ihnen sind diese Effekte dann aber schnell wieder dahin, und die Seite wirkt überlastet und unübersichtlich.
- Fügen Sie niemals ein IFrame auf Ihre Startseite ein! Denn wie gesagt, nicht jeder Browser kann sie interpretieren

5.4 Weniger Frames sind mehr Frames – Tipps für den Umgang mit Frames

Wie bei so vielen Dingen gilt auch bei Frames: Weniger ist manchmal mehr. Denn obwohl uns mit dieser Technologie fast unbegrenzte Freiheiten für die Bildschirmaufteilung zur Verfügung stehen, birgt sie mindestens ebenso viele mögliche Fehlerquellen. Wenn Sie sich aber an die wichtigsten Grundregeln halten, können Sie Frames so einsetzen, dass viele Besucher an Ihren Seiten Spaß haben werden.

- Sie müssen sich darüber im Klaren sein, dass es immer noch diverse Browser gibt, die Frames nicht darstellen können. Es wäre also zu überlegen, ob eine zweite Version ohne Frames Ihrer Seiten sinnvoll ist. Der Aufwand für diese Alternativlösung ist allerdings recht groß und rentiert sich somit bei gering frequentierten Seiten kaum.

- Setzen Sie Frames nur dort ein, wo dies auch sinnvoll ist. Bei einer Homepage mit nur zwei Folgeseiten sollten Sie von einem Einsatz eher absehen. Der Internetnutzer geht in der Regel davon aus, dass Frames bei umfangreichen Projekten eingesetzt werden. Die Enttäuschung wäre sehr groß, wenn er neben der Homepage nur noch zwei weitere Seiten vorfinden würde.

- Wenn Sie bereits Frame-Seiten im Internet aufgerufen haben, konnten Sie einen weiteren, nicht zu unterschätzenden Nachteil bemerken. Durch die ständige Kommunikation zwischen Browser und Server gibt es längere Ladezeiten als bei „normalen" Seiten.

- Ein recht ärgerliches Problem stellt der so genannte Schaufenstereffekt dar. Nehmen wir an, dass Sie an einer Stelle Ihres Projekts auf eine externe Quelle verweisen. Darin besteht ja auch der Sinn des Internet, und somit ist dagegen nichts einzuwenden. Im dem Abschnitt, der sich mit den Inhalten von Frames beschäftigt hat, haben Sie erlernt, HTML-Seiten in einem bestimmten Bereich Ihres Framesets zu öffnen. Stellen Sie sich also vor, dass Sie mit einem Link auf eine Seite verweisen, die Ihnen besonders zusagt, und diese so in Ihr Projekt integrieren. Ihre Besucher werden denken, dass Sie diese Seite entwickelt haben. Und als ehrlicher Mensch möchten Sie sich doch nicht mit fremden Lorbeeren schmücken. Schließlich sollen Ihre Seiten ja auch nicht bei anderen Projekten "unter ferner liefen" zu sehen sein.

- Nehmen Sie einmal an, Sie entdecken eine interessante Seite im Internet – was ja nicht selten der Fall ist. Nun möchten Sie auf diese Seite einen Link setzen. Bei Seiten ohne Frames funktioniert das ohne Probleme. Wird aber das betreffende Projekt über Frames gesteuert, stehen Sie vor einem ziemlichen Dilemma. Die genaue URL der Datei herauszufinden, ist wohl das kleinste Problem (entweder über den Quelltext des Framesets, oder mit dem Netscape Navigator: mit der Maus auf das entsprechende Frame zeigen, die rechte Maustaste drücken und *Seite in neuem*

Fenster öffnen auswählen). Da aber in den meisten Fällen die Navigationsschaltflächen auf solchen Seiten fehlen, bekommt man nur eine statische Seite, auf der beispielsweise ein vor- und zurückblättern nicht möglich ist. Überprüfen Sie also immer im Vorfeld, ob die Seite alleine einen Sinn macht.

- Verschachteln Sie nicht zu viele Frames! Zugegeben, es gibt keine offiziellen Vorgaben, wie viele Frames Sie in einem Frameset unterbringen dürfen. Und wir möchten auch keine machen. Eines ist aber sicher und das sollten Sie bedenken. Verwenden Sie nach Möglichkeit nie mehr als 3 – 4 Frames auf einer Seite. Wir wissen natürlich, dass es in Ausnahmefällen durchaus ein paar mehr sind. Dort haben sie dann auch häufig ihre Berechtigung. So können Werbeeinblendungen in winzigen Frames dem Betrachter ständig vor Augen geführt werden. Durch Frames soll aber in erster Linie die Übersichtlichkeit und die Navigation vereinfacht werden; mit zu vielen Frames erreichen Sie aber eher das Gegenteil. Besonders ärgerlich ist eine zu starke Aufteilung des Browserfensters für Besucher mit einem kleineren Monitor. Durch die vielen Frames ist deren Sicht auf die eigentlichen Informationen stark getrübt.

- Um Anzeigenprobleme vermeiden zu können, sollten Sie auf die Angabe *noresize* verzichten. Zwar kann diese in Einzelfällen aus ästhetischen Gründen sinnvoll sein, unter anderen Bildschirmgrößen, und -auflösungen kann dies jedoch dazu führen, dass die Informationen nicht vollständig angezeigt werden können.

- Probleme im Umgang mit Frames treten häufig aufgrund von falsch vergebenen Namen auf. Um dies umgehen zu können, sollten stets einfache und nach der „geografischen" Lage vergebene Namen definiert werden.

Mit Frames die Seiten aufteilen

6. Aktionen durch JavaScript erzeugen

Mit den bisher zur Verfügung stehenden Hilfsmitteln lassen sich nicht alle Wünsche der Entwickler erfüllen. Sowohl die Seitendarstellung als auch die Kommunikation und Interaktion mit dem Leser war auf ein bestimmtes Maß begrenzt. Deswegen fingen die Entwickler an, sich dem Problem anzunehmen. Der Grundgedanke ist einfach: „Warum übertragen wir alle Daten von unserem Server zum Leser? Warum nutzen wir nicht die Rechenleistung seines PCs mit?"

Seit Beginn des Internet hat sich die Computerszene so verändert, dass heute kaum noch Parallelen zu damaligen Geräteklassen zu finden sind. Die einfachen Terminals der Leser, die lediglich Buchstaben und Pseudografiken darzustellen in der Lage waren, sind heute Rechensystemen gewichen, die noch vor zehn Jahren so manchen EDV-Leiter zum stolzesten Menschen gemacht hätten. Die Sprachen der J-Klasse (Java, JavaScript und Jscript) sind das Ergebnis dieser Gedanken. Sie bieten Ihnen als Entwickler generell die Möglichkeit, auf Ressourcen der Rechner Ihrer Leserschaft zurückzugreifen.

Doch gleich im Voraus: Ein JavaScript-Kapitel kann Ihnen maximal als Appetitanreger dienen. Zu der Sprache sind umfangreiche Bücher erschienen, die aber auch nur einen Teil der Möglichkeiten der Programmiersprache abdecken. Eine Sprache wie JavaScript lässt sich nicht in allen Strukturen umfassend erklären. Inwieweit Sie als Leser von den vielen tausend Seiten einen Nutzen hätten, sei ebenfalls dahingestellt. In diesem Kapitel erfahren Sie:

- mehr zu den verschiedenen Java-Sprachen,
- wie ein JavaScript funktioniert,
- wie man JavaScript programmiert.

Und los geht es.

6.1 JavaScript in Websites einbinden

Damit ein JavaScript Ihre HTML-Datei unterstützen kann, muss sie in Reichweite der HTML-Datei oder in ihr selbst abgelegt sein. Normalerweise werden die JavaScript-Passagen in den HTML-Code integriert. Hierzu verwenden Sie das Tag <script>. Sie können diverse JavaScripte in verschiedenen Passagen Ihrer HTML-Datei einbauen. Normalerweise tauchen die JavaScript-Bereiche entweder im <HEAD>, nach dem </BODY> oder direkt am Tag, das

das JavaScript auslösen soll, auf. Ein JavaScript wird normalerweise so eingebunden:

```
<script language="JavaScript">
<!--
 document.write("Willkommen");
//-->
</script>
```

Über das Attribut *language* wird die Version vom JavaScript mit übertragen. Die Angabe ist zwar optional, wird jedoch sehr empfohlen. Nicht jeder Browser kann die unterschiedlichen Dialekte dieser Sprache fehlerfrei unterscheiden. Durch die Angabe der Sprachversion erhält der Leser jedoch einen Anhaltspunkt, wo er mit der Aufklärung seines Problems beginnen kann.

```
<script language="JavaScript1.2">
```

Setzen Sie viele Seiten ein, die auf das gleiche JavaScript zurückgreifen, muss natürlich nicht in jeder Seite das Script komplett neu hinterlegt sein. Genauso wie die Cascading Style Sheets lässt sich ein JavaScript referenzieren. Hierzu geben Sie zum Tag <script> das Attribut *src="..."* an. Zwischen den Anführungszeichen tragen Sie die exakte Internetadresse (URL) Ihres Scripts ein. Das Ganze sieht in der Praxis so aus:

```
<script language="JavaScript"
src="http://www.computerkunst.de/javascript.js">
</script>
```

In der externen Datei ist das JavaScript abgelegt. Auch in dieser Datei wird JavaScript im Klartext geschrieben. Zur Unterscheidung gegenüber den anderen Seiten in einer Website tragen JavaScript-Dateien die Endung *".js"*.

> **Hinweis**
>
> **JavaScript und ältere Browser**
>
> Nicht jeder alte Browser kann externe JavaScript-Dateien richtig referenzieren. Dies geht sowieso erst ab Browsern der Version 3, störungsfrei jedoch erst mit Netscape Communicator und Microsoft Internet Explorer der Version 4 und neuer.

Sowie innerhalb einer HTML-Datei sprachfremde Elemente eingesetzt werden, sollte man diese Bereiche für den HTML-Code ausklammern. JavaScript und die entsprechenden DHTML-Event-Handler greifen auf die Script-Bereiche mit einer anderen Technik zu als die HTML-Tags. Dies ist vor allem dann wichtig, wenn Ihre Leser ältere Browser einsetzen. Ein Leseprogramm, das nicht JavaScript beherrscht, würde zur irrigen Annahme verleitet werden, es handele sich bei den JavaScript-Befehlen um Klartext und würde die Bereiche auf dem Browserfenster anzeigen. Sie klammern JavaScript über die HTML-Tags für die Bemerkung aus:

```
<!-- Hier wird etwas aus der HTML-Interpretation ausgeklammert
 und dient als Bemerkung für Sie -->
```

Aktionen durch JavaScript erzeugen

Damit nun das JavaScript seinerseits nicht Probleme mit dem HTML-Bemerkungsende bekommt, wird vor das Endezeichen der HTML-Bemerkung noch ein JavaScript-Bemerkungszeichen gesetzt. Somit sieht die Ausblendung für ein JavaScript komplett so aus:

```
<!-- Hier steht ein JavaScript //-->
```

Dynamische Schaltflächen mit JavaScript erstellen

Lassen Sie uns schnell ein JavaScript entwickeln. Hierzu gestalten wir eine Webseite, die uns als Eingangstor zu verschiedenen Seiten dienen soll. Die Schaltflächen werden in Form von Grafiken erzeugt. Sowie der Anwender die Maus über die Schaltfläche bewegt oder dort die Maustaste drückt, übernimmt ein JavaScript die Steuerung der richtigen Grafik. Normalerweise wird eine Schalterleiste als Frame in einer Webseite angeboten. Damit das Beispiel überschaubar bleibt, bauen wir die Schaltflächen auf unserer Hauptseite ein.

> **Hinweis**
> **Nicht entmutigen lassen**
> Der Einstieg in JavaScript ist nicht ganz einfach. Die Funktionen des Workshops werden hier nur kurz angerissen. Weitere Informationen zu den Befehlen finden Sie aber auf den nachfolgenden Seiten.

1 Als ersten Schritt haben wir die Webseiten, die mit einem Menü verbunden werden sollen, gestaltet und getestet. In einem Grafikprogramm Ihrer Wahl malen Sie die Schaltflächen. Verschiedene Programme bieten Ihnen eine Palette von vordefinierten Schaltflächen an.

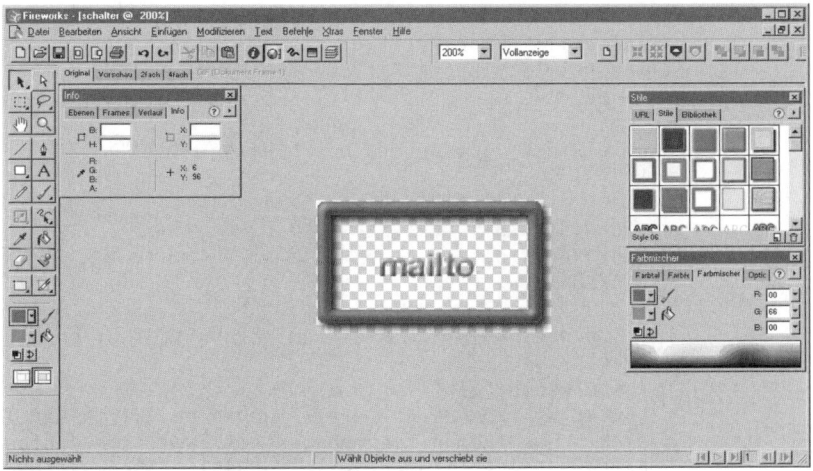

Diese Schaltflächen sind mit Macromedia Fireworks 3 erstellt worden und als GIF-Grafiken mit 72 dpi gespeichert

Aktionen durch JavaScript erzeugen

2 Mit vielen Grafikprogrammen lassen sich Schaltflächen zeichnen. Wesentlich ist jedoch, dass sich die Schaltflächen in das Design der Webseite einpassen lassen. So sehen unsere Schaltflächen aus:

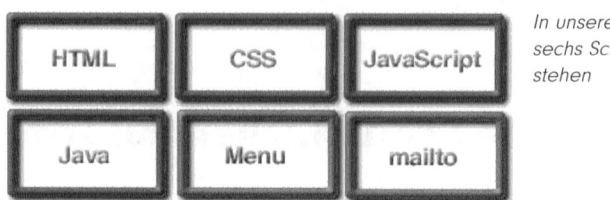

In unserer Seite werden sechs Schaltergruppen stehen

3 Pro Schaltfläche müssen mindestens drei Bilder gezeichnet werden. Das erste dient der Normaldarstellung, ein zweites soll angezeigt werden, wenn der Mauscursor über dem Schalter steht, während das dritte eingeblendet wird, sowie der Leser die Maustaste drückt.

Mit den unterschiedlichen Gestaltungen lassen sich die Schaltflächen in Aktion darstellen

4 Die verschiedenen Bilder, die zu einer Schaltfläche gehören, erhalten einen ähnlichen Dateinamen. So nennen wir zum Beispiel die zur Normaldarstellung des JavaScript-Schalters *"js.gif"*. Die Variante des Bildes heißt *"js_2.gif"*, wenn die Maustaste gedrückt wurde und *"js_3.gif"*, wenn der Leser die Maustaste drückt.

5 Als Basis für das Menü nehmen wir eine Standardseite zur Hand. Sie wird mit einem Stylesheet grafisch formatiert und besitzt eine Tabelle, um Platz für die Schaltflächen zu schaffen. Hier ist das Listing:

```html
<html>
<head>
<title>Willkommen.</title>
<link rel="stylesheet" type='text/css' href='style5.css' />
</head>
<body>
<table width="100%" border="0" height="323">
 <tr>
  <td width="19%" height="37"> </td>
  <td width="81%" height="37">
   <h1>Menü</h1>
    </td></tr>
  <tr>
    <td width="19%">(In diesem Abschnitt stellen wir die Bilder)</td>
    <td width="81%">
       <p>Willkommen auf dieser Webseite. Wir haben Ihnen hier verschiedene Themen zusammengestellt, die Sie einfach über die Schalter auf der linken Seite auswählen können.</p>
    </td></tr>
</table>
</body>
</html>
```

Aktionen durch JavaScript erzeugen

6 Der Text wurde in einer Tabelle abgelegt, damit die Grafiken leichter zu positionieren sind. Die Webseite sieht jetzt so aus:

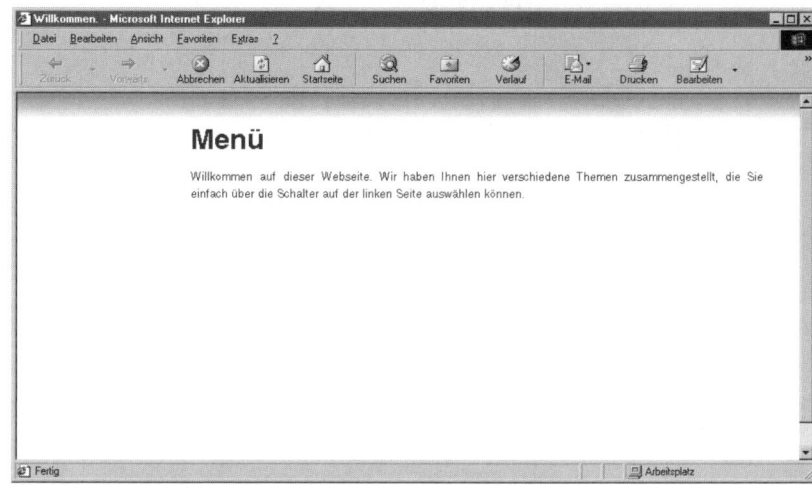

Die Webseite im Rohbau. Den linken Bereich haben wir für die Grafiken freigehalten

7 Nun wäre es einfach, die Bilder einzusetzen. Da wir aber dynamische Schaltflächen darstellen wollen, müssen wir etwas mehr Aufwand treiben. Mit den DHTML-Funktionen zur Cursorsteuerung, die Sie in den Beispielen ab Seite 393 kennenlernen werden, lässt sich die Mausposition ermitteln. Das JavaScript soll nun die Bilder wechseln, wenn die Maus vorort ist. Normalerweise würde ein Bild in HTML erst vom Server übertragen werden. Das kostet jedoch Zeit. In vielen Seiten wird deshalb auf das Preload-Verfahren zurückgegriffen. Hiermit erhält der Leser zunächst alle Grafiken übermittelt. Nun befinden sich die Bilder auf seiner lokalen Festplatte und stehen somit erheblich schneller bereit.

8 Jedes JavaScript muss zunächst dem Browser angekündigt werden. Im <head> der HTML-Datei tragen Sie Folgendes ein:

```
<html>
<head>
<title>willkommen.</title>
<link rel="stylesheet" type='text/css' href='style5.css' />
<script language="javascript">
<!--

//-->
</script>
</head>
<body>
```
...

9 Mit diesen Zeilen melden wir dem Browser, dass im Listing jetzt ein JavaScript folgt. Das JavaScript selbst wird nun in den Bereich eingetragen, den wir durch die Leerzeile freigehalten haben.

Aktionen durch JavaScript erzeugen

10 Als ersten wesentlichen Schritt müssen wir prüfen, ob der Browser des Lesers JavaScript versteht. Hierzu geben Sie die folgenden Befehle zwischen den Bemerkungszeilen ein:

```
...
<!--
Browsertyp=parseInt(navigator.appVersion);
Browser=false;
ie3=false;
ie4=false;
ns4=false;
if (navigator.appName== "Netscape")
{if (Browsertyp>=4)
  {Browser=true; ns4=true;}}
else
{if (Browsertyp>=4)
  {ie4=true; Browser=true;}
 else
 {if (Browsertyp==3)
   {ie3=true;}
}}
//-->
```

11 Beachten Sie die Schreibweise der Wörter. Im Gegensatz zu den HTML-Befehlen verhält sich JavaScript kontextsensitiv. Somit besteht ein Unterschied zwischen „Browsertyp" und „BrOwSeRtYp". Beachten Sie weiterhin den Einsatz der geschweiften Klammern und der Semikoli am Ende der einen oder anderen Zeile.

12 Diese JavaScript-Zeilen werden sofort nach dem Laden der Seite ausgeführt. JavaScript kennt eine weitere Gruppe von Befehlszeilen. All die Befehle, die mit einem einleitenden Befehl *"function xxx( ){ ... }* geschrieben sind, werden erst durch den expliziten Aufruf durchgeführt.

13 Lassen Sie uns kurz das Eingegebene ansehen. Zunächst holen wir die Information über den verwendeten Browser ab. Mit der Funktion *Browsertyp=parseInt(navigator.appVersion);* lädt das Script die Versionsnummer des Browsers und speichert sie in der Variable *Browsertyp* ab. Microsoft und Netscape haben ab der Version 4 ihres Browsers JavaScript beziehungsweise JScipt eingebaut. In den nächsten Zeilen werden vier Variablen definiert und mit dem booleschen Wert falsch belegt. Zu den Variablen und Werten gleich mehr.

14 Durch die Zeile *navigator.appName== "Netscape"* wird explizit der Name des Browsers abgefragt.

```
if (navigator.appName== "Netscape")
 {if (Browsertyp>=4)
  {Browser=true;
   ns4=true;
   }
  }
 else
  ...
```

Aktionen durch JavaScript erzeugen

15 Diese Zeilen bedeuten im Klartext: Wenn der Name des Browsers „Netscape" ist, dann frage, ob der Browsertyp größer oder gleich vier ist. Wenn das beides wahr ist, dann speichere in den Variablen *Browser* und *ns4* den Wert *wahr* ab. Trifft die zweite Annahme jedoch nicht zu, dann prüfe weiter. Dies ist eine Wenn-Dann-Abfrage, die Sie vielleicht schon aus anderen Programmiersprachen kennen. Der Ausdruck in den einfachen Klammern ( ) muss wahr sein, damit die nachfolgenden Zeilen, die durch geschweifte Klammern { } eingefasst sind, ausgeführt werden. Ist dieser Ausdruck nicht zutreffend, überspringt JavaScript die Passage und macht mit dem Bereich nach dem Wort *else* (sonst) weiter. Nach diesem Verfahren werden nun die verschiedenen Browsertypen abgefragt. Nun tragen Sie in die Zeile vor //--> die folgenden Zeilen ein:

```
bildpreload ("bild1","menu");
bildpreload ("bild2","html");
bildpreload ("bild3","css");
bildpreload ("bild4","js");
bildpreload ("bild5","java");
```

16 Der Ausdruck *bildpreload( )* ist ein Funktionsaufruf. Sie melden dem JavaScript, dass es nun die Funktion *bildpreload* ausführen soll. Hierbei geben Sie der Funktion gleich zwei Werte mit. Zum einen erhält die Funktion mit beispielsweise *"bild1"* den internen Namen des Bildes, zum anderen erhält die Funktion einen Teil des Dateinamens unserer Grafiken. Jetzt geht es an die Programmierung der Funktion. Die nachfolgenden Funktionen werden *vor* den eben eingegebenen *bildpreload()*-Zeilen eingegeben.

```
function bildpreload(Nummer,Dateiname)
{if (Browser)
 {Bild[Bildnummer]=new Array(4);
  Bild[Bildnummer][0]=new Image();
  Bild[Bildnummer][0].src= Dateiname+".gif";
  Bild[Bildnummer][1]=new Image();
  Bild[Bildnummer][1].src= Dateiname+"_2.gif";
  Bild[Bildnummer][2]=new Image();
  Bild[Bildnummer][2].src= Dateiname+"_3.gif";
  Bild[Bildnummer][3]=Nummer;
  Bildnummer ++;
}}
```

17 Zu jedem Bild gehören drei Grafiken, die hier in ein Array eingelesen werden. Unter einem Array versteht man eine Variable, die mehrere Werte auf einmal speichern kann.

18 Nacheinander wird hier pro Feld des Arrays ein Bild hinterlegt. Hierbei erhält der jeweilige Dateiname den Zusatz *"_2.gif"*, wenn es sich um die Grafik handelt, die bei *onMouseover* angezeigt werden soll. Jetzt folgt die Programmierung für die verschiedenen DHTML-Events.

```
function on(aktuell)
{if (Browser)
 {for (var i = 0; i <= Bildnummer; i++)
```

Aktionen durch JavaScript erzeugen

```
   {if (Bild[i][3]==aktuell)
    {document.images[Bild[i][3]].src=Bild[i][1].src;
     Quelle=i;
     i=Bildnummer;
}}}}
function off()
{if (Browser)
 {document.images[Bild[Quelle][3]].src = Bild[Quelle][0].src;
}}
function click(aktuell)
{if (Browser)
 {for (var i = 0; i <= Bildnummer; i++)
  {if (Bild[i][3]==aktuell)
   {if (navigator.appName!="Netscape")
    {document.anchors(Bild[i][3]).blur();}
    document.images[Bild[i][3]].src=Bild[i][2].src;
    t=setTimeout('off()', 500);
    Quelle=i; i=Bildnummer;
}}}
  if (aktuell=='bild1')
  { document.location="http://www.Ihre_Seite1.html";}
 if (aktuell=='bild2')
  { document.location="http://www.Ihre_Seite2.html";}
```

19 Mit diesem Bereich des JavaScripts wird nicht nur das Preload-Verfahren initialisiert. Hier finden Sie auch die verschiedenen Funktionen, die nun per DHTML-Befehlen im HTML-Bereich aufgerufen werden. Die Funktion *on( )* beispielsweise wird dann aktiv, wenn der Mauszeiger über der Grafik steht. Die Funktion *click( )* hat noch ein paar Besonderheiten. Ist der verwendete Browser nicht von Netscape, können wir den Rand ausschalten, der normalerweise um eine Grafik herum aktiviert wird, wenn Sie mit der Maus darauf klicken. Hierzu dient die Zeile *{document.anchors(Bild[i][3]).blur();}*.

20 Die letzte Abfrage stellt den Link zu den entsprechenden Seiten her, die per Mausklick angezeigt werden sollen.

21 Damit ist die JavaScript-Programmierung abgeschlossen. Zum Abschluss binden wir die Schaltflächen in den HTML-Bereich unserer Seite ein:

```
...
<tr>
<td width="19%">
<a name="bild1" href="JavaScript:click('bild1')"
onmouseover="on('bild1');" onmouseout="off();">
<img src="menu.gif" align="middle" border="0" name="bild1" />
</a><br>
(hier folgen die weiteren bilder)
</td>
<td width="81%">
...
```

22 Durch die DHTML-Attribute werden die jeweils gewünschten JavaScript-Funktionen aufgerufen. Der Zeilenumbruch <br /> dient dazu, dass pro

Aktionen durch JavaScript erzeugen

Zeile nur eine Grafik dargestellt wird. Hier das komplette Listing für Sie im Überblick:

```html
<html>
<head>
<title>willkommen.</title>
<link rel="stylesheet" type='text/css' href='style5.css' />
<script language="JavaScript">
<!--
Browsertyp=parseInt(navigator.appVersion);
Browser=false;
ie3=false;
ie4=false;
ns4=false;
if (navigator.appName== "Netscape")
{if (Browsertyp>=4)
 {Browser=true;
   ns4=true;
}}
else
{if (Browsertyp>=4)
 {ie4=true;
  Browser=true;
  }
 else
 {if (Browsertyp==3)
   {ie3=true;
}}}
Bild=new Array();
Bildnummer=0;
Quelle=0;
function bildpreload(n,f)
{if (Browser)
 {Bild[Bildnummer]=new Array(4);
  Bild[Bildnummer][0]=new Image();
  Bild[Bildnummer][0].src=f+".gif";
  Bild[Bildnummer][1]=new Image();
  Bild[Bildnummer][1].src=f+"_2.gif";
  Bild[Bildnummer][2]=new Image();
  Bild[Bildnummer][2].src=f+"_3.gif";
  Bild[Bildnummer][3]=n;
  Bildnummer ++;
}}
function on(aktuell)
{if (Browser)
 {for (var i = 0; i <= Bildnummer; i++)
  {if (Bild[i][3]==aktuell)
   {document.images[Bild[i][3]].src=Bild[i][1].src;
    Quelle=i;
    i=Bildnummer;
}}}}
function off()
{if (Browser)
 {document.images[Bild[Quelle][3]].src = Bild[Quelle][0].src;
}}
function click(aktuell)
```

Aktionen durch JavaScript erzeugen

```
{if (Browser)
 {for (var i = 0; i <= Bildnummer; i++)
  {if (Bild[i][3]==aktuell)
   {if (navigator.appName!="Netscape")
    {document.anchors(Bild[i][3]).blur();}
    document.images[Bild[i][3]].src=Bild[i][2].src;
    t=setTimeout('off()', 500);
    Quelle=i; i=Bildnummer;
 }}}
 if (aktuell=='bild1')
 { document.location="http://www.Ihre_Seite_1.html";
if (aktuell=='bild2')
 { document.location="http://www.Ihre_Seite_2.html";
}}
bildpreload ("bild1","menu");
bildpreload ("bild2","html");
bildpreload ("bild3","css");
bildpreload ("bild4","js");
bildpreload ("bild5","java");
//-->
</script>
</head>
<body>
<table width="100%" border="0" height="323">
  <tr>
    <td width="19%" height="37"> </td>
    <td width="81%" height="37">
      <H1>Menü</H1>
    </TD></TR>
  <TR><td width="19%" height="403">
<a name="bild1" href="javascript:click('bild1')"
onmouseover="on('bild1');" onmouseout="off();">
<img src="menu.gif" align="middle" border="0" name="bild1" />
</a><br />
<a name="bild2" href="javascript:click('bild2')"
onmouseover="on('bild2');" onmouseout="off();">
<img src="html.gif" align="middle" border="0" name="bild2" />
</a><br />
<a name="bild3" href="javascript:click('bild3')"
onmouseover="on('bild3');" onmouseout="off();">
<img src="css.gif" align="middle" border="0" name="bild3" />
</a><br />
<a name="bild4" href="javascript:click('bild4')"
onmouseover="on('bild4');" onmouseout="off();">
<img src="js.gif" align="middle" border="0" name="bild4" />
</a><br />
<a name="bild5" href="javascript:click('bild5')"
onmouseover="on('bild5');" onmouseout="off();">
<img src="java.gif" align="middle" border="0" name="bild5" />
</a></td>
<td width="81%" height="403">
<p valign="top">Willkommen auf dieser Webseite. Wir haben Ihnen
hier verschiedene Themen zusammengestellt, die Sie einfach über
die Schalter auf der linken Seite auswählen können.</p>
</td>
</tr>
```

```
</table>
</body>
</html>
```

Unsere Seite sieht so aus:

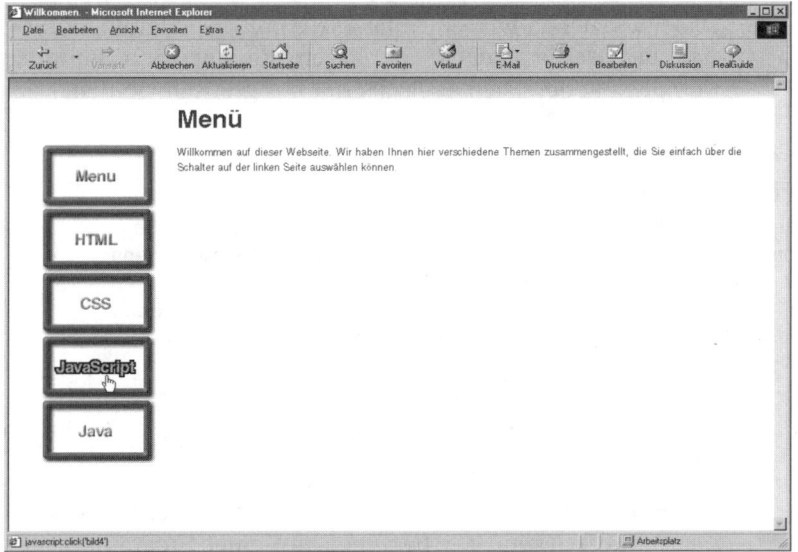

Das Menü. Der Mauszeiger steht auf der JavaScript-Schaltfläche und sorgt für die Anzeige der Grafik js_2.gif

Abschließend ein paar Bemerkungen: Das Programmieren eines JavaScripts ist keine einfache Angelegenheit. Auch das hier verwendete Script ist mit Sicherheit alles andere als simpel.

Allein aus zeitlichen Gründen ist der Einsatz eines Menüs pro Webseite nur dann sinnvoll, wenn Sie hierfür eine Frame-Konstruktion aufbauen, mehrere Seiten also auf das gleiche Menü zurückgreifen. Die Schaltflächen müssen natürlich nicht so groß sein, wie hier dargestellt.

Natürlich kann es passieren, dass Ihr Browser beim Test den einen oder anderen Fehler meldet. Lassen Sie sich nicht irritieren: In der Regel handelt es sich um Tippfehler. So reagiert JavaScript – wie schon erwähnt – auf die Schreibweise eines Wortes oder einer Funktion sehr kritisch.

Typische Probleme gibt es, wenn Sie anstelle der geschweiften Klammern runde einsetzen, ein Semikolon übersehen et cetera. Gehen Sie den Sourcecode der Seite noch einmal gründlich durch.

Tipp
Der Debugger hilft bei Fehlern
Arbeiten Sie mit dem Microsoft Internet Explorer, so rufen Sie bei Fehlern den Debugger auf. Der zeigt Ihnen in der Regel sehr genau, wo es in Ihrem Script hapert.

6.2 JavaScript-Basics

Bei dem Erlernen von JavaScript steht, wie bei jeder Programmiersprache, zunächst das Verstehen der Syntax im Vordergrund.

Dabei versuchen wir, eine allgemein gültige Anleitung zu geben, die JavaScript und Jscript abdeckt. In diesem Kapitel kann allerdings aufgrund der Komplexität des Themas JavaScript nur gestreift werden.

> **Hinweis**
> **Schreibweisen nicht vergessen**
> Alle J-Sprachen sind grundsätzlich zeichengenau, Groß- und Kleinschreibung haben hier Relevanz. Somit müssen Sie aufpassen, wenn Sie Befehle und Variablen verwenden, da ein Unterschied zwischen „x" und „X" besteht. Rufen Sie einen Befehl auf, so muss zwingend auf die Schreibweise geachtet werden.

JavaScript kann einfach mit einem Texteditor geschrieben und im Browser können die Ergebnisse überprüft werden. Somit ist das Erlernen der Sprache sicherlich etwas komplizierter als HTML.

Die Hürde liegt jedoch nicht so hoch, wie Sie vermuten. Also lassen Sie sich nicht unterkriegen. Wir beginnen mit einer Programmzeile. Wollen Sie die Originaldokumente von Netscape und Microsoft einsehen?

Kein Problem. Netscape hat die entsprechende Dokumentation „Client-Side JavaScript Guide" unter developer.netscape.com/docs/manuals bereitgestellt. Microsoft bietet eine Onlinehilfe zu Jscript unter msdn.microsoft.com/scripting/default.htm an.

Variablen und Befehlszeilen

Jede Programmiersprache erzeugt in der einen oder anderen Weise einzelne Befehlszeilen, die die Syntax dem Übersetzer erklären. Befehlszeilen in JavaScript sehen in der Regel so aus:

```
test="Schutzwort";
wert=22;
var heute=new Date();
```

Programmzeilen bestehen aus verschiedenen Worten oder Funktionen, die in Beziehung zueinander gebracht werden. Die Zeile endet mit einem Semikolon „;", dem Zeichen für das Zeilenende. Von dieser Regel gibt es einige Ausnahmen. In der ersten Zeile wurde einer Variable *test* der Text *"Schutzwort"* mitgegeben. Zeile zwei legte in der Variable *wert* die Zahl *22* ab, während in der dritten Zeile in der Variable *heute* das Ergebnis einer Funktion (das aktuelle Datum) abgelegt wurde. Der JavaScript-Variable ist es übrigens egal, was Sie darin ablegen. Bei Java sieht das schon anders aus.

Aktionen durch JavaScript erzeugen

Variablen sind die berühmten Platzhalter. Sie benennen einen Speicherplatz in Ihrem Rechner mit einem Namen, sowie Sie das erste Mal die Variable aufrufen. Da JavaScript es nicht so genau nimmt, benötigen Sie keine genauere Definition für nummerische und alphanumerische Variablen.

JavaScript kennt verschiedene Wertarten, die sich in einer Variable verstauen lassen. Die Ausdrücke selbst sind kursiv dargestellt, wenn sie nicht selbstverständlich sind:

- Nummerische Werte: Zahlen wie 22 oder auch 3.141569282. Im JavaScript dient der Punkt als Dezimaltrennung.
- Boolesche Ausdrücke: Mit *true* (richtig) oder *false* (falsch) lassen sich Ergebnisse aus Abfragen einfach bestimmen.
- Alphanumerische Zeichen: Hiermit werden die Texte definiert. Ein alphanumerischer Ausdruck wird in Anführungszeichen geschrieben.
- *null*: In der Variable ist kein Wert gespeichert. Vielleicht wurde eine Abfrage nicht durchgeführt. Mit *null* definieren Sie eine Variable, ohne ihr gleich einen Wert zuzuweisen.
- *undefined*: Die Variable ist taufrisch, sie wurde noch nicht deklariert.

In der zweiten Zeile des Listings wurde die Variable *wert* gleich 22 gesetzt. Solange Sie den Wert in der Variable *wert* nicht neu berechnen oder andere Werte in ihr speichern, sind beide Begriffe identisch. Variablen bestehen aus einem Wort. Jede Variable sollte jedoch pro Listing nur einmal vorkommen, damit es nicht zu Fehlern kommt.

In JavaScript lassen sich hintereinander in der gleichen Variable Zahlen und Texte ablegen und auch Zahlen und Texte kombinieren, ohne dass es zu einer Fehlermeldung kommt. Achten Sie jedoch auf die Groß- und Kleinschreibung, JavaScript ist kontextsensitiv.

```
var test=22
test="Heute ist es schön"
Test=44
C=19
temperatur=C+" Grad Celsius"
```

Die zweite Zeile überschreibt den Wert in der Variable *test*, die dritte Zeile nicht. In der vierten und fünften Zeile definieren wir zunächst einen nummerischen Wert und kombinieren ihn daraufhin mit einem Text. Nummerische Ausdrücke lassen sich einfach mit Texten kombinieren. Sie werden daraufhin zu alphanumerischen Ausdrücken. Um eine Zahl aus einem Text zur Berechnung zu verwenden, müssen Sie ihn mit einem Befehl – es ist *parseint()* – wieder herausholen.

Die Namen der Variablen beginnen immer mit einem Buchstaben. Sinnvollerweise wählen Sie den Namen eine Variable so, dass Sie deren Inhalt erraten können. Die Bezeichnungen sollten nicht zu lang sein, damit das Tippen nicht zur Qual wird. Wollen Sie eine Variable zum Beispiel mit dem Begriff „Summe der Kalkulation" benennen, lohnt es sich, den Namen zu kürzen.

Aktionen durch JavaScript erzeugen

Leer- und andere Sonderzeichen sind in Variablen nicht gestattet, lediglich der „_" darf eingesetzt werden.

```
mein_wert=22;       // ist eine zulässige Variable, jedoch
var=22;             // ist nicht, da das Wort ein Befehl ist.
9ter_wert=22;       // ist nicht zulässig, die "9" stört,
neunt. wert=22;     // ist erst recht nicht zulässig; Punkt und
                    // Leerzeichen sind nicht erlaubt.
// die beiden Striche sind in JavaScript das Bemerkungszeichen.
// Alle Informationen in dieser Zeile sind dem Interpreter egal.
/* Wollen Sie einen Kommentar schreiben, der über mehrere Zeilen
geht, so setzen Sie diese Zeichen "/*" ein. Soll der Kommentar
beendet werden, so drehen Sie die Zeichenkombination einfach um.
Das sieht dann so aus: */
```

Sowie Sie eine Variable das erste Mal aufrufen, gilt sie als festgelegt. In manchen Listings sehen Sie den Befehl *var* vor dem ersten Einsatz einer Variable. Dies ist der Befehl zur Deklaration einer Variable. JavaScript schreibt den Einsatz von *var* zwar nicht vor, dennoch erkennen Sie mit *var* den Punkt, an dem die Variable das erste Mal aufgerufen wird.

Übrigens: Ebenso wenig dürfen Sie als Variablennamen die Bezeichnungen der JavaScript-Befehle selbst einsetzen. Diese Schlüsselwörter dienen dem Interpreter zum Erkennen der entsprechenden Funktion. Folgende Schlüsselwörter dürfen als Variablennamen *nicht* verwendet werden:

abstract	boolean	break	byte	case	catch
char	class	const	continue	default	delete
do	double	else	export	extends	false
final	finally	float	for	function	goto
if	implements	export	in	instanceof	int
long	native	new	null	package	private
protected	public	return	short	Static	super
switch	synchronized	this	throw	throws	transient
true	try	typeof	var	void	While
with					

In jeder Programmiersprache sind geschützte Wörter, die als Befehle wichtige Funktionen ausführen, als Variablennamen nicht anempfohlen. Die hier gezeigten Schlüsselwörter gehen über die Menge der inzwischen verfügbaren Programmbefehle hinaus. Hier haben sich die Entwickler einige „Reserven" für weiterführende Versionen eingebaut.

Arrays

Alle Variablen, die wir Ihnen bisher vorgestellt haben, hatten zur gleichen Zeit exakt einen Wert. Aus unserem eben vorgestellten Beispiel trug die Variable *mein_wert* exakt den Wert 22. Ein zweiter Variablentyp soll Ihnen nicht vorenthalten bleiben: die Arrays. Unter einem Array versteht man eine geordnete Ansammlung von Daten unter einem Namen. Hier werden in einer Variable gleich mehrere Werte gespeichert. Damit sich ein Array von einer

Aktionen durch JavaScript erzeugen

handelsüblichen Variable unterscheidet, tragen Arrays eine spezielle Auszeichnung. Hier ein paar Beispiele:

```
var Monate = new Array(12)
{
 Monate[0] = "Januar";
 Monate[1] = "Februar";
 Monate[2] = "März";
 Monate[3] = "April";
 Monate[4] = "Mai";
 Monate[5] = "Juni";
 Monate[6] = "Juli";
 Monate[7] = "August";
 Monate[8] = "September";
 Monate[9] = "Oktober";
 Monate[10] = "November";
 Monate[11] = "Dezember";
}
```

Im Array *Monate* sind nun zwölf Texte abgelegt. Die Programmzeilen sind identisch mit der folgenden Zeile:

```
var Monate = new Array("Januar", "Februar", "März", "April",
"Mai", "Juni", "Juli", "August", "September", "Oktober",
"November", "Dezember");
```

In einem Array können auch unterschiedliche Wertarten untergebracht werden:

```
Test = new Array("Hallo", C, 3.14159)
```

Im Array *Test* werden hier also sowohl Text als auch Variablen und Zahlen abgelegt. Wir kommen bei den Schleifen auf die Arrays wieder zurück.

Berechnungen

In JavaScript lassen sich neben den Ihnen geläufigen Grundrechenarten eine Reihe von Berechnungen von Werten vornehmen. Insgesamt stehen Ihnen 33 Operatoren zur Verfügung. Hier die wichtigsten Berechnungen und Abfragen im Beispiel:

Grundrechenarten	Zeichen	Beispiel	Ergebnis
addieren	+	c=1+2;	8
subtrahieren	-	c=3-2;	1
multiplizieren	*	c=2*5;	10
dividieren	/	c=6/3;	2
linear hochzählen	++	d=++c;	3
linear abziehen	--	d=--c;	1
Modulo	%	e=12 % 5;	4 (von 2.4)
addieren und hinzufügen	+=	d+=12;	13. Dem Wert d werden 12 hinzu addiert. Entspricht: d=d+12;
subtrahieren und hinzufügen	-=	d-=5;	8. Vom Wert d werden 5 abgezogen.

Aktionen durch JavaScript erzeugen

Grundrechenarten	Zeichen	Beispiel	Ergebnis
gleich setzen	=	d=c=b=9;	Allen Variablen wird gleichzeitig der Wert 9 zugewiesen.

Die Option *und hinzufügen* funktioniert übrigens mit nahezu allen Berechnungsarten.

Die logischen Berechnungen werden hauptsächlich in Abfragen eingesetzt. Sie prüfen das Verhältnis von zwei Werten zueinander. Somit kommt als Ergebnis ausschließlich ein boolescher Wert heraus; entweder wahr oder falsch (*true* oder *false*):

logisch berechnen	Zeichen	Beispiel	Ergebnis/Erklärung
kleiner	<	ist 5<4?	FALSCH
kleiner gleich	<=	ist 5<=5?	WAHR
gleich	==	ist 5==5?	WAHR
ungleich	!=	ist 5!=4?	WAHR
größer gleich	>=	ist 5>=4?	WAHR
größer	>	ist 5>4?	WAHR
identisch	===	ist "Frank"==="FranK"?	FALSCH
unidentisch, NICHT	!==	ist "Frank"!=="FranK"?	WAHR
Logisches UND	&&	A && B =1	beide Variablen müssen 1 sein
Logisches ODER	||	A || B=1	eine Variable muss 1 enthalten
Logisches NICHT	!	A ! B	beide Variablen müssen unterschiedliche Werte enthalten
Entleeren	void	void d	die Variable d wird entleert
Variablentyp prüfen	typeof	myFun = new Function("5+2") shape="round" size=1 today=new Date()	typeof myFun ist vom Typ object typeof shape ist vom Typ string typeof size ist vom Typ number typeof today ist vom Typ object typeof dontExist ist vom Typ undefined

Mit der Prüfung des Typs einer Variablen werden Fehler geprüft; *typeof* findet seinen Einsatz im Debugger.

Die bitweisen Operationen werden nur selten in JavaScript verwendet. Hierbei werden die Bits eines Zeichens verschoben. Jedes Zeichen des Zeichensatzes hat bekanntlich nicht nur eine hexadezimale Ordnungsnummer, sondern auch ein Pendant in Bit. Die Bits werden im Rechner abgelegt. Die Bit-Operationen kommen in der Regel nur sehr selten vor, bieten sich jedoch zur Verschlüsselung durchaus an.

Aktionen durch JavaScript erzeugen

Bitweise berechnen	Zeichen	Beispiel	Erklärung
bitweise NICHT	~	Ursprung: 9, als Bit 1001 ~: 6, als Bit 0110	Der Bitwert von „9" wird Bit für Bit umgedreht.
bitweise links verschieben	<<	Ursprung: 9, 1001 <<: 3, als Bit 0011	Die Reihe wird um ein Bit nach links verschoben.
bitweise rechts verschieben	>>	Ursprung: 9, 1001 >>: 12, als Bit 1100	Die Reihe wird um ein Bit nach rechts verschoben.
bitweise UND	&	Wert a: 0101 Wert b: 1100 ――― & : 0100	Vergleicht zwei Zeichen. Gleiche Bits werden als wahr bestätigt.
bitweise Exlusiv ODER	^	Wert a: 0101 Wert b: 1100 ――― ^ : 1001	Vergleicht zwei Zeichen. Ungleiche Bits werden als wahr bestätigt.
bitweise ODER	|	Wert a: 0101 Wert b: 1100 ――― & : 1101	Vergleicht zwei Zeichen. Gesetzte Bits werden als wahr bestätigt.

Funktionen

In JavaScript schreiben Sie eine Menge an Programmzeilen, die erst zu einem bestimmten Zeitpunkt ausgeführt werden sollen. Laden Sie eine HTML-Seite mit JavaScript-Inhalt im <head>, fängt der Browser sofort mit der Ausführung der Befehlszeilen an.

```
<html>
<title>Meine Seite</title>
<link rel="stylesheet" type="text/css" href="style2.css" />
<script language="JavaScript">
var x=0;
var y=0;
menue=window.open("kl_menu.html","Zweitfenster","width=320,
height=350");
...
```

In diesem Beispiel werden sofort nach dem Laden der Seite Variablen definiert und eine andere Seite geladen und dargestellt. Damit ein Programmabschnitt erst zu dem von Ihnen gewünschten Zeitpunkt aufgerufen wird, muss er in einem Block zusammengefasst sein. Erst die Einfassung in einen Block lässt die Befehle für eine andere Programmierung ansprechbar werden. Verschiedene Programmzeilen werden in Blöcken zusammengeschlossen. Diese erhalten geschweifte Klammern, um dem Interpreter die Zusammengehörigkeit der Befehle zu verdeutlichen. Damit der Block ansprechbar ist, bekommt er eine Bezeichnung. Hier ein Beispiel:

```
function convert(zoll)
{
    fuss = zoll/12;        // Diese Zeilen bilden einen Block.
    meile = fuss*5280;
```

Aktionen durch JavaScript erzeugen

```
            nautischeMeile=fuss*6080;
            cm=zoll*2.54;
            meter=zoll/39.37;
      }
      km=meter/1000;              // diese Zeilen sind nicht im Block und
      kmRadius=km;                // gehören nicht mit zur Funktion
      meileRadius=meile;
```

Mit dem Schlüsselwort *function* werden Blöcke benannt. Zum Block mit dem Namen *convert* gehören die ersten fünf Zeilen. Die nachfolgenden drei Zeilen stehen außerhalb der geschweiften Klammern. Sie werden nicht durchgeführt, wenn Sie die Funktion *convert* aufrufen. Die Funktion *convert* bekommt einen Startwert. Dieser liegt in der Variable *inches* versteckt, die entweder aus einem Eingabefeld Ihrer HTML-Datei stammt oder in einer anderen JavaScript-Funktion berechnet wurde.

Abfragen

Wohl keine Programmierung kommt ohne eine Abfrage aus. Zusammen mit den Schleifen bilden sie die Möglichkeit, den Programmfluss zu steuern. Mit den Abfragen werden Entscheidungen geschaltet. Sie funktionieren immer nach dem gleichen Schema: „Wenn Wert1 in einer logischen Beziehung zu Wert2 steht, dann tue dies, sonst tue das". JavaScript kennt zwei grundsätzlich verschiedene Abfragen: *if...else* und *switch*. Letztere ist ebenfalls als Schleife anzusehen.

Die if...else-Anweisung

Dies ist die am häufigsten verwendete Schaltung für Abfragen. Die *if...else*-Technik findet sich in nahezu jeder Programmiersprache – teilweise leicht abgewandelt – wieder. Mit der *if...else*-Technik beschreiben Sie in Ihrer Programmierung zwei Möglichkeiten der Weiterverarbeitung. Zwischen diesen Wegen muss sich das Programm entscheiden. Hierfür wird die Abfrage gestartet. Zunächst ermittelt die Abfrage die Beziehung zwischen zwei Werten. Ergibt die Frage als Ergebnis den Ausdruck *true* (wahr), wird der Weg eins beschritten. Ist das Ergebnis *false* (falsch), nimmt das Programm den Weg zwei. Im JavaScript sieht die Abfrage so aus:

```
if (Bedingung)
{
Funktionen des Weges eins
}
else
{
Funktionen des Weges zwei
}
```

Als Bedingung setzen Sie einen Ausdruck ein, der als Ergebnis entweder wahr oder falsch ausgibt. Die Bedingung wird in normale Klammern gesetzt. Der else-Teil der Abfrage muss nicht formuliert werden. Beachten Sie, dass die *if...else*-Anfrage selbst *keine* Semikolons kennt. Innerhalb der Funktionen der verschiedenen Wege können jedoch sehr wohl Semikolons vorkommen. Innerhalb des jeweiligen Weges können natürlich weitere *if...else*-Abfragen auftauchen. Hier ein Beispiel:

```
function checkData ()
{
 if (document.form1.threeChar.value.length == 3)
  {
   return true
  }
 else
  {
   alert("Geben Sie exakt drei Zeichen ein. " +
document.form1.threeChar.value + " ist nicht zulässig.")
   return false
  }
}
```

Ein anderes Beispiel fragt mithilfe von festen Funktionen den Browser des Lesers ab. Die geschweiften Klammern halten die einzelnen Funktionen des jeweiligen Weges zusammen. Besteht ein Weg in der *if...else*-Abfrage nur aus einer Funktion, können die Klammern auch weggelassen werden. Hier ein Beispiel zur Abfrage der Daten des eingesetzten Browsers:

```
function Browserdaten()
{
if(navigator.userAgent) document.Anfrage.userAgent.value =
navigator.userAgent
}
```

Innerhalb der runden Klammern steht immer die Abfrage der Werte, die verglichen werden sollen. In diesem Listing lesen Sie keinen zweiten Wert. Hier wird jedoch sehr wohl eine Abfrage durchgeführt: Das Listing prüft ab, ob der Wert des Ausdrucks *navigator.userAgent* wahr ist. Erst dann wird in ein Feld unserer HTML-Datei der Wert von *navigator.userAgent* geschrieben. Das komplette Listing finden Sie auf Seite 430 zum Thema *onLoad*.

Die switch-Abfrage

Eine Mischung aus einer sehr vereinfachten Form der Abfrage und einer Programmschleife ist *switch*. Hiermit schalten Sie zu verschiedenen Werten, wenn ein Ausdruck wahr ist. Hierzu bedient sich *switch* einer Abfragetechnik, der *case*-Bestimmung. So sieht das im Prinzip aus:

```
switch (Variable)
{
case Wert1 : Ausdruck1; break;
case Wert2 : Ausdruck2; break;
...
default : AusdruckN;
};
```

switch untersucht den Inhalt eines Ausdrucks oder einer Variable und vergleicht sie mit den verschiedenen Werten, die mit *case* gesammelt werden.

Aktionen durch JavaScript erzeugen

Eine *case*-Zeile wird mit *break* beendet. Hierdurch weiß der Interpreter, dass die nachfolgenden Befehle nicht mehr zu dem aktuellen Fall gehören. Ist der gesuchte Ausdruck nicht in den einzelnen *case*-Zeilen aufgelistet, wird die Zeile *default* (sonst *nimm*) aktiv. Hier ein Beispiel aus der Praxis:

```
switch (einkauf)
 {
 case "Orangen":
  document.write("Orangen kosten 2,99 pro Pfund.<br/>"); break;

 case "Birnen" :
  document.write("Birnen kosten heute 3,20 das Pfund.<br />");
  break;
 case "Bananen" :
  document.write("Bananen liegen bei 2,98 das PFund.<br />");
  break;
 default :
  document.write("Tut uns leid. " + einkauf + " ist leider nicht
  mehr da.<br />");
  document.write("Möchten Sie vielleicht etwas anderes?<br />")
 );
```

Diese *switch*-Abfrage prüft, ob in der Variable *einkauf* der Begriff Orangen, Bananen oder Birnen abgelegt ist. In diesem Falle gibt das JavaScript die Preisinformation zum einzelnen Artikel aus. Erst im *default*-Teil steht die Reaktion des Scripts, wenn der eingegebene Begriff nicht gefunden wurde.

Schleifen

Programmschleifen werden in der Regel eingesetzt, um eine Anzahl von Werten in einer Reihe zu testen. Sie wiederholen also diverse Funktionen innerhalb einer Schleife genauso oft, wie die Begrenzungswerte der Schleife dies vorsehen. Zur Steuerung der Programmschleife wird extra eine Variable eingesetzt. In dieser wird ein Startwert abgelegt. Pro Schleifendurchlauf addiert (oder subtrahiert) der JavaScript-Interpreter den Wert mit einem bestimmten, gleich bleibenden Wert (Iteration). Erreicht die Variable den festgelegten Endwert, wird die Schleife beendet.

for...in-Schleife

Bereits aus den frühen Programmiersprachen ist die *for...in*-Schleife bekannt. Die Syntax sieht so aus:

```
for (Startwert; Prüfung; Stepp)
{
Anweisungen
}
```

Zunächst prüft das Programm, ob der Ausdruck *prüfung* wahr ist. Ist dies der Fall, durchläuft der Interpreter die Schleife das erste Mal. Am Ende jedes Schleifendurchlaufs wird die Schleifenvariable um einen Wert erhöht. Erreicht sie den festgelegten Endwert, wird beim nächsten Durchlauf die

Schleife bei *for* verlassen. Hier ein Beispiel für den Einsatz zusammen mit der entsprechenden HTML-Seite:

```
<html><head>
<title>08001: Einfache Schleifen</title>
</head>
<body onload="" onunload="">
<script language="JavaScript">
<!--
a = new Array(4)
for (i=0; i < 4; i++)
 {
 a[i] = new Array(4)
 for (j=0; j < 4; j++)
   {
   a[i][j] = "["+i+","+j+"]"
   }
 }
for (i=0; i < 4; i++)
  {
  str = "Reihe "+i+":"
   for (j=0; j < 4; j++)
     {
     str += a[i][j]
     }
   document.write(str,"<p>")
  }
//-->
</script>
</body>
</html>
```

In diesem Beispiel sind zwei *for...in*-Schleifen zu betrachten. In der ersten wird zunächst *i* mit 0 initialisiert. Solange *i* kleiner 4 ist, arbeitet die äußere Schleife. Der Ausdruck *i*++ erhöht den Wert der Variable *i* pro Durchlauf um eins. Ähnlich sieht die innere Schleife aus. Diese wird pro Durchlauf der äußeren Schleife einmal komplett abgearbeitet. Somit läuft die innere Schleife 16-mal. Entsprechend sieht das Ergebnis auf dem Bildschirm aus:

```
Reihe 0:[0,0][0,1][0,2][0,3]
Reihe 1:[1,0][1,1][1,2][1,3]
Reihe 2:[2,0][2,1][2,2][2,3]
Reihe 3:[3,0][3,1][3,2][3,3]
```

Alle Schleifen laufen nicht nur mit einer hochzuzählenden Variable. Sie können sie auch mit einem höheren Startwert beginnen und entsprechend einen Wert abziehen lassen. Dies geht auch mit einem anderen Schritt als 1. Hier ein Beispiel:

```
for (a=12; J<2; J-=2)
{
Anweisungen
}
```

while-Schleife

Die *while*-Schleife ist ein simpleres Konstrukt, mit dem sich aber ebenfalls Daten in mehreren Durchläufen berechnen lassen.

```
while (Prüfung)
  {
   Anweisungen
  }
```

Nacheinander werden die Anweisungen in einer *while*-Schleife durchlaufen, solange der zu prüfende Ausdruck wahr ist. Damit nun aus dieser Schleife keine Endlos-Angelegenheit wird, müssen Sie sie beenden lassen. Dieses erreichen Sie, indem der zu prüfende Wert innerhalb der Schleife hoch- oder heruntergezählt wird. Ein Beispiel:

```
<script language="JavaScript">
<!--
zaehler=0;
abbruch=99;
function zaehler(abbruch)
{
 var i = 0;
 while (i < 100)
 {
 if (i == abbruch)
  break;
  i++;
 }
 return(i);
}
</script>
```

Die Schleife würde hier 100-mal durchlaufen. In der Abfrage wird jedoch i mit der Variable *abbruch* verglichen. Erreicht *i* den Wert 99, wird der Ausdruck in der Abfrage wahr, die Funktion *break* wird durchgeführt und die Funktion wird beendet.

do...while-Schleife

Die *do...while*-Schleife ist fast identisch mit der *for..in*-Schleife. Der Unterschied liegt im Zeitpunkt der Prüfung. Die Syntax:

```
do
 Anweisungen
while (Prüfung);
```

Eine *do...while*-Schleife wird auf jeden Fall einmal durchlaufen. Die Prüfung des Testwerts findet erst zum Ende des Durchlaufs statt.

```
<script language="JavaScript">
<!--
do
{
 i+=1;
```

```
    document.write(i);
    }
    while (i<5);
    </script>
```

Schleifen beeinflussen

Schleifenkonstruktionen sind nicht ganz einfach zu beherrschen. Sie müssen dafür Sorge tragen, dass eine Schleife auch einmal beendet wird. Hierzu gibt es zwei Befehle. Mit *break* wird die Schleife sofort beendet. Der Befehl *continue* ist ebenfalls wichtig. Er sorgt dafür, dass der Rest des Durchlaufs der Schleife nicht weitergeführt wird. Mit *continue* springt der Interpreter sofort wieder zum Anfang der Schleife und setzt den Zähler mit dem Step-Wert. Hier ein Beispiel:

```
    <script language="JavaScript">
    var a = 0, b = 0;
    while (a < 6)
    {
     a++;
     if (a == 2) continue;
     b++;
    }
    alert("Ergebnis der Schleife: \r \r a ist gleich " + a + " und
    \r b ist gleich " + b);
    </script>
```

Das Ergebnis sieht so aus:

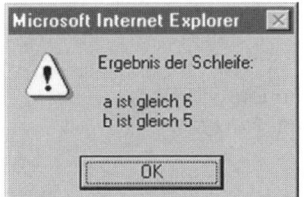

Beide Variablen weisen unterschiedliche Werte auf

Spezielle Zeichen

Im letzten Beispiel wurde in das *alert*-Feld ein Sonderzeichen eingefügt. Damit Ihnen auch die Zeichen zur Verfügung stehen, die entweder in JavaScript Fehler auslösen würden, erkennt die Sprache spezielle Zeichen in einer übersetzten Form. Folgende Zeichen sind in JavaScript bekannt und können von Ihnen eingesetzt werden:

Das Sonderzeichen	stellt Folgendes dar:
\b	Backspace, das Auslösen der Rückschritttaste
\f	Form feed, der Formularvorschub
\n	Line feed, die Zeilenschaltung
\r	Carriage return, Wagenrücklauf (neue Zeile)
\t	Horizontaltabulator

Aktionen durch JavaScript erzeugen

Das Sonderzeichen	stellt Folgendes dar:
\'	Einfache Anführungszeichen '
\"	Normale Anführungszeichen "
\\	Backslash

6.3 Objekte und Eigenschaften

Der Erfolg von JavaScript wäre ohne sie undenkbar: Erst durch die vielseitigen Funktionen, die sich direkt ansprechen lassen, hat JavaScript seine Bedeutung im World Wide Web erlangt. Mit einer Vielzahl von Eigenschaften und Methoden wird das JavaScript erst richtig steuerbar. Da sich so gut wie jeder Teil des HTML-Browsers, der Umgebung des Rechners und der Seiteninhalte abfragen und beeinflussen lässt, ist die Anzahl der einzelnen Funktionen schier unermesslich. Eigenschaften geben den Wert eines Objekts weiter. In einem Beispiel lesen Sie die folgende JavaScript-Zeile:

```
if(navigator.userAgent) document.Anfrage.userAgent.value =
navigator.userAgent
```

Der Begriff *navigator.userAgent* ist eine Eigenschaft. Der Ausdruck folgt exakt dem Document Object Model, das ab Seite 307 vorgestellt wird. Sowie Sie in JavaScript diesen Begriff einsetzen, gibt der Interpreter den Namen des Browsers preis.

> **Hinweis**
>
> **Groß- und Kleinschreibung beachten**
>
> Beachten Sie die Groß- und Kleinschreibung der Methoden und Eigenschaften. JavaScript unterscheidet die Schreibweisen. *Navigator. useragent* würde vom Interpreter nicht erkannt.

Methoden führen etwas aus. Sie rufen eine Funktion des Browsers oder der Umgebung auf, öffnen oder schließen beispielsweise Fenster.

```
w = open("08002.htm","F1","width=340,height=300,screenX=0,
screenY=0");
```

Diese Zeile in JavaScript öffnet zum Beispiel die Datei *08002.htm* in einem separaten Browserfenster. Es trägt den Namen *F1* und hat die oben angegebenen Ausmaße.

Das Browserfenster

Das Fenster Ihres Browsers wird durch das Objekt *window* beschrieben. Mit den *window*-Eigenschaften lassen sich nahezu alle Bereiche des Browserfensters ansprechen. Die *window*-Objekte sind ebenfalls zahlreich vorhanden. Für standardmäßige Operationen wie beispielsweise das Schließen eines Fensters kann das *window*-Vorwort auch weggelassen werden. Wollen Sie jedoch mithilfe eines Event-Handlers ein Fenster öffnen oder schließen, müssen Sie das Schlüsselwort *window* mitliefern. Hier würde also anstelle von *close()* das komplette Wort *window.close()* eingetragen. Hier die wichtigsten Eigenschaften zum Objekt *window*:

closed

Window.closed meldet, ob das angegebene Fenster geöffnet ist oder nicht. Setzt eine Seite verschiedene Banner ein (beispielsweise Tripod oder Geocities), werden per JavaScript die Werbefenster immer wieder geöffnet, wenn der Leser sie zuvor geschlossen hat. Das Verfahren ist nicht zu empfehlen, da es den Leser zumeist stört. Im Prinzip funktioniert es so:

```
<html>
<title>Meine Seite</title>
<link rel="stylesheet" TYPE="text/css" href="style2.css" />
<script language="JavaScript">
<!--
function werbung()
{
 var bannerfenster = window.open("07017.htm", "Werbung");
 if(bannerfenster.closed == true)
 fenster = open("07017.htm", "Werbung", "width=310, height=400, screenX=0 ,screenY=0");
}
//-->
</script>
</head>
<body onload="werbung()">
<p>Willkommen auf unserer Seite.</p>
</body>
</html>
```

Im Bild sieht das so aus:

Automatisch öffnet sich jedes Mal das Bannerfenster, wenn die Mutterseite neu gelesen wird

Aktionen durch JavaScript erzeugen

In diesem Beispiel übernimmt die Datei *07017*.htm den Part unseres Banners. Die Eigenschaft *windows.open* hält die Information bereit, ob das angegebene Fenster vom Browser dargestellt wird. Hierbei ist es egal, ob die Seite im Vordergrund steht oder nicht. In der Variable *Bannerfenster* erscheint entweder true (das Fenster ist vorhanden) oder false. Die Abfrage liest gegebenenfalls die Datei neu ein und stellt sie im Fenster dar. Schließen Sie jetzt einfach das Bannerfenster. Wählen Sie die Schaltfläche *Aktualisieren* im Browsermenü, wird das Bannerfenster wieder neu geöffnet.

defaultStatus

Mit *window.defaultStatus* schreiben Sie eine Information in das Fußleistenfenster des Browsers. Die Informationszeile kann beispielsweise dazu dienen, nähere Informationen in Formularen zu erklären. Mit dieser Methode können Sie verhindern, dass der Browser in der Fußleiste das Ablaufen eines JavaScripts vermeldet.

```
<html>
<head>
<title>Meine Seite</title>
<link rel="styleshee"t TYPE="text/css" HREF="style2.css" />
</head>
<body onmouseover="javascript:window.defaultStatus =
          'Willkommen auf meiner Webseite';">
<p>Willkommen auf unserer Seite.</p>
</body>
</html>
```

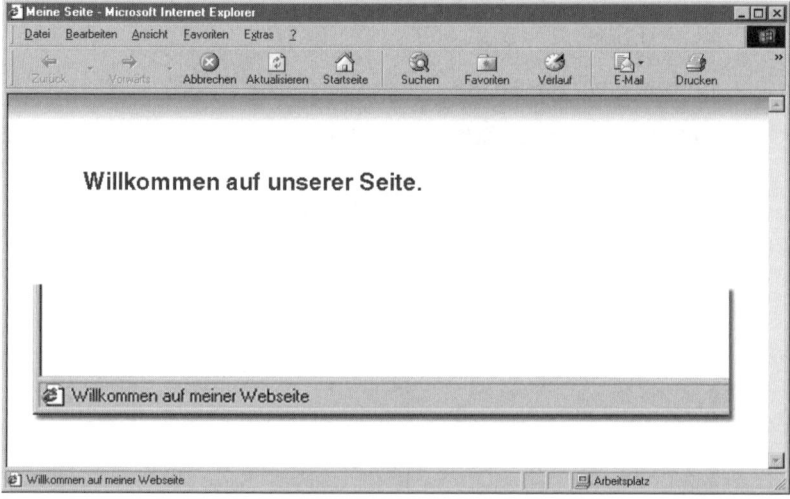

Mit window.defaultstatus lassen sich Texte in der Informationsleiste ablegen

innerHeight, innerWidth, outerHeight, outerWidth

Mit diesen Eigenschaften können Sie die Höhe und Breite des Browserfensters abfragen. Hierbei geben die Eigenschaften *innerHeight* und *innerWidth* die Innenmaße des Browserfensters wieder, *outerHeight* und *outerWidth*

Aktionen durch JavaScript erzeugen

vermelden die Außenmaße des Fensters inklusive der verschiedenen Zusatzleisten wie beispielsweise die URL-Zeile. Die Eigenschaften arbeiten leider nur mit Netscape zusammen, sind jedoch Bestandteil von JavaScript 1.2. Hier ein Beispiel:

```
<html>
<title>Meine Seite</title>
<link rel="stylesheet" TYPE="text/css" HREF="style2.css" />
<script language="JavaScript">
function fenster()
{
 a=window.innerHeight;
 b=window.innerWidth;
 alert("Die Maße des Fensters sind derzeit: \r \r Höhe: " + a + " und \r Breite: " + b);
}
</script>
</head>
<body onmouseover="javascript:window.defaultStatus = 'Willkommen auf meiner Webseite';">
<h2>Willkommen auf unserer Seite.</h2>
<form name="test">
<input type="button" value="Hier klicken" onclick="fenster()" />
</form>
</body>
</html>
```

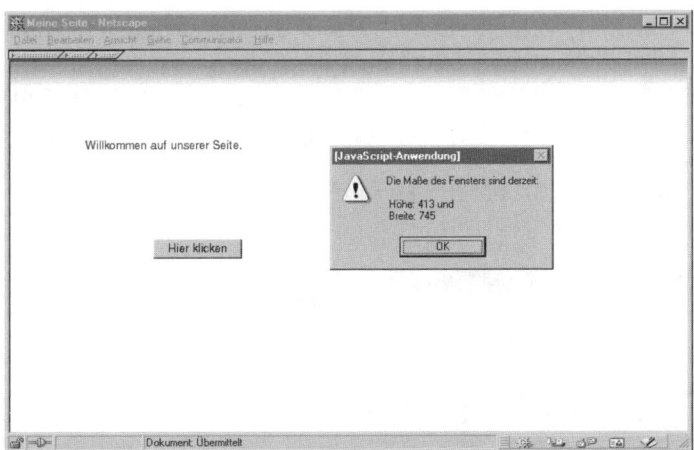

Das JavaScript hat die Innenmaße des Browserfensters ausgelesen

locationbar, menubar

Diese beiden Eigenschaften – wiederum Spezialitäten von Netscape und JavaScript 1.2 – lesen aus, ob das aktuelle Browserfenster die URL- und Menüzeile eingeschaltet habt. Verwenden Sie besser die Funktion *resizeTo()*, die zumindest mit den neuen Browsern arbeitet.

```
if(window.locationbar.visible == false)   alert("wo ist die Zeile zum Eintragen der Adressen?")
```

name

Die Eigenschaft *window.name* liefert den Zugang zum Fensternamen. Hierunter ist der interne Programmname des Fensters zu verstehen. *window.name* dient also zur Steuerung.

```
alert("So heißt dieses Fenster: " + window.name);
```

Nun kommen wir zu den wichtigsten Methoden rund um *window*.

alert()

Die Methode *alert* sorgt für die Anzeige einer Fehlermeldung auf dem Bildschirm.

```
<input type="butto"n value="Fehlermeldung" onclick=
"javascript:alert('Achtung: Es besteht extreme Gefahr.')" />
```

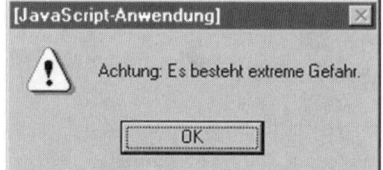

Die Warnmeldung

confirm()

Mit *confirm()* öffnen Sie das klassische Abfragefenster. Während *alert()* nur die Okay-Schaltfläche beinhaltet, kann der Leser bei einer *confirm()*-Abfrage seine Auswahl bestätigen. In einer JavaScript-Programmierung schreiben Sie:

```
auswahl=confirm('Bitte bestätigen Sie Ihre Auswahl.');
```

Ist *auswahl* wahr, hat der Leser die *OK*-Schaltfläche gedrückt. Bei false wählte er *Abbruch*.

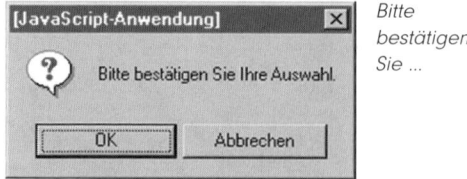

Bitte bestätigen Sie ...

prompt()

Mit *prompt()* öffnen Sie ein Eingabefenster. Es besteht aus einer Eingabezeile. Eine Programmierung sieht so aus:

```
eingabe=prompt('Geben Sie hier den Wert ein:',
                            'Hier kommt Ihre Eingabe hin')
eingabe=prompt('Geben Sie hier den Wert ein:','')
```

In diesem Beispiel werden die Eingaben des Lesers in der Variable *eingabe* abgelegt. Innerhalb der Klammern schreiben Sie zunächst in einem Hinweis

Aktionen durch JavaScript erzeugen

für den Leser, welche Informationen Sie hier von ihm erwarten. Hinter dem Komma können Sie einen Vorgabewert angeben. Dieser wird in der Eingabezeile bereits eingetragen. Normalerweise bleibt der zweite Eintrag weg, damit der Leser gleich losschreiben kann. Dies zeigt das zweite Beispiel.

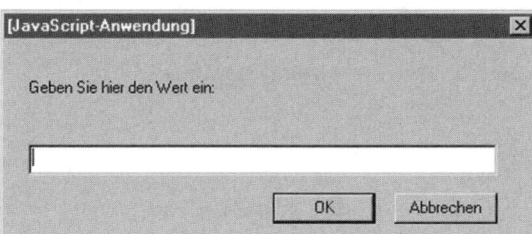

Das Eingabefenster per prompt()

Netscape und JavaScript 1.2 kennen weiterhin die Funktionen *find()* und *print()*, mit denen Sie das Suchfenster beziehungsweise das Druckmenü öffnen können. Der Internet Explorer gibt hier Fehler aus.

back(), forward()

Diese Funktionen sind identisch mit den Schaltflächen *Zurück* und *Weiter* im Browser. Auf der HTML-Seite können Sie die Schaltflächen auch programmieren.

```
<html>
<title>Meine Seite</title>
<link rel="stylesheet" type="text/css" href="style2.css" />
</head>
<body>
<a href="javascript:window.back()"><img src="rs.gif" width="40" height="22" /></a>
<hr />
<h2>Willkommen auf unserer Seite.</h2>
</body>
</html>
```

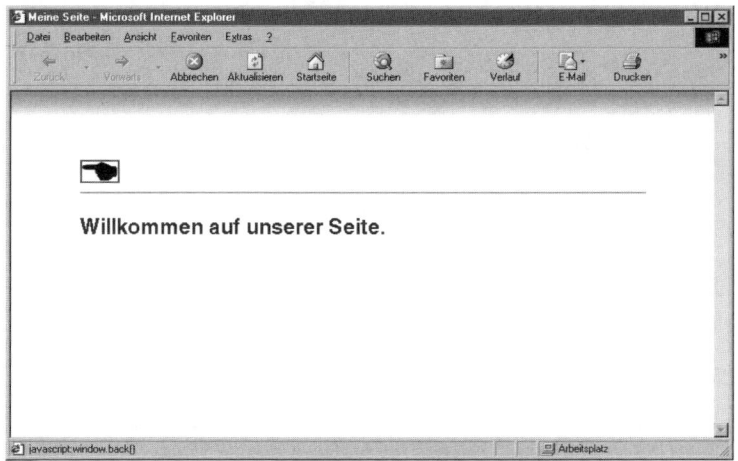

Die Schaltfläche führt per JavaScript zurück auf die vorherige Seite

Aktionen durch JavaScript erzeugen

blur(), focus()

Mit *blur* und *focus* bringen Sie geöffnete Fenster in die gewünschte Reihenfolge. *window.blur()* sorgt dafür, dass das angesprochene Fenster inaktiviert wird und sich hinter dem nunmehr aktiven Browserfenster anordnet. *window.focus()* ist das genaue Gegenteil.

Beide Befehle benötigen keine weiteren Parameter.

> **Hinweis**
> **Seiten aktivieren**
> Auf einer Webseite setzen alle Aktionen durch den Anwender voraus, dass die Seite den Fokus besitzt. Sowie der Leser das aktuelle Browserfenster anklickt, erhält das Fenster den Fokus, alle anderen Seiten werden dahinter angeordnet.

Hier ein Beispiel zum Thema *blur()* und *focus()*

```
<html>
<title>Meine Seite</title>
<link rel="stylesheet" type="text/css" href="style2.css" />
<script language="JavaScript">
klmenu = window.open("kl_menu.html",
"klmenu","width=400,height=250");
</script>
</head><body>
<a href="javascript:klmenu.focus()">Menü einblenden</a><br />
<a href="javascript:klmenu.blur()">Menü ausblenden</a>
<h2>Willkommen auf unserer Seite</h2>
</body>
</html>
```

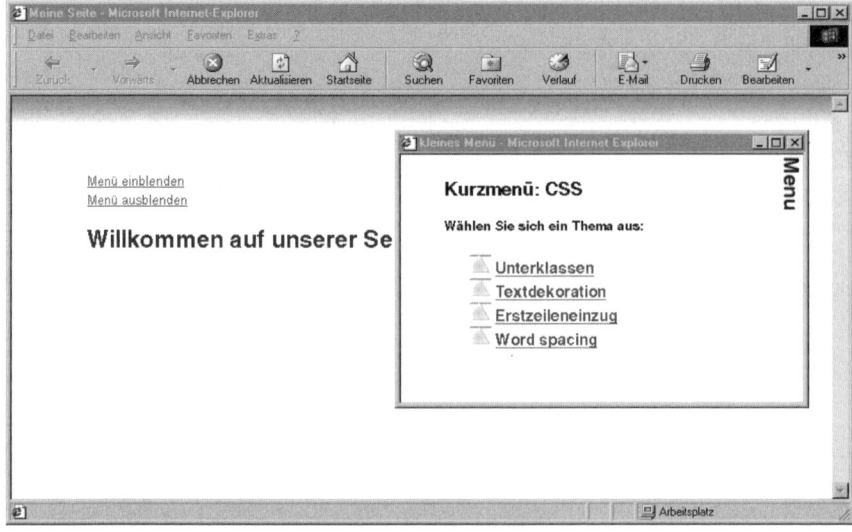

Mit blur() und focus() regeln Sie die Reihenfolge der Fenster

open(), close()

Per JavaScript lässt sich auch noch ein Fenster öffnen oder schließen. *windows.close()* kennt keine weiteren Schalter, während die Methode *window.open()* eine Reihe von Parametern besitzt, die hier kurz vorgestellt werden sollen. Mit *window.open* müssen Sie diverse Parameter übergeben, damit der Browser das neue Fenster nach Ihren Wünschen öffnen kann.

```
klmenu = window.open("kl_menu.html",
"klmenu","width=400,height=250");
```

Zuerst schreiben Sie in Anführungszeichen den exakten URL der gewünschten Seite. Befindet sich dieser immer relational an der gleichen Position auf dem Server, können Sie die Adresse der Seite entsprechend kürzen. Der nachfolgende Fenstername dient zur internen Referenzierung des neuen Fensters. Auf diese Bezeichnung können Sie in der Programmierung zurückgreifen. Als dritter Ausdruck folgen in Anführungszeichen die Ausmaße und weitere Eigenschaften des Fensters. Dieser Ausdruck ist optional, kann also auch weggelassen werden. In diesem Fall würde sich das Browserfenster ganz normal öffnen.

Hier die weiteren Eigenschaften. In der Spalte Browser sind die Programme und Standards eingetragen, mit welchen die Eigenschaft eingeschränkt ist.

Eigenschaft	Browser	Beschreibung
height=	Netscape, Internet Explorer	Hiermit definieren Sie die Höhe des neuen Fensters in Pixeln, beispielsweise height=300
width=	Netscape, Internet Explorer	Hiermit definieren Sie die Breite des neuen Fensters in Pixeln.
locationbar=	Netscape, Internet Explorer	Setzen Sie locationbar=yes, zeigt das neue Browserfenster die Adresszeile zur Eingabe des URL an. Normalerweise ist die Zeile ausgeschaltet.
menubar=	Netscape, Internet Explorer	Das Attribut schaltet die Menüzeile des Browserfensters ein (normalerweise ausgeschaltet).
resizable=	Netscape, Internet Explorer	*resizable* bestimmt, ob der Anwender das neue Fenster in den Ausmaßen verändern kann. Sie sollten die Funktion ausschalten (*no*), damit Sie die gestalterische Kontrolle behalten. Die Voreinstellung ist *yes*.
status=	Netscape, Internet Explorer	Schaltet bei Bedarf die Statusleiste ein (normalerweise ausgeschaltet).
dependent=	Netscape, JavaScript 1.2	Setzen Sie *yes* (ja), wird dieses Fenster automatisch mitgeschlossen, wenn das Mutterfenster geschlossen wird. Bei *no* (nein) bleibt es bestehen und muss von Hand beendet werden.
hotkeys=	Netscape, JavaScript 1.2	Mit *hotkeys* können Sie einstellen, ob die Befehle des Browserfensters, die per Tastatur erreichbar sind (zum Beispiel [Strg]+[P] für den Ausdruck) aktiviert sein sollen oder nicht.
innerHeight=	Netscape, JavaScript 1.2	Siehe *window.innerHeight*.
innerWidth=	Netscape, JavaScript 1.2	Siehe *window.innerWidth*.

Aktionen durch JavaScript erzeugen

Eigenschaft	Browser	Beschreibung
screenX=	Netscape, JavaScript 1.2	Hiermit positionieren Sie den Horizontalpunkt der oberen linken Ecke des neuen Browserfensters.
screenY=	Netscape, JavaScript 1.2	Hiermit positionieren Sie den Vertikalpunkt der oberen linken Ecke des neuen Browserfensters

resizeTo(), resizeBy()

Der Ausdruck *resizeTo()* bringt das Browserfenster in die von Ihnen vorgegebene Größe. Dieser Befehl ist wichtig, wenn Sie in einem Fenster eine vorformatierte Seite einsetzen.

```
<html>
<head>
<title>Test</title>
</head>
<body onload="window.resizeTo(320,200)">
</body>
</html>
```

In diesem Beispiel wird das aktuelle Fenster auf die angegebene Größe in Breite und Höhe eingestellt. Hierbei verändern Sie die Ausmaße des gesamten Browserfensters. *resizeBy()* lässt das aktuelle Browserfenster um die angegebenen Werte schrumpfen oder vergrößern. Dies ist manchmal hilfreich, wenn Sie mehrere Browserfenster nebeneinander sichtbar aufblättern lassen wollen.

moveTo(), moveBy()

Die Methode *moveTo()* verschiebt das Browserfenster auf die Position, die in den Klammern eingetragen ist. *moveBy()* verschiebt das Fenster von der jetzigen Position um die angegebenen Pixel. Hier ein kleines Beispiel zu *moveBy()*:

```
<html>
<title>Meine Seite</title>
<link rel="stylesheet" type="text/css" href="style2.css" />
<script language="JavaScript">
var x=0;
var y=0;
menue=window.open("kl_menu.html","Zweitfenster","width=320,
height=350");
function Bewege()
{
 menue.moveBy(x,y);
 menue.focus();
 x=0;
 y=0;
}
</script>
</head>
<body>
<h2>Bewegen Sie das Menü</h2>
```

Aktionen durch JavaScript erzeugen

```
<a href="javascript:x=20;Bewege()">nach rechts</a>
<a href="javascript:x=-20;Bewege()">nach links</a>
<a href="javascript:y=-20;Bewege()">nach oben</a>
<a href="javascript:y=20;Bewege()">nach unten</a>
</body>
</html>
```

In diesem Beispiel bewegt sich nach Knopfdruck das Zweitfenster um zwanzig Pixel in die gewünschte Richtung.

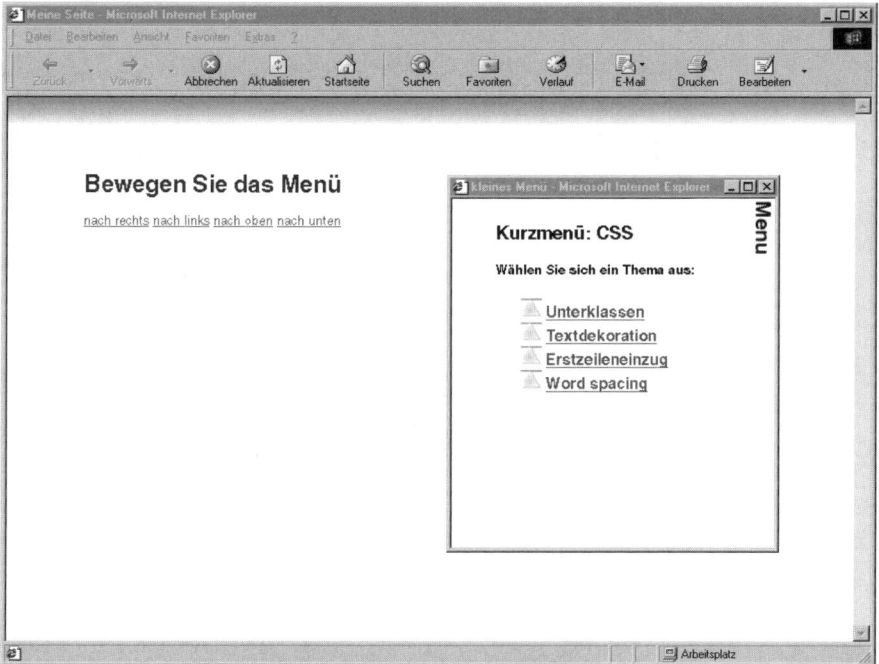

Kleine Fernsteuerung mit moveBy()

scrollTo(), scrollBy()

Mit diesen beiden Funktionen bewegen Sie den Inhalt des Browserfensters. Sie funktionieren nach dem gleichen Schema wie *moveTo()* und *moveBy()*. Wir haben das Listing leicht modifiziert.

```
<html>
<title>Meine Seite</title>
<link rel="stylesheet" type="text/css" href="style2.css" />
<script language="JavaScript">
var x=0;
var y=0;
menue=window.open("07001.htm","nttext","width=320,height=350");
function Bewege()
{
 menue.scrollBy(x,y);
 menue.focus();
 x=0;
 y=0
```

```
}
</script>
</head>
<body>
<h2>Bewegen Sie das Menü</h2>
<a href="javascript:x=100;Bewege()">Inhalt nach rechts</a>
<a href="javascript:x=-100;Bewege()">Inhalt nach links</a>
<a href="javascript:y=-100;Bewege()">Inhalt nach oben</a>
<a href="javascript:y=100;Bewege()">Inhalt nach unten</a>
</body>
</html>
```

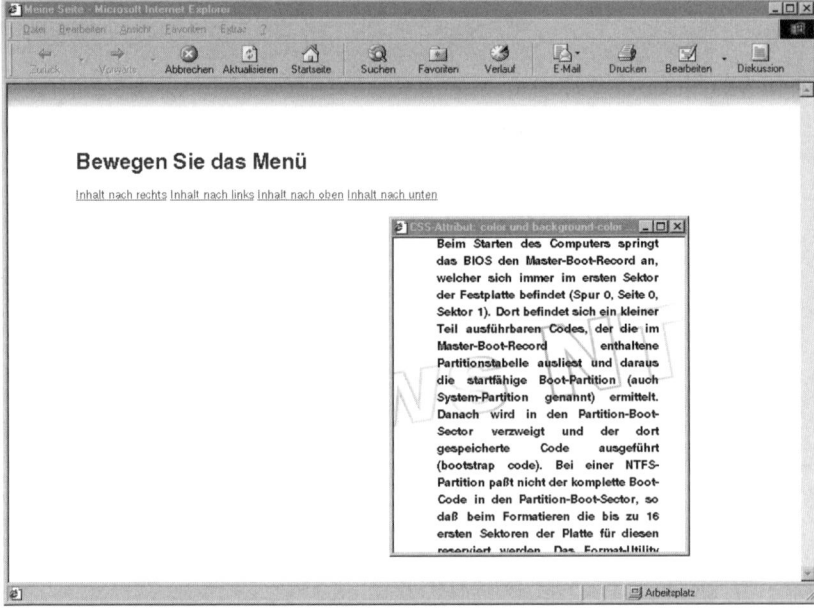

Mit scrollBy() verschieben Sie den Seiteninhalt um ein paar Pixel

Das Dokument

Nach der Beeinflussung des Browsers und seines Fensters können wir uns nun um die wichtigsten Eigenschaften und Methoden zum jeweiligen HTML-Dokument kümmern.

Eine Reihe der hier möglichen Eigenschaften und Methoden hat seine Entsprechung in HTML, CSS oder in JavaScript-Funktionen zu *windows*.

referrer

In dieser Eigenschaft finden Sie die Information, von welcher Webseite aus der Besucher Ihre Seiten aufgerufen hat.

```
<html>
<title>Meine Seite</title>
<link rel="stylesheet" type="text/css" href="style2.css" />
<script language="JavaScript">
```

Aktionen durch JavaScript erzeugen

```
            document.write("<h2>Willkommen.</h2><p>Sehr geehrter Besucher,\r
            Sie kamen gerade von "+document.referrer+".</p>")
            </script>
            </head>
            <body>
            <p>Sch&ouml;n, dass Sie sich hier einfinden.</p>
            </body>
            </html>
```

In diesem JavaScript wird die URL-Adresse der Seite ausgegeben, woher der Besucher kam.

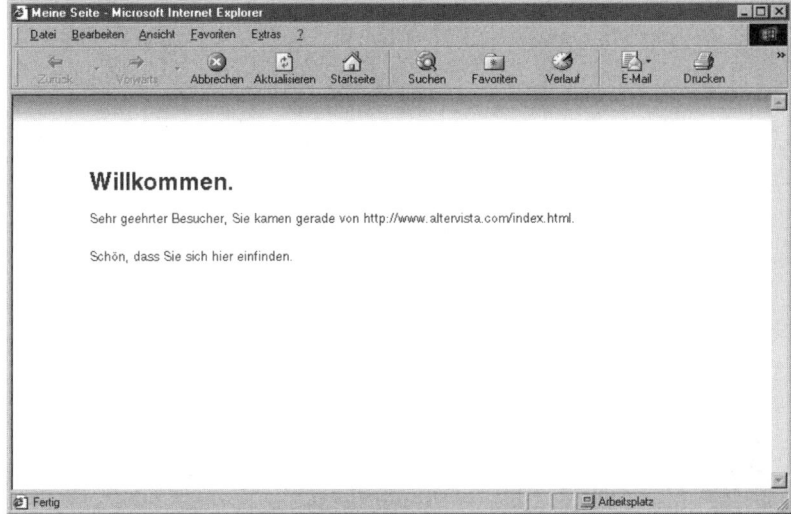

Unser Besucher verrät per document.referrer, woher er kam

title, url

Mit den Abfragen *title* und *url* erhalten Sie einerseits die im HTML-Dokument unter <title> eingetragene Überschrift der Datei, zum anderen erfahren Sie, unter welchem URL das Dokument gespeichert ist. Setzen Sie ein externes JavaScript ein, können Sie mit diesen Eigenschaften feststellen, ob der Titel oder die Lokalisierung der Datei im Web geändert wurde. Dies kann wichtig werden, wenn Sie dem Webseitenklau einen Riegel vorschieben wollen. Auf dieses Thema kommen wir gleich zurück.

open(), close()

Die Funktion *document.open()* unterscheidet sich erheblich von der gleichnamigen Funktion zu der Methode *window*. Hier wird kein neues Fenster geöffnet, sondern nur ein neues Dokument in das bestehende Fenster eingelesen.

Hierdurch wird zum Beispiel kein neuer Eintrag in der History angelegt; der Leser kommt also mit der Schaltfläche *Zurück* nicht zur vorherigen Seite. Hier ein Beispiel zu *document.open()*:

Aktionen durch JavaScript erzeugen

```
<html>
<title>Meine Seite</title>
<link rel="stylesheet" type="text/css" href="style2.css" />
<script language="JavaScript">
function vorlader()
{
sprache = navigator.systemLanguage;
if(sprache)
{
 document.close();
 document.open("text/html","replace");
 if(sprache="de")
   {
    location.replace('07001.htm');
   }
  else
   {
    location.replace('07002.htm');
   }
 }
 else document.write("Sorry, couldn't read your language");
}
</script>
</head>
<body onload="vorlader()">
<p>Moment, ich route Sie zu Ihrer Sprachversion.</p>
</body>
</html>
```

In diesem Listing wird zunächst die installierte Sprachversion des Browsers abgefragt. Erhält das JavaScript ein Ergebnis (einige ältere Browser informieren nicht über die Sprache), dann hat die Variable *sprache* einen Inhalt, wird also wahr. Nun schließt das JavaScript das aktuelle Dokument, prüft die Sprachversion und öffnet in diesem Beispiel eine Seite deutschen Inhalts. Hierbei wird über *document.open()* zunächst das Fenster freigeschaltet und danach mithilfe von *location.replace()* die neue Seite aufgerufen. Die Methoden rund um *location* bieten Ihnen den direkten Zugriff auf die verwendeten URL-Adressen. Sollte das Script keine Sprachversion finden, meldet das es, dass es die entsprechende Seite nicht gefunden hat.

Hinweis

Manuelle Auswahl ermöglichen

Setzen Sie auf Ihrer Seite ein Routing ein, bedenken Sie bitte, dass einige Leser nicht mit Browsern arbeiten können, die die Steuerung unterstützen. Sie müssen also dafür sorgen, dass der eine oder andere Leser auch die Möglichkeit haben sollte, seine Sprache selbst auszuwählen.

write(), writeln()

Diese Methoden sorgen für die Ausgabe beliebiger Zeichen in das Browserfenster. *writeln()* fügt hinter dem von Ihnen geschriebenen Ausdruck automatisch eine Zeilenschaltung ein. In diesen Methoden können Sie sowohl JavaScript als auch HTML und Klartext eingeben. Bedienen Sie sich einer Programmiersprache, muss der Quellcode exakt so eingegeben werden, wie die Sprache es vorsieht.

> **Tipp**
>
> **Sonderzeichen beachten**
>
> Sie können alle Zeichen einsetzen, die Ihnen per Tastatur zur Verfügung stehen. Nur die Sonderzeichen wie beispielsweise Zeilenschaltung oder Anführungszeichen müssen nach der Tabelle auf Seite 251 ersetzt werden.

Cookies setzen

Der normale Dialog zwischen Webseitenanbieter und Leser ist meistens eine Einbahnstraße. Doch einige Webseiten erkennen, dass der Leser schon einmal vor Ort war. Hier sind Cookies im Spiel. Wie der Name *Cookies* seinen Weg in die Internetsprache gefunden hat, ist unbekannt. Als Cookie bezeichnet man kleine Dateien, die durch die Webseite auf dem Rechner des Lesers hinterlegt werden.

Eine intelligente Webseite erkennt durch einen Cookie, dass der Leser schon einmal den URL besucht hat. Sowie der Leser die Seite wieder besucht, fragt die Webseite das System des Lesers ab, ob ein eigener Cookie-Eintrag vorhanden ist. Hier ein Beispiel-Cookie:

```
AV_USERKEY
AVSdcbc0dacde00103c0411af03256fe
altavista.com/
1
3781213440
3034654105
3126547132
91546531
*
```

Dieses Cookie hat der Onlinedienst AltaVista auf den Rechner des Autors geschwemmt. Was in den Cookies steht, ist übrigens sehr unterschiedlich und hängt von den Daten ab, die der Webseitenentwickler auf der Festplatte des Lesers ablegt.

Mit Cookies lassen sich aber beispielsweise Einstellungen des Lesers ablegen und bei einem erneuten Besuch der Seite die Schalter so setzen, dass der Leser seine Vorauswahl wiederfindet.

Cookies können Sie in etwa mit dem programmspezifischen Eintrag einer Anwendung in das Betriebssystem Ihres Rechners vergleichen. Bei Windows 9X gleichen sie dem Programmeintrag in der *win.ini*.

Aktionen durch JavaScript erzeugen

Es ist nahezu ausgeschlossen, ein Cookie auf dem Rechner des Lesers auszulesen, das man nicht selbst gesetzt hat. Das Einschwemmen eines Virus per Cookie ist ebenfalls nicht möglich. Auch das Auslesen sicherheitskritischer Informationen aus dem Rechner des Lesers – eine häufig vermutete Äußerung – ist nicht denkbar.

> **Hinweis**
>
> **Bad cookie, good cookie**
>
> Da Cookies einen schlechten Ruf haben, sollten Sie ein Cookie nur dann auf dem Rechner des Lesers platzieren, wenn daraus ein Vorteil für den Leser entsteht.

In einem Cookie wird in der Regel eine Identifizierung gesetzt. Diese liegt – wie in unserem Beispiel-Cookie – in der ersten Zeile. Hiernach folgt eine Information zur näheren Identifizierung des Eintrags sowie weitere Parameter.

In einigen Cookies erfahren Sie beispielsweise, über welche IP-Adresse Ihr Rechner mit dem Server verbunden ist. In anderen Cookier legt man einfach nur das Datum des letzten Besuchs ab.

Die Browser verwalten die Cookies übrigens sehr unterschiedlich. Netscape speichert die Cookies in einer Datei. Sie trägt den Namen *cookies.txt* und liegt im Verzeichnis des Anwenders.

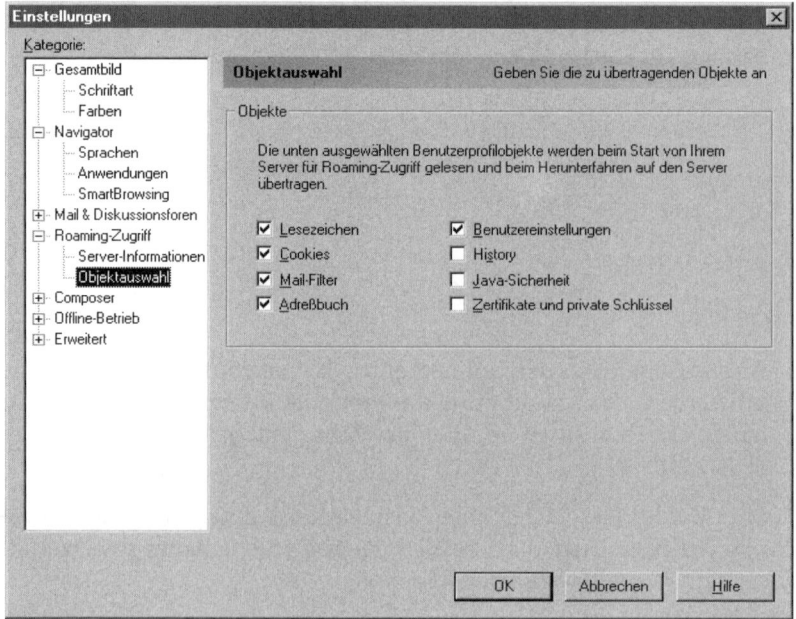

Im Netscape Communicator regeln Sie die Cookies über das Menü Bearbeiten/Einstellung/Roaming-Zugriff

Der Microsoft Internet Explorer legt ab der Version 4 seine Cookies in einem Ordner *Cookies* im Windows-Verzeichnis ab.

Aktionen durch JavaScript erzeugen

Hier erhält jeder Server seine eigene Datei; eine separate Index-Datei verwaltet die Einträge.

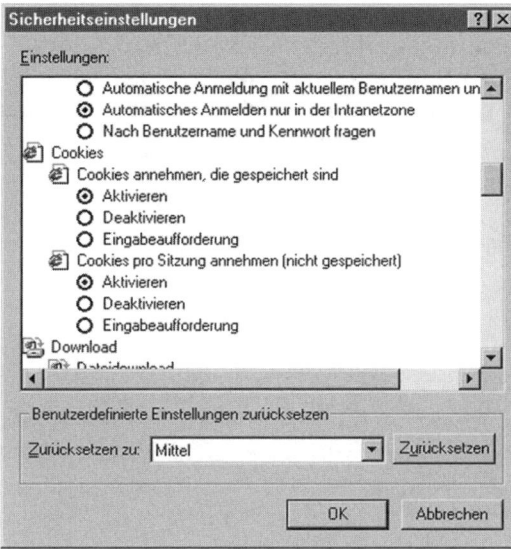

Im Internet Explorer finden Sie die Cookie-Verwaltung im Menü Extras/Internet-Optionen/ Sicherheit/Stufe anpassen

Hinweis
Cookies nicht grundsätzlich verbieten
Bestimmte Seiten im World Wide Web funktionieren nicht, ohne dass Sie das Ablegen eines Cookies zulassen. Sie sollten die Annahme von Cookies also nicht grundsätzlich ausschließen, wenn Sie über das Internet einkaufen wollen.

Die Verwaltung des Cookies findet ausschließlich per Browser statt und ist sehr ausgefeilt. Das Auslesen beziehungsweise Anlegen eines Cookies kann über diverse Sprachen programmiert werden. Der Netscape Communicator bietet beispielsweise das Setzen und Abarbeiten eines Cookies direkt über HTML an:

```
<meta http-equiv="set-cookie" content=
"cookievalue=xxx;expires=friday, 14-jun-00 12:30:00 gmt; path=/;"
/>
```

Hier wird das Cookie direkt im <head> der HTML-Datei übertragen. Viele Browser machen dies jedoch nicht mit. In der Regel greift der Programmierer jedoch auf JavaScript zurück. Das Lesen und Schreiben des Cookies ist in JavaScript relativ einfach geregelt. Wollen Sie das Cookie auslesen, setzen Sie die folgende Zeile ein:

```
cookie_abholen=document.cookie;
```

In der Variable *cookie_abholen* wird der Eintrag gespeichert, der auf dem Rechner des Lesers eingetragen wurde. Soll das Cookie wiederum geschrieben werden, drehen Sie die Zeile einfach um:

Aktionen durch JavaScript erzeugen

```
document.cookie=neues_cookie;
```

Ist ein Cookie auf dem Rechner des Lesers bereits abgelegt, wird es nun mit dem Inhalt der Variable *neues_cookie* aktualisiert. Hat der Browser keinen Cookie-Eintrag gefunden, fügt er ihn der Liste der bereits vorhandenen Cookies hinzu. Hier ein Beispiel in JavaScript. Hier wird zunächst das Cookie gesucht, gegebenenfalls gelesen und hiernach mit neuen Werten zurückgeschrieben.

```
<html>
<head>
<title>08021: Cookie auslesen</title>
<script language="JavaScript">
  var cookieda = "neues cookie";
 if(document.cookie)
 {
  cookieda = document.cookie;
  alert(cookieda + ": " + document.lastModified);
 }
 else
 {
  document.cookie = "Webseite Version vom: "
                                    + document.lastModified;
  alert(cookieda + ": " + document.lastModified);
 }
</script>
</head>
<body>
</body>
</html>
```

In diesem Beispiel wird zunächst in der Variable *cookieda* der Wert *neues cookie* gesetzt. Über die Abfrage

```
if(document.cookie)
```

wird direkt abgefragt, ob ein Cookie auf dem Rechner des Lesers vorhanden ist.

Ist die Abfrage wahr, wird das vorhandene Cookie in der Variable *cookieda* abgelegt.

Ein Fenster gibt die Daten des Cookies aus. Im ELSE-Bereich der Abfrage schreibt das Script die Daten in das Cookieverzeichnis des Browsers, wenn kein Eintrag zu finden war.

Rufen Sie die Datei zum ersten Mal auf, erscheint dieses Fenster:

Ein neues Cookie wurde auf dem Rechner abgelegt

Der erneute Besuch der Webseite gibt diese Meldung aus:

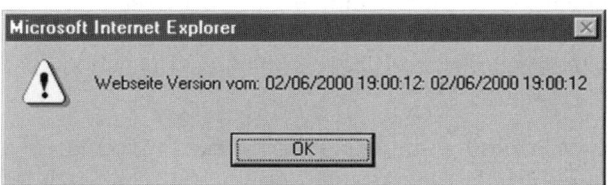

Der erneute Besuch wirft diese Meldung aus

Per JavaScript können Sie auch bestimmen, wann das Cookie aus dem Rechner des Lesers wieder entfernt werden soll. Dies geht mit folgendem Eintrag in das eben gezeigte Listing:

```
document.cookie += "expires=" + cookieDate(time
+ 30*24*60*60*1000)
```

Durch diese Zeile wird das zu sendende Cookie um den Eintrag *"expires="* erweitert. Die Methode *cookieDate()* setzt das Verfallsdatum des Cookies fest. In unserem Beispiel wird dem Cookie die Zeit mitgegeben, wann die Webseite zum ersten Mal aufgerufen wurde. Zu diesem Datum rechnen Sie die Zeit in Millisekunden hinzu, nach der das Cookie veraltet ist.

In unserem Beispiel rechnen wir der Systemzeit *time* das Ergebnis von 30*24*60*60*1.000 Millisekunden hinzu; das Cookie ist also nach 30 Tagen veraltet. Diese Schreibweise ist für den Programmierer leichter zu durchschauen als 2.592.000.000 Millisekunden.

6.4 Professionell entwickeln

Mit JavaScript lassen sich nicht alle Wünsche des Webseitengestalters erfüllen. JavaScript hat außerdem einen entscheidenden Nachteil: Die Programmierung wird dem Leser gleich im Quelltext mitgeliefert. Somit steht normalerweise JavaScript nicht zur Auswahl, wenn Sie sicherheitsrelevante Informationen austauschen wollen. Es hat ja keinen Zweck, gleich zu Ihren wertvollen Daten den Schlüssel auf dem Rechner des Lesers fest zu hinterlassen.

Java – nicht nur der Name einer Insel Indonesiens, sondern auch der amerikanische Ausdruck für einen großen Becher Kaffee – wurde ab 1991 durch Sun Microsystems entwickelt. Der Hintergedanke zur Entwicklung dieser Sprache war, zum einen eine objektorientierte Sprache zur Verfügung zu stellen, die sich relativ leicht erlernen lässt, die aber auch die Vorteile grafischer Betriebssysteme zu nutzen weiß. Zum anderen sollten die Kompilate der Sprache (die Ergebnisse der Programmierung) so klein wie möglich sein.

Java ist eine objektorientierte Programmiersprache, sie ist kompakt und im Quelltext oder als Binärdatei auf alle Plattformen und Betriebssysteme portierbar. Mit Java werden sehr kompakte kleine Programme erstellt, die ohne weitere Programme nicht lauffähig sind. Die als „Java-Applets" bezeichneten Programmstücke werden mithilfe der Programmierung in den HTML-Seiten vom Server auf den Rechner des Lesers übertragen. Die Applets erweitern dann je nach Bedarf den Funktionsumfang des Browsers um die Funktionen, die der Entwickler für die Verwirklichung seines Ziels benötigt. Wer schon mit objektorientierten Sprachen Umgang pflegte, wird sich in der Sprache der Applets schnell zurechtfinden.

Java hat in seiner Struktur Ähnlichkeiten mit der Programmiersprache C++. Das Ergebnis einer Applet-Programmierung unterscheidet sich jedoch erheblich sowohl von einem lauffähigen Programm wie beispielsweise Microsoft Word, als auch vom „nackten" Sourcecode einer HTML-Seite oder JavaScript-Funktion. Java-Applets sind eine Zwischenstufe; ihr Inhalt besteht aus einzelnen Befehlen, der „Bytecode" genannt wird. Dieser Bytecode ist systemunabhängig und wird von einem Interpreter ausgeführt. Dieser Interpreter ist Bestandteil der großen Browser von Netscape und Microsoft.

Die meisten Applets melden sich beim Leser, während sie ihre Arbeit verrichten. Der dezente Hinweis im Browser „Java-Applet is running" zeigt dieses deutlich. Nachdem das Applet seine Arbeit getan hat, verschwindet es wieder vom Rechner des Lesers. Viele Webseiten verwenden heute Java-Applets. Zu dem Thema der Java-Programmierung finden Sie im Internet sehr viele Quellen. Als Erstes müssen hier natürlich die Seiten von Sun genannt werden.

Die erste und nahe liegende Informationsquelle zu Java ist www.sun.com, die Seiten von Sun Microsystems.

Java-Entwicklungssysteme

Zur Programmierung eines Java-Applets benötigen Sie ein Entwicklungssystem. Hier sind Sie also mit einem nackten Texteditor – wie sonst so häufig im HTML – vollkommen fehl am Platze. Die Entwicklungssysteme gibt es für jeden Geschmack, Geldbeutel und Anwendungsbereich. So finden Sie eins der besten Programme zur Java-Programmierung – Visual Cafe von Symantec – gleich in verschiedenen Variationen zum Erwerb angeboten. Die Palette beginnt beim normalen Entwicklungssystem für Java-Applets und gelangt über eine auf Datenbank-Steuerung optimiere Version bis hin zur Enterprise-Edition, die zusätzlich noch die Spezialfunktionen des Intranets mit berücksichtigt.

Die Programmiersysteme sind zumeist auf eine objektorientierte Programmentwicklung ausgerichtet. Sie rufen aus einer zumeist sehr umfangreichen Objekt-Datenbank einzelne Elemente auf eine Oberfläche und definieren deren Verhalten. Nach und nach gelangen so alle notwendigen Komponenten zusammen. Jetzt regeln Sie das Verhalten der Objekte zueinander. Was herauskommt, ist Java-Quellcode.

Nachdem die Programmierung abgeschlossen zu sein scheint, folgt nun die Fehleranalyse und Korrektur. Hierfür bieten die Entwicklungsplattformen umfangreiche Debug-Funktionen an.

Aktionen durch JavaScript erzeugen

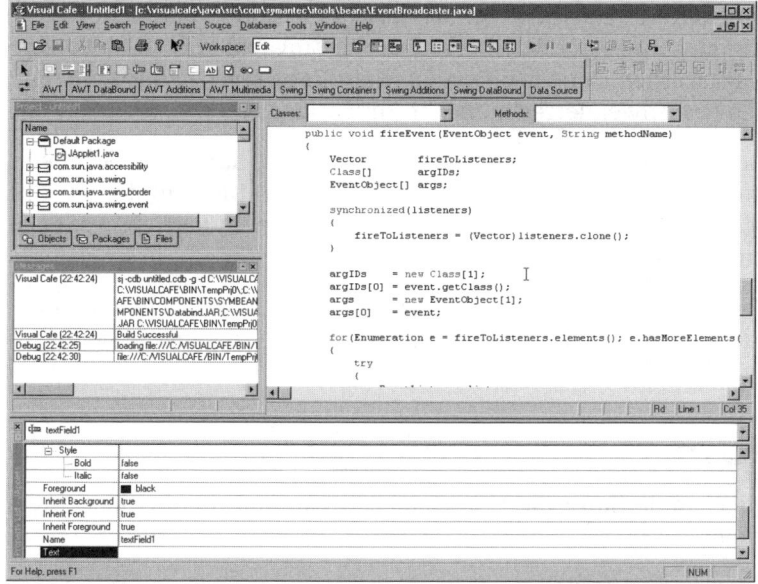

Visual Cafe von Symantec ist ein sehr umfangreiches Java-Entwicklungssystem

In dieser Abbildung sehen Sie verschiedene Fenster von Visual Cafe. Rechts befindet sich der Quellcode, der eine gewisse Ähnlichkeit mit den JavaScript-Programmen in diesem Buch hat. Auf der linken Seite liegen kleinere Projekte zum Einsatz bereit, darunter befindet sich das Ergebnis eines Compilerlaufs und die Eigenschaften eines Objekts. In dem Menübereich des Programms befinden sich verschiedene Komponenten, die per Drag & Drop in das Projekt hineingezogen werden.

Die Eigenschaften von Java haben zu der Idee geführt, eigenständige Netzwerk-Computer zu entwickeln. Diese sehr abgespeckten Rechner kommen ohne nennenswerten Massenspeicher aus. Per Netzwerkanschluss holen sich diese Rechner die Applets aus dem Firmen-Intranet. Mit Java lassen sich komplette Anwendungen wie beispielsweise eine Textverarbeitung entwickeln und als Applet vom Server abrufen. Hierdurch fällt nicht nur die lästige Installation von diversen Softwareprodukten und die Beschaffung der vielen Lizenzen weg.

In diesem Abschnitt sollen aber nicht nur die Vorteile von Java genannt sein. Java birgt auch erhebliche Nachteile in sich. Zum einen handelt es sich bei Java um eine C-ähnliche Programmiersprache, die zunächst erlernt werden muss. Beide Programmiersprachen empfinden Seiteneinsteiger als nicht so einfach wie beispielsweise Visual Basic oder – in unserem Falle – JavaScript. Sie sind für die Programmierung eines Java-Applets auf zusätzliche Software angewiesen. Die Anschaffung eines vernünftigen Entwicklungssystems ist mit mehreren hundert Mark zu veranschlagen; die Enterprise-Version von Symantec Visual Cafe liegt bei circa 3.000,- DM.

Ein weiterer Nachteil: Java-Applets stellen ein erhebliches Sicherheitsrisiko für den Anwender dar, wenn sie vom Entwickler zu dunklen Zwecken eingesetzt werden. Immerhin stehen dem Entwickler nahezu alle Systemressourcen des Anwenderrechners zur Verfügung.

Der Leser hat gegebenenfalls keinen Einfluss auf die Funktionen seines Rechners. Mit einem Applet lassen sich genauso Viren in den PC des Lesers einschwemmen wie auch geheime Daten aus dem Betriebssystem auslesen und zurücksenden.

Java und JavaScript sind zwar so ausgelegt, dass ein Zugriff auf die Harddisk nicht möglich sein soll, ein hinterhältiger Programmierer findet jedoch vermutlich auch hier einen Weg.

Java versus JavaScript

Hier einmal kurz die Unterschiede zwischen den beiden Programmiersprachen:

JavaScript	Java
wird vom Browser interpretiert.	wird durch den Entwickler mithilfe eines Entwicklungssystems kompiliert. Der Browser des Lesers führt das Programm nur aus.
Objekt-orientierte Programmierung, keine Unterschiede zwischen verschiedenen Objekttypen, Vererbung ist möglich, Eigenschaften und Methoden können dynamisch verändert werden.	Klassen-orientierte Programmierung: Objekte werden in Klassen und Instanzen unterschieden; Vererbung innerhalb der Klasse. Instanzen können nicht dynamisch geändert werden.
Programmcode ist Klartext und wird in das HTML-Dokument integriert. Eine Kompilierung ist nicht vorgesehen.	Kompilierter Code, Applet liegt immer außerhalb des HTML-Codes und wird nur über diesen gestartet.
Variablentypen müssen nicht extra deklariert werden.	Variablentypen müssen nicht extra deklariert werden.
kann nicht auf die Harddisk schreiben.	kann nicht auf die Harddisk schreiben.

6.5 Applets: Selbst bauen oder fertige nutzen?

Diese Frage ist nicht einfach zu beantworten. Der Griff zum eigenen Java-Entwicklungssystem lässt sich in der Regel vermeiden, wenn die Anforderungen im Anwendungsbereich einer „normalen" Webseite liegen.

So ist es in der Regel nicht sinnvoll, Grafikeffekte mit einem selbst entwickelten Applet zu generieren. Noch weniger Sinn macht es, wenn Sie mit der Produktion eines eigenen SQL-Applets beginnen, damit Ihr Leser einen Zugriff auf Ihre Datenbank im Web hat. Die existierenden Applets bieten zwar nicht immer hundertprozentig das, was Sie brauchen, laufen dafür aber meistens störungsfrei. Es reicht normalerweise aus, im World Wide Web ein für Ihre Zwecke passendes Applet zu suchen und einzusetzen.

Die angebotenen Programme sind in der Regel so ausreichend beschrieben, dass gegen einen Einsatz nur wenig spricht.

Viele Programmiere bieten ihre Dienste an, wenn Sie kein passendes Applet finden. Mit den größeren Webseitengestaltungsprogrammen erhalten Sie ebenfalls das eine oder andere Java-Applet zur freien Verwendung überreicht.

Wollen Sie aber die Verschlüsselung eigener Datenwege dem Leser konsequent vorenthalten, um eine besonders sichere Kommunikation zwischen Client und Server zu ermöglichen, müssen Sie selbst programmieren oder ein geeignetes Applet in Auftrag geben.

Java-Applets in die Webseite einbinden

Damit ein Applet auf Ihrer Seite eingesetzt werden kann, müssen Sie mehrere Schritte ausführen. Wollen Sie ein Freeware-Applet auf der Webseite Ihres Unternehmens verwenden, sollten Sie zunächst die Nutzungsbedingungen prüfen, die Ihnen der Entwickler vorgibt.

Viele Applets sind für den Hausgebrauch zugelassen, eine Nutzung für professionelle Zwecke hingegen ist manchmal untersagt.

Das Herunterladen eines simplen Applets reicht in der Regel nicht aus.

Das Programm muss ausreichend dokumentiert sein. Hierfür bieten verschiedene Hersteller Begleittexte an, die die Einbindung und die Übergabe der Steuerparameter erklären.

Ohne die Parameter wäre der Einsatz eines Applets nahezu sinnlos, wenn das Programm an Ihre Seiten angepasst werden soll.

Applets einbinden

Lassen Sie uns jetzt ein Applet einbinden. Von David L. Griffith stammt ein kleines grafisches Applet. Unter www.demon.co.uk/davidg/spigots.htm finden Sie verschiedene Java-Programme, die frei eingesetzt werden können.

Unser Beispiel heißt „Lake".

Aktionen durch JavaScript erzeugen

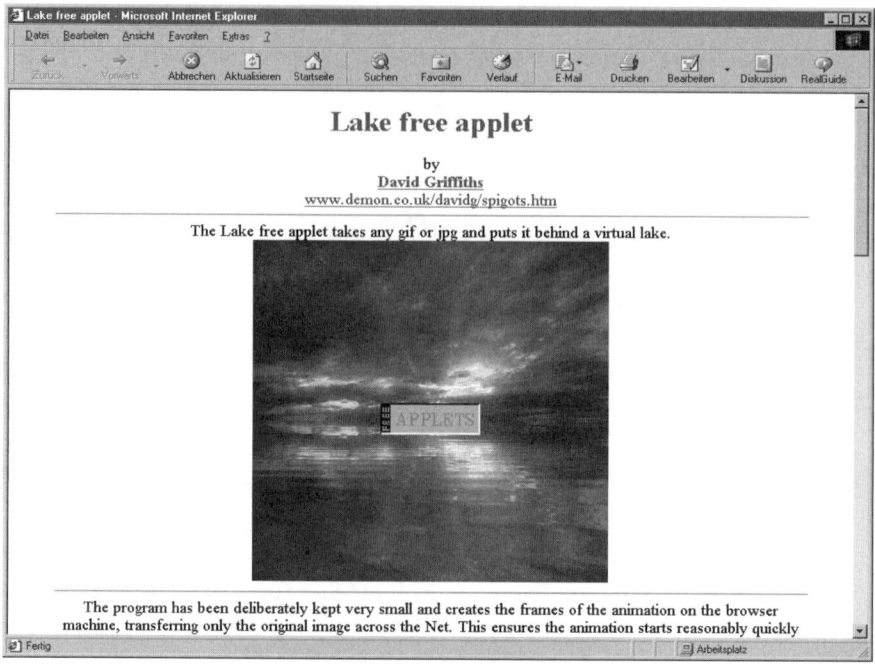

Das Java-Applet Lake stellt einen Welleneffekt einer Grafik dar

Der Effekt des Applets wird etwas deutlicher, wenn wir die Steuerparameter verändern.

Links sehen Sie den Effekt zusammen mit der Bildvorlage, rechts ist nur der Effekt dargestellt

Der Lake-Effekt wird uns in diesem Beispiel zur Entwicklung einer Werbeseite dienen, die eine Kreuzfahrt anpreisen soll. Dieses Beispiel erstellen wir mit Macromedia Dreamweaver.

1 Unsere Webseite basiert auf einer Tabelle. Mit diesem Hilfsmittel lassen sich ohne größere Probleme Texte und Grafiken leicht positionieren. In die Tabelle fügen wir den gewünschten Text ein. Das Listing sieht nun so aus:

Aktionen durch JavaScript erzeugen

```html
<html>
<head>
<title>Willkommen</title>
</head>
<body bgcolor="white">
<table width="944" border="0">
  <tr><td colspan="2" height="35">
      <h1 align="center">Warum immer nur davon träumen?</h1>
  </td></tr>
</table>
<tablewidth="944" border="4" cellspacing="4"
bordercolorlight="#FFCCFF" bordercolordark="#CC99FF">
  <tr><td width="350">
      <p>Mit traumhaften Sonnenunterg&auml;ngen lockt die
S&uuml;dsee. Gerade
      in der Winterzeit reizen die kleinen Atolle mit
unvergesslichen Momenten,
      in denen die Seele zur Ruhe kommt, der Betrachter
ausspannen kann.</p>
      <p> Folgen Sie uns auf eine traumhafte Kreuzfahrt zu den
Inseln unter dem Kreuz des S&uuml;dens.</p>
      <p>Neugierig? Klicken Sie auf das Bild.</p>
   </td>
   <td width="594">
   </td>
  </tr>
</table>
</body>
</html>
```

2 Dieses Listing besteht aus einem simplen HTML-Code und ist nicht optimiert. Dreamweaver stellt die Seite jetzt so dar:

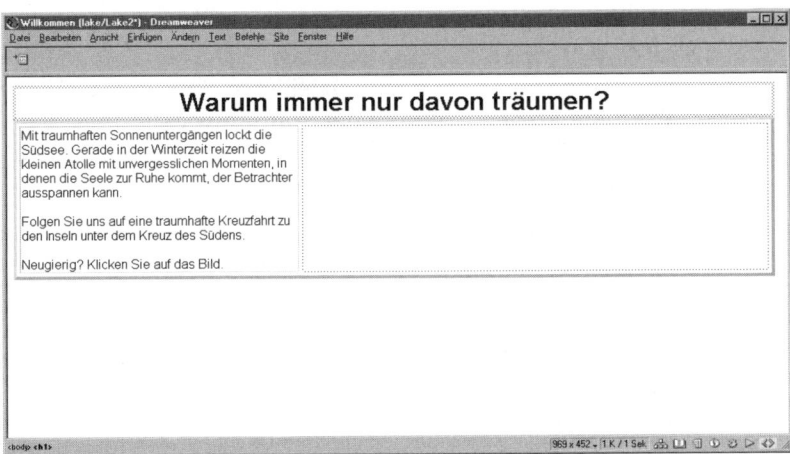

Die HTML-Seite im Aufbau

3 Als Foto wählen wir eine typische Sonnenuntergangsszene aus, die zunächst mit einer Bildverarbeitung auf Format getrimmt wird.

Aktionen durch JavaScript erzeugen

Das Originalbild

Mit Paint Shop Pro schneiden Sie die untere Hälfte circa auf der Horizontlinie ab

4 Das Lake-Applet übernimmt die Darstellung des Wassers in unserem Bild, also wird der Bereich im Originalbild nicht benötigt. Mit der Bildbearbeitung wurde die Grafik gleich auf das entsprechende Format gebracht. Als Zielformat haben wir eine GIF-Grafik mit einer Auflösung von 72 dpi erzeugt.

5 Jetzt geht es an das Applet selbst. Nach dem Abholen aus dem World Wide Web haben wir die Datei *lake.class* in das Verzeichnis unserer Webseite kopiert. Mithilfe der vom Entwickler mitgelieferten Erklärung, wie das Applet einzubinden sei, setzen wir den Cursor in den HTML-Editor von Macromedia Dreamweaver.

Der HTML-Editor von Dreamweaver wird über die Schaltfläche im rechten Bereich der Fußleiste aktiviert

6 Hier geben wir nun die Parameter zur Steuerung des Applets ein.

```
<td width="594">
<div align="center">
 <applet code="Lake.class" id="Lake" width="594" height="540">
 <param name="image" value="dusk3.jpg">
 <param name="overlay" value="">
 <param name="href" value="target.htm">
 </applet>
</div>
</td>
```

7 Mit dem HTML-Tag <applet> wird das Java-Programm eingebunden. Hierbei beschreibt *code=Lake.class* das gewünschte Programm.

Die Attribute *class* und *id* sorgen für die Erreichbarkeit des Applets durch andere Programmierungen.

8 Mit *width* und *height* übermitteln wir den benötigten Platz an den Browser, der zur Darstellung verwendet werden soll.

Dieser Platz richtet sich nach den Bildmaßen. Unsere GIF-Datei hat eine Breite von 594 Pixel und ist 299 Pixel hoch.

Damit das Applet nicht nur das Originalbild darstellt, sondern auch Platz für die Spiegeleffekte hat, geben wir die fast doppelte Höhe an.

Wir haben den Darstellungsbereich etwas verkleinert gehalten, damit der Welleneffekt, der durch eine Verzerrung des Spiegelbildes unserer Grafik entsteht, nicht eine graue Fläche hinterlässt, wenn sich „das Wasser zurückzieht".

In diesem Ausschnitt haben wir die doppelte Höhe für das Applet bereitgestellt. Hierdurch entsteht unten ein grauer Rand

9 Das Applet selbst bietet einige Steuerungen an. So lässt sich beispielsweise eine Grafik zentral in der Appletfläche einblenden. Gegebenenfalls wird dieses mit dem HTML-Tag <param> an das Applet gemeldet. Das gesamte Applet kann gleichzeitig als Schaltfläche genutzt werden, wenn mit dem Parameter *href* der URL der entsprechenden Seite übermittelt wird. Nachdem diese Werte eingegeben wurden, ist die Seite abgeschlossen.

Aktionen durch JavaScript erzeugen

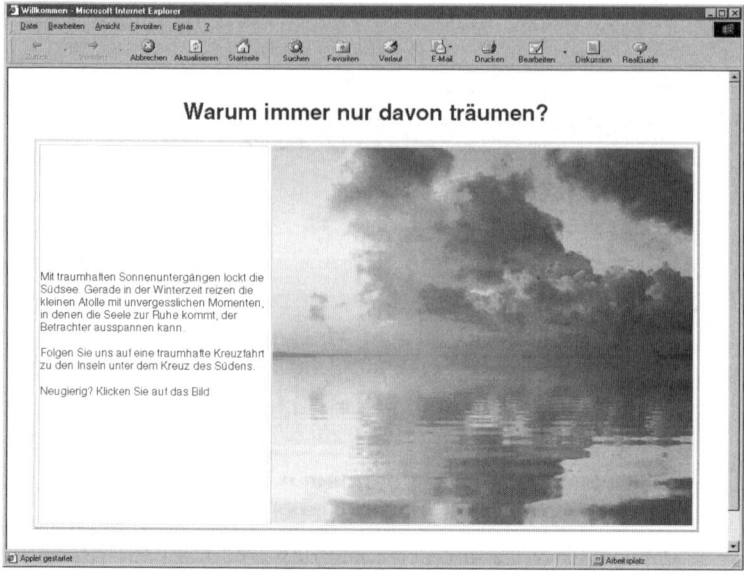

Unsere Werbung für die Südsee kann veröffentlicht werden

Natürlich ist nicht jedes Applet so simpel einsetzbar, wie dieses Beispiel es gezeigt hat. Java-Programme bieten Ihnen aber die Möglichkeit, mit wenig Aufwand Effekte zu nutzen. Die Programmierung innerhalb der Webseite ist zumeist recht einfach.

Sie geben in der Regel dem Java-Programm etwas Platz auf Ihrer Seite und steuern mithilfe der Parameter die Funktionen des Applets. Hinzu kommt, dass Java sehr kleine Programme liefert.

Unser hier verwendetes Applet ist exakt 4.862 Bytes groß. Hierdurch ist es sehr schnell beim Leser. Die hier verwendete Grafik benötigt noch einmal 6.780 Bytes.

6.6 Mit JavaScript die Website schützen

Eines vorweg: Über den sinnvollen Schutz Ihrer Webseite brauchen Sie nur dann nachzudenken, wenn der Aufwand im gesunden Verhältnis zum Inhalt steht. Der Schutz einer Webseite ist beim besten Willen alles andere als einfach.

Immerhin haben Sie es bei JavaScript mit einer Klartextsprache zu tun, die mit den Webseiten direkt oder als Link-Datei auf den Rechner Ihres Lesers wandert.

Somit stehen dem Suchenden die Inhalte auf seinem Rechner zur Verfügung. Sie werden erst dann wieder gelöscht, wenn der Browser des Lesers die von ihm vordefinierte Anzahl der zwischengespeicherten Dateien im Temporärverzeichnis löscht.

Aktionen durch JavaScript erzeugen

Bevor Sie eine Sicherung in Ihre Webseiten durch mehr oder minder komplizierte Tricks und Kniffe einbauen, muss die Seite komplett fehlerfrei laufen.

Es hat keinen Zweck, einen Schutz einzubauen, wenn die Webseite noch inkomplett oder mit Mängeln behaftet ist.

Im Folgenden wollen wir Ihnen ein paar kurze Methoden zeigen, mithilfe derer Sie einigen der unangenehmeren Probleme Paroli bieten können.

> **Hinweis**
> **Ist Ihr Schutz zu gut?**
> Jeder komplexe Schutz einer Webseite bedeutet auch gleichzeitig, dass Sie Leser von Ihren Webseiten fern halten. Längst nicht alle Browser verstehen JavaScript. Dementsprechend müssen Sie für diese Klasse an Lesern entweder separate Seiten anbieten oder sie zumindest auf die Verwendung von Java und JavaScript hinweisen.

Verstecken Sie Ihren mailto-Eintrag

So mancher Leser nervt den einen oder anderen Webmaster mit Fragen. Diese Zeitgenossen drücken zumeist die *mailto*-Schaltflächen, die der Webmaster auf seiner Seite anbietet. Soweit ist das auch richtig und zumeist gewollt. Einige Suchmaschinen und automatische Dienste hingegen sammeln E-Mail-Adressen ein, um den Webmaster mit Massenmails zu beschießen. Hiergegen kann man etwas tun.

Die meisten Suchprogramme dieser Art fahnden nach dem Eintrag *mailto:* im HTML-Code der Webseiten. Hierzu lesen sie den Textinhalt der HTML-Seite und suchen einfach nach dem Eintrag, über den normalerweise die E-Mail-Adresse an das Mailprogramm übergeben wird. Also gilt es, diesen etwas zu verstecken. Das folgende Listing ist eines der einfachsten Möglichkeiten, den automatischen E-Mail-Sammlern einen Riegel vorzuschieben.

```
<html>
<title>Meine Seite</title>
<link rel="stylesheet" type="text/css" href="style2.css" />
<script>
function adresse_setzen()
{
   teila= "bei";
   btens = "buecher";
   anfang= "Mai"
   ctens = "ker.de?subject=Ihre Webseite";
   nochein= "l"
   teild= "@databec";
   bischen= "to:"
   sammel = anfang + nochein + bischen + btens+ teila+ teild
                                                      + ctens;
   parent.location = sammel;
}
</script>
</head>
```

Aktionen durch JavaScript erzeugen

```
<body>
<p>Haben Sie Fragen?</p>
<input type="submit" name="Submit" value="zur Kontaktaufnahme
klicken Sie hier" onclick="JavaScript:adresse_setzen()" />
</body>
</html>
```

Das JavaScript in diesem Beispiel wird per Klick auf die Schaltfläche gestartet. In diesem einfachen JavaScript haben wir die E-Mail-Adresse in kleine Bestandteile zerlegt, in verschiedenen Variablen abgelegt und etwas umsortiert. Erst die Zeile *sammel* legt die Reihenfolge fest und ruft die Mailfunktion in Ihrem Browser auf.

Die Adresse unseres Beispiels wäre also *"buecherbei@databecker.de"*. Übrigens, versuchen Sie es nicht. Diese Adresse ist nur ein Dummy.

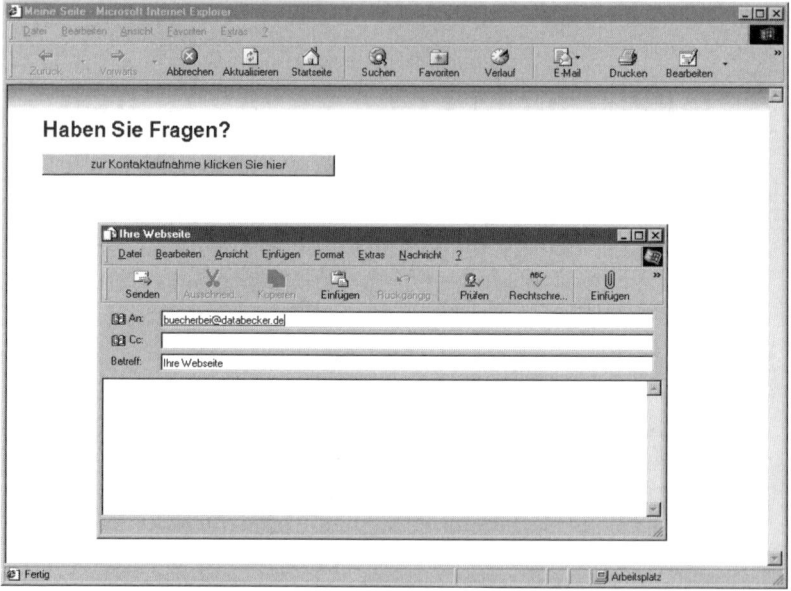

Das E-Mail-Programm wurde gestartet

Mit diesem Script haben Suchprogramme nur noch eine geringe Chance, den Eintrag *"mailto:"* und die Adresse herauszufiltern.

Bilder schützen

Eine der Hauptquellen für juristische Auseinandersetzungen rund um das World Wide Web sind in den Bildern zu suchen, die im Internet zur Verfügung stehen.

Da wird nicht nur ein erhebliches Transfervolumen erzeugt, sondern mit dem einen oder anderen Bild werden auch durchaus nicht legale Geschäfte betrieben.

Wie können Sie zum Beispiel das Firmenlogo auf Ihrer Webseite schützen?

Aktionen durch JavaScript erzeugen

```
<script language="JavaScript">
<!--
document.onmousedown=rechtsklick
function rechtsklick()
{
 if (event.button==2)
 {
  event.button==1
 }
}
// -->
</script>
```

Mit diesem JavaScript wird die Funktion der rechten Maustaste so umgeschaltet, dass der Druck der rechten Maustaste dem auf die linke Maustaste gleichkommt. Hierdurch wird verhindert, dass sich das lokale Menü der Maus einschalten lässt.

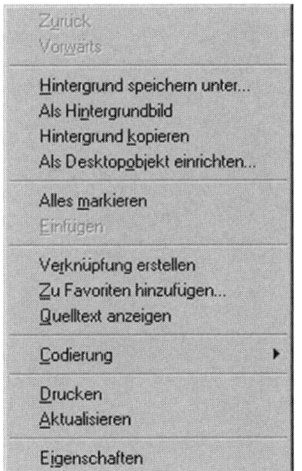

Dies sind die Funktionen, die der Microsoft Internet Explorer 5 dem Leser per Druck auf die rechte Maustaste anbietet

Seite verschlüsseln

Der Sprachumfang von JavaScript ist sehr groß, wenn es um die Programmierung rund um das Web geht. Eine Seite jedoch mithilfe von JavaScript zu verschlüsseln, ist wirklich nicht einfach. Bitte verstehen Sie die nachfolgenden Zeilen als Versuch, sich dem Thema zu nähern. Bei einer „normalen" Verschlüsselung würde der Programmierer den Informationsgehalt mit mehreren mathematischen Funktionen so verfremden, dass der Inhalt ohne die entsprechenden Funktionen nicht lesbar ist. Zu den Funktionen gehört beispielsweise die bitweise Verschlüsselung des Inhalts.

Betrachten wir unsere HTML-Seite mit all ihren Zeichen einfach als Textdatei. In ihr steht also nichts anderes als simple Buchstaben. Jedes Zeichen entspricht einem Ordnungswert im Zeichensatz des Rechners. Es wäre nun ein Einfaches, den jeweiligen Wert eines Zeichens mit einer mathematischen Operation zu verändern. Allein das Wort „Operation" würde eher unleserlich

Aktionen durch JavaScript erzeugen

sein, wenn man es einfach kodiert. So wäre es denkbar, dem Wert des einzelnen Buchstabens die Zahl zwei hinzuzufügen. Den so berechneten neuen Wert setzt man dann wieder in entsprechende Zeichen um. So würde aus „Operation" das Wort „Qrgtcvkqo" entstehen. Professionelle Codiersysteme verschlüsseln jedoch weitaus besser, als dieses Beispiel es zeigen kann.

Die Möglichkeiten, eine Kodierung dieser Art zu erzeugen und wieder auszugeben, sind mit JavaScript als eher gering anzusehen. Mit Ausnahme der bitweisen Operationen stehen dem Programmierer kaum Möglichkeiten zur Verfügung.

Einfache Verschlüsselung

Wir wollen zunächst einen einfachen Weg beschreiben, der die Informationen einer Webseite zumindest etwas unleserlicher macht. In der Regel dürfte der hier vorgestellte Weg schon ausreichen, Neugierige abzuhalten. Hier das Listing:

```
<html>
<head>
<title>Meine Seite</title>
<link rel="stylesheet" type='text/css' href='style4.css' />
<script language ="JavaScript">
<!--
//
// zuerst die Verschluesselung
document.writeln("<h2>Kleine Konvertierungsarbeit</h2>");
var vorher="abcde";
var nachher="";
var laenge=vorher.length+1;
for (i=laenge; i >=1 ; i--)
{
 nachher+=vorher.substr(i-1,1);
}

document.writeln(nachher);
//
//
// und jetzt die Entschluesselung
//
var wandeln = nachher;
var Lnach=nachher.length+1;
nachher="";
for (i=laenge; i >=1 ; i--)
{
 nachher+=wandeln.substr(i-1,1);
}
document.writeln(nachher);
//-->
</script>
</head>
<body>
</body>
</html>
```

Im Fenster des Browsers stellt sich das Listing so dar:

Das Script gibt den Inhalt der Variable vorher umgedreht und richtig aus

In diesem Beispiel werden zunächst die Zeichen in der Variable bestimmt. Mithilfe einer *for...in*-Schleife schreiben wir nun die Zeichen einzeln und rückwärts in die Variable. Hierfür lassen wir die *for...in*-Schleife mit dem Wert der Länge des Variableninhalts starten, holen das letzte Zeichen der Funktion *substr()* zuerst ab und schreiben es in die Variable.

Die Schleife wird so lange durchlaufen, bis der Zähler i=1 ist. Aus unserem Beispiel „abcde" wird somit „edcba". Das Ergebnis druckt das JavaScript mit *dokument.write* auf dem Browserfenster aus. Dieser Teil ist unsere kleine Verschlüsselung. Es dreht den Inhalt der Variable vorher einmal um. Im zweiten Bereich des JavaScripts folgt nun die Entschlüsselung. Hier wird der Weg einmal umgedreht. Somit erscheint mit dem zweiten *document.write* das vorherige Ergebnis.

Nun lassen sich natürlich andere Inhalte in die Variable legen. Zum Beispiel nehmen wir das Listing des letzten Beispiels. Dieses muss jedoch zunächst bearbeitet werden, damit es JavaScript-konform ist.

Hierfür müssen die verwendeten Anführungszeichen durch einfache ersetzt, aus " muss ' werden. Verblieben die Zeichen im Text, würde JavaScript diese interpretieren.

Ebenso müssen die Zeilenschaltungen aus dem Listing entfernt werden. Wir müssen also das jeweils verwendet <Enter> durch das entsprechende Sonderzeichen \r ersetzen.

Sollte Ihre HTML-Seite weitere Sonderzeichen besitzen, müssen diese ähnlich behandelt werden. Die Liste der Sonderzeichen steht auf Seite 251.

Die Konvertierungsarbeit können Sie mit jedem besseren Texteditor bewerkstelligen. Auch Microsoft Word beherrscht die Arbeit. Hierzu laden Sie in Word die Datei als Text und rufen die Funktion *Ersetzen* auf.

Aktionen durch JavaScript erzeugen

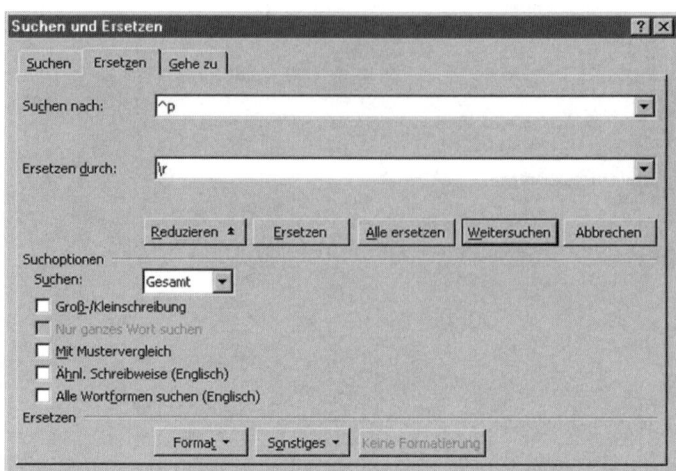

Der Ersetzen-Dialog in Microsoft Word

In Word und vielen anderen Texteditoren können Sie beim Ersetzen für die Absatzmarke das Zeichen ^p eingeben. Nachdem alle irritierenden Steuerzeichen entsprechend ersetzt worden ist, sieht unser vorletztes Listing jetzt so aus:

```
<title>Meine Seite</title>\r<link rel=stylesheet type='text/css'
href='style4.css' />\r<script>\rfunction adresse_setzen()\r{\r
teila= 'bei';\r   btens = 'buecher';\r   ctens =
'ker.de?subject=Ihre Webseite';\r   teild= '@databec';\r
anfang= 'Mai'\r   nochein= 'l'\r   bischen= 'to:'\r   sammel =
anfang + nochein + bischen + btens+ teila+ teild + ctens;\r
parent.location = sammel;\r}\r\r\r</script>\r</head> \r<body>
\r<h2>Haben Sie Fragen?</h2>\r<input type='submit' name='Submit'
value='zur Kontaktaufnahme klicken Sie hier'
onClick='JavaScript:adresse_setzen()' />\r
```

Damit der Datenaufwand noch mehr komprimiert wird, können Sie natürlich auch noch die überschüssigen Leerzeichen herausfiltern.

Nun fügen wir diesen mit Sonderzeichen versehenen Text in die Variable vorher ein und lassen den „Verschlüsseler" über den Text laufen.

Durch das Umdrehen des Variableninhalts erscheint der folgende Text:

```
r\>')(neztes_esserda:tpircsavaj'=kcilcno 'reih eis nekcilk
emhanfuatkatnok ruz'=eulav 'timbus'=eman 'timbus'=epyt
tupni<r\>2h/<?negarF eiS nebaH>2h<r\ >ydob<r\
>daeh/<r\>tpircs/<r\r\}r\;lemmas = noitacol.tnerap   r\;snetc +
dliet +aliet +snetb + nehcsib + niehcon + gnafna = lemmas
r\':ot' =nehcsib   r\'l' =niehcon   r\'iam' =gnafna
r\;'cebatad@' =dliet   r\;'etiesbew erhi=tcejbus?ed.rek' = snetc
r\;'rehceub' = snetb   r\;'ieb' =aliet   r\{r\)(neztes_esserda
noitcnufr\>tpircs<r\>'ssc.4elyts'=ferh 'ssc/txet'=epyt
teehselyts=ler knil<r\>eltit/<eties eniem>eltit<
```

Dieses Ergebnis erscheint dann im Browserfenster:

284

Aktionen durch JavaScript erzeugen

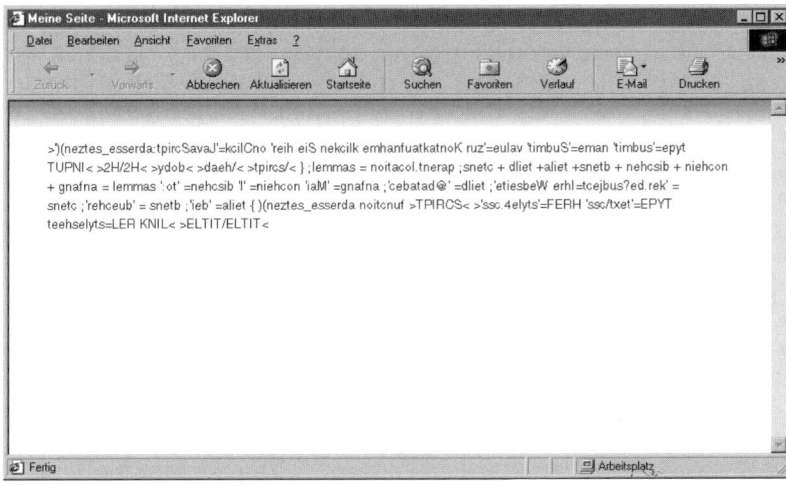

Das Ergebnis im Browser

Beachten Sie, dass das Ergebnislisting nicht deckungsgleich mit dem Original ist. Der Grund: *document.write* hat die eben eingesetzten \r interpretiert, kann diese also nicht darstellen.

Im zweiten Teil des Listings kehren wir die Reihenfolge wieder um.

Hierzu wurde zunächst das Ergebnis aus der Verschlüsselung in der Variable *wandeln* abgelegt. Zur Entschlüsselung greifen wir auf die gleiche *for...in*-Schleife zurück und legen das Ergebnis in der gleichen Variable wieder ab. Starten wir den Browser, erscheint das folgende Bild:

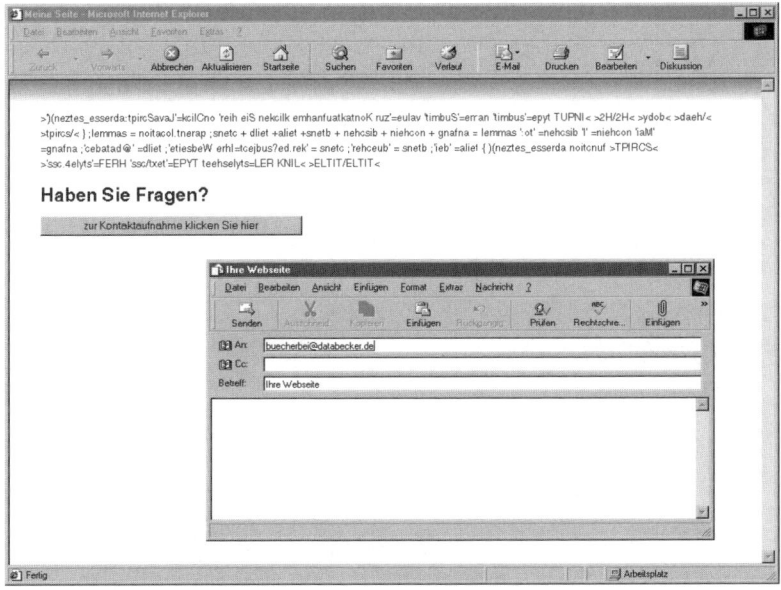

Im oberen Bereich des Fensters steht wieder die Information unseres Verschlüsselungsteils. Durch das Schreiben des entschlüsselten Textes wird der Inhalt wieder für den Browser interpretierbar

Aktionen durch JavaScript erzeugen

Durch die Funktion *dokument.write* wird der Inhalt der Variable in das Browserfenster geschrieben. Hier angekommen, interpretiert der Browser von sich aus den Inhalt als HTML-Text. Hierbei sind alle Inhalte unverändert geblieben.

Das Beispiel zeigt, was mit JavaScript möglich ist, ohne auf die bitweise Berechnung zurückzugreifen. Damit Sie das JavaScript nutzen können, setzen Sie auf der Startseite, die die kodierte Seite ausgeben soll, den Dekodierungsteil des JavaScripts ein.

Die Kodierung muss ein separates Programm übernehmen. Es reicht nicht aus, das Kodierergebnis durch den Browser auf den Monitor zu bringen und dann über die Windows-Zwischenablage in eine separate Datei einzubringen. Hierdurch würden Sie die für die Steuerung wichtigen Sonderzeichen verlieren, die durch *document.write* nicht darzustellen sind.

In diesem Beispiel wurde der Datensatz einfach umgedreht. Diese Methode ist natürlich keine echte Kodierung. Sie sorgt lediglich dafür, dass der Interessent etwas schwerer an die Informationen herankommt, die er so dringend in Ihrem Sourcecode sucht. Mit anderen *for...in*-Konstruktionen lassen sich aber durchaus bessere Ergebnisse erzielen. Mit einem Manko müssen Sie aber rechnen. Neben dem höheren Zeitbedarf zum Abholen und Dekodieren der Seiten schließen Sie durch die Verschlüsselung all die Leser aus, deren Browser mit JavaScript nicht zusammenarbeiten!

Komfortable Verschlüsselung

Auch wenn Sie etwas anderes vermuten: Der Forschungsdrang der Leser ist nicht zu unterschätzen. Deshalb hier ein zweiter Ansatz zur Verschlüsselung, der allerdings aufwendiger ist und von Ihnen den Einsatz eines Texteditors erfordert. Hier zunächst das Listing:

```
<html>
<title>Mit JavaScript Dokumente kodieren</title>
<link REL="stylesheet" type="text/css" href="style4.css" />
<head>
<script language="JavaScript">
<!--//
// Zuerst die Variablen definieren
//
var text_ein;
var text_aus = "";
var zahl_ein;
var zahl_aus = "";
var e = "Sie müssen erst einen Text eingeben";
//
// Hier stellen wir aus dem Original den Zahlencode her
//
function ursprung_wandeln(form)
{
 zahl_aus = "";
 if(form.vorgabe.value == "") alert(e);
 else
```

```
    {
     text_ein = escape(form.vorgabe.value);
     for(i = 0; i < text_ein.length; i++)
     {
      zahl_aus += text_ein.charCodeAt(i) - 23;
     }
     form.kodierung.value = zahl_aus;
     form.vorgabe.value = "";
    }
}
//
// und jetzt das Ganze rückwärts
//
function kodierung_wandeln(form)
{
 text_aus = "";
 if(form.kodierung.value == "") alert(e)
 else
 {
  zahl_aus = form.kodierung.value;
  for(i = 0; i < zahl_aus.length; i += 2)
  {
   zahl_ein = parseInt(zahl_aus.substr(i,2)) + 23;
   zahl_ein = unescape('%' + zahl_ein.toString(16));
   text_aus += zahl_ein;
  }
  form.vorgabe.value = unescape(text_aus);
  form.kodierung.value = "";
 }
}
//
//   Das war's
//
//-->
</script>
</head>
<body>
<h1>Der kleine Kodierer!</h1>
<p>In der linken Spalte tragen Sie den Originaltext ein. Hiernach klicken
 Sie auf den Schalter --&gt;, um das Ergebnis zu sehen. Im
rechten Fenster markieren Sie mit &lt;Strg&gt;-A den Inhalt,
kopieren ihn mit &lt;Strg&gt;-C heraus und legen ihn in einer
neuen Datei ab. Zum Einbinden nutzen Sie das Script aus dem
Buch.</p>
<form name="kodierer">
   <table width="75%" border="0" cellspacing="1" cellpadding="1">
     <tr>
       <td>Ihre Vorlage: </td>
       <td> </td>
       <td>Kodierung:</td>
     </tr>
     <tr>
       <td>
         <textarea name="vorgabe" cols="60"
                                  rows="20">Quellcode</textarea>
```

Aktionen durch JavaScript erzeugen

```
          </td>
          <td>
            <input type=button value="<--" onclick=
              "javascript:kodierung_wandeln(this.form)"
              name="button" />
            <input type=button value="-->" onclick=
              "javascript:ursprung_wandeln(this.form)"
              name="button2" />
          </td>
          <td>
            <textarea name="kodierung" cols="60" rows="20">
                      Hier erscheint der kodierte Inhalt</textarea>
          </td>
        </tr>
      </table>
    </form>
  </body>
</html>
```

Dies ist der Kodierer. Er wird nicht als Webseite Ihrer Site veröffentlicht, sondern verbleibt natürlich auf Ihrem Rechner. Der HTML-Teil dieses Listings ist schnell erklärt.

In einer Tabelle öffnen wir zwei große mehrzeilige Formularfelder. Das eine heißt *Vorgabe*, das andere *Kodierung*. Zwei Schalter lösen jeweils eine JavaScript-Funktion aus.

Im Bild sieht das so aus:

Der kleine Kodierer stellt zwei Felder zur Verfügung

Jetzt füllen wir das Vorlagen-Feld mit einem beliebigen HTML-Quellcode, der auch JavaScript beinhalten kann. In unserem Beispiel greifen wir auf das Listing von Seite 255 zurück, das die Funktionen *innerHeight* u. a. erklärte.

Aktionen durch JavaScript erzeugen

Tipp
Bleiben Sie überschaubar
Für erste Feldversuche wählen Sie den HTML-Code nicht zu groß, damit die Arbeit für Sie in überschaubarer Größe bleibt.

Das Listing füllen wir nun in das linke Feld unserer Webseite.

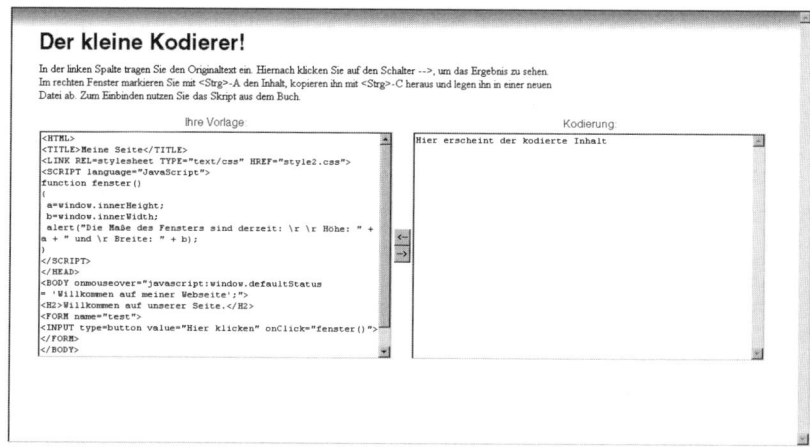

Das linke Feld nimmt das Original-Listing auf

Mit dem unteren Schalter (-->) kodieren wir diesen Quelltext. Durch den Schalter wird das JavaScript *ursprung_wandeln* aufgerufen.

Hier der Quelltext:

```
...
function ursprung_wandeln(form)
{
 zahl_aus = "";
 if(form.vorgabe.value == "") alert(e);
 else
 {
  text_ein = escape(form.vorgabe.value);
  for(i = 0; i < text_ein.length; i++)
  {
   zahl_aus += text_ein.charCodeAt(i) - 23;
  }
  form.kodierung.value = zahl_aus;
  form.vorgabe.value = "";
 }
}
```

Beim Laden der Seite wurden bereits vier Variablen und eine Fehlermeldung definiert. Letztere fängt Programmfehler ab, wenn Sie bei leerem Vorgabenfeld den Kodierer starten.

Aktionen durch JavaScript erzeugen

escape()

Die Methode *escape(form.vorgabe.value)* sticht als Erstes ins Auge. Mit diesem Befehl filtern Sie aus dem Eintrag des Feldes *Vorgabe* – hierhin haben wir eben das Listing kopiert – eventuell vorhandene Escape-Sequenzen heraus. Diese dienen zur Steuerung der Seite; es sind also die Sonderzeichen, die die Cursorsteuerung übernehmen.

Durch *escape()* werden diese in Hexadezimalwerte umgesetzt und mit einem Vorzeichen versehen. Aus dem Steuerzeichen "\r" – das Zeichen für eine neue Zeile – wird nun "%0A". Die Methode *escape()* setzt ausschließlich Sonderzeichen um.

```
<script language="JavaScript">
var Beispiel = "\n\r\thallo0123";
document.write(escape(Beispiel));
</script>
```

Dieses JavaScript schreibt „%0A%0D%09hallo0123" auf den Bildschirm, da nur die Escape-Sequenzen gewandelt werden.

charCodeAt()

Die zweite entscheidende Methode übernimmt jetzt die Kodierung des Textes. Über *charCodeAt()* ermitteln wir den internen Wert eines Zeichens und speichern ihn in der Variable *zahl_aus*. Der interne Wert – es handelt sich um den Buchstabenwert gemäß der Latin-1-Zeichentabelle – entspricht in etwa dem ASCII-Wert des Zeichens. *charCodeAt()* gibt für den Buchstaben „A" den Wert 65 zurück.

Mithilfe der *for...in*-Schleife wird nun der Text Zeichen für Zeichen in seinen Buchstabenwert umgesetzt und von diesem 23 abgezogen. Somit entsteht aus unserem Listing eine Kette unterschiedlicher Werte, die um die angegebene Zahl verschoben ist; aus unserem Listing wird nun:

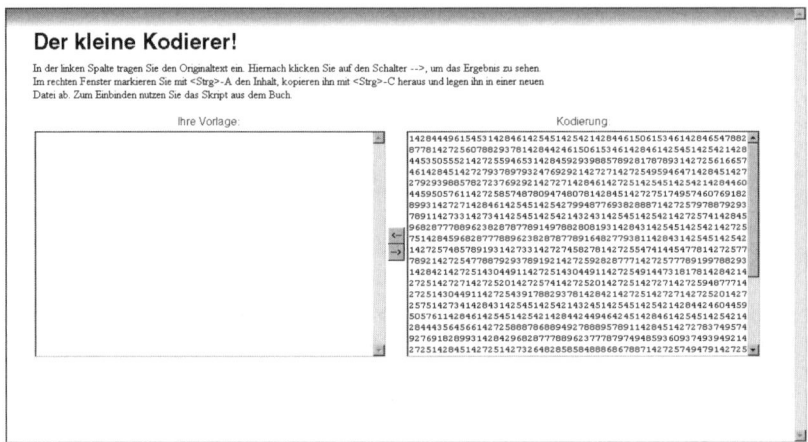

Das Listing wurde kodiert

Über den Schalter (<--) machen Sie wieder aus den Zahlen die entsprechenden Zeichen. Hierzu dient die Funktion *kodierung_wandeln()*:

```
function kodierung_wandeln(form)
{
 text_aus = "";
 if(form.kodierung.value == "") alert(e)
 else
 {
  zahl_aus = form.kodierung.value;
  for(i = 0; i < zahl_aus.length; i += 2)
  {
   zahl_ein = parseInt(zahl_aus.substr(i,2)) + 23;
   zahl_ein = unescape('%' + zahl_ein.toString(16));
   text_aus += zahl_ein;
  }
  form.vorgabe.value = unescape(text_aus);
  form.kodierung.value = "";
 }
}
```

In dieser Funktion wird der Weg der Kodierung genau einmal umgedreht. Hierbei gilt es ein paar Besonderheiten zu berücksichtigen.

Die *for...in*-Schleife addiert pro Schleifenzyklus zur Variable *i* zwei Zähler hinzu. Die Kodierung legte pro Zeichen zwei Ziffern, die den Code des Zeichens repräsentieren, in der Variable *zahl_aus* ab. Die Schleife beginnt mit dem Wert 0, da die erste Position innerhalb eines Strings in JavaScript mit „0" referenziert wird. Innerhalb der Schleife findet nun die Konvertierung statt. Hier finden Sie vier Methoden, die kurz besprochen werden sollen. Zunächst besprechen wir diese Zeile:

```
zahl_ein = parseInt(zahl_aus.substr(i,2)) + 23;
```

parseInt()

Die Methode *parseInt()* dient dazu, aus Zeichenketten Zahlen zu formulieren. Sie wird hauptsächlich dazu eingesetzt, Eingaben des Lesers in einem Formularfeld berechenbar zu machen. *parseInt()* überprüft den angegebenen Inhalt der Variable.

Trifft die Methode auf Ziffern, wandelt sie diese in integere Zahlen. Stellt *parseInt()* hingegen fest, dass der Bereich einen oder mehrere Zeichen aus dem nicht nummerischen Bereich des Zeichensatzes (Buchstaben oder Sonderzeichen) enthält, ist das Ergebnis „NaN", die Abkürzung für „not a number" – ist keine Zahl.

parseInt() überprüft einen Abschnitt der Zeichenkette. Hierzu erwartet es in Klammern einen logischen Ausdruck, der Zeichen enthält. Dies kann eine Variable sein.

In unserem Beispiel liest es – mithilfe der Methode *substr()* – den Inhalt der Variable *zahl_aus* in Abschnitten von zwei Zeichen aus.

Aktionen durch JavaScript erzeugen

Die Zeile

```
zahl_ein = parseInt(zahl_aus.substr(i,2)) + 23;
```

schreibt also in die Variable *zahl_ein* den nummerischen Wert des betrachteten Abschnitts von *zahl_aus*, addiert aber gleichzeitig noch 23 hinzu. Hiermit ist die Verschlüsselung aufgehoben.

substr()

Mit *substr()* lesen Sie aus einer Variable mit Zeicheninhalt eine definierte Anzahl von Zeichen aus und stellen diese zur weiteren Bearbeitung zur Verfügung. *substr()* erwartet in den Klammern zwei Angaben: Zum einen benötigt es den Namen einer Variable oder ein Äquivalent. Als zweiter Wert wird die Anzahl der einzulesenden Zeichen erwartet.

Nun gehen wir auf diese Zeile ein:

```
zahl_ein = unescape('%' + zahl_ein.toString(16));
```

toString()

Diese Methode macht aus Zahlen wieder Zeichen. Normalerweise wird durch diese Methode aus einer Ziffer des Zahlenstrangs direkt das entsprechende Zeichen gemäß der Latin-1-Tabelle gewandelt.

Somit wird aus der Ziffer 6 die „6" als Zeichen, entsprechend dem Zeichen 54 der erweiterten ASCII-Zeichentabelle.

Mit der Methode *toString()* lässt sich aber optional die Anzahl der Ziffern festlegen, die zur Ermittlung des entsprechenden Zeichens verwendet werden soll.

Hier ein Beispiel:

```
<html>
<head>
<title>Untitled Document</title>
<meta http-equiv="Content-Type" content="text/html; charset=iso-8859-1" />
</head>
<script language="JavaScript">
var x=0;
var y=0;
x = window.prompt("Bitte Ziffern eingeben:","");
y=parseInt(x);
document.writeln(y.toString(16)+"\r\n\r");
document.writeln(y.toString(8)+"\r\n\r");
document.writeln(y.toString(4)+"\r\n\r");
document.writeln(y.toString(2)+"\r\n\r");
document.writeln(y.toString()+"\r\n\r");
</script>
<body bgcolor="#FFFFFF">
</body>
</body>
```

Das Ergebnis sieht so aus, wenn Sie die Zahlenreihe 1234567890123456 eingeben:

```
16:   462d53c8abac0
8:  43055247442535300
4:  1012023111033020222322300
2:  1000110001011010101001111001000101010111010110000000
0:  1234567890123456
```

Mit dem Wert im Klammerausdruck von *toString()* bestimmen Sie also die Basis des Zahlensystems des Inhalts der Variable. Wir greifen auf die Basis 16 zurück, die den Inhalt unserer Variable in Hexadezimalwerten ausliest.

Hierdurch wird sichergestellt, dass alle Zeichen, die wir ausgeben wollen, auch darstellbar sind. JavaScript nimmt in seinen Variablen alle Zeichen auf.

Theoretisch lassen sich auch die Zeichen, wie beispielsweise die [Enter]-Taste, in einer Variable abspeichern. Die Eingabe per Tastatur ist jedoch bekanntlich nicht möglich, da das Zeichen sofort als neue Befehlszeile interpretiert werden würde. Der Hexadezimalwert der Taste hingegen lässt sich sehr wohl speichern.

Damit JavaScript die so umgewandelten Werte als Hexadezimalzeichen versteht, setzen wir vor die Zeile das Zeichen „%".

unescape()

Die Methode *unescape()* setzt die Werte unseres Ausdrucks aus dem Nummernkreis wieder direkt in ihre wahre Gestalt gemäß der ASCII-Tabelle um. *unescape()* geht normalerweise von nummerischen Werten aus, die zu wandeln sind.

Ein vorangestelltes Prozentzeichen jedoch weist die Methode darauf hin, dass der nachfolgende Ausdruck als Hexadezimalwert zu verstehen ist.

Soweit die im Listing verwendeten Methoden. Jetzt arbeiten wir am Interpreter für den Kodierer weiter.

Nachdem Sie über unseren kleinen Kodierer aus Ihrem Original-Listing eine Kette von Ziffern erzeugt haben, muss diese nun weiter verarbeitet werden.

Hierzu markieren Sie in unserem kleinen Kodierer den kodierten Zahlenstrang mit der Tastenkombination [Strg]+[A] und legen den markierten Bereich mit [Strg]+[C] in die Zwischenablage.

Nun starten Sie in einem Texteditor ein neues Dokument und fügen dort zunächst die Zahlenfolge wieder ein.

Aktionen durch JavaScript erzeugen

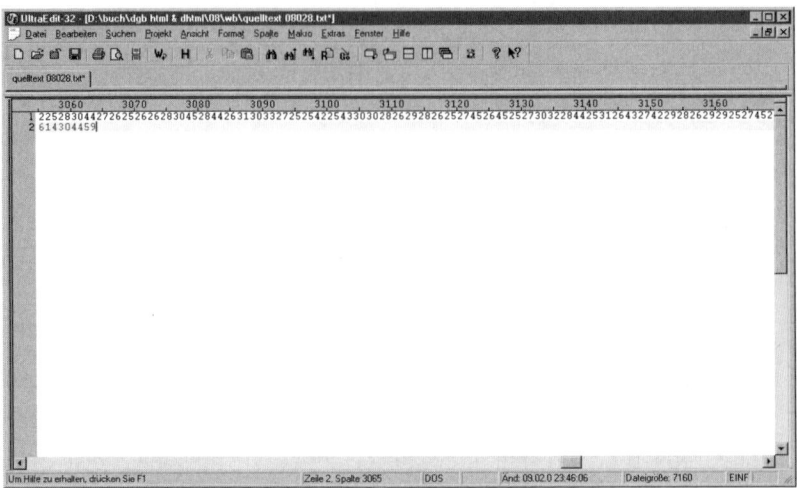

Mit einem Texteditor findet die weitere Bearbeitung statt

In unserem Beispiel setzen wir den Editor UltraEdit ein, der speziell für die Aufgaben der Programmierung geschaffen wurde. Das Programm, das Sie unter der Adresse www.ultraedit.com als Shareware erhalten, verarbeitet schnell und präzise auch größere Datenmengen.

Nachdem die Daten aus der Zwischenablage in unserem neuen Dokument erschienen sind, geht es nun um die JavaScript-konforme Formatierung der Daten. Auch in JavaScript steht den Variablen nicht endlos Platz zur Verfügung, wenn es um die Weiterverarbeitung der Daten geht. Immerhin hat die Konvertierung unserer Beispieldatei 1.752 Ziffern ergeben. Die Daten sehen im Texteditor so aus:

```
14284449615453142846142545142542142844615061534614284654788287781
42725607882937814284424615061534614284614254514254214284453505552
14272559465314284592939885789281787893142725616657461428451427279
37897932476929214272714272549594647142845142727929398857827237692
92142727142846142725142545142542142844604459505761142725857487809
47480781428451427275174957460769182899314272714284614254514254279
94877693828887142725797887929378911427331427341425451425421432431
42545142542142725741428459682877788962382878778914978828081931428
43142545142542142725751428459682877788962382878778916482779381142
84314254514254214272574857891193142733142727458278142725547414454 7
78142725777892142725477887929378919214272592828777142725777891997
88293142842142725143044911427251430449114272549144731817814284214
27251427271427252014272574142725201427251427271427259487771427251
43044911427254391788293781428421427251427271427252014272575142734
14284314254514254214324514254514254214284426044595057611428461 42
54514254214284424496424514284614254514254214284443564566142725 88
87868894927888957891142845142727837495749276918289931428429682877
78896237787979494859360937493949214272514284514272514273264828585
84888686788714272574947914272586788287789114272564787592788293781
42732142843142727142846142545142542142844492714284664828585848886
86788714272574947914272594879278917891142725607882937823142844244
92714284614254514254214284447565954142725877486781428451427279378
92931427271428461425451425421428445055576261142725939889781428457
```

Aktionen durch JavaScript erzeugen

```
59493938887142725957485947814284514272749827891142725848582768478
87142727142725888744858276841428451427277978879293789114273314273
41427271428461425451425421428442447565954142846142545142542142844
24435645661428461425451425421428442449615453142846142545142542
```

Damit diese Datenmenge einem JavaScript zur Verfügung stehen kann, brechen wir die Zeilen in Teile von circa 75 Zeichen um, fügen also alle 75 Zeichen einen Zeilenumbruch ein. In UltraEdit lässt sich das mithilfe des Menüs *Format/Absatz neu formatieren* kinderleicht bewerkstelligen.

Nun rufen Sie den Dialog *Ersetzen* auf.

Hier lassen Sie nach den Zeilenenden suchen, die durch den Texteditor mit jeweils einem Absatzzeichen erzeugt wurden.

Im Dialogfenster suchen Sie nun nach dem Zeichen ^p und ersetzen es durch den Ausdruck

```
";^pzahl_aus +="
```

In der ersten Zeile unserer Zahlenliste muss nun noch einmal Hand angelegt und der Ausdruck

```
zahl_aus ="
```

an erster Stelle der Zeile eingegeben werden. Somit sieht unsere Zahlentabelle jetzt so aus:

```
zahl_aus +="287781427256078829378142844246150615346142846142545142542142";
zahl_aus +="284453505552142725594653142845929398857892817878931427256162";
zahl_aus +="657461428451427279378979324769292142727142725495946471428452";
zahl_aus +="142727929398857827237692921427271428461427251425451425421422";
zahl_aus +="844604459505761142725857487809474807814284514272751749574603";
zahl_aus +="769182899314272714284614254514254279948776938288871427257972";
zahl_aus +="887929378911427331427341425451425421432431425451425421427252";
zahl_aus +="741428459682877788962382878778914978828081931428431425451422";
zahl_aus +="542142725751428459682877788962382878778916482779381142843143";
zahl_aus +="254514254214272574857891931427331427274582781427255474144543";
zahl_aus +="778142725777892142725477887929378919214272592828777142725772";
zahl_aus +="789199788293142842142725143044911427251430449114272549144733";
zahl_aus +="181781428421427251427271427252014272574142725201427251427274";
zahl_aus +="142725948777142725143044911427254391788293781428421427251423";
zahl_aus +="727142725201427257514273414284314254514254214324514254514254";
zahl_aus +="421428442460445950576114284614254514254214284422494642451424";
zahl_aus +="846142545142542142844435645661427258887868849278889578911453";
zahl_aus +="284514272783749574927691828993142842968287778896237778797492";
zahl_aus +="485936093749394921427251428451427251427326482858548886786783";
zahl_aus +="871427257494791427258678828778911427256478759278829378142732";
zahl_aus +="214284314272714284614254514254214284449271428466482858584883";
zahl_aus +="868678871427257494791427259487927891789114272560788293782312";
zahl_aus +="428442449271428461425451425421428447565954142725877486781432";
zahl_aus +="284514272793789293142727142846142545142542142844505557626114";
zahl_aus +="427259398897814284575949393888714272595748594781428451427272";
zahl_aus +="498278911427258848582768478871427271427258884485827684142843";
zahl_aus +="514272779787929378911427331427341427271428461425451425421423";
zahl_aus +="284424475659541428461425451425421428442443564566142846142543";
zahl_aus +="5142542142844244961545314284614254514254232";
```

Aktionen durch JavaScript erzeugen

Würden diesen Zeilen in JavaScript interpretiert, wäre nach dem Durchlauf in der Variable *zahl_aus* der gesamte Ausdruck unseres Kodierers versammelt. Als letzter Arbeitsschritt muss nun ein kleines JavaScript erzeugt werden, das unter anderem auch den Dekodierer enthält, der die Daten wieder entschlüsseln kann. Zunächst jedoch muss das Fenster des Browsers zum Überschreiben freigegeben werden. Dies erreichen Sie mit dem Befehl *document.open("text/html","replace")*. Das komplette Listing unserer geschützten Datei sieht so aus:

```
<html>
<head>
<title>08024r: Mit JavaScript Dokumente kodieren</title>
<link rel="stylesheet" type="text/css" href="style4.css" />
<script language="JavaScript">
<!--
var text_ein;
var text_aus = "";
var zahl_ein;
var zahl_out = "";
function kodierung_wandeln() {
document.open("text/html","replace");
zahl_aus  ="142844496154531428461425451425421428446150615346146284654788";
zahl_aus +="287781427256078829378142844246150615346142846142545142542214";
zahl_aus +="284453505552142725594653142845929398857892817878931427256616";
zahl_aus +="657461428451427279378979324769292142727142725495946471428455";
zahl_aus +="142727929398857827237692921427271428461427251425451425422142";
zahl_aus +="844604459505761142725857487809474807814284514272751749574600";
zahl_aus +="769182899314272714284614254514254279948776938288871427725797";
zahl_aus +="887929378911427331427341425451425421432431425451425421427255";
zahl_aus +="741428459682877788962382878778914978828081931428431425451442";
zahl_aus +="542142725751428459682877788962382878778914682779381142843144";
zahl_aus +="254541425421427257485789193142733142727458278142725547414454";
zahl_aus +="778142725777892142725477887929378919214272592828777142725777";
zahl_aus +="789199788293142842142725143044911427251430449114272549144773";
zahl_aus +="181781428421427251427271427725201427257414272520142725142727";
zahl_aus +="142725948777142725143044911427254391788293781428421427251422";
zahl_aus +="727142725201427257514273414284314254514254214324514254511425";
zahl_aus +="421428442460445950576114284614254514254214284424494642451422";
zahl_aus +="846142545142542142844435645661427258887868849278889578911441";
zahl_aus +="284514272783749574927691828993142842968287778896237778797499";
zahl_aus +="485936093749394921427251428451427251427326482858548886867888";
zahl_aus +="871427257494791427258678828778911427256478759278829378142733";
zahl_aus +="214284314272714284614254514254214284449271428466482858584888";
zahl_aus +="868678871427257494791427259487927891789114272560788293782318";
zahl_aus +="428442449271428461425451425421428444756595414272587748678144";
zahl_aus +="284514272793789293142727142846142545142542142844505557626111";
zahl_aus +="427259398897814284575949393888714272595748594781428451427277";
zahl_aus +="498278911427258485827684788714272714272588874485827684142844";
zahl_aus +="514272779788792937891142733142741427271428461425451425421244";
zahl_aus +="284244756595414284614254514254214284424435645661428461425444";
zahl_aus +="514254214284424496154531428461425451425422";
  alert(zahl_aus.length);
  for(i = 0; i < zahl_aus.length; i += 2)
    {
    zahl_ein = parseInt(zahl_aus.substr(i,[2])) + 23;
    zahl_ein = unescape('%' + zahl_ein.toString(16));
    text_aus += zahl_ein;
    }
  document.write(unescape(text_aus));
}
```

```
</script>
<body onload="kodierung_wandeln()">
</body>
</html>
```

Der Aufruf der Seite aus Ihrer bestehenden Webseite funktioniert übrigens sehr einfach. Auch hier können Sie entweder per HTML-Tag die Seite einladen oder folgendermaßen:

```
<html>
<head>
<title>Seite laden</title>
<link rel="stylesheet" type="text/css" href="style4.css" />
<script language="JavaScript">
<!--
function holeseite()
{
location.replace('08024r.htm');
location.reload();
}
//-->
</script>
</head>
<body bgcolor="#FFFFFF">
<input type="submit" name="Submit" value="laden" onclick="holeseite()" />
</body>
</html>
```

Über die Methode *location.replace()* wird dem Browser eine neue Adresse in seine Liste der besuchten Seiten geschrieben. In dieser History-Liste sind deren URLs aufgelistet und zwar in der Direktsprungzeile des Browsers.

Mit der Methode *location.reload()* wird die zuletzt geladene Seite aus der History-Liste erneut eingeladen. Da sich hier nun die neue Adresse unserer JavaScript-Seite befindet, liest der Browser diese ein.

Aus diesem Basissystem lassen sich natürlich weitere Verschlüsselungen entwickeln. Es würde sich beispielsweise anbieten, die Zahl 23 – sie liefert in unserem Beispiel den Verschlüsselungswert – besser zu verstecken. Sie könnten den Wert zum Beispiel errechnen lassen. Eine bessere Methode wäre aber, den Wert von Ihrer Startseite zu übergeben, die diese Seite aufruft. Auch mit dieser Verschlüsselungsmethode erreichen Sie übrigens eins nicht: Auch hier ist eine Entschlüsselung natürlich möglich, da Sie dem Leser den Schlüssel zwangsläufig mitliefern müssen. Dennoch wird die Dekodierung erheblich erschwert, was aber einen gestandenen Internetler wohl kaum abschrecken kann.

6.7 Kurzübersicht zu JavaScript

Die Beispiele der letzten Seiten haben Ihnen dargelegt, welche Möglichkeiten der Einsatz von JavaScript Ihnen bringen kann. Nicht umsonst gehören die Dialekte dieser Sprache inzwischen zum festen Bestandteil nahezu jeder neueren Webseite.

Aktionen durch JavaScript erzeugen

Zum Abschluss dieses Kapitels finden Sie hier eine Kurzübersicht der Funktionen und Methoden der Sprache. Hier werden Sie keine einzelnen Beispiele finden.

Die Übersicht dient Ihnen jedoch zur Suche nach dem geeigneten Schlagwort, wenn Sie nach einer Methode fahnden.

JavaScript-Befehle

Befehl	Syntax	Erklärung
break	break	*break* beendet eine Programmschleife. Das Script arbeitet mit dem Befehl wieiter, der der Schleife folgt.
Comment	//einzeiliger Kommentartext /* mehrzeiliger Kommentar */	Hiermit kommentieren Sie Ihre Arbeit.
Continue	Continue	*continue* beendet sofort den Schleifendurchlauf und setzt den Programmzeiger wieder auf den Beginn der Schleife. Hierbei erhöht sich der Zähler.
For	for(Zählvariable mit Zähleranfang; Endebedingung; Inkrementierung) {...}	Einfache Programmschleife mit Zähler.
For...in	for(Variable in Object) {...}	Programmschleife.
Function	function name([parameter], [parameter]...) {...}	Funktionsdefinition.

If...else	if(Bedingung)
	{code1}
	else
	{code2}
		In der *if...else*-Schleife wird *code1* ausgeführt, wenn die Bedingungen erfüllt werden. Ansonsten ist *code2* an der Reihe.

New	objectName=new objectType(parameter1 [, parameter2, ... parameterN])	*new* erzeugt ein neues Objekt (eine Instanz).
Return	return{Ausdruck}	return bestimmt den Rückgabewert der Funktion.
This	this[.NameEinerEigenschaft]	verkürzte Bezeichnung des aktuellen Objekts. Können Sie einsetzen, wenn Sie mit einer Funktion mehrere Objekte einzeln bearbeiten.
Var	var varname[=value] [..., varname[=value]]	Definition einer Variable oder eines Arrays.
While	while(Bedingung) {...}	Programmschleife.

JavaScript-Methoden

Methode	Objekt	Erklärung
abs(x)	Math	gibt den absoluten Wert einer Zahl *zahl* aus
acos(x)	Math	Arcuscosinus eines Werts
alert(text)	Window	Dialogfenster mit Text und *OK*-Schaltfläche.
Asin(x)	Math	Arcussinus eines Werts

Aktionen durch JavaScript erzeugen

Methode	Objekt	Erklärung
atan(x)	Math	Arcustangens eines Werts
back()	History	lädt die zuletzt in der History-Liste eingetragene Seite
blur()	Pasword, Select, Text, Textarea	löscht den Focus auf dem betreffenden Objekt
ceil(x)	Math	rundet zur ganzen Zahl auf
charAt(n)	String	liefert einen Buchstaben aus dem String. Die Position des ersten Buchstabens ist 0.
ClearTimeout(...)	Frame, Window	löscht die Timeout-Einstellung, die mit *setTimeout* erzeugt wurde.
click()	Button, Kontrollkästchen, Radio, Reset, Submit	simuliert einen Mausklick auf das zugeordnete Objekt
close()	Document, Window	schließt das betreffende Objekt
Confirm(text)	Window	erzeugt ein Dialogfenster mit Text und mit *OK*- und *Cancel*-Schaltfläche.
Cos(x)	Math	Berechnet den Cosinus eines Werts
Current	History	aktuelle URL der angezeigten Seite gemäß History-Liste
eval(...)	(alle Objekte)	führt den als Argument der Funktion angegebenen Zeichenstring als JavaScript-Code aus
exp(x)	Math	Liefert den Exponentialwert
floor(x)	Math	rundet zur ganzen Zahl ab
focus()	Password, Select, Text, Textarea	setzt den Focus auf das betreffende Objekt
forward()	History	lädt den in der History-Liste als nachfolgend eingetragenen URL
getDate()	Date	liefert den Tag des Monats aus einem Datum
getDay()	Date	liefert den Wochentag aus einem Datum
getHours()	Date	liefert die Stunde aus einem Datum
getMinutes()	Date	liefert die Minute aus einem Datum
getMonth()	Date	liefert den Monat aus einem Datum
getSeconds()	Date	liefert die Sekunde aus einem Datum
getTime()	Date	liefert einen Zahlenwert, der die Uhrzeit aus einem Datum repräsentiert
getTimezoneOffset()	Date	liefert die Zeitzonenverschiebung des aktuellen Standorts
getYear()	Date	liefert das Jahr aus einem Datum
go(nURL)	History	lädt den n-ten URL aus der History-Liste
indexOf(...)	String	sucht die Position von Zeichen innerhalb eines Strings

Aktionen durch JavaScript erzeugen

Methode	Objekt	Erklärung
javaEnabled()	Navigator	prüft, ob Java-Applets gestartet werden können
join(...)	Array	vereinigt alle Elemente eines Arrays in einem String. Bietet den Einsatz eines Trennzeichens an.
LastIndexOf(...)	String	siehe *IndexOf(...)*
link(...)	String	erzeugt einen Hypertext-Link
log(x)	Math	liefert den natürlichen Logarithmus einer Zahl
max(x,y)	Math	liefert den größeren Wert
min(x,y)	Math	liefert den kleineren Wert
Open()	Document, Window	öffnet das betreffende Objekt
Parse()	Date	liefert die Anzahl der Millisekunden, vom 1. Januar 1990 00:00 Uhr gerechnet
pow(x,y)	Math	Liefert x hoch y
prompt(...)	Window	Dialogfenster mit Eingabefeld
random()	Math	erzeugt eine Zufallszahl zwischen 0 und 1. Als RND bekannt.
refresh()	Plug-Ins	macht frisch installierte Plug-Ins im Browser sofort verfügbar
reload(URL)	Location	erzwingt ein erneutes Laden des aktuellen Dokuments
replace(URL)	Location	ersetzt den aktuellen Eintrag der History-Liste durch den angegebenen URL
reset()	Form	entspricht dem Mausklick auf die Reset-Schaltfläche eines Formulars
reverse	Array	kehrt die Reihenfolge der Indizierung im Array um
round(x)	Math	rundet zur nächst gelegenen ganzen Zahl
select()	Password, Text, Textarea	wählt die Position an, an der Benutzereingaben vorgenommen werden
setDate(...)	Date	setzt den Tag des Monats aus einem Datum
setHours(...)	Date	setzt die Stunde aus einem Datum
setMinutes(...)	Date	setzt die Minute aus einem Datum
setMonth(...)	Date	setzt den Monat aus einem Datum
setSeconds(...)	Date	setzt die Sekunde aus einem Datum
setTime(...)	Date	setzt die Uhrzeit aus einem Datum
setTimeout(...)	Frame, Window	führt eine Anweisung aus, nachdem eine bestimmte Zeit vergangen ist
setYear(...)	Date	setzt das Jahr aus einem Datum
sin(x)	Math	liefert den Sinus eines Werts
sort()	Array	sortiert die Elemente des Arrays

Aktionen durch JavaScript erzeugen

Methode	Objekt	Erklärung
split(...)	String	zerlegt einen String in Teile, die als Elemente eines Arrays abgelegt werden. Der im Argument angegebene String dient hierbei als Trennzeichen.
sqrt(x)	Math	liefert die Quadratwurzel einer Zahl
submit()	Form	entspricht dem Mausklick auf die Submit-Schaltfläche eines Formulars
substring(n1,n2)	String	bildet einen Teilstring, dessen Position im ursprünglichen String durch zwei Zahlen vorgegeben wird
tan(x)	Math	liefert den Tangens einer Zahl
ttoGMTString()	Date	konvertiert ein Datumsobjekt zu einem String unter Beachtung der GMT- Konvention
toLocalString()	Date	konvertiert ein Datum zum String unter Beachtung des aktuellen Standorts
toLowerCase(...)	String	wandelt Text in Kleinbuchstaben
toString()	(alle Objekte)	legt das Objekt in einem String ab
toUpperCase(...)	String	wandelt Text in Großbuchstaben
UTC(...)	Date	liefert die Zeit in Millisekunden, die seit dem 1. Januar 1970 00:00 Uhr verstrichen ist
valueOf()	(alle Objekte)	liefert den Wert des betreffenden Objekts
write(...)	Document	Schreibt Zeichen ins Browserfenster
writeln(...)	Document	Schreibt Zeilen ins Browserfenster

Vordefinierte JavaScript-Funktionen

Funktion	Bedeutung
escape(...)	liefert ASCII-den Zahlenwert eines Zeichens
isNaN(...)	UNIX-Funktion (is ... not a number?)
parseFloat(...)	erzeugt aus Zeichen, die eine Zahl darstellen, eine Gleitkommazahl
parseInt(...)	erzeugt aus Zeichen, die eine Zahl darstellen, eine ganze Zahl
unescape(...)	erzeugt aus einer Zahl eine ASCII-Zeichenfolge

JavaScript-Objektfelder

Objektfeld	Enthält Objekte der Typen	Bedeutung
anchors	Anchor	Liste aller Hypertext-Anker in einem Dokument
applets	Applet	Liste aller Java-Applets in einem Dokument

Aktionen durch JavaScript erzeugen

Objektfeld	Enthält Objekte der Typen	Bedeutung
elements	Button, Kontrollkästchen, Hidden, Password, Radio, Reset, Select, Submit, Text, Textarea	Liste aller Eingabeelemente innerhalb eines HTML-Formulars
forms	Form	Liste aller HTML-Formulare in einem Dokument
frames	Frame	Liste aller Frames innerhalb eines Dokuments
images	Image	Liste aller Bilder in einem Dokument
links	Link	Liste aller Hypertext-Links in einem Dokument
mimeTypes	MimeType	Liste aller Mime-Typen, die der Browser unterstützt
options	-	Liste der Optionen in einem Eingabefeld des Typs „select"
plugins	Plug-In	Liste aller im Browser installierten Plug-In-Module

JavaScript-Objekteigenschaften

Property (Eigenschaft)	für die Objekte/Felder	Bedeutung
action	Form	entspricht dem ACTION-Attribut des HTML-Tags FORM
alinkColor	Navigator	entspricht dem ALINK-Attribut des HTML-Tags BODY
appCodeName	Navigator	liefert den Code-Namen des Browsers
appName	Navigator	liefert den Browsernamen
appVersion	Navigator	liefert die Versionsnummer des Browsers
bgColor	document	entspricht dem bgcolor-Attribut des HTML-Tags BODY
border	Image	Breite des Rahmens eines Bildes
caller	Function	liefert den Namen der aufrufenden Funktion
checked	Kontrollkästchen, Radio	Wert des Kontrollkästchens oder des Optionsfelds in einem HTML-Formular
closed	Window	liefert den Zustand eines Fensters (false = geöffnet, true = geschlossen)
complete	Image	liefert den Wert true, wenn das Laden eines Bildes abgeschlossen ist
constructor	jedes benutzereigene Objekt	liefert den Namen der Funktion, die das betreffende Objekt erzeugt hat
cookie	document	liefert die Daten eines Cookies

Aktionen durch JavaScript erzeugen

Property (Eigenschaft)	für die Objekte/Felder	Bedeutung
defaultChecked	Kontrollkästchen, Radio	Voreinstellung des Kontrollkästchens oder Optionsfelds im HTML-Formular.
defaultSelected	Options	Vorgabewert eines Optionsfeldes im HTML-Formular
defaultStatus	Window	Standard-Inhalt der Statuszeile
defaultValue	Password, Text, Textarea	vorgegebener Text für das Eingabefeld in einem HTML-Formular
description	MimeType, Plug-In	liefert eine Beschreibung des betroffenen Mime-Typs oder des betroffenen Plug-In-Moduls
domain	document	liefert den Domain-Namen des Servers, von dem das Dokument abgeholt wurde
E	Math	die Eulersche Zahl
enabledPlugin	MimeType	liefert den Namen des Plug-In-Moduls, das in der Registrierung zur Wiedergabe von Daten des Mime-Typs eingetragen ist
encoding	Form	entspricht dem ENCTYPE-Attribut des HTML-Formulars
fgColor	document	entspricht dem TEXT-Attribut des HTML-Tags BODY
fileName	Plug-In	liefert den Dateinamen eines Plug-Ins
form	Button, Kontrollkästchen, FileUpload, Hidden, Password, Radio, Reset, Select, Submit, Text, Textarea	liefert den Namen des HTML-Formulars, das das betreffende Objekt enthält
hash	Link, Location	ein mit dem Sonderzeichen # beginnender String, der den Namen eines Ankers innerhalb der Webseite darstellt
height	Image	die Höhe des Bildes
host	Link, Location	der Name des Hosts des URL (mit der Portnummer)
hostname	Link, Location	der Name des Hosts des URL (ohne Portnummer)
href	Link, Location	ein vollständiger URL
hspace	Image	der horizontale Abstand zwischen dem Bild und dem umgebenden Text
index	Options	der Index einer Option innerhalb einer Auswahlliste
lastModified	document	das Datum der letzten Dokumentänderung
length	Array, Frame, History, Radio, Select, String, Window, Anchors, Arguments, Elements, Forms, Frames, Images, MimeTypes, Plug-Ins	Länge des betreffenden Elements oder Feldes

Aktionen durch JavaScript erzeugen

Property (Eigenschaft)	für die Objekte/Felder	Bedeutung
linkColor	Document	entspricht dem LINK-Attribut des HTML-Tags BODY
LN2	Math	natürlicher Logarithmus zur Basis 2
LN10	Math	der natürliche Logarithmus zur Basis 10
LOG2E	Math	der Logarithmus von e zur Basis 2
LOG10E	Math	der Logarithmus von e zur Basis 10
lowsrc	Image	URL des entsprechenden Bildes in geringerer Auflösung
MAX_VALUE	Number	die größte von JavaScript darstellbare Zahl
method	Form	entspricht dem METHOD-Attribut eines HTML-Formulars
MIN_VALUE	Number	die kleinste positive von Javascript darstellbare Zahl
name	Button, Kontrollkästchen, Frame, Hidden, Password, Radio, Reset, Select, Submit, Text, Textarea, Window	der Name des Objekts
NaN	Number	wird wahr, wenn es sich bei dem Objekt nicht um eine Zahl (Not a Number) handelt
NEGATIVE INFINITY	Number	minus Unendlich
next	History	der nächste URL in der History-Liste
opener	Window	gibt das Fenster an, von dem aus das aktuelle Fenster per open-Methode erzeugt wurde
parent	Frame, Window	das übergeordnete Fenster
pathname	Link, Location	eine Pfadangabe als Bestandteil eines URL
PI	Math	die Zahl Pi
port	Link, Location	liefert die Portnummer des URL
POSITIVE INFINITY	Number	plus Unendlich
previous	History	der vorherige URL in der History-Liste
protocol	Link, Location	liefert die Protokollbezeichnung des URL
prototype	jedes benutzereigene Objekt, das mit dem JavaScript-Befehl new erzeugt wurde	definiert einen Prototyp für alle Instanzen des Objekts
referrer	Document	die URL des aufrufenden Dokuments
search	Link, Location	ein mit dem Sonderzeichen ? beginnender String, der Suchbegriffe innerhalb eines URL darstellt
selected	Options	Zustand eines Optionsfeldes

Aktionen durch JavaScript erzeugen

Property (Eigenschaft)	für die Objekte/Felder	Bedeutung
selectedIndex	Select, Options	gibt den Index der gewählten Option innerhalb der Optionsliste an
self	Frame, Window	das aktive Fenster
SQRT1...2	Math	die Quadratwurzel aus 0,5
SQRT2	Math	die Quadratwurzel aus 2
src	Image	der URL der Bilddatei
status	Window	der Inhalt der Statuszeile
target	Form, Link	entspricht dem TARGET-Attribut der HTML-Tags FORM und LINK
text	options	der auf das zugeordnete OPTION-Tag folgende Text
title	Document	der Titel des Dokuments
top	Window	das oberste Fenster in der Hierarchie geschachtelter Frames
type	Button, Kontrollkästchen, FileUpload, Hidden, MimeType, Password, Radio, Reset, Select, Submit, Text, Textarea	liefert den Typ des betreffenden Objekts
URL	Document	vollständiger URL des aktuellen Dokuments
userAgent	Navigator	Identifizierung des vom Leser eingesetzten Browsers
value	Button, Kontrollkästchen, Hidden, Option, Password, Radio, Reset, Submit, Text, Textarea	der Wert des betreffenden Objekts
vlinkColor	Document	entspricht dem Attribut vlink zum HTML-Tag BODY
vspace	Image	der vertikale Abstand zwischen Bild und Text
width	Image	die Breite des Bildes
window	Frame, Window	Synonym für das aktive Fenster

Aktionen durch JavaScript erzeugen

7. CSS: Perfekte Formatierung und Layout

In den letzten Kapiteln beschäftigten wir uns mit den einzelnen HTML-Befehlen und deren Auswirkungen und Steuerungen für die verschiedenen Elemente der Webseite. Nun wollen wir uns mit den Möglichkeiten der Organisation und Vereinfachung befassen.

Ihnen wird sicherlich aufgefallen sein, dass die selbst gemachten Seiten, die nach dem Standard-HTML erstellt wurden, sehr statisch wirken und – bis auf die verschiedenen Grafiken – eher gleich aussehen. HTML ist halt keine Sprache, mit der Sie an die Möglichkeiten eines Desktop-Publishing-Systems herankommen.

Im World Wide Web finden Sie jedoch in der Regel Seiten vor, die sich scheinbar von diesem Korsett befreit haben und bei denen Sie als Besucher Aktionen und Bewegung feststellen. Hierbei helfen die neuen Definitionen und Zusätze zu HTML, die nach und nach in die Browser einfließen.

In diesem Kapitel lernen Sie, wie Sie mithilfe der so genannten Cascading **S**tyle **S**heets (CSS) die folgenden Fragen lösen:

- Wie kann ich die festen Definitionen der HTML-Befehle für meine Seiten umgestalten?
- Wie kann ich meine Webseiten pflegeleicht machen?
- Wie sorge ich dafür, dass die Seiten meiner Site auf einfache Weise gleich aussehen?

Lassen Sie uns einfach beginnen.

7.1 Mit CSS die (X)HTML-Grenzen sprengen

Jeder, der sich eine handelsübliche Webseite mit einem Texteditor ansieht, stellt schnell fest, dass die Gestaltungsbefehle nicht immer zum leichten Lesen animieren. Da werden beispielsweise Zeichensätze und Schriftstile für einen Absatz ausgewählt und später wieder ausgeschaltet. Ein Beispiel:

```
<html>
<head>
<title>Professionelle Textformatierung mit CSS</title>
<meta http-equiv="Content-Type" content="text/html;
charset=iso-8859-1" />
```

```
</head>
<body bgcolor="#FFFFFF">
<p><font face="Arial, Helvetica, sans-serif">In den letzten
Kapiteln beschäftigten wir uns mit den einzelnen</font>
<font face="Times New Roman, Times, serif">HTML-
Befehlen</font><font face="Arial, Helvetica, sans-serif">, deren
Auswirkungen und Steuerungen für die verschiedenen Elemente der
Webseite. Nun wollen wir uns mit Möglichkeiten der Organisation
und Vereinfachung befassen. In diesem Kapitel lernen Sie:
</font></p>
<p><font face="Arial, Helvetica, sans-serif">&middot; Wie kann
ich Webseiten pflegeleicht machen? </font></p>
<p><font face="Arial, Helvetica, sans-serif">&middot; Wie kann
ich die festen Definitionen der HTML-Befehle für meine Seiten
umgestalten?</font></p>
<p><font face="Arial, Helvetica, sans-serif">&middot; Wie sorge
ich dafür, dass die Seiten meiner Site auf einfache Weise gleich
aussehen? </font></p>
<p><font face="Arial, Helvetica, sans-serif">In den letzten
Kapiteln haben Sie eine Reihe von </font><font face="Times New
Roman, Times, serif">HTML-Befehlen</font><font face="Arial,
Helvetica, sans-serif"> kennen gelernt. Jeder, der zum ersten Mal
eine Webseite mit einem </font><font face="Courier New, Courier,
mono">Texteditor</font><font face="Arial, Helvetica,
sans-serif"> ansieht, stellt schnell fest, dass die
Gestaltungsbefehle nicht immer zum leichten Lesen animieren.
Da werden beispielsweise pro Zeile Zeichensätze und Schriftstile
ausgewählt und wieder ausgeschaltet. Ein Beispiel:</font></p>
</body>
</html>
```

Beim näheren Hinsehen fällt Ihnen auf, dass hier diverse Male mit dem HTML-Befehl <font> die Definition des Zeichensatzes auf die eigenen Bedürfnisse angepasst wurde. Neben den Absätzen haben wir hier auch die Wörter HTML-Befehle und Texteditor hervorgehoben dargestellt. Im Browser sieht das dann so aus:

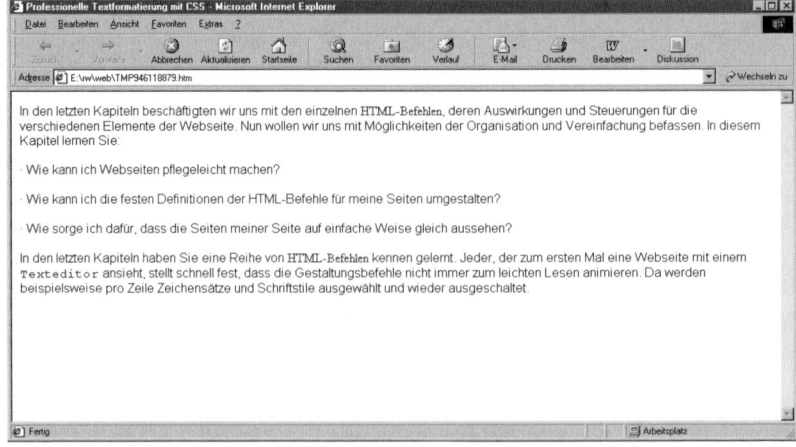

Die Testseite im Browser. Beachten Sie die abweichende Darstellung der Wörter „Texteditor" und „HTML-Befehlen"

In diesem Beispiel haben wir das getan, was wohl auf fast jeder Webseite passiert. Die HTML-Tags wurden nicht in der Form eingesetzt, wie sie die Grundform der einzelnen Befehle gestalten würde. So sind die Absätze nicht in der üblichen Times New Roman oder einem anderen Serifen-Zeichensatz dargestellt. Grund hierfür ist natürlich der Befehl <font face= "Arial, Helvetica, sans-serif">. Es sollte der einzelne Absatz in einer Sans-Serif-Schrift dargestellt werden. Bei der strikten Anwendung des HTML-Codes würde dies bedeuten, dass pro Absatz dieses Kapitels einmal der Befehl <font face="..."> eingesetzt werden würde, um am Ende des Abschnitts wieder aufgehoben zu werden.

Dieses Verfahren hat mehrere Nachteile. Zwar verstehen die heutigen Browser den Befehl <font face="..."> durchaus, doch das Attribut *face* ist inzwischen auf der Abschussliste des W3C (zum W3C siehe ab Seite 19). Dies bedeutet, dass zukünftige Browsergenerationen das Attribut nicht mehr zwingend unterstützen werden, was in Zukunft zu einer Neuschreibung der Webseiten führen müsste. Doch es könnte auch noch schlimmer kommen:

Stellen Sie sich einmal vor, Sie wären für die Gestaltung von wirklichen Riesen-Sites wie beispielsweise Amazon.de, AltaVista.de oder Yahoo.de verantwortlich. Ihr Chef käme eines Morgens mit dieser freudestrahlenden Botschaft zu Ihnen: „Die Marketing-Abteilung schlägt vor, das Layout unserer Webseiten zu ändern".

Hätten Sie nun das Layout der Seiten Ihrer Site im traditionellen Stil entwickelt, würden Sie sich nun auf mehrere Wochen des „Suchen und Ersetzen"-Spiels freuen, denn in jeder Webseite müssten die Formatierungen ausgetauscht werden. Es geht natürlich auch einfacher.

Was ist ein CSS?

Befehle lassen sich in ihrem Aussehen sehr einfach beeinflussen. Hierzu greifen nahezu alle modernen Browser auf das CSS-System zurück.

Unter einem CSS versteht man die **C**ascading **S**tyle **S**heets. Die Stylesheet-Programmierung dient zur einfachen Bestimmung der Eigenschaften eines Formats.

Cascading Style Sheets bieten Ihnen eine entscheidende Erweiterung zum HTML-Code an. Durch sie haben Sie die Möglichkeit, Ihre Webseite frei und Platz sparend zu gestalten. Die CSS helfen Ihnen, Typografie und Layout in Ihre Webseite einzubringen.

Setzen Sie irgendwo in Ihrer HTML-Datei das Tag <p> ein, weiß jeder Browser, dass der nachfolgende Text als *Paragraph*, als Absatz, dargestellt werden soll. Zu der Definition des Tags gehört, dass am Ende des Absatzes automatisch ein Zeilendurchschuss – eine Leerzeile – erzeugt werden soll.

Zum Aussehen des Textes sagt die Definition des Befehls <p> nichts, hier greift der Browser also auf seine eigenen Informationen zurück.

Ein Teil ist ihm im Zuge der Programmierung beigebracht worden, den anderen Teil liest er aus dem Betriebssystem und aus seiner Konfiguration aus.

So unterscheiden sich bekanntlich die Anzahl und Vielfalt der installierten Zeichensätze von Rechner zu Rechner.

Per CSS lassen sich nun Informationen fest an ein Tag knüpfen. Betrachten wir einmal, wie unsere Seite per CSS aussehen würde:

```
<html><head>
<title>Professionelle Textformatierung mit CSS</title>
<meta http-equiv="Content-Type" content="text/html;
charset=iso-8859-1" />
<style type="text/css">
p {Font-Family: Arial, Helvetica, sans-serif}
#marke1 {Font-Family: 'Times New Roman', Times, serif}
#marke2 {Font-Family: Courier, 'Courier New'}
</style>
</head>
<body bgcolor="#FFFFFF">
<p>In den letzten Kapiteln beschäftigen wir uns mit den
einzelnen <span id="marke1">HTML-Befehlen</span>, deren
Auswirkungen und Steuerungen für die verschiedenen Elemente der
Webseite. Nun wollen wir uns mit Möglichkeiten der Organisation
und Vereinfachung befassen. In diesem Kapitel lernen Sie: </p>
<p>&middot; Wie kann ich Webseiten pflegeleicht machen? </p>
<p>&middot; Wie kann ich die festen Definitionen der HTML-Befehle
für meine Seiten umgestalten?</p>
<p>&middot; Wie sorge ich dafür, dass die Seiten meiner Site auf
einfache Weise gleich aussehen? </p>
<p>In den letzten Kapiteln haben Sie eine Reihe von <span
id="marke1">HTML-Befehlen</span> kennen gelernt. Jeder, der zum
ersten Mal eine Webseite mit einem <span
id="marke2">Texteditor</span> ansieht, stellt schnell fest, dass
die Gestaltungsbefehle nicht immer zum leichten Lesen animieren.
Da werden beispielsweise pro Zeile Zeichensätze und Schriftstile
ausgewählt und wieder ausgeschaltet. Ein Beispiel: </p>
</body>
</html>
```

Dieses Listing ist nicht nur übersichtlicher geworden; Sie sparen auch knapp 200 Zeichen ein. Die erste Datei hatte 1.645 Bytes, der neue Abschnitt nur noch 1.448 Bytes.

Nach unserer Absicht müsste die jetzt erstellte Webseite mit der vorherigen identisch sein. Und in der Tat:

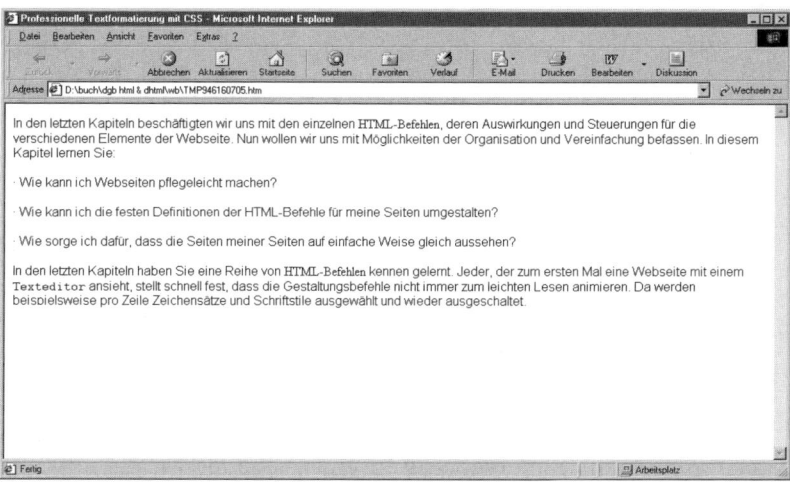

Die gleiche Seite, mit Cascading Style Sheets definiert

Die Darstellungen sind mit dem Microsoft Internet Explorer 5 erstellt worden, sehen aber bei Netscape identisch aus.

Tipp

CSS als Ersatz für „alte" Tags

Mit den Stylesheets lassen sich in der Regel all die Attribute zu einem Tag regeln, die in der HTML-Definition als „veraltet" oder „nicht mehr unterstützt" gelten. Die Stylesheets bilden für Sie eine gute Möglichkeit, Ihre Seiten nach Ihren Wünschen zu gestalten.

Die Stylesheets, zu Deutsch Gestaltungsvorlagen, übernehmen in den Webseiten genau die Aufgabe, die die Formatvorlagen in einer Textverarbeitung haben. In Microsoft Word oder einem äquivalenten Programm besteht der Text nicht nur aus den von Ihnen geschriebenen Zeichen, sondern auch aus der passenden Formatinformation. Die Formatvorlage wird bei Word mit dem Dokument gespeichert. Somit stehen die Formatmarken beim erneuten Öffnen wieder zur Verfügung; der Text wird im Normalfall identisch dargestellt.

Über Stylesheets lassen sich so gut wie alle darstellenden Attribute der HTML-Tags bestimmen. So können Sie beispielsweise die Überschrift <h1> nicht nur in Schriftgröße und- schnitt festlegen, sondern in allen möglichen Bereichen. Hier eine etwas umfangreichere Definition:

```
<html>
<head>
<style type="TEXT/CSS">
h1 {Color: #FFFF00;Background-Color: #804000;Background-Image:
'h1hg.jpg'; Background-Attachment: fixed; Background-repeat:
repeat-x, 2; Font-Family: Arial, Helvetica; Font-Size: 18pt;
Font-Variant: normal; Font-Weight: bold; Font-Style: normal;
Line-Height: number; Text-Align: center; Vertical-Align: top;
Text-Transform: capitalize; Text-Decoration: none;
```

```
Letter-spacing: 0.7pt; Word-Spacing: 0.7pt; Border-Color:
#FF0000; Border-Style: dashed; Border-Width: 2px; Margin: 2px;
Padding: 3px; List-Style-Type: circle;}
</style>
</head>
<body>
<h1>Willkommen im World Wide Web mit CSS</h1>
</body>
</html>
```

Diese Style-Flut zum Befehl <h1> ist ein Ausschnitt aus dem, was machbar ist. Natürlich – wie so oft im Web – funktioniert auch hier nicht alles mit jedem Browser. So brauchen Sie sich also erst einmal keine Gedanken über dieses Beispiel-Listing zu machen.

Ein weiterer entscheidender Vorteil kommt noch hinzu: Stylesheets lassen sich außerhalb einer Webseite in einer separaten Datei ablegen. Hierdurch wird eine Site wirklich flexibel.

Soll wie in dem eben geschilderten Albtraum der neuen Sitegestaltung eine komplette Site ein neues Aussehen bekommen, wird nun nicht mehr jede einzelne Seite geändert. Sie verändern nur noch die externe Stylesheet-Datei. Jede Webseite, die auf diese Datei zurückgreift, passt nun automatisch ihr Aussehen an. Die Verbindungen zwischen den Webseiten und einer externen Stylesheet-Datei würde in unserem ersten Beispiel so aussehen:

```
<html>
<head>
<title>Professionelle Textformatierung mit CSS</title>
<meta http-equiv="Content-Type" content="text/html;
charset=iso-8859-1" />
<link rel="stylesheet" Type="text/css" href="definition.css" />
</head>
<body bgcolor="#FFFFFF">
<p>In den letzten Kapiteln beschäftigten wir uns mit den
einzelnen <span id="marke1">HTML-Befehlen</span>, deren
Auswirkungen und Steuerungen für die verschiedenen Elemente der
Webseite. Nun wollen wir uns mit Möglichkeiten der Organisation
und Vereinfachung befassen. In diesem Kapitel lernen Sie: </p>
<p>&middot; Wie kann ich Webseiten pflegeleicht machen? </p>
<p>&middot; Wie kann ich die festen Definitionen der HTML-Befehle
für meine Seiten umgestalten?</p>
<p>&middot; Wie sorge ich dafür, dass die Seiten meiner Site auf
einfache Weise gleich aussehen? </p>
<p>In den letzten Kapiteln haben Sie eine Reihe von <span
id="marke1">HTML-Befehlen</span> kennen gelernt. Jeder, der zum
ersten Mal eine Webseite mit einem <span
id="marke2">Texteditor</span> ansieht, stellt schnell fest, dass
die Gestaltungsbefehle nicht immer zum leichten Lesen animieren.
Da werden beispielsweise pro Zeile Zeichensätze und Schriftstile
ausgewählt und wieder ausgeschaltet. Ein Beispiel: </p>
</body>
</html>
```

Bis auf die eine hier hervorgehobene Zeile im HTML-Kopf sieht das Listing nahezu unverändert aus. Die externe Datei – in diesem Fall heißt sie *definition.css* – würde sich hier im gleichen Verzeichnis befinden. Sie wird einfach zusammen mit den HTML-Dateien in Ihrem Verzeichnis auf dem Server des Providers abgelegt. Wird die HTML-Datei von einem Leser abgerufen, sorgt die Zeile im HTML-Kopf dafür, dass die CSS-Datei ebenfalls abgeholt und zur Darstellung vom Browser interpretiert wird.

Die externe CSS-Datei liegt im Klartext vor. Sie könnte so aussehen:

```
/* CSS-Datei für den Workshop CSS */
a,p,h1,h2,h3,ul,ol,li,div,b,I
    {font-family:Helvetica,Arial,sans-serif;}
p,ul,ol,li,div,td,th,address,b,I
    {font-size:10pt; line-height:12pt;}
H1 {font-size:24pt; line-height:24pt; background-color:green;
color:white; font-style:bold; padding:3px;}
H2 {font-size:14pt; line-height:14pt; background-color:#99CC99;
color:white; font-style:bold; padding:3px;}
H3{font-size:12pt; line-height:14pt; background-color:#CCFFCC;
color:green; font-style:bold; padding:3px;}
#marke    {font-size:11pt; line-height:12pt; font-style:bold;
background-color:#CCFFCC;}
#obacht   {font-size:12pt; line-height:12pt; font-style:bold;
background-color:orange; font-style:bold; padding:3px}
```

Zusammenfassend:

- Cascading Style Sheets sind eine unmittelbare Ergänzung zu HTML, die aber inzwischen bedeutender sind als die alten Attribute, mit denen einzelne HTML-Tags konfektioniert wurden.
- Mit Stylesheets lassen sich aber auch Eigenschaften einem Format hinzufügen, die mit den herkömmlichen Methoden des HTML bei weitem nicht realisierbar sind.
- Eine Stylesheet-Definition lässt sich übergreifend auf diverse Webseiten anwenden.
- Cascading Style Sheets halten die HTML-Dateien klein. Hierdurch sparen Sie nicht nur Speicherplatz, Sie reduzieren gleichzeitig den notwendigen Datentransfer. Viele Anbieter von Speicherplatz im Internet lassen sich den Transfer, den „Traffic", ab einer gewissen Größe bezahlen.
- CSS-Seiten sind schneller beim Leser. Durch die reduzierte Größe der HTML-Dateien muss der potentielle Betrachter weniger Zeit und Geld investieren, bis sich die Seiten in seinem Browser aufgebaut haben.
- Einer Reihe von HTML-Tags – vor allem diverse Attribute – werden in nächster Zukunft nicht mehr zum gültigen Standard gehören. Der HTML-Standard ist voll von alten Leichen, die vom W3C als Auslaufmodell markiert sind. Damit Sie in Zukunft nicht eine umfangreiche Umstellung Ihres Codes einkalkulieren müssen, sollten Sie Tags wie zum Beispiel <font> nicht verwenden, sondern auf die zukunftssicheren CSS-Definitionen zurückgreifen.

- Last but not least sind die Cascading Style Sheets einfach zu erlernen. Im Gegensatz zu den anderen Erweiterungen rund um das HTML (zum Beispiel JavaScript) müssen Sie keine echte Programmierung durchführen. Selbst fehlerhafte Stylesheets werden toleriert; der Browser des Lesers wird nicht zum Stillstand gebracht.

> **Hinweis**
>
> **Syte Sheets veralten nicht**
>
> Viele Attribute, die Sie zu den HTML-Tags einsetzen können, um das Tag zu gestalten, gelten inzwischen als veraltet. Somit besteht die Gefahr, dass zukünftige Browsergenerationen Ihre Seiten nicht richtig interpretieren können. Diese Veralterung gilt für Stylesheets nicht. Im Gegenteil.

Also Grund genug, sich mit den Cascading Style Sheets zu befassen. Doch lassen Sie uns in den Lobgesang zunächst eine Frage einbringen.

7.2 Die Frage der Browserkompatibilität

Mit den Cascading Style Sheets verlassen wir den Bereich der HTML-Programmierung, der von den meisten Browsern inzwischen mit wenigen Einschränkungen gleich gelesen werden kann. Deshalb gestatten Sie uns einen kleinen Exkurs. Die Lösung, mithilfe von Cascading Style Sheets die HTML-Seiten zu formatieren, ist nicht unproblematisch, denn sie ist kein Standard. Hinter dem Wort „Kompatibilität" versteckt sich nämlich das klassische Problem der EDV, das sich wie ein roter Teppich (von „Faden" kann man wirklich nicht mehr sprechen) durch die Geschichte des World Wide Web zieht. Die Einführung von neuen Programmiertechniken in eine Webseite führt immer wieder zu der alt bekannten Frage „Können ältere Browser die Seite noch interpretieren bzw. kann ein Leser die Seite noch betrachten?"

Unterschiedliche Browser haben unterschiedliche Fähigkeiten beim Interpretieren der HTML-Dokumente. Somit können bestimmte Leseprogramme die erweiterten Fähigkeiten wie beispielsweise CSS nicht immer richtig auslesen. Dies ist eigentlich unverständlich. Eine Arbeitsgruppe legt die Standards fest, nach denen die Dokumente im World Wide Web für alle Programme lesbar sein sollen. Diese Arbeitsgruppe heißt – wir wiesen in diesem Buch schon mehrfach darauf hin – W3C.

In turnusmäßig stattfindenden Sitzungen und Tagungen formuliert das W3C die schönen Befehle, von denen auch dieses Buch handelt. Jede Erweiterung rund um das World Wide Web wird zunächst von verschiedenen Institutionen, Universitäten und Firmen ausgearbeitet, vorgeschlagen, diskutiert, überarbeitet und nach diesem Prozess als Empfehlung des W3C verabschiedet.

Nun folgt ein längerer Zeitabschnitt, in dem die Software-Firmen – die Partner im W3C – zu den Modifikationen Stellung nehmen, die Ideen verwerfen oder modifizieren können. Ist dieser Prozess abgeschlossen, trifft man sich zur Verabschiedung des Modells. Stimmt die Mehrheit der Partner dafür, wird die Erneuerung als Standard verabschiedet- ist die neue Sprache verpflichtend für die Parteien innerhalb des W3C.

Somit ist das W3C der Lieferant für alle zukunftsweisenden Informationen um die Webseiten und ihre Entwicklung. Hier finden Sie die Erklärungen zu allen webrelevanten Sprachen und Standards. Für den versierten Entwickler von HTML-Seiten ist ein regelmäßiger Besuch auf den Seiten des W3C unter http://w3c.org oder http://www.w3.org fast schon eine Pflichtaufgabe. Hier finden Sie auch Links zu den Seiten, die Sprachen näher erklären.

Wer nun allerdings glaubt, dass sich die Partner des W3C in angemessener Weise an das halten, was kluge Köpfe erbrütet und (sie selbst) verabschiedet haben, der ist einer Täuschung erlegen. Die Entwicklung von der Empfehlung zum Standard kann Monate, ja Jahre verschlingen.

Auch die neuesten Versionen der in der Computerwelt am häufigsten verwendeten Browser – Microsoft Internet Explorer, Netscape Communicator und Opera – sind nicht voll kompatibel mit den Standards des W3C.

Welche Lösungen gibt es? Zum einen müssen sich die Entwickler von Webseiten beschränken. Solange kein neuerer Standard wie beispielsweise HTML 4.0 gleichsam mit der überwiegenden Mehrzahl der Browser fehlerfrei darstellbar ist, ist für Sie der Testaufwand beim Einsatz Ihrer Seiten ein nicht zu unterschätzender Installations- und Zeitaufwand. Zumindest müssen Ihre Seiten mit den beiden am weitesten verbreiteten Browsern zusammenarbeiten können.

Zum anderen bleiben wir alle weiterhin auf der Suche nach einem allumfassenden Standardbrowser. Und hier entwickelt sich etwas. Die eben so gescholtene Firma Netscape hat 1998 den Quellcode zu ihrem Browser Netscape Navigator im World Wide Web für jedermann veröffentlicht. Mit der Freigabe des Know-hows wurden die Programmierer weltweit aufgerufen, sich ihren optimalen Browser selbst zu entwickeln. Unter der Adresse

http://home.netscape.com/browsers/future/gecko.html

finden Sie nähere Informationen zu dem sich im Enstehen befindlichen Browser Gecko. Das letzte Release hat die „unerhörte" Größe von nahezu sechs MByte erreicht. Vergleichen Sie das einmal mit dem Internet Explorer und seiner etwa zehnfachen Größe. Unter der Adresse

http://www.mozilla.org

finden Sie die aktuelle Version des Browsers Mozilla, der aus dem Gecko-Projekt entstanden ist. Hier ein Snapshot der Version M12.

CSS

Mozilla ist die Antwort der World Wide Web-Welt auf Microsoft, Netscape und die anderen Browseranbieter

Derzeit werden die Bugs bekämpft und es wird an den nationalen Versionen gearbeitet. Mozilla hat durchaus das Zeug, der erste Browser zu werden, der wirklich HTML und die ganzen Zusatzsprachen verstehen und interpretieren kann. Bleibt nur noch die Frage, ob sich dieser Freeware-Browser wirklich gegen den Internet Explorer-Titanen durchsetzen kann, der ja inzwischen auf nahezu jedem Windows-PC standardmäßig installiert wird. Doch diese Entscheidung liegt nicht nur bei den Großen, sondern auch bei Ihnen.

Wie löst man Kompatibilitätsprobleme?

Solange der Streit zwischen den Herstellern der Browser andauert und kein Alleskönner auf einer Mehrzahl der Rechner Ihrer Leser installiert ist, bleibt Ihnen und uns nur ein sicherer Weg, damit Ihre Seiten auf vielen Browsern störungsfrei laufen. Dieses Verfahren gilt nicht nur für die CSS, die hier besprochen werden, sondern insbesondere für alle weiterführenden Techniken und Sprachen:

1 Zuerst entwickeln Sie Ihre Webseite. Nachdem die redaktionelle Arbeit und die gestalterische Grundkonzeption abgeschlossen ist, basteln Sie sich eine Testseite in HTML, die bereits jeweils ein Element der unterschiedlichen Inhalte besitzt. So stehen hier die verschiedenen Textgestaltungen, ein Bild, eine Tabelle, ein Formular usw. auf einer Seite vereint.

2 Jetzt bauen Sie die Basiselemente der Zusatzsprachen ein und prüfen Ihre Testseite. Erst die Basis, dann die Erweiterungen. Läuft die Seite stabil in Ihren Browsern – Sie sollten durchaus mehrere Browser auf Ihrem

Rechner zu Testzwecken installiert haben –, kommt hiernach der Ausbau der Funktionen, die die Gestaltung abrunden sollen.

3. Arbeitet eine Definition jedoch nicht mit einem bestimmten Browser zusammen, wägen Sie jetzt ab, ob das Element zwingend notwendig ist oder nicht. Bejahen Sie die Frage, müssen Sie prüfen, mit welchen Mitteln das Problem gelöst werden kann.

4. Bevor Sie jedoch damit anfangen, prüfen Sie zunächst einmal, ob das Problem wirklich im Browser oder etwa in einer fehlerhaften Programmierung zu suchen ist. Hierfür bieten sich zum einen die Informationen auf den Seiten des W3C an. Hier finden Sie unter der Adresse jigsaw.w3org/css-validator Hilfe beim Auffinden von Fehlern in der Definition. Weitere Informationen finden Sie auch in diesem Buch ab Seite 388.

5. Lässt sich die Problematik nicht per CSS lösen, kommen als Nächstes JavaScript oder Java in Frage. Hierfür ist jedoch mehr Know-how und Zeiteinsatz nötig. Zur Entwicklung einer Java-Anwendung benötigen Sie darüber hinaus ein spezielles Entwicklungssystem.

6. Sollten diese Versuche allesamt scheitern, bleiben nur noch zwei Möglichkeiten: Einerseits weisen Sie den Leser darauf hin, dass sein Browser die Seite nicht lesen kann. Hier muss ihm auch erklärt werden, warum das nicht funktioniert und welche Mittel er hat, das Problem durch Eigenarbeit (Installation eines aktuellen Browsers) zu beheben.

7. Andererseits bieten Sie ihm Ihre Seiten in einer abgespeckten Version an, mit der sein Browser zusammenarbeiten kann. Dieser zweite Weg ist der wesentlich freundlichere für den Leser, bedeutet jedoch für Sie einen erheblich größeren erstellungs- und Wartungsaufwand.

7.3 Schematischer Aufbau der Stylesheets

Nach dieser langen Vorrede erfahren Sie nun, wie Stylesheets funktionieren.

Die Definition der Cascading Style Sheets wurde vom W3C Ende 1996 als Empfehlung veröffentlicht.

Hierbei handelt es sich um die Cascading Style Sheets Level 1. Eineinhalb Jahre später veröffentlichte das W3C die Stylesheets Level 2.

Beide Stufen haben den Status „W3C Empfehlung"; sie sind also noch nicht Standard.

Cascading Style Sheets Level 1 sind inzwischen mit den meisten Browsern ausführbar. Wir werden uns in diesem Buch hauptsächlich mit dieser Ausbaustufe befassen.

CSS

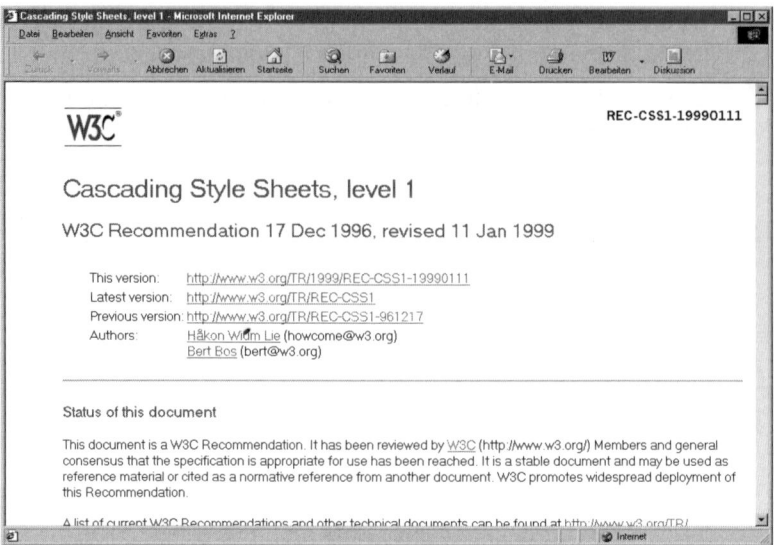

Das offizielle Dokument zu den Cascading Style Sheets I, zu finden unter www.w3.org/tr/rec-css1

Die Entwickler der Cascading Style Sheets haben sich vier Möglichkeiten ausgedacht, die neue Sprache in HTML zu integrieren. Folgende Wege stehen für Sie bereit:

- die Embedded Stylesheet-Methode,
- die Linked Stylesheet-Variante,
- das Imported Stylesheet und
- die Inline Styles.

Bei einem Embedded Cascading Style Sheet werden die Format-Definitionen im <head> der HTML-Datei abgelegt. Zur Steuerung des Browsers eröffnen Sie das CSS mit der Programmzeile

```
<style type="text/css">
```

Jetzt folgen die Formatierungen der einzelnen Tags, bevor das Tag

```
</style>
```

die CSS-Definition abschließt. Setzen Sie dagegen eine externe Datei zur Definition der Stylesheets ein, benötigen Sie die folgende Zeile im <head> der HTML-Datei:

```
<link rel="stylesheet" Type="text/css" href="mein-css.css" />
```

Dieses Verfahren nennt man Linked Stylesheet. In diesem Beispiel muss im Verzeichnis Ihrer Webseite auf dem Server des Dienstanbieters eine Datei *mein-css.css* vorhanden sein. Diese ist eine Textdatei, die die Definitionen beinhaltet.

> **Hinweis**
> **Achten Sie auf XHTML**
> Bedenken Sie, dass <link> eines der HTML-Tags ist, die bisher ein Einzelleben führten, also nicht aufgehoben wurden. In XHTML gehört an das Ende eines Link-Tags natürlich ein /. Somit heißt <LINK ...> nun <link ... />.

Die dritte Variante ist das Imported Stylesheet:

```
<style type="text/css">
 @import url(http://unser-server.org/mein-css.css);
</style>
```

Diese Variante holt ebenfalls an der angegebenen Stelle die externe CSS-Datei ab. Das Verfahren ist etwas unsicherer als die Verwendung des HTML-Tags <link>, weil einige – ansonsten durchaus CSS-fähige – Browser mit diesem Befehl ihre Schwierigkeiten haben.

Deshalb sollten Sie externe Dateien mit dem HTML-Tag einbinden.

Zu den Inline Styles kommen wir später ab Seite 330.

Wie ist jetzt eine externe CSS-Datei aufgebaut? CSS-Dateien enthalten Klartext. Hier ein Beispiel:

```
/* unsere externe CSS-Datei */
a,p,h1,h2,h3,ul,ol,li,div,b,i,td,th,caption
   {font-family:Helvetica,Arial,sans-serif;}
p,ul,ol,li,div,td,th,address,b,i
   {font-size:10pt;line-height:12pt;}
td,th {text-align=center;}
p {text-align:justify;}
h1 {font-size:24pt;line-height:24pt;
background-color:gold;color:black;font-style:bold;padding:3px;}
h2 {font-size:14pt;line-height:14pt;
background-color:yellow;color:black;font-style:bold;padding:3px;}
h3 {font-size:12pt;line-height:14pt;
background-color:#CCFFCC;color:gold;font-style:bold;padding:3px;}
span {font-size:12pt;line-height:12pt;font-style:bold;
background-color:orange;font-style:bold; padding:3px}
#marke {font-size:11pt;line-height:12pt;
font-style:bold;background-color:#CCFFCC;}
/* zuletzt geändert am 4.1.2000 : 787 Bytes */
```

In der externen CSS-Datei stehen sämtliche Definitionen aufgelistet. Die erste und letzte Zeile zeigt zum Beginn ein /*, was für den Interpreter bedeutet, dass ein Zeichen folgt, das er als eine nicht auszulesende Bemerkung verstehen soll.

Das */ am Zeilenende meldet ihm das Ende der internen Bemerkungen.

> **Tipp**
> **Angaben helfen bei der Fehlersuche**
> Arbeiten Sie mit externen CSS-Dateien, notieren Sie sich am Dateiende Datum, Zeit und Größe der Datei. Dies kann bei der Fehlersuche gerade auf großen Sites von Nutzen sein. Sind Sie öfter im World Wide Web unterwegs, untersuchen Sie einmal die Cache-Verzeichnisse von Microsoft Internet Explorer und Netscape nach CSS-Dateien. Hier finden Sie auch so manche Anregung für ein gelungenes Stylesheet.

Innerhalb der HTML-Datei lassen sich die verschiedenen CSS-Einträge durchaus verbinden. Sie können also die üblichen Definitionen für Ihre Site in einer externen Datei lagern und lokal verwendete Styles in den einzelnen HTML-Dateien definieren. Inwieweit das Verfahren sinnvoll ist, sei jedoch dahingestellt. Immerhin bedeuten CSS-Definitionen an unterschiedlichen Orten ein Mehr an Wartungsaufwand und eine potentielle Gefahrenquelle.

Eigene CSS-Definitionen aufbauen

Hier die Abfolge für die Konstruktion eines Stylesheets:

1 Als Erstes setzen Sie die Zeilen

```
<style type="TEXT/CSS">
</style>
```

in den Kopf Ihrer HTML-Datei ein. Damit markieren Sie den Beginn und das Ende der CSS-Definition. Der Head der Datei sollte jetzt folgendermaßen aussehen:

```
<html>
<head>
<title>Professionelle Textformatierung mit CSS</title>
<meta http-equiv="Content-Type" content="text/html;
charset=iso-8859-1" />
<style type="text/css">
 <!--
 //-->
</style>
</head>
```

2 Die zusätzlichen Zeilen <!-- und //--> sorgen dafür, dass die CSS-Definitionen für den HTML-Interpreter des Browsers unsichtbar sind. Hierdurch erscheinen die CSS-Definitionen in alten Browsern nicht als Text. Wir lassen die Ausmarkierung in den nächsten Listings aus, da dieses Problem mit heutigen Browsern nur noch selten auftritt.

3 Zwischen Anfangs- und End-Tag fügen Sie die CSS-Definitionen ein. Wie ist nun eine Definition aufgebaut? Zum Zeilenbeginn schreiben Sie das Tag, das formatiert werden soll. Hierbei lassen Sie die sonst üblichen eckigen Klammern weg. Für das Tag <p> sieht das jetzt so aus:

```
<style type="text/css">
p
</style>
```

4 Die Formatierungen des Befehls werden nun in die gleiche Zeile geschrieben. Damit sie sich von dem Tag absetzen, fügen Sie vor die Definition eine geöffnete geschweifte Klammer ein und zum Abschluss das schließende Pendant. Der Browser des Lesers interpretiert die Inhalte, die zwischen dem Klammerpaar stehen. Die geschweiften Klammern erreichen Sie auf einer PC-Tastatur mit den Tasten [AltGr]+[7] und [AltGr]+[0]. Nehmen Sie dabei nicht den Nummernblock, sondern die Tasten oberhalb der Buchstaben.

```
<style type="text/css">
p { }
</style>
```

5 Die einzelnen Definitionen, die zwischen den geschweiften Klammern stehen, haben immer den gleichen Aufbau. Zuerst schreiben Sie die Bezeichnung des Attributs, hier nach folgt ein Doppelpunkt, bevor Sie den gewünschten Wert angeben. Erhält ein Attribut mehrere Werte, setzen Sie zur Trennung der Werte ein Komma. Sind mehrere Attribute zum Einsatz zu bringen, setzen Sie jeweils ein trennendes Semikolon ein. Hinter dem letzten Wert muss jedoch kein weiteres Semikolon eingesetzt werden.

```
<style type="text/css">
p {font-family: Helvetica, Arial, sans-serif}
h1 {Font-Family: 'Times New Roman', Times, serif}
</style>
```

6 Die zweite Zeile unserer Definition zeigt: In der Regel müssen Sie keine Rücksicht auf Groß- oder Kleinbuchstaben nehmen. Hier gibt es jedoch die folgende Ausnahme: Zeichensätze müssen exakt nach ihren Namen im Computersystem eingegeben werden. Besitzt ein Eintrag Leerzeichen (zum Beispiel Times New Roman), setzen Sie einfache Anführungsstriche vor und nach dem Namen. Hierfür verwenden Sie jedoch nicht die üblichen Anführungszeichen, sondern den Strich, den Sie auf der PC-Tastatur über auf der Raute # finden.

7 Greifen mehrere Tags auf die gleiche Definition zurück, schreiben Sie vor der öffnenden geschweiften Klammer die Tags mit einem Komma getrennt auf. Sie können ein Stylesheet durch Einrückungen übersichtlich gestalten.

```
<style type="text/css">
h1, h2 { Line-Height : 3px;
    White-Space : NoWrap;
    Word-Spacing : 1px;
    Text-Align : Left;
    Font-Family : Arial, Helvetica;
    Font-Size : 14pt;
    Color : white;
```

```
                  Background-Color : red;
                  Font-Weight : Bold;
                  Vertical-Align : 0%}
        h2 {Font-Size : 12pt}
        </style>
```

Den CSS ist es übrigens egal, ob die Tag-Bezeichnungen, Attribute oder Werte groß oder klein geschrieben werden. Nur die Bezeichnungen der Schriften müssen exakt wiedergegeben werden.

8 In diesem Listing ist das Tag <h2> gleich zweimal definiert worden. Hierdurch hat h2 das gleiche Aussehen wie h1. Nur in der Zeichengröße von 12 pt unterscheidet sich h2 von seinem großen Bruder. Nachfolgende Attribute überschreiben also ihre widersprechenden Vorgänger. Hier noch einmal der Aufbau in einer schematischen Form:

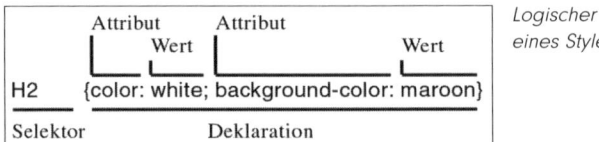

Logischer Aufbau eines Stylesheets

Der Bereich, der mithilfe des Stylesheets formatiert werden soll, wird Selektor genannt. Dies ist in der Regel ein HTML-Tag, kann aber zum Beispiel auch eine Marke sein (Hierzu gleich mehr). In geschweiften Klammern folgen nun die Style-Attribute. Nach einem Attribut folgt ein Doppelpunkt, hinter dem der Wert eingetragen wird, der dem Selektor übergeben werden soll. Mehrere Werte trennen Sie per Komma, mehrere Attribute per Semikolon. Nach dem letzten Attribut schließen Sie die Definition des Styles per geschweifter Klammer ab.

Noch ein Wort zu den möglichen Werten. Die meisten CSS-Attribute lassen sich sowohl absolut als auch in Relation zu den vorgegebenen oder vorher gewählten Werten formatieren. Hierfür ein Beispiel:

```
        body {font-size: 12pt}
        p {font-size: 10pt}
        a {font-size: smaller}
```

Durch die Gestaltung des Tags <body> erhalten alle Schrift-Tags die gleiche Größe von 12 pt. Dem Tag <p> wird die Größe 10 pt zugewiesen. Das Attribut *font-size* wird in beiden Fällen durch einen absoluten Wert definiert.

Das Tag <a> hingegen bekommt seine Schriftgröße anders zugewiesen. Der Wert *smaller* sagt aus, dass die Schriftgröße im Verhältnis zur vordefinierten Größe (in diesem Fall durch das Stylesheet für <body> auf 12 pt gesetzt) kleiner ausfallen soll. Bei einer relationalen Definition steuern Sie die Größe anhand des vererbten Werts. Setzen Sie <body> auf 14 pt herauf, hat <p> immer noch die Größe von 10 pt. Das Tag <a> jedoch passt automatisch seine Größe an den neuen Wert an. Einige Attribute sind explizit nicht vererbbar. In der Kurzvorstellung haben wir zu den wichtigsten nicht vererbbaren Attributen einen Hinweis gesetzt.

Die richtige Wahl des Weges

„Welche Konstruktion soll ich nun wählen? Alles intern ablegen, alles in eine separate Datei packen?" Klassische Fragen beim Gestalten mit CSS. Nun, hier ein paar Tipps zum richtigen Vorgehen.

Entwickeln Sie eine neue Site, konstruieren Sie bereits während des Aufbaus der Seiten die CSS-Definitionen mit. Diese legen Sie sowohl in Ihre HTML-Seite, als auch in eine separat geführte Datei ab.

Pro HTML-Seite für das aktuelle Projekt sammeln sich nun nach und nach die Stylesheets in der externen Datei.

Sind alle Seiten konstruiert, prüfen Sie, welche Stylesheets sich in mehr als der Hälfte der Seiten finden lassen. Diese können extern geladen werden und somit aus den lokalen CSS-Definitionen verschwinden.

- In der externen Definitionsdatei stehen die Stylesheets, die übergreifend Ihre HTML-Dokumente gestalten. Vergessen Sie jedoch nicht, die Verbindung zur externen Stylesheet-Datei herzustellen.
- In den jeweiligen HTML-Seiten werden die hier auftauchenden Stylesheets als Embedded Styles angelegt. Hier ist der Platz für zusätzliche Eigenschaften und zur Umgestaltung der Stylesheets, die durch die externe Datei geliefert werden.
- Alles, was nur einmal gebraucht wird, kann mit einem Inline Style entwickelt werden (siehe ab Seite 330). Sowie die Gestaltung jedoch zwei- oder mehrmals auftauchen soll, gehört sie in die Embedded Style-Definition.

Beim Empfangen der HTML-Datei liest der Browser des Lesers zuerst die externe Datei aus. Hiernach folgen die Embedded Styles, die im Kopf der HTML-Seite stehen.

Zuletzt werden die Inline Styles interpretiert. Durch dieses Verfahren können Sie von Stufe zu Stufe die Styles umdefinieren, bis Sie das Ihnen genehme Ergebnis erhalten.

```
<html>
<head>
<title>CSS in der Praxis</title>
<meta http-equiv="Content-Type" content="text/html;
charset=iso-8859-1" />
<style type="text/css">
p {color: black; Font-Family: Arial, Helvetica; font-size: 10pt;
height: 12pt; text-align: justify; }
#hline {Background-Color: #0080FF; Font-Size: 20 pt; Font-Weight:
bold; Font-Style: normal; Border-Width: 2px; Margin: 2px;
text-align:center}
#beginn {Font-Weight: bold; font-size:12; height: 12;
text-align:left;width: 40%}
</style>
</head>
```

```
<body bgcolor="#FFFFFF">
<p id="hline">Textformatierung mit CSS</p>
<p id="beginn">Seit seiner Einf&uuml;hrung hat sich der HTML-Code
nur unwesentlich ver&auml;ndert. Gelten die Cascading Stylesheets
berechtigt als Wunderwaffe der Webseitenentwickler? Wir
pr&uuml;fen das f&uuml;r Sie.</p>
<p>Jeder, der sich eine handelsübliche Webseite mit einem
Texteditor ansieht,
stellt schnell fest, dass die Gestaltungsbefehle nicht immer zum
leichten Lesen animieren. Da werden beispielsweise Zeichensätze
und Schriftstile für einen Absatz ausgewählt und später wieder
ausgeschaltet.</p>
<p>Jeder, der sich eine handelsübliche Webseite mit einem
Texteditor ansieht,
stellt schnell fest, dass die Gestaltungsbefehle nicht immer zum
leichten Lesen animieren. Da werden beispielsweise Zeichensätze
und Schriftstile für einen Absatz ausgewählt und später wieder
ausgeschaltet.</p>
</body>
</html>
```

Das Verfahren ist es, was den Stylesheets das Adjektiv kaskadierend gibt: Höchste Priorität haben die Inline Styles. Nun folgen die Stile, die per *ID* angesprochen werden, dann die Stile, die durch *class* ausgewählt werden und zuletzt die herkömmlichen HTML-Elemente.

Diese Zuweisungsordnung wird noch durch die Vererbung ergänzt. Die Vererbung legt fest, welche Eigenschaften eines Objekts auf ein anderes Objekt übertragen werden können.

7.4 CSS-Formate zusammenstellen

Zum Formatieren stehen Ihnen nicht nur die Tags aus HTML zur Verfügung. Dies wäre auch unpraktisch, da ein Tag in Ihren HTML-Dateien mehrfach in unterschiedlicher Form vorkommen kann. So ist der Unterschied des Tags Absatz <p> durchaus in unterschiedlichen Bereichen mit variierenden Formaten denkbar. Ein Beispiel:

```
<html>
<head>
<title>CSS in der Praxis</title>
<meta http-equiv="Content-Type" content="text/html;
charset=iso-8859-1" />
<style type="text/css">
p {color: black; Font-Family: Arial, Helvetica; font-size: 10pt;
height: 12pt; text-align: justify; }
#hline {Background-Color: #0080FF; Font-Size: 20 pt; Font-Weight:
bold; Font-Style: normal; Border-Width: 2px; Margin: 2px;
text-align:center}
#beginn {Font-Weight: bold; font-size:12; height: 12;
text-align:left;width: 40%}
</style>
```

```
</head>
<body bgcolor="#ffffff">
<p id="hline">Textformatierung mit CSS</p>
<p id="beginn">Seit seiner Einf&uuml;hrung hat sich der HTML-Code
nur unwesentlich ver&auml;ndert. Gelten die Cascading Style
Sheets berechtigt als Wunderwaffe der Webseitenentwickler? Wir
pr&uuml;fen das f&uuml;r Sie.</p>
<p>Jeder, der sich eine handelsübliche Webseite mit einem
Texteditor ansieht,
stellt schnell fest, dass die Gestaltungsbefehle nicht immer zum
leichten Lesen animieren. Da werden beispielsweise Zeichensätze
und Schriftstile für einen Absatz ausgewählt und später wieder
ausgeschaltet.</p>
<p>Jeder, der sich eine handelsübliche Webseite mit einem
Texteditor ansieht,
stellt schnell fest, dass die Gestaltungsbefehle nicht immer zum
leichten Lesen animieren. Da werden beispielsweise Zeichensätze
und Schriftstile für einen Absatz ausgewählt und später wieder
ausgeschaltet.</p>
</body>
</html>
```

In diesem Beispiel wurde zur Textformatierung das Tag <p> verwendet. Die Überschrift und der einführende Text jedoch erhalten per CSS ein abweichendes Aussehen. Das Ganze sieht so aus:

Mit einem Tag unterschiedliche Darstellungen erreichen. Die Marken machen es möglich

Das Attribut *id* sorgt dafür, dass das betreffende Tag mit einem Namen versehen wird. Dieser muss in der HTML-Datei einzigartig sein, da er beispielsweise zur Identifizierung für eine weiterführende Programmierung benutzt wird.

Trägt ein zweites Tag die gleiche Identifikation, gilt zwar das CSS ebenfalls für diesen Befehl und eine Programmierung würde ebenfalls auf beide Bereiche wirken. Hierzu gleich mehr.

Sie müssen jedoch nicht immer einen Absatz formatieren.

Auch einzelne Textpassagen lassen sich auf verschiedene Arten mit einem Stylesheet versehen. Hier ein Beispiel:

```
<html>
<head>
<title>CSS in der Praxis</title>
<meta http-equiv="Content-Type" content="text/html;
charset=iso-8859-1" />
<style type="text/css">
p {color: black; Font-Family: Arial, Helvetica;font-size:
10pt;height: 12pt;text-align: justify; }
#hline {Background-Color: #0080FF; Font-Size: 20 pt; Font-Weight:
bold; Font-Style: normal; Border-Width: 2px; Margin: 2px;
text-align:center}
#beginn {Font-Weight: bold; font-size:12; height: 12;
text-align:left; width: 40%}
#links {background-color: #1FCD42; Font-Style: bold}
</style>
</head>
<body bgcolor="#ffffff">
<p id="hline">Textformatierung mit CSS</p>
<p id="beginn">Seit seiner Einf&uuml;hrung hat sich der HTML-Code
nur unwesentlich ver&auml;ndert. Gelten die <span
id="links">Cascading Style Sheets</span> berechtigt als
Wunderwaffe der Webseitenentwickler?
Wir pr&uuml;fen das f&uuml;r Sie.</p>
<p>Jeder, der sich eine handelsübliche Webseite mit einem
Texteditor ansieht, stellt schnell fest, dass die <span
id="links">Gestaltungsbefehle</SPAN> nicht immer zum leichten
Lesen animieren. Da werden beispielsweise Zeichensätze und
Schriftstile für einen Absatz ausgewählt und später wieder
ausgeschaltet.</p>
<p>Jeder, der sich eine handelsübliche Webseite mit einem
Texteditor ansieht, stellt schnell fest, dass die
Gestaltungsbefehle nicht immer zum leichten Lesen animieren.
Da werden z. B. Zeichensätze und Schriftstile für einen Absatz
ausgewählt und später wieder ausgeschaltet.</p>
</body>
</html>
```

Das Tag <span> eignet sich hervorragend für die Markierung eines Textabschnitts, der im Browser so erscheint:

CSS

Mit dem Tag <span> lassen sich Textstellen durch ein CSS gestalten

Sollen alle Bereiche, die mit dem Tag <span> eingefasst sind, hervorgehoben werden, bietet sich die Gestaltung des Tags an sich an. In diesem Falle würde man in der CSS-Definition die Zeile *SPAN id=links* in

```
span {background-color: #1FCD42; Font-Style: bold}
```

umwandeln. Per CSS können Sie auch Kombinationen von Tags formatieren. Die Definition wird nur dann im Browser aktiv, wenn mehrere Tags zusammen auftreten. Hier ein Beispiel:

```
<html>
<head>
<title>CSS in der Praxis</title>
<meta http-equiv="content-type" content="text/html;
charset=iso-8859-1" />
<style type="text/css">
p {color: black; Font-Family: Arial, Helvetica;font-size:
10pt;height: 12pt;text-align: justify; }
#hline {Background-Color: #0099FF; Font-Size: 30 pt; Font-Weight:
bold; Font-Style: normal; Border-Width: 2px; Margin: 2px;
text-align:center}
#beginn {Font-Weight: bold; font-size:12; height: 12;
text-align:left; width: 40%}
p i {background-color: #1FCD42; Font-Style: bold}
</style>
</head>
<body>
<p id="hline">Textformatierung mit CSS</p>
<p id="beginn">Seit seiner Einf&uuml;hrung hat sich der HTML-Code
nur unwesentlich ver&auml;ndert. Gelten die <i>Cascading Style
Sheets</i> berechtigt als Wunderwaffe der Webseitenentwickler?
```

```
        Wir pr&uuml;fen das f&uuml;r Sie.</p>
    <p>Jeder, der sich eine handelsübliche Webseite mit einem
    Texteditor ansieht, stellt schnell fest, dass die
    <i>Gestaltungsbefehle</i> nicht immer zum leichten Lesen
    animieren. Da werden beispielsweise Zeichensätze und Schriftstile
    für einen Absatz ausgewählt und später wieder ausgeschaltet.</p>
    <blockquote>Jeder, der sich eine handelsübliche Webseite mit
    einem Texteditor ansieht, stellt schnell fest, dass die
    <i>Gestaltungsbefehle</i> nicht immer zum leichten Lesen
    animieren. Da werden beispielsweise Zeichensätze und Schriftstile
    für einen Absatz ausgewählt und später wieder ausgeschaltet.
    </blockquote>
    </body>
    </html>
```

Hier das Ergebnis im Browser:

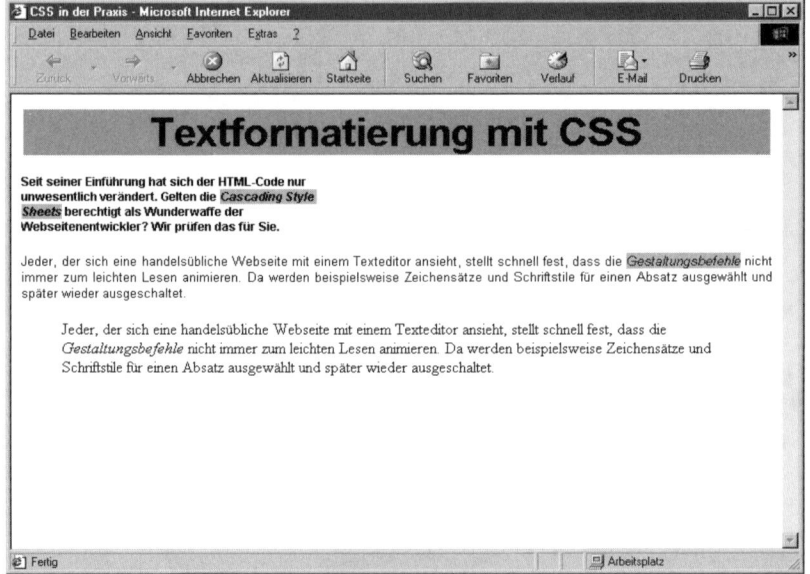

Das Stylesheet wurde nur deshalb aktiviert, weil im aktivierten Bereich die Tags <P> und <I> in der richtigen Reihenfolge standen

Unterklassen definieren

Mit Stylesheets lassen sich aber auch Unterklassen zu den Tags entwickeln. Das HTML-Attribut *id* wird beispielsweise auch als Identifizierung für JavaScript-Programme eingesetzt. Hierzu muss das Tag, das per JavaScript beeinflusst werden soll, einen einzigartigen Namen haben. Dies würde aber zur Folge haben, dass die CSS-Definition für jede *ID* neu erfolgen müsste. Dies ist natürlich nicht ökonomisch. Hier ein kleines Listing, das das Problem umgeht:

```
    <html>
    <head>
    <title>CSS mit Unterklassen</title>
```

```html
<style type="text/css">
body {font-family: Helvetica; font-size:12pt; color:blue;}
p.zitat{ font-family: Times; font-size: 12pt; color: black;
text-align: center; font-variant: small-caps; letter-Spacing:
2pt; }
p.gross { font-size: 14pt; color:black; }
p.klein { font-size: 8pt; color:black; text-align:center; }
.rot { color:red; }
.gruen { color:green;}
.gelb { color:gold; }
</style>
</head>
<body>
Verschiedene Styles als Unterklassen definiert. So sieht die
Schrift normal aus. Die Definiton stammt aus dem Stylesheet auf
das Tag &lt;BODY&gt;.
<p class="zitat">Eigenes Zitatformat.</p>
<p class="gross">Dies ist das Sonderformat Gross.</p>
<blockquote class="klein">Diese Zeile kann nicht funktionieren,
da die Formatklasse "klein" für einen Absatz eingerichtet war.
Die weiteren Zeilen hingegen funktionieren wieder.</blockquote>
<p class="rot">roter Textabsatz</p>
<h2 class="gruen">Grüne Überschrift </h2>
<blockquote class="gelb">Goldener Text</blockquote>
<p class="zitat">Eigenes Zitatformat.</p>
</body>
</html>
```

Nach der CSS-Definition des Tags <body> folgen in diesem Stylesheet verschiedene Untergruppen. Die ersten drei sind fest mit dem Tag <p> verbunden, während die letzteren Tag-unabhängig eingesetzt werden können. So ist eine punktgenaue Steuerung möglich. Hier das Bild im Browser:

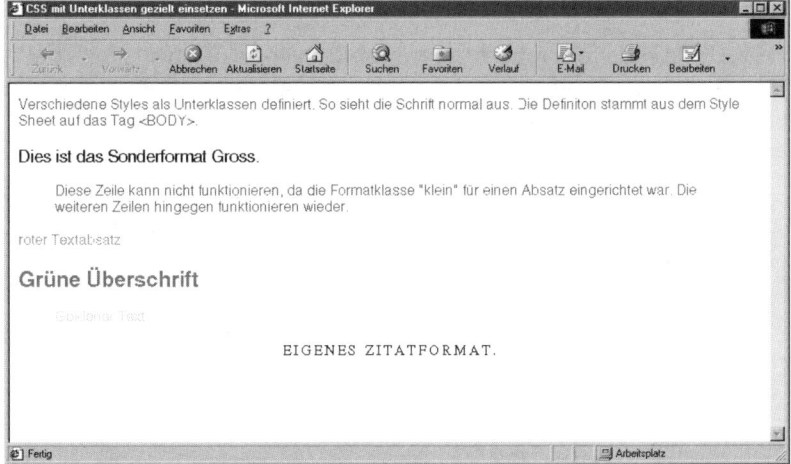

Mit der Definition von Formatgruppen lassen sich auch kompliziertere Webseiten narrenfrei steuern

Format des Tags <a>

Eine weitere Variante der Tag-Gestaltung per CSS wollen wir Ihnen auch noch vorstellen. Setzen Sie auf Ihrer Site einen Link auf eine andere Seite, zeigt der Browser diesen in einem besonderen Format an, meistens blau und unterstrichen. Klicken Sie den Verweis an, zeigt der Browser dem Leser das Ziel an. Gleichzeitig merkt sich das Programm, dass der Leser diesen Link schon besucht hat. In der Regel zeichnet er den Verweis mit einer geänderten Farbe aus. Mithilfe eines CSS lassen sich diese Tags auch anders gestalten. Hier ein kurzes Beispiel:

```
<html>
<head>
<title>CSS mit Unterklassen</title>
<style type="text/css">
a:link, A:visited, A:active { text-decoration: none }
</style>
</head>
```

In diesem Beispiel wird die Darstellung eines Links neu definiert. Durch dieses Stylesheet verschwinden die ansonsten üblichen Unterstreichungen, die einen Link kennzeichnen. Dieses Stylesheet gehört in die Kategorie der Pseudo-Styles. Hierunter versteht man ein Style, das nicht direkt einem Tag zugeordnet werden kann. Neben den hier aufgeführten Styles finden sich in den Cascading Style Sheets Level 2 weitere Pseudo-Styles. Hat dieser Standard Einzug in die Browser gehalten, werden Ihnen die Pseudo-Styles die gewünschte Flexibilität geben, auch komplexere Gestaltungen aufzubauen. Doch das ist noch Zukunftsmusik.

Schnellformate mit Inline Styles

Trotz des Vorteils einer zentralen Stylesheet-Verwaltung können Sie auch inmitten des <body>-Bereichs Ihrer HTML-Datei mal schnell ein Stylesheet definieren. Wir empfehlen dieses Verfahren nicht, da das Verfahren von einer übersichtlichen Gestaltung und einem lesbaren Code wegführt. Wir wollen Ihnen jedoch das Verfahren selbst nicht vorenthalten.

Zu den meisten HTML-Tags hält die Sprache das Attribut *style* bereit. Mit ihm lassen sich Tags vor Ort mit einem Stylesheet versehen, wie wir das im folgenden Listing getan haben:

```
<html>
<head>
<title>Sicherheit in der Schifffahrt</title>
</head>
<body>
<!-- zuerst die Variante mit lokalen Stylesheets -->
<div style="background-color:#FFFFE0; font-family: Helvetica">
<h1 style="color:red; font-size:36pt;">Feuer im Schiff</h1>
<p style="margin-left:1.5cm; font-weight: bold;">Was tun, wenn
es an Bord brennt? Wir fanden es heraus.</p>
```

```
    <p style="margin-left:1.5cm; text-align: justify;">Den wohl
    größten Schrecken der heutigen Seefahrt verbreitet die
    Schiffssirene, wenn sie unterwegs mit einem Feueralarm Passagiere
    und Mannschaft warnt. Unter den klassischen
    &Uuml;bungsbedingunen, die wir w&auml;hrend des Man&ouml;vers
    &quot;Fuego'99&quot; an Bord der MS &quot;Hadest&ouml;hle&quot;
    erleben durften, lief nun der Plan an.</p>
    </div>
    <!-- und nun das Ganze ohne die lokalen Stylesheets -->
    <h1>Feuer im Schiff</h1>
    <p>Was tun, wenn es an Bord brennt? Wir fanden es heraus.</p>
    <p>Den wohl größten Schrecken der heutigen Seefahrt verbreitet
    die Schiffssirene, wenn sie unterwegs mit einem Feueralarm
    Passagiere und Mannschaft warnt. Unter den klassischen
    &Uuml;bungsbedingunen, die wir w&auml;hrend des Man&ouml;vers
    &quot;Fuego'99&quot; an Bord der MS &quot;Hadest&ouml;hle&quot;
    erleben durften, lief nun der Plan an.</p>
    </body>
    </html>
```

Im Ergebnis sieht das so aus:

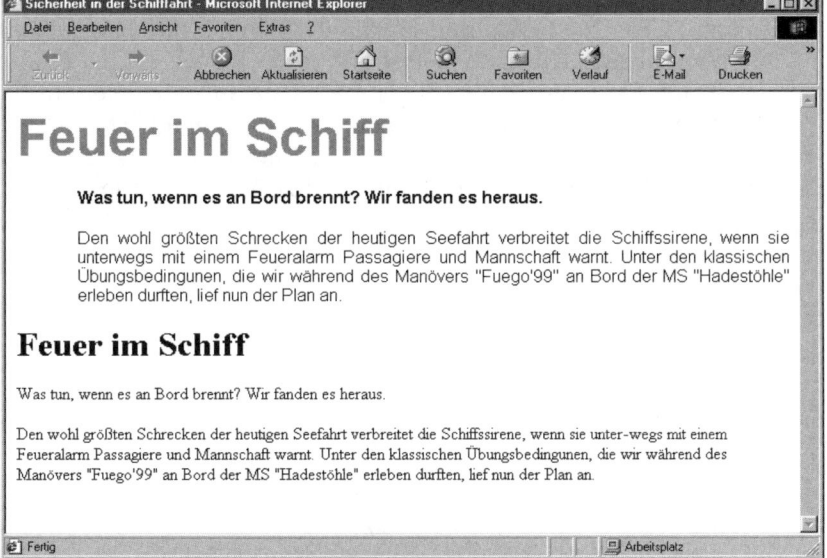

Stylesheets direkt im Text

In diesem Beispiel erhielten die Tags direkt vor Ort ihr aktuelles Aussehen. Hierzu dient zum einen das Tag <div>, zum anderen die direkte Formatierung der <p>-Tags.

Mit dem HTML-Attribut *style* lässt sich zu jedem Tag die entsprechende lokale CSS-Formatierung vornehmen.

Bedenken Sie jedoch den Aufwand, wenn sich auf dieser Seite etwas ändern sollte.

> **Hinweis**
> **Lokale Definitionen testen**
> Nicht jeder Browser kann die lokalen Definitionen einwandfrei verarbeiten. Als Beispiel sei hier der Browser von Netscape genannt. Dieser verträgt zum Beispiel keine Leerzeichen zwischen CSS-Attributen und den dazugehörenden Werten.

Nun fragen Sie sich natürlich, was denn alles so gestaltbar ist. Zu diesem Thema kommen wir jetzt.

7.5 Die CSS-Attribute in der Übersicht

Sie wissen nun, wie ein Stylesheet aufgebaut wird und wie ein Bereich mit einem CSS formatiert werden kann. Jetzt wollen wir klären, was alles gestaltbar ist. Hierzu stellen wir Ihnen hier kurz die Attribute vor, die Sie theoretisch auf alle Tags anwenden können.

Natürlich liefert ein solches Vorgehen jedoch nicht immer sinnvolle Ergebnisse. So ist eine Gestaltung für das Tag <html> durchaus denkbar. Auf das Aussehen der HTML-Seite selbst hat dieses jedoch keinen Einfluss. Das Tag wird nur dazu verwendet, den Browser darauf hinzuweisen, dass jetzt ein Text nach dem HTML-Code formatiert folgt. Hierauf schaltet der Browser in den Modus „HTML interpretieren" um (dies ist jedoch heute Theorie, da so gut wie alle Browser selbstständig HTML erkennen, ohne erst das Tag <html> zu erwarten).

> **Hinweis**
> **CSS 1**
> In diesem Bereich beschäftigen wir uns mit den Attributen der Cascading Style Sheet Level 1-Definition gemäß den Vorgaben des W3C. Darüber hinaus hat das Gremium die Cascading Style Sheet Level 2-Definition herausgegeben. Diese vereinfacht das Arbeiten und erweitert die Möglichkeiten. Leider werden die Stylesheets Level 2 zurzeit von nur sehr wenigen Browsern unterstützt. Noch weniger Entwicklungs-Tools akzeptieren die CSS2-Syntax. Der neue Standard wird vermutlich erst mit den neuen Browsergenerationen und in kleinen Schritten eingebaut. Deshalb verzichten wir hier auf die CSS2-Attribute.

Durch die Befehle der Cascading Style Sheets Level 2 erhalten Sie Zugriff auf die folgenden Steuerungsmöglichkeiten:

- Steuerung für verschiedene Ausgabemedien (Druck, Sprachausgabesysteme, Braille-Systeme, Overhead- und Videoprojektoren, Handhelds, Handys und Fernseher)
- Absolute und relative Positionierung von Objekten

- überlagernde Schichten; hierdurch lassen sich sehr interessante Effekte erzeugen
- Verhalten beim Überschreiten der Grenzen eines Objekts (clipping, overflow)
- Zähler und automatische Nummerierungen
- komplexe Steuerungsmöglichkeiten für den Ausdruck einer Seite (zum Beispiel die Regelung der Seitenränder, Umbrüche, Absatzkontrolle)
- Möglichkeiten zur Einbindung extern abgelegter Schriften, (download)
- Regelung der typografischen Eigenschaften eines Zeichens
- eine verbesserte Tabellenformatierung
- eine Sprachausgabesteuerung
- eine Steuerung der Gestaltung des Cursors

Da die CSS2 jetzt in den Gremien der Mitgliedsorganisationen durchgesprochen und gegebenenfalls realisiert wird, hat sich das Consortium an die Cascading Style Sheets Level 3 herangewagt.

Tipp
Offizielle Informationen beim W3C
Die aktuellen Beschreibungen finden Sie beim W3C. Unter www.w3.org/TR/CSS1 liegt die aktuelle Information zu den Cascading Style Sheets Level 1 bereit. Die neueste Version der Cascading Style Sheets Level 2 befindet sich unter www.w3.org/TR/CSS2.

Ein Stylesheet auf das Tag <html> angewandt, verändert Ihre Webseite nicht. Andererseits können Stylesheets auf Tags, die für die Darstellung bereitstehen, durchaus eine Bedeutung haben.

So lassen sich die Attribute zum Tag <body> sehr wohl per CSS definieren und für alle Seiten Ihrer Site vereinheitlichen. Die nun folgenden Stylesheet-Attribute entstammen der Empfehlung „Cascading Style Sheets Level 1".

Hinweis
Verschiedene Ansichten im Browser
Nicht jeder Browser verarbeitet Cascading Style Sheets gleich. Die Beispiele der folgenden Seiten wurden im Microsoft Internet Explorer 5 betrachtet. Netscapes Browser stellt viele Attribute anders oder falsch dar.

Sehen Sie sich einmal das Ergebnis des Listings, das wir bereits oben auf Seite 327 verwendet haben, im Netscape Communicator an, so erscheint unsere Webseite dort so:

Die gleiche Seite im Internet Explorer ...

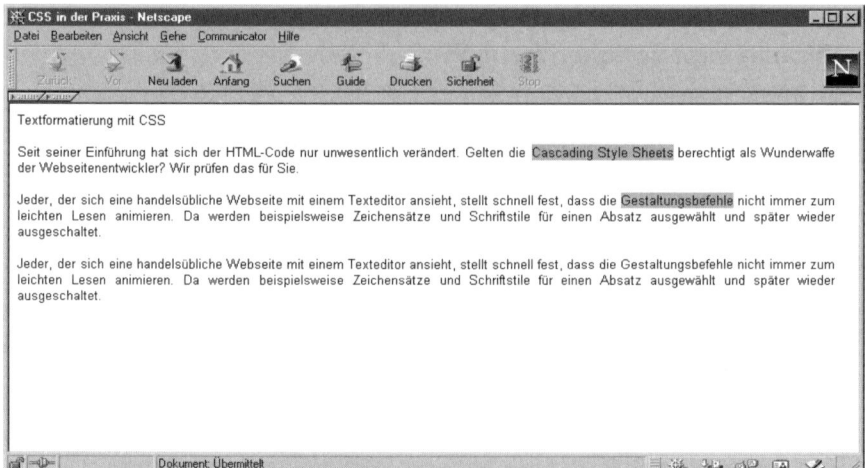

... und im Netscape Navigator. Auch in dieser Gegenüberstellung wird deutlich: Netscapes Communicator ist nicht sehr CSS-fähig

Wir kommen im Troubleshooting für CSS ab Seite 388 darauf zurück.

Kommen wir nun zu den einsetzbaren Attributen. Hier zuvor noch eine Kurzerklärung, wie die Syntax in den nachfolgenden Zeilen zu lesen ist:

- Schreiben wir etwas in eckigen Klammern, so müssen Sie hier einen Wert einsetzen. Dieser kann aus mehreren Bereichen bestehen. Innerhalb der eckigen Klammern angegebene Begriffe gehören zusammen und müssen komplett eingegeben werden, solange sie nicht durch ein „oder" getrennt sind.
- Kursiv geschriebene Wörter sind Platzhalter, deren möglichen Werte in einer nachfolgenden Tabelle zusammengetragen sind. Sind die Wörter

klein geschrieben, so handelt es sich um die Angaben, die beim jeweiligen Attribut erklärt werden. So sehen Sie beispielsweise beim Attribut *font* den Eintrag *font-style*. Hier tragen Sie also einen Wert ein, der mit diesem Attribut zusammenarbeiten kann.

- Das „oder" dient uns als Schlüsselwort. Es wird natürlich nicht in der Definition eingetragen, sondern deutet lediglich darauf hin, dass hier unterschiedliche Werte möglich sind.
- Der Begriff „alternativ" ist ebenfalls ein Schlüsselwort. Lesen Sie *A* alternativ *B*, so muss einer der beiden Begriffe angegeben sein.
- Ein Stern * bedeutet, dass im Bedarfsfall der Eintrag mit anderen Werten mehrfach eingetragen werden kann. Diese Aufzählungen werden mit einem Komma getrennt. Ansonsten steht hier nur ein Wert.
- Die Angabe eines Paragraphzeichens „§" weist darauf hin, dass die folgenden Angaben optional sind. Das Attribut arbeitet also auch ohne sie.

Wir stellen Ihnen die Attribute mit jeweils einem Listing und einem kurzen Blick auf die Darstellung im Browser vor. Beachten Sie bitte, dass die Listings in diesem Bereich nicht immer komplett sind.

Die Einheiten in einem CSS

Wie werden Werte an Attribute übergeben? Ein paar Worte zum Umgang mit Maßen und Einheiten in CSS-Definitionen. Das ist zwar noch etwas früh, da Sie bisher noch kein Attribut kennen gelernt haben. Beim Suchen greifen Sie einfach auf diese Seiten zurück.

Werte in einem CSS unterscheiden sich teilweise von den gewohnten Maßeinheiten in HTML-Tags. Einige Einheiten wiederum funktionieren mit älteren Browsern weniger als kläglich.

Bekanntere Fehler haben wir bei den entsprechenden Attributen und Maßeinheiten notiert.

Relationale und absolute Maße

Die nummerischen Angaben bestehen aus einem Wert und der Angabe der Maßeinheit. Beide werden zusammengeschrieben, also nicht durch ein Leerzeichen getrennt. So ist der Wert *12 pt* ungültig, während *12pt* vom Browser verstanden wird.

Lediglich der Wert *0* wird ohne Maßeinheit korrekt ausgewertet. Alle Wertangaben sind integer zu halten, Nachkommastellen würden als Fehler interpretiert.

Vor dem Wert können Sie durchaus Vorzeichen einsetzen. *+12%* ist also für den Browser verständlich. Den CSS sind folgende relationale und absolute Maßangaben verständlich:

Einheit	Erklärung
em	Relational. Zeichenhöhe anhand der Definition im Zeichensatz.
Ex	Relational. Höhe anhand des Buchstabens „x".
px	Relational. Bildschirmpixel.
in	Absolut. Zoll (Inch). 1in entspricht 2,54 cm.
cm	Absolut. Zentimeter.
mm	Absolut. Millimeter.
pt	Absolut. DTP-Punkt. Dieser Wert wird normalerweise in allen Programmen zur Bestimmung der Zeichengröße eingesetzt. 1pt entspricht 1/72 Zoll.
pc	Absolut. Pica 1pc entspricht 12pt.

> **Hinweis**
>
> **Interpretationsprobleme**
>
> Ältere Browser haben durchaus ihre Probleme bei der Interpretation von einigen Schriftgrößen. So interpretiert zum Beispiel der Microsoft Internet Explorer 3.x die Einheiten em und ex als Pixel. Sie sollten um die beiden Maße einen Bogen machen.

Prozentangaben im CSS

Gerade bei der Angabe von Größen kann Ihnen der Einsatz von Prozentualwerten die Arbeit erleichtern. Ist beispielsweise die Überschrift <h3> 10 % größer als die Normalschrift, <h2> wiederum 15 % größer als <h3> usw., können Sie das im Stylesheet festlegen. Verändern Sie nun die Basisschrift, passen sich die hier genannten Überschriften sofort an.

Die Angaben in Prozent erfolgen wie gewohnt. Ein Prozentualwert wird – bei Bedarf mit „-" als negatives Vorzeichen – aus dem Zahlenwert und dem Prozentzeichen gebildet.

Achten Sie darauf, dass keine Leerzeichen zwischen den Blöcken stehen. *-10 %* wird genauso wenig erkannt wie *-10 %*. Nur *-10%* ist für Browser verständlich.

Farben im CSS

Über die Farben zur Gestaltung einer HTML-Seite wurde ja schon ausführlich berichtet. Farben in einem Cascading Style Sheet lassen sich auf unterschiedliche Weise definieren:

- per festgelegten Farbnamen. Sie können natürlich die Farbschlüsselwörter verwenden. Hier – zur Erinnerung – die 16 benannten Farben aus der World Wide Web-Farbenlehre: aqua, black, blue, fuchsia, gray, green, lime, maroon, navy, olive, purple, red, silver, teal, white, und yellow. Vergleichen Sie auch ab Seite 813.
- PER RGB-Farbwert. Hierfür verwenden Sie die hexadezimalen Werte des Rot-, Grün- und Blau-Anteils der gewünschten Farbe. In CSS-Form schreiben Sie hexadezimale Farbwerte so: *#rrggbb*. Die Zahlen werden hexadezimal eingegeben (von 0 bis F hexadezimal ist 0 bis 15 dezimal).

Das Gatter weist darauf hin, dass die Farbdaten in hexadezimaler Schreibweise vorliegen.

- Haben Sie die HEX-Werte der gewünschten Farbe gerade nicht zur Hand, können Sie in einem CSS auch dezimal definieren. Hierzu verwenden Sie die Schreibweise *rgb(x,x,x)*. Jeder der x-Werte kann eine Zahl von 0 bis 255 enthalten.
- Auch in ihrem Prozentanteil lassen sich Farben erklären: *rgb(y,y,y)*. Hier wird anstelle der „y" der Anteil der Grundfarbe im Bereich von 0 % bis 100 % angegeben. Vergessen Sie jedoch nicht die Prozentzeichen, da sonst die Zahlen als Dezimalwerte interpretiert werden.

Links in CSS

Wie sieht die Verbindung zwischen einem Stylesheet-Attribut und der Außenwelt des World Wide Web aus? Ganz einfach. Hier ein Beispiel:

```
body {background: url(verlauf.jpg)}
```

In diesem Stylesheet wird für den Hintergrund unserer Webseite die Hintergrundgrafik *verlauf.jpg* festgelegt. Diese befindet sich im gleichen Verzeichnis auf dem Server wie unsere Webseite. Der Wert *url( )* weist darauf hin, dass hier eine Bindung zu einem externen Dokument besteht. Der Dateiname kann natürlich mit der kompletten URL versehen sein und in einfachen oder normalen Anführungszeichen stehen. Besitzt die URL selbst Sonderzeichen – Klammern, Kommata, Leerzeichen, Anführungszeichen – setzen Sie vor das jeweilige Zeichen einen Backslash. Dies ist das Zeichen „\", das mit den Tasten [AltGr]+[ß] erreicht wird. Hier ein paar Beispiele:

```
body {background: url("verlauf.jpg")}
body {background: url(http://www.computerkunst.de/verlauf.jpg)}
body {background: url(verlauf\(01\).jpg)}
```

> **Hinweis**
> **Fehlerhafte Darstellung in Netscape**
> Netscapes Browser interpretieren URLs, die teilweise notiert wurden, in einigen Versionen fehlerhaft. Deshalb sollten Sie auf Kurzfassungen der Adressen verzichten.

Bemerkungen in einem CSS

Auch in einem Cascading Style Sheet lohnt es, sich ein paar Bemerkungen innerhalb der Styles aufzuschreiben. Bemerkungen dürfen natürlich nicht vom Browser interpretiert werden. Deshalb benötigen Sie eine spezielle Auszeichnung:

```
/* Hier folgt eine Bemerkung */
```

Schrift formatieren per CSS

Wir beginnen mit den verschiedenen Zeichensatz-Manipulationen. Diese sind teilweise identisch mit dem Tag <FONT> oder <BASEFONT>. Da die beiden in HTML jedoch zukünftig nicht mehr unterstützt werden, sollten Sie die Tags nicht mehr verwenden. Bereits in XHTML spielen sie keine Rolle mehr. Greifen Sie auf die Textformate per CSS zurück. Diese funktionieren in der Regel störungsfrei.

Schriftfamilie: font-family

Hiermit bestimmen Sie den Zeichensatz, der zusammen mit dem Selektor in der Webseite dargestellt werden soll. Die Syntax:

```
font-family: [Zeichensatz oder Schriftfamilie oder
Schriftgattung] [* [, Zeichensatz oder Schriftfamilie
oder Schriftgattung]]
```

Begriff	Erklärung	Beispiel
Zeichensatz	Name des Zeichensatzes. Achten Sie auf eine exakte Schreibweise. Fontnamen mit Leerzeichen stehen in Anführungszeichen.	Helvetica, „Helvetica Narrow"
Schriftfamilie	Standardschriften sind in Familien zusammengefasst.	Times, Helvetica
Schriftgattung	Schriften werden auch nach Typen klassifiziert.	Serif, sans-serif, cursive, monospace

Das Attribut *font-family* lässt sich auf alle Elemente anwenden. Welcher Zeichensatz standardmäßig vom Browser dargestellt wird, hängt von der Einrichtung des Browsers und den installierten Schriften ab. Sinnvollerweise arbeiten Sie auf Ihren Seiten mit Zeichensätzen, die beim Leser auch vorhanden sind. Verwenden Sie Schriftfamilien, wird die Darstellung durchaus Ihren Wünschen entsprechen.

Je näher Sie jedoch den Zeichensatz spezifizieren, desto eher wird der Leser die Darstellung nicht wie gewünscht auf dem Bildschirm sehen. Verwenden Sie also keine exotischen Zeichensätze.

Sie können auch mehrere Zeichensätze benennen, die sich im Aussehen ähneln. Hier nennen Sie zunächst Ihren Wunschkandidaten, danach den nächst schlechteren Font usw. Findet der Browser den ersten Zeichensatz, nimmt er die weiteren Fonts zur Definition nicht an.

Zeichensatznamen, die sich auf Ihrem Computer aus mehreren Wörtern zusammensetzen, werden in Parenthese eingegeben. Der Eintrag Times New Roman wird also zu *Times New Roman*. Einfache Anführungszeichen sind ebenfalls zulässig. Ein Beispiel:

```
<html>
<head>
<title>CSS-Attribut: font-family</title>
```

```
<meta http-equiv="Content-Type" content="text/html;
charset=iso-8859-1" />
<style type="text/css">
p {font-family: Verdana, Futura, Arial, sans-serif}
#headline {font-family: "Futura Hv Bt", Helvetica, Arial,
sans-serif}
</style>
</head>
<body>
<p>Dies ist ein Mustertext f&uuml;r den Einsatz des Tags:</p>
<p id=headline>font-family </p>
</body>
</html>
```

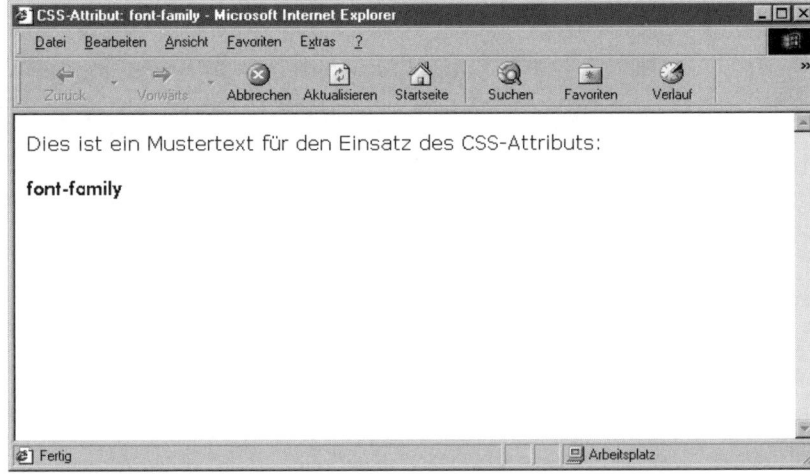

Das Attribut font-family

Kursivschrift: font-style

Das Attribut *font-style* legt den Schriftstil fest. Dies ist jedoch eingeschränkt auf Normalschrift und kursive Buchstaben. Die Syntax:

font-style: [*Wert*]

Möglicher Wert	Erklärung
Normal	Der Zeichensatz wird normal dargestellt.
Italic	Die Buchstaben sind kursiv zu sehen.
Oblique	Alle Buchstaben werden schief gestellt.

Als Standard liegt immer der Wert *Normal* vor. Der Unterschied zwischen *italic* und *oblique* ist eher minimal, beide stellen den Zeichensatz kursiv dar. Ein Beispiel:

```
<html>
<head>
<title>CSS-Attribut: font-style</title>
<meta http-equiv="Content-Type" content="text/html;
charset=iso-8859-1" />
```

```
<style type="text/css">
body {font-family: Helvetica}
p {font-style: normal}
#head1 {font-style: italic}
#head2 {font-style: oblique}
</style>
</head>
<body>
<p>Dies ist ein Mustertext f&uuml;r den Einsatz des Attributs
font-style:</p>
<p>normal</p>
<p id="head1">italic</p>
<p id="head2">oblique</p>
</body>
</html>
```

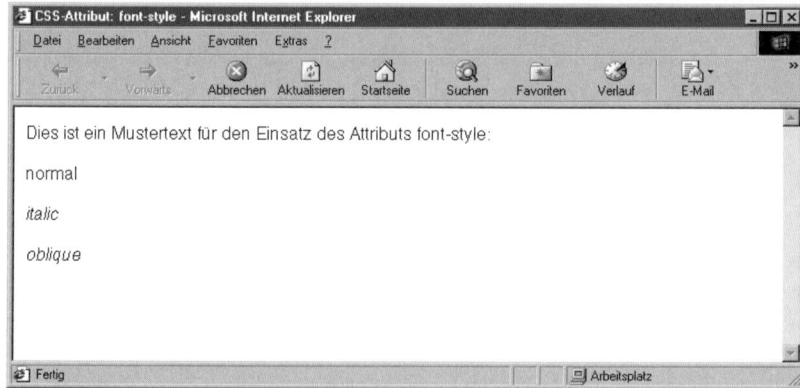

Das Attribut font-style

Kapitälchen: font-variant

Dieses Attribut stellt Ihnen Kapitälchen zur Verfügung. Hier die Syntax:

font-variant: [*Wert*]

Möglicher Wert	Erklärung
Normal	Die Zeichen sind normal zu sehen.
small-caps	Die Zeichen werden in Kapitälchen dargestellt.

Als Kapitälchen bezeichnet man Großbuchstaben, die mit circa 75 % ihrer Höhe dargestellt werden. Sie erscheinen in der Regel etwas größer als die Kleinbuchstaben.

Der Standardwert des *font-variant* ist *normal*. In Zukunft sollen hier weitere Variationen des Zeichensatzes möglich sein. Ein Beispiel:

```
...
<style type="TEXT/CSS">
p {font-variant: normal}
#head1 {font-variant: normal}
#head2 {font-variant: small-caps}
</style>
```

```
</head>
<body>
<p>Dies ist ein Mustertext f&uuml;r den Einsatz des Attributs
font-variant:</p>
<p id="head1">normal</p>
<p id="head2">small-caps</p>
...
```

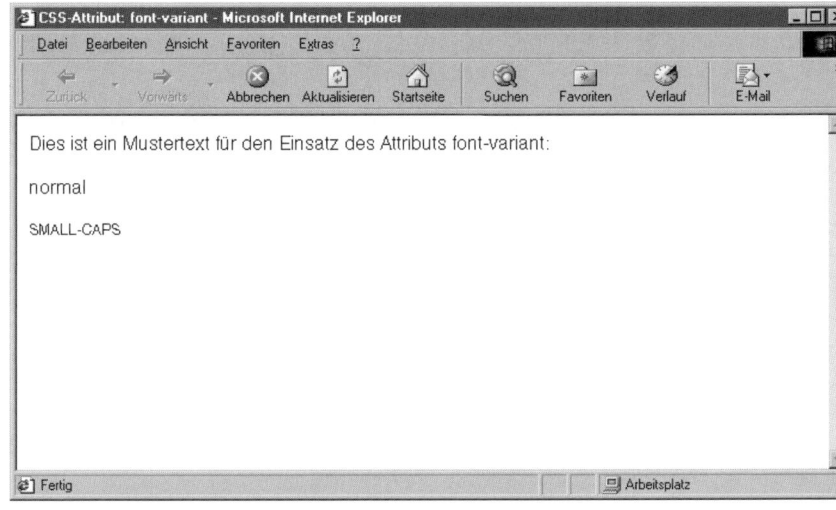

Das Attribut font-variant

Schriftschnitt: font-weight

Mit diesem Attribut bestimmen Sie das Buchstabengewicht. Die Syntax:

font-weight: [*Wert*]

Wert	Beschreibung
lighter, normal, bold, bolder	Relationale Angaben
100, 200, 300, 400, 500, 600, 700, 800, 900	Beispiele für absolute Werte

Aus der Liste wird natürlich jeweils nur ein Wert angegeben; das Komma entfällt. Dieses Attribut gibt Ihnen verschiedene Wertesysteme an die Hand.

Beide Systeme gehen von der Basis des Zeichensatzes und dem mit ihm gespeicherten Schriftgewicht aus. Eine fette Schrift ist schwerer als ihre Roman-Variante.

Erwarten Sie von diesem Attribut keine Wunder. Viele Betriebssysteme verwalten ihre Fonts nicht nach dem Gewicht-System, sondern bieten für einen extrafetten Schnitt einen separaten Font an.

Dieser lässt sich jedoch über *font-weight* nicht ansprechen. Hier ein Beispiel:

```
...
p {font-weight: normal}
#head1 {font-weight: 100}
#head2 {font-variant: 900}
```

```
</style>
</head>
<body>
<p>Dies ist ein Mustertext f&uuml;r den Einsatz des Attributs
font-weight:</p>
<p id="head1">100</p>
<p id="head2">900</p>
 …
```

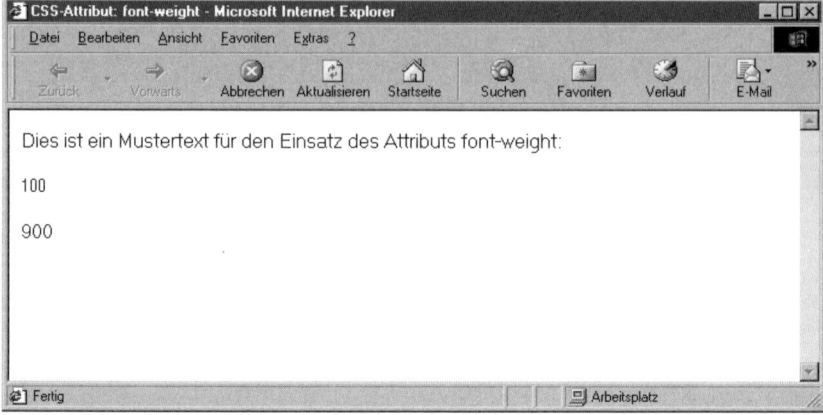

Das Attribut font-weight

Wesentlich häufiger wird dieses Attribut eingesetzt, um eine Schrift halbfett darzustellen.

```
p {font-weight: bold}
```

Schriftgröße: font-size

Mit dem Attribut *font-size* bestimmen Sie die Schriftgröße. Die Syntax sieht so aus:

font-size: [*Begriff* oder *Relation* oder *Prozent* oder *Wert*]

Begriff	Erklärung	Werte
Begriff	Die Formatierung findet mit festen Begriffen statt.	xx-small, x-small, small, medium, large, x-large, xx-large
Relation	Die Schriftgröße richtet sich nach dem vorgegebenen Wert.	larger, smaller
Prozent	Die Schriftgröße wird um X % größer/kleiner, zum Beispiel:	50%, 200%
Wert	Sie geben die Größe exakt ein, zum Beispiel:	10pt, 10px, 15em

Der Standartwert des Attributs *font-size* ist *medium*. In *font-size* lassen sich sowohl absolute als auch relative Werte eingeben. Von besonderer Bedeutung ist hier jedoch die Möglichkeit, die Schriftgröße wie in einer Textverarbeitung absolut zu bestimmen. Dies ist mit Attributen zu HTML-Tags nicht möglich, vereinfacht jedoch die exakte Übernahme eines Textes aus einem

Satzprogramm oder aus Word in eine HTML-Seite. Die meisten Autoren empfehlen, relationale Maßeinheiten einzusetzen. Die ersten drei Angaben sind relational. Zur leichteren Übertragung der Zeichensatz-Größen schlagen wir Ihnen jedoch die Einheit pt vor.

> **Tipp**
> **Einheit in Punkten**
> Der DTP-Punkt hat sich durch alle Textverarbeitungen und Satzprogramme bewährt. Gerade für die Übernahme von Vorlagen eignet sich die Maßangabe pt sehr. Prüfen Sie jedoch nach der Umsetzung die Lesbarkeit der Webseite in Ihrem Browser. Fonts sollten nicht mit weniger als 10 pt dargestellt werden.

Schrifteinstellungen gesammelt festlegen: font

Mit dem Attribut *font* lassen sich die bisher vorgestellten Attribute zur Gestaltung des Textes zusammenfassen. Die Syntax:

font: [[*font-style* alternativ *font-variant* alternativ *font-weight*] § *font-size* [/ *line-height*] § *font-family*]

Möglicher Wert	Erklärung
font-style	Wert zum Attribut font-style
font-variant	Wert zum Attribut font-variant
font-weight	Wert zum Attribut font-weight
font-size	Wert zum Attribut font-size
line-height	Wert zum Attribut line-height
font-family	Wert zum Attribut font-family

Das Attribut *font* ist eine Zusammenfassung, die sich für grundsätzliche Stylesheet-Formatierungen eignet. Hier ein Beispiel:

```
...
<style type="text/css">
body {font: italic bold 12pt/14pt Helvetica, Arial}
p {font-weight: lighter}
#head1 {font-style: normal; font-weight:bolder}
#head2 {font-variant: small-caps}
</style>
</head>
<body>
<p>Dies ist ein Mustertext f&uuml;r den Einsatz des Attributs font:</p>
<p id="head1">Diese Zeile folgt der Basiseinstellung nicht.</p>
<P id="head2">Hier wurden die Small-Caps hinzugef&uuml;gt.</p>
</body>
...
```

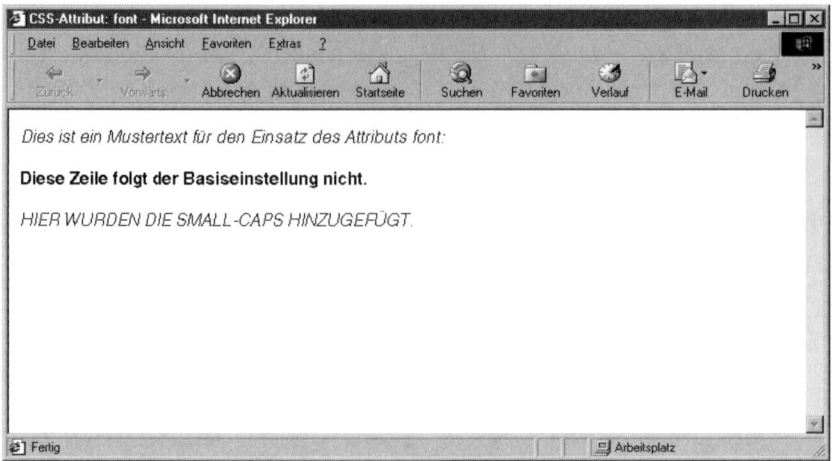

Das Attribut font

In diesem Listing wird dem Tag <body> grundsätzlich die Kursivschrift mit 12 pt Größe und 14 pt Zeilenhöhe (Durchschuss) in Helvetica oder Arial zugeordnet. Das Attribut *line-height* zur Angabe der Zeilenhöhe wird im nächsten Abschnitt vorgestellt. Die Formatierung von <body> ist ein mächtiges Werkzeug. Alle Text-Tags übernehmen jetzt die Vorgaben, solange nicht eigene Definitionen im Wege stehen. Setzen Sie beispielsweise eine Überschrift <h1> ein, so erscheint diese gemäß der Definition durch das Stylesheet ebenfalls in Helvetica oder Arial, fett und in kursiven Buchstaben. Die Schriftgröße hingegen wird aus der ursprünglichen *H1*-Definition übernommen. Hier der Beweis:

```
...
<style type="text/css">
body {font: italic bold 12pt/14pt Helvetica, Arial}
</style> </head>
<body>
<p>Dies ist ein Mustertext f&uuml;r den Einsatz des Attributs font:</p>
<h1> Überschrift mit &lt;H1&gt; gesetzt.</h1>
</body>
...
```

Hinweis

font-Attribut-Besonderheiten

Das *font*-Attribut ist nicht leicht zu beherrschen, da es etwas aus der Linie der CSS-Attribute herausragt. So werden die Werte zum Attribut nur dann durch ein Komma getrennt, wenn der jeweilige Bereich das vorsieht. So tauchen in der Regel nur zum Ende der Werte bei der Definition der Zeichensätze Kommata auf, um die Ausweichfonts zu benennen.

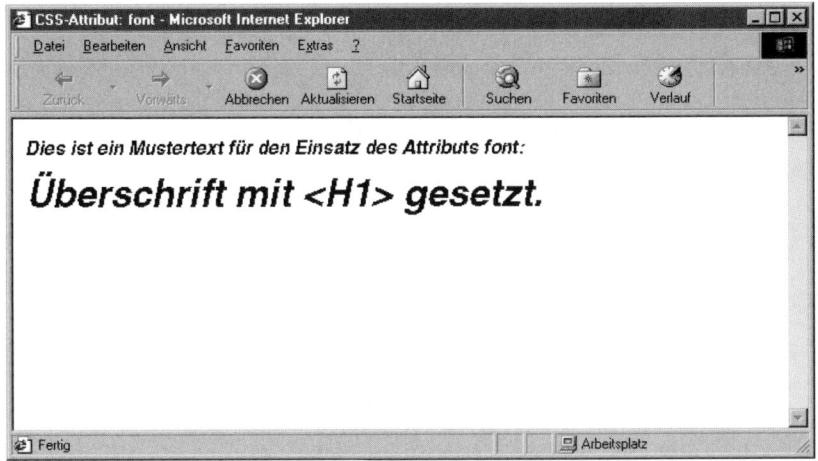

Die Stylesheet-Formatierung des Tags <body> sorgt dafür, dass die komplette HTML-Seite an Ihre Layoutwünsche angepasst wird

Text transformieren per CSS

Nach der Gestaltung des Zeichensatzes nähern wir uns nun den üblichen Formatierungen des Textflusses.

Wortabstand: word-spacing

Das Attribut *word-spacing* regelt den Abstand zwischen den Wörtern Ihres Textes.

word-spacing: [*Wert*]

Möglicher Wert	Erklärung
Normal	Der Abstand wird gemäß der im Font abgelegten Werte geregelt.
Wert	Der Wortabstand richtet sich nach Ihren Vorgaben.

Normalerweise richtet sich der Wortzwischenraum an der Breite des Leerzeichens des gewählten Zeichensatzes aus. Haben Sie den Blocksatz mit dem HTML-Attribut *justify* oder seinem Pendant zum CSS-Attribut *text-align* aktiviert, ist das Leerzeichen der Mindestabstand.

Mithilfe des CSS-Attributs *word-spacing* lässt sich der Abstand vergrößern. Negativwerte sind also nicht zulässig. Als Einheit verwenden Sie die Maße, die zum Attribut *font-size* vorgestellt wurden. Hier ein Beispiel:

```
p {word-spacing: 4pt}
h3 {word-spacing: 2pc}
```

Da dieses Attribut in den meisten heutigen Browsern noch ohne Effekt bleibt, haben wir auf ein Listing verzichtet.

Buchstabenabstand: letter-spacing

Mit *letter-spacing* stellen Sie den Abstand zwischen den einzelnen Buchstaben der Wörter ein. Dieses Attribut hat – im Gegensatz zu seinem *word-spacing*-Partner – sehr wohl einen Effekt.

letter-spacing: [*Wert*]

Möglicher Wert	Erklärung
normal	Der Abstand wird gemäß der im Font abgelegten Werte geregelt.
Wert	Der Wortabstand richtet sich nach Ihren Vorgaben.

Das Attribut liefert Ihnen zusätzlichen Raum zwischen den Buchstaben. Hierdurch erscheint der Text heller. In manchen HTML-Seiten wird *letter-spacing* lokal genutzt, um zum Beispiel Namen etwas gesperrt zu schreiben. Auch hier sind Negativwerte unzulässig.

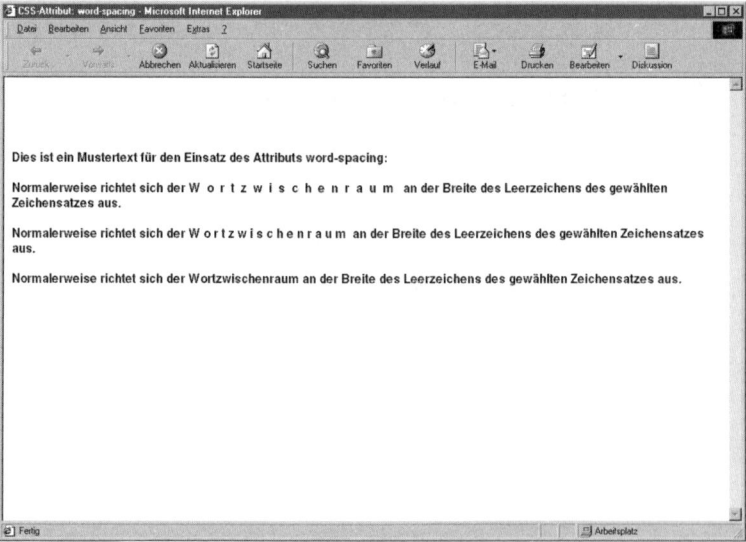

Das Attribut word-spacing

```
<html>
<head>
<title>CSS-Attribut: word-spacing</title>
<meta http-equiv="Content-Type" content="text/html;
charset=iso-8859-1" />
<style type="text/css">
body {text-align: left; font: normal bold 12pt/14pt Helvetica;}
</style>
</head>
<body>
<p>Dies ist ein Mustertext f&uuml;r den Einsatz des Attributs
word-spacing:</p>
<p>Normalerweise richtet sich der <span style="{letter-Spacing:
6pt;}"> Wortzwischenraum </span>an der Breite des Leerzeichens
des gewählten Zeichensatzes aus. </p>
<p>Normalerweise richtet sich der <span style="{letter-Spacing:
```

```
3pt;}"> Wortzwischenraum </span>an der Breite des Leerzeichens
des gewählten Zeichensatzes aus. </p>
<p>Normalerweise richtet sich der Wortzwischenraum an der Breite
des Leerzeichens des gewählten Zeichensatzes aus.</p>
</body>
</html>
```

Unterstreichen: text-decoration

Mit diesem Attribut setzen Sie Unterstreichungen. Hier die Syntax:

text-decoration: [*Wert*]

Möglicher Wert	Erklärung
None	Keine Linien
Underline	Unterstreichen
Overline	Linie über dem Wort
line-through	Das Wort erscheint durchgestrichen
Blink	Das Wort blinkt

Die Textdekoration deckt einige HTML-Tags ab. Der Standardwert ist *none*. Ein Wort zum Wert *blink*: die meisten Browser unterstützen dieses Feature nicht. Hier ein Beispiel für das Attribut:

```
<html>
<head>
<title>CSS-Attribut: text-decoration</title>
<meta http-equiv="Content-Type" content="text/html;
charset=iso-8859-1" />
<style type="text/css">
body {font-family: "Futura Hv Bt", Helvetica}
</style>
</head>
 <body>
 <p>Dies ist ein Mustertext f&uuml;r den Einsatz des CSS-Attributs:</p>
 <p style="{text-decoration: none;}">text-decoration ausgeschaltet</p>
 <p style="{text-decoration: underline;}">text-decoration:
                                         Wort unterstrichen</p>
 <p style="{text-decoration: overline;}">text-decoration:
                                         Linie über das Wort</p>
 <p style="{text-decoration: line-through;}">text-decoration:
                                         Wort durchstreichen</p>
 <p style="{text-decoration: blink;}">text-decoration: Wort blinkend</p>
 </body>
 </html>
```

Im Browser erscheint das Listing so:

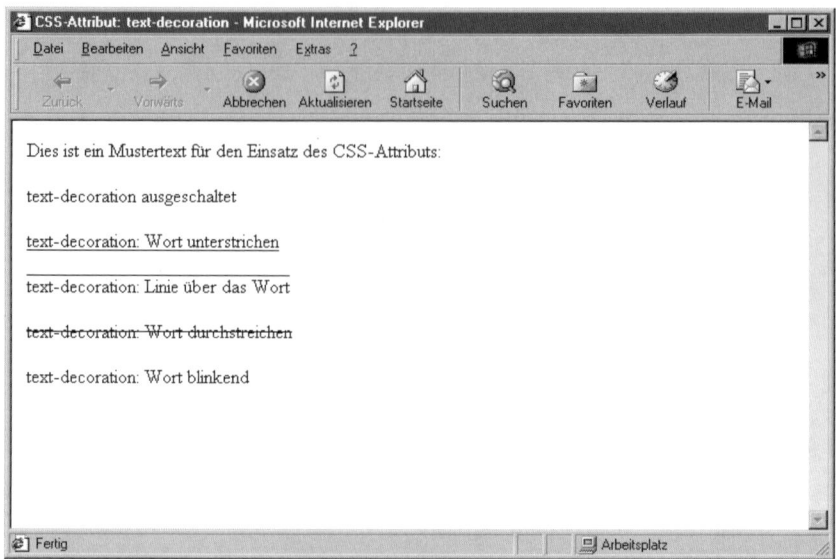

Das Attribut text-decoration. Der Wert blink wird von den meisten Browsern nicht unterstützt

Vertikale Ausrichtung: vertical-align

Dies ist ein wichtiges Attribut, mit dem Sie Objekte vertikal ausrichten können. Die Syntax sieht so aus:

text-decoration: [*Wert*]

Möglicher Wert	Erklärung
Baseline	richtet den Text an der Grundlinie der Schrift aus (oder bündig, wenn es keine Grundlinie gibt).
Sub	stellt die Zeile tiefer, ohne einen kleineren Zeichensatz zu wählen.
super	stellt die Zeile höher, ohne hierfür die Schriftgröße zu verändern.
top	obenbündig ausrichten.
middle	mittig ausrichten (es wird der Mittelpunkt der Zeilenhöhe genommen und diesem die Hälfte der Höhe des kleinen „x" hinzugefügt).
bottom	untenbündig ausrichten.
text-top	am oberen Schriftrand ausrichten.
text-bottom	am unteren Schriftrand ausrichten.
Prozent	Prozentuale Verschiebung

Mithilfe der vertikalen Ausrichtung richten Sie in der Regel Inline-Elemente in Relation zu ihren Gastgebern aus. In einer Tabelle wirkt sich das *vertical-align* genauso aus wie das entsprechende Attribut *valign* zum HTML-Befehl Tabellenzelle <td>. Im Gegensatz hierzu lässt sich das CSS-Attribut zu jedem Tag anwenden

Die vertikale Ausrichtung bietet Ihnen als Gestalter ein wichtiges Instrument zum Anordnen der Elemente Ihrer Seiten. So eignet sich das Attribut beispielsweise zum Ausrichten mehrspaltiger Texte.

Die Angabe der Position in Prozentzahlen unterliegt den Richtlinien, die Ihnen zum Attribut *font-size* vorgestellt wurden. Setzen Sie eine JavaScript-Programmierung ein, können Sie anstelle eines Werts auch eine entsprechend verwendete Variable einsetzen.

Zeichen transformieren: text-transform

Mit diesem Attribut lassen sich Texte komplett in Groß- oder Kleinbuchstaben umwandeln. Die Syntax:

text-transform: [*Wert*]

Möglicher Wert	Erklärung
none	Darstellung wie im Originaltext.
capitalize	Der erste Buchstabe jedes Wortes erscheint groß.
uppercase	Der Text wird in Großbuchstaben (Majuskeln) ausgegeben.
lowercase	Alle Buchstaben werden klein geschrieben.

Standardmäßig ist der Wert *none* vergeben. Die Einstellung *capitalize* funktioniert nicht störungsfrei. Hier ein Beispiel:

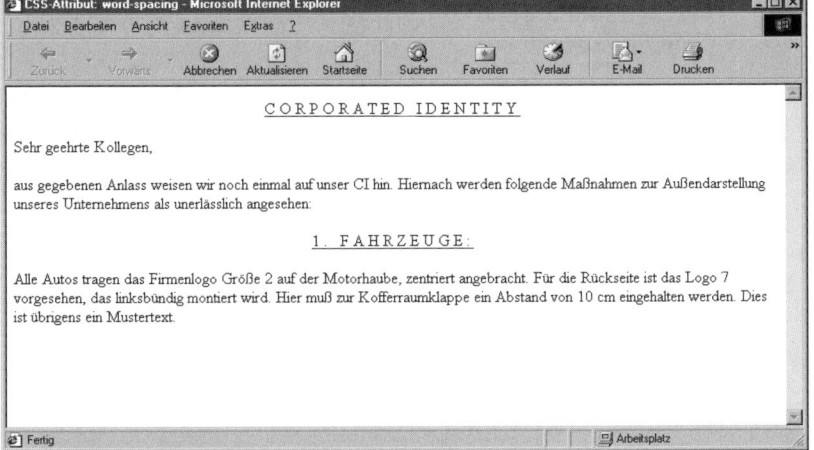

Mit dem Attribut text-transform wurden die Überschriften in Majuskeln umgewandelt

```
...
<style type="text/css">
body {text-align: left; font: normal normal 12pt/14pt Times;}
.titel {text-transform:uppercase; text-decoration: underline;
text-align:center; letter-Spacing: 3pt;}
</style> </head>
<body>
<p class="titel">Corporated Identity</p>
<p>Sehr geehrte Kollegen,</p>
<p>aus gegebenen Anlass weisen wir noch einmal auf unser
CI hin. Hiernach werden folgende Ma&szlig;nahmen zur
Au&szlig;endarstellung unseres Unternehmens als unerl&auml;sslich
angesehen:</p>
<p class="titel">1. Fahrzeuge:</p>
```

```
<p>Alle Autos tragen das Firmenlogo Gr&ouml;&szlig;e 2 auf der
Motorhaube, zentriert angebracht. F&uuml;r die R&uuml;ckseite ist
das Logo 7 vorgesehen, das linksb&uuml;ndig montiert wird. Hier
mu&szlig; zur Kofferraumklappe ein Abstand von 10 cm eingehalten
werden. Dies ist &uuml;brigens ein Mustertext.</p>
...
```

Text ausrichten: text-align

Aus jeder Textverarbeitung sind die Werte dieses Attributs bekannt. Die Syntax:

text-align: [*Wert*]

Möglicher Wert	Erklärung
Left	Die Zeile wird linksbündig dargestellt.
Right	Hier erscheint der Text rechtsbündig.
Center	Auf der vertikalen Mittelachse des Bildschirms erscheint der Text zu beiden Seiten gleichmäßig verteilt, eben zentriert.
Justify	Dies ist die Einstellung für den Blocksatz.

Das Attribut *text-align* arbeitet mit den Tags zusammen, die zeilenweise den Text formatieren (<h>, <h1> usw.). Diese werden in der Regel als *block-level*-Elemente bezeichnet.

Im Prinzip ist das CSS-Attribut *text-align* mit dem HTML-Attribut *align* identisch. Die Grundeinstellung der einzelnen Tags ist vom Browser und seiner Einrichtung abhängig. Bei den ersten drei Werten erscheinen die Wörter zueinander im gleichen Abstand.

Beim Blocksatz füllt der Browser die Abstände zwischen den Wörtern so lange mit Leerzeichen aus, bis der Text links- und rechtsbündig erscheint. Hierbei kann das Programm allerdings nicht auf die Tricks zurückgreifen, die beispielsweise in einer Textverarbeitung oder einem DTP-Programm zur Verfügung stehen. Worttrennungen werden auch nicht vorgenommen. Sie sollten Texte nicht im Blocksatz setzen, wenn der zur Verfügung stehende Platz knapp bemessen ist. Wie bei einem schlechten Zeitungssatz könnten hier die Wortzwischenräume die durchschnittliche Wortgröße noch übertreffen. Hier ein Beispiel:

```
<html>
<head>
<title>Gestaltung per CSS: Text-Align</title>
<meta http-equiv="Content-Type" content="text/html;
charset=iso-8859-1" />
<style type="text/css">
body {font: normal bold 10pt/14pt Helvetica, Arial,
sans-serif;margin: 1cm; background-color:white;}
p {background-color:white; padding:5mm; border:10pt;}
td {font: italic normal 16pt/26pt;}
h1 {font-size:24pt;line-height:24pt;}
</style></head>
<body bgcolor="#ffffff">
```

```
<h1>Textausrichtung</h1>
<p>Mit text-align lassen sich Texte einfach ausrichten.</p>
<table width="100%" border="0">
 <tr>
 <td><p style="text-align:left;">
Beim Blocksatz füllt der Browser die Abstände zwischen den
Wörtern so lange mit Leerzeichen aus, bis der Text links-
und rechtsbündig erscheint.
</p></td>
 </tr>
 <tr>
 <td><p style="text-align:right;">
Beim Blocksatz füllt der Browser die Abstände zwischen den
Wörtern so lange mit Leerzeichen aus, bis der Text links-
und rechtsbündig erscheint.
</p></td>
 </tr>
 <tr>
 <td><p style="text-align:center;">
Beim Blocksatz füllt der Browser die Abstände zwischen den
Wörtern so lange mit Leerzeichen aus, bis der Text links-
und rechtsbündig erscheint.
</p></td>
 </tr>
 <tr>
 <td><p style="text-align:justify;">
Beim Blocksatz füllt der Browser die Abstände zwischen den
Wörtern so lange mit Leerzeichen aus, bis der Text links-
und rechtsbündig erscheint.
</p></td>
 </tr>
</table>
</body>
</html>
```

Hinweis

Kompatibilität zu CSS 2

Das Attribut *text-align* ist mit dem Attribut *alignment* der CSS2-Definition identisch. Letzteres funktioniert ebenfalls mit den neueren Browsern von Netscape und Microsoft. Aus Gründen der Kompatibilität sollte jedoch heute noch das ältere Attribut *text-align* eingesetzt werden.

Im Browser sieht das so aus:

CSS

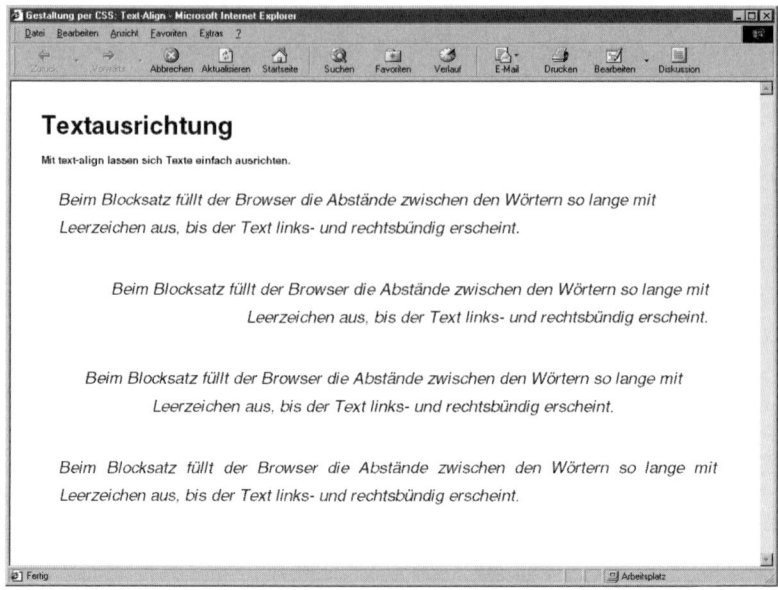

Mit text-align lässt sich die Ausrichtung des Textes einstellen

Erste Zeile einrücken: text-indent

Mit diesem Attribut legen Sie fest, wie die erste Zeile eines Absatzes oder Fließtextes dargestellt werden soll.

text-indent: [*Wert*]

Möglicher Wert	Erklärung
Wert	Die erste Zeile wird um den angegebenen Wert eingerückt.
Prozent	Die Einrückung erfolg prozentual zum Platz, der für die Zeile zur Verfügung steht.

Auch dieses Attribut arbeitet nur mit den *block-level*-Tags zusammen, also mit (<*p*>, <*h1*> und so weiter). Das Prinzip der Steuerung des Erstzeileneinzugs ist wirklich einfach.

Zum Einrücken der ersten Zeile eines Textblocks geben Sie einen Wert an.

Der Wert kann entweder absolut eingegeben werden (zum Beispiel *text-align: 2pt*) oder in Relation zur Gesamtbreite des Textabschnitts.

Der Normalwert für dieses Attribut ist 0. Geben Sie einen Wert an, der größer als 0 ist, wird die erste Zeile des Absatzes nach rechts eingerückt.

Wählen Sie hingegen einen negativen Wert, bleibt die erste Zeile unverändert auf ihrem linken Beginnpunkt stehen, während die nachfolgenden Zeilen nach rechts eingerückt werden. Ein kurzes Beispiel:

```
...
<style type="text/css">
body {font-family: "Futura Hv Bt", Helvetica; text-align:
```

```
justify;}
.positiv {text-indent:1cm;}
.negativ {text-indent:-10%;Margin-left: 10%;}
</style> </head>
<body>
<p class="positiv">Auch dieses Attribut arbeitet nur mit den
block-level-Tags zusammen, also mit (P, H1 und so weiter). Das
Prinzip der Steuerung des Erstzeileneinzugs ist wirklich einfach.
Zum Einrücken der ersten Zeile eines Textblocks geben Sie einen
Wert an. Dieser kann entweder absolut eingegeben werden (zum
Beispiel text-align: 2pt), oder in Relation zur Gesamtbreite des
Textabschnitts. Der Normalwert ist 0. Geben Sie einen Wert an,
der größer 0 ist, wird die erste Zeile des Absatzes nach rechts
eingerückt.</p>
<P class="negativ">Auch dieses Attribut arbeitet nur mit den
block-level-Tags zusammen, also mit (P, H1 und so weiter). Das
Prinzip der Steuerung des Erstzeileneinzugs ist wirklich einfach.
Zum Einrücken der ersten Zeile eines Textblocks geben Sie einen
Wert an. Dieser kann entweder absolut eingegeben werden (zum
Beispiel text-align: 2pt), oder in Relation zur Gesamtbreite des
Textabschnitts. Der Normalwert ist 0. Geben Sie einen Wert an,
der größer 0 ist, wird die erste Zeile des Absatzes nach rechts
eingerückt.</p>
</body>
</html>
```

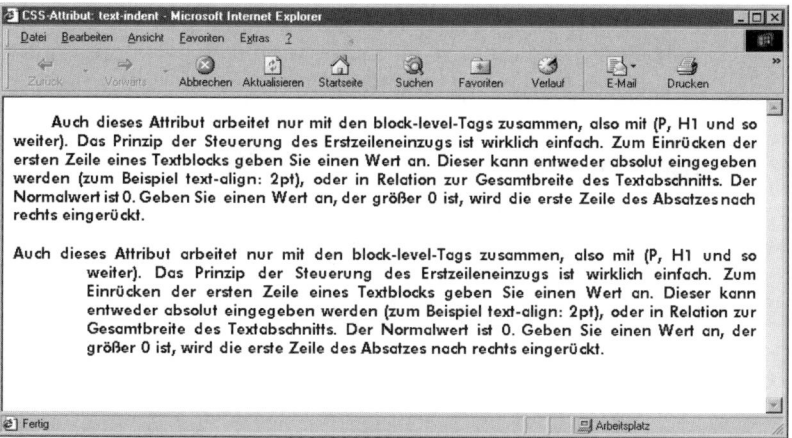

Positiver und negativer Erstzeileneinzug mit text-indent

Hinweis

Achten Sie auf die erste Zeile

Geben Sie einen negativen Wert an, sollten Sie den Text etwas nach rechts einrücken, damit die Buchstaben der ersten Zeile nicht außerhalb des Browserfensters stehen. Hierfür bietet sich das CSS-Attribut *margin-left* an.

Zeilenhöhe einstellen: line-height

Hier wird der Zeilenabstand (Durchschuss) eingestellt.

line-height: [*Wert*]

Möglicher Wert	Erklärung
Normal	Standardeinstellung.
Wert	Die erste Zeile wird um den angegebenen Wert eingerückt.
Prozent	Die Einrückung erfolg prozentual zum Platz, der für die Zeile zur Verfügung steht.

Der Zeilendurchschuss wird normalerweise durch den verwendeten Zeichensatz vorgegeben und liegt bei Drucksachen in der Regel bei 120 % der Schriftgröße. Wählen Sie also einen Font mit 12 pt aus, so steht der Durchschuss auf 14 pt. Auf dem Bildschirm wird der Durchschuss meistens größer gewählt. Das Attribut lässt keine negativen Werte zu.

Ein Zeilendurchschuss von mehr als 200 % wiederum sorgt dafür, dass eine Zeile frei gelassen wird. Obwohl das Attribut verschiedene Möglichkeiten der Wertformulierung offen lässt, sollten Sie hier mit Prozent arbeiten, da ältere Browser wie zum Beispiel der Microsoft Internet Explorer 3.x Probleme mit anderen Maßen haben.

Setzen Sie den Durchschuss auf einen niedrigeren Wert, werden die Zeilenzwischenräume geringer. Auf einer weißen Seite kann das gut aussehen, wenn spezielle Fonts verwendet werden. Bedenken Sie, dass in der Welt der HTML-Seiten nur wenig Platz zur Verfügung steht. Der Seitenausschnitt ist eben nicht besonders groß. Somit sollten Experimente mit sehr geringem oder großem Durchschuss normalerweise besser unterbleiben.

Listen gestalten mit CSS

Auch die Eigenschaften der Auflistungen lassen sich per Cascading Style Sheets definieren. Dies sind die Attribute:

Objekt anzeigen: display

Mit dem Attribut *display* lassen sich Objekte anzeigen und auch verstecken.

display: [*Wert*]

Möglicher Wert	Erklärung
Block	Setzt den betroffenen Text so, als würde er in einem Absatz stehen.
Inline	Hiermit wird der Bereich – trotz anderer HTML-Formatierung – in die Zeile des vorgehenden Bereichs aufgenommen.
list-item	Dies ist der Schalter für eine typische Liste, Kombination aus Block, mit einem Aufzählungszeichen.
None	Das Element wird nicht angezeigt und auch kein Platzhalter freigelassen.

Zwei weitere Werte sind noch in der CSS2-Definition vorgesehen; für *run-in* und *compact* gibt es jedoch noch keine Erklärung und logischerweise noch keine Umsetzung.

Mit dem Wert *block* wird der betroffene Text so behandelt, als währe er ein eigener Absatz; er erscheint im Block.

Hierbei werden andere HTML-Anweisungen zum Textfluss ignoriert. Das betrifft natürlich nicht nur die Textelemente.

Nun fragen Sie sich, was der Platzhalter *none* soll. Dieser sorgt dafür, dass das betroffene Element nicht sichtbar ist.

Auch der notwendige Platz auf der Seite wird nicht freigehalten; das Element ist einfach nicht da.

Doch über eine JavaScript-Programmierung können Sie das Objekt jederzeit einschalten.

So lassen sich beispielsweise per Schalter Seiteninhalte aufdecken und ausblenden, ohne dass Seitenteile neu geladen werden müssen.

Der Seiteninhalt kann also auf Aktionen des Lesers reagieren. Hier ein Beispiel für den Wert *inline*:

```
<html>
<head>
<title>CSS-Attribut: display</title>
<meta http-equiv="Content-Type" content="text/html;
charset=iso-8859-1" />
<style type="text/css">
body {text-align: left; font: normal normal 12pt/14pt Times;}
.titel {text-transform:uppercase; color: red; Font-Weight: bold;
text-decoration: underline; text-align:center; letter-Spacing:
3pt;}
</style> </head>
<body bgcolor="#FFFFFF">
<p class="titel2">Corporated Identity</p>
<p>Sehr geehrte Kollegen,</p>
<p>aus gegebenem Anlass weisen wir noch einmal auf unser
CI hin. Hiernach werden folgende Ma&szlig;nahmen zur
Au&szlig;endarstellung unseres Unternehmens als unerl&auml;sslich
angesehen:</p>
<p class="titel">1. Fahrzeuge:</p>
<p>Alle Autos tragen das Firmenlogo Gr&ouml;&szlig;e 2 auf der
Motorhaube, zentriert angebracht. F&uuml;r die R&uuml;ckseite ist
das Logo 7 vorgesehen, das linksb&uuml;ndig montiert wird. Hier
mu&szlig; zur Kofferraumklappe ein Abstand von 10 cm eingehalten
werden. Dies ist &uuml;brigens ein Mustertext.</p>
Weitere Informationen finden Sie unter <h3 class="titel"
style="display:inline"> Unsere Corporated Identity</h3>
auf den nachfolgenden Seiten.
</body>
</html>
```

CSS

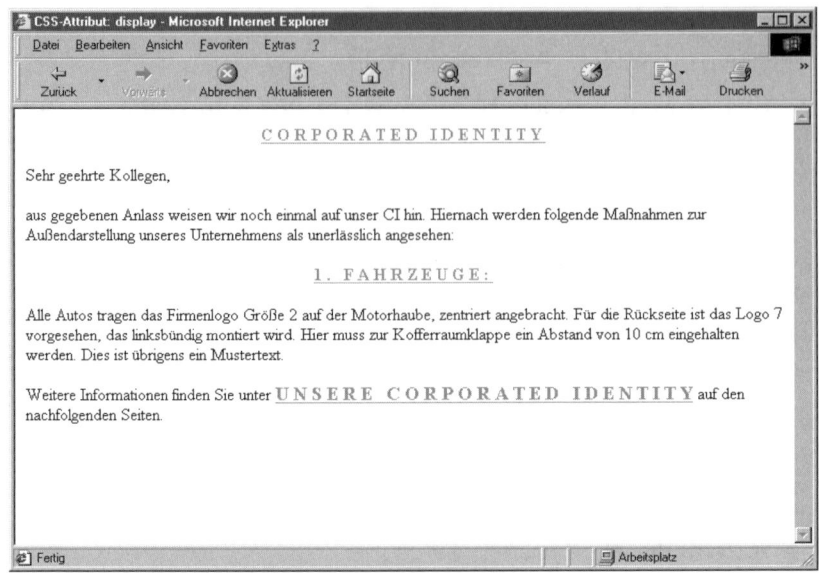

Im letzten Absatz erscheint eine Überschrift <H3> innerhalb des normalen Fließtextes

Aufzählungszeichen: list-style-type

Jetzt kümmern wir uns um die Aufzählungspunkte.

Syntax: list-style-type: <value>

Möglicher Wert	Erklärung
disc	<ul>-Listen: ausgefüllter Punkt
circle	<ul>-Listen: leerer Punkt
Square	<ul>-Listen: ausgefülltes Quadrat
Decimal	<ol>-Listen: Nummerische Aufzählung
lower-roman	<ol>-Listen: römische Zählung (i, ii, iii, iv, ...)
upper-roman	<ol>-Listen: römische Zählung (I, II, III, IV, ...)
lower-alpha	<ol>-Listen: alphabetisch (a, b, c, d, ...)
upper-alpha	<ol>-Listen: alphabetisch (A, B, C, D, ...)
None	Kein Aufzählungszeichen

Das Attribut arbeitet mit den List-Tags zusammen und formatiert die Aufzählungszeichen.

Die Standardvorgabe ist *disc*. So werden die Formate eingesetzt:

```
<html>
<head>
<title>CSS-Attribut: list-style</title>
<meta http-equiv="Content-Type" content="text/html; charset=iso-8859-1" />
<style type="text/css">
body, td {text-align: left; font: normal normal 12pt/14pt Helvetica;}
.l1 {list-style:disk}
```

```
.12 {list-style:circle}
.13 {list-style:square}
.14 {list-style:none}
.15 {list-style:lower-roman}
.16 {list-style:upper-roman}
.17 {list-style:lower-alpha}
.18 {list-style:upper-alpha}
</style> </head>
<body bgcolor="#FFFFFF">
<table width="75%" border="1">
 <tr><td><ul>
 <li class="l1">Eintrag 1</li>
 <li class="l1">Eintrag 2</li>
 <li class="l1">Eintrag 3</li>
 </ul></td>
...
```

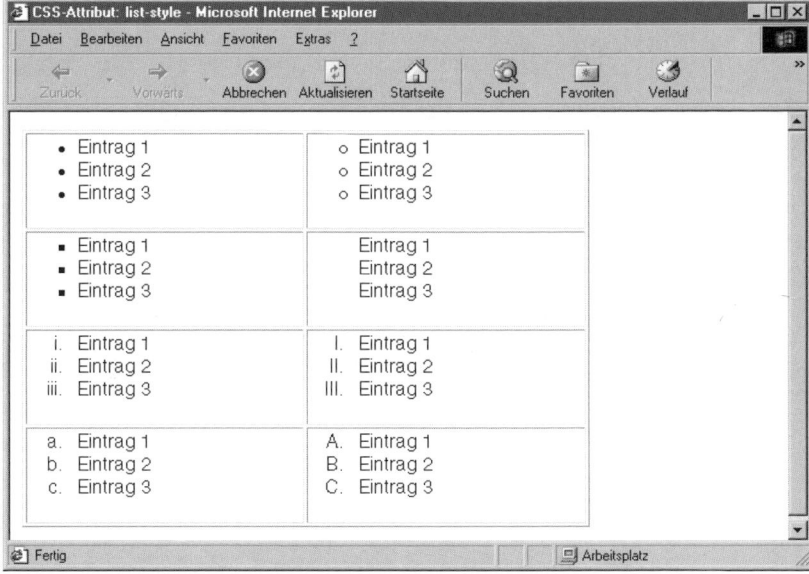

Das Attribut list-style gestaltet die Aufzählungszeichen

Bild zur Aufzählung: list-style-image

Anstelle eines Schriftzeichens lassen sich auch Grafiken einbinden:

List-style-image: [*Wert*]

Möglicher Wert	Erklärung
None	Kein Bild wird eingeblendet
URL	Adresse der gewünschten Grafik

Hier ein Beispiel:

```
<html>
<head>
<title>css-attribut: list-style-image</title>
```

```
<meta http-equiv="content-type" content="text/html;
charset=iso-8859-1" />
<style type="text/css">
body, li {text-align: left; font: normal normal 12pt/14pt
helvetica;}
.titel {text-transform:uppercase; color: red; font-weight: bold;
text-decoration: underline; text-align:center; letter-spacing:
3pt;}
.lb1 {list-style-image: url(buk.jpg)}
.lb2 {list-style-image: url(bger.jpg)}
.lb3 {list-style-image: url(best.jpg)}
.lb4 {list-style-image: url(blav.jpg)}
</style> </head>
<body bgcolor="#ffffff">
<p class=titel>Sprachauswahl</p>
Die Seiten unseres Internetangebots finden Sie auf den folgenden
Lokal-Servern. Bitte wählen Sie den Server aus, der Ihrem
Standort am nächsten ist:
<ul>
<li class="lb1"> server uk</li>
<li class="lb2"> server germany</li>
<li class="lb3"> server estonia</li>
<li class="lb4"> server latvia</li>
</ul>
</body>
</html>
```

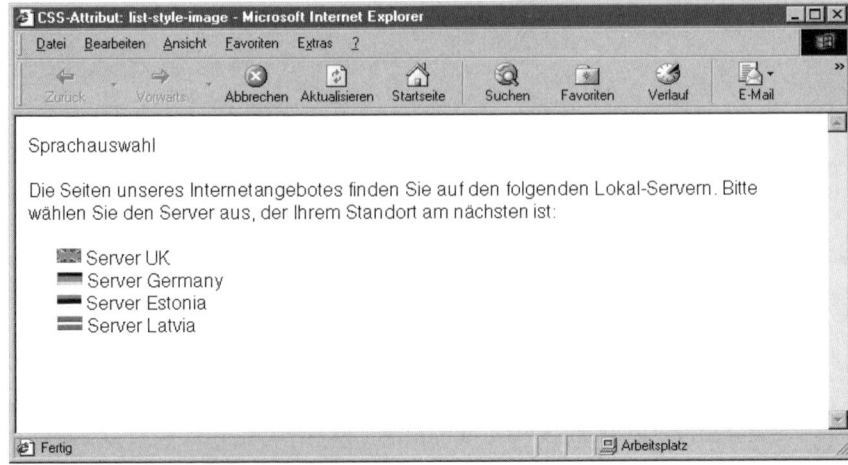

Das Attribut list-style-image

Die Dateien *buk.jpg*, *bger.jpg*, *best.jpg* und *blav.jpg* sind kleine Grafiken, die mit 72 dpi per CorelDRAW erstellt wurden.

Grafiken werden im Maßstab 1:1 als Bild eingesetzt.

Liste einrücken: list-style-position

Mit diesem Attribut regeln Sie den Textfluss in einer Liste. Die Syntax:

list-style-position: [*Wert*]

Möglicher Wert	Erklärung
Outside	Normaler Listenaufbau. Das Listensymbol wird ausgespart.
Inside	Die erste Zeile hält den Abstand zum Listensymbol, während die nachfolgenden Zeilen direkt der Position des Listensymbols folgen.

Der Wert *outside* ist die Standardeinstellung.

Wählen Sie *inside*, so heben Sie die linksbündige Formatierung des Textes rechts neben dem Listensymbol auf.

Das Ganze sieht so aus:

```
<html>
<head>
<title>CSS-Attribut: list-style-position</title>
<meta http-equiv="Content-Type" content="text/html; charset=iso-8859-1" />
<style type="text/css">
body, li {text-align: left; font: normal normal 12pt/16pt Helvetica;}
.lb1 {list-style-position: outside}
.lb2 {list-style-position: inside}
</style> </head>
<body bgcolor="#FFFFFF">
<p class="titel">Listen formatieren</p>
<ul>
 <li class="lb1">Mit dem Wert block wird der betroffene Text so behandelt, als
 wäre er ein eigener Absatz; er erscheint im Block. Hierbei werden andere
 HTML-Anweisungen zum Textfluss ignoriert. Das betrifft natürlich nicht nur
 die Textelemente.</li>
 <li class="2lb2">Mit dem Wert block wird der betroffene Text so behandelt, als
 wäre er ein eigener Absatz; er erscheint im Block. Hierbei werden andere
 HTML-Anweisungen zum Textfluss ignoriert. Das betrifft natürlich nicht nur
 die Textelemente.</li>
</ul>
</body></html>
```

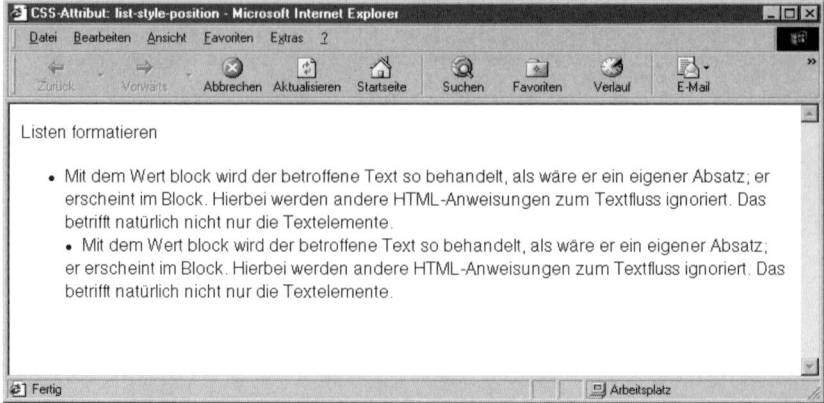

Das Attribut list-style-position

Listenformate zusammenfassen: list-style

Das Setzen der wichtigsten Steuerparameter zur Cascading Style Sheet-Definition Ihrer Listen lässt sich in einem Attribut zusammenfassen:

list-style: [*list-style-type* oder *list-style-position* oder *list-style-image*]

Möglicher Wert	Erklärung
list-style-type	Wert zum Attribut list-style-type
list-style-position	Wert zum Attribut list-style-position
list-style-image	Wert zum Attribut list-style-image

Das Attribut hat keine Vorgabedefinition und benimmt sich wie das CSS-Attribut *font* als Sammler.

Hier ein Beispiel:

```
<html>
<head>
<title>CSS-Attribut: list-style-image</title>
<meta http-equiv="Content-Type" content="text/html; charset=iso-8859-1" />
<style type="TEXT/CSS">
body, LI {text-align: left; font: normal normal 12pt/14pt Helvetica;}
.titel {text-transform:uppercase; color: red; Font-Weight: bold; text-decoration: underline; text-align:center; letter-Spacing: 3pt;}
.lb1 {list-style: none inside url(buk.jpg);text-align:justify}
.lb2 {list-style: none outside url(bger.jpg);text-align:justify}
</style> </head>
<body bgcolor="#FFFFFF">
<p class="titel">Sprachauswahl</p>
Die Seiten unseres Internetangebots finden Sie auf den folgenden Lokal-Servern. Bitte wählen Sie den Server aus, der Ihrem Standort am nächsten ist:
<ul>
 <li Class="lb1"><p> Server UK. Hier finden Sie
```

```
haupts&auml;chlich unsere internationalen Datenbanken, Dokumente
in allen verf&uuml;gbaren Sprachen sowie die Service-Dokumente zu
unserem Ger&auml;tepark und deren Awendungen.</p></li>
  <li class="lb2"><p> Server Germany. Hier sind alle Daten
und Dokumente in Deutsch verf&uuml;gbar. Die internationalen
Daten auf dem Server UK sind allerdings aktueller.</p></li>
</ul>
</body>
</html>
```

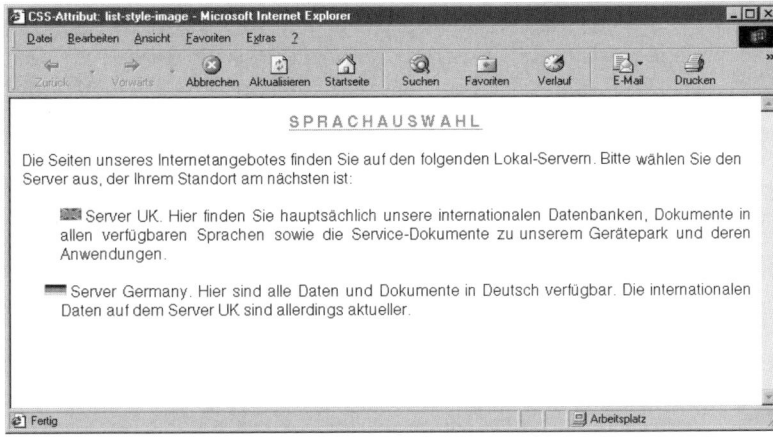

Das Attribut list-style dient als Abkürzung zu den verschiedenen CSS-Attributen rund um die Listeneinträge

Farben und Hintergrund per CSS

Nun kümmern wir uns um Farben und Hintergründe, die ebenfalls per CSS-Definition festgelegt werden können. Hier bieten sich Möglichkeiten, die über das übliche HTML weit hinausgehen:

Farbe festlegen: color

Mit *color* legen Sie per Cascading Style Sheet die Farbe der Elemente fest. Die Syntax:

color: [*Wert*]

Möglicher Wert	Erklärung
Blue	Bezeichnung nach benannter Farbe.
#00CC00	Farbauswahl durch Angabe der RGB-Farbanteile.

Dies sind die üblichen Einträge zum Attribut *color*. Die Standardvorgabe hängt von den Einstellungen im Browser ab. Es hat sich durchaus bewährt, auf Seiten, die ohne eine Hintergrundgrafik auskommen, die Farben genau zu spezifizieren. Hier müssen Sie einen Abgleich zwischen den HTML-Werten und den CSS-Farbvorgaben vornehmen. Beide sollten identisch sein.

Durch das Betriebssystem, die Grafikkarte, die gewählte Farbtiefe und das Vermögen des Browsers werden Farben unterschiedlich dargestellt. Damit nun sichergestellt werden kann, dass die Farben auf dem Entwicklungssystem so aussehen, wie sie später der Leser auch auf exotischeren Rechnern sieht, hat man sich frühzeitig auf eine Farbtabelle der sicheren Farben geeinigt.

Diese „Netscape-Farbtabelle" ist eine Grundvoraussetzung für die Systeme, die Farben aus dem World Wide Web darstellen wollen. Sie wird in jedem Browser gleich dargestellt. Die Farben dieser Tabelle setzen sich aus Farbanteilen zusammen, die sich pro Grundfarbe um jeweils „3" erhöhen. Somit ist die Farbe #336699 in der Netscape-Farbpalette definiert, die Farbe #336698 jedoch nicht.

Hintergrundfarbe festlegen: background-color

Hier legen wir die Farbgestaltung des Hintergrunds fest. Die Syntax:

background-color: [*Wert*]

Möglicher Wert	Erklärung
Blue	Bezeichnung nach benannter Farbe.
#00CC00	Farbauswahl durch Angabe der RGB-Farbanteile.
transparent	Keine Farbinformation.

Auch *background-color* wirkt auf alle Tags. Die Vorgabe für dieses Attribut ist *transparent*. Mithilfe von *background-color* können Sie über einfache Tricks Teile Ihrer Texte markieren, aber auch an sonstigen Tags Hintergrund-Kolorierungen einfügen. Hier ein Beispiel für die beiden Farbattribute:

```
<html>
<head>
<title>CSS-Attribut: color und background-color</title>
<style type="text/css">
body {font: normal normal 10pt/14pt Helvetica, Arial, sans-serif;
text-align:justify; color:black;}
h1, h2, h3, span {padding: 3px; font-style: bold;
text-align:left;}
h1 {font-size:24pt;line-height:24pt;background-color:gold;}
h2 {font-size:14pt;line-height:14pt;background-color:yellow;}
.marke {font-size:11pt;line-height:12pt;
font-style:bold;background-color:#CCFFCC;}
</style>
</head>
<body>
<h1>Windows NT installieren</h1>
<h2>NTFS, das Dateisystem von Windows NT</h2>
<p>NTFS (New Technology File System) ist das Dateisystem von
Windows NT. Man kann das NTFS-Dateisystem aus drei Blickwinkeln
betrachten. Für das <span class="marke">Windows NT-I/O-System
</span> ist NTFS ein Treiber zur Kommunikation mit
Speichermedien. Es ist auch eine moderne <span class="marke">
transaktionsorientierte Datenbank</span> mit umfangreichen
```

```
Logging- und Recovery-Fähigkeiten. Außerdem ist das NTFS ein
<span class="marke">einfacher Dienst</span> und Bestandteil des
Windows NT-Objekt-Managers für den Zugriff und die
Zugriffskontrolle auf NT-Objekte, speziell für auf Speichermedien
abgelegte Dateien.</p>
</body></html>
```

Mit color und background-color Texte einfärben

Tipp
Genereller Einsatz von background-color

Hat Ihre Seite eine Hintergrundfarbe erhalten, sollten Sie aus Gründen der Sicherheit auch das CSS-Attribut *background-color* auf alle darstellenden Tags im <head> der Seite einsetzen. Dies verhindert, dass die Einfärbung per später hinzugefügter externer Stylesheet-Datei fehlerhafte Darstellungen verursacht.

Hintergrundbild per CSS: background-image

Jedes Element kann per Cascading Style Sheet einen eigenen grafischen Hintergrund erhalten. Die Syntax:

background-image: [*Wert*]

Möglicher Wert	Erklärung
none	Keine Hintergrundgrafik
URL	Adresse der gewünschten Grafik

Die Standardvorgabe ist *none*. Der Einsatz einer Hintergrundgrafik ist natürlich etwas trickreich, wenn sie an eine Zeile oder eine kleine Fläche gekoppelt ist. Passen Sie die Grafiken auf die Ausdehnung des Einsatzgebietes an.

Das Hintergrundbild wird, beginnend von seiner linken oberen Ecke in den zur Verfügung stehenden Platz eingefüllt. Die Grafik wird hierbei nicht skaliert; sie erscheint also mit 100 % ihrer Größe.

Sollte sie nicht in den zur Verfügung stehenden Platz passen, wird der Rest abgeschnitten.

Hier ein Beispiel. Es handelt sich um das Listing zu den Attributen *color* und *backround-color*, das nur in ein paar Einzelheiten verändert wurde:

```
...
<title>CSS-Attribut: color und background-color</title>
<style type="TEXT/CSS">
body {font: normal bold 10pt/14pt Helvetica, Arial, sans-serif;
text-align:justify; color:black; background-image: url(hg1.jpg)}
h1, h2, h3, span {padding: 3px; font-style: bold;
text-align:left;}
h1 {font-size:24pt;line-height:24pt;}
h2 {font-size:14pt;line-height:14pt;}
.marke {font-size:11pt;line-height:12pt;
font-style:bold;background-image: url(hg1.jpg)}
</style>
...
```

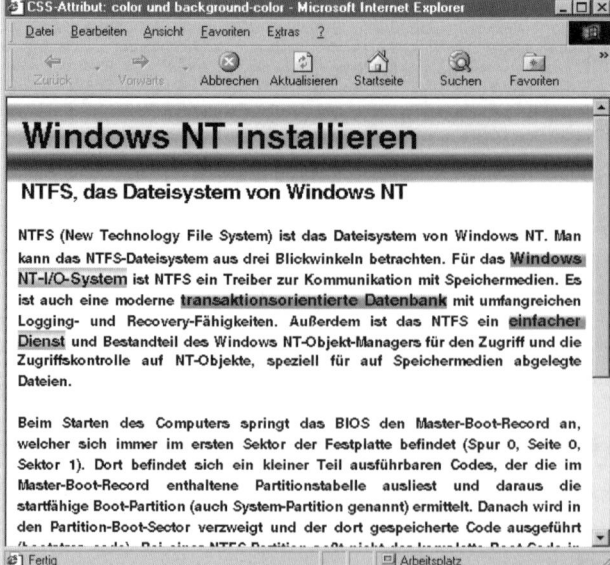

Hintergrundgrafik per Cascading Style Sheet

In diesem Beispiel wurde zweimal die gleiche Hintergrundgrafik eingebunden. Die Grafik für das Tag <body> verhält sich genauso, wie das entsprechende Attribut zum HTML-Tag. Verschiedene Autoren schreiben, dass die CSS-Steuerung sogar stabiler läuft und somit vorzuziehen ist.

Dies gilt insbesondere darum, weil seit der Herausgabe des Standards HTML 4.0 die Hintergrundgrafik vom W3C als „deprecated" (missbilligend) bezeichnet wird. Dies ist ein Zeichen, dass das W3C die CSS-Definition vorzieht und die alte Variante nicht mehr unterstützen wird. Diese Einstellung hat jedoch heute noch keinen Einfluss.

Achten Sie bitte auf die Zeilen, die mit einer Hintergrundgrafik versehen wurden. Bei genauerem Betrachten stellen Sie fest, dass die Grafik bei mehrzeiligen Ausdrucken – wie die normale Hintergrundgrafik – weitergeführt wird. Dies kann zu interessanten Effekten führen. Wollen Sie diesen Effekt jedoch verhindern, müssen Sie die Hintergrundgrafik in der Größe entwickeln, die die Zeile einnimmt.

Hinweis
Vorrang der CSS

Setzen Sie einen Hintergrund per CSS, wird die jeweilige HTML-Formatierung nicht zum Tragen kommen. CSS-Attribute haben Vorrang.

Wiederholungen steuern: background-repeat

Hintergrundgrafiken werden in der Regel wiederholt, bis der Bildschirm komplett ausgefüllt ist. Mit diesem Attribut steuern Sie die Wiederholungen. Die Syntax:

background-repeat: [*Wert*]

Möglicher Wert	Erklärung
repeat	Wiederholung eingeschaltet.
repeat-x	Wiederholung nur horizontal.
repeat-y	Wiederholung nur vertikal.
no-repeat	Grafik nicht wiederholen.

Der Standardwert ist *repeat*. Mit diesem Attribut lassen sich ebenfalls interessante Effekte erstellen.

Hier ein Beispiel:

```
...
<style type="text/css">
body {font: normal bold 10pt/14pt Helvetica, Arial, sans-serif;
text-align:justify; color:black; background-image:
url(ntbann.jpg); background-repeat: no-repeat}
h1, h2, h3, span {padding: 3px; font-style: bold;
text-align:left;}
h1 {font-size:24pt;line-height:24pt;}
h2 {font-size:14pt;line-height:14pt;}
.marke {font-size:11pt;line-height:12pt;
font-style:bold;background-image: url(hg1.jpg)}
.top {padding-left: 40px}
</style>
</head>
<body >
<h1 class="top">Windows NT installieren</h1>
...
```

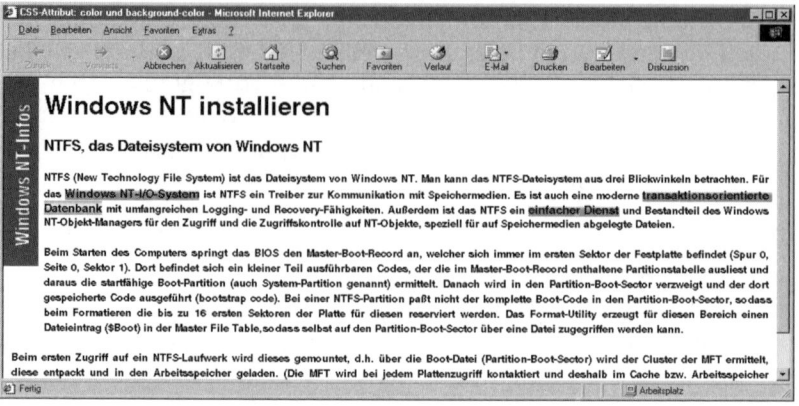

Mit background-repeat den Hintergrund gestalten

Hintergrund festsetzen: background-attachment

Hintergründe können auch fest montiert werden. Hierzu dient dieses Attribut. Die Syntax:

background-attachment: [*Wert*]

Möglicher Wert	Erklärung
scroll	Die Hintergrundgrafik bewegt sich mit der Ansicht des Seitenausschnitts.
fixed	Die Hintergrundgrafik ist festgesetzt. Diese Funktion wird vom Netscape Navigator nicht interpretiert.

Der Normalwert ist *scroll*. Setzen Sie das Attribut auf *fixed*, bleibt die Hintergrundgrafik unabhängig vom betrachteten Fensterausschnitt immer am selben Ort stehen.

In unserem Beispiel verbleibt die Grafik also immer an der oberen linken Ecke. Das Verfahren wird auch „Wasserzeicheneffekt" genannt, was allerdings eher unzutreffend ist.

Hier das Beispiel:

```
...
<style type="TEXT/CSS">
body {font: normal bold 10pt/14pt Helvetica, Arial,
sans-serif; text-align:justify; color:black; background-image:
url(ntbann.jpg); background-repeat: no-repeat;
background-attachment:fixed}
...
```

CSS

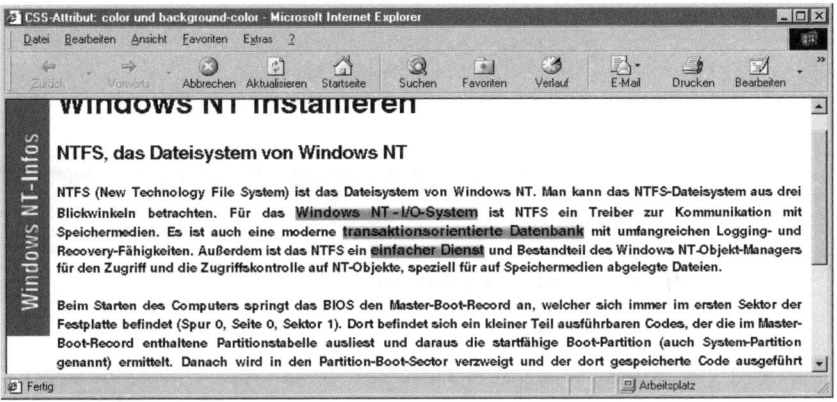

Die Hintergrundgrafik ist festgesetzt

> **Hinweis**
>
> **Grafik freigestellt**
> Damit eine Hintergrundgrafik freigestellt bleibt (wie in diesem Beispiel), können Sie zum Beispiel das CSS-Attribut *padding* einsetzen.

Hintergrund positionieren: background-position

Mit dem Attribut *background-position* lässt sich die Hintergrundgrafik exakt positionieren. Hierdurch kann sie auch in einem Bereich erscheinen, der nicht vom gastgebenden Tag beansprucht wird. Hier die Syntax:

background-position: [*Werte*] oder [*top* oder *center* oder *bottom*] oder [*left* oder *center* oder *right*]

Möglicher Wert	Erklärung
Werte	Relationale oder absolute Position horizontal und vertikal. Geben Sie nur einen Wert an, wird dieser als X-Abweichung angesehen.
top, center, bottom	Vertikale Ausrichtung, bezogen auf Fenstergröße.
left, center, right	Horizontale Ausrichtung, bezogen auf Fenstergröße.

Nun kommen wir zum echten Wasserzeichen. In der Regel verwendet man zu diesem Attribut zwei Werte für die horizontale und vertikale Position der Hintergrundgrafik. Die Grafik selbst ist losgelöst von der Position des Tags. Der Standardwert des Attributs ist 0 % 0 %. Werte werden hintereinander und ohne Komma-Trennung eingetragen. Hier ein Beispiel für die Wirkung des Attributs, basierend auf dem Listing der letzten Beispiele:

```
...
<title>CSS-Attribut: color und background-color</title>
<style type="TEXT/CSS">
body {font: normal bold 10pt/14pt Helvetica, Arial, sans-serif;
text-align:justify; color:black; background-image:
url(nt_b2.jpg); background-repeat: no-repeat; background-
attachment:fixed; background-position:center center;}
h1, h2, h3, span {padding: 3px; font-style: bold; text-
```

```
align:left;}
h1 {font-size:24pt;line-height:24pt;}
h2 {font-size:14pt;line-height:14pt;}
</style>
...
```

Die im Hintergrund liegende Grafik leuchtet zentriert

> **Hinweis**
>
> **Prozent richtet sich nach Fenster**
>
> Geben Sie die Position in Prozent an, wird sie nach der Größe des Browserfensters berechnet. Die Position 50% 0% bedeutet zum Beispiel, dass das Bild zentriert am oberen Rand des Browsers erscheint.

Zusammenfassung: background

Mit background fassen Sie bei Bedarf die einzelnen Attribute wieder zusammen. Die Syntax:

background: [*background-color* alternativ *background-image*] oder [*background-repeat* oder *background-attachment* oder *background-position*]

Möglicher Wert	Erklärung
background-color	Werte für das Attribut background-color
background-image	Werte für das Attribut background-image
background-repeat	Werte für das Attribut background-repeat
background-attachment	Werte für das Attribut background-attachment
background-position	Werte für das Attribut background-position

Dies ist die Schnellformatierung für den Hintergrund. Der Vorgabewert ist nicht definiert; das Attribut wirkt auf alle Elemente und ist nicht vererbbar. Auf ein Beispiel wollen wir hier verzichten, nur ein paar mögliche Einträge vorstellen.

```
...
BODY {background: white url(http://www.unseresite.de/hg.gif)}
BLOCKQUOTE {background: #93ffa4}
P {background: url(../backgrounds/hg.jpg) #f093ff fixed}
TABLE {background: #0c0 url(hg.jpg) no-repeat bottom right}
...
```

Abstände per CSS

Die Steuerung der Abstände zwischen den Elementen ist natürlich auch in den Cascading Style Sheets ein großes Thema. Hiermit bestimmen Sie die Eigenschaften des entsprechenden Elements, die in HTML nur den Tabellenelementen zugeordnet werden konnten.

Abweichend zum bisherigen Schema werden wir hier die vier Attribute pro Bereich gemeinsam vorstellen, da sich die meisten Attribute nur durch *top*, *right*, *left* und *bottom* unterscheiden.

Ränder: margin-...

Mit den Attributen der *margin*-Klasse richten Sie die Ränder ein. Die Syntax sieht so aus:

margin-top: [*Wert*]
margin-right: [*Wert*]
margin-bottom: [*Wert*]
margin-left: [*Wert*]

Möglicher Wert	Erklärung
Wert	Absoluter Abstand, als Wert mit jeweiliger Einheit eingegeben.
Prozent	Relativer Abstand in Prozent.
auto	Die Hintergrundgrafik ist festgesetzt.

Die Wirkungsweise ist hier identisch mit den entsprechenden HTML-Attributen, die Sie bei den Tabellen kennen gelernt haben (siehe ab Seite 127).

Die *margin*-Attribute wirken auf alle Elemente und sind nicht vererbbar. Sie legen den Abstand des Elements zum jeweils übergeordneten Objekt fest. Das nächst höhere Element ist meistens das Tag <body>. In den Tabellen und Formularen sieht das natürlich anders aus.

Der Standardwert des Attributs ist 0. Dieser Wert hebt einen gegebenenfalls vordefinierten Abstand auf. Negative Angaben sind nicht zulässig. Mit den *margin*-Attributen lassen sich auch die Abstände einzelner Elemente zueinander festlegen. Hierzu ein paar Beispiele:

```
...
body {margin-top: 0}
p.narrow { margin-right: 50%}
dt {margin-bottom: 3em}
address {margin-left: 50%}
...
```

Abstände zusammenfassen: margin

In bewährter Manier lassen sich die einzelnen Ränder wieder zu einem Attribut zusammenfassen:

margin: [*margin-top* oder *margin-right* oder *margin-bottom* oder *margin-left*]

Möglicher Wert	Erklärung
margin-top	Werte für das Attribut margin-top
margin-right	Werte für das Attribut margin-right
margin-bottom	Werte für das Attribut margin-bottom
margin-left	Werte für das Attribut margin-left

Mit diesem Attribut setzen Sie bis zu vier Werte für den Abstand zur jeweiligen Seite. Die Reihenfolge des Abstands entspricht der hier aufgeführten Liste: oben, rechts, unten und links. Hier ein Beispiel:

```
<style type="text/css">
body {font: normal bold 10pt/14pt Helvetica, Arial,
sans-serif;margin:5cm}
h1 {font-size:24pt;line-height:24pt;}
</style></head>
<body bgcolor="#ffffff">
<h1> Abstände festlegen</h1>
<p>Überschrift und Text halten einen Abstand von 5 cm zum Rand
des übergeordneten Objekts ein. In diesem Fall ist das der Rand
des Browserfensters.</p>
```

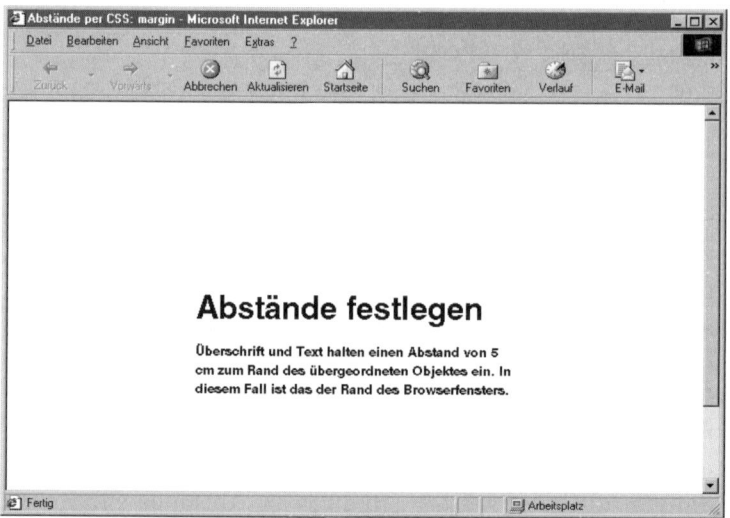

Abstand regeln mit margin

Sie müssen nicht alle Werte vorgeben. Lassen Sie einen Wert aus, errechnet sich der Browser des Lesers den Abstand selbst. Bei drei angegebenen Werten würde der linke Abstand unvergeben sein, zwei Werte ließen hiernach den unteren Abstand unberücksichtigt. Geben Sie nur zwei Werte an, stellen Sie die horizontalen und vertikalen Werte gemeinsam ein. Ein Wert regelt für alle Richtungen den Abstand. Hier ein paar Beispiele:

```
BODY {margin: 5cm}
  /* alle Ränder werden mit 5 cm angelegt */
P {margin: 2cm 4cm}
  /* Kopf- und Bodenrand betragen 2 cm, linker und rechter Rand 4
cm */
H1 {margin: 2cm auto 3cm 4cm}
  /* Der rechte Rand wurde hier auf auto gestellt */
DIV {margin: 1cm 2cm 3cm 4cm}
  /* Hier formatieren wir nacheinander margin-top, margin-right,
margin-bottom und margin-left.*/
```

Innenabstand regeln: padding-...

Hiermit regeln Sie den Innenabstand der Elemente. Die Syntax:

padding-top: [*Wert*]
padding-right: [*Wert*]
padding-bottom: [*Wert*]
padding-left: [*Wert*]

Möglicher Wert	Erklärung
Wert	Absoluter Abstand, als Wert mit jeweiliger Einheit eingegeben.
Prozent	Relativer Abstand in Prozent.
auto	Die Hintergrundgrafik ist festgesetzt.

Die Wirkungsweise ist auch hier identisch mit den entsprechenden HTML-Attributen, die Sie bei den Tabellen kennen gelernt haben. Die *padding*-Attribute regeln den Abstand zwischen dem Platz, den das jeweilige Element normal einnehmen würde, und dem Element selbst. Im Zweifelsfall dehnt *padding* den Platzbedarf des Elements um den hier angegebenen Bereich aus. Bei Tabellen wird *padding* benutzt, um die Inhalte der einzelnen Zellen vom Rand freizustellen.

Innenabstände zusammenfassen: padding

Wie bei den Sammelattributen *margin* stellen Sie auch hier die vier Innenabstände zusammen ein. Die Syntax:

padding: [*padding-top* oder *padding-right* oder *padding-bottom* oder *padding-left*]

Möglicher Wert	Erklärung
padding-top	Werte für das Attribut padding-top
padding-right	Werte für das Attribut padding-right
padding-bottom	Werte für das Attribut padding-bottom
padding-left	Werte für das Attribut padding-left

Die Werte und Arbeitsweise sind mit der des *margin*-Attributs identisch. Hier ein Beispiel:

```
<style type="text/css">
body {font: normal bold 10pt/14pt Helvetica, Arial, sans-
serif;margin: 5cm; background-color:gold;}
```

```
p {background-color:white}
h1 {font-size:24pt;line-height:24pt;}
</style>
</head>
<body bgcolor="#ffffff">
<h1> Abstände festlegen</h1>
<p>Überschrift und Text halten einen Abstand von 5 cm zum Rand
des übergeordneten Objekts ein. In diesem Fall ist das der Rand
des Browserfensters.</p>
<p style="padding:1cm;">Dieser Absatz hält zusätzlich einen
Innenabstand von 1 cm. Hierdurch steht für den Text weniger Platz
zur Verfügung.</p>
</body>
```

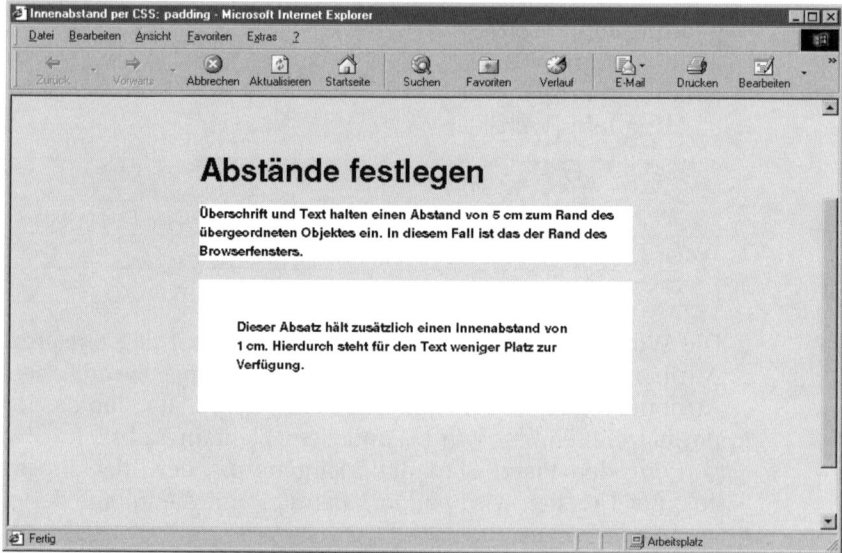

Der untere Absatz ist mit padding formatiert worden

Rahmen per CSS

Jedes Element lässt sich per Cascading Style Sheet mit einem Rahmen versehen. Auch diese Funktion ist mit dem Standard-HTML nicht möglich.

Hinweis

Sichtbare Rahmen

Damit ein Rahmen sichtbar wird, muss das Attribut *border-style* gesetzt werden.

Rahmendicke: border-...-width

Die Stärke eines Rahmens um die Elemente herum lassen sich sehr fein regeln. Die Syntax:

border-top-width: [*thin* oder *medium* oder *thick* oder *Wert*]
border-right-width: [*thin* oder *medium* oder *thick* oder *Wert*]

border-bottom-width: [*thin* oder *medium* oder *thick* oder *Wert*]
border-left-width: [*thin* oder *medium* oder *thick* oder *Wert*]

Möglicher Wert	Erklärung
thin, medium, thick	Vorgabewert für einen schmalen, mittleren und dicken Rand
Wert	Angabe der Stärke in absoluten Werten

Diese nicht vererbbaren Attribute regeln die Stärke eines Rahmens um das betroffene Element. Negativwerte sind nicht zulässig. Die Cascading Style Sheets stellen Ihnen drei Standardwerte zur Verfügung, die unabhängig vom Inhalt sind. So liefert das gleiche Attribut immer die gleiche Rahmenstärke.

Rahmen gemeinsam gestalten: border-width

Auch hier gibt es wieder eine Zusammenfassung der Attribute.

border-width: [*border-top-width* oder *border-right-width* oder *border-bottom-width* oder *border-left-width*]

Möglicher Wert	Erklärung
border-top-width	Werte für das Attribut border-top-width
border-right-width	Werte für das Attribut border-right-width
border-bottom-width	Werte für das Attribut border-bottom-width
border-left-width	Werte für das Attribut border-left-width

Die Werte und Arbeitsweise sind mit der des *margin*-Attributs identisch.

Die Rahmenfarbe: border-color

Damit ein Rahmen sichtbar wird, bekommt er eine Farbe zugewiesen. Hierfür gilt diese Syntax:

border-color: [*Wert* oder *Wert* oder *Wert* oder *Wert*]

Möglicher Wert	Erklärung
blue	Bezeichnung nach benannter Farbe.
#00CC00	Farbauswahl durch Angabe der RGB-Farbanteile.

Hier können Sie bis zu vier Farbwerte angeben, um die einzelnen Seiten des Rahmens separat einzufärben. Die Steuerung folgt dem gleichen Schema, das Sie beim Attribut *margin* bereits kennen gelernt haben.

Rahmenart definieren: border-style

Mit den Cascading Style Sheets stehen Ihnen diverse Rahmenarten vorformatiert zur Verfügung. Manche von diesen Rahmen lassen sich auch als Attribut in HTML einsetzen. Hier sollten Sie aber auf jedem Fall die CSS-Formatierung verwenden, da die HTML-Attribute laut W3C nicht mehr lange unterstützt werden. Die Syntax:

border-style: [*Wert* oder *Wert* oder *Wert* oder *Wert*]

CSS

Wert	Erklärung
none	zeigt keinen Rahmen an
dashed	gestrichelte Linie
dotted	gepunktete Linie
solid	durchgehend liniert
double	mit zwei Linienrahmen versehen
groove	von unten rechts beleuchteter Rahmen
ridge	von oben links beleuchtet
inset	von unten rechts beleuchtet; die Innenlinie wird etwas dunkler dargestellt
outset	von oben links beleuchtet; die Innenlinie wird etwas dunkler dargestellt

Einige der hier aufgeführten Attribute lassen sich nicht in jedem Browser darstellen.

So haben wir bisher keinen Browser gefunden, der *browser-style: {dashed}* darstellen kann. Auch diese Werte lassen sich für jede Seite des Rahmens einzeln regeln.

Die Schaltung folgt nach dem *margin*-Attribut. Hier die verschiedenen Rahmenarten in einem Listing:

```
<html><head>
<title>Rahmenarten per CSS: border-style</title>
<meta http-equiv="Content-Type" content="text/html;
charset=iso-8859-1" />
<style type="text/css">
body {font: normal bold 10pt/14pt Helvetica, Arial,
sans-serif;margin: 1cm; background-color:white;}
p {background-color:white; padding:5mm; border:10pt;
border-color:gold}
h1 {font-size:24pt;line-height:24pt;}
</style></head>
<body bgcolor="#ffffff">
<h1>Rahmenarten</h1>
<p>Hier sehen Sie die verschiedenen Rahmenarten im Überblick:</p>
<table width="100%" border="0">
 <tr>
 <td><p style="border-style:none;">Rahmenart: none</p></td>
 <td><p style="border-style:dashed;">Rahmenart: dashed</p></td>
 <td><p style="border-style:dotted;">Rahmenart: dotted</p></td>
 </tr><tr>
 <td><p style="border-style:solid;">Rahmenart: solid</p></td>
 <td><p style="border-style:double;">Rahmenart: double</p></td>
 <td><p style="border-style:groove;">Rahmenart: groove</p></td>
 </tr><tr>
 <td><p style="border-style:ridge;">Rahmenart: ridge</p></td>
 <td><p style="border-style:inset;">Rahmenart: inset</p></td>
 <td><p style="border-style:outset;">Rahmenart: outset</p></td>
 </tr>
</table></body></html>
```

CSS

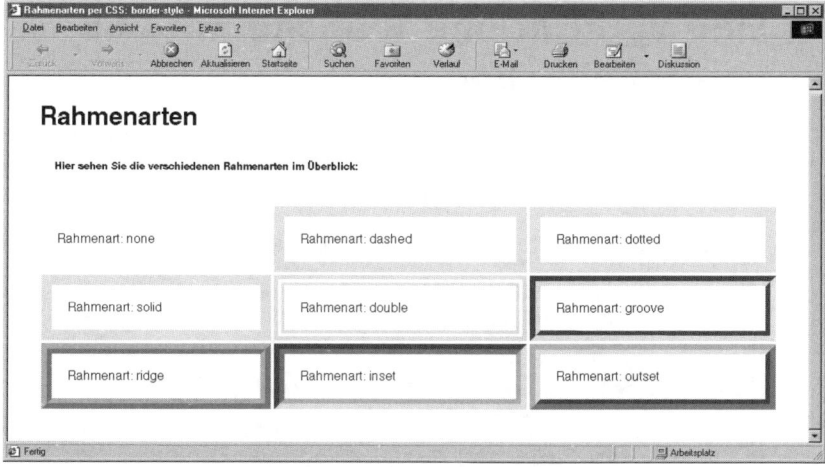

Das Attribut border-style

Das nicht vererbbare Attribut ist auf alle Tags einsetzbar; der Vorgabewert ist *none*. Das Attribut *border-style* muss gesetzt werden, damit ein Rahmen sichtbar wird.

Hinweis
Nicht alles wird angezeigt
Die Werte *dashed* und *dottet* werden zurzeit wohl von keinem Browser richtig interpretiert.

Rahmen zusammenfassen: border...

Mit dem Attribut *border* setzen Sie wiederum eine Aufzählung der Eigenschaften des Rahmens ein. Wir stellen Ihnen hier das Attribut *border* vor.

Eine Aufsplittung der Steuerung in *border-top, border-right, border-bottom* und *border-left* ist selbstverständlich möglich.

border: [*border-width* oder *border-style* oder *border-color*]

Möglicher Wert	Erklärung
border-width	Werte für das Attribut border-width
border-style	Werte für das Attribut border-style
color	Werte für das Attribut border-color

Das Attribut arbeitet mit allen Elementen zusammen.

Ein Vorgabewert ist nicht vergeben; das Attribut ist nicht vererbbar.

Hier ein paar Beispiele:

```
H2 { border: groove 3mm }
A:link { border: solid red}
A:visited { border: thin inset #800080 }
A:active { border: thick double blue}
```

7 Cascading Style Sheets

375

Eine vorhandene Website mit CSS vereinheitlichen

Hier greifen wir aus dem vollen Leben. Der Autor bedankt sich auf diesem Wege bei Frau Claudia Immler für die Genehmigung zur Behandlung des Beispiels in diesem Buch. Eine Seite sieht so aus:

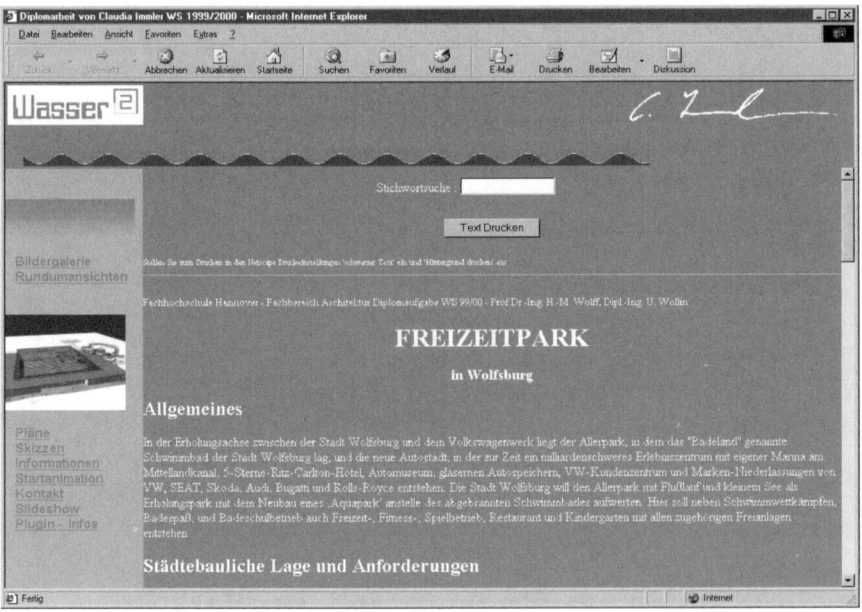

Das Ausgangsprodukt

Die Index-Webseite bindet hier drei weitere HTML-Dateien in Frames zusammen. Die Struktur ist in der Darstellung deutlich zu erkennen: Im oberen Bereich steht ein Titelfenster; der linke Teil ist einem Menü vorbehalten, während das Hauptfenster den Text aufnimmt.

In diesem Beispiel wollen wir uns ausschließlich mit der Textseite befassen. Hier zunächst das Listing; es wurde gekürzt und gegliedert. Letzteres ist in der Regel notwendig, da die meisten Webseiten-Gestaltungsprogramme die HTML-Dateien ungegliedert hinterlassen. Dieses Listing ist im HTML-Format.

```
<html>
 <head>
 <title>Informationen zur Diplomarbeit</title>
 </head>
 <body aLink=#adadad bgColor=#007fff link=#ffffff text=#ffffff
vLink=#ffffff>
<form method=get>
 <div align=center><input type=button value="Text Drucken">
 </div></form><font size=-3>Stellen Sie zum Drucken in den
Netscape
Druckeinstellungen 'schwarzer Text' ein und 'Hintergrund drucken'
aus</font>
```

```
<hr>
 <font size=-1>
<p>Fachhochschule Hannover - Fachbereich Architektur
Diplomaufgabe WS 99/00 - Prof.Dr.-Ing. H.-M. Wolff, Dipl.-Ing. U.
Wollin</p></font>
<center>
<h1>FREIZEITPARK</h1>
<h3>in Wolfsburg</h3></CENTER>
<h2>Allgemeines</h2>
In der Erholungsachse zwischen der Stadt Wolfsburg und dem
Volkswagenwerk liegt der Allerpark, in dem das "Badeland"
genannte Schwimmbad der Stadt Wolfsburg lag, und die neue
Autostadt, in der zurzeit ein milliardenschweres Erlebniszentrum
mit eigener Marina am Mittellandkanal, 5-Sterne-Ritz-Carlton-
Hotel, Automuseum, gläsernen Autospeichern, VW-Kundenzentrum und
Marken-Niederlassungen von VW, SEAT, Skoda, Audi, Bugatti und
Rolls-Royce entstehen. Die Stadt Wolfsburg will den Allerpark mit
Flusslauf und kleinem See als Erholungspark mit dem Neubau eines
‚Aquapark' anstelle des abgebrannten Schwimmbades aufwerten. Hier
soll neben Schwimmwettkämpfen, Badespaß, und Badeschulbetrieb
auch Freizeit-, Fitness-, Spielbetrieb, Restaurant und
Kindergarten mit allen zugehörigen Freianlagen entstehen.
...
</body>
</html>
```

Das Listing ist durchaus lesbar. Die Zeile mit dem Tag <input> beinhaltet ein JavaScript, das hier weggelassen wurde. Ab Seite 229 erfahren Sie dazu mehr. Zusammen mit der Einführung der Cascading Style Sheets soll die Seite auch umgestaltet werden. Die weiße Schrift auf sattem Wasserblau ist mit Sicherheit nicht augenfreundlich. Deshalb wollen wir die Farben in der Gestaltung umdrehen. Hierzu haben wir eine Hintergrundgrafik mit Paint Shop Pro erstellt, die drei Pixel breit und 1.200 Pixel lang ist. Die Schrift wird in einem dunklen Blau erscheinen, um den Gesamteindruck nicht zu sehr zu verfremden. Und jetzt geht es los.

- Als Erstes legen Sie mit einem Texteditor eine neue Datei an. Diese nimmt die Cascading Style Sheets auf. Alle HTML-Dateien sollen auf die gleiche CSS-Datei zugreifen. In diesem Fall schreiben wir das Folgende hinein:

```
/* CSS-Datei für das Projekt Diplomarbeit,
   erstellt am 1.1.2000 XXX Bytes */
```

- Die zu Beginn und am Ende dieser Einträge gesetzten Zeichen "/*" und "*/" markieren den Text zwischen den Marken als Bemerkung. Kein Browser kommt so auf die Idee, die Zeilen als Gestaltung missbzuverstehen. Mit diesen 93 Zeichen haben wir der Datei eine Identität gegeben. Hierdurch lässt sich zu einem späteren Zeitpunkt die Aktualität der veröffentlichten Datei leichter überprüfen. Mit jeder Änderung tragen wir in die CSS-Datei das Aktualisierungsdatum und die neue Dateigröße ein.

- Die CSS-Datei speichern wir in diesem Beispiel in einen Extra-Ordner. In diesem Beispiel nennen wir die Datei einfach „Style.css"

- Im <head> der HTML-Datei wird nun die Beziehung zur externen Stylesheet-Datei hergestellt.

    ```
    <head>
    <title>Text</title>
    <link rel="stylesheet" Type="text/css" href="Style.css" />
    </head>
    ```

- Liegt die CSS-Datei an einem anderen Ort, muss die Adresse im Attribut *href="..."* entsprechend angepasst werden.

> **Hinweis**
>
> **Vorgehensweise**
>
> In der nun folgenden Arbeit müssen Sie zwischen der HTML-Datei und der neu angelegten CSS-Datei hin- und herschalten. Aus der HTML-Datei löschen wir nach und nach die Attribute heraus und nehmen hierfür Cascading Style Sheets in die neue CSS-Datei hinein. Wir schreiben nun also ausschließlich in die Datei *Style.css*. Nach jedem Arbeitsgang speichern wir beide Dateien und betrachten das Ergebnis im Browser. Zwischen zwei Programmen schalten Sie einfach mit den Tasten [Alt]+[Tab] hin und her.

- Zunächst legen wir die grundsätzlichen Schriftstile fest. Als Schriftfamilie folgen wir in etwa dem Logo und greifen auf eine Sans-Serif-Schrift zurück. Die Schriftgröße soll im Fließtext 12 pt betragen und einen Zeilendurchschuss von 14 pt besitzen. Als Farbe legen wir ein dunkles Blau fest. Gleichzeitig nehmen wir die Färbung der Links in die CSS-Datei auf. Die Attribute sind in der HTML-Datei ebenfalls mit dem Tag <body> festgelegt worden.

    ```
    /* CSS-Datei für das Projekt Diplomarbeit,
     erstellt am 1.1.2000 XXX Bytes */
    BODY {font: normal normal 12pt/14pt Helvetica, Arial; Color: DarkBlue;}
    A:link {color: #adadad}
    A:visited {color: #ffffff}
    A:active {color: #ffffff}
    ```

- Nach der Speicherung überprüfen wir kurz das Ergebnis. Alle Schriften, die keine lokale Formatierung in der HTML-Datei besitzen, sind hiermit auf den neuen Zeichensatz und die aktuelle Farbe umgestellt. Die aktuellen Formatierungen der Anker aus der HTML-Datei übernehmen wir in die CSS-Datei. In der HTML-Datei entfernen wir zunächst in der Zeile <body> die Attribute. Die in der nächsten Zeile kursiv geschriebenen Bereiche können entfallen, da sie nun durch das CSS definiert sind. Aus:

    ```
    <BODY aLink=#adadad bgColor=#007fff link=#ffffff text=#ffffff
    vLink=#ffffff>
    ```

    wird nun:

    ```
    <body>
    ```

- Nachdem die HTML-Datei gespeichert ist, lassen wir uns die HTML-Seite im Browser anzeigen. Sie sieht nun so aus:

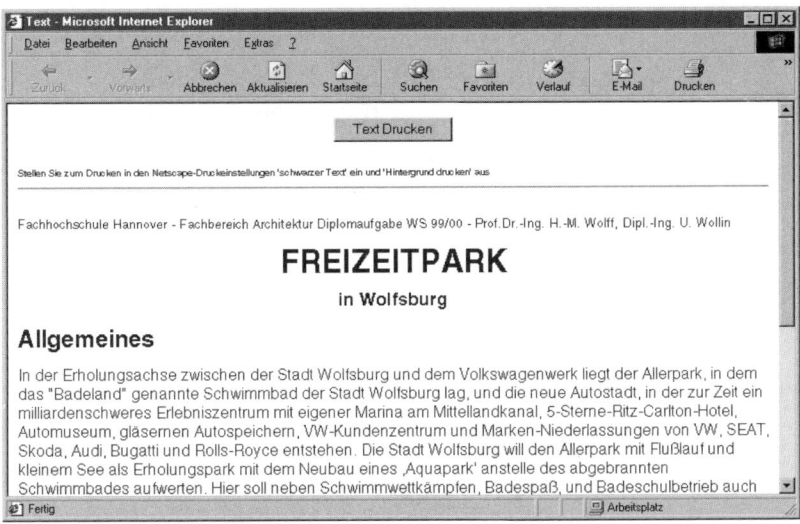

Durch die Formatierung des Tags <body> erscheinen alle Texte im gleichen Schriftstil

- Nun gilt es, die verschiedenen Schriftgrößen aus der HTML-Seite umzusetzen. Durch das Webseitenprogramm wurden sie mit dem Tag <font> eingestellt. Dies ist unpraktisch, da bei einer späteren Änderung die Werte in jeder HTML-Datei angepasst werden müssten. Hierfür legen wir in der CSS-Datei zwei Unterklassen fest. Gleichzeitig kümmern wir uns um die zentrierte Ausrichtung der Schaltfläche. Dieser wird noch mit einem Attribut in die Mitte gesetzt, die vom W3C als veraltet gekennzeichnet ist.

```
/* CSS-Datei für das Projekt Diplomarbeit,
   erstellt am 1.1.2000 XXX Bytes */
BODY {font: normal normal 12pt/14pt Helvetica, Arial; Color: DarkBlue;}
A:link {color: #adadad}
A:visited {color: #ffffff}
A:active {color: #ffffff}
.info {font-Size: 9pt; line-height: 11pt;}
.klein {font-Size: 8pt; line-height: 11pt;}
.info, .klein, .center {text-align: center;}
```

- Die Untergruppen *info* und *klein* werden hier gleich mehrmals definiert.

  Die Definition ist jedoch vererbbar. Die zweite Definition ändert nur dann einen eben definierten Wert, wenn dieser dem neuen widerspricht. Nicht betroffene CSS-Attribute werden hingegen vererbt.

  Durch die Einrichtung der Untergruppen *info*, *klein* und *center* reduziert sich die HTML-Seite geringfügig. Untergruppen werden in einer HTML-Datei mit dem Attribut *class* angebunden. Jetzt stellen wir in der HTML-Datei die folgenden Zeilen um. Gleichzeitig nehmen wir die Veränderungen vor, um aus der HTML-Datei eine XHTML-kompatible Version zu erstellen:

```
ALTE VERSION:
<body aLink=#adadad bgColor=#007fff link=#ffffff text=#ffffff
vLink=#ffffff>
<form method=get>
<div align=center><INPUT type=button value="Text Drucken"></div>
</form>
<font size=-3>Stellen Sie zum Drucken in den Netscape-
Druckeinstellungen 'schwarzer Text' ein und 'Hintergrund drucken'
aus</font>
<hr>
<font size=-1><p>Fachhochschule Hannover - Fachbereich
Architektur Diplomaufgabe WS 99/00 - Prof.Dr.-Ing. H.-M. Wolff,
Dipl.-Ing. U. Wollin</p></font>
NEUE VERSION:
<body>
<div class="center"><form method="get"><input
onclick="javascript:self.print()" type="button" value="Text
Drucken"></form></div>
<div class="klein">Stellen Sie zum Drucken in den Netscape-
Druckeinstellungen 'schwarzer Text' ein und 'Hintergrund drucken'
aus</div>
<hr />
<div class="info">Fachhochschule Hannover - Fachbereich
Architektur Diplomaufgabe WS 99/00 - Prof.Dr.-Ing. H.-M. Wolff,
Dipl.-Ing. U. Wollin</div>
```

- Als Nächstes nehmen wir uns der Überschriften an, die in der HTML-Datei mit dem Tag <center> ausgezeichnet sind. Dieses Tag stammt noch aus den HTML-Urzeiten und wird in weiteren Standards nicht mehr unterstützt. Das regeln wir ebenfalls per CSS-Datei. Hier haben wir bereits in der Untergruppe *center* die Ausrichtung auf zentriert umgeschaltet. Wir schreiben die Tags <h1> und <h3> einfach hinzu und entfernen dafür das Tag aus der HTML-Datei.

Nach der Umstellung sieht die Seite so aus

- Jetzt geben wir der HTML-Seite ihren Hintergrund und sorgen dafür, dass der Text nicht so sehr am Rand klebt.

  Zum Abschluss tragen wir in der CSS-Datei die Dateigröße ein.

  Nach all den Änderungen sieht die CSS-Datei jetzt so aus:

```
/* CSS-Datei für das Projekt Diplomarbeit,
 erstellt am 1.1.2000 897 Bytes */
BODY {font: normal normal 12pt/14pt Helvetica, Arial; Color:
DarkBlue; background-image: url(hg.jpg); background-
attachment:fixed; padding: 5px;}
A:link {color: #adadad}
A:visited {color: #ffffff}
A:active {color: #ffffff}
.info {font-Size: 9pt; line-height: 11pt;}
.klein {font-Size: 8pt; line-height: 11pt;}
.info, .klein, .center, H1, H3 {text-align: center;}
```

- Jetzt prüfen wir die Seite im Browser. Hier sehen Sie beide Versionen vor und nach der Formatierung.

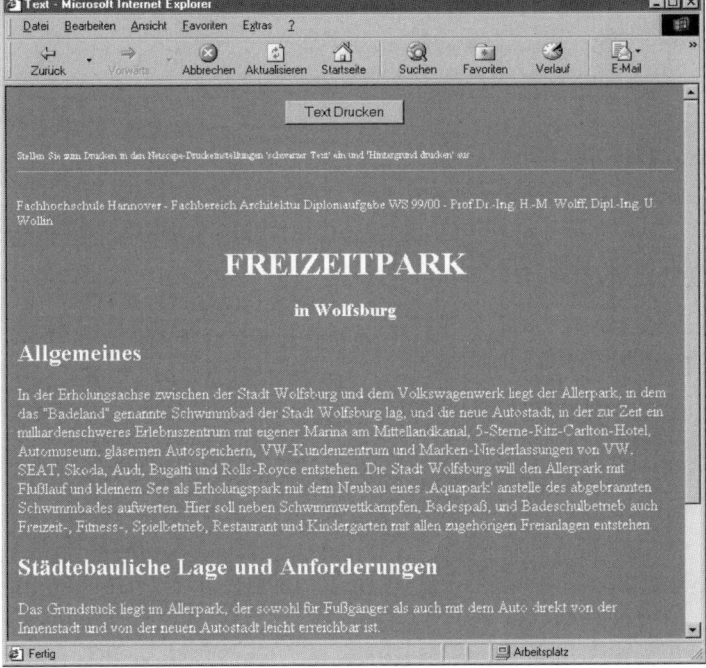

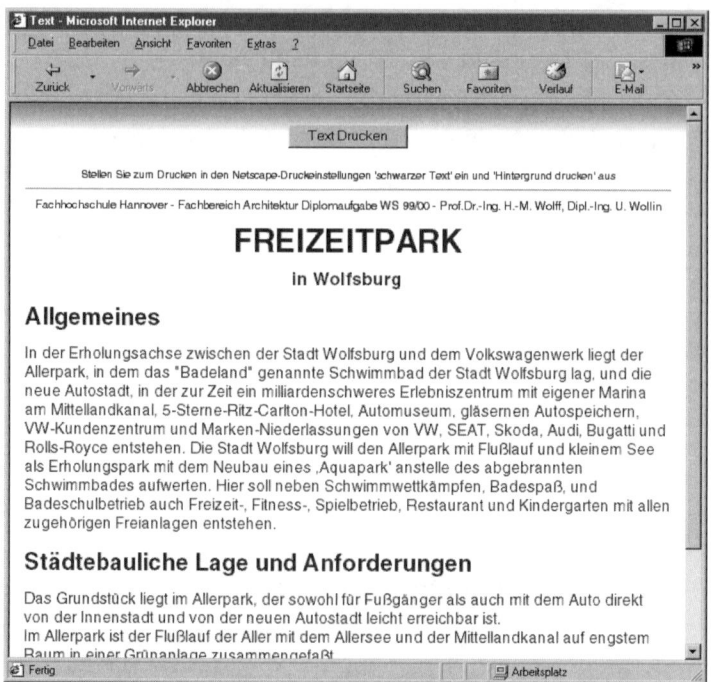

Hier die beiden Versionen der gleichen Seite vor und nach der Umstellung in CSS

Damit wollen wir das Beispiel abschließen. Betrachten Sie die Dateien der Website, werden Sie feststellen, dass der Speicherbedarf – ohne die Grafiken zu berücksichtigen – in diesem Fall leicht zugenommen hat.

Dies ist auch nicht verwunderlich.

Wir haben nur aus ein paar HTML-Dateien die Formatierungen entfernt und in die CSS-Datei übertragen.

Doch bedenken Sie noch einmal die Vorteile, die zu Beginn des Kapitels geschildert wurden:

- Eine Stylesheet-Definition lässt sich übergreifend auf diverse Webseiten anwenden.
- Cascading Style Sheets halten die HTML-Dateien klein. Hierdurch sparen Sie Speicherplatz und reduzieren gleichzeitig den notwendigen Datentransfer.
- Das W3C hat diversen Attributen des HTML 4.0-Standard den Kampf angesagt; die CSS-Definition ist auch zukünftig stabiler.

Nachdem auch die anderen HTML-Seiten angepasst wurden, sieht unsere Muster-Site jetzt so aus:

Die neu gestaltete Seite

7.6 Webeditoren und Cascading Style Sheets

Sie stellen sich nach den letzten Beispielen wahrscheinlich zwei Fragen: „Mit welcher Software wurden diese Beispiele entwickelt? Kann ich das mit meinem Webeditor auch machen?"

Die letzte Frage lässt sich mit einem eindeutigen Jein beantworten ;-)

Einige Webeditoren bieten die Unterstützung der CSS-Technik an. Bei anderen sind die Funktionen versteckt und arbeiten im Hintergrund, eine dritte Gruppe wiederum will von CSS nichts wissen.

Grundsätzlich können Sie in jede HTML-Seite eine CSS-Steuerung mithilfe eines Texteditors einbauen, wenn das Projekt das Programm zur Webseitenerstellung verlassen hat.

Mit älteren Programmen könnten jedoch Probleme auftreten, wenn die erweiterten HTML-Dateien wieder mit dem Webseiteneditor geöffnet werden.

Als Beispiel sei hier Netobjects Fusion 2.0 und früher genannt. Vor der Produktion einer umfangreichen Site sei eine frühzeitige Probe also angeraten.

> **Hinweis**
>
> **Keine automatischen CSS**
>
> Nur wenige Programme kommen selbstständig auf die Idee, ihre Gestaltung nicht mit HTML-Attributen, sondern als Cascading Style Sheets aufzubauen. Dies müssen Sie in der Regel selbst in die Tat umsetzen.

Übrigens: Bevor Sie mithilfe von Cascading Style Sheets Ihre Webseite gestalten, müssen – und sollten – Sie den HTML-Code aufräumen.

Viele Webeditoren erzeugen zwar mehr oder minder fehlerfreie Seiten; eine Optimierung zum Abschluss der Entwicklung ist jedoch nur in wenigen Programmen eingebaut.

Damit aber die Seiten nicht nur störungsfrei laufen, sondern auch schnell übertragen werden, sollte sowieso eine Optimierungsphase eingeplant werden.

Alle Beispiele des Abschnitts über die Cascading Style Sheets wurden mit einem Programm erstellt: Macromedia Dreamweaver Version 3 – wohl unbestritten das flexibelste Software-Paket zur Erstellung von Webseiten.

Macromedia Dreamweaver 3 bietet Ihnen ein eigenes Menü zur Erstellung der Stylesheets und deren Verwaltung an. Es unterstützt sowohl intern abgelegte Stylesheets als auch die Arbeit mit externen Dateien.

Einzig die Darstellung der Webseite auf dem Arbeitsbildschirm ist nicht deckungsgleich mit der späteren Version in den verschiedenen Browsern.

Macromedia Dreamweaver Version 2 bietet aber den Aufruf eines externen Betrachters an. Hier können Sie verschiedene Browser angeben und so sehr einfach die Funktionalität Ihrer Seiten überprüfen.

In der Nachfolgeversion ist das Darstellungsproblem ausgemerzt.

Die Style-Funktionen wurden noch einmal überarbeitet und harmonieren sehr gut mit den erstellten HTML-Seiten.

In der Trial-Version von Macromedia Dreamweaver 3 – sie steht im World Wide Web unter www.macromedia.com zum Download bereit – funktionierte der neue Stylesheet-Editor jedoch noch nicht störungsfrei.

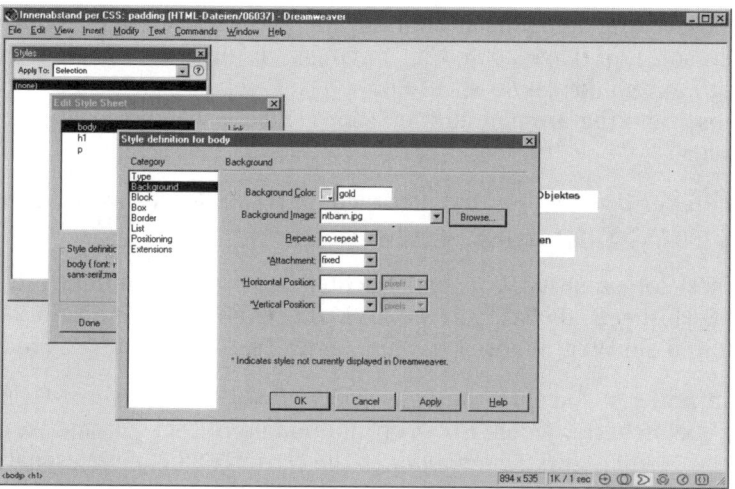

Macromedia Dreamweaver verwaltet Stylesheets einfach und komfortabel

In Microsoft FrontPage 2000 wird ebenfalls eine umfangreiche Unterstützung der Stylesheets angeboten. Sind die entsprechenden Schalter im Menü *Optionen* eingeschaltet, nimmt FrontPage nahezu alle Formatierungen von Texten und Tabellen automatisch als Stylesheet vor. Hierzu wird hauptsächlich das HTML-Attribut *style* verwendet. Eine Optimierung der CSS hingegen findet nicht statt. Arbeiten Sie mit Microsoft FrontPage 2000 Ihre Website aus, so rechnen Sie mit einer entsprechenden Nachbearbeitungsphase.

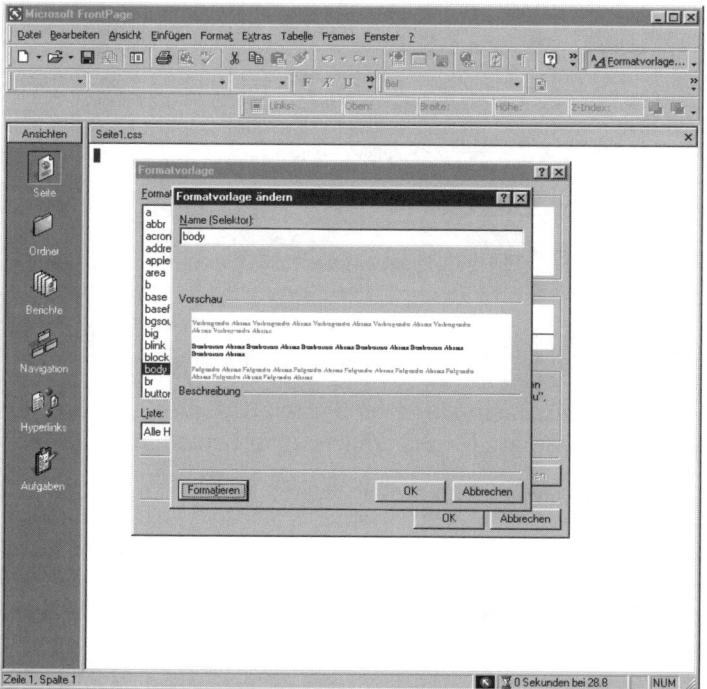

FrontPage 2000 unterstützt sowohl interne CSS-Formate als auch externe CSS-Dateien

CSS

Die Cascading Style Sheets sind – im Gegensatz zu anderen Webeditoren – in Microsoft FrontPage 2000 sehr umfangreich integriert. Doch einen separaten Programmpunkt „Style-Sheet-Editor", auf den Sie in den meisten anderen Webseiten-Programmen aufmerksam gemacht werden, suchen Sie hier vergebens.

Erst in der Onlinehilfe (und natürlich im HTML-Code) weist Microsoft darauf hin, dass CSS angewendet werden.

Dieses Vorgehen hat Vor- und Nachteile. Zum einen nimmt FrontPage 2000 die Stylesheets als das, was sie in Wirklichkeit sind: eine Selbstverständlichkeit und ein Weg, Webseiten wie in einer Textverarbeitung zu formatieren.

Zum anderen mischt FrontPage 2000 sehr viele Stylesheet-Formatierungen ein, die nicht mit jedem Browser funktionieren. Dies gilt insbesondere, wenn Sie im Menü *Extras/Seitenoptionen* die Option *CSS 2.0* eingeschaltet lassen.

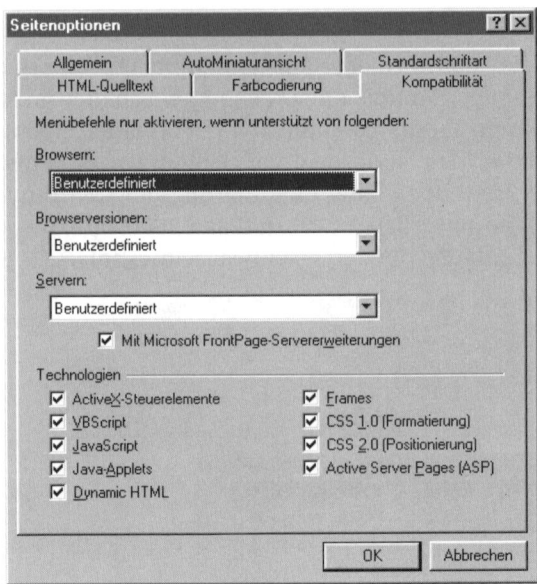

Im Menü Seitenoptionen regeln Sie unter anderem, welche CSS-Definitionen zugelassen sind

Alles in allem ist Microsoft FrontPage 2000 jedoch ein umfangreiches Softwarepaket, mit dem sich Sites komplett gestalten lassen.

Haben Sie sich bereits an einen Webseiten-Gestalter gewöhnt, der keine Stylesheets unterstützt, greifen Sie am besten auf einen externen Editor zurück.

Diese sind zumeist auch aktueller, wenn es um Änderungen im Standard geht.

Ein solches Programm ist die Shareware Style Master von Western Civilisation. Das Programm steht unter www.westciv.com zum Download und Test bereit.

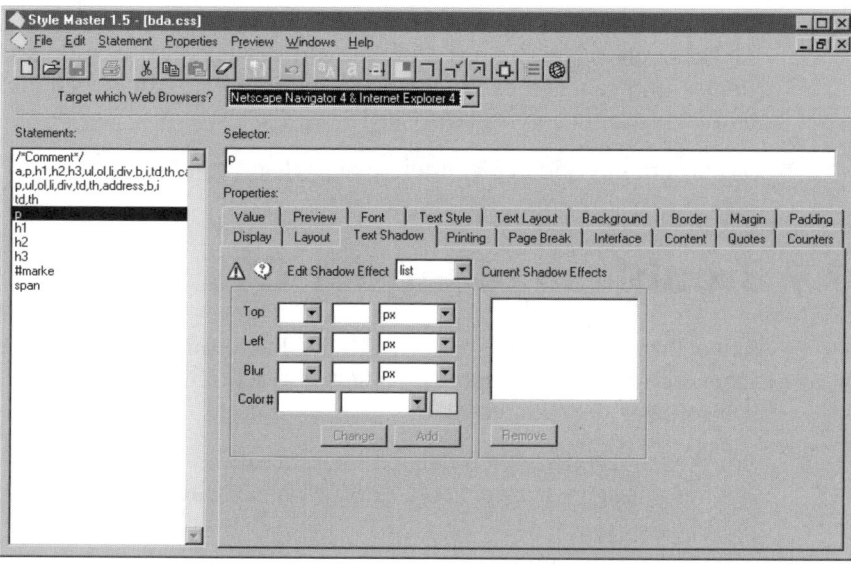

Style Master von Western Civilisation

Der Style Master bietet unter anderem eine komplexe Einführung in die Cascading Style Sheets. Diese lassen sich auch online im Internet unter der oben angegebenen Adresse abrufen. Das Programm – es kostet 49 US$ in der Profiversion – deckt nicht nur alle Style-Attribute ab, sondern gestattet auch die Einschränkung, um Stylesheets für Netscape Communicator und Microsoft Internet Explorer kompatibel zu halten.

Darüber hinaus holen Sie sich mit dem Download gleichzeitig ein umfangreiches und leicht verständliches Kompendium zum Thema Cascading Style Sheets ab.

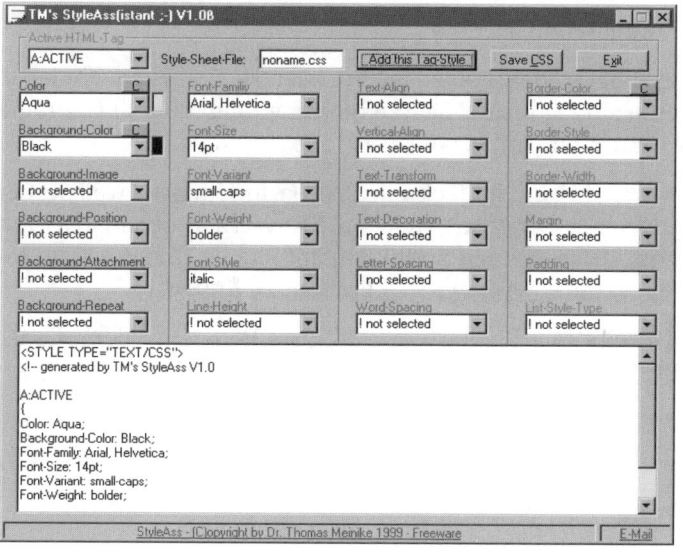

Der StyleAssistant ist Freeware

Doch auch im Freeware-Bereich gibt es das eine oder andere Hilfsmittel. So hat beispielsweise Thomas Meinike von der Fachhochschule Merseburg ein kleines und sehr feines Programm geschrieben, mit dem sich die Stylesheets geradezu simpel entwickeln lassen.

Das Programm finden Sie unter www.styleassistant.de.

7.7 Troubleshooting für CSS

Keine Programmierung ohne mögliche Fehlerquellen. Sie kennen ja wahrscheinlich das Statement zu den selbst geschriebenenProgrammen: „Eigentlich sollte es funktionieren!"

Den Abschluss dieses Kapitels bildet daher die Fehlersuche und Beseitigung. Hierbei müssen wir zwei Fehlergruppen unterscheiden:

- Tippfehler
- Browserspezifische Fehler

Diese beiden Gruppen gilt es, näher zu untersuchen.

CSS-Probleme durch Browserprobleme

Die Behebung der Fehler aus der ersten Gruppe unserer Auflistung liegen nur bedingt in Ihren Händen. Kann ein Browser Ihr CSS nicht korrekt umsetzen, haben Sie relativ wenig Möglichkeiten.

Zum einen können Sie auf die entsprechende Formatierung verzichten, zum anderen können Sie unter den Stylesheet-Attributen ähnliche Formatierungen suchen, zum Letzten umgehen Sie das HTML-Tag und suchen sich eine andere Kombination.

Eine Möglichkeit, den Fehler im Browser zu umgehen, findet sich fast immer. Hierzu sind jedoch genauere Informationen über die Störanfälligkeit des einzelnen Browsers notwendig.

Sie können sich ganz einfach ein Bild darin machen, welche CSS-Steuerungen mit welchen Tags auf welchen Browsern problematisch arbeiten. Die Quellen für Informationen zu Inkompatibilitäten finden Sie im Internet. Eine der besten ist unter www.webreview.com zu finden.

Eric Meyer gibt hier regelmäßig eine Liste heraus, in dem die Bugs der einzelnen Browser aufgelistet sind.

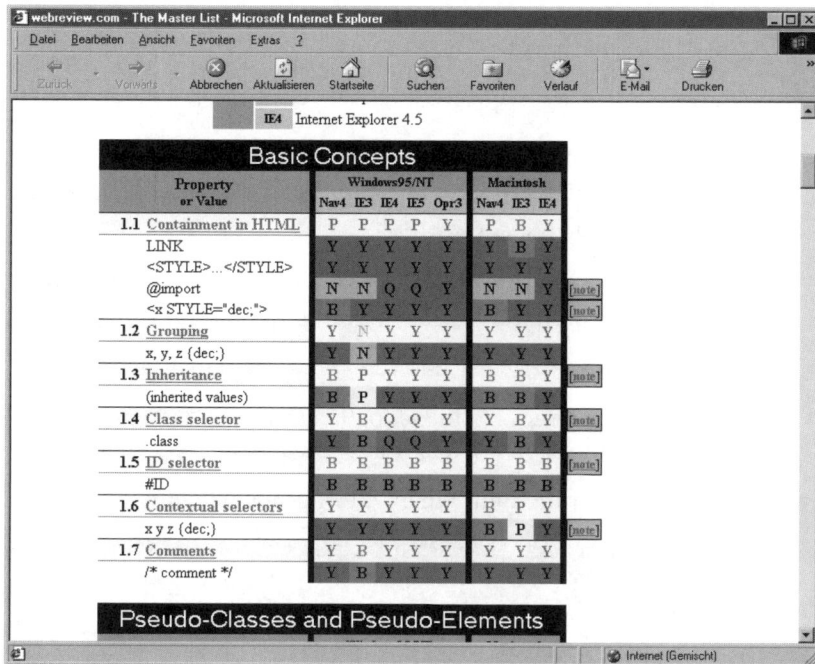

Eric Meyers Liste der CSS-Fehler in den verschiedenen Browsern

In der Liste finden Sie die verschiedenen CSS-Befehle und ihre Probleme. Meyer zeigt aber auch auf, welche Styles keine Probleme bringen.

Diese Liste gehört zum Basiswissen und sollte von Ihnen ruhig hin und wieder eingesehen werden.

Hier finden Sie auch Alternativen zu verschiedenen Fehlern.

Bevor Sie allerdings in einer fehlerhaft dargestellten Seite bei den Entwicklern des Browsers suchen und mit anderen Konstruktionen das Problem umschreiben wollen, sollten Sie sich zunächst sicher sein, dass Ihr CSS-Code korrekt ist.

CSS-Probleme durch Eingabefehler

Die zweite Gruppe von Fehlern lässt sich natürlich bei genauerer Untersuchung der selbst erstellten Zeilen schneller herausfinden und korrigieren.

Hier ein paar Beispiele für *fehlerhafte* CSS-Formatierungen:

```
/* CSS-Datei für das Projekt Diplomarbeit,
   erstellt am 1.1.2000 XXX Bytes
BOD Y {font: normal normal 12 pt\14pt Helvetica, Arial, Color:
#DarlBlue;}
background-image: url(hg.jpg); background-attachment:fixed;
padding: 5px;}
A:link {color: # adadad
A:visited {color: #ffffff}
```

CSS

```
A:active {color: #ffffff}
.info {font-Size: 9pt; line-height: 11pt;}
.klein {font-Size: 8pt; line-height: 11pt;}
.info, .klein, .center, H1, H3 {text-align: center;}
```

In diesem Beispiel haben sich gleich zehn Fehler eingeschlichen.

Vergleichen Sie einmal die Zeilen dieses Listings mit dem Abdruck der CSS-Datei im Beispiel ab Seite 376.

Jeder einzelne Fehler führt dazu, dass der Browser die jeweilige Formatierung nicht interpretieren kann.

Dies betrifft normalerweise das Tag, das gestaltet werden sollte.

Ein Fehler in unserem Listing jedoch verhindert, dass irgendeine CSS-Formatierung Auswirkungen auf das Aussehen der HTML-Seite hat.

Hier hilft also wirklich nur eins: Jedes Format einzeln überprüfen.

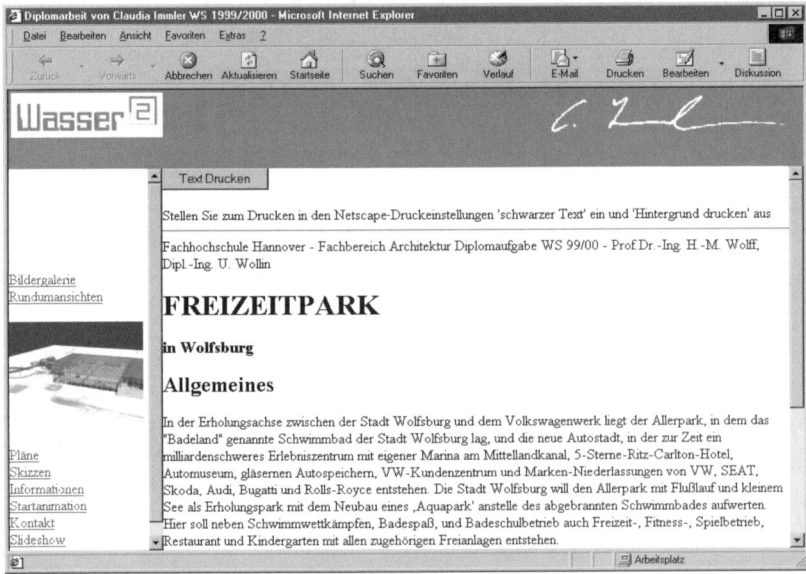

Die Freizeitpark-Seite gänzlich ohne CSS-Gestaltung

Prüfen Sie zunächst, ob alle Styles richtig geschrieben sind. Bei größeren Gestaltungen kann das eine umfangreichere Angelegenheit werden.

Doch auch hier gibt es externe Hilfe aus dem Web von unterschiedlichen Webseiten.

Hierzu übertragen Sie in der Regel Ihre Seiten zum Dienstanbieter.

Hier zwei Dienste, die in englischer Sprache arbeiten. Beide bieten die Prüfung sowohl für die HTML-Seiten als auch für die Stylesheets an.

- Der W3C-Validator-Service – Sie finden ihn unter jigsaw.w3.org/css-validator/validator.html.en – ist ein Programm, das Ihre Stylesheets prüft. Die Ergebnisse beschreiben eventuelle Fehler professionell und setzen also bei Ihnen näheres Wissen über die Schreibweise der W3C-Dokumente voraus.

- Für Einsteiger in die Materie bietet sich eher der Web Design Group Validator unter htmlhelp.org an. Hier erhalten Sie auch eine Menge an Tipps und Anregungen rund um HTML und CSS.

Der Validator vom W3C ist etwas aktueller, da hier die Entwicklungen aus den Gremien des W3C schneller einfließen können.

Dem entgegen zeichnet sich die Web Design Group durch die verständlichere Sprache aus.

Auch im Usenet finden Sie in der Regel eine riesige Menge an interessanten Artikeln zum Thema Cascading Style Sheets. Als Adresse wollen wir hier das Diskussionsforum comp.infosystems.www.authoring.stylesheets nennen.

Auch hier können Sie sicherlich Ihr Problem vorstellen. Die anderen Leser im Usenet werden Ihnen schon nicht den Kopf abreißen; sie sind normalerweise sehr freundlich zu Einsteigern.

Tipp
Gewähren Sie Zugang

Geben Sie bei einer Anfrage im Usenet die URL Ihrer Seite im Web an. So können sich die Leser ein eigenes Bild von Ihrem Problem machen. Sind Ihre Projekte geheim oder geschützt, setzen Sie einen Dummy-Inhalt ein und belegen bei einem Anbieter für freie Webseiten etwas Speicherplatz.

CSS

8. Dynamic Web mit DHTML

Wir lassen die Cascading Style Sheets hinter uns und widmen uns nun den Befehlen rund um das Thema DHTML. Folgendes finden Sie auf den nächsten Seiten:

- Die Möglichkeiten, wie Aktionen der Besucher Ihrer Seiten von Ihnen im Voraus abgefragt und beeinflusst werden können.
- Die unterschiedlichen Ebenen des Dynamic HTML und die dazugehörenden Strukturen.
- Das Document Object Model, die Struktur hinter den Steuerzeichen.
- Die Möglichkeiten, mit einfachen Mitteln fremde Programme und Scriptsprachen zu steuern.

8.1 Dynamic HTML = HTML dynamisch?

Die ab Seite 307 besprochenen Cascading Style Sheets lassen sich – wie die verschiedenen Beispiele zeigen – hervorragend zur Gestaltung einer Seite einsetzen. In der Tat: Durch die CSS-Technik sind freie Gestaltungen erst möglich geworden; das Korsett der vordefinierten HTML-Tags wird aufgesprengt. Einen Nachteil kann jedoch auch die ausgefeilteste Gestaltung mit Cascading Style Sheets nicht ausmerzen: HTML-Seiten verhalten sich analog zu einer gedruckten Zeitschrift. Sie können zwar die Seiten der Zeitschrift durchblättern, der Inhalt einer Seite verändert sich jedoch nicht.

So passiert es auch auf normalen HTML-Seiten: Sie reagieren nicht auf Aktionen des Lesers. Ist die Seite erst einmal aufgebaut, verändert sich nichts mehr. Der Leser kann keine Entscheidungen vornehmen und der Programmierer keine Steuerung einbauen, die auf Angaben des Lesers beruht. Die einzige Ausnahme bilden die Links, die Querverweise zu anderen Seiten.

Die Aktionen des Besuchers bleiben also beschränkt: Er wählt die Seite aus, liest sie und ruft gegebenenfalls die nächste auf. Schreiben Sie eine Seite ausschließlich in HTML, ist der Aufbau der Darstellung immer gleich, also statisch. Technisch gesehen lädt der Browser die Seite, interpretiert die Zeilen und stellt den Inhalt zur Betrachtung bereit.

Die einzigen Elemente, die etwas Abwechslung bringen können, sind Grafikanimationen oder andere eingebundene Multimedia-Daten sowie die Reaktionen des Lesers auf einen eingesetzten Schalter. Die nachfolgenden Bilder zeigen Ihnen ein deutlich anderes Verhalten des Browsers:

Dynamic Web mit DHTML

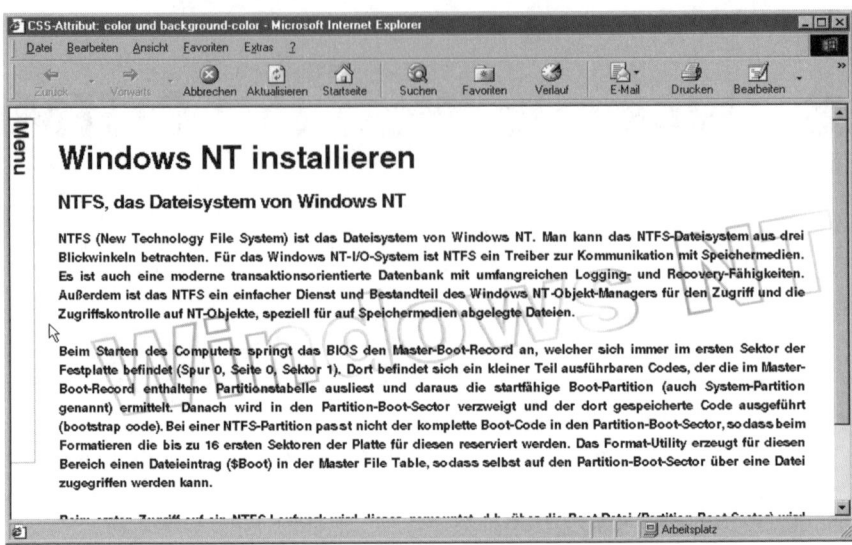

Soweit ist die Seite aus dem letzten Kapitel bekannt. Beachten Sie den Eintrag Menu auf der linken Seite

Auf dem ersten Blick haben wir es hier mit einer üblichen Seite zu tun, die Sie nach dem Studium der letzten Kapitel ohne weiteres selbst aufbauen können. Vom HTML-Standard weicht die Darstellung nur durch die verwendeten Cascading Style Sheets ab, die die Textformate einrichten und die Hintergrundgrafik platzieren. Uns soll nun das Wort „Menu" auf der linken Seite interessieren. Bewegt der Leser den Mauszeiger auf das senkrecht stehende Wort, wird ein JavaScript aktiviert.

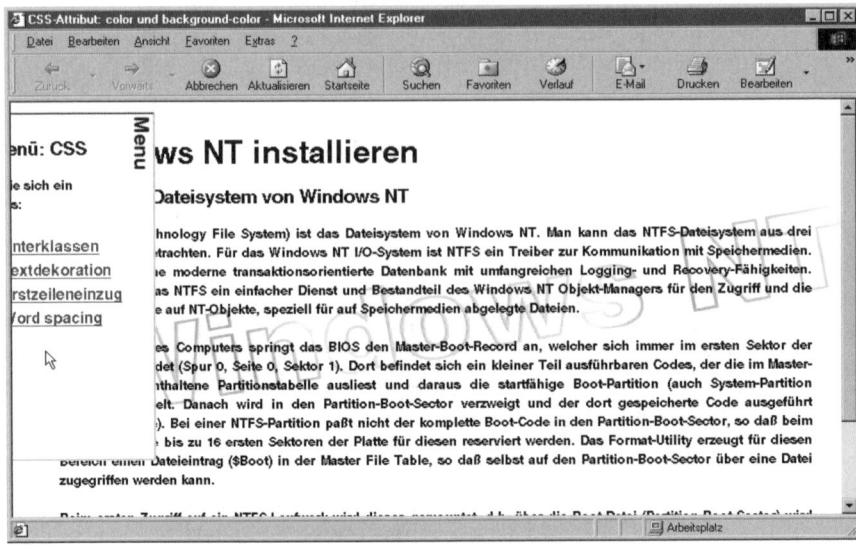

Der Mauszeiger wurde auf den linken Rand gesetzt

Erreicht der Mauszeiger das Feld, in dem das Wort „Menü" abgelegt wurde, erscheint dort langsam und gleichmäßig ein Menü, das auf andere Themen

Dynamic Web mit DHTML

verweist. Hier befinden sich die Einträge, die die Links zu den weiteren Seiten des jeweiligen Themas anbieten. Komplett ausgeklappt sieht die Darstellung im Browser so aus:

Das Menü ist ausgefahren worden. Mit der Maus lassen sich jetzt andere Themen auswählen

Mit diesem Menü kann nun der Leser schnell ein anderes Thema auswählen. Verlässt der Mauszeiger das Menü-Fenster, verschwindet es wieder aus dem Bild. Wie ist so etwas erstellt worden? Ganz einfach: Als Programmiereinheit diente der Dreamweaver, der HTML-Editor von Macromedia.

Dieses Beispiel sieht auf den ersten Blick sehr kompliziert aus; immerhin sind sieben Dateien im Einsatz, die für die Darstellung und Motorik verantwortlich zeichnen. Neben drei verschiedenen Grafiken liefern zwei HTML-Dateien, eine Cascading Style Sheets- und eine JavaScript-Datei Aussehen und Bewegung.

Die HTML-Dateien liefern die Texte und Darstellungen, die CSS-Datei gestaltet das Bild und die JavaScript-Datei steuert den Ablauf für die Ein- und Ausblendung.

Lassen Sie uns einen kurzen Blick in die Menüdatei und die Hauptdatei werfen. Dies ist das etwas gekürzte Listing des Menüs:

```
<!DOCTYPE html
PUBLIC "-//W3C//DTD XHTML 1.0 Strict//EN"
"http://www.w3.org/TR/1999/PR-xhtml1-19991210/DTD/
xhtml1-strict.dtd>
<html>
<title>kleines Men&uuml;</title>
<head>
<link rel=stylesheet Type="text/css" href="texte.css">
</head>
<body id=menu onMouseover="if (document.all&&window.parent.pull)
```

Dynamic Web mit DHTML

```
window.parent.pull()" onMouseout="if
(document.all&&window.parent.pull) window.parent.draw()"
topmargin="5" leftmargin="5" marginwidth="5" marginheight="5">
<h2>Kurzmenü: CSS</h2>
<p>Wählen Sie sich ein Thema aus:</p>
<ul>
<li> <a href="test.htm"
target="_parent">Unterklassen</a>
…
</ul>
</body>
</html>
```

Bis auf die Attribute zum HTML-Tag <body>, die im Listing hervorgehoben wurden, sieht die HTML-Datei relativ simpel aus. Genauso die HTML-Datei, die den Text für unsere Snapshots lieferte:

```
<!DOCTYPE html
PUBLIC "-//W3C//DTD XHTML 1.0 Strict//EN"
"http://www.w3.org/TR/1999/PR-xhtml1-19991210/DTD/
xhtml1-strict.dtd>
<html>
<head>
<title>Windows NT installieren</title>
<link rel=stylesheet Type="text/css" href="texte.css">
<style type="text/css>
</style>
</head>
<body>
<iframe id="einblend2" style="left:-225;border-width:0"
src="kl_menu.html" width=250 height=350></iframe>
<layer id="einblend" onMouseover="pull()" onMouseout="draw()"
src= "kl_menu.html"></layer>
<h1>Windows NT installieren</h1>
<h2>NTFS, das Dateisystem von Windows NT</h2>
<p> … Hier steht der Text.</p>
</body>
</html>
<script language="JavaScript" src="st_menu.js"
type="text/javascript">
</script>
```

In der externen CSS-Datei steht auch nichts Auffälliges. Deswegen haben wir hier nur zwei Zeilen aufgeschrieben. Die erste steuert das Aussehen des kleinen Fensters, die zweite Zeile kümmert sich um das Menü:

```
#einblend, #einblend2 { position:absolute; left:-225px;
width:250px; top:10px;
    padding:none;}
#menu {background-color:white; background-image: none; padding:
none;    text-align:left;}
```

Ihnen ist bestimmt nicht entgangen, dass die ersten beiden Listings sich in nur ein paar Nuancen von den bisher in diesem Buch beschriebenen unterscheiden.

Dynamic Web mit DHTML

So finden Sie hier Attribute wie beispielsweise *onMouseover* und *onMouseout*, die Sie bisher noch nicht kennen gelernt haben. Die beiden HTML-Dateien besitzen eine Abfrage, die meldet, wo sich die Maus des Lesers gerade befindet. Ist sie über der Fläche des Menüs, meldet die Abfrage *onMouseover*, dass die Maus da ist. Hiermit ist der Ausdruck *onMouseover* „wahr". Verlässt sie die Fläche wieder, tritt *onMouseout* in Kraft.

Beide Attribute – man nennt sie auch Event-Handler – werden verwendet, um verschiedene Routinen in der JavaScript-Datei zu starten. Diese ist durch den Verweis in den letzten Zeilen der Hauptdatei aktiviert worden.

```
/* Kleine Steuerung für das Menü in JavaScript */
function regenerate(){
window.location.reload()
}
function regenerate2(){
if (document.layers)
setTimeout("window.onresize=regenerate",300)
}
window.onload=regenerate2
if (document.all){
ebmenu=document.all.einblend2.style
rightboundary=0
leftboundary=-225
}
else{
ebmenu=document.layers.einblend
rightboundary=250
leftboundary=5
}
function pull(){
if (window.drawit)
clearInterval(drawit)
pullit=setInterval("getout()",5)
}
function draw(){
clearInterval(pullit)
drawit=setInterval("fadeout()",5)
}
function getout(){
if (document.all&&ebmenu.pixelLeft<rightboundary)
ebmenu.pixelLeft+=5
else if(document.layers&&ebmenu.left<rightboundary)
ebmenu.left+=5
else if (window.pullit)
clearInterval(pullit)
}
function fadeout(){
if (document.all&&ebmenu.pixelLeft>leftboundary)
ebmenu.pixelLeft-=5
else if(document.layers&&ebmenu.left>leftboundary)
ebmenu.left-=5
else if (window.drawit)
clearInterval(drawit)
}
```

Dynamic Web mit DHTML

Lassen Sie sich durch dieses Programm nicht verschrecken. Dieses Beispiel – JavaScript ist für den Einsteiger in der Tat etwas kompliziert, weil hier „echt" programmiert worden ist (siehe ab Seite 229).

Geben Sie nicht auf: Auf den nachfolgenden Seiten mit den etwas einfacheren Beispielen zu den Themen DHTML und JavaScript kommt schnell Licht in das Dunkel.

Mit den DHTML-Befehlen sorgen Sie in erster Linie für die Steuerung der üblichen Aktionen, die Ihnen aus den meisten Anwendungen bekannt sind. Mit den Befehlen werden andere Funktionen aufgerufen und abgearbeitet.

Das Dynamic HTML dient also in erster Linie zum Start von weiterführenden Programmen, die durch die Tags punktgenau gestartet werden können. Doch DHTML ist noch mehr, erheblich mehr.

Tipp

Ausbau garantiert

Dieses kleine Menü ist natürlich ausbaufähig. Eine der ausgereifteren Techniken, die noch nicht auf jeder Menü-gesteuerten Website wiederzufinden ist, finden Sie auf den Seiten www.webreference.com/dhtml/hiermenus/index.html beschrieben.

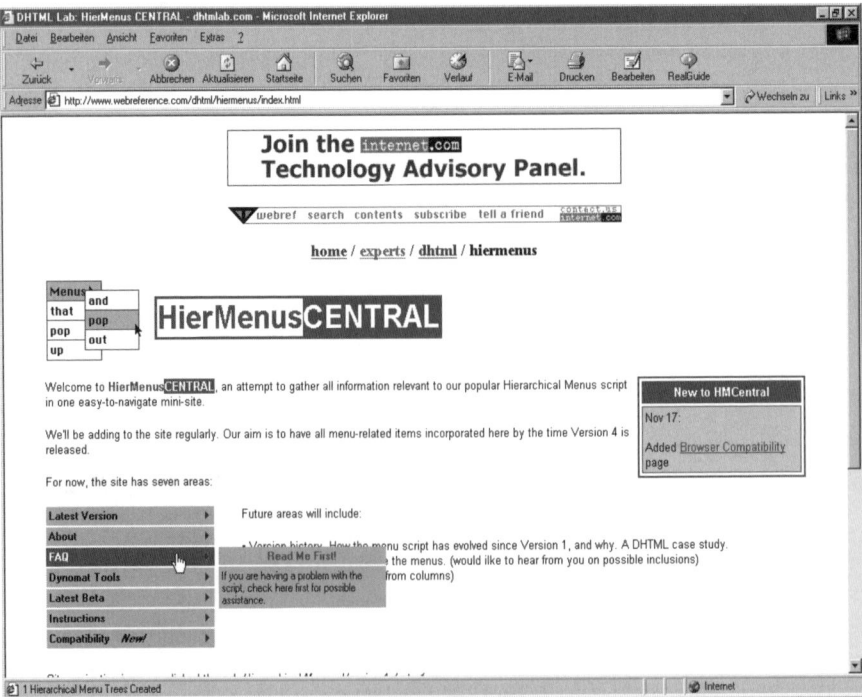

Hierarchische Menüs. Der Source-Code steht hier zum Download bereit

8.2 Die Strukturen von DHTML

Ist DHTML etwas vollkommen Neues, Eigenes? Eine Sprache? Eine Möglichkeit, Geld zu verdienen? Die Meinungen zum Thema DHTML gehen weit auseinander. Dynamic HTML ist ein Sammelbegriff von Programmiertechniken zur einfachen Beschreibung von Webseiten. Mit den Befehlen und Attributen aus dem HTML-Befehlssatz lassen sich die darstellenden Elemente einer Seite generieren und steuern. Dynamic HTML übernimmt die Feinsteuerung und den echten Programmieranteil und ist somit – in strenger Auslegung – keine eigene Sprache, sondern eine Zusammenfassung des bisher bestehenden Systems HTML und einiger neuer Techniken. DHTML besteht aus folgenden browserübergreifenden Sprachen:

- dem bisher bekannten HTML,
- den Cascading Style Sheets und aus
- JavaScript (richtigerweise EcmaScript).

Weiterhin sind in DHTML auch eine Reihe von browserspezifischen Steuerungen eingebaut. Hierzu gehören

- Bitstream Fonts,
- Open Type Fonts,
- Direct Animation Controls,
- Data Binding,
- Visual Basic Programme etc.

Diese Elemente funktionieren natürlich nur mit dem einen oder anderen Browser und längst nicht mit jedem Rechner und allen Betriebssystemen. Ein Visual Basic-Script lässt sich nur dann ausführen, wenn auf dem Rechner Visual Basic in lauffähiger Form installiert ist. Wollen Sie also eine Programmierung in Ihre Seite aufnehmen, müssen Sie auf jeden Fall prüfen, welchen Browser der Leser verwendet und gegebenenfalls eine Alternative anbieten, wenn der Browser mit Ihrer Programmierung nichts anzufangen weiß.

Zur Verbindung der Gruppen haben ein paar neue Attribute in das HTML Einzug gehalten, die Sie im Verlauf des Kapitels einzeln kennen lernen werden. Auch bei diesen „Event-Handler" genannten Attributen stellt sich die Kompatibilitätsfrage, da sie auf Funktionen des gastgebenden Betriebssystems zurückgreifen.

Während nun die Kritiker im Dynamischen HTML nichts anderes als einen Marketing-Gag entdecken wollen, bezeichnen viele Autoren und Webdesigner das DHTML als den einfachen Einstieg der „normal sterblichen" Anwender in die bewegte Zeit der Seiten im World Wide Web, eröffnet es doch auch den Nicht-Programmierern die Möglichkeit, auf den Browsern der Welt ein Feuerwerk abzubrennen.

Beide Gruppen haben natürlich Recht. Die Fachleute weisen zurecht darauf hin, dass die DHTML-Befehle keine echte Erweiterung des bisher bekannten HTML-Standards darstellen.

Die Entwickler freuen sich über die Einführung einfacher Befehle, mit denen sich schnell Objekte auf der Seite bewegen und verändern lassen. In der Tat: DHTML hilft auch Ihnen, Ihre Seiten attraktiver zu gestalten.

```
<layer id="einblend" onMouseover="pull()" onMouseout="draw()"
src= "kl_menu.html">
```

Als Beispiel für die Wirksamkeit des DHTML sei das eben hier hervorgehobene Attribut *onMouseover* genannt und etwas näher betrachtet. Klar, jedes HTML-Tag bewirkt etwas – da werden Texte formatiert, Bilder dargestellt etc. Doch mit *onMouseover* prüfen Sie, ob sich der Mauszeiger des Lesers derzeit über dem Element befindet, das mit diesem Attribut ausgestattet ist. Bejaht der Browser die Frage, wird der Bereich gestartet, der hinter dem Gleichzeichen in Anführungszeichen steht. In diesem Fall ruft der Browser die Prozedur *pull()* aus dem JavaScript auf. Hier steht Folgendes:

```
function pull()
{
if (window.drawit)
clearInterval(drawit)
pullit=setInterval("getout()",5)
}
```

Im Gegensatz zu den starren HTML-Tags verändern sich die Werte der Attribute *onMouseover* und *onMouseout* andauernd. Die Programmierung Ihrer Webseite „reagiert" also mithilfe der Steuerung hinter dem Attribut auf die Arbeit des Lesers. Und dies ist in der Tat etwas Neues im Web.

Gewiss: Befehle wie *onMouseover* verlangen etwas mehr von Ihnen als das Standard-HTML. Bei der Anlage eines CSS oder Programmierung eines JavaScripts erhalten Sie jedoch Möglichkeiten an die Hand gegeben, die anders nicht so einfach zu erreichen sind. Vergleichen Sie die DHTML-Möglichkeiten einmal mit einer Programmierung in einer Datenbank. In Microsoft Access können Sie zum Beispiel auf simple Weise eine Eingabemaske automatisch generieren lassen. Soll aber bereits während der Erfassung von Daten die Plausibilität der jeweiligen Eingaben überprüft werden, kann das nur über eine eigene Programmierung gelöst werden.

Browserspezifisches

Für Sie stellt sich natürlich sofort die entscheidende Frage: „Können die Browser meiner Leser eine DHTML-Seite überhaupt anzeigen?" Diese berechtigte Frage kann nur mit einem deutlichen „Jein" beantwortet werden, obwohl die meisten modernen Browser mehr oder minder in der Lage sind, ein JavaScript-Programm abspielen zu lassen. Zu den Cascading Style Sheets haben wir uns ja im letzten Kapitel ausgelassen.

In diesem Zusammenhang ist es interessant, sich einmal die Anteile der jeweiligen Browser im World Wide Web anzusehen. Während lange Zeit Netscape als Nabel der Welt galt, hat sich die Situation im Verlauf der letzten Monate geändert.

Browser	Prozent
Microsoft Internet Explorer	58,1 %
Netscape Navigator	22,1 %
Science Traveller International 1X	4,74 %
Opera	1,46 %
Ibrowse	1,10 %
Powermarks-3.0 und kompatibel	1,03 %
Lynx	0,67 %
Indexpert	0,55 %
AOL	0,24 %

Diese Statistik wird vom Dienst Browserwatch herausgegeben. Die Informationen erhalten Sie unter browserwatch.internet.com/stats/stats.html. Mit den anderen DHTML-Attributen gibt es also ähnliche Probleme. In der Tat: Hier scheint die Hauptkampfzone zwischen den beiden Streithähnen Microsoft und Netscape zu liegen. Grundsätzlich wird das Dynamic HTML vom Microsoft Internet Explorer und vom Netscape Communicator jeweils ab der Version 4.0 interpretiert. Die Entwicklungsstände zwischen beiden Browsern sind jedoch sehr unterschiedlich. Ist das Schreiben von HTML-Seiten schon nicht ganz einfach, so wird es bei den DHTML-Elementen noch schwerer.

Beide Hauptbrowser gehen hier sehr unterschiedliche Wege. Während Netscape als Programmierfläche JavaScript anbietet, greift Microsoft auf Jscript zurück. Diese Dialekte unterscheiden sich teilweise erheblich. So bleibt Ihnen zumeist nichts anderes übrig, als unterschiedliche Wege in Ihrer Webseite zu programmieren. Dies bedeutet in der Regel, dass Sie mehr als den doppelten Aufwand für die Entwicklung einer DHTML-Seite einplanen müssen. Einiges funktioniert nur mit dem einen oder anderen Browser, sodass eine Umsetzung mit den Möglichkeiten von DHTML/JavaScript nahezu ausgeschlossen bleibt. Auch hier hilft also nur: ausprobieren, ausprobieren, ausprobieren.

Doch im World Wide Web erhalten Sie in der Regel alles, was Ihren Wissensstand rund um das DHTML auf dem Laufenden hält. Jeder neue Browser, ja jede neue Version des Microsoft Internet Explorer und Netscape Communicators, zwingt Sie, einen neuen Testanlauf zu nehmen. Was die neuen Versionen können, erfahren Sie übrigens aus dem World Wide Web. Hier finden Sie auch so manche Information zu den einzelnen DHTML-Strukturen. Als Hauptquelle haben wir schon das W3 Consortium genannt.

Es ist unter w3c.org zu erreichen und bietet neben den Informationen zu den Standards auch weiterführende Links an. Doch auch die Browserhersteller informieren über die Kompatibilität ihrer eigenen Browser:

Dynamic Web mit DHTML

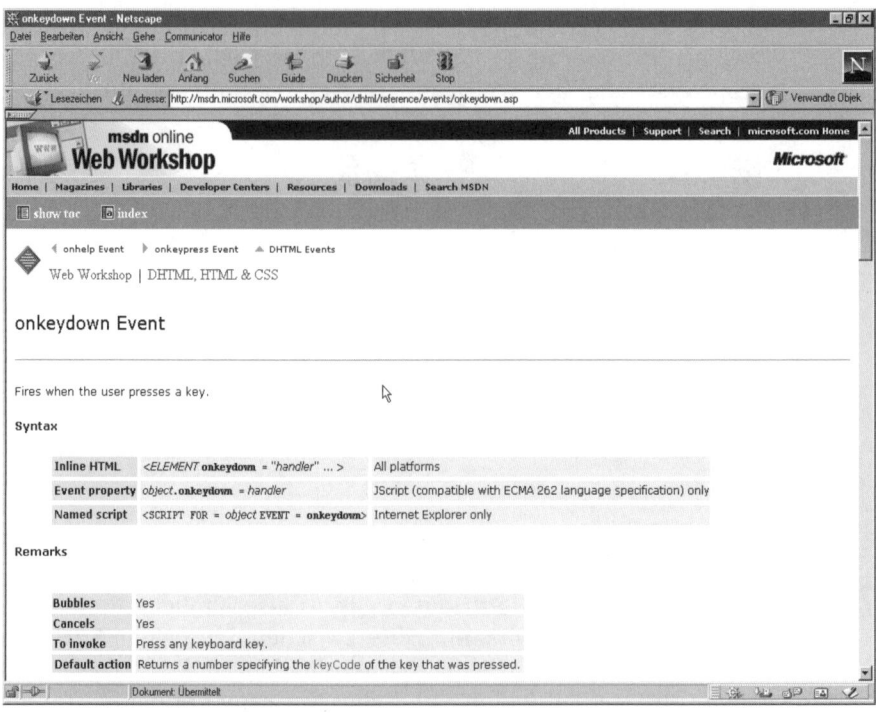

Als Beispiel für die Informationen aus dem World Wide Web sehen Sie hier das Kompendium von Microsoft

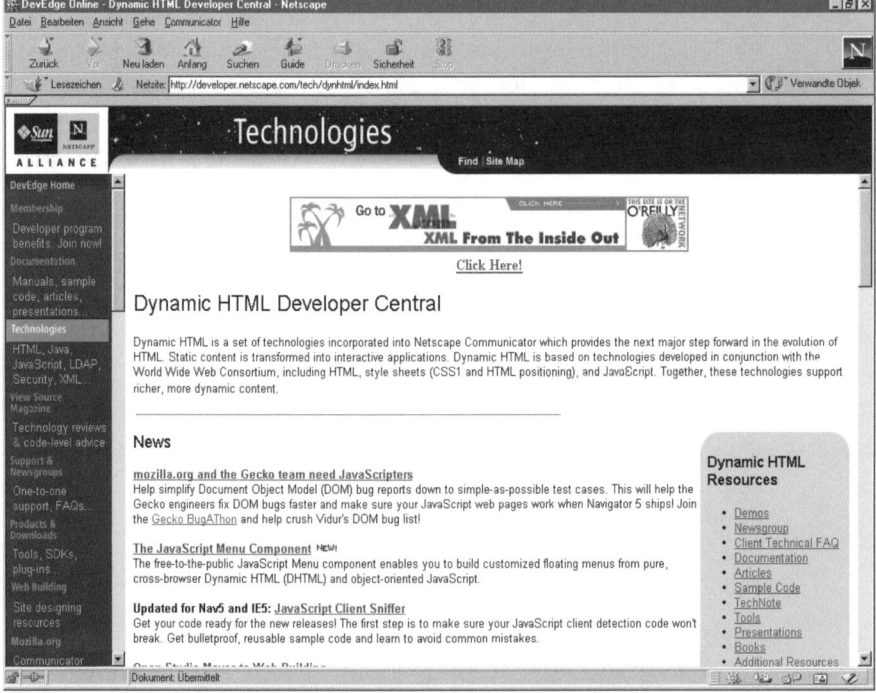

Infos zum Thema DHTML stellt auch Netscape in rauhen Mengen zur Verfügung

Das Microsoft Online-Kompendium finden Sie unter www.microsoft.com/workshop/author/dhtml/reference. Vergleichbare Informationen von Netscape finden Sie unter developer.netscape.com/tech/dynhtml.

8.3 Das D.O.M.

Die drei Module des DHTML (HTML, CSS und JavaScript) beeinflussen die Strukturen unserer Webseite auf gleiche Weise: Es wird *objektbezogen* programmiert. Wenn Sie in früheren Jahren in einer Programmiersprache wie beispielsweise Basic oder Pascal bereits Gehversuche unternommen haben, erinnern Sie sich bestimmt an die damaligen Wege, ein Programm zu schreiben. Die alten Programmiersprachen gingen von einem Betriebssystem aus, das kaum grafische Elemente beinhaltet. Hierzu zählt beispielsweise DOS. Deshalb musste in früheren Programmen alles programmiert werden, was für das eigene Programm eingesetzt werden sollte. Von der Bildschirm- zur Druckersteuerung, vom Datei-Dialogfenster bis hin zu den Programm-spezifischen Abläufen: alles war das Ergebnis der Arbeit des Programmierers.

Die damals vorherrschende *strukturierte Programmierung* ist relativ einfach zu erlernen. Ab einer gewissen Komplexität des Sourcecodes jedoch wird das Ganze eher unverständlich. Diese Komplexität führt dazu, dass Veränderungen in Programmen nicht leicht durchführbar sind und andere Entwickler bei der Weiterpflege vor der schier unlösbaren Aufgabe der Interpretation stehen. Nicht zuletzt diese Problematik war der Auslöser des Jahr-2000-Problems.

Unter grafischen Betriebssystemen wie beispielsweise Windows oder Mac OS wird zumeist objektbezogen programmiert. Was ist das? Die objektorientierte Programmierung ist eine Implementierungsmethode, bei der Programme als kooperierende Ansammlung von Objekten angeordnet sind. Jedes dieser Objekte stellt eine Instanz einer Klasse dar, und alle Klassen sind Elemente einer Klassenhierachie, die durch Vererbungsbeziehung gekennzeichnet ist.

Dieser O-Ton aus einer Einführung in die Programmierung beschreibt in bester Universitätssprache die objektbezogene Programmierung. Das geht – wenn auch etwas ausführlicher – in einfachem Deutsch. Das Grundprinzip der objektbezogenen Programmierung ist nämlich relativ einfach: Hier wird nicht – wie früher üblich – ein Programm von A bis Z komplett programmiert, sondern Objekte und Ereignisse werden mit Leben gefüllt. So erzeugt man beispielsweise nicht mehr eine komplette Eingaberoutine, sondern greift einfach auf das entsprechende Element zurück, das das Betriebssystem zur Verfügung stellt. So sieht in fast jedem Programm für das Betriebssystem der Dialog zum Öffnen der Dateien sehr ähnlich aus.

Der Programmierer setzt ein Feld (zumeist mit der Maus) in ein Fenster. Als Akt der eigentlichen Programmierung bestimmt er jetzt, wie sich das Feld verhalten soll, wenn der Anwender Eingaben vornimmt oder den Dialog abbricht. Die Erstellung des lauffähigen Programms übernimmt nun ein Übersetzer – Compiler genannt –, der zunächst die Programmierung auf Richtigkeit prüft und dann ein für das Betriebssystem verständliches Programm erstellt. Diese Art der Programmentwicklung ist zusammen mit den grafischen Betriebssystemen (Windows, Mac OS etc.) eingeführt worden und beschleunigt die Entwicklung einer Anwendung immens.

Zusammen mit dieser Entwicklung kam auch die hierarchische Gliederung auf. Es gilt ja nicht nur, die per Hand gesetzten Objekte mit einer Programmierung zu steuern, sondern auch für die Einhaltung weiterer Regeln zu sorgen. So entwickeln Sie die Schaltfläche zum Schließen des Programms nicht jedes Mal extra, sie ist einfach vorhanden. Löst der Anwender allerdings diese Schaltfläche aus, hat ihre Aktion in der Regel Vorrang vor allen anderen Funktionen des Programms. Sie steht in der Reihenfolge ganz oben, während ein einfaches Feld viel unwichtiger ist und hierarchisch gesehen weiter unten steht.

Für dieses Programmiersystem ist eine Voraussetzung zu erfüllen: Jedes Element muss unikat ansprechbar sein. Sie erinnern sich: Im Kapitel über die Cascading Style Sheets haben wir darauf verzichtet, einem HTML-Tag mithilfe des Attributs *id* ein Format zuzuweisen. Die ID eines Elements sorgt dafür, dass das entsprechende Tag unikat ansprechbar ist. Kein anderes Objekt in der HTML-Seite trägt also den gleichen Namen.

Die Elemente in HTML, die Cascading Style Sheets, JavaScript und andere höhere Sprachen werden also objektbezogenen programmiert. Als Entwickler setzen Sie einzelne Objekte auf die Seite und definieren deren Aussehen und Benehmen. Alle Elemente einer Webseite stehen in Beziehungen zueinander. Es gibt kleinere Objekte und größere, alle stehen in einer hierarchischen Beziehung. Diese Beziehungen sind im D.O.M. geregelt. Hinter dieser Abkürzung steht das **D**ocument **O**bject **M**odel.

Mit dem Document Object Model lassen sich alle HTML-Objekte einzeln ansprechen und umgestalten, auswerten und an ihnen Entscheidungen auslösen. So können Sie so gut wie alle Elemente mithilfe des D.O.M. einzeln auswählen, per JavaScript verändern, Inhalte löschen oder ersetzen etc., ohne dass erst neue Seiten abgeholt werden müssen. Sie lassen also den Browser und das Betriebssystem des Lesers für sich arbeiten.

Alle Tags, alle Objekte in unserer HTML-Seite sind hierarchisch geordnet. So bilden <head> und <body> jeweils die oberste Klasse der Befehle innerhalb einer HTML-Datei. Tags, wie beispielsweise <span> oder <div> bilden wiederum eine Ebene, die weitere untergeordnete Tags beinhalten kann. Doch auch über dem HTML-Code gibt es Hierarchien: Der Browser selbst mit seinen Fenstern kann sehr wohl gesteuert werden. Er bildet eine Hierarchie. Das D.O.M. stellt die verschiedenen Ebenen zusammen und gestattet dem Programmierer den Zugriff. Ein einfacher Befehl im <body> hätte somit die folgenden Hierarchien um sich:

```
Browser.fenster.html.body.befehl
```

Dynamic Web mit DHTML

Der Befehl selbst besitzt per DHTML jetzt noch eigene Strukturen, die sich ihm unterstellen. Diese nennt man in der Regel Event-Handler.

Ein Event-Handler prüft Ereignisse ab, die das Feld selbst betreffen.

Hier ein Beispiel:

```
<!DOCTYPE html
PUBLIC "-//W3C//DTD XHTML 1.0 Strict//EN"
"http://www.w3.org/TR/1999/PR-xhtml1-19991210/DTD/
xhtml1-strict.dtd>
<html>
<head>
<title>Kleines Beispiel zum D.O.M.</title>
<meta http-equiv="Content-Type" content="text/html;
charset=iso-8859-1">
<link rel="stylesheet" href="style.css">
</head><body class="center">
<table width="80" border="1" cellspacing="2" cellpadding="2"
class="center">
<tr>
<td id="eingabe"
onMouseover="document.all.eingabe.innerText='und nun die
Maustaste...'"
onclick="document.all.eingabe.innerText='Danke.'">
onMouseout="document.all.eingabe.innerText='Bitte klicken Sie
hier mit der Maus.'"
Bitte klicken Sie hier mit der Maus.
</td>
</tr>
</table>
</body>
</html>
```

> **Hinweis**
>
> **Achten Sie auf die Schreibweise**
>
> Beachten Sie bitte die unterschiedlichen Schreibweisen. Beim Abschreiben müssen sowohl die Variable *innerText* exakt geschrieben als auch die unterschiedlichen Anführungszeichen berücksichtigt werden.

Die grafische Formatierung der Seite übernimmt in bewährter Weise ein Cascading Style Sheet, das als externe Datei *Styles.css* eingebunden wurde.

Die HTML-Datei besitzt eine einfache Tabellenzelle und sieht nach dem Laden so aus:

Dynamic Web mit DHTML

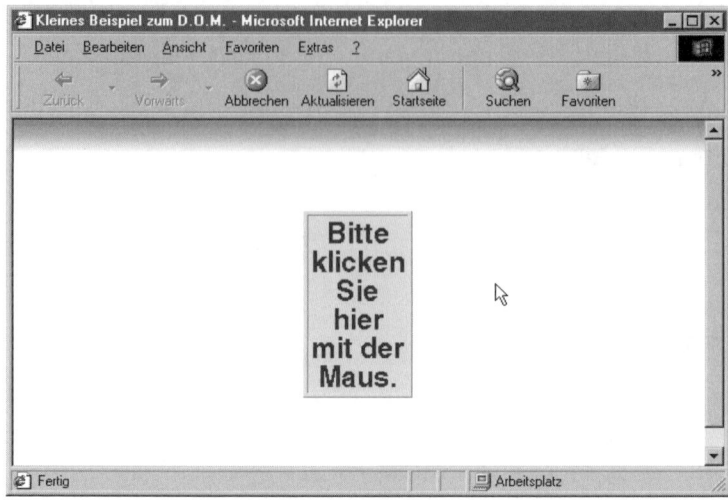

Eine normale HTML-Datei mit einer Tabellenzelle. Die Formatierung wurde per CSS erstellt

Nun bewegen Sie die Maus auf die Zelle.

Sowie der Mauszeiger den Zelleninhalt berührt, sieht unsere Seite so aus:

Nachdem der Mauszeiger auf der Zelle steht, verändert sich der Text innerhalb der Zelle

Tun wir der HTML-Seite den geforderten Gefallen und drücken die Maustaste, erscheint:

Dynamic Web mit DHTML

Mithilfe des D.O.M. und DHTML bedankt sich die Zelle für Ihren Einsatz

In der Tat: eine clevere Zelle. Sie haben sicherlich den interessanten Teil des Listings erkannt:

```
<td id="eingabe"
onMouseover="document.all.eingabe.innerText='Text2'"
onClick="document.all.eingabe.innerText='Text3'">
onMouseout="document.all.eingabe.innerText='Text1'"
Text1
</td>
```

Laden wir die Seite, erscheint in der Zelle normal der Text 1, also der ganz normale – in HTML formulierte – Zelleninhalt. Durch das HTML-Attribut *id="eingabe"* hat die Tabellenzelle einen unikaten Namen innerhalb der HTML-Datei erhalten. Das Objekt ist hiermit referenziert.

> **Hinweis**
>
> **Exakte Schreibweise ist Voraussetzung**
> Beachten Sie bitte, dass die Adressierung exakt gleich geschrieben sein muss. Somit besteht ein Unterschied zwischen der id „Eingabe" und „eingabe".

Sowie die Maus über der Zelle steht, wird das Ereignis *onMouseover* wahr. Durch die genaue Adresse des Objekts *document.all.eingabe* wird das Feld genau angesprochen. Dem Attribut *innerText* weisen wir jetzt einen neuen Inhalt zu: *Text2*. Mit dem gleichen Trick erhält die Zelle den *Text3* zugewiesen, wenn der Leser die Maustaste innerhalb der Zellfläche drückt. Verlässt der Mauszeiger die Zelle wieder, schreiben wir den ursprünglichen Text zurück. Dieser letzte Schritt dient also dazu, den Zelleninhalt in die Ausgangslage zurückzuversetzen.

Das D.O.M. hat in diesem Beispiel zugeschlagen. Mit seiner Hilfe haben wir die Adresse der Tabellenzelle genauestens lokalisiert. Ohne die Adresse wüssten die kleinen JavaScript-Routinen nicht, wo der Text erscheinen müsste. Der Eintrag *document.all.eingabe.innerText* definiert also exakt die Adresse unseres Feldes.

Mit dem Document Object Model haben die neuen Webprogrammierungen erst ihre Bedeutung gefunden. Durch die einfache Referenzierung der Elemente ist es mit den Scriptsprachen, die der Browser des Lesers anbietet, jedem halbwegs begabten Designer möglich, aktive und attraktive Seiten zu entwickeln.

Hinweis
Ereiterte Möglichkeiten des D.O.M.
Mit dem D.O.M. stellt Ihnen der Browser ein vollständiges API (**A**pplication **P**rogramming **I**nterface) zur Verfügung. Jedes Element ist voll adressierbar. Das Document Object Model ist Bestandteil von vielen Programmiersprachen. Somit lohnt sich eine Beschäftigung mit der Referenzierung.

Nun fragen Sie sich natürlich, wie die Adressierungen bestimmter Teile Ihrer Seite und des Browserfensters so aussehen. Nun, die nächsten Seiten bringen Ihnen diverse Adressen. Einige sollen aber schon hier vorgestellt werden.

Beachten Sie bei den Beispielen, dass diese nur in einem JavaScript funktionieren. In JavaScripts müssen Sie auf Groß- und Kleinbuchstaben achten.

D.O.M.-Begriff	JavaScript-Beispiel	Erklärung
window	window.moveTo (200,100)	Window ist die höchste Instanz im D.O.M. Die Adresse beschreibt das Browserfenster. Im Beispiel setzen Sie das Browserfenster auf die angegebene Position.
self		ist identisch mit window.
document	document.bgColor	Das aktuelle Dokument; die gerade im Browser angezeigte Datei.
History	history.back()	Greift auf die zuletzt geladenen Seiten zurück. Das Beispiel ist identisch mit dem Schalter zum Anzeigen der letzten Seite.
location	window.location.host	Fragt die Adresse des Servers ab, auf dem die Seite aktuell liegt. Gibt in der Regel die IP-Adresse zurück.

8.4 Event Handling – Ereignisse provozieren Reaktionen

In den letzten Beispielen haben Sie bereits einige Event-Handler (zu deutsch: Ereignis-Behandlungsprozeduren) kennen gelernt. Insgesamt zwanzig Event-Handler stehen zur Verfügung.

Sie bieten Ihnen die Standardfunktionen an, die Sie aus so manchem anderen Programm kennen. Diese Event-Handler spielen in DHTML eine Rolle:

Dynamic Web mit DHTML

OnAbort	OnBlur
OnChange	OnClick
OnDblClick	OnError
OnFocus	OnKeydown
OnKeypress	OnKeyup
OnLoad	OnMousedown
OnMousemove	OnMouseout
OnMouseover	OnMouseup
OnReset	OnSelect
OnSubmit	OnUnload

Jeder Event-Handler wertet ein bestimmtes Ereignis aus.

Sie prüfen also, ob der Anwender eine bestimmte Handlung vollzieht.

Der Prüfbereich ist auf die Fläche begrenzt, die das Element in der Seite einnimmt.

Im letzten Beispiel war das recht deutlich zu sehen. Nach dem Laden der Seite reagierte die Steuerung auf diesen Bereich:

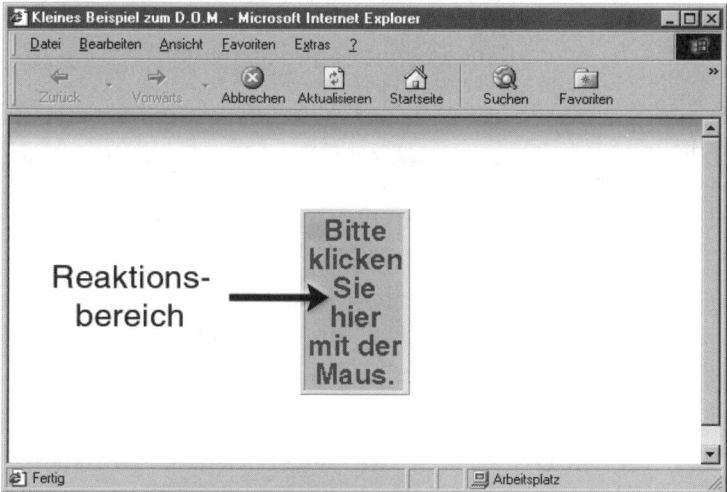

Der Reaktionsbereich eines Event-Handler ist durch die Ausmaße des Elements bestimmt

Nachdem in unserem Beispiel die Aktion *onMouseclick* ausgeführt wurde, hat das Element zur Abfrage der Event-Handler eine erheblich kleinere Fläche zur Verfügung:

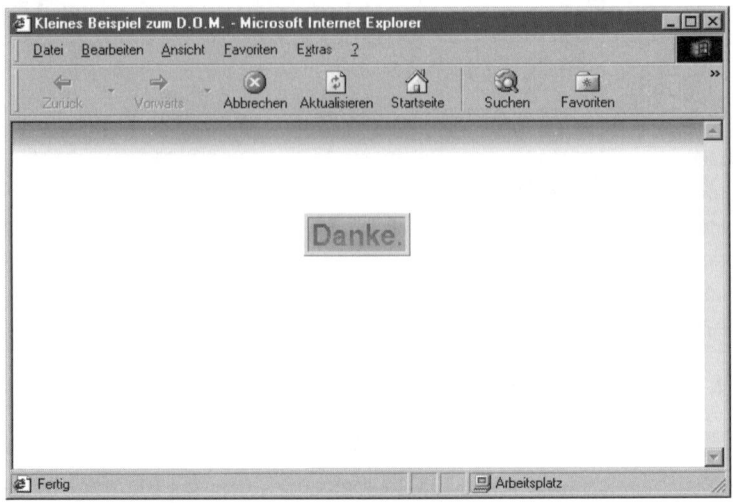

Nach dem Mausklick hat die Fläche zur Abfrage des Event-Handler eine kleinere Fläche zur Verfügung

Event-Handler bilden eine ideale Verbindung zwischen den Elementen der Seite und einem JavaScript und sind inzwischen HTML-Standard. Der Event-Handler wird dem Tag als HTML-Attribut direkt hinzugefügt. Für das Tag <p> würde der Event-Handler *onClick* also so notiert:

```
<p onClick="...">
```

Tritt das Ereignis ein, das durch den Event-Handler abgefragt wird, verweist der Event-Handler auf die Informationen, die in Anführungszeichen zum Attribut notiert sind. Hier kann ein kleines JavaScript stehen oder auf eine entsprechende JavaScript-Prozedur verwiesen werden.

Vergeben Sie mehrere Event-Handler zu einem Tag, müssen Sie hier nicht auf eine bestimmte Reihenfolge achten. Hier zwei Beispiele:

```
<body onLoad="init_all();load_startpage()"
onUnload="reset_all()">
```

Mit dem Tag <BODY> werden zwei verschiedene Event-Handler aufgerufen. Der Event-Handler *onLoad* startet nacheinander zwei verschiedene JavaScript-Funktionen, während *onUnload* eine Funktion aufruft.

```
<p onMouseover="this.innerText='Was will die Maus denn
hier?'">Bewegen Sie die Maus hierher.</p>
```

Hier wird dem Tag <P> direkt eine JavaScript-Anweisung beigefügt. Da diese sehr kurz ist und keine schwierigen Abfragen oder Anweisungen durchzuführen hat, können Sie die JavaScript-Anweisung gleich mitliefern.

> **Hinweis**
>
> **Genaue Schreibweise erforderlich**
>
> Im Gegensatz zu den anderen Funktionen und Befehlen in HTML oder CSS legt JavaScript Wert auf eine exakte Schreibweise. Wollen Sie also die Funktion *innerText* aufrufen, wird sie nur dann erkannt, wenn das erste T groß, der Rest des Wortes jedoch klein geschrieben wird.

Event-Handler haben einen gravierenden Nachteil: Leider kann man nicht mit jedem Tag jeden Event-Handler einsetzen. Deshalb haben wir Ihnen in den nun folgenden Abschnitten angegeben, mit welchem Tag Sie den Event-Handler einsetzen können.

Noch ein Wort zur Kompatibilität: Obwohl das W3-Konsortium die Event-Handler als Standard in HTML 4.0 übernommen hat, hapert es bei einigen Browserherstellern mit der Umsetzung. Am besten verträgt (wieder einmal) der Internet Explorer von Microsoft ab der Version 4.0 die Event-Handler. Microsoft setzt sie in etwa so ein, wie sie die Definition des W3C verlangt. Netscape hingegen hat mit den Event-Handlern seine Probleme, von anderen Browsern ganz zu schweigen.

Netscape hat zwar, zu diesem Thema befragt, Verbesserungen mit den nächsten Browserversionen des Communicators angekündigt, doch die Umsetzung und Verbreitung der Software bei den Anwendern kann noch dauern.

Beide Browser stellten aber mit Erscheinen ihrer Software eigene Event-Handler-Entwicklungen zum Einsatz bereit, um sich von der Konkurrenz abzusetzen.

Dies vergrößert allerdings eher das Problem für die Entwickler, als dass diese sich über die neuen Möglichkeiten freuen würden. Zu den einzelnen Event-Handlern finden Sie einige Beispiele aufgelistet. Diese greifen den Seiten dieses Buchs etwas voraus.

Da mit den Event-Handlern nahezu ausschließlich JavaScript verarbeitet wird, werden Ihnen die Zeilen der Beispiel-Scripte nicht so viel sagen. Doch trainieren Sie ruhig. JavaScript ist – wenn man sich an die Syntax gewöhnt hat – eine leichte Programmiersprache. Die Kenntnis von JavaScript wird Ihren Seiten erst den richtigen Kick geben.

Die Entwicklung eines JavaScripts birgt – wie jede andere Softwareentwicklung auch – die Gefahr eines Tippfehlers in sich. Fehlerhafte Formulierungen in JavaScript werden – im Gegensatz zu fehlerhaftem HTML oder Fehlern in den Cascading Style Sheets vom System angezeigt.

Dies ist ein Vorteil, weil Sie so auf falsche Formulierungen direkt hingewiesen werden. Microsoft Internet Explorer zeigt ab Version 4.X die Fehlermeldungen so:

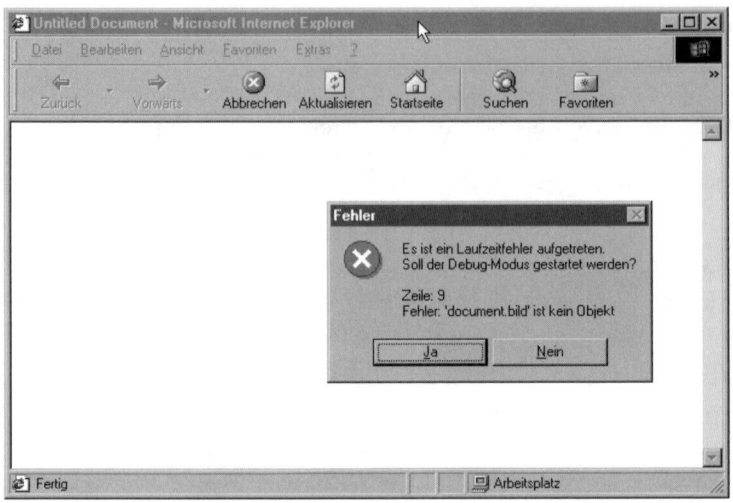

Im JavaScript ist ein Fehler aufgetreten

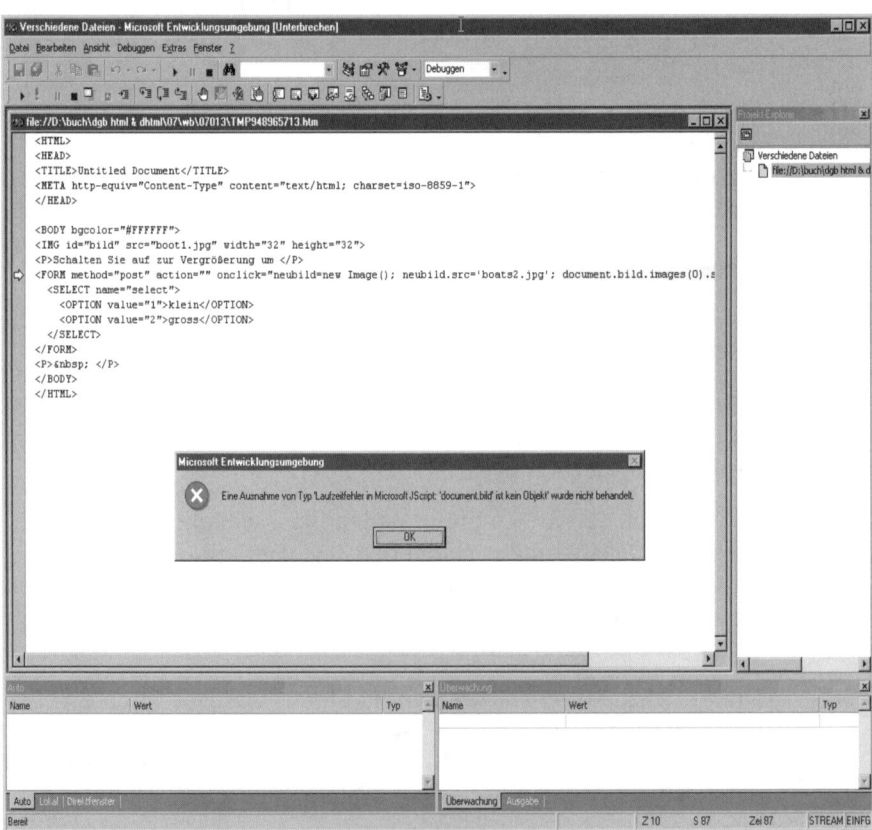

Der Debugger weist auf die Routine hin, die den Fehler ausgelöst hat

Verschiedene Systeme bieten sogar einen Debug-Modus an, in dem der Fehler näher beschrieben wird und Werte verglichen werden können. Diese

Dynamic Web mit DHTML

Routinen dienen nicht nur Ihnen als Entwickler. Sie sind sozusagen der Eigenschutz des Systems. Immerhin handelt es sich bei JavaScript um eine echte Programmiersprache.

Somit kann ein Entwickler theoretisch Programme schreiben, die bei der Ausführung zum Stillstand des Computers führen können.

Für Sie jedoch bedeutet jeder Fehler einen deutlichen und frühzeitigen Hinweis, dass das Script noch nicht funktioniert, die Entwicklung also noch nicht abgeschlossen ist.

onAbort

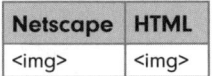

Dieser Event-Handler wird dann aktiv, wenn der Leser die *Abbrechen*-Schaltfläche drückt, obwohl die Seite mit all ihren Grafiken noch nicht komplett geladen wurde.

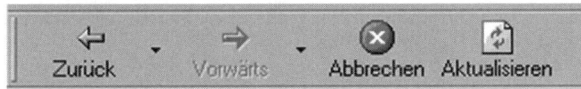

Die Abbrechen-Schaltfläche im Internet Explorer

Dieser Event-Handler funktioniert in fast allen Browsern. Hier ein Beispiel:

```
<!DOCTYPE html
PUBLIC "-//W3C//DTD XHTML 1.0 Strict//EN"
"http://www.w3.org/TR/1999/PR-xhtml1-19991210/DTD/
xhtml1-strict.dtd>
<html>
<head>
<title>Event-Handler: onAbort</title>
<meta http-equiv="Content-Type" content="text/html;
charset=iso-8859-1">
</head>
<body>
<img src="frames.jpg" onAbort="alert('Nanu, wollen Sie das Bild
etwa nicht sehen?')">
</body>
</html>
```

Dieses Dokument sorgt dafür, dass die Grafik *frames.jpg* geladen wird. Unterbricht der Leser den Ladeprozess, erscheint ein Fenster mit dieser Frage:

Dynamic Web mit DHTML

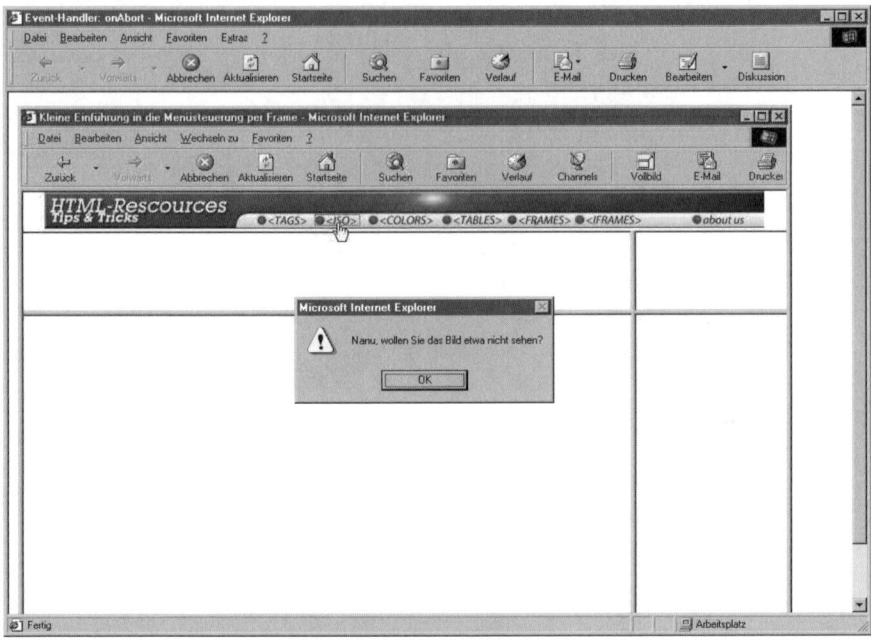

Der Ladeprozess wurde abgebrochen und wir fragen nach

Setzen Sie auf Ihren Webseiten sehr große Grafiken ein, kann der Transfer zum Leser eine zeitraubende Angelegenheit werden. Zumeist bricht der Leser die Übertragung ab, wenn es ihm zu langweilig wird. Mit *onAbort* können Sie einen Verweis aktivieren, der ihn zu einer weniger umfangreichen Seite führt.

Besonders große Multimedia-Daten werden vom Leser nur dann akzeptiert, wenn sie wirklich zum Thema der Seite gehören und die Informationen der Seite sinnvoll erweitern. Ist das zu ladende Bild umfangreich, nicht zu verkleinern, jedoch zum Verstehen der Webseite zwingend notwendig, können Sie die Seite auch aufteilen.

Hierzu dient das folgende JavaScript. In diesem Beispiel wird die Aktion durch *onAbort* ausgelöst. Das Listing der Hauptseite sieht so aus:

```
<!DOCTYPE html
PUBLIC "-//W3C//DTD XHTML 1.0 Strict//EN"
"http://www.w3.org/TR/1999/PR-xhtml1-19991210/DTD/
xhtml1-strict.dtd">
<html>
<head>
<title>CSS-Attribut: color und background-color</title>
<style>
body {font: normal bold 10pt/14pt Helvetica, Arial, sans-serif;
text-align:justify; color:black; background-image: url(hg1.jpg)}
h1, h2, h3, span {padding: 3px; font-style: bold;
text-align:left;}
h1 {font-size:24pt;line-height:24pt;}
h2 {font-size:14pt;line-height:14pt;}
```

Dynamic Web mit DHTML

```
img {text-Align: left;Padding: 1px;}
</style>
</head>
<body>
<img align=left src="Boats2.jpg"
onAbort="open('text.htm','text1','width=400,height=750,screenX=0,
screenY=0;resizable=yes');
open('bild1.htm','Bild1','width=570,height=750,screenX=0,
screenY=401'); self.focus();">
<h1>Die Dänemark-Reise</h1>
<h2>Neue Angebote locken den Urlauber</h2>
<p>...</p>
</body>
</html>
```

Mit dem JavaScript, das hier zusammen mit *onAbort* eingesetzt wird, schaufeln verschiedene Webseitenanbieter die kleinen Browserfensterchen auf Ihren Bildschirm, die Sie dann nach Verlassen der Seite von Hand wieder schließen dürfen. Das Ganze sieht so aus:

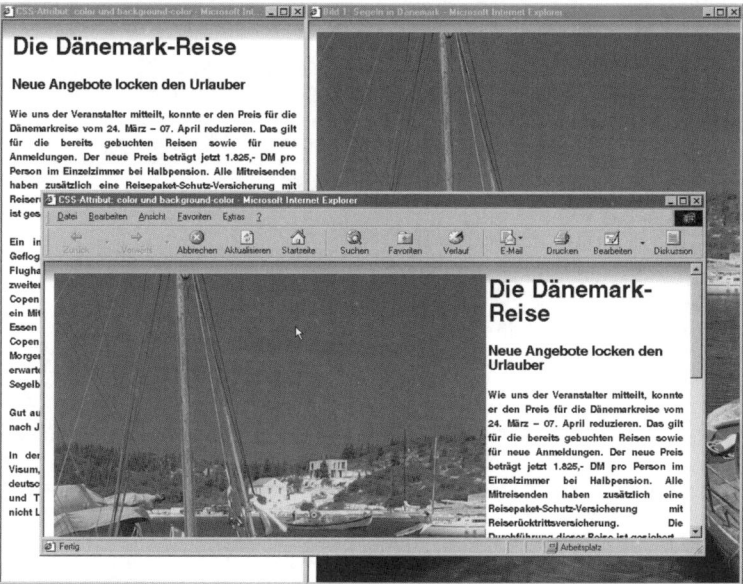

Per JavaScript wurden die beiden Fenster im Hintergrund geöffnet

Obwohl der Einsatz durch den Missbrauch verschiedener Anbieter bis ins Nervige hinein reicht, bieten Sie auf diesem Wege dem Leser zunächst den Text an. Im Hintergrund wird gleichzeitig in einem neuen Fenster die Grafik eingelesen. Die Positionierung der neuen Fenster funktioniert jedoch nicht so exakt, wie es dieses Beispiel zeigt.

onBlur

Netscape	HTML
\<body> \<frameset> \<input> \<layer> \<select> \<textarea>	\<a> \<area> \<button> \<input> \<label> \<select> \<textarea>

Der Event-Handler wird ausgelöst, wenn der Leser ein Element zuvor aktiviert hat und dieses jetzt verlässt. Es bietet sich vor allem für Abfragen von User-Eingaben an. Ein Beispiel:

```
<!DOCTYPE html
PUBLIC "-//W3C//DTD XHTML 1.0 Strict//EN"
"http://www.w3.org/TR/1999/PR-xhtml1-19991210/DTD/
xhtml1-strict.dtd>
<html>
<head>
<link rel="stylesheet" type="text/css" href="style.css">
<title>Feld testen mit onBlur</title>
</head>
<body>
<form name="Anmeldung">
<p>Wollen Sie regelm&auml;&szlig;ig &uuml;ber die neuen Themen
informiert werden? Dann geben Sie bitte Ihre E-Mail-Adresse
ein:</p>
<p><input type="text" name="Eingabe"
onBlur="CheckInhalt(this.value)"></p>
</form>
</body>
</html>
<!--
<script language="JavaScript">
function CheckInhalt(Eingabe)
{
 if(Eingabe == "")
 {
 Test = confirm("Wollen Sie wirklich Ihre E-Mail-Adresse NICHT
angeben? Ohne Ihre Adresse können wir Ihnen keine Informationen
zusenden.");
    if(Test == false) history.back();
    else
    this.Anmeldung.Eingabe.focus();
 }
}
</script>
//-->
```

Diese kleine Routine überprüft das Feld *Eingabe*. Hat der Leser dort den Cursor gesetzt, würde beim Verlassen des Feldes – beispielsweise beim Zurückschalten auf die vorherige Seite – der Event-Handler *onBlur* aktiviert. Dieser startet das JavaScript *CheckInhalt* für das Eingabefeld. Hat der Leser das Feld leer gelassen, meckert das JavaScript dieses an und fragt, ob dies ernst gemeint sei.

Bestätigt der Leser seine Entscheidung, blättert der Browser automatisch zur vorherigen Seite zurück. Ansonsten setzt das Script den Cursor wieder in das Eingabefeld. Das sieht in der Praxis so aus:

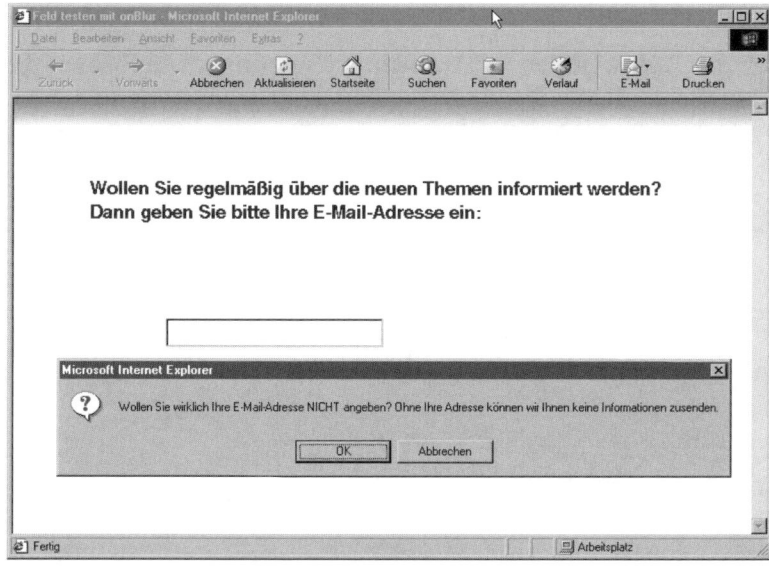

Das JavaScript fragt noch einmal nach, ob der Leser wirklich nicht seine Adresse hinterlassen will

In JavaScript muss sehr genau auf die Schreibweise der Funktionen geachtet werden. Eingabe ist nicht gleich einGabe oder EINgabe.

Übrigens: Der Rücksprung auf das Eingabefeld zeigt Ihnen wiederum das D.O.M.:

```
this.Anmeldung.Eingabe.focus()
```

Mit dieser Formulierung ist im aktuellen Dokument das Feld *Eingabe* angesprochen.

Der Nachsatz *focus* ist eine Funktion aus dem Arsenal der JavaScript-Befehle; er setzt den Cursor in das Eingabefeld, nachdem der Leser es sich noch einmal anders überlegt hat.

```
history.back()
```

Diese Funktion ruft die letzte geladene Seite wieder auf.

```
<!-- ... //-->
```

Damit ältere Browser oder Anzeigeprogramme, die kein JavaScript verstehen, das Script nicht als darstellbaren Text missverstehen, wird das JavaScript in der Regel als eine HTML-Bemerkung gekennzeichnet. „<!--" startet die Bemerkung. Hier nach folgt das JavaScript. Der Bemerkungsabschluss wird zunächst für das JavaScript mit „//" als Bemerkung ausgezeichnet, bevor der HTML-Bemerkungsabschluss das Script beendet.

onChange

Netscape	HTML
<input> <select> <textarea>	<input> <select> <texarea>

Mit *onChange* prüfen Sie, ob sich der Wert in einem Element geändert hat. Dies erlaubt Ihnen, bei Auswahl- oder Eingabefeldern direkt auf die Auswahl des Lesers zu reagieren. Hier ein Beispiel:

```
<!DOCTYPE html
PUBLIC "-//W3C//DTD XHTML 1.0 Strict//EN"
"http://www.w3.org/TR/1999/PR-xhtml1-19991210/DTD/
xhtml1-strict.dtd>
<html>
<head>
<title>07013: Kleines Beispiel für onChange</title>
<linke rel="stylesheet" type="text/css" href="style.css">
</head>
<body>
Wählen Sie sich ein Thema aus:
<form  name="auswahl">
  <select name="links" onChange="menu()">
    <option>Themen
    <option value="1">CSS-Beispiel 1
    <option value="2">CSS-Beispiel 2
    <option value="2">CSS-Beispiel 3
  </select>
</form>
<script type="text/javascript" language="JavaScript">
function menu()
{
if (document.auswahlbox.links.selectedIndex=="1")
{window.location.href="06001.htm" }
if (document.auswahl.links.selectedIndex=="2")
{window.location.href="06002.htm" }
if (document.auswahl.links.selectedIndex=="3")
{window.location.href="06003.htm" }
}
</script>
</body>
</html>
```

Dieses kleine JavaScript gehört wohl zu den am meisten genutzten Programmierungen im World Wide Web. Per Auswahlmenü werden dem Leser hier unterschiedliche Webseiten angeboten.

Der Event-Handler *onChange* überprüft Aktionen innerhalb des Menüs und aktiviert das JavaScript. Dieses schlägt die gewünschte Seite auf.

Dynamic Web mit DHTML

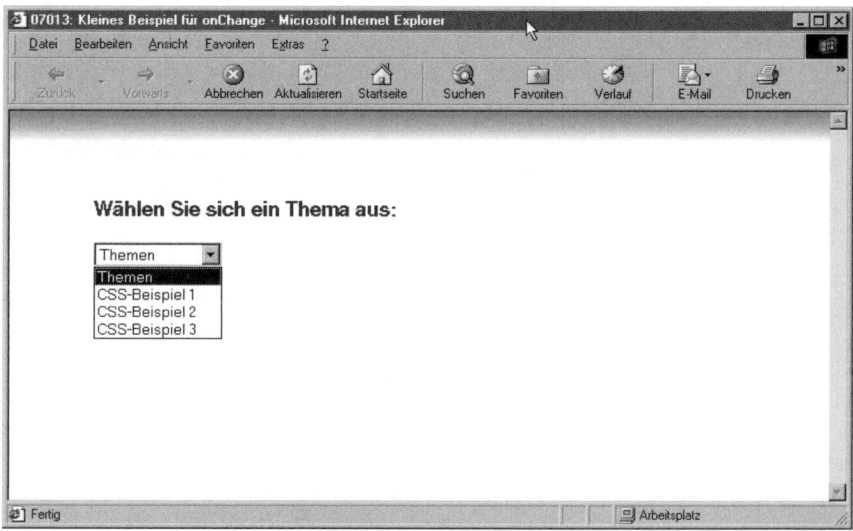

Mit onChange lässt sich die Menüführung gestalten

Idealerweise setzen Sie ein solches Menü als Frame ein. Damit das ausgewählte Dokument jedoch nicht im Menü-Frame angezeigt wird, muss das JavaScript ein klein wenig geändert werden. Hier das geänderte JavaScript:

```
<script type="text/javascript" language="JavaScript">
function menu()
{
if (document.auswahlbox.links.selectedIndex=="1")
{
 neuesfenster=window.open("06001.htm", "CSSBeispiel1",
"width=300,height=200,scrollbars");
 neuesfenster.focus();
}
if (document.auswahlbox.links.selectedIndex=="2")
{
 neuesfenster=window.open("06002.htm", "CSSBeispiel2",
"width=300,height=200,scrollbars");
 neuesfenster.focus();
}
if (document.auswahlbox.links.selectedIndex=="3")
{
 neuesfenster=window.open("06003.htm", "CSSBeispiel3",
"width=300,height=200,scrollbars");
 neuesfenster.focus();
}
}
</script>
```

Dynamic Web mit DHTML

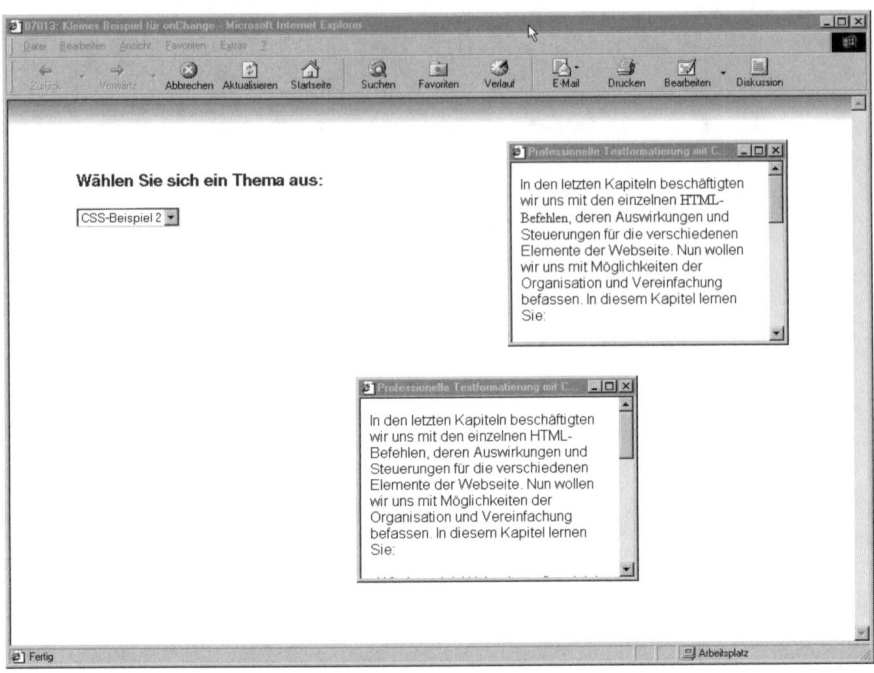

Das JavaScript öffnet für das ausgewählte Thema ein Extrafenster

In diesem Beispiel wird für jedes Thema ein separates Fenster geöffnet. Doch auch dieses Verfahren hat einen Nachteil: Es wird zwar jeweils ein Fenster geöffnet, jedoch nicht wieder geschlossen, wenn der Leser ein neues Thema auswählt. Somit sammeln sich Browserinstanzen an; eine Angelegenheit, die auf den meisten Sites, die mit der Technik arbeiten, den Leser eher stören.

onClick

Netscape	HTML
<a> <area> <input> <texarea>	<a> <abbr> <acronym> <address> <area> <b> <big> <blockquote> <body> <button> <caption> <center> <cite> <code> <col> <colgroup> <dd> <del> <dfn> <dir> <div> <dl> <dt> <em> <fieldset> <form> <h1> <h2> <h3> <h4> <h5> <h6> <hR> <i> <img> <input> <ins> <kbd> <label> <legend> <li> <link> <map> <menu> <noframes> <noscript> <object> <ol> <optgroup> <option> <p> <pre> <q> <s> <samp> <select> <small> <span> <strike> <strong> <sub> <sup> <table> <tbody> <td> <textarea> <tfoot> <th> <thead> <tr> <tt> <u> <ul> <var>

Diese beiden Event-Handler reagieren auf den Mausklick eines Lesers. Sowie der Anwender mit der Maus auf das entsprechenden Element klickt, wird der Event-Handler ausgelöst. Hier ein Beispiel zu *onClick*:

```
<input type="button" value="Quellcode der Seite anzeigen"
onClick= 'window.location = "view-source:" +
window.location.href'>
```

Dynamic Web mit DHTML

Diese kleine Routine sorgt dafür, dass der Quellcode der Seite per Klick angezeigt wird. Hierzu ruft der Browser des Lesers einen Texteditor auf und listet dort die HTML-Datei auf.

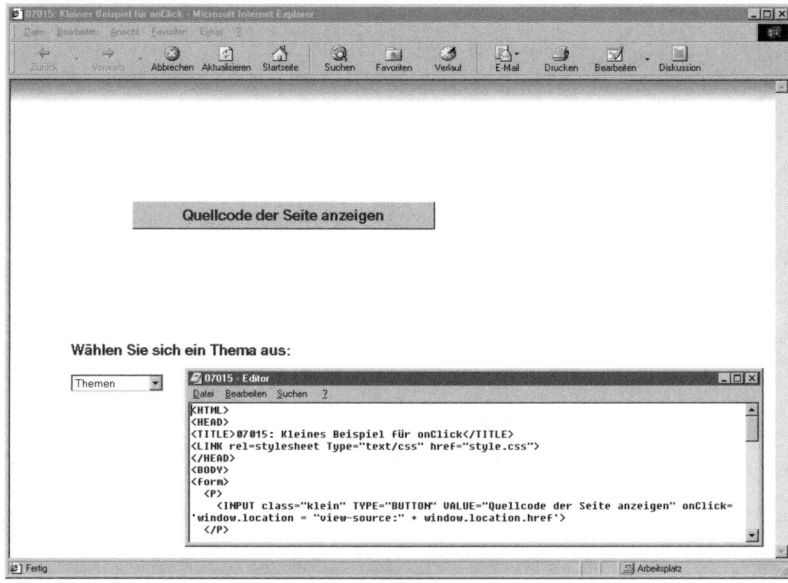

Sourcecode per Mausklick mit onClick

Ein anderes Beispiel:

```
<!DOCTYPE html
PUBLIC "-//W3C//DTD XHTML 1.0 Strict//EN"
"http://www.w3.org/TR/1999/PR-xhtml1-19991210/DTD/
xhtml1-strict.dtd>
<html>
<head>
<title>Test mit onClick</title>
<link rel="stylesheet" type="text/css" href="style2.css">
</head>
<body>
<h1>Aus der Kantine:</h1>
<h2>Unser Küchenchef empfiehlt Ihnen heute:</h2>
<p>Bitte wählen Sie das gewünschte Menü direkt im Text aus:</p>
<form name="bestell">
<table width="500">
<tr>
<td valign="TOP" height="72">
<p>Salat:<br>
Wir würden gerne mit einem frischen <span class="wahl"
onClick="this.document.bestell.bestellt.value
=this.document.bestell.bestellt.value+'Feldsalat '"> Feldsalat
</SPAN>beginnen, als Dressing bietet sich <span class="wahl"
ONCLICK =
"this.document.bestell.bestellt.value=this.document.bestell.beste
llt.value+'mit American Dressing'">American Dressing</span> an,
die Standardsoße, welche Sie überall bekommen. Alternativ nehmen
```

```
         Sie <span class="wahl"
         ONCLICK="this.document.bestell.bestellt.value=this.document.beste
         ll.bestellt.value+' mit French Dressing'">French-Dressing</span>.
         </td></tr><td><textarea rows="10" cols="20" name="bestellt">Ihr
         Menü:</textarea>
         </td>
         </table>
         </form>
         </body>
         </html>
```

Dieses zunächst leicht verwirrende Listing setzt eine sehr kleine und sparsame Speisekarte in Gang. Die Seite sieht so aus:

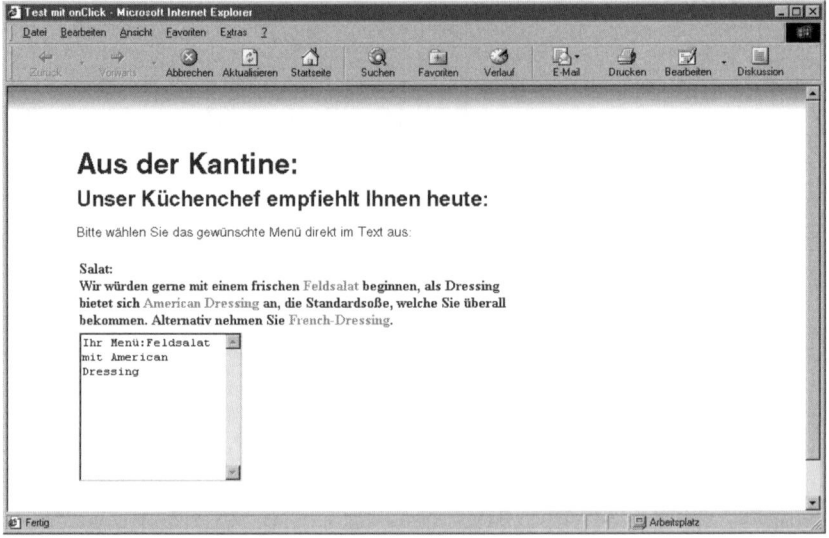

Die umfangreiche Speisekarte mit onClick

Das Listing zeigt gleichzeitig die Grenzen des Lesbaren auf, wenn Sie innerhalb des HTML-Dokuments mit lokalen JavaScript-Abschnitten arbeiten. Hier wäre es auf jeden Fall sinnvoller, die einzelnen Bereiche in einen separaten Bereich zu setzen. Trotzdem zeigt beispielsweise die Passage

```
<span
onClick="this.document.bestell.bestellt.value=this.document.beste
ll.bestellt.value+'mit American Dressing'">American
Dressing</span>
```

die Stärke von DHTML. Das Tag <span> dient rein zur Aufnahme des Event-Handlers. Klickt der Leser im Text den Begriff „American Dressing" an, wird der Event-Handler *onClick* wahr. Das nachfolgende JavaScript fügt in das Feld „bestellt" den Dressing-Wunsch ein; andere Einträge werden also nicht überschrieben. Übrigens: In HTML-Felder schreiben Sie per JavaScript mit dem Befehl *ID.value*. Textpassagen hingegen verändern Sie mit dem JavaScript-Befehl *ID.innertext="..."*. *ID* beinhaltet die Adresse des Objekts gemäß D.O.M..

Dynamic Web mit DHTML

Mit *onClick* lässt sich auch eine andere HTML-Datei in einem neuen Browserfenster laden. Versuchen Sie einmal:

```
!!!
<form>
<input type="button" value="Fenster öffnen"
ONCLICK="window.open('AndereSeite.html', 'Versuch',
'toolbar=yes,location=yes,directories=no,status=no,menubar=yes,
scrollbars=yes,resizable=no,copyhistory=yes,width=400,
height=330')">
</form>
```

Anstelle der Datei *AndereSeite.html* tragen Sie natürlich den gewünschten Dateinamen ein.

> **Tipp**
> **Ausdruck der aktuellen Seite**
> Wollen Sie Ihre Seite dem Leser zum Ausdruck anbieten, versuchen Sie einmal *onclick=javascript:self.print()* mit einer Schaltfläche.

onDblClick

Netscape	HTML
\<a\> \<area\> \<input\> \<texarea\>	\<a\> \<abbr\> \<acronym\> \<address\> \<area\> \<b\> \<big\> \<blockquote\> \<body\> \<button\> \<caption\> \<center\> \<cite\> \<code\> \<col\> \<colgroup\> \<dd\> \<del\> \<dfn\> \<dir\> \<div\> \<dl\> \<dt\> \<em\> \<fieldset\> \<form\> \<h1\> \<h2\> \<h3\> \<h4\> \<h5\> \<h6\> \<hR\> \<i\> \<img\> \<input\> \<ins\> \<kbd\> \<label\> \<legend\> \<li\> \<link\> \<map\> \<menu\> \<noframes\> \<noscript\> \<object\> \<ol\> \<optgroup\> \<option\> \<p\> \<pre\> \<q\> \<s\> \<samp\> \<select\> \<small\> \<span\> \<strike\> \<strong\> \<sub\> \<sup\> \<table\> \<tbody\> \<td\> \<textarea\> \<tfoot\> \<th\> \<thead\> \<tr\> \<tt\> \<u\> \<ul\> \<var\>

Dieser Event-Handler ist mit *onClick* fast identisch; er wird aktiv, sowie der Leser einen Doppelklick auf das entsprechende Element setzt. Die Erkennung des Doppelklicks – oder der Unterschied zum einfachen Mausklick – ist von Rechner und Benutzer abhängig. Er wird über das Betriebssystem konfiguriert.

```
<!DOCTYPE html
PUBLIC "-//W3C//DTD XHTML 1.0 Strict//EN"
"http://www.w3.org/TR/1999/PR-xhtml1-19991210/DTD/
xhtml1-strict.dtd>
<html>
<head>
<title> 07017: Doppelklick testen</title>
<link rel="stylesheet" type="text/css" href="style2.css">
</head>
<body>
<h1>Testen Sie den Doppelklick</h1>
<p>Zum Testen des Doppelklicks setzen Sie den Mauszeiger auf
dieses Zeichen: </p>
<h2 onClick="document.all.test.innerHTML='Mausklick'"
```

```
        onDblClick="document.all.test.innerHTML='Doppelklick'">Hier
        testen</h2>
        <p>Und dies war ein:</p>
        <h2 id="test"> </h2>
        </body>
        </html>
```

Die JavaScript-Prozedur *document.all.test.innerHTML='...'* verändert bei entsprechender Auslösung den Eintrag *Zur Überschrift "Test"*. Das Ganze sieht in der Praxis so aus:

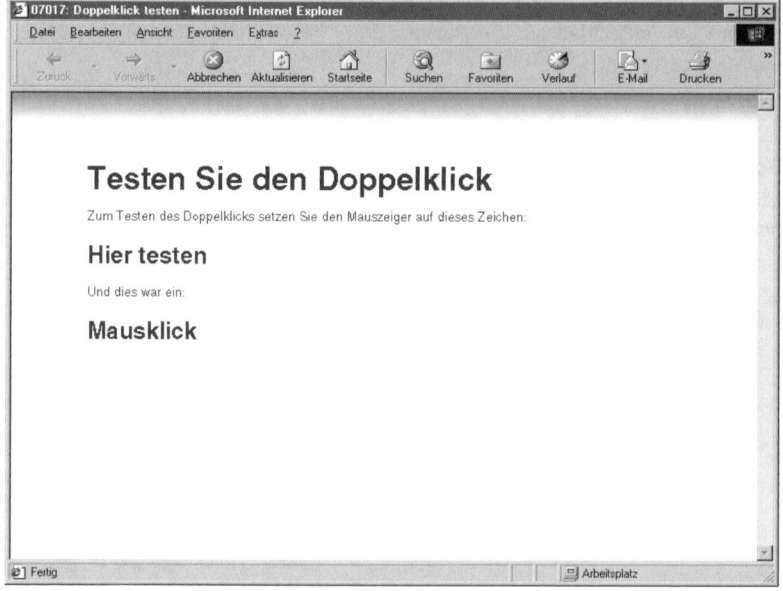

Der Mausklick-Test per JavaScript

onError

Netscape	HTML
<img>	<img>

Der Event-Handler *onError* fängt die Fehlermeldungen und Anzeigen ab, die entstehen, wenn eine Grafik nicht gefunden wird. Hierdurch werden die vom Browser vorgegebenen Fehlermeldungen durch eigene ersetzt, die aussagekräftiger sein könnten. Der Event-Handler behebt jedoch nicht den auftretenden Fehler selbst.

```
        <!DOCTYPE html
        PUBLIC "-//W3C//DTD XHTML 1.0 Strict//EN"
        "http://www.w3.org/TR/1999/PR-xhtml1-19991210/DTD/
        xhtml1-strict.dtd>
        <html>
        <head>
        <title>07018: Fehler mit onError</title>
```

```
</head>
<body>
<img src="istnichtda.jpg" onError="alert('Tut mir leid, aber die
Grafik istnichtda.jpg ist nicht verfügbar.')"/>
</body>
</html>
```

Kann die hier angegebene Grafik nicht angezeigt werden, löst der Event-Handler *onError* ein Alarmfenster aus:

Mit onError werden fehlende Bilder abgefangen

Nun ist ein fehlendes Bild ärgerlich. Ein solcher Fehler sollte allerdings schon vor dem Upload der Site abgefangen sein. Arbeiten Sie jedoch mit unterschiedlichen Servern zusammen, um ein Projekt zu realisieren, kann durchaus öfter so ein Fehler auftreten, wenn der angesprochene Server nicht eingeschaltet ist. In diesem Fall könnte eine „stille" Fehlerbeseitigung helfen: Sie holen das Bild von einem anderen Server. Hierzu müsste die Zeile so geändert werden:

```
<!DOCTYPE html
PUBLIC "-//W3C//DTD XHTML 1.0 Strict//EN"
"http://www.w3.org/TR/1999/PR-xhtml1-19991210/DTD/
xhtml1-strict.dtd>
<html>
<head>
<title>07019: Fehler mit onError</title>
</head>
<body>
<img id="bild1" src="istnichtda.jpg"
onError="document.images.bild1.src
='ftp://meinzweitserver/bilder/boot.jpg'"/>
</body>
</html>
```

Die Adresse der Grafik muss natürlich dem URL des zweiten Servers entsprechen.

Durch onError wird auf einem anderen Server das Bild abgeholt

onFocus

Netscape	HTML
<body> <frame> <input> <layer> <select> <textarea>	<a> <area> <button> <input> <label> <select> <texarea>

Der Event-Handler *onFocus* wird ausgelöst, sowie der Leser dem entsprechenden Element den Focus gibt, er also den Cursor auf das Feld stellt. Die Liste zeigt es: *onFocus* arbeitet hauptsächlich mit den HTML-Tags zur Gestaltung der Formulare zusammen. Wollen Sie andere Elemente mit einer Reaktion der Maus versehen, versuchen Sie es besser mit *onMouseover*. Hier ein Beispiel für *onFocus*:

```
<!DOCTYPE html
PUBLIC "-//W3C//DTD XHTML 1.0 Strict//EN"
"http://www.w3.org/TR/1999/PR-xhtml1-19991210/DTD/
xhtml1-strict.dtd>
<html>
<head>
<title>07020: onFocus</title>
<link rel="stylesheet" type="text/css" href="style4.css">
</head>
<body onload="document.anfrage.kontakt.focus();">
<h1>Informationen anfordern</h1>
<hr>
<form name="anfrage">
<table width="50%" border="0" cellspacing="1" cellpadding="1">
<tr>
<td>Bitte geben Sie Ihren Namen ein: </td>
<td>
<input size="30" name="kontakt"
onFocus="document.all.Info1.innerText='Damit wir Sie richtig
```

```
ansprechen, würden wir gerne Ihren Namen wissen. Hier können
Sie natürlich auch einen Fantasienamen angeben.'">
</td>
</tr>
<tr>
<td>Bitte geben Sie Ihre E-Mail-Adresse an:</td>
<td>
<input size="30" name="kemail"
onFocus="document.all.Info1.innerText='Wir wollen Sie per E-Mail
über die neuesten Entwicklungen auf dem Laufenden halten.'">
</td>
</tr>
<tr>
<td>Schreiben Sie bitte Ihre Vorwahl auf:</td>
<td>
<input size="5" name="klb"
onFocus="document.all.Info1.innerText='Über die ersten drei
Ziffern der Vorwahl finden wir heraus, was für Sie regional
interessant ist.'">
</td>
</tr>
</table>
</form>
<hr>
<h3>Nähere Informationen zum Eintrag:</h3>
<p id="Info1"> </p>
</body>
</html>
```

Dieses Listing besitzt zwei JavaScript-Aufrufe. Zunächst die Grafik:

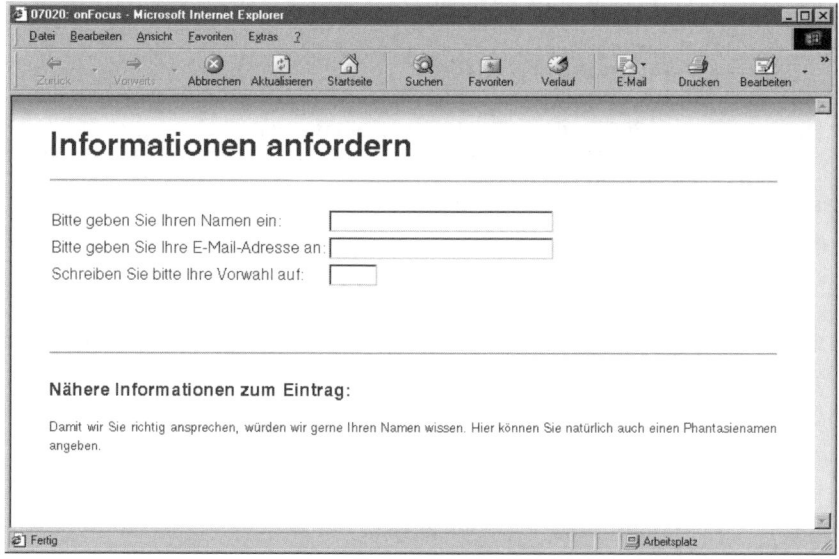

Mit onFocus gibt das Formular ein paar Informationen zum aktuellen Eingabefeld

In der Tabelle befindet sich das Formular *Kontakt*. Die Tabelle selbst dient nur der Formatierung der Feldbezeichnungen und Eingabefelder.

```
<body onload="document.anfrage.kontakt.focus();">
```

Sowie die Datei abgeholt worden ist, stellt der Browser die Eingabemarke in das erste Feld. Hierdurch muss der Leser nicht erst den Cursor dorthin setzen. Dies wird durch die Funktion *focus()* erreicht. Nun greift die *onFocus*-Funktion. Per JavaScript schreibt die Webseite eine Erklärung zum aktuellen Eingabefeld in die Info1-Zeile.

onKeydown

Netscape	HTML
–	<a> <abbr> <acronym> <address> <area> <b> <big> <blockquote> <body> <button> <caption> <center> <cite> <code> <col> <colgroup> <dd> <del> <dfn> <dir> <div> <dl> <dt> <em> <fieldset> <form> <h1> <h2> <h3> <h4> <h5> <h6> <hR> <i> <img> <input> <ins> <kbd> <label> <legend> <li> <link> <map> <menu> <noframes> <noscript> <object> <ol> <optgroup> <option> <p> <pre> <q> <s> <samp> <select> <small> <span> <strike> <strong> <sub> <sup> <table> <tbody> <td> <textarea> <tfoot> <th> <thead> <tr> <tt> <u> <ul> <var>

Dieser Event-Handler wird aktiviert, wenn der Anwender auf dem entsprechenden Element eine Taste drückt. Hier ein Beispiel zu *onKeydown*:

```
<!DOCTYPE html
PUBLIC "-//W3C//DTD XHTML 1.0 Strict//EN"
"http://www.w3.org/TR/1999/PR-xhtml1-19991210/DTD/
xhtml1-strict.dtd>
<html>
<head>
<title>07021: onKeydown</title>
<link rel="stylesheet" type="text/css" HREF="style4.css">
<script language="JavaScript">
function Aktualisieren()
{
var c=200 - document.Test.Eingabe.value.length;
document.all.Info1.innerText = "noch "+c+" Zeichen.";
return true;
}
</script>
</head>
<body onload="document.Test.Eingabe.focus();">
<h2>Kurze Befragung</h2>
<p>Nennen Sie uns Ihre Hauptvorteile. Bitte fassen Sie sich kurz,
Sie haben maximal 200 Zeichen Platz.</p>
<p id="Info1"> </p>
<form name="Test">
<textarea rows="5" cols="80" name="Eingabe"
ONKEYDOWN="Aktualisieren(this.value)">
</textarea>
<p><input type="reset"></p>
</form>
</body>
</html>
```

Dynamic Web mit DHTML

In diesem Dokument werden die Eingaben des Lesers direkt kontrolliert. Mit jedem Tastendruck ruft *onKeydown* einmal die JavaScript-Routine auf. Hier wird die Länge des Feldes gemessen und nach bekannter Weise ausgegeben. Das sieht im Browser so aus:

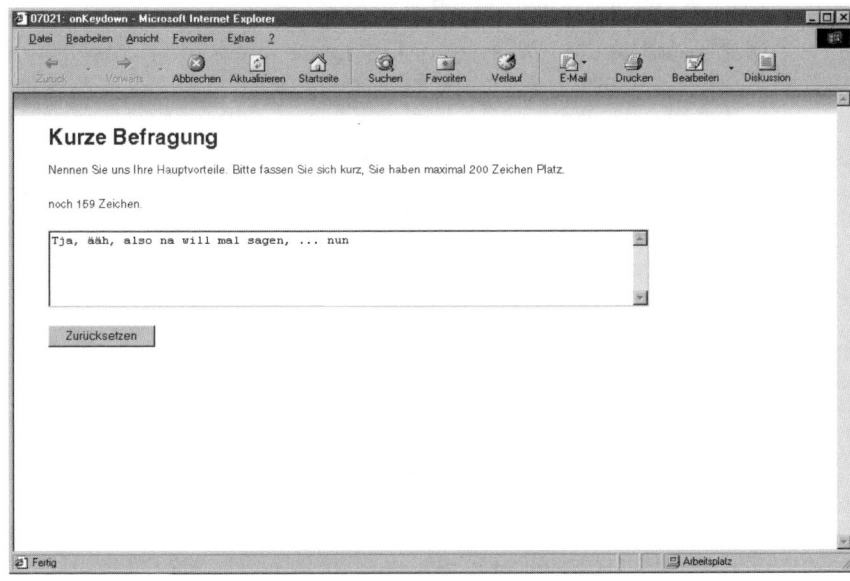

Mit onKeydown lassen sich die Arbeiten des Lesers auslesen und per Script auswerten

Hinweis
Achten Sie auf Schreibweisen

Sollten Sie beim Abtippen dieses Listings zu verschiedenen JavaScript-Fehlermeldungen kommen, überprüfen Sie bitte die Schreibweise der IDs. Das D.O.M. unterscheidet sehr wohl zwischen Groß- und Kleinbuchstaben.

Lassen Sie uns noch kurz bei dem JavaScript verharren. Hier wird zunächst ein Wert übergeben und dann mit ihm gerechnet. Der Event-Handler übermittelt mit der Formulierung

```
ONKEYDOWN="Aktualisieren(this.value)">
```

den aktuellen Wert des Eingabefeldes (*this.value*). Dies funktioniert übrigens nicht nur mit den mehrzeiligen Feldern, wie es in diesem Beispiel dargestellt wurde. Diesen Wert übermittelt der Event-Handler an das JavaScript *Aktualisieren*.

```
function Aktualisieren()
{
var c=200 - document.Test.Eingabe.value.length;
document.all.Info1.innerText = "noch "+c+" Zeichen.";
return true;
}
</script>
```

Das JavaScript generiert zunächst eine Variable C. Hier lagert das Script diesen Wert zwischen und zieht gleichzeitig in der Variable C vom Wert 200 ab. Das Ergebnis dieser komplexen Rechenoperation wird zum Abschluss an den Bereich *Info1* geliefert. Hiermit beendet das Script seine Tätigkeit und wartet auf den nächsten Buchstaben des Anwenders.

Die Event-Handler *onKey...* funktionieren mit dem Microsoft Internet Explorer ab Version 4.0. Netscape hingegen kann die *onKey...*-Events nicht interpretieren. Da der Unterschied zwischen den *onKey...*-Varianten wirklich nicht extrem ist, verzichten wir hier auf die Beispiele.

onKeypress

Netscape	HTML
–	<a> <abbr> <acronym> <address> <area> <b> <big> <blockquote> <body> <button> <caption> <center> <cite> <code> <col> <colgroup> <dd> <del> <dfn> <dir> <div> <dl> <dt> <em> <fieldset> <form> <h1> <h2> <h3> <h4> <h5> <h6> <hR> <i> <img> <input> <ins> <kbd> <label> <legend> <li> <link> <map> <menu> <noframes> <noscript> <object> <ol> <optgroup> <option> <p> <pre> <q> <s> <samp> <select> <small> <span> <strike> <strong> <sub> <sup> <table> <tbody> <td> <textarea> <tfoot> <th> <thead> <tr> <tt> <u> <ul> <var>

Im Prinzip funktioniert *onKeypress* genauso, wie *onKeydown*. Ersterer wird aber erst einen Moment später aktiv, wenn der Anwender nämlich die Taste auf dem Keyboard wieder entlastet.

onKeyup

Netscape	HTML
–	<a> <abbr> <acronym> <address> <area> <b> <big> <blockquote> <body> <button> <caption> <center> <cite> <code> <col> <colgroup> <dd> <del> <dfn> <dir> <div> <dl> <dt> <em> <fieldset> <form> <h1> <h2> <h3> <h4> <h5> <h6> <hR> <i> <img> <input> <ins> <kbd> <label> <legend> <li> <link> <map> <menu> <noframes> <noscript> <object> <ol> <optgroup> <option> <p> <pre> <q> <s> <samp> <select> <small> <span> <strike> <strong> <sub> <sup> <table> <tbody> <td> <textarea> <tfoot> <th> <thead> <tr> <tt> <u> <ul> <var>

Auch *onKeyup* befragt die Eingabe des Nutzers mit der Tastatur. Dieser Event-Handler schaltet auf ein JavaScript, sowie die Taste wieder losgelassen wird. *onKeyup* wird ebenfalls von Netscape Browsern nicht interpretiert.

onLoad

Netscape	HTML
<frameset> <body>	<frameset> <body>

Der Event-Handler *onLoad* ist wieder ein wichtiges Hilfsmittel für Sie. Er wird in dem Moment wahr, wenn die HTML-Datei auf dem Rechner des Lesers angekommen ist. Bereits in den letzten Beispielen haben wir mithilfe von *onLoad* den Cursor in das gewünschte Eingabefeld gesetzt. Doch mit *onLoad* können Sie ebenso sehr komplexe Steuerungen starten:

```
<!DOCTYPE html
PUBLIC "-//W3C//DTD XHTML 1.0 Strict//EN"
"http://www.w3.org/TR/1999/PR-xhtml1-19991210/DTD/
xhtml1-strict.dtd>
<html>
<head>
<title>07022: Der Event-Handler onLoad</title>
<link rel="stylesheet" type="text/css" href="style4.css">
<script language="JavaScript" type="text/javascript">
<!--
function Browserdaten()
{
if(navigator.userAgent) document.Anfrage.userAgent.value =
navigator.userAgent
if(navigator.appCodeName) document.Anfrage.appCodeName.value =
navigator.appCodeName
if(navigator.appVersion) document.Anfrage.appVersion.value =
navigator.appVersion
if(navigator.appMinorVersion)
document.Anfrage.appMinorVersion.value =
navigator.appMinorVersion
if(navigator.cookieEnabled) document.Anfrage.cookieEnabled.value
= navigator.cookieEnabled ? "ja" : "nein"
if(navigator.cpuClass) document.Anfrage.cpuClass.value =
navigator.cpuClass
if(navigator.appName) document.Anfrage.appName.value =
navigator.appName
if(navigator.language) document.Anfrage.language.value =
navigator.language
if(navigator.systemLanguage)
document.Anfrage.systemLanguage.value = navigator.systemLanguage
if(navigator.userLanguage) document.Anfrage.userLanguage.value =
navigator.userLanguage
if(navigator.platform) document.Anfrage.platform.value =
navigator.platform
}
//-->
</script>
</head>
<body onLoad="Browserdaten();document.Anfrage.Name.focus()">
<form name="Anfrage" ACTION="mailto:hieristjemand@databecker.de"
METHOD="GET" ENCTYPE="text/plain">
<h1>Haben Sie Fragen?</h1>
<p>Fragen bleiben bei einem Thema wie DHTML nicht aus. Nutzen Sie
unseren Frageservice.
Tragen Sie Ihre Frage in den Anfragebogen ein. Wir k&uuml;mmern
uns um Ihre
Frage. Rechnen Sie jedoch mit etwas Zeit für die Antwort.</p>
<table border="0" cellspacing="4" cellpadding="4">
<tr><td>Ihr Name:</td><td><INPUT type="text" name="Name"
size="40" maxlength="60"/></td></tr>
<tr><td>Ihre E-Mail-Adresse:</td><input type="text"
name="eMail" size="40" maxlength="60"/></td></tr>
```

```
<tr><td colspan="2">Schreiben Sie hier Ihre Frage:<br><textarea
name="Frage" rows="8" cols="60"
wrap="logical"></textarea></td></tr>
<tr><td colspan="2">Zus&auml;tzliche Informationen zu Browser und
Betriebssystem:</td></tr>
<tr><td>Agent:</td><td><input type="text" size="50"
name="userAgent"/></td></tr>
<tr><td><CODENAME:></td><td><input type="text" size="50"
name="appCodeName"/></td></tr>
<tr><td>Name:</td><td><input type="text" size="50"
name="appName"/></td></tr>
<tr><td>Version:</td><td><input type="text" size="50"
name="appVersion"/></td></tr>
<tr><td>Unterversion:</td><td><input type="text" size="50"
name="appMinorVersion"/></td></tr>
<tr><td>Sprache:</td><td><input type="text" size="50"
name="language"/></td></tr>
<tr><td>Sprache (Benutzer/-in):</td><td><input type="text"
size="50" name="userLanguage"/></td></tr>
<tr><td>Sprache (System):</td><td><input type="text" size="50"
name="systemLanguage"/></td></tr>
<tr><td>Plattform:</td><td><input type="text" size="50"
name="platform"/></td></tr>
<tr><td>Cookie-Nutzung:</td><td><input type="text" size="50"
name="cookieEnabled"/></td></tr>
<tr><td>CPU-Klasse:</td><td><input type="text" size="50"
name="cpuClass"/></td></tr>
<tr><td colspan=2><input type="submit" value="Frage senden"
name="SUBMIT"/><input type="reset" value="Formular
zur&uuml;cksetzen" name="RESET"/></td></table>
</form>
</body>
</html>
```

Lassen Sie sich von der Länge dieses Listings nicht entmutigen, Sie finden es – in der einen oder anderen Variante – auf den Servern, deren Betreiber sich mit dem Kundendienst rund ums Internet beschäftigen.

Es stammt also direkt aus der Praxis, wurde allerdings um einige Positionen im JavaScript gekürzt. Im Browser sieht es so aus:

Dynamic Web mit DHTML

Der Event-Handler onLoad im Einsatz

Die Seite besteht aus zwei Teilen. Im oberen Teil sehen Sie ein JavaScript, das mit dem unteren Teil, eine handelsübliche HTML-Tabelle, zusammenspielt. Das JavaScript sammelt in diesem Beispiel die Daten, die für den Support eines Internet-Problems wichtig sind. Diese werden bereits beim Laden der Seite abgefragt und in das Formular eingetragen. Hierzu greift JavaScript auf feststehende Funktionen zurück, die die entsprechenden Daten liefern. Damit der Leser ahnt, welche Daten er mit seiner Anfrage übermittelt, werden die Daten offen in der Tabelle gezeigt (es geht ja auch anders). Der Event-Handler *onLoad* hat hier zwei JavaScript-Operationen durchzuführen.

```
<body onLoad="Browserdaten();document.Anfrage.Name.focus()">
```

Zum einen startet mit dem Laden des Dokuments das Script *Browserdaten()*, das die Daten zum Browser und Betriebssystem sammelt, zum anderen wird der Cursor auf das erste Feld des Fragebogens gesetzt.

onMousedown

Netscape	HTML
–	\<a> \<abbr> \<acronym> \<address> \<area> \<b> \<big> \<blockquote> \<body> \<button> \<caption> \<center> \<cite> \<code> \<col> \<colgroup> \<dd> \<del> \<dfn> \<dir> \<div> \<dl> \<dt> \<em> \<fieldset> \<form> \<h1> \<h2> \<h3> \<h4> \<h5> \<h6> \<hR> \<i> \<img> \<input> \<ins> \<kbd> \<label> \<legend> \<li> \<link> \<map> \<menu> \<noframes> \<noscript> \<object> \<ol> \<optgroup> \<option> \<p> \<pre> \<q> \<s> \<samp> \<select> \<small> \<span> \<strike> \<strong> \<sub> \<sup> \<table> \<tbody> \<td> \<textarea> \<tfoot> \<th> \<thead> \<tr> \<tt> \<u> \<ul> \<var>

Die *onMouse...*-Event-Handler übernehmen die Abfrage der Mausaktionen, die der Leser über dem einen oder anderen Element durchführt.

Mit *onMousedown* fragen Sie ein Element ab, ob der Anwender darauf die Maustaste gedrückt hat. Der Event-Handler ist allerdings nicht mit Netscape kompatibel. Das lässt sich jedoch durch den Einsatz des Event-Handlers *onClick* kompensieren.

onMousemove

Netscape	HTML
–	\<a> \<abbr> \<acronym> \<address> \<area> \<b> \<big> \<blockquote> \<body> \<button> \<caption> \<center> \<cite> \<code> \<col> \<colgroup> \<dd> \<del> \<dfn> \<dir> \<div> \<dl> \<dt> \<em> \<fieldset> \<form> \<h1> \<h2> \<h3> \<h4> \<h5> \<h6> \<hR> \<i> \<img> \<input> \<ins> \<kbd> \<label> \<legend> \<li> \<link> \<map> \<menu> \<noframes> \<noscript> \<object> \<ol> \<optgroup> \<option> \<p> \<pre> \<q> \<s> \<samp> \<select> \<small> \<span> \<strike> \<strong> \<sub> \<sup> \<table> \<tbody> \<td> \<textarea> \<tfoot> \<th> \<thead> \<tr> \<tt> \<u> \<ul> \<var>

Dieser Event-Handler reagiert auf die Fahrten mit der Maus über die Ausmaße des Elements. Er funktioniert nicht mit dem Netscape Communicator. *onMousemove* erzeugt auch ein paar Probleme. So wird der Event-Handler nur einmal pro Element ausgelöst. Der Anwender muss den Bereich also einmal verlassen, bevor *onMousemove* wieder aktiv in das Geschehen eingreifen kann. Hier ein Beispiel:

```
<!DOCTYPE html
PUBLIC "-//W3C//DTD XHTML 1.0 Strict//EN"
"http://www.w3.org/TR/1999/PR-xhtml1-19991210/DTD/
xhtml1-strict.dtd>
<html>
<head>
<title>07023: Zeige die Mausposition mit onMousedown</title>
<link rel="stylesheet" type="text/css" href="style4.css">
<script language="JavaScript">
function woistdiemaus()
{
 document.all.xa.innerText = window.event.x;
 document.all.ya.innerText = window.event.y;
 return true;
}
</script>
</head>
<body onMousemove="woistdiemaus()">
<h1>Mauspositionen</h1>
<p>Zum Testen der Mausposition klicken Sie bitte mit der
Maustaste in dieses Fenster.</p>
<table width="25%" border="1">
<tr><td>X-Achse</td><td>Y-Achse</td></tr>
<tr><td id="xa"> </td><td id="ya"> </td></tr>
</table>
</body>
</html>
```

Dynamic Web mit DHTML

Mit diesem kleinen Beispiel lässt sich die Position der Maus auf der Seite prüfen. Einige Java-Applets, aber auch andere Programme, machen sich diese Information zu Nutze. Das Beispiel erscheint im Browser so:

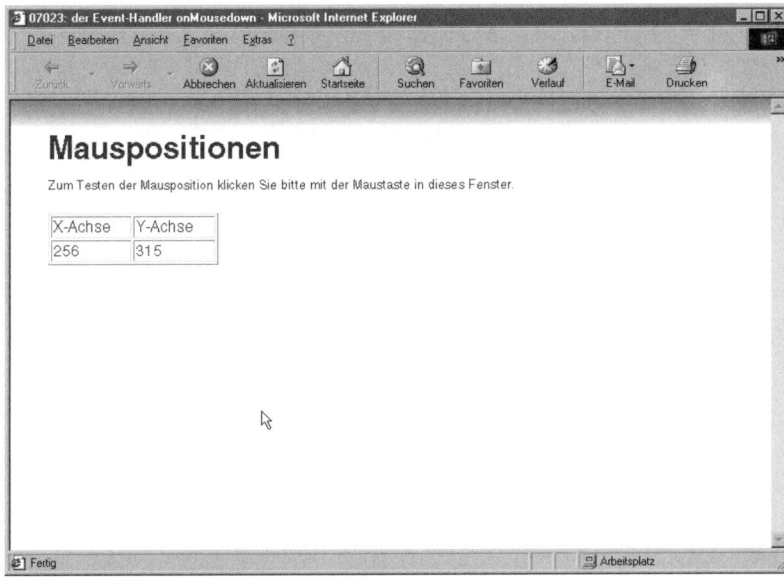

Die Maus wird mit onMousemove lokalisiert

onMouseout

Netscape	HTML
–	<a> <abbr> <acronym> <address> <area> <b> <big> <blockquote> <body> <button> <caption> <center> <cite> <code> <col> <colgroup> <dd> <del> <dfn> <dir> <div> <dl> <dt> <em> <fieldset> <form> <h1> <h2> <h3> <h4> <h5> <h6> <hR> <i> <img> <input> <ins> <kbd> <label> <legend> <li> <link> <map> <menu> <noframes> <noscript> <object> <ol> <optgroup> <option> <p> <pre> <q> <s> <samp> <select> <small> <span> <strike> <strong> <sub> <sup> <table> <tbody> <td> <textarea> <tfoot> <th> <thead> <tr> <tt> <u> <ul> <var>

Verlässt der Anwender mit dem Mauszeiger das Element, wird *onMouseout* ausgelöst. Er arbeitet nicht mit dem Netscape Communicator zusammen.

onMouseover

Netscape	HTML
–	<a> <abbr> <acronym> <address> <area> <b> <big> <blockquote> <body> <button> <caption> <center> <cite> <code> <col> <colgroup> <dd> <del> <dfn> <dir> <div> <dl> <dt> <em> <fieldset> <form> <h1> <h2> <h3> <h4> <h5> <h6> <hR> <i> <img> <input> <ins> <kbd> <label> <legend> <li> <link> <map> <menu> <noframes> <noscript> <object> <ol> <optgroup> <option> <p> <pre> <q> <s> <samp> <select> <small> <span> <strike> <strong> <sub> <sup> <table> <tbody> <td> <textarea> <tfoot> <th> <thead> <tr> <tt> <u> <ul> <var>

Dynamic Web mit DHTML

Der Event-Handler *onMouseover* ist wahr, wenn sich der Mauszeiger über dem betreffenden Objekt befindet.

Der Handler arbeitet nicht mit dem Netscape Communicator zusammen.

Hier ein Beispiel zu *onMouseover* und *onMouseout*:

```
<!DOCTYPE html
PUBLIC "-//W3C//DTD XHTML 1.0 Strict//EN"
"http://www.w3.org/TR/1999/PR-xhtml1-19991210/DTD/
xhtml1-strict.dtd>
<html>
<head>
<title> 07024: Event-Handler onMouseover</title>
<link rel="stylesheet" type="text/css" href="style4.css">
</head>
<body>
<h1>Wählen Sie ein Thema aus:</h1>
<img id="htm" src="html.jpg" onmouseover="
document.images.htm.src ='html_da.jpg';
document.all.Info1.innerText='Hier finden Sie die HTML-Beispiele
zum Buch.'"
onmouseout="document.images.htm.src ='html.jpg';
document.all.Info1.innerText=''"
/>  
<img id="dht" src="dhtml.jpg"
onmouseover="document.images.dht.src ='dhtml_da.jpg';
document.all.Info1.innerText='Ein Klick bringt Sie zu den DHTML-
Beispielen.'"
onmouseout="document.images.dht.src ='dhtml.jpg';
document.all.Info1.innerText=''"/>  
<img id="css" src="css.jpg" onmouseover="document.images.css.src
='css_da.jpg';
document.all.Info1.innerText='Die Cascading Style Sheets-
Beispiele sind hier.'"
onmouseout="document.images.css.src ='css.jpg';
document.all.Info1.innerText=''"/>  
<img id="jsc" src="jscr.jpg" onmouseover="document.images.jsc.src
='jscr_da.jpg';
document.all.Info1.innerText='Mit JavaScript können Sie
programmieren.'"
onmouseout="document.images.jsc.src ='jscr.jpg';
document.all.Info1.innerText=''"/>   
<p id="Info1"> </p>
<p> </p>
<h2 id="test"> </h2>
</body>
</html>
```

Das Listing sieht im Browser so aus:

Dynamic Web mit DHTML

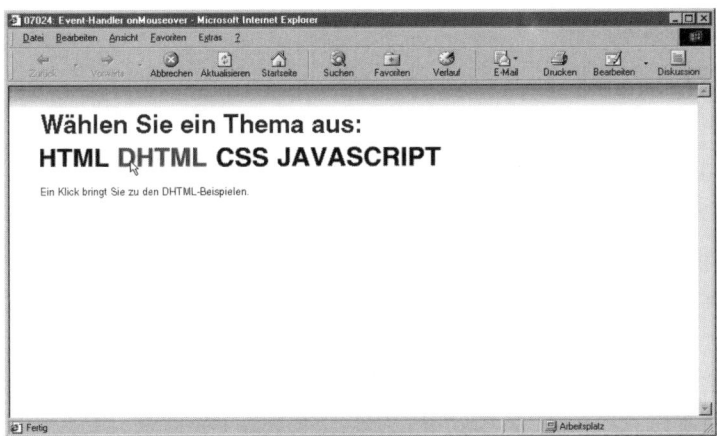

Kleines Menü mithilfe von onMouseover und onMouseout

Der Event-Handler fragt die Mausposition ab. Die Fläche der Reaktion ist auf die Größe der Grafik beschränkt. Sowie sich die Maus über der Grafik befindet, ist *onMouseover* wahr. Hierdurch werden zwei JavaScript-Progrämmchen aktiviert:

```
<img id="htm" src="html.jpg" onmouseover="
document.images.htm.src ='html_da.jpg';
document.all.Info1.innerText='Hier finden Sie die HTML-Beispiele
zum Buch.'" onmouseout="document.images.htm.src ='html.jpg';
document.all.Info1.innerText=''"/>
```

Zum einen wird eine neue Grafik eingeblendet, zum anderen erscheint ein kurzer Begleittext zum Thema. Verlässt der Mauszeiger die Grafikfläche, wird wieder die alte Grafik aktiviert; der Begleittext verschwindet. Zu einem vollständigen Menü fehlt nur noch der Handler *onClick*, der die entsprechende Seite lädt.

onMouseUp

Netscape	HTML
–	<a> <abbr> <acronym> <address> <area> <b> <big> <blockquote> <body> <button> <caption> <center> <cite> <code> <col> <colgroup> <dd> <del> <dfn> <dir> <div> <dl> <dt> <em> <fieldset> <form> <h1> <h2> <h3> <h4> <h5> <h6> <hR> <i> <img> <input> <ins> <kbd> <label> <legend> <li> <link> <map> <menu> <noframes> <noscript> <object> <ol> <optgroup> <option> <p> <pre> <q> <s> <samp> <select> <small> <span> <strike> <strong> <sub> <sup> <table> <tbody> <td> <textarea> <tfoot> <th> <thead> <tr> <tt> <u> <ul> <var>

Dieser Event-Handler wird aktiviert, nachdem die Maustaste wieder losgelassen wurde, liegt also zeitlich hinter *onClick* und *onMousedown*.

Er funktioniert nicht mit dem Netscape Communicator.

onReset

Netscape	HTML
<form>	<form>

Der Event-Handler *onReset* wird ausgelöst, wenn der Leser die Schaltfläche zum Zurücksetzen eines Formulars auslöst.

Hier kann dieser Event-Handler sehr sinnvoll sein, wenn es zum Beispiel gilt, in JavaScript geschriebene Prüfroutinen zurückzusetzen.

Doch Sie können auch den Leser noch einmal fragen lassen, ob er wirklich seine Eingaben verwerfen will, wie das folgende Beispiel zeigt:

```
<!DOCTYPE html
PUBLIC "-//W3C//DTD XHTML 1.0 Strict//EN"
"http://www.w3.org/TR/1999/PR-xhtml1-19991210/DTD/
xhtml1-strict.dtd">
<html>
<head>
<title> 07017: Event-Handler onReset</title>
<link rel="stylesheet" type="text/css" href="style4.css">
<script language="JavaScript">
function ResetCheck()
{
 pruef= window.confirm("Sind Sie sich sicher, dass die Eingaben
verworfen werden sollen?");
 return pruef;
}
</script>
</head>
<body>
<form name="Anmeldung" ONRESET="return ResetCheck()">
<h1>Login:</h1>
<table>
<tr><td>Ihr Name:</td><td><input size="30" type="text"></td></tr>
<tr><td>Password:</td><td><input size="30" type="password"></tr>
<tr>
<td colspan="2">
Eingabe abschließen:
<input type="submit" value="Login">
<input type="reset" value="Fehler">
</td></tr></table>
</form>
</body>
</html>
```

Das Ganze sieht so im Browser aus:

Dynamic Web mit DHTML

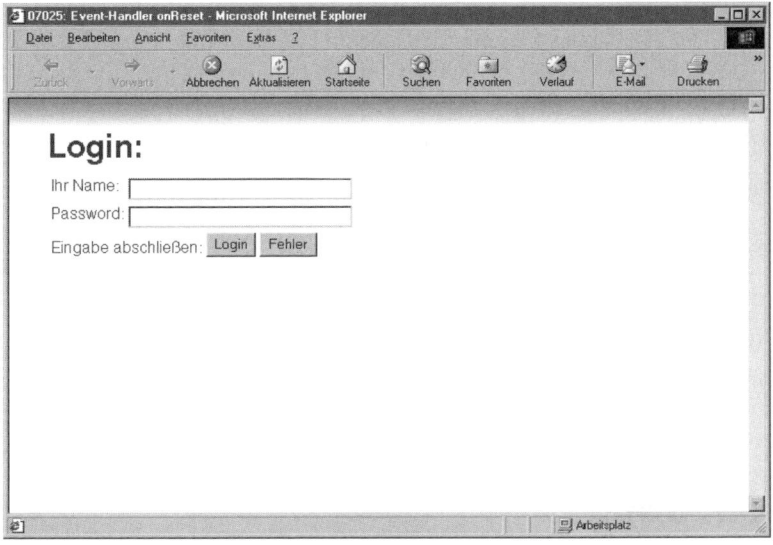

Die JavaScript-Routine wird aktiv, wenn die Schalter Fehler angeklickt wird

Der interessante Teil des Listings ist zweifellos die Zeile *<form name="Anmeldung" ONRESET="return ResetCheck()">*. Der Event-Handler aktiviert die Routine, sowie der Anwender den Befehl zur Rücksetzung des Formulars gibt. Im JavaScript öffnet sich das Standard-Windows-Bestätigungsfenster und fragt den Anwender, ob er es denn ernst meint. Drückt er *OK*, wird das Formular zurückgesetzt, während die Schaltflächen *Abbrechen* die Rücksetzung verhindert.

onSelect

Netscape	HTML
<input> <textarea>	<a> <abbr> <acronym> <address> <area> <b> <big> <blockquote> <body> <button> <caption> <center> <cite> <code> <col> <colgroup> <dd> <del> <dfn> <dir> <div> <dl> <dt> <em> <fieldset> <form> <h1> <h2> <h3> <h4> <h5> <h6> <hR> <i> <img> <input> <ins> <kbd> <label> <legend> <li> <link> <map> <menu> <noframes> <noscript> <object> <ol> <optgroup> <option> <p> <pre> <q> <s> <samp> <select> <small> <span> <strike> <strong> <sub> <sup> <table> <tbody> <td> <textarea> <tfoot> <th> <thead> <tr> <tt> <u> <ul> <var>

Das Attribut *onSelect* tritt in Aktion, wenn der Leser eine Angabe in einem Textfeld markiert. In HTML ist Folgendes denkbar:

```
<!DOCTYPE html
PUBLIC "-//W3C//DTD XHTML 1.0 Strict//EN"
"http://www.w3.org/TR/1999/PR-xhtml1-19991210/DTD/
xhtml1-strict.dtd>
<html>
<head>
<title>Test für onselect</title>
</head>
<body>
```

```
<form name="Test">
<input name="eingabe" size="30" value="Ihr Name: "
ONSELECT="this.title=this.value">
</form>
</body>
</html>
```

In diesem Listing erscheint ein Eingabefeld. Sowie der Anwender den eingegebenen Text markiert, erscheint der markierte Text als Kurzinformation zum Feld. Das funktioniert natürlich nur dann, wenn die Funktion in Windows konfiguriert ist.

Wollen Sie die Markierung in einem Feld verhindern, setzen Sie anstelle des eben Beschriebenen *onSelect*-Statements ein:

```
size="30" value="Ihr Name: " ONSELECT="this.title=this.blur()">
```

onSubmit

Netscape	HTML
<form>	<form>

Mit *onSubmit* lässt sich eine Prüfroutine für die Eingaben in einem Formular starten. Im Prinzip funktioniert dieser Event-Handler wie *onReset*.

onUnload

Netscape	HTML
<body> <frameset>	<body> <frameset>

Der Event-Handler *onUnload* wird aktiv, sowie der Leser die Seite verlässt, den Inhalt also verwirft. Er dient ebenfalls dazu, im Hintergrund laufende Vorgänge zu beenden. Hier ein Beispiel:

```
<!DOCTYPE html
PUBLIC "-//W3C//DTD XHTML 1.0 Strict//EN"
"http://www.w3.org/TR/1999/PR-xhtml1-19991210/DTD/
xhtml1-strict.dtd>
<html>
<head>
<title> 07026: Event-Handler onUnoada</title>
<link rel="stylesheet" type="text/css" href="style4.css">
<script language="JavaScript">
function ResetCheck()
{
 pruef= window.confirm("Sind Sie sich sicher, dass die Eingaben
verworfen werden sollen?");
 return pruef;
}
</script>
</head>
<body onUnload="alert('Sie haben sich noch nicht eingeloggt.
```

Dynamic Web mit DHTML

```
          \n\n' +
          'OHNE das Login werden Sie keinen Zugriff auf die Seiten
haben, \n\n' +
          'die durch unser System geschützt sind. \n\n' +
          'Haben Sie kein Password, so fordern Sie einfach eins an.
')" >
<form name="Anmeldung" ONRESET="return ResetCheck()">
<h1>Login:</h1>
<table><tr>
<td>Ihr Name:</td><td><input size="30" type="text"/></td><tr>
<td>Password:</td><td><input size="30" type="password"/></td></tr><tr>
<td colspan="2">Eingabe abschließen:
<input type="submit" value="login">
<input type="reset" value="fehler">
</td></tr></table>
</form>
</body>
</html>
```

Diese Seite basiert auf dem letzen Listing. Lediglich onUnload ist zum Tag <body> hinzu gekommen. Verlässt der Leser die Seite, so sieht er das Folgende:

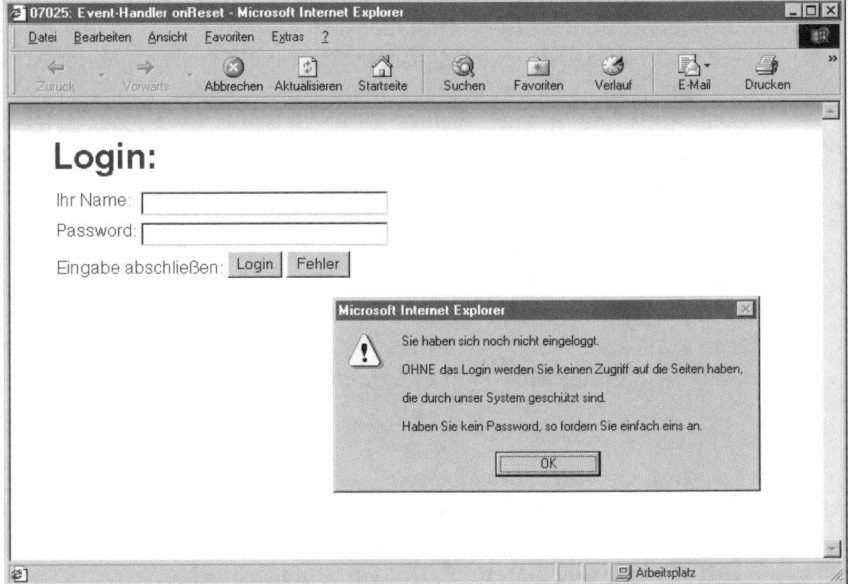

Mit onUnload können Sie den Leser verabschieden

Hoffentlich haben Sie in den letzten Beispielen ein paar Anregungen für Ihre eigene Webseite sammeln können. Bevor Sie sich nun an das Abenteuer der komplexen Umprogrammierung Ihrer Seiten heranwagen, bedenken Sie bitte Folgendes:

> **Hinweis**
>
> **Keine Gimmicks ohne Sinn**
>
> Hinter jeder Programmierung sollte eine Idee stecken. Es ergibt schlicht keinen Sinn, eine Seite grafisch und mit den letzten Programmtipps aufzupeppeln, wenn der Inhalt nichtssagend ist. Sehen Sie Ihre Seiten immer aus dem Blickwinkel des Lesers. Dieser wird Ihre Seiten bewerten.

Gerade mit DHTML und den allzu beliebten JavaScript-Programmierungen lassen sich entsprechende Gestaltungen vornehmen. Allerdings können Sie auch die Seiten zum Nachteil des Lesers gestalten. Eine Zeit lang war es beliebt, den Leser mittels eines kleinen JavaScripts auf der Seite „festzuhalten", indem der eine oder andere Gestalter den Rückschritt auf die vom Leser zuvor betrachtete Seite auf die Startseite seines Webauftritts zurückroutete. Mit solchen Tricks hat man in der Regel nur einmal Erfolg; ein Leser wird in eine solche Falle nur einmal tappen.

Dynamische Filter von Microsoft

Microsoft führte mit der Version 4.0 des Internet Explorer Spezialfilter ein, mit deren Hilfe sich hervorragende Effekte erzielen lassen. Bislang interpretiert zwar lediglich das Microsoft-Produkt diesbezügliche Anwendungen, dank der erzielbaren Ergebnisse sollen diese Filter an dieser Stelle dennoch Erwähnung finden. Ihre wahre Stärke und Einzigartigkeit zeigen Filter aber erst in dem Moment, in dem diesbezügliche Anwendungen mittels Scriptsprache dynamisch dargestellt werden. Die folgenden Filter stehen laut Microsoft-Syntax zur Verfügung und werden in dieser Form vom Internet Explorer ab Version 4.0 unterstützt. Mit Fantasie und anhand der Quellcodes lassen sich sämtliche Filter durch einfache Modifizierung der Syntax dynamisch darstellen. Um Filter dynamisch nutzen zu können, müssen zunächst deren Funktionsweisen und Einsatzgebiete vorgestellt werden. Die allgemein gültige Syntax der Microsoft-Spezialfilter stellt sich folgendermaßen dar.

```
<Element style="filter:Filterart (Filterwerte)">
```

Anhand dieser Schreibweise wird deutlich, dass Filter als Stylesheet auf bestimmte Elemente angewandt werden können. Dabei kann es sich entweder um eine Grafik oder eine Textpassage handeln. Auf die folgenden existenten HTML-Tags lassen sich Filter im Normalfall einsetzen.

- <body> – Anwendung auf die gesamte Seite
- <tr> – Anwendung auf eine Tabellenzeile
- <img> – Anwendung auf eine Grafik
- <div> – Anwendung auf einen Bereich
- <span> – Anwendung auf einen Bereich
- <marquee> – Anwendung auf einen Lauftext
- <table> – Anwendung auf eine Tabelle
- <textarea> – Anwendung auf ein mehrzeiliges Eingabefeld

Dynamic Web mit DHTML

- \<tfoot> – Anwendung auf einen Tabellenfuß
- \<input> – Anwendung auf ein Eingabefeld
- \<th> – Anwendung auf eine Kopfzeile einer Tabelle

Vor der Darstellung der möglichen Filter soll an dieser Stelle darauf hingewiesen werden, dass diese zwar auf die zuvor beschriebenen Tags anwendbar sind, sie aber nicht in jedem Fall ihre wahren Stärken entwickeln können. Auf diesen Aspekt werden wir bei den entsprechenden Filtern, allerdings noch explizit eingehen.

Spezialfilter: Gray

Der hier vorgestellte Filter sollte nur auf Grafiken angewandt werden. Bei Textpassagen wird das gewünschte Ergebnis hingegen nicht erzielt. Der Gray-Filter entfernt sämtliche Farbinformationen aus einer Grafik und stellt diese in Graustufen dar. Die folgende Abbildung zeigt das Ergebnis von Gray. (Natürlich sehen Sie das jetzt nicht, da dieses Buch in Schwarzweiß gedruckt wurde. Glauben Sie uns einfach ...)

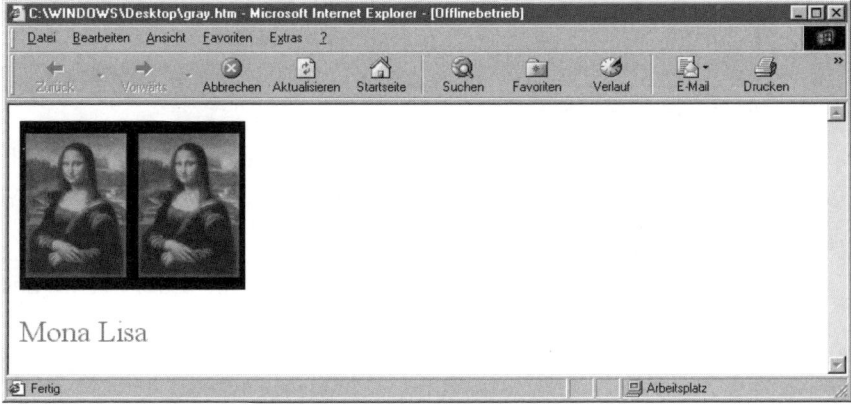

Grauabstufungen durch Gray erzielen

Es fällt augenscheinlich auf, dass die Textpassage, obwohl durch eine korrekte Gray-Syntax ausgezeichnet, nicht in der gewünschten Art dargestellt wird.

```
<!DOCTYPE html
PUBLIC "-//W3C//DTD XHTML 1.0 Strict//EN"
"http://www.w3.org/TR/1999/PR-xhtml1-19991210/DTD/
xhtml1-strict.dtd>
<html>
<head>
</head>
<body>
<img src="mona1.jpg" style="filter:Gray()"><img src="mona1.jpg">
<p style="filter:Gray(); color:green; font-size:20pt">Mona
Lisa</p>
</body>
</html>
```

Achten Sie darauf, dass zwischen *Gray* und den beiden Klammern kein Leerzeichen gesetzt werden darf. Dieser Filter benötigt keine weiteren Einstellungen.

Spezialfilter: Glow

Durch den hier beschriebenen Filter lassen sich mit relativ geringem Aufwand hervorragende Effekt erzielen. Die nachstehende Grafik zeigt eine simple Anwendung des Glow-Filters. Obwohl auch auf Grafiken anwendbar, kommt der glühende Rand erst beim Einsatz auf Texte richtig zur Geltung.

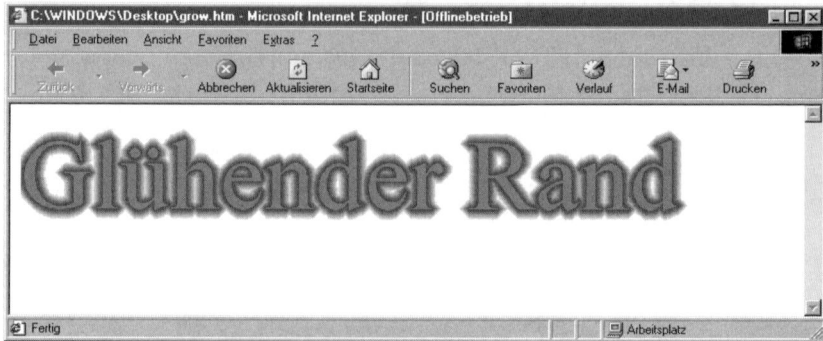

Text mit glühenden Rand

Die folgende Syntax beschreibt, wie die zuvor dargestellte Website erstellt wurde. Es ist darauf zu achten, dass dem Text, um eine Abgrenzung zwischen Schrift und Rand zu erreichen, über *color* eine konträre Farbe zum Rand zugewiesen werden muss. Die Farbe des Rands wird hier hinter *Glow* in Klammern gesetzt notiert. Einsetzbar sind alle durch HTML beschriebenen Farben.

```
<!DOCTYPE html
PUBLIC "-//W3C//DTD XHTML 1.0 Strict//EN"
"http://www.w3.org/TR/1999/PR-xhtml1-19991210/DTD/
xhtml1-strict.dtd>
<html>
<head>
</head>
<body>
<p style="width:100%; font-size:70pt; color:red;
filter:Glow(color=blue, strength=9)">Glühender Rand</p>
</body>
</html>
```

Die Definition der Stärke des Rands wird über die Angabe *strength* eingeleitet. Nach dem Gleichheitszeichen ist ein Wert zwischen 1 und 255 möglich. Wobei 1 den kleinsten und 255 den größten Rand zur Folge hat.

Spezialfilter: DropShadow

Dieser Filter ist sowohl auf Texte wie auch auf Grafiken anwendbar. Als einzige Einschränkung in Bezug auf Grafiken ist zu nennen, dass diese als Clipart vorliegen müssen. Grund hierfür sind die nur in dieser Grafikform vorhandenen Konturen, die für einen Schattenwurf allerdings zwingend notwendig sind. Auf Texte lässt sich DropShadow, wie die folgende Abbildung beweist, hingegen problemlos anwenden.

Ein Schatten umgibt den Text

Um einen Schatteneffekt erzielen zu können, muss zunächst *DropShadow* notiert werden. Innerhalb der Klammern erwartet dieser Filter einige Werte, deren praktischer Einsatz zunächst anhand eines Quellcodes veranschaulicht werden soll.

```
<!DOCTYPE html
PUBLIC "-//W3C//DTD XHTML 1.0 Strict//EN"
"http://www.w3.org/TR/1999/PR-xhtml1-19991210/DTD/
xhtml1-strict.dtd>
<html>
<head>
</head>
<body>
<div style="width:100%; font-size:50pt; color:red;
filter:DropShadow(color=blue, offx=5, offy=5)">Text mit
Schattenwurf</div>
</body>
</html>
```

Über die Angabe *color* wird die Farbe des darzustellenden Schattens festgelegt. Erlaubt ist hierbei eine hexadezimale Angabe oder der Einsatz eines Farbworts. In welcher Art der Schatten dargestellt werden soll, wird über die beiden Angaben *offx* und *offy* definiert. Wobei bei einer positiven Zahl nach *offx* der Schatten rechts von dem Element dargestellt wird, während ein negativer Wert hier einen Schatten von links zur Folge hätte. Über *offx* wird die Darstellung des vertikalen Schattens bestimmt. Ein negativer Wert hätte hierbei zur Folge, dass der Schatten oberhalb des Elements dargestellt wird. Findet hingegen ein positiver Zahlenwert Verwendung, befindet sich der Schatten unterhalb des Elements. In beiden Fällen, also *offx* und *offy*, bestimmt der Zahlenwert die Stärke des Schattens. Erlaubt sind hierbei allerdings lediglich Pixelangaben. Wobei die Regel gilt, je höher der Wert, umso größer der Schattenwurf. Prozentuale Angaben führen bei dieser Definition hingegen nicht zu dem gewünschten Ergebnis.

Spezialfilter: Invert

Um die Wirkung dieses Filters zu beschreiben, muss das hierdurch erzielte Ergebnis erörtert werden. Durch Invert wird der Internet Explorer dazu veranlasst, eine Grafik zu invertieren. Daraus ergibt sich, dass sämtliche, sich in der Grafik befindliche Farben durch ihre jeweiligen Komplementärfarben ersetzt werden. Also durch die ihr im Farbkreis gegenüberliegende Farbe. Wegen der hieraus starken Veränderung des entsprechenden Elements sollte Invert in der Praxis sehr behutsam eingesetzt werden.

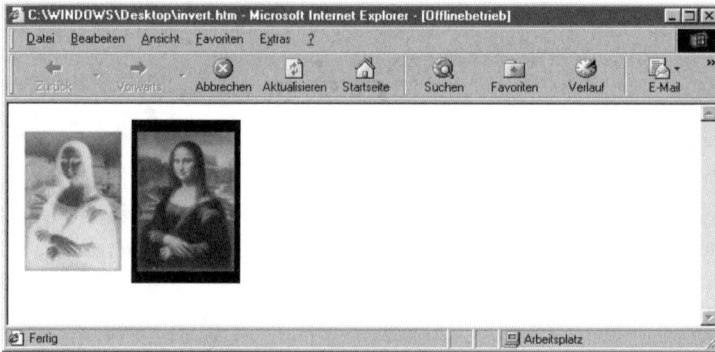

Komplementärfarben werden dargestellt

Anhand dieser Abbildung wird deutlich, dass sich durch relativ geringen „Programmieraufwand" hervorragende Effekte erzielen lassen.

```
<!DOCTYPE html
PUBLIC "-//W3C//DTD XHTML 1.0 Strict//EN"
"http://www.w3.org/TR/1999/PR-xhtml1-19991210/DTD/
xhtml1-strict.dtd>
<html>
<head>
</head>
<body>
<img src="mona1.jpg" style="filter:Invert()"> <img
src="mona1.jpg">
</body>
</html>
```

Der Invert-Filter erwartet keinen weiteren Parameter, eine Modifikation kann hierbei demnach nicht durchgeführt werden.

Spezialfilter: Wave

Ein Filter, mit dessen Hilfe sowohl Texte als auch Grafiken in einer wellenlinigen Verzerrung dargestellt werden können, steht mit Wave zur Verfügung. Wobei vor dessen Einsatz einige „physikalische" Grundsätze vorausgesetzt werden müssen. Sind diese nicht vorhanden, hilft an dieser Stelle nur das Ausprobieren der verschiedenen Parameter. Nachfolgend ist eine Website abgebildet, auf der zwei Elemente, nämlich eine Grafik und eine Textpassage, abgebildet sind.

Wellen durch den Wave-Filter

Eindrucksvoll zeigt diese Abbildung, welche Effekte sich durch den Einsatz des Wave-Filters erreichen lassen. Die Syntax, die diesem Beispiel zugrunde liegt, stellt sich folgendermaßen dar. Aufgrund der zahlreichen Werte, die hier notiert werden müssen, wird deutlich, dass der Wave-Filter relativ komplex in der Anwendung ist.

```
<!DOCTYPE html
PUBLIC "-//W3C//DTD XHTML 1.0 Strict//EN"
"http://www.w3.org/TR/1999/PR-xhtml1-19991210/DTD/
xhtml1-strict.dtd">
<html>
<head>
</head>
<body>
<div style="width:100%; font-size:60pt; color:red;
filter:Wave(freq=3, light=30, phase=40, strength=4);">Text mit
Wellen</div>
<img src="monal.jpg"
style="filter:Wave(freq=4, light=10, phase=30, strength=5);"/>
</body>
</html>
```

Dieser Filter wird über die Angabe *Wave* eingeleitet. In Klammern gesetzt folgen fünf Parameter, deren Einsatz zwingend vorgeschrieben ist. Über *freq* wird die Wellenfrequenz festgelegt.

Als Grundregel bei der Vergabe eines Werts für die Frequenz gilt, je höher dieser gewählt wird, umso kleiner werden die Wellen dargestellt. Die Lichtstärke, in der die Wellen dargestellt werden, wird über *light* definiert. Erlaubt ist hierbei ein Wert zwischen 0 und 100. Je höher der Wert, umso heller werden die Wellen angezeigt.

Wie die Welle verlaufen soll, wird über die Angabe *phase* festgelegt. Bestimmt wird hierdurch die Sinuskurve der Welle. Einsetzbar für diesen Parameter sind Werte zwischen 0 und 100.

Die Gesamtstärke der Wellen wird über *strength* bestimmt. Je höher der hier eingesetzte Zahlenwert ist, umso beeindruckender und gewaltiger werden die Wellen dargestellt.

Spezialfilter: Blur

Der hier vorgestellte Filter wirkt nur, wenn dieser auf eine Grafik angewandt wird. Der Sinn von Blur besteht darin, ein Element mit einer Verwischspur zu versehen. Wobei die Stärke und die Richtung dieses Effekts bestimmt werden kann.

Die nachstehende Abbildung zeigt die Wirkung des Blur-Filters auf eine Grafik und zum Vergleich auf eine Textpassage.

Mona Lisa mit Verwischspur

Die Syntax, die zu dem hier abgebildeten Ergebnis führt, gestaltet sich folgendermaßen. Wobei das Hauptaugenmerk in diesem Fall lediglich auf die Grafikdefinition gelegt werden sollte, da nur hier der Effekt sichtbar ist.

```
<!DOCTYPE html
PUBLIC "-//W3C//DTD XHTML 1.0 Strict//EN"
"http://www.w3.org/TR/1999/PR-xhtml1-19991210/DTD/
xhtml1-strict.dtd>
<html>
<head>
</head>
```

```
<body>
<img src="monal.jpg" style="filter:Blur(direction=135,
strength=50)"/>
<div style="filter:Blur(direction=90, strength=90); font-
size:40pt; color:red">Verwischeffekt</div>
</body>
</html>
```

Eingeleitet wird der Filter über *Blur*. In Klammern gesetzt müssen zwei Parameter vergeben werden.

Um die Richtung des Verwischeffekts definieren zu können, muss die Angabe *direction* innerhalb der Syntax definiert sein.

Die folgenden Varianten stehen hierbei zur Verfügung.
- 0 – die Spur zeigt nach oben.
- 45 – die Spur zeigt nach oben rechts.
- 90 – die Spur zeigt nach rechts.
- 135 – die Spur zeigt nach rechts unten.
- 180 – die Spur zeigt nach unten.
- 225 – die Spur zeigt nach links unten.
- 270 – die Spur zeigt nach links.
- 315 – die Spur zeigt nach links oben.

Innerhalb jeder Definition darf lediglich einer dieser Werte vergeben werden.

Wie Stark der Verwischeffekt auf das Element wirken soll, wird über die Angabe *strength* bestimmt.

Erlaubt ist hierbei ein nummerischer Wert. Je höher dieser gewählt wird, umso auffälliger tritt der Verwischeffekt in Erscheinung.

Spezialfilter: FlipV

Elemente vertikal zu spiegeln gelingt nur, wenn der entsprechende Filter auf eine Grafik angewandt wird.

Textpassagen können durch FlipV nicht ausgezeichnet werden.

Zwar würde keine Fehlermeldung ausgegeben werden, der gewünschte Effekt kann hierbei allerdings nicht erzielt werden.

Die folgende Abbildung zeigt die Wirkung des FlipV-Filters. Die rechte der beiden Grafiken stellt die Originalversion dar, während der linken der zuvor beschriebene Filter zugewiesen wurde.

Dynamic Web mit DHTML

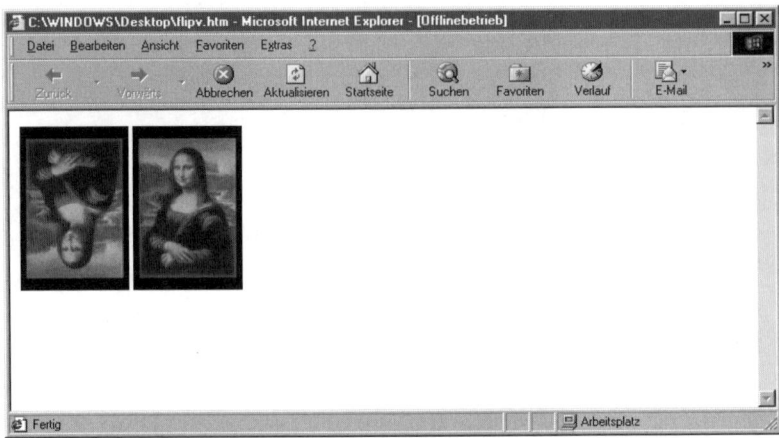

Rechts das Original, links mit FlipV

Die Syntax, um ein solches Ergebnis zu erhalten, stellt sich folgendermaßen dar. Der FlipV-Filter erwartet keine weiteren Parameter und ist somit relativ simpel einsetzbar. Lediglich auf die Berücksichtigung der korrekten Schreibweise ist hierbei zu achten. Es gilt, die zu tätigenden Angaben in ihrer Gesamtheit ohne Leerzeichen voneinander getrennt zu notieren.

```
<!DOCTYPE html
PUBLIC "-//W3C//DTD XHTML 1.0 Strict//EN"
"http://www.w3.org/TR/1999/PR-xhtml1-19991210/DTD/
xhtml1-strict.dtd>
<html>
<head>
</head>
<body>
<img src="monal.jpg" style="filter:FlipV()"/> <img
src="monal.jpg"/>
</body>
</html>
```

Besonders interessant ist der Einsatz dieses Filters im Zusammenhang mit stark grafikbelastenden Websites, da hier die Ladezeit reduziert werden kann. Der Grund hierfür liegt darin, dass für den gleichen Effekt bislang zwei Grafiken geladen werden mussten. Dies entfällt fortan – dank FlipV.

Spezialfilter: Chroma

Das Einsatzgebiet des Chroma-Filters lässt sich am anschaulichsten anhand der im Folgenden abgebildeten Grafik erkennen. Eingebunden wurde in diese Website eine Grafik, die zweimal nebeneinander, lediglich durch ein Leerzeichen getrennt, dargestellt wird. Bei der rechten handelt es sich um die Originalversion.

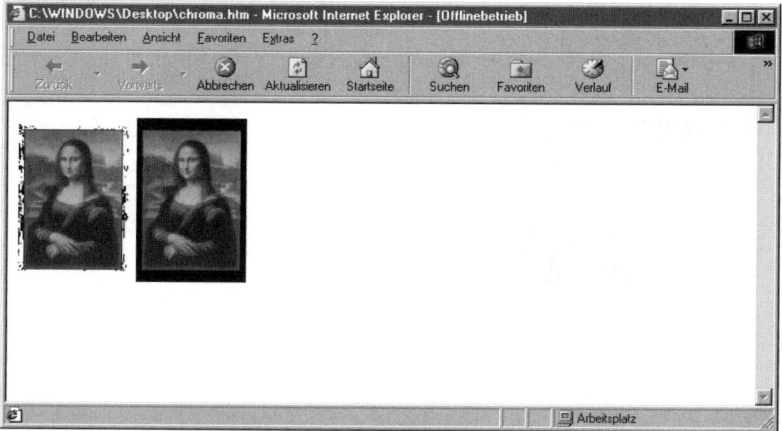

Achten Sie auf den Rahmen

Sinn des Chroma-Filters ist es, eine bestimmte Farbe als transparent zu definieren. In diesem Beispiel wurde dieser Filter der linken Grafik zugewiesen. Deutlich wird dies besonders an der Darstellung des im Original noch vorhandenen schwarzen Rahmens, der bei der linken Grafik beinahe vollends verschwunden scheint.

```
<!DOCTYPE html
PUBLIC "-//W3C//DTD XHTML 1.0 Strict//EN"
"http://www.w3.org/TR/1999/PR-xhtml1-19991210/DTD/
xhtml1-strict.dtd>
<html>
<head>
</head>
<body>
<img src="monal.jpg" style="filter:Chroma(color=black)"/>
 <img src="monal.jpg"/>
</body>
</html>
```

Hinter der Bestimmung des Filters, über *Chroma*, muss die Farbe festgelegt werden, die transparent dargestellt werden soll. Diese wird hinter der Angabe *color* als hexadezimaler Wert oder als Farbwort notiert.

Spezialfilter: FlipH

Ähnlich dem zuvor dargestellten FlipV verhält sich der hier in diesem Abschnitt vorgestellte FlipH-Filter. Der einzige, aber dennoch entscheidende Unterschied besteht in der Art der Spiegelung des hierdurch ausgezeichneten Elements.

Während FlipV Elemente vertikal darstellt, werden FlipV-Elemente horizontal gespiegelt. Vorteilhaft ist auch bei diesem Filter eine mögliche Verringerung der Ladezeiten einer Website.

Dynamic Web mit DHTML

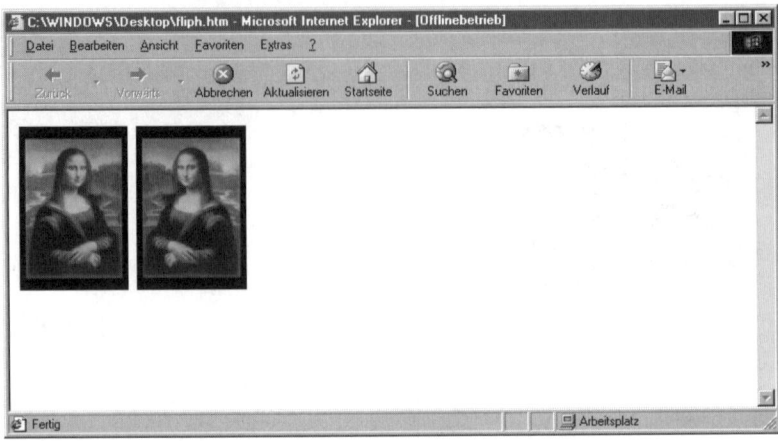

Die gleiche Grafik – zweimal anders

Auf der hier dargestellten Abbildung wurde zweimal die gleiche Grafik eingefügt. Wobei die rechte der beiden den Originalzustand von Michelangelos Meisterwerk darstellt. Die linke Grafik wurde zusätzlich mit dem FlipV-Filter ausgezeichnet.

```
<!DOCTYPE html
PUBLIC "-//W3C//DTD XHTML 1.0 Strict//EN"
"http://www.w3.org/TR/1999/PR-xhtml1-19991210/DTD/
xhtml1-strict.dtd>
<html>
<head>
</head>
<body>
<img src="mona1.jpg" style="filter:FlipH()"/>
 <img src="mona1.jpg"/>
</body>
</html>
```

Wie Sie der hier dargestellten Syntax entnehmen können, erwartet dieser Filter keine weiteren Parameter und ist somit problemlos einsetzbar.

Spezialfilter: XRay

Der Fotografie entsprungen erscheint der XRay-Filter. Durch dessen Einsatz ist es möglich, Grafiken als Negativ darstellen zu lassen. Vor der Verwendung dieses Filters ist die daraus resultierende Farbumkehr zu berücksichtigen.

Helle Farbpigmente werden im Negativ dunkel, während dunkle hell dargestellt werden. Dieser Aspekt kann zu unerwünschten Effekten führen. Einen solchen gibt die folgende Abbildung wieder.

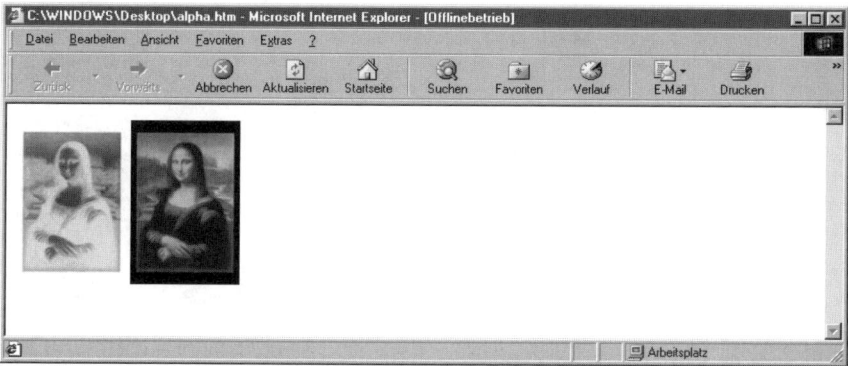

Mona Lisa im Zeitalter der Fotografie

Die linke Grafik ist auf dieser Website im Originalzustand abgebildet. Augenmerk ist hierbei auf den durchgehenden schwarzen Rand zu legen, der bei der linken Grafik vollends verschwunden scheint. Würde dieser Seite ein dunkler Hintergrund zugewiesen, würde in diesem Fall die linke Grafik mit einem weißen Rand umgeben sein, der aus ästhetischen Gründen vermieden werden sollte.

```
<!DOCTYPE html
PUBLIC "-//W3C//DTD XHTML 1.0 Strict//EN"
"http://www.w3.org/TR/1999/PR-xhtml1-19991210/DTD/
xhtml1-strict.dtd>
<html>
<head>
</head>
<body>
<img src="mona1.jpg" style="filter:XRay()"/> <img
src="mona1.jpg"/>
</body>
</html>
```

XRay lässt sich dank fehlender Parameter relativ simpel auf Ihre eigenen Erfordernisse anpassen.

Auf Texte angewandt würde dieser Filter keine Auswirkungen nach sich ziehen. Eine Fehlermeldung wird in einem solchen Fall dennoch nicht ausgegeben.

Spezialfilter: Shadow

Um Texten einen Schatten zuweisen zu können, empfiehlt es sich, den Shadow-Filter einzusetzen. Ein Schatteneffekt wird allerdings nur dann erreicht, wenn dieser Filter auf eine Textpassage oder ein einzelnes Wort angewandt wird. Eine typische Anwendung zeigt die folgende Abbildung.

Kleine Syntax – großes Ergebnis

Anhand dieser Abbildung ist deutlich zu erkennen, dass der Schatten nur dann wirklich sichtbar wird, wenn eine dunkle Schattenfarbe definiert wird. Die folgende Syntax beschreibt, wie ein solches Ergebnis erzielt werden kann.

```
<!DOCTYPE html
PUBLIC "-//W3C//DTD XHTML 1.0 Strict//EN"
"http://www.w3.org/TR/1999/PR-xhtml1-19991210/DTD/
xhtml1-strict.dtd>
<html>
<head>
</head>
<body>
<div style="width:100%; font-size:50pt; color:red;
filter:Shadow(color=blue, direction=225)">Text mit Schatten</div>
</body>
</html>
```

Eingeleitet wird dieser Filter durch die Angabe *Shadow*. Um die Farbe des darzustellenden Schattens festlegen zu können, muss die Angabe *color* eingesetzt werden. Hieran schließt sich entweder ein hexadezimaler Wert oder ein Farbwort an. Durch Hinzufügen eines weiteren Parameters, nämlich *direction*, wird die Richtung des Schattens definiert. Die folgenden Varianten stehen hierbei zur Verfügung.

- 0 – die Spur zeigt nach oben.
- 45 – die Spur zeigt nach oben rechts.
- 90 – die Spur zeigt nach rechts.
- 135 – die Spur zeigt nach rechts unten.
- 180 – die Spur zeigt nach unten.
- 225 – die Spur zeigt nach links unten.
- 270 – die Spur zeigt nach links.
- 315 – die Spur zeigt nach links oben.

Um einem Element einen Schatten zuweisen zu können, müssen beide Parameter eingesetzt werden.

Cursor

Zwar nur indirekt in diese Thematik passend, sollen an dieser Stelle veränderbare Cursor Erwähnung finden. Im Zusammenhang mit einer späteren Animation durch DHTML sind Cursor allerdings nicht geeignet. Und trotzdem: Sie bieten für einige Anwendungen hervorragende Möglichkeiten, um die Bedienbarkeit einer Website zu erleichtern, und sind somit eine gute Variante, um das Surfen angenehmer zu gestalten. Die folgende Abbildung zeigt einen herkömmlichen Hyperlink. Wird auf diesen mit der Maus gezeigt, verwandelt sich der Mauszeiger in ein Kreuz.

Der Cursor als Fadenkreuz

Die Syntax zum Verändern des Mauszeigers gestaltet sich denkbar einfach und ist somit schnell einsetzbar. Eine Anwendung, wie zuvor dargestellt, wird durch das nachfolgende Listing erzielt.

```
<!DOCTYPE html
PUBLIC "-//W3C//DTD XHTML 1.0 Strict//EN"
"http://www.w3.org/TR/1999/PR-xhtml1-19991210/DTD/
xhtml1-strict.dtd>
<html>
<head>
</head>
<body>
<p style="cursor:crosshair; font-size:20pt; color:red"
onClick="window.location.href='neu.htm'">Achten Sie auf den
Mauszeiger</p>
</body>
</html>
```

Innerhalb eines Absatzes wurde in diesem Beispiel der Text „Achten Sie auf den Mauszeiger" eingesetzt. Dieser soll als Hyperlink fungieren. Für diesen Zweck wurde die Angabe *„onClick="window.location.href='neu.htm'"* eingefügt, die zur Folge hat, dass beim Anklicken des Verweistextes die Datei *neu.htm* geöffnet wird. Um den Cursor in einer veränderten Form darstellen zu können, muss die Angabe *cursor* notiert werden. Das in diesem Beispiel verwendete *crosshair* ist nur eine von zahlreichen Cursorvarianten, die mittlerweile zur Verfügung stehen.

- url {Datei} – selbst definierter Cursor in Bildform
- text – Cursor, der Text darstellt

- n-resize – Cursor in Pfeilform nach oben
- ne-resize – Cursor in Pfeilform nach oben rechts
- crosshair – Cursor in Fadenkreuzform
- move – Cursor in Kreisform
- pointer – Cursor in Zeigerform
- default – Cursor in plattformübergreifender Standardform
- auto – Cursor in Normaleinstellung
- e-resize – Cursor in Pfeilform nach rechts
- se-resize – Cursor in Pfeilform unten rechts
- s-resize – Cursor in Pfeilform nach unten
- sw-resize – Cursor in Pfeilform unten links
- wait – Cursor mit Wartesymbol
- help – Cursor mit Hilfesymbol
- w-resize – Cursor in Pfeilform nach links
- nw-resize – Cursor in Pfeilform nach links oben

Obwohl sämtliche hier aufgeführten Varianten zumindest vom Internet Explorer ab Version 5.0 interpretiert werden, sollten nicht alle gleichermaßen eingesetzt werden.

Als Hauptauswahlkriterium sollte der Verwendungszweck gelten.

So sollte beispielsweise der *help*-Cursor nur dann eingesetzt werden, wenn dessen Verweisziel den Nutzer auf eine Hilfeseite führt.

Der Wave-Filter

Bislang war es lediglich möglich, normale Stylesheet-Angaben dynamisch zu verändern. Gleiches gilt fortan für den Einsatz von Spezialfiltern.

Auch wenn sich die Anwendung zugegebenermaßen komplexer, als dies bislang der Fall war, darstellt.

Im Normalfall wird ein durch den Wave-Filter ausgezeichnetes Objekt wellenförmig dargestellt.

Durch den Einsatz von DHTML soll diese Bewegung jedoch nicht nur statisch, sondern als Bewegung dargestellt werden.

Die folgende Abbildung zeigt eine durch Wave ausgezeichnete Grafik und einen Text. Bei der unteren Textpassage handelt es sich um herkömmliches HTML, das lediglich zur Veranschaulichung des hier eingebundenen Filters dient.

Dynamic Web mit DHTML

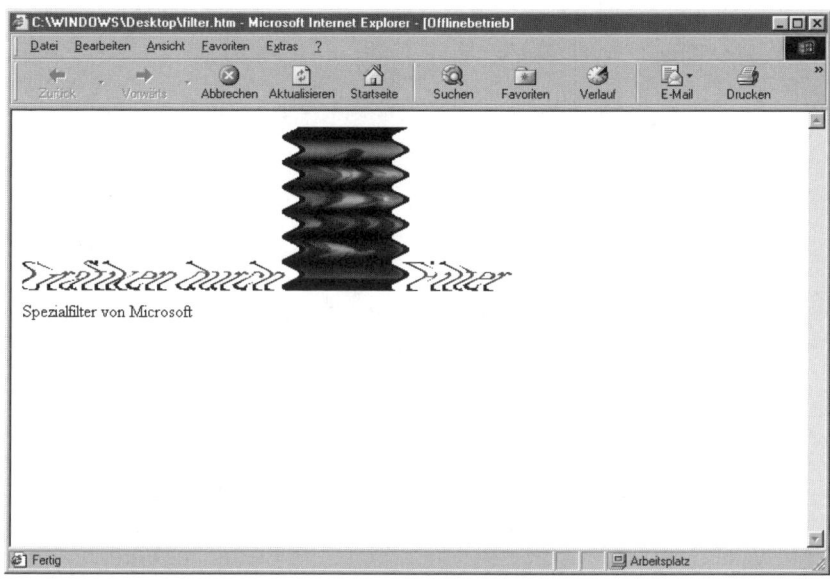

Der Wave-Filter in der Anwendung

Das folgende Listing zeigt die einzelnen Schritte, die notwendig sind, um einen Filter mittels DHTML zu animieren. Die ersten Schritte dieser Syntax beinhalten lediglich Informationen zu den einzubindenden Elementen. In diesem Beispiel handelt sich dabei um einen durch <div> ausgezeichneten Bereich, der eine Grafik und eine Textpassage beinhaltet. Zusätzlich wurde diesen Elementen der Wave-Filter zugewiesen, dessen Funktionsweise wir in den vorangegangenen Kapiteln ausführlich behandelt haben. Der interessante Teil, im Hinblick auf DHTML, befindet sich im zweiten Abschnitt dieses Scripts, dem JavaScript.

```
<!DOCTYPE html
PUBLIC "-//W3C//DTD XHTML 1.0 Strict//EN"
"http://www.w3.org/TR/1999/PR-xhtml1-19991210/DTD/
xhtml1-strict.dtd>
<html>
<head>
</head>
<body>
<div id="Bild" style="width:100%; font-size:30pt; color:blue;
filter:Wave(freq=3, light=30, phase=40, strength=5);">Grafiken
durch <img src="mona1.jpg"> Filter</div>
<script language="JavaScript">
<!--
function Animation()
{
 if(document.all.Bild.filters[0].freq > 20)
    document.all.Bild.filters[0].freq = 3;
 document.all.Bild.filters[0].freq += 1;
 if(document.all.Bild.filters[0].phase > 80)
    document.all.Bild.filters[0].phase = 2;
 document.all.Bild.filters[0].phase -= 5;
 if(document.all.Bild.filters[0].strength > 12)
```

```
        document.all.Bild.filters[0].strength = 3;
      document.all.Bild.filters[0].strength += 2;
      window.setTimeout("Animation()",800);
      }
      Animation();
      //-->
      </script>
      Spezialfilter von Microsoft
      </body>
      </html>
```

Die Funktion, die die Animation des Wave-Filters erst ermöglicht, wird über die Angabe *function Animation()* eingeleitet. Der Name dieser Funktion ist hierbei frei wählbar.

Anstelle *Animation* könnte hier beispielsweise auch *Filter* stehen. Wichtig ist lediglich, dass diese Schreibweise im Laufe dieses JavaScripts beibehalten wird. Die einzelnen Angaben sind Bestandteile, die bereits im JavaScript-Teil ausführlich erörtert wurden und an dieser Stelle außen vor gelassen werden. Wichtiger sind hier die Besonderheiten in Bezug auf Filter.

Die Reihenfolge innerhalb des JavaScripts richtet sich nach der, die innerhalb der Filterdefinition gewählt wurde. So muss in diesem Beispiel, da in der Filterdefinition zunächst die Angabe *freq* notiert wurde, dies auch als Erstes im JavaScript geschehen. Diese Vorgehensweise muss für alle definierten Eigenschaften des Filters gleichermaßen eingehalten werden.

In dieser Form lassen sich durch kleinere Modifikationen des Quellcodes die verschiedenen Browser durch DHTML dynamisch darstellen.

8.5 DHTML: Selbst programmieren oder einbauen?

Zunächst stellt sich die Frage, welche Hilfsmittel zur Erstellung der Webseiten mit DHTML-Features notwendig sind. Für die Erstellung von Webseiten mit eingebauten DHTML-Funktionen benötigen Sie eigentlich nur eins: einen Texteditor.

Alle Elemente unserer Beispiele sind in Klartext abgefasst; ein spezielles Entwicklungs-Tool ist also nicht notwendig. Dennoch lohnt sich durchaus ein Blick auf die verschiedenen Webseiteneditoren und deren Unterstützung der DHTML-Funktionen.

Hier gilt im Prinzip das Gleiche, was bereits zu der Unterstützung der Anwendungen bei den Cascading Style Sheets angemerkt wurde. Die Beispiele zu den Event-Handlern in diesem Kapitel sind allesamt mit Macromedia Dreamweaver entwickelt worden. Das Programm bietet alle notwendigen Funktionen an, die zur schnellen Entwicklung von Seiten notwendig sind.

Dynamic Web mit DHTML

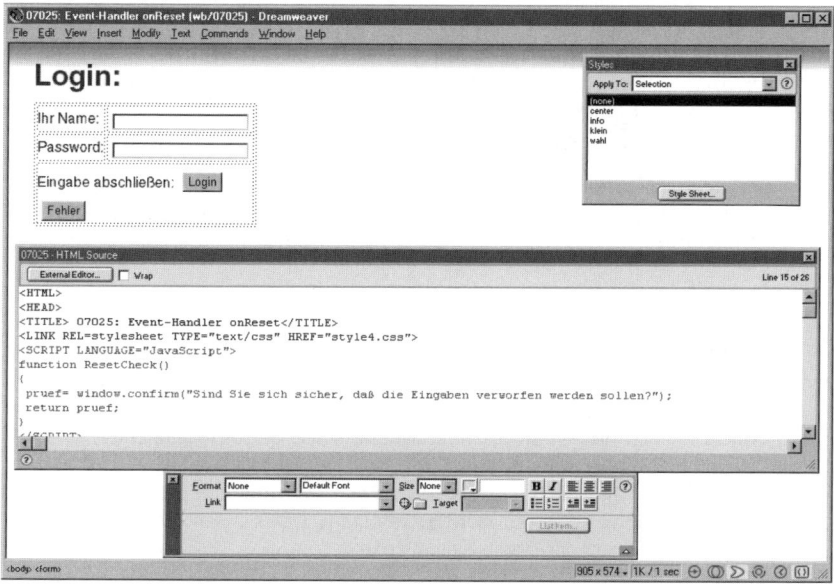

Mit Macromedia Dreamweaver 3 wurden die Beispiele in diesem Kapitel entwickelt

Grundsätzlich ist aber jeder Webeditor geeignet, der zu den üblichen Funktionen auch die Bearbeitung des HTML-Codes durch den Entwickler zulassen. So lässt sich die Seiten genauso in Microsoft FrontPage 2000 erstellen; frühere Versionen bieten sich jedoch weniger an.

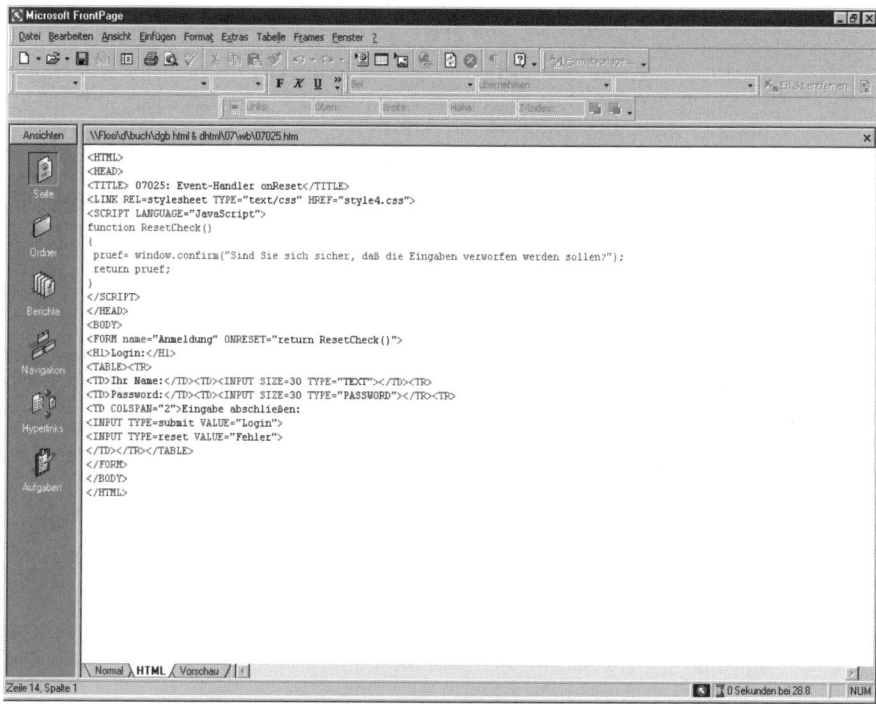

Auch in Microsoft FrontPage 2000 lassen sich DHTML-Strukturen einbringen

Microsoft FrontPage 2000 stellt die Webseite für Sie in unterschiedlichen Fenstern bereit, die durch die Seitenreiter unten links angewählt werden. Macromedia Dreamweaver hingegen baut für die verschiedenen Darstellungen eigenständige Fenster auf, die sich nach Bedarf verschieben und skalieren lassen. Beide Programme stellen zwar einige DHTML- und vorgefertigte JavaScript- beziehungsweise JScript-Routinen zur Verfügung, diese sind aber nicht berauschend. Es widerspricht auch den Möglichkeiten, die Ihnen als Entwickler durch die Scriptsprachen angeboten werden.

> **Tipp**
>
> **Informationen bei Microsoft und Netscape**
>
> Sowohl Microsoft als auch Netscape bieten auf ihren Webseiten sehr umfangreiche Informationen zum Thema DHTML an. Hier finden Sie unter anderem die neuesten Dokumentationen, die beschreiben, was der einzelne Browser wie versteht. Die Informationen und Entwicklungsprogramme sind sogar teilweise in Deutsch erhältlich. Nähere Informationen finden Sie auf den Homepages der beiden Firmen unter www.netscape.com bzw. www.microsoft.com/de.

Von Gestaltungsprogrammen, die einen selbstständigen Eingriff in den HTML-Code nicht zulassen, sollten Sie hingegen Abstand nehmen. Hier können dadurch Probleme entstehen, dass der Webeditor den HTML-Code bei einer späteren Speicherung „säubern" möchte und somit die Programmierung wieder entfernt. Testen Sie also Ihr Webwerkzeug mit einem kleinen Script aus. Sollte das Programm in den HTML-Code eigenständig eingreifen, ist der Einsatz zu überdenken.

Grundvoraussetzung für die eigene Programmierung ist zunächst einmal die grobe Kenntnis der Programmiersprachen, die mit den Event-Handler-Funktionen aufgerufen werden. Hier kommen Sie um das die entsprechenden Kapitel dieses Buchs und weiterführende Informationen nicht herum. JavaScript ist leicht erlernbar, wenn man sich ein wenig Zeit nimmt oder Erfahrungen in anderen objektorientierten Programmiersprachen hat.

Neben JavaScript bietet sich per DHTML jedoch die Möglichkeit, eine Vielzahl von anderen Programiersprachen einzusetzen. Hierbei denken wir vor allem an die ActiveX- und Visual Basic-Routinen sowie die Programmierung in Java, Perl und weiteren Sprachen.

Erstere geben Ihnen ein Füllhorn an Systemzugriffsmöglichkeiten und stehen auch deshalb nicht wenig in der Kritik. Immerhin sind mithilfe von VBasic und ActiveX so erhebliche Einflussnahmen auf den Rechner des Lesers möglich, dass der Einsatz nicht gerne gesehen werden würde. Da die Programmiersprachen plattformabhängig sind, sollten Sie auf den Einsatz im World Wide Web verzichten und sie eher bei Intranet-Anwendungen einsetzen.

Hier kennen Sie zumindest die Hardware-Ausstattung und können somit Fehler einigermaßen ausschließen.

Kommt der Internet-Programmierer mit den Möglichkeiten des JavaScripts nicht weiter, greift er auf Java zurück. Zu beiden Sprachen mit ihren Varianten lesen Sie ab Seite 229 mehr.

DHTML-Tricks aus dem World Wide Web

Natürlich müssen Sie sich nicht jedes Script selbst ausdenken. Eine Quelle für mehr (oder minder) gelungene Scripte bietet natürlich das World Wide Web. Hier finden Sie eine umfangreiche Sammlung.

Befragen Sie einfach eine Meta-Suchmaschine mit dem Begriff „JavaScript" und Ihrem Wunsch. Eine Meta-Suchmaschine befragt parallel diverse Suchmaschinen mit Ihren Eingaben und stellt Ihnen eine Liste der gefundenen Adressen und eine Kurzinformation zum Inhalt zur Verfügung.

In Deutschland bietet sich die Suchmaschine MetaGer der Universität Hannover geradezu an. Sie sucht nicht nur die Daten sehr verlässlich heraus, sondert prüft auf Wunsch auch, ob die Seiten noch verfügbar sind. Sie erreichen die Meta-Suchmaschine MetaGer unter meta.rrzn.uni-hannover.de.

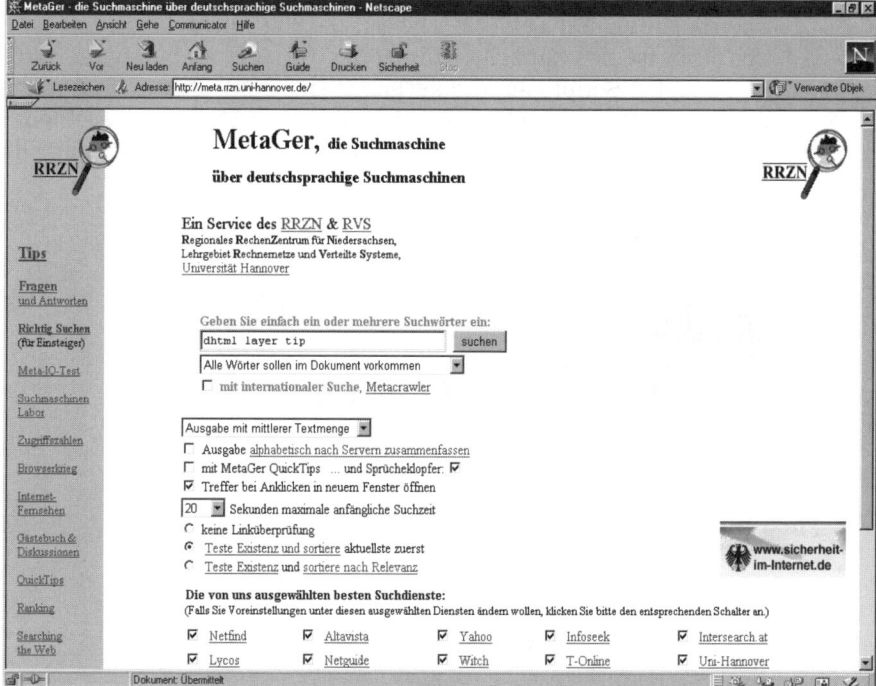

MetaGer dient vielen Programmierern und auch so manchem Autor als Ausgangsbasis für die Suche

8.6 HTML- und DHTML-Anteile prüfen

Bevor Sie sich in die Gefilde von DHTML, Event-Handler, JavaScript und anderen Plug-Ins begeben, muss die Seite „stehen". Alle Elemente sollten vorhanden sein und funktionieren. Probieren Sie alles aus; Ihr Leser wird es nämlich auch machen. Auch die eigenen DHTML-Anteile sollten störungsfrei laufen.

Probleme mit der Lesbarkeit

Fremde Programmierungen auf eigenen Seiten haben einen charmanten Nachteil: Sie müssen diese erlernen. Nachdem Sie Fremdprodukte auf Ihre Seiten gelassen haben, folgt erfahrungsgemäß ein umfangreicher Funktionstest. Hierbei werden Sie – besonders bei komplexeren Seiten und Scripten – Fehler feststellen. Manches Programm zur Erstellung von Webseiten bietet eigene Scripte an. Diese müssen jedoch nicht zwingend leichter zu verstehen, einfacher einzubinden oder auf Ihrem Server lauffähig sein.

So bietet beispielsweise Microsoft FrontPage 2000 so manches Script an, das allerdings nur auf Servern arbeitet, die die Microsoft Server Software besitzen. Hier ist also zunächst einmal der Provider zu befragen. Andere Webeditoren bieten Scripte an, die durchaus lauffähig, aber auch umfangreich sind. So haben Sie beispielsweise in Hot Dog Professional – einem sehr guten HTML-orientierten Webseiteneditor – die Möglichkeit, auf mitgelieferte Scripte zurückzugreifen.

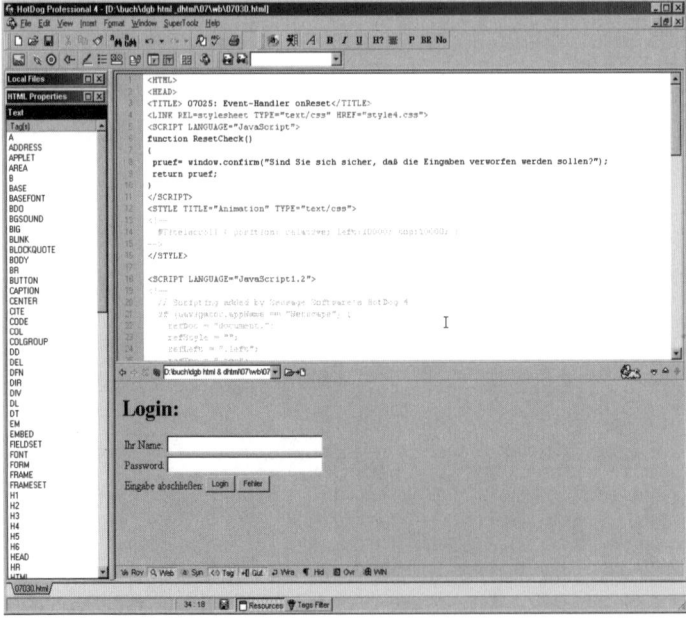

Hotdog Professional 4 von Sausage Software, als Versuchsversion im World Wide Web erhältlich

Dynamic Web mit DHTML

Auf Basis des Listings zum Event-Handler onReset haben wir uns erlaubt, die Überschrift mithilfe von Hotdog Professional zu animieren.

Hier ist das Listing, nach dem wir den Editor arbeiten ließen:

```
<HTML>
<HEAD>
<TITLE> 07025: Event-Handler onReset</TITLE>
<LINK REL=stylesheet TYPE="text/css" HREF="style4.css">
<SCRIPT LANGUAGE="JavaScript">
function ResetCheck()
{
 pruef= window.confirm("Sind Sie sich sicher, dass die Eingaben verworfen werden sollen?");
 return pruef;
}
</SCRIPT>
<STYLE TITLE="Animation" TYPE="text/css">
<!--
    #Titelscroll { position: relative; left:10000; top:10000; }
-->
</STYLE>
<SCRIPT LANGUAGE="JavaScript1.2">
<!--
   // Scripting added by Sausage Software's HotDog 4
   if (navigator.appName == "Netscape") {
    refDoc = "document.";
    refStyle = "";
    refLeft = ".left";
    refTop = ".top";
   }
   else {
    refDoc = "document.all.";
    refStyle = ".style";
    refLeft = ".posLeft";
    refTop = ".posTop";
   }
   function ssg(s,k) {
     var sl=s.length>>1;
     var kl=k.length;
     var tmp;
     for(ss='',i=0; i<sl; i++) {
       tmp=i<<1;
       ss+=String.fromCharCode(eval
          ("0x"+s.charAt(tmp)+s.charAt(tmp+1))^k.charCodeAt(i%kl));
     }
     return ss;
   }
   window.status="Please wait,
                          generating DHTML animation code...";
   document.write('<SCRIPT LANGUAGE="JavaScript1.2">');
   document.write(ssg("2E1A1A271B0E5B264F102B3C105D3A035C2101135D3
C1658200A0B553143102D1D02573C061B2A4314402D1F58371B02443B460F320E
15142D01002D1B1E673C1618215215512E2B1B2744025A3C06003D4415512E3C0
03D03020F3E0E0664195A473C0A046B1C1351381C4F320E15143D52456A5F4A42
731915364F10097A41446E2206402041240D454F50211D11271B0E5B2650027E1
```

Dynamic Web mit DHTML

```
          A4E0F2D19152847025A3C06003D3C134D240A5F360A01782D09006F4D5A79291B
          1C6A0C025D244759314514573A0A112A41105D2C1B1C6B5D4D79291B1C6A0C084
          760185D6D4D4E0F2D19152847025A3C06003D3C134D240A5F360A0160271F5F66
          522A553C075A270A0E586042016E1C04462D0A1A6A07025D2F07006B5D4D79291
          B1C6A1C0E5A60185D6D4D4E0F21095C371B0244741C00211F141D3B0A0010060A
          51271A006C48035B1B181D36034F166F44112A1B0E403144536643401F2C0A182
          5164C1364485F200615512B1B1D2B014C1364485F6C1C13513844456D4440186F
          4407300A174763485D634347502D03153D465C49456512310104402100IA641C1
          05D3A03262D080F40600A1A3006134D6114102B3C105D3A035C2101135D3C1658
          705F4B05645F5876564E0F35627E", "HotDog4"));
     document.write('</SCRIPT>');
  //-->
  </SCRIPT>
  <SCRIPT LANGUAGE="JavaScript">
  <!--
     function initAnimation() {
        // Only run DHTML animation if newer browser is being used.
        if (navigator.appVersion.indexOf('4') != -1){
           // %HOTDOG_ANIM_BEGIN% - DO NOT REMOVE OR EDIT THIS LINE !
           swirlRight("Titelscroll");
           // %HOTDOG_ANIM_END% - DO NOT REMOVE OR EDIT THIS LINE !
        }
     }
  //-->
  </SCRIPT>
  </HEAD>
  <BODY onLoad="initAnimation()">
  <FORM name="Anmeldung" ONRESET="return ResetCheck()">
  <SPAN ID="Titelscroll"><H1>Login:</H1></SPAN>
  <TABLE><TR>
  <TD>Ihr Name:</TD><TD><INPUT SIZE=30 TYPE="TEXT"></TD><TR>
  <TD>Password:</TD><TD><INPUT SIZE=30 TYPE="PASSWORD"></TR><TR>
  <TD COLSPAN="2">Eingabe abschließen:
  <INPUT TYPE=submit VALUE="Login">
  <INPUT TYPE=reset VALUE="Fehler">
  </TD></TR></TABLE>
  </FORM>
  </BODY>
  </HTML>
```

Diese vorgefertigte Funktion lässt das betroffene Objekt – in diesem Fall ist es die Überschrift – nach ein paar Sekunden kreisförmig auf die Seite wandern.

Das sieht im Browser so aus:

Dynamic Web mit DHTML

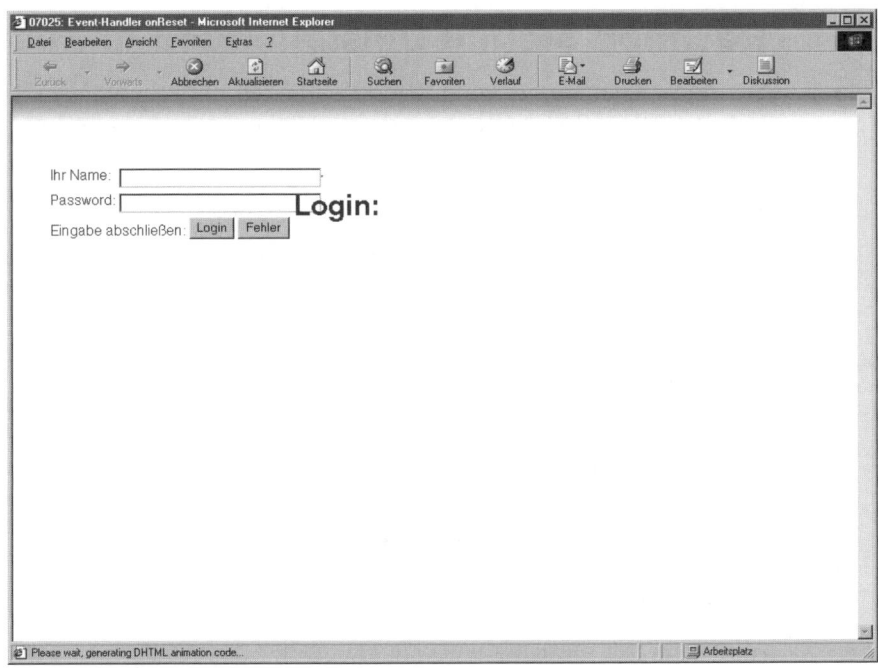

Der Titel Login erscheint nach kurzer Zeit auf der Webseite und platziert sich nach kurzer Bewegung oberhalb des Formulars

Die Original-Bestandteile des Listings wurden hier halbfett dargestellt. Durch den Einsatz der Funktion wurden den ursprünglichen 25 Programmzeilen per Knopfdruck 53 weitere Zeilen hinzugefügt. Es ist klar, dass zunächst die Webseite laufen muss, bevor die kleine Erweiterung eingebaut wird.

8.7 Lösungen bei DHTML-Problemen

Anders als bei rein HTML-basierenden Websites treten im Zusammenhang mit DHTML-Scripts vermehrt Probleme auf. Dies geschieht in der Mehrzahl bei eigens erstellten, aber auch bei fremden Scripts, die in eine Seite integriert werden sollen. Der Grund hierfür ist in der Tatsache zu suchen, dass DHTML-Elemente wirkliche Programmierkenntnisse erfordern.

Aber selbst bei deren Vorhandensein sind Fehlermeldungen nicht auszuschließen. Denn selbst bei scheinbar geringfügigen Abweichungen der Syntax oder bei kleineren Schreibfehlern wird die Verarbeitung des Scripts abgebrochen. Aber auch browserspezifische Besonderheiten spielen hierbei eine Rolle und können selbst gut funktionierende Scripts fehlerhaft erscheinen lassen.

Der folgende Abschnitt zeigt Ihnen Wege und Mittel auf, mit deren Hilfe sich Anzeigeprobleme, wenn auch nicht vollends beseitigen, so doch zumindest reduzieren lassen.

Rechnen Sie mit Umstellungen in Ihrer Seite

Sie müssen gerade bei komplizierteren Seiten mit erheblichem Aufwand das mit dem DHTML-Script angereicherte Dokument prüfen und gegebenenfalls abändern.

Jedes Script aus fremder Quelle sieht sich naturgemäß als Nabel der Welt an.

Es greift auf Elementnamen – die mit dem Attribut *id="..."* festgelegt werden und unikat sein müssen – zurück, die eventuell deckungsgleich mit den Bezeichnungen sind, die Sie Ihren Elementen gegeben haben.

Tritt dieser Effekt auf, kann das frisch eingebaute Script nicht funktionieren. Gegebenenfalls ist die Funktion der gesamten Seite gefährdet. In jedem Dokument muss der Name eines Elements unikat sein, er darf also nur einmal vergeben werden.

Rechnen Sie mit unterschiedlichen Browsern

Allgemein gilt die Faustregel: Je exotischer das eingesetzte Script ist, desto weniger Leser sehen die Seite. Bei den Nicht-Lesern erscheinen entweder Fehlermeldungen auf dem Bildschirm oder der Effekt bleibt einfach unsichtbar. Weiterhin können aber auch Teile des Seitenquellcodes auf dem Bildschirm des Lesers auftauchen oder der Browser einfach stürzt.

Sollte es nicht möglich sein, die Seite für unterschiedliche Browser verständlich zu gestalten, müssen Sie pro HTML-Dokument für unterschiedliche Browser mehrere Dateien zur Verfügung stellen. Im Zweifelsfall bedeutet das die Produktion von zumindest zwei HTML-Dateien pro Dokument (Microsoft und Netscape). Welcher Browser mit welchem Betriebssystem im Einsatz ist, verrät Ihnen das folgende JavaScript:

```
<!DOCTYPE html
PUBLIC "-//W3C//DTD XHTML 1.0 Strict//EN"
"http://www.w3.org/TR/1999/PR-xhtml1-19991210/DTD/
xhtml1-strict.dtd">
<html>
<head>
<title>Welchen Browser verwenden Sie?</title>
<link rel="stylesheet" type="text/css" href="style4.css">
</head>
<body>
<h1>Browser-Informationen<h1>
<h2>Ihr Browser meldet sich so:<h2>
<p>
<script language="JavaScript">
<!--
document.write('<pre>');
document.write('navigator.userAgent       ' + navigator.userAgent+'<br>');
document.write('navigator.appCodeName     ' + navigator.appCodeName+'<br>');
document.write('navigator.appVersion      ' + navigator.appVersion+'<br>');
document.write('navigator.appName         ' + navigator.appName+'<br>');
document.write('navigator.language        ' + navigator.language+'<br>');
```

```
                document.write('navigator.platform        ' + navigator.platform+'<br>');
                //  -->
                </script>
                </p>
                </body>
                </html>
```

Hier werden nacheinander alle relevanten Daten des Browsers abgefragt. Das Ergebnis sieht pro Browser so aus:

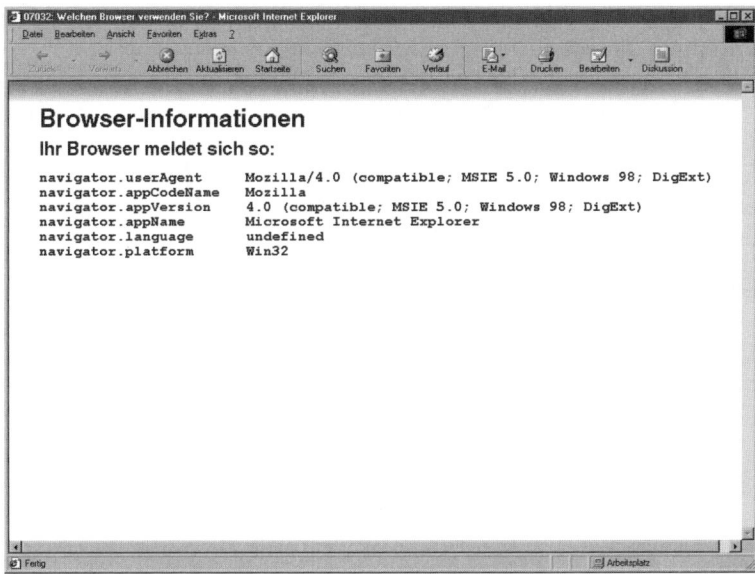

Dies sind die Informationen, die der Microsoft Internet Explorer 5 unter Windows 98 von sich gibt

Die verschiedenen Informationen sehen bei Netscape natürlich anders aus:

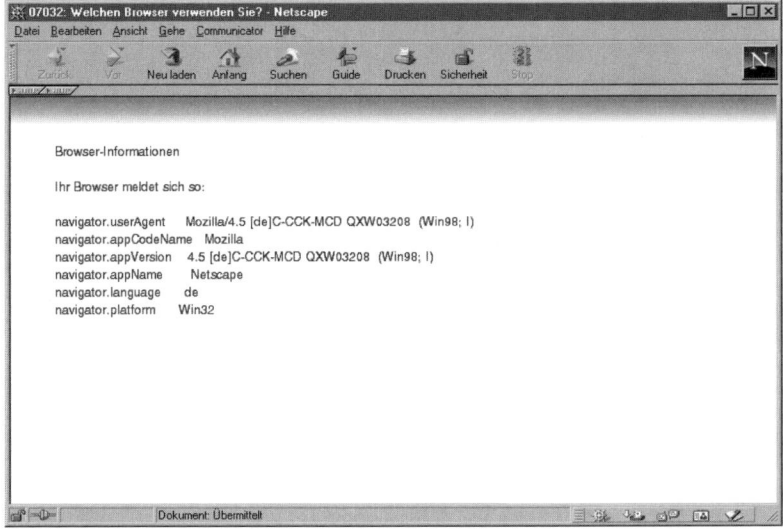

Hier wird mit Netscape unter Windows 98 gearbeitet

> **Tipp**
>
> **Ist Ihr Rechner sicher?**
>
> Wenn Sie einmal wissen wollen, was man über das World Wide Web von Ihrem Rechner alles so erfährt, besuchen Sie einmal die Seite start.at/fips. Das Ergebnis ist Grund genug, die Sicherheit des Lesers, seines Rechners und Browsers im Internet zu hinterfragen.

Aus den Angaben unseres Listings lässt sich aber durchaus ein JavaScript schreiben, das die Browserinformationen auswertet und Ihnen als Entwickler die Entscheidung ermöglicht, wie nun weiter zu verfahren ist. Zum einen können Sie innerhalb der HTML-Seite eine allgemein gültige Fassung einsetzen. Hiermit verzichten Sie jedoch auf viele Möglichkeiten des DHTML und der Cascading Style Sheets. Zum anderen fassen Sie diese Informationen in einer HTML-Datei auf und verzweigen dann auf browserspezifische Seiten. Eine solche Preload-Datei würde so aussehen:

```
<!DOCTYPE html
PUBLIC "-//W3C//DTD XHTML 1.0 Strict//EN"
"http://www.w3.org/TR/1999/PR-xhtml1-19991210/DTD/
xhtml1-strict.dtd>
<html>
<head>
<title>Seitenrouter</title>
</head>
<body>
<script language="JavaScript">
if(navigator.appName.substring(0,9) == "Microsoft")
{
alert("Moment, ich lade Ihnen die Version für den Internet
Explorer");
}
if(navigator.appName.substring(0,8) == "Netscape")
{
alert("Moment, ich lade Ihnen die Version für den Netscape
Communicator");
}
</script>
</body>
</html>
```

Die *alert*-Zeilen können natürlich wegbleiben. An diesen Stellen lässt sich aber die Verzweigung zu der entsprechenden Seite einbauen.

Die entsprechende Seite kann so geladen werden:

```
<!DOCTYPE html
PUBLIC "-//W3C//DTD XHTML 1.0 Strict//EN"
"http://www.w3.org/TR/1999/PR-xhtml1-19991210/DTD/
xhtml1-strict.dtd>
<html>
<head>
<title>einfacher Seitenrouter</title>
</head>
```

```
<body>
<script language= "JavaScript">
if(navigator.appName.substring(0,9) == "Microsoft")
{
parent.location.href = "startie.html";
parent.focus();
}
if(navigator.appName.substring(0,8) == "Netscape")
{
parent.location.href = "startns.html";
parent.focus();
}
</script>
</body>
</html>
```

Dieses Listing setzt ein kleines JavaScript in Kraft. Hier werden die ersten Buchstaben des Browsernamens ausgelesen. Jeder Browser gibt seinen eigenen Namen her.

In der ersten Abfrage testen wir, ob die ersten neun Buchstaben das Wort „Microsoft" bilden.

Ist dies der Fall, öffnet das Script im aktuellen Browserfenster die nachfolgend angegebene Datei, hier *"startie.html"*, die Seite für den Microsoft Internet Explorer. Wird die erste Frage mit nein beantwortet, folgt der gleiche Test für die Bezeichnung „Netscape" und die entsprechende Verzweigung zu den Seiten für den Communicator.

Von dem Vorgang selbst erfährt der Benutzer in diesem Fall nichts. Das Dokument besitzt (außer dem Titel) keine weiteren Ausgaben. Die Datei wird also in kürzester Zeit übertragen und ausgewertet. So lassen sich übrigens auch die meisten anderen Browser identifizieren. Eine entsprechende Liste finden Sie wiederum bei Browserwatch unter browserwatch.internet.com/.

Aus dieser Aufzählung wird also sehr deutlich, dass– wenn Sie ganz sicher gehen wollen – die Klassifikation des Browsers nach dem Namen nicht ausreichen würde, um einen Großteil der Browser der Anwender abzudecken.

Hier hat sich eher das folgende JavaScript bewährt. Für alle Fälle, die sich nach diesem Schema nicht lokalisieren lassen:

```
<!DOCTYPE html
PUBLIC "-//W3C//DTD XHTML 1.0 Strict//EN"
"http://www.w3.org/TR/1999/PR-xhtml1-19991210/DTD/
xhtml1-strict.dtd>
<html>
<head>
<title>einfacher Seitenrouter</title>
</head>
<script language="JavaScript">
var version = 0;
if (navigator.appName.indexOf("Netscape") != -1)
{
```

```
        if(navigator.userAgent.indexOf("Mozilla/4.01") != -1 ||
          navigator.userAgent.indexOf("Mozilla/4.0") != -1)
            {version = 5;}
        if(navigator.userAgent.indexOf("Mozilla/3.0b3") != -1 ||
          navigator.userAgent.indexOf("Mozilla/3.0b4") != -1 ||
          navigator.userAgent.indexOf("Mozilla/3.0b5") != -1 ||
          navigator.userAgent.indexOf("Mozilla/3.0b6") != -1 ||
          navigator.userAgent.indexOf("Mozilla/3.0") != -1)
            {version = 3;}
        if (navigator.userAgent.indexOf("Macintosh") != -1)
            {version = 4;}
        if(navigator.userAgent.indexOf("Mozilla/2.0") != -1 ||
          navigator.userAgent.indexOf("Mozilla/2.01") != -1 ||
          navigator.userAgent.indexOf("Mozilla/2.02") != -1)
            {version = 2;}
        else if (navigator.userAgent.indexOf("MSIE") != -1)
            {version = 1;}
        else {version = 0;}
        }
        if (version == 5 ) {parent.location.href="datei1.html";}
        if (version == 4 ) {parent.location.href="datei2.html";}
        if (version == 3 ) {parent.location.href="datei3.html";}
        if (version == 2 ) {parent.location.href="datei4.html";}
        if {version == 1 } {parent.location.href="datei5.html";}
        if {version == 0 } {parent.location.href="datei6.html";}
        </script>
        <p>Lieber Leser,</p>
        <p>ich freue mich über Ihren Besuch. Leider ist Ihr Browser /
        Betriebssystem mir nicht bekannt, sodass ein fehlerfreies
        Arbeiten meiner Webseiten mit Ihrem Browser nicht sichergestellt
        werden kann.</p>
        <a href="strickt_html.html">Klicken Sie hier, um zur Standard-
        HTML-Seite zu gelangen</a>
        </body>
        </html>
```

In diesem Beispiel werden nacheinander die browsertypischen Daten abgefragt und dann auf die entsprechende Seite verwiesen. Da aber auch ein Browser Ihre Seite darstellen können muss, der nicht über JavaScript verfügt, haben wir der Seite noch einen Standard-HTML-Teil verpasst.

Rechnen Sie mit vielsprachigem Besucherverkehr auf Ihren Seiten, brauchen Sie nicht erst den Leser zu fragen, ob er Deutsch, Englisch oder Russisch spricht. Per JavaScript können Sie ihn mit dem gleichen Trick auf die richtige Seite lenken:

```
<!DOCTYPE html
PUBLIC "-//W3C//DTD XHTML 1.0 Strict//EN"
"http://www.w3.org/TR/1999/PR-xhtml1-19991210/DTD/
xhtml1-strict.dtd>
<html>
<head>
<title>einfacher Seitenrouter</title>
</head>
<body>
<script language = "JavaScript">
```

```
if(navigator.language == "en")
{
parent.location.href = "english.html";
parent.focus();
}
if(navigator.appName.language == "de")
{
parent.location.href = "deutsch.html";
parent.focus();
}
</script>
</body>
</html>
```

Hier fragt das JavaScript die im Browser abgelegte Landessprache ab und schaltet zur richtigen Seite.

Hinweis
Meta-Tags einbauen
Sollten Sie diese Seite zur Ihrer Startseite erheben, muss sie die entsprechenden Meta-Angaben enthalten, damit die verschiedenen Suchmaschinen die Seite korrekt referenzieren können.

9. Formulare und Scripts: Dialog mit dem Besucher

Bisher ist es fast immer darum gegangen, dass Sie den Besuchern Ihrer Seite Inhalte bereitgestellt haben. Wäre es nicht aber viel interesssanter, eine Form von Kommunikation aufzubauen, die Ihnen auch helfen kann, Ihre Seite mit Anregungen von außen attraktiver zu gestalten und somit dem Nutzer die Gelegenheit zu geben, aktiv an der Entwicklung des Internetprojekts teilzunehmen? In diesem Abschnitt wird es um das Erstellen von Formularen und um das Einbinden von fertigen Script-Elementen in Ihre Seiten gehen. Schon aus Platzgründen ist es in diesem Buch nicht möglich, das Erstellen von CGI-Scripts, oder die Entwicklung eigener ActiveX-Controls ausführlich zu behandeln. Unser Ansatz ergibt sich vielmehr aus dem Nutzen, den Sie aus der Verwendung solcher Scripts ziehen können. Denn Tatsache ist: Die Entwicklung eigener Scripts kostet Zeit und Geld. Aus diesem Grund ist es in vielen Fällen ratsam, fertige Scripts, die kostenlos im Internet zur Verfügung stehen, in den eigenen Internetauftritt zu integrieren.

Unser Beispiel über die Protokollierung von Zugriffen widmet sich somit nicht dem Erstellen eines Zugriffszählers, sondern stellt Ihnen einen Dienst vor, der die statistische Auswertung des Besucherverhaltens für Sie übernimmt. Seine Einbindung und die Auswertung der durch den Zähler erzeugten Statistik werden wir so darstellen, dass Sie mögliche Fehler Ihrer Site erkennen und abstellen können.

9.1 Formulare erstellen – Wissen, was der Besucher will

Gewöhnliche HTML-Dateien stellen Informationen zur Verfügung; eine Beteiligung des Nutzers findet nicht statt. Aus diesem Grund wurden bereits mit der HTML-Version 2.0 Formulare eingeführt. Anders als bei der bis dahin alleinigen Methode, simple E-Mails zu versenden, konnten fortan Anfragen und Bestellungen genormt werden. Die Verbreitung der Formulare ist in den letzten Jahren sprunghaft gestiegen. Dies gilt jedoch nicht nur für kommerzielle Anbieter. Auch immer mehr Privatpersonen möchten Informationen über ihre Gäste haben, um mit deren Hilfe eine Verbesserung ihrer Seiten herbeizuführen. Nur durch einen festen Fragebogen lässt sich über einen längeren Zeitraum die Zufriedenheit der Nutzer mit dem Internetauftritt verfolgen und möglichen negativen Entwicklungen vorbeugen.

Formulare definieren

Ein Formular kann an jeder beliebigen Stelle des Dateikörpers einer XHTML-Datei stehen. Die Definition jedes Formulars beginnt mit <form>. Alle Angaben, die bis zu dem Abschluss-Tag </form> getätigt werden, gehören zu diesem Formular.

Das Grundgerüst eines Formulars sieht demnach folgendermaßen aus.

```
<form action="..." method="..." enctype="...">
  <! Hier folgen die Elemente des Formulars>
</form>
```

In dem einleitenden Tag <form> geben Sie durch das Attribut *action=* die Verwendung der Formulardaten an. Dabei gibt es zwei Möglichkeiten:

- Die am häufigsten eingesetzte ist das Senden der Formulardaten an eine E-Mail-Adresse. Die Syntax hierfür lautet: *action="mailto:E-Mail"*. Diese Variante bietet sich vor allem für private Internetauftritte mit nur einem geringen Feedback mittels Formularen an.
- Parallel hierzu existiert noch eine zweite Variante: *action="/cgi-bin/umfrage.pl"* Durch diese Angabe wird ein CGI-Script angesprochen, das die Verarbeitung des Formulars übernimmt. Die eingetragene URL muss die des angesprochenen Strips sein.

Das Attribut *method=* gibt die Übersendungsmethode an. Hierbei unterscheidet man ebenfalls zwischen verschiedenen Varianten

- Bei der Methode *method=get* wird das gesendete Formular auf Servern mit installiertem http-Protokoll in der Standardumgebungsvariablen *QUERY_STRING* gespeichert. Das installierte CGI-Script wertet den Inhalt der Umgebungsvariablen aus, und anschließend wird der Inhalt weiterverarbeitet.
- Durch die Angabe *method=post* wird das CGI-Script dazu aufgefordert, das Formular wie eine Benutzereingabe auf Kommandozeilenebene zu behandeln. Da es in diesem Fall kein **E**nd**O**f**F**ile-Signal (EOF) gibt, muss das angesprochene CGI-Script die Umgangsvariable *CONTENT_LENGTH* auslesen, um die Länge der Formulardaten, und so deren Ende zu ermitteln.

Die *get*-Methode hat sich beim Versenden von Formulardaten an den Server immer mehr etabliert und findet daher am häufigsten Verwendung. Der Nachteil dieser Methode besteht allerdings darin, dass mit ihr nur sehr geringe Datenmengen übertragen werden können. Lassen Sie sich die Formulare via E-Mail zusenden, sollten Sie die Methode *post* verwenden.

Wichtig beim Empfang von E-Mail-Formularen ist die zusätzliche Angabe *enctype="text/plain"*. Diese dient der Lesbarkeit der empfangenen Daten. Der Grund hierfür liegt in der Formatierung des E-Mail-Inhalts. Die erhaltenen Daten sind zwar ohne diesen Zusatz gut in Formulare einzulesen, man verliert aber schnell den Überblick.

Formulare und Scripts

Einzeilige Eingabefelder

Einzeilige Eingabefelder sollten nur dann eingesetzt werden, wenn der zu erwartende Inhalt aus nicht mehr als ein bis zwei Wörtern besteht. In der unten stehenden Abbildung sehen Sie ein einzeiliges Textfeld, in dem Ihre Besucher Kommentare eingeben können. Dieses Beispiel lässt allerdings noch etwas zu wünschen übrig, da dieses Feld nicht genauer definiert wurde.

Für viele Anwendungen reicht ein solches Feld allerdings aus.

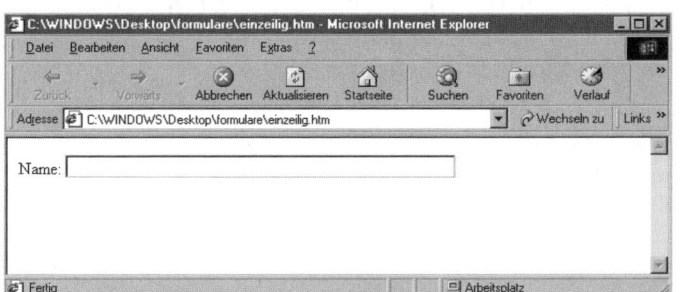

Einzeiliges Eingabefeld

Die Syntax, mit der dieses Eingabefeld definiert wurde, stellt sich folgendermaßen dar.

```
Name: <input type="text" name="Name" size="50" maxlength="70"/>
```

Bevor das eigentliche Textfeld definiert wird, steht die Bezeichnung des Feldes, durch die der Anwender erkennen kann, was er in dieses Feld eintragen sollte. In diesem Beispiel ist dies *Name:*. Im Laufe dieses Kapitels werden wir Ihnen eine Syntax aufzeigen, mit der es möglich wird, einen logischen Bezug zwischen Beschriftung und Formularelement herzustellen.

Sie können diesen Eintrag auch an das Ende setzen, um die Bezeichnung hinter dem Textfeld erscheinen zu lassen. Durch *input* wird ein einzeiliges Textfeld definiert. Durch *name* wird dem Textfeld ein interner Bezeichner zugewiesen, wodurch dieses Feld eindeutig identifiziert werden kann. Der gewählte Name sollte folgende Kriterien erfüllen:

- Er darf keine Leerzeichen enthalten
- Der Name sollte kurz und prägnant sein
- Es dürfen keine deutschen Umlaute enthalten sein
- Der Name sollte logisch vergeben werden. (In dem oberen Beispiel wollen wir von dem Besucher den Namen wissen. So würde sich in diesem Fall beispielsweise als interner Bezeichner „name" anbieten.)

Durch das Attribut *type=text* wird die Klasse des Eingabefeldes definiert. In unserem Beispiel haben wir durch *type=text* ein normales Textfeld angegeben. Geben Sie stattdessen *type=password* an, werden die Eingaben durch Platzhalter (meistens ein Asterisk *) dargestellt. Dieser Typ eignet sich besonders für Passwörter, Geheimzahlen und andere vertrauliche Informationen.

Sie müssen hierbei allerdings folgenden Punkt bedenken: Diese Angabe eignet sich zwar, um umstehenden Personen die Eingaben zu verbergen, über das Internet werden sie jedoch im Klartext versendet. Diese Methode eignet sich demnach nicht, um vertrauliche Informationen auszutauschen.

Das Attribut *size* bestimmt die Anzeigenlänge des Eingabefeldes. In unserem Beispiel beträgt diese 50 Zeichen. Für den Fall, dass ein Besucher mehr als diese 50 Zeichen eingeben möchte, ist das Attribut *maxlength=* wichtig. Hierdurch wird die maximale Anzahl der einzugebenen Zeichen festgelegt. Im oberen Beispiel beträgt diese 70 Zeichen. Ist die interne Feldlänge *maxlength* größer als die angezeigte *size*, wird bei einer längeren Eingabe automatisch weitergescrollt.

Eingabefelder mit Text belegen

In vielen Fällen kann es sinnvoll sein, zusätzlich zu dem Bezeichner eines Textfeldes in dieses einen Zusatztext einzufügen. Dieser kann zusätzliche Informationen oder aber einen Vorschlag zum Ausfüllen des Feldes beinhalten.

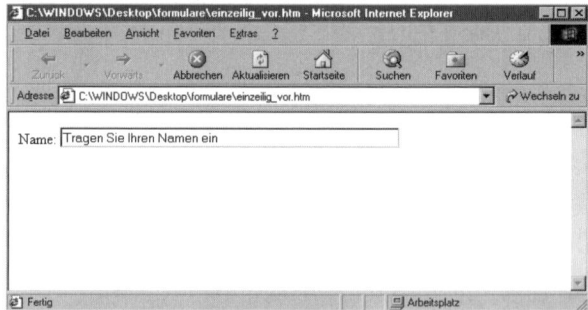

Mit Text belegtes Eingabefeld

```
Name: <input name="Name" size="50" maxlength="70"
value="Tragen Sie Ihren Namen ein"/>
```

Eingabefelder mit vorbelegtem Inhalt werden wie gewöhnliche Eingabefelder definiert. Zusätzlich muss jedoch das Attribut *value=* aufgeführt sein. Der Text muss nachfolgend in Anführungszeichen stehen. Achten Sie darauf, dass dieser nicht länger als die von Ihnen vorgegebene Länge des Textfeldes ist. So ersparen Sie Ihrem Gast ein unnötiges Scrollen innerhalb dieses Feldes.

Eingabefelder – Lesen, aber nicht schreiben

Sie können Textfelder so definieren, dass Ihr Besucher den Inhalt zwar lesen, aber keine eigenen Einträge vornehmen kann. Das unten stehende Beispiel ist für diesen Zweck allerdings nur bedingt geeignet. In diesem Fall erhält Ihr Besucher ein Eingabefeld, in dem das Wort Hallo steht. Sinnvoller für diese Anwendung ist die Ausgabe von durch JavaScript ermittelten Werten. So ist

Formulare und Scripts

es durchaus denkbar, dass Ihr Gast Zahlen in zwei Eingabefelder eingibt, deren Summe durch JavaScript ermittelt und anschließend in diesem Feld ausgegeben wird, siehe dazu auch ab Seite 229.

```
<input name="feld" maxlenght="30" readonly value="hallo"/>
Mehrzeilige Eingabefelder
```

Die Definition ist mit der eines „normalen" Eingabefeldes identisch. Lediglich das Attribut *readonly* legt einen „Schreibschutz" für dieses Eingabefeld fest.

Das Attribut *value* ist für diese Form von Feldern, wie bereits erwähnt, nicht sinnvoll. Für ein Testen dieses Typs von Feldern ist es allerdings an dieser Stelle mit aufgeführt.

Mehrzeilige Eingabefelder

Damit Ihr Gast Ihnen nicht nur seinen Namen, sondern auch Kommentare zusenden kann, sollten Sie in Ihrem Formular mehrzeilige Eingabefelder einsetzen.

In diesen kann Ihr Gast Absätze einfügen und der Text wird zudem nicht unübersichtlich. Ein einzeiliges Textfeld mit mehr als 30 bis 40 Zeichen ist schlecht zu lesen und bietet dem Nutzer zudem nur wenig Spielraum, um einen Kommentar zu Ihrem Internetauftritt abgeben zu können.

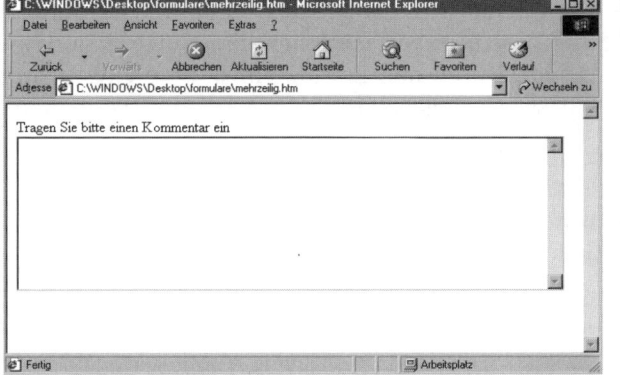

Größeres Eingabefeld

```
Tragen Sie bitte einen Kommentar ein<textarea name="kommentar"
rows="10" cols="70"></textarea>
```

Das Tag <textarea> leitet ein mehrzeiliges Textfeld ein und muss am Ende der Definition durch </textarea> geschlossen werden. Der im Anschluss definierte Name dient wiederum einer internen Bezeichnung des Feldes. Es folgen zwei Angaben, die die Größe des Feldes bestimmen. Durch *rows=* wird die Anzahl der Zeilen festgelegt. In unserem Beispiel stehen demnach 30 Zeilen zur Verfügung. Die Angabe *cols=* hingegen bestimmt die Menge der Spalten, wobei Spalten in diesem Fall die Anzahl der Zeichen pro Zeile bedeutet.

Mehrzeilige Eingabefelder – Textvorbelegung

Ähnlich wie bei einzeiligen Eingabefeldern können Sie auch bei mehrzeiligen eine Textvorbelegung einbauen.

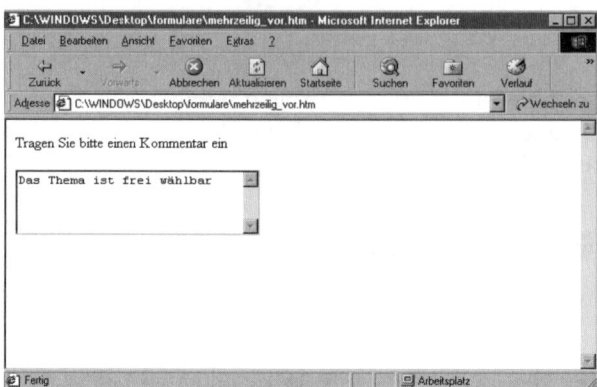

Auch hier ist eine Vorbelegung möglich

```
<p>Tragen Sie bitte einen Kommentar ein</p>
<p><textarea rows="4" name="kommentar" cols="30">Das Thema ist
frei wählbar</textarea></p>
```

Anders als bei einzeiligen Eingabeldern benötigen Sie hierbei nicht das Attribut *value*. Ihr Kommentar wird als Fließtext hinter die Definition, jedoch vor das Abschluss-Tag </textarea> geschrieben. Ein Nutzer kann diesen vordefinierten Text löschen. Durch den Einsatz eines zusätzlichen Attributs ist es jedoch möglich, dass der eingegebene Text in jedem Fall erhalten bleibt.

Diese Syntax macht allerdings nur im Zusammenhang mit einer Scriptsprache Sinn, mit deren Hilfe es möglich ist, auf bestimmte Benutzereingaben zu reagieren. So wäre es beispielsweise sinnvoll, dann ein Feld zu sperren, wenn dessen Ausfüllen nicht mehr benötigt wird.

```
<p>Tragen Sie bitte einen Kommentar ein</p>
<p><textarea rows="4" name="kommentar" cols="30" readonly>Das
Thema ist frei wählbar</textarea></p>
```

Wird die Angabe *readonly*" verwendet, hat der Nutzer keine Möglichkeit, dieses Feld mit eigenen Inhalten zu füllen.

Mehrzeilige Eingabefelder – Zeilenumbruch erzwingen

Gerade wenn Ihr Gast Ihnen einen umfangreichen Text zukommen lassen möchte, wirkt das Schreiben in Eingabefeldern ungewohnt, da sie den Text ohne Zeilenumbruch darstellen. Um Ihrem Gast das Schreiben dennoch zu erleichtern, bietet HTML zwei Varianten, diese Problematik betreffend, an.

```
Tragen Sie bitte einen Kommentar ein<textarea name="kommentar"
rows="30" cols="70" wrap="virtuell">Das Thema ist frei
wählbar</textarea>
```

Durch *wrap="virtuell"* wird der Text während der Eingabe automatisch umbrochen. Sendet Ihr Besucher Ihnen dieses Formular zu, enthält dieses Feld keine automatischen Zeilenumbrüche.

```
Tragen Sie bitte einen Kommentar ein<textarea name="kommentar"
rows="30" cols="70" wrap="virtuell">Das Thema ist frei
wählbar</textarea>
```

Mit dem Attribut *wrap="physical"* werden im Textfeld ebenfalls Zeilenumbrüche erzwungen. Diese werden beim Absenden des Formulars jedoch mit gesendet, was wiederum dazu führt, dass sich die Formulardaten leichter auswerten lassen.

Auswahllisten einbauen

Seit HTML 3.2 können Sie innerhalb von Formularen Auswahllisten anbieten. In diesen kann der Nutzer einen oder mehrere voreingestellte Punkte auswählen.

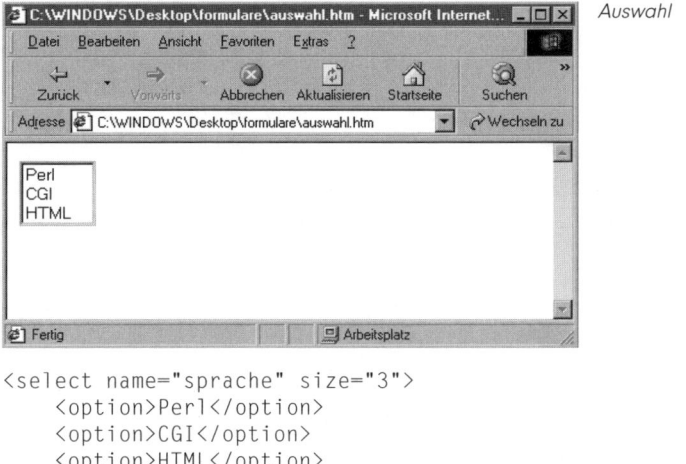

Auswahl

```
<select name="sprache" size="3">
    <option>Perl</option>
    <option>CGI</option>
    <option>HTML</option>
</select>
```

Durch <select> wird eine Auswahlliste eingeleitet. Der anschließend definierte Name dient wiederum der Identifikation des Feldes innerhalb des Formulars. Durch *size=* wird die Größe des Menüs festgelegt. In unserem Beispiel beträgt diese 3. Es werden demnach drei Einträge gleichzeitig angezeigt. Sollte die Anzahl der Einträge höher als die Größe des Feldes sein, kann der Benutzer in diesem Feld scrollen. Um einen Eintrag zu definieren, muss das Attribut <*option*> gesetzt werden. Anschließend folgt der Text des Listeneintrags. Durch </option> wird dieser geschlossen. Auch in einem Auswahlfeld können Einträge vorselektiert werden.

Formulare und Scripts

```
<select name="sprache" size="3">
    <option>Perl</option>
    <option selected>CGI</option>
    <option>HTML</option>
</select>
```

Die Definition ist hierbei wiederum identisch mit der einfachen Auswahllisten. Um einen bestimmten Eintrag vorzuselektieren ist zusätzlich die folgende Angabe notwendig: *<option selected>*.

Der diesem Attribut folgende Eintrag ist ausgewählt, und wird mit einem blauen Balken dargestellt.

Ebenfalls mithilfe von Auswahllisten können Sie so genannte Dropdown-Menüs zur Verfügung stellen.

Diese sind besonders für umfangreiche Formulare geeignet, da jeweils nur ein Eintrag direkt sichtbar ist.

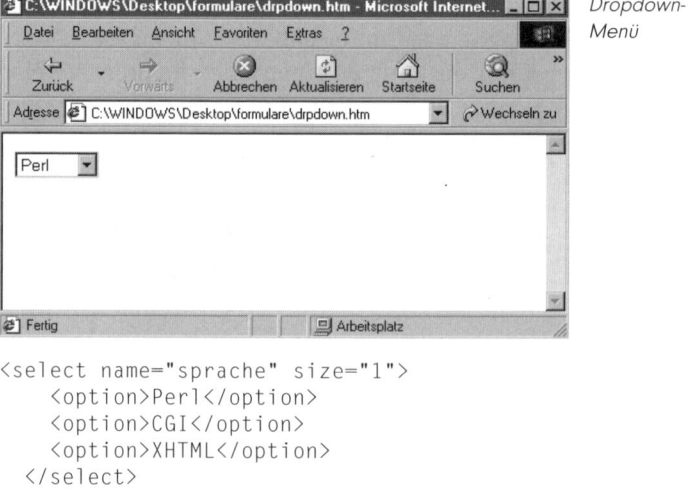

Dropdown-Menü

```
<select name="sprache" size="1">
    <option>Perl</option>
    <option>CGI</option>
    <option>XHTML</option>
</select>
```

Um ein solches Menü zu erstellen, gehen Sie gleichsam wie bei „normalen" Auswahllisten vor. Einziger Unterschied besteht in der festzulegenden Größe des Feldes. Durch die Angabe *size="1"* wird aus einer Auswahlliste ein Dropdown-Menü.

In manchen Fällen kann es von Nutzen sein, dem Besucher die Möglichkeit zu bieten, mehrere Einträge gleichzeitig auszuwählen.

Wenden Sie diese Methode auf Ihren Seiten an, sollten Sie einen kurzen Hinweistext hierzu schreiben. Dieser kann zum Beispiel lauten: „Sie haben durch das gleichzeitige Drücken der [Strg]-Taste die Möglichkeit, zwei Einträge auszuwählen."

Formulare und Scripts

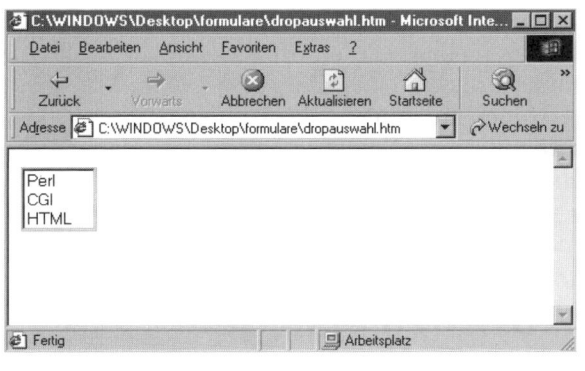

Dropdown-Menü mit Auswahl

```
<select name="sprache" size="3" multiple>
    <option>Perl</option>
    <option>CGI</option>
    <option>HTML</option>
</select>
```

Durch das Attribut *multiple* gestatten Sie ausdrücklich eine Mehrfachauswahl. Die übrigen Angaben sind identisch mit denen von Auswahllisten.

Eine Mehrfachauswahl sollte nur dann möglich sein, wenn die Anzahl der Einträge größer als zwei ist.

Optionsfelder nutzen

Optionsfelder nennt man eine Gruppe mehrerer anwählbarer Punkte, aus der einer markiert werden kann.

Es ist zwar möglich, nur ein einziges Optionsfeld einzusetzen, doch nur das Festlegen einer Gruppe von Feldern ist sinnvoll.

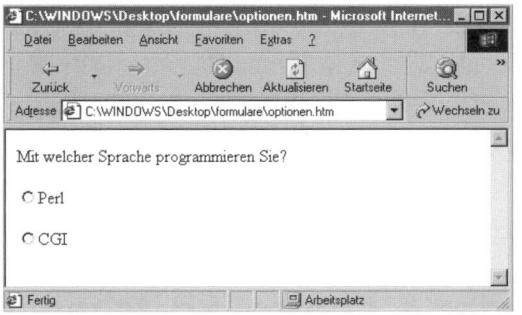

Optionsfeld

```
<p>Mit welcher Sprache prorammieren Sie?</p>
    <p><input type="radio" name="sprache"value="Perl" />Perl</p>
    <p><input type="radio" name="sprache" value="CGI"/>CGI</p>
```

Durch <input...> wird ein Optionsfeld definiert. Anschließend folgt die Angabe *type="radio"* Sie müssen jedem Optionsfeld einen internen Namen zuweisen.

Anders als bei anderen Elementen innerhalb von Formularen kann und muss dieser mehrfach vergeben werden. In unserem Beispiel wurden zwei Optionsfelder definiert, die zu einer Gruppe gehören. Von dieser Gruppe kann der Gast genau einen auswählen. Alle Optionen, die zu dieser Gruppe gehören, müssen den gleichen Namen erhalten. Der Name sollte kurz und eindeutig sein und darf keine deutschen Umlaute oder Sonderzeichen enthalten. Durch *value* wird dem Optionsfeld ein Wert zugewiesen. Dieser darf nur einmal innerhalb eines Formulars vergeben werden.

Kontrollkästchen einfügen

Kontrollkästchen sind ebenfalls eine Gruppe von Optionen, aus der eine mit einem Häkchen markiert werden kann. Auch Kontrollkästchen sollten nur in Gruppen verwendet werden.

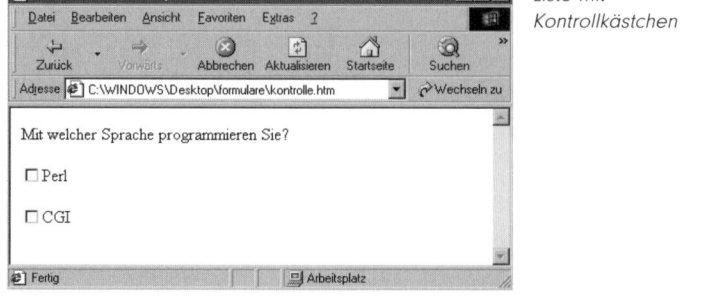

Liste mit Kontrollkästchen

```
<p>Mit welcher Sprache programmieren Sie?</p>
   <p><input type="checkbox" name="sprache" value="Perl"/>Perl</p>
   <p><input type="checkbox" name="sprache" value="CGI"/>CGI</p>
```

Kontrollkästchen werden durch <input...> eingeleitet.

Durch *type="checkbox"* wird ein Kontrollkästchen genauer definiert. Anschließend folgt der Name. Alle Kontrollkästchen, die zu einer Gruppe gehören, müssen denselben Namen zugewiesen bekommen.

Nur durch diesen Aspekt verhindern Sie eine Mehrfachauswahl innerhalb einer Gruppe. Der Wert eines Kontrollkästchens wird über *value* angegeben.

Dieser wiederum muss innerhalb des Formulars einzigartig sein.

Optionsfelder & Kontrollkästchen – Einträge vorselektieren

In Optionsfeldern und Kontrollkästchen gleichermaßen sind standardgemäß keine Einträge vorselektiert. Diese Element sind folglich leer. Sie können jedoch bei Optionsfeldern einen und bei Kontrollkästchen mehrere Einträge vorselektieren.

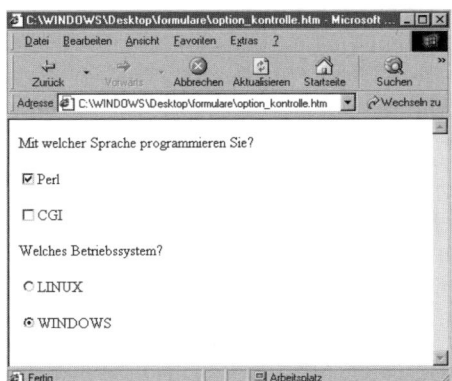

Verbindung von Optionsfeldern mit Kontrollkästchen

```
<p>Mit welcher Sprache programmieren Sie?</p>
  <p><input type="checkbox" name="sprache" value="Perl"
                                            checked/>Perl</p>
  <p><input type="checkbox" name="sprache" value="CGI"/>CGI</p>
  <p>Welches Betriebssystem?</p>
  <p><input type="radio" name="system" value="LINUX"/>LINUX</p>
  <p><input type="radio" name="system" value="WIN" checked
                                           />WINDOWS</p>
```

Durch das Attribut *checked* innerhalb einer Definition wird die Option vorselektiert. Achten Sie darauf, dass Sie dieses Attribut bei Optionsfeldern nur einmal, bei Kontrollkästchen hingegen beliebig oft einsetzen dürfen.

Tabulatorreihenfolge festlegen

Verwenden Sie einen Browser ab der 4. Generation, können Sie mittels Tab-Taste die einzelnen Elemente eines Formulars der Reihe nach ansprechen. Dies lässt sich allerdings nur für Internet Explorer und Netscape Navigator realisieren. Andere Browser ignorieren diesbezügliche Angaben. Die Reihenfolge, wie die Elemente angesprochen werden, ergibt sich, wenn nicht anders festgelegt, daraus, welches Element zuerst im Quelltext notiert worden ist. Diese Vorgehensweise entspricht allerdings nicht in jedem Fall den jeweiligen Anforderungen. Aus diesem Grund kann es sinnvoll sein, auf die Tabulatorreihenfolge Einfluss zu nehmen. Das Attribut, das für diesen Zweck eingesetzt werden muss, lautet *<tabindex>* und muss wie folgt eingesetzt werden:

```
<element tabindex="Zahl">
```

Hinter dem einleitenden Formular-Tag muss die Angabe *tabindex* notiert werden. Nach dem Gleichheitszeichen schließt sich in Anführungszeichen und ein nummerischer Wert an. Welche Zahlenwerte hierbei vergeben werden, spielt eine untergeordnete Rolle. Sie können fortlaufende Ziffern wie 1, 2, und 3 notieren. Der gleiche Effekt würde aber auch mit 100, 240 und 500 erzielt werden. Wichtig hierbei ist lediglich, dass zuerst das Formularelement angesprungen wird, das mit der niedrigsten Zahl ausgewiesen worden ist. Das Festlegen der Tabulatorreihenfolge ist auf die im Folgenden aufgelisteten Formularelemente anwendbar.

- *<button>*
- *<select>*
- *<textarea>*
- *<input>*

Im folgenden Beispiel wird eine typische Anwendung für das Verändern der Tabulatorreihenfolge aufgezeigt. Hinter jedem Element wurde die Angabe *tabindex* mit einer dazugehörigen Ziffer notiert. Diese Syntax beschreibt ein Formular, das bei dem Einsatz der Tab-Taste zuerst das Textfeld *"kommentar"* anspringt und sich dann an der nächsthöheren Ziffer orientiert.

```
<form method="post" action="mailto:kochchen@yahoo.de">
    <p>Name<input type="text" name="T1" size="20" tabindex="5"/></p>
    <p>Geben Sie einen Kommentar ein<textarea rows="2" name="kommentar" cols="20" tabindex="1"></textarea></p>
    <p>Mann<input type="radio" value="V1" name="R1" tabindex="4"/>Frau<input type="radio" value="V2" checked name="R1" tabindex="3"/></p>
    <p><input type="submit" value="Abschicken" name="B1" tabindex="2"/><input type="reset" value="Zurücksetzen" name="B2" tabindex="6"/></p>
</form>
```

Problematisch wird die Festlegung der Tabulatorreihenfolge im Zusammenhang mit anderen auf der Seite befindlichen Elementen. Wird die Tab-Taste von dem Nutzer eingesetzt, werden neben den Formularelementen auch Grafiken, Verweise und Videos mit angesprungen. Sollten sich auf der Formularseite solche Elemente befinden, müssen diese, um die Reihenfolge auch tatsächlich einhalten zu können, ebenfalls durch *tabindex* ausgezeichnet sein.

Tipp

Die Möglichkeiten bekannt geben

Dem Nutzer ist nicht damit gedient, wenn er zwar die theoretische Möglichkeit hat, mittels Tab-Taste die Reihenfolge der Elemente beim Anspringen zu ändern, er von dieser Tatsache aber nichts weiß. Aus diesem Grund ist es ratsam, stets einen kurzen Hinweistext innerhalb der Seite zu integrieren, die auf diesen Aspekt aufmerksam macht.

Tastaturkürzel verwenden

Eine neue Möglichkeit, um das Ausfüllen eines Formulars für den Nutzer einfacher machen zu können, steht, zumindest offiziell, seit der HTML-Version 4.0 zur Verfügung. Es handelt sich hierbei um den aktiven Einsatz der Tastatur zur Navigation innerhalb eines Formulars. Obwohl diese Variante bislang weder vom Internet Explorer noch vom Netscape Navigator unterstützt wird, soll sie trotzdem kurz vorgestellt werden. Denn eines steht fest:

Die Umsetzung dieser Syntax dürfte dank ihrer Vorteile nicht lange auf sich warten lassen.

Dem Nutzer soll es durch einen Tastendruck möglich sein, dass gewünschte Formularelement ohne den Einsatz der Maus anspringen zu können. Konkurrieren wird dieses Feature sicherlich mit der im vorangegangenen Abschnitt vorgestellten Möglichkeit der Nutzung der Tab-Taste, wobei sich aber die Verwendung von Tastaturkürzeln in Zukunft vermehrt durchsetzen wird. Der Grund hierfür liegt in der Einfachheit der Bedienung und in den Möglichkeiten in Bezug auf den Nutzer. So ließe sich beispielsweise direkt auf der Startseite eine Art Legende anlegen, in der die einzelnen Funktionen, die durch ein Tastaturkürzel zu erreichen sind, aufgeführt werden. Die in der offiziellen HTML-4.0-Spezifikation aufgeführte Syntax lautet wie folgt.

```
<formularelement acceskey="Zeichen">
```

Hinter dem einleitenden Formularelement wird das Attribut *acceskey* notiert. Hinter dem sich hieran anschließenden Gleichheitszeichen muss in Anführungszeichen gesetzt das gewünschte Tastaturkürzel gesetzt werden. Es spielt hierbei fast keine Rolle, welches Zeichen eingesetzt wird. So können Ziffern, Buchstaben und sogar Interpunktionszeichen Verwendung finden. Einzige Ausnahme hierbei bilden plattformabhängige Funktionstasten. Als Beispiel soll hier die Win-Taste genannt werden, mit der Sie den Explorer (je nach Tastaturbelegung) öffnen können. Die Definition dieser Taste innerhalb eines Formulars ist technisch nicht möglich. Was aber wichtiger wiegt: Das Internet ist plattformunabhängig. Es muss demnach auch zum Beispiel ein Macintosh-Nutzer das Formular mittels Tastaturkürzel bedienen können. Und diesem steht die Win-Taste natürlich nicht zur Verfügung.

Diese vorgestellte Variante zur Formularsteuerung ist auf folgende Elemente einsetzbar.

- *<button>*
- *<texarea>*
- *<input>*
- *<legend>*
- *<select>*
- *<label>*

Im folgenden Beispiel soll dem Nutzer die Möglichkeit gegeben werden, mithilfe von Tastaturkürzeln die einzelnen Formularelemente anspringen zu können. So wird beispielsweise die Schaltfläche zum Absenden des Formulars durch das Drücken der Taste A erreicht.

```
<form method="post" action="mailto:kochchen@yahoo.de">
   <p>Name<input type="text" name="name" size="20" acceskey="n"/></p>
   <p>Vorname<input type="text" name="vname" size="20" acceskey="m"/></p>
   <p>Teilen Sie uns Ihre Meinung mit<textarea rows="2"
```

```
                name="meinung" cols="20" acceskey="m"></textarea></p>
   <p><input type="submit" value="Abschicken" name="senden"
acceskey="a"/><input type="reset" value="verwerfen" name="verw"
acceskey="v"/></p>
</form>
```

Die hier dargestellte Möglichkeit macht allerdings nur in Verbindung mit einer Aufklärung zu der bereitgestellten Tastaturverwendung Sinn. Am effektivsten wäre ein Hinweistext, der auf diesen Sachverhalt aufmerksam macht. Besonders bei größeren Projekten sollte die Vergabe von Tastaturkürzeln gut durchdacht sein. Lassen sich doch, zumindest theoretisch, auch Verweise mittels Tastaturkürzel ansprechen. Eine Vereinheitlichung der einsetzbaren Zeichen innerhalb eines Projekts kann dem Nutzer die Navigation erleichtern.

Elemente interaktiv ausgrauen

Die in diesem Abschnitt vorgestellte Syntax lässt sich derzeit nur ab Microsoft Internet Explorer 5.0 nachvollziehen. Netscape ging bislang nicht auf diese Entwicklung ein. Besonders im Zusammenhang mit Scriptsprachen, beispielsweise JavaScript, entwickelt dieses Feature seine Stärken. So lassen sich Benutzereingaben dazu nutzen, das Formular diesen Angaben entsprechend anzupassen. Wird beispielsweise danach gefragt, ob ein Nutzer eine Brille trägt und er verneint diese Frage, kann das Feld, in dem der Hersteller der Brille genannt werden soll, dynamisch ausgegraut werden. Das heißt, dass der Nutzer in diesem Feld keine Eintragungen vornehmen kann. Aber auch ohne Scriptsprachen kann ein ausgerautes Element sinnvoll sein. In diesem Zusammenhang muss allerdings die Angabe *value* verwendet werden. Ein hierdurch ausgezeichnetes Feld wird im Internet Explorer mit einem definierten Text vorbelegt, der vom Nutzer nicht veränderbar ist. Ganz gleich, auf welche der zuvor aufgeführten Varianten Sie zurückgreifen, eines muss beachtet werden: Um ein Element ausgrauen zu können, muss die folgende Syntax Verwendung finden.

```
<input type="Element" name="Elementname" disabled value="Wert"/>
```

Hinter dem einleitenden <input>-Tag muss der Elementtyp notiert werden. Nachdem ein eindeutiger Name für das Element vergeben wurde, folgt die Angabe *disabled*. Ein hierdurch ausgezeichnetes Element wird ausgegraut dargestellt. Die unten stehende Auflistung zeigt die Formularelemente, auf die die hier vorgestellte Syntax anwendbar ist.

- *<button>*
- *<input>*
- *<option>*
- *<select>*
- *<textarea>*
- *<optgroup>*

An dieser Stelle stellt sich die berechtigte Frage, warum ein Element wie <button> ausgegraut werden soll? Dies kann zum einen an dem Bezug zu einer Scriptsprache liegen, es spielt hierbei aber auch die [Tab]-Taste eine Rolle. Wird diese innerhalb eines Formulars dazu genutzt, von Element zu Element zu springen, wird bei dieser Vorgehensweise ein ausgegrautes Element nicht berücksichtigt.

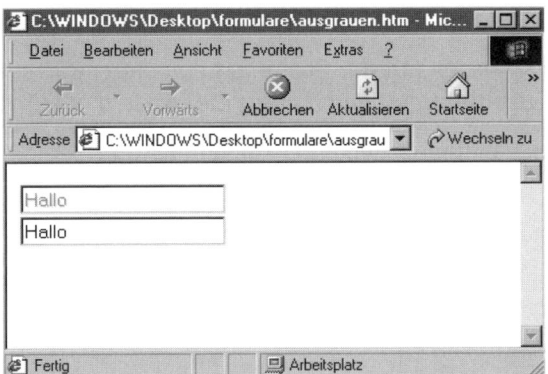

Die hier dargestellte Abbildung zeigt zwei Textfelder. Das obere wurde durch *disabled* ausgegraut, während das untere im Originalzustand belassen wurden ist. Es ist deutlich die unterschiedliche Färbung des Werts *"Hallo"* zu erkennen.

```
<input type="text" name="vname" disabled value="Hallo"/><br/>
<input type="text" name="vname" value="Hallo"/>
```

Durch diese Syntax wird das auf der vorangegangenen Abbildung gezeigte Ergebnis erzielt. Werden diese beiden Textfelder im Internet Explorer geöffnet, wird zudem deutlich, dass Sie innerhalb des oberen Textfeldes keine Eintragungen vornehmen können.

Formularelemente gruppieren

Elemente, die innerhalb eines Formulars definiert werden, können zu logischen Gruppen zusammengefasst werden. Dieser Aspekt macht es möglich, Elemente, die zu einer solchen Gruppe gehören, auch optisch als solche zu kennzeichnen. Seit HTML 4.0 steht eine diesbezügliche Syntax zur Verfügung. Der Internet Explorer unterstützt das Gruppieren, während Netscape noch keine Umsetzung realisieren konnte. Wird eine Seite, die gruppierte Formularelemente enthält, im Netscape Navigator geladen, zeigt dieser das Formular korrekt an, eine optische Unterscheidung der einzelnen Gruppen findet jedoch nicht statt.

Bevor wir auf die genaue Syntax eingehen, muss geklärt werden, was eine Elementgruppe ist. Eine typische Gruppe kann beispielsweise unter der Überschrift *Absender* zusammengefasst werden. Innerhalb dieser Gruppe werden Formularelemente notiert, die dem Zweck dienen, Informationen über

Formulare und Scripts

den Absender einholen zu können. Das können beispielsweise Name, Vorname und Anschrift sein. Im Laufe des Formulars werden dann für jeden Zweck spezielle Gruppen notiert, die den jeweiligen Anforderungen gerecht werden.

Den Abschluss des Formulars könnte somit die Gruppe *Absenden* bilden. In dieser werden die beiden Schaltflächen *Senden* und *Löschen* zusammengefasst.

Dank des Internet Explorer kann der Bezug der einzelnen Elemente zu einer Gruppe nicht nur logisch, sondern auch optisch dargestellt werden.

Dies geschieht durch das Einrahmen einer solchen Gruppe.

Die allgemein gültige Syntax stellt sich folgendermaßen dar und ist in dieser Form offizieller Bestandteil der HTML-4.0-Spezifikation des W3C:

```
<fieldset>
<legend>Gruppenüberschrift</legend>
diverse Formularelemente
</fieldset>
```

Eine Gruppe muss innerhalb des <fieldset>-Tags notiert werden.

Wurden alle betreffenden Angaben getätigt, muss dieses über </fieldset> geschlossen werden.

Nach dem öffnenden <fieldset>-Tag wird die Angabe <legend> eingefügt. Hieran schließt sich eine geeignete Überschrift für die entsprechende Gruppe an.

Ist diese vollständig, muss </legend> wieder geschlossen werden. Wird auf den </legend>-Tag verzichtet, fügt der Internet Explorer um die Gruppe lediglich eine durchgehende Linie ein.

Das folgende Beispiel zeigt ein Formular, in dem drei verschiedene Gruppen definiert worden sind.

- *Persönliche Daten*
- *Ihr Anliegen*
- *Absenden oder löschen*

Anhand der Abbildung lässt sich der Nutzen des Gruppierens eindrucksvoll erkennen.

Es findet ohne das Einbinden anderer Hilfsmittel wie Grafiken oder Tabellen eine optische Abgrenzung der einzelnen Gruppen zueinander statt.

Formulare und Scripts

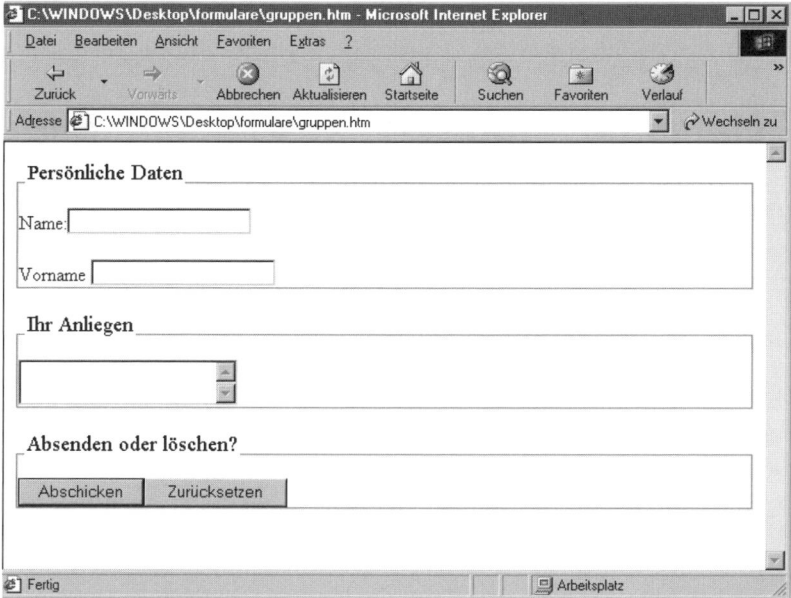

Elemente logisch strukturieren

Der Quelltext zeigt auf, wie das zuvor abgebildete Formular entwickelt wurde. Es wird hierbei deutlich, dass innerhalb des <legend>-Tags sämtliche Angaben zur Formatierung eingesetzt werden können.

```
<form method="POST" action="mailto:kochchen@yahoo.de">
  <fieldset>
<legend><font size="4">persönliche Daten</font><br/><br/>
</legend>
Name:<input type="text"/>
<p>Vorname
<input type="text">
</p>
</fieldset><br/>
<fieldset>
<legend>
   <font size="4">Ihr Anliegen</font><br/><br/>
</legend>
<textarea rows="2" name="S1" cols="20"></textarea>
</fieldset><br/>
<fieldset>
<legend><font size="4">Absenden oder löschen?</font><br/><br/>
</legend>
<input type="submit" value="Abschicken" name="B1"/><input
type="reset" value="Zurücksetzen" name="B2"/>
</fieldset>
</form>
```

Bei dem Einsatz des <fieldset>-Tags sind Verschachtelungen möglich. So könnte in dem vorangegangenen Beispiel eine Linie erzeugt werden, das das gesamte Formular einschließt.

Um diesen Effekt erzielen zu können, muss vor dem ersten <fieldset>-Tag ein weiterer definiert werden, der erst am Ende des Formulars geschlossen wird.

Elemente – logische Zusammenhänge

Bis zur HTML-Version 4.0 konnten keine logischen Zusammenhänge zwischen einem Formularelement und dessen Beschriftung hergestellt werden. Es war zwar möglich, vor ein Element einen Text zu setzen, der das Element beschreibt, hieraus resultierte jedoch keine Zusammenhang. Dieses Manko im Hinblick auf Formulare kann durch die folgende Syntax beseitigt werden und sollte daher auch Verwendung finden.

```
<label for="Elementname">Text</label>
<input type="Elementtyp" id="Elementname">
```

Mit der Angabe *label* wird die Definition eingeleitet. Hieran schließt sich *for* an. In Anführungszeichen gesetzt, wird nach dem Gleichheitszeichen ein geeigneter, eindeutiger Name vergeben. Hinter dem gewünschten Beschriftungstext wird der Tag </label> geschlossen. Im nächsten Schritt wird zunächst über <*input*> das Formularelement eingeleitet. Dessen genauer Typ wird hinter der Angabe *type* nach dem Gleichheitszeichen in Anführungszeichen gesetzt notiert. Das Schlüsselwort *id* dient dazu, den logischen Zusammenhang zwischen Beschriftung und Formularelement herzustellen. Zu diesem Zweck muss an dieser Stelle der gleiche Elementname eingesetzt werden, der zuvor hinter *for* definiert wurden ist.

Im folgenden Beispiel wird dieser Aspekt veranschaulicht. Es wurden zwei Textfelder definiert, die jeweils einen logischen Bezug zu ihrer Beschriftung besitzen.

```
<form method="POST" action="mailto:kochchen@yahoo.de">
<label for="name">Nachname</label><input type="text" name="nname" id="name"/><br/>
<label for="email">EMail</label><input type="text" name="mail" id="email"/>
</form>
```

Dem ersten Textfeld wurde der Bezugsname *"name"* zugewiesen. Dieser lautet für das zweite einzeilige Textfeld *"email"*. Die Ausgabe der Beschriftung kann wie bei herkömmlichen Textfeldern vorgenommen werden.

Klick-Schaltflächen definieren

Frei definierbare Schaltflächen bieten dem Entwickler seit HTML 4.0 weit größere Möglichkeiten, als dies bislang der Fall gewesen ist.

So kann einer Schaltfläche fortan ein definierter Inhalt (in unserem Beispiel eine Grafik) zugewiesen werden.

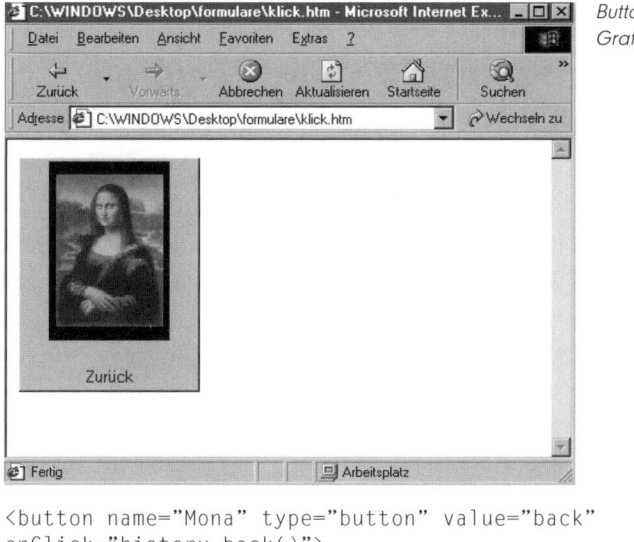

Button mit Grafik

```
<button name="Mona" type="button" value="back"
onClick="history.back()">
<img src="Mona.jpg" alt"Zur&uuml;ck"/>
<p>Zur&uuml;ck</p>
</button>
```

Die Definition einer solchen Schaltfläche wird mit <button..> eingeleitet.

Nach der Definition muss dieses Tag wieder durch </button> geschlossen werden. Anschließend wird dem Button ein Name zugewiesen.

Der Typ einer frei definierbaren Schaltfläche ist *type="button"*. Durch *value* geben Sie der Schaltfläche einen Wert, mit deren Hilfe diese eindeutig identifiziert werden kann.

Besonders interessant sind diese Schaltflächen im Zusammenhang mit den Script-Sprachen.

So können Sie angeben, welche Funktion beim Anklicken der Schaltfläche ausgeführt werden soll.

In dem oberen Beispiel wurde für diesen Zweck der einfachen Event-Handler *onClick* eingesetzt. Hinter dem Gleichheitszeichen kann der gewünschte JavaScript-Befehl gesetzt werden (siehe dazu ab Seite 229).

Unsere Schaltfläche wird durch die Funktion *history.back()* dazu veranlasst, nach dem Anklicken auf die vorhergehende Seite zu springen; sie verhält sich also ähnlich der *Back*-Schaltfläche Ihres Browsers.

Nachfolgend können Sie praktisch alle Attribute, die Sie aus HTML kennen, einsetzen. In diesem Beispiel haben wir der Schaltfläche ein Bild zugewiesen.

Schaltflächen – Formulare senden und löschen

Die wichtigsten Elemente eines Formulars bieten die Möglichkeit, es zu versenden oder zu löschen. Diese Schaltflächen müssen nicht selbst definiert werden, sondern sind in dieser Form von HTML bereitgestellt.

Durch die Schaltfläche *Abschicken* kann das Formular versandt und durch die Schaltfläche *Zurücksetzen* können sämtliche getätigten Eingaben gelöscht werden.

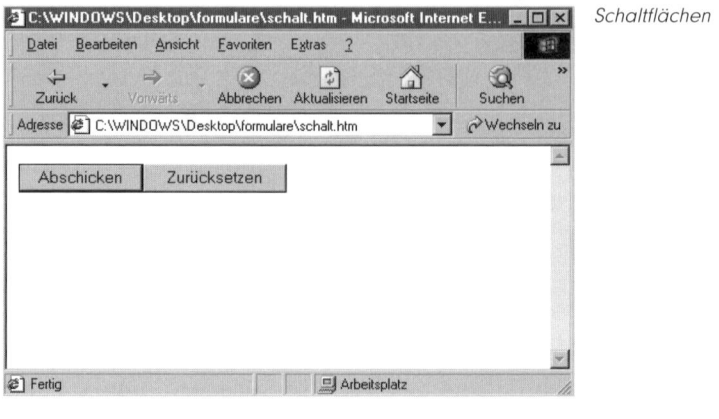

Schaltflächen

```
<input type="submit" value="Abschicken" name="B1"/><input
type="reset" value="Zur&uuml;cksetzen" name="B2"/>
```

Durch *input type="submit"* wird die Schaltfläche zum Absenden des Formulars definiert. Über *value* geben Sie die Beschriftung dieser Schaltfläche an.

Wird diese Schaltfläche angeklickt, werden die Formularinhalte an den Empfänger gesendet. Damit der Anwender seine Eingaben löschen kann, müssen Sie *input type="reset"* angeben.

Hierdurch wird eine Lösch-Schaltfläche festgelegt.

Auch hierbei bestimmen Sie über *value* die Beschriftung. Hierbei ist darauf zu achten, dass die Anzahl der Zeichen, die auf den Schaltflächen dargestellt werden sollen, in etwa gleich sind. Dieser Punkt ist für eine gelungene Optik des Formulars von elementarer Bedeutung.

Automatisches Vervollständigen von Benutzereingaben

Seit der Version 5.0 des Internet Explorer steht, zumindest für das Microsoft-Produkt, eine Möglichkeit zur automatischen Vervollständigung von Benutzereingaben zur Verfügung. Voraussetzung hierfür ist lediglich, dass der

Nutzer wenigstens einmal die entsprechenden Angaben in ein Formular eingegeben hat. Wird innerhalb eines Formularelements eine diesbezügliche Syntax notiert, öffnet sich bei einer Benutzereingabe ein Dropdown-Menü, das dem Nutzer die entsprechende Zeichenfolge vorgibt. Dieser Aspekt führt dazu, dass zeitintensive Angaben zukünftig schneller realisiert werden können. Die allgemein gültige Anweisung lautet folgendermaßen:

```
<input type="Feldart" name="Feldname" vcard_name="Art">
```

Hinter dem einleitenden Formular-Tag wird der entsprechende Typ notiert. Hieran schließt sich die Vergabe eines eindeutigen Namens für das Formularfeld an. Durch das Attribut *vcard_name* wird die Definition der automatischen Vervollständigung eingeleitet. Für jeden Zweck steht hier ein eigenes Schlüsselwort zur Verfügung. Die folgende Tabelle zeigt alle diesbezüglichen Varianten.

Syntax	Information
vcard.business.city	Stadt (geschäftlich)
vcard.Business.country	Land (geschäftlich)
vcard.Business.fax	Faxnummer (geschäftlich)
vcard.Business.phone	Telefonnummer (geschäftlich)
vcard.Business.state	Land (geschäftlich)
vcard.Business.streetadress	Straße (geschäftlich)
vcard.Business.url	Internetadresse (geschäftlich)
vcard.Business.zipcode	Postleitzahl (geschäftlich)
vcard.Cellular	Büronummer
vcard.Company	Unternehmen
vcard.Department	Abteilung
vcard.DisplayName	Display-Name
vCard.Email	E-Mail-Adresse
vCard.FirstName	Vorname
vCard.Homepage	Internetadresse
vCard.Home.City	Stadt (privat)
vCard.Home.Country	Land (privat)
vCard.Home.Fax	Faxnummer (privat)
vCard.Home.Phone	Telefonnummer (privat)
vCard.Home.State	Bundesland (privat)
vCard.Home.StreetAddress	Straße (privat)
vCard.Home.Zipcode	Postleitzahl (privat)
v.Card.Jobtitle	Position, Titel
vCard.Lastname	Nachname
vCard.Middlename	Zweitname
vCard.Office	Büro
vCard.Pager	Pagernummer

Obwohl die Anzahl der Schlüsselwörter enorm ist, werden sich in der Praxis wohl nur einige verwenden lassen. Es ist darauf zu achten, dass diesbezügliche Schlüsselwörter nur innerhalb geeigneter Felder eingesetzt werden sollten. So macht die Verwendung der Angabe *vcard.email* beispielsweise nur im Zusammenhang mit einem Textfeld Sinn, in dem der Nutzer dazu aufgefordert wird, seine E-Mail-Adresse einzutragen.

Formulare gestalten – Tabellen nutzen

Die Wichtigkeit eines gut gestalteten Formulars wird in der Praxis häufig unterschätzt. Dabei steht eines fest. Viele Nutzer füllen nur dann ein Formular aus, wenn dieses übersichtlich und ansprechend zugleich gestaltet wurde. Demnach ist es von elementarer Bedeutung für den Erfolg Ihrer Frageerhebung, dass Ihr Formular diese Kriterien erfüllt. Als wichtigstes Stilmittel bei der Gestaltung von Formularen haben sich blinde Tabellen durchgesetzt.

Diesem Thema haben wir ein eigenes Kapitel gewidmet, in dem alle relevanten Variationsmöglichkeiten vorgestellt werden. An dieser Stelle soll es lediglich darum gehen, dass erlernte Know-how für die Gestaltung von Formularen einsetzen zu können. Die folgende Abbildung zeigt ein Beispiel, wie es in dieser Form nur im Zusammenhang mit einer blinden Tabelle erstellt werden kann.

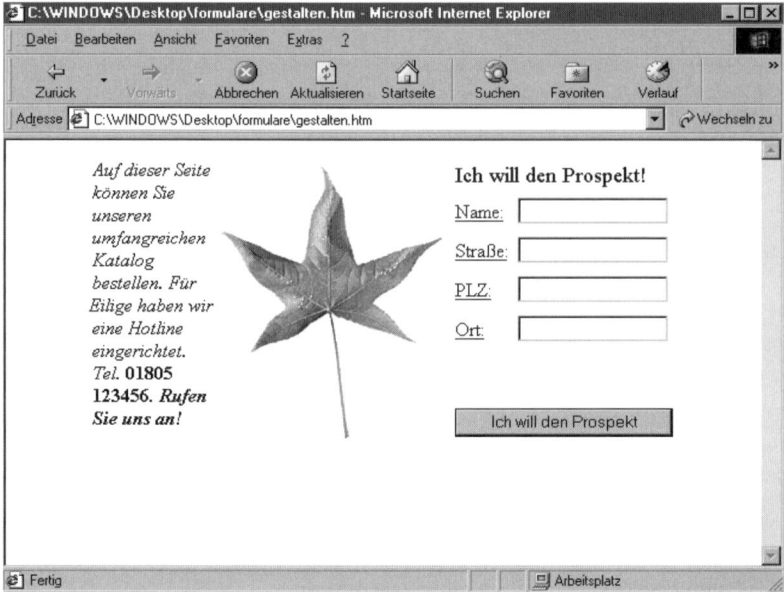

Zu dem hier definierten Formular gehören nicht nur die sich auf der rechten Seite befindlichen formulartypischen Elemente wie die Schaltfläche und Eingabefelder. Es können zur optischen Auflockerung Grafiken usw. eingesetzt werden.

Aber auch einladende Fließtexte, die zudem eine kurze Erörterung beinhalten, sind der Akzeptanz des Formulars dienlich und schaffen einen optischen Ausgleich. Der dazugehörige Quelltext lautet wie folgt.

```
<form action="mailto:kochchen@yahoo.de">
<table border="0" cellpadding="0" cellspacing="0" align="center"
width="60%">
<tr>
<td rowspan="6"><i>Auf dieser Seite können Sie unseren
umfangreichen Katalog
  bestellen. Für Eilige haben wir eine Hotline eingerichtet. Tel.
</i><b>01805
    123456<b/><i>. Rufen Sie uns an!</i></td>
<td rowspan="6"><img src="Blatt.gif" width="190" height="243"
align="middle" border="0" hspace="6"></td>
<td colspan="2"><font size="4">Ich will den Prospekt!</font></td>
</tr>
<tr>
<td><u>Name:</u></td>
<td>
<p align="center">
<input type="text" name="name" size="16" maxlength="20"/></p>
</td>
</tr>
<tr>
<td><u>Strasse:</u></td>
<td>
<p align="center">
<input type="text" name="strasse" size="16" maxlength="20"/7></p>
</td>
</tr>
<tr>
<td><u>PLZ:</u></td>
<td>
<p align="center">
<input type="text" name="plz" size="16" maxlength="20"/></p>
</td>
</tr>
<tr>
<td><u>Ort:</u></td>
<td>
<p align="center">
<input type="text" name="ort" size="16" maxlength="70"></p>
</td>
</tr>
<tr>
<td colspan="2"> 
  <p>
<input type="submit" name="submit" value="ich will den Prospekt">
 </td>
</tr>
</table>
</form>
```

Die hier abgebildete Syntax lässt sich leicht auf andere Bedürfnisse übertragen und ist somit universell einsetzbar. Es ist lediglich darauf zu achten, dass in „sauberem" HTML „programmiert" wird. Im Ergebnis muss die Spaltenanzahl für alle Zeilen gleich sein. Bis auf diese Einschränkung lassen sich alle

Formulare und Scripts

gängigen Stilmittel einsetzen. Verzichten sollten Sie auf das Einbinden von Videos und Java-Applets, da dies zu längeren Ladezeiten führen würde.

Formulare und Eingabefelder nutzen

Formulare nutzt man oft als CGI-Anwendungen. In diesem Fall erhält der Anwender die Möglichkeit, ein Formular auszufüllen und abzusenden. Anders als bei normalen HTML-Formularen werden hierbei die Angaben nicht an den Mailordner gesandt, sondern in eine eigene Datei.

Es handelt sich hierbei um die CGI-typische Kommunikation zwischen Server und Browser. Denn der eingegebene Text wird verarbeitet und anschließend als Feedback-Formular als HTML-Site an den Browser zurückgesendet. Das folgende Beispiel soll dem Benutzer die Möglichkeit bieten, Kommentare zu hinterlassen, und ihn somit aktiv an der Gestaltung der Site Anteil nehmen lassen. Sie benötigen für diesen Zweck drei Dateien:

- *formular.htm*
- *formular.cgi*
- *ergebnis.dat*

Hier das Listing:

```
<!DOCTYPE html PUBLIC
http://www.w3.org/TR/xhtml1/DTD/strict.dtd><html>
<head>
<title>Ein einführendes Beispiel </title>
</head>
<body>
<form method="GET" action="formular.cgi">
<input type="textname="eingabe" size="40" value="Tragen Sie einen Kommentar ein.">
<input type="reset" name="L&ouml;schen">
<input type="submit" value="Senden">
</form>
</body>
</html>
```

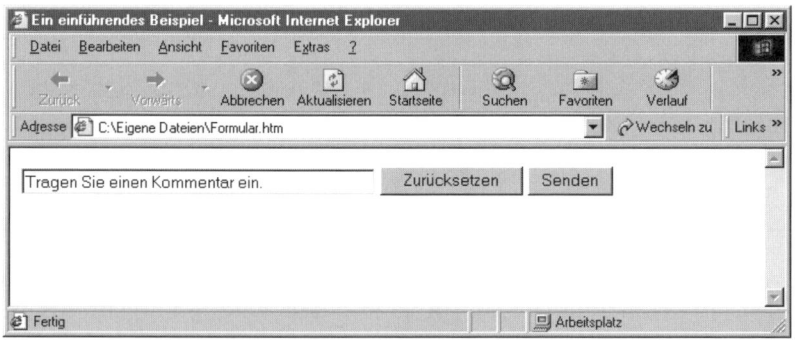

Beispiel für Eingabefeld

496

Die HTML-Datei besteht aus einem simplen Formular, mit einem Eingabefeld und einer Schaltfläche zum Absenden der Eingaben. Wichtig ist die vorgesehene Aktion. Die von Ihrem Besucher getätigten Angaben werden an die Datei *formular.cgi* gesendet.

Übertragungsmethoden – Get und Post

- *Get:* Durch diese Angabe in einem HTML-Formular wird der Formulardatenstrom an die URL-Adresse des CGI-Programms durch ein Fragezeichen getrennt gehängt. Nach dem Absenden des Formulars wird dies auch für den Benutzer in der Adressenleiste des Browsers sichtbar.
- *Post:* Das CGI-Script muss in diesem Fall die Standardeingaben auslesen, um an die eigentlichen Formulardaten zu gelangen.

Wozu diese Unterscheidung? Interessant wird diese Frage, wenn Sie auf fremde CGI-Scripts zugreifen. Sie müssen jedes Script daraufhin überprüfen, durch welche dieser beiden Methoden die Daten aus dem Formular gelesen werden sollen. Die Angabe, durch welche Methode dies geschieht, können Sie der Dokumentation des CGI-Scripts entnehmen, oder das CGI-Script erkennt die Methode automatisch und passt sich dieser an. Nur durch eine korrekte Angabe der Methode ist ein Auslesen der Formulardaten möglich.

Suchabfragen – Die „großen" Dienste nutzen

Ein Verwendungszweck für Formulare ist die Bereitstellung von Suchmaschinenabfragen auf Ihrer Website. Wir stellen Ihnen hier Formulare zur Verfügung, mit deren Hilfe Ihre Gäste die bedeutensten Suchdienste abfragen können. Im Einzelnen sind dies:

- Yahoo
- Crawler
- Eule
- Blitzsuche

Fügen Sie dazu einfach die aufgeführten Quelltexte an der gewünschten Stelle Ihrer Site ein.

Suchanfragen an Yahoo

```
<form method="GET" action="http://search.yahoo.de/search/de">
<input size="30" name="suchen"/>
<input type="SUBMIT" value="Suche starten"/>
<a href="http://search.yahoo.de/search/de/options">
<small>Erweiterte Suche</small></A>
</form>
```

Formulare und Scripts

Suchanfragen an Crawler

```
<form method="get" action="http://crawler.de/cgi-bin/suche">
<input type="hidden" name="Maschine" value="Crawler"/>
<br/><input name="query" size="30"/>
<input type="IMAGE" src="./images/e_suchen.gif" alt="Suchen"
border="0" align="absmiddle"/><p/>
</form>
```

Suchanfragen an Eule

```
<a href="http://www.eule.de" target="_top">Eule</a>:<br>
<a href="http://www.eule.de/suchen.html" target="_top">
Hinweise zur Suche</a><b/r>
<form action="http://www.eule.de/cgi-bin/search.exe"
method="get"> Suchbegriff:
<input name="begriff" size="20" maxlength="100"/>
<input type="hidden" name="startwith" value="1"/>
<input type="submit" value="Suchen"/><br/>
Anzeige der Suchergebnisse:
<select name="a">
<option value="1">Nur Titel
<option selected value="2">Normal
<option value="3">Ausführlich
</select></form>
```

Suchanfragen an Blitzsuche

```
<a href="http://www.blitzsuche.de">
<img
src="http://www.blitzsuche.de/images/logo/blzlogo2_258x100.gif"
align="bottom" alt="Blitzsuche" width="258" height="100"
border="0"/></a>
<br/>
<form action="http://www.blitzsuche.de/cgi-bin/selectbl.cgi">
<input type="hidden" name="maxHits" value="10"/>
<input type="hidden" name="offset" value="0"/><p/>
<font face="Arial" size="2">  Mehrere Stichworte
verknüpfen</font><br/>
 <input name="searchText" size="30"/>
<select name="andOr">
<option selected>oder
<option>und
</select>
<input type="submit" value="Suchen"/>
</form>
```

News durch Datenbankanbindung bereitstellen

Dieses Beispiel soll keine Anleitung zum Erstellen einer Datenbank mit anschließender Anbindung an das Internet sein. Denn warum sollten Sie eine eigene Datenbank entwickeln, deren Erstellung mit einem sehr hohen Zeitaufwand verbunden ist, wenn Ihnen diese Arbeit bereits von anderer Seite

Formulare und Scripts

abgenommen wurde? Wir zeigen Ihnen auf, wie Sie einen Newsticker in Ihre Seiten integrieren, der ständig aktualisiert wird. Aber anders als zum Beispiel beim Börsenticker im Fernsehen können Ihre Besucher auf diesen Ticker einwirken. Erscheint eine interessante Meldung, kann darauf geklickt werden, und ein Fenster mit ausführlichen Artikeln wird geöffnet. Der Dienst, der Ihnen diese Möglichkeit zur Verfügung stellt und den wir als Beispiel für solche Dienste genommen haben, ist die „Infowelt".

Hier werden Ihnen zu den nachfolgenden Themengebieten Newsticker zur Verfügung gestellt.

- Aus allen Bereichen
- Technik-News
- Wirtschaft-News
- Politik-News
- Sport-News
- Kultur-News

1 Öffnen Sie die Infowelt-Homepage http://ticker.newswelt.com/.

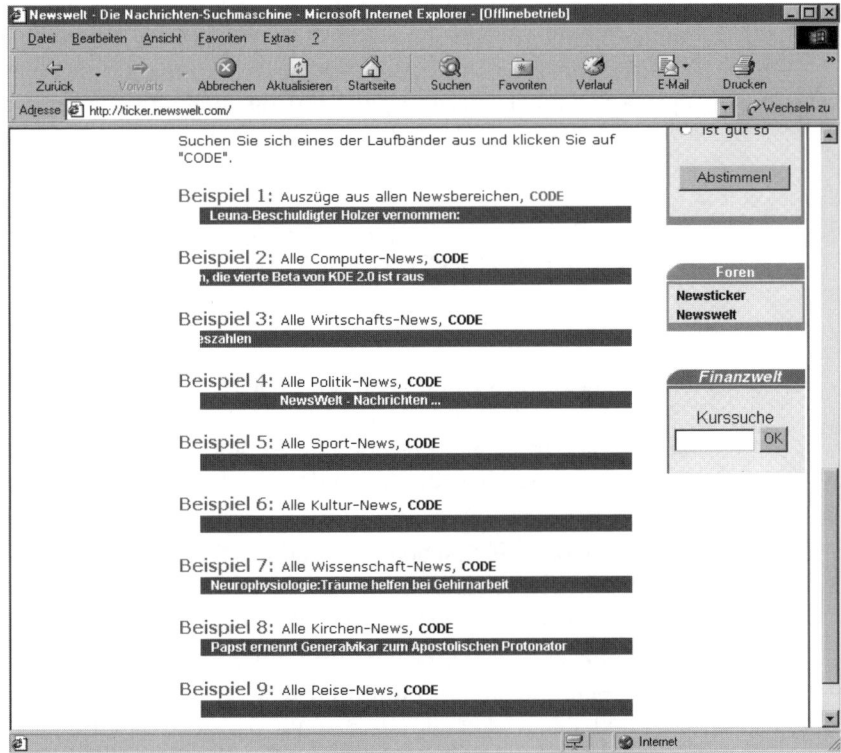

Die Ticker-Auswahl

Auf dieser Seite stehen die verschiedensten Newsticker zur Verfügung.

Formulare und Scripts

2 Wählen Sie den Ticker *Sport-News"* aus und klicken Sie auf *CODE*. Der unten stehende Quelltext wird angezeigt.

```
<APPLET CODEBASE="http://ticker.newswelt.com/" CODE="sText.class"
width="600" HEIGHT="16" ALIGN=MIDDLE HSPACE=20>
<PARAM NAME="background" VALUE="013E84">
<PARAM NAME="foreground" VALUE="FFFFFF">
<PARAM NAME="highlite" VALUE="AAAAFF">
<PARAM NAME="data" VALUE="computer_scroller.txt">
<PARAM NAME="font" VALUE="Verdana">
<PARAM NAME="size" VALUE="12">
<PARAM NAME="pause" VALUE="5">
<PARAM NAME="wait" VALUE="4000">
<PARAM NAME="frame" VALUE="CONTENT">
<PARAM NAME="refresh" VALUE="2">
<PARAM NAME="defaultMessage" VALUE="NewsWelt - Nachrichten ...">
<PARAM NAME="defaultURL" VALUE="http://www.newswelt.com/">
<IMG SRC="http://ticker.newswelt.com/bestwithjava.gif">
</APPLET>
```

3 Kopieren Sie diesen Code und binden Sie ihn auf Ihrer eigenen Seite in den Body-Teil ein.

4 Achtung bei Frameseiten! Dieser Quellcode darf nicht in die Indexdatei eingefügt werden (vgl. ab Seite 169). Stellen Sie Ihre Seite nun online zur Verfügung. Nur so können Sie die Funktionalität des Newstickers überprüfen, da sich dieses Applet auf die Website der Infowelt bezieht und somit offline nicht lauffähig ist. Wie Sie Seiten testen, erfahren Sie ab Seite 711.

> Beispiel 5: Alle Sport-News, **CODE**
> **Häkkinen konnte sich vor Lob kaum retten**

Der Sportticker

5 Beim Aufruf Ihrer Site im Internet wird nun folgender Ticker angezeigt. Selbstverständlich ist es denkbar, dass Sie alle zur Verfügung gestellten Ticker auf Ihrer Site einbinden. Sinnvoller hingegen wäre das Anzeigen eines Tickers, der zum Thema Ihrer Seiten passt.

6 Sie können diesen Ticker selbstverständlich dem Design Ihrer Site anpassen. Obwohl das Erscheinungsbild des Tickers recht neutral gehalten ist, passt es nicht zu jeder Seite. Durch das Verändern der folgenden Parameter lässt sich der Ticker am ehesten auf das Design Ihrer Seite angleichen.

- *<param name="background" value="013E84">*: Dieser Parameter beschreibt den Hintergrund des Tickers. In diesem Fall ist er blau. Soll der Ticker stattdessen die Hintergrundfarbe Grün zugewiesen bekommen, würde diese Zeile folgendermaßen aussehen: *<param name="background" value="008000">*. Die Definition der Farbe geschieht wie bei herkömmlichen HTML-Seiten. Einzige Ausnahme ist das Fehlen des Doppelkreuzes (#).

- *<param name="foreground" value="FFFFFF">*: In diesem Fall wird die Schrift durch eine weiße Farbe dargestellt. Wir möchten diese aber nun in Gelb umwandeln. Dazu muss dieser Parameter geändert werden: *<param name="foreground" value="fff000">*.

- Standardgemäß ist die Schriftart bei diesem Ticker Verdana und wird so definiert: *<param name="font" value="Verdana">*. Möchten Sie stattdessen Arial einsetzen, würde der Code folgendermaßen aussehen: *<param name="font" value="Arial">*. Achten Sie bei der Vergabe von Schriftarten darauf, dass diese von möglichst allen Nutzern gelesen werden können. Denn nicht jeder Browser kann ausgefallene Schriftarten interpretieren.

- Wenn Sie mit der Maus auf eine Meldung des Newstickers zeigen, ändert sich dessen Farbe. Voreingestellt ist hierbei Hellblau: *<param name="highlite" value="AAAAFF">*. Haben Sie Ihrem Ticker jedoch bereits eine andere Hintergrundfarbe (zum Beispiel Grün) zugewiesen, passt Hellblau hierzu nicht. Um die Effektfarbe in ein Hellgrün zu verwandeln, müssen Sie diesen Parameter wie folgt anpassen: *<param name="highlite" value="00FF00">*.

- Die Schriftgröße wird mit 12 Punkt festgelegt: *<param name="size" value="12">*. Bei einer Änderung dieses Parameters sollten Sie behutsam vorgehen, da hier zwar die Schriftgröße, jedoch nicht die Ticker-Größe geändert wird. Alle anderen voreingestellten Parameter sollten hier so belassen werden, wie sie von der Infowelt definiert wurden. Nur so ist ein korrektes Anzeigen des Newstickers gewährleistet. Um der Infowelt für das Bereitstellen dieses Services zu danken, sollten Sie einen kleinen Infotext auf Ihren Seiten einbauen. Dieser kann Sie aber ebenfalls vor Beschwerden Ihrer Besucher schützen. Bei einem eventuellen Ausfall des Tickers wissen Ihre Gäste, dass dies nicht auf Sie zurückzuführen ist.

9.2 CGI-Scripts einbinden

Wenn Sie sich mit dem Internet beschäftigen, werden Sie sicherlich bereits auf CGI-Scripte gestoßen sein. Mit dem **C**ommon **G**ateway **I**nterface werden Programme im World Wide Web zur Verfügung gestellt, die von herkömmlichen HTML-Dateien aufgerufen werden können und dann selbst HTML-Code an den Browser senden.

Dies klingt jetzt vielleicht kompliziert, die Anwendung ist aber recht simpel.

Wenn Sie in Ihr Projekt beispielsweise ein Gästebuch integrieren möchten, also Ihren Besuchern die Möglichkeit geben möchten, Kommentare zurückzulassen, kommen Sie an dem Einsatz eines CGI-Scripts nicht vorbei.

Die CGI-Programme selbst liegen auf einem Server im Internet, also nicht auf Ihrem Rechner, sondern auf dem Rechner, mit dem Sie Verbindung aufnehmen. Werden diese Programme von einem Nutzer, einem Client, aufgerufen, wird auf dem Server die jeweilige Datenverarbeitung erledigt.

Die wichtigste Voraussetzung für den Einsatz von CGI ist, dass der Server die CGI-Schnittstelle unterstützt. Sollten Sie im Besitz einer kostenlosen Homepage sein, wie sie Ihnen von vielen Providern zur Verfügung gestellt wird, wird Ihnen die CGI-Schnittstelle leider nur in wenigen Fällen zur Verfügung stehen.

Selbstverständlich haben wir Ihnen aber am Ende dieses Abschnitts kostenlose Anbieter mit CGI-Unterstützung aufgelistet.

Wie Sie CGI aufrufen

Sie können aus einer HTML-Datei, die Sie gerade an Ihrem Monitor sehen, problemlos ein CGI-Script aufrufen. Das CGI-Script kann aber andererseits wieder HTML-Code an den Browser übertragen, der Ihnen dann an Ihrem Bildschirm angezeigt wird. Einfacher ausgerückt: HTML und CGI können in beide Richtungen miteinander kommunizieren. Hier einige Beispiele, wie ein typischer CGI-Aufruf aus einer HTML-Datei aussehen kann.

- Mithilfe eines Formulars: Haben Sie ein Gästebuch angelegt, könnte der Aufruf folgendermaßen aussehen:

    ```
    <form action="cgi-bin/gaestebuch.pl" method="get">
    ```

- Mithilfe von Verweisen: Um einen Zugriffszähler auf Seiten einzurichten, wird sehr häufig diese Variante verwendet:

    ```
    <a href="cgi-bin/zaehler.pl">Z&auml;hler</a>
    ```

- Mithilfe einer Grafikreferenz: Wird ein grafischer Zugriffszähler verwendet, geschieht dessen Verarbeitung meist durch

    ```
    <img="cgi-bin/zaehler.pl"/>
    ```

- Mithilfe des *isindex*-Tags. Hiermit lassen sich HTML-Seiten nach Schlüsselwörtern durchsuchen:

    ```
    <isindex prompt="Suche:   „ action="/cgi-bin/cgi-script">
    ```

Was Sie für den Einsatz von CGI benötigen

Um CGI-Programme auf Ihrem Rechner zu testen, benötigen Sie einen eigenen Server. Nur so können Sie auf Ihrem Rechner eine eigene CGI-Schnittstelle zur Verfügung stellen. Das Angebot an solchen Servern ist mittlerweile recht groß und unübersichtlich geworden.

Aus diesem Grunde finden Sie in der unten stehenden Übersicht die besten, leistungsfähigsten und am einfachsten zu bedienenden Server, die derzeit auf dem Markt angeboten werden.

Einen ausführlichen Einstieg in den Personal Webserver von Microsoft erhalten Sie ab Seite 711.

Betriebssystem	Webadresse	Name
WINDOWS	www.apache.org	Apache
	www.omnicron.ab.ca./httpd	Omni HTTPd
	www.itar.com/html/xitami/index.htm	FolkWeb
Linux	www.apache.org	Apache
	www.imatix.com/html/xitami/index.htm	Xitami

Diese Auflistung dient lediglich dem Einstieg. Ein weiteres Auswahlkriterium für einen Server sollte der Schwierigkeitsgrad der Installation sein. Die Varianten sind hierbei ebenso zahlreich wie die Auswahl selbst. Die beste Lösung ist ein Einrichten des Servers mithilfe eines Assistenten oder Dialogs. Fragen Sie beim Hersteller des Servers nach, ob diese Möglichkeit besteht.

Wird Ihnen diese nicht zur Verfügung gestellt, müssen Sie den Server nach dem Start durch das Editieren der Konfigurationsdateien einrichten, was sich je nach Produkt kompliziert und kryptisch darstellt.

Für Windows-Nutzer ist der Einsatz von Microsofts Personal Webserver zu empfehlen. Dessen reichhaltige Vorzüge und die Installation von PWS werden wir ab Seite 711 genauer erörtern.

Da nicht jeder Nutzer seinen eigenen WWW-Server betreibt, müssen Sie Ihre Daten mittels FTP-Protocoll auf einen öffentlichen WWW-Server hochladen.

Wenn Sie CGI-Scripts auf den Server übertragen möchten, muss Ihnen Ihr Provider das Verzeichnis für diesen Zweck genannt haben (häufig *cgi-bin*) und Sie müssen auf dieses auch die erforderlichen Zugriffsrechte bekommen haben.

Vor dem Hochladen der Programme und Scripts sollten Sie die folgenden Punkte beachten:

- Perl-Scripts werden im ASCII-Modus übertragen.
- Kompilierte Programme werden im Binär-Modus übertragen.

Bei den gängigsten FTP-Programmen lässt sich die Übertragungsmethode leicht einstellen. Häufig werden hierfür Schaltflächen oder Kontrollkästchen angeboten.

Testen Sie die Programme auf Ihrem Rechner (hierzu muss ein Server installiert sein) vor dem Upload auf den Server. Für diesen Zweck müssen die zu testenden Scripts in das *cgi-bin*-Verzeichnis geladen und dieses Verzeichnis auf *Ausführen* gesetzt werden. Genauere Angaben zu der Vorgehensweise finden Sie ab Seite 711.

Ein einführendes Beispiel – Hallo CGI

```
#!c:\perl\bin\perl
print "content-type:
text/html\n\n";
print "<html><head>";
print "<title>:
</title>";
print "<body><u>Hallo CGI</u></body>";
print "</html>\n";
```

Es handelt sich hierbei um ein in Perl geschriebes CGI-Script. Um diese Seite anzuzeigen, müssen Sie einige Punkte beachten. Speichern Sie diese Datei unter dem Namen *Test.plx* in das Verzeichnis *cgi-bin* Ihres Webservers ab. Dieses Verzeichnis müssen Sie auf *Ausführen* einstellen. Um dies zu realisieren, markieren Sie das Verzeichnis und stellen das Kontrollkästchen auf *Ausführen*. (Eine ausführlichere Beschreibung dieses Aspekts finden Sie ab Seite 711.)

Was geschieht durch das Aufrufen dieses Perl-Scripts? Sie erhalten eine HTML-Seite, die mit dem Gruß „Hallo CGI" ausgestattet ist. Dies ist zwar kein besonders ausgefeiltes Programm, zeigt Ihnen jedoch das Grundprinzip von CGI deutlich auf. Es wird ein CGI-Script ausgeführt und anschließend an den Browser als HTML-Code zurückgesendet.

Passwortabfrage und CGI

Wer bislang eine Passwortabfrage über JavaScript gestaltet hat, kennt das Problem. Der JavaScript-Code ist in den HTML-Quelltext einbettet und kann somit von verschiedenen Personen ausgelesen werden. Das Passwort ist demzufolge für jeden einsehbar. Und das kann nicht Sinn und Zweck einer Passwortabfrage sein. Durch den Einsatz eines CGI-Scripts hingegen können Sie Ihre Seiten nun effektiv und zuverlässig vor unbefugten Zugriffen sichern. Sie benötigen hierzu lediglich die beiden aufgeführten Dateien:

- *datei.htm*
- *passwort.cgi*

Zunächst der Inhalt der Seite *datei.htm*:

```
<!DOCTYPE html PUBLIC http://www.w3.org/TR/xhtml1/DTD/strict.dtd>
<html>
<head>
<title>Passwort und CGI</title>
</head>
<body>
<center>
<h1>
 Zutritt hier nur mit Passwort!
</h1>
</center>
<form action="passwort.cgi" method="POST">
```

```
    <input name="password" type="password" size="10"/>Passwort:
<input type="submit" value="Senden"/></form>
</body>
</html>
```

Es handelt sich hierbei um ein schlichtes HTML-Formular, in dem Ihr Gast aufgefordert wird, das Passwort einzugeben.

Hierzu stehen zwei Elemente zur Verfügung: ein Eingabefeld und eine Schaltfläche zum Absenden des Formulars.

Die folgenden Zeilen zeigen den Inhalt der Datei *passwort.cgi*:

```
if ($value[0] ne "Passwort") {
print "<BODY><h1>Das Passwort ist leider falsch!</h1>
<a href='datei1.html'>Neuer Versuch</a>";
} else {
print '
<body>
<h1>Willkommen auf meinen Seiten</h1>
```

Die erste Zeile bestimmt das Passwort. Wir haben dieses originellerweise *Passwort* genannt. Diese Eingabe wird durch eine herkömmliche *if*-Bedingung untersucht. (Zum besseren Verständnis: Eine *if*-Bedingung können Sie immer so interpretieren: Ist die Eingabe so, dann tue das.)

Wird diese Bedingung erfüllt (ein falsches Passwort), erhält Ihr Gast eine Fehlermeldung. Die *else*-Bedingung tritt dann in Erscheinung, wenn das richtige Passwort eingegeben wird, wird also erst dann ausgeführt.

Ihr Gast erhält anschließend einen Willkommensgruß.

Am Ende dieses CGI-Abschnitts haben wir für Sie wichtige Internetadressen zusammengestellt, mit deren Hilfe Sie Ihre Seiten interaktiver gestalten können.

Freie CGI-Scripts

Diese Übersicht zeigt einen kleinen Ausschnitt von frei verfügbaren CGI-Scripts im Internet.

Sollten Sie auf diesen Seiten nicht das für Ihre Zwecke geeignete finden, können Sie mithilfe von Suchmaschinen auf weitere zugreifen.

Name	Webadresse	Besonderheiten
CGI Resources Index	www.cgi-resources.com	Hier finden Sie 1.570 CGI-Scripts. Zusätzlich werden einige mit ausführlichen Anleitungen beschrieben
CGI For Me	www.cgiforme.com	Sie können sämtliche CGI-Scripts individuell anpassen und auch bei diesem Anbieter ablegen.
Dirk's Wb	www.dirksweb.de	Zahlreiche CGI-Scripts finden Sie auf dieser Seite.

Name	Webadresse	Besonderheiten
Axel Cremer	www.freecgi.ch	Hier bekommen Sie ein Gästebuch, Counter, Formmailer usw.
Aixpert	www.aixpert.de	Sehr gut sortierte CGI-Bibliothek.
DM Group	www.dmgroup.de	Etwa 80 CGI-Scripts werden hier angeboten.
Cashring	www.cashring.de	Zahlreiche CGI.Scripts sind auf dieser Seite zu finden.
Absolutgratis	www.absolutgratis.de	Hier finden Sie zahllose Scripts zum Einbinden und Downloaden.

Speicherplatz mit CGI-Unterstützung

Viele Anbieter von kostenlosem Webspace stellen keine CGI-Unterstützung zur Verfügung. Wollen Sie dennoch auf CGI-Scripts zurückgreifen, empfiehlt sich ein Wechsel zu einem anderen Anbieter.

Name	Webadresse	Besonerheiten
Keyweb	www.keuweb.de	Bis zu 200 MByte stellt Ihnen dieser Anbieter zur Verfügung.
Krawall	www.krawall.de	Unlimitierter Speicherplatz.
Hypermart	www.hypermart.net	10 MByte des Speicherplatzes dürfen Sie nutzen.
Virtual Avenue	www.virtualave.de	20 MByte Speicherplatz stehen hier zur Verfügung.
Keyweb	www.keyweb.de/menue/index.htm	Unglaubliche 200 MByte Soeicherplatz gibt es hier gratis.
Esmartstart	100mb.estmarststart.com	Dieser Anbieter stellt Ihnen 100 MByte zur Verfügung.

Interaktion mit Ihrem Gast – Foren für die Homepage

Auf Foren können Sie mit Ihren Gästen in Verbindung treten. Sei es als Frage- und Antwortseite oder als reines Diskussionsforum. Die Einsatzmöglichkeiten und der Verwendungszweck sind nahezu unbegrenzt und lassen sich durch einfache Modifikation den jeweiligen Bedürfnissen anpassen.

Es ist bei diesen Foren darauf zu achten, dass sie zwar kostenlos zur Verfügung gestellt werden, aber nicht umsonst. In den meisten Fällen müssen Sie ein Werbebanner auf Ihren Seiten akzeptieren.

Name	Webadresse
Ecircle	www.ecircle.de
Board	www.freenet.com.au/wcgi/main.html
Discus	www.chem.hope.edu/discus

Zugriffe protokollieren

Mit welchem Ziel haben wir dieses Beispiel für Sie entwickelt? Die Herangehensweise unterscheidet sich zu anderen Büchern in folgenden Punkten.

Wir wollen Ihnen keine Anleitung zum Erstellen eines eigenen Counters bieten. Zum einen wurde dies bereits des Öfteren getan und zudem zeigt die Erfahrung, dass die meisten User auf Dienste zugreifen, die Counter anbieten.

Unser Beispiel geht allerdings auch an diesem Punkt weiter, als Sie es bislang gewohnt waren.

Wir möchten die Ihnen von diesen Diensten zur Verfügung gestellten Zugriffsstatistiken explizit erläutern und Ihnen Wege aufzeigen, durch diese Angaben aus „Fehlern zu lernen".

Denn nur so können Sie eine Erhöhung Ihrer Besucherzahlen erreichen und die Qualität Ihres Internetauftritts erhöhen.

Die Wahl des Dienstes, den wir für dieses Beispiel verwenden sollten, ist uns nicht leicht gefallen. Ist deren Anzahl doch mittlerweile zahlreich und die angebotenen Dienstleistungen sehr verschieden.

Im Endeffekt haben wir uns jedoch für „Gratiscounter" entschieden. Die folgenden Punkte waren hierfür ausschlaggebend.

- Dieser Anbieter finanziert sich allein durch Werbung. Ihnen fallen demzufolge keinerlei Kosten an.
- Gratiscounter bedient sich nicht aufgezwungener Werbung. Sie müssen auf Ihren Seiten also kein Werbebanner einblenden.
- Sie bekommen eine Vielzahl von Gestaltungsmöglichkeiten des Counters. So können Sie ihrem Counter beispielsweise eine bestimmte Form, Farbe, Größe und einen Startwert zuweisen.
- Gratiscounter erstellt für Sie ausführliche Statistiken, mit deren Hilfe Sie Ihre Seiten verbessern können.

Um einen Counter zu beantragen, geben Sie folgenden URL an:

www.gratiscounter.de/index_n.html

Formulare und Scripts

Die Wahl des Countermodells

Das Anmeldeformular

Klicken Sie in dieser Ansicht auf den Menüpunkt *Countermodelle*. In dem sich öffnenden Fenster werden Ihnen verschiedene Countervarianten zur Auswahl angeboten.(Achtung: Es handelt sich hierbei um die Grundform des Counters. Die entgültige Auswahl müssen Sie erst später treffen.) Die Auswahl bietet für jeden Verwendungszweck ein geeignetes Modell an.

So können Sie z. B. Digitale, Tacocounter oder 3-D-Counter auswählen. Haben Sie sich für einen der angebotenen Typen entschieden, klicken Sie dieses Modell an.

Es wird erneut eine Seite geöffnet, auf der Sie den Counter Ihrer Wahl auswählen können. Notieren Sie den vollständigen Namen des gewünschten Counters, da Sie diesen im Verlauf der Anmeldung angeben müssen.

Füllen Sie dieses ordnungsgemäß und vor allem vollständig aus. Nur wenn in jedem Feld ein Eintrag vorgenommen wurde, wird das Absenden dieses Formulars gestattet. Nach dem Absenden wird erneut eine Seite geöffnet, die den Code zum Einbinden in Ihren Quelltext beinhaltet.

Sie haben hierbei zwei Möglichkeiten. Um einen „normalen" Counter in Ihre Seiten einzubinden, fügen Sie diesen Quellcode in den Body-Teil Ihrer Seiten ein.

```
<img src="http://www.gratiscounter.de/hit.cgi?55173" width="90" height="20"/>
```

Wollen Sie zusätzlich eine ausführliche Referer-Statistik erhalten, müssen Sie das folgende JavaScript in den Header Ihrer Seite kopieren. Mehr zu der Referer-Statistik und deren Auswertung und Nutzen erfahren Sie im Laufe dieses Beispiels.

```
<script language="JavaScript">
<!--
document.write("<IMG WIDTH=\"1\" HEIGHT=\"1\" ");
document.write("SRC=\" http://www.gratiscounter.de/
log.cgi?df=55173");
if(document.referrer.toLowerCase().indexOf('http://IhreURL')<0)
{
    document.write("&von="+escape(document.referrer));
}
document.write("\">");
// -->
</script>
```

Um das Erscheinungsbild des Counters Ihren Seiten anzupassen, scrollen Sie diese Seite bis an den unteren Rand und klicken auf *Counter anpassen*. In dem sich nun öffnenden Fenster bieten sich Ihnen zahlreiche Gestaltungsformen, mit deren Hilfe jeder den passenden Counter kreieren kann.

Die Angaben reichen hierbei vom Counter-Stil (hierzu benötigen Sie die Counternummer), über das festlegen der Startzahl, Rahmenbreite und Transparenz, und sogar eine Drehung des Counters ist möglich. Haben Sie alle Daten ordnungsgemäß getätigt, klicken Sie auf die Schaltfläche *Counterdaten speichern/Counter testen*.

Die Referer-Statistik auswerten

Die wichtigsten Grafiken der Referer-Statistik wollen wir an dieser Stelle kurz erläutern. Können Sie doch durch deren Hilfe nicht nur statistisch etwas über das Besucherverhalten auf Ihren Seiten erfahren.

Vielmehr können Sie fortan Ihre Seiten verbessern und bei eventuellen Veränderungen die Reaktion Ihrer Besucher erfahren.

Formulare und Scripts

Besuchszeit	Anforderung von Host	benutzter Browser
30.10.1999 - 2:49 Uhr	trafsrv-ffm2-qfe1.roka.net	Netscape/4.0 (comp.; MS Internet Explorer 5.0; Win 98; DigExt; QXW03314)
29.10.1999 - 22:11 Uhr	a1as02-p188.bln.tli.de	Netscape/4.0 (comp.; MS Internet Explorer 5.0; Win 98; DigExt)
29.10.1999 - 21:47 Uhr	p3E9EB6D2.dip.t-dialin.net	Netscape/4.51 [de]C-CCK-MCD QXW03200 (Win98; I)
29.10.1999 - 21:05 Uhr	p3E9C217C.dip.t-dialin.net	Netscape/4.0 (comp.; MS Internet Explorer 5.0; Win 98; DT; DigExt)
29.10.1999 - 19:47 Uhr	pC19F5B69.dip.t-dialin.net	Netscape/4.08 [de]C-DT (Win98; I)
29.10.1999 - 19:27 Uhr		Netscape/4.6 [de] (Win95; I)
29.10.1999 - 18:28 Uhr	cache64.uni-koblenz.de	Netscape/4.61 [en] (X11; I; Linux 2.2.12 i686)
29.10.1999 - 17:16 Uhr	u-226.dortmund.ipdial.viaginterkom.de	Netscape/4.07 [de]C-pi 2.1.6.0 (Win98; I)
29.10.1999 - 17:13 Uhr	p3E9EBB78.dip.t-dialin.net	Netscape/4.0 (comp.; MS Internet Explorer 5.0; Win 95; DigExt)

Die letzten 100 Besucher:

Allgemeine Angaben

Woher Ihre Besucher gekommen sind, ist nicht nur interessant, sondern kann ebenfalls sehr hilfreich dabei sein, die Besucherzahlen zu erhöhen. Hierbei spielt es allerdings nur eine untergeordnete Rolle, wie viele Seiten in dieser Statistik aufgelistet sind. Vielmehr sollte eine hohe Rate an Personen, die Ihre Seiten regelmäßig besuchen, im Vordergrund stehen. Ist dies nicht der Fall, müssen Sie das Konzept Ihrer Seiten überarbeiten. Diese werden zwar gefunden, inspirieren Ihre Besucher jedoch nicht, ein weiteres Mal Ihre Seiten aufzurufen. Sie sollten also umgehend den Inhalt Ihrer Seiten überprüfen und diesen gegebenenfalls korrigieren oder besser noch ausbauen.

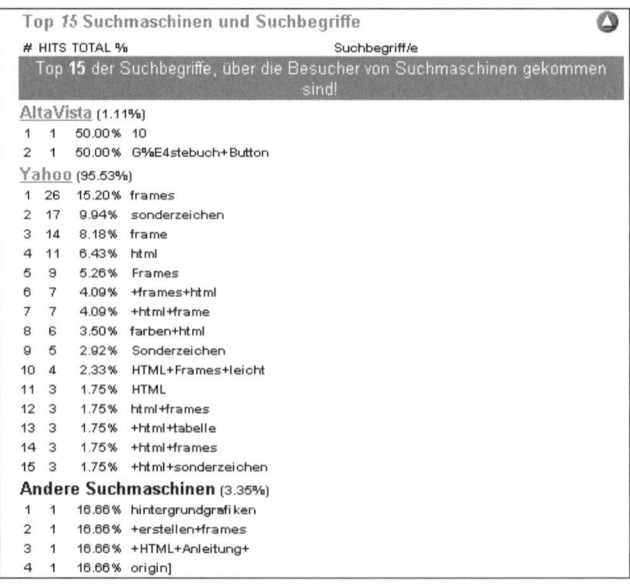

Suchmaschinen und Suchbegriffe

Hierbei handelt es sich um eine der wichtigsten Abbildungen dieser Statistik. Es werden Ihnen zunächst alle Suchmaschinen aufgelistet, bei denen Ihre Seiten gefunden und aufgerufen wurden. Auch hierbei gilt: Fehlen die wichtigsten in dieser Aufzählung, sollten Sie Ihr Projekt bei diesen umgehend anmelden. Dieser Abbildung ist allerdings ein noch viel wichtigerer Aspekt zu entnehmen. Mithilfe welcher Suchbegriffe können Ihre Seiten gefunden werden? Dieser Punkt kann nicht nur für das bestehende, sondern auch für weitere Projekt von großer Bedeutung sein.

Sollten Sie bemerken, dass „falsche" Suchbegriffe zu dem Auffinden Ihrer Seiten beitragen, sollten Sie Ihre Meta-Angaben dementsprechend ändern, da dies der Hauptgrund für eine niedrige Wiederkehr-Rate von Besuchern sein kann.

Denn wie bereits erwähnt: Besucher, die Ihre Seiten des Öfteren besuchen, sind bei weitem wichtiger als jene, die nur einmal einen Blick auf Ihre Startseite werfen.

Browser und Betriebssysteme

Diese beiden Abbildungen sind vor allem für das Erstellen Ihres Projekts wichtig. Es ist selbstverständlich, dass Ihre Seiten bereits erstellt sind, wenn Sie diese Statistiken auswerten. Für Änderungen an diesen ist es aber bekanntlich nie zu spät. Können Sie doch nun besser einschätzen, wie beispielsweise der Inhalt Ihrer Seiten gestaltet werden sollte. Stellen Sie fest, dass ein Großteil der verwendeten Browser der Explorer und der Navigator sind, sollten Sie auch die eingesetzten Elemente überprüfen. So sollten Sie in diesem Beispiel auf das Tag <blink> verzichten, da dies vom Netscape Navigator nicht interpretiert werden kann.

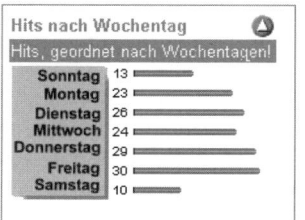 *Übersicht der Wochentage*

An dieser Grafik erkennen Sie, an welchen Wochentagen Ihr Projekt den meisten Zuspruch genießt. Dieser Punkt ist besonders für etwaige Änderungen wichtig. Wird Ihr Projekt aktualisiert, können Nutzer nicht auf dieses zugreifen. Entnehmen Sie dieser Grafik, an welchem Wochentag sich die wenigsten Besucher auf Ihren Seiten aufhalten.

Kombinieren Sie diese Erkenntnis mit der Stunde, in der die wenigsten Besucher Ihr Projekt betrachten. (Entnehmen Sie diese Angabe der entsprechenden Grafik.) Legen Sie diesen Zeitpunkt für entsprechende Änderungen fest.

9.3 Haken und Ösen: Troubleshooting

Im Zusammenhang mit CGI-Scripts treten oftmals Fehler auf, die in den meisten Fällen vermieden werden können. Sie basieren häufig auf Fehlinformationen von Seiten des Providers oder dem nicht ausreichenden Testen von Scripts vor der Bereitstellung im Internet. Im Zusammenhang mit CGI-Scripts können Fehler, anders als bei normalen HTML-Seiten, fatale Folgen haben, wie Sie gleich sehen werden. Diesen Punkt müssen Sie sich vor dem Einsatz eines CGI-Scripts vor Augen führen.

Scripts vor dem Upload testen

Gerade bei der Entwicklung eigener CGI-Scripts sind diese vor dem Einsatz im Internet sorgfältig auf ihre Funktionalität und ihre Sicherheitslücken hin zu prüfen. Dieser Aspekt konnte in Bezug auf HTML-Dateien außer Acht gelassen werden, da es hier bei fehlerhafter Syntax lediglich zu Anzeigeproblemen der Datei kam. In Bezug auf CGI-Scripts kann dies zu elementaren Problemen bis hin zu einem Systemabsturz führen. Aus diesem Grund ist es wichtig, CGI-Scripts auf einem Server zu testen und erst nach der Sicherstellung der Fehlerfreiheit diese im Internet zu publizieren.

Die häufigsten Fehlermeldungen

Anders als bei fehlerhaften HTML-Dateien erhalten Sie bei nicht korrekten CGI-Scripts eine Fehlermeldung, die auf eine nicht korrekte Syntax hinweist. Häufig sind diese Meldungen jedoch nicht schlüssig oder aber so allgemein gehalten, dass sie der Fehlerbehebung wenig dienlich sind. Im folgenden Abschnitt werden wir die häufigsten Fehlermeldungen mit den dazugehörigen Problemlösungen aufführen.

Server Error

Diese Fehlermeldung tritt immer dann auf, wenn der Server das CGI-Script nicht verarbeiten kann. Der Grund hierfür liegt darin, dass ein Webserver die Verarbeitung eines Scripts dann abbricht, wenn er auf eine fehlerhafte Syntax stößt. Gründe hierfür können sein:

- Verzeichnisse sind nicht auf „ausführen" gestellt.
- Das Script wurde nicht im ASCII-Verfahren übertragen.
- Fehlerhafter URL, der auf das Script zeigt.

Method Not Implemented

Wird ein Formular ausgefüllt und mit der „Post"-Methode versendet, kann es zu dieser Fehlermeldung kommen. Hierbei handelt es sich in den meisten Fällen um einen Schreibfehler innerhalb der Datei. Die Pfadangabe, die sich auf das CGI-Script bezieht, muss exakt mit der auf dem Server übereinstimmen. Achten Sie auf Groß- und Kleinschreibung!

Dreistellige Binärzahlen

Wird ein Webserver von einem Provider nicht ausreichend konfiguriert und in dem Maße eingestellt, dass wirklich hilfreiche Fehlermeldungen ausgegeben werden, erscheint lediglich eine dreistellige Ziffer, die in den meisten Fällen nicht aussagekräftig ist und somit nicht der Fehlerbehebung dienen kann. Die wichtigsten Binärzahlencodes sind in der folgenden Tabelle aufgelistet und sollen dabei helfen, eine fehlerhafte Syntax für das CGI-Script zu erstellen.

Binärcode	Ursachen
200	Die Anforderung wird bearbeitet und ausgeführt.
201	Die gewünschte Ressource wird erzeugt.
202	Bei längeren Wartezeiten wird angegeben, dass die Anforderung noch bearbeitet wird.
204	Tritt besonders dann auf, wenn der Server auf eine Anforderung keinen Inhalt zurücksenden kann.
301	Die angeforderte Datei befindet sich an einem anderen Ort (dauerhaft).
302	Die angeforderte Datei befindet sich an einem anderen Ort (vorübergehend).
304	Tritt im Zusammenhang mit Aktualisierungen auf. Das Dokument wurde angefordert, aber nur für den Fall, dass es neueren Datums ist. Dies ist hier nicht der Fall.
400	Der Server konnte die Anforderung nicht verarbeiten. Das Problem liegt hier häufig am Browser oder einer fehlerhaften Übertragung der Daten.
401	Zugriffsrechte verweigert. Für jedes Verzeichnis müssen die Zugriffsrechte angegeben werden.
403	Keine Zugriffsrechte auf das Verzeichnis. Die Zugriffsrechte müssen für jedes Verzeichnis einzeln angegeben werden.
404	Die angeforderte Datei befindet sich nicht auf dem Server.
500	Fehlerhaftes CGI-Script.
501	Der Server versteht die Anforderung nicht.
502	Der Server erhielt nach einer Anforderung von einem anderen Server eine nicht verständliche Antwort.
503	Der Server ist überlastet.

CGI-Script wird nur im Textmodus dargestellt

In einigen Fällen kann es nach dem Aufruf eines CGI-Scripts dazu kommen, dass dieses zwar gefunden, aber im Textmodus dargestellt wird. Um dieses Problem umgehen zu können, bieten sich unterschiedliche Lösungsansätze an.

- Speichern Sie CGI-Scripts stets in dem *cgi-bin*-Verzeichnis ab.
- Stellen Sie dieses Verzeichnis auf „ausführbar" ein.
- Achten Sie auf die Dateiendungen! Kennzeichnen Sie CGI-Scripts immer mit der Endung *.cgi* oder *.pl*.

Problemlösungen als Checkliste

Problematisch im Umgang mit CGI-Scripts ist vor allem die Fehlerbehebung. Dies liegt darin, dass keine allgemein gültigen Regeln für das Schreiben von Scripts existent sind. Bei auftretenden Problemen im Umgang mit Scripts liegt es jedoch häufig an einem der nachfolgend aufgeführten Punkte.

- Wurden die Zugriffsrechte korrekt vergeben?
- Führen Sie eine Fehleranalyse durch! Tragen Sie bei Scripts an das Ende der ersten Zeile die Zeichenfolge „-w" ein. Daraufhin werden alle in dem Script auftretenden Syntaxfehler aufgelistet.
- Vergleichen Sie die Pfadangaben! Dies lässt sich am einfachsten durch das Eingeben der Zeile „witch-perl" überprüfen. Wird hier ein anderer Pfad angezeigt, muss dieser im Script angepasst werden.
- Ist ein CGI-Wrapper installiert? Ein solcher Wrapper legt für den Speicherplatz und die Prozessorzeit ein bestimmtes Maximum fest. Wird dieses überschritten, bricht er die Verarbeitung des CGI-Scripts ab.
- Achten Sie auf die korrekte Schreibweise! CGI-Scripts müssen in einer korrekten Syntax geschrieben werden, in der auch kleine Fehler zum sofortigen Abbruch führen.
- Lesen Sie die Dokumentation! Den meisten CGI-Scripts ist eine *readme.txt* beigefügt, die detailliert Auskunft über das Script geben kann und auf mögliche Fehlerquellen aufmerksam macht.
- Fragen Sie bei Ihrem Provider nach den korrekten Pfadangaben für das Ablegen von CGI-Scripts.

> **Hinweis**
>
> **Hilfen im Netz**
>
> Da die Zahl der möglichen Fehler und Fehlermeldungen den Rahmen dieses Buches sprengen würde, empfiehlt es sich, den Kontakt zu professionellen Programmierern aufzunehmen oder sich innerhalb eines Forums über Aspekte der CGI-Programmierung zu informieren.

Unten stehend sind einige für dieses Thema relevanten Adressen aufgelistet.

http:www.cgi-search.de
http://www.xwolf.com/forum/cgi/
http://alfaweb.ch/cgi-forum/
http://www.f11.parsimony.net/forum16697/
http://f15.parsimony.net/forum25252/

9.4 Exkurs: Im Dialog durch Active Server Pages (ASP)

Active Server Pages (ASP) sind eine Scriptumgebung auf Serverseite, in der interaktive Webserver-Anwendungen erstellt und ausgeführt werden können. Sie können durch ASP ausführbare Scripts in eine HTML-Datei einfügen. ASP ist objektorientiert und durch ActiveX-Komponenten erweiterbar. Ein ASP-Script wird dann ausgeführt, wenn ein Browser eine ASP-Seite von einem Server anfordert.

Ist diese Voraussetzung erfüllt, wird das ASP-Modul aufgerufen, das die entsprechende Datei ausliest und anschließend eine HTML-Seite wieder an den Browser zurücksendet.

Um eine ASP-Anwendung zu entwickeln, können Sie ASP-Scripts verwenden. Es spielt hierbei keine Rolle, welche Script-Sprache Sie hierfür anwenden. Lediglich das jeweilige Script-Modul müssen Sie für die Sprache bereitstellen.

Es gibt einen einfachen Weg, wie Sie Ihre erste eigene ASP-Seite erstellen können.

- Erstellen Sie eine HTML-Seite.
- Speichern Sie diese mit der Endung *asp* in einem virtuellen Verzeichnis ab.
- Stellen Sie dieses Verzeichnis auf *Ausführen* (siehe ab Seite 711).

Obwohl dies zwar bereits eine ASP-Seite ist, fehlt eine wichtige Komponente. Um eine solche ASP-Seite in eine wirklich „aktive" Seite umzuwandeln, muss diese HTML-Datei um Scripts erweitert werden. Ein solches Script ist nichts anderes als eine Folge von Script-Befehlen.

Wird dieses Script ausgeführt, sendet es eine bestimmte Befehlsfolge zu einem Script-Modul. Dieses interpretiert diese Befehlsfolge und überträgt sie an den Rechner.

Sie können anhand dieses Scripts einer Variablen einen bestimmten Wert zuordnen und diverse Befehle zu Prozeduren zusammenfassen.

Die Vorteile von ASP sind vielfältig

Da Scripts einer ASP-Anwendung nicht vom Client, sondern Server ausgeführt werden, bietet ASP Entwicklern und Benutzern gleichermaßen vielfältige Möglichkeiten.

So muss lediglich der Server die neuesten Entwicklungen des Web interpretieren und darstellen können.

Der Browser, der auf der Client-Seite zum Einsatz kommt, muss diese Fähigkeit nicht besitzen.

So ist es ohne Probleme möglich, neueste Entwicklungen mit älteren Browsern darzustellen. Die Vorteile von ASP liegen jedoch nicht nur auf der Client-Seite.

Auch für ASP-Entwickler bieten Active Server Pages zahlreiche Vorteile.

- Der größte Vorteil für angehende ASP-Entwickler ist die leichte Erlernbarkeit. Lediglich Grundkenntnisse in Visual Basic oder einer Script-Sprache (JavaScript, VB Script) sollten Sie besitzen.
- Sie müssen Ihre ASP-Entwicklungen nicht kompilieren. Der Vorteil dieses Aspekts liegt auf der Hand. Bisher mussten Webapplikationen kompiliert werden, um diese ausführbar zu machen, was eine leichte und schnelle Fehlerbehebung erschwerte.
- Die ASP-Umgebungen sind erweiterbar.

Bevor ASP eingesetzt werden kann, müssen Sie Informationen über die Art des Servers, auf dem sie laufen sollen, einholen. Bislang können ASP-Anwendungen nur in Zusammenarbeit mit einem Microsoft Server ausgeführt werden.

Der Grund für diese Entwicklung liegt in der engen Verknüpfung von ASP zur Windows-Welt.

Es ist vor einem Einsatz von Active Server Pages darauf zu achten, dass einer der aufgeführten Server eingesetzt wird:

- Microsoft Personal Webserver
- Microsoft Internet Information Server
- Microsoft Peer Webserver

Ein einführendes Beispiel in ASP

Dieses Beispiel ist eine typische ASP-Anwendung. Es wird ein Formular erstellt, in dem Ihr Besucher seine Augenfarbe eingeben kann.

Sendet er dieses Formular ab, wird eine Seite mit Informationen über die Farbe der Kleidung, die er tragen sollte, geöffnet. Sie benötigen hierfür lediglich zwei Seiten.

Formulare und Scripts

Test.asp:

```
<!DOCTYPE html PUBLIC http://www.w3.org/TR/xhtml1/DTD/strict.dtd>
<html>
<head>
<title>Die erste ASP-Seite</title>
<body>
    Passt Ihre Kleidung zu der Farbe Ihrer Augen? <br/>
    <form method="POST" action="test2.asp">
        Welche Augenfarbe haben Sie?:
        <input type="TEXT" name="Farbe" size="10"> Augen<br/>
        <input type="SUBMIT" value="Absenden">
    </form>
</body>
</html>
```

Es handelt sich hierbei um ein einfaches Formular mit einem Eingabefeld für die Augenfarbe und einer Schaltfläche zum Absenden. Durch die Angabe *action="test2.asp"* werden die Inhalte des Formulars an die Datei *Test2.asp* gesendet und in dieser ausgewertet.

Test2.asp:

```
<% Option Explicit
dim Farbe %>
<html>
<head>
<title>Vergleich: Augenfarbe - Kleidung</title>
</head>
<body>
    Das sollten Sie beachten:<br/>
    <% Farbe=Request.Form("Farbe") %>
    <% if Farbe<blue then%>
    Sie sollten bevorzugt blaue Kleidung tragen. Verzichten Sie
jedoch auf Grün.
    <% elseif Farbe<gree then%>
    Sie sollten bevorzugt grüne Kleidung tragen. Verzichten Sie
jedoch auf Blau.
    <% else %>
    Sie können jede Kleidung tragen, die Sie wollen. Denn Ihre
Augenfarbe ist sehr neutral.
    <% end if%>
</body>
</html>
```

Auch bei der Entwicklung von ASP-Seiten begegnet Ihnen die *if*-Bestimmung. Gibt Ihr Gast an, dass seine Augenfarbe Blau ist, erhält er diesen Hinweis: „Sie sollten bevorzugt blaue Kleidung tragen. Verzichten Sie jedoch auf Grün." Ist seine Augenfarbe hingegen Grün, geben Sie ihm diesen Kleidungstipp: „Sie sollten bevorzugt grüne Kleidung tragen. Verzichten Sie jedoch auf Blau."

Besitzt er keine dieser beiden Augenfarben, erkennt dies das ASP-Script und gibt diese Meldung aus: „Sie können jede Kleidung tragen, die Sie wollen. Denn Ihre Augenfarbe ist sehr neutral."

Um dem Benutzer die Möglichkeit zu bieten, auf ASP-Seiten zuzugreifen, müssen Sie, wie ab Seite 711 beschrieben, Zugriffsrechte für virtuelle Verzeichnisse einstellen. Sind mehrere Personen mit der Entwicklung einer ASP-Anwendung betraut, ist zu überprüfen, ob für diese zusätzlich Schreibrechte zu vergeben sind. Benutzern sollten Sie diese Möglichkeit hingegen niemals einräumen. Können diese mit dererlei Privilegien ausgestattet ungehindert auf dem Server Befehle ausführen.

9.5 Aktiv mit ActiveX

Durch ActiveX werden anfallende Aktionen zwischen dem Browser, Windows und dem Internet gesteuert. Allein dieser Punkt zeigt bereits eines der Hauptprobleme von ActiveX auf. ActiveX ist plattformabhängig, da es nur Windows-Nutzern zur Verfügung steht. Die Grundlage von ActiveX ist das COM, das **C**omponent **O**bject **M**odel.

Vom Client angeforderte Softwarekomponenten werden über eine Schnittstelle vom Server implementiert. Da COM flexibel ist, lassen sich Softwarekomponenten erweitern. ActiveX birgt aber durch diesen Punkt ein enorm hohes Sicherheitsrisiko in sich, kann es doch auf den Prozessor und das Betriebssystem ungehindert zugreifen. Dieser Punkt hat Microsoft dazu veranlasst, Sicherheitszertifikate für ActiveX-Controls zu vergeben. Rufen Sie eine Site auf, auf der sich ein solches Control befindet, wird Ihnen angezeigt, ob es ein Sicherheitszertifikat besitzt und ob es ausgeführt werden soll.

Ein großer Nachteil ist das Darstellen von ActiveX-Anwendungen auf Websites. ActiveX ist eine reine Microsoft-Entwicklung, was wiederum bedeutet, dass ActiveX von anderen Browsern nicht unterstützt wird. Netscape bietet zwar mittlerweile ein Plug-In für ActiveX an, dieses müssen Sie sich jedoch zunächst downloaden.

Da Sie nicht davon ausgehen können, dass dies wirklich jeder Ihrer Gäste tut, müssen Sie Folgendes bedenken: Wird ein ActiveX-Control auf eine Seite eingebunden und jemand hat dieses nicht auf seinem Rechner installiert, so muss dieses erst auf den Rechner übertragen werden.

Die Konsequenzen für die Ladezeiten können verheerend sein. ActiveX bietet jedoch nicht nur Nachteile. Entwicklern stehen völlig neue Wege offen. Es scheint durch den Einsatz von ActiveX nahezu alles möglich zu sein.

Wir werden Ihnen auf den nächsten Seiten vier verschiedene Varianten zum Einbinden eines ActiveX-Controls in Ihre Seiten vorstellen.

Um die Übersicht zu bewahren, haben wir uns bei allen vier Wegen für ein und dasselbe Control entschieden. Dieses ist auf jedem (Windows)Rechner vorhanden und kann so direkt von Ihnen nachvollzogen werden.

FrontPage und ActiveX

Da FrontPage aus dem Hause Microsoft stammt, verwundert es nicht, dass dieser Editor eine perfekte ActiveX-Unterstützung bereitstellt.

Um das Calendar-Control durch FrontPage in Ihre Site einzufügen, folgen Sie dieser Anweisung.

Entscheiden Sie sich für ein anderes ActiveX-Control können die Abbildungen voneinander abweichen.

Dies hat einen einfachen Hintergrund. Jedes ActiveX-Control besitzt andere Eigenschaften und andere Möglichkeiten, dies zu verändern.

Das Prinzip des Einbindens ist jedoch bei allen Controls identisch.

Wählen Sie aus dem Menü *Einfügen/Erweitert/ActiveX-Steuerelement*.

Auswahl der verfügbaren Controls

Hier haben Sie die Auswahl zwischen verschiedenen ActiveX-Controls.

Diese Anzeige ist variabel. Das Programm untersucht den Rechner nach installierten ActiveX-Controls und listet alle gefundenen in dieser Liste auf.

Die Aktualisierung erfolgt automatisch, sodass Sie stets einen Überblick über die installierten Komponenten besitzen.

Wählen Sie für dieses Beispiel das *Calendar Control 9.0* und bestätigen Sie die Angabe durch *OK*.

Formulare und Scripts

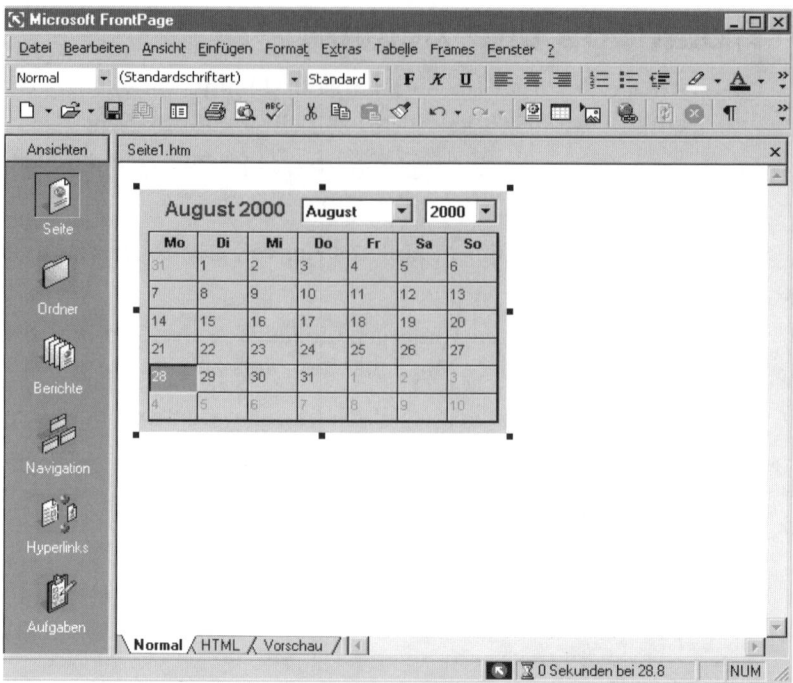

Der Kalender wurde importiert

Das ActiveX-Control wurde in die Seite eingefügt. Sie können nun die Eigenschaften des Kalenders bearbeiten. Markieren Sie dazu das Element und drücken Sie die rechte Maustaste. Wählen Sie aus dem Kontextmenü den Punkt *Eigenschaften ActiveX-Steuerelement*.

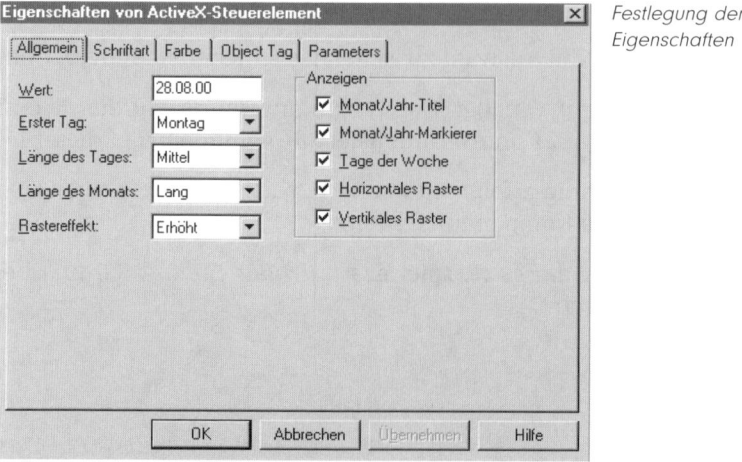

Festlegung der Eigenschaften

In diesem Fenster können Sie sämtliche Eigenschaften neu definieren. Die Palette reicht hierbei von der Schriftart über die Hintergrundfarbe und vieles mehr. Haben Sie das Control Ihren Wünschen angepasst, bestätigen Sie die Änderungen durch *OK*.

Formulare und Scripts

ActiveX in Word 2000

Ebenso wie FrontPage bietet auch das Textverarbeitungsprogramm Word einen exzellenten ActiveX-Support an. Die in diesem Abschnitt dargestellte Anleitung basiert wiederum auf dem Calendar 9.0 Control. Nach dem Starten von Word 2000 und dem Anlegen einer neuen Seite wählen Sie aus dem Menü *Einfügen/Objekt*.

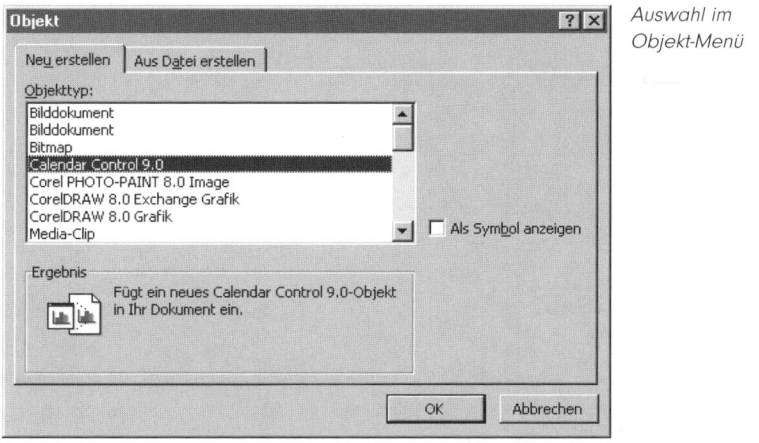

Auswahl im Objekt-Menü

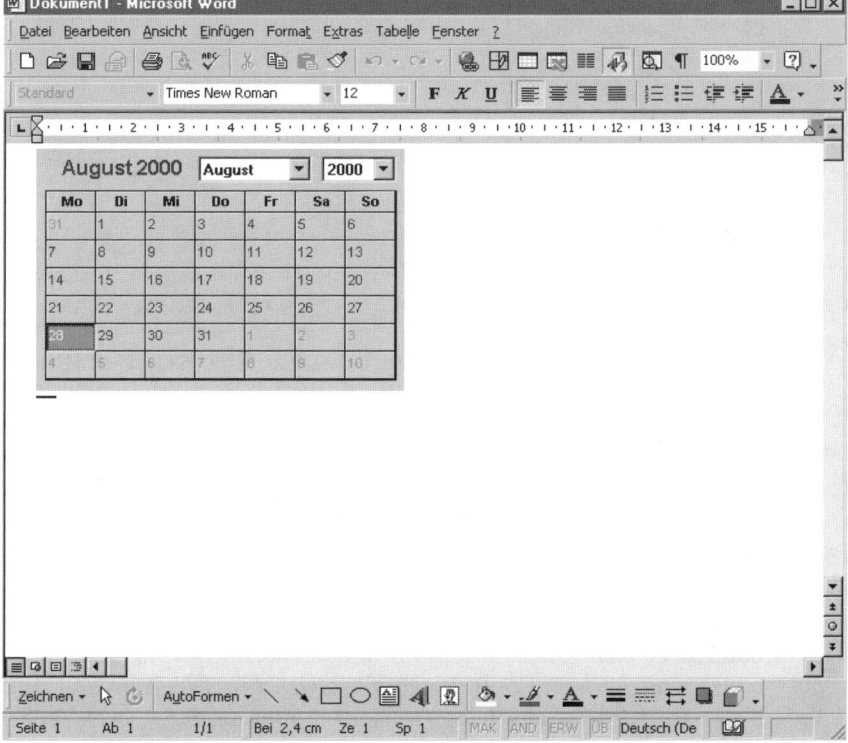

Das Calendar Control im Word-Dokument

Formulare und Scripts

Die alphabetische Auflistung der Komponenten erleichtert das Auffinden des gewünschten Controls. Markieren Sie das *Calendar Control* und bestätigen Sie diese Auswahl mit *OK*.

Das Calendar 9.0 Control wurde nun in Ihr Dokument eingefügt. Um das Erscheinungsbild zu verändern führen Sie die folgenden Schritte aus. Markieren Sie das Objekt und drücken Sie die rechte Maustaste. Aus dem Kontextmenü wählen Sie den Punkt *Eigenschaften*. Es öffnet sich ein Fenster, in dem sämtliche Eigenschaften aufgeführt sind.

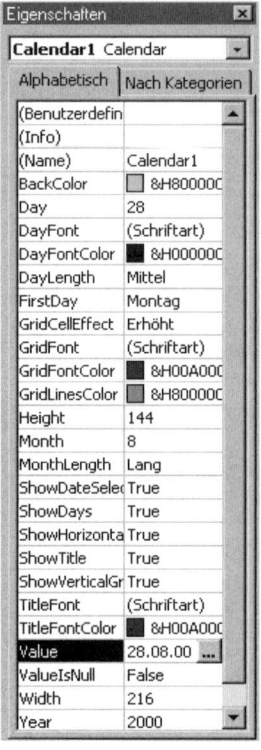

Definition der Eigenschaften

In diesem Menü können Sie alle relevanten Eigenschaften Ihres Controls ändern. Also z. B. die Farbe, Schriftart, den Start-Tag oder auch Breite und Höhe.

Das ActiveX-Control Pad

Für das Einbinden von ActiveX-Controls am besten geeignet ist dieses Werkzeug. Sie können das ActiveX-Control Pad auf den Seiten von Microsoft (www.microsoft.com) finden und auf Ihren Rechner downloaden. Hierbei handelt es sich um ein Programm, das speziell für das Einbinden und Bearbeiten von ActiveX-Controls entwickelt wurde. Das ActiveX-Control steht als Freeware zur Verfügung und ist dank seiner geringen Größe schnell downloadbar.

Formulare und Scripts

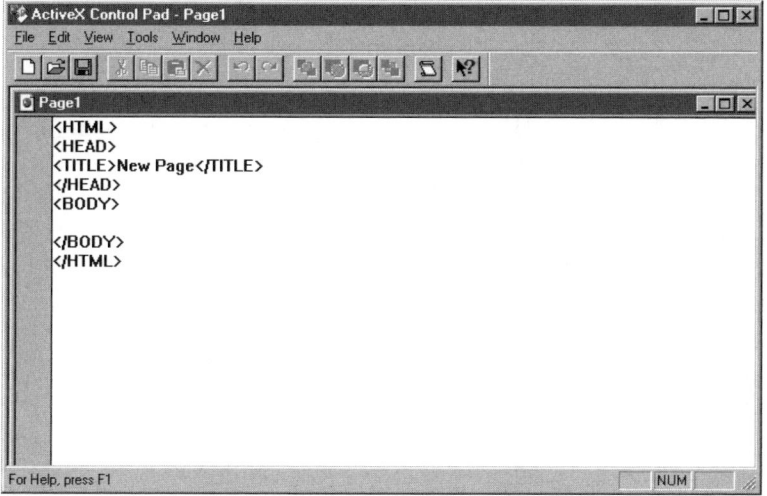

Das Control Pad mit HTML-Grundgerüst

Nachdem Sie das Control Pad geöffnet haben, legen Sie eine neue Seite an und wählen aus dem Menü *Edit/Insert ActiveX Control*.

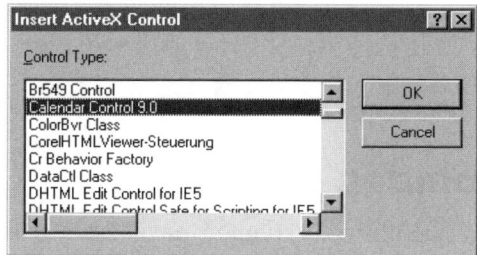

Auswahl eines ActiveX Controls

Es werden alle auf dem Rechner befindlichen ActiveX-Controls aufgelistet.

Wählen Sie das Calendar Control 9.0 aus und bestätigen Sie diese Angabe mit *OK*.

In dem sich öffnenden Fenster lassen sich die für die eingebundene Komponente relevanten Eigenschaften den jeweiligen Ansprüchen anpassen.

Ein Punkt, der für alle bisher vorgestellten Punkte gilt: Nutzen Sie die Möglichkeiten.

Versuchen Sie alle Stilmittel, die Ihnen zur Verfügung stehen, und schauen Sie sich die Ergebnisse anschließend im Browser an.

Formulare und Scripts

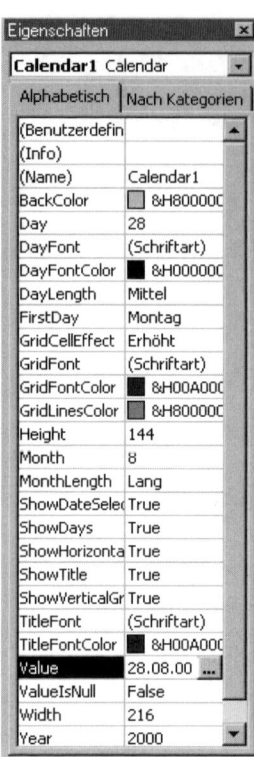

Einstellung der Eigenschaften

Als Objekt einbinden

Stehen Ihnen die zuvor aufgeführten Varianten nicht zur Verfügung, oder möchten Sie andere ActiveX-Controls integrieren, bietet sich das Einbinden als Objekt an. Sie werden an dem folgenden Beispiel erkennen, dass das Einbinden eines ActiveX-Controls mit dem eines Java-Applets identisch ist.

```
<object classid="clsid:8E27C92B-1264-101C-8A2F-040224009C02"
id="Calendar1" width="288" height="192">
</object>
```

Durch <object> wird die eigentlich Referenz eingeleitet. Sie geben dem Browser durch diese Angabe zu verstehen, dass ein Objekt eingebunden werden soll. Mittels *classid* wird das ActiveX-Control referenziert. Es kann hiermit folglich exakt identifiziert werden. (Wollen Sie ein ActiveX-Control als Objekt einbinden, sollten Sie diese Angabe von der Website des Anbieters kopieren. So können Sie fehlerhafte Angaben umgehen.)

Diese Angabe muss in Anführungszeichen gesetzt werden. Die Angabe *id="Calendar1"* dient nochmals der Identifizierung des Controls. In unserem Beispiel haben wir dem ActiveX-Control zusätzlich noch Breite und Höhe zugewiesen. Diese Angaben lassen sich noch beliebig erweitern. Auch hier lassen sich selbstverständlich wieder Schriftfarbe etc. verändern.

Ein Beispiel – Zeitzonen

Eine Anwendung, die ungefährlich und nützlich ist, finden Sie auf der Seite www.kopp.ch.

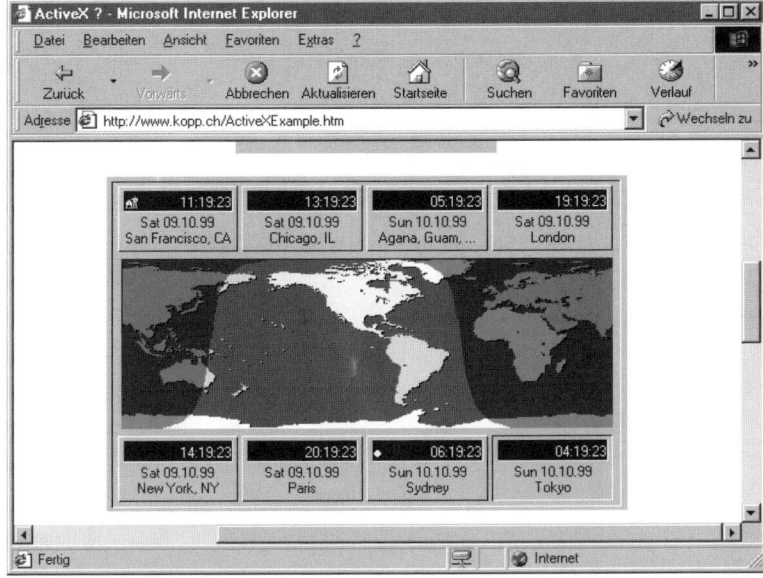

Weltzeituhr durch ActiveX

Sie können diesem Control entnehmen, welche Uhrzeit in welcher Zeitzone in diesem Moment ist. Des Weiteren können Sie sich aber auch verschiedene Zeitzonen ansehen und diese durch eine grafische Ausgabe verfolgen. Auch dieses Control lässt sich selbstverständlich Ihren Bedürfnissen anpassen. Es bietet Ihnen nicht nur die Möglichkeit, das Erscheinungsbild zu verändern, sondern Sie können auch andere Städte und Zeitzonen selbst bestimmen.

Formulare und Scripts

10. XML – Inhalt statt Beschreibung

Sie kennen es aus Word und anderen Textverarbeitungsprogrammen. Wenn Sie oft Texte in ähnlicher Form schreiben wollen, zum Beispiel Briefe oder Konzepte, werden Sie nach einer Weile feststellen, dass Sie mit den vorgegebenen Formaten oder Formatvorlagen an Ihre Grenzen stoßen. Dann wird es Zeit, darüber nachzudenken, ob selbst erstellte Formate Ihre Gestaltungswünsche nicht besser zu Papier bringen können.

Warum reden wir jetzt über Formatvorlagen? Sie zeigen Ihnen am eindrucksvollsten den Hauptgrund für die Entwicklung von XML. Haben Sie bereits Webseiten in HTML erstellt, geschah dies bereits mit einer Art Formatvorlage. Denn HTML besteht aus vorgeschriebenen Tags und Attributen, bei denen Sie nicht die Möglichkeit haben, eigene Befehle zu definieren. HTML bietet Webentwicklern zwar mehr Befehle, als man es sich vor wenigen Jahren vorgestellt hätte. Für die rasante Entwicklung des Internet ist HTML aber zu unflexibel.

Aus diesem Grund wurde XML (**E**xtensible **M**arkup **L**anguage) entwickelt. Mit dieser Neuentwicklung können eigene Tags und Elemente für jede spezielle Anwendung kreiert werden. Dieser Aspekt führt zu einer Flexibilität bei der Gestaltung von Internetseiten, die bis zu diesem Zeitpunkt unvergleichlich ist. Mit XML lassen sich für jeden Verwendungszweck zielgenau abgestimmte Tags und Elemente entwickeln. Und für jedes dieser Elemente lassen sich eigene Formatierungen vornehmen. Allein dieser Punkt macht das große Potential von XML deutlich. Anders als im Umgang mit HTML ist XML jedoch lediglich für das Strukturieren der Daten verantwortlich. Die Ausgabe kann nur mittels Stylesheet vorgenommen werden. Zum Einsatz können hierbei Cascading Style Sheets, herkömmliches HTML und die neu entwickelte **E**xtensible **S**tyle **L**anguage (XSL) kommen. Die in diesem Buch vorgestellte XHTML-Syntax resultiert aus XML und bedient sich deren Vorteile, was die zunehmende Bedeutung von XML zusätzlich unterstreicht.

Das Grundprinzip von XML ist ebenso simpel wie genial und soll zunächst anhand eines Beispiels veranschaulicht werden. Sie möchten ein Dokument über die Formel 1 erstellen. Durch XML haben Sie nun die Möglichkeit, diesem eine eigene, einzigartige Struktur zu geben, die explizit auf diese Thematik abzielt.

```
<?xml version="1.0">
<FAHRER>
<SCHUMACHER>MICHAEL SCHUMACHER</SCHUMACHER>
</FAHRER>
```

Wir gehen hier noch nicht genauer auf die Syntax ein, aber Sie sehen, dass bereits die ersten beiden eigenen Tags definiert wurden: <SCHUMACHER> und <FAHRER>. Das Prinzip von XML wird an diesem Beispiel deutlich; Sie können für Ihr Dokument die Tags, die für seine Struktur wichtig sind, selbst definieren.

10.1 Ein Vergleich – XML und XHTML

Dass XML alleine nicht als Nachfolger von HTML betrachtet werden kann, sollen die folgenden Punkte klarstellen. Das Erstellen von XML-Websites ist mit einem höheren Zeitaufwand verbunden, als es bei einfachen HTML-Seiten der Fall ist. Der Regelfall für eine herkömmliche Site ist, dass alle notwendigen Informationen in nur einer Datei stehen. Bei XML-Dokumenten stellt sich dies etwas komplexer dar. Die Inhalte müssen zuerst logisch strukturiert und deren Ausgabe mithilfe von XSL realisiert werden. XSL ist die Stilsprache zu XML. Deren Einsatz und Syntax haben wir einen eigenen Abschnitt gewidmet. Hinzu kommen häufig weitere Dateien, in denen die Tags definiert werden.

Besonderes Augenmerk ist auf die Syntax der Seite zu legen. Ein Beispiel: Anders als bei HTML achtet XML sehr auf die Schreibweise. Wurde in HTML <H1>Überschrift<h1> toleriert, werden Sie in XML mit der folgenden Anweisung nicht den gewünschten Erfolg erzielen: <SCHUMACHER>Sammlerleidenschaft</Schumacher>. Nur durch konsequentes Einhalten der korrekten Schreibweise lassen sich XML-Dateien ohne Fehlermeldung ausgeben. Die Schreibweise des Start-Tags muss mit der des End-Tags exakt übereinstimmen.

XML – Die Voraussetzungen

Eine der Voraussetzungen, um XML-Dokumente zu erstellen, ist ein XML-fähiges Betriebssystem. Momentan sind dies Windows 3.x/Windows 9x/2000/NT/Me und Linux.

Zusätzlich benötigen Sie einen XML-fähigen Browser. Obwohl bereits der Internet Explorer 4.5 XML versteht und auch darstellen konnte, war er doch nicht ausreichend für den XML-Einsatz geeignet. So kann er zum Beispiel XSL nicht interpretieren. Der einzig Browser, der voll XML-fähig ist, ist der Internet Explorer ab der Version 5. Netscape kündigte an, dass der Netscape Navigator 6 XML ebenfalls interpretieren kann. Die jetzigen Versionen (bis 4.7x) zeigen allerdings noch keinerlei Umsetzung dieses Vorhabens.

Um XML-Dokumente erstellen zu können, benötigen Sie einen ASCII-Editor. Für Windows reicht hier zum Beispiel das NotePad völlig aus. Die nachfolgende Übersicht zeigt Ihnen die Bezugsquellen für einige ASCII-Editoren für verschiedene Betriebssysteme, die Ihnen mehr Funktionen bieten als der

Standard-Editor. Je nach Funktionsumfang können Sie den NotePad-Editor mit seiner geringen Funktionalität ersetzen.

Betriebssystem	Webadresse	Name
Windows	www.notetab.com	NoteTab
	www.jgsoft.com	EditPad
	www.ultraedit.com	UltraEdit
Linux	www.vim.org	VIM
	www.de-does.demon.nl	Ted

Ein erstes Beispiel

Aus Programmierkreisen bekannt, soll auch für den Einstieg in XML das bekannte „Hello World", in zweckmäßig abgewandelter Form, dienen. ;-)

```
<?xml version="1.0" encoding="ISO-8859-1"?>
<WORT>Hallo XML</WORT>
```

In der ersten Zeile jedes XML-Dokuments wird die XML-Deklaration notiert. Als die wichtigste Information ist hierbei die auf diese Datei angewandte Version zu nennen. Derzeit darf an dieser Stelle lediglich die Versionsnummer 1.0 notiert werden. Wie sich das Fortschreiten der Nummerierung bei zukünftigen Anwendungen von XML gestalten wird, ließ das World Wide Web Consortium – W3C – bis zum jetzigen Zeitpunkt offen.

Über das Schlüsselwort *encoding* wird die Definition des anzuwendenden Zeichensatzes eingeleitet.

Um mit den Vorgaben des W3C konform zu gehen, sollte die erste Zeile immer kleingeschrieben werden. Anhand dieser Vorgehensweise kann die zukünftige XML-Konformität des Dokuments gewährleistet werden. Besonderes Augenmerk sollten Sie auf den Abschluss-Tag richten. Genau, es gibt hier, im Gegensatz zu den Deklarationen von HTML, keinen. Ein deutliches Unterscheidungsmerkmal zwischen XML und XHTML bietet die Grobstruktur der jeweiligen Dateien. Muss jedes XHTML-Dokument durch </html> geschlossen werden, ist ein hierzu vergleichbares Abschluss-Tag, wie beispielsweise </xml>, innerhalb der XML-Spezifikation nicht vorgesehen.

In der zweiten Zeile haben wir unser erstes eigenes Tag definiert: <WORT>. Achten Sie darauf, dass dieses wieder ein Abschluss-Tag besitzt. Die Schreibweisen des öffnenden und des abschließenden Tags müssen identisch sein.

Da nun der Quellcode allein nicht sonderlich aussagekräftig ist, wollen wir uns die Seite im Browser ansehen. Speichern Sie die Seite zunächst unter *test.xml* ab und rufen Sie diese anschließend mit dem Internet Explorer 5 auf. Folgendes Bild müsste sich Ihnen nun bieten:

XML - Inhalt statt Beschreibung

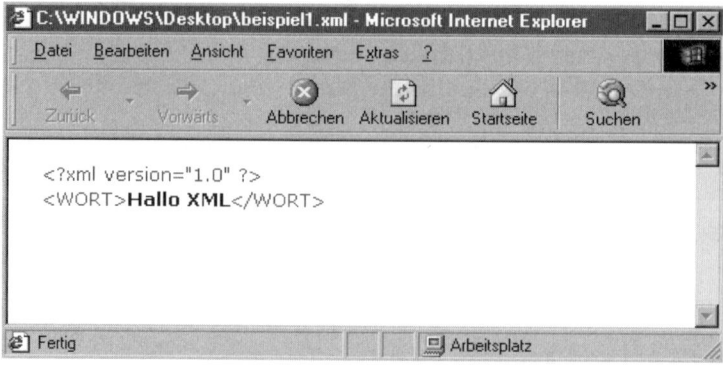

Eine korrekte Ausgabe

Sie sehen hier lediglich den zuvor eingegebenen Quelltext. Dieser wird in XML als Dokumentbaumstruktur bezeichnet. Es wird Ihnen also die Struktur des XML-Dokuments angezeigt.

Was beinhaltet aber eine solche Dokumentstruktur? Prinzipiell besteht ein Dokument aus folgenden Elementen: dem Inhalt, der Struktur, den logischen Informationen und natürlich der Formatierung. Und diese Punkte werden Ihnen hier gezeigt. Um Ihnen die Richtigkeit dieser Site zu demonstrieren, bauen wir nun einen kleinen Fehler ein.

```
<?xml version="1.0"?>
<WORT>Hallo XML</Wort>
```

Speichern Sie diese Seite ebenfalls als XML-Dokument (hier *test2.xml*) und rufen Sie diese erneut im Browser auf.

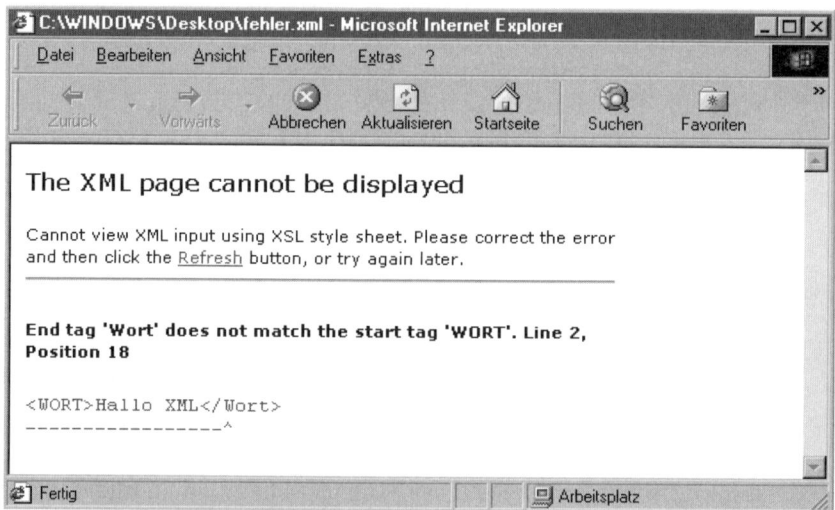

Fehlermeldung des Internet Explorer

Der Internet Explorer erkennt, dass das Anfangs-Tag nicht konform mit dem Abschluss-Tag ist, und gibt eine Fehlermeldung aus. Sehr angenehm hierbei

XML – Inhalt statt Beschreibung

ist (obwohl Fehlermeldungen eigentlich nie angenehm sind), dass die genaue Position der fehlerhaften Eingabe konkret angezeigt wird. So können Sie diese schnell lokalisieren und korrigieren. Wie Sie diesem Beispiel entnehmen können, ist eine völlig korrekte Syntax enorm wichtig, um XML-Dokumente zu erstellen.

Tags definieren

Das erste Beispiel war nur als Einführung gedacht und sollte in dieser Form keine Verwendung finden. Es wurden lediglich Tags eingebunden, jedoch nicht genauer beschrieben. Um Tags genauer zu definieren, existiert ein eigener Bereich innerhalb des XML-Dokuments. Die folgenden Zeilen sollen Ihnen zeigen, wie Sie Tags genauer definieren können. Die Ausgabe am Bildschirm soll wiederum als Dokumentstrukturbaum angezeigt werden. Anders als in dem vorherigen Beispiel, in dem der Browser das Tag definierte, als er auf dieses stieß, soll nun das Tag erst definiert und dann verwendet werden.

```
<?xml version="1.0"?>
<!DOCTYPE buch
[
<!ELEMENT WORT (#PCDATA)>
]>
<WORT>HALLO XML</WORT>
```

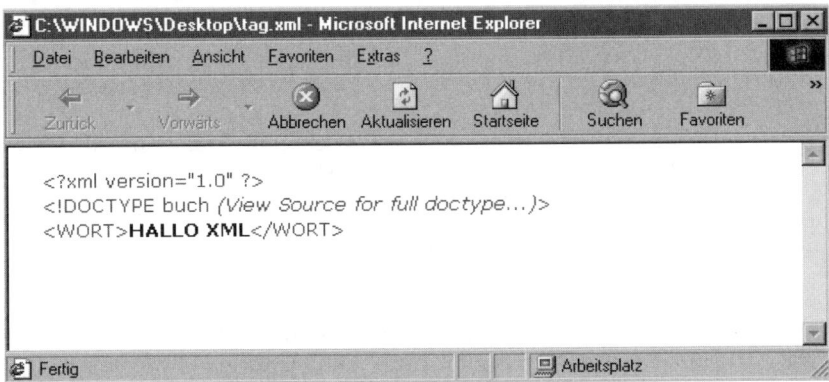

Das Tag wurde genauer definiert

Schauen wir uns den dazugehörigen Quelltext wieder zeilenweise an. In der ersten Zeile gibt es noch nichts Neues. Diese besteht aus der bereits bekannten XML-Deklaration. Nun wird es aber wieder interessant.

Über das <!DOCTYPE>-Tag wird die Definition unseres ersten eigenen Tags eingeleitet. Anschließend haben wir unserer Definition den Namen *buch* zugewiesen. Dieser Name ist frei wählbar und darf aus Buchstaben, Unterstrichen und Ziffern bestehen. Eine Einschränkung gibt es allerdings. Am Anfang des Namens darf keine Ziffer stehen. Der Name *1buch* wäre demnach falsch und würde zu einer Fehlermeldung führen. Wählen Sie am besten kurze und prägnante Namen. Das geht schneller und Sie können so bereits an dieser Stelle mögliche Fehlerquellen umgehen. Nach der öffnenden eckigen Klammer [wird das Tag konkret definiert. Dieses Konkretisieren beginnt mit <!ELEMENT>. Die nachfolgende Angabe WORT ist der Name des Tags. Nun benötigen Sie noch eine Angabe, mit der dem Browser mitgeteilt wird, dass zwischen den Tags Text und keine Grafiken oder anderes stehen.

Dies geschieht durch das so genannte Parset Character Data, kurz auch (#PCDATA). Mit dessen Hilfe werden in XML Absätze definiert, die der Parser auslesen und identifizieren soll. Nun können Sie den Prolog durch]> schließen.

Dann folgt noch unser eigenes Tag <WORT>HALLO XML</WORT>.

DTD – Document Type Definition

Sehen wir uns die folgenden Zeilen noch einmal genauer an.

```
<?xml version="1.0"?>
<!DOCTYPE buch
[
<!ELEMENT WORT (#PCDATA)>
]>
<WORT>HALLO XML</WORT>
```

Diese Zeilen sind einer der Gründe für die Entwicklung von XML. Um diesen Satz genauer zu erläutern, muss zunächst beschrieben werden, was eine DTD (**D**ocument **T**ype **D**efinition) ist. Mit einer solchen DTD werden für eine Klasse von Dokumenten die logischen Elemente und deren struktureller Aufbau beschrieben.

Dieser Aspekt wirft nun die verständliche Frage auf, für welchen Zweck eine DTD entwickelt werden soll. HTML setzt voraus, dass alle Dokumente gleichen Typs sind. Das macht zwar HTML einfacher, ist aber in dieser Form nicht korrekt. Rufen Sie einmal zwei Seiten im Web auf, und Sie werden bemerken, dass deren Strukturen völlig voneinander abweichen. Denn Aufbau, Inhalt und die verwendeten Elemente sind völlig verschieden. All diese verschiedenen Seiten beziehen sich jedoch auf die gleiche „Dokumentvorlage". Und genau dieser Punkt führte zu der Entwicklung von XML. Durch XML besteht nun die Möglichkeit, jedem Dokument eine eigene, passende Struktur zuzuweisen, die der Einzigartigkeit des vorhandenen Dokuments Rechnung trägt.

Interne und externe DTD

Nachdem wir nun geklärt haben, was eine DTD ist, wollen wir deren Einsatz genauer beschreiben. Es gibt zwei Varianten, mit denen Sie eine DTD angeben können. Anhand von zwei Beispielen möchten wir diese vorstellen. Wir unterscheiden zwischen internen und externen DTDs. Reicht bei kleinen Dokumenten eine interne DTD aus, wäre diese Vorgehensweise bei umfangreicheren Dokumenten zu unübersichtlich, wird doch der Quelltext eines

XML – Inhalt statt Beschreibung

Dokuments durch den Einsatz einer internen DTD sehr umfangreich. Schauen Sie sich zum einfacheren Einstieg in diese Problematik das unten stehende Beispiel an.

```
<?xml version="1.0"?>
<!DOCTYPE buch SYSTEM „extern.dtd">
<MEINS>
<WORT>
<SATZ>Ganz toll</SATZ>
<UMSCHLAG>Schwarz</UMSCHLAG>
<SEITE>Nummer</SEITE>
</WORT>
</MEINS>
```

Hierbei handelt es sich um ein XML-Dokument, das auf eine externe DTD zugreift. (Diese wird in einer Datei mit der Endung *dtd* gespeichert. Den genauen Inhalt und die Syntax der auf die in diesem Beispiel verwiesenen externen DTD beschreiben wir nach den Erläuterungen des eigentlichen XML-Dokuments.)

Wie Sie sehen können, ist der Quelltext so gehalten, dass Sie auch bei umfangreicheren Dokumenten keinerlei Probleme haben werden, die Übersicht zu behalten. (Dieser Punkt wird bei dem Betrachten der internen DTD deutlich.) Um die externe DTD in dieses Dokument einzubinden, muss das <!DOCTYPE>-Attribut verwendet werden.

Anschließend wird der Name der DTD angegeben. Es handelt sich hierbei nicht um den Namen der Datei, die die DTD enthält, sondern vielmehr um einen internen Namen, den Sie selbst wählen können.

Nun benötigt der Browser noch die Angabe, für welchen Bereich die DTD gültig ist. Das Attribut *SYSTEM* findet immer dann Verwendung, wenn die DTD nur für diese Website gilt. Geben Sie stattdessen *PUBLIC* an, müssen Sie auf eine öffentlich zugängliche DTD verweisen. (Solche finden Sie beispielsweise auf der Website des W3C.) Im Anschluss muss der Dateiname der DTD festgelegt werden.

Dieser muss in Anführungszeichen gesetzt werden. Achten Sie dabei auf die Pfadangabe. Diese Datei allein genügt allerdings noch nicht.

Im Anschluss müssen wir noch den Inhalt der DTD, auf die verwiesen wird (In unserem Fall *extern.dtd*.), festlegen.

```
<!ELEMENT MEINS (WORT)+>
<!ELEMENT WORT (SATZ, UMSCHLAG, SEITE)>
<!ELEMENT SATZ (#PCDATA)>
<!ELEMENT UMSCHLAG (#PCDATA)>
<!ELEMENT SEITE (#PCDATA)>
```

Diese DTD ist recht einfach zu lesen. Gehen Sie den Quelltext immer der Reihe nach durch. Das Wurzelelement *MEINS* wurde in dem XML-Dokument als solches definiert und muss somit auch in der DTD als solches erscheinen. *MEINS* enthält das Attribut *WORT*; dieses steht in Klammern.

Nun müssen die Attribute von *WORT* aufgelistet werden. Es handelt sich hierbei um *SATZ*, *UMSCHLAG* und *SEITE*. Über *PCDATA* teilen Sie dem Browser mit, dass diese Elemente lediglich aus Text bestehen. Für unser Beispiel müssen Sie die externe DTD in dem gleichen Verzeichnis wie das XML-Dokument unter dem Namen *extern.dtd* speichern.

Bei der Verwendung von externen DTDs muss auf auf die korrekte Pfadangabe geachtet werden. Es ist ja durchaus denkbar, dass Sie anstatt der relativen (wie in unserem Fall) eine absolute Pfadangabe machen möchten.

Schauen wir uns das Ergebnis der hier definierten Datei im Browser an.

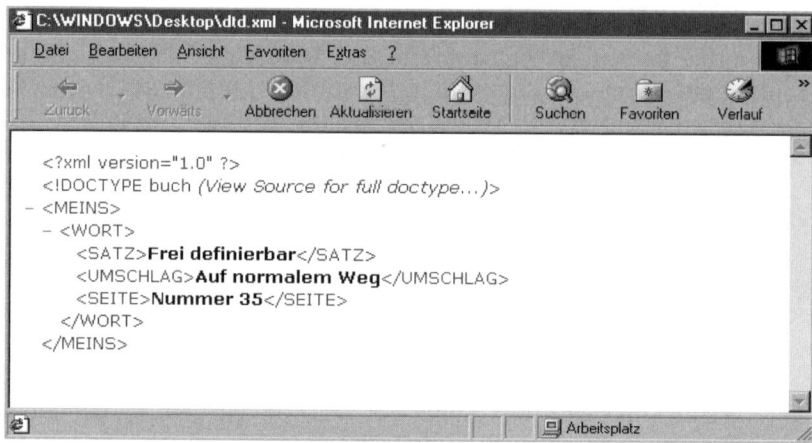

Verweis auf eine externe DTD

Nun wollen wir uns das gleiche Dokument mit einer internen DTD ansehen.

```
<?xml version="1.0"?>
<!DOCTYPE buch [
<!ELEMENT MEINS (WORT)+>
<!ELEMENT WORT (SATZ, UMSCHLAG, SEITE)>
<!ELEMENT SATZ (#PCDATA)>
<!ELEMENT UMSCHLAG (#PCDATA)>
<!ELEMENT SEITE (#PCDATA)>
]>
<MEINS>
<WORT>
<SATZ>Frei definierbar</SATZ>
<UMSCHLAG>Auf normalem Weg</UMSCHLAG>
<SEITE>Nummer 35</SEITE>
</WORT>
</MEINS>
```

Die Syntax ist hierbei mit der einer externen DTD nahezu identisch. Einzige Ausnahme ist das *DOCTYPE*-Attribut, das zu Beginn der internen DTD, jedoch nicht bei einer externen steht.

> **Tipp**
> **Nutzung von externen DTDs**
> Sie sollten bei umfangreicheren Dokumenten stets eine externe DTD verwenden. Obwohl die vorigen Beispiel von geringem Umfang waren, ist die interne DTD doch schon recht schwierig zu kontrollieren.
>
> Der folgende Weg hat sich aus unseren Erfahrungen als der effizienteste erwiesen, sofern Sie mit Word arbeiten. Öffnen Sie Word und teilen Sie das Arbeitsfenster. Schreiben Sie in den oberen Teil Ihr XML-Dokument und parallel hierzu können Sie im unteren Teil Ihre DTD gleichzeitig anpassen. Schreiben Sie also jedes neue Tag, das Sie in dem XML-Dokument aufnehmen, umgehend in die DTD. Die Vorgehensweise ist ebenso einfach wie wirkungsvoll.

XML-Dokumente – „wohlgeformt" oder „gültig"

Der Unterschied zwischen diesen beiden Varianten lässt sich in einem Satz erläutern. Wohlgeformte Dokumente besitzen keine DTD, wohingegen ein gültiges Dokument eine DTD enthält.

Die DTD ist folglich die Grundvoraussetzung für ein gültiges Dokument. Sie allein reicht allerdings noch nicht aus. Die Inhalte des Dokuments müssen zudem mit den in der DTD festgelegten Regeln konform sein.

Zunächst ein Beispiel für ein wohlgeformtes Dokument:

```
<?xml version="1.0"?>
<SATZ>
<WORT>MEIN XML</WORT>
</SATZ>
```

Wie Sie sehen, enthält dieses Dokument weder eine interne noch wird auf eine externe DTD verwiesen. Schauen wir uns nun zum Vergleich ein gültiges Dokument an:

```
<?xml version="1.0"?>
<!DOCTYPE SATZ
[
<!ELEMENT SATZ (WORT)>
<!ELEMENT WORT (#PCDATA)>
]>
<SATZ>
<WORT>Mein XML</WORT>
</SATZ>
```

XML – Inhalt statt Beschreibung

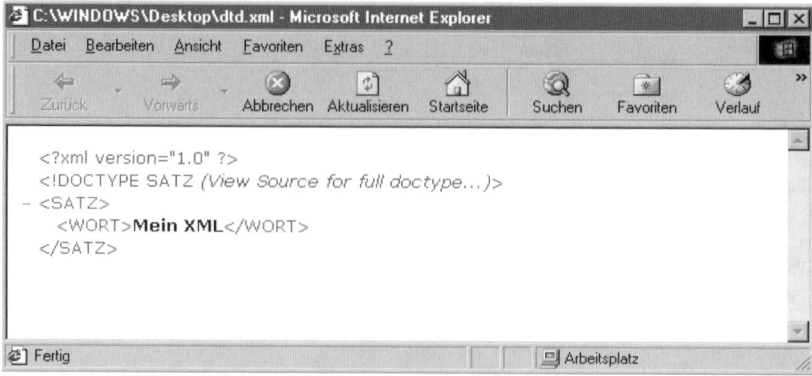

Das wohlgeformte Dokument wird korrekt angezeigt

Dieses Dokument besitzt also eine DTD. Wie schon erwähnt, reicht dies aber noch nicht aus, dass dieses als gültiges Dokument bezeichnet werden kann.

Zusätzlich müssen alle im Dokument vorkommenden Tags so dargestellt werden, wie sie in der DTD festgelegt wurden.

Um diese Aussage verständlicher zu machen, stellt die folgende Beispielsyntax ein nicht gültiges Dokument dar, das vergleichbare Informationen wie die zuvor dargestellte Datei enthält.

```
<?xml version="1.0"?>
<!DOCTYPE SATZ
[
<!ELEMENT SATZ (WORT)>
<!ELEMENT WORT (#PCDATA)>
]>
<SATZ>Mein XML</SATZ>
<WORT></WORT>
```

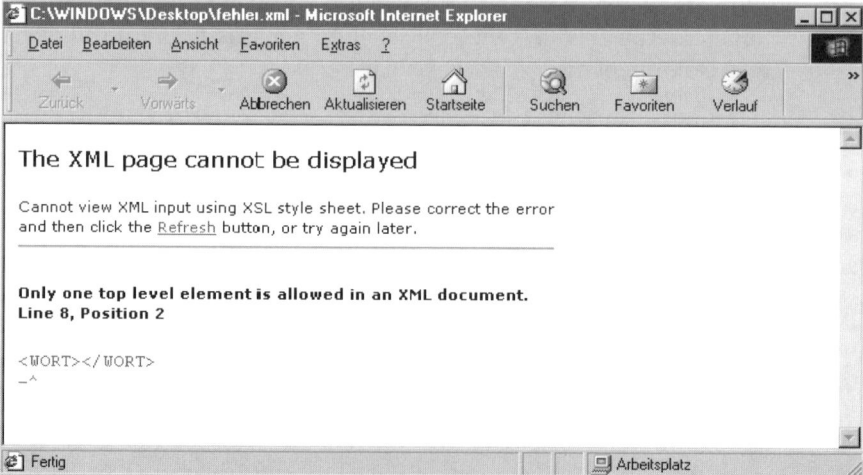

Die Tags stimmen nicht mit der DTD überein

536

Obwohl dieses Dokument eine DTD besitzt, ist es nicht gültig, was zu einem Abbruch der Verarbeitung der Datei und anschließender Fehlermeldung führt.

Es wurde das Tag <SATZ> nach „Mein XML" geschlossen, obwohl dieses noch das <WORT>-Tag enthält. Es müssen also explizit alle in dem XML-Dokument vorkommenden Tags in der DTD erscheinen.

Was verwenden – gültig oder wohlgeformte Dokumente?

Es gibt keine Vorschriften, wie Sie Ihr Dokument schreiben. Ob Sie nun gültige oder wohlgeformte Dokumente einsetzen, bleibt allein Ihnen überlassen. Beide Varianten haben ihre Vor- und Nachteile. Wohlgeformte Dokumente bleiben durch den Verzicht auf eine DTD deutlich übersichtlicher. Dieser Aspekt ist gerade für Neueinsteiger wichtig, können sich diese doch auf das Wesentliche konzentrieren. Gültige Dokumente erfordern durch die Erstellung der DTD einen höheren Zeitaufwand. Diesen machen Sie aber bei auftretenden Problemen durch einen Blick in die DTD wieder wett.

Aus unseren Erfahrungen können wir aber Folgendes sagen: Bei kleinen Dokumenten reicht ein wohlgeformtes Dokument völlig aus. Wollen Sie allerdings ein komplettes Webprojekt unter Zuhilfenahme von XML erstellen, ist die Verwendung von gültigen Dokumenten der aufwendigere, aber sicherere Weg.

XML-Dokumente ansehen

Stylesheets werden im Zusammenhang mit HTML häufig mit den am weitesten verbreiteten Cascading Style Sheets gleichgesetzt. Anders bei XML: Hier stehen gleich mehrere Varianten zur Verfügung, die jede für sich Vor- und zugleich Nachteile in sich bergen. Es werden sich in nächster Zeit wahrscheinlich zwei Standards etablieren, mit deren Hilfe es möglich sein wird, XML-Dokumente formatieren und ausgeben zu können.

Auf die E**x**tensible **S**tyle **L**anguage – kurz XSL – werden wir im Laufe dieses Kapitels noch genauer eingehen. So viel aber schon an dieser Stelle: XSL ist noch kein verabschiedeter Standard, zeigt aber bereits in diesem frühen Stadium sein Potential deutlich auf. In dem folgenden Abschnitt soll aber zunächst das Formatieren von XML-Tags mittels Cascading Style Sheets veranschaulicht werden. Die Vorteile dieser Vorgehensweise liegen auf der Hand. CSS ist ein vom W3C offiziell verabschiedeter Standard, der zudem von aktuellen Browsern unterstützt wird.

Die Syntax ist im Gegensatz zu XSL relativ simpel und lässt sich auf HTML und XML-Dokumente gleichermaßen anwenden. Ebenso wie in HTML (bei externen Stylesheets) müssen auch, um CSS auf ein XML-Dokument anwenden zu können, zwei Dateien definiert werden. Hierbei handelt es sich um die XML-Datei, die die Daten enthält, die am Bildschirm ausgegeben werden

XML – Inhalt statt Beschreibung

sollen, und die CSS-Datei, innerhalb der die jeweiligen Formatierungen definiert werden. Das Grundgerüst einer XML-Datei, die auf ein Cascading Style Sheet verweist, stellt sich folgendermaßen dar.

```
<?xml version="1.0"?>
<?xml-stylesheet href="CSS-Datei" type="text/css"?>
Inhalte der XML Datei
```

In der zweiten Zeile der hier dargestellten Syntax wird auf das Stylesheet verwiesen. Eingeleitet wird diese Definition durch die Zeichenfolge <?xml-stylesheet. Hieran schließt sich das Schlüsselwort *href* gefolgt von dem Namen der Datei, die das Stylesheet enthält. Zum Abschluss dieser Definition wird über *type* der so genannte MIME-Type angegeben. Hierüber wird dem Browser mitgeteilt, um welche Art von Stylesheets es sich hierbei handelt. Bei einem Verweis auf ein Cascading Style Sheet ist dies stets *text/css*.

Zur Veranschaulichung der hier beschriebenen Vorgehensweise soll das folgende Beispiel fungieren. Zunächst wird eine XML-Datei notiert, in der sämtliche darzustellende Tags definiert werden. Die Stylesheet-Datei, die die Formatierungen vornehmen soll, befindet sich in dem gleichen Verzeichnis wie die eigentliche XML-Datei. Der Name des Stylesheets lautet *ausgabe.css*.

```
<?xml version="1.0"?>
  <?xml-stylesheet href="ausgabe.css" type="text/css"?>
  <SATZ>
  <WORT>I heard you crying loud</WORT>
  <BUCHSTABE>all the way across town</BUCHSTABE>
  <NEU>You`ve been searching for</NEU>
  <DAY>that someone and it`s me</DAY>
  <GREEN>out on the prow</GREEN>
  </SATZ>
```

Wird diese Datei im Browser aufgerufen, erscheint lediglich der Dokumentstrukturbaum. Für eine formatierte Ausgabe muss der Inhalt der CSS-Datei festgelegt werden. In diesem Beispiel haben wir zur Verdeutlichung der einzelnen Tags diesen jeweils unterschiedliche Farben und Startpositionen zugewiesen.

```
WORT
{
font family: font-family: Verdana, Arial, Helvetica;
font size: 40pt;
color: blue;
position: absolute;
left: 20 px;
top: 10 px;
}
BUCHSTABE
{
font family: Helvetica, Arial;
font size: 20pt;
font style: italic;
color: red;
position: absolute;
```

```
left: 100 px;
top: 50 px;
}
NEU
{
font family: font-family: Verdana, Arial, Helvetica;
font size: 40pt;
color: darkblue;
position: absolute;
left: 150 px;
top: 100 px;
}
DAY
{
font family: Arial;
font size: 40pt;
color: green;
position: absolute;
left: 90 px;
top: 130 px;
}
GREEN
{
font family: Arial;
font size: 40pt;
color: black;
position: absolute;
left: 300 px;
top: 200 px;
}
```

Die folgende Abbildung zeigt das Ergebnis der beiden zuvor aufgeführten Quellcodes. Es ist deutlich zu erkennen, dass sich bereits zum jetzigen Zeitpunkt XML-Dateien für die Ausgabe interessant gestalten lassen.

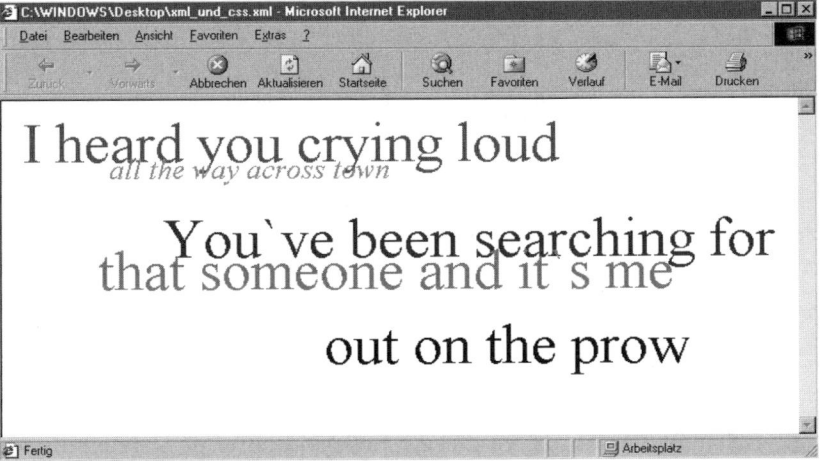

XML und CSS im Zusammenspiel

Obwohl auch in HTML Cascading Style Sheets Verwendung finden, gibt es doch einige Unterschiede zu XML. Sie benötigen in XML zum Beispiel keine Namen für Stilklassen, und müssen diese auch nicht über das *class*-Attribut einbinden. In unserem Beispiel erkennt der Browser selbstständig, dass das Tag <WORT> mit den folgenden Eigenschaften dargestellt werden soll:

- Schriftart – Arial
- Schriftgröße – 40 Punkt
- Schriftfarbe – Blau
- Position – Absolut
- Startposition links – 20 Pixel
- Startposition oben – 30 Pixel

Ab Seite 307 werden Ihnen Einsatz und Gestaltungsmöglichkeiten von CSS ausführlich aufgezeigt.

Das XML Notepad

Einfache textbasierende Editoren reichen allerdings bei komplexem Quellcode oft nicht mehr aus. Dieser Aspekt gilt besonders für XML-Neueinsteiger. Zwar wird die Anzahl diesbezüglicher Editoren immer umfangreicher, die Wahl des geeigneten allerdings umso schwieriger.

An dieser Stelle möchten wir Ihnen stellvertretend für alle Editoren XML Notepad (http://msdn.microsoft.com/xml/notepad/intro.asp) vorstellen, mit dessen Hilfe sich XML-Code leicht entschlüsseln und somit verstehen lässt. Das folgende Listing zeigt einen XML-typischen Quelltext, auf dessen Syntax wir an dieser Stelle allerdings nicht genau eingehen werden. Wichtiger ist vielmehr, dass es sich hierbei um einen von seinem Umfang her sehr kleinen Code handelt.

```
<?xml version="1.0"?>
<LINKS>
<WOHIN xml:link="simple" href="ausgabe.xml#id(kompendium)">
Web-Kompemdium</WOHIN>
<ZUSATZ>HTML-Workshop</ZUSATZ>

<WOHIN xml:link="simple" href="ausgabe.xml#id(focus)">
Focus Online</WOHIN>
<ZUSATZ>Zeitschrift</ZUSATZ>

<WOHIN xml:link="simple" href="ausgabe.xml#id(bol)">
Bestellservice</WOHIN>
<ZUSATZ>HTML-Workshop</ZUSATZ>
</LINKS>
```

Schauen Sie sich die zu diesem Beispiel konforme Darstellung im XML Notepad an. Zwar wird auch hier XML-Wissen vorausgesetzt, es wird aber deutlich, dass die hier dargestellte Ansicht einen logischeren und somit verständlicheren Eindruck hinterlässt.

XML – Inhalt statt Beschreibung

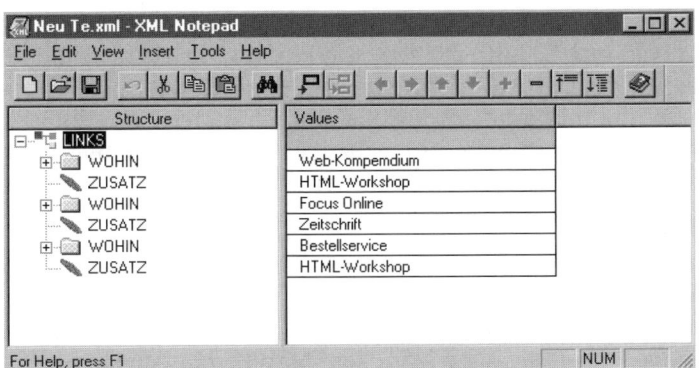

Das XML Notepad in Aktion

Das XML Notepad schlüsselt sämtliche definierten Tags auf und stellt diese grafisch dar. Somit lassen sich Syntaxfehler bereits in einem frühen Stadium erkennen und beheben. Da aus dem Hause Microsoft stammend, spielt das XML Notepad perfekt mit dem Internet Explorer zusammen. So lassen sich Seiten, die im Internet Explorer angezeigt werden, direkt in dieses Editor laden und anschließend bearbeiten.

Automatisierung mit XML-Tools

Im Umfeld von XML etablieren sich zunehmend Werkzeuge, mit deren Hilfe die Erstellung von XML-Dateien erleichtert werden soll. Trotz deren Existenz und der daraus resultierenden Arbeitserleichterung ist für ihre Anwendung das Beherrschen von XML die Grundvoraussetzung. Ist dies nicht erfüllt, macht beispielsweise die Verwendung eines Editors keinen Sinn. Dieser Punkt macht deutlich, dass XML eine recht komplexe Sprachsyntax besitzt. So lassen sich im Unterschied hierzu HTML-Seiten mithilfe eines Editors auch ohne umfassende Kenntnisse der Syntax problemlos erstellen. Die folgende Tabelle zeigt einige der sich auf dem Markt befindlichen XML-Editoren. Bei der Wahl des für Sie geeigneten sollten Sie den entsprechenden Verwendungszweck berücksichtigen. Für professionelle Anwendungen sollte auch ein professioneller Editor Verwendung finden. Als Einstiegshilfe oder für das Entwickeln kleinerer XML-Dateien genügt in der Regel der Download eines Freeware-Produkts.

Plattform	Webadresse	Name
Windows 95/98/2000/UNIX/MAC	www.alphaworks.ibm.com/tech/xeena	XENA
Windows 95/98/2000/NT4.0	www.softquad.com/products/xmetal/xm1-intro.html	XMetal
Windows 95/98/NT/Linux/Mac	www.zveno.com/zm.cgi/in-products/in-swish	Swish XML Editor
Windows 95/98/NT	www.editml.com	EitML Pro
Windows 95/98/NT/2000/UNIX/Linux/Mac	www.extensibility.com/products/xml_instance	XML Instance

XML-Editoren sind nicht die einzigen Werkzeuge, die bei dem Erstellen von XML-Anwendungen hilfreich sein können. Im Umfeld diese Sprache wird Ihnen des Öfteren der Ausdruck „Parser" beggegnen oder bereits begegnet sein. Der Parser übernimmt die Kontrolle des definierten XML-Codes und gibt bei auftretenden Fehlern eine diesbezügliche Meldung am Bildschim aus. Hierbei wird zwischen zwei verschiedenen Parservarianten unterschieden: validierende und nicht validierende.

Der validierende prüft das Dokument auf Gültigkeit und Wohlgeformtheit hin. Lediglich auf die Wohlgeformtheit wird eine Datei durch die Verwendung eines nicht validierenden Parsers überprüft. Die folgende Übersicht zeigt einige Parser, die derzeit auf dem Markt erhältlich sind.

Plattform	Webadresse	Name
Windows98/NT/ Linux/SOLARIS	www.alphaworks.ibm.com/tech/xml4c	XML4C
C	www.jclark.com/xml/expat.html	expat
ActiveX	www.vivid-creations.com/dom/index.htm	ActiveDOM
JavaScript	www.jeremie.com/dev/xml	XParse
JAVA	www.textuality.com/lark	LARVAL

Sie müssen nicht in jedem Fall im Besitz eines Parsers sein, um XML-Dokumente verwenden zu können. In viele Anwendungen, wie beispielsweise auch im Internet Explorer, ist dieses Tool bereits integriert.

10.2 HTML und XML

Obwohl dank CSS ausgefeilte Formatierungen realisierbar sind, ist dies nicht in jedem Fall zweckmäßig. Sollen lediglich kurze prägnante XML-Dateien erstellt werden, reicht das Formatieren durch herkömmliche HTML-Tags völlig aus. Diese Vorgehensweise erfordert allerdings das Einsetzen eines so genannten Namensraums innerhalb eines XML-Dokuments.

Aus diesem Raum entnimmt ein Dokument Details aus seiner Document Type Definition. Namensräume sind dann von Bedeutung, wenn Sie auf externe DTDs verweisen. Denn bei internen DTDs definieren Sie alle Tags selbst und wissen so, dass keine doppelt vorkommen.

Bei externen DTDs hingegen können Sie dies nicht wissen, wodurch es in einigen Fällen zu Konflikten zwischen den Dokumenten kommen kann. Man benötigte also eine Möglichkeit, Konflikte zu umgehen, wenn gleiche Tags vorkommen.

Diese Erweiterung wurde schließlich vom W3C entwickelt und ist zum offiziellen Standard gereift. Fangen wir zur Verdeutlichung wieder mit einem kleinen Beispiel an:

XML – Inhalt statt Beschreibung

```
<?xml version="1.0"?>
<?xml-stylesheet href="ausgabe.css" type="text/css"?>
<HOMEPAGE xmlns:html="http://www.w3.org/TR/REC-html40">
<SATZ>Das ist XML</SATZ>
<html:u>Das ist HTML</html:u>
</HOMEPAGE>
```

Die ersten beiden Zeilen bieten das nun mittlerweile vertraute Bild. Die dritte Zeile hingegen birgt eine Neuerung in sich. In diesem Fall haben wir die Adresse des W3C angegeben. Der Sinn dieser Angabe besteht darin, den Namensraum (Namespace) *html* eindeutig zu definieren. Und da jede Internetadresse nur einmal existiert, kann der Name eindeutig definiert werden. Diese Tatsache führt dazu, dass Sie theoretisch jeden beliebigen URL als Namensraum festlegen können. Die korrekte und offizielle Syntax ist allerdings die Adresse des W3C und sollte somit auch Verwendung finden. Wir haben uns nun dazu entschlossen, den Text „Das ist HTML" unterstrichen darzustellen.

Dazu verwenden wir den XHTML-Tag <u>. Es gibt aber bedeutende Unterschiede zwischen einem gewöhnlichen XHTML-Tag und einem in XML. Es gibt in XML keinen einleitenden HTML-Tag für das gesamte Dokument. Vielmehr muss jedes neu durch die Angabe <html:> definiert werden. Nach dem Doppelpunkt können Sie diverse XHTML-Tags einsetzen. Eine Übersicht, welche davon verwendet werden dürfen, finden Sie am Ende dieses Abschnitts. Auf die Schreibweise des Abschluss-Tags muss ebenfalls geachtet werden. Es reicht nicht das Schließen des Tags, wie Sie das bisher gewohnt waren. Wurde in HTML ein Tag folgendermaßen geschlossen </u>, muss dies in XML über </html:u> geschehen – das gesamte HTML-Tag muss geschlossen werden. Speichern Sie diese Seite zum Beispiel unter *Test3.xml* (also nicht unter *Test3.html*.) ab. Warum wir an dieser Stelle auf eine nicht existente CSS-Datei verwiesen haben, sehen Sie ab Seite 573.

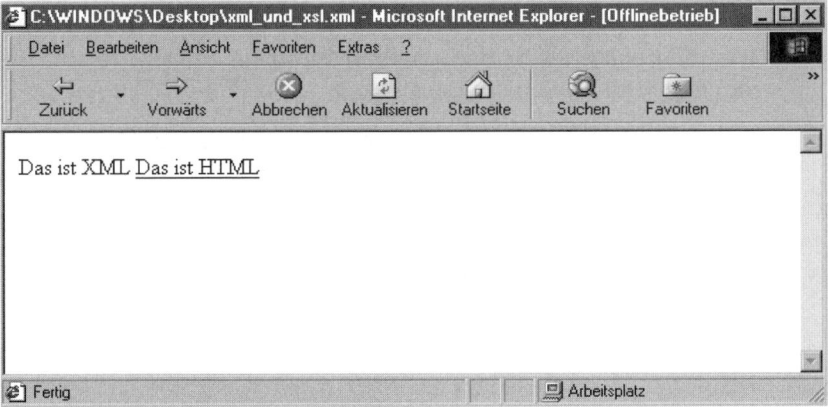

Ein perfektes Zusammenspiel

Die Möglichkeiten der Formatierung begrenzen sich aber nicht nur auf den Einsatz eines XHTML-Tags.

XML – Inhalt statt Beschreibung

Die folgende Abbildung soll diese Aussage bekräftigen.

Zwei HTML-Tags

```
<?xml version="1.0"?>
<?xml-stylesheet href="ausgabe.css" type="text/css"?>
<HOMEPAGE xmlns:html="http://www.w3.org/TR/REC-html40">
<SATZ>Das ist XML</SATZ>
<html:u>Das ist HTML</html:u>
<html:img src="scream.jpg"/>
</HOMEPAGE>
```

Wir haben uns an dieser Stelle dazu entschlossen, eine Grafik einzubinden. Damit wollen wir Sie auf einen Sonderfall aufmerksam machen.

Die leeren Tags werden in XML anders als in HTML gehandhabt. Achten Sie darauf, dass dieses Tag nicht durch *</html:>*, sondern durch ein / geschlossen wird.

Wie die beiden zuvor dargestellten Beispiele zeigen, reicht diese Methode für einfachste Anwendungen aus.

Um die XML-Dateien aber auch optisch aufwerten zu können, empfiehlt sich das Formatieren der HTML-Tags durch ein Cascading Style Sheet.

XML – Inhalt statt Beschreibung

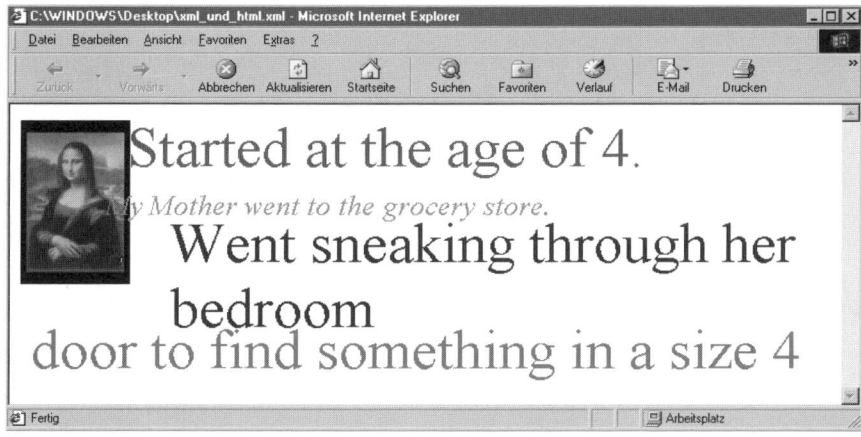

Durch Klassen zum Ziel

Um HTML-Tags ebenfalls mithilfe von CSS formatieren zu können, müssen diesen Stilklassen zugewiesen werden. Wie dies realisiert wird und welche Regeln hierbei zu beachten sind, sehen Sie ab Seite 307. Wichtig ist, dass ohne Stilklassen keine CSS-Formatierung vorgenommen werden kann.

```
<?xml version="1.0"?>
    <?xml-stylesheet href="ausgabe.css" type="text/css"?>
    <SATZ   xmlns:html="http://www.w3.org/TR/REC-html40">
    <WORT>Started at the age of 4.</WORT>
    <BUCHSTABE>My Mother went to the grocery store.</BUCHSTABE>
    <html:H1 class="Text">Went sneaking through her
bedroom</html:H1>
    <html:H1 class="mehr">door to find  something in a size
4</html:H1>
    <html:img src="mona.jpg"/>
    </SATZ>
```

Das folgende Listing zeigt die CSS-Datei, in die neben den XML- auch die in der XML-Datei vorkommenden HTML-Tags definiert und formatiert werden. Die beiden HTML-Tags H1 und H2 sollen hier durch unterschiedliche Gestaltungsmittel ausgegeben werden, um somit eine optische Unterscheidung erreichen zu können.

```
WORT
{
font family: font-family: Verdana, Arial, Helvetica;
font size: 40pt;
color: blue;
position: absolute;
left: 110 px;
top: 10 px;
}
BUCHSTABE
{
font family: Helvetica, Arial;
font size: 20pt;
font style: italic;
```

```
color: red;
position: absolute;
left: 90 px;
top: 80 px;
}
.Text
{
font family: font-family: Verdana, Arial, Helvetica;
font size: 40pt;
color: darkblue;
position: absolute;
left: 150 px;
top: 100 px;
}
.mehr
{
font family: Arial;
font size: 40pt;
color: green;
position: absolute;
left: 20 px;
top: 200 px;
}
```

Um auch in Zukunft die XHTML-Konformität Ihrer XML-Dateien gewährleisten zu können, sollten nur Tags Verwendung finden, die in dieser Form ausdrücklich vom W3C zum offiziellen Standard erhoben wurden. Die nachfolgende Tabelle zeigt all die Tags auf, die innerhalb einer XML-Datei eingesetzt werden dürfen und die sich an die XHTML-Spezifikation halten.

Einsetzbare Tags			
<a>	<abbr>	<acronym>	<address>
<applet>	<area>	<b>	<base>
<basefont>	<bdo>	<big>	<blockquote>
<body>	
	<button>	<caption>
<center>	<cite>	<code>	<col>
<colgroup>	<dd>	<del>	<dfn>
<dir>	<div>	<dl>	<dt>
<em>	<fieldset>	<font>	<form>
<frame>	<frameset>	<h1>-<h6>	<head>
<hr>	<html>	<i>	<Iframe>
<img>	<input>	<ins>	<Isindex>
<kbd>	<label>	<legend>	<li>
<link>	<map>	<menu>	<meta>
<noframe>	<noscript>	<object>	<ol>
<optgroup>	<option>	<p>	<param>
<pre>	<q>	<s>	<samp>
<script>	<select>	<small>	<span>
<strike>	<strong>	<style>	<sub>
<sup>	<table>	<tbody>	<td>

Einsetzbare Tags			
<textarea>	<tfoot>	<th>	<thead>
<title>	<tr>	<tt>	<u>
<ul>	<var>		

XML – mit XSL ausgeben

Bislang kennen Sie zwei Wege, um XML-Dokumente auszugeben: HTML und CSS. Diese Varianten sind durchaus korrekt und können ohne schlechtes Gewissen eingesetzt werden. ;-)

Eleganter und den Ansprüchen von XML entsprechend wird die Formatierung allerdings unter zu Hilfename der **Ex**tensible **S**tylesheet **L**anguage (XSL). XML ist lediglich dazu da, Daten zu strukturieren. Durch XSL können die Daten am Browser ausgegeben werden. XSL stellt eine Ergänzung zu CSS dar, stellt aber größere Möglichkeiten bezüglich der Formatierung und des Funktionsumfangs zur Verfügung.

So bietet sie eine Sprache, mit deren Hilfe Sie XML-Instanzen und Formatting Objects (Sequence, Block etc.) für XML-Dokumente transformieren können.

XSL besitzt eine einfache Syntax und kann somit schon nach einer kurzen Lernphase eingesetzt werden.

```
<?xml version="1.0"?>
<?xml-stylesheet href="ausgabe.xsl" type="text/xsl" ?>
<BEISPIEL>
<ANZEIGE>XML mit Hilfe von XSL</ANZEIGE>
</BEISPIEL>
```

Mit *?xml-stylesheet* teilen Sie dem Browser mit, dass nun eine Stylesheet-Definition folgt. Über das bekannte Attribut *href* wird auf die XSL-Datei verwiesen.

Anschließend folgt die Angabe *type="text,xsl"*, durch die dem Browser mitgeteilt wird, dass dieses Dokument lediglich Textelemente enthält.

```
<xsl:stylesheet xmlns:xsl="http://www.w3.org/TR/WD-xsl">
<xsl:template>
<u>
<xsl:value-of select="BEISPIEL/ANZEIGE"/>
</u>
</xsl:template>
</xsl:stylesheet>
```

XSL-Dateien werden immer mit <xsl:stylesheet> eingeleitet und dadurch als solche definiert. Ähnlich wie bei HTML müssen Sie in XML einen Namensraum festlegen. Dies geschieht über www.w3.org/TR/WD-xsl. Welche Internetadresse Sie angeben, spielt auch hierbei keine Rolle. So würde beispielsweise die Angabe www.databecker.de den gleichen Effekt erzielen. ;-)

XML – Inhalt statt Beschreibung

XML und XSL im Einklang

Nun muss der Namensraum identifiziert und zusätzlich bestimmt werden, dass es sich hierbei um eine Vorlage handelt, auf die das XML-Dokument zugreift. Dies geschieht über <xsl:template>. Dieses Tag wird erst nach Eingabe aller Daten wieder geschlossen. In unserem Beispiel wollen wir die Tags *BEISPIEL* und *ANZEIGE* unterstrichen darstellen. Zum Einsatz soll der für diesen Zweck zur Verfügung stehende XHTML-Tag <u> verwendet werden.

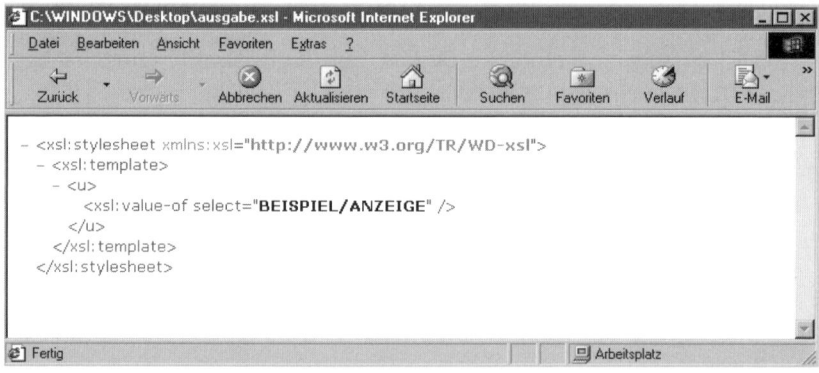

Der Dokumentenbaum wird korrekt angezeigt – die Datei ist fehlerfrei

Durch die Zeile *<xsl:value-of select="BEISPIEL/ANZEIGE"/>* bestimmen Sie, welche Tags in dieser Form, also unterstrichen, abgebildet werden sollen. Achten Sie darauf, dass sämtliche im Dokumentenbaum vorkommenden Tags hier angegeben werden müssen. Zur Kontrolle Ihrer Eingaben haben Sie die Möglichkeit, sich die XSL-Datei im Browser anzusehen.

An dem Dokumentenbaum erkennen Sie, ob alle von Ihnen vorgegebenen Attribute dargestellt werden. In diesem Beispiel bestand unser XML-Dokument aus den beiden selbst definierten Tags *BEISPIEL* und *ANZEIGE*, die auch im Dokumentstrukturbaum existent sind.

Mehrere Tags definieren

Nur in den wenigsten Fällen reicht die Definition eines einzigen Tags aus. Problematisch bei der Formatierung mehrerer Tags mittels XSL ist lediglich der daraus resultierende wachsende Umfang des Quellcodes.

XML – Inhalt statt Beschreibung

```
<?xml version="1.0" encoding="ISO-8859-1"?>
<?xml-stylesheet href="ausgabe.xsl" type="text/xsl" ?>
<BUCH>
<SATZ>
<WORT>MEIN XML</WORT>
</SATZ>
<SATZ>
<WORT>MEIN XML</WORT>
</SATZ>
<SATZ>
<WORT>MEIN XML</WORT>
</SATZ>
</BUCH>
```

Die dem XML-Dokument entsprechende XSL-Datei stellt sich folgendermaßen dar:

```
<xsl:stylesheet xmlns:xsl="http://www.w3.org/TR/WD-xsl">
<xsl:template>
<xsl:for-each select="BUCH/SATZ">
<u>
<xsl:value-of select="WORT"/>
</u>
</xsl:for-each>
</xsl:template>
</xsl:stylesheet>
```

Durch *<xsl:for-each select="ANZEIGE/AUSGABE">* wird der Browser aufgefordert, das gesamte Dokument nach den hier angegebenen Tags *ANZEIGE/AUSGABE* zu durchsuchen. Die Reihenfolge der Angaben richtet sich hierbei nach der im XML-Dokument vorgegebenen.

Zuerst steht das Wurzelelement und anschließend alle untergeordneten Elemente. In unserem Fall wurden mehrere *AUSGABE*-Tags verwendet.

Durch die Angabe von *<xsl:value-of select="WEITER"/>* wird der Browser aufgefordert, diesen Tag mitsamt Inhalt ebenfalls auszulesen.. Das XHTML-Tag <U> muss angegeben werden, um eine unterstrichene Darstellung im Browser realisieren zu können.

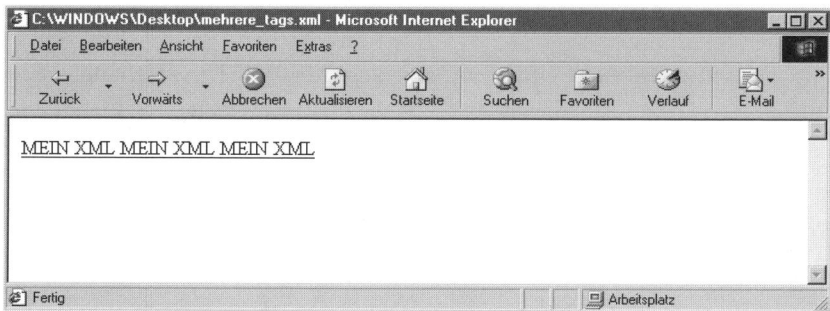

Mehrere Tags ausgeben

Mehrere Tags – unterschiedliche Stile

Mehrere Tags auszugeben allein genügt nur in den wenigsten Fällen, da dadurch jedes Attribut gleich dargestellt wird, wie in unserem Beispiel, in dem alle unterstrichen wurden.

Interessant ist also, wie man mehrere Tags mit unterschiedlichen Elementen gestalten kann.

```
<?xml version="1.0"?>
<?xml-stylesheet href="ausgabe.xsl" type="text/xsl" ?>
<BUCH>
<KAPITEL>
<UEBERSCHRIFT>Verschiedene Stile</UEBERSCHRIFT>
<ZWISCHENUEBERSCHRIFT>Das ist eine Variante, um Seiten
aufregender zu gestalten</ZWISCHENUEBERSCHRIFT>
<TEXT>Achten Sie aber unbedingt auf eine korrekt
Schreibweise.</TEXT>
</KAPITEL>
</BUCH>
```

Die dazugehörige XSL-Datei lautet:

```
<xsl:stylesheet xmlns:xsl="http://www.w3.org/TR/WD-xsl">
<xsl:template>
<xsl:for-each select="BUCH/KAPITEL">
<H1>
<xsl:value-of select="UEBERSCHRIFT"/>
</H1>
<U>
<xsl:value-of select="ZWISCHENUEBERSCHRIFT"/>
</U>
<H2>
<xsl:value-of select="TEXT"/>
</H2>
</xsl:for-each>
</xsl:template>
</xsl:stylesheet>
```

Zunächst muss das Wurzelement mit dem dazugehörigen Tag angegeben werden: <xsl:for-each select="BUCH/KAPITEL">. In diesem Fall ist das Wurzelement also *BUCH* und das untergeordnete *KAPITEL*.

Das Tag *UEBERSCHRIFT* soll mit dem XHTML-Tag <H1> ausgegeben werden.

Dazu muss dieses zunächst mit <xsl:for-each select="BUCH/KAPITEL"> ausgelesen werden.

Anschließend müssen Sie das XHTML-Tag schließen. Für jeden neuen Tag müssen Sie in der gleichen Form verfahren.

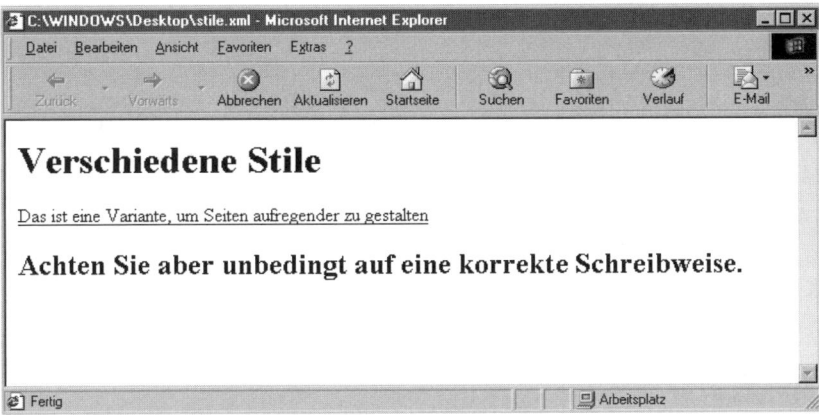

Verschiedene Stile

XSL – mit <STYLE>

Ein weiteres Element, das Sie bereits von den Cascading Style Sheets kennen, ist das <STYLE>-Attribut. Mit ihm können Sie den Stil von XHTML-Tags genauer festlegen. So haben Sie beispielsweise die Möglichkeit, Farben und Schriftgrößen variabel zu gestalten.

```
<?xml version="1.0"?>
<?xml-stylesheet href="ausgabe.xsl" type="text/xsl" ?>
<ANGABE>
<MEHR>
<OBEN>Verschiedene Stile</OBEN>
<MITTE>Das ist eine Variante, um Seiten aufregender zu
gestalten</MITTE>
<TEXT>Achten Sie aber unbedingt auf eine korrekte
Schreibweise.</TEXT>
</MEHR>
</ANGABE>
```

Diese Angaben allein genügen aber nicht. Es muss erneut eine XSL-Datei geschrieben werden, in der das Erscheinungsbild der verschiedenen Tags festgelegt werden kann. Dies funktioniert, indem wir den bekannten XHTML-Tags Eigenschaften zuweisen, die zu einem anderen Erscheinungsbild führen. So kann beispielsweise wieder die Farbe, Größe oder auch Schriftart verändert werden.

```
<xsl:stylesheet xmlns:xsl="http://www.w3.org/TR/WD-xsl">
<xsl:template>
<xsl:for-each select="ANGABE/MEHR">
<H1 STYLE="color:Red; font-size:30pt; font-variant:small-caps;">
<xsl:value-of select="OBEN"/>
</H1>
<U STYLE="color:Blue; font-size:20pt;">
<xsl:value-of select="MITTE"/>
</U>
<H2 STYLE="color:Gray; font-size:10pt;">
<xsl:value-of select="TEXT"/>
</H2>
```

```
</xsl:for-each>
</xsl:template>
</xsl:stylesheet>
```

Der Quelltext wurde immer nur an einer Stelle modifiziert: den XHTML-Tags, die wir nach unseren Wünschen anpassen möchten.

<H1 STYLE="color:Red; font-size:30pt; font-variant:small-caps;"> legt beispielsweise fest, dass die Farbe Rot verwendet werden soll. Die Schriftgröße beträgt 30 pt und alle Kleinbuchstaben werden mit der Größe von Großbuchstaben dargestellt. So können Sie jeden XHTML-Tag nach Belieben gestalten. Weisen Sie ihm eine Farbe, bestimmte Größe oder eine andere Eigenschaft zu. Wichtig ist das Abschluss-Tag. Dieses wird hier wie in ganz gewöhnlichem XHTML geschlossen.

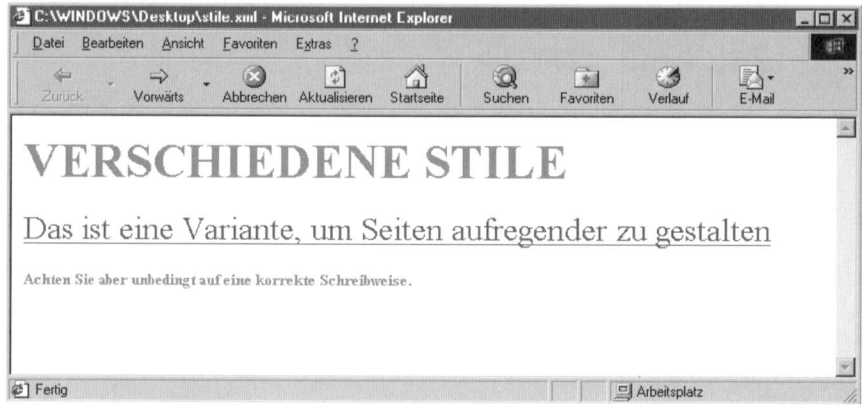

Mit <STYLE> eingefügt

XSL – mit <SPAN> und <DIV>

Um den Stil von Tags zu verändern eignen sich die Tags <SPAN> und <DIV> besser als das alleinige <STYLE>-Attribut. Der Vorteil wird schnell deutlich.

Mit eingebundenen Tags wie <H1> sind Sie gewissen Vorgaben unterworfen, <H1> ist zum Beispiel nun mal als Überschrift Ebene 1 definiert.

Das ist bei diesen Attributen nicht der Fall.

```
<?xml version="1.0"?>
<?xml-stylesheet href="ausgabe.xsl" type="text/xsl" ?>
<BUCH>
<KAPITEL>
<UEBERSCHRIFT>Verschiedene Stile</UEBERSCHRIFT>
<ZWISCHENUEBERSCHRIFT>Das ist eine tolle Variante, um Seiten aufregender zu gestalten</ZWISCHENUEBERSCHRIFT>
<TEXT>Achten Sie aber unbedingt auf eine korrekt Schreibweise.</TEXT>
</KAPITEL>
</BUCH>
```

Um das XML-Dokument darstellen zu können, müssen wir zunächst wieder eine XSL-Datei definieren.

```
<xsl:stylesheet xmlns:xsl="http://www.w3.org/TR/WD-xsl">
<xsl:template>
<xsl:for-each select="BUCH/KAPITEL">
<DIV STYLE="color:Red; font-size:30pt; font-variant:small-caps;">
<xsl:value-of select="UEBERSCHRIFT"/>
</DIV>
<SPAN STYLE="color:Blue; font-size:20pt;">
<xsl:value-of select="ZWISCHENUEBERSCHRIFT"/>
</SPAN>
<DIV STYLE="color:Gray; font-size:10pt;">
<xsl:value-of select="TEXT"/>
</DIV></xsl:for-each>
</xsl:template>
</xsl:stylesheet>
```

Sie können durch <DIV STYLE="color:Red; font-size:30pt; font-variant:small-caps;"> die gleichen Ergebnisse wie im vorherigen Beispiel erzielen.

Wenn Sie anstelle von <DIV> das Tag <SPAN> verwenden, erhalten Sie ein vergleichbares Ergebnis.

Eine Ausnahme gibt es allerdings: Wird durch <DIV> ein Zeilenumbruch festgelegt, entfällt dies bei <SPAN>.

Interessant ist das Attribut <SPAN> jedoch nur, wenn innerhalb von <DIV> weitere Formatierungen verwendet werden sollen. Prinzipiell sollte allerdings stets <DIV> eingesetzt werden.

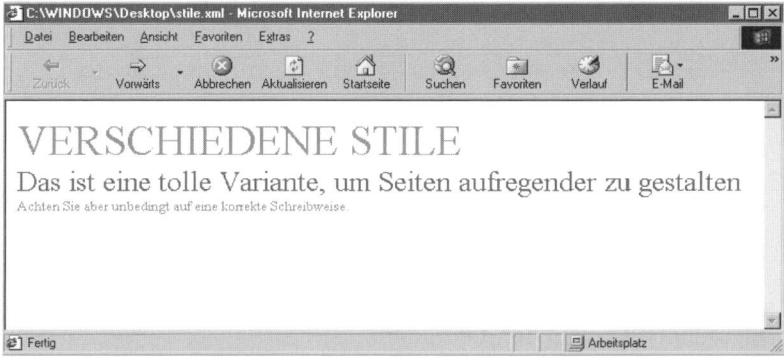

Mit <DIV> und <SPAN> eingefügt

Elemente wunschgemäß positionieren

Ginge es nur um Farben und Schriftgrößen der einzelnen Tags, wäre das <STYLE>-Attribut bei weitem nicht so interessant. Wirklich sehenswerte Effekte können Sie aber durch das Einstellen der Positionen der verschiedenen Tags erzielen. Sie benötigen hierzu nicht wie bislang Tabellen, sondern können Elemente der Site pixelgenau und ohne zusätzliche Layouthilfen ausrichten.

XML – Inhalt statt Beschreibung

```xml
<?xml version="1.0"?>
<?xml-stylesheet href="ausgabe.xsl" type="text/xsl" ?>
<BUCH>
<KAPITEL>
<UEBERSCHRIFT>Verschiedene Stile</UEBERSCHRIFT>
<ZWISCHENUEBERSCHRIFT>Das ist eine tolle Variante um Seiten
aufregender zu gestalten</ZWISCHENUEBERSCHRIFT>
<TEXT>Achten Sie aber unbedingt auf eine korrekt
Schreibweise.</TEXT>
</KAPITEL>
</BUCH>
```

Den einzelnen Tags müssen, um sie verschiedenartig positionieren zu können, die Anweisungen zugewiesen werden.

Dies geschieht wiederum in der XSL-Datei.

```xml
<xsl:stylesheet xmlns:xsl="http://www.w3.org/TR/WD-xsl">
<xsl:template>
<xsl:for-each select="BUCH/KAPITEL">
<DIV STYLE="position:relative;left:70px; top:60px; color:Red;
font-size:30pt; font-variant:small-caps;">
<xsl:value-of select="UEBERSCHRIFT"/>
</DIV>
<SPAN STYLE="position:relative;left:90px; top:60px; color:Blue;
font-size:20pt;">
<xsl:value-of select="ZWISCHENUEBERSCHRIFT"/>
</SPAN>
<DIV STYLE="position:relative;left:20px; top:20px; color:Gray;
font-size:10pt;">
<xsl:value-of select="TEXT"/>
</DIV>
</xsl:for-each>
</xsl:template>
</xsl:stylesheet>
```

Die folgende Zeile sieht zugegebenermaßen nicht sehr übersichtlich aus.

```xml
<DIV STYLE="position:relative;left:70px; top:60px; color:Red;
font-size:30pt; font-variant:small-caps;">
```

Schauen wir uns diese genauer an.

Durch *position;relative* wird festgelegt, dass die Position des entsprechenden Elements relativ zu der der anderen ist.

Diese können sich also folglich nicht überschreiben. (Versuchen Sie das gleiche Beispiel einmal mit *position:static* oder *position:absolute*.)

In unserem Fall befindet sich der Koordinatenursprung in der unteren linken Ecke. Wir rücken das Tag *ZWISCHENUEBERSCHRIFT* also 0 Pixel weiter von links und 0 Pixel weiter von oben ein, als *UEBERSCHRIFT*.

XML – Inhalt statt Beschreibung

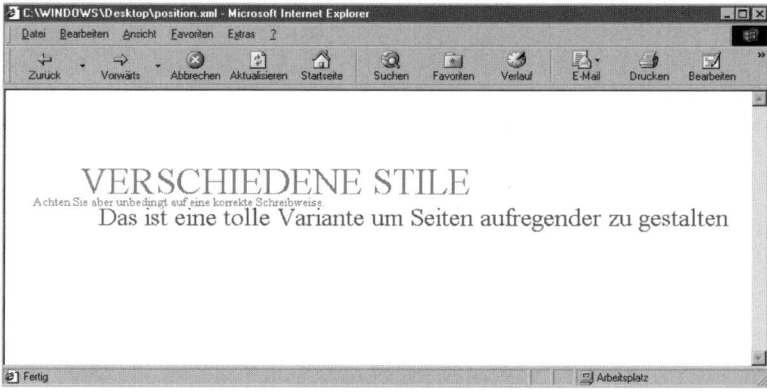

Positionieren nutzen

Multimediale Elemente mit XSL einbinden

Die Zeiten, in denen Sie lediglich Text durch XML ausgeben konnten, sind vorbei. Sie können heute alle in XHTML verfügbaren Element einbinden. Um dies zu bewerkstelligen, reicht aber auch hier eine einfache XML-Datei nicht aus.

```
<?xml version="1.0"?>
<?xml-stylesheet href="ausgabe.xsl" type="text/xsl" ?>
<NAME>
<BUCH>
<SATZ>Bilder einbinden</SATZ>
<BILD quelle="mona.jpg"/>
</BUCH>
</NAME>
```

In der drittletzten Zeile wurde das Attribut *BILD* mit dem Attribut *quelle* angegeben. Diese Angabe reicht, anders als bei XHTML, jedoch nicht aus.

Das Attribut *Bild* muss in der XSL-Datei genauer beschrieben werden.

```
<xsl:stylesheet xmlns:xsl="http://www.w3.org/TR/WD-xsl">
<xsl:template>
<DIV STYLE="color:Red; font-size:30pt; font-variant:small-caps;">
hallo
</DIV>
<xsl:for-each select="NAME/BUCH">
<IMG>
<xsl:attribute name="src">
<xsl:value-of select="BILD/@quelle"/>
</xsl:attribute>
</IMG>
</xsl:for-each>
</xsl:template>
</xsl:stylesheet>
```

Das <IMG>-Tag ist aus XHTML bekannt. Mit ihm werden Grafiken in Websites eingebunden. Wir müssen ein neues Attribut definieren.

XML – Inhalt statt Beschreibung

Dies ist in diesem Fall *src* und wird folgendermaßen festgelegt.

```
<xsl:attribute name="src">
```

Um den Wert für dieses Attributs zu bestimmen, muss die folgende Zeichenfolge definiert werden:

```
<xsl:value-of select="BILD/@quelle"/>
```

Durch @ geben Sie dem Browser bekannt, dass es sich nachfolgend um ein Attribut handelt.

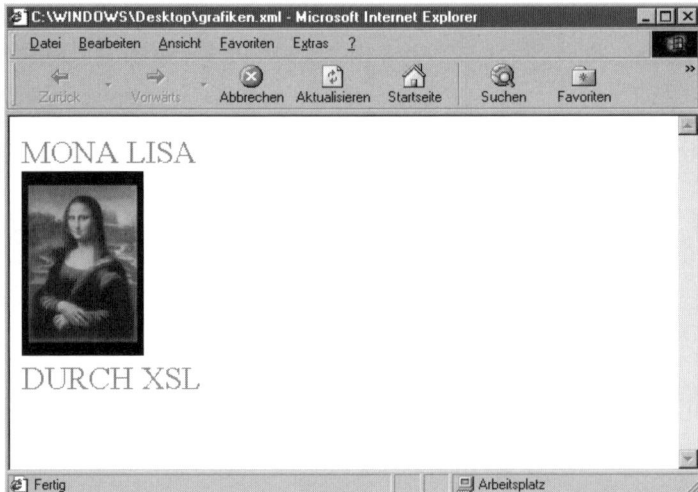

Die Mona Lisa durch XSL

Dateien automatisch sortieren

Durch den Einsatz von XSL lässt sich weitaus mehr als bloße Formatierung erreichen. Innerhalb dieser Sprache existieren Funktionen, die Aufgaben übernehmen können, die über die Fähigkeiten von CSS hinausgehen. Einen guten Einstieg in diese Materie soll das folgende Beispiel liefern. Zunächst wurde eine herkömmliche XML-Datei definiert, deren Syntax keinerlei Besonderheiten aufweist.

```
<?xml version="1.0"?>
<?xml-stylesheet href="3.xsl" type="text/xsl"?>
<ZUSAMMENFASSUNG>
<BANDS>
<GRUPPE>Bad Religion</GRUPPE>
<ERSTE>Ausgezeichnet</ERSTE>
<LABEL>Unbekannt</LABEL>
<JAHR>1987</JAHR>
<TENDENZ>steigend</TENDENZ>
</BANDS>

<BANDS>
<GRUPPE>Green Day</GRUPPE>
<ERSTE>sehr gut</ERSTE>
```

```
<LABEL>Fly Records</LABEL>
<JAHR>1991</JAHR>
<TENDENZ>fallend</TENDENZ>
</BANDS>

<BANDS>
<GRUPPE>The Offspring</GRUPPE>
<ERSTE>annehmbar</ERSTE>
<LABEL>Unbekannt</LABEL>
<JAHR>1980</JAHR>
<TENDENZ>stark steigend</TENDENZ>
</BANDS>
</ZUSAMMENFASSUNG>
```

Folgendes Szenario liegt diesem Beispiel zugrunde: Ein CD-Vertrieb möchte auf der Basis von XML seine Bestände aktualisieren. Sinn hiervon soll es sein, dass bei der Anzeige der vorhandenen CDs eine bestimmte Reihenfolge eingehalten werden soll. Die CDs sollen nach ihrem Erscheinungsdatum sortiert, beginnend mit der ältesten, ausgegeben werden. Um dies auf herkömmlichem Weg realisieren zu können, müsste die XML-Datei stetig per Hand aktualisiert und einige Datensätze anders positioniert werden.

Diese Vorgehensweise ist besonders bei größeren Beständen nicht effektiv und außerdem zeit- und kostenintensiv. Die nachfolgende Abbildung zeigt die beschriebene XML-Datei, wie sie mittels normaler XSL-Datei ausgegeben wird. Der Browser nimmt hierbei keinerlei Rücksicht auf den gewünschten Effekt der Sortierung nach dem Erscheinungsdatum.

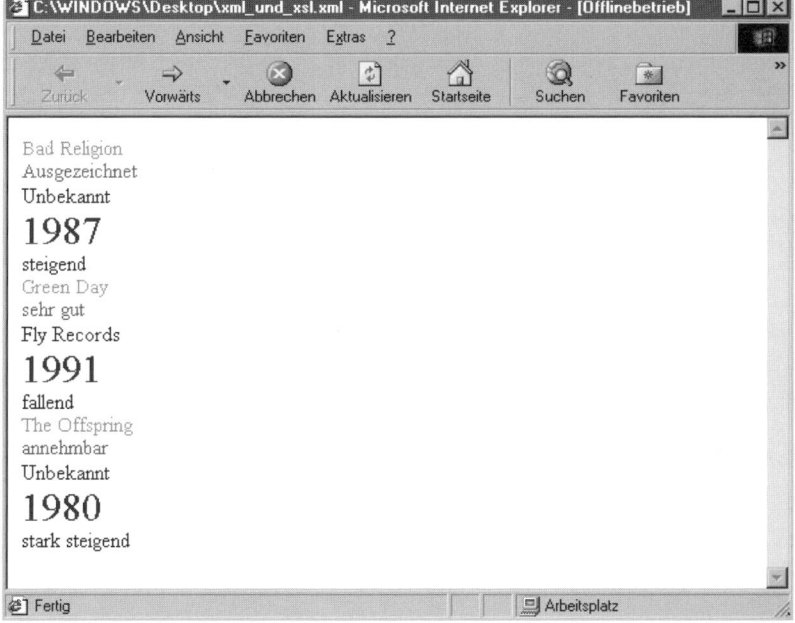

Eine unsortierte Ausgabe

XML – Inhalt statt Beschreibung

Anhand der hier dargestellten Abbildung ist deutlich zu erkennen, dass zwar alle Datensätze vorhanden sind, die Darstellung aber von der Reihenfolge des Quelltextes abhängig ist.

Die Informationen, die zu Beginn der Datei definiert wurden, werden auch als erste vom Browser dargestellt.

Die folgende Syntax ist für die Ausgabe und Sortierung der XML-Datei verantwortlich. Der Unterschied zu einer herkömmlichen, lediglich formatierenden Datei besteht in der dritten Zeile dieses Quellcodes.

Die Angabe *order-by* leitet das Festlegen der Datensortierung ein. Zwei Werte sind hierbei gestattet, wobei durch + immer der niedrigste Wert an erster Stelle ausgegeben wird.

Der Einsatz des Minuszeichens hätte hingegen den umgekehrten Effekt zur Folge. Zum Abschluss muss der Tag notiert werden, auf den die Sortierung angewandt werden soll.

```
<xsl:stylesheet xmlns:xsl="http://www.w3.org/TR/WD-xsl">
<xsl:template>
<xsl:for-each select="ZUSAMMENFASSUNG/BANDS" order-by="+JAHR">
<div style="color:red; font-size:15">
<xsl:value-of select="GRUPPE"/>
</div>
<div style="color:blue; font-size:15">
<xsl:value-of select="ERSTE"/>
</div>
<div>
<xsl:value-of select="LABEL"/>
</div>
<div style="color:darkblue; font-size:30">
<xsl:value-of select="JAHR"/>
</div>
<div style="color:black; font-size:15">
<xsl:value-of select="TENDENZ"/>
</div>
</xsl:for-each>
</xsl:template>
</xsl:stylesheet>
```

Die nachstehende Abbildung basiert auf dem gleichen XML-Code wie die vorherige. Die Modifikation betrifft hierbei lediglich, wie gezeigt, die XSL-Datei.

Anhand der Abbildung lässt sich erkennen, dass die Datensätze sortiert ausgegeben wurden.

Zunächst wird die CD mit dem ältesten Erscheinungsdatum ausgegeben.

Diese Vorgehensweise entspricht den an dieses Projekt gestellten Anforderungen.

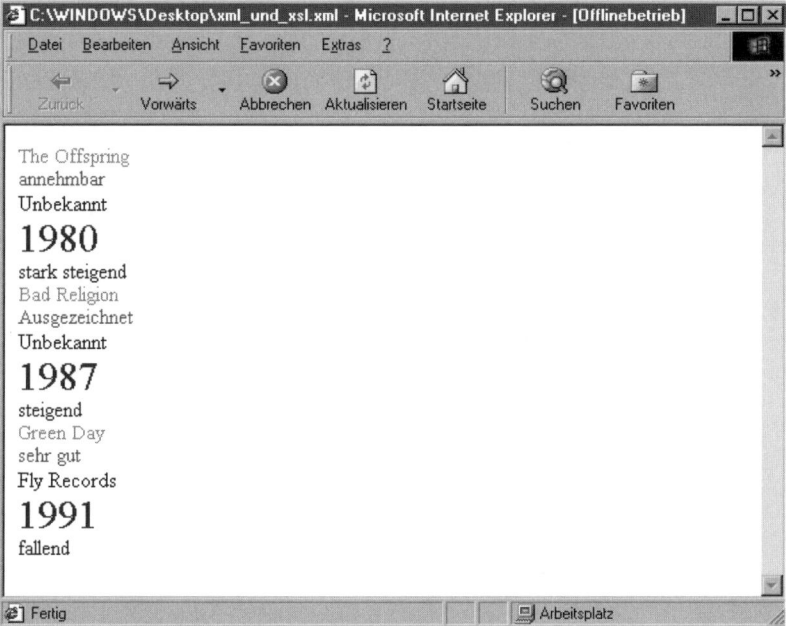

Die sortierte Ausgabe

Es lassen sich allerdings nicht nur Ziffern, sondern auch Buchstaben sortieren. Hierbei wird die gleiche Syntax angewandt. Der einzige Unterschied besteht darin, dass die einzelnen Datensätze nach dem Alphabet geordnet dargestellt werden.

XLINK – Hyperlinks in XML

Problematisch bei dem Einsatz von XML ist die Definition der Hyperlinks. Anders als bei XHTML das Tag <a> gibt es in XML kein vordefiniertes Tag für diesen Zweck. Aus diesem Grund wurde die XLINK-Spezifikation entwickelt.

Bei der **XML Link**ing Language handelt es sich um eine eigenständige Sprache, die direkt für das Setzen von Verweisen innerhalb von XML-Dokumenten entwickelt wurde.

Obwohl vom W3C noch nicht offiziell verabschiedet, lassen sich einige wichtige Bestandteile der Spezifikation bereits heute in die Praxis umsetzen.

```
<?xml version="1.0"?>
<?xml-stylesheet href="ausgabe.xsl" type="text/xsl"?>
<NAME>
<BUCH>
<SATZ>Meine Seite</SATZ>
<WOHIN xml:link="simple" href="http://www.talknet.de/
~daniel-koch">XHTML-News</WOHIN>
</BUCH>
<BUCH>
<SATZ>Eine andere Seite</SATZ>
```

```
<WOHIN xml:link="simple" href="http://www.focus.de">News aus
aller Welt</WOHIN>
</BUCH>
</NAME>
```

Zunächst muss dem Tag ein Name zugewiesen werden. In diesem Fall lautet dieser *WOHIN*. Anschließend wird durch das Tag *xml:link* festgelegt, dass es sich um einen Hyperlink handelt. Es gibt in XML zwei Varianten von Link: den einfachen, also *simple*, und den erweiterten (Letzteren benötigen Sie allerdings kaum und sollten auf dessen Einsatz verzichten. Zudem ist der Einsatz von erweiterten Links sehr kompliziert und rechtfertigt in der Praxis nicht den hohen Entwicklungsaufwand, da bislang kein Browser diese darstellen kann. Die Syntax und die Struktur von erweiterten Links stellen wir im nächsten Abschnitt jedoch trotzdem kurz vor.)

Zunächst muss ein Name vergeben werden. In unserem Beispiel lautet dieser *WOHIN*. Nun folgt das Tag *xml:link="simple"*. Es handelt sich hierbei also um einen einfachen Hyperlink. Im Anschluss muss die Adresse der Datei angegeben werden, auf die verwiesen werden soll. Sie sehen, die Gemeinsamkeiten zwischen XML und XHTML sind in diesem Punkt recht auffällig.

```
<xsl:stylesheet xmlns:xsl="http://www.w3.org/TR/WD-xsl">
<xsl:template>
<DIV STYLE="font-family: Book Antiqua, Times New Roman, Times;
background-color: yellow; color: blue; font-size: 20pt;">
Meine Lieblingsseiten</DIV>

<xsl:for-each select="NAME/BUCH">
<DIV>

<A STYLE="font-family: Book Antiqua, Times New Roman, Times;
    color: red;">
<xsl:attribute name="HREF">
<xsl:value-of select="WOHIN/@href"/>
</xsl:attribute>
<xsl:value-of select="WOHIN"/>
</A>
</DIV>
</xsl:for-each>
</xsl:template>
</xsl:stylesheet>
```

Zu Beginn begegnet uns das bekannte <A>-Tag. Diesem müssen wir in XML jedoch noch das Attribut *href* zuweisen. Das geschieht durch die folgende Angabe <xsl:attribute name="HREF">. Zuletzt muss der Browser dazu aufgefordert werden, den Wert den href-Attibuts auszulesen.

Dazu ist die folgende Zeile von Bedeutung:

```
<xsl:value-of select="WOHIN/@href"/>
```

XML – Inhalt statt Beschreibung

Keine herkömmlichen Links

Ähnlich wie in HTML lassen sich innerhalb von XML-Dateien Hyperlinks nicht nur auf andere XML-Dateien, sondern auch auf andere Dienste wie beispielsweis E-Mail usw. setzen. Ein einfacher E-Mail-Verweis wird durch die folgende Syntax beschrieben und ist bereits zum jetzigen Zeitpunkt in der Praxis einsetzbar.

```
<?xml version="1.0"?>
<?xml-stylesheet href="ausgabe.xsl" type="text/xsl" ?>
<NAME>
<BUCH>
<WOHIN xml:link="simple" href="MAILTO:kochchen@yahoo.de">Schicken
Sie mir eine E-Mail</WOHIN>
</BUCH>
</NAME>
```

Ein E-Mail-Verweis innerhalb eines XML-Dokuments bedient sich des gleichen Schlüsselworts, mit dem auch in HTML ein solcher Verweis realisiert werden kann, nämlich durch die Angabe *MAILTO*. Hieran schließt sich die entsprechende E-Mail-Adresse an. Da das alleinige Definieren der XML-Datei auch hierbei zu keiner verwendbaren Ausgabe im Browser führen würde, muss wiederum eine XSL-Datei notiert werden, in der das Erscheinungsbild der Webseite exakt beschrieben wird.

```
<xsl:stylesheet xmlns:xsl="http://www.w3.org/TR/WD-xsl">
<xsl:template>
<DIV STYLE="color:Red; font-size:20pt; font-family:Trebuchet
MS;">
E-Mail Verweise in XML<P>
</P></DIV>
<xsl:for-each select="NAME/BUCH">
<DIV>
<A STYLE="font-size:20pt">
<xsl:attribute name="HREF">
<xsl:value-of select="WOHIN/@href"/>
</xsl:attribute>
<xsl:value-of select="WOHIN"/>
</A>
```

XML – Inhalt statt Beschreibung

```
    </DIV>
  </xsl:for-each>
  </xsl:template>
</xsl:stylesheet>
```

Die folgende Abbildung zeigt das aus den zuvor definierten Dateien resultierende Ergebnis. Sollten Sie dieses Beispiel nachvollziehen und eine Fehlermeldung erhalten, liegt das in vielen Fällen an einer fehlerhaften Syntax innerhalb der XML-Datei. Achten Sie darauf, dass das Schlüsselwort *MAILTO* in Großbuchstaben gefolgt von einem Doppelpunkt notiert werden muss.

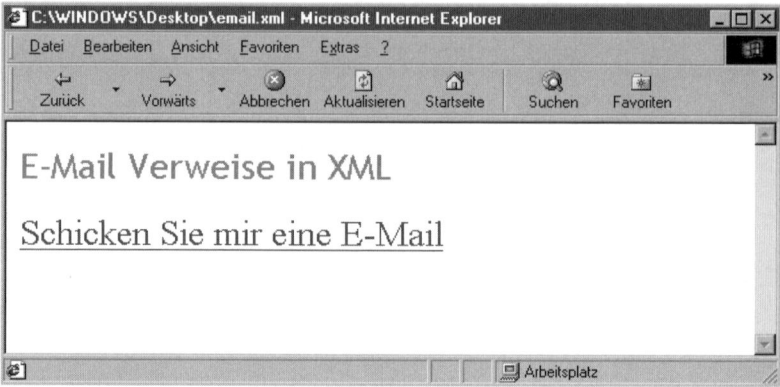

Ein E-Mail-Verweis durch XLINK

Hyperlinks steuern

Die zuvor aufgeführten Varianten der XLINK-Spezifikation hatten eines gemeinsam: Die Verweisziele wurden stets in dem gleichen Browserfenster geöffnet, in dem die Hyperlinks notiert wurden. Dieser Aspekt ist für die Verbreitung von XML im Internet nicht dienlich. Folglich musste hier Abhilfe geschaffen werden. Denn ähnlich wie in HTML sollten auch in XML Hyperlinks in der Art kontrollierbar sein, dass ein Programmierer das Verhalten des Verweisziels steuern und beeinflussen kann. Drei verschiedene Varianten, die in dieser Abhandlung dargestellt werden, stehen hierbei zur Verfügung.

- Das Verweisziel wird in einem neuen Fenster geöffnet.
- Das Verweisziel ersetzt den Inhalt des bestehenden Fensters.
- Ganze Dateien können eingebunden werden.

Um das Verhalten von Hyperlinks in XML-Dokumenten beeinflussen zu können, wurde das Schlüsselwort *show* in die Sprachsyntax integriert. Die allgemein gültige Anweisung zu dessen Einsatz stellt sich in der Praxis folgendermaßen dar.

```
<tag xml:link="simple" show="verhalten"
href="Verweisziel">Beschreibungstext</tag>
```

Zusätzlich zu den bereits vorgestellten Angaben *xml:link="simple* und *href* muss das Wort *show* notiert werden. Nach dem Gleichheitszeichen wird eine der folgenden Optionen in Anführungszeichen gesetzt notiert.

- new
- replace
- embed

Deren Einsatz und das hieraus resultierende Ergebnis wollen wir Ihnen anhand dreier Beispiele vor Augen führen. Um auf eventuelle Modifikationen der XLINK-Syntax vorbereitet zu sein, sollten exakt die Schreibweisen, die hier angewandt werden, Verwendung finden.

```
<wohin xml:link="simple" show="new"
href="http://www.talknet.de/~daniel-koch">HTML-Workshop</wohin>
```

In diesem Beispiel wird das Verweisziel durch die Angabe *show="new"* in einem neuen Browserfenster geöffnet. Vergleichbar ist dies mit der in HTML üblichen Angabe *target="_blank*. Geeignet ist diese Syntax vor allem beim Setzen von Verweisen auf projektfremde Seiten, lassen sich doch hierdurch Schaufenstereffekte vermeiden. Dies tritt immer dann in Erscheinung, wenn Verweisziele beispielsweise innerhalb eines Frames geöffnet werden, was das Erkennen des ursprünglichen Autors dieser Seite nahezu unmöglich werden lässt.

```
<wohin xml:link="simple" show="replace"
href="http://www.talknet.de/~daniel-koch">HTML-Workshop</wohin>
```

Diese Beispielsyntax hat zur Folge, dass der Inhalt des Verweisziels in dem gleichen Fenster geöffnet wird, in dem der Hyperlink definiert worden ist. Da diese Form des Hyperlinkverhaltens im Browser voreingestellt ist, kann im Regelfall auf diese Angabe verzichtet werden.

```
<wohin xml:link="simple" show="embed"
href="http://www.talknet.de/~daniel-koch/logo.gif">HTML-
Workshop</wohin>
```

Auf den ersten Blick wenig mit Hyperlinks zu tun, hat die Angabe *show="embed"*. Sinn hiervon ist es, auf andere Dateitypen verweisen zu können. In dem vorangegangenen Beispiel war dies eine Grafik im bekannten GIF-Format. Ebenso könnte aber auch auf ein Video, eine Textdatei oder ein Tabellenkalkulationsprogramm verwiesen werden. Nicht zufällig wurde hier das aus HTML bekannte Tag *embed*, das dort zum Einbinden von HTML-fremden Dateien verwendet wird, in die offizielle XLINK-Spezifikation integriert.

Verschiedene Auslösungsvariationen

Eine wirkliche Neuerung im Hinblick auf Hyperlinks stellt die Möglichkeit dar, exakt festzulegen, in welcher Form ein Verweis ausgelöst werden soll. HTML bietet lediglich an, dass das Verweisziel nur dann angesprungen werden kann, wenn der Nutzer den Hyperlinks anklickt. In vielen Fällen reicht dies jedoch nicht aus. Dieser Punkt führte dazu, dass innerhalb von XLINK eine weitere Angabe integriert wurde, mit deren Hilfe das Auslösungsverhalten von Hyperlinks exakt gesteuert werden kann.

Zwei verschiedene Varianten stehen innerhalb dieser Syntax zur Verfügung. Eingesetzt innerhalb eines XML-Dokuments, ergibt sich folgendes allgemein gültiges Bild.

```
<tag xml:link="simple" show="verhalten" href="Verweisziel"
actuate="Auslösungsverhalten">Beschreibungstext</tag>
```

Innerhalb der bereits bekannten Werte und Tags wird bezüglich der Definition des Auslösungsverhaltens von Hyperlinks die Angabe *actuate* benötigt. Welche Möglichkeiten hierbei zur Verfügung stehen, beschreiben die folgenden Beispiele.

```
<wohin xml:link="simple" show="new" actuate="auto"
href="http://www.talknet.de/~daniel-koch">HTML-Workshop</wohin>
```

Mittels der Angabe *actuate="auto"* ist es möglich, ohne Benutzeraktion einen Hyperlink auslösen zu lassen. Wo soll aber das Einsatzgebiet dieser Angabe liegen? Bei herkömmliche Verweisen in XML auf andere Seiten macht diese Syntax wenig Sinn, da Sie nicht im Vorfeld wissen können, wie lange ein Nutzer auf Ihren Seiten verweilt, bis er diese durch das Anklicken eines Hyperlinks verlassen möchte.

Wird allerdings eine Grafik über die zuvor dargestellte Angabe *embed* eingebunden, erschließt sich der Nutzen eines automatischen Auslösens. Eine Grafik sollte nicht erst durch Anklicken angezeigt werden, sondern beim Laden der Seite. Aber auch um eine automatische Weiterleitung auf die neue Adresse des Webprojekts realisieren zu können, bietet sich diese Syntax an.

```
<wohin xml:link="simple" show="new" actuate="user"
href="http://www.talknet.de/~daniel-koch">HTML-Workshop</wohin>
```

Die einfachste Form der Auslösung eines Hyperlinks wird durch die Angabe *"user"* erreicht. Hierbei handelt es sich um die im Internet gebräuchlichste Variante bezüglich der Hyperlinks. Ein Nutzer kann dank des Schlüsselworts *user* selbstständig entscheiden, wann das Verweisziel durch das Anklicken des Links geöffnet werden soll.

Grafische Hyperlinks

Häufig werden innerhalb einer HTML-Seite Grafiken als Links eingesetzt. Diese Möglichkeit steht in XML ebenfalls zur Verfügung. Es handelt sich hierbei um eine nahezu identische Syntax zu dem Setzen von Textverweisen in XLINK. Die folgende Abbildung zeigt einen eingebundenen Hyperlink, der auf einer Grafik basiert.

XML – Inhalt statt Beschreibung

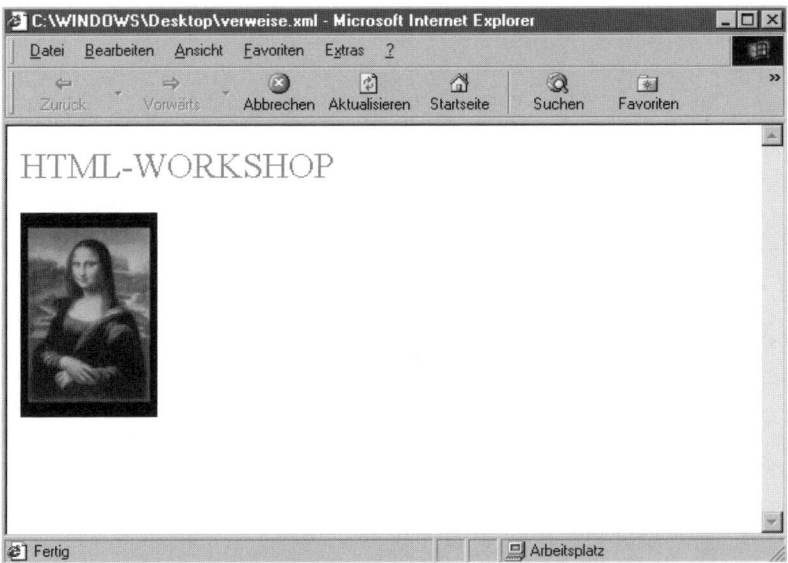

Ein grafischer Hyperlink durch XLINK

Die hier eingefügte Abbildung fungiert als Hyperlink. Wenn diese angeklickt wird, soll der Nutzer direkt auf die Seite www.talknet.de/~daniel-koch geleitet werden. Der diesbezügliche XML-Code stellt sich folgendermaßen dar.

```
<?xml version="1.0"?>
<?xml-stylesheet href="ausgabe.xsl" type="text/xsl" ?>
<WORKSHOP>
<VERWEISNAME>
<VERWEISNAME>Hyperlinks in XML</VERWEISNAME>
<ADRESSE xml:link="simple" href="http://www.talknet.de/~daniel-
koch"></ADRESSE>
<Bild quelle="mona.jpg"/>
</VERWEISNAME>
</WORKSHOP>
```

Der selbst definierte Tag *ADRESSE* wird hier als Grundlage für die Definition des Hyperlinks eingesetzt. Das darzustellende Bild wird durch die Angabe *<Bild quelle="mona.jpg">* in die Website integriert. Die Bestimmung, welches Erscheinungsbild dieser Grafik zugewiesen werden soll und dass diese als Hyperlink fungiert, wird allerdings nicht in der eigentlichen XML-, sondern in der dazugehörigen XSL-Datei beschrieben. Deren Inhalt stellt sich folgendermaßen dar.

```
<xsl:stylesheet xmlns:xsl="http://www.w3.org/TR/WD-xsl">
<xsl:template>
<DIV STYLE="color:Red; font-size:20pt; font-variant:small-caps;">
HTML-Workshop<P>
</P></DIV>
<xsl:for-each select="WORKSHOP/VERWEISNAME">
<DIV>
<A STYLE="font-size:20pt">
<xsl:attribute name="HREF">
```

```
<xsl:value-of select="ADRESSE/@href"/>
</xsl:attribute>
<IMG BORDER="0">
<xsl:attribute name="src"><xsl:value-of
select="Bild/@quelle"/></xsl:attribute>
</IMG>
</A>
</DIV>
</xsl:for-each>
</xsl:template>
</xsl:stylesheet>
```

Erst durch dieses Stylesheet kann der Browser erkennen, dass sich innerhalb des XML-Dokuments eine Grafik befindet. Dies wird über das aus HTML bekannte <IMG>-Tag festgelegt. Zusätzlich muss über die Angabe *<value-of select>* beschrieben werden, dass es sich bei der eingebundenen Grafik zusätzlich um einen Hyperlink handelt. Nur eine logische Verknüpfung dieser Angaben führt zu einem konkreten Anzeigen der Grafik, und dazu dass diese als Link Verwendung finden kann.

Positionsbezogenes Verweisen

Hyperlinks auf bestimmte Positionen zu setzen bietet sich immer dann an, wenn der Inhalt der Seite, auf die verwiesen werden soll, größer als eine Bildschirmseite ist. Gleiches kann auch für den Fall gelten, dass am oberen Rand einer Seite ein Inhaltsverzeichnis notiert wurde, dessen jeweilige Verweisziele sich untereinander auf der gleichen Seite befinden. Das Prinzip ähnelt dem aus HTML bekannten Setzen von Ankern. Auch innerhalb einer XML-Datei sind hierfür zwei Voraussetzungen zu erfüllen. Zunächst muss ein Anker definiert und im nächsten Schritt die Verweise darauf gesetzt werden. Zum Einstieg soll ein Beispiel die hier beschriebene Vorgehensweise veranschaulichen. Zunächst definieren wie die Datei *ausgabe.xml,* in der die Verweisziele festgelegt werden.

```
<?xml version="1.0"?>
<LINKS>
<LINKSAMMLUNG ID="kompendium">
<VERWEISNAME>Web-Kompendium</VERWEISNAME>
<BEURTEILUNG>viele Tipps</BEURTEILUNG>
</LINKSAMMLUNG>

<LINKSAMMLUNG ID="focus">
<VERWEISNAME>Focus Online</VERWEISNAME>
<BEURTEILUNG>immer Aktuell</BEURTEILUNG>
</LINKSAMMLUNG>

<LINKSAMMLUNG ID="bol">
<VERWEISNAME>BOL</VERWEISNAME>
<BEURTEILUNG>zahlreiche Angebote</BEURTEILUNG>
</LINKSAMMLUNG>
</LINKS>
```

In dieser Beispielsyntax kommt das Element *LINKSAMMLUNG* dreimal vor. Um jeweils auf nur eines von diesen verweisen zu können, muss dem jeweiligen Element eine eindeutige Bezeichnung zugewiesen werden. Dies wird über die Angabe *ID* eingeleitet. Nach dem Gleichheitszeichen folgt für das entsprechende Element ein eindeutiger Name. Dieser darf nur einmal in einem Dokument vorhanden sein.

Der nachfolgende Quellcode zeigt die XML-Datei, in der die Verweise festgelegt werden. Die Syntax bietet das vertraute Bild einer herkömmlichen Hyperlink-Definition. Um auf eine Position verweisen zu können, muss zusätzlich jedoch direkt nach dem Link die Angabe *#iid"*notiert werden. In Klammern gesetzt wird der eindeutige Name des Elements, der in der Datei *ausgabe.xml* vergeben wurde.

```
<?xml version="1.0"?>
<LINKS>
<WOHIN xml:link="simple" href="ausgabe.xml#id(kompendium)">
Web-Kompemdium</WOHIN>
<ZUSATZ>HTML-Workshop</ZUSATZ>

<WOHIN xml:link="simple" href="ausgabe.xml#id(focus)">
Focus Online</WOHIN>
<ZUSATZ>Zeitschrift</ZUSATZ>

<WOHIN xml:link="simple" href="ausgabe.xml#id(bol)">
Bestellservice</WOHIN>
<ZUSATZ>HTML-Workshop</ZUSATZ>
</LINKS>
```

Es ist explizit darauf zu achten, dass die Schreibweisen der ID-Bezeichner in beiden Dateien absolut identisch sind.

Erweiterte Hyperlinks

Es gibt noch eine weitere Möglichkeit, Links in XML zu erstellen: die erweiterten Links. Deren Besonderheiten liegen vor allem darin, dass sie Verweise auf Read-Only-Medien setzen können – also von einer anderen Website aus oder aber auch zum Beispiel von einer CD-ROM. Warum wir dieses eigentlich interessante Thema nur kurz anschneiden, hat einen einfachen Grund: Sie können diese Links noch nicht anwenden. Denn bislang wurden diese weder konkret spezifiziert, noch können Browser diese verarbeiten. Ein kurzes Beispiel soll Ihnen zumindest die Syntax dieser Hyperlinks vorstellen.

```
<ERWEITERT xml:link="extended" inline="false">
<WOHIN href="http:www.talknet.de/~daniel-koch/bild1.htm"
role="Bilder" />
<WOHIN href="http:www.talknet.de/~daniel-koch/Seite2.htm"
role="Seite" />
<WOHIN href="http:www.talknet.de/~daniel-koch/Bank.htm"
role="Bank" />
</ERWEITERT>
```

XML – Inhalt statt Beschreibung

Es wird zunächst ein erweiterter Link über <ERWEITERT> definiert. Mit *extended* teilen Sie dem Browser mit, dass es sich hierbei um einen eben solchen handelt. Mit *inline* legen Sie fest, dass dieser Link nicht auf eine interne Resource zurückgreift.

Dateninseln

Dateninseln bieten die Möglichkeit, all die Angaben, die Sie in einem wohlgeformten Dokument eingeben können, in eine XHTML-Seite zu integrieren. So müssen Sie nicht mehr ein aufwendiges Script aufrufen oder das <OBJECT>-Tag verwenden, um XML in XHTML-Seiten zu integrieren. Darstellbar sind Dateninseln derzeit lediglich im Internet Explorer ab Version 5.5. Als Beispiel soll die folgende Syntax fungieren.

```
<HTML>
<HEAD>
<BODY>
<XML ID="Name">
<BUCH>
<SATZ>Eine Dateiinsel</SATZ>
</BUCH>
</XML>
<BODY>
</HTML>
```

Sie müssen die XML-Datei wie einen gewöhnlichen XHTML-Tag mit *<XML ID="Name">* öffnen. Mit *ID="NAME"* weisen Sie der Dateninsel einen Namen zu. Achten Sie darauf, dass dieser Name nur einmal vorkommt, da ansonsten Konflikte auftreten können. Nun ist es nicht in jedem Fall günstig, die Dateninsel in die XHTML-Datei zu integrieren. Denn gerade wenn Ihre Datei von großem Umfang ist, werden Sie Probleme bei der Fehlerkorrektur bekommen. Aus diesem Grunde sollte die Dateninsel ausgelagert werden.

```
<HTML>
<HEAD>
<BODY>
<XML ID="Name" src="extern.xml">
</XML>
<BODY>
</HTML>
```

Durch das Attribut *src="extern.xml"* geben Sie die Position Ihres XML-Dokuments an. Achten Sie auch hierbei auf die Pfadangaben.

10.3 XML in Office 2000

XML ist die Zukunft des Web. Dass dies zutrifft, zeigt sich zum Beispiel am Aufwand der Hersteller, XML-fähige Software auf den Markt zu bringen. Es sei aber gleich im Vorfeld gesagt: Bislang hat dies noch niemand ausreichend realisieren können. War es bislang recht einfach, ein Dokument in das

HTML-Format umzuwandeln (ein einfaches Speichern mit der Endung *html* genügt ja bereits), ist dies für XML-Dokumente noch nicht möglich. Auch die besonders von Microsoft propagierte Meinung, mit Microsoft Office 2000 bekäme man die Möglichkeit, XML-Dokumente zu importieren und zu exportieren, ist nicht richtig. Lediglich als Austauschformat steht XML hier zur Verfügung.

Mit Office 2000 ein XML-Dokument erzeugen

Ziel dieses Beispiels soll sein, mithilfe von Microsoft Office 2000 ein XML-Dokument zu erstellen. Diese Aussage ist allerdings ein wenig zu relativieren. Sie können zwar mit Word 2000 Dokumente erstellen, die auf XML basieren, ein reines XML-Dokument lässt sich jedoch nicht erzeugen. Die einzige Möglichkeit, selbst XML in eine Seite einzufügen, bietet sich durch die oben erwähnten Dateninseln.

Vielmehr soll es in diesem Beispiel darum gehen, Ihnen aufzuzeigen, wie Word 2000 Ihr Dokument zunächst in das HTML-Format speichert und Sie dieses im Browser betrachten und anschließend zur Bearbeitung als Word-Dokument wieder herstellen können, ohne dass etwaige Formatierungen verloren gehen.

1 Öffnen Sie Microsoft Word 2000 und erstellen Sie über *Datei/Neu* ein leeres Dokument.

2 Geben Sie einen kleinen Probetext ein.

Ein gewöhnliches Word-Dokument

3 Speichern Sie dieses Dokument über *Datei/Als Webseite speichern* als HTML-Seite ab.

XML – Inhalt statt Beschreibung

4 Öffnen Sie den Microsoft Internet Explorer 5 und rufen Sie Ihre HTML-Seite auf.

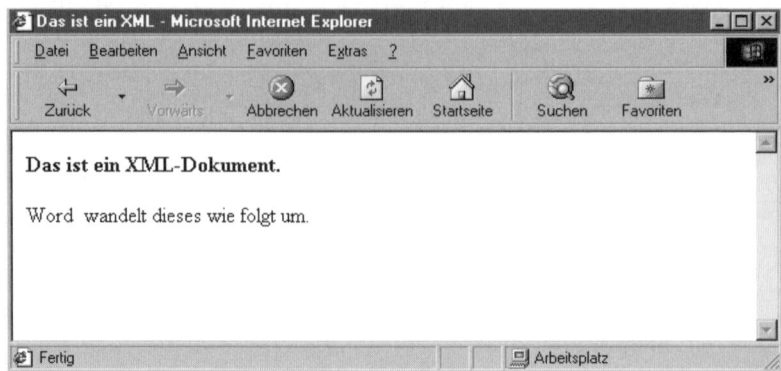

Das Dokument im Internet Explorer

5 Schauen Sie sich den Quelltext Ihrer Seite an; gehen Sie dazu auf *Ansicht/Quelltext anzeigen*.

Wie Sie sehen, besteht der Quellcode aus einer Mischung von XML und HTML. Anders als bei Office 97, wo dieser aus reinem HTML-Quelltext bestand, lässt er sich zu Beginn nur recht mühsam nachvollziehen. Aus diesem Grund geben wir Ihnen zu den wichtigsten Einträgen Erläuterungen, die Ihnen dabei behilflich sein sollen, ähnliche Quellcodes zu lesen. Denn nur wenn dies gewährleistet ist, können Sie eventuell auftretende Probleme beseitigen, oder Ideen für Ihre Seiten bei einem Ausflug durch das Internet sammeln.

```
<html xmlns:v="urn:schemas-microsoft-com:vml"
xmlns:o="urn:schemas-microsoft-com:office:office"
xmlns:w="urn:schemas-microsoft-com:office:word" xmlns="-
//W3C//DTD HTML 4.0//EN">
```

Es wird an dieser Stelle auf die Microsoft-DTD verwiesen.

```
<head>
<meta http-equiv=Content-Type content="text/html;
charset=windows-1252">
<link rel=Original-File href=Dokument1>
```

Mit *href* wird auf das originale Word-Dokument verwiesen, das anschließend wieder als solches hergestellt werden soll.

```
<meta name=ProgId content=Word.Document>
<meta name=Generator content="Microsoft Word 9">
<meta name=Originator content="Microsoft Word 9">
<link rel=File-List href="./Dokument1-Dateien/filelist.xml">
<!--[if VML]><![if !VMLRender]>
<object id=VMLRender classid=
                "CLSID:10072CEC-8CC1-11D1-986E-00A0C955B42E"
 width=0 height=0>
</object>
<style>
```

```
v\:* {behavior:url(#VMLRender);}
o\:* {behavior:url(#VMLRender);}
w\:* {behavior:url(#VMLRender);}
.shape {behavior:url(#VMLRender);}
</style>
<![endif]><![endif]-->
<title>Das ist ein XML-Dokument </title>
```

Im Folgenden werden sämtliche Dokumenteigenschaften beschrieben. Diese reichen von dem Autor über das Erstelldatum bis zu der Anzahl der Seiten und der Wörter.

```
<!--[if gte mso 9]><xml>
   <o:DocumentProperties>
      <o:Author>Daniel </o:Author>
      <o:Revision>1</o:Revision>
      <o:TotalTime>0</o:TotalTime>
      <o:Created>1999-12-16T06:50:00Z</o:Created>
      <o:Pages>1</o:Pages>
      <o:Words>9</o:Words>
      <o:Characters>55</o:Characters>
      <o:Lines>1</o:Lines>
      <o:Paragraphs>1</o:Paragraphs>
      <o:CharactersWithSpaces>67</o:CharactersWithSpaces>
      <o:Version>9.2216</o:Version>
   </o:DocumentProperties>
</xml><![endif]--><!--[if gte mso 9]><xml>
   <w:WordDocument>
      <w:View>Normal</w:View>
      <w:Zoom>0</w:Zoom>
      <w:HyphenationZone>21</w:HyphenationZone>
      <w:DoNotOptimizeForBrowser/>
   </w:WordDocument>
</xml><![endif]-->
```

An dieser Stelle wird die XML-Definition geschlossen. Die folgenden Angaben sind einfache XSL-Anweisungen. Schriftgröße und Schriftart werden genauso definiert wie die Wortabstände.

```
<style>
<!--
/* Style Definitions */
p.MsoNormal, li.MsoNormal, div.MsoNormal
   {mso-style-parent:"";
   margin:0cm;
   margin-bottom:.0001pt;
   mso-pagination:widow-orphan;
   font-size:12.0pt;
   font-family:"Times New Roman";}

h1
   {mso-style-next:Standard;
   margin:0cm;
   margin-bottom:.0001pt;
   mso-pagination:widow-orphan;
   page-break-after:avoid;
```

XML – Inhalt statt Beschreibung

```
        mso-outline-level:1;
        font-size:12.0pt;
        font-family:"Times New Roman";
        mso-font-kerning:0pt;
        font-weight:bold;}
@page Section1
        {size:595.3pt 841.9pt;
        margin:70.85pt 70.85pt 2.0cm 70.85pt;
        mso-header-margin:35.4pt;
        mso-footer-margin:35.4pt;
        mso-paper-source:0;}
div.Section1
        {page:Section1;}
-->
</style>
```

Die folgenden Zeilen beinhalten fast gewöhnlichen XHTML-Code.

Der komplette erste Absatz wird als Section1 festgelegt und anschließend genauer beschrieben.

```
</head>
<body lang=DE style='tab-interval:35.4pt'>
<div class=Section1>
<h1>Das ist ein XML-Dokument </h1>
<p class=MsoNormal><![if
!supportEmptyParas]> <![endif]><o:p/></p>
<p class=MsoNormal>Office2000 wandelt diesen wie folgt
um<o:p/></p>
<p class=MsoNormal><![if
!supportEmptyParas]> <![endif]><o:p/></p>
</div>
</body>
</html>
```

6 Nun wollen wir noch eine Änderung vornehmen, ohne dass wie früher üblich Formatierungen verloren gehen. Wählen Sie im Internet Explorer die Schaltfläche *Bearbeiten*.

7 Das Dokument wird in Word 2000 geöffnet.

8 Nehmen Sie eine Änderung vor.

Bis auf die von uns vorgenommenen Änderungen hat sich an diesem Dokument nichts geändert.

Wenn Sie diese Vorgehensweise in Microsoft Office 97 abhandeln, werden Sie die Unterschiede feststellen.

Denn nur in der aktuellen Version des Office-Pakets werden XML-Dokumente zumindest bis zu einem gewissen Grad unterstützt.

XML – Inhalt statt Beschreibung

Das gleiche Dokument wie zu Beginn

10.4 Konfusionen? – Lösungen bei XML-Problemen

Grundsätzlich ist zu XML eines festzustellen: Die Sprache kann begeistern, sollte allerdings zum jetzigen Zeitpunkt noch nicht im großen Stil eingesetzt werden. Haben Sie einige Beispiele dieses Kapitels nachvollzogen, werden Sie den Grund für diese Aussage kennen. XML ist für einen umfangreichen praktischen Einsatz noch nicht genügend ausgereift, und nur ab dem Internet Explorer 5 lassen sich überhaupt aussagekräftige Ergebnisse erzielen.

Eines der am häufigsten auftretenden Probleme tritt immer dann in Erscheinung, wenn HTML-Tags innerhalb eines XML-Dokuments dargestellt werden sollen. Als Beispiel soll hier die folgende Syntax fungieren.

```
<?xml version="1.0"?>
<LINKS xmlns:html="http://www.w3.org/TR/REC-html40">
<html:h2>Probleme in der Darstellung</html:h2>
<html:u>HTML und XML im Zusammenspiel</html:u>
</LINKS>
```

Der Internet Explorer sollte diese Syntax ohne zusätzliches Stylesheet darstellen können. Dies gilt allerdings nur für die Theorie, in der Praxis kann diese Vorgehensweise zu Anzeigenproblemen führen. Eine fehlerhafte Bildschirmausgabe zeigt die folgende Abbildung.

XML - Inhalt statt Beschreibung

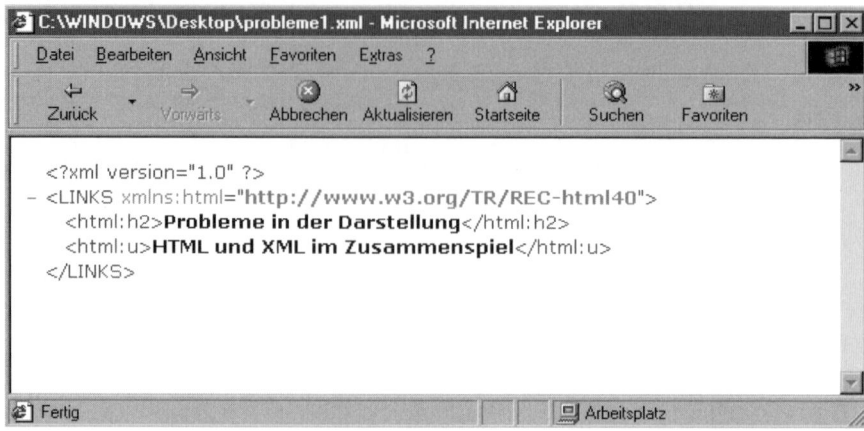

Namenspace - falsche Ausgabe

Obwohl die Syntax völlig korrekt definiert wurde, stellt der Internet Explorer lediglich den Dokumentstrukturbaum dar. Um diesen Effekt umgehen zu können, sollte stets ein Verweis auf eine Stylesheet-Datei eingebunden werden, wie dies in der nachfolgenden Syntax realisiert wurde.

```
<?xml version="1.0"?>
<?xml-stylesheet href="ausgabe.css" type="text/css"?>
<LINKS xmlns:html="http://www.w3.org/TR/REC-html40">
<html:h2>Probleme in der Darstellung</html:h2>
<html:u>HTML und XML im Zusammenspiel</html:u>
</LINKS>
```

Obwohl auf die Datei *ausgabe.css* verwiesen wurde, ist diese nicht existent. Dem Internet Explorer genügt es, dass auf ein Stylesheet verwiesen wird, um eine korrekte Ausgabe realisieren zu können.

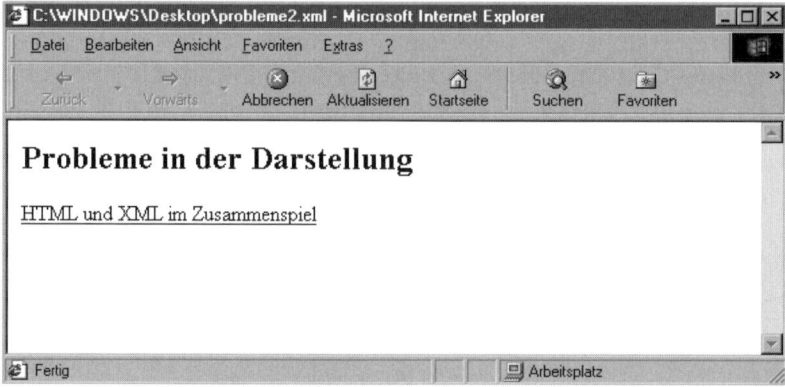

Die korrekte Ausgabe - dank Stylesheet

XML – Den Zeichensatz beachten

Jeder Browser geht von der Annahme aus, dass der zu verwendende Zeichensatz UTF-8 ist. UTF-8 besteht aus den ersten 128 Zeichen des ASCII-Codes. Dieser eignet sich aber nicht, um Sonderzeichen darzustellen.

Um dieses Problem zu umgehen, wurden Sonderzeichen sämtlicher Sprachen in ISO-Normen festgelegt. In XHTML benötigen Sie eine Angabe des Zeichensatzes nicht. Ein typischer XHTML-Code mit Sonderzeichen sieht folgendermaßen aus:

```
<U>m&ouml;glich</U>
```

In XML hingegen muss der Zeichensatz der entsprechenden Sprache angegeben werden.

Schauen Sie sich die folgenden Quellcodes an:

```
<?xml version="1.0"?>
<SATZ>
<WORT>Mögen Sie XML</WORT>
</SATZ>
<?xml version="1.0"?>
<?xml-stylesheet href="ausgabe.xsl" type="text/xsl" ?>
<BEISPIEL>
<ANZEIGE>XML mit Hilfe von XSL</ANZEIGE>
</BEISPIEL>
```

Auf den ersten Blick stimmen die getätigten Angaben. Wenn Sie nun allerdings das XML-Dokument mit Ihrem Browser aufrufen, erhalten Sie diese Fehlermeldung.

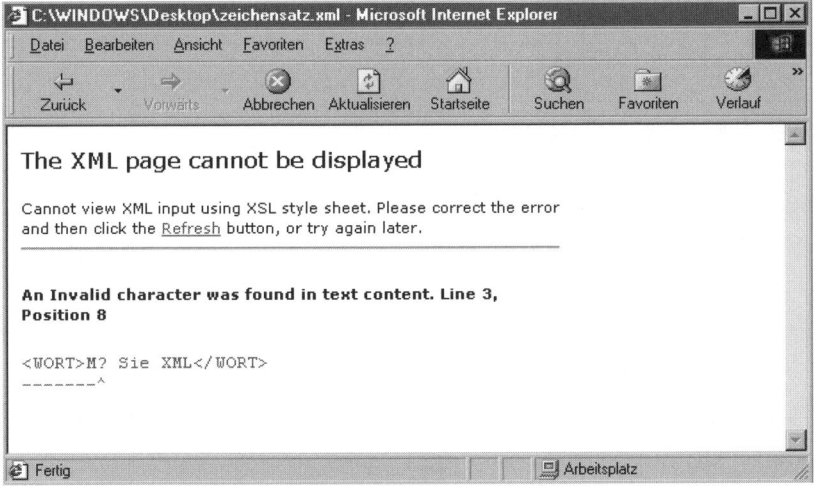

Trotz korrektem Code – eine Fehlermeldung

Der Browser kann in diesem Fall den Umlaut „ö" nicht interpretieren.

Um nun aber trotzdem Sonderzeichen einsetzen zu können, müssen Sie dem Browser mitteilen, welchen Zeichensatz er auf dieses Dokument anzuwenden hat.

```
<?xml version="1.0" encoding="ISO-8859-1"?>
<SATZ>
<WORT>Mögen Sie XML</WORT>
</SATZ>
```

Mit der Angabe *encoding="ISO-8859-1"* wird festgelegt, dass der Standard ISO-Latin-1 (ISO 8859-1) verwendet werden soll. Dieser gilt für Westeuropa und Lateinamerika und kann folglich Umlaute interpretieren und korrekt darstellen.

Rufen Sie nun das modifizierte Dokument im Browser auf, wird dieses korrekt angezeigt. Auch für andere Sprachen bzw. Sonderzeichen existieren ISO-Standards.

Die folgende Übersicht zeigt Ihnen die Sprachräume mit den dazugehörigen ISO-Standards.

Standard	Zeichensatz
ISO-8859-1	Westeuropa, Lateinamerika
ISO-8859-2	Osteuropa
ISO-8859-3	Südeuropa
ISO-8859-4	Skandinavien
ISO-8859-5	Kyrillisch
ISO-8859-6	Arabisch
ISO-8859-7	Griechisch
ISO-8859-8	Hebräisch
ISO-8859-9	Türkisch
ISO-8859-10	Lappland
EUC_JP	Japanisch I
Shift_JIS	Japanisch II
ISO-2022-JP	Japanisch III

Korrekte Tag-Schreibung: ein Muss

Besonders im Zusammenspiel zwischen HTML und XML treten durch falsch geschlossene und verschachtelte Tags Fehlermeldungen auf. Aus diesem Grund ist es von elementarer Bedeutung, dass diesem Punkt besondere Aufmerksamkeit gewidmet werden muss, um eine XML-Datei im Browser korrekt ausgeben zu lassen. Probleme treten besonders dann auf, wenn zwei HTML-Tags eine Passage innerhalb der XML-Datei auszeichnen soll. Dies liegt vor allem an der zunächst ungewöhnlich anmutenden Syntax. Besonders erfahrene HTML-Programmierer müssen die unterschiedlichen Schreibweisen des Quellcodes in XML und HTML unterscheiden lernen. Als Beispiel sollen einer Textpassage innerhalb eines XML-Dokuments drei Werte zugewiesen werden. Zunächst soll eine Überschrift der ersten Ordnung definiert werden, die zusätzlich kursiv und unterstrichen dargestellt wird. Der diesbezügliche normale HTML-Quellcode ist hierfür recht schlüssig und bedarf an dieser Stelle keiner ausführlichen Erörterungen.

```
<h1><u><i>Probleme in der Darstellung</i></u></h1>
```

Dieser Quellcode bietet dank der in diesem Buch erlangten HTML-Kenntnisse einen vertrauten Anblick. Anders dagegen der hierzu konforme HTML-Code, der innerhalb einer XML-Datei definiert werden muss.

```
<html:h1><html:u><html:i>Probleme in der
Darstellung</html:i></html:u></html:h1>
```

Jede Textauszeichnung muss hier mit dem Kürzel *html* gefolgt von einem Doppelpunkt und der entsprechenden Auszeichnungsart definiert werden. Diese Vorgehensweise muss konsequent für jeden einzusetzenden HTML-Tag verwendet werden. So wäre beispielsweise die folgende Verschachtelung falsch und würde zwangsläufig zu einer Fehlermeldung führen.

```
<html:h1></u><i>Probleme in der Darstellung</ i><u></html:h1>
```

Die Verschachtelung in der hier aufgeführten Beispielsyntax ist, zumindest auf den ersten Blick, völlig korrekt. Jedes Tag, das geöffnet wurde, wird am Ende der Auszeichnung wieder geschlossen. Fehlerhaft ist diese Syntax aber daher, weil vor jedem neuen Tag die Anweisung *html:* notiert werden muss. Der Abschluss-Tag erwartet ebenfalls diese Schreibweise. Ein diesbezügliches Beispiel zeigt die folgende Abbildung.

Korrekte Darstellung dank korrekter Syntax

Die zwei hier definierten Textpassagen werden innerhalb des Browsers dank korrekter Verschachtelung ohne Fehlermeldung ausgegeben. Im Ganzen stellt sich die Syntax, die zu diesem Ergebnis führt, folgendermaßen dar.

```
<?xml version="1.0"?>
<?xml-stylesheet href="ausgabe.css" type="text/css"?>
<LINKS xmlns:html="http://www.w3.org/TR/REC-html40">
<html:h1><html:u><html:i>Probleme in der
```

XML – Inhalt statt Beschreibung

```
Darstellung</html:i></html:u></html:h1>
<html:u>HTML und XML im Zusammenspiel</html:u>
</LINKS>
```

Eine Kuriosität im Hinblick auf syntaktische Fehler innerhalb einer XML-Datei bietet ein Quellcode, im den der Microsoft-spezifische Tag <marquee> eingesetzt wird. In Verbindung mit dem Netscape-Gegenstück <blink> führt dies zu einer „laufenden" Fehlermeldung. Ein diesbezügliches Ergebnis zeigt die nachfolgende Abbildung.

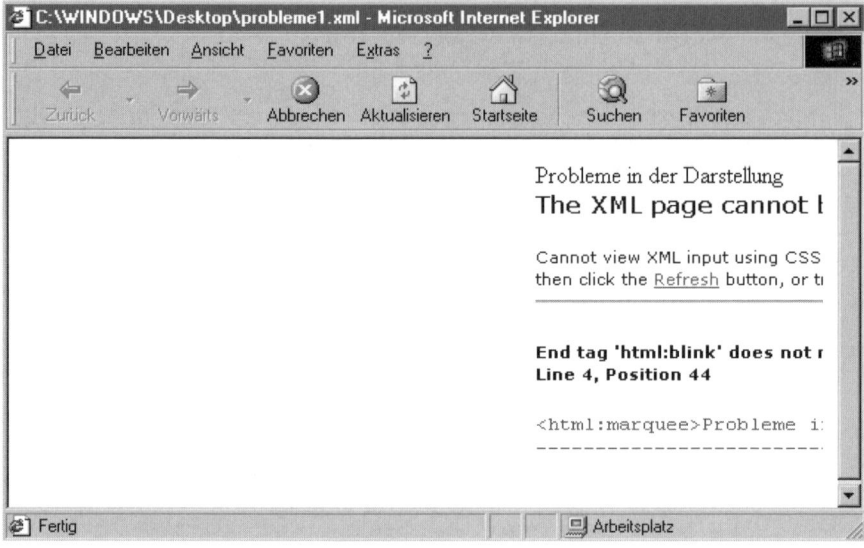

<marquee> und <blink> im Zusammenspiel

Der Quelltext, der für diesen Effekt verantwortlich ist, stellt sich folgendermaßen dar. Obwohl dieses Beispiel für die Praxis denkbar ungeeignet ist, zeigt es augenscheinlich, welche drastischen Folgen ein syntaktisch fehlerhafter Quellcode nach sich ziehen kann.

```
<?xml version="1.0"?>
<?xml-stylesheet href="ausgabe.css" type="text/css"?>
<LINKS xmlns:html="http://www.w3.org/TR/REC-html40">
<html:marquee>Probleme in der Darstellung</html:marquee>
<html:u>HTML und XML im Zusammenspiel</html:u>
</LINKS>
```

Obwohl die Textpassage durch <marquee> eingeleitet wurde, was einen Lauftext zur Folge hätte, lautet der Abschluss-Tag <blink>.

> **Hinweis**
>
> **Suchen und ersetzen**
>
> Um Anzeigenprobleme, die auf falsch geschlossenen Tags beruhen, umgehen zu können, bietet sich das Kopieren des entsprechenden Tags an. Fügen Sie diesen dann immer an der Stelle ein, an der dieser geschlossen werden muss. Besonders geeignet ist diese Vor-

gehensweise im Hinblick auf in XML eigens definierte Tags, deren Schreibweise Ihnen noch nicht geläufig ist. Eine bessere und effizientere Variante steht all denen zur Verfügung, die ein Textverarbeitungsprogramm ihr Eigen nennen. Kopieren Sie den XML-Code in ein leeres Dokument, lassen Sie das Programm nach dem entsprechenden Tag suchen und dieses durch die gewünschte Schreibweise ersetzen.

10.5 SMIL – Videos und Sounds im Web

Das Internet als Informationsmedium kommt immer mehr in Fahrt. Ein neuer Standard nach dem nächsten wird entwickelt und der staunenden Gemeinde präsentiert. Dabei kommen je nach Situation, Eignung und Bedarf Tops und Flops zustande. Die Entwicklung eines Standards im Internet ist immer schwer vorherzusagen. SMIL ist so ein neuer Standard. Aber anders als bei anderen Entwicklungen werden die Aussichten von SMIL als zukunftsträchtige Technologie als sehr hoch eingeschätzt.

Zuerst einmal zu der Frage: Was ist SMIL? SMIL ist, einfach umschrieben, eine Erweiterung von HTML um einige spezielle Tags. Diese Tags erlauben Ihnen, Multimedia-Daten in HTML-Seiten einzubinden. Die Wege, die zur Darstellung dieser Multimedia-Daten dann genutzt werden, sind ebenso vielfältig wie die mit ihnen verbundenen Möglichkeiten. Der verbreitetste Player für Multimedia-Daten im Internet ist im Moment der RealPlayerG2.

Der Ursprung des Begriffs SMIL kommt aus dem Englischen. Es ist ein Akronym, ein Kunstwort, zusammengesetzt aus den Anfangsbuchstaben anderer Wörter. SMIL steht für **S**ynchronized **M**ultimedia **I**ntegration **L**anguage.

Mit dem Begriff SMIL wird eine Beschreibungssprache zur Erstellung synchroner multimedialer Inhalte verbunden. Aber was ist nun eigentlich ein synchroner multimedialer Inhalt? Im Wesentlichen verbirgt sich hinter diesem Begriff das Video, Radio und Fernsehen im Internet. Also, Informationsformen, die auf visuellen und/oder akustischen Eindrücken beruhen. Bis zum August 1998 gab es nur verschiedene herstellerabhängige Multimedia-Deklarationen. Diese waren sehr unterschiedlich und wurden von den Herstellern der einzelnen Player frei definiert. Es waren dies zum Beispiel die Produkte Director und Netshow. Verbunden damit war natürlich auch eine zwangsweise Erstellung der Multimedia-Inhalte mit den Produktionsprogrammen dieser Hersteller. Also eine für den Kapitalfluss erfreuliche Entwicklung für den Hersteller des Player. Der wesentliche Nachteil eines solchen Vorgehens liegt aber darin, dass es notwendig ist, eine Vielzahl von Playern und Plug-Ins zu installieren, will der Betrachter alle Inhalte des Internet ansehen und hören.

Basierend auf dieser Ausgangslage einigte sich das W3C auf ein RFC, das den synchronisierten Multimedia-Standard fürs Internet beschreibt. Und genau das ist heute SMIL.

Warum und wofür SMIL?

Wie schon zuvor gesagt, entwickelt sich das Internet immer mehr zu dem multimedialen Informationszentrum überhaupt. Sein weltweiter unbegrenzter Zugriff und die damit verbundene fast unbeschränkte Freiheit der Meinungsäußerung öffnen völlig neue Möglichkeiten. Wurden diese Möglichkeiten der Darstellung und Präsentation von Daten, Informationen und Wissen bislang im Wesentlichen durch Texte und Bilder wahrgenommen, sind mit SMIL neue Wege der Informationsdarbietung entstanden. Jetzt wird es möglich, auch die bekannten Methoden der gesamten modernen Medienlandschaft wie Film und Ton in akzeptabler Qualität übers Internet zu verbreiten. Der momentan noch existente Hemmschuh Bandbreite wird sich in absehbarer Zeit in Nichts auflösen.

Die vor SMIL entwickelten Lösungen zur Synchronisierung multimedialer Inhalte waren nicht nur sehr komplex, die Erstellung entsprechender Inhalte war auch nur mit vergleichsweise teuren Werkzeugen möglich. Deshalb beschränkte sich die Präsentation von multimedialen Daten im Wesentlichen auf das Medium CD-ROM.

Einige elementare Dinge an SMIL sind, dass der Umgang damit so einfach wie der Umgang mit HTML ist. Die Erstellung von SMIL-Dateien ist in jedem Texteditor möglich. SMIL ist im Gegensatz zu komplexen Sprachen wie Java beschreibend und deshalb auch für unerfahrene Programmierer einsetzbar.

SMIL dient dazu, Textdateien zu erstellen, in denen die Anweisungen für die Synchronisation unterschiedlichster multimedialer Ausgangsdaten enthalten sind. Die verfügbaren SMIL-Elemente zur Beschreibung dieser Datensynchronisation entsprechen in ihrem Einsatz den bekannten HTML-Tags. Die Medienelemente, die in einer Multimedia-Präsentation auf einer Internetseite dargestellt werden sollen, werden über ihren jeweiligen URL referenziert. Aufgrund dieser Referenzierung der einzelnen Bestandteile einer Multimedia-Präsentation auf Basis von URLs wird es möglich, die Inhalte auf verschiedenen Webservern abzulegen. Dadurch wird die Auslastung der einzelnen Server herabgesetzt und Sie können die Bandbreite erhöhen. Das wiederum führt zu einer Verbesserung der Darstellungsqualität. Ein weiterer Vorteil dieser Vorgehensweise ist die Verfügbarkeit der einzelnen Medienelemente für verschiedene Präsentationen.

Zusätzlich zu den in HTML bekannten Eigenschaften von Hyperlinks können diese bei SMIL noch zeitabhängig gesteuert werden. Das bietet Ihnen verschiedene Wahlmöglichkeiten bei der Präsentation. So können Sie zum Beispiel je nach Sprache angepasste Untertitel anzeigen, angepasste Sprachsynchronisationen übertragen oder bei geringen Bandbreiten die Qualität der Übertragung herabsetzen.

Noch ein Wort zum wesentlichen Schwerpunkt von SMIL, der Synchronisation. Die einzelnen Medien einer Präsentation lassen diskret oder kontinuierlich synchronisieren. Das bedeutet, Sie bestimmen, wann und wo auf dem

Bildschirm die einzelnen Medieninhalte dem Betrachter präsentiert werden. SMIL ermöglicht Ihnen die Kontrolle des räumlichen Layouts und des zeitlichen Rahmens von Multimedia-Präsentationen. Entsprechend lassen sich die Abstimmungen zwischen Audio- und Videodateien vornehmen. Außerdem lassen sich Textelemente im Film an beliebigen Positionen darstellen (Ein-, Aus-, Überblenden und andere Effekte sind zusammen mit RealPix und RealText möglich).

Die Sprache SMIL

SMIL ist genau wie HTML eine Markup Sprache. Das bedeutet, es handelt sich um eine Auszeichnungssprache. Bei Auszeichnungssprachen werden die Eigenschaften von Elementen durch die Auszeichnung beschrieben. Diese Auszeichnungen sind Ihnen besser bekannt als Tags. Erstellen Sie einen Quellcode und versehen die Datei mit der Dateiendung *smi*, ist die SMIL-Datei geboren.

Auch SMIL ist deklarativ. Es werden also nicht Ereignisse kodiert, die Objekte anzeigen und entfernen, sondern Sie spezifizieren Ihre Objekte und deren Synchronisation. Dies geschieht durch die Aneinanderreihung von Attribut- und Wertepaaren.

SMIL und XML

Im vorangegangenen Abschnitt haben Sie ja bereits einiges über XML erfahren. SMIL ist ein Beispiel für eine XML-basierte Sprache. Deshalb finden Sie auch für SMIL eine DTD.

Eine DTD (**D**ocument **T**ype **D**efinition) ist die Beschreibung einer Klasse von Dokumenten mit deren logischen Elementen und deren strukturellem Aufbau. Das Ganze dient wie unter XML und HTML auch dazu, jedem Dokument eine eigene, passende Struktur zuzuweisen. Nur so kann eine gleiche Darstellung aller Inhalte auf unterschiedlichen Browsern mit unterschiedlichen Einstellungen erreicht werden.

Hypermedia – Multimedia Hyperlinking

Hypermedia ist ein weiterer Kunstbegriff, der sich aus den beiden Einzelbegriffen Hyperlinking und Multimedia zusammensetzt. Hinter dem Begriff Multimedia verbirgt sich die Eigenart von SMIL, mit jeglicher Art von Multimedia-Daten zurechtzukommen. Sie müssen also nicht vorhandene Daten mit unterschiedlichen Dateiformaten erst konvertieren, um sie mit SMIL zu einer Präsentation zusammenzuwürfeln.

Das offene Format

SMIL ist eine plattformunabhängige und dateiformatunabhängige Sprache. Der textbasierte Quellcode kann auf allen Plattformen von den entsprechenden Interpretern gelesen und dargestellt werden. Dadurch und durch die Integration unterschiedlicher Dateiformate wird SMIL zu einem offenen Format, das fast unbegrenzte Einsatzmöglichkeiten eröffnet. Soweit die Lobeshymnen, die sicherlich Appetit auf die ersten bewegten Bilder gemacht haben. Deshalb hier einige Webadressen mit guten Beispielen.

ramhurl.real.com/smildemohurl.html?file=smil/entertainment/razor_288_7/razor_288_7.smi

Die Razor Seite mit Ton, Text und Video

Auf der folgenden Webseite sind jede Menge guter Links rund um das Thema SMIL zu finden:

www.webdeveloper.com/advhtml/advhtml_smil_links.html

Noch ein unterhaltsames Beispiel mit Musik und Text rund um Amerika:

www.freespeech.org/MindBin/handmade.ram

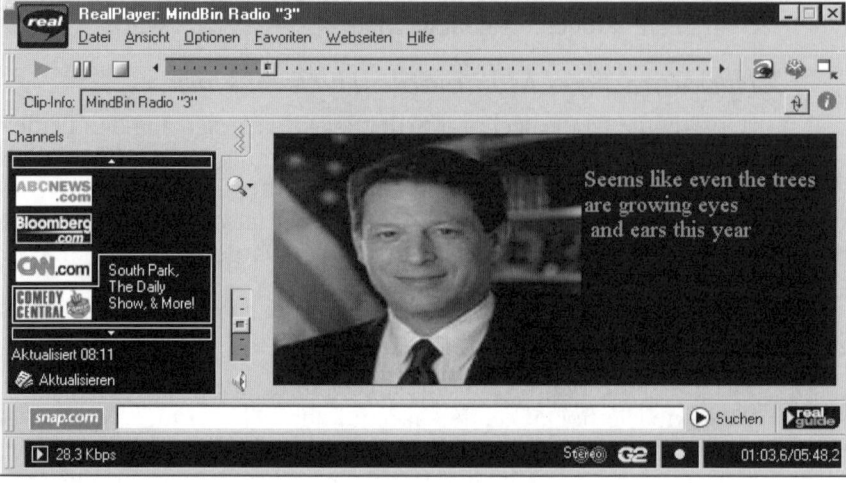

Nachrichten in Text und Ton

Regeln für SMIL

Wie bei jeder Sprache müssen auch bei der Erstellung von SMIL-Dateien einige grundlegende Regeln berücksichtigt werden. Nur wenn diese eingehalten werden, lassen sich die in diesem Kapitel vorgestellten Beispiele ohne mögliche Fehlermeldungen nachvollziehen. Sechs der wichtigsten Regeln wollen wir an dieser Stelle nennen, auf deren genaue Bedeutung im Laufe dieses Kapitels dann allerdings exakter eingegangen werden wird.

- Kommentare müssen stets durch <!-- - - > gekennzeichnet werden.
- Eine SMIL-Datei wird stets durch <smil> begonnen und durch </smil> geschlossen.
- Sämtliche Tags und Attribute müssen in Kleinbuchstaben geschrieben werden.
- Als Dateiendungen kommen sowohl *smi* als auch *smile* in Frage.
- In SMIL existieren keine leeren Tags.
- Sonderzeichen müssen im Quellcode kodiert werden.

Mögliche Formate und deren Elemente

Die Möglichkeiten durch SMIL im Hinblick auf die darzustellenden multimedialen Dateien sind nahezu unbegrenzt. Die folgende Tabelle zeigt die einsetzbaren Formate und die dazugehörige SMIL-Elemente. Beachten Sie aber, dass nicht alle hier aufgeführten Elemente auch in dieser Form eingesetzt werden sollten. Abhängig sollte die Verwendung in erster Linie von der zu erwarteten Ladezeit gemacht werden, die bei einer Textdatei weitaus kleiner als bei einer Videodatei ist.

Objektart	Dateiformat	Element
Animation	SWF	<animation/>
Video	RM, Avi, Mov, Asf, Viv, Mpeg	<video/>
Bild	GIF, JPG	<img/>
Textstrom	RT	<textstream/>
Audio	RM, WAV, AIF, MOV, MP3	<audio/>

Auf den Einsatz der hier dargestellten Objekte wird im Laufe dieses Kapitels noch genau eingegangen werden. An der Anzahl der aufgeführten Dateiformate wird aber bereits jetzt das große Potential von SMIL deutlich.

SMIL-Elemente

So viel zu den Vorreden. Bevor wir nun aber mit dem Erstellen eigener Präsentationen beginnen können, ist es bei SMIL zwingend notwendig, einiges theoretisches Hintergrundwissen abzuarbeiten. Die hier vorgestellten Grundlagen sind zwar im ersten Moment etwas „trocken", aber ohne das Wissen um die Strukturen und die Elemente von SMIL kann man auch mit dieser Sprache nicht arbeiten.

Die Rahmenstruktur

Der Aufbau der allgemeinen Struktur eines SMIL-Dokuments erinnert sehr stark an HTML. Das begründet sich darin, dass SMIL in XML definiert wurde.

Hier ein kurzes Beispiel für die Grundstruktur eines SMIL-Dokuments:

```
<smil>
<head>
<meta>

<!-- Informationen über das Dokument (wie in HTML) -->

</meta>
<layout>
<root-layout ...../>
<region id=test1 ... />
</layout>
</head>
<body>
<!-- Medien Daten, i. A. Datenelemente und Informationen zum
zeitlichen Ablauf, sowie zur Synchronisation -->
</body>
</smil>
```

Jedes SMIL-Dokument besteht aus einem Header und einem Body. Im Header werden die Meta-Informationen, wie zum Beispiel Autor, Copyright und weitere Informationen, abgelegt.

Im Bereich Layout wird das visuelle Erscheinungsbild der Präsentation festgelegt. Im Body definieren Sie dann den zeitlichen Ablauf der einzelnen Elemente der Präsentation.

Sie definieren die Mediendaten (wie zum Beispiel Videos oder Ton) und legen die notwendigen Hyperlinks fest.

> **Hinweis**
>
> **Tags schließen**
>
> Im Gegensatz zu HTML müssen bei SMIL zwingend alle Tags wieder geschlossen werden. Ansonsten sind die Präsentationen nicht lauffähig.

Die Elemente von SMIL

Nachdem der Strukturrahmen steht, können Sie beginnen, diesen mit den einzelnen Elementen von SMIL zu füllen. Mit den Elementen bestimmen Sie das Aussehen Ihrer Präsentation, den zeitlichen Ablauf, die Übergänge zwischen verschiedenen Datensätzen und das Zusammenspiel der unterschiedlichen Arten (Video, Musik usw.).

XML – Inhalt statt Beschreibung

In der folgenden Tabelle werden die einzelnen Optionen zu den Elementen nur einmal vorgestellt. Kommen Optionen mit gleicher Bedeutung wie zuvor beschrieben noch einmal vor, wird nur darauf hingewiesen, dass es sie gibt.

Auf eine erneute Beschreibung wird aber verzichtet. Die meisten erklären sich über ihren Namen auch von selbst.

Element	Beschreibung
Das SMIL-Element	Das SMIL-Element ist die Hülle der Präsentation, ähnlich dem Standardrahmen in HTML. Im SMIL-Element befindet sich das HEAD- und das BODY-Element, die zwingend vorhanden sein müssen.
	ID ist ein einzigartiger Bezeichner.
Das HEAD-Element	Das HEAD-Element beinhaltet die Informationen über die Präsentation, die nicht den Ablauf der Präsentation beschreiben. Hier wird das Layout der Präsentation abgelegt. Sie können an dieser Stelle META-Elemente platzieren. Außerdem sind an dieser Stelle SWITCH-Elemente (Umschalter-Elemente) zulässig.
	ID ist ein einzigartiger Bezeichner.
Das LAYOUT-Element	Im LAYOUT-Bereich legen Sie das Erscheinungsbild Ihrer Präsentation fest.
	Sie können hier die Position, die Größe und die Farbe einzelner Elemente festlegen. Erfolgt an dieser Stelle keine Festlegung des Layouts, ist das Erscheinungsbild der Präsentation von der Implementation des einzelnen Player beim Betrachter abhängig.
	Sie können auch mehrere verschiedene Layouts einbinden. Eingeschlossen von SWITCH-Elementen können Sie so alternative Layouts erzeugen.
	Im LAYOUT-Element sind die Inhalte REGION und ROOT-LAYOUT enthalten, die nachfolgend kurz beschrieben werden.
	ID ist ein einzigartiger Bezeichner.
	TYPE gibt die Layoutsprache an. Wird die angegebene Sprache nicht unterstützt, wird alles bis zum </LAYOUT> ignoriert.
Das REGION-Element	Das REGION-Element kontrolliert die Größe, die Position und die Skalierung der Objekt-Elemente.
	Mit der Option BACKGROUND-COLOR legen Sie die Hintergrundfarbe der Präsentation fest.
	FIT bestimmt das Aussehen, wenn Höhe und Breite eines Medienobjekts nicht mit den Angaben in REGION übereinstimmen. Als Angaben sind hier die Optionen *fill, hidden, meet, scroll* und *slice* möglich.
	Über HEIGH geben Sie die Höhe des Fensters in Punkten an.
	Mit ID wird der Name des Bereichs bestimmt, der unbedingt vergeben werden muss.
	Durch LEFT definieren Sie den Abstand des Bereichs nach links
	SKIP-CONTENT ist eine Option, die bei fast allen Elementen von SMIL enthalten ist und die der Absicherung der Präsentation zur Darstellung in späteren Versionen dient.
	TITLE benennt das Fenster. Einige Browser stellen den TITLE als Top-Tip dar. Ist ganz hübsch und erhöht die Übersichtlichkeit für den Besucher.
	Mit WIDTH definieren Sie die Breite des Fensters.
	Über Z-INDEX legen Sie die Layoutnummer fest.

XML – Inhalt statt Beschreibung

Element	Beschreibung
Das ROOT-LAYOUT-Element	Im ROUT-LAYOUT-Element bestimmen Sie das Aussehen der Render-Ebene.
	Auch hier wird die Hintergrundfarbe über BACKGROUND-COLOR festgelegt.
	HEIGH, ID, SKIP-ICONTENT, TITLE und WIDTH haben die gleiche Bedeutung wie zuvor beschrieben.
Das META-Element	Das META-Element dient dazu, die verschiedenen Charakteristika einer Präsentation festzulegen.
	Mit der Option CONTENT wird der Wert eines Charakteristikums im META-Element spezifiziert.
	Mit PICS-LABEL wird ein valid rating label wie im Element PICS spezifiziert.
	ID, NAME, SKIP-ICONTENT und TITEL sind zuvor beschrieben.
Das SWITCH-Element	Das SWITCH-Element ermöglicht Ihnen, Auswahlsätze für den Benutzer zu definieren. Sie können verschiedene Elemente angeben, von denen eines im Benutzerdialog ausgewählt werden muss.
	Ein Element wird akzeptiert, wenn der angegebene Medientyp abgearbeitet werden kann und sämtliche Test-Attribute *true* sind. Der Player testet alle Alternativen in der erscheinenden Reihenfolge und führt das erstmögliche aus.
	Die anderen Elemente werden verworfen. Sie sollten unbedingt auf die Reihenfolge achten. Die erste ist der am meisten gewünschte, die am Ende die Notfallversion. Sie können auf diese Weise alternative Layouts erzeugen.
	Das SWITCH-Element kann A, ANIMATION, AUDIO, IMG, PAR, REF, SEQ, SWITCH, TEXT, TEXTSTREAM und VIDEO beinhalten
	ID und TITLE sind bereits bekannt.
Das BODY-Element	Im BODY-Element steuern Sie das zeitliche Verhalten Ihrer Präsentation. Sie können hier festlegen, wann ein Film beginnt und wann er aufhört, wann der Ton abgespielt wird und wann Bilder ein- und ausgeblendet werden sollen.
	Das BODY-Element kann A, ANIMATION, AUDIO, IMG, PAR, REF, SEQ, SWITCH, TEXT, TEXTSTREAM und VIDEO beinhalten.
Das PAR-Element	Mit dem PAR-Element legen Sie eine parallele Wiedergabe an. Das heißt die einzelnen Mediendaten einer Präsentation können sich überlappen. Sie sind nicht von der Reihenfolge im Text abhängig.
	Das PAR-Element kann A, ANIMATION, AUDIO, IMG, PAR, REF, SEQ, SWITCH, TEXT, TEXTSTREAM und VIDEO beinhalten.
	Mit der Option ABSTRACT geben Sie eine kurze Beschreibung des Inhalts der Präsentation wieder.
	Hinter AUTHOR verbirgt sich Ihr Name.
	Mit BEGIN können Sie eine Verzögerung oder einen Absolutwert bezogen auf ein Synchronisationselement angeben.
	COPYRIGHT enthält die Copyright-Angaben.
	Die Option DUR bestimmt die Dauer des Erscheinens eines Medienelements.
	Mithilfe von END wird ein Medienobjekt ausgeblendet.
	Die Option ENDSYNC mit ihren Parametern *last, first* und *id-ref* legt ein implizites Ende von PAR fest.
	Über REGION legen Sie die Region des Erscheinens des Medienobjekts fest, wie es unter LAYOUT definiert worden ist.

Element	Beschreibung
	Mit der Option REPEAT bestimmen Sie, wie oft ein Objekt wiederholt werden soll.
	Das SYSTEM-BITRATE ist ein Testattribut, das die geschätzte Übertragungsrate kontrolliert.
	Das Attribut SYSTEM-CAPTION wird ignoriert, wenn der User angibt, keine Untertitel haben zu wollen.
	Auch SYSTEM-LANGUAGE wird ignoriert, wenn der User keine der nach SYSTEM-LANGUAGE definierten Sprachen kennt.
	Mit SYSTEM-OVERDUB-OR-CAPTION wird zurückgegeben, welche der beiden Möglichkeiten der User (Overdub oder Caption) haben möchte.
	Über die Option SYSTEM-REQUIRED können Sie abfragen, ob ein Dateityp (definiert über die Dateiendung) vom System unterstützt wird. Denn selbstverständlich können von einem System nur die unterstützten Dateitypen abgespielt beziehungsweise dargestellt werden.
	Mit der Option SYSTEM-SCREEN-SIZE bestimmen Sie die minimale Bildschirmgröße.
	SYSTEM-SCREEN-DEPTH definiert die minimale Farbtiefe.
	ID und TITLE sind hinlänglich bekannt.
Das SEQ-Element	Die im SEQ-Element enthaltenen Inhalte werden sequenziell abgespielt. Das bedeutet, sie werden in der Reihenfolge, in der die Elemente angeordnet sind auch nacheinander dargestellt.
	Das SEQ-Element kann A, ANIMATION, AUDIO, IMG, PAR, REF, SEQ, SWITCH, TEXT, TEXTSTREAM und VIDEO beinhalten
	ABSTRACT, AUTHOR, BEGIN, COPYRIGHT, DUR, END, ENDSYNC, ID, REGION, REPEAT, SYSTEM-BITRATE, SYSTEM-CAPTION, SYSTEM-LANGUAGE, SYSTEM-OVERDUB-OR-CAPTION, SYSTEM-REQUIRED, SYSTEM-SCREEN-SIZE, SYSTEM-SCREEN-DEPTH und TITLE wurden zuvor beschrieben.

Die Medienobjekt-Elemente ref, animation, img, video, text und textstream

Erst durch die Medienobjekt-Elemente ist es möglich, effektiv Medienobjekte in eine SMIL-Präsentation einzubinden. Diese Medienobjekte werden über die Angabe einer URL in der Präsentation referenziert. Referenzieren bedeutet auch hier das Herstellen eines Verweises zu der Mediendatei durch Angabe Ihrer Domain Name Service-Adresse oder der korrekten IP-Adresse zusammen mit dem Namen der Datei und ihrer Dateiendung.

So können Sie auf alle im Internet abgelegten Mediendateien zugreifen, egal an welcher Stelle diese hinterlegt wurden.

Es gibt zwei grundlegend unterschiedliche Medien: zum einen die diskreten Medien wie Bilder und Text und die kontinuierlichen Medien mit einer definierten Länge, wie Filme und Audio Clips. Anker und Verweise können nur auf visuelle Medien angebracht werden. Der Player eines SMIL-Dokuments verlässt sich nicht auf den Medientyp, der durch den Namen angegeben wird. Der Player versucht, alle angegebenen Medien abzuarbeiten. Die Information über den Typ beziehungsweise das Format erhält der Player vom

Server oder vom Betriebssystem. Eine sinnvolle Benennung der einzelnen Dateien ist dennoch aus Gründen der Übersichtlichkeit sinnvoll. Sie sollten darauf achten, dass die Gruppe, zu der das betreffende Medienobjekt gehört, als Elementname verwendet wird. Zum Beispiel *AUDIO* für eine WAV-Datei oder *IMG* für eine Grafik im GIF-Format. So erreichen Sie eine bessere Lesbarkeit des SMIL-Quellcodes. Die Medienobjekte haben als Inhalt lediglich eine verankerte Referenz in einem beliebigen Teil eines Medienobjekts über die Option *ANCHOR*.

In der folgenden Tabelle haben wir Ihnen die Optionen der unterschiedlichen Medienobjekt-Elemente mit ihren Beschreibungen zusammengestellt. Die unnötigen Wiederholungen bei der Beschreibung von Optionen haben wir auch hier unterlassen.

Element	Beschreibung
Die Medienobjekt-Elemente *ref*, *animation*, *img*, *video*, *text* und *textstream*	ALT beinhaltet einen Alternativnamen, der an Stelle eines nicht lesbaren Medienobjekts ausgegeben wird.
	CLIP-BEGIN bestimmt den Startpunkt in einem kontinuierlichen Medium als Offset vom Start des Clips.
	CLIP-END bestimmt den Endpunkt in einem kontinuierlichen Medium als Offset vom Start des Clips. Diese wird ignoriert, wenn diese Angabe das wirkliche Ende überschreitet.
	FILL bestimmt das Verhalten eines Medienobjekts am Ende. Es sind die Parameter *remove* und *freeze* möglich, die das Objekt entfernen oder nach Ablauf sichtbar lassen.
	LONGDESC enthält eine lange Beschreibung des Links unter dem Medienobjekt.
	SRC beschreibt die Quelle des Medienobjekts.
	TYPE gibt den MIME-Typ des Objekts an, das in SRC referenziert wurde.
	Außerdem stehen Ihnen die Optionen ABSTRACT, AUTHOR, COPYRIGHT, DUR, END, ID, REGION, SYSTEM-BITRATE, SYSTEM-CAPTION, SYSTEM-LANGUAGE, SYSTEM-OVERDUB-OR-CAPTION, SYSTEM-REQUIRED, SYSTEM-SCREEN-SIZE, SYSTEM-SCREEN-DEPTH, TITLE beim A-Element zur Verfügung.

Das ANCHOR-Element

Im Gegensatz zum A-Element kann über ein *ANCHOR*-Element ein Teil oder Ausschnitt eines Medienobjekts als Sprungquelle zu einer Verknüpfung eingesetzt werden. Das Anchor-Element erlaubt es Ihnen außerdem, ein kontinuierliches Medienobjekt in zeitliche Einzelteile zu zerlegen und diese als Verknüpfungsmarkierung zu bestimmen.

Element	Beschreibung
Das ANCHOR-Element	BEGIN bestimmt den Beginn des Erscheinens eines Medienobjekts. Den Zeitpunkt des Beginns können Sie als Zeitwert für eine Verzögerung bezogen auf den Start der Präsentation angeben. Eine andere Variante ist die Angabe eines Absolutwerts bezogen auf ein Synchronisationselement.
	COORD gibt einen Bereich innerhalb des Fensters an, an dem das Medienelement dargestellt werden soll. Dieser Bereich ist rechteckig.

Element	Beschreibung
	Die Angabe des Bereichs kann prozentual oder absolut vorgenommen werden. Die Werte der Option COORD definieren die linke obere und die rechte untere Ecke des Rechtecks.
	Über die Option SHOW wird das Verhalten der Präsentation kontrolliert, die die Verknüpfung enthält. Es sind die Parameter REPLACE, NEW und PAUSE möglich. Mit diesen Parametern können Sie die Präsentation anhalten und neu starten, anhalten und in einem neuen Fenster neu starten beziehungsweise die ursprüngliche Präsentation wird angehalten und später wieder an der Stelle des Ausstiegs fortgesetzt.
	END, ID, SKIP-CONTENT, TITLE

Das A-Element

Das A-Element ist mit dem A-Element in HTML identisch. Es werden außer Namens- auch Zielanker unterstützt. Das A-Element kann A, ANIMATION, AUDIO, IMG, PAR, REF, SEQ, SWITCH, TEXT, TEXTSTREAM und VIDEO beinhalten.

Auch hierzu die Optionen und Parameter in der folgenden Tabelle:

Element	Beschreibung
Das A-Element	HREF enthält den URL der Verknüpfung.
	ID, SHOW und TITLE sind die weiteren Parameter.

Das Layout

Prinzipiell benötigen Sie für alle Präsentationen ein visuelles Layout. Dieses wird über das LAYOUT-Element im Header definiert. Sie können dem Layout als Attribut einen Style zuweisen. Der Standardstyle ist *text/smil-basic-layout*, der eine Untermenge der Cascading Style Sheets 2, erweitert um das zusätzliche Attribut *FIT*, ist.

Innerhalb des LAYOUT-Elements legen Sie über das ROOT-LAYOUT-Element das Grundlayout fest. Die Größe und die Farbe des Anzeigefensters kommt nur einmal im gesamten Dokument vor. Die Attribute *WIDTH*, *HEIGHT*, *BACKGROUND-COLOR* und *TITLE* legen wie beschrieben die Höhe, die Breite, die Hintergrundfarbe und den Titel fest.

Mit dem REGIONEN-Layout definieren Sie die Bereiche, in denen die visuellen Elemente dargestellt werden. Das REGIONEN-Element hat zusätzlich noch die Attribute *TOP*, *FIT* und *Z-INDEX*. Mit den Attributen *LEFT* und *TOP* legen Sie die Position der linken oberen Ecke der Region fest. Die Größen und die zugehörigen Positionsangaben können Sie in Pixel (px) oder in Prozent (%) des ROOT-LAYOUT angeben. Achten Sie dabei unbedingt darauf, keine expliziten Einheiten anzugeben. Sonst wird die Zahl als Pixelwert interpretiert. Sollten sich Regionen überschneiden, können Sie mit dem *Z-INDEX*-Attribut festlegen, welche Region die andere überlagern soll.

XML – Inhalt statt Beschreibung

Mit dem FIT-Attribut legen Sie das spätere Verhalten des Inhalts fest. Sollte die Größe des Anzeigebereichs mit der Größe des Inhalts nicht übereinstimmen, können Sie mit dem FIT-Attribut festlegen, ob der Inhalt skaliert werden soll oder ob ein Scrollen ermöglicht wird. Über das ID-Attribut ist es möglich, im Bereich Body visuelle Datenelemente zu referenzieren, für die Sie anschließend die Region angeben, in der Daten angezeigt werden sollen.

Beispiel für ein einfaches Layout im RealPlayer

Der Quellcode für das Beispiel im oberen Bild sieht dann so aus:

```
<smil>
 <head>
    <meta name="author" content="Maja Lindemann"/>
    <meta name="title" content="Layout Beispiel"/>
    <meta name="copyright" content="© 2000"/>
    <layout>
       <root-layout background-color="#680098" height="117"
                                                width="226"/>
       <region id="Region1_Region" left="12" top="16"
                           height="100" width="100" z-index="0"/>
       <region id="Region2_Region" left="126" top="17"
                           height="100" width="100" z-index="0"/>
    </layout>
 </head>
 <body>
    <par>
       <img id="Region1" src="Region1.gif"
             region="Region1_Region" system-bitrate="12000"/>
       <img id="Region2" src="Region2.gif"
             region="Region2_Region" system-bitrate="12000"/>
    </par>
 </body>
</smil>
```

Das in diesem Beispiel gezeigte Layout ist sehr einfach strukturiert. Im LAYOUT-Element wurde das ROOT-LAYOUT mit einer Größe von 117 mal 226 Pixel festgelegt und die Hintergrundfarbe (lila HEX680098) definiert.

Daran anschließend folgt die Regionen-Deklaration. Beide definierten Regionen sind 100 mal 100 Pixel groß.

Die *LEFT*- und *TOP*-Attribute geben die Positionen der jeweiligen linken oberen Ecke bezogen auf das ROOT-LAYOUT an.

Das folgende Beispiel-Layout ist noch etwas übersichtlicher aufgebaut. Hier ist jetzt die Region größer als das in der Region dargestellte Element. Dadurch wird die Hintergrundfarbe der Region im Player sichtbar. Das *FIT*-Attribut würde verschiedene Möglichkeiten bieten, um das dargestellte Element der Region anzupassen. Da dieses Attribut hier jedoch nicht gesetzt wurde, wird das visuelle Element von der linken oberen Ecke beginnend aufgebaut. Im freien Bereich wird auffüllend die Hintergrundfarbe der Region dargestellt.

Beispiel eines einfachen Layouts mit Regionenhintergrund

Der Quellcode dieses Layout-Beispiels sieht dann so aus:

```
<layout>
    <root-layout background-color="#FF0000" height="170"
                                            width="170"/>
    <region id="Region1_Region" background-color="#00FF00"
                left="30" top="30" height="110" width="110"/>
</layout>
```

Um die vielen Varianten und Möglichkeiten den eigenen Vorstellungen anzupassen, sollten Sie einfach Ihrer Kreativität freien Lauf lassen und mit den unterschiedlichen Attributen ein wenig herumexperimentieren.

Das SMIL-Zeitmodell

Das SMIL-Zeitmodell beinhaltet zwei Arten der Dateiwiedergabe. Es wird unterschieden zwischen der sequentiellen Wiedergabe und der parallelen Wiedergabe.

Beide werden eindeutig durch die Elemente SEQ und PAR bestimmt.

Sequentielle Wiedergabe

Bei der sequentiellen Wiedergabe werden die Elemente nacheinander wiedergegeben. Die Elemente sind dazu mit dem SEQ-Element einzuschließen.

XML – Inhalt statt Beschreibung

Sie können in einer rein sequentiellen Wiedergabe immer nur ein Element gleichzeitig wiedergeben.

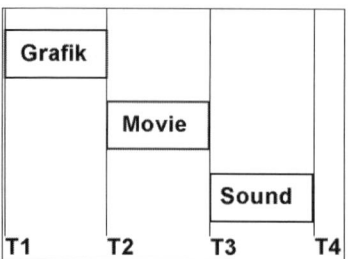

Schematische Darstellung einer seriellen Wiedergabe

Der Quellcode zu dem oben gezeigten Ablaufschema könnte so aussehen:

```
<seq>
    <img id="Region1" src="Grafik.gif" region="Region1_Region"
                                       system-bitrate="12000"/>
    <video id="Region1" src="Movie.ani" region="Region2_Region"
                                       system-bitrate="12000"/>
    <audio id="Region2" src="Sound.wav" region="Region1_Region"
                                       system-bitrate="12000"/>
</seq>
```

Parallele Wiedergabe

Bei der parallelen Wiedergabe ist es möglich, Elemente gleichzeitig wiederzugeben. Alle vom PAR-Attribut eingeschlossenen Elemente werden gleichzeitig gestartet und laufen gleichzeitig ab. Mit der parallelen Wiedergabe ist es also möglich, parallel zu einer Animation eine Audiodatei abspielen zu lassen.

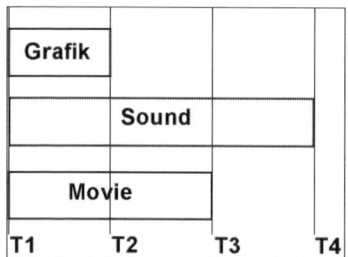

Schematische Darstellung einer parallelen Wiedergabe

Der Quellcode zu obigem Ablaufschema könnte so aussehen:

```
<par>
    <img id="Region1" src="Grafik.gif" region="Region1_Region"
                                       system-bitrate="12000"/>
    <video id="Region2" src="Movie.ani" region="Region2_Region"
                                       system-bitrate="12000"/>
    <audio id="Region1" src="Sound.wav" region="Region1_Region"
                                       system-bitrate="12000"/>
</par>
```

Bei einer parallelen Wiedergabe von mehreren visuellen Elementen sollten Sie unbedingt darauf achten, dass diese in unterschiedlichen Regionen angeordnet werden. Lassen Sie mehrere visuelle Elemente in einer Region anzeigen, verdecken sich diese gegenseitig.

Es steht an diesen Stellen im Text bewusst der Konjunktiv könnte, denn es gibt immer mehrere Wege zum Ziel. Die hier gezeigten Beispiele sollen Ihnen nur Anregung geben. Es ist nicht zwingend notwendig, so vorzugehen.

Verschachtelte Wiedergabe

Die beiden besprochenen Zeitmodelle, parallel und sequentiell, lassen sich auch ineinander verschachteln. Dadurch können Sie mehrere parallele Elemente in einem übergeordneten sequentiellen aufeinander folgen lassen. Umgekehrt funktioniert es natürlich auch, indem Sie mehrere sequentielle Elemente in einem übergeordneten parallelen Element gleichzeitig anzeigen lassen.

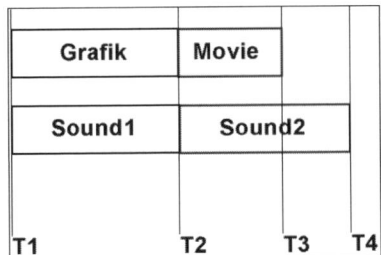

Beispiel für parallele - sequenzielle Verschachtelungen

Für dieses Beispiel gibt es zwei Möglichkeiten der Umsetzung. Sie können in einem SEQ-Element zwei PAR-Elemente einfügen oder in einem PAR-Element zwei SEQ-Elemente. Hier der Quellcode für das Beispiel mit dem übergeordneten SEQ-Element:

```
<par>
    <seq>
        <img src="Grafik.gif" region="Region1_Region"
                              system-bitrate="12000"/>
        <video src="Movie.ani" region="Region2_Region"
                              system-bitrate="12000"/>
    </seq>
    <seq>
        <audio src="Audio1.wav" region="Region1_Region"
                              system-bitrate="12000"/>
        <audio src="Audio2.wav" region="Region2_Region"
                              system-bitrate="12000"/>
    </seq>
</par>
```

In diesem wie auch in den nächsten Beispielen müssen Sie unbedingt darauf achten, das es nicht zu Konflikten in den einzelnen Regionen kommt. Solche Konflikte führen ansonsten dazu, dass visuelle Elemente von anderen visuellen Elementen verdeckt werden.

Im letzten Beispiel wurden zwei sequentielle Elemente in einem parallelen eingebunden. Im Folgenden umschließen zwei parallele Elemente ein se-

XML – Inhalt statt Beschreibung

quentielles. In beiden Beispielen kann es nicht zu Konflikten kommen, da die visuellen Elemente nacheinander ablaufen.

Der Code für diesen Weg ist dann:

```
<seq>
    <par>
        <img src="Grafik.gif" region="Region1_Region"
                                        system-bitrate="12000"/>
        <audio src="Audio1.wav" region="Region1_Region"
                                        system-bitrate="12000"/>
    </par>
    <par>
        <video src="Movie.ani" region="Region2_Region"
                                        system-bitrate="12000"/>
        <audio src="Audio2.wav" region="Region2_Region"
                                        system-bitrate="12000"/>
    </par>
</seq>
```

Beim Realisieren solcher Verschachtelungen sollten Sie genauestens auf die Spielzeit der einzelnen Elemente achten. In den beiden Beispielen ist die Spielzeit der Grafik mit der Länge des Audiotracks identisch.

Aus diesem Grund erzielen wir bei beiden Varianten das gleiche Ergebnis.

Sollten die Spielzeiten der verschiedenen Elemente nicht gleich sein, ist es empfehlenswert, die einzelnen Elemente zu synchronisieren.

Dauer eines Elements

Es gibt Elemente mit einer bestimmten Dauer und dementsprechend auch Elemente ohne festgelegte Dauer. Eine Movie-Datei hat, wie eine Audiodatei, eine bestimmte Länge, die sich über einen Durchlauf der Daten bestimmt.

Anders bei Einzelereignissen wie Texten oder Bildern.

Diese können entweder gar nicht oder auch unendlich lange angezeigt werden. Es ist also notwendig, die Dauer der Anzeige solcher Einzelereignisse festzulegen.

Die Definition der Spiel- oder Erscheinungsdauer wird über das *DUR*-Attribut gefolgt von der Erscheinungsdauer, hier in Sekunden, festgelegt.

```
<img src="Bild.jpg" region="Region1" DUR="10s"/>
```

Mit dem *DUR*-Attribut ist es auch möglich, Elemente mit einer festgelegten Erscheinungsdauer, zu kürzen. So können Sie die ersten 10 Sekunden einer 25 Sekunden langen Audiodatei abspielen lassen.

```
<audio src="Sound.wav" region="Region1" DUR="10s"/>
```

XML – Inhalt statt Beschreibung

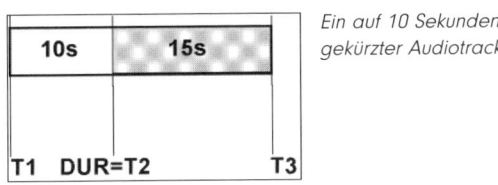

Ein auf 10 Sekunden gekürzter Audiotrack

Geben Sie bei Bildern oder Text das *DUR*-Attribut nicht an, ist es abhängig von den Einstellungen des Player, wie lange ein Element dargestellt wird. Film und Audiodateien werden von Anfang bis Ende abgespielt.

Der RealPlayer G2 zeigt zum Beispiel Bilder ohne DUR-Attribut für fünf Sekunden an.

Um Ihnen ein wenig mehr des Variantenreichtums zu diesem Thema zu zeigen, noch ein weiteres Beispiel: Ein Bild soll als Intro 25 Sekunden dargestellt werden, der folgende Filmausschnitt ist aber kürzer als die vorhandene Filmmusik.

Da wir wissen, dass der Film 15 Sekunden lang ist, lassen wir die Filmmusik auch nur 15 Sekunden ablaufen.

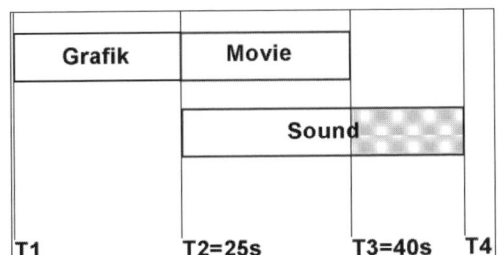

Beispiel zur Festlegung der Spieldauer

Der Quellcode dieses Beispieles könnte dann folgendermaßen aussehen:

```
<seq>
      <img src="Grafik.gif" region="Region1_Region" dur="25s"/>
   <par>
         <video src="Movie.ani" region="Region1_Region"/>
         <audio src="Sound.wav" region="Region2_Region" dur="15s"/>
   </par>
</seq>
```

Die Spieldauer der Filmsequenz muss nicht festgelegt werden, da sie bis zum Ende abgespielt werden soll.

Anfang und Ende eines Elements

Mit den Attributen *BEGIN* und *END* können Sie einen Zeitpunkt für den definierten Start und das definierte Ende festlegen. Diese Attribute dürfen nicht zusammen mit dem *DUR*-Attribut verwendet werden, da das *DUR*-Attribut und das *END*-Attribut ansonsten einen Konflikt auslösen können. Mit dem BEGIN-Attribut ist es möglich, die Startzeit des Datenelements zu verzögern. Das bedeutet, dass das Element zu einem angegebenen Zeitpunkt wiederge-

XML – Inhalt statt Beschreibung

geben wird. Über das *END*-Attribut wird dann die Wiedergabe des Elements gestoppt. Nehmen wir das Beispiel von eben wieder auf, können Sie das SEQ-Element einsparen und alle Datenelemente in das *PAR*-Element einbinden. Den Sound verzögern Sie mit dem *BEGIN*-Attribut und anstatt des *DUR*-Attributs setzen Sie jetzt das *END*-Attribut zum Beenden der Wiedergabe ein. Das veränderte Beispiel sieht dann so aus:

```
<par>
    <img src="Grafik.gif" region="Region1_Region" dur="25s"/>
    <video src="Movie.ani" region="Region1_Region"/>
    <audio src="Sound.wav" region="Region2_Region" begin="25s" end="40s"/>
</par>
```

Die Präsentation wird in genau derselben Weise abgespielt wie zuvor. Jetzt ist die Organisation der Daten aber erheblich einfacher geworden. Der Vorteil dieser Variante liegt auf der Hand. Durch Anpassung der *BEGIN*- und *END*-Zeiten ist es möglich, eine Überlappung der einzelnen Elemente zu erreichen, sodass die Musik bereits während der Grafikwiedergabe abgespielt wird.

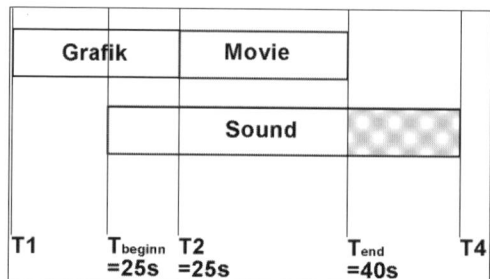

Dasselbe Beispiel mit BEGIN- und END-Attribut realisiert

Das angepasste Beispiel sieht nun folgendermaßen aus:

```
<par>
    <img src="Grafik.gif" region="Region1_Region" dur="25s"/>
    <video src="Movie.ani" region="Region1_Region"/>
    <audio src="Sound.wav" region="Region2_Region" begin="15s" end="40s"/>
</par>
```

So können Sie ein Musikelement in eine Einleitungsgrafik einblenden, die dann später den nachfolgenden Film voll untermalt.

Wiederholungen eines Elements

Mit dem *REPEAT*-Attribut bestimmen Sie, wie oft ein Element wiederholt werden soll. Damit lassen sich alle laufzeitorientierten Elemente beliebig oft wiederholen. Wollen Sie zum Beispiel eine Filmsequenz mit einem kürzeren Audioclip vertonen, lassen Sie diesen Audioclip einfach mehrmals hintereinander abspielen.

```
<par>
    <video src="Movie.ani" region="Region1_Region"/>
    <audio src="Sound.wav" region="Region2_Region" repeat="3"/>
</par>
```

Beispiel der Wiederholung eines Songs mit dem REPEAT-Attribut

Synchronisation

Eine der wichtigsten Eigenschaften von SMIL ist die Fähigkeit zur Synchronisation von Multimedia-Daten. Erst durch diese Eigenschaft wird SMIL wirklich interessant.

Es gibt zwei Arten der Synchronisation, auf die Sie als Programmierer einer Multimedia-Präsentation keinen Einfluss haben. Die Synchronisationen sind vom Player des Betrachters abhängig. Es wird dabei unterschieden zwischen der „harten" und der „weichen" Synchronisation.

Um die Abhängigkeiten etwas klarer zu machen, stellen Sie sich einmal folgendes Szenario vor: Es kommt zu Engpässen bei der Datenübertragung und für den Player sind die Daten der Musik zum Film nicht zeitgleich verfügbar. Es stehen also nur Film-, aber keine Audio-Daten zur Verfügung. Bei der harten Synchronisation wartet der Player jetzt, bis er die Daten der Musik hat und unterbricht solange den Film. Danach spielt der Player die Filmdaten und die Musik synchron ab.

Weich synchronisiert bedeutet dagegen, der Film wird vom Player angezeigt und die fehlenden Musikdaten werden synchron wiedergegeben, sobald die fehlenden Daten eingetroffen sind.

Eine Synchronisation findet also erst wieder bei den nächsten Elementen statt, die eine Synchronisation erlauben. Bis zu dieser Stelle wird der Film entsprechend ohne Ton wiedergegeben.

Verknüpfungen mit SMIL

Die Verknüpfung zu Dokumenten, Grafiken oder anderen Datentypen verhält sich unter SMIL sehr ähnlich wie unter HTML. Da SMIL anders als HTML auch die zeitliche Dimension beinhaltet, können Sie hier neben Image-Maps und HotSpots auch zeitliche Abhängigkeit zu Verknüpfungen generieren.

Hyperlinks

Das A-Element wird unter SMIL wie gewohnt eingesetzt. Im HREF-Attribut geben Sie den URL der Verknüpfung an. Mit dem SHOW-Attribut bestimmen Sie die Anzeigeart. Dabei bedeutet die Option NEW, die Datei soll in einem neuen Fenster dargestellt werden. Mit der Option REPLACE wird im aktuellen Fenster der alte Inhalt überschrieben und die Option PAUSE hält die aktuelle Wiedergabe an, während zu der neuen verzweigt wird.

Auf diese Art ist es beispielsweise möglich, in einer SMIL-Präsentation eine Verzweigung von einem statischen Bild auf eine erklärende Filmsequenz zu diesem Bild einzubinden.

```
<a show="new" href=Praesentation.smi">
        <img src="Bild.gif" region="Region1" />
</a>
```

In diesem Beispiel wird eine SMIL-Präsentation in einem neuen Fenster gestartet, wenn der Betrachter auf das Bild *Bild.gif* klickt.

Temporäre Links

Über die temporären Links können Sie zeitlich und räumlich abhängige Verknüpfungen erzeugen. Mit einem kleinen Trick funktioniert das schon begrenzt mit dem A-Element.

Stellen Sie einfach die gleiche Grafik mehrmals hintereinander in eine Region, bestimmen Sie mit dem DUR-Attribut die Anzeigedauer der einzelnen Bilder und schließen Sie die Bilder jeweils in ein A-Element mit den unterschiedlichen Verknüpfungen ein. Diese Lösung ist nicht besonders elegant, funktioniert aber. Je nach fortschreitender Zeitdauer bekommt das Bild eine andere Verknüpfung. Die Veränderung der Verknüpfung ist dabei für den Betrachter nicht sichtbar, da er immer dasselbe Bild sieht.

Mit dem *ANCHOR*-Element können Sie diesen Effekt sehr viel eleganter erreichen. Über das *COORDS*-Attribut geben Sie die räumliche Begrenzung an und mit den Attributen *BEGIN* und *END* begrenzen Sie den Link zeitlich.

Im folgenden Beispiel hat der Besucher die Möglichkeit, von der zwanzigsten bis zur vierzigsten Sekunde der Präsentation durch einen Mausklick auf das obere linke Viertel der Region das HTML-Dokument *mehr_Infos.html* zu öffnen. Außerhalb des Zeitfensters besteht keine Zugriffsmöglichkeit auf die Verknüpfung.

```
<a src="Praesentation.mov" region="region1">
        <anchor href="mehr_Infos.html" coords="0%,0%,50%,50%"
                                       begin="20s" end="40"/>
</a>
```

Auswahlmöglichkeiten – SWITCH

Mithilfe des SWITCH-Elements können Sie Ihre Präsentation in Abhängigkeit zu bestimmten Attributen setzen. Diese Attribute geben zum Beispiel Auskunft über die eingestellte Sprache des Player, die Bitrate, die Bildschirmauflösung, die Farbtiefe und ob Untertitel vom Betrachter gewünscht werden.

Die Einstellungen der Attribute werden beim Player des Betrachters abgefragt und in Abhängigkeit von diesen Einstellungen kann Ihre Präsentation dann mit einer anderen Sprache oder einem anderssprachigen Untertitel abgespielt werden. Sie können auch mehrere unterschiedlich komprimierte Bilder anbieten, sodass bei geringen Übertragungsbandbreiten die stärker komprimierten Grafiken übertragen werden. Um den Untertitel des Films in vier Sprachen anbieten zu können, schließen Sie die vier verschiedenen Audiodateien in ein SWITCH-Element ein. Die vier Dateien werden in der angeordneten Reihenfolge abgearbeitet.

Abgespielt wird die Datei, wenn das zugehörige Attribut (z. B. *SYSTEM-LANGUAGE="de"*) wahr (true) ist. Hat der Betrachter eine andere Sprache eingestellt als die vier verfügbaren, werden keine Audiodaten übertragen. Aus diesem Grund sollten Sie noch eine Datei einfügen, die für den Fall abgespielt wird, dass das Attribut den Wert falsch (false) ausgibt. Im folgenden Beispiel ist eine solche Abfrage mit dem Switch-Attribut realisiert:

```
<par>
    <video src="film.avi" region="bildschirm" />
    <audio src="ton.wav"/>
    <switch>
        <text src="deutsch.rt" system-language=de" />
        <text src="englisch.rt" system-language=en" />
        <text src="französisch.rt" system-language=fr" />
        <text src="italienisch.rt" system-language=it" />
        <text src="deutsch.rt"/>
    </switch>
</par>
```

Das PAR-Element dient dazu Film, Ton und Untertitel zeitgleich ablaufen zu lassen. Der Untertitel wird abhängig von den Einstellung des Betrachters dargestellt. Trifft keine der Spracheinstellungen zu, wird der Deutsche Untertitel zum Film übertragen.

Testattribute

Die folgenden Testattribute ermöglichen Ihnen, Ihre Präsentation an die Wünsche des Betrachters optimal anzupassen. Sie dienen dazu, alle äußeren Einflüsse und inneren Einstellungen des Player beim Betrachter abzufragen und die Übertragung der Daten in Form und Art auf die Bedürfnisse des Besuchers abzustimmen. In der folgenden Tabelle haben wir die Attribute und ihre Erläuterung zusammengestellt.

Attribut	Beschreibung
system-bitrate=integer	Das Attribut *system-bitrate* testet die verfügbare Bandbreite bei der Datenübertragung. Bei geringen Bandbreiten ist es sinnvoll, alternative Dateien anzubieten, die stärker komprimiert sind.
system-captions="on|off"	Das Attribut *system-captions* testet, ob ein Untertitel angezeigt werden soll oder nicht.
system-language="de|en|..."	Mit *system-language* testen Sie die im Player eingestellte Sprache. Wie im vorigen Beispiel können Sie hiermit dem Betrachter einen Untertitel oder Ton in seiner entsprechenden Sprache zur Verfügung stellen.

Attribut	Beschreibung
system-screen-size=HöhexBreite	Die Bildschirmauflösung eines Betrachters können Sie mit dem Attribut *system-screen-size* abfragen. Einige Bildschirme werden noch immer mit einer Auflösung von 800 mal 600 Pixel betrieben. Für diese Betrachter sollten sie dann auch eine entsprechende Grafikauflösung zur Verfügung stellen.
system-screen-depth="1|8|16|..."	Zum Abfragen der eingestellten Farbtiefe dient das Attribut *system-screen-depth*. Ist die Farbtiefe des Player auf 256 Farben eingestellt, Ihr Film hat aber eine Farbtiefe von 16 Bit, ist für den Betrachter des Films kaum etwas zu erkennen. Auch hier sollten Sie Alternativen mit unterschiedlichen Auflösungen berücksichtigen.
system-required	Das Attribut *system-required* fragt für Sie ab, ob eine Datei vom System des Besuchers angezeigt beziehungsweise abgespielt werden kann oder nicht.
System-over-or-caption	Mit dem Attribut *System-over-or-caption* wird getestet, ob der Betrachter Overdubbing oder Captioning bei der Player-Konfiguration eingestellt hat.

Multimedia darstellen – ohne Smile

Für kleine Projekte lohnt sich der Aufwand für die Erstellung einer SMIL-Datei nur in den wenigsten Fällen. Aber auch ohne komplexe SMIL-Dateien lassen sich multimediale Elemente für eine Website aufbereiten. Bei dieser Vorgehensweise wird das Erscheinungsbild der darzustellenden Datei nicht durch eine komplizierte Syntax bestimmt.

Für die Darstellung der Datei wird hierbei lediglich ein Player zum Darstellen der Anwendung in eine herkömmliche HTML-Seite integriert. Zwei unterschiedliche Varianten stehen für diesen Zweck zur Verfügung. Vorteil beider Wege ist die direkte Integration in eine HTML Seite, was zur Folge hat, dass parallel kein zweites Programm zum Betrachten der Datei geöffnet werden muss.

Die beiden großen Browser bedienen sich bislang unterschiedlicher Herangehensweisen, um dies realisieren zu können. Lange Zeit trieb Netscape die Entwicklung der Plug-Ins voran, während Microsoft die ActiveX-Technologie favorisierte. Bis vor kurzer Zeit war es notwendig, den Quellcode einer HTML-Datei auf diese Tatsache hin auszurichten. Ergebnis hiervon waren zwei völlig konträre Seiten, die jeweils nur von einem Browser interpretiert werden konnten.

Um eine Datei im Netscape Navigator anzeigen zu können, musste das <embed>-Tag eingesetzt werden.

Microsoft stellte diesem das <object>-Element gegenüber. Zumindest in dieser Hinsicht näherten sich beide Browser an. Mittlerweile können sowohl der Internet Explorer wie auch der Netscape Navigator beide Tags interpretieren. Von Seiten des W3C wird mittlerweile allerdings ausdrücklich darauf hingewiesen, dass das <object>-Element Verwendung finden sollte. Deutlich wird

XML – Inhalt statt Beschreibung

dies an der Aufnahme dieses Tags in die offizielle HTML-4.0-Spezifikation. Aus diesem Grund soll dessen Einsatz an dieser Stelle auch unsere ungeteilte Aufmerksamkeit gelten. Die folgende Abbildung zeigt eine diesbezüglich typische Anwendung.

In der Mitte der hier dargestellten HTML-Datei wird der RealPlayer angezeigt, an dessen linker Seite zusätzlich ein *Pause*-Button definiert wurde. Um das hier beschriebene Ergebnis erreichen zu können, müssen zuvor die folgenden Punkte erörtert werden.

- Welche Identifikationsnummer besitzt der RealPlayer?
- Welche Größe soll dem Fenster zugewiesen werden?
- Welche zusätzlichen Schaltflächen sollen integriert werden?

Wobei der erste der hier aufgeführten Punkte die Grundvoraussetzung zum Einbinden des RealPlayer darstellt. Die folgende Syntax beschreibt die Erstellung der zuvor abgebildeten Webseite.

```
<html>
<head>
<title>Microsoft integration</title>
</head>
<body>
<center>
<p>
<h1>Integration für den Internet Explorer</h1>

<object id=Datei classid="clsid:CFCDAA03-8BE4-11cf-B84B-
0020AFBBCCFA" HEIGHT=150 WIDTH=300 >
<param name="src" value="datei.ppt.rpm">
<param name="controls" value="ImageWindow">
<param name="console" value="Clip1">
<param name="autostart" value="true">
</object>
<object id=Datei classid="clsid:CFCDAA03-8BE4-11cf-B84B-
0020AFBBCCFA" HEIGHT=25 WIDTH=25 >
```

XML – Inhalt statt Beschreibung

```
<param name="src" value="datei.ppt.rpm">
<param name="controls" value="StopButton">
<param name="console" value="Clip1">
<param name="autostart" value="true">
</object>

<h1>RealPlayer und HTML</h1>
</body>
</html>
```

Die wichtigste Angabe innerhalb dieses Quellcodes ist die Identifikationsnummer des RealPlayer. Diese muss in jedem Fall folgendermaßen angegeben werden: *classid="clsid:CFCDAA03-8BE4-11cf-B84B-0020AFBBCCFA*. Nur hierdurch wird der RealPlayer angezeigt. Die ID kann hingegen frei gewählt werden. Für die Gestaltung einer solchen Datei stehen zahlreiche Stilmittel zur Verfügung, deren Bedeutung die nachstehende Aufzählung erörtern soll. Gleich für alle bleibt aber dennoch deren Notierung innerhalb des Quellcodes. Für alle Parameter gilt die folgende, allgemein gültige Schreibweise.

```
<param name="Parameter" value="Wert">
```

Nachfolgend werden sämtliche möglichen Parameter mit den dazugehörigen Werten aufgezeigt.

Parameter	Bedeutung	Mögliche Werte
src	Der Ort der darzustellenden Datei.	
center	Bestimmt, ob die Datei zentriert oder über den gesamten Anzeigenbereich dargestellt werden soll.	true – zentriert false – gesamter Anzeigenbereich
nolabels	Bestimmt, ob Clipinformationen angezeigt werden sollen.	True – werden angezeigt False – werden nicht angezeigt
maintainaspect	Bestimmt, ob die Größenverhältnisse beibehalten werden.	True – Größe bleibt False – Größe veränderbar
numloop	Anzahl der Wiederholungen.	Ganze Zahl
shuffle	Besimmt, in welcher Reihenfolge die Clips abgespielt werden sollen. Nur in Verbindung mit mehren Clips sinnvoll.	True – nach Zufall False – nach Reihenfolge
region	Die definierte Fläche des Layoutfensters.	
consol	Name eines definierten Layouts im RealPlayer.	
nojava	Hierdurch kann die Java-Engine im Netscape Navigator aus- bzw. eingeschaltet werden.	True – ein False – aus
controls	Hier können die einzubindenden Schaltflächen bestimmt werden	
backgroundcolor	Farbe des Präsentationsfensters wird hierüber bestimmt.	Hexadezimaler Wert Farbwort
autostart	Bestimmt die Art des Startens des Clips.	True – beim Laden der Seite False – nutzerdefiniert

Parameter	Bedeutung	Mögliche Werte
loop	Bestimmt, ob der Clip fortlaufend automatisch wiederholt werden soll.	True – automatisch False – nutzergesteuert
nologo	Bestimmt, ob das Real-Logo eingeblendet werden soll.	True – kein Logo False – Logo wird angezeigt

SMIL-Werkzeuge

Ein Standard ist immer nur so gut wie seine Akzeptanz in der Realität. Obwohl Netscape in der Arbeitsgruppe **S**ynchronized **M**ultiMedia, die sich mit SMIL befasst, mitarbeitet, hat sich bei der Integration von SMIL im Netscape Navigator noch nichts bewegt. Bei Microsoft wird SMIL wohl im Explorer ab Version 5.5 integriert.

Momentan muss sich die noch recht kleine Fangemeinde von SMIL auf externe Player verlassen. In diesem Kapitel wollen wir Ihnen einen der gängigsten Player und einen SMIL-Editor sowie einige weitere sinnvolle Tools rund um SMIL vorstellen.

RealPlayer

Der RealPlayer G2 wurde von der Firma RealNetworks entwickelt und ist wohl der bekannteste SMIL-Player. Er beherrscht alle gängigen Formate, sei es Bild, Ton oder Film. Sie finden die aktuellste Version des Player immer unter www.real.com zum Download.

Es gibt hier eine Freeware und eine kostenpflichtige Version. Nach der Installation startet der Player in der Grundeinstellung.

Der RealPlayer nach dem ersten Start

Die Benutzeroberfläche des RealPlayer

Die Benutzeroberfläche des RealPlayer unterteilt sich in mehrere Bereiche.

XML – Inhalt statt Beschreibung

Das Anzeigefenster

Das Anzeigefenster gibt die visuellen Elemente einer Präsentation wieder. Das Erscheinungsbild des Anzeigefenster wird im LAYOUT-Element und im ROOT-LAYOUT-Element festgelegt. Dort werden die Angaben über Größe und Farbe festgelegt.

Das Anzeigefenster des RealPlayer

Die Player-Bedienelemente

Mit den Bedienelementen kontrollieren Sie das Abspielen einer Präsentation. Neben den Befehlen für *Stop*, *Start* und *Pause* besitzt der RealPlayer auch eine Leiste, an der die zeitliche Position der Präsentation abgelesen werden kann. Außerdem finden Sie hier zwei Schaltflächen für den schnellen Vor- und Rücklauf der Präsentation.

Die Bedienelemente

Der Volumen-Regler

Mit dem Volumen-Regler stellen Sie die Lautstärke der Audiowiedergabe ein.

Volumenregler

Der Channel-Bereich

Über den Channel-Bereich erhalten Sie schnellen Zugriff auf Webseiten und Informationen. Klicken Sie einfach auf einen dieser Channels, und die damit verknüpfte Präsentation wird geladen.

Der Channel-Bereich

Sie können den Channel-Bereich auch gut Ihren Bedürfnissen anpassen. Rufen Sie dazu einfach den Befehl *Menü/Channels/Channels anpassen* auf. Der RealPlayer öffnet Ihnen die Webpage von Real.com. Hier können Sie jetzt einfach den gewünschten Channel auswählen und in den Player übertragen.

XML – Inhalt statt Beschreibung

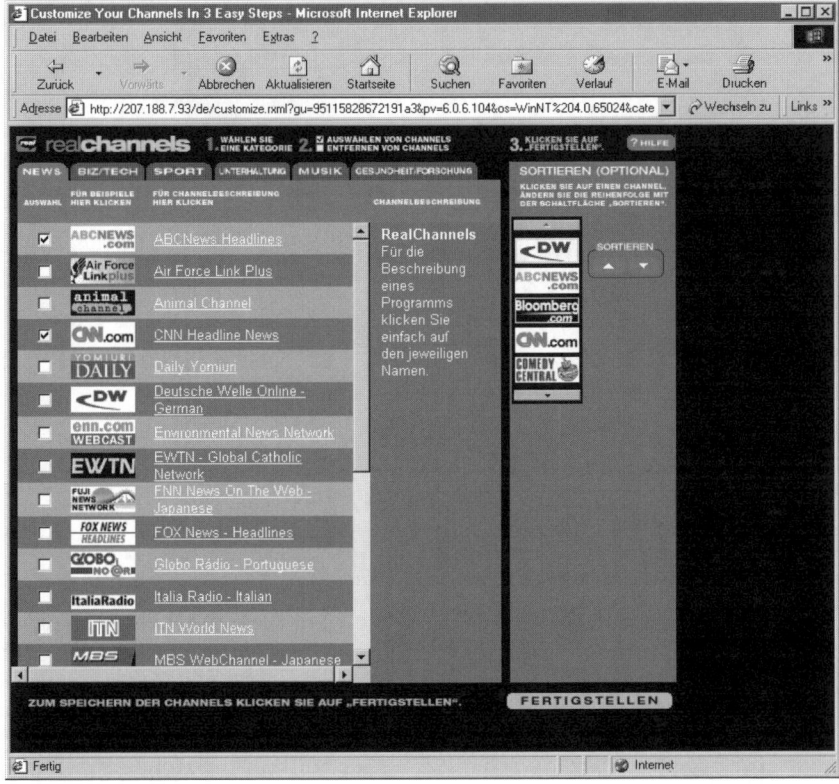

Anpassung der Channels

Die Suchleiste

Wenn Sie nach Medien im Internet suchen, ist auch dies direkt über den Player möglich. Geben Sie Ihren Suchbegriff ein, und der Player findet das gewünschte für Sie.

Die Suchleiste

Die Statusleiste

In der Statusleiste erfahren Sie alles über den Stand des aktuellen Datendownloads, die Spieldauer der Präsentation, die Übertagungsbandbreite und den aktuellen Spielzustand des Player.

Die Statusleiste

Einstellungen

Im Menü *Optionen* finden Sie den Befehl für die Einstellungen des RealPlayer. Die angewählte Dialogbox mit ihren Registerkarten ermöglicht Ihnen eine sehr detaillierte Einstellung der einzelnen Parameter des RealPlayer. Im Folgenden stellen wir Ihnen die wichtigsten Einstellungen vor, die auch für Ihre eigene Präsentation von Interesse sein könnten.

XML – Inhalt statt Beschreibung

Die Dialogbox der Einstellungen mit dem offenen Register Inhalt

Auf der Registerkarte *Inhalt* können Sie die Spracheinstellung und die Einstellung für den Untertitel vornehmen. Gesteuert werden diese wie beschrieben durch die Test-Attribute, die über das SWITCH-Element Auswahlsteuerungen zulassen.

Im Register *Upgrade* sehen Sie unter anderem, welche einzelnen RealPlayer-Komponenten aktuell in Ihrem Player integriert sind. Nach dem ersten Start finden Sie hier nur die RealAudio- und RealVideo-Plug-Ins. Der RealPlayer lädt beim Abspielen der Präsentationen die jeweils notwendigen Plug-Ins aus dem WWW nach. Nachdem Sie einige SMIL-Präsentationen betrachtet haben, werden Sie feststellen, dass diese Plug-In-Liste schon mächtig angewachsen ist.

Auf der Registerkarte *Verbindung* können Sie die Systembandbreite einstellen, die auch schon beim Thema Auswahlmöglichkeiten besprochen wurde.

Tipp

Farbtiefe prüfen

Sie sollten Ihre Bildschirmfarbtiefe unbedingt auf 16-Bit High Color einstellen, da ansonsten vor allem Filme kaum zu erkennen sind. Die meisten Präsentationen im WWW sind auf 16 Bit abgestimmt und ein SWITCH-Element, das gesonderte Präsentationen für 8-Bit-Farbtiefe anbietet, ist meist nicht vorhanden.

Statistik

Über das Pulldown-Menü *Ansicht* gelangen Sie zur Statistik-Auswertung. Hier bekommen Sie genauere Auskunft über eingetroffene und verspätete Pakete sowie Informationen über Ihre Bandbreite. Im Register *Bandbreite* können Sie grafisch Ihre Übertragungsbandbreite kontrollieren. Ob sinnvoll oder nicht, auf jeden Fall ein nettes Feature.

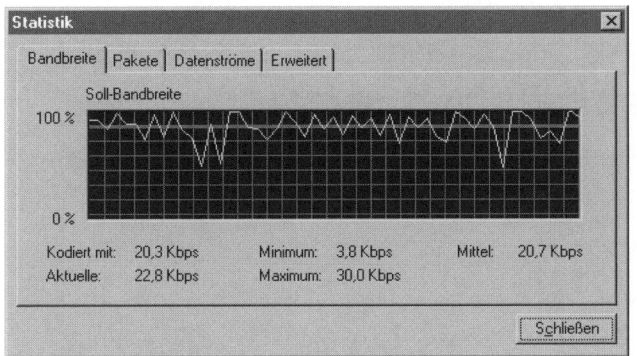

Statistik der aktuellen Übertragungsbandbreite

Andere Player

Selbstverständlich gibt es auch noch andere SMIL-Player. GriNS von der Firma CWI ist ein Player, der fast alle SMIL-Attribute unterstützt, aber leider bei Streaming-Inhalten noch ab und an Probleme hat.

SOJA 1.0 von Helio ist ein Player, der in Java programmiert wurde. Von diesen Java-Playern gibt es auch noch einige andere, für die man aber meist einen Server installiert haben muss, damit sie lauffähig sind. In der folgenden Liste haben wir die gängigen SMIL-Player und -Browser zusammengestellt.

Player oder Browser	Beschreibung/ Betriebssystem	Adresse im WWW
Crescendo Forte	G2 Plug-In/Win95/98/NT	www.liveupdate.com/cforte/showcase.html
Grins	Win95/98/NT, Mac 68k/ PPC, Irix 6, Solaris 2.5	www.cwi.nl/GriNS
Helio	Java-basiert/Jede Java-fähige Plattform	www.helio.org/worldnews/
HPAS	HPAS	www.research.digital.com/SRC/HPAS
L p Player	Win95/98/NT	www.prodworks.com/lpplayer.htm
RealPlayer G2/ Plus	Win95/98/NT, Mac PPC	www.real.com/products/player
S2M2	Java-basiert/Jede Java-fähige Plattform	pion.ncsl.nist.gov/player/
SMILeBaby	Java-basiert/Jede Java-fähige Plattform	cr518337-a.yec1.on.wave.home.com/SMILeBaby/examples/index.html

SMIL Composer

Der SMIL Composer von Sausage Software ist wohl eines der einfachsten Programme, um eine Präsentation in SMIL zu programmieren. Ohne sich mit den verschiedenen Elementen, Attributen und der Syntax von SMIL auszukennen, ist es im SMIL Composer möglich, einfache Präsentationen zusammenzustellen. Grundkenntnisse über einige SMIL-Elemente sollten Sie dennoch haben. Leider unterstützen Programme wie der Composer nicht immer alle Elemente beziehungsweise Attribute, die Sie in Ihrer Präsentation einsetzen wollen.

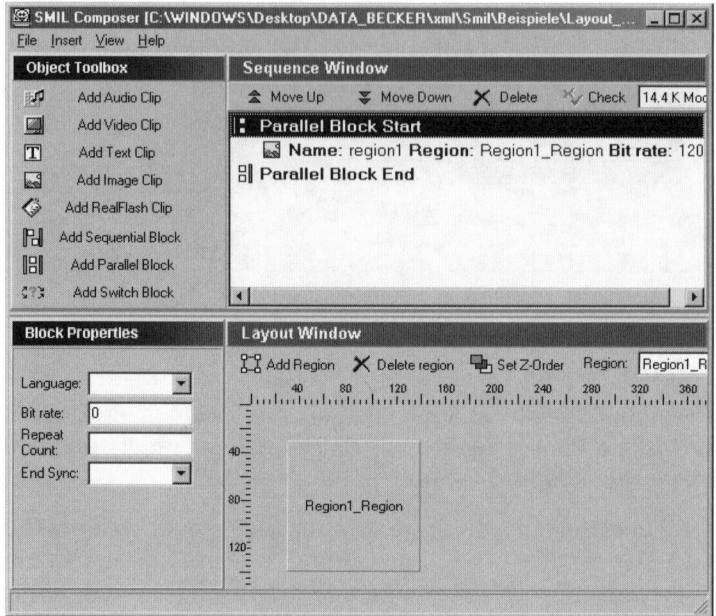

SMIL Composer-Arbeitsoberfläche

Die Oberfläche des SMIL Composers teilt sich in vier Fenster auf. Das *Object-Toolbox*-Fenster beinhaltet die Element zum Einfügen in die Präsentation. Das sind die Medienobjekte, die Elemente SEQ und PAR zur sequentiellen oder parallelen Wiedergabe und das SWITCH-Element. Durch Anklicken fügen Sie jedes beliebige Element in das Sequence Window ein. Beim Einfügen von visuellen Objekten werden Sie gefragt, ob der SMIL Composer eine neue Region für dieses Objekt anlegen soll.

Die Regionen werden dann vom SMIL Composer grafisch aufbereitet, sodass sie einen Eindruck vom Layout erhalten.

Sequence Window

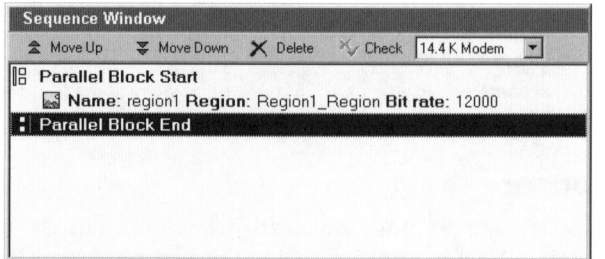

Das Sequence Window

Im *Sequence Window* können Sie die einzelnen Elemente mit der *Move Up*- und *Move Down*-Schaltfläche zeitlich anordnen und verschieben. Mit der Schaltfläche *Delete* löschen Sie ein Element aus der Liste.

XML – Inhalt statt Beschreibung

Über *Check* lässt sich die Präsentation auf Fehler prüfen.

Layout Window

Im *Layout Window* entwerfen Sie das Layout Ihrer Präsentation. Farbe, Größe und Anzahl der Regionen werden hier festgelegt. Die Vorschau ermöglicht eine gute Abschätzung des späteren Erscheinungsbildes.

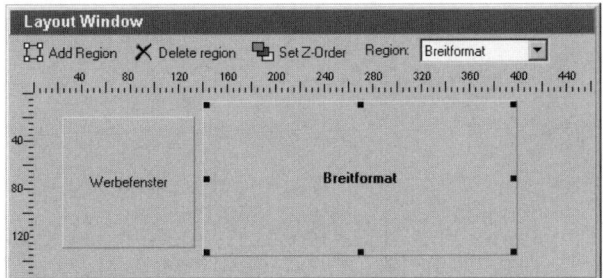

Das Layout-Fenster

Über das Icon *Add Region* fügen Sie eine neue Region ein und mit *Delete Region* löschen sie die gerade aktivierte Region aus dem Layout-Entwurf. Über *Set Z-Order* bestimmen Sie, in welcher Reihenfolge überlagerte Regionen dargestellt werden sollen, und das Pulldown-Menü *Region* ermöglicht Ihnen, auch auf Regionen zuzugreifen, die unter einer anderen Region verdeckt liegen: die Größe der Regionen einfach über die Seitenmarkierungen mit der Maus verändern.

Z-Order Window

Wie oben beschrieben, können Sie die Darstellungsreihenfolge der einzelnen Regionen festlegen. Markieren Sie dazu eine Region und bewegen Sie diese mit den *Move to front*- und *Move to back*-Schaltflächen um einen Schritt in den Vorder- oder Hintergrund.

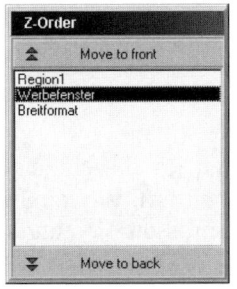

Das Z-Order-Fenster

Besonders bei Regionen, die übereinander liegen, sollten Sie darauf achten, dass wichtige Präsentationsinhalte nicht von einer anderen Region überdeckt werden.

Regionen Properties

In diesem Fenster können Sie die Eigenschaften einer Region genau definieren. Mit *Height* und *Width* erfolgt die pixelgenaue Angabe der Ausdehnung der Region. Leider ist es nicht möglich, Angaben in Prozent von ROOT-LAYOUT einzugeben. *Top* und *Left* definiert den Abstand der linken oberen Ecke der Region zum ROOT-LAYOUT.

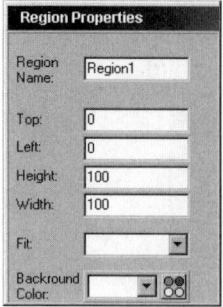

Das Region Properties-Fenster

Fit bietet hier nur vier der fünf Möglichkeiten, ein Objekt darzustellen, wenn Region und Objektmaße nicht übereinstimmen. Die Variante mit den Scrollbalken wird in dem *Fit*-Listenfeld leider nicht angeboten, ist aber im Quellcode später einfach einzufügen.

Block Properties

In diesem Fenster stellen Sie die Eigenschaften der SEQ- und PAR-Elemente ein.

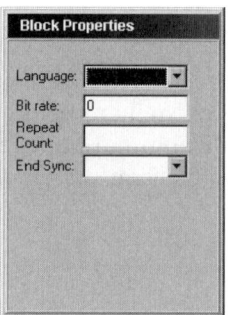

Block Properties-Fenster

Clip Properties

Vergeben Sie hier einen beschreibenden Namen für die einzelnen Medienobjekte, um spätere Nachbearbeitungen zu erleichtern. Wollen Sie mit einem SWITCH-Element mehrere Untertitel anbieten, müssen Sie auch die Sprache angeben. Außerdem können Sie hier die Dauer der Delayzeiten festlegen.

Über das *Disposal*-Attribut bestimmen Sie, ob das Objekt nach seiner Spieldauer weiter angezeigt wird oder verschwinden soll. Im *Repeat Count* können Sie dann noch angeben, wie oft das Objekt abgespielt werden soll.

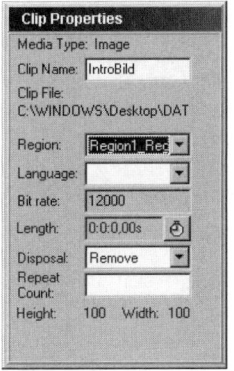

Clip Properties-Fenster

View

Über das Pulldown-Menü gelangen Sie zu den verschiedenen Ansichten, die im Composer verfügbar sind. Die Ansicht *Preview* startet den RealPlayer und lässt Ihre Präsentation ablaufen. So können Sie Ihre Arbeitsfortschritte immer verfolgen und bei Nichtgefallen rückgängig machen. *View SMIL Code* zeigt Ihnen den SMIL-Quellcode an. Leider können Sie in diesem Fenster den Quellcode nicht editieren. Dazu müssen Sie die SMIL-Datei in einem Texteditor öffnen. *Präsentation Information* nimmt den Titel der Präsentation und den Namen des Programmierers auf.

Anmerkung zum SMIL Composer

Der SMIL Composer ist ein sehr einfach zu bedienendes Werkzeug, mit dem Sie schnell erste Schritte bei der SMIL-Programmierung machen können. Schade, dass die Clip Timing Information nicht richtig funktioniert, ansonsten ein super Einsteiger-Tool. Voraussetzung für die Installation des SMIL Composer ist ein installierter und konfigurierter RealPlayer. Sie finden dieses Tool als Freeware gegen Registrierung bei der Firma Sausage in Australien unter:

www.sausage.com/supertoolz/toolz/stsmil.html

In der folgenden Tabelle finden Sie weitere SMIL Editoren mit Ihren jeweiligen Fundstellen im WWW:

Editor	Hersteller
Allaire HomeSite	Allaire www.allaire.com/products/homesite/40/index.cfm
GRiNS Editor	CWI www.cwi.nl/GRiNS/GRiNSeditor-bkg/index.html
G2 Objects für Dreamweaver	RealNetworks, Macromedia www.real.com/devzone/library/creating/dreamweaver.html
L p Studio	The Productivity Works www.prodworks.com/lpstudio_intro.htm

Editor	Hersteller
L p Studio PRO	The Productivity Works www.prodworks.com/lpstudiopro_intro.htm
SMIL Composer SuperTool	Sausage Software www.sausage.com/supertoolz/toolz/stsmil.html
RealProducer G2 Authoring Kit	RealNetworks www.real.com/products/tools/authkit/index.html
T.A.G. Composer 2.0 für RealSystem G2	T.A.G. Software (Digital Renaissance) tagsoftware.com/
T.A.G. SMIL Editor 1.0	T.A.G. Software (Digital Renaissance) tagsoftware.com/products/tag_smil
V-Active für RealSystem G2	Veon www.veon.com/products/vars_beta.htm

Real-Dateien

Nun haben Sie schon recht viel zum Thema Multimedia und SMIL erfahren. Leider bestehen bisher aber noch viele Einschränkungen bei der Gestaltung von Präsentationen. Vor allem, wenn es um Ein-, Aus- und Überblendungen geht, hat SMIL noch gravierende Schwächen. Diese lassen sich mithilfe der REAL-Formate umschiffen. Dadurch werden die Präsentationen in der Erstellung zwar erheblich komplexer, aber Sie erzielen ganz erheblich bessere Ergebnisse. Neben den bekannten Grafik-, Sound- und Textdatei-Formaten gibt es auch noch die Real-Datei-Formate. Bei intensiverer Auseinandersetzung mit SMIL stößt man sehr schnell auf diese Formate. RealAudio, RealVideo, RealText und RealFlash werden vom RealPlayer wiedergegeben. Es handelt sich dabei nicht um neue Dateiformate, sondern um Markup-Dateien mit Steueranweisungen für den Player. Die Real-Dateien sind ähnlich wie HTML- oder SMIL-Dateien aufgebaut und dementsprechend einfach zu erstellen. Mit einigen der vorgestellten SMIL-Werkzeuge können Sie auch ohne Syntax-Kenntnis RealText und RealPix erzeugen. Für das Rendern von RealAudio und RealVideo benötigen Sie spezielle Konvertierungsprogramme von Real. Im folgenden Abschnitt geben wir Ihnen einen Einblick in die RealText- und RealPix-Dateiformate. Im abschließenden Beispiel zeigen wir Ihnen dann, mit welch einfachen Mitteln Sie eine komplexe Präsentation erstellen können.

RealText

RealText beinhaltet einige Möglichkeiten, aus einfachem Text eindrucksvolle streaming Textpräsentationen zu erstellen. Sie können mit RealText einen Text als Laufschrift, News Ticker und so weiter darstellen lassen. Als Erstes definieren Sie dafür die Art des Fensters. Anschließend wird die Schriftgröße, -farbe und Art der Schrift wie in HTML festgelegt. Die meisten HTML-Tags zum Formatieren von Schriften können Sie auch bei RealText einsetzen. Um Ihnen den Einstieg zu erleichtern, haben wir im Folgenden einfach die gängigen Methoden der RealText-Programmierung einmal in Beispielen zusammengestellt.

Generic Window

Das Generic Window ist das einfachste Fenster in RealText. Der Text wird dabei ohne Effekte im Fenster dargestellt. In diesem Beispiel wurde die Textausgabe durch die unterschiedlichen TIME BEGINs verzögert. Dadurch erscheinen die einzelnen Zeilen mit dreisekündiger Verzögerung.

```
<window duration="15" bgcolor="red" >
<font size="4" color="#f2f5EF">
<br/><time begin="3"/>Dies ist
<br/><time begin="6"/>ein Beispiel
<br/><time begin="9"/>für ein
<br/><time begin="12"/>Generic Window
</font>
</center></b>
</window>
```

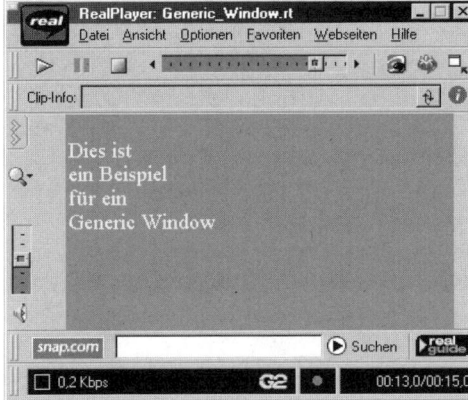

Die Ausgabe eines RealText im Generic Window-Format

Scrolling Window

Beim Scrolling Window wird der Text von unten nach oben durch das Fenster gescrollt. Mit dem *DURATION*-Attribut können Sie die Dauer der Darstellung des scrollenden Textes festlegen. Alle anderen verfügbaren Attribute sind aus dem HTML-Teil bekannt.

```
<window type="scrollingnews" duration="25" bgcolor="black"
                                           wordwrap="false">
<font size="4" color="#f2f5EF">
<br/><br/><br/><br/>
<br/>Dies ist
<br/>ein Beispiel
<br/><b>für ein</b>
<br/>Scrolling
<br/><br/><font color="red">Window</font>
</font>
</window>
```

XML – Inhalt statt Beschreibung

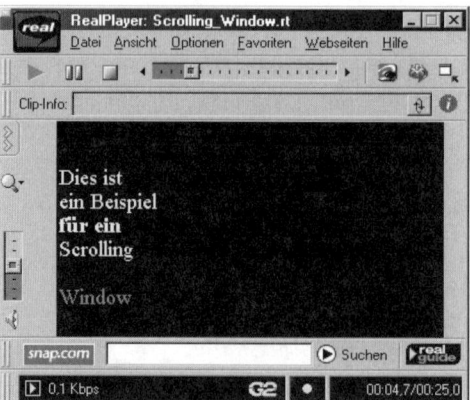

Der Text scrollt im Fenster von unten nach oben

TickerTape Window

Das TickerTape Window ist Ihnen vielleicht aus den Nachrichten bekannt. Es wir damit ein Text bezeichnet, der am rechten Bildrand einläuft und links aus dem Fenster herausläuft. Die Attribute *TU* und *TL* definieren die Lage der Schrift. Mit *TU* läuft die Schrift in der oberen Zeile und mit *TL* läuft die Schrift in der unteren Zeile. So ist es möglich, Kurznachrichten abwechselnd in beiden Zeilen darzustellen und dadurch eine deutliche Trennung zwischen den einzelnen News zu erreichen.

```
<window type="tickertape" duration="1:20" width="222" loop="true"
                                                      bgcolor="red" >
<font size="4" color="#f2f5EF">
<br/><b>
<tu>Dies ist</tu>
<tl> ein Beispiel</tl>
<tu>für ein</tu>
<tl>TickerTape Window</tl>
</font>
</b>
</window>
```

Ein Beispiel für einen RealText im TickerTape Window

TelePrompter Window

Das TelePrompter Window erzeugt, wie der Name schon sagt, einen Teleprompter-Effekt. Der Text erscheint nach und nach auf dem Bildschirm.

```
<window type="teleprompter" duration="25" height="100"
                                bgcolor="red" wordwrap="false">
<font size="4" color="#f2f5EF">
Dies ist
<br/><time begin="4"/>ein Beispiel
<br/><time begin="8"/>für
<time begin="10"/">ein
<br/><time begin="12"/>TelePrompter
<time begin="15"/><font color="black">Window</font>
</font>
</window>
```

Der Text im Teleprompter-Fenster

Dies sind die aktuellen Standardvarianten im Umgang mit RealText. Um über die weiteren und vor allem neuen Möglichkeiten auf dem Laufenden zu bleiben, hilft nur ein regelmäßiger Blick ins Netz.

Diese Techniken sind alle noch so neu, dass sie der ständigen Weiterentwicklung unterliegen.

RealPix

Mit RealPix können Sie das Erscheinen von Grafiken im RealPlayer steuern. Es werden die Formate GIF87a, GIF89a, animierte GIFs und JPEG unterstützt. Progressive JPEGs und interlaced GIFs werden derzeit nicht unterstützt.

Sie können mit dem RealPix-Dateiformat Bilder ein- und ausblenden, ein- und auszoomen, Teile des Bildes aus einem Fenster herausscrollen und vieles mehr.

Die RealPix-Syntax und die Möglichkeiten von RealPix würden ein komplettes Buch füllen. Aus diesem Grund folgt an dieser Stelle nur ein Beispielbild mit einigen eindrucksvollen Effekten.

XML – Inhalt statt Beschreibung

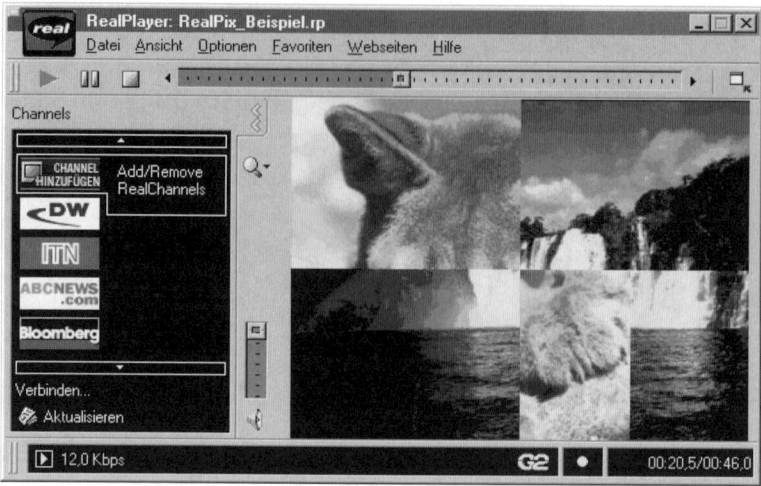

Beispiel für eine RealPix Slide Show

Genaueres über die Syntax der RealPix-Dateien erhalten Sie bei www.real.com. Dort finden Sie auch noch einige interessante Beispiele.

Die wichtigsten Links direkt zu SMIL

Name	URL	Erläuterung
SMIL 1.0	www.w3.org/TR/REC-smil	Die SMIL 1.0-Spezifikation
SMIL beim W3C	www.w3.org/AudioVideo	Die Arbeitsgruppe Synchronized Multimedia working des W3C informiert umfassend und kompetent über die aktuellen Entwicklungen.
Just SMIL	www.justsmil.com/	Die Quelle für Informationen zu SMIL – aktuelle Nachrichten, neue Software, Tutorials.
CWI SMIL Seite	www.cwi.nl/SMIL	Das nationale Forschungsinstitut für Mathematik und Informatik der Niederlande CWI (**C**entrum voor **W**iskunde en **I**nformatica) bietet zahlreiche Informationen zu SMIL an, u.a. ein kurzes Tutorial.
SMIL Mailingliste	lists.w3.org/Archives/Public/www-smil	Die W3C-Mailingliste ist ein hervorragendes Forum für den Gedankenaustausch über SMIL.
RealNetworks G2 Site	www.real.com/g2	Hier bekommen Sie alle Informationen zu der Syntax der Real-Dateien RealAudio, RealText, RealPix usw.

11. WAP – Das mobile Internet

Seitdem Handys und mobiles Telefonieren nicht mehr eine Domäne von Managern und Geschäftsleuten ist, sinken die Preise drastisch und die Vielfalt der angebotenen Dienste steigt parallel. Der SMS-Dienst bietet bereits seit einiger Zeit eine Verbindung von E-Mail und Handy an. Seit kurzem ist mit WAP – oft auch als W@P bezeichnet – ein echtes Surfen im Internet vom Handy aus möglich. Dabei sind vor allem Angebote, die sich oft ändern, interessant, wie Aktienkurse oder telemetrische Informationen verschiedener Geräte, die man über eigene Webseiten abfragen kann. Dazu kommen Auskunftsdienste, die man unterwegs braucht, wo kein PC mit einer Internetverbindung über das Telefonnetz zur Verfügung steht.

Eine der meist besuchten WAP-Seiten wap.bahn.de auf einem WAP-Handy (Ericsson R320s)

11.1 Erstellung von WML-Strukturen

WML ist die Sprache der WAP-Seiten im Internet. Sie ähnelt im Aufbau den klassischen Seitenbeschreibungssprachen HTML und XML. Ein wesentliches Problem des normalen HTML ist die Größe der verwendeten Dateien. Vor einigen Jahren war HTML, wie der Name **H**yper**t**ext **M**arkup **L**anguage schon sagt, eine Sprache für Textinformationen mit interaktiven Links.

Heute enthalten die meisten HTML-Seiten aber mehr Grafik und Multimedia als reine Textinformationen. Dazu kommt erschwerend hinzu, dass nur die wenigsten Anbieter von HTML-Seiten diese mit klassischen Texteditoren erstellen, sondern häufig Entwicklungstools oder Konverter verwenden, die die Seiten unnützerweise zusätzlich aufblähen. Das extremste Beispiel ist Microsoft Office.

Wenn Sie hier ein Textdokument in das HTML-Format konvertieren, hat es etwa die zehnfache Größe, die für ein völlig identisch aussehendes Dokument bei intelligenter Formatierung nötig wäre.

Derart riesige Datenmengen lassen sich auf Handys nur sehr zeitaufwendig übertragen, da die GSM-Netze nur eine Übertragungsrate von 9.600 Kbit/sec anbieten; ein Siebtel der ISDN-Geschwindigkeit.

Zur Darstellung aller Effekte sind heute Webbrowser mit mehreren MByte Größe nötig und teilweise auch noch zusätzliche Plug-Ins, die das Speichervolumen eines Handys sehr schnell sprengen würden.

Die meisten Handys haben außerdem nur ein sehr kleines Display, das zudem in den meisten Fällen nur schwarz und weiß (bzw. schwarz auf grün) darstellen kann. Auch kann man auf Handys keine Hyperlinks in Webseiten einfach anklicken, sondern muss mit den beschränkten Möglichkeiten der Handytastatur durch die Seiten navigieren.

Aus diesen Einschränkungen hat das Wapforum, ein Konsortium aller großen Mobilfunknetz-Betreiber und Hersteller von Handys, die Sprache WML definiert. Die aktuelle Version ist WML 1.2, das aber noch nicht von allen Geräten unterstützt wird.

Tipp

Informationen zum Wapforum

Das Wapforum finden Sie im Internet unter www.wapforum.org mit einem normalen HTM-Browser. Weitere Informationen zu WML finden Sie auch beim W3-Consortium unter w3c.org.

WAP-Seiten können auch wie normale HTML-Seiten je nach Anfrage dynamisch erzeugt werden. Dazu können Sie hier ebenfalls CGI-Scripts verwenden, um zum Beispiel Datenbankreports auf eine Anfrage hin zu generieren und im Browser zurückzugeben.

Aufbau von WML-Seiten

WML-Seiten ähneln in ihrem Aufbau HTML-Seiten. Auch hier gibt es verschiedene Tags zur Formatierung und Möglichkeiten, Eingabefelder und Grafiken einzubinden. WML-Seiten werden als Dateien mit der Endung *wml* gespeichert.

Da WML eine Untergruppe von XML ist, beginnt jede WML-Seite mit einem XML-Header. Diese enthält einen Hinweis auf die **D**ocument **T**ype **D**efinition DTD des Wapforums.

```
<?xml version="1.0"?>
    <!DOCTYPE wml PUBLIC "-//WAPFORUM//DTD WML 1.1//EN"
       "http://www.wapforum.org/DTD/wml_1.1.xml">
```

Nach dieser Typendefinition beginnt die eigentliche Seite. Diese wird zwischen zwei Tags eingeschlossen:

```
<wml>
..
..
</wml>
```

Der Aufbau dieser Tags entspricht denen von HTML. Ein Tag mit einem führenden Schrägstrich schließt den letzten Tag vom gleichen Typ ab. In WML dürfen, ebenso wie in XML oder XHTML, keine offenen Tags vorkommen.

> **Tipp**
>
> **Kleinschreibung**
>
> WML unterscheidet strikt zwischen Groß- und Kleinschreibung. Verwenden Sie daher für alle Tags und Dateinamen in WML-Dateien nur kleine Buchstaben.

WML-Seiten sind wegen der geringen Fläche auf einem Handy-Display in mehrere Karten, so genannte *Cards*, aufgeteilt. Die ganze Seite wird als *Deck* bezeichnet. Diese Begriffe stammen aus dem Kartenspiel, in dem im Englischen *Deck* einen Kartenstapel und *Card* eine einzelne Karte bezeichnet. Zwischen den Cards kann über Links hin und her gesprungen werden.

Im einfachsten Fall enthält eine WML-Seite nur eine einzige Card.

```
<wml>
<card id="..." title="...">
..
..
</wml>
```

Jede Card hat zwei Parameter:

- *id* – eine eindeutige Bezeichnung der Card, über die diese interaktiv angesprungen werden kann. Anhand dieser *id* werden mehrere Cards auf einer Seite unterschieden; die *title*-Attribute können auch mehrfach vorkommen.
- *title* – der Titel dieser Card; wird auf den meisten Handys fett oder mit einer horizontalen Linie abgesetzt dargestellt. Stehen hier einfach zwei Anführungszeichen hintereinander "", wird kein Titel dargestellt, was bei einigen Handys eine Zeile im Display spart.

So können Sie Ihre erste WAP-Seite mit einem einfachen Texteditor erstellen.

```
<?xml version="1.0"?>
<!DOCTYPE wml PUBLIC "-//WAPFORUM//DTD WML 1.1//EN"
    "http://www.wapforum.org/DTD/wml_1.1.xml">
<wml>
```

```
        <card id="test1" title="Die erste Test-Card">
          Das ist nur eine Testseite
        </card>
    </wml>
```

> **Tipp**
>
> **WAP-Browser für PCs**
>
> Um Ihre WAP-Seiten auszuprobieren, können Sie den WAP-Browser WinWAP verwenden, den Sie bei http://winwap.org herunterladen können. Damit lassen sich WML-Dateien, aber auch Online-WAP-Seiten unter Windows darstellen. Näheres zu diesem Programm finden Sie ab Seite 650.

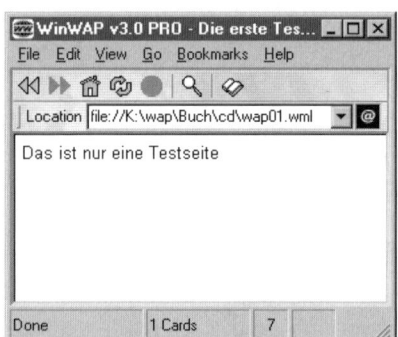

Die erste WMLDatei in WinWAP

Textdarstellung in WML

Die Darstellung von Texten auf WML-Seiten funktioniert ähnlich wie bei HTML. Normale Texte können einfach fortlaufend geschrieben werden. Zeilenumbrüche ergeben sich automatisch aus der Breite des Displays.

Absätze können wie in HTML mit dem Tag <p> formatiert werden:

```
<p>
..
</p>
```

Dabei wird eine Leerzeile in WML mit dem Zeichen

```
<p/>
```

bezeichnet, da jedes Tag abgeschlossen werden muss. Ein Tag, das nur aus einer einzigen Anweisung besteht, kann am Ende mit einem Schrägstrich innerhalb desselben Tags auch wieder abgeschlossen werden. Das gilt auch für den Zeilenumbruch <br>, der in WML <br/> geschrieben wird:

```
<?xml version="1.0"?>
<!DOCTYPE wml PUBLIC "-//WAPFORUM//DTD WML 1.1//EN"
    "http://www.wapforum.org/DTD/wml_1.1.xml">
<wml>
    <card id="test1" title="Die erste Test-Card">
      Das ist nur eine Testseite<br/>
```

```
      mit zwei Zeilen
   </card>
</wml>
```

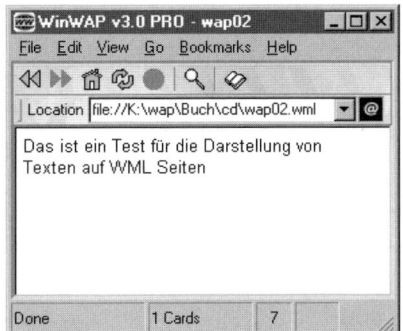

Darstellung in WinWAP

Textausrichtung

Text wird üblicherweise in Absatzmarken <p>...</p> eingeschlossen. Diese Absätze können wie in HTML mit dem Parameter *align* ausgerichtet werden:

```
<?xml version="1.0"?>
<!DOCTYPE wml PUBLIC "-//WAPFORUM//DTD WML 1.1//EN"
    "http://www.wapforum.org/DTD/wml_1.1.xml">
<wml>
   <card id="test1" title="Die erste Test-Card">
      <p align="left">
      Dieser Absatz ist<br/>
      linksbündig
      </p>
      <p align="right">
      Dieser Absatz ist<br/>
      rechtsbündig
      </p>
      <p align="center">
      Dieser Absatz ist<br/>
      zentriert
      </p>
   </card>
</wml>
```

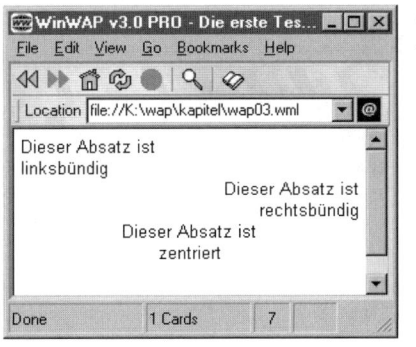

Darstellung in WinWAP

Wird nichts explizit angegeben, werden Textabsätze immer linksbündig ausgerichtet.

Textformatierung

WML kennt verschiedene Zeichenformatierungen, ähnlich wie HTML, aber keine Schriftarten, da diese auf Handys nicht dargestellt werden könnten.

Da es in WML auch mehr auf die Vermittlung von Informationen ankommt, als auf die künstlerische Gestaltung von Seiten, spielt die Schriftart auch nur eine untergeordnete Rolle.

Die Tags zur Formatierung ähneln denen von HTML:

- ... - Fett
- <u>...</u> - Unterstrichen
- <i>...</i> - Kursiv
- <big>...</big> - Größere Schrift
- <small>...</small> - Kleinere Schrift

Verwenden Sie die Formatierung *unterstrichen* sparsam, da sie zu Verwechslungen mit Links führen kann.

Die unterstrichene Formatierung wird auch nicht von allen WAP-Geräten unterstützt.

Der WinWAP-Browser verwendet sie auch nicht.

```
<?xml version="1.0"?>
<!DOCTYPE wml PUBLIC "-//WAPFORUM//DTD WML 1.1//EN"
    "http://www.wapforum.org/DTD/wml_1.1.xml">
<wml>
  <card id="test1" title="Die erste Test-Card">
    <p>
    Dieses Wort ist <b>fett</b>, das folgende <i>kursiv</i>
                    und das letzte <u>unterstrichen</u>
    </p>
    <p>
    <big>Dieser Absatz ist gross</big>
    </p>
    <p>
    <small>Dieser Absatz ist klein</small>
    </p>
  </card>
</wml>
```

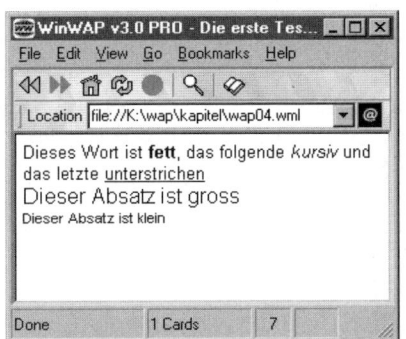

Darstellung in WinWAP

Umlaute

Einige WAP-Geräte können die Umlaute korrekt anzeigen, die im normalen Fließtext stehen.

Darauf sollten Sie sich aber nicht verlassen, sondern Umlaute wie auch Sonderzeichen mit speziellen Zeichenfolgen umschreiben:

WML-Code	Zeichen
&auml;	ä
&ouml;	ö
&uuml;	ü
&szlig;	ß
&quot;	Anführungszeichen
&amp;	kaufmänisches und
&apos;	Apostroph
&lt;	weniger als
&gt;	größer als
	festes Leerzeichen
&shy;	einzelnes Hochkomma

```
<?xml version="1.0"?>
<!DOCTYPE wml PUBLIC "-//WAPFORUM//DTD WML 1.1//EN"
    "http://www.wapforum.org/DTD/wml_1.1.xml">
<wml>
  <card id="test1" title="Sonderzeichen">
    <p>
    Anführungszeichen - &quot; <br/>
    Kaufmänisches und - &amp;    <br/>
    Apostroph - &apos; <br/>
    weniger als - &lt; <br/>
    grösser als - &gt; <br/>
    festes Leerzeichen -   <br/>
    einzelnes Hochkomma - &shy;
    </p>
  </card>
</wml>
```

WAP

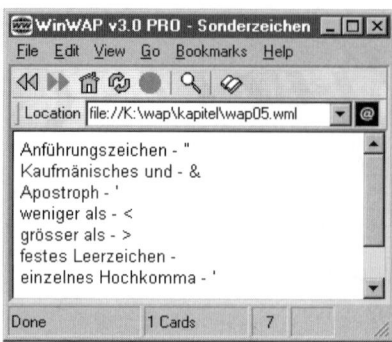

Darstellung in WinWAP

Tabellen

Zur Ausrichtung von Textelementen können in WML auch Tabellen verwendet werden. Die Syntax entspricht auch hier der von HTML.

Allerdings ist die Angabe der Spaltenzahl zwingend nötig.

```
<?xml version="1.0"?>
<!DOCTYPE wml PUBLIC "-//WAPFORUM//DTD WML 1.1//EN"
    "http://www.wapforum.org/DTD/wml_1.1.xml">
<wml>
  <card id="card1" title="Tabelle">
    <table columns="3">
      <tr><td>1</td><td>2</td><td>3</td></tr>
      <tr><td>4</td><td>5</td><td>6</td></tr>
      <tr><td>7</td><td>8</td><td>9</td></tr>
      <tr><td>*</td><td>0</td><td>#</td></tr>
    </table>
  </card>
</wml>
```

Das Beispiel wap08.wml stellt in einer Tabelle eine Telefon-Tastatur dar.

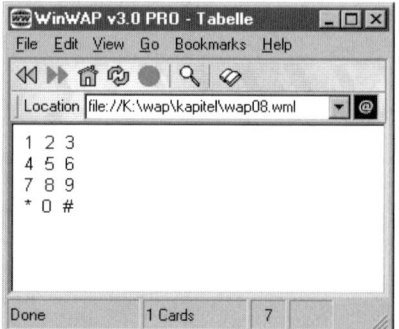

Darstellung in WinWAP

Card-Struktur einer WAP-Seite

Zur übersichtlicheren Darstellung sollte eine WML-Seite mehrere Cards enthalten, von denen jede nicht wesentlich größer, als ein Handy-Display ist.

Alle WAP-Handys haben Steuertasten, um nach oben und unten zu scrollen, was aber bei sehr langen Seiten mühsam und zeitaufwendig ist.

Die Cards verhalten sich etwas anders als die Label in HTML. Eine HTML-Seite wird immer im Ganzen angezeigt; die Labels dienen nur als Sprungmarken. Auf einer WML-Seite wird immer nur eine Card angezeigt. Der Link auf eine Card erfolgt mit dem Tag:

```
<a href="#...">
..
</a>
```

Der Parameter # bezeichnet die *id* der Card, auf die verlinkt werden soll.

```
<?xml version="1.0"?>
<!DOCTYPE wml PUBLIC "-//WAPFORUM//DTD WML 1.1//EN"
    "http://www.wapforum.org/DTD/wml_1.1.xml">
<wml>
  <card id="card1" title="erste Card">
    <p>
      <a href="#card2">
      Zur zweiten Card
      </a>
    </p>
    <p>
      <a href="#card3">
      Zur dritten Card
      </a>
    </p>
  </card>
  <card id="card2" title="zweite Card">
    <p>
      Das ist die zweite Card
    </p>
  </card>
  <card id="card3" title="dritte Card">
    <p>
      Das ist die dritte Card
    </p>
  </card>
</wml>
```

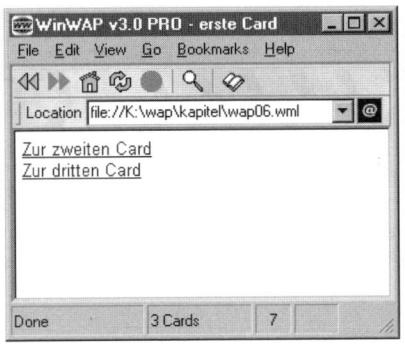
Darstellung in WinWAP

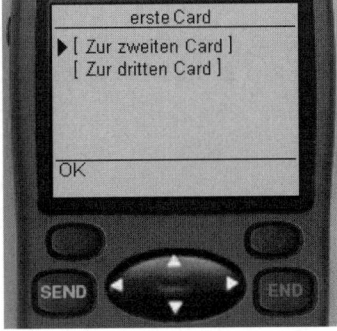
Die gleiche Seite auf einem Handy

WinWAP stellt Links so dar, dass sie direkt angeklickt werden können. Das Gleiche gilt für WAP-Browser auf dem Palm. Auf Handys gibt es einen Cursor, der sich zwischen den verschiedenen Links hin und her bewegen lässt. Eine spezielle Taste führt den Link dann aus oder eine der Funktionstasten wird automatisch mit dieser Funktion belegt.

Links auf andere Seiten

Mit dem gleichen Tag können Sie auch Links auf andere Decks oder ganz andere WAP-Seiten erstellen.

```
<?xml version="1.0"?>
<!DOCTYPE wml PUBLIC "-//WAPFORUM//DTD WML 1.1//EN"
    "http://www.wapforum.org/DTD/wml_1.1.xml">
<wml>
  <card id="card1" title="erste Card">
    <p>
      <a href="wap01.wml">
      Zum Deck wap01.wml
      </a>
    </p>
    <p>
      <a href="http://wap.bahn.de/">
      Fahrplanauskunft
      </a>
    </p>
  </card>
</wml>
```

Der erste Link springt auf das Deck *wap01.wml* auf dem gleichen Server, der zweite Link zur Fahrplanauskunft der Deutschen Bahn.

Grafikeinbindung

Sie können auf WAP-Seiten auch Grafiken einbinden. Gehen Sie hiermit aber sparsam um, da die Grafiken die Übertragungszeit einer Seite erheblich erhöhen. Grafiken sollten nur so groß sein, dass sie überall dargestellt werden können. Und genau hier beginnt das Problem.

Alle zurzeit erhältlichen WAP-Handys haben unterschiedlich große Displays. Solange Sie sich mit den Grafiken auf einfache Logos beschränken, deren Dimensionen noch im zweistelligen Bereich liegen, gibt es aber keine Probleme.

In der WAP-Spezifikation wird nur ein einziges Grafikformat angegeben: WBMP. Dieses Format wird bis jetzt nur von sehr wenigen Grafikprogrammen unterstützt. WBMP-Dateien haben nur ein Bit Farbtiefe, also nur zwei Farben. Sie sind deutlich kleiner als normale BMP-Dateien.

Tipp

Nokia WBMP-Konverter und -Betrachter

Nokia stellt im Internet unter 7110.nokia.de/wapkurs/wbmp/wbmp_tools.zip einen Kommandozeilen-Konverter vom BMP- in das WBMP-Format sowie einen Betrachter für WBMP-Dateien zur Verfügung.

Der WBMP-Betrachter von Nokia

Tipp

pic_2_wbmp-Konverter

pic_2_wbmp ist ein Konverter mit grafischer Benutzeroberfläche, der Bilder konvertiert und gleichzeitig auch verkleinert und in der Farbtiefe reduziert. Sie bekommen dieses Programm kostenlos bei: www.gingco.de/wap/.

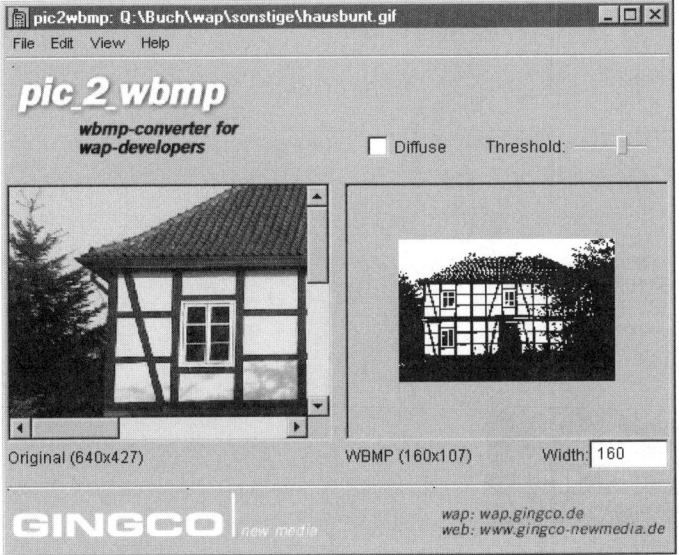

Der pic_2_wbmp-Konverter

Die Bilder werden ähnlich wie in HTML mit dem <img>-Tag in die WML-Seite eingebunden.

Dabei können folgende Parameter verwendet werden:

- *src* – Dateiname des Bildes.
- *alt* – Ersatztext, wenn das Bild nicht gefunden wird oder das Gerät keine Bilder darstellen kann.
- *vspace* – Abstand in Pixeln, der zu anderen Elementen nach oben und unten mindestens eingehalten werden muss.
- *hspace* – Abstand in Pixeln, der zu anderen Elementen nach links und rechts mindestens eingehalten werden muss.
- *align* – Ausrichtung: top, middle oder bottom zu anderen Elementen im gleichen Absatz.
- *height* – Höhe des Bildes. Wird dieser Parameter angegeben, wird der Platz für das Bild reserviert und damit die Seite schneller aufgebaut.
- *width* – Breite des Bildes.

Das nächste Beispiel zeigt die Einbindung einer WBMP-Datei in eine WML-Seite.

```
<?xml version="1.0"?>
<!DOCTYPE wml PUBLIC "-//WAPFORUM//DTD WML 1.1//EN"
    "http://www.wapforum.org/DTD/wml_1.1.xml">
<wml>
  <card id="card1" title="Bildseite">
    <p>
    <img src="haus.wbmp" alt="Amt Wölpe"
        vspace=2 hspace=2 align="bottom"
        height=160 width=107
    />
    </p>
    <p>
    Der alte Amtshof Wölpe
    </p>
  </card>
</wml>
```

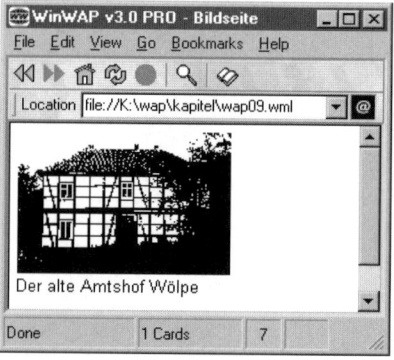

Darstellung in WinWAP

Interaktive WAP-Seiten

WAP-Seiten dienen üblicherweise der Informationsbeschaffung und nicht nur der Unterhaltung.

Also müssen sie Möglichkeiten bieten, dass der Anwender auch eigene Eingaben macht. Dafür gibt es Auswahlmenüs und Texteingabefelder.

Man kann auch die linke und rechte Funktionstaste des Handys ansprechen.

Auswahlmenü

Auswahlmenüs bieten die Möglichkeit, einen Eintrag aus einer beliebig langen Liste zu wählen. Das Tag:

```
<select>
..
..
</select>
```

definiert die Liste. Jede einzelne Auswahlmöglichkeit wird durch das Tag

```
<option>...</option>
```

definiert. Dabei gibt der Parameter *onpick* an, was bei der Auswahl dieser Option passieren soll.

```
<?xml version="1.0"?>
<!DOCTYPE wml PUBLIC "-//WAPFORUM//DTD WML 1.1//EN"
    "http://www.wapforum.org/DTD/wml_1.1.xml">
<wml>
  <card id="card1" title="Katalog">
    <p>
    Wählen Sie eine Seite:
    </p>
    <p>
    <select name="seite">
      <option onpick="wap01.wml">Seite 1</option>
      <option onpick="wap02.wml">Seite 2</option>
      <option onpick="wap03.wml">Seite 3</option>
      <option onpick="wap04.wml">Seite 4</option>
      <option onpick="wap05.wml">Seite 5</option>
      <option onpick="wap06.wml">Seite 6</option>
    </select>
    </p>
  </card>
</wml>
```

Die Darstellung solcher Menüs hängt stark vom verwendeten Gerät ab.

WAP

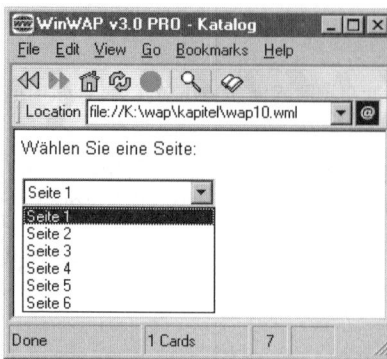 

Auswahlliste in WinWAP   *Die gleiche Seite auf einem Handy*

WinWAP stellt solche Auswahllisten als Dropdown-Feld dar. Auf Handys werden die einzelnen Optionen meistens untereinander aufgelistet, sodass man mit dem Cursor eines markieren und dann mit einer der Funktionstasten auswählen kann.

Texteingabefeld

Texteingabefelder werden mit dem Tag <input> definiert. Der Benutzer kann hier entsprechend den Möglichkeiten des verwendeten Geräts beliebige Zeichen eingeben. Auf Handys gestaltet sich die Eingabe von Buchstaben mühsam, von Sonderzeichen noch mühsamer. Auf dem Palm können Sie die Zeichen einfach schreiben, auf einem anderen Gerät über die Tastatur eingeben.

Der Inhalt der Eingabe wird in einer Variablen gespeichert, deren Name im Parameter *name* festgelegt wird. Diese Variable kann später ausgelesen werden, indem man ihrem Namen ein $-Zeichen voranstellt.

```
<?xml version="1.0"?>
<!DOCTYPE wml PUBLIC "-//WAPFORUM//DTD WML 1.1//EN"
    "http://www.wapforum.org/DTD/wml_1.1.xml">
<wml>
  <card id="card1" title="Card1">
    <p>
    Geben Sie Ihren Namen ein:
    <input name="username"/>
    </p>
    <p>
    <a href="#card2">Weiter...</a>
    </p>
  </card>
  <card id="card2" title="Card2">
    <p>
    Guten Morgen $username
    </p>
  </card>
</wml>
```

WAP

Das Beispiel beinhaltet zwei Cards. Auf der ersten ist ein Eingabefeld, dessen Eingabe auf der zweiten Card ausgewertet wird. Von der ersten Card zur zweiten kommt man über einen Link.

 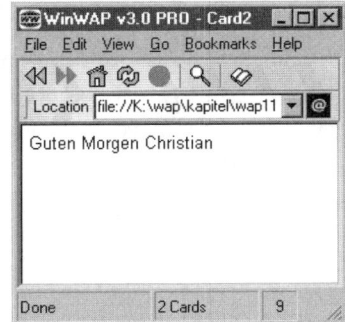

Eingabe und Ergebnis in WinWAP

Funktionstasten

Alle WAP-Handys haben zwei frei belegbare Funktionstasten unterhalb des Displays. Diese können in WML-Seiten für bestimmte Funktionen verwendet werden.

Dazu werden zwei <do>-Tags hintereinander definiert. Das erste steht für die linke Taste, das zweite für die rechte:

```
<do type="..." label="...">
..
</do>
```

Die beiden Parameter definieren die Tasten:

- *type* – Art der Aktion der Taste. Diese Taste dient nur als Hinweis und kann vom Gerät ausgewertet werden oder nicht. Einige Handys haben vordefinierte Tasten für Funktionen: OK, Zurück, Hilfe, Reset, Optionen oder Löschen. Die Funktion kann dann automatisch auf die richtige Schaltfläche gelegt werden.
- *label* – Der Text, der oberhalb der Taste erscheint.
- *name* – Eindeutiger Name eines Tags.

<do>-Tags können auf Deck-Ebene oder auf Card-Ebene definiert werden. Dabei kann ein <do>-Tag, das auf Deck-Ebene für alle Cards gilt, auf Card-Ebene für eine einzelne Card überschrieben werden, wenn hier der gleiche Name verwendet wird. Auf diese Weise kann auch eine Taste für eine bestimmte Card deaktiviert werden, indem sie mit *noop* überschrieben wird.

Folgende Typen sind in WML vordefiniert:

type	Bedeutung
accept	OK
prev	Zurück zur letzten Seite

type	Bedeutung
help	Hilfe (Aufruf einer eigenen Hilfe-Seite)
reset	Zurücksetzen eines Formulars
options	Optionen (Aufruf einer speziellen Seite)
delete	Löschen der letzten Eingabe

Innerhalb des <do>-Tags steht eine Aktion, die beim Drücken der Taste ausgeführt werden soll. WML definiert vier verschiedene Typen von Aktionen, so genannte Tasks:

Task	Bedeutung
go	Verlinkt zu einer anderen Card oder WML-Seite
prev	Springt zurück auf die vorige Card oder Seite
refresh	Lädt die aktuelle Karte neu
noop	Macht gar nichts; die Taste ist ohne Funktion. Kann zum Deaktivieren von auf Deck-Ebene definierten Tasten verwendet werden

Im nächsten Beispiel sehen Sie eine einfache Anwendung für die Funktionstasten.

```
<?xml version="1.0"?>
<!DOCTYPE wml PUBLIC "-//WAPFORUM//DTD WML 1.1//EN"
    "http://www.wapforum.org/DTD/wml_1.1.xml">
<wml>
  <card id="card1" title="Seite1">
    <p>
    Wo wollen Sie weiter lesen?
    </p>
    <do type="accept" label="Seite2">
      <go href="#card2"/>
    </do>
    <do type="prev" label="Zurück">
      <prev/>
    </do>
  </card>
  <card id="card2" title="Seite2">
    <p>
    Das ist Seite 2
    </p>
    <do type="accept" label="">
      <noop/>
    </do>
    <do type="prev" label="Zurück">
      <prev/>
    </do>
  </card>
</wml>
```

Im WinWAP-Browser werden für die <do>-Tags zwei Schaltflächen angelegt, da hier sonst keine Tasten vorgesehen sind.

WAP

Die beiden Cards in WinWAP

Auf Handys erscheinen Bezeichnungen oberhalb der Funktionstasten.

Die gleiche Seite auf einem Handy

Entwicklungstools für WAP-Seiten

Ähnlich wie für HTML-Seiten gibt es auch für WAP-Seiten inzwischen grafisch orientierte Entwicklungsumgebungen. Verglichen mit der sehr geringen Dateigröße einer WAP-Seite sind diese Entwicklungsumgebungen riesig und auch vom Aufwand, der hier betrieben wird, absolut überdimensioniert, solange man nicht extrem aufwendige WAP-Angebote mit Datenbankzugriff und Scripts erstellen will.

Nokia

Die Entwicklungsumgebung von Nokia liefert außer einem Browser im Aussehen eines Nokia-Handys einen eigenen WAP-Server mit, um die WAP-Anwendungen zu testen. Alles läuft unter Java. Sie brauchen auch eine Sun Java Engine, sodass man alles in allem auf etwa 25 MByte Download kommt.

www.forum.nokia.com/main/1,6668,1_1,00.html

Ericsson

Die Entwicklungsumgebung von Ericsson ist deutlich kleiner. Auch hier gibt es einen Browser in Form eines Handys. Dazu wird der Webserver von Xitami geliefert, der die Verwaltung der lokalen Seiten übernehmen muss.

www.ericsson.com/developerszone/

Phone.com

Mit dem Tool von Phone.com können Sie entweder offline mit einem lokalen Webserver arbeiten oder Sie registrieren sich kostenlos bei Phone.com und bekommen dann die Möglichkeit, Ihre Seiten online auf deren Server zu testen. Ein Handy-förmiger Browser liegt ebenfalls bei.

updev.phone.com

WAP3

Eine sehr einfache Möglichkeit, WAP-Seiten zu erstellen, bietet WAP3.de. Dort können Sie online mit einem Assistenten Ihre Seite erstellen und auch kostenlos Webspace bekommen, um diese zu veröffentlichen.

www.wap3.de

AddCom

AddCom bietet seinen registrierten Kunden einen Onlineeditor zum Erstellen einfacher WAP-Seiten ohne WML-Kenntnisse an. Die Seiten können auch auf dem AddCom-Server abgelegt werden. Dazu kann man sich eine Adresse *http://wap.addcom.de/<Beliebiger Name>* anlegen.

wap.addcom.de

11.2 Interaktion durch WMLScript

WMLScript ist eine einfache Programmiersprache, mit der man WML-Seiten etwas Intelligenz hinzufügen kann. Die Sprache ist speziell auf die Anforderungen von Handys zugeschnitten. Die Ein- und Ausgabe von Daten erfolgt über klassische WML-Formulare.

Einsatzmöglichkeiten von WMLScript:

- Überprüfung von Benutzereingaben.
- Generieren von Meldungen und Dialogen lokal auf dem Handy. Das erspart langwierige Kommunikationsvorgänge mit dem Server.
- Zugriff auf Funktionen des Handys, wie zum Beispiel das Speichern von Daten auf der SIM-Karte, Nachrichten senden oder Telefonnummern wählen.

WMLScripts werden als ASCII-Dateien auf dem WAP-Server gespeichert und von dort binär komprimiert auf die Handys übertragen. Dazu müssen auf dem Server zwei MIME-Typen eingetragen sein:

```
text/vnd.wap.wmlscript    wmls
application/vnd.wap.wmlscriptc   wmlsc
```

WMLScript-Quelltexte haben die Dateiendung *wmls*.

Bei weitem nicht alle Browser unterstützen WMLScript. So lassen sich Scripts zum Beispiel mit dem PC-Browser WAPtor und einigen Online-WAP-

Simulatoren nicht ausführen. Für die Beispiele in diesem Buch verwenden wir daher das Nokia WAP Toolkit. Dieses Toolkit übernimmt auch die automatische Konvertierung der WMLScripts in das Binärformat.

Wichtige Konventionen

Im Vergleich zu den meisten höheren Programmiersprachen (C++, Delphi usw.) sind in WMLScript relativ wenige Konventionen erforderlich. Diese müssen aber beim Erstellen funktionsfähiger WMLScripts unbedingt beachtet werden:

- WMLScript unterscheidet grundsätzlich zwischen Groß- und Kleinschreibung.
- Als Dezimalzeichen wird grundsätzlich ein Punkt und kein Komma verwendet.
- Kommentare beginnen entweder am Zeilenanfang mit der Zeichenfolge // und gehen dann bis zum Zeilenende oder sind zwischen die Zeichenfolgen /* und */ eingeschlossen.

```
//Das ist ein Kommentar in einer einzigen Zeile.
/*Das ist ein Kommentar,
  der sich über mehrerer Zeilen
  erstreckt.*/
```

- Jeder WMLScript-Ausdruck wird mit einem Semikolon beendet. Dies steht üblicherweise auch am Zeilenende. Zeilenumbrüche und Einrückungen machen WMLScripts leichter lesbar, sie haben aber keine syntaktische Bedeutung. Leerzeichen und Zeilenumbrüche werden in WMLScript ignoriert.
- Variablennamen dürfen Ziffern enthalten, das erste Zeichen darf aber keine Ziffer sein.
- Variablen können von vier verschiedenen Typen sein: *integer, floatingpoint, string* und *boolean*. Die Variablen müssen am Anfang eines WMLScripts deklariert werden, man legt aber keinen Typ fest. Optional kann hier schon ein Wert zugewiesen werden. Beachten Sie das Semikolon am Ende einer Variablendeklaration.

```
var x;
var pi = 3.1415;
var text = „Hallo";
```

Sonderzeichen

In WMLScript müssen einige Sonderzeichen durch spezielle Codes dargestellt werden. Diese sind anders als in normalen WML-Dateien:

Code	Bedeutung	Unicode	Zeichen
\'	Apostroph	\u0027	'
\"	Anführungszeichen	\u0022	"
\\	Backslash	\u005C	\

Code	Bedeutung	Unicode	Zeichen
\/	Schrägstrich	\u002F	/
\b	Backspace	\u0008	
\f	Form feed	\u000C	
\n	Newline	\u000A	
\r	Carriage return	\u000D	
\t	Tabulator	\u0009	
\xhh	Zeichen, das durch die beiden Hex-Ziffern hh definiert wird (Latin-1 ISO8859-1)		
\ooo	Zeichen, das durch die drei Oktal-Ziffern ooo definiert wird (Latin-1 ISO8859-1)		
\uhhhh	Unicode-Zeichen, das durch die vier Hex-Ziffern hhhh definiert wird		

Reservierte Wörter

Die folgenden Wörter können in WMLScript nicht für Variablennamen oder Funktionsnamen verwendet werden. Größtenteils handelt es sich dabei um Namen von Operatoren. Einige Wörter sind auch für zukünftige WMLScript-Erweiterungen reserviert:

access, agent, break, case, catch, class, const, continue, debugger, default, delete, div, div=, do, domain, else, enum, equiv, export, extends, extern, finally, for, function, header, http, if, import, in, isvalid, lib, meta, name, new, null, path, private, public, return, sizeof, struct, super, switch, this, throw, try, typeof, url, use, user, var, void, while, with

WMLScript-Beispiel: Einheitenumrechner

Britische Längenmaße sind oft in Fuß, Inch oder Yard, aber wer hat schon die Umrechnungsfaktoren im Kopf oder immer einen passend programmierten Taschenrechner zur Hand? Mit dieser WAP-Seite können Sie sich ein einfaches Programm zur Einheitenumrechnung auf Ihr Handy holen.

Das Programm besteht aus einer WML-Seite für die Ein- und Ausgaben und einer zugehörigen WMLScript-Datei, die die Berechnungen vornimmt.

```
<?xml version="1.0"?>
<!DOCTYPE wml PUBLIC "-//WAPFORUM//DTD WML 1.1//EN"
"http://www.wapforum.org/DTD/wml_1.1.xml">
<wml>
  <card id="card1" title="Einheitenrechner">
    <p>
      Wert: <input format="*N" name="wert"/><br/>
      Von: <select name="von" value="m">
        <option value="m">Meter</option>
        <option value="i">Inch</option>
        <option value="y">Yard</option>
        <option value="f">Fuss</option>
      </select><br/>
      Nach: <select name="nach" value="y">
        <option value="m">Meter</option>
```

```
            <option value="i">Inch</option>
            <option value="y">Yard</option>
            <option value="f">Fuss</option>
          </select>
          <br/> = <u>$(ergebnis)</u>
          <do type="accept" label="Berechnen">
            <go
    href="rechner.wmls#convert('$(von)','$(nach)',$(wert),'ergebnis')
    "/>
          </do>
        </p>
      </card>
    </wml>
```

Die WML-Datei enthält auf einer einzigen Card am Anfang ein Eingabefeld und zwei Auswahlfelder mit je vier Optionen. Hier gibt man den umzurechnenden Wert an und wählt die ursprüngliche Einheit, in der der Ausgangswert angegeben wird, und die Einheit, in die umgerechnet werden soll. Danach folgt eine Zeile, in der die Variable *ergebnis* angezeigt wird.

Diese Variable wird über ein WMLScript berechnet. Dieses Script startet über eine Funktionstaste, die über einen <do>-Tag definiert ist.

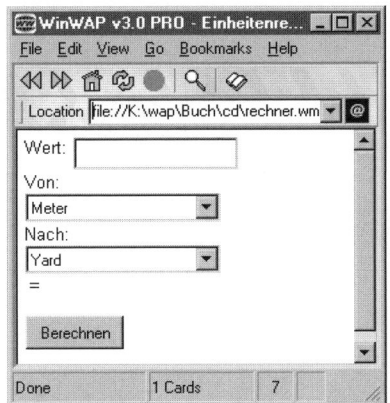

Das Beispiel in WinWAP

Im aus den letzten Beispielen gewohnten WinWAP-Browser sieht die Seite so aus. WinWAP unterstützt zwar seit der Version 3 WMLScript. Hier fehlen aber einige Bibliotheksfunktionen.

Das Nokia Development Toolkit 1.3

Für die WMLScript-Beispiele verwenden wir deshalb das Nokia WAP Toolkit. Damit können Sie WMLScript, aber auch normale WML-Seiten erstellen.

Dieses Toolkit können Sie sich nach einer Registrierung bei Nokia unter http://www.forum.nokia.com kostenlos herunterladen. Um es benutzen zu können, wird allerdings eine Java-Umgebung benötigt.

Nokia empfiehlt an Rechnerausstattung mindestens einen Pentium-Prozessor oder Vergleichbares mit 266 MHz sowie 64 MByte RAM. Verwendet man aber anstatt der Java-Engine aus dem Internet Explorer das Original Sun Java Runtime Environment und anstatt Windows 98 Windows NT, läuft das Toolkit auch auf langsamen Rechnern erstaunlich gut.

Tipp

Bildschirmschoner deaktivieren

Deaktivieren Sie bei der Arbeit mit dem Nokia WAP Toolkit einfach den Bildschirmschoner. Der Bildaufbau nach dem „Aufwecken" aus dem Bildschirmschoner erfolgt wie bei allen Java-Programmen sehr schleppend.

Das Nokia Toolkit besteht nur aus einem einzigen Programm mit dem Namen *Toolkit.exe*. Es verwendet einen WAP-Browser im Aussehen eines Handys, der auch über die Handy-Tastatur bedient wird.

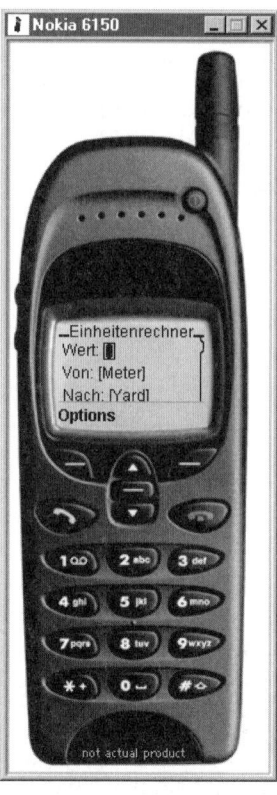

Die Datei rechner.wml im Nokia WAP Toolkit

Das Handy, das das Nokia WAP Toolkit simuliert, hat eine etwas andere Bedienungsweise als der WinWAP-Browser. Die <do>-Tags erscheinen nicht direkt über den Funktionstasten, sondern als Menüpunkte in einem *Options* Menü.

Bedienung des Programms

Dieser WAP-Browser wird nur durch Anklicken der jeweiligen Tasten auf der abgebildeten Handy-Tastatur gesteuert. Zum besseren Verständnis des Programms hier kurz die Bedienungsweise im Nokia WAP Toolkit:

- Der Cursor steht neben *Wert*, also im Eingabefeld: *<input format="*N" name="wert"/>
*. Sollte der Cursor hier nicht stehen, bewegen Sie ihn mit den beiden Pfeiltasten nach oben oder unten.
- Klicken Sie auf die Funktionstaste zwischen den beiden Pfeilen. Damit wird das Feld zum Editieren geöffnet.

Eingabe eines Werts

- Jetzt können Sie mit den Zifferntasten einen Zahlenwert eingeben. Die Formatierung *format="*N"* verhindert eine Eingabe von Buchstaben.
- Drücken Sie auf die linke Funktionstaste, hier mit *OK* bezeichnet. Der eingegebene Wert wird in der Variablen *wert* gespeichert. Die Belegung der Funktionstasten im Editiermodus ist eine Funktion des Handys und muss nicht auf der WAP-Seite definiert werden.
- Blättern Sie mit der Pfeiltaste nach unten auf das Feld *Von:* und klicken Sie wieder auf die Funktionstaste zwischen den beiden Pfeilen. Mit dieser Taste können Sie hier eine Auswahl in einem Listenfeld treffen.

Auswahl aus einer Liste

- Wählen Sie jetzt mit den Pfeiltasten eine Einheit aus, markieren Sie diese mit der Funktionstaste *Select* und klicken Sie dann auf die Taste *OK*. Auch hier ist die Belegung der Funktionstasten eine Funktion des Handys und muss nicht auf der WAP-Seite definiert werden. Die gewählte Einheit wird in der Variablen *von* gespeichert.
- Wählen Sie auf die gleiche Weise eine Einheit, in die der zuerst eingegebene Wert umgerechnet werden soll. Diese wird in der Variablen *nach* gespeichert.

- Um die eigentliche Berechnung zu starten, müssen Sie den Tag <*do type="accept" label="Berechnen"*> aktivieren. Klicken Sie dazu in diesem WAP-Browser auf die Funktionstaste mit der Bezeichnung *Options* und bewegen Sie den Balkencursor mit den Pfeiltasten auf den Menüpunkt *Berechnen*. Dieser Menüpunkt wurde über den <do>-Tag definiert. Der andere Menüpunkt *Edit Selection* ist eine Standardfunktion dieses Browsers und hat die gleiche Funktion wie die mittlere Funktionstaste zwischen den beiden Pfeiltasten.

Start der Berechnung

- Starten Sie die Berechnung mit der Funktionstaste *Select*. Nach kurzer Zeit wird in der untersten Browserzeile das Ergebnis angezeigt.

Anzeige des Ergebnisses

Grundlagen der Programmierung mit WMLScript

Nachdem Sie sich mit der Bedienung des Programms vertraut machen konnten, kommen wir nun zum eigentlichen WMLScript.

Das Script

Die Berechnung wird über eine WMLScript-Datei ausgeführt, die am Ende der WML-Datei aufgerufen wird:

```
<go
href="rechner.wmls#convert('$(von)','$(nach)','$(wert)','ergebnis
')"/>
```

WMLScripts sind immer eigene Dateien, die über einen <go href>-Tag gestartet werden. Außer dem Namen der WMLScript-Datei wird hier noch hinter einem #-Zeichen der Funktionsname (hier: *convert*) und Variablen, die der Funktion als Parameter übergeben werden sollen, angegeben.

In diesem Beispiel übergeben die Variablen *von, nach* und *wert* die beiden Einheiten und den umzurechnenden Wert an das Script, die Variable *ergebnis* liefert das Ergebnis des WMLScripts zurück zur Ausgabe an die WML-Seite.

```
extern function convert(von,nach,wert,ergebnis) {
  var faktor;
  var neuerwert;
  var m_i = 39.37;
  var m_y = 1.09;
  var m_f = 3.28;
  var i_m = 0.0254;
  var i_y = 0.0278;
  var i_f = 0.0833;
  var y_m = 0.91;
  var y_i = 36.0;
  var y_f = 3.0;
  var f_m = 0.3049;
  var f_i = 12.0;
  var f_y = 0.3333;

  if (von == "m") {
    if (nach == "m") faktor = 1.0;
    else if (nach == "i") faktor = m_i;
    else if (nach == "y") faktor = m_y;
    else if (nach == "f") faktor = m_f;
  }
  else if (von == "i") {
    if (nach == "i") faktor = 1.0;
    else if (nach == "m") faktor = i_m;
    else if (nach == "y") faktor = i_y;
    else if (nach == "f") faktor = i_f;
  }
  else if (von == "y") {
    if (nach == "y") faktor = 1.0;
    else if (nach == "i") faktor = y_i;
    else if (nach == "m") faktor = y_m;
    else if (nach == "f") faktor = y_f;
  }
  else if (von == "f") {
    if (nach == "f") faktor = 1.0;
    else if (nach == "i") faktor = f_i;
    else if (nach == "y") faktor = f_y;
    else if (nach == "m") faktor = f_m;
  }
  neuerwert = wert * faktor;
  neuerwert = String.toString(neuerwert);
  neuerwert = String.format("%.2f", neuerwert);

  WMLBrowser.setVar(ergebnis,neuerwert);
  WMLBrowser.refresh();
}
```

WMLScript-Dateien bestehen aus einer oder mehreren Funktionen. Diese können direkt hintereinander in der Datei stehen. Es ist kein Dateiheader mit DOCTYPE-Definition erforderlich.

Syntaxelemente in WMLScripts werden immer in geschweifte Klammern eingeschlossen. Dieses Script besteht aus nur einer Funktion *convert* mit vier Parametern. Diese Parameter müssen in der gleichen Reihenfolge angegeben werden wie im <go href>-Tag, der die Funktion aus der WML-Datei aufruft. Die Funktion ist als *extern* deklariert, damit sie aus einer anderen Datei heraus aufgerufen werden kann.

Am Anfang des Programms werden verschiedene Variablen deklariert. Die beiden Variablen *faktor* und *neuerwert* werden für Zwischenrechnungen gebraucht. Sie erhalten hier noch keine Werte. Die übrigen zwölf Variablen enthalten die Umrechnungsfaktoren zwischen den Einheiten.

Der Hauptteil des Scripts besteht aus Abfragen, mit denen anhand der gewählten Einheiten der passende Umrechnungsfaktor ermittelt wird. Dieser Teil hat folgende Struktur:

```
if (...) {...}
else if (...) {...}
else if (...) {...}
else if (...) {...}
```

Für den Wert der Variablen *von* gibt es vier verschiedene Möglichkeiten. Bei jeder davon ist eine der Abfragen der äußeren Struktur wahr. In der geschweiften Klammer enthält jede dieser Abfragen vier weitere Abfragen, die im wahr-Fall ausgeführt werden.

Anhand des Werts der Variablen *nach* gibt es hier je vier Möglichkeiten, welchen Wert die Variable *faktor* annimmt.

Nachdem der Variablen *faktor* der passende Umrechnungsfaktor zugewiesen wurde, ist der Rest der Berechnung sehr einfach:

```
neuerwert = wert * faktor;
```

Diese Zeile enthält den eigentlichen Berechnungsvorgang. Der am Anfang eingegebene Wert wird mit dem ermittelten Umrechnungsfaktor multipliziert und der Variablen *neuerwert* zugewiesen.

```
neuerwert = String.toString(neuerwert);
```

Hier wandelt eine Standardbibliotheksfunktion den ermittelten Zahlenwert in einen String um, da dieser in der nächsten Zeile besser formatiert werden kann.

```
neuerwert = String.format("%.2f", neuerwert);
```

Diese Standardbibliotheksfunktion schneidet den String auf zwei Nachkommastellen ab und weist das Ergebnis wieder der gleichen Variable zu.

```
WMLBrowser.setVar(ergebnis,neuerwert);
```

Hier wird dem Parameter *ergebnis* aus dem Funktionsaufruf des WAP-Browsers der neue Inhalt der Variablen *neuerwert* zugewiesen. Damit wird das Ergebnis der Berechnung wieder zurück in den WAP-Browser übertragen.

```
WMLBrowser.refresh();
```

Diese letzte Zeile aktualisiert das Bild im WAP-Browser, da nur so der errechnete Wert auch angezeigt wird.

Datenaustausch zwischen WML und WMLScript

WMLScript bietet verschiedene Möglichkeiten, Daten aus WML-Seiten zu übernehmen und zurückzugeben:

Funktionsparameter

Die Inhalte von Variablen können im Aufruf einer Funktion auf der WML-Seite übergeben werden:

```
<go href="rechner.wmls#convert('$(von)','$(nach)',$(wert),
                                                'ergebnis')"/>
```

Die Funktion muss in ihrer Definition im WMLScript die gleichen Parameter enthalten.

```
extern function convert(von,nach,wert,ergebnis)
```

Die so definierten Variablen dürfen im WMLScript nicht noch mal deklariert werden, da sie sonst gelöscht würden.

Variablenübergabe beim Funktionsaufruf

Mehrere Variablen können auch im Funktionsaufruf übergeben werden, ohne dass in der Funktion im WMLScript bestimmte Parameter definiert sein müssen. Die Variablen werden dazu in <setvar>-Tags innerhalb des <go href>-Tags zum Funktionsaufruf gesetzt.

```
<go href="beispiel.wmls#funktion()"/>
  <setvar name="var1" value="Hallo">
/go>
```

In der Funktion im WMLScript können die Variablen dann direkt ausgewertet werden.

WMLBrowser-Funktionsbibliothek

WMLScript enthält standardmäßig eine Funktionsbibliothek zum Zugriff auf WML-Browser aus Scripts heraus. Diese Bibliothek wird automatisch mitgeladen, sodass keine speziellen Header oder Deklarationen erforderlich sind. Die Funktionen stehen immer zur Verfügung.

WMLBrowser.getVar

Diese Funktion liest eine Variable aus der WML-Seite aus, von der das Script aufgerufen wurde. Existiert die angeforderte Variable nicht, wird ein leerer String ("") zurückgegeben.

```
a = WMLBrowser.getVar("var1");
```

Diese Zeile weist der WMLScript-Variablen *a* den Wert der Variablen *var1* aus der WML-Seite zu.

Die gleiche Funktion kann auch dazu verwendet werden, eine WMLScript-Variable zu deklarieren und ihr dann auch direkt einen Wert zuzuweisen.

```
var a = WMLBrowser.getVar("var1");
```

WMLBrowser.setVar

Diese Funktion weist umgekehrt einer Variablen auf der WML-Seite aus dem WMLScript heraus einen Wert zu. Hier geben Sie einen Variablennamen und den neuen Wert der Variable an.

```
WMLBrowser.setVar(var1,"Hallo");
```

Diese Zeile weist der WML-Variablen *var1* den Text *Hallo* zu.

```
WMLBrowser.setVar(ergebnis,neuerwert);
```

Man kann mit der gleichen Funktion auch einer WML-Variablen den Wert einer WMLScript-Variablen zuweisen. In dieser Zeile erhält die WML-Variable *ergebnis* den Wert der WMLScript-Variablen *neuerwert*.

Die Funktion *WMLBrowser.setVar* gibt einen Wert *true* zurück, wenn die Variable erfolgreich zugewiesen werden konnte. Damit können Sie im Script die Zuweisung überprüfen.

```
a = WMLBrowser.setVar(var1,"Hallo");
```

In dieser Zeile erhält die WMLScript-Variable *a* den Wert *true* oder *false*.

WMLBrowser.getCurrentCard

Diese Funktion gibt den Namen der aktuellen Card zurück. Dabei wird nicht ein kompletter URL, sondern nur eine relative Adresse bezogen auf die gerade geladene WML-Datei ausgegeben.

```
a = WMLBRowser.getCurrentCard();
```

WMLBrowser.go

Diese Funktion lässt den WAP-Browser eine bestimmte WML-Seite öffnen.

```
card = "http://wap.databecker.de/wap01.wml#start";
WMLBrowser.go(card);
```

Diese Zeilen springen auf die WAP-Seite *http://wap.databecker.de/wap01.wml* und dort auf die Card *start*.

WMLBrowser.prev

Diese Funktion lässt den Browser zurück auf die zuletzt angezeigte Seite springen.

```
WMLBrowser.prev();
```

WMLBrowser.newContext

Diese Funktion löscht aus WMLScript heraus den aktuellen Kontext im Browser. Das bewirkt das Gleiche wie das NEWCONTEXT-Attribut in WML.

```
WMLBrowser.newContext();
```

WMLBrowser.refresh

Aktualisiert die Anzeige im Browser. Wurde zum Beispiel mit *WMLBrowser.setVar* ein Wert im Browser verändert, wird dieser erst nach einem *WMLBrowser.refresh* richtig angezeigt.

```
WMLBrowser.refresh
```

WMLScript-Beispiel: Passworteingabe

Die folgenden Beispieldateien zeigen, wie man eine sehr einfache Passwortabfrage mit WMLScript erstellen kann. Zwar entspricht dieses Programm keinerlei Sicherheitsrichtlinien, da das Passwort im Klartext im Script steht, aber kein Handy zeigt die Sourcecodes der Scripts an, da Scripts immer binär komprimiert auf das Handy übertragen werden.

```
<?xml version="1.0"?>
<!DOCTYPE wml PUBLIC "-//WAPFORUM//DTD WML 1.1//EN"
"http://www.wapforum.org/DTD/wml_1.1.xml">
<wml>
  <card id="card1" title="Passwortabfrage">
    <p>
      Passwort: <input name="pass" type="password"/><br/>
      Lösung: <b>$(loesung)</b>
    </p>
      <do type="accept" label="Lösung">
        <go href="pass.wmls#pwd('$(pass)','loesung')"/>
      </do>
  </card>
</wml>
```

Die Bedienung des Programms ist denkbar einfach:
- Der Cursor steht neben *Passwort*, also im Eingabefeld. Sollte der Cursor hier nicht stehen, bewegen Sie ihn mit den beiden Pfeiltasten nach oben oder unten.

WAP

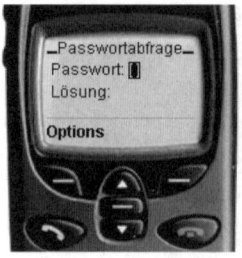

Die Startseite

- Klicken Sie auf die Funktionstaste zwischen den beiden Pfeilen. Damit wird das Feld zum Editieren geöffnet.

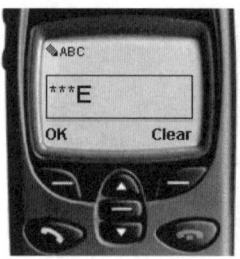

Eingabe eines Textes

- Bei der Passworteingabe werden die Buchstaben nach kurzer Zeit nur noch als Stern angezeigt. Im <input>-Tag steht dazu der *type="password"*.
- Bestätigen Sie die Eingabe mit der Funktionstaste *OK*.
- Wählen Sie jetzt im *Options*-Menü den Menüpunkt *Lösung*.

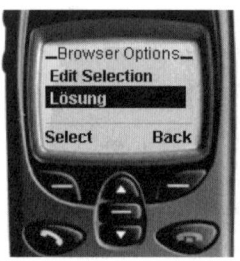

Das Options-Menü

- Bestätigen Sie hier mit der Funktionstaste *Select*. Nach kurzer Zeit erscheint in der Zeile *Lösung* eine Meldung *richtig* oder *falsch*.

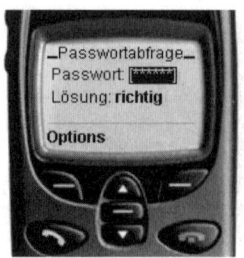

Ausgabe der Lösung

Das Script

Die Entscheidung darüber, ob das Passwort richtig oder falsch eingegeben wurde, erledigt ein WMLScript, das über den <do>-Tag (beim Nokia WAP Toolkit im *Options*-Menü) aufgerufen wird:

```
<do type="accept" label="Lösung">
    <go href="pass.wmls#pwd('$(pass)','loesung')"/>
</do>
```

Die Funktion *pwd* hat zwei Parameter: *pass* übergibt das eingegebene Passwort aus dem <input>-Feld an das WMLScript, *loesung* gibt das Lösungswort aus dem Script zurück in den Browser.

```
extern function pwd(pass,loesung)
{
  var pass0 = "GEHEIM";
  var loes0;
  if (pass == pass0)
    loes0 = "richtig";
  else
    loes0 = "falsch";

  WMLBrowser.setVar(loesung,loes0);
  WMLBrowser.refresh();
}
```

Am Anfang werden zwei Variablen deklariert, *pass0* enthält das richtige Passwort, *loes0* wird später das Lösungswort enthalten.

> **Hinweis**
> **Passwörter in Großbuchstaben**
> Verwenden Sie für Passwörter auf WAP-Seiten möglichst Großbuchstaben, da diese auf den meisten Handys deutlich einfacher einzugeben sind.

Eine Abfrage klärt, ob das der Funktion übergebene Passwort *pass* gleich dem definierten Passwort *pass0* ist. Wenn ja, erhält die Variable *loes0* das Wort *richtig*, andernfalls *falsch*.

Dieses Lösungswort wird mit der Bibliotheksfunktion *WMLBrowser.setVar* an den Browser zurückgegeben.

11.3 WAP-Browser und -Tools

Die Sprache WML wurde so vielseitig definiert, dass sie nicht auf die heute verfügbare Handy-Technik beschränkt ist. WAP-Browser gibt es auch für andere Geräte, wie Palms oder auch PCs. Zukünftige Kommunikationsgeräte werden Organizer, Telefon und WAP-Browser in einem Gerät vereinigen, das über einen Touchscreen oder per Spracheingabe gesteuert wird. Designstudien für solche Geräte können Sie jetzt schon bei allen großen Handy-Herstellern im Internet sehen.

WAP auf Handys

Die bekanntesten WAP-Handys zurzeit sind das Motorola Timeport, Nokia 7110 und Ericsson R320s. Die Geräte unterscheiden sich in der Bedienung nur geringfügig.

Alle haben unterhalb des Displays zwei Funktionstasten, die entweder über <do>-Tags auf den WML-Seiten belegt werden oder eine davon dient als Auswahltaste für Links. In den Menüs blättert man mit einer Wipptaste nach oben oder unten. Das Nokia 7110 verwendet stattdessen ein Rädchen, ähnlich den modernen Mäusen, zum Scrollen.

Eine Ausnahme unter den WAP-Handys stellt das Ericsson R380s dar, das zusätzlich über Fax, SMS, E-Mail, Adressbuch, Terminkalender, Taschenrechner, Sprachaufzeichnungs- und Notizblockfunktion verfügt. Auf einem besonders großen querformatigen Display erkennt es handschriftliche Notizen. Dieses Display kann auch als WAP-Browser verwendet werden.

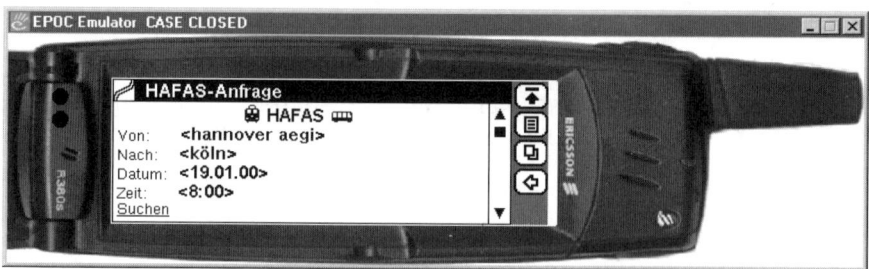

Fahrplanauskunft auf einem Ericsson R380s

Motorola plant ebenfalls eine neue Generation von WAP-Handys, die auf dem Palm OS-Betriebssystem der PalmPilots basieren werden und demnach ein Display von mindestens 160 x 160 Pixeln haben.

Auch für den Nokia Communicator 9110 gibt es inzwischen einen WAP-Browser. neuere Geräte werden bereits mit integriertem WAP-Browser ausgeliefert.

WAP auf dem Palm

Die meisten Einschränkungen von WAP gelten natürlich nicht, wenn man mit einem Palmtop durchs WAP surft. Der aktuelle Palm IIIc hat ein voll grafisches Display mit 160 x 160 Bildpunkten und 256 Farben, alle anderen Palms, IBM WorkPads und die Handspring Visors Graustufen-Displays in der gleichen Größe. Das Display lässt sich mit einem Stift drucksensitiv bedienen, sodass auch ein direktes Anklicken von Hyperlinks möglich ist. Texte können mit der Graffiti-Schrift des Palm eingegeben werden. Man braucht also nicht, wie auf einem Handy, Tasten mehrfach zu drücken, um einen Buchstaben zu tippen.

Für den Palm gibt es zurzeit verschiedene WAP-Browser, die über die Infrarotschnittstelle oder ein GSM-Kabel mit beliebigen Handys zusammenarbeiten, die eine Palm-Verbindung ermöglichen. Die Handys brauchen dazu nicht WAP-fähig zu sein.

Hinweis

Literatur zum Palm

Weiterführende Informationen zum Palm und seinen Klonen IBM WorkPad und Handspring Visor finden Sie in „Das große Buch Palm", ebenfalls bei DATA BECKER erschienen.

AUS WAP

Den WAP-Browser AUS WAP können Sie sich nun bei www.ericsson.com/developerszone/ oder bei www.aussys.se herunterladen.

Startseite des AU-System WAP-Browsers

WAPman

Den WAPman WAP-Browser bekommen Sie bei wap.com.sg.

Eingabe einer URL in WAPman

4thpass KBrowser

KBrowser ist ein Freeware-WAP-Browser für den Palm und kompatible Geräte, der in zwei verschiedenen Versionen geliefert wird:

- Palm OS 3.3 und höher für jedes Gerät mit konfiguriertem Internetzugang
- Palm VII für drahtlosen Internetzugang über palm.net nur in den USA

Dieses Programm bekommen Sie bei www.4thpass.com.

WAP

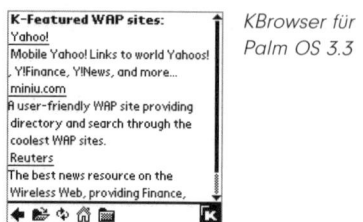

KBrowser für
Palm OS 3.3

WAPUniverse

WAPUniverse ist ein weiterer Freeware-WAP-Browser für den Palm. Sie können ihn bei www.wapuniverse.com herunterladen.

WAPUniverse
für den Palm

In WAPUniverse ist eine komfortable Bookmark-Verwaltung integriert. Außerdem können Sie den WML-Quelltext der gerade geladenen Seite ansehen.

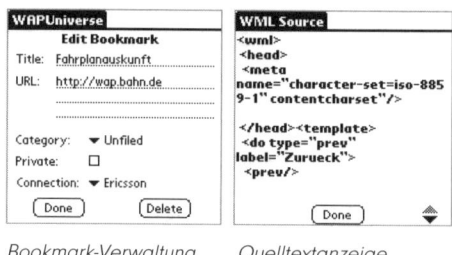

Bookmark-Verwaltung   Quelltextanzeige

WAP auf dem PC

WML-Seiten lassen sich auf einem normalen Internetbrowser nicht darstellen. Da WML aber eine Untergruppe von XML ist, werden neue Generationen von XML-Browsern WML ebenfalls unterstützen. Bis dahin müssen Sie sich mit speziellen Programmen begnügen, um WML-Seiten auf dem PC zu betrachten.

WinWAP

WinWAP ist ein Browser zum Online- oder Offlinebetrachten von WML-Seiten. Es ist kein Webserver oder sonstige Zusatzsoftware erforderlich. Der WAP-Zugang wird über den normale Internetzugang des PCs hergestellt, wobei auch Proxyserver verwendet werden können. Seit der Version 3 unterstützt WinWAP auch WMLScript. Hier können Sie das Display auf die Größenformate bekannter Handys einstellen, um so genau zu sehen, wie eine Seite auf dem jeweiligen Handy dargestellt würde.

WAP

WinWAP in den Größen bekannter Handys: Nokia 7110, Ericsson R320 und Motorola Timeport

> **Hinweis**
>
> **Seitenverhältnis**
>
> Das Seitenverhältnis der Pixel auf dem Ericsson R320 ist nicht quadratisch, sondern 1,24. Daher erscheint das wirkliche Display in einem anderen Format als die Simulation in WinWAP.

Allerdings erfolgt die Bedienung Windows-mäßig, also mit der Maus und Tastatur, und nicht über eine simulierte Handy-Tastatur. Links und Buttons können direkt auf dem Display angeklickt werden. Funktionstasten, die auf Handys mit <do>-Tags angesprochen werden, werden in WinWAP als graue Buttons am unteren Rand dargestellt. Im Unterschied zu Handys, wo die Texte zu den Funktionstasten permanent angezeigt werden, bewegen sich diese Buttons hier beim Scrollen mit.

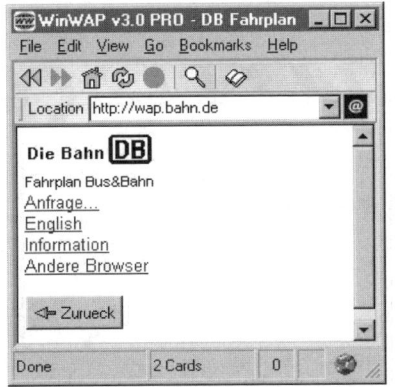

Fahrplanabfrage in WinWAP

Für wichtige Standardfunktionen enthält der Browser eine Symbolleiste am oberen Fensterrand mit sieben Symbolen:

- **Zurück** zur letzten Seite, entspricht dem *type="prev"* in einem <do>-Tag
- **Vorwärts**
- **Startseite** lädt die unter *Edit/Options/ HTTP* konfigurierte Homepage
- **Neu laden**
- **Stop**

- **Suchen** ruft die WAP-Suchmaschine http://mopilot.com/wml auf
- **Bookmarks** öffnet die Bookmark-Verwaltung

Wie in einem normalen Webbrowser können Sie hier auch Bookmarks anlegen. Zu jedem Bookmark kann man außer der Adresse auch eine Kurzbeschreibung und eine Bewertung speichern.

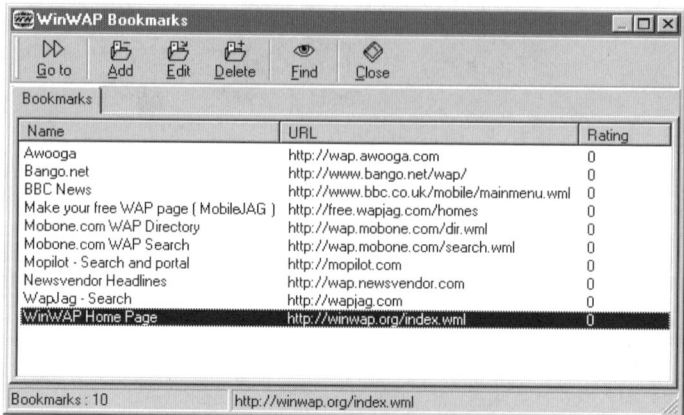

Bookmark-Verwaltung in WinWAP

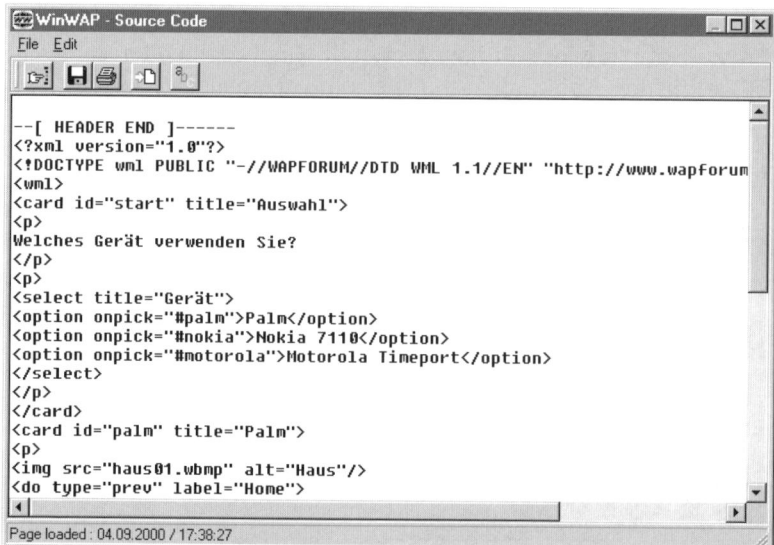

Darstellung des Quelltextes einer WAP-Seite in WinWAP

Webseiten können hiermit auch ausgedruckt oder als Link per E-Mail versendet werden. Dazu ruft WinWAP allerdings das standardmäßig konfigurierte Mail-Programm auf. Für Entwickler besonders interessant ist die Funktion *View/View Source*, mit der sich der Quelltext der aktuellen WAP-Seite in einem eigenen Fenster anzeigen lässt. Mit dem *Clean Up*-Button können Sie den Quelltext automatisch strukturiert und übersichtlich darstellen lassen.

Strukturierte Darstellung des Quellcodes

Diesen veränderten Quelltext können Sie auch direkt abspeichern und sich so manuelles Einrücken von Zeilen ersparen. Außerdem lassen sich natürlich WML-Seiten aus dem Internet lokal speichern, um Ideen für eigene WAP-Programmierung zu übernehmen.

Tipp
Konfigurationstipps
Schalten Sie in WinWAP der Übersichtlichkeit halber das Hintergrundbild aus und löschen Sie den Eintrag für eine Startseite, da WinWAP sonst bei jedem Programmstart versucht, eine Internetverbindung herzustellen, auch wenn Sie nur Offline WML-Seiten testen wollen.

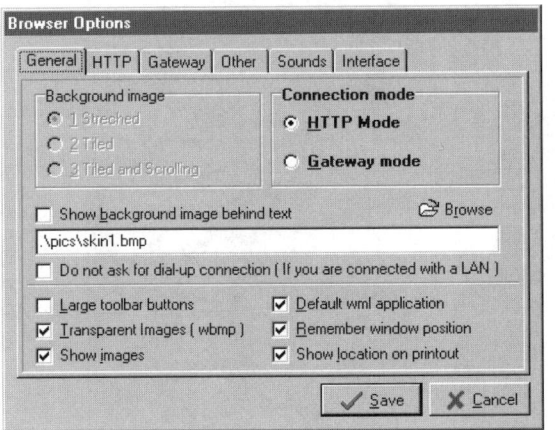

Grundeinstellungen in WinWAP

WAP

> **Tipp**
> **WinWAP-Webseite**
> Die aktuelle Version von WinWAP können Sie bei winwap.org herunterladen.

UP.Simulator

Der UP.Simulator von Phone.com simuliert ein komfortables WAP-Handy mit Original-Tastatur. Die Bedienung erfolgt nur durch Drücken der Handy-Tasten.

Zur Buchstabeneingabe müssen also manche Tasten wirklich mehrfach angeklickt werden. Das Programm kann WML-Seiten entweder online betrachten oder benötigt einen lokalen Webserver, um auch Offline-Seiten anzuzeigen.

In einem parallel laufenden DOS-Fenster lassen sich Fehlermeldungen und auch die Quelltexte der WML-Seiten darstellen.

Für den UP.Simulator können Sie verschiedene Skins herunterladen, um so die Displays und Sonderfunktionstasten verschiedener Handys zu simulieren. Hier sehen Sie auch die verschiedenen Darstellungsweisen für Texte auf den Handys.

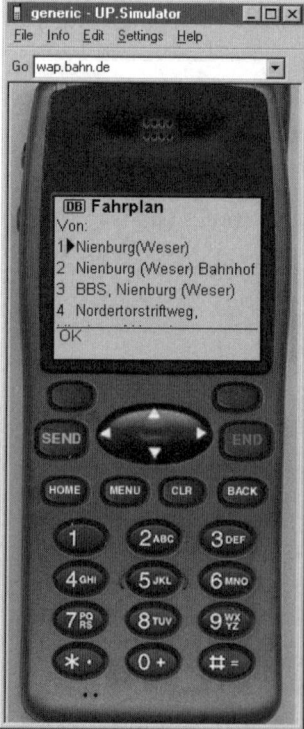 

Der UP.Simulator von Phone.com

Tipp

Phone.com Webseite

Die aktuelle Version von UP.Simulator bekommen Sie bei updev.phone.com.

WAPtor – WMP schreiben und betrachten

WAPtor ist ein Editor für WML-Seiten mit einem integrierten kleinen Browser. Damit können Sie WML-Seiten schreiben und auch direkt betrachten. Das Programm verwendet keine Internetverbindung. Man kann also keine Onlineseiten betrachten, sondern nur lokale WML-Dateien.

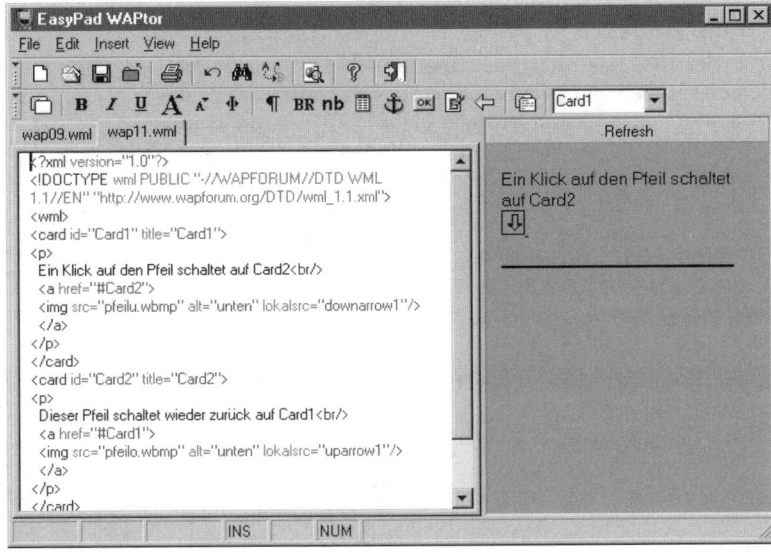

Der WML-Editor WAPtor

Verschiedene WML-Elemente werden in unterschiedlichen Farben hervorgehoben:

- **Tags** – Dunkelblau
- **Parameternamen** – Grün
- **Parameterwerte** – Hellblau
- **Sonstige Texte** – Schwarz
- **Fehlerhafte Tags** – Rot

Um das Editieren zu vereinfachen, können Sie häufig benötigte Tags über Symbole Buttons in der unteren Symbolleiste einfügen und müssen so nicht den ganzen Quelltext manuell schreiben.

Mit der Taste [F11] aktualisieren Sie die Vorschau im Browserfenster. Im Listenfeld ganz rechts können Sie auswählen, welche Card angezeigt werden soll. Die aktuelle Version stellt auch Grafiken und Links auf andere Seiten korrekt dar.

WAP

> **Tipp**
>
> **Herstellerinformationen**
>
> Das Programm können Sie sich bei http://www.waptop.net kostenlos herunterladen.

M3Gate

Der M3Gate WAP-Browser funktioniert als Plug-In für Netscape. Wenn Sie in Netscape eine WAP-Seite anwählen, wird sie direkt im M3Gate-Browser dargestellt.

> **Tipp**
>
> **Falsche Seite angezeigt**
>
> Wenn Sie in der URL-Zeile von Netscape eine WAP-Adresse ohne Dateinamen angeben, kann es passieren, dass im Netscape-Fenster eine WWW-Seite angezeigt wird anstelle einer WAP-Seite im M3Gate-Plug-In. Dies liegt daran, dass manche Webserver die Browserkennung abfragen und danach entscheiden, welche Seite dargestellt werden soll. Netscape sendet hier natürlich weiterhin seine Browserkennung. Geben Sie in so einem Fall am Ende des URL noch den Seitennamen „index.wml" ein. Dann wird auch wirklich eine WAP-Seite dargestellt. Beispiele für diese Technik sind: wap.bahn.de/ oder wap.web.de/.

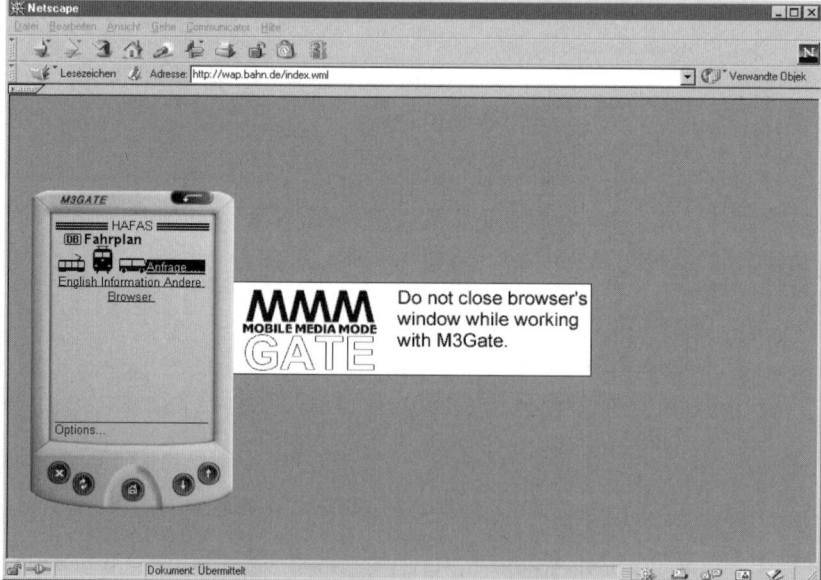

Netscape mit M3Gate-Plug-In

Dieser Browser lässt sich in seinem Aussehen zwischen Palm und Handy umschalten, sodass Entwickler ihre Seiten in zwei verschiedenen Display-Größen testen können. Außerdem haben Sie auch zwei Bedienungsoberflächen zur Verfügung. Während auf der Palm-Oberfläche Links direkt ange-

WAP

klickt werden können und Texteingaben über die PC-Tastatur gemacht werden, lässt sich die Handy-Oberfläche wie ein wirkliches Handy mit einer simulierten Zahlentastatur, zwei Funktionstasten und einem Nokia 7110-ähnlichen Scrollrädchen bedienen. Weitere Skins, um andere Geräte zu simulieren, sind in Planung. Der M3Gate-Browser bietet als einer der wenigen PC-Browser volle Unterstützung für WMLScript. Auch alle anderen WML-Elemente und Grafiken werden problemlos dargestellt. Schwierigkeiten gibt es nur noch bei Tabellen. Ein Rechtsklick im Display blendet ein Kontextmenü ein, mit dem Sie Bookmarks speichern und sich den Quellcode der aktuellen WML-Seite anzeigen lassen können.

> **Tipp**
>
> **Herstellerinformationen**
>
> Das Programm können Sie sich bei http://www.numeric.ru/m3gate/g_index.htm kostenlos herunterladen.

ccWAP

ccWAP ist ein neuer Freeware-WAP-Browser für Offline- oder Online-WAP-Seiten. Das Programm läuft als eigenständige Applikation in einem Browserfenster, auch wenn der Browser offline ist.

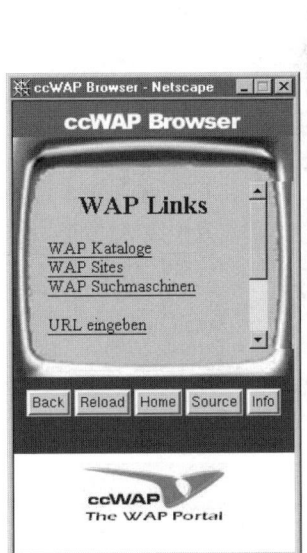 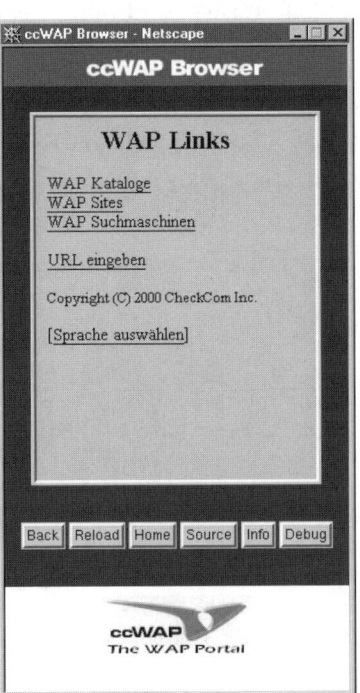

ccWAP mit Handy-Display ...   ... und mit Palm-Display

Wenn Sie nach der Installation das Programm aufrufen, öffnet sich zunächst ein Browserfenster, in dem Sie einige Konfigurationseinstellungen vornehmen können.

WAP

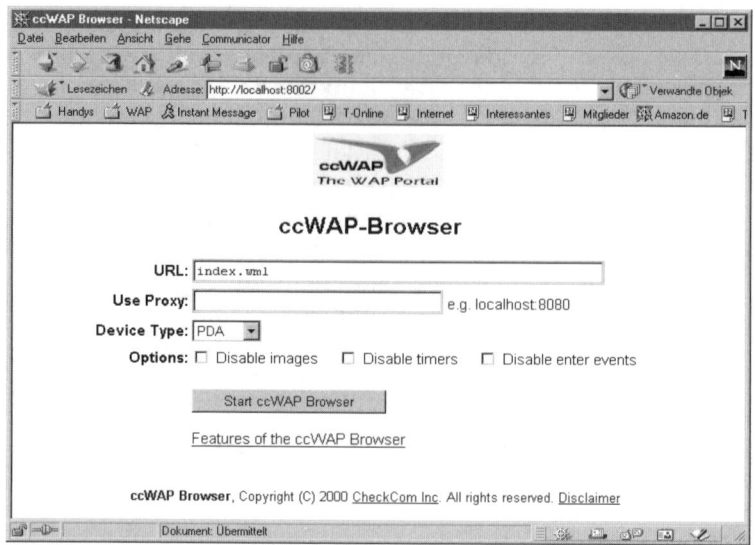

Konfiguration von ccWAP

Hier können Sie die Display-Größe sowie einen Proxyserver einstellen, wenn Sie auch WAP-Seiten im Internet aufrufen wollen. Allerdings entsprechen die beiden wählbaren Display-Größen weder einem gängigen Handy noch einem Palm. Auf der standardmäßig konfigurierten Startseite von ccWAP finden Sie einige Links auf WAP-Seiten im Internet sowie eine Eingabemöglichkeit für beliebige URLs. Hier können Sie auch Namen von lokalen WML-Dateien angeben. ccWAP kann zu jeder WAP-Seite auch den Quelltext anzeigen.

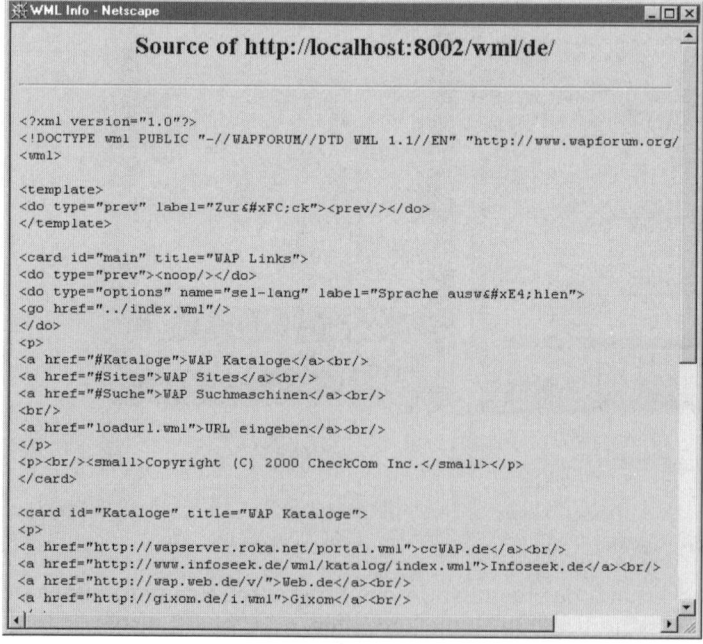

Quelltextanzeige in ccWAP

> **Tipp**
>
> **Herstellerinformationen**
> Das Programm können Sie sich bei http://www.ccwap.com/de/download.htm kostenlos herunterladen.

Opera

Opera stellt als erster Webbrowser standardmäßig auch WAP-Seiten dar.

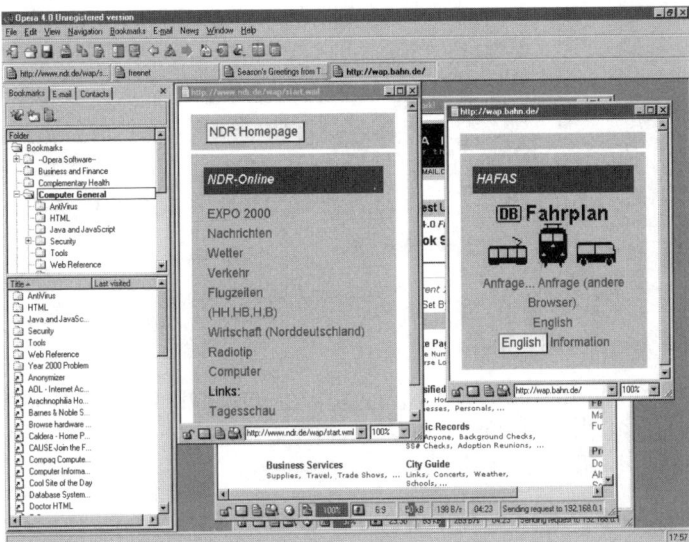

Darstellung von WAP-Seiten in Opera

> **Tipp**
>
> **Herstellerinformationen**
> Eine Testversion des Opera-Browsers können Sie sich bei http://www.operasoftware.com kostenlos herunterladen.

Yourwap

Eine besondere Art von Browser ist Yourwap, der in zwei Fenstern parallel WML-Seiten und WWW-Seiten darstellen kann.

Zur Darstellung der WML-Seiten kann entweder ein Ericsson R320s oder ein Nokia 7110 simuliert werden. Die Bedienung erfolgt durch Anklicken der Handy-Tasten.

Dieses Programm kann nur Onlineseiten darstellen.

WAP

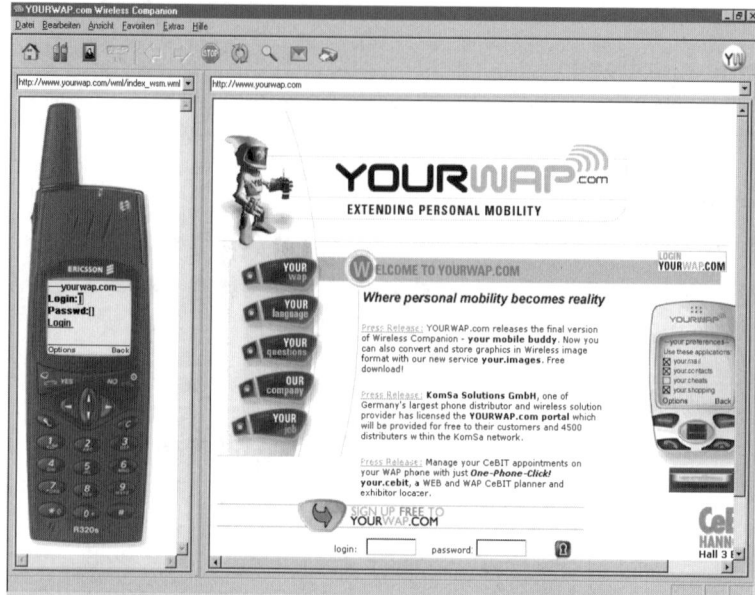

Der WAP/WWW-Browser Yourwap

Der Anbieter Yourwap www.yourwap.com ermöglicht online nach einer kostenlosen Anmeldung das Erstellen eines persönlichen WAP-Portals mit den eigenen Lieblingsangeboten.

Online-WAP-Simulatoren

Ganz ohne spezielle Software herunterladen zu müssen, können Sie sich beliebige WAP-Seiten auf diversen Onlinebetrachtern ansehen. Die meisten davon sehen aus wie ein Nokia 7110-Handy.

Allerdings unterscheidet sich die Darstellung der Seiten oft erheblich von einem wirklichen Handy. Besonders bei der interaktiven Eingabe haben viele der Simulatoren Probleme.

Wir haben verschiedene Simulatoren getestet. Die Tabelle am Ende zeigt die unterstützten und nicht unterstützten Features. Wenn Sie also eine WAP-Seite erstellen, testen Sie sie nach dieser Tabelle auf verschiedenen Simulatoren.

Wir haben alle WAP-Simulatoren mit Netscape 4.7 getestet. Der Internet Explorer hat teilweise erhebliche Darstellungsprobleme in den Java-Fenstern.

Der bekannteste WAP-Simulator, http://gelon.net, simuliert wahlweise verschiedene Handys: Nokia 7110, Ericsson R320, Siemens S35, C35, M35 und das neue Motorola A6188.

WAP

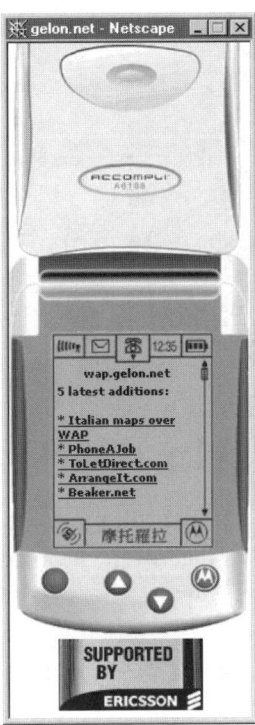

Der Online-WAP-Browser gelon.net mit verschiedenen Handys

Der Vergleichstest

In der Tabelle finden Sie verschiedene Testkriterien. Ein „ja" in der Tabelle bedeutet, das Feature wird korrekt unterstützt, ein „nein" bedeutet, das Feature wird fehlerhaft oder nicht unterstützt. Leider haben zurzeit noch viele Browser mehr „nein" als „ja" im Testergebnis.

	gelon	wapjag	waptiger	iobox	wappy.to	wapsilon
Webseite (http://...)	gelon.net	www.wapjag.de	www.waptiger.de	www.iobox.de	wappy.to	wapsilon.com
Textformatierungen						
Lange nowrap-Zeilen	nein	nein	nein	nein	ja	nein
fett	nein	ja	ja	nein	ja	ja
kursiv	ja	ja	ja	nein	ja	ja
unterstrichen	ja	ja	nein	nein	ja	ja
groß	nein	ja	nein	nein	ja	nein
klein	nein	nein	nein	nein	ja	ja
strong	nein	ja	ja	nein	ja	ja
hervorgehoben	ja	ja	ja	nein	ja	ja
Gestaltungselemente						
Tabellen (normal)	ja	ja	nein	nein	ja	ja
Tabellen (überbreit)	nein	ja	nein	nein	ja	ja
Grafik	ja	ja	ja	nein	ja	ja

	gelon	wapjag	waptiger	iobox	wappy.to	wapsilon
Bedienelemente						
Links	ja	ja	ja	ja	ja	ja
Funktionstasten	nein	nein	nein	ja	ja	ja
Interaktion						
Eingabefelder	ja	nein	ja	ja	ja	ja
Einfachauswahl	ja	nein	nein	ja	ja	ja
Mehrfachauswahl	nein	nein	nein	ja	ja	ja
Auswerten von Variablen	nein	nein	nein	nein	nein	nein
Handy-Darstellung	ja	ja	ja	ja	nein	nein

11.4 No WAP, no Fun: Troubleshooting

In diesem Kapitel finden Sie Antworten und Lösungsvorschläge für typische Fragen und Probleme, die viele WAP-Anwender und Entwickler am Anfang haben.

Serverkonfiguration

Das **W**ireless **A**pplication **P**rotocol definiert die Übertragung der Daten vom WAP-Gateway auf das Handy. Für WML-Dateien müssen eigene MIME-Typen auf dem Server konfiguriert werden. Die Daten werden dann über ein Standard HTTP-Protokoll übertragen.

MIME-Typ	Dateiformat
text/vnd.wap.wml	WML
image/vnd.img.wbmp	WBMP

Die Seiten, die auf den Webservern im ASCII-WML-Format vorliegen, werden auf dem Gateway in ein kleineres Binärformat übersetzt, damit nicht so viele Daten auf das Handy übertragen werden müssen. Das ist auch der Grund, weshalb die WAP-Entwicklungsumgebungen Webserver brauchen und nicht einfach mit den lokalen WML-Dateien arbeiten können.

Wie wähle ich eine WAP-Seite an?

Die Anwahl einer WAP-Seite erfolgt wie in einem Webbrowser durch Eingabe der Adresse. Da diese Eingabe auf Handys sehr mühsam ist, bieten die großen Mobilfunknetz-Betreiber bereits WAP-Portalseiten an, von denen aus man über Links auf die beliebtesten WAP-Dienste kommt.

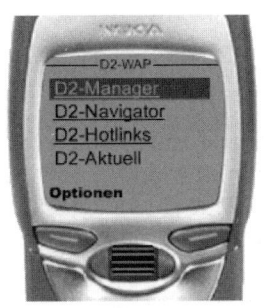

Startseite von D2 WAP

Außerdem gibt es immer mehr Provider-unabhängige Portalseiten. In den meisten WAP-Browsern kann man die Startseite wie im Webbrowser frei einstellen, sodass man auch eines dieser Portale bei der Anwahl automatisch starten kann. Beachten Sie, dass bei den meisten WAP-Browsern der Schrägstrich am Ende der URL unbedingt angegeben werden muss, wenn die URL nicht direkt mit einem WML-Seitennamen endet.

WAP-Portal	URL
Yahoo	wap.yahoo.de/
Webcab	webcab.de/i.wml
Web.de	wap.web.de/
Sunrise	wap.sunrise.ch/
Yourwap (personalisierbare Startseite, Anmeldung erforderlich)	www.yourwap.com/wml/index_wsm.wml
Webhits (WAP 2 Mail Gateway)	wap.webhits.de/
CityWAP2000 (Städteinfos)	citywap2000.de/staedtefuehrer.wml

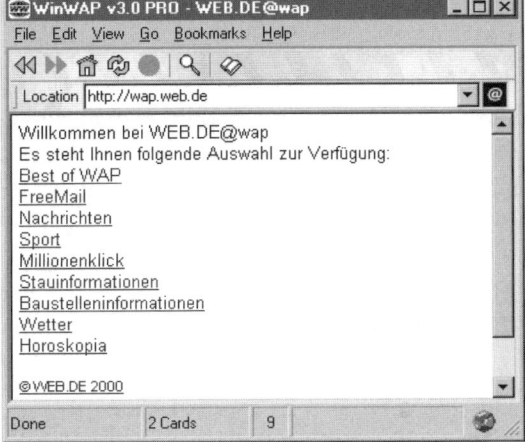

Portalseite wap.web.de

WAP-Konfiguration für verschiedene Provider

Die großen Mobilfunknetz-Betreiber bieten alle ein eigenes WAP-Gateway an, das unter einer einheitlichen Einwahlnummer direkt erreicht wird. Die Tabelle zeigt alle notwendigen Daten. D2, E-Plus und Viag Interkom bieten eine automatische Konfiguration für Nokia 7110-Handys über eine SMS-Nachricht an. Diese Nachricht enthält einen Konfigurationsstring und erspart dem Benutzer die manuelle Konfiguration des WAP-Browsers.

	D1	D2	E-Plus	Viag Interkom
Einwahlnummer	0171 – 25 24 120	0172 – 22 90 100	0177 – 12 39 99	0179-46927
Startseite	mmm.t-d1-wap.de/ t-online/	www.d2wap.de/	eplus.de/	wap.viaginterkom.de/
SMS-Autokonfiguration	nicht verfügbar	0172 – 22 900 101	0177 – 12 39 27	0179-2255927
IP-Adresse	193.254.160.8	10.1.32.10	212.23.97.9	193.96.115.33
Servicenummer	01803 – 30 22 02	0172 – 12 12	0177 – 10 00	0800-1090000
Verbindungstyp	kontinuierlich	kontinuierlich	kontinuierlich	kontinuierlich
Verbindungssicherheit	Aus	Aus	Aus	Aus
Übertragungsart	Daten	Daten	Daten	Daten
Authentisierungstyp	Normal	Normal	Normal	Normal
Datenanruftyp	ISDN	ISDN	ISDN	analog
Übertragungsgeschwindigkeit	9.600	9.600	Automatisch	9.600
Benutzername	t-d1	nicht nötig	eplus	go@wap.de
Kennwort	wap	nicht nötig	wap	interkom

GSM-Frequenzen

Heutige Mobilfunknetze verwenden weltweit (außer dem alten C-Netz der Telekom) drei verschiedene Frequenzbänder:

- GSM900 – Deutsche Netze D1 und D2 sowie die meisten Netze in Europa, Afrika und im Nahen Osten.
- GSM1800 – Deutsche Netze E-Plus und Viag Interkom sowie weitere Netze in Europa und im Fernen Osten. Wegen der hohen Netzauslastung des GSM900-Bandes verwendet D2 teilweise auch Frequenzen im GSM1800-Band.
- GSM1900 – USA

Alle Mobilfunkanbieter bieten die Möglichkeit des International-Roaming, also des Telefonierens im Ausland, ohne dort eine eigene SIM-Karte zu brauchen. Das Handy muss aber dazu das jeweilige Frequenzband unterstützen. Aus diesem Grund gibt es verschiedene Dual-Band-Handys, die GSM900 und GSM1800 unterstützen. Tri-Band-Handys können zusätzlich auch im amerikanischen GSM1900-Netz verwendet werden.

Wegen der noch geringen Netzabdeckung im Viag-Netz schaltet dieser Anbieter bei Bedarf automatisch in ein anderes verfügbares Netz um. Viag-Kunden sollten also grundsätzlich Dual-Band-Handys verwenden, um auch in den D-Netzen telefonieren zu können.

Benefon bietet jetzt das erste Handy an, das parallel mit zwei SIM-Karten arbeitet. Man braucht also bei regelmäßigen Auslandsaufenthalten oder in Grenzregionen mit Netzüberschneidungen nicht mehr die teuren Roaming-Tarife zu bezahlen. Stattdessen steckt man eine Prepaid-Karte des jeweiligen Landes zusätzlich in das Gerät und telefoniert dann in beiden Ländern zum Inlandstarif.

Verschiedene Grafiken für verschiedene Handys

Auf WAP-Seiten sollten Sie die Größe der Grafiken an die Displays der Handys anpassen. Auf Seiten, wo die Grafiken wichtig sind, sollte es eine Auswahlmöglichkeit für verschieden großer Bilder je nach verwendetem Handy geben. So können Sie auf einem Palm ein Bild wesentlich größer darstellen als auf einem Motorola Timeport. Da kein gängiger WAP-Browser bis jetzt eine Zoom-Funktion anbietet, würde ein Bild, das beim Motorola Timeport das ganze Display ausfüllt, auf dem Palm sehr klein erscheinen.

Im folgenden Beispiel zeigen wir, wie Sie eine solche Grafikauswahl auf einer WAP-Seite realisieren können.

```xml
<?xml version="1.0"?>
<!DOCTYPE wml PUBLIC "-//WAPFORUM//DTD WML 1.1//EN"
"http://www.wapforum.org/DTD/wml_1.1.xml">
<wml>
<card id="start" title="Auswahl">
<p>
  Welches Gerät verwenden Sie?
</p>
<p>
  <select title="Gerät">
    <option onpick="#palm">PalmPilot</option>
    <option onpick="#nokia">Nokia 7110</option>
    <option onpick="#motorola">Motorola Timeport</option>
  </select>
</p>
</card>
<card id="palm" title="PalmPilot">
<p>
<img src="haus01.wbmp" alt="Haus"/>
<do type="prev" label="Home">
  <prev/>
</do>
</p>
</card>
<card id="nokia" title="Nokia 7110">
<p>
```

```
<img src="haus02.wbmp" alt="Haus"/>
<do type="prev" label="Home">
  <prev/>
</do>
</p>
</card>
<card id="motorola" title="Motorola Timeport">
<p>
<img src="haus03.wbmp" alt="Haus"/>
<do type="prev" label="Home">
  <prev/>
</do>
</p>
</card>
</wml>
```

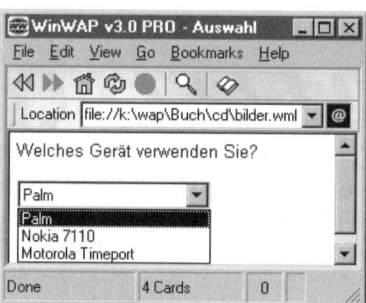

Darstellung der Startseite in WinWAP

Je nachdem, welche Option man in der Liste auswählt, wird eine Card mit einem anderen Bild angezeigt.

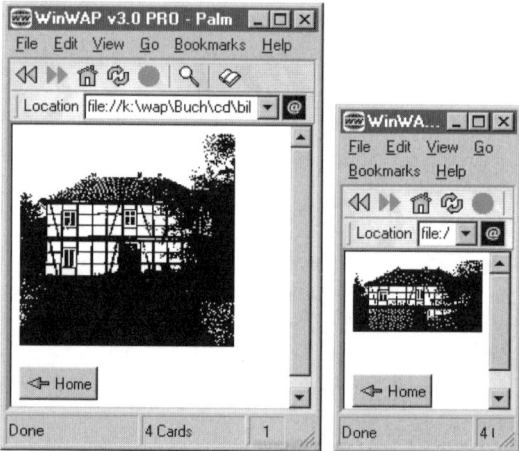

Größenunterschied der Bilder für PalmPilot und Motorola Timeport

> **Hinweis**
> **Display-Größen bekannter WAP-Geräte**
> Zur Optimierung von Bildern finden Sie hier die Display-Größen wichtiger WAP-fähiger Geräte in Pixeln: Nokia 7110: 95 x 45; Ericsson R320: 101 x 52; Ericsson R380: 304 x 98; Ericsson MC218: 537 x 181; Motorola Timeport: 96 x 54; Palm: 160 x 160.

Nutzen Sie für Ihre Grafiken für den Palm nicht die vollen 160 x 160 Pixel des Palm-Displays, da alle WAP-Browser oben oder unten eine Symbolleiste haben. Die Breite steht voll zur Verfügung, in der Höhe sollten Sie sich auf 140 bis 150 Pixel beschränken.

Texteingabefelder verdecken die Seite

Wegen der geringen Display-Größe blenden Handys die Eingabefelder manchmal erst ein, wenn sie im Browser selektiert wurden. Das hat zur Folge, dass das Eingabefeld das ganze Display füllt und somit der Rest der Seite nicht mehr zu lesen ist. Gehen Sie also bei der Entwicklung von WAP-Seiten nicht davon aus, dass der Anwender während der Texteingabe die anderen Informationen noch lesen kann.

Anruf von einer WAP-Seite

Einige Handys, zum Beispiel Ericsson R320 und R380, können direkt aus einer WAP-Seite heraus eine Nummer wählen und so jemanden anrufen. Dazu wird ein *wtai*-Attribut in einem <a href>-Tag verwendet.

```
<a href="wtai://wp/mc;+491721234567>Ruf mich an</a>
```

Andere Handys haben im Browser die Möglichkeit, eine Zeile, die eine Telefonnummer enthält, direkt ins Telefonbuch zu übernehmen. Deshalb sollten Sie Telefonnummern auf WAP-Seiten in eigenen Zeilen darstellen.

Das folgende Beispiel zeigt eine einfache persönliche WAP-Homepage mit Visitenkarte und Anrufmöglichkeit.

```
<?xml version="1.0"?>
<!DOCTYPE wml PUBLIC "-//WAPFORUM//DTD WML 1.1//EN"
"http://www.wapforum.org/DTD/wml_1.1.xml">
<wml>
<card id="Card1" title="Meine Adresse">
<p>
Christian Immler<br/>
Strand<br/>
Helgoland<br/>
<a href="wtai://wp/mc;+491721234567">+491721234567</a><br/>
</p>
</card>
</wml>
```

WAP

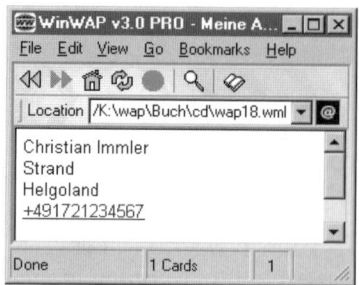

Die Visitenkarte in WinWAP

WAP und E-Mail

Bei http://wap3.de können Sie sich eine einfache WAP-Seite erstellen, die ein Bild, einen kurzen Text und ein E-Mail-Formular enthält. Die Bilder können allerdings nicht frei gewählt werden, sondern müssen aus einer begrenzten Auswahl auf der Webseite genommen werden. Es gibt auch hier keine Möglichkeit, den Quelltext manuell zu ändern. Man muss sich also mit dem simplen Seitenaufbau zufrieden geben. Dafür haben die WAP-Seiten eine einfach zu merkende Adresse: *http://wap3.de/eigene_Handynummer*.

Um Missbrauch zu verhindern, muss man die Seite vom eigenen Handy per SMS freischalten. Danach erhält man eine Bestätigung per E-Mail.

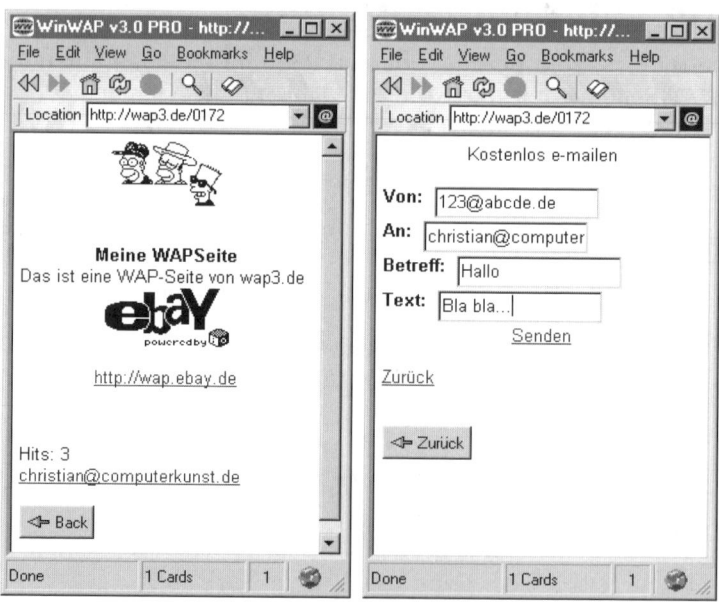

Eine WAP-Seite, die mit wap3.de erstellt wurde

Auf jeder Seite wird automatisch ein Werbebanner und ein Link auf ein E-Mail-Formular angelegt. In diesem E-Mail-Formular ist standardmäßig die eigene Adresse als Empfänger eingetragen. Der Anwender kann dies jedoch jederzeit ändern und die Seite auch zum Versenden von E-Mails an beliebige andere Empfänger verwenden. Als Absenderadresse kann ebenfalls jede beliebige E-Mail-Adresse eingegeben werden, sie muss nur ein @-Zeichen enthalten. Damit lassen sich also auch Fake-Mails aller Art erstellen und verschicken.

> **Hinweis**
>
> **E-Mail ohne Anmeldung**
>
> Möchten Sie einfach nur von einer WAP-Seite E-Mails verschicken, ohne selbst eine Seite erstellen oder sich anmelden zu müssen, verwenden Sie http://www.lewap.com/wml/mail.wml. Die Seite ist zwar in französischer Sprache, aber auch ohne Sprachkenntnisse einfach zu bedienen.

WAP-Suchmaschinen

Wie vor ein paar Jahren die WWW-Suchmaschinen, entstehen jetzt überall WAP-Suchmaschinen. Die Qualität solch einer Suchmaschine hängt entscheidend davon ab, wie viele Adressen eingetragen sind. Dabei gibt es auch im WAP große Unterschiede zwischen den redaktionell betreuten Katalogen und den Suchmaschinen, bei denen jeder seine WAP-Seite selbst eintragen kann.

Deutschsprachige Suchmaschinen (DE/AT/CH)

AcoonWap	www.acoon.de/wap
Crawler	wap.crawler.de
Fireball	wap.fireball.de
Gixom	gixom.de/i.wml
Infoseek	www.infoseek.de/wml
Lycos	wap.compuserve.de/wap/lycos/lycos.wml
Wapcafe	wapcafe.de
Wap-direkt	www.wap-direkt.de/index.wml
WapDog	wapdog.de
Wapfinder	wapfinder.ch
Wapguide	wap.wapguide.at
Wapitout	www.wapitout.de
Wapjag	wapjag.de
Wapjump	www.wapjump.ch
WAPlocator	www.waplocator.de/wap/index.wml
Waply	waply.com/germany/wap
Wapmachine	wapmachine.de/i.wml
WAP-Online	www.wap-online.ch/main.wml
Waptiger	wap.infotiger.de
Wapup	wapup.de

Internationale Suchmaschinen

Fast	wap.fast.no
GetLocal	www.getlocal.co.uk/WAP
Intouch	wap.intouch.co.za/nk/surf/surf1.wml
Jumbuck	www.jumbuck.com/wap
Kompass	wap.kompass.ie
Le Wap	www.lewap.com/i.wml
nedgen.netsystem	nedgen.netsystem.nl/wap/wapform.wml
Orktopas	www.orktopas.com
Wapaw	wapaw.com
Wapinside	www.wapinside.com/wap
WapJag	www.wapjag.com
Waply	www.waply.com/wap
Wapmore	www.wapmore.com
Wapwarp	www.wapwarp.com

12. Plug-Ins: Entdecke die Vielfalt

Webbrowser können unmöglich alle Dateiformate, die für irgendeine Form von Daten verwendet werden, betrachten. Aus diesem Grund verwenden Sie eine offene Architektur. Jemand, der Daten eines bestimmten Formats betrachten möchte, kann einen eigenen Betrachter dafür schreiben, der als so genanntes Plug-In in den Internet Browser integriert werden kann.

Diese Plug-Ins werden normalerweise im Internet kostenlos zur Verfügung gestellt, sodass man sie sich mit einfach zu bedienenden Installationsprogrammen auf dem eigenen Rechner installieren kann.

12.1 Der Umgang mit Plug-Ins

Als Anbieter von Dateien in wenig gebräuchlichen Dateiformaten setzt man üblicherweise einen Link auf die eigene HTML-Seite, der zu der Stelle verzweigt, von wo sich der Internet-Benutzer den passenden Dateibetrachter holen kann.

So stellt zum Beispiel Autodesk unter diesem Logo auf seinen Seiten www.autodesk.com einen Betrachter für DWF-Dateien (**D**rawing **W**eb **F**ormat) zum Download bereit.

Dieses Format ist ein stark komprimiertes zweidimensionales Zeichnungsformat, das AutoCAD 2000 ausgeben kann. Netscape bietet auf seinen eigenen Webseiten (home.de.netscape.com/de/Plug-Ins/) eine ausführliche Übersicht über Plug-Ins an.

Bei jedem Plug-In wird beschrieben, für welches spezielle Dateiformat es verwendet werden kann und es wird ein Link auf die Downloadseite des Herstellers angeboten. Microsoft bietet leider keinen vergleichbaren Service für den Internet Explorer.

Browserwatch ist eine plattformunabhängige Informationsseite über Plug-Ins, die Sie unter www.browserwatch.com/plug-in.html finden können. Hier finden Sie ebenfalls zahlreiche Links auf Downloadseiten verschiedener Plug-In-Hersteller.

Ein Plug-In ist in Netscape eine DLL-Datei, die im Plug-Ins-Verzeichnis abgelegt wird. Aufwendige Plug-Ins, die eine eigene Benutzeroberfläche und Export- oder Bearbeitungsfunktionen haben, verwenden dafür zusätzliche

Dateien, die in einem eigenen Verzeichnis liegen. Die DLL-Datei im Plug-Ins-Verzeichnis dient dann nur zum Start des Programms.

Innerhalb von Netscape können Sie *about:Plugins* in die URL-Zeile eingeben oder mit dem Menübefehl *Hilfe/Über Plug-Ins* eine Übersicht über alle installierten Plug-Ins anzeigen lassen. Netscape ruft dazu ein Javascript auf, das alle installierten Plug-Ins und die dazu registrierten Dateiformate anzeigt.

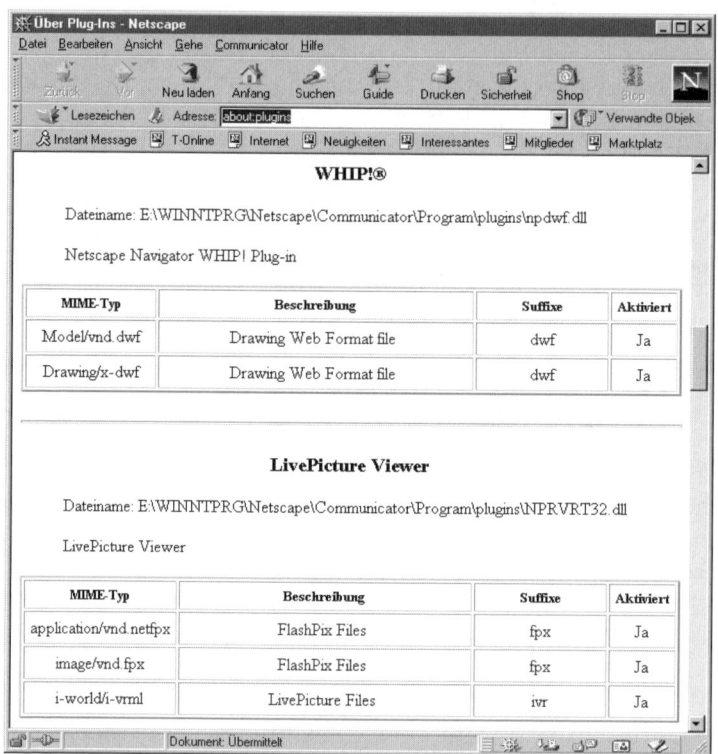

Installierte Plug-Ins mit about:plugins angezeigt

Automatisches Laden von Plug-Ins

Taucht beim Laden einer Webseite eine Datei auf, deren Format dem Browser nicht bekannt ist, wird zunächst überprüft, ob für dieses Format eines der installierten Plug-Ins registriert ist. Wenn nicht, hängt es von der mehr oder weniger guten Programmierung der Webseite ab, ob der Anwender das richtige Plug-In zur Darstellung des speziellen Formats finden kann.

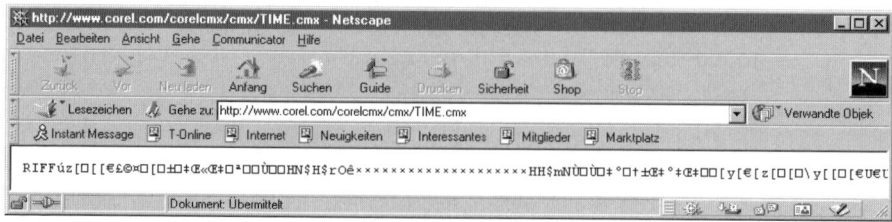

Fehlerhafte Darstellung ohne MIME-Typenangabe oder Hinweis auf Plug-In

Im einfachsten Fall versucht der Browser, die Datei als Text darzustellen, wenn wie in diesem Beispiel auf der Webseite nichts über ein Plug-In und auch kein MIME-Typ angegeben wurde.

```
<LI><A HREF="cmx/TIME.cmx">Hourglass</A>
```

So sieht der Aufruf für das Bild auf der Seite davor aus. CMX ist ein spezielles Vektorformat von Corel; das Plug-In kann unter folgender Adresse downgeloadet werden:

www.corel.com/corelcmx/

12.2 Unterschiede zwischen Netscape Navigator und Internet Explorer

Für den Microsoft Internet Explorer brauchen Sie ein komplizierteres HTML-Format, da hier nicht einfach mit einem Plug-In gearbeitet wird, sondern eingebettete Objekte über Active-X Controller verarbeitet werden. Diese sind nicht so übersichtlich wie bei Netscape als DLL-Dateien in einem eigenen Verzeichnis abgelegt, sondern tauchen als zahlreiche Dateien in den Windows-Systemverzeichnissen auf. Der Microsoft Internet Explorer bietet auch keinen automatischen Plug-In Finder an. Hier müssen die Download-Seiten für die Plug-Ins immer explizit angegeben werden.

Beispiel: Gestaltung der Seiten für den Internet Explorer

Würden Sie HTML-Seiten, die ein spezifisches Plug-In erfordern, im Microsoft Internet Explorer öffnen, erscheinen anstelle der Fenster nur leere weiße Flächen ohne Hinweis darauf, was hier eigentlich sein sollte. Damit diese Seiten auch vom Internet Explorer interpretiert werden können, muss der HTML-Code folgendermaßen ergänzt werden. (Der HTML-Code ist der Übersichtlichkeit halber gekürzt.)

```
<HTML>
<HEAD>
<TITLE>
Funbad (mit DWF-Datei)
</TITLE>
</HEAD>
<BODY BGCOLOR="#FFFFFF" TEXT="#000000"
      LINK="#000000" VLINK="#00aa00" ALINK="#00ff00">
<H3>DWF-Datei mit WHIP! Netscape-Plug-In</H3>
Erstellt mit AutoCAD 2000 DWFOUT
Für Microsoft Internet Explorer
<P>
<HR>
<object id="egdwf"
```

```
classid="clsid:B2BE75F3-9197-11CF-ABF4-08000996E931"
codebase="ftp://ftp.autodesk.com/pub/whip/english/
whip.cab#version=4,0,42,95"
width=400 height=300>
<param name="Filename" value="egdwf.dwf">
<EMBED src="FUNBAD.dwf" width=400 height=300 type="model/vnd.dwf"
Plug-Inspage=http://www.autodesk.com/products/whip/index.htm>
</object>
</P>
Draufsicht EG
<P>
<HR>
<object id="ugdwf"
classid="clsid:B2BE75F3-9197-11CF-ABF4-08000996E931"
codebase="ftp://ftp.autodesk.com/pub/whip/english/
whip.cab#version=4,0,42,95"
width=400 height=300>
<param name="Filename" value="ugdwf.dwf">
<EMBED src="kugelbdr.dwf" width=400 height=300
type="model/vnd.dwf"
Plug-Inspage=http://www.autodesk.com/products/whip/index.htm>
</object>
</P>
Draufsicht UG
<P>
<HR>
<object id="hohen"
classid="clsid:B2BE75F3-9197-11CF-ABF4-08000996E931"
codebase="ftp://ftp.autodesk.com/pub/whip/english/
whip.cab#version=4,0,42,95"
width=400 height=300>
<param name="Filename" value="hohen.dwf">
<EMBED src="kugelbdr.dwf" width=400 height=300
type="model/vnd.dwf"
Plug-Inspage=http://www.autodesk.com/products/whip/index.htm>
</object>
</P>
Höhenplan
<P>
<HR>
<object id="lage"
classid="clsid:B2BE75F3-9197-11CF-ABF4-08000996E931"
codebase="ftp://ftp.autodesk.com/pub/whip/english/
whip.cab#version=4,0,42,95"
width=400 height=300>
<param name="Filename" value="lage.dwf">
<EMBED src="kugelbdr.dwf" width=400 height=300
type="model/vnd.dwf"
Plug-Inspage=http://www.autodesk.com/products/whip/index.htm>
</object>
</P>
Lageplan
</BODY>
</HTML>
```

Parameter, die hier zweimal im gleichen Wortlaut angegeben sind, müssen auch wirklich zweimal gleich in der HTML-Datei stehen.

Die Werte bei *classid* und *codebase* übernehmen Sie genauso, wie hier angegeben. *codebase* wird bei jeder Whip!-Version von Autodesk aktualisiert.

Die jeweils gültige Version finden Sie auf den Autodesk-Webseiten.

Netscape versteht die Eintragungen so auch, beachtet aber nur die benötigten Werte. Sie können Ihre HTML-Dateien, damit sie auch mit Microsoft Internet Explorer kompatibel sind, also immer in diesem Format schreiben.

Auf den Webseiten der Plug-In-Hersteller finden Sie üblicherweise Beispiel-HTML-Codes, wie Dateien im jeweiligen Dateiformat auf Webseiten eingebaut werden können.

12.3 Flash-Animationen einbinden

Die folgenden Seiten werden Sie in die Themenbereiche Animation und Webseitengestaltung mit Macromedia Flash 5 einführen.

Zur besseren Veranschaulichung der vielfältigen Einsatzmöglichkeiten haben wir Ihnen zwei Beispiele eingebaut. Folgen Sie einfach den Arbeitsschritten oder versuchen Sie eigene Wege zu beschreiten. Ihrer Kreativität ist hier im Bereich 2-D-Animation keine Grenze mehr gesetzt.

> **Tipp**
> **Literatur**
> Umfassende Informationen zu Macromedia Flash 5 erhalten Sie in „Das große Buch Flash 5", einen Schnelleinstieg mit der „Schnellanleitung Flash 5". Beide Bücher sind ebenfalls bei DATA BECKER erschienen.

Was ist eigentlich Macromedia Flash 5?

Flash 5 ist ein Programm zum Erstellen animierter Webgrafiken. Das Programm ist für die Erstellung von perfekten Webseiten-Grafiken optimiert. Finden Sie Webseiten, die Ihnen besonders gelungen erscheinen, wirkt im Hintergrund meistens Flash. Eine Fülle von Beispielen finden Sie auf der Webseite von

www.designcity.de

Auslöser für den Run auf Flash war und ist, dass Sie Flash-Grafiken und Flash-Animationen mithilfe der Zeichenwerkzeuge direkt in Flash erstellen können. Die umfangreichen Importmöglichkeiten von externen Grafiken – zum Beispiel JPEG oder Freehand-Grafiken – bieten Ihnen außerdem den Zugang zu fast jeder Grafik auf Ihrem Rechner auf kurzem Wege an. So ist mit Flash ein multifunktionales Werkzeug zur Animationsproduktion für jedermann entstanden. Ein weiterer Grund für den Siegeszug von Macromedia Flash ist das sehr kompakte Grafikformat.

Es lassen sich so sehr schnell ladbare Animationen erzeugen. Diese sind dann auf einfachem Weg in einer Webseite einzubauen und auf dem Webserver abzulegen.

Ein animiertes GIF benötigt für vergleichbare Animationsfolgen ein Vielfaches an Speicherplatz gegenüber einer Flash-Datei.

Flash ist zum aktuellen Zeitpunkt das einzige Programm, in dem Sie Webseiten mit Vektor- und Bitmapgrafiken, Bewegung, MP3-Audio, Formulareingaben und Interaktivität zusammen erzeugen können.

Da wir gerade bei den Vorteilen von Flash waren, sollte auch die sehr funktionale und leicht erlernbare Oberfläche erwähnt werden. In diesem Programm ist von Ihnen eher der Grafiker als der Webseitenprogrammierer gefordert.

Sie können Flash-Grafiken direkt in der gewünschten Größe des Browsers erzeugen. So ersparen Sie sich viel Arbeit im Vergleich zum selbst geschriebenen HTML-Code.

Auf einfachste Weise lassen sich Navigationsflächen erstellen und auch technische Illustrationen, umfangreiche Animationen und faszinierende Effekte sind schnell in Webseiten realisierbar.

Diese Prozeduren sind zwar auch auf Standardwegen umsetzbar, aber nur verbunden mit einem erheblichen Speicheraufwand und viel Programmierarbeit. Von den notwendigen Kenntnissen in den vielen verschiedenen Bereichen der Webprogrammierung einmal abgesehen.

Ein Besuch auf den Seiten von Smashing Ideas lohnt zum Sammeln von Anregungen zum Thema Flash immer. Smashing Ideas ist eine der besten Agenturen auf dem Gebiet der Webanimation mit Macromedia Flash.

Unter www.smashingideas.com finden Sie auch komplette Spielfilme, die mit Flash animiert wurden.

In Flash haben Sie Möglichkeiten der Gestaltung und Führung des Lesers, die mit den üblichen Websprachen – HTML und JavaScript – nur schwer zur realisieren wären.

Alle in Flash 5 erstellten Grafiken erscheinen auf dem Bildschirm nahtlos, glatt und passgenau.

Sind in Flash nur Bilder im Einsatz, die mit dem Programm entwickelt worden sind, werden sie bereits beim Laden abgespielt (Streaming).

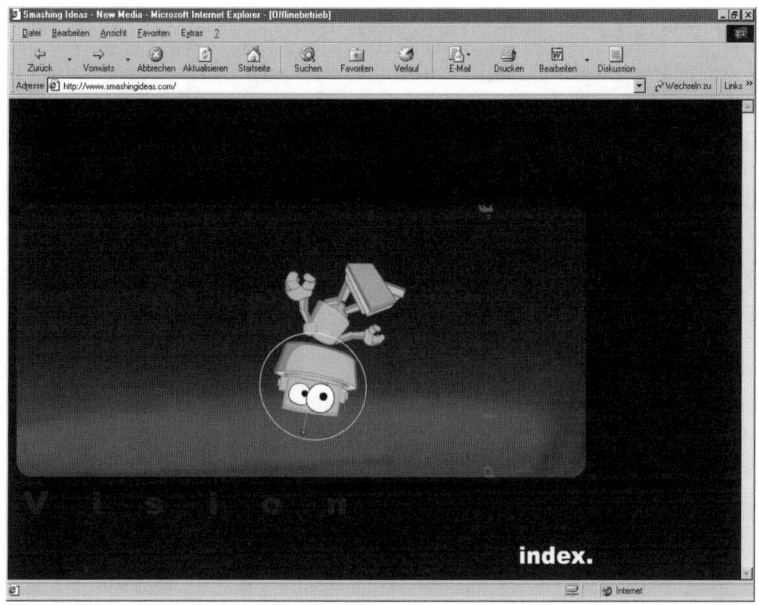

Lachen Sie einmal mit den Filmen von Smashing Ideas

Besonders interessant sind die Möglichkeiten der Animation und der interaktiven Steuerung. Die Darstellung erfolgt über den Flash Player (Shockwave Player), den inzwischen mehr als 100 Millionen Anwender auf ihren Browsern installiert haben. Anders als Java-Sites laufen Flash-Filme plattformunabhängig. Sie sind auf Macintosh-, Windows-, Solaris-, LINUX- und anderen Webanwendungsplattformen darstellbar. Der Flash-Player ist inzwischen der am häufigsten verteilte Website-Viewer. In zahlreichen Produkten von Microsoft, Netscape, America Online, Apple, WebTV, Prodigy, Earthlink, Network Computer, Gateway, Compaq, Disney und anderen ist die Flash-Technologie bereits fester Bestandteil.

Macromedia Flash 5 installieren

Die Installation dieses Programms ist unspektakulär. Die CD-Versionen (PC und MAC) starten bei einem normal eingerichteten Rechner unter Windows 9X/MAC OS 8X automatisch, sowie Sie die CD in das Laufwerk einlegen. Ansonsten starten Sie die Datei *Setup.exe* auf der CD von Hand. Ihr Mac stellt selbstständig eine Installationsschaltfläche auf dem Desktop dar, die den Namen *Flash 5 Installer* trägt. Sie starten die Installation mit einem Doppelklick. Die Tryout-Version installieren Sie durch den Aufruf des aus dem World Wide Web abgeholten Programms.

Das Setup-Programm fragt Sie nach dem Zielordner und den zu installierenden Komponenten. Wählen Sie die typische Variante aus, erhalten Sie das Programm, die Bibliotheken, die Beispiele und die umfangreichen Tutorien installiert. Nach ein paar Minuten ist das Programm einsatzbereit. Um mit Flash vernünftig arbeiten zu können, sollten Sie aber noch den Player installieren.

Der Player

Ohne Macromedia Flash benötigen Sie zur Darstellung von Flash-Dateien den Flash Player. Dieser ist nahezu überall erhältlich; Sie finden ihn sowohl auf der Macromedia Flash 5-CD als auch im Internet. Das Programm ist sehr klein, die Download-Zeiten aus dem Web halten sich in erfreulich geringen Grenzen. Neuere Browser holen sich den Player fast automatisch aus dem Web ab. Netscape Communicator und Microsoft Internet Explorer bieten den Player in den aktuellen Versionen standardmäßig bei der Installation mit an.

Grafik: Vektor oder Pixel?

Im World Wide Web finden Sie auf den Standardseiten fast nur Pixelgrafiken. Als Formate werden hier, wie ab Seite 65 beschrieben, JPG, GIF und PNG eingesetzt. Im Gegensatz dazu werden in Macromedia Flash 5 hauptsächlich Vektorgrafiken eingesetzt. Hinter dieser Tatsache verbirgt sich das Geheimnis des kompakten Dateiformats.

Eine Vektorgrafik besteht eigentlich nur aus einer Außenform, die mit einer Farbe gefüllt ist. Nahezu jeder Buchstabe, den Sie in einer Textverarbeitung verwenden, ist eine Vektorgrafik; die Zeichensätze in den Textverarbeitungen sind also fast ausnahmslos Sammlungen von Vektorbildern.

Vektorgrafiken lassen sich nicht nur einfach erstellen, sondern auch im Aussehen verändern, Linien und Farben editieren, Teile entfernen, auftrennen und mit anderen Vektorgrafiken verbinden. Diese Veränderungen und Anpassungen sind durchführbar, ohne eine Verschlechterung der Qualität zu erleiden. Mit einem Vektorgrafikprogramm werden die Vektorgrafiken gerendert, nachdem Änderungen erfolgt sind. Durch diese Neuberechnung des geänderten Vektorbildes wird die gleichbleibende Qualität gewährleistet. Vektorgrafiken haben immer eine optimale Auflösung, da die Ausgabegrafik erst beim Ausgabeprozess auf das entsprechende Format des Ausgabegeräts – sei es Drucker oder Bildschirm – gebracht wird.

Die derzeit bekanntesten Vertreter von Grafikprogrammen sind Adobe Illustrator, CorelDRAW und Macromedia Freehand. Jedes hat seine Stärken und Schwächen – und jedes ist für den professionellen Einsatz durchaus geeignet.

Macromedia Flash 5 kann natürlich auch mit Pixelgrafiken umgehen. Pixelgrafiken sind die zahllosen JPGs, GIFs, TIFFs etc., die mit Sicherheit auch Ihnen schon über den Weg gelaufen sind. Die verschiedenen Pixelgrafiken haben eines gemeinsam:

Hier wird die Bildinformation Pixel für Pixel gespeichert und durch die Auflösung bereits beim Erstellungsprozess die Pixelgröße festgelegt. Vergrößern Sie also eine Pixelgrafik, erhalten Sie nicht mehr Informationen im Bild; die einzelnen Pixel werden einfach größer gezeichnet (skaliert). Programme zur Bearbeitung von Pixelgrafiken sind beispielsweise Adobe Photoshop und JASC Paint Shop Pro.

Beide Grafikarten haben ihre Vor- und Nachteile. Während Sie Vektorgrafiken immer scharf ausgedruckt oder dargestellt bekommen, werden Pixelgrafiken immer gröber durch eine Vergrößerung. Auf der anderen Seite lassen sich in einer Pixelgrafik wesentlich exakter Bildinformationen speichern als in einer Vektorgrafik. Über Vektorisierungsprogramme ist es möglich, aus einer Pixelgrafik eine Vektorgrafik zu berechnen. Dabei gehen aber häufig wesentliche Informationen vor allem der Farbverläufe verloren.

Das Pixelbild links hat eine Auflösung von 96 dpi. Die Vektorisierung besteht aus 685 Objekten und wurde automatisch mit Corel Xara erstellt

Filme in Macromedia Flash 5

Beim ersten Öffnen von Flash werden Sie schon einige grundsätzlich andere Dinge vorfinden als in anderen Programmen. Es gibt in Flash eine Bühne mit Filmen und Szenen, die man schneiden kann usw. Sie erkennen beim Öffnen auf den ersten Blick ein Animationsprogramm.

Film hat etwas mit Bewegung zu tun, die in Flash durch Animationen von Objekten (Bildern) erzeugt wird. Der Film steht nach seiner Fertigstellung als eine Datei zur Verfügung. In dieser Datei sind alle Animationen und Interaktionen der Flash-Animation sowie alle Steuerungen des Films integriert. Unterschiedliche Szenen können in einer Flash-Datei zusammengefasst oder als Einzelsequenzen abgelegt werden.

Der Einsatz von Einzelsequenzen ist besonders dann sinnvoll, wenn die Einzeldatei eine gewisse Größe erreicht. Die Programmierung eines Films läuft weitgehend ohne Eingabe von Programmcode ab. Die Effekte stehen als feste Funktionen zur Verfügung.

Objekte, Symbole und Ebenen

Objekte sind in Flash alle erzeugten oder importierten Bilder. Diese bestehen aus mehreren einzelnen Elementen. Ein Rechteck beispielsweise wird von Macromedia Flash 5 in der Regel aus fünf einzelnen Elementen angelegt.

Es sind dies die gefüllte farbige oder transparente Fläche und die vier äußeren Begrenzungslinien.

Plug-Ins

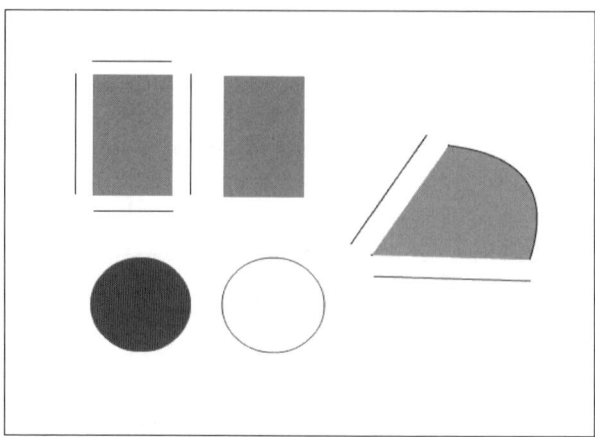

Ein Objekt besteht in der Regel aus mehreren verschiedenen Elementen

Grundformen, die Sie in Flash 5 erzeugen, lassen sich mit anderen Objekten kombinieren. Ist die Gestaltung abgeschlossen, wird das so entstandene Objekt in ein Symbol verwandelt. Symbole können aus mehreren Objekten bestehen und lassen sich nun animieren. Die Umwandlung eines Objekts in ein Symbol vollziehen Sie am einfachsten mit der Funktionstaste [F8].

Aus dem Objekt wird ein Symbol

Die erzeugten Symbole einer Flash-Sitzung können Sie in einer Bibliothek zusammenstellen und anschließend in andere Projekte einbinden.

Hinweis
Weniger Platzbedarf durch Symbole

Die Zusammenfassung einzelner Objekte in Symbole ist für den frisch gebackenen Flash-Designer etwas ungewohnt. Das Verfahren hat jedoch seine Vorteile. Zum einen verlangen Symbole weniger Speicherplatz als Objekte; der Film wird also kompakter. Zum anderen können Sie Symbole benennen und archivieren. Hierdurch steht Ihnen schnell eine größere Bibliothek zur Verfügung.

Ebenen sind Ihnen aus vielen anderen Grafikprogrammen bekannt. Sie dienen dazu, die Beziehungen der Symbole untereinander zu regeln und zu beschreiben.

Ebenen können Sie sich am besten wie einzelne Klarsichtfolien vorstellen.

Jede Folie bedeckt die Gesamtfläche des Filmfensters. Bringen Sie nun auf die einzelnen Folien (Ebenen) Symbole auf und unterschiedliche Symbole auf unterschiedliche Ebenen, definieren Sie damit, welches Symbol (Grafik) die anderen überlagert.

Eine Überlagerung findet natürlich nur im Überdeckungsbereich statt.

Ebenen dienen aber auch dazu, mit ihnen Maskierungen aufzubauen und Effekte zu steuern. Spezialebenen dienen zur Steuerung der Musik.

Die Struktur von Flash

Da Flash ein Programm zur Erstellung von Animationen ist, bietet es auch entsprechende Werkzeuge und Merkmale. Wir wollen Ihnen hier kurz die wichtigsten vorstellen.

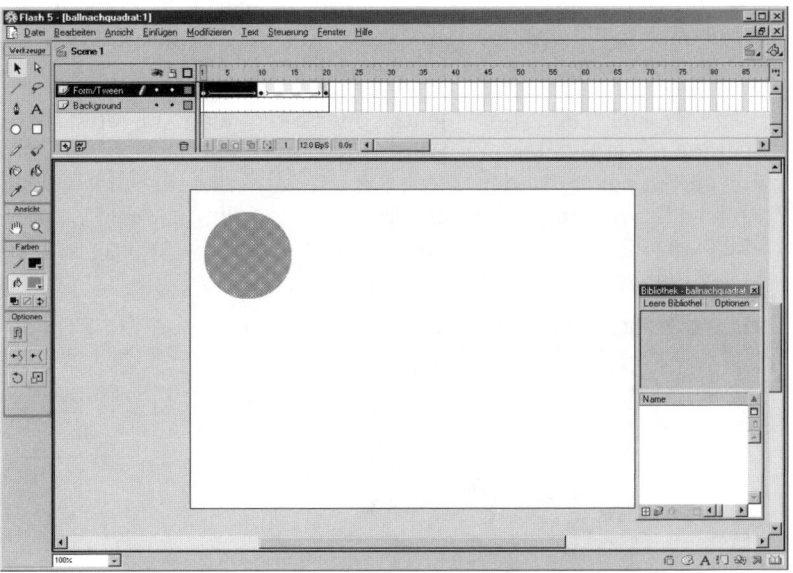

Der Arbeitsplatz von Macromedia Flash

Der Arbeitsplatz teilt sich in mehrere Bereiche auf. Die linke Seite ist der Werkzeugleiste von Macromedia Flash 5 vorbehalten.

Hier sind die wichtigsten Hilfsmittel zum Erstellen und Modifizieren von Elementen versammelt.

Rechts von der Werkzeugleiste befindet sich die Zeitleiste. Mit ihr steuern Sie die einzelnen Sequenzen Ihres Films. Hier werden die zeitlichen Merkmale einer Animation gesteuert und gleichzeitig wird auch die Hierarchie der grafischen Elemente festgelegt.

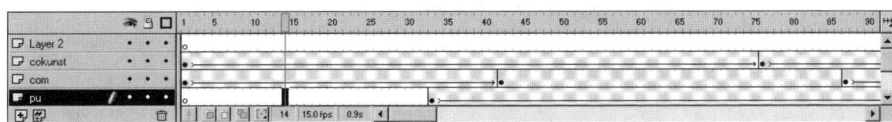

Die Zeitleiste in Macromedia Flash 5, wenn ein Film in Arbeit ist

Den Hauptbereich nimmt die Arbeitsfläche unterhalb der Zeitleiste ein. Hier erstellen Sie die grafischen Elemente, modifizieren Farben und Grafiken.

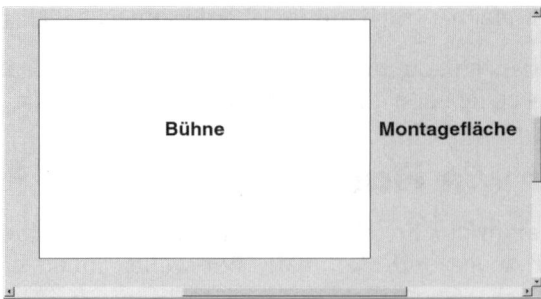

Die Arbeitsfläche teilt sich in die Bühne und die Montagefläche

Die Arbeitsfläche teilt sich wiederum in zwei Bereiche. Die innere Fläche symbolisiert die Bühne, den Darstellungsbereich des Films. Rundherum befindet sich die Montagefläche, die Ihnen zum Ablegen von Objekten dient.

Befinden sich Teile von Objekten oder ganze Elemente außerhalb der Bühne, werden diese Bereiche im Film nicht dargestellt. Dies ist besonders hilfreich für die Ablage von Elementen, die nur zeitweise im Film verwendet werden sollen. In weiteren Fenstern werden Ihnen die Inspektoren und die Bibliothek angeboten. Die Inspektoren dienen zur Steuerung einzelner Objekte und Abläufe.

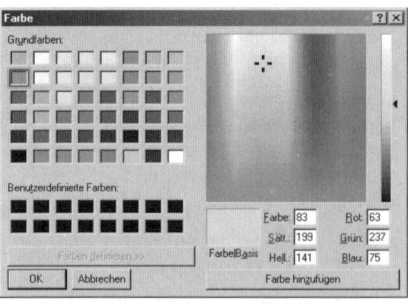

Mit den Inspektoren steuern Sie Objekte und überwachen Interaktionen

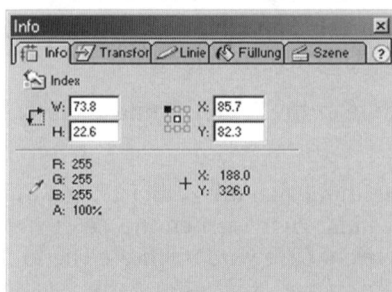

Die Bibliothek hat eine besondere Funktion. Alle Objekte, die Sie erstellt oder importiert haben, werden als ein Symbol in der Bibliothek abgelegt. Hier können Sie das gewünschte Objekt jederzeit wieder aktivieren und neu einsetzen. Wollen Sie ein Objekt aus einem Flash-Film in einen anderen übernehmen, kopieren Sie es von Bibliothek zu Bibliothek.

Eine Bibliothek nimmt die im Film eingesetzten Objekte auf

Den ersten Film zu erstellen, ist für den Einsteiger in Sachen Grafik kein leichtes Unterfangen. Dennoch soll hier kurz in einem Beispiel gezeigt werden, dass mit etwas Spiel und Kreativität sehr einfach eindrucksvolle Produktionen erstellt werden können.

Die Werkzeuge in Kürze

Die Werkzeugleiste von Macromedia Flash 5 ist in zwei Bereiche aufgeteilt. Im oberen Bereich steht Ihnen die Werkzeugauswahl zur Verfügung.

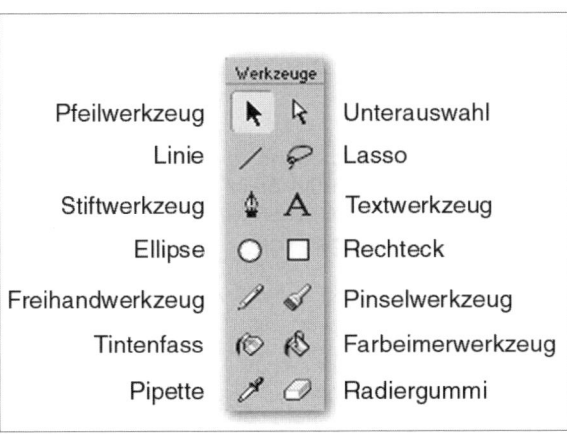

Die Werkzeugleiste von Macromedia Flash 5

Unter der Werkzeugauswahl finden Sie die weitergehenden Einstellungen für die einzelnen Werkzeuge.

Die Zeichenwerkzeuge

Als Zeichenwerkzeuge stellt Flash 5 Ihnen die Funktionen Kreis, Rechteck zur Verfügung

Kreis und Rechteck

Die beiden Werkzeuge Rechteck und Kreis verhalten sich beim Erstellen von Objekten gleich. Sie dienen wie der Name schon sagt zum Erstellen von Kreisen, Ellipsen und Rechtecken.

Sie erzeugen mit den im oberen Bild gezeigten Einstellungen ein Rechteck in roter Farbe. Die Außenlinien sind schwarz durchgezogen und haben eine Dicke von 1pt.

Zum Zeichnen eines solchen Objekts klicken Sie das Werkzeugsymbol an und stellen dann die entsprechenden Parameter wie Strichart, Strichstärke, Füllfarbe usw. ein.

Bewegen Sie jetzt den Mauszeiger an die gewünschte Startposition in der Darstellungsfläche und drücken Sie die linke Maustaste.

Mit gedrückter Maustaste ziehen Sie die Maus an den Endpunkt des neuen Objekts. Zwischen dem Startpunkt und dem Endpunkt zeichnet Macromedia Flash 5 jetzt ein Rechteck/einen Kreis.

Erzeugt wird das Objekt, wenn Sie die Maustaste loslassen.

> **Tipp**
>
> **Objekt positionieren**
>
> Wenn Sie noch nicht genau wissen, wo ein Objekt später platziert sein soll, positionieren Sie es vorerst auf eine objektfreie Fläche. Anschließend wandeln Sie es mit der Taste [F8] in ein Symbol um. Jetzt können Sie das Symbol jederzeit an jeder gewünschten Stelle in eine Szene einfügen.

> **Tipp**
>
> **Rechteck und Kreis**
>
> Bewegen Sie die Maus beim Rechteck-Werkzeug diagonal zum Ausgangspunkt, erzeugt Flash 5 ein Rechteck. Halten Sie beim Aufziehen des Objekts die [Umschalt]-Taste gedrückt, wird das Objekt proportional aufgezogen; aus der Ellipse wird ein Kreis und aus dem Rechteck ein Quadrat.

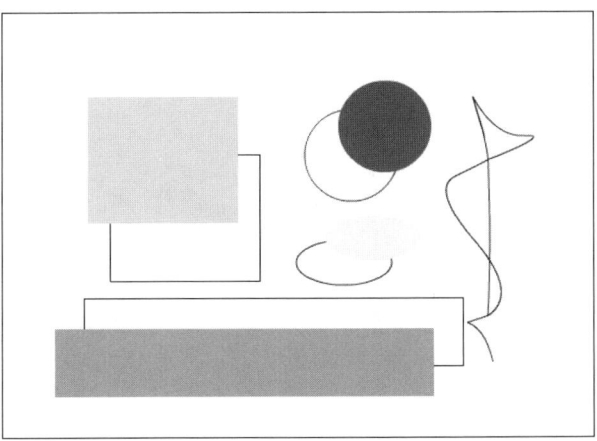

Auf der Darstellungsfläche entstehen unterschiedliche Objekte

Zum Verständnis hier noch ein Hinweis auf die Zusammensetzung der einzelnen Objekte. Sie bestehen immer aus den Umgrenzungen – beim Kreis eine Kreislinie und beim Rechteck vier Einzellinien. Die von diesen Umgrenzungen beschriebene Fläche wird mit der vordefinierten Farbe gefüllt. Für die Linien, die die Umgrenzung beschreiben, stehen eine Vielzahl weiterer Parameter zur Verfügung.

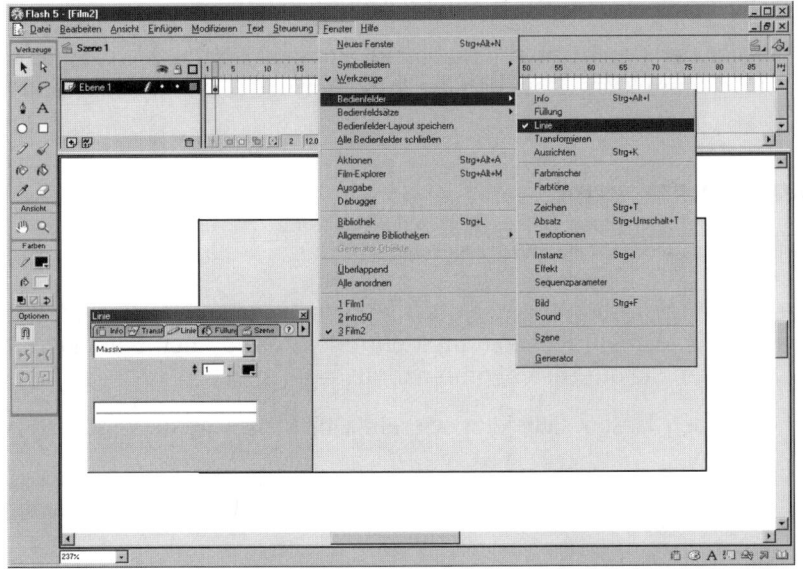

Die Parameter zur Steuerung der Rechteck-Erzeugung werden über das Fenster-Menü aktiviert

Die Auswahl von Objekten

Um mit Objekten arbeiten zu können, müssen Sie diese natürlich auch bewegen können. Dazu ist es notwendig, einzelne oder mehrere Objekte gleichzeitig zu selektieren. Dazu stellt Flash das Werkzeug *Auswahl* bereit. Sie können damit beliebige Auswahlsätze erzeugen, die sich anschließend weiterverarbeiten lassen.

Plug-Ins

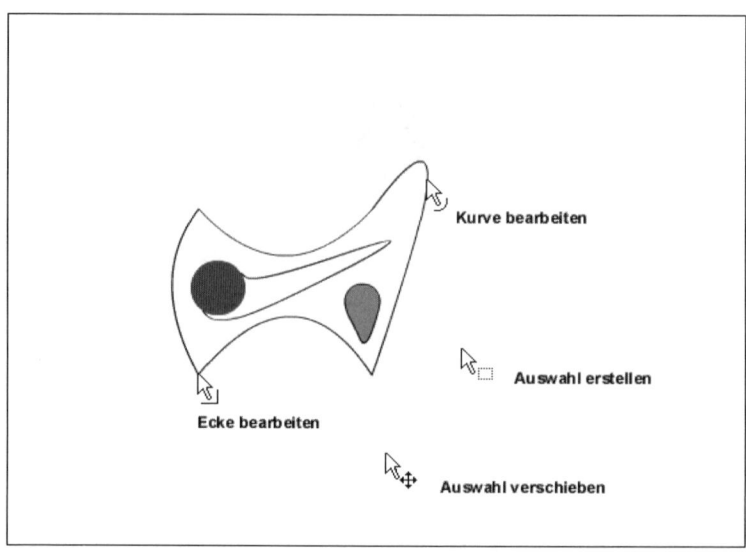

Der jeweilige Cursor zeigt Ihnen an, in welchem Modus Sie gerade arbeiten

Anhand der Cursor-Symbole können Sie erkennen, in welchem Modus Sie gerade arbeiten. Ist der Cursor außerhalb eines Objekts, wird der Lassomodus aktiv. Sie können einen Auswahlsatz erstellen.

Steht der Cursor in einem Objekt, können Sie dieses verschieben. Sitzt der Cursor am Rand, lässt sich die Außenform je nach Objekt verändern.

Tipp
Auswahlsatz erweitern

Auch in Macromedia Flash 5 lassen sich Objekte mit gedrückter [Umschalt]-Taste zu einem Auswahlsatz hinzufügen.

Sie können Auswahlsätze auch zu gemeinsamen Objektgruppen zusammenführen. Wählen Sie dazu im Menü *Modifizieren* den Befehl *Gruppieren* oder drücken Sie die Tastenkombination [Strg]+[G].

Gruppen lassen sich jetzt wie ein Objekt mit dem Werkzeug *Auswahl* bewegen.

Tipp
Symbole statt Gruppen

Haben Sie den Entwurf eines Objekts beendet, sollten Sie die Einzelteile und Gruppen des Gesamtobjekts in ein Symbol umwandeln. Mit diesen lässt sich in der Animationsphase sehr viel besser arbeiten. Selektieren Sie zum Umwandeln alle Elemente des Objekts und drücken Sie die Funktionstaste [F8].

Sie können Gruppierungen mit der Tastenkombination [Umschalt]+[Strg]+[G] wieder aufheben. Anschließend können Sie die einzelnen Elemente wieder frei bewegen und bearbeiten.

Plug-Ins

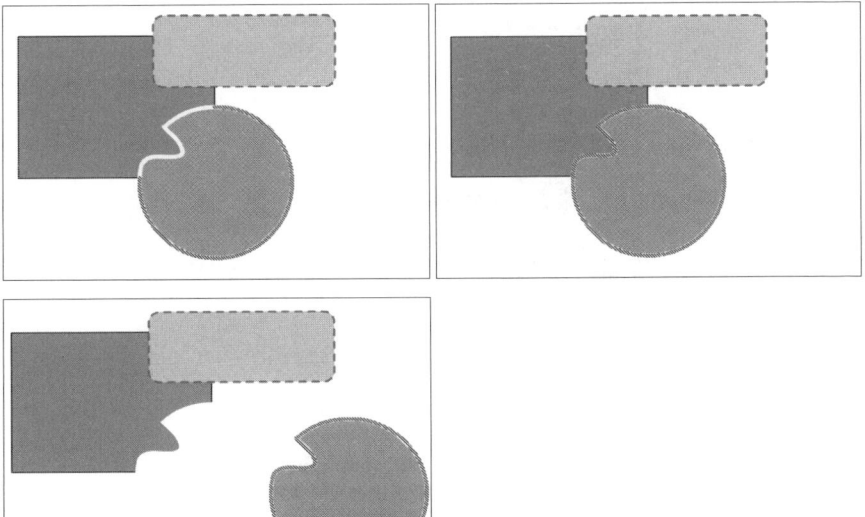

Mit dem Werkzeug Auswahl bestimmen Sie die Außenkante des Objekts

Mit dem Werkzeug *Auswahl* können Elemente nicht nur verschoben werden, sondern Sie können die Formen der Objekte damit auch verändern. Wählen Sie für solche Arbeitsschritte das zu bearbeitende Objekt aus und verschieben Sie es, oder bewegen Sie den Mauszeiger auf eine Außenkante des Objekts und verändern Sie diese.

Wollen Sie ein Objekt im Ganzen einschließlich Umrandung verschieben, müssen Sie das gesamte Objekt selektieren. Achten Sie dabei unbedingt darauf, dass sich die Umgrenzungslinien verändern, ansonsten sind sie nicht ausgewählt.

Nach kurzer Zeit erscheint der Veränderungscursor und Sie können die Verschiebung des Objekts vornehmen. In der Grundeinstellung erzeugt Flash 5 alle Konturen von Objekten im „smooth"-Modus. Das bedeutet, dass die Außenformen als Kurven erzeugt werden. Sie können aber auch andere Konturen erzeugen. Dazu steht Ihnen in der Steuerung der Werkzeuge ein weiterer Auswahlpunkt zur Verfügung. Die Option *Form spitz* führt dazu, dass Kurven aus Geraden erzeugt werden. Hier können Sie auch ausgewählte Objekte drehen und skalieren.

Der aktivierte Magnetschalter sorgt dafür, dass sich Objekte gegenseitig anziehen. So werden eventuelle Lücken zwischen einzelnen Elementen vermieden, durch die ansonsten Füllungen ins Unendliche fließen könnten.

Plug-Ins

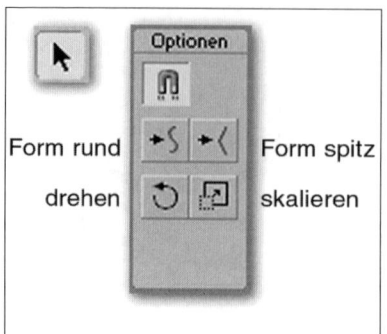

Die Steuerung des Werkzeugs Auswahl

Tipp

Der Weg zurück

Hat der eingeschlagene Weg einmal nicht zum gewünschten Ergebnis geführt, können Sie mit der Undo-Funktion die Arbeitsschritte einzeln wieder rückgängig machen. Hierzu drücken Sie einfach die Tastenkombination [Strg]+[Z]. Sie können dazu auch die Schrittsteuerung unterhalb der Menüleiste verwenden.

 *Die Schrittsteuerung*

Als weiteres Auswahlwerkzeug steht Ihnen das *Lasso* zur Verfügung. Es dient ebenfalls zur Auswahl von Objekten oder Teilbereichen. Mit dem *Lasso* lässt sich wesentlich genauer arbeiten als mit dem Werkzeug *Auswahl*. Flash 5 hat drei unterschiedliche *Lasso*-Funktionen.

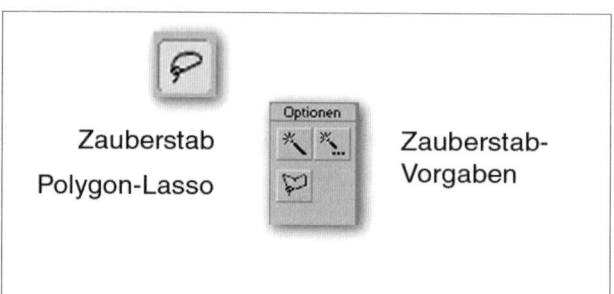

Die Steuerung für den Zauberstab

Als unterschiedliche Lassofunktionen neben der Auswahl mit dem Linien beschreibenden Lasso gibt es noch das Polygon Lasso und den Zauberstab. Bei der Standard-Lassofunktion zeichnen Sie einfach einen Auswahlbereich, der die Objekte und Teilobjekte umschreibt, die weiterbearbeitet werden sollen.

Tipp

Duplizieren von Auswahlsätzen

Mit der Tastenkombination [Strg]+[D] können Sie Auswahlsätze duplizieren. Das ursprüngliche Objekt wird dabei nicht beschnitten.

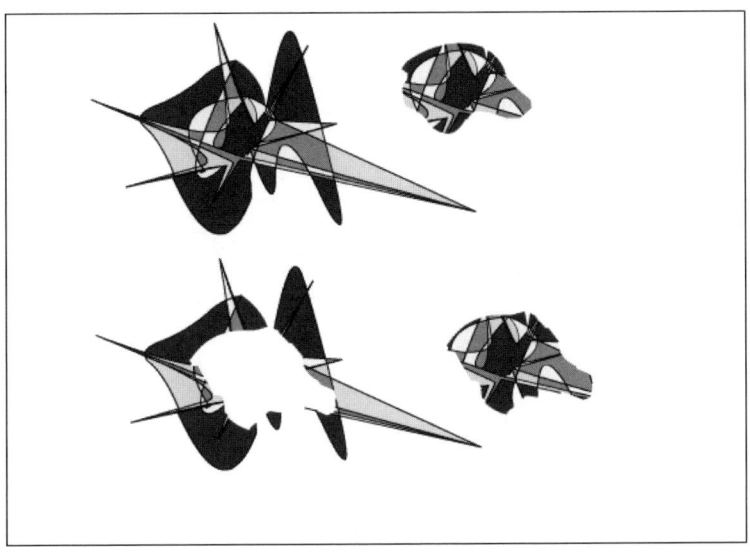

Das obere Bild zeigt die Auswahl als Duplikat, im unteren wurde die Auswahl verschoben

Mit dem *Polygon-Lasso* erstellen Sie Auswahlsätze aus lauter aneinander hängenden Linien, von Eckpunkt zu Eckpunkt. Haben Sie den Auswahlbereich umschrieben, beenden Sie das Auswahl-Polygon mit einem Doppelklick. Der *Zauberstab* markiert Objekte gleichen Farbinhalts.

Sie legen über die Zauberstab-Vorgaben fest, wie groß der Farbunterschied zwischen dem ausgewählten Bereich und den angrenzenden Farbwerten sein darf. Wählen Sie zur Erzeugung eines Auswahlsatzes den *Zauberstab* aus der Steuerung zum *Lasso* aus und klicken Sie die gewünschte Farbfläche an.

Flash 5 wählt die Flächen aus, die sich farblich innerhalb der eben festgelegten Grenzen vom ausgewählten Punkt unterscheiden.

Farben und Konturen

Jedem Flash 5-Objekt können Sie eine Farbe zuweisen. Setzen Sie dazu als Werkzeug den *Farbeimer* ein. Wählen Sie aus der Farbsteuerung die gewünschte Farbe aus und klicken Sie dann mit der Maus auf das einzufärbende Objekt. Flash 5 bietet neben Farben auch Farbverläufe zum Einfärben an. Ein Verlauf wird gleichmäßig von der Stelle aus eingesetzt, an der der Cursor beim Füllen positioniert wird.

Zur Veränderung der Konturen eines Objekts dient das Werkzeug *Tinte*. Bestimmen Sie auch hier über die Farbsteuerung die gewünschte Farbe und über die weiteren Optionen die Dicke und das Aussehen der Kontur. Durch einfaches Anklicken der Kontur werden dieser dann die neuen Eigenschaften übertragen. Mit dem Werkzeug *Tinte* können Sie keine Farbverläufe einsetzen.

Plug-Ins

> **Tipp**
>
> **Farbige Hintergründe**
>
> Mit dem Werkzeug *Farbeimer* können Sie nur Objekten Farben zuordnen. Um die Darstellungsfläche mit einer Farbe zu versehen, wählen Sie aus dem Menü *Modifizieren* den Optionspunkt *Film*. Hier bestimmen Sie die Größe und Farbe des Hintergrunds.

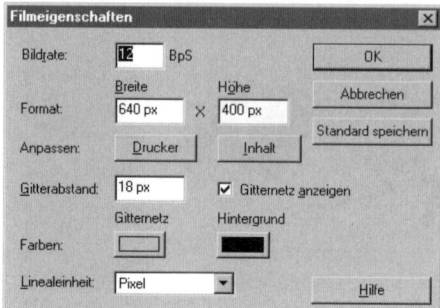

Über die Schaltfläche Hintergrund wählen Sie die Hintergrundfarbe für die Bühne Ihres Films

Linien als Objekte

Als weitere Werkzeuge zum Erstellen von Objekten finden Sie die *Linie*, den *Pinsel* und den *Stift* in Flash 5.

Linien

Mit dem Werkzeug *Linie* können Sie gerade und beliebige Striche erzeugen. Wählen Sie dazu das Werkzeug *Linie* aus und verändern Sie die Einstellungen entsprechend Ihren Wünschen. Klicken Sie dann mit der Maus am Anfangspunkt der Linie in die Darstellungsfläche und ziehen Sie die Maus bis zum gewünschten Endpunkt der Linie. Hier lassen Sie die Maustaste wieder los. Halten Sie gleichzeitig die [Umschalt]-Taste gedrückt, wird die Linie in einem festen Winkel von 45° senkrecht, waagerecht oder diagonal erzeugt.

Zeichnen Sie eine Linie und kommen dabei in die Nähe eines anderen Objekts, können Sie mit der Snap-Funktion von Flash an das Objekt andocken. Natürlich können Sie mit dem Werkzeug *Linie* auch Dreiecke und andere Formen erstellen.

> **Tipp**
>
> **Verhalten von Linie**
>
> Anders als bei anderen Grafikprogrammen funktioniert die *Linie* in Flash 5 wie ein Messer, wenn Sie ein anderes Objekt kreuzen. Legen Sie also frühzeitig Objekte auf eigene Layer, die nicht zusammengehören.

Stift

Mit dem Werkzeug *Stift* können Sie Freihandzeichnen. Die Voreinstellung in der Steuerung bestimmt das Aussehen der Striche und den Modus des Einsatzes. Sie können gezeichnete Striche sofort beim Erzeugen automatisch glätten lassen und den Stift zum Verbinden von Objekten einsetzen. Die Strichstärke ist auf maximal 10 pt begrenzt.

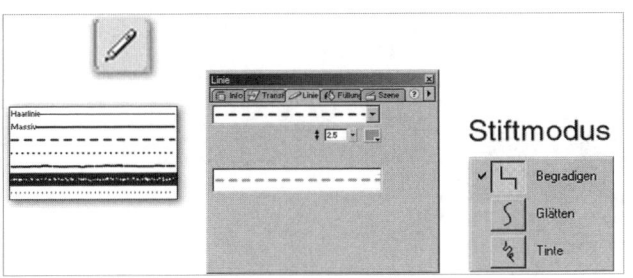

Das Werkzeug Stift und dessen Steuerung

Tipp
DTP-Punkt

Hinter der Einheit pt versteckt sich der berühmte DTP-Punkt, eine Maßeinheit, die aus dem Textsatz – zu neudeutsch Desktop-Publishing – stammt. Ein DTP-Punkt hat die Ausmaße von circa 0,35 mm ein mm entspricht wiederum circa 2,83 pt.

Pinsel

Mit dem Werkzeug *Pinsel* können Sie großzügig Farbe auf der Darstellungsfläche verteilen. Es stehen verschiedene Pinselformen und Zeichenmodi zur Verfügung.

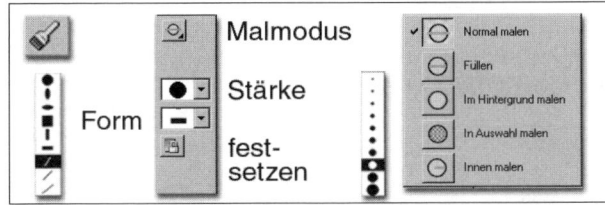

Die Steuerung für den Pinsel

In der Steuerung können Sie die Farbe, die Pinselgröße und Form bestimmen. Außerdem lässt sich der so genannte *Malmodus* definieren. Über diesen legen Sie fest, in welchen Bereichen die Farbe aufgetragen wird. *Normal malen* setzt die Farbe wie gewohnt ein.

Objekte, die im Hintergrund auf der gleichen Ebene liegen, werden durch den Farbauftrag gelöscht.

Mit *Füllen* werden nur die Farbflächen ausgetauscht; die Kontur bleibt erhalten. *Im Hintergrund malen* setzt die neue Farbe nur dort ein, wo kein Objekt eingesetzt wurde.

Objekte, die Sie mit dem *Pinsel* erzeugen, haben wie *Kreis*- und *Rechteck*-Objekte eine Kontur, die sich einfärben und verformen lässt.

Plug-Ins

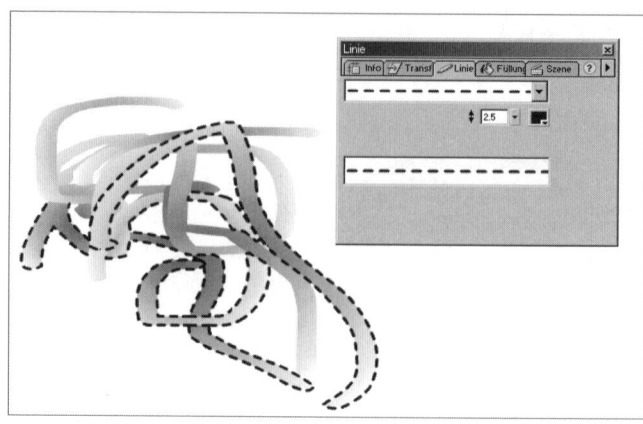

Mit dem Pinsel gemalte Objekte haben eine Kontur

Kontur und Füllung

Das Werkzeug *Kontur* dient zum Nachbearbeiten von Objekten. Mit ihm können Sie die Linien beeinflussen, die das Objekt umgeben.

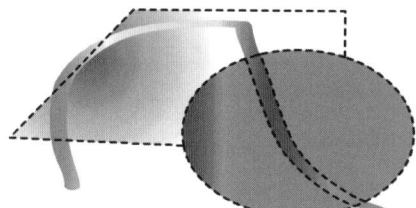

Mit der Kontur kann einem Element eine Linie zugewiesen werden

Auch die Füllung können Sie überarbeiten. Hierfür stehen je nach Objekttyp unterschiedliche Möglichkeiten zur Verfügung.

Die Steuerung zum Werkzeug Füllung

Über die Schaltfläche *Füllfarbe* öffnen Sie die Farbpalette und wählen dort die gewünschte Farbe aus. Bei Füllungen können Sie auch mit verschiedenen Verläufen arbeiten.

Plug-Ins

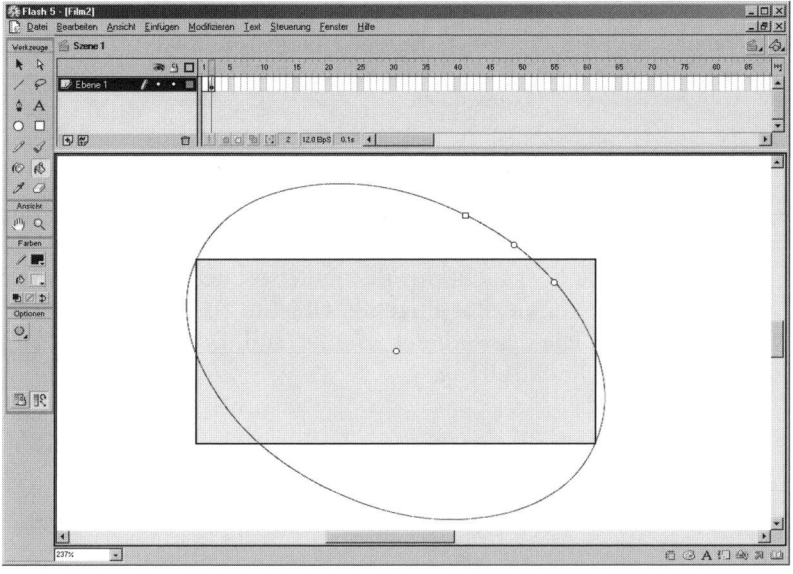

Mit der Farbpalette lassen sich auch Farbverläufe einfach einsetzen

Die Farben der jeweils eingestellten Farbpalette werden Ihnen direkt zur Verfügung gestellt. Im oberen linken Bereich der Palette sehen Sie den Schalter, der den Farbmodus ausschaltet, also keine Farbe zum Einsatz bringt.

Die großflächig wirkenden Werkzeuge besitzen zwei Farbsteuerungen: eine für die Kontur (oben) und eine für die Füllung (unten).

Mithilfe der Farbeinstellung für die Füllung lassen sich die Verläufe einrichten.

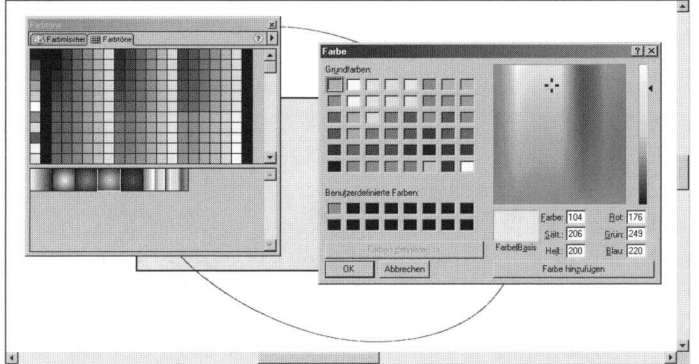

Die Farbsteuerung für Objekte in Flash 5

Tipp
Gesicherte Farbpalette

Bei Bildern und Grafiken fürs Internet ist es sinnvoll, auf die Netscape-Farbpalette zurückzugreifen. Die hier eingetragenen Farben sind in fast jedem Browser konsistent. Das heißt, die Farben werden wirklich überall gleich angezeigt. Wollen Sie also Ihren Film farbecht in eine Webseite einbauen, sollten zumindest die Randbereiche zwischen dem Bereich des Films und dem Hintergrund Ihrer HTML-Datei farbgleich sein. Deshalb sollten Sie die eingesetzten Farben aus der vordefinierten Auswahl *Web 216* auswählen.

Objekte wegradieren

Wollen Sie Teile von Objekten wieder entfernen, steht der *Radierer* bereit. Mit ihm entfernen Sie Bereiche aus Ihren Flash-Objekten. Mit diesem Werkzeug können Sie aber nicht nur Elemente löschen, sondern es kann auch dazu dienen, die Komplexität einzelner Objekte zu erhöhen. Über die Optionen bestimmen Sie, wie der *Radierer* arbeiten soll. Der *Hahn* dient zum schnellen Löschen einer Objektfüllung.

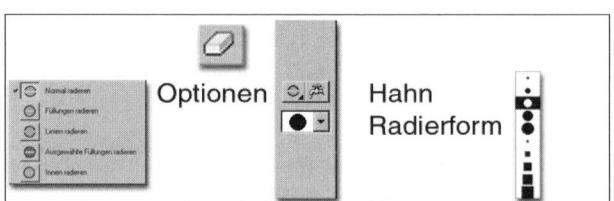

Die Steuerung für den Radierer

Farben bestimmen und übergeben

Mit der *Pipette* als Werkzeug können Sie eine bereits verwendete Farbe oder einen Farbverlauf aufnehmen. Die Pipettenfunktion lässt sich auch auf importierte Grafiken anwenden. Klicken Sie dazu einfach mit dem Werkzeug das gewünschte Objekt an. Die Pipette erkennt automatisch, ob Sie einen Farbwert für die Füllung oder die Kontur verändern wollen.

Die Farbe wird zwischengespeichert. Das nächste Objekt erhält den gespeicherten Wert zugewiesen. Drücken Sie nach Auswahl der *Pipette* zusammen mit der Maustaste die [Umschalt]-Taste, übernehmen alle Malwerkzeuge die Farbauswahl.

 Die Pipette

Wollen Sie mit Inhalten aus einer Pixelgrafik malen, klicken Sie die Grafik an und wählen das Menü *Modifizieren/Teilen*. Die Grafik steht Ihnen jetzt als Vorlage zur Verfügung. Klicken Sie mit der *Pipette* in die Grafik, um den Startpunkt zur Aufnahme des Hintergrunds zu bestimmen. Mithilfe der Malwerkzeuge lassen sich jetzt die Pixel direkt zum Malen einsetzen. Verlassen Sie mit dem Werkzeug den Aufnahmebereich des Pixelbildes, setzt Flash 5 die Pixel von der gegenüber liegenden Seite des Bildes ein, als sei die Grafik auf einem Zylinder montiert.

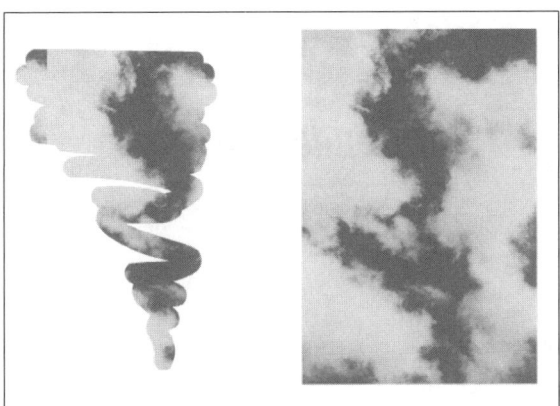

Mit den Pixeln einer importierten Grafik können Sie in Flash 5 auch malen

Zoom und Pan

Als Zoomfunktion steht Ihnen in Flash 5 die *Lupe* und für die Panfunktion die *Hand* zur Verfügung.

Mithilfe der Lupe zoomen Sie in das Arbeitsblatt hinein und heraus, die Hand dient zum schnellen Verschieben der Ansicht im Fenster.

Wollen Sie schnell zu einer bestimmten Vergrößerung kommen, verwenden Sie die Zoom-Kontrolle unterhalb der Menüleiste.

Hand, Lupe und Zoom-Kontrolle

Textwerkzeuge

Die Textwerkzeuge dienen dazu, Texte zu setzen, zu korrigieren und mit den gewünschten Schriftmerkmalen auszustatten.

Nach der Bearbeitung des Textes wird dieser in eine Vektorgrafik umgewandelt. An dieser Vektorgrafik können Sie anschließend grafische Operationen durchführen.

Wollen Sie beispielsweise in einer Animation einen Text wandern lassen, die Buchstaben aus unterschiedlichen Richtungen zusammenfließen lassen oder ähnliche Effekte einsetzen, muss der Text zunächst in Vektoren gewandelt werden.

Für das Erstellen eines neuen Textes rufen Sie das Werkzeug *Text* aus der Werkzeugleiste auf.

Plug-Ins

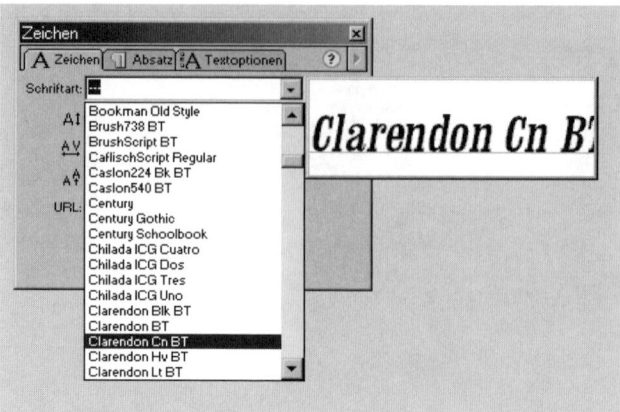

Die Steuerung des Werkzeugs Text

Hier wählen Sie als Erstes den *Zeichensatz* aus. Danach bestimmen Sie die Schriftgröße und wählen die gewünschten Attribute zum Schriftstil aus. Anschließend platzieren Sie die Schriftmarke auf dem Arbeitsblatt am Startpunkt des neuen Textes und drücken einmal die Maustaste. Flash 5 positioniert an dieser Stelle ein Texteingabefenster, in dem Sie jetzt den gewünschten Text schreiben können. Wollen Sie Attribute oder Eigenschaften des Textes oder einzelner Textpassagen verändern, markieren Sie diese Textpassagen und ändern in der Werkzeugleiste dann das entsprechende Attribut oder die Eigenschaft. Die Änderungen werden sofort wirksam.

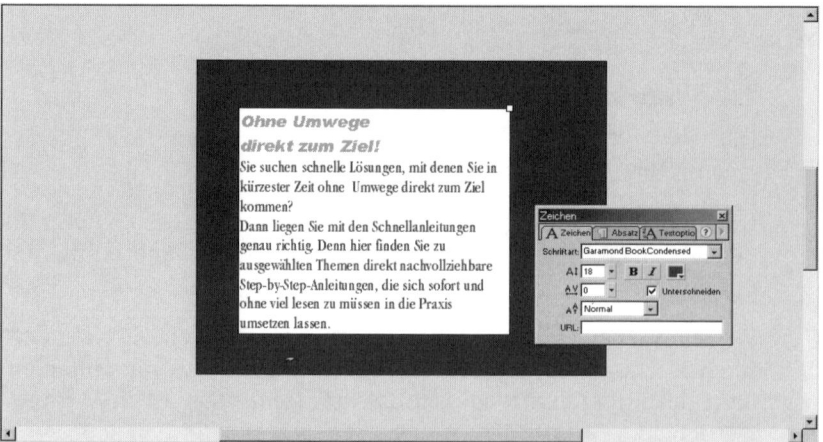

Das nachträgliche Ändern von Schriftgröße und Schriftstil und Nachpositionieren von Textelementen

Tipp
TrueType-Probleme

In Flash 5 stehen die auf Ihrem Rechner installierten und aktiven TrueType- und PostScript-Type1-Zeichensätze sowie Bitmap-Fonts zur Verfügung. Erstellen Sie aus Ihrer Datei einen Film oder eine Grafik, exportiert Flash die Texte im ursprünglichen Format mit den entsprechenden Informationen, welcher Font eingesetzt wurde. Dieser

Zeichensatz muss auf dem Rechner des Lesers verfügbar sein, da es sonst zu Komplikationen bei der Darstellung kommt.

Sie können dieses Problem auf zwei Wegen umgehen. Erstens sollten Sie wenn möglich die Zeichensätze verwenden, die Macromedia in Flash 5 zur Verfügung stellt. Es sind dies die Fonts *_sans*, *_serif* und *_typewriter*. Diese werden mit den Standardfonts des Browsers dargestellt. Sie finden sie in der Auswahlliste der Zeichensätze. Nachteil dieses Weges ist, dass der Leser diesen drei Fonts fast auf jeder Webseite begegnet, die Darstellung also eher langweilig ist.

Die zweite Lösung ist, die Textzeilen vor dem Export in Vektorgrafiken zu verwandeln. Hierfür selektieren Sie den Text mit dem Auswahlwerkzeug und wählen nun das Menü *Modifizieren/Teilen*. Dieser zweite Weg birgt weniger Risiken, vergrößert jedoch die Datei. Die Umwandlung in Vektoren sollte erst nach der Korrektur der Texte erfolgen.

Mit dem Text-Werkzeug lassen sich auch Eingabefelder erstellen, die nach der Veröffentlichung im Web mithilfe eines JavaScripts oder anderer Onlinesprachen abgefragt werden können.

Eingabefelder für den Dialog mit dem Leser sind in Macromedia Flash 5 kein Problem

Um ein solches Feld zu erstellen, wählen Sie das Textwerkzeug und schalten in der Steuerung die Feldfunktion ein. Anschließend ziehen Sie mit dem Cursor das Feld im Arbeitsblatt auf die gewünschte Feldgröße. Mit dem Anfasspunkt unten rechts im Feldrahmen lässt sich das Feld in der Größe nachträglich noch verändern. Soll im Feld ein Mustertext auftauchen, geben Sie diesen jetzt ein. Verwenden Sie in einem Formularfeld unbedingt einen der Flash-eigenen Zeichensätze, da Felder nicht gerendert werden können.

Über das Menü *Modifizieren, Textfeld* oder per Tastatur mit [Strg]+[Alt]+[Z] erreichen Sie das Steuerungsmenü für die Feldeigenschaften. Sie können auch mit der rechten Maustaste das kontextsensitive Menü aufrufen und den Eintrag *Eigenschaften* wählen.

In dieser Dialogbox steuern Sie ein Textfeld

Im Dialogfeld *Variable* geben Sie einen Namen für das Feld ein. Flash 5 unterscheidet – wie andere webbasierende Sprachen – nicht zwischen nummerischen und alphanumerischen Feldern. Das Kontrollkästchen *Umrandung und Hintergrund zeichnen* erzeugt einen Rahmen um das Feld. Dadurch wird das Eingabefeld sichtbar. Setzen Sie das Kontrollkästchen *Kennwort*, erscheint bei der Eingabe im Feld nur ein Sternchen für jeden eingegebenen Buchstaben. Das Kontrollkästchen *Mehrzeilig* bestimmt, ob der Anwender mehrere Zeilen eingeben kann. Ist er aktiviert, kann der Leser einen Zeilenumbruch setzen. Mit der Option *Zeilenumbruch* legen Sie fest, dass der Text automatisch beim Erreichen des rechten Feldrands umbrochen wird. Mit der Option *Textlänge begrenzen auf* können Sie die Anzahl der maximal möglichen Zeichen festlegen. *Bearbeiten deaktivieren* verhindert, dass der Leser das Feld überschreiben kann. Solche Felder dienen dazu, Informationen per Programmierung zu sammeln. Mit der Option *Auswahl deaktivieren* verhindern Sie, dass der eingegebene Text selektiert werden kann.

Über die Kontrollkästchen der Konturen legen Sie fest, wie die Texteingabe erfolgt. Sie können die Eingabe auf Groß- und Kleinbuchstaben, eines von beiden, auf Zahlen oder Zeichen begrenzen. Die Steuerung des Textfeldes und die Auswertung der Eingaben findet über die HTML- und JavaScript-Programmierung statt.

Tastaturkürzel

Die Werkzeuge in Flash erreichen Sie auch direkt über die Tastatur. Es ist wesentlich einfacher, die einzelnen Funktionen über die Tastatur aufzurufen, als jedes Mal die Funktion per Mausklick zu aktivieren. Hier eine Übersicht über die Tastaturbelegung:

Werkzeug	Kurztaste	Werkzeug	Kurztaste
Auswahl	A	Text	T
Rechteck	R	Oval	O
Stift	P	Tinte	I
Pinsel	B	Füller	U
Radiergummi	E	Pipette	D
Zoom	M	Lasso	L

Wenn Sie ein Werkzeug zwischendurch aufrufen wollen, hat Flash 5 die folgenden Tastaturbelegungen:

Werkzeug	Taste
Einzelauswahl	Strg
Lasso	Tab
Hand	Leertaste
Einzoomen	Strg + Leertaste
Auszoomen	Strg + Umschalt + Leertaste

12.4 Jetzt wird's laut: Sounds einbinden

Neben den Texten, den Grafiken und den Filmen, die die Onlinezeit des Users im gleichen Umfang wie die Umsätze der Provider multiplizieren, kommt seit einiger Zeit ein vollkommen neues Gebiet auf die Anwendergemeinde zu: Musik aus dem Internet für den Leser zu Hause. Wer kennt sie nicht, die mehr oder minder gelungenen Vertonungen des einen oder anderen Computerspiels.

Begann das Spiel mit dem Ton damit, dass zu irgendwelchen Simulationen der PC-Lautsprecher dazu missbraucht wurde, an passenden Momenten Akustik auszugeben (von Musik war noch keine Rede), so hat die Soundkarte von heute schon mehr Elektronik eingebaut als vor wenigen Jahren der gesamte PC hatte.

Dieser Techniksprung macht aus einem normalen Rechner fast schon ein sehr kleines Heimstudio.

Das Musical Instrument Digital Interface

Wenn Sie in Ihrem Computer eine Soundkarte eingebaut haben, besitzt Ihr Rechner in der Regel eine MIDI-Schnittstelle. Die Soundkarte stellt den Port zur Kommunikation mit einem Synthesizer in der Regel zur Verfügung. Bei einfach gestrickten Karten ist die MIDI-Schnittstelle auf dem Stecker für den Joystick-Port mit angesiedelt. Mithilfe eines Adapterkabels kommt der Anschluss des Synthies zu Stande. Federführend auf dem Gebiet der Programmierung der Software ist die Hamburger Firma Steinberg.

Mit ihrem ersten Softwaresequenzer, dem legendären Steinberg Twenty Four, bekamen die Musiker ein Aufzeichnungssystem an die Hand, das bereits Anfang 1984 bis zu 24 Spuren an MIDI-Signalen aufzeichnen, bearbeiten und wiedergeben konnte. Der Nachfolger dieses Programms – Steinberg Cubase – folgte nur ein paar Jahre später und bot dem ambitionierten Musiker ein fast perfektes Arbeitsmedium zum Komponieren und Arrangieren.

General MIDI Standard

Die Soundkarten sind mit einer Klangbibliothek ausgestattet, die einigen Normungen folgt. Man nennt die bekannteste *General MIDI System 1*. Soundkarten, die dem General-MIDI-System folgen, haben eine bestimmte Klangbibliothek eingebaut. Da ein MIDI-Signal auch den gewünschten Klang auswählen kann, findet sie nach der Aufteilung des GMS1 die richtigen Instrumente.

MIDI-Dateien in Homepages einbinden

Wollen Sie Ihre Leser mit der Techno-Fassung von „Heimat, Deine Berge" oder mit der Heavy-Metal-Version von „Oh Tannenbaum" verwöhnen, beginnt die Produktion Ihres Werks. Danach folgt normalerweise die Korrektur, damit nun alle Instrumente dann spielen, wenn Ihr Ohr den Einsatz wünscht. Sie sind der Dirigent. Gute Sequenzerprogramme bieten Ihnen mehrere Editoren und Automatismen an.

Was jetzt noch bleibt, ist die Prüfung des Musikstücks. Hierzu geben Sie die MIDI- Datei an Freunde und Bekannte weiter, die über Ihr Meisterwerk urteilen undVerbesserungen einbringen können. Den letzten Arbeitsschritt bildet die Veröffentlichung im Internet und die Einbindung der Datei in Ihre HTML-Dokumente. Hierfür stehen Ihnen mehrere Tags zur Verfügung, die allerdings Browserspezifisch sind. Am effektivsten ist der Einsatz des folgenden Konstrukts für Anwender des Microsoft Internet Explorer:

```
<HTML>
 <HEAD>
  ...
  <BGSOUND src="meinlied.mid" loop=infinite>
 </HEAD>
 <BODY>
  ...
 </BODY>
</HTML>
```

Als Netscape-Nutzer binden Sie in Ihre HTML-Datei im <body> die folgende Routine ein:

```
<embed src="datei.mid" autostart=true loop=true hidden=true height=0 width=0>
```

Beide Varianten sind nicht Bestandteil von HTML; die neuen großen Browser arbeiten aber mit diesen Tags. Über den gleichen Weg binden Sie auch Wave-Dateien ein.

Der MP3-Standard

Kompression ist das Schlagwort der Zeit. Wer sich mit EDV beschäftigt, stößt zweifelsohne an jeder zweiten Ecke auf dieses Thema. Seit längerem ist der

Begriff MP3 in aller Munde. Hierunter versteht man stark komprimierte Audiodateien, die mithilfe eines speziellen Player zu Gehör gebracht werden.

Alternative Audioformate

Mit MP3 ist aber noch nicht das Ende der Komprimierung erreicht. Weitere Formate sind in folgender Tabelle aufgelistet:

TwinVQ	„**T**ransform-domain **W**eighted **In**terleave **V**ector **Q**uantization", von *Yamaha* und den *NTT Human Interface Laboratories* erreicht eine noch höhere Kompression mit leichten Qualitätseinbußen. Benötigt eigenen Player und Encoder.
MS-Audio 4.0	Kommt aus dem Hause Microsoft; gleiche Verfahren wie bei MP3 und Twin VQ, kommt jedoch nicht an die MP3-Qualität heran. Soll von Microsoft in ihren Betriebssystemen als Standard eingesetzt werden.
Real Audio	War das erste System, mit dem Audiodaten via Internet auszutauschen waren; mit den Playern lassen sich auch Filme ansehen. Die Klangqualität der Audiopassagen hingegen sind kaum eine Konkurrenz für die anderen vorgestellten Verfahren.
MPEG 4	Hieran wird z. Zt. noch gearbeitet. Hier kommen neue Algorithmen zum Einsatz, die noch flexibler auf Musikstücke reagieren können. Internetadresse: Fraunhoferinstitut.MPEG4

12.5 Fernsehen im Web? – Binden Sie Videos ein

QuickTime ist ursprünglich ein von Apple defininierter Multimedia-Standard im Internet. Der dafür nötige QuickTime Player wird ständig aktualisiert und ist auch für Windows verfügbar.

www.apple.com/quicktime

Das QuickTime Plug-In unterstützt inzwischen weit mehr Dateiformate als nur QuickTime Movie. Alle gängigen Multimedia-Animationsformate wie Macromedia Flash, Autodesk FLC oder Microsoft AVI können ebenfalls damit abgespielt werden. Außerdem eignet es sich zum Betrachten verschiedener seltenerer Bildformate, z. B. Adobe Photoshop, Macintosh PICT oder auch dem Live Picture FlashPix Format.

QuickTime VR

QuickTime VR (VR = **V**irtual **R**eality) basiert auf dem gleichen Prinzip wie das Live Picture IVR. Ein Panoramabild wird auf die Innenseite eines Zylinders projiziert. Der Betrachter steht im Inneren dieses Zylinders und dreht sich mit der Maus um seine eigene Achse.

Mit den Tasten [Umschalt] und [Strg] können Sie näher an die Objekte heran- und weiter davon weggehen.

Plug-Ins

Zum Betrachten solcher QuickTime VR Panoramen ist das QuickTime Plug-In erforderlich.

An diesem typischen Logo erkennen Sie eine QuickTime VR-Szene, wenn das Plug-In fehlt

QuickTime Video

QuickTime Video ist ein Dateiformat zur Übertragung von Video-Sequenzen im Internet und auch auf vielen Multimedia-CDs.

Das QuickTime MOV-Format hat eine deutlich bessere Bild- und Tonqualität als das von Microsoft zum Standard erklärte AVI-Format.

Einige Beispiele für QuickTime Movies mit hoher Bild- und Tonqualität finden Sie bei:

www.apple.com/quicktime/trailers/fox/episode-i/
www.titanicmovie.com

MOV-Dateien können in einem eigenständigen Player oder auf einer Webseite in einem Plug-In-Fenster abgespielt werden.

QuickTime Video in Netscape (Beispiel von www.titanicmovie.com)

In einem QuickTime Video können Sie im Player an jede beliebige Position springen und von dort aus weiter abspielen.

In AVI-Videos sind nur bestimmte Key-Bilder direkt anzusteuern.

Der eigenständige QuickTime Movie Player verfügt noch über zusätzliche Einstellungsmöglichkeiten bezüglich der Klangqualität.

Die neue Version 4 des QuickTime Movie Player

Seit Version 4 lassen sich mit dem QuickTime Player auch Streaming-Media-Daten betrachten. Auf der Apple QuickTime Webseite

www.apple.com/quicktime/showcase/live/

finden Sie eine Auswahl von Anbietern, wie zum Beispiel BBC World, die Streaming-Media-Daten im QuickTime-Format senden. Bis jetzt hat es sich allerdings noch nicht durchgesetzt.

12.6 Streaming Media

Diese Übertragungsmethode wird häufig zur Live-Übertragung von Nachrichtensendungen und Sportereignissen, aber auch für Film-Previews verwendet.

Es wird nicht mehr eine komplette Datei übertragen, sondern die übertragenen Daten werden sofort schon während der Übertragung abgespielt. So sind laufende Sendungen nach Art von Fernsehen oder Radio möglich, wo der Anwender sofort sieht, was gerade läuft und sich jederzeit in das Programm hinein- oder herausschalten kann, ohne komplette Dateien übertragen zu müssen, deren Inhalt er gar nicht im Ganzen sehen will.

RealPlayer

Marktführer im Streaming Media Bereich ist der RealPlayer mit den Formaten Real Audio und Real Video. Das hierfür benötigte Plug-In wird mit dem Netscape Communicator mitgeliefert. Aktuelle Updates bekommen Sie bei:

www.real.com

Bei allen großen Nachrichtensendern von CNN bis RTL-News finden Sie inzwischen Real Video-Übertragungen der wichtigsten Nachrichten. Viele Hersteller von Musik-CDs und Videos zeigen kurze Preview-Ausschnitte aktueller Hits in diesem Format.

Dabei kann Real Video und Real Audio entweder über den eigenständigen RealPlayer abgespielt werden oder über ein im Webbrowser installiertes Plug-In. Die neue Version des RealPlayer G2 bietet ein für den Anbieter frei konfigurierbares Fenster, das außer den eigentlichen Videodaten noch eine Art Mini-Browser enthalten kann.

12.7 Viewer für alle Gelegenheiten

Es gibt drei verschiedene Arten von Plug-Ins, die als Standard-Plug-In und Viewer für den Netscape Navigator und den Internet Explorer fungieren:

- Das erste ist ein Inline Plug-In, das in der HTML-Seite eingebettet als Plug-In oder Viewer liegt.
- Das zweite ist ein echtes Plug-In und wird vom Browser intern gestartet, funktioniert daher auch nur im Browser.
- Das letzte ist ein so genannter Viewer. Dieser wird vom Browser als externes Programm aufgerufen.

Name	Informationen und Bemerkungen
Realplayer G2 (Realaudio/Video)	Viewer und Plug-In
Shockwave (grafik/multimedia)	Inline-Plug-In im Netscape 4.7 enthalten!
Shockwave-splash	add-on zu Shockwave im Netscape 4.7 enthalten!
Cosmoplayer 2.1 (Vrml)	Im Netscape 4.7 enthalten.
QuickTime 4 (video)	ext. Viewer und Inline Plug-In ist in Netscape 4.7 enthalten
Beatnik	Audio-Plug-In
Viscape (vrml)	Inline Plug-In
Winamp (mpeg/audio)	Viewer
Vdo (video)	Plug-In
Vivo 2.01 (video)	Viewer
Media Player	Viewer

Grafik Plug-Ins vom chinesischen Zeichensatz bis zum Vektor-Plug-In von Corel:

Name	Infos	Internetadresse
Asia Decoder	Hiermit werden die asiatischen Schriftzeichen in Ihrem Browser als Font dargestellt.	www.njstar.com/njwin
ABC QuickSilver	Externer Viewer für Dateien, die mit ABC QuickSilver oder ABCGraphik Suite erstellt worden sind.	www.micrografx.com/quicksilver/download.html
Aktive-Preseneter	Präsentationen wie bei Micosofts PowerPoint. Dieses Plug-In optimiert auch die Präsentationen von PowerPoint für das World Wide Web.	www.spco.com

Plug-Ins

Name	Infos	Internetadresse
Comet Cursor	Das Comet Cursor Plug-In wechselt das Aussehen Ihres Mauszeigers beim Surfen im Internet, z. B. verwandelt sich ein Pfeil in eine Grafik oder in eine Animation. Neu ist auch, wenn Sie auf eine Homepage, die Comet Cursor-erweitert ist, gelangen, können Sie bei Gefallen den angebotenen Mauszeiger als Ihren Standardmauszeiger auswählen.	www.cometsystems.com
Corel Plug-In im CMX- Format	Nur wenige Browser können Vektor- Grafiken ohne Plug-Ins darstellen. Corel hat hierfür ein eigenes Format entwickelt.	www.corel.com/corelcmx
Fractal Viewer	Dieses Format ist unabhängig von der Auflösung und gestochen scharf wie ein Foto. Für Fractal Image Format (FIF).	www.iterated.com/fracview/ download/fv-loadp.html
InterCAP InLine	Viewer für Vektorgrafikdateien des CGM Formats (unterstützt Zoom, Größenanpassung sowie Links).	www.intercap.com/about/ DownloadNow.html
Keyview	Eines der bekannteren Plug-Ins, das eine ganze Bandbreite von Dateitypen (z. Zt. fast 200) abdeckt.	www.keyview.com/license2.html
Quick View Plus	Es verarbeitet standardmäßig mehr als 200 verschiedene Dateiformate. Ein Pluspunkt für Quick View Plus ist, dass Dateien angezeigt, kopiert, konvertiert und sogar ausgedruckt werden können.	www.inso.com/consumer/qvp/ demo.html

ActiveX für den Netscape Communicator:

Name	Infos	Internetadresse
ActiveX-Plug-In	ActiveX-Komponenten kann man mit Java-Applets im Browser vergleichen. Hier gibt es ein ActiveX-Plug-In für Netscape, sodass Controls auch unter Netscape ausführbar gemacht werden können.	www.ncompasslabs.com
Stagecast Creator 1.01	Hiermit lassen sich einfach eigene interaktive Anwendungen wie Simulationen und Spiele für die Homepage gestalten. Achtung: Downloadgröße für Plug-In und Player betragen ca. 23 MByte.	www.stagecast.com
Video Express Viewer	Das Video Express Viewer Plug-In verwendet äußerst viele digitale Videoformate, wie z. B. MOV, AVI, MPEG, MPG, DAT, FLI, FLC uvm.	www.imagemind.com.

Plug-Ins

Name	Infos	Internetadresse
Zing Player	Zing unterhält Sie, während Sie Dateien downloaden, mit lustigen Cartoons, kleinen Musikstücken, Bildern, Witzen uvm.	Www.zing.com

Dokumenten Plug-Ins für Word und Adobe PDF-Dateien:

Name	Infos	Internetadresse
Acrobat Reader	Mit dem Acrobat Reader Plug-In können PDF-Dateien direkt im Netscape-Fenster betrachtet sowie ausgedruckt werden. Unterstützt jedoch nicht das gewohnte Drag-&-Drop des Readers.	www.adobe.com/prodindex/ acrobat/readstep.html
Word Viewer	Viewer für die Textformate Microsoft Word 6.0 und 7.0 (Windows 95). Ein Manko hat das Plug-In: Word 97 wird leider nicht unterstützt!	www.inso.com/frames/consumer/ qvp/plug.htm
ClickToons	Hiermit kann man Onlinespiele und Werkzeuge, interaktive Werbung, Oberflächen für Datenbank-anwendungen, Navigationshilfen, Software-Demos sowie Nutzerschnittstellen gestalten.	www.mpen.com
DigiBand Radio	Mit diesem Plug-In erhalten Sie Zugriff auf über 1.000 Audioressourcen im World Wide Web. Ein interessantes Feature ist das Abscannen von besonders gut empfangenen Sendern.	www.digiband.com
ThemeSurfer	Der ThemeSurfer kann, wie Sie es von Microsoft Plus kennen, das Layout Ihres Internet Explorer ändern.	www.solipistic.com
WebAnimator	Mit diesem Plug-In lassen sich kinderleicht per Drag & Drop Multimedia Anwendungen erstellen.	www.sitetech.com

Kleiner Exkurs im Deinstallieren von Plug-Ins

Haben Sie es auch schon einmal bereut, ein Plug-In oder einen externen Viewer installiert zu haben. Ein typischer Fall ist ein Plug-In, das alle möglichen Multimedia-Dateien auszugeben versucht. Sogar nachdem das Plug-In deinstalliert wurde sind die Verknüpfungen noch vorhanden. Am Beispiel vom CosmoPlayer soll gezeigt werden, wie die Verknüpfungen aufgehoben werden.

1 Klicken Sie im Windows Explorer-Menü auf *Ansicht/Optionen* und in der neuen Dialogbox auf die Registerkarte *Dateitypen*.

Plug-Ins

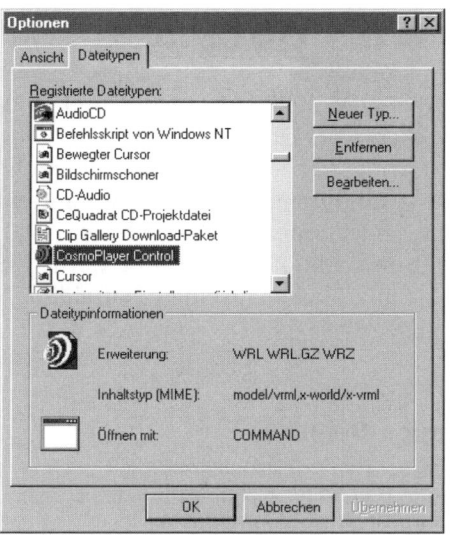

Explorer-Optionen nach Dateitypen aufgelistet

2 Dann brauchen Sie nur noch die falsche oder nicht funktionierende Verknüpfung zu entfernen. Soll die Verknüpfung einem anderen Programm zugewiesen werden, müssen Sie natürlich wissen, welches Programm die entsprechende Datei anzeigen kann. Dieses erkennt man an den MIME-Typen, die schon weiter vorne in diesem Kapitel beschrieben sind. Klicken Sie auf die zu verknüpfende Datei und wählen Sie einen neuen Betrachter aus.

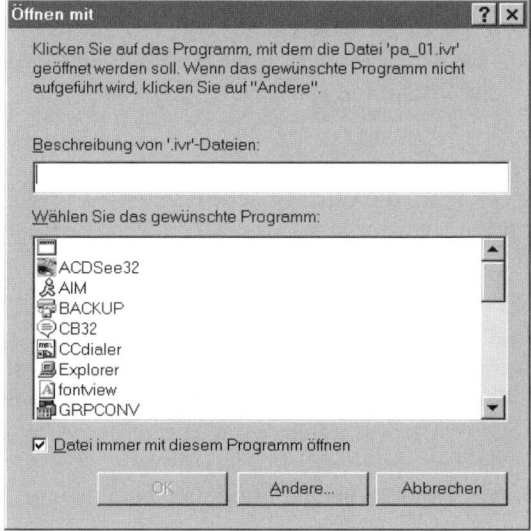

Neue Verknüpfung erstellen

12.8 VRML – The Web goes 3-D

VRML bedeutet **V**irtual **R**eality **M**odelling **L**anguage und ist der Standard zur Beschreibung von interaktiven 3-D-Objekten im WWW. Diese Objekte können räumlich in Echtzeit von verschiedenen Seiten betrachtet werden und man kann mit der Kamera hindurchgehen. An bestimmten Stellen können diese Objekte so genannte Trigger oder Reaktoren haben, wo durch Handlungen des Betrachters bestimmte Aktionen ausgelöst werden. So hat man die Möglichkeit VRML für eine interaktive Präsentation dreidimensionaler Objekte zu verwenden.

> **Tipp**
> **VRML als hardwareunabhängige Definition**
> Die VRML-Semantik definiert nur eine abstrakte Funktionsweise für interaktive 3-D-Multimedia-Information. Hier wird nicht festgelegt, wie diese Informationen technisch dargestellt werden. VRML-Welten sind also nicht auf die heute üblichen Bildschirme mit zweidimensionaler Darstellungsmöglichkeit und eine Maus angewiesen. Sie könnten auch mit jeder anderen denkbaren Hardware dargestellt und navigiert werden, von der Space-Mouse und dem Datenhandschuh über dreidimensionale Projektionsgeräte bis zu Holodecks der Zukunft.

VRML-Standards

Der VRML-Standard wurde im Laufe der Zeit immer weiter entwickelt, sodass verschiedene VRML-Versionen im Gebrauch sind. Moderne VRML-Betrachter können alle Versionen lesen.

VRML 1.0

VRML 1.0 ist eine Sprache, die nur statische Szenen beschreibt. Hier können also keine Animationen vordefiniert sein. Der Betrachter kann trotzdem interaktiv durch die Räume gehen und seinen Blickwinkel verändern.

VRML 97

VRML 97 ist der neueste von der VRML-Organisation festgelegte VRML-Standard. Dieses Format basiert im Wesentlichen auf VRML 2.0. Netscape und Microsoft haben sich auf eine gemeinsame Interpretationsweise des VRML 2.0-Standards für ihre zukünftigen Browser geeinigt. Die genauen Spezifikationen dieses neuen Formats finden Sie bei: vrml.org

VRML 97 ist die erste Version, die in einer ISO-Norm, ISO/IEC 14772, definitiv festgelegt wurde. Nach dieser Definition ist eine VRML-Datei ein dreidimensionaler zeitabhängiger Raum, der grafische und akustische Objekte enthält, die durch verschiedene Mechanismen dynamisch modifiziert werden

können. Die ISO-Norm definiert die hier gültigen Objekte und Mechanismen. Nach der ISO-Norm enthält eine VRML-Datei folgende Definitionen:
- Ein Koordinatensystem für eine 3-D-Welt, in dem alle Objekte der Datei und extern eingebundene Objekte definiert sind.
- 3-D- und Multimedia-Objekte verschiedener Typen.
- Hyperlinks auf andere Dateien und Applikationen (optional).
- Verhaltensmuster der Objekte (optional).

Dabei muss sich die VRML-Datei nicht zwangsläufig im Internet befinden. Lokale Strukturen oder spätere völlig anders geartete Speichersysteme sind ebenfalls möglich.

VRML-Betrachter

VRML-Dateien haben die Endung *wrl* für World. Um sie mit einem WWW-Browser betrachten zu können, muss ein externes Plug-In eingebunden werden. Es gibt auch eigenständige VRML-Betrachter; diese sind aber eher selten anzutreffen.

Tipp
Windows NT
Versuchen Sie besser nicht, ein VRML-Plug-In unter Windows 95/98 laufen zu lassen. Die Speicherverwaltung dieses Betriebssystems ist für die großen Datenmengen in aufwendigen texturierten VRML-Dateien zu unstabil. Verwenden Sie lieber Windows NT bzw. Windows 2000.

VRML-Browser und Download-Adressen

3Space Assistant	www.tgs.com/Products/3sa.html
blaxxun Contact 4.0	www.blaxxun.com/products
CASUS Presenter	www.igd.fhg.de/CP
Community place	www.community-place.com
Cortona	www.parallelgraphics.com/cortona
Cosmo player	cosmosoftware.com
Dive	www.sics.se/dive
DpIV	www.dpiv.net
ExpressVR	members.aol.com/maxmac/vrml
FreeWRL	debra.dgbt.crc.ca/~luigi/FreeWRL
LibVRML97	www.vermontel.net/~cmorley/vrml.html
Live Picture Viewer	www.livepicture.com
Livework	www.tgs.com/Livework/lw3d-main.html
Net Animator	www.gsslco.com/whatsnew.htm
Solidview	www.solidview.com
Terraform	www.brlabs.com
Venus	sgvenus.cern.ch/VENUS

Plug-Ins

Viscape	www.superscape.com/download/viscape
VRwave	www.iicm.edu/vrwave
WebOOGL	www.geom.umn.edu/software/weboogl
Webview	www.sdsc.edu/projects/vrml/tools/webview/help/webview.html
Worldprobe	www.beyond-3d.com/probe
Worldview	www.intervista.com/products/worldview
Zeus	www.zeus.virtek.com

13. Upload: Wenn die Site fertig ist

Ein Internetprojekt sollte professionell wirken und in seiner Funktionalität fehlerfrei sein. Dieser Satz sollte als Leitbild für Ihren Internetauftritt gelten. Um diese Aspekte erfüllen zu können, muss dem Testen des zu veröffentlichen Projekts eine hohe Priorität zugewiesen werden. Es existieren zahllose potenzielle Fehlerquellen, deren Erkennung erst dann erfolgt, wenn das Projekt auf den entsprechenden Server publiziert wurde. Wird erst zu diesem Zeitpunkt mit der Fehleranalyse begonnen, ist dies in den meisten Fällen sehr zeit- und kostenintensiv. Das folgende Kapitel soll Ihnen zeigen, wie Projekte vor der Publikation getestet werden können, was wir anhand des Microsoft Personal Webserver verdeutlichen. Die Anleitung hierzu haben wir so gestaltet, dass eine Übertragbarkeit auf einen anderen Server möglich ist. Bevor ein Projekt dieses Tool durchläuft, sollte eine logische Kontrolle des Projekts anhand einer Checkliste durchgeführt werden. Diese sollte, besonders bei der Entwicklung professioneller Internetprojekte, stets Verwendung finden und je nach Art des Projekts individuell angepasst werden.

- Wurde der Verfasser der Seiten bekannt gegeben?
- Ist eine Kontaktaufnahme mit dem Nutzer möglich (E-Mail, Formular)?
- Wurde ein treffender Seitentitel vergeben?
- Wurden Grafiken mit einem Alternativtext versehen?
- Wurde eine Rechtschreibprüfung durchgeführt?
- Wurde die Syntax mittels Validator überprüft? (Wie ein solcher Syntaxchecker eingesetzt und verwendet werden muss, wird ab Seite 767 detailliert erläutert.)

Diese Punkte sollten noch vor dem eigentlichen Testen des Projekts geprüft werden. Erst wenn die Seiten die hier aufgeführten Kriterien erfüllen, macht eine Publikation auf den Personal Webserver Sinn.

13.1 Simulation der Site mit dem Microsoft Personal Web Server

Stellen Sie sich folgendes Szenario vor: Sie haben Ihre Seiten erstellt und möchten diese nun im Internet veröffentlichen. Auf Ihrem Rechner haben alle Hyperlinks funktioniert und auch sonst wurden alle Komponenten korrekt angezeigt. Ihre Seiten haben inklusive Text, Bildern, Flash-Filmchen usw. einen Umfang von 6 MByte. Der Zeit- und Kostenaufwand für das Übertragen der Seiten an einen Webserver ist hierbei ein nicht unerheblicher Faktor. Nach der Übertragung rufen Sie Ihre Seiten auf und stellen entsetzt fest, dass Fehler aufgetreten sind.

Links funktionieren nicht und auch einige Bilder werden nicht angezeigt.

Wenn das passiert, müssen Sie sämtliche Seiten überprüfen und diese nach einer vollständigen Korrektur erneut ins Netz stellen. Das kostet Geld und Nerven, und auch bei einer späteren Korrektur ist es nicht ausgeschlossen, dass sich die Fehler wiederholen. Ein „Server für zu Hause", um die zuvor beschriebenen Szenarien vermeiden zu können, steht Ihnen mit dem Microsoft **P**ersonal **W**eb **S**erver (PWS) zur Verfügung, der standardgemäß mit Windows 95 und 98 ausgeliefert wird. Auf der CD von Windows ME ist der PWS allerdings nicht mehr enthalten. Nutzer von Windows ME müssen ihn sich von der Microsoft-Homepage (www.microsoft.com) downloaden.

Sollten Sie bis zu diesem Zeitpunkt noch nichts vom Personal Web Server gehört haben, ist dies nicht weiter verwunderlich, denn nur die wenigsten Nutzer wissen von ihm.

Dies liegt an der schlechten Bekanntmachung dieses Produkts durch Microsoft, die eigentlich völlig unverständlich ist, da seine Nutzung unter anderem ein Hilfsmittel für professionelles Web-Publishing sein kann.

Sie müssen keine versierten Kenntnisse besitzen, um den Personal Web Server zu installieren und zu konfigurieren. Es handelt sich um ein leicht bedienbares und übersichtliches Tool, mit dem sich trotz des geringen Lieferumfangs professionelle Arbeiten zur Fehlerkorrektur realisieren lassen.

Neben anderen Werkzeugen und Tools wie beispielsweise den FrontPage-Servererweiterungen, mit denen selbst das Testen von Gästebüchern und Antwortformularen möglich wird, ist als wichtigster Bestandteil der Webserver zu nennen. Dieser eignet sich unter anderem dazu, als lokaler Testserver für Ihr Internetprojekt zu fungieren.

Stellen Sie vor der eigentlichen Installation sicher, dass alle Netzwerkkomponenten auf Betriebssystemebene umgestellt sind. Das ist zeitsparend und vermindert die Fehleranfälligkeit.

Installation des Personal Web Servers

Überprüfen Sie vor der Installation, ob genügend Speicherplatz zur Verfügung steht, der Personal Web Server benötigt etwa 200 MByte. Einen Großteil dieses Speicherplatzes nimmt hiervon die Dokumentation ein.

Diese sollten Sie aber in jedem Falle mit installieren, da sie, gerade bei auftretenden Problemen, eine große Hilfe sein kann.

Upload

> **Hinweis**
>
> **Deinstallieren Sie frühere Versionen**
>
> Derzeit liegt Version 4.0 als aktuellster Server vor. Wenn Sie bereits die Version 1.0 auf Ihrem Rechner installiert haben, wird diese aktualisiert. (Sie können also diesen Punkt überspringen.) Sind Sie aber im Besitz einer Beta- oder Alphaversion, müssen diese unbedingt erst entfernt werden, da es sonst zu Versionskonflikten kommen kann. Starten Sie dazu das Installationsprogramm und wählen Sie die Option *Alle entfernen*. Wird diese Variante nicht angeboten, müssen Sie den folgenden Schritt durchführen Gehen Sie in diesem Fall auf *Hinzufügen/Entfernen* und deaktivieren Sie alle Kontrollkästchen.

Um den PWS zu installieren, legen Sie die Windows 95- bzw. 98-CD-ROM in Ihr Laufwerk und wählen im Menü *Start* den Punkt *Ausführen*. Geben Sie nun folgenden Pfad ein: „D:\add-ons\pws\setup.exe" (wobei D: für Ihr CD-ROM-Laufwerk steht). Der nachfolgende Assistent führt Sie durch den Installationsvorgang.

Prüfen Sie die Funktionalität des Servers

Um zu überprüfen, ob Sie den Personal Web Server ordnungsgemäß installiert haben, können Sie sich eines kleinen Tricks bedienen. Öffnen Sie Ihren Browser und geben Sie als Adresse den Namen Ihres Rechners an (diesen finden Sie unter *Start/Einstellungen/Systemsteuerung/Netzwerk* auf dem Register *Identifikation*). Nun müsste eine Seite mit einem Willkommensgruß von Microsoft erscheinen.

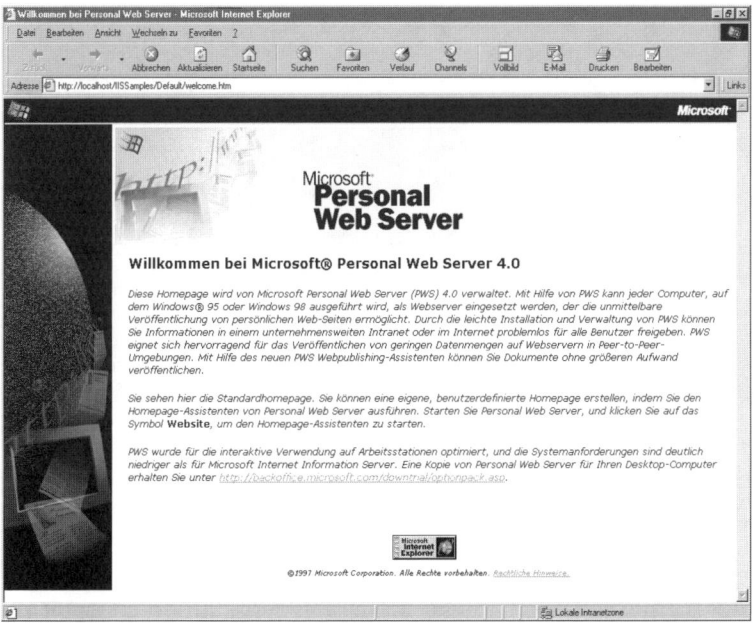

Der Begrüßungsbildschirm des Microsoft Personal Web Servers

Sollte dies nicht der Fall sein, versuchen Sie einfach die folgenden Punkte:
- Prüfen Sie, ob Sie eventuell doch eine ältere Version auf Ihrem Rechner hatten, die jetzt Konflikte verursacht. Falls das der Fall ist, verfahren Sie wie oben beschrieben.
- Immer noch keinen Erfolg? Dann müssen Sie sich dem Installationsordner zuwenden. Dieser ist immer unter *C:\Windows\System\Inetsrv* zu finden; er kann nicht geändert werden. Fehler können aber beim Veröffentlichungsordner auftreten. Er wird unter *C:\Inetput\Wwwroot* standardgemäß angelegt. Sie sollten diesen Pfad nicht ändern. Wenn Sie dies trotzdem getan haben, müssen Sie darauf achten, dass Sie auch den vollständigen Pfadnamen (inklusive Laufwerksbuchstaben) angeben. Relative Pfadangaben werden in einzelnen Fällen vom Installationsprogramm falsch interpretiert, und somit kann der Veröffentlichungsordner nicht gefunden werden.

Der Personal Web-Manager

Wenn Sie den Personal Web Server installiert haben, erscheint nach dessen erstem Start der Personal Web-Manager. Bereits in diesem frühen Stadium lässt sich der vielleicht größte Vorteil des PWS erkennen. Durch einfachste Bedienbarkeit und eine leicht überschaubare Benutzeroberfläche ist dieser Server benutzerfreundlich und dessen Benutzung leicht zu erlernen.

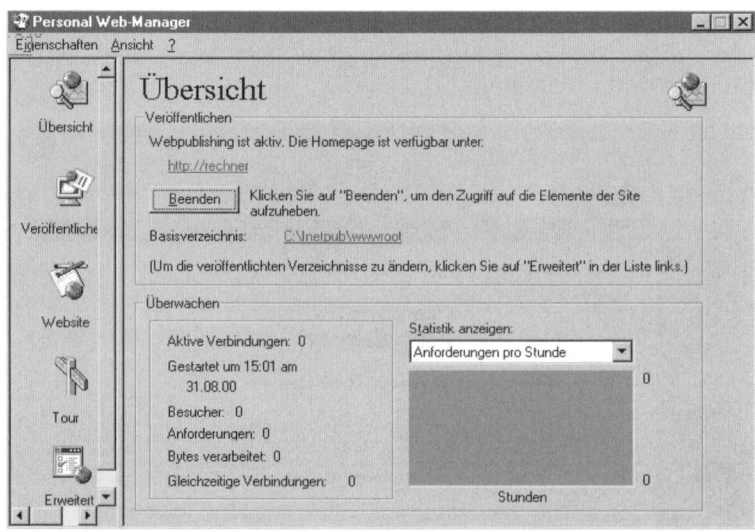

Der Personal Web-Manager

Diese simple Oberfläche bietet Ihnen eine vollständige Serverfunktionalität. Zu Beginn soll eine einfache Anwendung bezüglich des PWS dessen Arbeitsweise veranschaulichen. Für den späteren Praxiseinsatz ist diese Vorgehensweise allerdings nur bedingt geeignet, da hierdurch lediglich einzelne Dokumente angezeigt, nicht aber publiziert und somit auch nicht getestet werden. Gehen Sie auf das gewünschte Dokument und ziehen Sie dieses auf den rechten Bildschirmbereich.

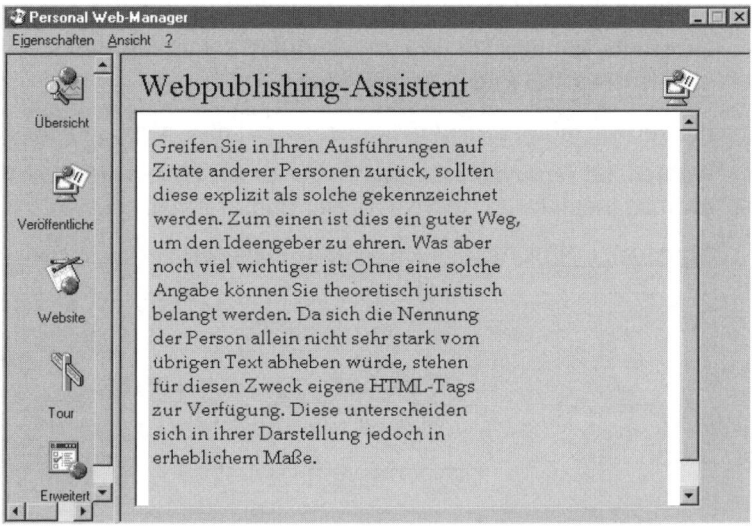

Die Site wird dargestellt

Dort können Sie sich dieses nun anschauen. Besonders befriedigend ist dies allerdings nicht. Obwohl Sie zwar die Seite betrachten können, haben Sie diese nun noch lange nicht getestet. Denn diese Site wird zwar angezeigt, aber lediglich so, wie das auch im Browser hätte geschehen können. Die Stärken und Vorteile eines Servers kommen erst durch die Anwendung der folgenden Schritte vollends zur Geltung. Als Nächstes zeigen wir Ihnen, wie Sie einzelne Seiten publizieren und anschließend testen. Zunächst müssen Sie sich eine Homepage anlegen. Klicken Sie hierzu auf die Schaltfläche *Website*.

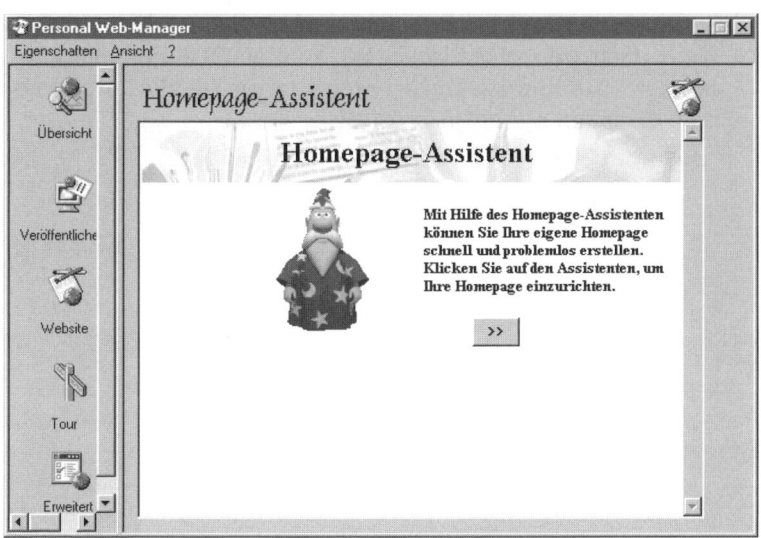

Der Homepage-Assistent

Upload

Der Homepage-Assistent führt Sie durch die Erstellung. Wenn Sie diese Seite nicht veröffentlichen wollen, können Sie auf das Gästebuch usw. verzichten. Halten Sie in diesem Fall diese Seite so einfach wie möglich.

Ist sie erstellt, können Sie ihre zu testenden Seiten auf dem Server publizieren. Gehen Sie dabei folgendermaßen vor:

1 Klicken Sie mit der rechten Maustaste auf die entsprechende Seite.

2 Wählen Sie *Senden an Personal Web Server*. Haben Sie diese Schritte ausgeführt, meldet sich PWS mit dieser Bildschirmansicht.

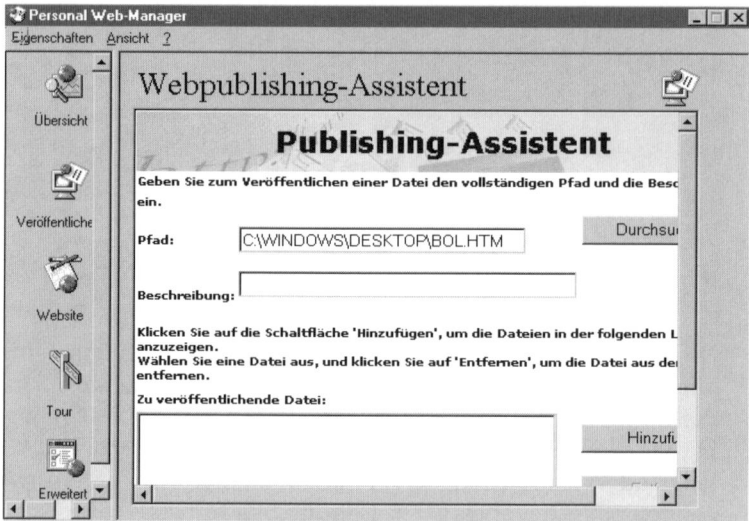

Der Web-Publishing-Assistent

3 Klicken Sie auf die Schaltfläche *Hinzufügen*. Anschließend drücken Sie den rechten Doppelpfeil. Möchten Sie weitere Seiten hinzufügen, klicken Sie einfach auf *Durchsuchen*. Wiederholen Sie diese Schritte, bis alle Seiten der Liste hinzugefügt wurden. Haben Sie alles ordnungsgemäß erledigt, erscheint dieser Bildschirm:

Upload

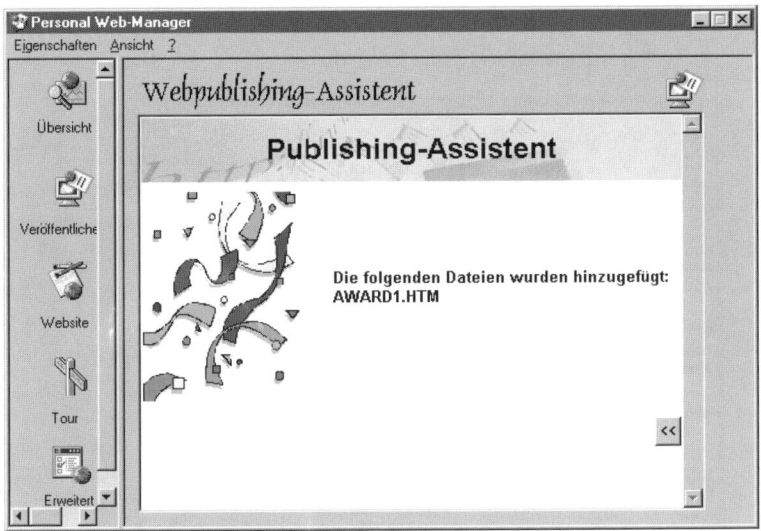

Die Site wurde hinzugefügt

Um nun zu überprüfen, wie Ihre Seiten aussehen, müssen Sie noch Folgendes tun: Wechseln Sie in *Übersicht*. Hier haben Sie die Möglichkeit, das Basisverzeichnis und Ihre Homepage zu betrachten. Für unseren Zweck ist der zweite Punkt von Bedeutung.

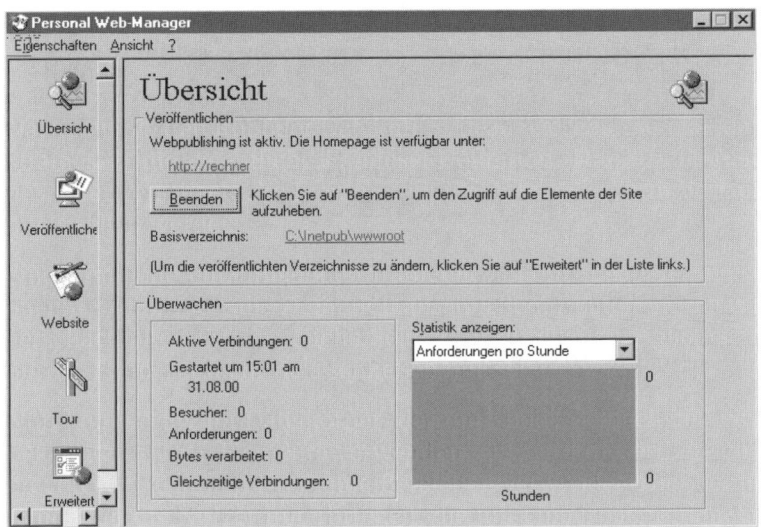

Die Ansicht Überblick

Klicken Sie hier auf *http://user*. *User* steht hierbei für Ihren Rechnernamen. Den Namen Ihres Rechners finden Sie hier unter *Start/Einstellungen/Systemsteuerung/Netzwerk/Identifikation*. (Parallel hierzu können Sie auch *http://localhost* angeben.) Haben Sie den Link angeklickt, öffnet sich ein Browserfenster. Eine ähnliche Seite wie die hier abgebildete wird im Browser geöffnet. Es handelt sich hierbei um die Seite, die zu Beginn als Homepage mittels Assistenten definiert wurde.

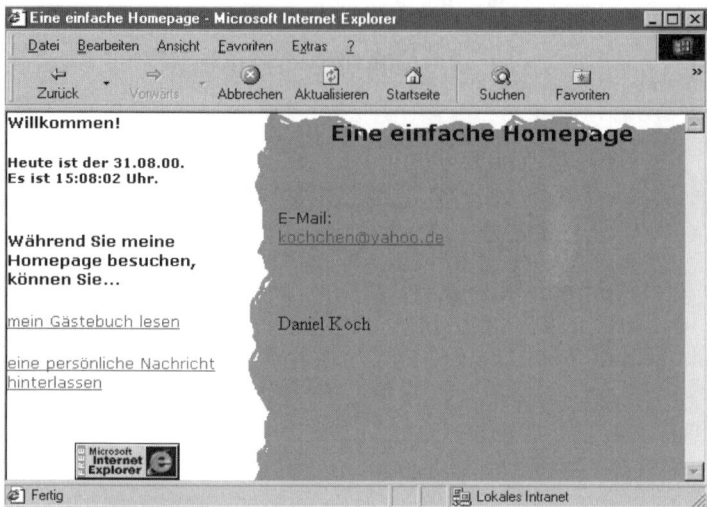

Eine schlichte Homepage

Trotz des schlichten Erscheinungsbildes beinhaltet diese Site einen äußerst interessanten Aspekt. Klicken Sie auf *Meine veröffentlichten Dokumente anzeigen*.

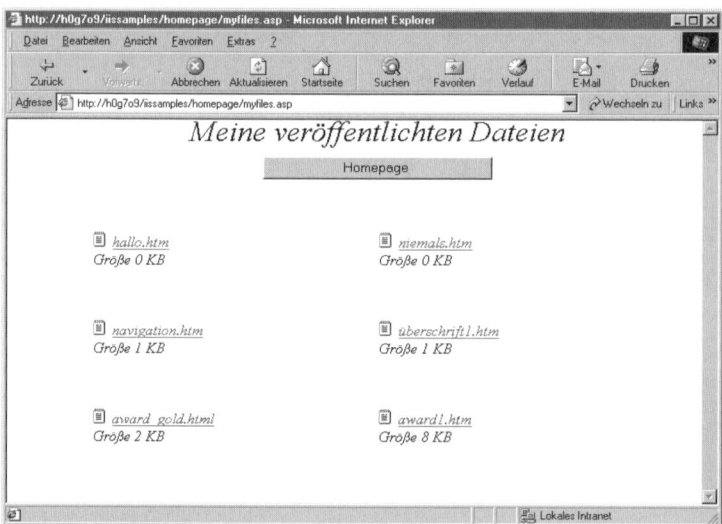

Die veröffentlichten Dateien

Hier sind nun alle von Ihnen bisher veröffentlichten Dokumente aufgelistet. Wenn Sie auf die gewünschte Datei klicken, wird diese geöffnet. Der große Vorteil dieses Servers liegt darin, dass Sie Ihr gesamtes Projekt im Vorfeld testen können.

Installierung der FrontPage-Servererweiterungen

Sollten Sie mit FrontPage arbeiten, müssen Sie die FrontPage-Servererweiterungen installieren. Nur so können Sie Elemente wie ein Suchformular oder Ähnliches überprüfen.

Denn es handelt sich hierbei nicht um „normale" Scripts, sondern um die von Microsoft entwickelten Webbots.

Sind die Servererweiterungen installiert, stehen die Funktionen zur Verwaltung von Webs und der Dokumenterstellung auf allen Rechnern zur Verfügung, auf denen sich der FrontPage-Client befindet. Die entsprechenden Erweiterungen finden Sie unter *Start/Programme/Internet Explorer/Personal Webserver/Front Page Server Administrator*.

Klicken Sie hier auf die Schaltfläche *Installieren*. Es werden nun die FrontPage-Servererweiterungen auf den bestehenden Webserver installiert.

Einzelne Seiten zu publizieren ist allerdings nicht das Haupteinsatzgebiet des PWS, da Sie so nicht feststellen können, ob alle Links und sonstigen Strukturelemente korrekt definiert wurden. Zudem wäre es äußerst mühsam, zum Beispiel ein Projekt mit 200 Seiten einzeln auf dem Server zu publizieren. An dieser Stelle treten die virtuellen Verzeichnisse in Erscheinung.

In diesen haben Sie die Möglichkeit, Ihr gesamtes Projekt abzulegen und zu testen. Dieses Feature sollte in jedem Fall Verwendung finden, lassen sich hierdurch die Fehleranfälligkeit eines Projekts und der Zeitaufwand für dessen Fehlerkorrektur doch in erheblichem Maße minimieren.

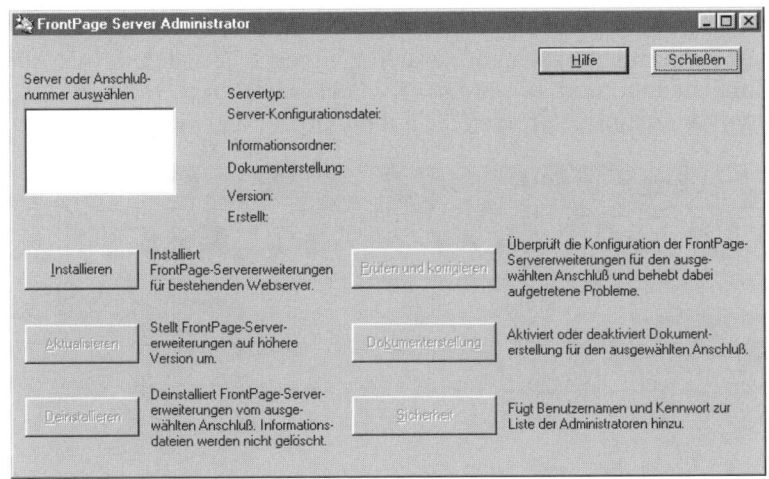

Der FrontPage Server Administrator

Klicken Sie zunächst auf die Schaltfläche *Erweitert*. Es wird der folgende Bildschirm geöffnet:

Upload

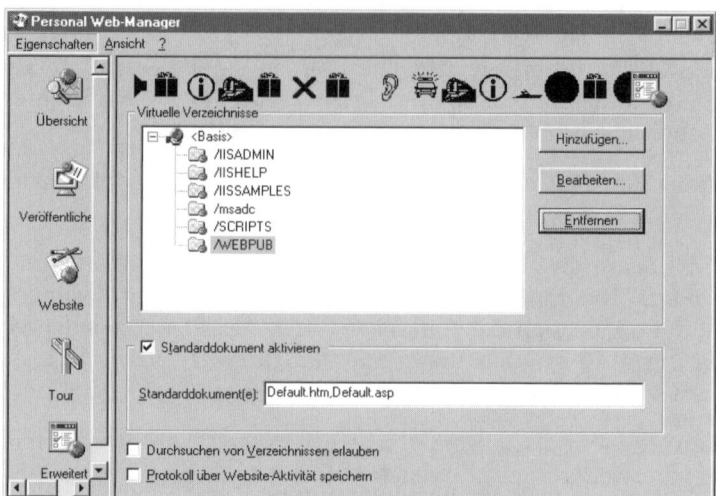

Die virtuellen Verzeichnisse

Hier werden Ihnen virtuelle Verzeichnisse angezeigt. Um ein eigenes virtuelles Verzeichnis einzufügen, klicken Sie auf die Schaltfläche *Hinzufügen*.

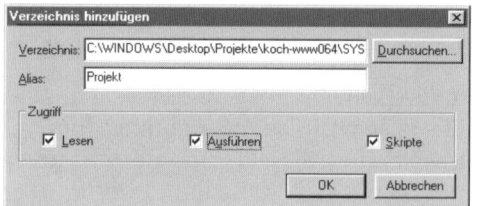

Ein Verzeichnis hinzufügen

Aktivieren Sie hierbei unbedingt die Schaltfläche *Ausführen*. Sollten Sie diesen Punkt nicht beachten, können Sie dieses Verzeichnis anschließend nicht durchsuchen, und es wäre somit nicht ausführbar. Mehr zum Durchsuchen von Verzeichnissen finden Sie auf den folgenden Seiten.

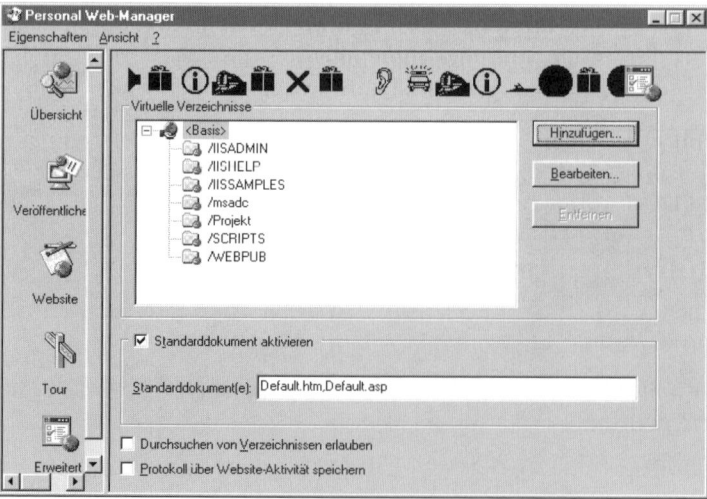

Das Verzeichnis Projekt wurde hinzugefügt

Wie Sie sehen, wurde ein neues virtuelles Verzeichnis hinzugefügt. Aktivieren Sie das Kontrollkästchen neben *Durchsuchen von Verzeichnissen erlauben*. Klicken Sie nun mit der rechten Maustaste auf das neu angelegte virtuelle Verzeichnis und wählen Sie den Punkt *Durchsuchen* aus. Sie erhalten folgende Ansicht.

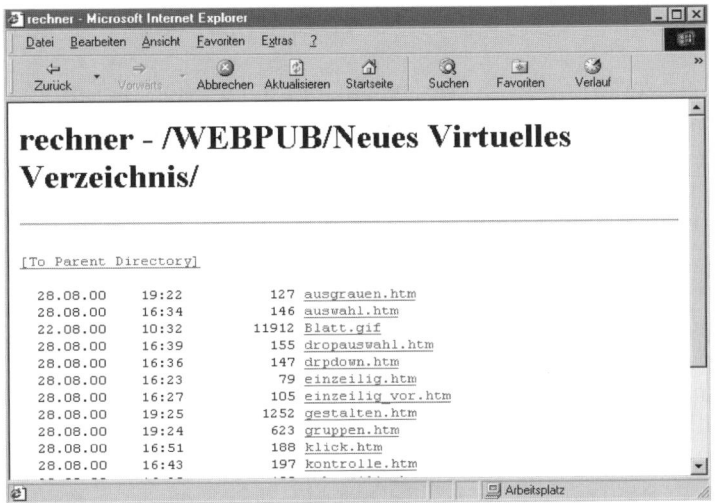

Der Inhalt des Verzeichnisses

Klicken Sie hier auf die zu testende Seite. Besser ist es, wenn Sie sich die Mühe machen und Ihre Homepage aufrufen. Von dieser können Sie sämtliche Seiten betrachten, die zu Ihrem Projekt gehören.

An dieser Stelle können Sie alle projektbezogenen Seiten, die sich auf dem Server befinden, testen. Überprüfen Sie sämtliche Hyperlinks, Grafiken und vor allem interaktive Seiten wie Formulare und Gästebücher.

Anders als nach der Publikation des Internetprojekts lassen sich auftretende Fehler zu diesem Zeitpunkt ohne anfallende Onlinekosten beheben.

13.2 Wie kommt die Site ins Netz?

Erst zu dem Zeitpunkt, wenn Ihr Projekt getestet wurde und korrekt funktioniert, sollte es publiziert und somit einem breiten Publikum zugänglich gemacht werden. Der gebräuchlichste Weg hierfür ist das Übertragen der Daten mittels FTP, dem **F**ile **T**ransfer **P**rotocol.

Die meisten Provider und Onlinedienstleister stellen den Daten-Upload über dieses komfortable Protokoll zur Verfügung. Sie sollten dank der zahlreichen Vorteile von FTP bei der Wahl Ihres Anbieters diesem Punkt eine hohe Priorität zuweisen.

Das benötigen Sie zur Publikation

Nachdem Sie nun Ihr Projekt erstellt haben, beginnt der wohl noch mal so umfangreiche Aspekt des Publizierens und der Bekanntmachung Ihrer Seiten.

Um Seiten zu publizieren, müssen zunächst folgende Voraussetzungen erfüllt sein:

- Sie benötigen einen Internetzugang, denn ohne diesen können Sie Ihr Projekt nicht der ganzen Welt vorstellen.
- Sie benötigen Speicherplatz. Sie müssen sich also vor der Publikation Ihres Projekts bei Ihrem Anbieter über die Menge des Ihnen zur Verfügung stehenden Speicherplatzes erkundigen.

Onlinequellen für kostenlosen Webspace

Sollte der von Ihrem Provider zur Verfügung gestellte Speicherplatz für Ihre Zwecke nicht ausreichend sein, stehen zahlreiche Anbieter zur Verfügung, die kostenlosen Speicherplatz bereitstellen. Die nachfolgende Tabelle zeigt eine diesbezügliche Auswahl.

Adresse	Besonderheiten
www.sybersities.com	Hier bekommen Sie 25 MByte zur Verfügung gestellt. Das Besondere hier: Sie müssen kein Werbebanner einbinden.
www.tripod.com	Bei diesem Anbieter stehen 11 MByte Speicherplatz zur Verfügung. Selbst das Einrichten eines eigenen Chats ist hier möglich.
www.keyweb.de	Zunächst bekommen Sie 2 MByte. Sollten Sie aber Bedarf anmelden, können Sie hier bis zu 200 MByte ablegen.
www.tripod.de	Nach einer Anmeldung (kostenlose Mitgliedschaft) erhalten Sie hier 12 MByte.
xoom.com/join/	Dieser Anbieter gestattet Ihnen unlimitierten Speicherplatz auf seinen Servern.
www.freepage.de	Hier stehen 12 MByte Speicherplatz kostenlos zur Verfügung.
www.angelfire.com	Dieser Anbieter eignet sich besonders für Einsteiger, da hier Webseiten mithilfe eines einfach zu bedienenden Editors erstellt werden können. Der Speicherplatz beträgt 5 MByte.

Beachten sollten Sie außerdem, dass Ihnen die meisten Onlinedienste keine CGI-Schnittstellen und häufig auch keine FrontPage-Extension zur Verfügung stellen. Zu guter Letzt benötigen Sie noch geeignete Software, um Ihre Daten auf einen Server zu übertragen.

Eines der besten Programme stellen wir Ihnen vor. Es handelt sich hierbei um WS_FTP. Es gibt allerdings diverse Anbieter, bei denen Sie spezielle Programme einsetzen müssen. Diese stellt Ihnen dann Ihr Provider zur Verfügung.

So publizieren Sie Ihr Projekt (mittels FTP-Programm)

Haben Sie sich nun entschlossen, bei welchem Anbieter Sie Ihr Projekt publizieren wollen, stehen Sie vor der Frage: Wie bekomme ich die Site ins Netz? Die am häufigsten angewendete Form ist die Übertragung der Dateien mittels FTP.

Anforderungen an ein FTP-Programm

Es lässt sich nur schwer sagen, welches FTP-Programm für Ihre Zwecke am geeignetsten ist. Dies liegt an den jeweiligen Bedürfnissen des Nutzers. Einige wichtige Punkte sollten Sie aber vor dem Erwerb oder dem Download eines solchen Programms berücksichtigen. Das Hauptfenster sollte in zwei Fenster aufgeteilt sein. Links wird das Dateisystem Ihres Rechners dargestellt und auf der rechten Seiten das des Servers. Großen Wert müssen Sie auf die Bearbeitbarkeit des Verzeichnisbaums legen.

Sollten Sie hierauf nicht achten, müssen Sie sämtliche Dateien einzeln anklicken und übertragen. Bei drei Seiten mag das vielleicht noch angehen, wird der Umfang jedoch größer, kann dies langwierig sein und zu Unübersichtlichkeiten bezüglich der noch zu übertragenden Dateien führen.

Von enormer Wichtigkeit ist ein Adress-Manager. Hiermit werden alle Daten verwaltet, die für den FTP-Zugang von Bedeutung sind. Dies sind die Adresse des Servers, die Standardverzeichnisse auf diesem, Benutzername und Passwort.

Da das Programm WS_FTP Pro all diese Voraussetzungen (und noch einige mehr) erfüllt, stellen wir Ihnen dessen Funktionsweise vor. Obwohl diese Anleitung speziell auf dieses Programm zugeschnitten ist, lässt sie sich auch auf andere übertragen, da sich die Arbeitsprinzipien in den meisten Fällen gleichen.

FTP leicht gemacht – WS_FTP Pro

Eines der leistungsstärksten FTP-Programme. Für alle Windows-Besitzer ist das Arbeiten besonders elegant, fügt es sich doch nahtlos durch das Windows-Interface in den Windows Explorer ein.

Somit ist gewährleistet, dass alle Daten auf dem FTP-Server genauso wie auf Ihrem Rechner behandelt werden. Die Benutzeroberfläche ist grafisch gestaltet worden und verhilft damit zu einer schnelleren Erlernbarkeit von WS_FTP Pro. Und das wohl angenehmste Feature: Sie können die Daten mittels Drag & Drop an den Server übertragen.

Des Weiteren können Sie Daten von FTP-Server zu FTP-Server senden. Da wir aber an dieser Stelle die Besitzer eines anderen Betriebssystems als Win-

Upload

dows nicht benachteiligen wollen, ist die folgende Anweisung für alle Betriebssysteme, auf denen WS_FTP Pro verwendet werden kann, gültig.

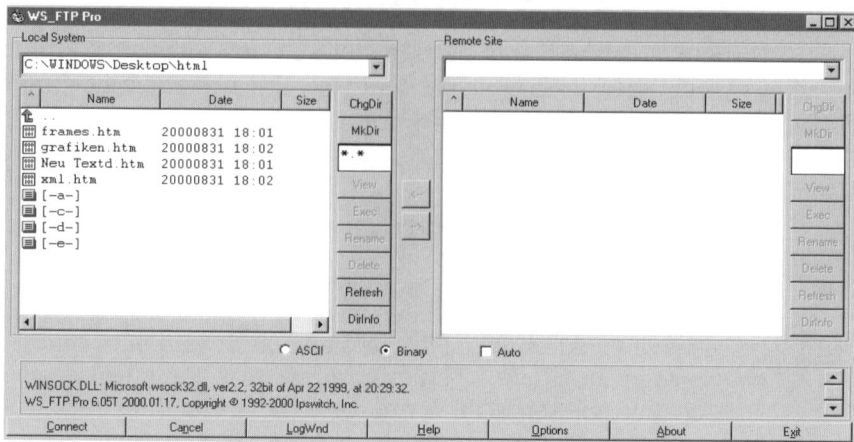

Der erste Anblick

Wie Sie sehen, ist dieses FTP-Tool trotz seiner Komplexität sehr schlicht aufgebaut. Klicken Sie zunächst auf die Schaltfläche *Connect*.

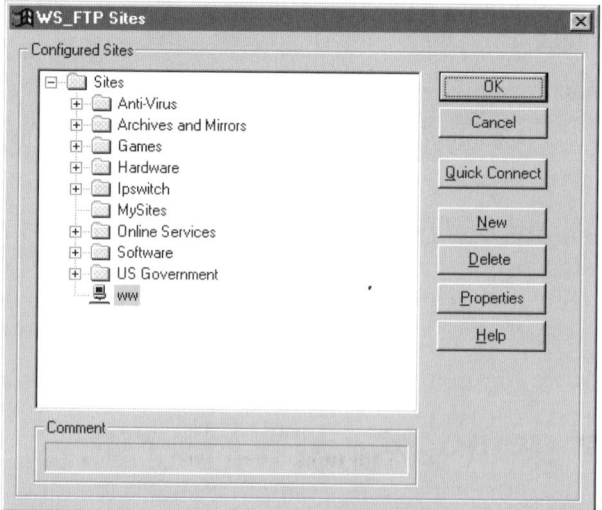

Für Windows-Nutzer

Alle Windows-Besitzer können an dieser Stelle Dateien per Drag & Drop hinzufügen. Die Funktionsweise ist die gleiche wie im Internet Explorer. Wir wollen aber an dieser Stelle die „klassische Methode„ vorstellen. (Zum einen besitzt nicht jeder Windows, noch wichtiger ist allerdings, dass dieses FTP-Programm noch recht neu ist. Aus diesem Grund arbeiten noch sehr viele mit dessen Vorgänger, das die gleiche Vorgehensweise erfordert.) Klicken Sie nun auf *Quick Connect*.

Upload

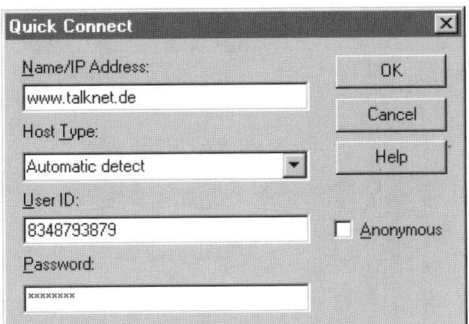

Der wichtige Teil

In dieser Eingabemaske müssen Sie die von Ihrem Provider oder Onlinedienst zugesandten Daten zu Rate ziehen. Anhand der am weitesten verbreiteten Onlinedienste T-Online und AOL wollen wir das Prinzip des Daten-Uploads darstellen, die sich allerdings bis auf wenige Abweichungen auch auf einen anderen Dienstleister anwenden lassen. Die folgenden beiden Angaben sind bei den meisten Providern von elementarer Bedeutung. *Host Type* bestimmt den Server. Wählen Sie hier *Automatic detect*. Hierdurch wird die Art des angesprochenen Servers automatisch erkannt.

Des Weiteren sollten Sie das Kontrollkästchen *Anonymus* deaktivieren. Tun Sie dies nicht, haben Sie nur ein Leserecht auf den Server und können somit keine Daten auf diesem ablegen.

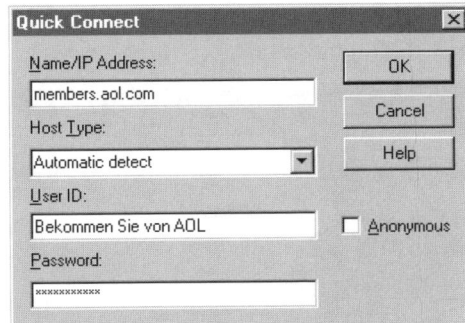

Die Daten für AOL

Die Daten für T-Online

Upload

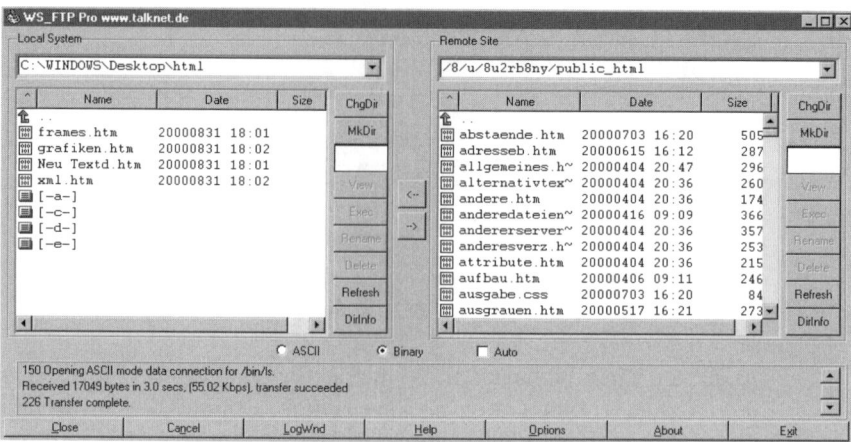

Die Verbindung wurde hergestellt

Sie sehen auf der linken Seite des Bildschirms die lokale Dateistruktur Ihres Rechners und auf der rechten die des Servers. Durch Anklicken des grünen Pfeils wechseln Sie jeweils ein Verzeichnis nach oben. Haben Sie das Quellverzeichnis erreicht, bieten sich Ihnen zwei Möglichkeiten:

1 Sie übertragen den kompletten Ordner an den Server. (Das ist allerdings nur bei der ersten Übertragung sinnvoll.)

2 Sie wählen wie in der unten stehenden Abbildung einzelne Dateien aus. An dieser Stelle ist es wichtig, dass die Struktur Ihres Projekts auf Ihrem Rechner die gleiche wie auf dem Server ist.

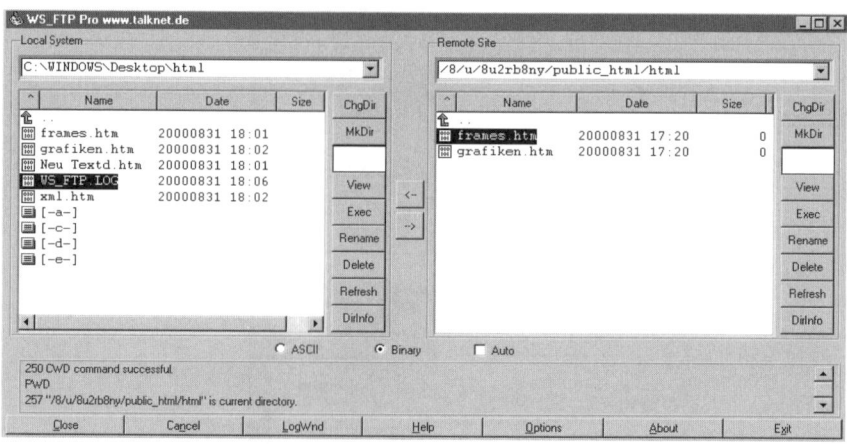

Quell- und Zielordner auswählen

Um Dateien übertragen zu können, müssen Sie diese markieren. Handelt es sich um nur eine Datei, reicht ein Klick auf diese. Sind es hingegen mehrere, müssen Sie diese durch zusätzliches Drücken der [Strg]-Taste markieren. Haben Sie alle Dateien ausgewählt, klicken Sie auf den Pfeil, der auf den Server zeigt. (Für einen Download, also das Übertragen vom Server auf Ihren Rechner, klicken Sie den oberen Pfeil an.) Nun werden Ihre Daten automatisch übertragen. Überprüfen Sie nach jedem Upload, ob tatsächlich sämtliche ausgewählten Dateien auf den Server übertragen wurden. Öffnen Sie zu diesem Zweck die Log-Datei. Suchen Sie hierzu die Datei *WS_FTP.log*. (Diese erscheint in jedem Ordner, den Sie übertragen.) Markieren Sie diese und drücken Sie die rechte Maustaste. Wählen Sie aus dem sich öffnenden Kontextmenü den Punkt *View-File*.

Die folgende Abbildung zeigt eine solche Log-Datei.

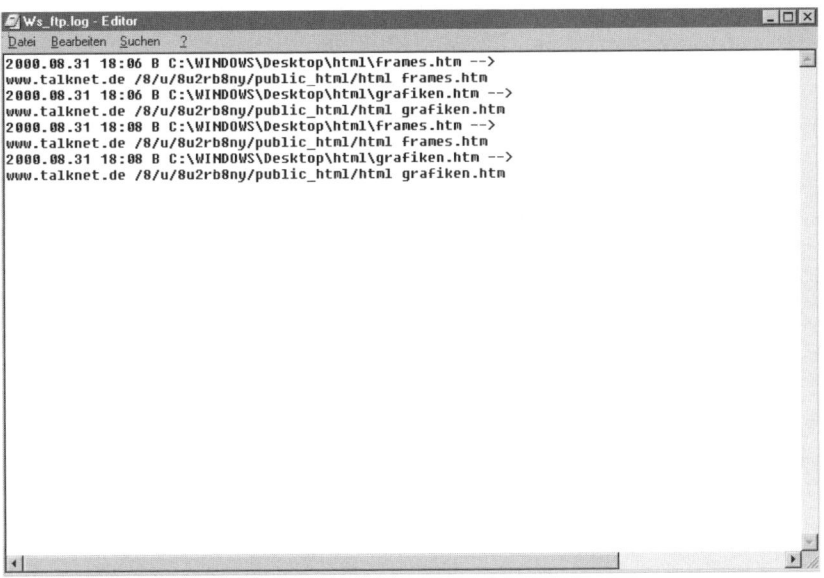

Alle Daten wurden korrekt übertragen

In diesem Beispiel wurden alle Daten ohne Zwischenfälle übertragen. Der Inhalt dieser Datei ist recht einfach zu lesen. In den ersten Spalten stehen Datum und Uhrzeit. Das kann für den Fall von Bedeutung sein, wenn Sie nicht wissen, ob Sie bereits aktuelle Daten übermittelt haben. Nun werden die einzelnen Dateien der Quellordner mit absoluter Pfadangabe aufgelistet. Die folgenden Pfeile signalisieren, ob ein Up – oder Download stattgefunden hat. Am Ende wird die Adresse der Zieldatei angegeben. Somit können Sie überprüfen, ob Sie alle Dateien dem richtigen Ordner zugewiesen haben.

So publizieren Sie Ihr Projekt mit FrontPage

Eine sehr einfache Methode zum Publizieren bietet FrontPage. Zunächst zeigen wir Ihnen, wie Sie ein Web auf einem Server publizieren, auf dem die FrontPage Server-Erweiterungen installiert sind. (Erfragen Sie vor dem Erstellen Ihrer Seiten, ob der Provider oder Onlinedienst FrontPage Servererweiterungen unterstützt. Sollte dies nicht der Fall sein, müssen Sie Elemente wie Gästebücher usw. über einen anderen Weg realisieren.)

- Wechseln Sie in den FrontPage-Explorer und wählen Sie dort aus dem Menü *Datei/FrontPage Web publizieren*.

- Wählen Sie hier *Weitere Webs*. Nun öffnet sich das Dialogfeld *FrontPage Web publizieren*.
- Geben Sie hier den URL und den Zielordner ein. Das kann zum Beispiel so aussehehn: *http://www.talknet.de/~daniel-koch*.
- Klicken Sie nun auf *OK*.

Sollte der ISP Server keine FrontPage-Servererweiterungen installiert haben, erkennt dies FrontPage automatisch und startet den Web-Publishing-Assistenten. Um den Assistenten zu verwenden, benötigen Sie die im Folgenden aufgeführten Informationen:

- Eine Liste aller Dateien und Ordner, die Sie publizieren möchten. Wählen Sie hier *Weitere Webs*. Nun öffnet sich das Dialogfeld *FrontPage Web publizieren*.
- Den Namen Ihres Providers und dessen Telefonnumer.
- Den Url Ihrer Seite.
- Die Protokolleinstellungen.
- Den Zielordner, in den die übertragenenen Seiten gespeichert werden sollen.

13.3 Meta-Text: Anmeldung bei Suchmaschinen

Mittels so genannter Meta-Angaben haben Sie die Möglichkeit, Ihre Seiten für eine Suchmaschine auf geeignete Weise zu beschreiben. Hierbei handelt es sich, anders als bei dem normalem Text, der im Browser dargestellt wird, um unsichtbare Einträge. Dieser Punkt führt dazu, dass Meta-Angaben häufig vernachlässigt werden, zudem für ihren Einsatz in der neuen XHTML-Spezifikation aber auch keine einheitlichen Richtlinien existent sind. Trotz dieser Probleme sind Meta-Tags für das Auffinden einer Seite unumgängliche Hilfsmittel, ohne deren Einsatz ein logisches Ranking von Suchergebnissen nahezu unmöglich wäre.

Trotz der voneinander abweichenden Meta-Angaben hat sich die folgende Syntax durchgesetzt, mit deren Hilfe Meta-Tags innerhalb eines Dokuments beschrieben werden können.

```
<head>
<meta name="Attribut" contents="Wert">
</head>
```

Notieren Sie Meta-Tags stets innerhalb des Kopfbereichs einer HTML-Datei. Im Hinblick auf XHTML-Konformität ist darauf zu achten, dass sämtliche Werte hinter dem Gleichheitszeichen in Anführungszeichen gesetzt notiert werden müssen.

Für Suchmaschinen

Suchmaschinen sind auf Suchbegriffe angewiesen. Reine Suchdienste, deren Inhalte nicht in einem Katalog dargestellt werden, berufen sich auf die Meta-Angaben, um ein Ranking der Suchergebnisse durchführen zu können. Es ist daher unumgänglich, dass Sie für Ihren Internetauftritt geeignete Meta-Angaben entwickeln, die eine höheres Ranking zur Folge haben.

Sie sollten bei diesem Punkt allerdings darauf achten, dass Meta-Tags zwar für diesen Zweck entwickelt wurden, für den Erfolg Ihrer Seite wird aber auch in Zukunft der angebotene Inhalt der Seiten entscheidend sein. Die folgende Tabelle zeigt die am verbreitetsten Meta-Tags auf, die in dieser Form auch von den meisten Suchmaschinen akzeptiert werden.

Syntax	Wirkung
<meta name="description" content="Erklärungstext">	Hier wird ein Text notiert, der den Inhalt der Seite beschreibt.
<meta name="keywords" content="Schlüsselwörter">	Hier werden die wichtigsten Schlüsselwörter notiert.
<meta name="author" content="Autorenname">	Hier wird der Name des Autors notiert.
<meta name="date" content="Ddatum/Uhrzeit">	Das Datum der Erstellung wird hier notiert.
<meta name="robots" content="index">	Suchmaschinen dürfen den Inhalt der Seite auslesen.
<meta name="robots" content="follow">	Suchmaschinen dürfen den Inhalt der aktuellen Seite und den von untergeordneten Seiten auslesen.
<meta name="robots" content="nofollow">	Suchmaschinen dürfen den Inhalt der aktuellen Seite, nicht aber den von untergeordneten Seiten auslesen.
<meta name="Wert" lang="Länderkürzel">	Empfiehlt sich bei mehrsprachigen Seiten. Hinter der Angabe „lang" wird das Länderkürzel notiert. (z. B. de)

Achten Sie darauf, dass innerhalb der Angabe *"keywords"* nur solche Wörter vorkommen, die den tatsächlichen Inhalt der Seite beschreiben. Anbieter dubioser Inhalte setzen hier oftmals Stichwörter ein, die zwar für den Besucher attraktiv sind, aber nichts mit dem Inhalt der Seite zu tun haben. Unterlassen Sie diese Vorgehensweise, sie zeugt von ganz schlechtem Stil. Und außerdem hat Ihre Seite so was doch nicht nötig, oder? ;-)

Die folgende Syntax zeigt eine typische Anwendung der Meta-Tags. Die hier dargestellten Angaben sollen dem Auffinden einer Seite, die sich HTML widmet, dienlich sein.

```
<meta name="description" content="Auf dieser Seite finden Sie
alles rund um HTML">
<meta name="keywords" content="HTML, XHTML, Workshop, Formulare,
lernen">
<meta name="author" content="Daniel Koch">
<meta name="date" content="2000-05,-12T06:45">
<meta name="robots" content="index">
```

```
<meta name="robots" content="follow">
<meta name="robots" content="nofollow">
<meta name="Wert" lang="de">
```

In diesem Beispiel sind aus Platzgründen relativ wenige Schlüsselwörter notiert worden. Deren Anzahl sollte etwa 100 bis 150 Zeichen betragen.

Dublin Core-Meta-Tags

Unter dem Arbeitsnamen Dublin Core hat sich eine Expertengruppe mit dem Ziel einer Neuentwicklung von Meta-Tags zusammengeschlossen. Von Seiten des W3C wird ausdrücklich darauf hingewiesen, dass diese Angaben korrekt und deren Verwendung erlaubt ist. Problematisch ist die Verwendung dieser Angaben allerdings in Bezug auf Suchmaschinen, da sich viele Meta-Tags auf zukünftige Anwendungen beziehen, die von Suchdiensten zum jetzigen Zeitpunkt noch nicht erfüllt werden können. So existiert beispielsweise die Angabe *Creator*, mit deren Hilfe es möglich ist, den Autor der Seite bekannt zu geben. Zukünftige Suchdienste könnten es dann ermöglichen, innerhalb einer speziellen Suchmaske nach genau diesem Autor zu suchen, was ein effizienteres und genaueres Ranking der Suchergebnisse zur Folge hätte. Die folgende Tabelle zeigt alle von Dublin Core vorgeschlagenen Meta-Tags auf, die in dieser Form eingesetzt werden können und daher auch Verwendung finden sollten.

Syntax	Wirkung
`<meta name="DC.Title" content="Seitentitel">`	Hier wird der Seitentitel vergeben.
`<meta name="DC.Subject" content="Seitenthema">`	Das Thema der Seite wird hier notiert.
`<meta name="DC.Creator" content="Autorenname">`	Der Verfasser der Seite wird hier angegeben.
`<meta name="DC.Contributor" content="Mitautor">`	Der Mitautor wird hier aufgeführt.
`<meta name="DC.Type" content="Dokumenttyp">`	Der Dokumenttyp wird hier notiert. Die Syntax ist noch nicht vollständig geklärt.
`<meta name="DC.Date" content="Datum/Uhrzeit">`	Das Erstelldatum und die Uhrzeit können Sie hierdurch bekannt geben.
`<meta name="DC.Source" content="Quellenangabe">`	Hier wird die originale Fassung des Inhalts bekannt gegeben.
`<meta name="DC.Rights" content="Copyright">`	Die Urheberrechte notieren Sie hier.
`<meta name="DC.Language" content="Länderkürzel">`	Die Sprache, in der die Inhalte notiert sind, wird hierdurch angegeben.
`<meta name="DC.Identifier" content="URL">`	Hier wird für die Datei eine eindeutige Adresse notiert.
`<meta name="DC.Format" content="Dateiformat">`	Das Datenformat wird hier notiert. Die Syntax ist noch nicht vollständig geklärt.
`<meta name="DC.Description" content="Inhaltsbeschreibung">`	Hier wird eine Seitenbeschreibung notiert.
`<meta name="DC.Publisher" content="Heruasgeber">`	Der Verantwortliche für den Inhalt der Seite wird hier bekannt gegeben.

Syntax	Wirkung
`<meta name="DC.Coverage" content="Datum, oder Ort">`	Hier können Ort und Zeitangaben bezüglich der Datei notiert werden.

Einige Angaben sind noch nicht genauer spezifiziert worden. Aus diesem Grund sollten die Angaben *"DC.Type"* und *"DC.Format"* nicht notiert werden. Im folgenden Beispiel wurden sie mit eingefügt, um aufzuzeigen, wie der spätere Verwendungszweck aussehen wird.

```
<meta name="DC.Title" content="Web-Kompendium">
<meta name="DC.Subject" content="Alles zum Thema HTML">
<meta name="DC.Creator" content="Daniel Koch">
<meta name="DC.Contributor" content="Sarah Ullrich">
<meta name="DC.Type" content="HTML">
<meta name="DC.Date" content="2000-08-27">
<meta name="DC.Source" content="Web-Kompendium">
<meta name="DC.Rights" content="Alle Rechte vorbehalten">
<meta name="DC.Language" content="de">
<meta name="DC.Identifier"
content="http://www.talknet.de/~daniel-koch">
<meta name="DC.Format" content="HTML">
<meta name="DC.Description" content="Alles zum Thema HTML und XHTML">
<meta name="DC.Publisher" content="Daniel Koich">
<meta name="DC.Coverage" content="Ilmenau">
```

Achten Sie darauf, dass vor jeder der hier vorgestellten Meta-Angaben das Kürzel „DC" für **D**ublin **C**ore notiert werden muss. Der Grund hierfür liegt darin, dass es sich um ein öffentliches System handelt, das als solches speziell ausgewiesen werden muss.

Für Browser

Nicht nur Suchmaschinen, sondern auch Browser lassen sich durch den Einsatz von Meta-Tags ansprechen. So lässt sich hierdurch beispielsweise eine automatische Weiterleitung einer bestehenden auf eine neue Adresse ohne ein aufwendiges JavaScript realisieren. Aber auch Angaben zu dem verwendeten Zeichensatz, die hier möglich sind, werden im globalen Internet immer mehr an Bedeutung gewinnen.

Syntax	Wirkung
`<meta http-equiv="content type" content="MIME-Type1" charset="Zeichensatz">`	Hier wird der MIME-Type und der verwendete ISO-Zeichensatz angegeben.
`<meta http-equiv="expires" content="Zeitangabe">`	Um die Datei von der Originaladresse zu laden, wird hier eine Zeitangabe notiert.
`<meta http-equiv="refresh" content="Zeitangabe" URL="Weiterleitungsadresse">`	Hierdurch können Sie eine automatische Weiterleitung realisieren.

Die hier aufgeführten Angaben werden von den großen Browsern interpretiert und unterstützt. Besonders in Bezug auf eine automatische Weiterleitung liegen in den Meta-Tags eindeutig die Vorteile gegenüber JavaScript.

Dies gilt insbesondere dann, wenn ein Nutzer das Ausführen von JavaScript in dem verwendeten Browser deaktiviert hat. Die folgende Beispielsyntax beschreibt eine mögliche Verwendung der browserspezifischen Meta-Angaben.

```
<meta http-equiv="content type" content="text/html ;
charset=iso-8859-1">
<meta http-equiv="expires" content="0" >
<meta http-equiv="refresh" content="4"
URL="http://www.xhtml.de.vu">
```

Achten Sie darauf, dass bei der Angabe *"refresh"* das entsprechende Zeitintervall nicht zu groß oder zu klein gewählt wird. Bei der automatischen Weiterleitung sollte zudem immer ein alternativer Link auf die neue Seite gesetzt werden.

Hinweis
Meta-Tag-Vorlage

Die hier aufgeführte Beispielsyntax zeigt den Einsatz der wichtigsten Meta-Angaben. Sie können diese Vorlagen verwenden, um sicherzugehen, wirklich nur die Meta-Tags einzusetzen, die für den Erfolg Ihrer Seite von Bedeutung sind.

```
<META HTTP-EQUIV="Content-Type" CONTENT="text/html; charset=iso-8859-1">
   <META HTTP-EQUIV="content-language" CONTENT="de">
   <META NAME="author" CONTENT="Daniel Koch">
   <META NAME="owner" CONTENT="Daniel Koch">
      <META NAME="description" CONTENT="Dies ist die Startseite von Daniel
Koch`s Web-Kompendium. Folgen Sie den Links für das Thema, über welches
Sie informiert werden wollen.">
      <META NAME="keywords" CONTENT="XHTML, Anleitung, HTML, HTML-Workshop,
Workshop, Einführung, Frames, Sonderzeichen, Grundgerüst, Farben, Grafiken, Multimedia, Verweise,">
```

Erfolgreiche Suchmaschinenregistrierung

Es existieren im Internet derzeit ca. 850 Suchdienste. Ein Teil dieser Suchmaschinen durchsuchen das Internet in regelmäßigen Intervallen nach neuen Beiträgen und indizieren diese. Problematisch ist diese Vorgehensweise in Bezug auf Aktualität und die Schnelligkeit, mit der diese Aufgabe realisiert werden kann. Diese Aufgabe wird durch die stetig steigende Zahl von Internetauftritten schwieriger und ist der Bekanntmachung Ihrer Seiten wenig dienlich. Es ist demnach notwendig, andere Wege der Registrierung zu nutzen. Wir wollen an dieser Stelle die zwei Wege vorstellen, mit denen eine Anmeldung am effizientesten durchgeführt werden kann.

- öffentliche Dienste nutzen
- manuelles Eintragen in Suchdienste

Um festlegen zu können, welche der zuvor genannten Varianten zum Einsatz kommen, muss das Projekt, dessen Aufwand und Nutzen abgewägt werden. Eintragsdienste sind häufig relativ kostenintensiv, während ein manuelles Eintragen ein mehr an Arbeitszeit bedeutet. Die folgende Tabelle zeigt drei

Upload

Dienste, die eine Registrierung bei verschiedenen Suchmaschinen vornehmen.

Dienst	Leistung
www.absolut-gratis.de	Eintrag in 60 Suchdienste
www.shop-the-world.de	Eintrag in 19 Suchdienste
www.blitz-eintrag.de	Eintrag in 35 Suchdienste

Achten Sie darauf, dass sich viele Eintragsdienste durch Werbung finanzieren. So müssen Sie sich bei einigen dieser Dienste dazu verpflichten, einen Werbebanner auf Ihren Seiten einzufügen. Einen solchen Service sollten Sie nur dann in Anspruch nehmen, wenn ein kleines Projekt entstehen soll. Um professionelle Internetauftritte in die größten Suchdienste eintragen zu können, sollte stets ein Dienstleister genutzt werden, der sich nicht durch aufgezwungene Werbung finanziert. Zwar sind diese Dienste in der Regel nicht kostenfrei, sie bieten zumeist jedoch einen besseren Service und Ihr Projekt bleibt ohne einen Werbebanner. Letzteres ist besonders im Zusammenhang mit der Erstellung professioneller Webpräsenzen unumgänglich.

Dienst	Leistung
www.maschineneintrag.de	Eintrag in 87 Suchdienste
www.sitesubmission.de	Verschiedene Varianten auch kostenlos
www.submit-it.de	Eintrag in 900 Suchdienste

Einige Suchmaschinen akzeptieren keine automatischen Einträge oder widmen sich diesen erst zu einem späteren Zeitpunkt. Um auch in diesen Suchdiensten zu erscheinen, ist es unumgänglich, sich bei diesen manuell einzutragen. In der nachfolgenden Tabelle finden Sie die Adressen der Anmeldeformulare der wichtigsten Suchdienste.

Suchmaschine	Anmeldeformular
InfoSeek	http://www.infoseek.com/ADDUrl?pg=Dcaddurl.html
Excite	http://www.excite.de/cgi/guide_add_url.cgi
Blitzsuche	http://www.blitzsuche.de/cgi-bin/neuerurlmy.pl
Bellnet	http://www.bellnet.com/cgi-bin/a13.cgi
Crawler	http://www.crawler.de/cgi-bin/submit
Eule	http://www.eule.de/cgi-bin/addurl.exe
Yahoo!	http://de.docs.yahoo.com/info/seite_vorschlagen/
Web.de	http://dir.web.de/Hilfe/Anmeldung/?id=000827-07994-00
Spider	http://www.spider.de/cgi-bin/neuerurlmy2.pl
Sharelook	http://www.sharelook.de/cgi-bin/SDB_enter.cgi
AltaVista	http://www.altavista.digital.com/cgibin/query?pg=tmpl&v=addurl.html
Nathan	http://www.nathan.de/cgi-bin/kontakt.cgi

Die beiden zuvor dargestellten Wege haben einen eindeutigen Nachteil: Sie sind zeit- und somit im Internet auch kostenintensiv. Beabsichtigen Sie, häufig wechselnde Projekte in Suchmaschinen einzutragen, empfiehlt sich der Kauf eines kleinen Tools, das diese Aufgabe für Sie automatisiert.

> **Hinweis**
>
> **Get more clicks**
>
> Als Beispiel für ein Programm zur automatischen Suchmaschinenregistrierung soll an dieser Stelle get more clicks genannt werden. Dieses Tool trägt Ihre Seiten in ca. 600 deutsche und internationale Suchdienste ein. get more clicks stammt ebenfalls aus dem Haus DATA BECKER und ist in dessen Internetshop unter der Adresse www.databecker.de online zu erwerben.

13.4 Werben Sie für Ihre Site

Für den Erfolg eines Internetauftritts ist nicht nur dessen Qualität und Inhalt entscheidend. Im Internet müssen, um dauerhaften Erfolg garantieren zu können, ähnlich wie bei herkömmlichen Medien ausgefeilte Marketingstrategien entwickelt werden. War diese Möglichkeit bislang lediglich für große Anbieter interessant, haben auch Sie dank kostenloser Werbevarianten die Chance, Ihren Internetauftritt auf Dauer bekannt zu machen. Die Strategien und Wege unterscheiden sich von herkömmlicher Werbung. Das Ziel ist jedoch das Gleiche: eine stetige Steigerung der Besucherzahlen und die Bekanntmachung Ihres Projekts als Markennamen.

Gästebücher nutzen

Innerhalb vieler Internetprojekte werden Gästebücher eingesetzt, die Nutzer dazu animieren sollen, Kommentare, Dankesworte oder kritische Anregungen zu hinterlassen. Dieser Punkt macht deutlich, dass dieses Medium als Plattform für Werbung dienen kann . Mittlerweile ist es sogar möglich, einen Werbebanner in ein solches Gästebuch zu integrieren. Den gleichen Effekt erzielen Sie aber auch mit einem simplen Verweis auf Ihre Seiten. So könnte also ein Eintrag folgendermaßen aussehen:

```
<a href=http://www.talknet.de/~daniel-koch target="_blank"><img src="=http://www.talknet.de/~daniel-koch/bilder/banner.gif" alt="Komm in meine Welt" border="0" width="200" height="50"></a>
```

Allein das Setzen eines solchen Verweises wird von den meisten Betreibern einer Seite allerdings mit dem Löschen des Eintrags bestraft. Achten Sie darauf, dass nicht die Werbebotschaft, sondern Ihr textlicher Beitrag im Vordergrund steht. Bei einigen Gästebüchern wird explizit darauf hingewiesen, dass Werbung nicht erwünscht ist. Respektieren Sie dieses Anliegen! Wenn Sie sich dazu entschließen, einen Werbebanner in einem Gästebuch einzubinden, sollten Sie Ihr Augenmerk darauf legen, dass dieser nicht zu ladeintensiv gestaltet ist. Auf den Einsatz animierter Werbebotschaften sollte ganz verzichtet werden.

Links für die Site erstellen

Das Internet lebt von der Vernetzung verschiedener Seiten durch Hyperlinks. Mit deren Hilfe ist es möglich, durch das Anklicken eines Verweises auf einer Seite zu weiterführenden Informationen zu gelangen. Und eben dieser Aspekt lässt sich für konsequentes Marketing trefflich nutzen. Problematisch hierbei ist lediglich, dass Hyperlinks, die auf Ihre Seiten verweisen, von anderen Nutzern freiwillig gesetzt werden müssen.

Um dies in hoher Anzahl erzielen zu können, muss Ihr Internetprojekt inhaltlich und qualitativ hochwertig sein. Das allein ist allerdings noch kein Garant für eine hohe Linkpopularität. Sprechen Sie Seitenbetreiber konkret an und schlagen Sie einen Linktausch vor. Hierbei geht es darum, dass ein Webmaster einen Hyperlink auf die Ihre und Sie einen Verweis auf dessen Seiten setzen. Wählen Sie hier nur Seiten aus, die sich mit der gleichen Thematik befassen, die auch bei Ihrem Projekt im Vordergrund steht.

Hinweis
Linkpopularität
Eine wichtige Rolle im Zusammenhang mit einem Linktausch spielt die Linkpopularität. Diese sagt aus, von wie vielen Seiten aus auf Ihre Seiten verwiesen wird. Ein Dienst, der die in diesem Fall schwierige Diagnosearbeit für Sie übernimmt, steht Ihnen unter www.webmasterplan.com/de zur Verfügung. Hier haben Sie die Möglichkeit, die Linkpopularität Ihrer Seiten anhand von drei großen Suchdiensten zu überprüfen.

Bannertausch als Werbemöglichkeit

Um diese Werbemöglichkeit zu nutzen, müssen Sie zunächst ein Werbebanner entwerfen. Dieses sollte aussagekräftig Ihre Seiten beschreiben. Ein weiterer wichtiger Aspekt, auf den Sie Acht geben sollten, ist das Design des Banners. Ein langweiliges 08/15-Banner wird die Besucher nicht gerade scharenweise anlocken. Sollten Sie sich also nicht zutrauen, ein entsprechendes Banner selbst zu kreieren, gibt es genügend Dienste, die diese Aufgabe für Sie übernehmen. Im Gegenzug müssen Sie in den meisten Fällen ein Werbebanner dieses Dienstleisters auf Ihren Seiten einbinden. Achten Sie bei der Erstellung des Banners darauf, dass dieses Ihre Seiten so konkret wie möglich beschreibt. Und seien Sie vor allem ehrlich! Versprechen Sie nicht auf dem Banner ein völlig anderes Thema (Sie wissen, welches wir meinen) als das, das Ihre Seiten tatsächlich behandelt. Haben Sie nun also Ihr Werbebanner, können Sie sich an einem Bannertauschring beteiligen. Zu einem solchen Ring schließen sich Betreiber von Seiten zusammen, die durch ein wechselseitiges Einblenden von Werbebannern ihre Seiten bekannter machen möchten. Um sich hier zu beteiligen, müssen Sie allerdings schon einige Besucher vorweisen können.

Nachfolgend Sie einige deutsche Anbieter aufgeführt, die sich dieser Art des Marketings bedienen.

- http://www.banner-tausch.de/
- http://www.tauschrausch.de/banner/index.php3
- http://www.magnusweb.net/
- http://www.page2page.de/
- http://insider-net.de/
- http://www.axis-online.net/exchange/
- http://www.bannertausch.net/index.shtml

Wollen Sie die Vorteile eines Bannertauschs nutzen, ist hierfür ein geeigneter Banner die Grundvoraussetzung. Bei der Erstellung eines eigenen Banners sind einige Regeln zu berücksichtigen. Ein Werbebanner sollte den folgenden Anforderungen gerecht werden.

- Die Ladezeiten der Seite dürfen nicht zu stark erhöht werden!
- Ein Banner sollte stets in rechteckiger Form gestaltet werden!
- Der Banner sollte mit einer Funktion belegt sein. (In den meisten Fällen handelt es sich hierbei um einen Hyperlink.)

Bei der Wahl der Bannergröße gibt es keinerlei feste Regeln. Die folgenden Maße haben sich in der Praxis bewährt und finden am häufigsten Verwendung.

- 468 x 60 Pixel
- 130 x 80 Pixel

> **Hinweis**
>
> **Weiterführende Informationen**
>
> Im Internet stehen zahlreiche Quellen zur Verfügung, die sich mit dem Thema Onlinemarketing befassen. Die folgende Aufzählung stellt hierbei lediglich eine kleine Auswahl dar.
>
> www.werbeformen.de
> www.afisa.de
> www.springer.de/iuk/service/onlwerb.htm

13.5 Siteverwaltung ohne Probleme

Zwei der wichtigsten Aspekte nach der Fertigstellung eines Internetprojekts sind dessen Verwaltung und Management. Diese Punkte werden leider viel zu oft vernachlässigt. So viel Zeit und Mühe in die Erstellung eines Webaufritts investiert wird, so viel wird an der Pflege des Angebots im Nachhinein gespart. Und das kann und darf nicht das Ziel Ihres Internetauftritts sein. Denn nur einem qualitativ hochwertigen und ständig aktualisiertem Projekt wird dauerhafter Erfolg beschieden sein.

HTML-Code und Links prüfen

Es gibt wohl nichts Schlimmeres, als auf nicht korrekt erstellten Seiten zu surfen. Da wurden Seiten fehlerhaft erstellt und die eingebauten Links führen ins Leere. Deshalb ist es von elementarer Bedeutung, dass Sie den Quelltext überprüfen. Die wichtigste Voraussetzung für eine funktionierende Site ist, dass Sie diese nach dem offiziellen Standard erstellt haben. Denn es gibt eben nicht nur den Internet Explorer und den Netscape Navigator.

Verzichten Sie aus diesem Grund auf browserspezifische Elemente und tragen Sie somit bei, das „Tag-Wettrüsten" der Browserhersteller zu beenden. Nun müssen Sie natürlich nicht von jeder Seite den Quelltext Zeile für Zeile auf Fehler untersuchen. Hierfür gibt es nützliche Tools als Share- und Freeware, zum Beispiel den Linkbot Pro.

> **Tipp**
> **Prüfen Sie den Quelltext**
> Verlassen Sie sich nicht auf den von Editoren eingefügten HTML-Code. Dieser ist in vielen Fällen fehlerhaft und durch Editoren-spezifische Angaben erweitert. Hierbei handelt es sich in den meisten Fällen um nicht korrektes HTML, was bei einigen Browsern zu unterschiedlichen Darstellungen führen kann. Um sicher gehen zu können, dass sich Ihre Seiten an die offizielle HTML-Spezifikation halten, sollten Sie diese vom W3C auf Syntaxfehler hin überprüfen lassen. Den zu diesem Zweck bereitgestellten Validator finden Sie unter http://validator.w3.org/.

Die Übersicht bewahren

Um zu einem späteren Zeitpunkt schnell und effizient Änderungen an einem bestehenden Internetauftritt vornehmen zu können, ist eine gewisse Grundordnung der verschiedenen Dateien von elementarer Bedeutung.

Sie können Ihre Seiten aber nur dann effizient verwalten, wenn diese logisch und nachvollziehbar strukturiert sind. Der einfachste Weg, um sich die Arbeit bereits im Vorfeld zu vereinfachen, ist eine gut durchdachte Struktur des Projekts. Überlegen Sie sich, welche Themen Sie behandeln, welche Grafiken Sie einbinden usw. Schreiben Sie sich Ihre Überlegungen auf und legen Sie nach diesem ersten Schema die entsprechenden Ordner an.

Das zuvor Beschriebene soll im folgenden Abschnitt anhand eines Projekts, das sich mit Fragen der Fischerei beschäftigt, beantwortet werden. Die Grobstruktur, in welchen Ordnern die einzelnen Dateien abgelegt werden sollen, könnte sich beispielsweise auf die folgende Art darstellen.

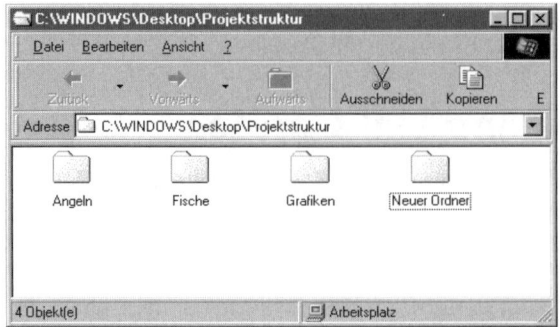

Eine übersichtliche Struktur

Diese Struktur ist noch recht einfach gehalten. Sinnvoller wäre es, zusätzliche Unterordner anzulegen, mit deren Hilfe ein noch schnelleres Auffinden einzelner Dateien möglich ist. Wollen Sie zum Beispiel viele Grafiken in Ihr Projekt einbinden, kann der Ordner *Grafiken* auf die folgende Art aufgeteilt werden:

Weitere Gliederungen

Ein weiterer wichtiger Punkt zur Wahrung der Übersicht ist eine logische Vergabe der Dateinamen. Bevor Sie diesen Punkt angehen, müssen Sie sich allerdings bei Ihrem Internet Service Provider erkundigen, welche Schreibweisen erlaubt sind.

In dem hier beschriebenen Beispiel wirken die nachfolgend aufgeführten Dateinamen auf den ersten Blick logisch und gut durchdacht.

- *fisch1.htm*
- *fisch2.htm*
- *fisch3.htm*

Diese Methode mag zwar bei einem weniger umfangreichen Projekt funktionieren; wird es aber größer, werden Sie sehr bald an die Grenzen der Übersichtlichkeit stoßen. Eine bessere Lösung für dieses Beispiel wäre es, detailliertere Namen für die einzelnen Fischarten zu vergeben.

- *aal.htm*
- *barsch.htm*
- *karpfen.htm*

Bei dieser Namensauswahl spielt es keine Rolle, in welchem Maß der Umfang des Internetprojekts wächst. Ein schneller Zugriff auf die gewünschten Daten ist durch diese Vorgehensweise garantiert und vermindert somit den zeitlichen und finanziellen Mehraufwand.

FrontPage zur Siteverwaltung nutzen

Bei FrontPage 2000 handelt es sich im Hinblick auf eine simple und zugleich effektive Siteverwaltung um eines der ausgefeiltesten Produkte. Gerade für Neueinsteiger bietet dieses Programm zahlreiche Hilfestellungen und nützliche Hilfen an, mit denen es auch bei größeren Projekten möglich ist, eine logische Struktur der Dateien zu erhalten. Parallel hierzu analysiert FrontPage, in welchen Dateien fehlerhafte Hyperlinks vorhanden sind, und weist Sie auf diesen Umstand hin.

Starten Sie Frontpage und öffnen Sie ein bestehendes Web. Klicken Sie auf die Schaltfläche *Navigation*. Es erscheint hieraufhin die folgende Ansicht.

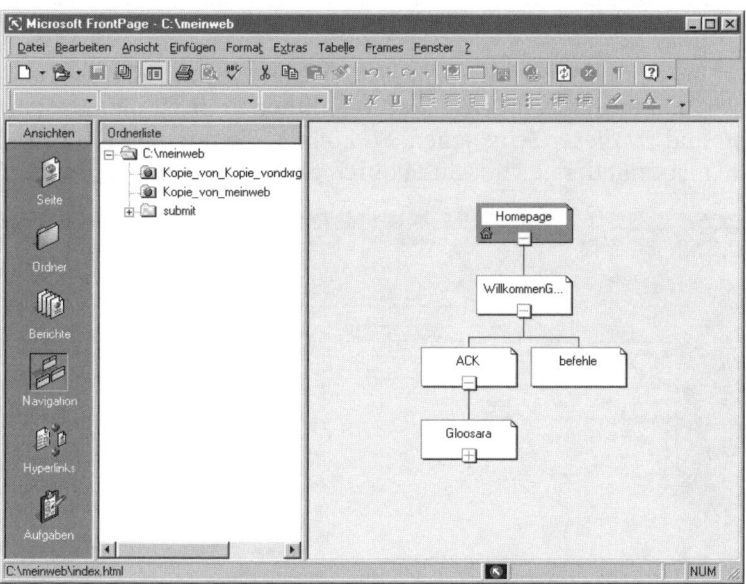

Die Navigationsstruktur des Projekts

In dieser Ansicht sehen Sie, wie die Struktur Ihres Projekts aufgebaut ist. Ausgehend von der Homepage werden die Links angezeigt, die auf eine andere Seite zeigen. Bereits zu diesem Zeitpunkt lassen sich Fehler bezüglich der Linkstruktur erkennen und gegebenenfalls beheben.

Durch einfaches Ziehen der entsprechenden Seiten können Sie die Hyperlinks den jeweiligen Erfordernissen anpassen.

Upload

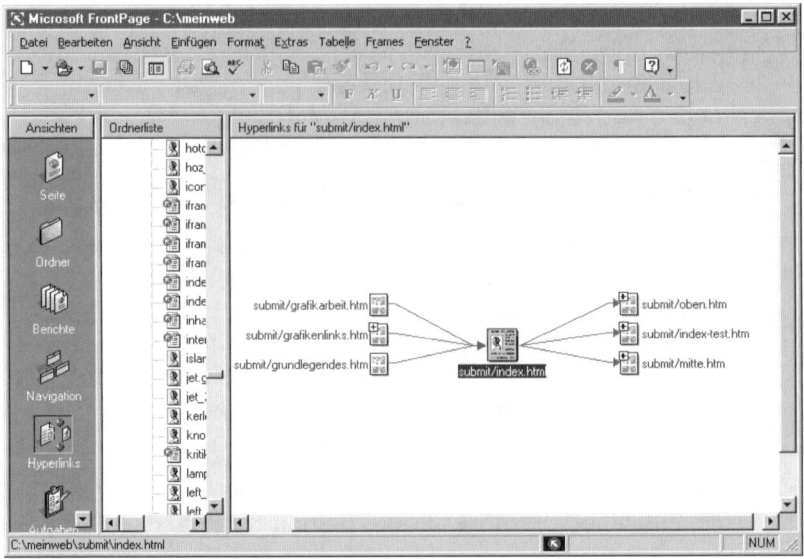

Die Linkstruktur

Wählen Sie im linken Bereich einfach die entsprechende Seite durch Anklicken aus. Im rechten Fenster werden Ihnen grafisch die Links angezeigt, die von und zu dieser Seite gehen. So können Sie auf einen Blick sehen, welche Site nicht mit der gewünschten durch einen Hyperlink verbunden ist.

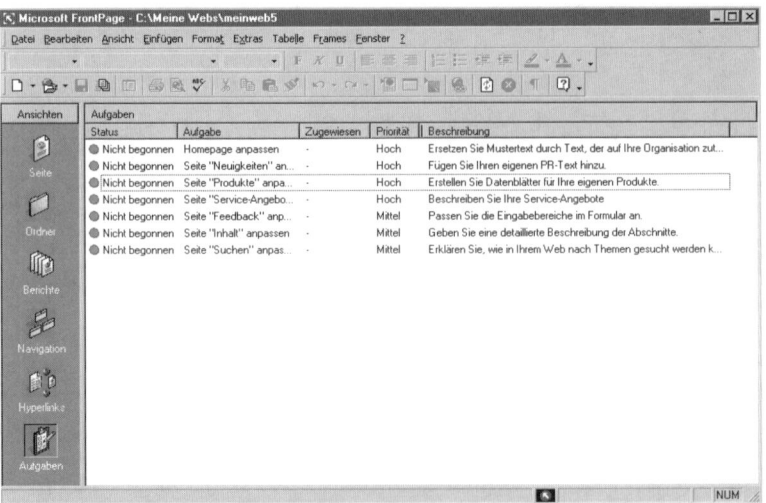

Einige nicht erledigte Aufgaben

Als Aufgabe können Sie jedes Vorhaben, das mit der Verwaltung des Projekts zu tun hat, angeben. So können Sie, wie im oberen Beispiel, konkrete Änderungen angeben. Ebenso ist es aber auch denkbar, dass Sie sich selbst daran erinnern, in welchem Zeitraum Sie Ihr Projekt aktualisieren wollten.

So definieren Sie eigene Aufgaben

Klicken Sie im Menü *Bearbeiten* auf *Aufgaben hinzufügen*. Nun erhalten Sie das folgende Bild:

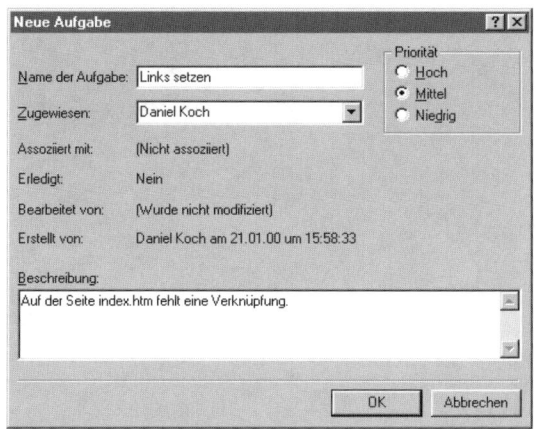

Eine Aufgabe wurde hinzugefügt

In diesem Dialogfeld können Sie alle nötigen Angaben tätigen. Bestätigen Sie Ihre Eingaben anschließend mit *OK*. Wenn Sie diese Variante verwenden, sollten Sie regelmäßig in die Ansicht *Aufgaben* schauen.

Besonders wenn Sie mit mehreren Personen an einem Projekt arbeiten, können Ihnen konkret formulierte Aufgaben die Arbeit erleichtern und eine stetige Aktualisierung vereinfachen.

Upload

14. Tools für (X)HTML

Betrachten wir uns die vielseitigen Angebote an Webseiten im WWW etwas näher, kommen wir schnell zu dem Schluss, dass die Seiten wohl nicht alle mit einem Texteditor und von Hand erstellt wurden. Schon zu den Anfängen des Internet – also noch weit vor dem WWW – waren hauptsächlich Programme für die einfache Gestaltung der Dokumente verantwortlich.

Inzwischen hat sich eine umfangreiche Softwarepalette versammelt. Die Liste der Tools und Hilfsmittel ist fast genauso weit gefächert wie die vielfältigen Möglichkeiten mit den Internetsprachen. Von einfachen Editoren über komplexe Allround-Programme zur Webseiten-Generierung, von internetoptimierten Anwendungen zur Bildbearbeitung und zur Video- und Tonsteuerung bis hin zu den kleinen Hilfsprogrammen. Letztere bieten hauptsächlich die Suche und automatische Korrektur der lästigen Programmierfehler an.

In diesem Kapitel wollen wir Ihnen die gängigsten Werkzeuge kurz vorstellen. Hierbei sollen Sie auch erfahren, wo sich bezüglich des neuen Standards die Probleme anhäufen.

Eins vorweg: Die Anzahl der Editoren und Gestaltungsprogramme, die zum heutigen Zeitpunkt bereits XHTML unterstützen, sind – um es gelinde auszudrücken – an einer Hand zu zählen. Von den professionellen Entwicklungssystemen kennt zurzeit kein Programm XHTML. Doch wie und mit welchen Programmen Sie arbeiten können, erfahren Sie gleich.

14.1 Programme für Webseiten

Der Entwickler von Webseiten hat in der Regel zwei Möglichkeiten: Entweder beherrscht er mehr oder weniger die Programmiersprachen des Webs oder er greift auf entsprechende Unterstützung durch spezialisierte Programme zurück. Lassen Sie uns kurz eine Klassifizierung der Anwendungen vornehmen.

Sehr gute Programme zur Webseitengestaltung:
- überwachen Ihre Code-Eingaben oder übernehmen die Ausformulierung des HTML-Codes selbstständig,
- geben Ihnen eine Möglichkeit, den Code mit seinen Tags zu beeinflussen,
- bieten Ihnen die einfache Gestaltung der Seiten, Formulare und Frames an,

- übernehmen die Optimierung und Aufbereitung der Grafiken und anderer externer Daten,
- optimieren die von Ihnen selbst eingegebenen Befehle,
- geben mehreren Webseiten einer Site ein einheitliches Aussehen,
- überwachen die Verbindungen zwischen den Komponenten der gesamten Site,
- übernehmen den Transfer der Seiten auf den Server im Web und
- bieten umfangreiche Testmöglichkeiten an.

Noch ein weiterer Aspekt sei hier genannt: Jede Programmiersprache für das WWW ist nicht statisch, sondern entwickelt sich ständig und dynamisch weiter. Mit jeder neuen Browsergeneration erweitern sich nicht nur die Möglichkeiten, für Sie als Gestalter mit einfacheren Entwicklungsschritten zum Ziel zu kommen. Genau im gleichen Tempo vergrößert sich die Problematik der Kompatibilität Ihrer Webseiten. Nicht jeder potentielle Leser setzt gleich auf den neuesten Browser, wenn dieser in das Licht des Marktes tritt.

Denken Sie einmal daran, seit wie vielen Jahren Microsoft am alten DOS-Modell festhält, obwohl die neueren Windows-Anwendungen mit einem reinen 32-Bit-Betriebssystem schneller und absturzsicherer laufen würden. Der Grund hierfür ist die Forderung nach der Abwärtskompatibilität: Alte DOS-Anwendungen sollen zumindest die Chance haben, mit neuen Betriebssystemen zusammenzuarbeiten.

Konverter

Der schnellste Weg von einem bestehenden Dokument zur webtauglichen Seite ist ein Konverter. Damit nicht jedes Dokument durch eine Marketingabteilung oder Werbeagentur von der druckfähigen Vorlage in das Webformat per Hand umgestellt werden muss, haben viele Programmentwickler sich mit der Konvertierung von Daten beschäftigt.

Die existierenden Dokumente sollen im Web genauso wie die gedruckte Form aussehen. Ob Sie nun Word-Dokumente oder Projekte in Adobe PageMaker oder Quark Xpress wandeln wollen: Alle Konverter haben die gleichen Probleme.

Die erstellten Dokumente spiegeln nicht nur die installierten Programme des Rechners wider, die zum Zeitpunkt der Produktion zur Verfügung standen. Da sind verschiedene Zeichensätze im Einsatz, auch die Kalibrierung von Scanner, Monitor und Drucker beeinflussen das Dokument in erheblichem Maße.

Beim Betrachten von Webseiten hingegen stammen diese Parameter bekanntlich vom Rechner des Lesers. Eine einfache Umwandlung ist somit kaum zu realisieren.

Tools für (X)HTML

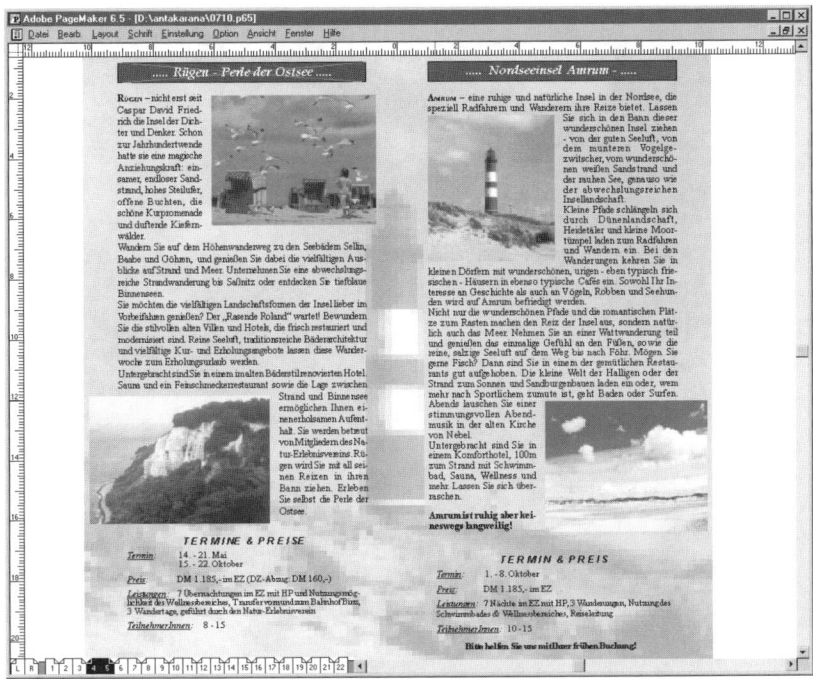

Ein PageMaker-Dokument, das in HTML konvertiert werden soll

Nahezu alle Konverter erstellen aus der Vorlage in der Regel einen mehr oder minder strikten HTML-Code. Sonderwünsche wie beispielsweise die XHTML-Konformität bleiben hier gänzlich auf der Strecke.

Die zu den reinen DTP-Systemen – beispielsweise Adobe PageMaker oder Quark Xpress – angebotenen Wandlerprogramme, die aus den programmspezifischen Dokumenten HTML-Dateien erstellen, sind aus den eben aufgeführten Gründen leider nur Hilfssysteme.

Sie sorgen dafür, dass Texte und Grafiken mit einem HTML-Editor zu öffnen ist. Vom Layout hingegen bleibt so gut wie nichts übrig.

Die Präsentation eines HTML-Dokuments wird größtenteils vom Browser des Lesers und unter den Bedingungen seines Rechners ausgeführt.

DTP-Programme und Textverarbeitungen orientieren sich hingegen am Layout des Originals und konservieren somit die Möglichkeiten des Rechners des Entwicklers.

Hierdurch ist mit den Konvertern, die stumpf eine DTP-Seite in HTML umwandeln, eher Vorsicht geboten.

Tools für (X)HTML

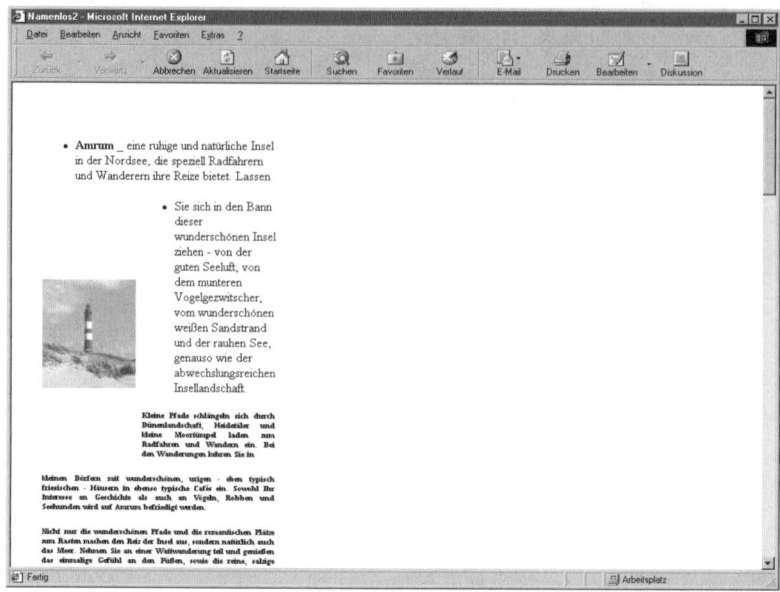

Durch den PageMaker-eigenen HTML-Konverter werden zwar Texte und Grafiken eingebunden, das Layout geht jedoch verloren

Dieses Beispiel zeigt deutlich, was nun noch an Nacharbeiten notwendig wäre, um aus dem hier gezeigten PageMaker-Dokument eine HTML-Seite mit gleichem Aussehen zu fertigen. Einige bekannte Programme, die Ihnen in mehr oder minder guter Qualität ein HTML-Dokument ausgeben, sind:

- Corel WordPerfect und Microsoft Word. Bei den nicht mehr aktuellen Microsoft-Produkten muss zumeist eine Nachinstallation erfolgen und der entsprechende Internet-Assistent eingesetzt werden.
- DTP-Programme, wie beispielsweise Adobe PageMaker und Quark Xpress. Sie werden gleich mit Konverter ausgeliefert oder bieten zumindest einen Wandler als Update an.

Da die Konverter nur in den seltensten Fällen ein akzeptables Resultat liefern, sollten Sie für bereits bestehende Dokumente und deren schnelle Präsentation im Internet über Alternativen nachdenken. Hierfür bietet sich beispielsweise das Adobe Acrobat-Format an. Mithilfe eines kleinen Plug-Ins, das direkt über Adobe unter www.adobe.com zu beziehen ist, lassen sich die PDF-Dateien direkt über den Browser und den Acrobat-Reader anzeigen. Auf den Webseiten sollten Sie Ihrem Leser einen Link zum Download des Plug-Ins und des aktuellen Acrobat Readers anbieten.

Website-Verwaltung

Die Entwickler privater Auftritte im Netz, die meistens aus nur wenigen Webseiten bestehen, brauchen sich um die Verwaltung der Sites kaum zu kümmern. Bei Websites mit vielen Seiten hingegen müssen Sie schon einen Überblick über die Seiten und deren Funktionen behalten. Die Website-Verwaltung ist in die kommerziellen Webseiteneditoren meist recht gut eingebunden. Mithilfe einer Website-Verwaltung

- regeln Sie gemeinsame Eigenschaften der Dateien Ihrer Website,
- aktualisieren Sie geänderte Dokumente per FTP auf dem Webserver oder fügen auf gleichem Weg neue Seiten ein,
- reorganisieren Sie die Verknüpfungen zwischen den Dokumenten, wenn Dokumente oder Verzeichnisse verschoben oder umbenannt werden,
- sorgen Sie dafür, dass alle Grafiken vorhanden und nicht zu groß sind, und
- organisieren Sie den Speicherplatz auf dem Server. Dieser kann – vor allem bei kostenlos zur Verfügung gestelltem Webspace – sehr schnell eng werden.

Webseitengestaltungsprogramme

Was zeichnet ein gutes Programm zur Gestaltung von Webseiten aus? Lassen Sie uns einen kurzen Forderungskatalog aufstellen:

Systemverfügbarkeit

Für praktisch alle gängigen Plattformen gibt es mittlerweile diverse Programme zur Gestaltung von Webseiten. Da aber das Cross-Compiling nur von wenigen Herstellern verwendet wird, finden Sie in der Regel eine Software für ein Betriebssystem. Somit schränkt sich die Palette der möglichen Programme ein, wenn Sie ein selteneres Betriebssystem auf Ihrem Rechner benutzen.

Webeditoren, die sowohl für das Mac OS angeboten werden als auch für die Windows-Palette verfügbar sind, lassen sich wohl an einer Hand abzählen. Dies kann aber für Sie von Bedeutung sein, wenn Sie zusammen mit Dritten an einem Webprojekt arbeiten. Werbeagenturen arbeiten zu einem großen Prozentsatz mit Macintosh-Rechnern. Wenn Sie nun auf Windows-PCs Ihre Arbeiten erledigen, würde sich beispielsweise Macromedia Dreamweaver anbieten, da dieser für beide Betriebssysteme verfügbar ist.

Unterstützung vom Hersteller

Im Web ist alles im Wandel. Schnell verändern sich die Standards, die Sie als Basis Ihrer Seiten verwenden.

Neue Standards bedeuten für die Hersteller von Werkzeugen für das WWW, dass sie immer wieder nacharbeiten müssen, wenn der neue Stand in den aktuellen Browsern umgesetzt worden ist. Für Sie als Anwender bedeutet es, genau darauf zu achten, ob die ausgesuchte Software regelmäßig gepflegt und aktualisiert wird, der Hersteller also Erweiterungen kostenlos oder mit geringen Kosten zu Verfügung stellt. Viele Programme haben eine reichhaltige Versions-Historie, aus der Sie ersehen können, wie schnell neue Themen und Fehlerkorrekturen umgesetzt werden. Außerdem erfahren Sie aus den

Webauftritten der Hersteller, wie diese es mit dem Updating halten. Fehlerkorrekturen sollten umsonst sein. Ein wichtiger Aspekt ist auch die Berücksichtigung der Besonderheiten der unterschiedlichen Browser, zum Beispiel Microsoft Internet Explorer und Netscape Communicator.

Ein Freewareprogramm wird zumeist von einer Privatperson entwickelt, um den eigenen Bedarf abzudecken, während Shareware in der Regel aus den Händen eines kleinen Entwicklungsteams stammt. Ob und wann diese Programme weiterentwickelt werden, ist somit nur von den Autoren abhängig. Eine Weiterentwicklungsgarantie gibt es ins Besondere bei Freeware-Produkten nicht.

Darstellungsweise

Ein guter HTML-Editor sollte eine HTML-Seite, die bearbeitet wird, entweder als Quellcode oder grafisch darstellen können. Bei der grafischen Darstellung hat man die Möglichkeit, im Voraus zu erahnen, wie die Homepage später aussehen wird. Viele Editoren bieten inzwischen beide Möglichkeiten parallel an. Fehler in der Syntax werden schneller erkannt, wenn in der textbasierten Darstellung eine farbliche Hervorhebung der HTML-Syntax vorgenommen wird.

HTML-Unterstützung

Als Minimalvoraussetzung gilt der HTML-Standard 4. Diese Voraussetzung können jedoch nicht alle HTML-Editoren erfüllen. Da sich die HTML-Sprache ständig im Aufbau und in der Veränderung befindet, bietet es den Softwarefirmen kaum die Möglichkeit, so schnell nachzuziehen. Manche der Editoren unterstützen Elemente aus HTML 4 wie beispielsweise Formulare, Frames, Java Applets und JavaScript sowie die Cascading Style Sheets. Zu den Editoren, die XHTML bereits unterstützen, kommen wir gleich.

Interessant für den Autor der Homepage ist natürlich auch der Umgang mit den Elementen, die nicht vom Editor unterstützt werden. Hier reagieren manche Programme sehr ungnädig: sie stürzen ab, frieren ein oder melden zumindest, dass sie mit diesem Code nichts anfangen können. Eine im Voraus aktivierte Unterstützung des XHTML-Standards ist – zum jetzigen Zeitpunkt – noch nicht in Sicht. Deshalb muss ein Editor dieser Zeit Ihnen den Zugang zum wahren HTML-Code gewähren. Er sollte XHTML-Tags nicht als fehlerhaften Code behandeln (einige Programme sind dabei sehr restriktiv).

> **Tipp**
>
> **Editor-Test**
>
> Den Umgang Ihres Webeditors mit HTML-fremdem Code können Sie leicht testen. Der Microsoft Internet Explorer bietet in den neueren Versionen (ab Revision 4) die Möglichkeit an, Webseiten lokal zu speichern. Hierbei legt das Programm auch die wichtigsten Komponenten der Webseite auf Ihrem Rechner ab. Diese Seiten sollten Sie mit Ihrem Webeditor wiederum fehlerfrei laden können.

Handhabung

Nahezu jedes Programm wirbt damit, dass Sie sofort mit der Arbeit beginnen können, ohne dass irgendwelche Vorkenntnisse von Nöten sind. Dies ist natürlich in den meisten Fällen Unsinn und gilt erst recht nicht für Programmieroberflächen wie beispielsweise Webseiteneditoren. Einige dieser Programme besitzen jedoch eine gut gestaltete Oberfläche, die nicht zu sehr mit Schaltern und Funktionen überfrachtet ist. Die gute Handhabbarkeit wird mit kurzen Hilfstexten, vor allem aber mit Abkürzungen gewährleistet.

Spezielle HTML-Editoren bieten Assistenten – Wizards genannt – an, die die Gestaltung von Tabellen, Formularen, Frames sowie Schaltflächen einfach übernehmen. Sonderzeichen werden von den meisten Programmen automatisch in die entsprechenden Ersatzsymbole umgewandelt.

Validierung

Einen besonderen Wert sollte man auf die Korrektur des Editors bei Regelverstößen legen. Um fehlerfreie HTML-Seiten im Internet zu präsentieren, müssen vom Editor die Syntaxregeln des Standards eingehalten werden. Benutzerfreundlich wäre es, wenn der Editor schon bei der Falscheingabe eine farblich hervorgehobene Fehlermeldung ausgeben würde. Einige HTML-Editoren haben außerdem eine eingebaute Rechtschreibprüfung, was eher selten für den deutschsprachigen Raum gilt.

Hinweis

Achten Sie auf Konsistenz

Achten Sie darauf, dass das Programm die Tags richtig setzt. So ist in weiterführenden HTML-Standards wie XHTML die Voraussetzung gegeben, dass Tags nicht genestet werden. Alle Tags müssen in umgekehrter Reihenfolge wieder aufgehoben werden; zum Beispiel <p><a>...</a><p>.

Neben diesen – eigentlich selbstverständlichen – Korrekturhilfen sollte ein guter HTML-Editor in der Lage sein, Ihre Seiten auf einen Browserstandard zu optimieren. Dies ist längst nicht selbstverständlich und scheint leider nur den kommerziellen Anwendungen vorbehalten zu sein. In Randbereichen der Sprache ist eine Optimierung übrigens nicht möglich. Setzen Sie auf einer Webseite DHTML-Elemente ein, die zum Beispiel mit dem Microsoft Internet Explorer nicht funktionieren, wird nur ein auf DHTML-Funktionen spezialisiertes Programm hier helfen können.

Neben der Validierung des erzeugten Codes in Ihrem Webseitengestaltungspaket finden Sie auch im WWW kostenlose Service-Seiten, die Ihnen die mühsame Validierung abnehmen.

Sonstiges

Die Funktion des FTP-Uploads sollte im HTML-Editor integriert sein. So sorgt beispielsweise ein Abgleich der lokalen Dateien mit denen auf dem Server automatisch dafür, dass nur veränderte Webseiten übertragen werden. Hierdurch ersparen Sie sich den Einsatz externer Programme.

Integrierte Programme zur Grafikbearbeitung und für Image Maps können die Arbeit erleichtern. Die zugehörige Grafikbearbeitung bietet aber eindeutig weniger Möglichkeiten, wie die „richtigen" Grafikprogramme.

Eingebaute Funktionen zur Grafikbearbeitung sind in der Regel schneller und unkomplizierter und bieten teilweise webspezifische Funktionen wie zum Beispiel Image Maps an.

Besondere Funktionen wie die Projekt- oder Siteverwaltung, die ungültige Links, verwaiste Seiten und geänderte Verzeichnisstrukturen erkennt und automatisch wiederherstellt, sind nur in den großen Paketen zu finden.

Um den Überblick zu behalten, sollte bei der Verwaltung von vielen Seiten eine Darstellung der Querverbindungen und deren Abhängigkeiten zwischen den einzelnen Seiten angeboten werden.

Wir wollen uns nun den bekanntesten Vertretern unter den Entwicklungssystemen – auch Autoren-Tools genannt – für Webseiten widmen.

Microsoft FrontPage 2000

Als logische Konsequenz der Bemühungen, im WWW ein gewichtiges Wort mitzusprechen, hat Microsoft schon frühzeitig den Sektor der Browser mit seinem Internet Explorer aufgemischt. Auf ein Programm zur Webseitengestaltung musste auch nicht lange gewartet werden.

Microsoft FrontPage existiert seit circa fünf Jahren, ohne dass dem Produkt ein entscheidender Erfolg beschieden war. Mit Microsoft FrontPage 2000 soll das – laut Microsoft – nun anders werden.

Tipp
Literatur
Umfassende Informationen zu Microsoft FrontPage 2000 erhalten Sie im „Superbuch FrontPage 2000", ebenfalls bei DATA BECKER erschienen.

Zunächst hatten die zweifelnden Anwender wohl erwartet, dass FrontPage 2000 nichts anderes sei als ein an Fehlern ärmeres Upgrade seines Vorgängers, der mit einem neuen „Windows 2000-Gesicht" versehen wurde.

Microsoft hat jedoch mit dem neuen Webseiteneditor ein System entwickelt, das in der Webeditorenwelt seinesgleichen sucht.

Tools für (X)HTML

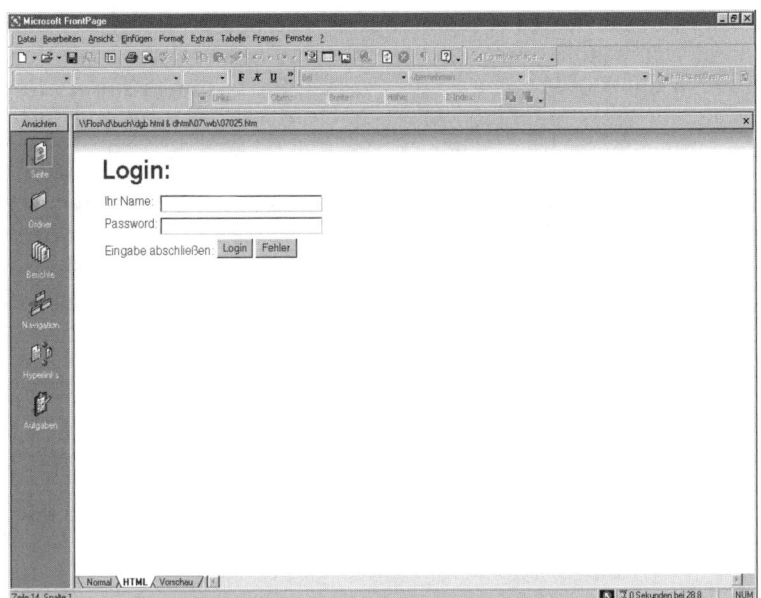

Microsoft
FrontPage
2000

Haben Sie mit vorherigen Versionen von Microsoft FrontPage gearbeitet, wird Ihnen der Unterschied gegenüber seinen Vorgängern sehr deutlich. Waren früher die Aufgaben Siteverwaltung, Editor und Darsteller noch sehr getrennt, haben sie sich in FrontPage 2000 in einer Arbeitsoberfläche zusammengefunden. Somit entfällt für den Nutzer das lästige Hin- und Herschalten zwischen den verschiedenen Bereichen. Haben Sie schon einmal mit Microsoft Outlook gearbeitet, finden Sie sich hier sehr schnell zurecht.

Die Menüs und Kurzbefehle werden in FrontPage 2000 flexibel angezeigt. Das Programm liefert also die Befehle auf Schaltflächen, die im derzeitigen Arbeitsschritt sinnvoll sind. Hinzu kommen die von den 2000er-Produkten inzwischen bekannten verkürzten Menüeinträge. Dieses von Microsoft als Intellisense-Technologie bezeichnete Verfahren sorgt dafür, dass Sie nur die Einträge in den Menüs sehen, die den Programmierern für die Phase des Projekts sinnvoll erschienen. Erst eine Zeit der Untätigkeit der Maus auf dem Menüfenster veranlasst das aufgeklappte Menü dazu, sich in seiner vollen Größe und mit allen Einträgen darzustellen. Die Upgrader unter Ihnen, die schon mit früheren Versionen des Programmpaketes gearbeitet haben, müssen wohl mit einer erheblichen Umstellungszeit rechnen.

Microsoft FrontPage 2000 hat sich zur eigenständigen Erweiterung der Office-Suite entwickelt. Nahezu alle Funktionen und Aufgaben, die mit einem Modul aus Microsoft Office 2000 erstellt wurden, lassen sich fast ohne größere Umstellungen in FrontPage 2000 übernehmen. Mit dem Angebot, programmübergreifende Designs einzusetzen, deckt die Suite viele Anforderungen an Webseiten ab. Aus Microsoft Office greifen auch Komponenten direkt in die Gestaltung der Webseiten ein. So steht Ihnen beispielsweise die Kontrolle der Rechtschreibung aus Microsoft Word 2000 zur Verfügung.

Im Bereich der Datenbankeinbindung hat sich auch etwas getan: Microsoft Access-Daten stehen nun leichter in FrontPage-Projekten zur Verfügung. Zusammen mit den Möglichkeiten der ASP-Programmierung (Active Server Pages) bietet FrontPage 2000 Möglichkeiten an, die sonst nur in wirklich großen Entwicklungsoberflächen zur Verfügung stehen.

Eine riesige Änderung haben die Redmonder im Bereich der Server-Einbindungen spendiert. Bestanden frühere Versionen darauf, die Seiten mit einem eigenen lokalen Server auf Ihrem Rechner zu verwalten, ist dieses Konzept faktisch weggefallen. Der lokale Server diente früher dazu, auf dem Entwicklungsrechner ein verwaltbares Abbild der publizierten Site vorzuhalten. Hieraus konnten die Hilfsprogramme leichter Updates der Seiten im Web vornehmen. Diesem Konzept ist nun ein wesentlich freierer Umgang mit den Webdaten gewichen, wie sie auch aus anderen Vertretern der Webseitengestaltung bekannt ist.

Trotz des Wegfalls des lokalen Servers findet sich in FrontPage 2000 – wie wohl nur in wenigen anderen Programmen seiner Klasse – die Möglichkeit, mit einer Arbeitsgruppe ein Projekt gemeinsam zu entwickeln. FrontPage 2000 bietet sowohl eine eigene Remote-Verwaltung als auch die Steuerung des Zugriffs von anderen Mitarbeitern der Arbeitsgruppe an. Somit lassen sich bereits Inhalte fixieren, während an anderen Komponenten die Kollegen weiterarbeiten können. Auch die Abnahme der einzelnen Seiten kann entsprechend geregelt werden. Damit Sie als Entwickler nicht den Überblick verlieren, bietet das Programm Workflow-Berichte an.

Der erzeugte HTML-Code beherzigt den HTML-Standard 4.0. Dabei ist der Import bereits bestehender HTML-Elemente störungsfrei möglich. Hierfür steht der integrierte HTML-Editor zur Verfügung, den Sie über ein Register im Fensterfuß der Anwendung schnell aktivieren können. Er lässt sich im Aussehen Ihren Wünschen anpassen. Der integrierte Editor steht ebenfalls für die Programmierung von DHTML-Elementen zur Verfügung. Er versteht JavaScript und VBScript und dient gleichzeitig auch als Debugger, um die Fehler im Selbstgeschriebenen zu demaskieren. Die Microsoft-spezifischen Standards wie beispielsweise ASP stehen hier selbstverständlich auch zur Verfügung.

Die umfangreichen Integrationsmöglichkeiten haben natürlich auch Nachteile: Bei vielen übergreifenden Funktionen greift FrontPage 2000 auf Hilfen der Programme aus eigenem Hause zurück. So lassen sich beispielsweise Funktionen von Microsoft Excel plötzlich ohne größere Diskussion im Web publizieren. Microsoft greift hierfür auf das mit Office installierte Sprachpaket **V**isual **B**asic für **A**pplikationen – kurz VBA – zurück. Dies hat jedoch einen charmanten Nachteil: Der Leser muss ebenfalls Microsoft Excel oder ein lauffähiges VBA auf seinem Rechner installiert haben. Das ist aber längst nicht bei allen Anwendern des WWW der Fall, zumal VBA von Microsoft derzeit nur für Windows-Plattformen angeboten wird.

Ein Fazit sei gezogen: Microsoft FrontPage 2000 ist eins der komplettesten Webseiten-Entwicklungssysteme, die derzeit für ein paar hundert Mark zu kaufen sind.

Das Programm bietet nahezu alles an, was derzeit auf den Wunschzetteln der Entwickler steht und mit nicht kompilierbaren Websprachen zu tun hat.

FrontPage 2000 ist also keine Entwicklungsplattform für Java.

Durch die Konfigurierbarkeit der Software kann (und muss) die Anwendung an die Möglichkeiten des Servers leicht angepasst werden.

Positiv zu vermerken ist die hohe Integrationsmöglichkeit von Daten aus den Microsoft Office-Anwendungen.

Gerade die Funktionen rund um Word- und Access-Daten lassen FrontPage 2000 zum idealen Partner für Windows-basierte Intranet-Anwendungen erscheinen.

Die Anpassungsmöglichkeiten an Projekt-Gegebenheiten ist gut gelöst, die Gruppensteuerung im Paket fast einmalig. Der erzeugte Code ist sauber.

Er beinhaltet HTML 4.0, CSS und DHTML und läuft mit dem Microsoft Internet Explorer ab Version 4 unter Windows störungsfrei.

Negativ fiel auf, dass bei der Entwicklung einer Seite nicht sofort klar wird, mit welchem Sprachelement das Ziel durch den Browser erreicht wird. Hier lebt FrontPage ein Eigenleben. Die Konfiguration des Programms auf die Gegebenheiten ist somit ein Muss.

Schade ist, dass der Entwickler nicht schon beim Einrichten seiner Site automatisch durch die Menüs zur Konfiguration geschleust wird. Die Seiten decken – wie schon bemerkt – große Teile der heutigen Sprachen ab; der Code selbst ist jedoch sehr Microsoft-lastig.

So greift das System auf viele Jscript-Elemente zurück, die jedoch nur mit dem Microsoft Internet Explorer zusammenarbeiten.

In Sachen XHTML macht FrontPage – wie alle professionellen Programme – Fehler. So lassen sich zwar die einzelnen Tags in ihrer Schreibweise beeinflussen, jedoch nicht in den Bereichen, die für XHTML interessant sind. Immerhin: XHTML-Tags werden nicht als Fehler interpretiert.

Über das Menü *Extras/Seitenoptionen/HTML-Quelltext* können Sie die Tag-Einstellungen so wählen, dass nur noch ein geringer Teil nachbleibt, der von Ihnen im HTML-Code per Hand geändert werden muss.

Tools für (X)HTML

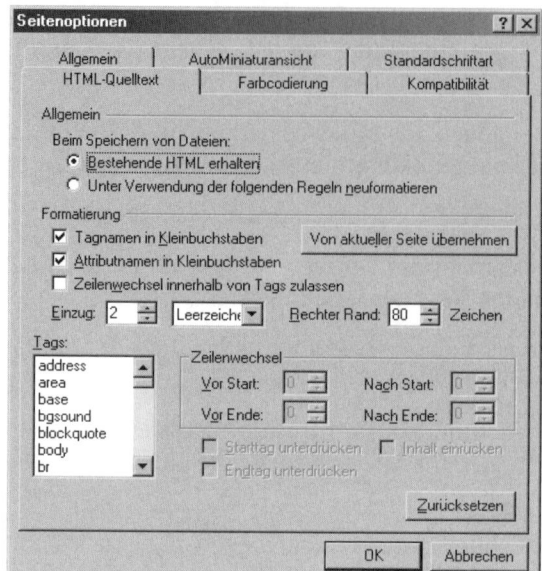

Die Anpassung der HTML-Tags in FrontPage 2000

Macromedia Dreamweaver 3

Einer der Gegenspieler zu Microsoft FrontPage 2000 kommt aus dem Hause Macromedia. In den letzten Jahren hat sich die Softwareschmiede für ausgefeilte Grafikprogramme zu einem sehr ernst zu nehmenden Entwickler für Webseiten und -grafiken entwickelt. Das bekannteste Produkt aus dem Hause ist Macromedia Flash und die dazugehörende Shockwave-Technik, die auf nahezu allen Seiten im Einsatz ist, in denen Animationen dargestellt werden.

Tipp

Literatur

Umfassende Informationen zu Macromedia Dreamweaver 3 erhalten Sie in „Das große Buch Dreamweaver 3", ebenfalls bei DATA BECKER erschienen.

Macromedia Dreamweaver 3 ist wohl das Programm, das dem Entwickler die größte Freiheit bei der Seitenentwicklung bietet. Die Anwendung beherrscht nahezu alle Sprachen rund ums HTML, die nicht erst von einem Compiler umgesetzt werden müssen. Das Programm erhält nicht zu Unrecht Bestnoten in den Bewertungen der Computerzeitschriften.

Dreamweaver 3 unterstützt alle gängigen HTML-Komponenten, wie beispielsweise Dynamic HTML, Java-Applets und **C**ascading **S**tyle **S**heets (CSS). Hierdurch sind Sie in der Lage, schnell professionelle Webseiten zu entwerfen. Der Quellcode kann sowohl direkt in einem eingebauten Editor als auch in der Vorschauansicht bearbeitet werden.

Dreamweaver bietet nahezu alle Funktionen an, die auch in FrontPage 2000 zur Verfügung stehen. Lediglich auf die echten Office-Funktionen muss man

Tools für (X)HTML

verzichten. Im Zusammenspiel mit Macromedia Fireworks kann Macromedia Dreamweaver aber erheblich mehr als FrontPage 2000. Das Grafikprogramm benimmt sich hier als integraler Bestandteil zur Bearbeitung der Vektor- und Bitmap-Bilder. So kann mit beiden Programmen nahtlos zusammengearbeitet werden. Dreamweaver übernimmt problemlos Rollover-Effekte, HTML-Code, JavaScript und Grafikelemente per Knopfdruck aus Fireworks. Fireworks hingegen übernimmt aus Dreamweaver die Steuerung der Grafiken.

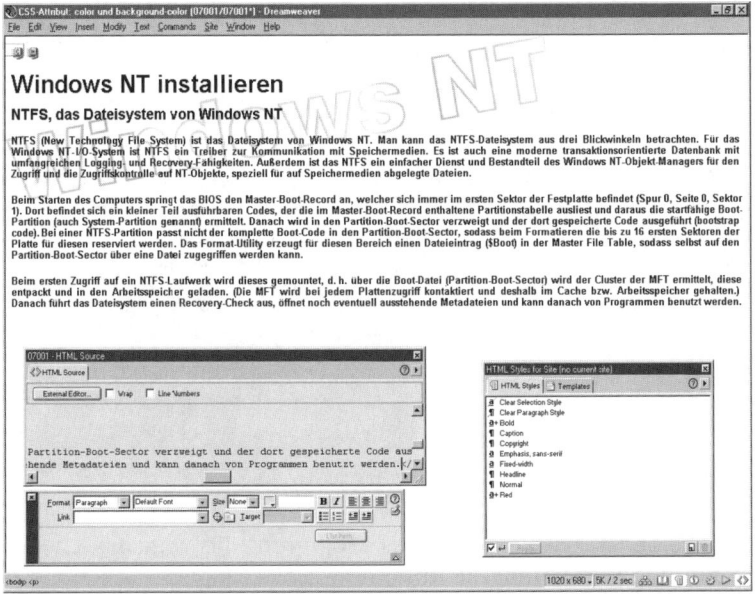

Macromedia Dreamweaver 3. In verschiedenen Fenstern bearbeiten Sie die Seite

Besonders hervorzuheben ist das ausgeklügelte Site-Management, das Ihnen noch mehr Möglichkeiten zur Einflussnahme bietet, als FrontPage dies zulässt. Mit der Version 3 hat Macromedia auf die Wünsche der Anwender reagiert. Visuelles Arbeiten und totale Kontrolle des HTML stehen bei Dreamweaver im Vordergrund.

Macromedia Dreamweaver bietet eine ausgefeilte Oberfläche. Das Hauptfenster des Programms bietet Ihnen eine grafische Oberfläche, in der Sie sowohl Texte erfassen als auch Objekte einfach per Drag & Drop platzieren können. Die Darstellung der Objekte kommt dem wirklichen Erscheinungsbild bis auf Einzelheiten sehr nahe. Dieses stört zunächst, scheint aber durchaus gewollt. So zeigt Dreamweaver Problemzonen in der Seite an, die hauptsächlich von noch nicht gesetzten Einstellungen und Attributen herrühren.

Dreamweaver 3 bietet jetzt auch den Import von Tabellen an. Dieses fehlte bisher und wurde vor allem beim Aufbereiten technischer Daten durchaus vermisst. Der Import ist jedoch auf Textdaten begrenzt. So müssen Sie zunächst aus beispielsweise Excel die Daten als Text mit definiertem Trennzeichen exportieren, bevor es in Dreamweaver eingebunden werden kann. Der Import von Word-Dokumenten ist etwas ausgefeilter. Hierfür speichern Sie

Tools für (X)HTML

Ihren Text in Word zunächst als Webdatei. Dreamweaver importiert die Datei und entfernt die verschiedenen Word-typischen Referenzen aus dem Text, stellt die verwendeten HTML-Tags korrekt und löscht Word-eigene XML-Tags, die außerhalb der Textverarbeitung nur wenig Sinn machen. Nach dem Import der Seite in Dreamweaver sind nur noch die notwendigen Layout-Anpassungen durchzuführen.

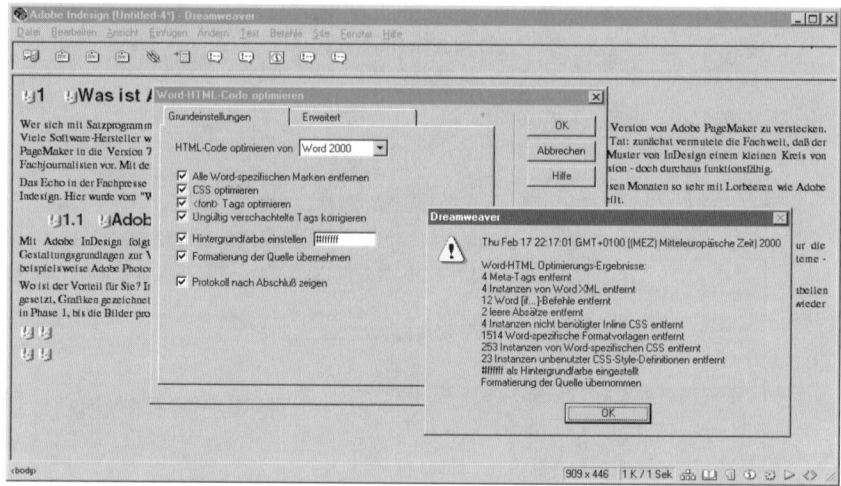

In diesem Beispiel sehen Sie im Hintergrund die noch nicht interpretierte Datei mit den Word-typischen Formatierungen. Der Wandler sorgt für ein HTML-konformes Verhalten

In einzelnen Fenstern bietet das Programm die verschiedenen Themen an, die bei der Webseitengestaltung eine Rolle spielen. Der eingebaute HTML-Editor, in dem Sie jeden einzelnen Befehl sofort verändern können, ist nun konfigurierbar. So lassen sich beispielsweise Zeilennummern einblenden. Dies ist besonders dann wichtig, wenn das selbst geschriebene JavaScript im Browser einen „Fehler bei Zeile 35" ausgibt. Was hier jetzt noch fehlt, ist ein Fenster, mit dem sich die Attribute zum einzelnen Tag ausfüllen lassen. Dann ist der HTML-Bereich als ideal zu bezeichnen. Macromedia hat diesen Wunsch erkannt und der CD-Version des Programms einen sehr gelungenen HTML-Editor beigelegt. HomeSite ermöglicht sehr komfortabel die Arbeit an der Code-Basis, was auch Ihnen als Webmaster nicht erspart bleiben wird.

Noch ein Wort zu den HTML-Stilen. Dieser relativ selten anzutreffende Begriff bietet Ihnen die Möglichkeit, die Attribute von Tags im Voraus zu bestimmen. So richten Sie beispielsweise das Tag <p> zur Absatzdefinition einmal als Stil ein. Dann schreiben Sie beliebigen Text und formatieren ihn – ähnlich wie in Word – mit einer Formatvorlage.

In Dreamweaver 3 ist die Gruppenarbeit neu hinzugekommen. So lassen sich auch mit diesem Programm Arbeitsgruppen von Mitarbeitern mit genau festgelegten Zugriffs- und Bearbeitungsrechten anlegen und verwalten. Wiederkehrende Arbeitsschritte lassen sich in einer Verlaufspalette – einem Makrorekorder – aufzeichnen und bei Bedarf wieder abspielen.

Im Eigenschaftsfenster vom Macromedia Dreamweaver hat man die Möglichkeit, Image Maps zu erstellen. Dreamweaver bietet ein Layout-Gitter an. In diesem bringen Sie Ordnung in Ihre grafische Gestaltung.

Damit das Layout-Gitter auch unter schwierigeren Bedingungen (exotischeren Browsern) stabil bleibt, wandelt das Programm auf Wunsch das Layout-Gitter in Tabellen um.

Hier die Vorteile: Macromedia Dreamweaver 3 ist ein sehr ausgereiftes Programm für Entwickler, die nicht nur schnell Seiten erstellen, sondern der Produktion auch einmal unter die Motorhaube blicken wollen.

Der mit dem Programm entwickelte Code kann mit allen Browsern kompatibel gehalten werden. Spezialprogrammierungen bleiben – nicht wie bei FrontPage 2000 – erkennbar und lassen sich so in Problemfällen leichter beeinflussen.

Da das Programmpaket sowohl für Windows als auch Mac OS zu beziehen ist, haben Dreamweaver-Kenntnisse im Entwicklungsmarkt einen hohen Stellenwert.

Die Liste der Nachteile: Im Vorschaufenster werden die Cascading Style Sheets nicht immer so dargestellt, wie die Browser auf die Formatierung reagieren würden. Somit ist die Kontrolle mit den externen Browsern auch weiterhin notwendig. Der eingebaute HTML-Editor ist spartanisch; er könnte durchaus funktionsreicher sein. Ob es sinnvoll ist, die Onlinehilfe als HTML-Seiten einzubauen, sei dahingestellt.

Auch der Preis für die Software – sie ist auf jedem Fall ihren Preis wert – bildet im Vergleich zu Microsoft FrontPage 2000 einen Nachteil.

Auch für Dreamweaver gilt, was bereits zu FrontPage gesagt wurde. Macromedias Webseitenprogramm unterstützt nicht direkt XHTML-Tags, kann aber mit deren Anwesenheit im HTML-Code leben. Auch hier lässt sich mithilfe der Voreinstellungen der Code so einstellen, dass in einer neu entwickelten Datei nur noch wenig geändert werden muss.

Netscape Composer und FrontPage Express

Unsere beiden Hausbrowser werden ebenfalls mit jeweils einem Tool zur Webseitengestaltung ausgeliefert. Somit haben Sie als Anwender mit den Vollversionen der Browser Ihr Entwicklungswerkzeug bereits auf Ihrem Rechner installiert. Die Idee, in einen Browser auch gleich ein Entwicklungswerkzeug zu integrieren, liegt wohl nahe.

Umso erstaunlicher ist es aus technischer Sicht, wie spartanisch die Programme ausgestattet sind. Die beiden Werkzeuge kommen bei weitem nicht an die Leistungen der mitgelieferten Interpreter und natürlich auch der zuvor vorgestellten Anwendungen heran.

Tools für (X)HTML

Microsoft FrontPage Express mit einer Testseite

Hier sehen Sie FrontPage Express von Microsoft. Die kleinen Fragezeichenflächen zeigen den Teil der Seite an, der vom Programm nicht interpretiert werden kann. Ein Doppelklick auf eines der Fragezeichen öffnet ein Dialogfenster, in dem der nicht interpretierbare Code liegt. Dieser wird von FrontPage Express auch nicht auf Richtigkeit überprüft; er ist für das Programm in der Seite quasi nicht vorhanden. Immerhin stehen die wichtigsten Seitenelemente zur Verfügung, deren Gestaltung jedoch eingeschränkt ist. So lassen sich jedoch zumindest die Formularfelder etc. mit Namen versehen und die Gültigkeitsregeln festlegen. Im eingebauten HTML-Texteditor werden die verschiedenen Tags und Attribute farblich abgesetzt dargestellt. Hier können Sie auch Inhalte verändern und ein paar Zeilen hinzufügen. Im Netscape Composer ist die Sachlage ähnlich wie bei FrontPage Express. Auch dieses Programm hat nicht das gleiche Interpretationsvermögen wie der Netscape Communicator.

Netscape Composer ist die Dreingabe zum Browser

Die Oberfläche des Netscape Composers bedient sich des gleichen Tricks wie sein Artgenosse aus Redmond. Nicht im Fenster darstellbare Seitenelemente werden mit einem Symbol aus dem Text der Seite ausgeklammert und stehen per Doppelklick im Dialogfenster zur Einsicht bereit.

Auch Netscape Composer stellt den Source-Code der HTML-Seite im Quelltext zur Verfügung. Im Quelltextfenster lassen sich jedoch keine Änderungen vornehmen.

Hierdurch ist eine Bearbeitung – im Gegensatz zu FrontPage Express – nicht möglich. Somit stehen im Netscape Composer nur die Elemente zum Einsatz bereit, die per Mausklick und über die Menüs erreichbar sind. Schade eigentlich.

Beide Programme eignen sich – solange Sie nicht Elemente einbringen wollen, die von den Anwendungen nicht unterstützt werden – sehr wohl zur schnellen Erfassung einer HTML-Seite.

So können Sie in beiden Programmen Bilder setzen und Formularelemente formatieren.

Geht es um den reinen HTML-Code, hat FrontPage Express jedoch die Nase vorn.

XHTML-Helfer

Haben Sie gerade gelesen, dass es für die XHTML-Entwicklung noch keine Programme gibt? Nun, das ist – so pauschal ausgedrückt – natürlich falsch.

Viele Editoren werden wohl in den nächsten Versionen auch diesen Code eingebaut haben.

Nun kann man natürlich nicht für jeden neuen Standard sich auch einen neuen Editor beschaffen. Das ist zurzeit auch nicht immer notwendig.

Viele Hilfsprogramme für diesen Code befinden sich bereits im Beta-Stadium.

Einige wenige lassen sich bereits im Web abholen und ausprobieren. Eines hiervon wollen wir Ihnen nahe bringen.

Auf den Webseiten http://www.chami.com/html-kit/ finden Sie das HTML-Kit. Hinter diesem Namen befindet sich einer der wohl ausgereiftesten Texteditoren, die für die Webseitengestaltung und Programmierung frei zu erhalten sind.

Tools für (X)HTML

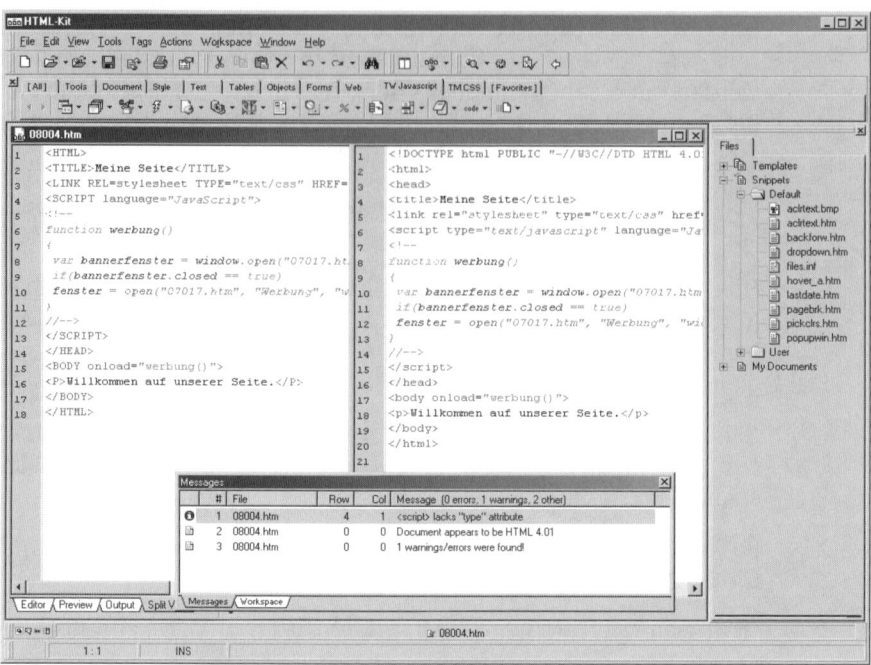

Das HTML-Kit von Chami, eines der besten Freewareprogramme rund um Webseiten

Das HTML-Kit ist ein Webseitengestalter, der seinen Schwerpunkt auf die Programmierung setzt. Sie haben hier – wie in den großen Programmen von Microsoft und Macromedia – die Möglichkeit der grafischen Gestaltung und Voraussicht mittels Preview-Modus. Der Code ist sauber und übersichtlich.

Was macht das HTML-Kit zu einem herausragenden Vertreter seiner Zunft? Das Programm ist offen für Erweiterungen und kostet derzeit nichts. So lassen sich von den Webseiten des Herstellers Erweiterungen für JavaScript, XML, XHTML und andere einfach herunterladen. Diese Plug-Ins wurden von der größer werdenden Fangemeinde rund um dieses Programm geschrieben. Programmerweiterungen lassen sich einfach installieren. Sie stehen nach einem Neustart in der Kurzmenüzeile zum sofortigen Einsatz bereit.

Ein weiterer Vorteil: Auf Knopfdruck stellt das HTML-Kit die Tags und Attribute bereits bestehender Listings zumindest in die korrekte Kleinschrift um. Attributwerte werden mit Anführungszeichen nachgearbeitet. Hierbei findet ein Syntaxcheck statt, Fehler werden in einem Extrafenster ausgegeben. Mit einem Klick auf die Fehlermeldung wird der Code an der fehlerhaften Stelle angezeigt.

Auf dem Register *Tools* finden sich aber die wirklichen Schätze. Hier finden Sie umfangreiche Konvertierungsmöglichkeiten. So lässt sich der Code beispielsweise in XHTML auf Knopfdruck umstellen. Nach der Arbeit überprüft HTML-Kit den Sourcecode erneut und stellt die kritischen Bereiche erneut dar.

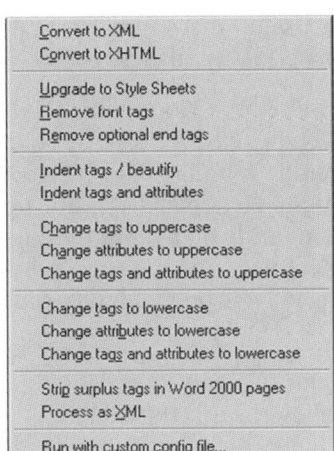

Diese Konvertierungsfunktionen finden Sie nur in wenigen Softwarepaketen

Alles in allem: ein Tool, das nahezu alle Voraussetzungen erfüllt, Kultstatus zu erreichen. Also: Abholen, solange es verfügbar ist!

14.2 Alles für die Webgrafik

Ohne gute Grafiken und Bilder hat man mit seiner Webseite kaum eine Chance, einen Surfer zu beeindrucken und zum Verweilen zu bewegen. Die Liste der Programme rund um die Grafik ist natürlich umfangreich, da Grafiken nicht nur für das Internet entwickelt werden.

Programme zur Bildbearbeitung

Die am meisten verwendeten Grafikformate im WWW sind die schon vorgestellten JPEG- oder GIF-Grafiken. Sie werden von nahezu jedem Browser akzeptiert. Daher bietet fast jedes Grafikprogramm die Konvertierung in diese beiden Standards an.

Die Animation per GIF ist ebenfalls auf vielen Seiten zu finden. Die einzelnen Schichten des GIF-Formats werden hier dazu genutzt, unterschiedliche Inhalte abzulegen. Das Ganze wirkt wie ein Daumenkino. GIF-Grafiken werden häufig zur Gestaltung der grafischen Elemente der Homepage wie zum Beispiel Schaltflächen und Toolbars eingesetzt.

Plug-Ins

Längst nicht alle grafischen Inhalte lassen sich sinnvoll in diesen Standardformaten konservieren. Manche Dateiformate lassen sich beim besten Willen nicht ohne weitere Hilfe im Browser betrachten. Als Beispiel sei nur an VRML-Dateien erinnert. In diesem Grafikformat finden Sie virtuelle Szenen und andere Grafiken rund um die 3-D-Animation. Da die Browser mit VRML-Dateien herzlich wenig anfangen können, muss dem Leser ein Plug-In angeboten werden, das die Darstellung der Grafik übernimmt. Bei VRML-Dateien würde man beispielsweise auf den Cosmo-Player zurückgreifen.

Für Sie als Entwickler ist der Umgang mit einem Plug-In sehr einfach. Auf Ihrer Webseite weisen Sie auf die Notwendigkeit hin, dass Teile der Grafiken nur mit dem Plug-In XY dargestellt werden können. Hier bieten Sie dem Leser einen Link zu den Seiten des Plug-In-Herstellers an, auf denen er das Plug-In findet. Nach dem Download und der Installation des Plug-Ins, das im grafischen Betriebssystem des Leser-Rechners nur mit bestimmten Dateiformaten verknüpft ist, braucht dieser nur die zu betrachtende Datei über Ihre Webseite aufzurufen.

Das wohl bekannteste Plug-In ist der Shockwave-Player, der von Macromedia zur Darstellung von Flash-Filmen angeboten wird. Dieses Plug-In wird inzwischen mit den neueren Browsern gleich mit installiert. Ein anderes bekanntes Plug-In ist das Acrobat-Plug-In von Adobe, mit dem PDF-Dokumente per Browser betrachtet werden können. Nach Download und Installation ruft dieses Plug-In automatisch den Acrobat-Reader auf, wenn ein PDF-Dokument per Link abgefordert wird.

Die Plug-In-Technik birgt aber auch Probleme. Ein Plug-In muss in der Regel erst einmal aus dem Internet abgeholt werden. Der Leser hat Plug-Ins also nicht mit der Installation seines Browsers auf seinen Rechner gespielt. Für viele ist das ein Grund, auf die so angebotenen Informationen zu verzichten, da sie für die Download-Zeit geradestehen müssen.

ACDSee

Eine der üblichen Quellen für Webgrafiken ist das Cache-Verzeichnis Ihres Webbrowsers. Hier tummeln sich diverse kleine Bilder, die scheinbar nur darauf warten, für eigene Projekte verwendet zu werden (unter Beachtung des Copyrights). Um möglichst schnell entsprechende Grafiken auszuwählen, ergänzt ein externes Programm zur Bildbetrachtung wie beispielsweise ACDSee von ACDSystems, die Softwarepalette unseres Windows. ACDSee ist inzwischen in der Version 3.1 verfügbar, die nicht nur mit einigen Fehlerkorrekturen, sondern auch mit zahlreichen neuen Funktionen aufwartet.

In der Tat: Mit ACDSee hat man einen unübertrefflichen Betrachter für Windows-Systeme. ACDSee stellt eine umfangreiche Palette an Dateiformaten auf dem Bildschirm dar. Hierzu gehören TIF-, DIB-, GIF- (in der neusten Version auch animierte), IFF-, ILBM-, JPEG- (auch JPE-, JIF-, JFIF-), LBM-, PCX-, PNG-, PSD-, RLE-, TGA-, TIF-, WMF- und Photo-CD-Dateien.

In der neuen Version lassen sich auch Animationen und Sounds abspielen. Nun haben Sie auch direkten Zugang zu gepackten Dateien, die im ZIP- oder LZH-Format vorliegen. Mit dem Programm lassen sich Dateien umbenennen, verschieben und kopieren sowie eigene Notizen zu den Bildern organisieren. ACDSee besitzt ein eigenes Tool zum Versenden von Grafiken per WWW.

Tools für (X)HTML

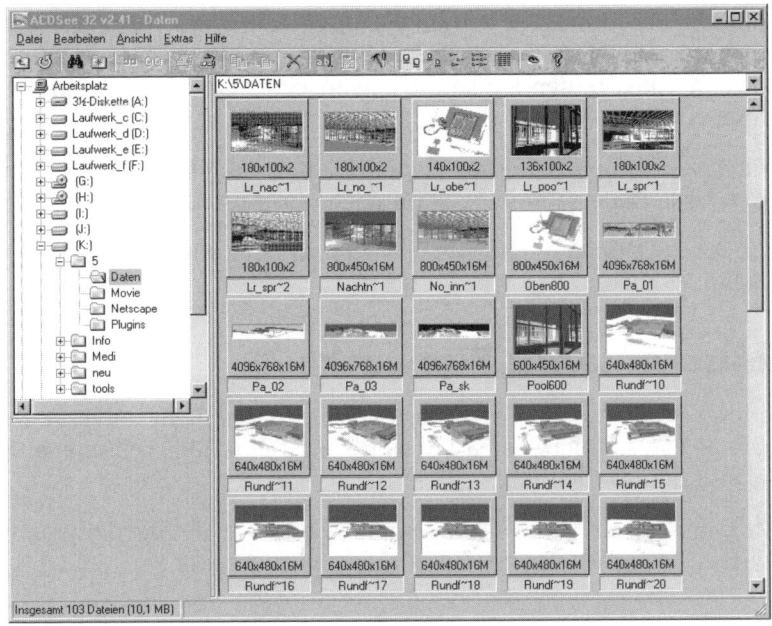

Browserbildschirm von ACDSee mit Thumbnails

Die neue Version 3.1 bietet zusätzlich Tools zur Korrektur und Verwaltung der Grafiken an. So lassen sich beispielsweise Bilder beschneiden und neu einfärben, Bildschärfe und Helligkeit manipulieren sowie die Farbtiefe ändern. ACDSee 3.1 bietet die Steuerung der Farbbalance an und speichert bei Bedarf die Datei unter neuem Namen und anderem Format ab. So bekommen Sie auf einfachem Wege aus einer TIFF-Datei eine Grafik im JPEG-Format. Eine Änderung der Auflösung ist jedoch nicht möglich.

Bildmanipulationen sind in ACDSee 3.1 möglich

Mithilfe der in ACDSee 3.1 eingebauten Datenbank lassen sich eigene Bibliotheken erstellen und verwalten. Mithilfe von Beschreibungen zu den einzelnen Grafiken finden Sie so die gewünschte Grafik auch in größeren Sammlungen wieder.

Eine weitere neue Funktion ist der HTML-Album-Generator, mit dem sich automatisch Bildersammlungen für das Web aufbereiten lassen.

ACDSee 3.1 unterstützt diverse Digitalkameras sowie die TWAIN-Schnittstelle für Scanner.

Macromedia Fireworks

Dieses Programm fällt beim besten Willen nicht mehr unter die Kategorie der Grafik-Tools. Macromedia Fireworks 3 ist eine für Webseitenaufgaben optimierte Bildbearbeitung.

Zusammen mit Macromedia Dreamweaver 3 bildet das Programm eine sehr gute Arbeitsplattform zur Gestaltung von Webseiten.

Tipp

Literatur

Umfassende Informationen zu Macromedia Fireworks 3 erhalten Sie in „Das große Buch Webgrafik mit Fireworks", ebenfalls bei DATA BECKER erschienen.

Fireworks 3 legt seinen Schwerpunkt vor allem auf die Produktion von Webgrafiken. Neben den in einer Bildbearbeitung üblichen Werkzeugen bietet Macromedia Fireworks eine Reihe spezieller Wizards und Dialogfenster an, die zur Grafik das entsprechende HTML-Listing zur Einbindung in die Webseite liefert.

Fireworks arbeitet mit nahezu allen HTML-Editoren und Grafikpaketen störungsfrei zusammen.

Dateien können aus allen bekannteren Grafikformaten direkt in das Programm importiert werden. Importieren Sie zum Beispiel aus Adobe Photoshop eine PSD-Datei, stehen die in der Grafik gespeicherten Ebenen auch in Fireworks zur Verfügung.

Selbst Texte, die in Photoshop nicht gerendert wurden, lassen sich nun in Fireworks weiter verarbeiten.

An Exportformaten stellt Fireworks mit der neuen Version auch das eine oder andere Animationsformat bereit. Weder Animated GIFs noch Shockwave- und Flash-Animationen sind mit der Anwendung ein Problem.

So lassen sich beispielsweise in Fireworks einfache Menüstrukturen erzeugen, die dann als Flash-Datei die Steuerung des Lesers über Ihre Webseiten übernehmen.

Tools für (X)HTML

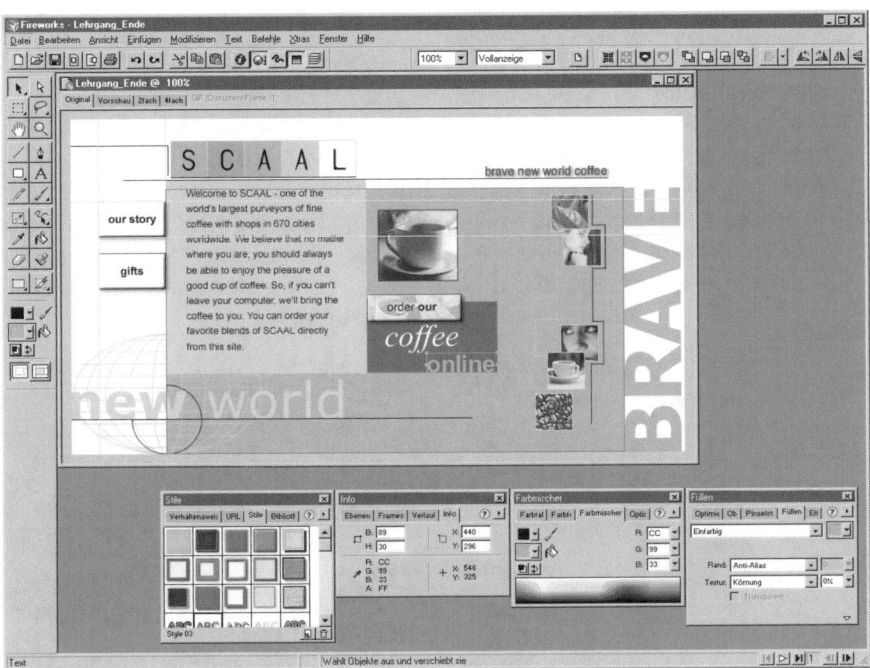

Macromedia Fireworks 3 im Einsatz

Weitere Besonderheiten von Macromedia Fireworks 3 sind:

- Vektorgrafiken lassen sich in dem Programm bearbeiten. Hierzu wird unter anderem der Import von CDR-Dateien aus CorelDRAW angeboten.
- Ein Vorschaufenster zeigt Ihnen direkt, wie sich die Grafik unter Webbedingungen verhalten würde.
- Mithilfe verschiedener Assistenten und einfacher Funktionen können Sie Ihre Grafik in Bereiche aufteilen. Die einzelnen Teile lassen sich wiederum mit Links und anderen HTML-Steuerungen versehen.
- Für Animationen stehen Ihnen Funktionen zur Verfügung, die bisher nur aus Macromedia Flash bekannt waren. Mithilfe des Zwiebelschichteffekts können Sie die Bewegungen der Elemente Ihrer Grafik tunen.
- Direkt während der Erarbeitung der Grafik werden Sie über die Ausmaße und das Speichervolumen informiert.
- Macromedia Fireworks stellt Ihnen Rollover-Menüs für Ihre Webseiten zur Verfügung. Hier gestalten Sie direkt die einzelnen Menüs. Das Programm prüft Ihre Angaben und liefert Ihnen das entsprechende JavaScript.
- Der HTML-Assistent übernimmt die Einbindung der Grafiken in den HTML-Code Ihrer Webseite.

Paint Shop Pro

Eines der wohl bekanntesten Programme zur Bearbeitung von Grafiken ist Paint Shop Pro von Jasc Ltd. Mit diesem Programm ist ein Großteil der Grafiken in diesem Buch erstellt worden, da Paint Shop Pro eine eigene Funktion zum Herstellen von Snapshots anbietet. Jasc Software entwickelte Paint Shop Pro zunächst als Shareware. Die Qualität der Programmierung (für ein Shareware-Programm) ist heute so hoch anzusiedeln, dass Paint Shop Pro den Vergleich mit den wirklich großen – und kostenintensiveren – Anwendungen rund ums Bild nicht zu scheuen braucht.

Paint Shop Pro

Ein weiteres Feature bei Paint Shop Pro ist der eigenständige Animation Shop, mit dem Sie animierten GIFs das Leben einhauchen können. Es bietet alle Elemente, die man zur Animation von Buttons und Logos benötigt.

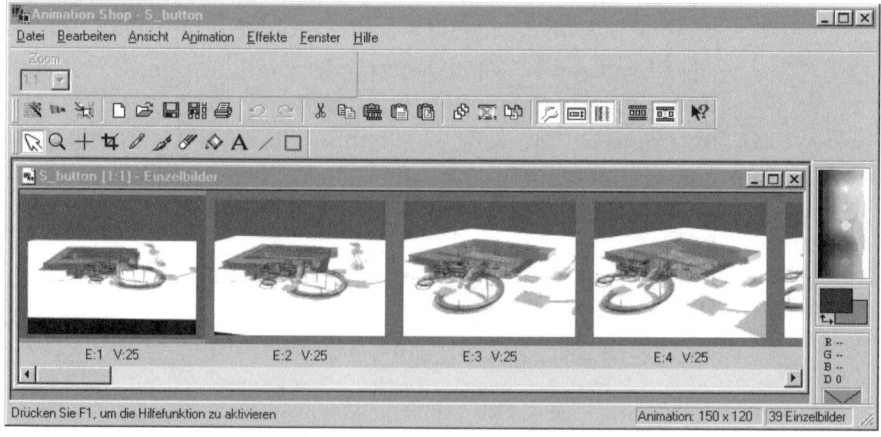

Animation Shop

Die Möglichkeiten mit Paint Shop Pro sind so umfangreich, dass sie den Rahmen dieses Kapitels bei weitem sprengen würden.

Weitere Grafikprogramme

In der folgenden Tabelle sind noch einige bekanntere und unbekanntere Grafik-Tools aufgelistet.

Dateiname	Internetadresse	Beschreibung
A+B+C Graphics	www.abcgiant.com	Warum alles selbst machen? Hier finden Sie über 1.000 Buttons, Pfeile, Banner, Fonts, Hintergründe und Tools für Multimedia-Autoren.
Adobe Photoshop	www.adobe.com/products/photoshop/main.html	Das Profiprogramm für Bitmap-Grafiken schlechthin. Nahezu jedes Foto in Zeitschriften ist mit Photoshop bearbeitet worden. Nur für Webgrafiken eigentlich zu schade.
Graphic Workshop	www.mindworkshop.com/alchemy/alchemy.html	Shareware-Bildbetrachtung und Konvertierungsprogramm mit vielen interessanten Features.
Image Converter	www.fcoder.com/imageconverterinfo.htm	Bildkonvertierungsprogramm für alle Fälle.
Image Explorer	www.cdhnow.com	Bildbetrachter.
Lview Pro	www.lview.com	Shareware-Bildbearbeitungssoftware mit guten innovativen Optionen und Zeichnungswerkzeugen.
Photo Icons	members.aol.com/doanc/photoicn.html	Shareware-Software-Bildbetrachter

14.3 Zur Prüfung: Site- und Link-Checker

Jeder Standard-Browser stellt die Seite so gut dar, wie er kann. Das heißt aber nicht, dass die dargestellte Seite ohne Fehler sein muss. Es kann vorkommen, dass HTML-Seiten browserspezifisch durchaus Abweichungen in der Darstellung haben und sogar zu undefinierbaren Programmabstürzen führen. Hier kommen die HTML-Validatoren ins Spiel, die helfen sollen, solche Syntax-Fehler zu lokalisieren und in der Regel gleich die nötigen Anleitungen zur Ausmerzung der Fehler aufzulisten. Folgende Fehler werden in den meisten Validatoren gefunden:

- Falsch geschriebene oder ungültige Tag-Namen, Tag-Attribute und Tag-Attribut-Werte,
- Ungültige Zeichen-Entitätaten, die falsch geschrieben worden sind,
- Abschließende Tags, die nicht vorhanden sind,
- Tag-Namen, die falsch platziert sind,
- HTML-Dokumente, die 8-Bit-Zeichen verwenden,
- Falsche oder inkompatible HTML-Tags auf einem bestimmten Browsertyp und eine HTML-Version.

Tools für (X)HTML

Eine Überprüfung Ihrer Website ist – besonders bei komplizierteren Projekten – durchaus zu empfehlen, bevor die Daten ins Web gestellt werden. Lassen Sie sich jedoch nicht durch die teilweise umfangreichen Fehlermeldungen irritieren: Die neuartigen Validatoren nehmen das komplette HTML-Dokument unter die Lupe und schlüsseln danach sämtliche Fehler auf. Es kann vorkommen, dass Validatoren auch richtige Tags als fehlerbehaftet farbig markieren oder sogar über fehlende Attribute, wie zum Beispiel *ALT* (Hinweistexte), meckern. Dies bedeutet jedoch nicht, dass die Seite aus dem geschilderten Grunde im Web scheitern würde.

CSE Validator Pro

Der CSE Validator Pro verfügt über eine Arbeitsoberfläche, die ähnlich einem HTML-Editor aufgebaut ist und dementsprechend viele Programmoptionen bietet. Neben dem CSE Validator Pro gibt es noch zwei andere Programme aus dem gleichen Stall. In der Lite-Version muss man sich mit einem kleinen Programmfenster und mit wenigen Konfigurationsmöglichkeiten begnügen. Eine Testversion vom CSE Validator erlaubt nur, 50 HTML-Dokumente zu prüfen. Dafür sind die beiden letztgenannten Validations-Programme zur kostenlosen Nutzung unter der Internetadresse htmlvalidator.com herunterzuladen.

A Real Validator (ARV)

Man sollte sich bei dem A Real Validator nicht täuschen: Die Arbeitsfläche dieser Anwendung ist zwar sehr spartanisch, erfüllt jedoch ihren Zweck hervorragend.

Die Programmierer haben großes Augenmerk auf die Charset-Einstellungen und weniger auf die Konfiguration gelegt.

Das Einlesen der HTML-Dokumente erfolgt genauso wie in vielen anderen Validator-Programmen; diese werden per Drag & Drop in das Ansichtsfenster gezogen. Die Ausgabe der Fehler erfolgt in einer HTML-Datei im Browser.

Das zu überarbeitende Script mit den Verbesserungsvorschlägen kann man auf Festplatte speichern und jederzeit zur Bearbeitung wieder abrufen.

Dieses Programm ist keine Shareware, es muss beim Händler gekauft werden. Die Internetadresse zu diesem Vaidator lautet: www.arealvalidator.com.

Weblint

Weblint ist ein HTML-Syntax-Checker, der in Perl geschrieben ist. Er überprüft HTML-Dokumente nach den neusten Standards und findet über fünfzig verschiedene Fehler in Webseiten für den Microsoft Internet Explorer und Netscape Communicator.

Weitere Informationen zu und über Weblint finden Sie unter der Internetadresse www.cre.canon.co.uk/~neilb/weblint.

15. Anhang

Der folgende Anhang dient als Nachschlagewerk für HTML-Befehle, Sonderzeichen, Farbnamen, Cascading Style Sheets, Befehle, Event Handling und XML.

15.1 Referenz der HTML-Befehle

Die Referenz der HTML-Befehle ist alphabetisch sortiert. Neben der Befehlsbeschreibung finden Sie die vollständige Bezeichnung des Namens, der Ichnen bei der Analyse englischsprachiger Dokumentenbeschreibungen hilfreich sein kann.

Die HTML-Version beschreibt, ab welcher Version der HTML-Befehl gültig ist und gibt somit Hinweise auf die Kompatibilität der Befehle. Der Einsatzbereich beschreibt kurz, für welche Zwecke der Befehl genutzt werden kann; die Syntax beschreibt den Einsatz der Befehle in der Praxis. Wo es angebracht ist, weisen wir gesondert auf Einschränkungen oder Besonderheiten im Internet Explorer bzw. Netscape Navigator hin. Alle Informationen basieren auf den Dokumenten des W3C.

<!--...→

Befehlsbezeichnung: Comment

HTML-Version: HTML 3.2

Einsatzbereich: Dokumentenstruktur

Syntax: <!-- Kommentartext →

Kurzbeschreibung:
Kommentare werden bei der Ausführung der Seite im Browser nicht angezeigt, sie dienen beispielsweise der Kommentierung zur leichteren Verständlichkeit des Dokuments. Kommentare dürfen sich über mehrere Zeilen erstrecken.

A

Befehlsbezeichnung: Anchor

HTML-Version: HTML 3.2

Einsatzbereich: Navigation

Syntax: <a>...</a>

Kurzbeschreibung:

Über <a> können Textmarken und Hyperlinks definiert werden, die als Sprungziele dienen. Damit ist das Anchor-Tag eines der wichtigsten in HTML, da es die Dokumentenverknüpfung ermöglicht. In XHTML dürfen innerhalb eines Anchor-Tags keine weiteren <a>-Tags enthalten sein.

Parameter:

name	Bezeichnung eines lokalen Sprungziels. Über *name* können Sie Textstellen im gleichen Dokument anspringen
href = "URL"	Der URL kann auf eine lokale Datei oder eine Datei im Internet verweisen. Mit *href* lassen sich auch die mit *name* festgelegten Sprungziele anspringen, wobei der Bezeichnung des Sprungziels ein # vorangestellt wird. *URL* kann außerdem den Aufruf eines Scripts auf dem Client enthalten.
Rel = "Zeichenkette"	Beziehung zu einem anderen Dokument
rev = "Zeichenkette"	Inverse Beziehung zu einem anderen Dokument, d. h., das Dokument verweist auf das erste Dokument zurück.

Für rel bzw. rev gelten die folgenden Beziehungen:

rel = bzw. rev = „home": Startseite

rel = bzw. rev = „toc": Table of Contents (Inhaltsverzeichnis)

rel = bzw. rev = „index": Index der Seite

rel = bzw. rev = „glossary": Glossar

rel = bzw. rev = „copyright": Copyrighthinweis

rel = bzw. rev = „up": übergeordnetes Dokument

rel = bzw. rev = „next": folgendes Dokument

rel = bzw. rev = „previous": vorhergehendes Dokument

rel = bzw. rev = „help": Hilfeseite

abbr

Befehlsbezeichnung: Abbreviation

HTML-Version: HTML 4

Einsatzbereich: Textstruktur

Syntax: <abbr>...</abbr>

Kurzbeschreibung:
Mit <abbr> können Sie eine Abkürzung kennzeichnen

Parameter:

title = "Zeichenkette"	Ausgeschriebene Form der Abkürzung

acronym

Befehlsbezeichnung: Acronym

HTML-Version: HTML 4

Einsatzbereich: Textstruktur

Syntax: <acronym>...</acronym>

Kurzbeschreibung:

Mit <acronym> können Sie Akronyme, also Abkürzungen, die selbst wieder neue Wörter ergeben, kennzeichnen.

Parameter:

| title = "Zeichenkette" | Ausgeschriebene Form des Akronyms |

adress

Befehlsbezeichnung: Adress

HTML-Version: HTML 3.2

Einsatzbereich: Textstruktur

Syntax: <adress>...</adress>

Kurzbeschreibung:

Adressendefinition, der zwischen den Tags enthaltene Text wird kursiv dargestellt und eingerückt.

Applet

Befehlsbezeichnung: Include Applet

HTML-Version: HTML 3.2

Einsatzbereich: Navigation

Syntax: <applet>
  <param name="Zeichenkette" value= „Zeichenkette">
  ...
</applet>

Kurzbeschreibung:

Mit <applet> können Sie ActiveX-Applets oder Java-Applets einbinden; <param> dient der Übergabe der Parameter.

Parameter:

| codebase = "URL" | *URL* bezeichnet den Speicherort des Applets. |
| Code = "Zeichenkette" | *code* bezeichnet die Klasse innerhalb des Applets. |

Anhang

name	Bezeichnung des Applets.
alt = "Zeichenkette"	Fehlermeldung, wenn der Webbrowser das angeforderte Applet nicht ausführen kann.
align = "left" oder" center" oder "right"	Ausrichtung des Applets innerhalb der Seite: links, Mitte, rechts.

Area

siehe map

b

Befehlsbezeichnung: Bold

HTML-Version: HTML 3.2

Einsatzbereich: Textformatierung

Syntax: ...

Kurzbeschreibung:
Text wird fett dargestellt.

Base

Befehlsbezeichnung: Base Information

HTML-Version: HTML 3.2

Einsatzbereich: Dokumentenkopf

Syntax: <base>

Kurzbeschreibung:
Wenn sich Dokumente nicht auf dem ursprünglichen Server, sondern auf einem Backupserver befinden, kann über base der originale Standort des Dokuments abgerufen werden. Kommt zum Einsatz, wenn relative Pfadangaben benutzt werden.

Parameter:

href = "URL"	Angabe des vollständigen URL des Original-Dokuments.

Basefont

Befehlsbezeichnung: Select Base Font

HTML-Version: HTML 3.2

Einsatzbereich: Navigation

Syntax: <basefont>

Kurzbeschreibung:
Legt den Standardzeichensatz für das Dokument fest.

Parameter:

| size = "X" | Nummer des Zeichensatzes (1-7). |

Bdo

Befehlsbezeichnung: Bidirectional Override

HTML-Version: HTML 4

Einsatzbereich: Textformatierung

Syntax: <bdo>...</bdo>

Kurzbeschreibung:
Ändert die Richtung der Schreibweise; Hebräisch wird zum Beispiel von rechts nach links geschrieben

Parameter:

| dir = "ltr" \| "rtl" | Angabe der Richtung (ltr = left to right, rtl = right to left). |
| Lang = "Sprachcode" | Angabe des Sprachcodes im ISO-Format (zum Beispiel *de*). |

Big

Befehlsbezeichnung: Print Big

HTML-Version: HTML 3.2

Einsatzbereich: Textformatierung

Syntax: <big>...</big>

Kurzbeschreibung:
Text wird größer dargestellt als die Standardgröße (Stufe wird um 1 erhöht).

Blockquote

Befehlsbezeichnung: Block Quote

HTML-Version: HTML 3.2

Einsatzbereich: Im <Body>-Bereich

Syntax: <blockquote>...</blockquote>

Kurzbeschreibung:
Definition eines Zitates.

Anhang

Body

Befehlsbezeichnung: Body

HTML-Version: HTML 3.2

Einsatzbereich: Dokumentenstruktur

Syntax: [<body>] [</body>]

Kurzbeschreibung:

Body definiert den Hauptbereich des Dokuments, der die darstellbaren Informationen enthält.

Parameter:

alink = "#RRGGBB"	Farbe eines bereits angeklickten Links.
Background="X"	X ist die Pfad- oder URL-Angabe eines Hintergrundbildes, das in Kachelform angezeigt wird.
bgcolor = "#RRGGBB"	Hintergrundfarbe; wird nur benutzt, wenn kein *background* benutzt wird.
link = "#RRGGBB"	Farbe der noch nicht angeklickten Links.
Text = "#RRGGBB"	Farbe des Textes.
* vlink = "#RRGGBB"	Farbe eines gerade angeklickten Links.

Br

Befehlsbezeichnung: Break

HTML-Version: HTML 3.2

Einsatzbereich: Textformatierung

Syntax:

Kurzbeschreibung:

Zeilenumbruch. Wird in den meisten Editoren im Gegensatz zur [Enter]-Taste eingesetzt, die das <p>-Tag setzt.
 entspricht dort der Tastenkombination [Umschalt]+[Enter]. Beachten Sie, dass ein einzelne <br> in XHTML folgendermaßen geschrieben werden muss: <br />. Vor dem / muss ein Leerzeichen eingefügt werden.

Parameter:

clear = "left" oder "right" oder "all" oder "none"	Mit clear beeinflussen Sie den Textfluss bei eingebetteten Bildern, die vom Text umschlossen sind.

button

Befehlsbezeichnung:

HTML-Version: HTML 4

Einsatzbereich: Layout

Syntax: <button>...</button>

Kurzbeschreibung:

Stellt eine Schaltfläche dar; Verbesserung des Tags <input type="button">. In XHTML ist es untersagt, innerhalb einer Button-Definition Tags wie select, input, label, button, textarea, form, fieldset und iframe zu verwenden.

Parameter:

NAME = Zeichenkette	Bezeichnung der Schaltfläche.
Value = "Wert"	Wert, der bei Anklicken der Schaltfläche übertragen wird.
type = "submit" oder "reset" oder "button"	Art der Schaltfläche, *submit* überträgt Formulardaten, *reset* setzt Formular zurück, *button* stellt Standardschaltfläche dar.
Disabled	Schaltfläche wird deaktiviert.
Accesskey = "Zeichen"	Tastenkombination, mit der sich die Schaltfläche bedienen lässt.
Tabindex = "Zahl"	Index, der die Position der Schaltfläche in der Reihenfolge angibt, mit der sie über die [Tab]-Taste ausgewählt werden kann.
onfocus = "Script"	Script, das ausgeführt wird, wenn die Schaltfläche den Fokus bekommt.
Onblur = "Script"	Script, das ausgeführt wird, wenn die Schaltfläche den Fokus verliert.

Caption

Befehlsbezeichnung: Caption

HTML-Version: HTML 3.2

Einsatzbereich: Tabellen

Syntax: <caption>...</caption>

Kurzbeschreibung:

Legt die Überschrift für eine Tabelle fest. caption sollte nach der Tabellendefinition mit <table> folgen.

Parameter:

align = "top" oder "bottom"	Ausrichtung der Überschrift (oben bzw. unten).

Center

Befehlsbezeichnung: Center Text

HTML-Version: HTML 3.2

Einsatzbereich: Textformatierung

Syntax: <center>...</center>

Kurzbeschreibung:

Text wird zentriert dargestellt.

Cite

Befehlsbezeichnung: Citation

HTML-Version: HTML 3.2

Einsatzbereich: Texthervorhebung

Syntax: <cite>...</cite>

Kurzbeschreibung:

Zitate, beispielsweise aus Büchern, können mit <cite> besonders gekennzeichnet werden. Die Darstellung erfolgt in der Regel kursiv.

Code

Befehlsbezeichnung: Program Code

HTML-Version: HTML 3.2

Einsatzbereich: Texthervorhebung

Syntax: <code>...</code>

Kurzbeschreibung:

Programmcode wird mit einer nicht proportionalen Schrift formatiert, wodurch Listings übersichtlicher dargestellt werden.

col

siehe colgroup

colgroup

Befehlsbezeichnung: Group Columns

HTML-Version: HTML 4

Einsatzbereich: Tabellen

Syntax:
```
<table>
  <colgroup>
    <col span="2">
  </colgroup>
</table>
```

Kurzbeschreibung:

Mit <colgroup> werden Spalten zu Gruppen zusammengefasst, Inhalt können nur <col>-Tags sein. Das Tag muss nach <caption> (wenn verwendet) und vor <thead> stehen.

Parameter:

align = "left" oder "center" oder "right" oder "justify" oder "char"	Textausrichtung innerhalb der Spalte (links, Mitte, rechts, ausgerichtet oder an Zeichen).
Char = "Zeichen"	Zeichen, an dem der Text ausgerichtet wird.
charoff = "Wert"	Abstand zum Ausrichtungszeichen.
Span = "Spaltenzahl"	Anzahl der Spalten, die gruppiert werden sollen.
Valign = "top" oder "middle" oder "bottom" oder "baseline"	Vertikale Ausrichtung des Textes innerhalb der Spalte (oben, Mitte, unten, untere Textbegrenzung).
Width = "X" oder "X%"	Breite der Spalten in Pixel oder Prozent der Tabellenbreite.

Dd

siehe dl

del

Befehlsbezeichnung: Delete

HTML-Version: HTML 4

Einsatzbereich: Textformatierung

Syntax: <del> evtl. </del>

Kurzbeschreibung:

<del> kennzeichnet gelöschten Text. Dies kann für Überarbeitungen eingesetzt werden, wenn erkennbar bleiben soll, dass die alten Anmerkungen nicht mehr gültig sind. In der Regel wird der Text durchgestrichen angezeigt.

Parameter:

cite = "Bemerkung"	Bemerkung, warum der Text gelöscht wurde.
datetime = "Datum"	Zeitpunkt des Löschvorgangs.

Dfn

Befehlsbezeichnung: Definition

HTML-Version: HTML 3.2

Einsatzbereich: Texthervorhebung

Syntax: <dfn>...</dfn>

Kurzbeschreibung:

Erklärung einer Abkürzung oder eines Sachverhalts. In der Regel werden die so eingeschlossenen Textbereiche kursiv angezeigt.

Dir

Befehlsbezeichnung: Directory

HTML-Version: HTML 3.2

Einsatzbereich: Im <Body>-Bereich

Syntax: <dir> </dir>

Kurzbeschreibung:
Liste mit Kurzeinträgen.

Div

Befehlsbezeichnung: Logical Division

HTML-Version: HTML 3.2

Einsatzbereich: Im <body>-Bereich

Syntax: <div> </div>

Kurzbeschreibung:

Aufteilung des Textes in logische Abschnitte. Über <div> kann der Text abschnittweise ausgerichtet werden.

Parameter:

| align = "left" oder "center" oder "right" | Ausrichtung des Textes links, Mitte, rechts. |

Dl

Befehlsbezeichnung: Definition List, Definition Term, Definition Definition

HTML-Version: HTML 3.2

Einsatzbereich: Im Body-Bereich

Syntax: <dl>
  <dt>Eintrag 1
    <dd>Erklärung 1
  <dt>Eintrag 2
    <dd>Erklärung 2
</dl>

Kurzbeschreibung:

dl erzeugt eine Liste, in der nach den mit <dt> definierten Einträgen die hinter <dd> definierten Erklärungen paarweise angegeben sind.

doctype

Befehlsbezeichnung: Document Type

HTML-Version: HTML 3.2

Einsatzbereich: Dokumentenstruktur

Syntax: <!doctype URL>

Kurzbeschreibung:

doctype legt fest, um welchen Dokumententyp es sich handelt. Neben der reinen Verwendung von HTML kann ein HTML-Dokument beispielsweise auch XML oder SGML enthalten. Es wird empfohlen, den Dokumententyp anzugeben, da dies für die korrekte Seitendarstellung im Browser notwendig sein kann.

dt

siehe dl

em

Befehlsbezeichnung: Emphasis

HTML-Version: HTML 3.2

Einsatzbereich: Texthervorhebung

Syntax: <em>...</em>

Kurzbeschreibung:

Text wird – in der Regel durch kursive Schreibweise – betont. Wie <adress> dient <em> der strukturellen Betonung einzelner Dokumentenbestandteile. Grafische Betonungen sollten über <i> vorgenommen werden.

fieldset

Befehlsbezeichnung: Fieldset Definition

HTML-Version: HTML 4

Einsatzbereich: Layout

Syntax: <fieldset>
  <legend>...</legend>
  <label>...</label>
  ...
</fieldset>

Kurzbeschreibung:

fieldset legt eine Gruppe von Formularfeldern fest, deren Zusammengehörigkeit durch einen Rahmen gekennzeichnet ist. Fieldset ist nur innerhalb von <form>...</form> erlaubt.

Parameter für <legend>:

align = "top" oder "bottom" oder "left" oder "right"	Position der Felder in Bezug auf das <fieldset> (oben, unten, links, rechts).
Accesskey = "Zeichen"	Tastenkombination aus [Alt]-Taste mit Zeichen, das den Fokus auf die Gruppe oder das Feld setzt.
Parameter für <label>:	
Verbindung eines Feldes mit dem Label.	For = "Name"
Script, das ausgeführt wird, wenn die Schaltfläche den Fokus erhält.	Onfocus = "Script"
Script, das ausgeführt wird, wenn die Schaltfläche den Fokus verliert.	Onblur = "Script"
Tastenkombination aus [Alt]-Taste mit Zeichen, das den Fokus auf die Gruppe oder das Feld setzt.	Accesskey = "Zeichen"

font

Befehlsbezeichnung: Select Font

HTML-Version: HTML 3.2/HTML 4

Einsatzbereich: Textformatierung

Syntax: <font>...</font>

Kurzbeschreibung:

Ändert die Eigenschaften des Zeichensatzes.

Parameter:

size = "Zeichenkette"	Größe des Zeichensatzes in Einheitswerten (1 bis 7).
Color = "#RRGGBB"	Farbangabe als RGB-Code oder Angabe eines Standardfarbtons (siehe auch Farbtabellen im Anhang).
Face = "Schriftart"	Offiziell erst seit HTML 4 unterstützt. Angabe einer Schriftart, die lokal zur Verfügung steht. Mehrere Zeichensätze können durch Kommas getrennt werden.

form

Befehlsbezeichnung: Formular Definition

HTML-Version: HTML 3.2

Einsatzbereich: Im <Body>-Bereich

Syntax: <form> </form>

Kurzbeschreibung:

Erstellen eines Formulars, das Eingabeelemente enthalten darf. Jedem Formular sollte ein Submit-Element zugeordnet werden (zum Beispiel <input type = "image">). In XHTML ist es untersagt, Form-Elemente zu verschachteln.

Parameter:

action = "URL"	*action* verweist auf ein Script bzw. einen Befehl, der für die Ausführung des Formulars benötigt wird.
method = "get" oder "post"	*method* bestimmt, welche Daten beim Senden eines Formulars mit übertragen werden. Bei der Verwendung von *get* wird der URL übertragen, bei *post* der Datenteil im HTTP-Header.
Enctype = "Zeichenkette"	Die Zeichenkette legt die Art der Daten des Formulars fest, beispielsweise *enctype = „text/plain"*.

Frame

Befehlsbezeichnung: Frame

HTML-Version: HTML 4

Einsatzbereich: Layout

Syntax: <frame name="myframe" src="myframe.htm" title="MyFirstFrame">

Kurzbeschreibung:

Definition einer Unterteilungen des Browserfensters, dem eine eigene HTML-Datei zugeordnet ist.

Parameter:

name = "Bezeichnung"	Bezeichnung des Frames, das über Target angesprochen werden kann.
src = "URL"	Speicherort der HTML-Datei, die im Frame angezeigt wird.
longdesc = "Zeichenkette"	Beschreibung des Frames.
Marginwidth = "Pixel"	Breite des Randes.
Marginheight = "Pixel"	Höhe des Randes.
Noresize	Frame lässt sich – ähnlich einem Fenster – nicht in der Größe verändern.
Scrolling = "yes" oder "no" oder "auto"	Entscheidung über die Anzeige von Scrollbalken. Bei *auto* erscheinen diese, wenn der Text zu groß für das Fenster ist, bei *no* nie und bei *yes* immer.

Frameset

Befehlsbezeichnung: Frameset Definition

HTML-Version: HTML 4

Anhang

Einsatzbereich: Layout

Kurzbeschreibung:
Definition einer Gruppe von Frames.

Syntax:

<frameset rows="*,100">
  <frameset cols="30%,*">
  ...
  </frameset>
  ...
</frameset>

Parameter:

rows = „Werteliste"	Werteliste, in der die Zahl und die Größe der Zeilen definiert ist. Die Angaben erfolgen in Pixel, Prozent der Tabellengröße oder * für alle nicht zuvor definierten Spalten. Für jeden Wert, der in der Liste aufgeführt ist, muss ein eigenes <frame> definiert werden.
cols = „Werteliste"	Werteliste, in der die Zahl und die Größe der Spalten definiert ist. Die Angaben erfolgen in Pixel, Prozent der Tabellengröße oder * für alle nicht zuvor definierten Spalten. Für jeden Wert, der in der Liste aufgeführt ist, muss ein eigenes <frame> definiert werden.
onload = „Script"	Nach dem Laden aller Frames wird dieses Script geladen.
Onunload = „Script"	Nach dem Entladen aller Frames wird dieses Script geladen.
Spezielle Parameter im Microsoft Internet Explorer ab Version 4:	
Pixelabstand zwischen den Frames.	Framespacing = „Pixel"
Frames werden mit (1) oder ohne (0) Rand dargestellt.	Frameborder = „1" oder „0"
Spezielle Parameter des Netscape Navigators	
<iframe> wird nicht unterstützt.	
Breite der Umrandung in Pixeln.	Border = „Pixel"
Farbe der Umrandung in RGB-Werten.	Bordercolor = „#RRGGBB"

Hinweise:

Einige Elemente, die Links steuern (<a>, <area>, <base>, <form>) kennen nun das Attribut *target=frame*. Damit können Links gezielt in ein bestimmtes benanntes Frame eines Frameset zeigen.

Hr

Befehlsbezeichnung: Horizontal Rule

HTML-Version: HTML 3.2

Einsatzbereich: Im <Body>-Bereich

Syntax: <hr>

Kurzbeschreibung:
Horizontale Linie zwischen Elementen des HTML-Dokuments.

Parameter:

align = „left" oder „center" oder „right"	Ausrichtung des Textes links, Mitte, rechts.
Noshade	Kein dreidimensionaler Schatten.
Size = „X"	X gibt die Dicke der Linie in Pixeln an.
Width = „X" oder „X%"	Breitenangabe der Linie in Pixeln oder in Prozent der Fenstergröße.

H1 bis h6

Befehlsbezeichnung: Header 1 – Header 6

HTML-Version: HTML 3.2

Einsatzbereich: <Body>-Bereich

Syntax: <h1>...</h1>, <h2>...</H2> ... <h6>...</h6>,

Kurzbeschreibung:
Sechs verschiedene Größen für Überschriften. Die Darstellung der Größen hängt vom Browser ab. Die größte Überschrift wird mit h1 bezeichnet.

Parameter:

align = „left" oder „right" oder „center"	Ausrichtung der Überschrift links, Mitte, rechts.

Head

Befehlsbezeichnung: Header

HTML-Version: HTML 3.2

Einsatzbereich: Dokumentenstruktur

Syntax: [<head>] [</head>]

Kurzbeschreibung:
Head legt den Dokumentenkopf fest.

i

Befehlsbezeichnung: Italics

HTML-Version: HTML 3.2

Einsatzbereich: Textformatierung

Syntax: <i>...</i>

Kurzbeschreibung:
Text wird kursiv dargestellt.

Iframe

siehe FRAME

img

Befehlsbezeichnung: Image

HTML-Version: HTML 3.2

Einsatzbereich: Navigation

Syntax: <img>

Kurzbeschreibung:

Einbettung eines Bildes in ein Dokument. Mit dem Anchor-Tag (<a>) können Sie das Bild als Hyperlink benutzen und damit andere Dokumente aufrufen. Wenn die Attribute *height* und *width* angegeben werden, hält der Browser den entsprechenden Platz für die Grafik frei, was dem Aufbau der Seite für den Anwender zugute kommt, da er bereits während des Ladens andere Textstellen lesen kann, ohne dass diese durch später geladene Bilder verändert werden. Unterstützt werden in der Regel die Grafikformate JPEG und GIF.

Parameter:

src = „URL"	Speicherort des Bildes.
Alt = „Zeichenkette"	Der unter *ALT* angegebene Text erscheint als Hilfetext, wenn die Maus für mehrere Sekunden über einem Bild ruht.
Align = „left" oder „center" oder „right"	Ausrichtung des Bildes im Fenster: links, Mitte, rechts.
Height = „X"	Höhe des Bildes in Pixel. Mit *height* kann ein Bild skaliert werden, wenn die *height*-Angabe größer oder kleiner als das tatsächliche Bild ist.
Width = „X"	Breite des Bildes in Pixel. Mit *width* kann ein Bild skaliert werden, wenn die *width*-Angabe größer oder kleiner als das tatsächliche Bild ist.
Border = „X"	Mit *border* kann ein Rand um ein Bild gezeichnet werden. Um einen Rand zu unterdrücken, wird *border=0* gesetzt. Bilder, die mit demAnchor-Tag (<a>) als Link benutzt werden, sind mit einem Rand in der Breite von 2 Pixeln versehen.
Hspace = „X"	Linker und rechter horizontaler Abstand vom Bild in Pixeln.
Vspace = „X"	Oberer und unterer vertikaler Abstand vom Bild in Pixeln.
Usemap = „URL"	Siehe *map*.

Input

Befehlsbezeichnung: Input

HTML-Version: HTML 3.2

Einsatzbereich: Formulare

Kurzbeschreibung:
INPUT erzeugt Schaltflächen und Eingabefelder.

Syntax:

<input type = T name = N>

Parameter:

type = „Feld"	*Feld* kann dabei folgende Werte annehmen:
text	Texteingabefeld.
Password	Text wird mit Sternchen dargestellt.
Checkbox	Kontrollkästchen mit möglicher Auswahl mehrerer Einträge. Gruppenbildung ist durch die Wahl eines gemeinsamen Namens möglich.
Radio	Schalter
file	Auswahl einer Datei über die *Browse*-Schaltfläche, mit der die Verzeichnisse des Computers durchsucht werden können.
hidden	Verstecktes Feld.
Image	Bild.
Submit	Schaltfläche, mit der das Formular übertragen werden kann (kann durch *image* abgelöst werden).
reset	Setzt alle Schalter zurück.
name = „Zeichenkette"	Name einer Schaltfläche bzw. eines Schalters. Gleiche Namen führen zu Gruppenbildung.
Value = „Wert"	Voreingestellter Wert bzw. Zeichenkette, mit der eine Schaltfläche belegt werden kann. Bei der Verwendung von *text* kann über *value* eine Zeichenkette vorgegeben werden, die der Anwender überschreiben kann.
size = „X"	Breite der Schaltfläche in Zeichen.
Maxlength = „X"	Maximale Länge des Textfeldes. Wenn *maxlength* größer als *size* ist, wird der Text gescrollt.
Src = „URL"	Standort des Bildes.
Align = „top" oder „midlle" oder „bottom" oder „left" oder „right"	Ausrichtung der Schaltflächen in Abhängigkeit vom umgebenden Text.

Ins

Befehlsbezeichnung: Insert

HTML-Version: HTML 4

Einsatzbereich: Textformatierung

Syntax: <ins> evtl. </ins>

Kurzbeschreibung:

Über <ins> können Sie Text einfügen. In der Regel wird der Text unterstrichen dargestellt

Parameter:

cite = „Bemerkung"	Bemerkung, warum der Text eingefügt wurde.
datetime = „Datum"	Zeitpunkt des Einfügens.

Isindex

Befehlsbezeichnung: Is Index

HTML-Version: HTML 3.2

Einsatzbereich: Dokumentenkopf

Syntax: <isindex>

Kurzbeschreibung:

Über *isindex* können Sie in einem Dokument nach Schlüsselwörtern suchen. Mit

```
prompt = „Frage"
```

können Sie die Standardfrage im Suchdialog nach eigenen Wünschen verändern.

Ismap

siehe MAP

kbd

Befehlsbezeichnung: Keyboard

HTML-Version: HTML 3.2

Einsatzbereich: Texthervorhebung

Syntax: <kbd>...</kbd>

Kurzbeschreibung:

Wenn Eingaben über die Tastatur erfolgen sollen, können die Tastaturkürzel über <kbd> gekennzeichnet werden.

legend

siehe fieldset

link

Befehlsbezeichnung: Link Definition

HTML-Version: HTML 3.2

Einsatzbereich: Dokumentenkopf

Syntax: <link rel="Zeichenkette" href="URL">

Kurzbeschreibung:
Über link legen Sie Beziehungen zwischen Dokumenten fest.

Parameter:

rel = „Zeichenkette"	Beziehung zu einem anderen Dokument.
Rev = „Zeichenkette"	Inverse Beziehung zu einem anderen Dokument, d. h., das Dokument verweist auf das erste Dokument zurück.
href = „URL"	Die Beziehung zu einem anderen Dokument wird an einer anderen Stelle hergestellt.
Title = „Titel"	Neuer Titel für das in der Beziehung angegebene Dokument.

Für rel bzw. rev gelten die folgenden Beziehungen:

rel = bzw. rev = „home": Startseite

rel = bzw. rev = „toc": Table of Contents (Inhaltsverzeichnis)

rel = bzw. rev = „index": Index der Seite

rel = bzw. rev = „glossary": Glossar

rel = bzw. rev = „copyright": Copyrighthinweis

rel = bzw. rev = „up": übergeordnetes Dokument

rel = bzw. rev = „next": folgendes Dokument

rel = bzw. rev = „previous": vorhergehendes Dokument

rel = bzw. rev = „help": Hilfeseite

map

Befehlsbezeichnung:

HTML-Version: HTML 3.2

Einsatzbereich: Navigation

Syntax: <map>
  <area>
</map>

Kurzbeschreibung:

Mit <map> und <area> können Sie ein Navigationsfeld einrichten, das auf einem Bild basiert. Dazu wird die Grafik mit einzelnen Zonen hinterlegt. Je nach den Koordinaten der Maus werden die entsprechend verknüpften Links beim Mausklick ausgeführt. So lassen sich beispielsweise Landkarten definieren; ein Klick auf eines der Länder lässt den Anwender eine länderspezifische Seite aufrufen. <map> bestimmt das Navigationsfeld, <area> legt die verschiedenen Zonen fest.

Parameter für <map>:

| name = „Zeichenkette" | Bezeichnung des Navigationsfeldes. |

Parameter für <area>:

| shape = „ Gebietsangabe" | Bereichsangabe in Pixeln, bei dessen Anklicken der Link, der unter *href* angegeben ist, ausgeführt wird. Der Paramater *coords* übergibt die Koordinaten. |

Folgende Einträge sind bei *Gebietsangabe* gültig:

"Rect" coords="xl,yl,xr,yr": legt ein Rechteck fest.

„Circle" coords="x,y,radius": definiert einen Kreis.

„Poly" coords="x,y x2,y2 x3,y3, x4,y4" : Durch Leerezeichen getrennte Koordinatenpaare definieren ein Polygon, dessen letzte Koordinaten mit den ersten Koordinaten verbunden werden.

„Point" coords="x,y": einzelner Punkt.

„Default": der unter href angegebene Verweis wird für alle nicht definierten Zonen aufgerufen.

Nohref: dient dazu, alle nicht definierten Gebiete auszuschalten.

Href: Koordinaten der Zonen.

Alt: Text, der als zusätzlicher Hinweis oder Hilfe erscheint, wenn die Maus mehrere Sekunden über einer Zone stehenbleibt.

Ismap, usemap: In Verbindung mit <img oder ismap = „URL"> kann ein Programm zur Auswertung der Grafik auf dem Server aufgerufen werden. Mit <map Bezeichnung="Grafik"> kann dann über den Befehl <img usemap="#karte"> darauf zugegriffen werden.

meta

Befehlsbezeichnung: Meta Information

HTML-Version: HTML 3.2

Einsatzbereich: Dokumentenkopf

Syntax: <meta name="Zeichenkette" content="Zeichenkette">

Kurzbeschreibung:
Über *meta* können Sie Steuerungsanweisungen und Informationen über das Dokument definieren.

Parameter:
http-equiv="Zeichenkette" | name="Zeichenkette" content="Zeichenkette"

Folgende Werte können für die Paare aus *http-equiv* bzw. *name* und *content* eingesetzt werden:

http-equiv= „Expires"

content= Datum, ab dem das Dokument nicht mehr gültig ist.

Http-equiv= „Reply-to"

content= Mailadresse des Verfassers für Antwortmails.

Http-equiv= „Keywords"

content= Schlüsselbegriffe, die im Header angegeben werden.

http-equiv= „Refresh"

content= Zeit in Sekunden und Pfad bzw. URL, der nach deren Ablauf aufgerufen wird, beispielsweise für Weiterleitungen geeignet (Beispiel: content="10; www.newdomain.de/doc.html").

name = „generator"

content = Angabe des Programmnamens, mit dem die HTML-Seite erstellt wurde.

name = „author"

content = Autor der HTML-Seite.

Name = „description"

content = Beschreibung für Suchmaschinen.

Name = „keywords"

content = Schlüsselwörter für Suchmaschinen.

Beispiel:

```
<meta http-equiv="Content-Script-Type" content="text/javascript">
```

menu

Befehlsbezeichnung: Menu

HTML-Version: HTML 3.2

Einsatzbereich: Im <Body>-Bereich

Syntax: <menu>...</menu>

Kurzbeschreibung:
Verzeichnisliste in kompakter Form.

Anhang

Noframes

Befehlsbezeichnung: No Frame

HTML-Version: HTML 4

Einsatzbereich: Layout

Syntax: <noframes>
  ...
  </noframes>

Kurzbeschreibung:

Innerhalb eines Framesets kann ein Bereich ausgespart bleiben, dessen Definitionen keinem Frame zugeordnet sind.

object

Befehlsbezeichnung: Object Definition

HTML-Version: HTML 4

Einsatzbereich: Kompatibilität

Syntax: <object>
  <param>
  ...
  </object>

Kurzbeschreibung:

Mit *object* können proprietäre Browsererweiterungen vereinheitlicht werden.

Parameter:

data = „URL"	Speicherort des Objekts.
classid = „URL"	Klassen-ID oder Lage der Klasse (nur bei Applets und ActiveX-Controls).
Archive = „Daten"	Liegen die Daten in komprimierter Form vor, wird hier die Archivdatei angegeben.
Codebase = „URL"	Basisadresse für *classid, data, archive*.
Width = „Pixel"	Breite des Objekts in Pixeln.
Height = „Pixel"	Höhe des Objekts in Pixeln.
Name = „Zeichenkette"	Bezeichnung des Objekts.
usemap = „URL"	Wenn das Objekt ein Bild ist, kann hier die verwendete Navigationsgrafik definiert werden.
type = „Typ"	Typ des Objekts.
codetype = „Zeichenkette"	Inhalt des Objekts.
standby = „Zeichenkette"	Text, der während des Ladevorgangs des Objekts angezeigt wird.
tabindex = „Index"	Der Index legt die Reihenfolge fest, in der mit der [Tab]-Taste zwischen Objekten hin- und hergesprungen werden kann
declare	Das Objekt besitzt keine Instanz.

align = "top" oder "middle" oder "bottom" oder "left" oder "right"	Ausrichtung des Objekts (oben, Mitte, unten, links, rechts).
border = "Pixel"	Breite des Rands um das Objekt in Pixeln.
hspace = "Pixel"	Horizontaler Abstand links und rechts in Pixeln.
vspace = "Pixel"	Vertikaler Abstand oben und unten in Pixeln.
<param> kann folgende Parameter aufweisen:	
Bezeichnung des Parameters.	name = "Zeichenkette"
Wert des Parameters.	value = "Zeichenkette"

ol

Befehlsbezeichnung: Ordered List

HTML-Version: HTML 3.2

Einsatzbereich: Im <Body>-Bereich

Syntax: <ol>
  <li> Listenelement 1
  <li> Listenelement 2
  ...
</ol>

Kurzbeschreibung:

Sortierte Liste, deren Listenelemente mit Buchstaben oder Ziffern markiert werden. Die Elemente werden eingerückt dargestellt.

Parameter:
type="a" oder "A" oder "i" oder "I" oder "1":

a: a, b, c ...

A: A, B, C ...

i: kleine römische Ziffern: i, ii, iii ...

I: große römische Ziffern: I, II, III ...

1: 1, 2, 3 ...

START = "X"

X ist der Startwert für die Buchstaben und Ziffern.

optgroup

Befehlsbezeichnung: Define Option Group

HTML-Version: HTML 4

Einsatzbereich: Gruppierung

Syntax: <select>
  <optgroup>
    <option> </option>
...
  </optgroup>
</select>

Kurzbeschreibung:

Innerhalb von Listen können mit <optgroup> Gruppen gebildet werden.

Parameter:

| label = "Zeichenkette" | Bezeichnung der Gruppe. |

option

siehe select

p

Befehlsbezeichnung: Paragraph

HTML-Version: HTML 3.2

Einsatzbereich: Im <Body>-Bereich

Syntax: <p> </p>

Kurzbeschreibung:

Definition eines neuen Absatzes. Über die Attribute kann die Ausrichtung des Textes, der zwischen der Start- und Endanweisung eingeschlossen ist, festgelegt werden. In XHTML ist es nicht mehr erlaubt, einen leeren Absatz mit <p> einzubauen. Korrekt muss es heißen: <p></p>.

Parameter:

| align = "left" oder "center" oder "right" | Ausrichtung des Textes links, Mitte, rechts. |

param

Befehlsbezeichnung: Send Parameter

HTML-Version: HTML 3.2

Einsatzbereich: Navigation

Syntax: <applet>
  <param name="Zeichenkette" value= "Zeichenkette">
  ...
</applet>

Kurzbeschreibung:

<param> dient der Übergabe der Parameter beim Aufruf von Applets. Siehe auch APPLET.

Parameter:

name = "Zeichenkette"	Bezeichnung des Parameters.
value = "Zeichenkette"	Wert des Parameters.

pre

Befehlsbezeichnung: Preformatted

HTML-Version: HTML 3.2

Einsatzbereich: Im <body>-Bereich

Syntax: <pre>...</pre>

Kurzbeschreibung:
Der automatische Umbruch der Zeichen am Zeilenende durch den Browser wird ausgeschaltet, wodurch der Text in seiner ursprünglichen Form erscheint. In XHTML darf <pre> keine Elemente der Typen *img*, *object*, *big*, *small*, *sub* oder *sup* enthalten.

Parameter:

width = "X"	X legt die Breite des Fensters in Anzahl Zeichen fest.

q

Befehlsbezeichnung: Quotation

HTML-Version: HTML 4

Einsatzbereich: Textformatierung

Syntax: <q>...</q>

Kurzbeschreibung:
Kurzform von <blockquotation>.

Parameter:

cite = "Zeichenkette"	Angabe, von wem das Zitat stammt.

s

Befehlsbezeichnung: Strike

HTML-Version: HTML 4

Einsatzbereich: Textformatierung

Syntax: <s>...</s>

Kurzbeschreibung:
Text wird durchgestrichen angezeigt.

samp

Befehlsbezeichnung: Sample Text

HTML-Version: HTML 3.2

Einsatzbereich: Texthervorhebung

Syntax: <samp>...</samp>

Kurzbeschreibung:
Text für Beispiele, die in einer nicht proportionalen Schrift dargestellt werden.

script

Befehlsbezeichnung: Script

HTML-Version: HTML 3.2

Einsatzbereich: Dokumentenkopf

Syntax: <script>...</script>

Kurzbeschreibung:
Zwischen den Script-Tags befinden sich Befehle einer Script-Sprache. Diese Script-Sprache wird vom Webbrowser interpretiert.

Parameter:

language = "Zeichenkette"	Mit *language* können Sie den Namen der Script-Sprache (zum Beispiel *"javascript"*) übergeben.
src = "URL"	Pfadangabe zum Standort einer Script-Datei (zum Beispiel *"/cgi-bin/myscript.js"*).

select

Befehlsbezeichnung: Select Element

HTML-Version: HTML 3.2

Einsatzbereich: Formulare

Syntax: <select>
  <option>
  <option>...</option>
<select>

Kurzbeschreibung:
Ermöglicht die Auswahl eines Eintrags aus einem Dropdown-Menü oder einer Liste. Listenelemente können in <OPTION>...</OPTION> eingeschlossen werden.

Parameter:

name = Zeichenkette	Bezeichnung des Auswahlfeldes.
size = X	Zahl der angezeigten Zeilen. Eventuell wird eine Bildlaufleiste angeboten.
multiple	Mehrfachauswahl der Einträge erlaubt. Über die [Umschalt]-Taste können zusammenhängende Einträge ausgewählt werden, über [Strg] mehrere einzelne Einträge.
Parameter:	
Wird ein Feld ausgewählt, wird VALUE als Wert übergeben.	value = "Zeichenkette"
Wenn ein Feld bereits markiert wurde.	selected
Seit der Version HTML 4 verfügt <option> über einen weiteren Parameter:	
disabled	Der Eintrag ist deaktiviert.

small

Befehlsbezeichnung: Print Small

HTML-Version: HTML 3.2

Einsatzbereich: Textformatierung

Syntax: <small>...</small>

Kurzbeschreibung:
Text wird kleiner dargestellt als die Standardgröße (Stufe wird um 1 erniedrigt).

span

Befehlsbezeichnung: Span

HTML-Version: HTML 4

Einsatzbereich: Cascading Style Sheets

Syntax: ...

Kurzbeschreibung:
SPAN bildet generischen Container für Cascading Style Sheets.

strike

Befehlsbezeichnung: Strike

HTML-Version: HTML 3.2

Einsatzbereich: Textformatierung

Syntax: <strike>...</strike>

Kurzbeschreibung:
Text wird durchgestrichen dargestellt.

strong

Befehlsbezeichnung: Strong Emphasis

HTML-Version: HTML 3.2

Einsatzbereich: Texthervorhebung

Syntax: <strong>...</strong>

Kurzbeschreibung:
Steigerung von <em>. Der Text wird in der Regel über Fettschrift hervorgehoben. Grafische Formatierung des Textes sollte über <b> vorgenommen werden.

style

Befehlsbezeichnung: Style Definition

HTML-Version: HTML 3.2

Einsatzbereich: Dokumentenkopf

Syntax: <style>...</style>

Kurzbeschreibung:
Definition der Stile.

Parameter:

type = "Zeichenkette"	Bezeichnung der Stilart.

sub

Befehlsbezeichnung: Print Sub

HTML-Version: HTML 3.2

Einsatzbereich: Textformatierung

Syntax: _{...}

Kurzbeschreibung:
Text wird tiefer gestellt (zum Beispiel Index in mathematischen Formeln).

sup

Befehlsbezeichnung: Print Super

HTML-Version: HTML 3.2

Einsatzbereich: Textformatierung

Syntax: ^{...}

Kurzbeschreibung:
Text höher stellen (zum Beispiel bei Angabe von Potenzen).

table

Befehlsbezeichnung: Table Definition

HTML-Version: HTML 3.2

Einsatzbereich: Im <Body>-Bereich

Syntax: <table>...</table>

Kurzbeschreibung:
table legt eine Tabelle fest. Die Tabelle besteht aus Tabellenreihen (<tr>) und Tabellendaten (<td>), die die Werte der Zellen repräsentieren. Tabellen können verschachtelt werden. In einer Zelle der Tabelle kann eine neue Tabelle definiert werden.

Parameter:

align = "left" oder "center" oder "right"	Ausrichtung der Tabelle im Fenster: links, Mitte, rechts.
border = "X"	Umrandung der Tabelle, X ist die Pixelbreite.
cellpadding = "X"	Abstand des Textes einer Zelle vom Zellenrand.
cellspacing = "n"	Abstand zwischen den Zellen.
width="X" oder "X%"	Breitenangabe der Tabelle in Pixeln oder in Prozent der Fenstergröße.

tbody

Befehlsbezeichnung: Body of Table

HTML-Version: HTML 4

Einsatzbereich: Tabellen

Anhang

Kurzbeschreibung:

<tbody> definiert die Zeilen mit den enthaltenen Daten über <tbody>... </tbody> können mehrere Zeilen definiert werden.

Syntax: <table>
  <tbody>
  </tbody>
</table>

Parameter:

align = "left" oder "center" oder "right" oder "justify" oder "char"	Textausrichtung innerhalb der Spalte (links, Mitte, rechts, ausgerichtet oder an Zeichen).
char = "Zeichen"	Zeichen, an dem der Text ausgerichtet wird.
charoff = "Wert"	Abstand zum Ausrichtungszeichen.
span = "Spaltenzahl"	Anzahl der Spalten, die gruppiert werden sollen.
valign = "top" oder "middle" oder "bottom" oder "baseline"	Vertikale Ausrichtung des Textes innerhalb der Spalte (oben, Mitte, unten, untere Textbegrenzung).
width = "X" oder "X%"	Breite der Spalten in Pixel oder Prozent der Tabellenbreite.

td

Befehlsbezeichnung: Table Cell Definition

HTML-Version: HTML 3.2

Einsatzbereich: Tabellen

Syntax: <td>...</td>

Kurzbeschreibung:

Definition der Zellen innerhalb einer Tabellenreihe der Tabelle. Für den Aufbau einer gleichmäßigen Tabelle benötigt jede Tabellenreihe die gleiche Anzahl Zellen.

Parameter:

align = "left" oder "center" oder "right"	Ausrichtung der Tabelle im Fenster: links, Mitte, rechts.
colspan = "X"	Verbindet die Zellen der Reihe über *X* Spalten.
height = "X"	Höhe der Reihe in Pixel.
nowrap	Automatischer Zeilenumbruch wird ausgeschaltet.
rowspan = "X"	Verbindet die nächsten *X* Zellen der Reihe zu einer Zelle.
valign="top"|"middle"|"bottom"	Vertikale Ausrichtung des Textes oben, Mitte, unten.
width = "X"	Breite der Reihe in Pixel.

textarea

Befehlsbezeichnung: Text Area

HTML-Version: HTML 3.2

Einsatzbereich: Formulare

Syntax: <textarea>...</textarea>

Kurzbeschreibung:

Im Gegensatz zu input können mit textarea mehrzeilige Texte erfasst werden. Wenn die Tags einen Text einschließen, wird dieser im Eingabefeld als Standardwert im Textfeld erscheinen.

Parameter:

name = "Zeichenkette"	Name des Eingabefeldes.
rows = "X"	Anzahl der Textzeilen.
cols = "n"	Spaltenanzahl.

tfoot

Befehlsbezeichnung: Footer of Table

HTML-Version: HTML 4

Einsatzbereich: Tabellen

Syntax: <table>
  <tfoot>
  </tfoot>
</table>

Kurzbeschreibung:

Definition einer Reihe von Fußzeilen am Ende einer Tabelle.

Parameter:

align = "left" oder "center" oder "right" oder "justify" oder "char"	Textausrichtung innerhalb der Spalte (links, Mitte, rechts, ausgerichtet oder an Zeichen).
char = "Zeichen"	Zeichen, an dem der Text ausgerichtet wird.
charoff = "Wert"	Abstand zum Ausrichtungszeichen.
span = "Spaltenzahl"	Anzahl der Spalten, die gruppiert werden sollen.
valign = "top" oder "middle" oder "bottom" oder "baseline"	Vertikale Ausrichtung des Textes innerhalb der Spalte (oben, Mitte, unten, untere Textbegrenzung).
width = "X" oder "X%"	Breite der Spalten in Pixel oder Prozent der Tabellenbreite.

th

Befehlsbezeichnung: Table Header

HTML-Version: HTML 3.2

Einsatzbereich: Tabellen

Anhang

Syntax: <th>...</th>

Kurzbeschreibung:

Überschrift einer Tabelle; im Gegensatz zu <td> wird die Überschrift in eine eigene Zelle über die Tabelle in Fettschrift und zentriert gesetzt.

Parameter:

align = "left" oder "center" oder "right"	Ausrichtung des Überschrifttextes in der Zelle (links, Mitte, rechts).
colspan = "X"	Verbindet X Tabellenzellen miteinander.
height = "X"	Zellenhöhe in Pixel oder Prozent der Fensterhöhe.
nowrap	Text in der Zelle wird nicht umbrochen; die Zellenbreite wird automatisch angepasst.
rowspan = "n"	Verbindet X Reihen der Tabelle miteinander.
valign = "top" oder "middle" oder "bottom"	Der Überschriftentext wird in der Zelle in vertikaler Richtung oben, mittig oder unten ausgerichtet.
width = "X"	Breite der Zelle in Pixel oder Prozent der Fensterbreite.

thead

Befehlsbezeichnung: Head of Table

HTML-Version: HTML 4

Einsatzbereich: Tabellen

Syntax: <table>
  <thead>
  </thead>
</table>

Kurzbeschreibung:

Statt einer Kopfzeile für Tabellen können nun mehrere Zeilen angegeben werden, die mit <thead>...</thead> umschlossen sind

Parameter:

align = "left" oder "center" oder "right" oder "justify" oder "char"	Textausrichtung innerhalb der Spalte (links, Mitte, rechts, ausgerichtet oder an Zeichen).
char = "Zeichen"	Zeichen, an dem der Text ausgerichtet wird.
charoff = "Wert"	Abstand zum Ausrichtungszeichen.
span = "Spaltenzahl"	Anzahl der Spalten, die gruppiert werden sollen.
valign = "top" oder "middle" oder "bottom" oder "baseline"	Vertikale Ausrichtung des Textes innerhalb der Spalte (oben, Mitte, unten, untere Textbegrenzung).
width = "X" oder "X%"	Breite der Spalten in Pixel oder Prozent der Tabellenbreite.

title

Befehlsbezeichnung: Title

HTML-Version: HTML 3.2

Einsatzbereich: Dokumentenkopf

Syntax: <title>...</title>

Kurzbeschreibung:

title definiert den Titel des Dokuments. Der Titel wird in der Kopfzeile des Browsers angezeigt und in Suchmaschinen übernommen. Der Titel wird beim Speichern der Seite oder bei der Übernahme in die Bookmarks als Voreinstellung übernommen. Vorsicht bei Umlauten; diese werden nicht unter allen Betriebssystemen unterstützt.

tr

Befehlsbezeichnung: Table Row

HTML-Version: HTML 3.2

Einsatzbereich: Tabellen

Syntax: <tr>...</tr>

Kurzbeschreibung:

Mit TR wird eine Tabellenreihe definiert.

Parameter:

align = "left" oder "center" oder "right"	Ausrichtung des Textes (links, Mitte, rechts).
valign = "top" oder "middle" oder "bottom"	Vertikale Ausrichtung des Textes (oben, Mitte, unten).

tt

Befehlsbezeichnung:

HTML-Version: HTML 3.2

Einsatzbereich: Textformatierung

Syntax: <tt>...</tt>

Kurzbeschreibung:

<tt> verwendet einen nicht proportionalen Zeichensatz für die Darstellung von beispielsweise Bildschirmmeldungen.

u

Befehlsbezeichnung: Underline

HTML-Version: HTML 3.2

Einsatzbereich: Textformatierung

Syntax: <u>...</u>

Kurzbeschreibung:
Text wird unterstrichen. Der Einsatz von <u> kann zu Fehlreaktionen der Benutzer führen, da die unterstrichenen Wörter mit Links verwechselt werden können, die in der Regel ebenfalls unterstrichen werden

ul

Befehlsbezeichnung: Unordered List

HTML-Version: HTML 3.2

Einsatzbereich: Im <Body>-Bereich

Syntax: <ul>
  <li> Listenelement 1
  <li> Listenelement 2
  ...
</ul>

Kurzbeschreibung:
Unsortierte Liste, deren Listenelemente mit Symbolen markiert werden. Die Elemente werden eingerückt dargestellt.

Parameter:

| type = "disk" oder "square" oder "circle" | Symboldarstellung als ausgefüllter Punkt, Rechteck, leerer Punkt. |

usemap

siehe map

var

Befehlsbezeichnung: Variable Definition

HTML-Version: HTML 3.2

Einsatzbereich: Texthervorhebung

Syntax: <var>...</var>

Kurzbeschreibung:

Wenn Variablennamen dargestellt werden sollen, werden diese mit <var> in der Regel kursiv angezeigt.

15.2 XML-Kurzreferenz

<!-- ... -->

Kurzbeschreibung:

Kommentar, mit dem ein Listing beschrieben werden kann. Zwei hintereinander folgende Bindestriche dürfen im Kommentartext nicht auftreten.

Syntax: <!--Kommentar-->

!attlist

Syntax: <!attlist Definition Parameter>

Kurzbeschreibung:

Festlegen von Attributen, wobei jedes Attribut einem Typ zugeordnet wird.

XML unterscheidet drei Attribut-Typen: *cdata*, Tokens (*id*, *idref*, *idrefs*, *entity*, *entities*, *nmtoken*, *nmtokens*, *notation*, *notations*) und Aufzählungen.

Parameter:

#required	Das Attribut muss benutzt werden.
#implied	Das Attribut kann benutzt werden.
"Wert"	Das Attribut kann benutzt werden; wenn es nicht benutzt wird, wird *Wert* eingesetzt.
#fixed "Wert"	Wenn das Attribut benutzt wird, muss es *Wert* entsprechen.

cdata

Kurzbeschreibung:

Attribute, die dem Typ *cdata* entsprechen, dürfen als Wert jede beliebige Zeichenfolge enthalten.

cdata section

Kurzbeschreibung:

cdata-sections sind Abschnitte, die nicht geparst werden.

Beispiel:

```
<![cdata[<auto>Ferrari</auto>]]>
```

character reference

Kurzbeschreibung:

Darstellung von Sonderzeichen. Referenzen auf dezimale Zahlen beginnen mit &#, Referenzen auf hexadezimale Zeichen beginnen mit &#x.

descriptive markup

Kurzbeschreibung:

Bezeichnung eines Markups, das einem Oberbegriff eine genaue Erläuterung zuweist.

Beispiel:

```
<auto> Ferrari </auto>)
```

doctype

Kurzbeschreibung:

Festlegen, in welcher Datei sich die Dokumenttyp-Definition befindet.

Beispiel:

```
<?xml version="1.0" encoding="UTF-8"?>
<!DOCTYPE auto SYSTEM "auto.dtd">
<auto>Ferrari</auto>
```

Document Type Definition (dtd)

Kurzbeschreibung:

Die **D**ocument **T**ype **D**efinition legt fest, welche Elemente innerhalb von XML wie behandelt werden. So können Sie in einer dtd Überschriften definieren und deren mögliche Größen festschreiben. Außerdem werden in den dtds die Attribute der einzelnen Befehle definiert und wie die Befehle ineinander verschachtelt werden

Befindet sich die Document Type Definition am Beginn des Dokuments, spricht man von einer internen dtd; eine externe dtd ist in einer gesonderten Datei gespeichert.

In XHTML werden drei Document Type Definitions unterschieden: Strict, Transitional und Frameset. Strict wird gewählt, wenn HTML-4-Dokumente mit Stylesheets erstellt werden sollen.

Transitional garantiert die Rückwärtskompatibilität, die Dokumente können auch in Clients angezeigt werden, die keine Stilvorlagen akzeptieren. Frameset gilt für Dokumente, die ein Frameset definieren. Folgende Angaben sind möglich:

```
<!DOCTYPE
html PUBLIC "-//W3C//DTD XHTML 1.0 Strict//EN"
"http://www.w3.org/TR/xhtml1/DTD/xhtml1-strict.dtd">

<!DOCTYPE
html PUBLIC "-//W3C//DTD XHTML 1.0 Transitional//EN"
"http://www.w3.org/TR/xhtml1/DTD/xhtml1-transitional.dtd">

<!DOCTYPE
html PUBLIC "-//W3C//DTD XHTML 1.0 Frameset//EN"
"http://www.w3.org/TR/xhtml1/DTD/xhtml1-frameset.dtd">
```

element

Kurzbeschreibung:

Festlegen des Inhalts eines Elements zwischen Start- und End-Tag.

Beispiel:

```
<element auto #PCDATA>
```

!element

Kurzbeschreibung:

Deklaration des Elementtyps. Definition der Namen, Inhalte und Attribute eines Elements.

Syntax: <!element Name Inhaltsmodell>

Das Inhaltsmodell ist folgendermaßen aufgebaut:

EMPTY	Das Element hat keinen Inhalt.
any	Das Element darf jeden Inhalt annehmen.
?	Element kann einmal oder gar nicht vorkommen.
*	Element kann mehrfach oder gar nicht vorkommen.
+	Element kann einmal oder mehrfach vorkommen.
,	Mehrere Elemente angeben.
|	Alternativen angeben (oder-Zeichen).

empty

Kurzbeschreibung:

Elemente ohne Inhalt.

Syntax: <!element Name empty>

encoding declaration

Kurzbeschreibung:
Angabe der Zeichencodierung.

Syntax: <?xml version="1.0" encoding='Codierung'?>

Entity

Kurzbeschreibung:
Entity ist der Oberbegriff für Elemente, die durch einen Namen gekennzeichnet sind und deren Inhalt vom Parser in ein Dokument eingefügt wird.

Folgende Entity-Arten gibt es in XML:
1. geparste und nicht geparste Entities
2. allgemeine und Parameter-Entities

    Deklaration eines allgemeinen Entitys:
    ```
    <!entity fr "Ferrari" >
    ```

    Deklaration eines Parameter-Entitys:
    ```
    <!entity % fr "Ferrari" >
    ```

3. interne und externe Entities

    Deklaration eines internen Entitys:
    ```
    <!entity auto "Ferrari">
    ```

    Deklaration eines externen Entitys:
    ```
    <!entity Grafik system "Grafik.jpg" ndata Typ>
    ```

Folgende Entities sind ebenfalls interne Entities:
```
&amp;  (&)
&apos; (')
&gt;   (>)
&lt;   (<)
&quot; (")
```

Aufbau der Referenzen:
Paramater-Entity: % ... ;

Entity: & ... ;

Durch die Angabe von NDATA wird der Parser angewiesen, nicht nach einem Markup in der Datei zu suchen.

entities

siehe Entity

external subset

Kurzbeschreibung:

Auslagerung der Deklarationen in der DTD in eine externe Datei.

general entity

Kurzbeschreibung:

Verfassen von Kürzeln. Die Werte des Kürzels eines Parameter-Entities werden nur innerhalb von DDTDs benutzt. Die Werte des Kürzels von allgemeinen Entities werden im Dokument ersetzt.

idref

Kurzbeschreibung:

Wert des Attributs verweist auf ID-Wert, der zuvor im Dokument definiert worden ist.

id

Kurzbeschreibung:

Identifikation von Elementen über eine id.

Beispiel:

```
<!attlist Element myID id #required>
```

Das Element hat ein Attribut mit dem Namen *myID* und dem Typ *id*. #required legt fest, dass das Attribut angegeben werden muss.

idrefs

siehe idref

mixed content

Kurzbeschreibung:

Der Inhalt eines Elements, der sowohl aus Daten als auch aus Elementen besteht.

Beispiel:

```
<!element Name (#pcdata|a|b)>
```

Namensbildung

Kurzbeschreibung:

Folgende Regeln gelten für die Namensbildung: Ein Name beginnt mit einem Buchstaben oder einem Unterstrich (_). Dann folgen Buchstaben, Zahlen, Unterstrich, Komma, Punkt oder Bindestrich. Groß- und Kleinschreibung wird unterschieden. Namen dürfen nicht mit xml beginnen.

ndata

Kurzbeschreibung:

Durch die Verwendung des Schlüsselworts *ndata* wird dem Parser mitgeteilt, dass es sich um ein externes nicht zu parsendes Entity handelt.

nmtokens

siehe nmtoken

nmtoken

Kurzbeschreibung:

Wert des Attributs entspricht dem Wert des cdata-Attributs, wobei Beschränkungen wie für Namen gelten. Mit nmtokens können mehrere durch Komma getrennte Werte eingegeben werden.

notation

Kurzbeschreibung:

Wert des Attributs stimmt mit dem Namen einer in der dtd definierten Notation überein. Sind außerdem mehrere Namen zur Auswahl vorhanden, muss der Attribut-Wert mit einem der aufgelisteten Namen übereinstimmen.

Syntax: <!notation Grafik system "Grafikviewer.exe">

notation (Attribut-Typ)

Kurzbeschreibung:

Name der Notation wird dem Wert eines Attributs vom Typ notation zugeordnet.

Syntax: <!attlist Grafik Typ notation>

parsed entity

Kurzbeschreibung:

An die Stelle des Entitys wird durch den Parser der zuvor definierte Inhalt gesetzt.

pcdata

Kurzbeschreibung:

Der Inhalt eines deklarierten Elements darf aus einer beliebigen Folge von Zeichen bestehen.

Processing Instruction

Kurzbeschreibung:

Weiterleitung von Informationen an eine Anwendung.

Syntax: <?name optionaleDaten?>

space

Kurzbeschreibung:

Unter *white space* werden Leerzeichen, Tabulatoren, Zeilenende und Leerzeilen zusammengefasst . Mit *xml:space* werden die in das Dokument eingetragenen *white spaces* auch im Webbrowser angezeigt.

unparsed entity

Kurzbeschreibung:

Entities, die sich auf binäre Dateien wie Grafiken oder Sounddateien beziehen, werden nicht geparst, da sie keinen Text enthalten, der an ihrer Stelle eingesetzt werden kann.

version

Kurzbeschreibung:

Angabe der verwendeten XML-Version.

Syntax: <?xml version="1.0"?>

Neben der Angabe der Version können Sie die Art der Kodierung (encoding) festlegen sowie eine Standalone-Deklaration (standalone).

xml:lang

Kurzbeschreibung:

Festlegen der Sprache für Inhalt und Deklarationen. Die Sprachencodes entsprechen dem Standard ISO639.

xml:space

Kurzbeschreibung:

Festlegen, ob white spaces berücksichtigt werden sollen. In XML werden per Definition jedoch Leerzeichen, die im Quelltext vorhanden sind, berücksichtigt.

Beispiel:

```
<!attlist Inhalt xml:space (default|preserve) 'preserve'>
```

würde für

```
<Inhalt xml:space="preserve">
```

die white spaces so setzen, wie sie vom Verfasser eingegeben wurden.

15.3 Sonderzeichen-Tabelle

Hexcode	Buchstabencode	gedrucktes Zeichen	Bemerkung
&#123		{	
&#124		|	
&#125		}	
&#126		~	
&#131		ƒ	
&#132		"	
&#133		...	
&#134		†	
&#135		‡	
&#136		^	
&#137		‰	
&#138		S	
&#139		<	
&#140		O	
&#146		'	
&#147		"	
&#148		"	
&#149		–	
&#153		(tm)	
&#155		>	
&#156		o	
&#159		Y	
&#161		¡	
&#162		¢	
&#163		£	

Anhang

Hexcode	Buchstabencode	gedrucktes Zeichen	Bemerkung
&#164;		¤	
&#165;		¥	
&#166;		¦	
&#167;	&sect	§	Paragraf
&#168;		¨	
&#169;	&copy	(c)	Copyright
&#170;		ª	
&#171;		"	
&#172;		¬	
&#174;	&reg	(r)	Registriertes Markenzeichen
&#175;		¯	
&#176;		°	
&#177;		±	
&#178;		2	
&#179;		3	
&#180;		´	
&#181;		µ	
&#182;	&para	¶	Absatz
&#183;		·	
&#185;		1	
&#187;		"	
&#188;		1/4	
&#189;		1/2	
&#190;		3/4	
&#191;		¿	
&#192;	&Agrave	À	
&#193;	&Aacute	Á	
&#194;	&Acirc	Â	
&#195;	&Atilde	Ã	
&#196;	&Auml	Ä	
&#197;		Å	
&#198;	&AElig	Æ	
&#199;	&Ccedil	Ç	
&#200;	&Egrave	È	
&#202;	&Ecirc	Ê	
&#203;	&Euml	Ë	
&#204;	&Igrave	Ì	
&#205;	&Iacute	Í	
&#206;	&Icirc	Î	
&#207;	&Iuml	Ï	
&#208;	&ETH	Ð	
&#209;	&Ntilde	Ñ	
&#210;	&Ograve	Ò	

Anhang

Hexcode	Buchstabencode	gedrucktes Zeichen	Bemerkung
&#211	&Oacute	Ó	
&#212	&Ocirc	Ô	
&#213	&Otilde	Õ	
&#214	&Ouml	Ö	
&#215		×	
&#216	&Oslash	Ø	
&#217	&Ugrave	Ù	
&#217	&atilde	ã	
&#219	&Ucirc	Û	
&#220	&Uuml	Ü	
&#221	&Yacute	Ý	
&#222	&THORN	Þ	
&#223	&szlig	ß	
&#224	&agrave	à	
&#225	&Aacute	á	
&#226	&acirc	â	
&#227	&auml	ä	
&#228	&oslash	ø	
&#229		å	
&#230	&aelig	œ	
&#231	&ccedil	ç	
&#232	&egrave	è	
&#234	&ecirc	ê	
&#235	&euml	ë	
&#236	&igrave	ì	
&#237	&Iacute	í	
&#238	&icirc	î	
&#239	&iuml	ï	
&#240	&eth	ð	
&#241	&ntilde	ñ	
&#242	&ograve	ò	
&#243	&Oacute	ó	
&#244	&ocirc	ô	
&#245	&otilde	õ	
&#246	&ouml	ö	
&#247		÷	
&#248		ø	
&#249	&ugrave	ù	
&#250	&Yacute	ý	
&#251	&ucirc	û	
&#252	&uuml	ü	
&#253		ý	
&#254	&thorn	þ	

Hexcode	Buchstabencode	gedrucktes Zeichen	Bemerkung
&#255	&yuml	ÿ	
&#32			Leerzeichen
&#33		!	
&#34	&quot	"	
&#35		#	
&#36		$	
&#37		%	
&#38	&amp	&	Ampersand
&#39		'	
&#40		(	
&#41		)	
&#42		*	
&#43		+	
&#44		,	
&#45		-	
&#46		.	
&#47		/	
&#58		:	
&#59		;	
&#60	&lt	<	
&#61		=	
&#62	&gt	>	
&#63		?	
&#64		@	at-Zeichen
&#91		[	
&#92		\	
&#93		]	
&#95		_	
&#96		`	

15.4 Farbnamen-Tabelle

Farbname	Farbwert
aliceblue	#F0F8FF
antiquewhite	#FAEBD7
aqua	#00FFFF
aquamarine	#7FFFD4
azure	#F0FFFF
beige	#F5F5DC
black	#000000
blue	#0000FF

Farbname	Farbwert
blueviolet	#8A2BE2
brown	#A52A2A
burlywood	#DEB887
cadetblue	#5F9EA0
chartreuse	#7FFF00
chocolate	#D2691E
coral	#FF7F50
cornflowerblue	#6495ED

Anhang

Farbname	Farbwert
cornsilk	#FFF8DC
crimson	#DC143C
darkblue	#00008B
darkcyan	#008B8B
darkgoldenrod	#B8860B
darkgray	#A9A9A9
darkgreen	#006400
darkkhaki	#BDB76B
darkmagenta	#8B008B
darkolivegreen	#556B2F
darkorange	#FF8C00
darkorchid	#9932CC
darkred	#8B0000
darksalmon	#E9967A
darkseagreen	#8FBC8F
darkslateblue	#483D8B
darkslategray	#2F4F4F
darkturquoise	#00CED1
darkviolet	#9400D3
deeppink	#FF1493
deepskyblue	#00BFFF
dimgray	#696969
dodgerblue	#1E90FF
firebrick	#B22222
floralwhite	#FFFAF0
forestgreen	#228B22
fuchsia	#FF00FF
gainsboro	#DCDCDC
ghostwhite	#F8F8FF
gold	#FFD700
goldenrod	#DAA520
gray	#808080
green	#008000
greenyellow	#ADFF2F
honeydew	#F0FFF0
hotpink	#FF69B4
indianred	#CD5C5C
indigo	#4B0082
ivory	#FFFFF0
khaki	#F0E68C
lavender	#E6E6FA
lavenderblush	#FFF0F5
lawngreen	#7CFC00

Farbname	Farbwert
lemonchiffon	#FFFACD
lightblue	#ADD8E6
lightcoral	#F08080
lightcyan	#E0FFFF
lightgoldenrodyellow	#FAFAD2
lightgreen	#90EE90
lightgrey	#D3D3D3
lightpink	#FFB6C1
lightsalmon	#FFA07A
lightseagreen	#20B2AA
lightskyblue	#87CEFA
lightslategray	#778899
lightsteelblue	#B0C4DE
lightyellow	#FFFFE0
lime	#00FF00
limegreen	#32CD32
linen	#FAF0E6
maroon	#800000
mediumaquamarine	#66CDAA
mediumblue	#0000CD
mediumorchid	#BA55D3
mediumpurple	#9370D
mediumseagreen	#3CB371
mediumslateblue	#7B68EE
mediumspringgreen	#00FA9A
mediumturquoise	#48D1CC
mediumvioletred	#C71585
midnightblue	#191970
mintcream	#F5FFFA
mistyrose	#FFE4E1
moccasin	#FFE4B5
navajowhite	#FFDEAD
navy	#000080
oldlace	#FDF5E6
olive	#808000
olivedrab	#6B8E23
orange	#FFA500
orangered	#FF4500
orchid	#DA70D6
palegoldenrod	#EEE8AA
palegreen	#98FB98
paleturquoise	#AFEEEE
palevioletred	#DB7093

Farbname	Farbwert
papayawhip	#FFEFD5
peachpuff	#FFDAB9
peru	#CD853F
pink	#FFC0CB
plum	#DDA0DD
powderblue	#B0E0E6
purple	#800080
red	#FF0000
rosybrown	#BC8F8F
royalblue	#4169E1
saddlebrown	#8B4513
salmon	#FA8072
sandybrown	#F4A460
seagreen	#2E8B57
seashell	#FFF5EE
sienna	#A0522D
silver	#C0C0C0

Farbname	Farbwert
skyblue	#87CEEB
slateblue	#6A5ACD
slategray	#708090
snow	#FFFAFA
springgreen	#00FF7F
steelblue	#4682B4
tan	#D2B48C
teal	#008080
thistle	#D8BFD8
tomato	#FF6347
turquoise	#40E0D0
violet	#EE82EE
wheat	#F5DEB3
white	#FFFFFF
whitesmoke	#F5F5F5
yellow	#FFFF00
yellowgreen	#9ACD32

15.5 Cascading Style Sheets-Referenz

:active

siehe :link

:after

CSS-Version: CSS 2.0

Einsatzbereich: Pseudoformat

Syntax: p.Tip:before { content:"Folgender Tip: " }

p.Tipzusatz:after { content:" gilt nicht in allen Modi" }

Kurzbeschreibung:
Nach einem Element Text einfügen.

alignment

siehe text-align

azimuth

CSS-Version: CSS 2.0

Einsatzbereich: Sprachausgabe

Syntax: style="azimuth:X;"

Kurzbeschreibung:

Bei Stereo- oder Surround-Möglichkeiten der Soundkarte kann die Richtung links/rechts in Gradangaben (0–360) des Sprechers bestimmt werden

Parameter:

Aufgeführt sind die Beispiele für links; durch Ersetzen des Schlüsselworts *left* durch *right* gelten die Angaben auch für die rechte Seite.

X = left-side	ganz links
X = left-side behind	ganz links hinten
X = far-lef	weit links
X = far-left behind	weit links hinten
X = left	links
X = left behind	links hinten
X = center-left	Mitte links
X = center-left behind	Mitte links hinten
X = center	Mitte
X = center behind	Mitte hinten

background-attachment

CSS-Version: CSS 1.0

Einsatzbereich: Hintergrund

Syntax: style="background-attachment:X;"

Kurzbeschreibung:

Normalerweise wandert ein Bild beim Scrollen einer Seite mit. *background-attachment* kann das Bild festsetzen.

Parameter:

X = scroll	das Bild scrollt mit
X = fixed	das Bild scrollt nicht mit

background-color

CSS-Version: CSS 1.0

Einsatzbereich: Hintergrund

Syntax: { background-color:#RRGGBB; }

Kurzbeschreibung:

Mit *background-color* legen Sie die Hintergrundfarbe fest.

background-image

CSS-Version: CSS 1.0

Einsatzbereich: Hintergrund

Syntax: style="background-image:url(img.jpg);"

Kurzbeschreibung:
Mit *background-image* laden Sie ein Hintergrundbild. Das Bild wird gekachelt dargestellt. Die Grafiktypen GIF und JPEG werden unterstützt. Zur vollständigen Darstellung des Bildes muss das umgebende Element mindestens die Abmessungen der Grafik haben.

background-position

CSS-Version: CSS 1.0

Einsatzbereich: Hintergrund

Syntax: { background-position:X Y; }

Kurzbeschreibung:
Definition der linken oberen Ecke einer Hintergrundgrafik in Bezug auf das Element, das die Grafik enthält. Entweder wird ein Wertepaar angegeben (X = Position von links, Y = Position von oben) oder einer der unter Parameter aufgelisteten Werte.

Parameter:

X = top	bündig oben
X = center	horizontal zentriert
X = middle	vertikal zentriert
X = bottom	bündig unten
X = left	linksbündig
X = right	rechtsbündig

background-repeat

CSS-Version: CSS 1.0

Einsatzbereich: Hintergrund

Syntax: { background-repeat:X; }

Kurzbeschreibung:
background-repeat bestimmt, wie ein Hintergrundbild wiederholt dargestellt wird. Voreingestellt ist der Kachel-Modus.

Parameter:

X = repeat	Kachelmuster
X = repeat-x	x-mal in einer Zeile
X = repeat-y	y-mal in einer Spalte
X = no-repeat	Einzelbild

:before

siehe :after

blur()

CSS-Version: CSS 2.0

Einsatzbereich: ab Microsoft IE 4.0

Syntax: style="filter:blur(add=W, direction=X, strength=Y)"

Kurzbeschreibung:
blur() verwischt Grafiken (Unschärfe wird erhöht).

Parameter:

add	Die Konturen der Originalgrafik sind nicht mehr erkennbar.
direction	Winkel der Verwischrichtung; folgende Werte (in Grad) sind möglich: 0, 45, 90, 135, 180, 225, 270, 315.
strength	Stärke des Effekts, wobei 0 keinen Effekt bedeutet.

border-bottom-width

CSS-Version: CSS 1.0

Einsatzbereich: Rahmen

Syntax: style="border-bottom-width:X; "

Kurzbeschreibung:
Festlegen der Liniendicke unter einem Element.

Parameter:

X = "thin"	dünne Linie
X = "medium"	mitteldicke Linie
X = "thick"	dicke Linie

border-color

CSS-Version: CSS 1.0

Einsatzbereich: Rahmen

Syntax: style="border-color:#RRGGBB;"

Kurzbeschreibung:
Rahmenfarbe festlegen.

border-left-width

CSS-Version: CSS 1.0

Einsatzbereich: Rahmen

Syntax: { border-left-width:X; }

Kurzbeschreibung:
Festlegen der Liniendicke links vom Element.

Parameter:

X = thin	dünne Linie
X = medium	mitteldicke Linie
X = thick	dicke Linie

border-right-width

CSS-Version: CSS 1.0

Einsatzbereich: Rahmen

Syntax: { border-right-width:X; }

Kurzbeschreibung:
Festlegen der Liniendicke rechts vom Element.

Parameter:

X = thin	dünne Linie
X = medium	mitteldicke Linie
X = thick	dicke Linie

border-style

CSS-Version: CSS 1.0

Einsatzbereich: Rahmen

Syntax: { border-style:X; }

Kurzbeschreibung:
Rahmentyp definieren.

Parameter:

X = none	kein Rahmen
X = dotted	gepunkteter Rahmen
X = dashed	gestrichelter Rahmen
X = solid	durchgezogener Rahmen
X = double	doppelt durchgezogener Rahmen.
X = groove	dreidimensionaler Effekt
X = ridge	dreidimensionaler Effekt
X = inset	dreidimensionaler Effekt
X = outset	dreidimensionaler Effekt

border-top-width

CSS-Version: CSS 1.0

Einsatzbereich: Rahmen

Syntax: h1 { border-top-width:X; }

Kurzbeschreibung:
Festlegen der Liniendicke über einem Element.

Parameter:

X = thin	dünne Linie
X = medium	mitteldicke Linie
X = thick	dicke Linie

border-width

CSS-Version: CSS 1.0

Einsatzbereich: Rahmen

Syntax: { border-width:X; }

Kurzbeschreibung:
Definition der Dicke eines Rahmens um ein Element.

Parameter:

X = thin	dünne Linie
X = medium	mitteldicke Linie
X = thick	dicke Linie

bottom

CSS-Version: CSS 2.0

Einsatzbereich: Formatierung von Elementen

Syntax:

style="position:relative; bottom:X; "

Kurzbeschreibung:

In Verbindung mit *position:* legen Sie den Nullpunkt von unten fest. Für die automatische Positionierung geben Sie für X den Wert *auto* an.

caption-side

CSS-Version: CSS 2.0

Einsatzbereich: Tabellen

Syntax: style="caption-side:X"

Kurzbeschreibung:
Positionierung einer Tabellenüber- bzw. -unterschrift.

Parameter:

X = top	Überschrift zentriert
X = topleft	Überschrift linksbündig
X = topright	Überschrift rechtsbündig
X = bottom	Unterschrift zentriert
X = bottomleft	Unterschrift linksbündig
X = bottomright	Unterschrift rechtsbündig

clear

CSS-Version: CSS 2.0

Einsatzbereich: Formatierung von Elementen

Syntax:

style="clear:X"

Kurzbeschreibung:
clear ermöglicht den Abbruch des Umfließens und legt fest, wie der Vorgang fortgesetzt werden soll.

Parameter:

X = left	Bei *float:left:* das Umfließen erfolgt ab sofort unterhalb des Elements.
X = right	Bei *float:right:* das Umfließen erfolgt ab sofort unterhalb des Elements.
X = both	In jedem Fall erfolgt das Umfließen ab sofort unterhalb des Elements.
X = none	Keine Fortsetzung des Umfließens.

clip

CSS-Version: CSS 2.0

Einsatzbereich: Formatierung von Elementen

Syntax:

style="clip:rect(W X Y Z)"

Kurzbeschreibung:
Rechteckigen Ausschnitt festlegen. Wenn an Stelle der vier Werte der Begriff *auto* angegeben wird, erfolgt die Dimensionsangabe automatisch.

Parameter:

W	obere Grenze in Bezug auf die obere Elementgrenze
X	rechte Grenze in Bezug auf die linke Elementgrenze
Y	untere Grenze in Bezug auf die obere Elementgrenze
Z	linke Grenze in Bezug auf die linke Elementgrenze
Bedingung:	Y ist größer als W und X ist größer als Z

color

CSS-Version: CSS 1.0

Einsatzbereich: Textformatierung

Syntax: b { color:#RRGGBB }

Kurzbeschreibung:
Festlegen der Textfarbe.

column-gap

CSS-Version: CSS 2.0

Einsatzbereich: Textdarstellung

Syntax: style="column-gap:X"

Kurzbeschreibung:
Spaltenabstand definieren.

columns

CSS-Version: CSS 2.0

Einsatzbereich: Textdarstellung

Syntax: Element { columns:X; }

Kurzbeschreibung:
Festlegen der Spaltenzahl. Enthaltener Text wird entsprechend der Spaltenbreite umbrochen.

column-rule-color

CSS-Version: CSS 2.0

Einsatzbereich: Textdarstellung

Syntax: Element { column-rule-color:#RRGGBB; }

Kurzbeschreibung:
Farbe der Trennstriche definieren.

column-rule-style

CSS-Version: CSS 2.0

Einsatzbereich: Textdarstellung

Syntax: style=" column-rule-style:X; "

Kurzbeschreibung:
Art der Trennstriche zwischen Spalten definieren

Parameter:

X = none	kein Trennstrich
X = dashed	gestrichelt
X = dotted	gepunktet
X = solid	durchgezogen
X = double	doppelt durchgezogen
X = groove	dreidimensionaler Trennstrich
X = ridge	dreidimensionaler Trennstrich
X = inset	dreidimensionaler Trennstrich
X = outset	dreidimensionaler Trennstrich

column-rule-width

CSS-Version: CSS 2.0

Einsatzbereich: Textdarstellung

Syntax: Element { column-rule-width:X; }

Kurzbeschreibung:
Breite des Trennstriches zwischen Spalten definieren.

column-span

CSS-Version: CSS 2.0

Einsatzbereich: Tabellen

Syntax: { column-span:X }

Kurzbeschreibung:

Einzelne Zellen zwingen, über X Spalten zu gehen. Dies kann für Kopfzeilen in Tabellen genutzt werden, in denen eine Kopfzelle über die gesamte Tabellenbreite gehen soll.

cue

CSS-Version: CSS 2.0

Einsatzbereich: Sprachausgabe

Syntax: style="cue:url(Klang.wav);"

Kurzbeschreibung:

Klang vor und nach einem Element einfügen. Unterstützte Dateiformate sind AI, AU und WAV.

cue-after

CSS-Version: CSS 2.0

Einsatzbereich: Sprachausgabe

Syntax: style="cue-after:url(Klang.wav);"

Kurzbeschreibung:

Klang vor einem Element einfügen. Unterstützte Dateiformate sind AI, AU und WAV.

cue-before

CSS-Version: CSS 2.0

Einsatzbereich: Sprachausgabe

Syntax: style="cue-before:url(Klang.wav);"

Kurzbeschreibung:

Klang vor einem Element einfügen. Unterstützte Dateiformate sind AI, AU und WAV.

cursor

CSS-Version: CSS 2.0

Einsatzbereich: Cursorsteuerung

Syntax: style="cursor:X; "

Kurzbeschreibung:
Cursor über einem Element definieren.

Parameter:

X = url(cursor.jpg)	Eigener Cursor im GIF- oder JPG-Format
X = auto	Cursor wird automatisch festgelegt
X = default	Standard-Cursor
X = crosshair	Fadenkreuz
X = pointer	Zeigerform
X = move	Beweglichkeit des Elements wird im Cursor angezeigt
X = n-resize	Pfeil nach oben
X = ne-resize	Pfeil nach rechts oben
X = e-resize	Pfeil nach rechts
X = se-resize	Pfeil nach rechts unten
X = s-resize	Pfeil nach unten
X = sw-resize	Pfeil nach links unten
X = w-resize	Pfeil nach links
X = nw-resize	Pfeil nach links oben
X = text	Textcursor
X = wait	Wartesymbol
X = help	Anzeige einer verfügbaren Hilfe

direction

CSS-Version: CSS 2.0

Einsatzbereich: Formatierung von Elementen

Syntax: h1 { direction:X }

Kurzbeschreibung:
Mit *direction* legen Sie die Anordnung von Elementen fest.

Parameter:

X = ltr	von links nach rechts
X = rtl	von rechts nach links

display

CSS-Version: CSS 2.0

Einsatzbereich: Formatierung von Elementen

Syntax: style="display:X"

Kurzbeschreibung:
display legt die Anzeige von Elementen fest.

Parameter:

X = block	jedes Element steht in einem neuen Absatz
X = inline	Element wird im Text dargestellt
X = list-item	jedes Element steht in einem neuen Absatz mit vorangestelltem Bullet
X = none	Element wird nicht angezeigt

elevation

CSS-Version: CSS 2.0

Einsatzbereich: Sprachausgabe

Syntax: Element { elevation:X }

Kurzbeschreibung:
Bei Stereo- oder Surround-Möglichkeiten der Soundkarte kann die Richtung oben/unten in Gradangaben (-90 bis 90) des Sprechers bestimmt werden.

Parameter:

X = below	unten
X = lower	ganz unten
X = level	Mitte
X = above	oben
X = higher	ganz oben

filter

CSS-Version: CSS 2.0

Einsatzbereich: ab Microsoft IE 4.0

Syntax: style="filter:X(Y)"

Kurzbeschreibung:
Definition eines Filters, der ein Element dynamisch verändert (beispielsweise für Effekte). Die Parameter werden in Klammern nach dem Effekt eingetragen. Siehe auch: *Alpha()*, *Blur()* und *filter*.

filter:Chroma()

CSS-Version: CSS 2.0

Einsatzbereich: ab Microsoft IE 4.0

Syntax: style="filter:Chroma(color=#RRGGBB)"

Kurzbeschreibung:
Chroma() definiert eine Farbe *color* als transparent.

filter:DropShadow()

CSS-Version: CSS 2.0

Einsatzbereich: ab Microsoft IE 4.0

Syntax:

style="filter:DropShadow(color=#RRGGBB, offx=X, offy=Y, positive=1)"

Kurzbeschreibung:
Schatten in Farbe *color* hinter einem Element darstellen.

Parameter:

offx	positive Werte lassen den Schatten nach rechts wandern, negative Werte nach links
offy	positive Werte lassen den Schatten nach unten wandern, negative Werte nach oben
positive	1 bedeutet, dass bei transparenten Grafiken ebenfalls ein Schatten erzeugt werden soll

filter:FlipH()

CSS-Version: CSS 2.0

Einsatzbereich: ab Microsoft IE 4.0

Syntax: style="filter:FlipH()"

Kurzbeschreibung:
Grafik wird horizontal gespiegelt.

filter:FlipV()

CSS-Version: CSS 2.0

Einsatzbereich: ab Microsoft IE 4.0

Syntax: style="filter:FlipV()"

Kurzbeschreibung:
Grafik wird vertikal gespiegelt.

Anhang

filter:Glow()

CSS-Version: CSS 2.0

Einsatzbereich: ab Microsoft IE 4.0

Syntax: style="filter:Glow(color=#RRGGBB, strength=X)"

Kurzbeschreibung:
Glow() lässt Elemente in Farbe *color* glühen, d. h., der Rand wird erleuchtet.

Parameter:

| strength | Stärke des Effekts (1-255) |

filter:Gray()

CSS-Version: CSS 2.0

Einsatzbereich: ab Microsoft IE 4.0

Syntax: style="filter:Gray()"

Kurzbeschreibung:
Wandelt eine Grafik in Graustufen um.

filter:Invert()

CSS-Version: CSS 2.0

Einsatzbereich: ab Microsoft IE 4.0

Syntax: style="filter:Invert()

Kurzbeschreibung:
Wandelt die Farben einer Grafik in ihre Komplementärfarben um.

filter:Mask()

CSS-Version: CSS 2.0

Einsatzbereich: ab Microsoft IE 4.0

Syntax: style="filter:Mask(color=#RRGGBB)"

Kurzbeschreibung:
Mask() legt für eine transparente GIF-Grafik eine Transparenzmaske für die unter *color* angegebene Farbe an.

filter:Shadow()

CSS-Version: CSS 2.0

Einsatzbereich: ab Microsoft IE 4.0

Syntax:

style="filter:Shadow(color=#RRGGBB, direction=X)"

Kurzbeschreibung:
Definition eines verlaufenden Schattens um eine Element.

Parameter:

color	Farbe des Schattens
direction	Richtung des Schattens in Gradangaben; folgende Werte sind erlaubt: 0, 45, 90, 135, 180, 225, 270, 315

filter:Wave()

CSS-Version: CSS 2.0

Einsatzbereich: ab Microsoft IE 4.0

Syntax:

Kurzbeschreibung:
style="filter:Wave(freq=W, light=X, phase=Y, strength=Z);"

Text oder Grafik wird in Wellenform angezeigt.

Parameter:

freq	kleinere Werte lassen höhere Wellenberge und -täler entstehen
light	Lichteinfluss auf den Effekt (0–100)
phase	Startwert der Sinuswelle (0-100)
strength	Stärke des Effekts (1-10)
add	bei Grafiken kann die Originalgrafik mit der verzerrten Grafik verknüpft werden (add=1) oder nicht (add=0)

filter:XRay()

CSS-Version: CSS 2.0

Einsatzbereich: ab Microsoft IE 4.0

Syntax: style="filter:XRay()"

Kurzbeschreibung:
Konvertierung einer Grafik in Graustufen und Invertierung (Negativ-Effekt).

:first-letter

CSS-Version: CSS 1.0

Einsatzbereich: Pseudoformat

Syntax: h1:first-letter { color:#RRGGBB; }

Kurzbeschreibung:
Die erste Zeile in einem Absatz erhält eine eigenständige Formatierung. Die Farbangabe ist nur ein Beispiel; erlaubt sind auch andere Formatierungen wie die Angabe eines neuen Schriftformats.

:first-line

CSS-Version: CSS 2.0

Einsatzbereich: Pseudoformat

Syntax: h1:first-line { color:#RRGGBB; }

Kurzbeschreibung:
Die erste Zeile in einem Absatz erhält eine eigenständige Formatierung. Die Farbangabe ist nur ein Beispiel; erlaubt sind auch andere Formatierungen wie die Angabe eines neuen Schriftformats.

float

CSS-Version: CSS 2.0

Einsatzbereich: Formatierung von Elementen

Syntax: style="float:X; "

Kurzbeschreibung:
float legt die Art und Weise fest, wie das aktuelle Element von den folgenden Elementen umflossen werden soll.

Parameter:

X = left	Element befindet sich auf der linken Seite, umfließendes Element rechts davon
X = right	Element befindet sich auf der rechten Seite, umfließendes Element links davon
X = none	umfließen ausgeschaltet

font:

CSS-Version: CSS 1.0

Einsatzbereich: Textformatierung

Syntax: style="font:italic 10pt Arial"

Kurzbeschreibung:
Mit *font:* geben Sie die Werte für Schriftart, Schriftgewicht und Schriftgröße an. Die Reihenfolge ist nicht relevant.

font-family

CSS-Version: CSS 1.0

Einsatzbereich: Textformatierung

Syntax: h1 { font-family:Schriftart ...}

Kurzbeschreibung:

Angabe einer Zeichensatzfamilie. Ist diese nicht auf dem Client verfügbar, bleibt die Angabe ohne Wirkung. Mehrere Zeichensatzfamilien können angegeben werden, deren Verfügbarkeit nacheinander geprüft wird. Folgende Schriftarten sind definiert: fantasy, serif, sans-serif, cursive, monospace.

Siehe auch *@font-face*.

@font-face

CSS-Version: CSS 2.0

Einsatzbereich: Textformatierung

Syntax: @font-face { font-family:X; src:url(X.def); }

Kurzbeschreibung:

Mit *@font-face* legen Sie eine in allen Details definierte Schriftart fest. Dazu wird nach dem Namen der Schriftart in geschweiften Klammern die URL-Adresse der Schriftartendatei festgelegt. Sie können mehrere Schriftartendateien für die Browser angeben. EOT-Dateien werden vom Microsoft Internet Explorer unterstützt, PFR-Dateien von Netscape.

font-size

CSS-Version: CSS 1.0

Einsatzbereich: Textformatierung

Syntax: <h1 style="font-size:Xpt oder X%">

Kurzbeschreibung:

Größe der Schrift festlegen. Die Angabe in Prozent bezieht sich auf die Standardgröße der Schrift.

Parameter:

X= xx-small	winzig
X = x-small	sehr klein
X = small	klein
X = medium	mittelgroß
X = large	groß
X = x-large	sehr groß

Anhang

X = xx-large	riesengroß
X = smaller	kleiner als normal
X = larger	größer als normal

font-style

CSS-Version: CSS 1.0

Einsatzbereich: Textformatierung

Syntax: style="font-style: Stil">

Kurzbeschreibung:
Angabe des Stils der verwendeten Schrift.

Parameter:

Stil = italic	kursive Schrift
Stil = oblique	schräge Schrift
Stil = normal	normale Schrift

font-variant

CSS-Version: CSS 1.0

Einsatzbereich: Textformatierung

Syntax: h4 { font-variant:Variante }

Kurzbeschreibung:
Mit *font-variant* können Sie Kapitälchen erzeugen.

Parameter:

Variante = small-caps	Kapitälchen
Variante = normal	normale Schrift

font-weight

CSS-Version: CSS 1.0

Einsatzbereich: Textformatierung

Syntax:

em { font-weight:Schriftgewicht }

Kurzbeschreibung:
Fettheitsgrad der Schrift einstellen

Parameter:

Schriftgewicht = normal	normale Schrift
Schriftgewicht = bold	fett
Schriftgewicht = bolder	besonders fett
Schriftgewicht = lighter	dünner
Das Schriftgewicht kann auch folgende Werte annehmen:	100, 200, 300, 400, 500, 600, 700, 800, 900 100 bedeutet besonders dünn, 900 besonders fett

footer

siehe header

header

CSS-Version: CSS 2.0

Einsatzbereich: Layout

Syntax: @page :header { Einstellungen }

Kurzbeschreibung:

Kopf- (header) und Fußzeilen (footer) definieren. Folgende Kombinationen sind erlaubt: *@page :header, @page :footer, @page :left :header, @page :right :header, @page :left :footer, @page :right :footer*.

Mit dem Schlüsselwort *content* leiten Sie die Beschreibung von bis zu drei Elementen für die Kopf- oder Fußzeilen ein. Die durch Kommas getrennten Elemente werden links, mittig und rechts platziert. Neben statischem Text (zum Beispiel eine Überschrift) sind auch folgende dynamische Angaben möglich:

url	Speicherort des Dokuments
date	Aktuelles Datum und Uhrzeit
decimal(Seitenzahl)	Seitenzahl 1,2,3,...
lower-roman(Seitenzahl)	Seitenzahl i,ii,iii,...
upper-roman(Seitenzahl)	Seitenzahl I,II,III,...
lower-alpha(Seitenzahl)	Seitenzahl a,b,c,...
upper-alpha(Seitenzahl)	Seitenzahl A,B,C,...
decimal(Gesamtseitenzahl)	Gesamtseitenzahl 1,2,3...
lower-roman(Gesamtseitenzahl)	Gesamtseitenzahl i,ii,iii...
upper-roman(Gesamtseitenzahl)	Gesamtseitenzahl I,II,III...
lower-alpha(Gesamtseitenzahl)	Gesamtseitenzahl a,b,c...
upper-alpha(Gesamtseitenzahl)	Gesamtseitenzahl A,B,C...
first(Dokumententitel)	Beginn des ersten Elements einer Seite (siehe running-head:title)
first(Kapitel)	Beginn des ersten Elements einer Seite (siehe running-head:chapter)

first(Abschnitt)	Beginn des ersten Elements einer Seite (siehe running-head:section)
last(Titel)	Beginn des letzten Elements einer Seite (siehe running-head:title)
last(Kapitel)	Beginn des letzten Elements einer Seite (siehe running-head:chapter)
last(Abschnitt)	Beginn des letzten Elements einer Seite (siehe running-head:section)
previous(Titel)	Beginn des letzten aufgerufenen Elements (siehe running-head:title)
previous(Kapitel)	Beginn des letzten aufgerufenen Elements (siehe running-head:chapter)
previous(Abschnitt)	Beginn des letzten aufgerufenen Elements (siehe running-head:section)

height

CSS-Version: CSS 2.0

Einsatzbereich: Formatierung von Elementen

Syntax:
style="height:X;"

Kurzbeschreibung:
Mit *height* legen Sie die Höhe eines Bereichs fest.

left

CSS-Version: CSS 2.0

Einsatzbereich: Formatierung von Elementen

Syntax: style="position:relative; left:X; "

Kurzbeschreibung:
In Verbindung mit *position:* legen Sie den Nullpunkt von links fest. Für die automatische Positionierung geben Sie für X den Wert *auto* an.

left (mit @page)

CSS-Version: CSS 2.0

Einsatzbereich: Layout

Syntax: @page :left { Seiteneinstellungen }

Kurzbeschreibung:
Seiteneinstellungen für linke (left) oder rechte (right) Seiten.

letter-spacing

CSS-Version: CSS 1.0

Einsatzbereich: Textformatierung

Syntax: style="letter-spacing:X"

Kurzbeschreibung:
Mit *letter-spacing* legen Sie den Abstand zwischen den Zeichen fest. Die Angabe kann in mm oder Prozent erfolgen.

line-height

CSS-Version: CSS 1.0

Einsatzbereich: Textausrichtung

Syntax: h1 { line-height:X; }

Kurzbeschreibung:
Mit line-height definieren Sie die Zeilenhöhe.

:link

CSS-Version: CSS 2.0

Einsatzbereich: Pseudoformat

Syntax:
a:active { font-style:bold }
a:link { color:#RRGGBB; }
a:visited { font-weight:normal; }

Kurzbeschreibung:
Darstellung von Links, die noch nicht, bereits oder gerade angeklickt wurden.

Parameter:

link	bisher nicht besuchte Links
visited	bereits besuchte Links
active	gerade aktivierte Links

list-style-image

CSS-Version: CSS 1.0

Einsatzbereich: Listen

Syntax: { list-style-image:url(mybullet.jpg) }

Kurzbeschreibung:
Grafik als Bullet für Aufzählungslisten definieren.

Parameter:
Als URL geben Sie den Speicherort einer Grafikdatei an, die als Bullet-Zeichen verwendet wird.

list-style-position

CSS-Version: CSS 1.0

Einsatzbereich: Listen

Syntax: style="list-style-position:X"

Kurzbeschreibung:
list-style-position legt fest, wie die Einträge in einer Liste eingerückt werden

Parameter:

X = inside	Eintrag wird eingerückt
X = outside	Eintrag wird ausgerückt

list-style-type

CSS-Version: CSS 1.0

Einsatzbereich: Listen

Syntax: { ol list-style-type:X } oder { ul list-style-type:Y }

Kurzbeschreibung:
Bestimmt bei nummerierten Listen die Art der Nummerierung, bei Aufzählungslisten wird das vorangestellte Zeichen definiert.

Parameter:

X = decimal	1.,2.,3.,...
X = lower-roman	i.,ii.,iii.,...
X = upper-roman	I.,II.,III.,...
X = lower-alpha	a.,b.,c.,...
X = upper-alpha	A.,B.,C.,...
Y = disc	Floppysymbol
Y = circle	Kreis
Y = square	Rechteck
Y = none	kein Zeichen

margin

CSS-Version: CSS 2.0

Einsatzbereich: Layout

Syntax: @page { margin-top:X; margin-bottom:Y; margin-left:W; margin-right:Z }

Kurzbeschreibung:
Abstände zwischen Rand und Seiteninhalt definieren.

Parameter:

margin-top	oberer Rand
margin-bottom	unterer Rand
margin-left	linker Rand
margin-right	rechter Rand

margin-bottom

CSS-Version: CSS 1.0

Einsatzbereich: Textausrichtung

Syntax: h1 { margin-bottom:X; }

Kurzbeschreibung:

Festlegen des unteren Abstands eines Elements zum nächsten Element. Sie können den unteren Abstand eines Elements zum nächsten Element festlegen. Die Angabe kann beispielsweise in cm, pt oder Pixeln (px) erfolgen.

margin-left

CSS-Version: CSS 1.0

Einsatzbereich: Textausrichtung

Syntax: h1 { margin-left:X; }

Kurzbeschreibung:

Festlegen des linken Elementabstands entweder zum linken Nachbarn oder – falls nicht vorhanden – zum Elternelement, also beispielsweise zum Fensterrand.

margin-right

CSS-Version: CSS 1.0

Einsatzbereich: Textausrichtung

Syntax: h1 { margin-right:X; }

Kurzbeschreibung:

Festlegen des linken Elementabstands entweder zum rechten Nachbarn oder wenn dieses nicht vorhanden ist zum Elternelement, beispielsweise zum Fensterrand.

margin-top

CSS-Version: CSS 1.0

Einsatzbereich: Textausrichtung

Syntax: h1 { margin-top:X; }

Kurzbeschreibung:
Festlegen des oberen Abstands eines Elements zum vorigen Element. Sie können den oberen Abstand eines Elements zum vorausgehenden Element festlegen. Die Angabe kann beispielsweise in cm, pt oder Pixeln (px) erfolgen.

marks

CSS-Version: CSS 2.0

Einsatzbereich: Layout

Syntax: @page { marks:X; }

Kurzbeschreibung:
Schnitt- und Passermarken definieren.

Parameter:

X = none	Keine Marken
X = crop	Schnittmarken
X = cross	Passermarken

max-height

CSS-Version: CSS 2.0

Einsatzbereich: Formatierung von Elementen

Syntax: h1 { max-height:X; }

Kurzbeschreibung:
Mit *max-height* legen Sie die maximale Höhe eines Bereichs fest.

max-width

CSS-Version: CSS 2.0

Einsatzbereich: Formatierung von Elementen

Syntax: { max-width:X }

Kurzbeschreibung:
Mit *max-width* legen Sie die maximale Breite eines Bereichs fest.

min-height

CSS-Version: CSS 2.0

Einsatzbereich: Formatierung von Elementen

Syntax: h1 { min-height:X; }

Kurzbeschreibung:
Mit *min-height* legen Sie die Mindesthöhe eines Bereichs fest.

min-width

CSS-Version: CSS 2.0

Einsatzbereich: Formatierung von Elementen

Syntax: { min-width:X }

Kurzbeschreibung:
Mit *min-width* legen Sie die Mindestbreite eines Bereichs fest.

orphans

CSS-Version: CSS 2.0

Einsatzbereich: Layout

Syntax: Element { orphans:X; }

Kurzbeschreibung:
Definition der Anzahl von Zeilen, die vor einem Seitenumbruch mindestens auf der Seite stehen müssen, um einzelne Zeilen am Seitenende zu verhindern.

overflow

CSS-Version: CSS 2.0

Einsatzbereich: Formatierung von Elementen

Syntax: <img src="background.jpg" style="overflow:X">

Kurzbeschreibung:
Wenn ein dargestelltes Element größer als der Bereich ist, in dem es dargestellt werden soll, können Sie mit *overflow* festlegen, wie das Element behandelt wird.

Parameter:

X = visible	Übergeordneter Bereich wird an die Größe des Elements angepasst.
X = hidden	Element wird an den Grenzen des übergeordneten Bereichs abgeschnitten.
X = scroll	Der Bereich erhält Scrollbalken, mit denen das Element hin- und hergescrollt werden kann.
X = auto	Automatische Größenanpassung.

padding

CSS-Version: CSS 1.0

Einsatzbereich: Innenabstand

Syntax: { padding:W; [X; Y; Z;] }

Kurzbeschreibung:
Zwischenraum zwischen Inhalt und den oberen, linken, rechten, unteren Elementgrenzen definieren.

padding-bottom

CSS-Version: CSS 1.0

Einsatzbereich: Innenabstand

Syntax: { padding-bottom:X; }

Kurzbeschreibung:
Zwischenraum zwischen Inhalt und oberer Elementgrenze definieren.

padding-left

CSS-Version: CSS 1.0

Einsatzbereich: Innenabstand

Syntax: { padding-left:X; }

Kurzbeschreibung:
Zwischenraum zwischen Inhalt und linker Elementgrenze definieren.

padding-right

CSS-Version: CSS 1.0

Einsatzbereich: Innenabstand

Syntax: { padding-right:X; }

Kurzbeschreibung:
Zwischenraum zwischen Inhalt und rechter Elementgrenze definieren.

padding-top

CSS-Version: CSS 1.0

Einsatzbereich: Innenabstand

Syntax: { padding-top:X; }

Kurzbeschreibung:
Zwischenraum zwischen Inhalt und oberer Elementgrenze definieren.

@page

CSS-Version: CSS 2.0

Einsatzbereich: Layout

Syntax: @page { Seitenlayout[:X] }

Kurzbeschreibung:
Seitenlayout für Ausdrucke definieren. In den Klammern können Sie beispielsweise die Seitengröße festlegen. Über einen Doppelpunkt können Sie Angaben für linke und rechte Seiten trennen. Die Angaben werden nicht für die veränderte Darstellung der HTML-Seiten benutzt.

Siehe auch: *size, margin, marks, left, right, header, footer.*

page-break-after

CSS-Version: CSS 2.0

Einsatzbereich: Layout

Syntax: style="page-break-after:X"

Kurzbeschreibung:
Seitenumbruch nach einem Element definieren.

Parameter:

X = always	Seitenumbruch nach dem aktuellen Element erzwingen.
X = avoid	Seitenumbruch nie nach dem aktuellen Element erlauben.
X = left	Bei Seitenumbruch aktuelles Element auf folgende linke Seite herüberziehen.
X = right	Bei Seitenumbruch aktuelles Element auf folgende rechte Seite herüberziehen.
X = auto	Automatischer Seitenumbruch.

page-break-before

CSS-Version: CSS 2.0

Einsatzbereich: Layout

Syntax: style="page-break-before:X"

Kurzbeschreibung:
Seitenumbruch vor einem Element definieren.

Parameter:

X = always	Seitenumbruch vor dem aktuellen Element erzwingen.
X = avoid	Seitenumbruch nie vor dem aktuellen Element erlauben.
X = left	Bei Seitenumbruch aktuelles Element auf folgende linke Seite herüberziehen.
X = right	Bei Seitenumbruch aktuelles Element auf folgende rechte Seite herüberziehen.
X = auto	Automatischer Seitenumbruch.

pause

CSS-Version: CSS 2.0

Einsatzbereich: Sprachausgabe

Syntax: Element { pause X Y; }

Kurzbeschreibung:
Sprechpause vor und nach einem Element definieren.

pause-after

CSS-Version: CSS 2.0

Einsatzbereich: Sprachausgabe

Syntax: Element { pause-after:X; }

Kurzbeschreibung:
Sprechpause nach einem Element einfügen. Angaben sind in Sekunden (s) oder Millisekunden (ms) möglich.

pause-before

CSS-Version: CSS 2.0

Einsatzbereich: Sprachausgabe

Syntax: Element { pause-before:X; }

Kurzbeschreibung:
Sprechpause vor einem Element einfügen. Angaben sind in Sekunden (s) oder Millisekunden (ms) möglich.

pitch

CSS-Version: CSS 2.0

Einsatzbereich: Sprachausgabe

Syntax: style="pitch:X;"

Kurzbeschreibung:

Stimmhöhe bei der Sprachausgabe. Angaben in Hertz (hz) oder Kilohertz (khz).

Parameter:

X = x-low	sehr tief
X = low	tief
X = medium	normal
X = high	hoch
X = x-high	sehr hoch

pitch-range

CSS-Version: CSS 2.0

Einsatzbereich: Sprachausgabe

Syntax: Element { pitch-range:X; }

Kurzbeschreibung:

Betonung bei der Sprachausgabe festlegen. 50 entspricht einem normalen Wert.

play-during

CSS-Version: CSS 2.0

Einsatzbereich: Sprachausgabe

Syntax: Element { play-during:url(Klang.wav) [mix]; }

Kurzbeschreibung:

Hintergrundklang für ein Element bestimmen, der so lange gespielt wird, wie das Element angezeigt wird. Unterstützte Dateiformate sind AI, AU und WAV. Durch optionale Angabe des Schlüsselworts *mix* werden die auftretenden Klänge gemischt; der Hintergrundklang übertönt sonst die anderen Klangausgaben.

position

CSS-Version: CSS 2.0

Einsatzbereich: Formatierung von Elementen

Syntax: style="position:X; "

Kurzbeschreibung:
Art der Positionierung eines Elements festlegen.

Parameter:

X = absolute	absolute Positionierung zum Fensterrand (kann gescrollt werden)
X = fixed	absolute Positionierung zum Fensterrand (kann nicht gescrollt werden)
X = relative	relative Positionierung zum vorigen Element
X = static	normale Positionierung

richness

CSS-Version: CSS 2.0

Einsatzbereich: Sprachausgabe

Syntax: Element { richness:X; }

Kurzbeschreibung:

Charakter der Stimme bei der Sprachausgabe festlegen. 50 ist ein normaler Wert, höhere Werte legen eine gewaltige Stimme fest, niedrige Werte eine unsichere.

right

CSS-Version: CSS 2.0

Einsatzbereich: Formatierung von Elementen

Syntax:
style="position:relative; right:X; "

Kurzbeschreibung:

In Verbindung mit *position:* legen Sie den Nullpunkt von rechts fest. Für die automatische Positionierung geben Sie für *X* den Wert *auto* an.

Siehe auch *left*.

row-span

CSS-Version: CSS 2.0

Einsatzbereich: Tabellen

Syntax: { row-span:X }

Kurzbeschreibung:
Einzelne Zellen zwingen, sich über *X* Zeilen zu erstrecken.

running-head

CSS-Version: CSS 2.0

Einsatzbereich: Layout

Syntax: style="running-head:X"

Kurzbeschreibung:
Elemente für dynamische Angaben in Kopf- und Fußzeilen markieren.

Parameter:

X = title	Element markieren für *first(title)*, *last(title)* oder *previous(title)*
X = chapter	Element markieren für *first(chapter)*, *last(chapter)* oder *previous(chapter)*
X = section	Element markieren für *first(section)*, *last(section)* oder *previous(section)*
X = none	Element nicht markieren

size

CSS-Version: CSS 2.0

Einsatzbereich: Layout

Syntax:
@page { size:X Y; }

Kurzbeschreibung:
Durch Leerzeichen getrennte Werte X und Y bestimmen Seitenbreite und Seitenhöhe.

Parameter:

auto	voreingestelltes Format auf dem Ausgabegerät
landscape	voreingestelltes Format auf dem Ausgabegerät bei um 90 Grad gedrehtem Papier
portrait	voreingestelltes Format auf dem Ausgabegerät (hochkant)

speak

CSS-Version: CSS 2.0

Einsatzbereich: Sprachausgabe

Syntax:
style="speak:X;"

Kurzbeschreibung:
speak legt fest, wie ein Element ausgesprochen werden soll.

Parameter:

X = none	Ton aus
X = normal	Normale Aussprache
X = spell-out	Buchstabieren

speak-date

CSS-Version: CSS 2.0

Einsatzbereich: Sprachausgabe

Syntax:
Element { speak-date:X; }

Kurzbeschreibung:
Mit *speak-date* legen Sie fest, wie ein Datum ausgesprochen wird.

Parameter:

X = myd	Monat, Jahr, Tag
X = dmy	Tag, Monat, Jahr
X = ymd	Jahr, Monat, Tag

speak-header-cell

CSS-Version: CSS 2.0

Einsatzbereich: Tabellen

Syntax:

style="speak-header-cell:X"

Kurzbeschreibung:
Bei der Sprachausgabe von Zellinhalten können Sie festlegen, ob die Kopfzellen vor jeder zugehörigen Datenzelle vorgelesen wird oder ob die Kopfzelle nur einmal vor den folgenden Datenzellen vorgelesen werden soll.

Parameter:

X = always	Kopfzelle wird jedes Mal vorgelesen.
X = once	Kopfzelle wird nur einmal vorgelesen.

speak-numeral

CSS-Version: CSS 2.0

Einsatzbereich: Sprachausgabe

Syntax:

style="speak-numeral:X;"

Kurzbeschreibung:
Mit *speak-numeral* legen Sie fest, wie Zahlen ausgesprochen werden.

Parameter:

X = digits	Zahlen werden einzeln vorgelesen (eins, zwei, drei).
X = continous	Zahlen werden zusammenhängend vorgelesen (einhundertdreiundzwanzig).

speak-punctuation

CSS-Version: CSS 2.0

Einsatzbereich: Sprachausgabe

Syntax:

style="speak-punctuation:X;"

Kurzbeschreibung:
Definieren, ob Satzzeichen vorgelesen werden.

Parameter:

X = code	Satzzeichen vorlesen
X = none	Satzzeichen nicht vorlesen

speech-rate

CSS-Version: CSS 2.0

Einsatzbereich: Sprachausgabe

Syntax:

style="speech-rate:X;"

Kurzbeschreibung:
Geschwindigkeit der Sprachausgabe definieren.

Parameter:

X = x-slow	sehr langsam
X = slow	langsam
X = slower	langsamer
X = medium	normal
X = faster	schneller
X = fast	schnell
X = x-fast	sehr schnell

speak-time

CSS-Version: CSS 2.0

Einsatzbereich: Sprachausgabe

Syntax:
Element { speak-time:X; }

Kurzbeschreibung:
speak-time legt fest, ob Uhrzeiten im 24-Stunden-Format vorgelesen werden.

Parameter:

X = 24	24-Stunden-Format (0-23 Uhr)
X = 12	12-Stunden-Format (12am-12pm)

stress

CSS-Version: CSS 2.0

Einsatzbereich: Sprachausgabe

Syntax: style="stress:X;"

Kurzbeschreibung:
Stimmung bei der Sprachwiedergabe einstellen. 50 entspricht einem normalen Wert, höhere Werte legen eine hastigere Ausgabe fest, niedrige Werte eine ruhige.

text-align

CSS-Version: CSS 1.0

Einsatzbereich: Textausrichtung

Syntax: h1 { text-align:X }

Kurzbeschreibung:
Ausrichten von Absätzen

Parameter:

X = left	linksbündig ausrichten
X = center	zentriert ausrichten
X = right	rechtsbündig ausrichten
X = justify	Blocksatz

text-decoration

CSS-Version: CSS 1.0

Einsatzbereich: Textformatierung

Syntax: strong { text-decoration:X }

Kurzbeschreibung:
text-decoration bestimmt die Darstellung der Zeichen.

Parameter:

X = underline	unterstrichen.
X = overline	überstrichen.
X = line-through	durchgestrichen.
X = blink	blinkend.
X = none	normaler Text

text-indent

CSS-Version: CSS 1.0

Einsatzbereich: Textausrichtung

Syntax: style="text-indent:X"

Kurzbeschreibung:
Bei mehrzeiligem Text wird die erste Zeile eingerückt. Negative Werte rücken den Text nach links heraus.

text-shadow

CSS-Version: CSS 2.0

Einsatzbereich: Textformatierung

Syntax: style="text-shadow:X"

Kurzbeschreibung:
Text mit Schatten hinterlegen.

Parameter:
X = Farbname bzw. Farbwert

text-transform

CSS-Version: CSS 1.0

Einsatzbereich: Textformatierung

Syntax: style="text-transform:X"

Kurzbeschreibung:
Mit *text-transform* bestimmen Sie die Darstellung der Zeichen.

Parameter:

X = capitalize	Wortanfänge mit Großbuchstaben
X = uppercase	Wörter in Großbuchstaben
X = lowercase	Wörter in Kleinbuchstaben
X = none	normaler Text

top

CSS-Version: CSS 2.0

Einsatzbereich: Formatierung von Elementen

Syntax: style="position:relative; top:X;"

Kurzbeschreibung:

In Verbindung mit *position:* legen Sie den Nullpunkt von oben fest. Für die automatische Positionierung geben Sie für *X* den Wert *auto* an.

unicode-range

CSS-Version: CSS 2.0

Einsatzbereich: Textformatierung

Syntax: @font-face { font-family:X; src:url(X.eot); unicode-range:U+0000-007F; }

Kurzbeschreibung:

Einschränkung des Bereichs der darstellbaren Zeichen. Der Browser überträgt die Schriftartendatei nur, wenn der Text mit den Zeichen des Unicode-Bereichs dargestellt werden kann. U+0000-007F entspricht dem ASCII-Zeichensatz.

vertical-align

CSS-Version: CSS 1.0

Einsatzbereich: Textausrichtung

Syntax: style="vertical-align:X"

Kurzbeschreibung:
Ausrichten mehrerer in einer Zeile befindlicher Elemente.

Parameter:

X = top	bündig oben ausrichten
X = middle	mittig ausrichten
X = bottom	bündig unten ausrichten
X = baseline	an der Baseline ausrichten
X = sub	Text tiefer stellen
X = super	Text höher stellen
X = text-top	am oberen Schriftrand ausrichten
X = text-bottom	am unteren Schriftrand ausrichten

visibility

CSS-Version: CSS 2.0

Einsatzbereich: Formatierung von Elementen

Syntax: Element { visibility:X; }

Kurzbeschreibung:
visibility legt fest, ob ein Element angezeigt wird.

Parameter:

X = hidden	Inhalt des Elements wird nicht angezeigt.
X = visible	Inhalt des Elements wird angezeigt.

:visited

siehe :link

voice-family

CSS-Version: CSS 2.0

Einsatzbereich: Sprachausgabe

Syntax: Element { voice-family:X; }

Kurzbeschreibung:
Art der Stimmlage festlegen.

Parameter:

X = male	Mann
X = female	Frau
X = child	Kind

volume

CSS-Version: CSS 2.0

Einsatzbereich: Sprachausgabe

Syntax: Element { volume:X; }

Kurzbeschreibung:
Lautstärke der Sprachausgabe zwischen 0 (aus) und 100 (volle Lautstärke) angeben. Auch die folgenden Parameter sind möglich.

Anhang

Parameter:

X = silent	Ton aus
X = x-soft	sehr leise
X = soft	leise
X = medium	normal
X = loud	sehr laut
X = x-loud	volle Lautstärke

white-space

CSS-Version: CSS 2.0

Einsatzbereich: Textausrichtung

Syntax: style="white-space:X"

Kurzbeschreibung:
Festlegen des Zeilenumbruchs.

Parameter:

X = normal	automatischer Zeilenumbruch
X = pre	Zeilenumbruch wie bei der Eingabe (entspricht HTML-Tag <pre>)
X = nowrap	automatischer Zeilenumbruch ausgeschaltet

widows

CSS-Version: CSS 2.0

Einsatzbereich: Layout

Syntax: Element { widow:X; }

Kurzbeschreibung:
Definition der Anzahl von Zeilen, die nach einem Seitenumbruch mindestens auf der Seite stehen müssen, um einzelne Zeilen am Seitenanfang zu verhindern.

width

CSS-Version: CSS 2.0

Einsatzbereich: Formatierung von Elementen

Syntax: style="position:absolute; width:X; "

Kurzbeschreibung:
width: betsimmt die Breite eines Bereichs. Wenn Sie für *X* den Wert *auto* einsetzen, wird die Breite automatisch festgelegt.

word-spacing

CSS-Version: CSS 1.0

Einsatzbereich: Textformatierung

Syntax: h1 { word-spacing:Xmm oder X%}

Kurzbeschreibung:
Mit *word-spacing* legen Sie den Abstand zwischen Wörtern fest. *X* kann Angaben in Millimetern oder in Prozent enthalten.

z-index

CSS-Version: CSS 2.0

Einsatzbereich: Formatierung von Elementen

Syntax: style="z-index:X"

Kurzbeschreibung:
z-index bestimmt die Ebene, auf der sich ein überlappendes Element befindet. Niedrige Werte für *X* legen das Element in den Hintergrund, höhere Werte in den Vordergrund.

15.6 Event-Handling-Referenz

onblur

Bedeutung:
Element verliert den Fokus

Einsatzbereich (Tags)
`<a> <area> <button> <input> <label> <select> <textarea>`

onchange

Bedeutung:
Wert eines Elements wird geändert

Einsatzbereich (Tags)
`<input> <select> <textarea>`

onclick

Bedeutung:
Element wird mit der Maus angeklickt

Anhang

Einsatzbereich (Tags)

```
<a> <abbr> <acronym> <address> <area> <b> <big> <blockquote> <body>
<button> <caption> <center> <cite> <code> <col> <colgroup> <dd> <del>
<dfn> <dir> <div> <dl> <dt> <em> <fieldset> <form> <h1> ... <h6> <hr>
<i> <img> <input> <ins> <kbd> <label> <legend> <li> <link> <map>
<menu> <noframes> <noscript> <object> <ol> <optgroup> <option> <p>
<pre> <q> <s> <samp> <select> <small> <span> <strike> <strong> <sub>
<sup> <table> <tbody> <td> <textarea> <tfoot> <th> <thead> <tr> <tt>
<u> <ul> <var>
```

ondblclick

Bedeutung:

Doppelklick mit der Maus erfolgt auf einem Element

Einsatzbereich (Tags)

```
<a> <abbr> <acronym> <address> <area> <b> <big> <blockquote> <body>
<button> <caption> <center> <cite> <code> <col> <colgroup> <dd> <del>
<dfn> <dir> <div> <dl> <dt> <em> <fieldset> <form> <h1> ... <h6> <hr>
<i> <img> <input> <ins> <kbd> <label> <legend> <li> <link> <map>
<menu> <noframes> <noscript> <object> <ol> <optgroup> <option> <p>
<pre> <q> <s> <samp> <select> <small> <span> <strike> <strong> <sub>
<sup> <table> <tbody> <td> <textarea> <tfoot> <th> <thead> <tr> <tt>
<u> <ul> <var>
```

onfocus

Bedeutung:

Element erhält den Fokus, d. h. wird aktiviert

Einsatzbereich (Tags)

```
<a> <area> <button> <input> <label> <select> <textarea>
```

onkeydown

Bedeutung:

Taste wird gedrückt, aber ist noch nicht losgelassen worden

Einsatzbereich (Tags)

```
<a> <abbr> <acronym> <address> <area> <b> <big> <blockquote> <body>
<button> <caption> <center> <cite> <code> <col> <colgroup> <dd> <del>
<dfn> <dir> <div> <dl> <dt> <em> <fieldset> <form> <h1> ... <h6> <hr>
<i> <img> <input> <ins> <kbd> <label> <legend> <li> <link> <map>
<menu> <noframes> <noscript> <object> <ol> <optgroup> <option> <p>
<pre> <q> <s> <samp> <select> <small> <span> <strike> <strong> <sub>
<sup> <table> <tbody> <td> <textarea> <tfoot> <th> <thead> <tr> <tt>
<u> <ul> <var>
```

onkeypress

Bedeutung:
Taste wurde gedrückt und losgelassen

Einsatzbereich (Tags)

\<a\> \<abbr\> \<acronym\> \<address\> \<area\> \<b\> \<big\> \<blockquote\> \<body\> \<button\> \<caption\> \<center\> \<cite\> \<code\> \<col\> \<colgroup\> \<dd\> \<del\> \<dfn\> \<dir\> \<div\> \<dl\> \<dt\> \<em\> \<fieldset\> \<form\> \<h1\> ... \<h6\> \<hr\> \<i\> \<img\> \<input\> \<ins\> \<kbd\> \<label\> \<legend\> \<li\> \<link\> \<map\> \<menu\> \<noframes\> \<noscript\> \<object\> \<ol\> \<optgroup\> \<option\> \<p\> \<pre\> \<q\> \<s\> \<samp\> \<select\> \<small\> \<span\> \<strike\> \<strong\> \<sub\> \<sup\> \<table\> \<tbody\> \<td\> \<textarea\> \<tfoot\> \<th\> \<thead\> \<tr\> \<tt\> \<u\> \<ul\> \<var\>

onkeyup

Bedeutung:
Taste wurde losgelassen

Einsatzbereich (Tags)

\<a\> \<abbr\> \<acronym\> \<address\> \<area\> \<b\> \<big\> \<blockquote\> \<body\> \<button\> \<caption\> \<center\> \<cite\> \<code\> \<col\> \<colgroup\> \<dd\> \<del\> \<dfn\> \<dir\> \<div\> \<dl\> \<dt\> \<em\> \<fieldset\> \<form\> \<h1\> ... \<h6\> \<hr\> \<i\> \<img\> \<input\> \<ins\> \<kbd\> \<label\> \<legend\> \<li\> \<link\> \<map\> \<menu\> \<noframes\> \<noscript\> \<object\> \<ol\> \<optgroup\> \<option\> \<p\> \<pre\> \<q\> \<s\> \<samp\> \<select\> \<small\> \<span\> \<strike\> \<strong\> \<sub\> \<sup\> \<table\> \<tbody\> \<td\> \<textarea\> \<tfoot\> \<th\> \<thead\> \<tr\> \<tt\> \<u\> \<ul\> \<var\>

onload

Bedeutung:
Element wird geladen, Ladevorgang dauert an

Einsatzbereich (Tags)
<frameset> <body>

onmousedown

Bedeutung:
Maustaste wird gedrückt

Einsatzbereich (Tags)

\<a\> \<abbr\> \<acronym\> \<address\> \<area\> \<b\> \<big\> \<blockquote\> \<body\> \<button\> \<caption\> \<center\> \<cite\> \<code\> \<col\> \<colgroup\> \<dd\> \<del\> \<dfn\> \<dir\> \<div\> \<dl\> \<dt\> \<em\> \<fieldset\> \<form\> \<h1\> ... \<h6\> \<hr\>

`<i>` `<img>` `<input>` `<ins>` `<kbd>` `<label>` `<legend>` `<li>` `<link>` `<map>` `<menu>` `<noframes>` `<noscript>` `<object>` `<ol>` `<optgroup>` `<option>` `<p>` `<pre>` `<q>` `<s>` `<samp>` `<select>` `<small>` `<span>` `<strike>` `<strong>` `<sub>` `<sup>` `<table>` `<tbody>` `<td>` `<textarea>` `<tfoot>` `<th>` `<thead>` `<tr>` `<tt>` `<u>` `<ul>` `<var>`

onmousemove

Bedeutung:

Maus wird bewegt

Einsatzbereich (Tags)

`<a>` `<abbr>` `<acronym>` `<address>` `<area>` `<b>` `<big>` `<blockquote>` `<body>` `<button>` `<caption>` `<center>` `<cite>` `<code>` `<col>` `<colgroup>` `<dd>` `<del>` `<dfn>` `<dir>` `<div>` `<dl>` `<dt>` `<em>` `<fieldset>` `<form>` `<h1>` ... `<h6>` `<hr>` `<i>` `<img>` `<input>` `<ins>` `<kbd>` `<label>` `<legend>` `<li>` `<link>` `<map>` `<menu>` `<noframes>` `<noscript>` `<object>` `<ol>` `<optgroup>` `<option>` `<p>` `<pre>` `<q>` `<s>` `<samp>` `<select>` `<small>` `<span>` `<strike>` `<strong>` `<sub>` `<sup>` `<table>` `<tbody>` `<td>` `<textarea>` `<tfoot>` `<th>` `<thead>` `<tr>` `<tt>` `<u>` `<ul>` `<var>`

onmouseout

Bedeutung:

Maus verlässt die Koordinaten eines Elements

Einsatzbereich (Tags)

`<a>` `<abbr>` `<acronym>` `<address>` `<area>` `<b>` `<big>` `<blockquote>` `<body>` `<button>` `<caption>` `<center>` `<cite>` `<code>` `<col>` `<colgroup>` `<dd>` `<del>` `<dfn>` `<dir>` `<div>` `<dl>` `<dt>` `<em>` `<fieldset>` `<form>` `<h1>` ... `<h6>` `<hr>` `<i>` `<img>` `<input>` `<ins>` `<kbd>` `<label>` `<legend>` `<li>` `<link>` `<map>` `<menu>` `<noframes>` `<noscript>` `<object>` `<ol>` `<optgroup>` `<option>` `<p>` `<pre>` `<q>` `<s>` `<samp>` `<select>` `<small>` `<span>` `<strike>` `<strong>` `<sub>` `<sup>` `<table>` `<tbody>` `<td>` `<textarea>` `<tfoot>` `<th>` `<thead>` `<tr>` `<tt>` `<u>` `<ul>` `<var>`

onmouseover

Bedeutung:

Maus befindet sich nun über einem Element

Einsatzbereich (Tags)

`<a>` `<abbr>` `<acronym>` `<address>` `<area>` `<b>` `<big>` `<blockquote>` `<body>` `<button>` `<caption>` `<center>` `<cite>` `<code>` `<col>` `<colgroup>` `<dd>` `<del>` `<dfn>` `<dir>` `<div>` `<dl>` `<dt>` `<em>` `<fieldset>` `<form>` `<h1>` ... `<h6>` `<hr>` `<i>` `<img>` `<input>` `<ins>` `<kbd>` `<label>` `<legend>` `<li>` `<link>` `<map>` `<menu>` `<noframes>` `<noscript>` `<object>` `<ol>` `<optgroup>` `<option>` `<p>`

`<pre>` `<q>` `<s>` `<samp>` `<select>` `<small>` `<span>` `<strike>` `<strong>` `<sub>` `<sup>` `<table>` `<tbody>` `<td>` `<textarea>` `<tfoot>` `<th>` `<thead>` `<tr>` `<tt>` `<u>` `<ul>` `<var>`

onmouseup

Bedeutung:

Maustaste wird losgelassen

Einsatzbereich (Tags)

`<a>` `<abbr>` `<acronym>` `<address>` `<area>` `<b>` `<big>` `<blockquote>` `<body>` `<button>` `<caption>` `<center>` `<cite>` `<code>` `<col>` `<colgroup>` `<dd>` `<del>` `<dfn>` `<dir>` `<div>` `<dl>` `<dt>` `<em>` `<fieldset>` `<form>` `<h1>` ... `<h6>` `<hr>` `<i>` `<img>` `<input>` `<ins>` `<kbd>` `<label>` `<legend>` `<li>` `<link>` `<map>` `<menu>` `<noframes>` `<noscript>` `<object>` `<ol>` `<optgroup>` `<option>` `<p>` `<pre>` `<q>` `<s>` `<samp>` `<select>` `<small>` `<span>` `<strike>` `<strong>` `<sub>` `<sup>` `<table>` `<tbody>` `<td>` `<textarea>` `<tfoot>` `<th>` `<thead>` `<tr>` `<tt>` `<u>` `<ul>` `<var>`

onreset

Bedeutung:

Reset, also die Rückstellung auf voreingestellte Werte, ist erfolgt

Einsatzbereich (Tags)

`<form>`

onselect

Bedeutung:

Text wird ausgewählt

Einsatzbereich (Tags)

`<input>` `<textarea>`

onsubmit

Bedeutung:

Formular wird gesendet

Einsatzbereich (Tags)

`<form>`

onunload

Bedeutung:

Element wird entladen, d. h. beendet

Einsatzbereich (Tags)

`<body> <frameset>`

Stichwortverzeichnis

/* 242
// 242
<!– 417
3-D-Animation 761

A

A Real Validator 768
A+B+C Graphics 767
Absätze
   ausrichten 36
Absatz-Tag 36
Absolute Pfade 534
Abwärtskompatibilität 744
Access 753
ACDSee 762
Acrobat-Plug-In 762
Acrobat-Reader 762
Active Server Pages .... Siehe ASP 752
   ActiveX 518
   als Objekt einbinden 524
   Beispiel 525
   Browserunterstützung 518
   Calendar-Control 519
   Claasid 524
   Control Pad 522
   Controls 518
   FrontPage 519
   id 524
   Ladezeiten 518
   Nachteile 518
   Plug-In für 518
   Probleme 518
   Sicherheitsrisiko 518
   Sicherheitszertifikate 518
   Word 2000 521
ActiveX-Control Pad .... Siehe ActiveX
Addieren 243
Adobe Acrobat 746
Adobe PageMaker 745
Adobe Photoshop 71; 764; 767
Adressierbarkeit 408
Album-Generator 764
alert() 256
ALIGN 27
Allround-Programme 743
Alpha-Kanäle 73
Alphanumerisch 241
Alpha-Transparenz 80
AltaVista 309
Alternativer Text für Grafiken 48
Amazon 309
Anchor-Tag 56
Animated GIFs 676; 764
Animation 675; 761; 762

Animation Shop 766
Animationen 107
Animationsformat 764
Animierte GIFs 766
API 408
Applet, code 277
Application Programming Interface .. 408
Arbeitsfläche 681
Arbeitsgruppe 752; 756
Area-Shapes 114
Array 242
ARV 768
ASCII-Editor 528
   für Linux 529
   für Windows 505; 506; 529
ASP 515; 752
   Definition 515
   if-Bestimmung 517
   Modul 515
   Scripts 515
   Script-Sprache 515
   Vorteile 516
ASP-Programmierung 752
Attribute 534
Attributwert 91
Aufzählungsgrafik 357
Aufzählungszeichen 356
Augenfreundlich 377
Auswahl 686
   deaktivieren 698
Autodesk FLC 701
Automatisch glätten 691
Autoren-Tools 750

B

back() 257
background 368
background-attachment 366
background-color 362
background-image 363
background-position 367
background-repeat 365
Banner 113
Bannertausch 735
Bearbeiten deaktivieren 698
Bearbeitungsrecht 756
Befehlsaufbau 25
Befehlszeilen aufbauen 27
Behandlungsprozedur 408
Bemerkung 230; 337; 417
Benannte Farben 336
Beschneiden 763
Betriebssystem 528
BGCOLOR 51

859

Stichwortverzeichnis

Bibliothek 682; 764
Bildbearbeitung 764
Bilder 665
   in Webseiten einbinden 85
   platzieren 85
Bilder freistellen 76
Bilder mit Transparenz 76
Bildersammlungen 764
Bildformat 74
Bildqualität 71
Bildschärfe 763
Bitmap 755
Bitmap-Ebenen 73
Bitmap-Font 696
Bitstream Fonts 399
Bitweise
   Exlusiv ODER 245
   links verschieben 245
   NICHT 245
   ODER 245
   rechts verschieben 245
   UND 245
Blocksatz 350
blur() 258
BMP-Format 68
Body 28
Boolescher Wert 234; 241
border-color 373
border-style 373
border-width 372
Break 33
Browser 90; 114
   Grafiken anzeigen 65
Browserfont 697
Browserspezifische Fehler 388
Browserspezifische Seiten 468
Browserstandard 749
Browserstatistik 401
Browserwatch 401
Bühne 682
Button 766
Bytecode 270

C

Cache 66
Cascading Style Sheet Level 1-Definition 332
Cascading Style Sheet Level 2-Definition 332
Cascading Style Sheets .105; 307; 395; 748; 754
case 248
ccWAP-Browser 657
CDR-Datei 765
CERN 18
CGI 501
   CGI-Schnittstelle 502
   Voraussetzungen 502
cgi-bin 503
CGI-Script 501
   Aufruf aus HTML-Formularen 502
CGI-Scripts
   Anbieter von Foren 506
   Aufruf durch Grafikreferenz 502
   Aufruf durch Verweise 502

Formulare 496
Get 497
Passwortabfrage 504
Post 497
Speicherplatz für 506
Übertragungsmethoden 497
Zugriffe protokollieren 507
Zugriffsrechte 503
CGI-Scripts, freie 505
Checkliste
   für Frames 172
class 329; 379
close() 259; 263
color 361
COM 518
Common Gateway Interface .... Siehe CGI
Compiler 404
Component Object Model .... Siehe COM
confirm() 256; 416
Cookie 265
Copyright-Hinweise 72
Corel WordPerfekt 746
CorelDRAW 765
Corporate Identity 113
Cosmo-Player 762
Counter .... Siehe Zugriffsstatistik
Cross-Compiling 747
CSE Validator Pro 768
CSS 24; 753
   Bemerkung 377
   Datei 312
   Definition 309
   Priorität 324
CTR 114
Cursor 455
   auto 456
   crosshair 456
   default 456
   e-resize 456
   help 456
   move 456
   ne-resize 456
   n-resize 456
   nw-resize 456
   pointer 456
   se-resize 456
   s-resize 456
   sw-resize 456
   text 455
   url 455
   wait 456
   w-resize 456

D

D.O.M. 407; 422
Darstellungsbereich 682
Data Binding 399
Dateiformat 67; 74
   DWF 671
   WRL 709
Dateigröße
   bei Grafiken 81

Stichwortverzeichnis

Datenbank 764
Datenbankanbindung 498
Datenbankeinbindung 752
Dateninsel 568
    auslagern 568
    Namen zuweisen 568
Datensynchronisation 580
Debug 270
Debugger 239; 752
Definitionsdatei 323
dependent 259
DHTML 230; 393; 398; 752; 753
DHTML Info Online 403
DHTML-Befehl 400
DIB 762
Digitalkamera 764
Direct Animation Controls 399
Diskrete Medien 587
display 354
Display-Größen 667
Dithering-Methode 111
DIV 331
Dividieren 243
DOCTYPE 30
Doctype-Einträge 30
document 408
Document Object Model 404
Document Type Definition 20; 532
Dokumente 535
    gültig 535
    wohlgeformt 535
Dokumentstruktur 530
    Klasse 532
    logische Elemente 532
Drag & Drop 755
Dreamweaver 94; 204
Dreiteilige Framesets 176
DTD 532
    Bedeutung 20
    extern 532
    intern 532
    PCDATA 532
DTP 746
DTP-Punkt 691
Dublin Core .... Siehe Meta-Text
DWF 671
Dynamic HTML 398; 754

E

EcmaScript 399
Einfärben 763
Eingebettete Frames 211
    a href 223
    align=bottom 220
    align=left 214
    align=middle 220
    align=right 214
    align=top 220
    aussrichten 214
    Bildlaufleisten 218
    Datei einbinden 213
    frameborder=0 219
    frameborder=1 219
    frameborder=no 219
    frameborder=yes 219
    Grundgerüst 212
    height 213
    Höhe 213
    hspace 222
    marginheight 217
    marginwidth 217
    Name 224; 225
    Rahmen 219
    Randabstände 216
    scrolling=no 218
    scrolling=yes 218
    src 212
    Textabstand 222
    Texte ausrichten 220
    Verweis setzen 223
    vspace 222
    width 213
Einrücken 352
Einstiegsseiten 67
Elektronik 699
E-Mail-Formular 668
Embedded Stylesheet 318
encoding 576
Entwicklungssystem 753
Ereignisse 403; 408
Ersatztext 90
Erste Webseite 25
Event-Handler 230
Event-zu-Deutsch-Handler 408
Excel 755
Exportformat 764
Extensible Hypertext Markup Language 21
Extensible Stylesheet Language .... Siehe XSL

F

false 241; 246
Farbbalance 763
Farbcodierung 73
Farbdarstellung 73
Farbecht 693
Farbeimer 689
Farbiger Hintergrund 50
Farbkodierung 73
Farbpalette 693
Farbspektrum 73
Farbsteuerung 693
Farbtiefe 73; 84; 763
Fehlerhafte Maskierung 75
Fehlerkorrektur 747; 752
Fehlermeldung 424; 768
Feste Winkel 690
File Transfer Protocol .... Siehe FTP
Fireworks 755
FIT-Attribut 590
Flash 701; 754; 762; 764
focus() 258; 416
font 343; 696
FONT face 309
font-family 338

Stichwortverzeichnis

font-size	342
font-style	339
font-variant	340
font-weight	341
for...in-Schleife	248
Form spitz	687
Formatierung im Quelltext	33
Formatierung von Texten	28
Formulare	748
</option>	479
<form>	474
<option selected>	480
<select>	479
<Textarea>	477
action=	474
Anzeigenlänge des Eingabefeldes	476
Auswahllisten	479
Bezeichner eines Textfeldes	476
checked	483
cols=	477
definieren	474
Dropdown-Menüs	480
Eingabefelder mit Text belegen	476
Einzeilige Eingabefelder	475
enctype=text/plain	474
Grundgerüst	474
Gruppe	482
input	475
Klick-Schaltflächen definieren	490
Kontrollkästchen	482
löschen	492
mailto	474
maxlength=	476
mehrzeilige Eingabefelder	477
method=	474
method=get	474
method=post	474
name	475
Name vergeben	475
Optionsfeld	481
Passwortfelder	475
readonly	477
rows=	477
senden	492
senden an CGI-Script	474
senden an Mail-Adresse	474
size	476
Ssript-Sprachen	491
type="reset"	492
type="submit"	492
type=button	491
type=checkbox	482
type=radio	481
type=text	475
value=	476
Verwendung der Formulardaten	474
wrap=physical	479
wrap=virtuell	479
Zeilenumbruch erzwingen	478
Formulare	473
Formularfeld	697; 758
forward()	257
Frame	111
Frame-Attribute	
border	187
bordercolor	189
cols	175
frameborder	186
Frameset	173
framespacing	187
marginheight	192
marginwidht	192
name	194
noframe	180
noresize	191
rows	174
scrolling=no	184
scrolling=yes	184
Frame-Eigenschaften	
Abstand	188
Grundgerüst	172
No-Frame-Bereich	180
Rahmenfarben	189
Spalten	175
verschachteln	177
Verweise	194
Frames	169; 231; 748
Eigenschaften	172
Grundstruktur	171; 172
Indexdatei	172
Mit FrontPage	208
Mit HTML-Editoren erstellen	204
Navigation	170
Planung	171
Reihen	174
Spalten	175
Standard	169
Steuerdatei	171
verschachteln	177
Zweck	169
Frameset	30
Definition	174
dreiteilig	176
Freeware	748
FrontPage	727
Aufgabe	740
Aufgaben hinzufügen	741
Dialogfeld Neu	208
Eigenschaften	209
Frames erstellen	208
Frames teilen	211
FrontPage-Explorer	727
Grundstruktur	209
Linkstruktur	740
Navigationsstruktur	739
Register Frames	208
Vorlage verwenden	208
Web publizieren	727
Zielordner	728
FrontPage 2000	204
FrontPage Express	758
FrontPage Server Administrator	719
installieren	719
FTP	721; 747; 749
Datenübertragung zu AOL	725
Datenübertragung zu T-Online	725

Stichwortverzeichnis

FrontPage nutzen 727
FTP-Programm 723
WS_FTP Pro 723
FTP-Uploads 749
Füllfarbe 692
Füllung 692
function 245; 246

G

Gamma-Informationen 73
Gecko 315
General-MIDI-System 700
Gestaltungsvorlagen 311
GIF 762
   animierte 107
   interlaced 68
GIF89a 69
GIF-Format 69
Grafik 65; 665
   Adresse 87
   Alpha-Kanäle 73
   als Transferbremse 67
   alternativer Text 48
   Alternativtext 92
   ausrichten 46; 97
   benennen 93
   Bitmap-Ebenen 73
   Breite 93
   Dateiformat 67
   einbinden 45; 86
   Farbkodierung 73
   Farbtiefe 73
   Freistellung 76
   Gamma-Informationen 73
   Größenverhältnisse 94
   Höhe 93
   in Webseiten einbinden 85
   Kompression 83
   Pfad angeben 47
   Pixelformate 67
   platzieren 85
   positionieren 95
   Rahmen 92
   Rahmen festlegen 48
   referenzieren 86
   Schaltfläche 119
   Text umfließen lassen 46
   Transparenz 69
   Vektorformate 67
Grafikformat 67
Grafiksteuerungen 104
Grafiktypen 45
Grafikverwaltung 763
Graphic Workshop 767
Großbuchstaben 698
Größe von Hintergrundgrafiken 50
Grundgerüst einer Webseite 31
Grundstruktur
   von Frames 171
Gruppenarbeit 756
Gruppieren 686

Gruppierung aufheben 686
GSM1800 664
GSM1900 664
GSM900 664
GSM-Frequenzen 664
GSM-Netze
   Übertragungsrate 618
Gültig 535
Gültigkeitsbereich von Tags 26

H

Hahn 694
Hand 695
Handys
   internetfähige 617
Header 26; 28
   Seitentitel 29
   Sprachversion 30
height 259
Helligkeit 763
HEX-Werte 337
Hierarchische Gliederung 404
Hintergrund 690
   Farbe festlegen 50
   festsetzen 366
   gestalten 49
   Grafik laden 50
   Grafiken mit Reptile 52
   positionieren 367
   Wasserzeichen 51
Hintergrundgrafik 377
   wiederholen 365
History 408
history.back() 416
Homepage-Assistent 715
HomeSite 756
HotDog Professional 94; 462
hotkeys 259
HTML 17; 86
   Erweiterungen 307
   Nachteile der Sprache 19
   Quellverzeichnis 88
   Tag 25
   Vorteile 25
   Vorteile der Sprache 19
HTML 1.0 21
HTML 2.0 22
HTML 3.2 22
HTML 4 748
HTML 4.0 .... 22; 753
HTML-Befehle
   Aufbau der Befehle 25
   spitze Klammern 25
HTML-Datei 694
   Aufbau der Datei 28
   mehrere Leerzeichen einfügen ...33
HTML-Dokument
   automatisches Laden der Bilder ...66
HTML-Editor 748
HTML-Feld ändern 422
HTML-Stil 756

863

Stichwortverzeichnis

HTML-Tag 29
HTTP-Server 18
Hyperlinks 19

I

Identisch 244
IFF 762
IFrames .... Siehe Eingebettete Frames
ILBM 762
Image Converter 767
Image Explorer 767
Image Maps 757
img 86
Imported Stylesheet 318; 319
Indexseiten 67
Indizieren der Seite 67
Inline Styles 318
Innenabstand 371
innerHeight 259
innerWidth 259
inset 374; 375
Inspektor 682
Instanz 403
Integration 753
Intellisense-Technologie 751
Interlacing 73
Internet Explorer 4.5 528
Internet Explorer 5 528
Internet-Assistent 746
ISO-Latin 576

J

Java 229; 317; 637; 753
Java Runtime Environment 638
Java-Applets 270; 748; 754
JavaScript114; 229; 317; 377; 394; 395; 748; 765
JavaScript-Routinen 397
JFIF 762
JIF 762
J-Klasse 229
Joystick-Port 699
JPE 762
JPEG 762; 763
JPEG-Format 67; 71
JPEG-Kompressionsfaktor 83
Jscript 229; 401
Jscript-Elemente 753

K

Kaskadierend 324
Key-Bilder 702
Klangbibliothek 700
Klasse 403
Klassenhierarchie 403
Kleinbuchstaben 698
Kommentar 242
Kompatibilität 314; 744
Kompression 83
Kompressionsfaktor 71
Kompressionsmethode 73

Kompressionsrate 73
Konsistente Farben 693
Kontinuierliche Medien 587
Kontur 692
Konturverläufe 74
Konverter 744
Konvertierungsprogramme 108
Kreis 684

L

Ladevorgang abbrechen 413
Ladezeiten 85; 87
Lasso 688
  Polygon 689
  Zauberstab 689
lässtonSubmit 440
LaTeX 18
Layout-Gitter 757
LBM 762
Leerzeichen, geschützt 33
letter-spacing 346
Linear
  abziehen 243
  hochzählen 243
line-height 353
Linie 690
Link
  active 330
  link 330
  visited 330
Linked Stylesheet 318
Links 56
  Dateilink einfügen 59
  im gleichen Dokument 57
  in einem anderen Dokument 58
  Link auf Internetadresse 59
  Link auf Mailadresse 60
  Link auf WWW-Adresse 59
  ohne Unterstreichung 60
Linksbündig 350
Liste
  alphabetisch nummerieren 132
  Bullets festlegen 129
  Definitionsliste 134
  einrücken 358
  kompakte Liste 130
  Menüliste 129
  Nummerierung festlegen 134
  römische Ziffern 133
  sortierte Liste 131
  unsortiert 127
  Verzeichnisliste 130
list-style 360
list-style-image 357
list-style-position 358
list-style-type 356
location 408
locationbar 259
Logisches NICHT 244
Logisches ODER 244
Logisches UND 244
Logos 766

Stichwortverzeichnis

Lokalserver 752
Lupe 695
Lview Pro 767
LZH 762
LZW-Komprimierung 70

M

M3Gate WAP-Browser 656
Macintosh PICT 701
MacOS 747; 757
Macromedia Dreamweaver 94; 754
Macromedia Fireworks 87
Macromedia Fireworks 3 764
Macromedia Flash 754; 765
Makrorekorder 756
Malmodus 691
Management .... Siehe Siteverwaltung
MAP-Datei 121
margin 369
Maßeinheit 335
Mehrere Leerzeichen einfügen 33
Mehrzeilig 698
menubar 259
MetaGer 461
Meta-Suchmaschine 461
Meta-Tag .... Siehe Meta-Text 67
Meta-Text 728
    author 729
    automatische Weiterleitung 731
    date 729
    DC.Contributor 730
    DC.Coverage 731
    DC.Creator 730
    DC.Date 730
    DC.Description 730
    DC.Format 730
    DC.Identifier 730
    DC.Language 730
    DC.Publisher 730
    DC.Rights 730
    DC.Source 730
    DC.Subject 730
    DC.Title 730
    description 729
    für Browser 731
    für Suchmaschinen 729
    keywords 729
    robots 729
    XHTML-Konformität 728
Microsoft
    AVI 701
    Internet Explorer 673
Microsoft FrontPage 750
Microsoft Office 753
Microsoft Office 2000 751
Microsoft Personal Web Server 711
    Installationsordner 714
    installieren 711
Microsoft Word 746; 751
MIDI-Schnittstelle 699
Modifizieren 697
Modulo 243

Monitordarstellung 175
Montagefläche 682
MOV-Dateien 702
moveBy() 260
moveTo 408
moveTo() 260
Mozilla 315
MP3 701
Multimedia 581
Multimedia-Daten 65
Multimedia-Objekte
    mit Frames einbinden 170
Multimedia-Standard 579
Multiplizieren 243
Musik 699

N

Navigation durch Frames 170
Navigationsleiste 170
navigator.userAgent 247; 252
Netobjects Fusion 2.0 383
Netscape 675; 708
Netscape Composer 758
Netscape Navigator 66
Netscape Navigator 5 528
Netscape-Farbpalette 693
Newsreader 66
NICHT 244
noAction 114
Nokia 7110 657
Nokia WAP Toolkit 637
Normal malen 691
Null 241
Nummerische Werte 241

O

object 570
Objekt anzeigen 354
Objektbezogen programmieren 403
Objekte 403
Office 754
Office-Suite 751
onChange 418
onClick 420
onDblClick 423
onError 424
onFocus 426
onKeydown 429
onKeypress 430
onKeyup 430
onLoad 410; 430
onMouesemove 434
onMouseclick 409
onMouseDown 114; 433
onmouseout 236; 397; 435
onMouseOver 114; 236; 397; 400; 407
onMouseUp 437
onReset 438
onSelect 439
onUnload 410
onUnload 440

865

Stichwortverzeichnis

Open Type Fonts 399
open() 259; 263
Opera 659

P

padding 371
Page Impressions 113
Paint Shop Pro 71; 76; 377; 766
Palette 693
Palm 656; 665
PARAM 277
parseInt 234; 241
parseInt() 291
Parser 542
    ActiveDOM 542
    expat 542
    LARVAL 542
    nicht validierende 542
    validierende 542
    XML4C 542
    XParse 542
PCX 762
PDF-Dateien 746
PDF-Dokument 762
Perl 768
Personal Web Server
    Funktionalität überprüfen 713
    installieren 712
    konfigurieren 712
    Trick zum Testen 713
    Troubleshooting 714
Personal Web-Manager 714
Pfad festlegen 28
Photo Icons 767
Photo-CD 762
Photoshop 71; 701
Pinsel 691
Pipette 694
Pixel 694
P-JPEG 71
Planung
    von Frames 171
    von Webseiten 62
Plug-In
    WML 656
Plug-Ins 462; 762
PNG 762
PNG-Format 68; 72
Polygon-Lasso 689
Portalseiten 113
Positionierung 553
PostScript-Type1-Font 696
Preload 233; 236
Programmerweiterung 747
Projekte vermarkten 734
    Bannertausch 735
    in Gästebüchern 734
Projektverwaltung 750
prompt() 256
Prozentwert 336
PSD 762; 764
pt 691

Publizieren 723
PWS .... Siehe Microsoft Personal Webserver

Q

Quark Xpress 745
Quellcode 748
Querverbindungen 750
QuickTime 701
QuickTime Video 702
QuickTime VR 701

R

Radierer 694
Rahmen um Grafiken 48
Rahmenart 373
Rahmendicke 372
Rahmenfarbe 373
Ränder 369
RealAudio 612
REAL-Dateien 612
RealPix 615
    Dateien 616
RealPlayer 603; 703
RealText 612
    Generic Window 613
    Scrolling Window 613
    TelePrompter Window 615
    TickerTape Window 614
RealVideo 612
Rechteck 684
Rechtsbündig 350
Rechtschreibung 751
Reduktion der Farbtiefe 85
Referenz 230
Referenzierung 408
referrer 262
REGION 585
Reihenfolge 749
rel 378
Relative Pfade 534
Remote-Verwaltung 752
Reorganisation 747
replace() 297
resizable 259
resizeBy() 260
resizeTo() 260
RGB-Farbwert 336
RLE 762
Rollover 755
Rollover-Menüs 765

S

sans-serif 321
Scanner 764
Schaltflächen 114
Schleife 248
Schriftattribut 696
Schriftgröße 696
Schriftmarke 696
screenX 260

Stichwortverzeichnis

screenY 260
SCRIPT 229
SCRIPT language 230
Scriptsprachen 408
scrollBy() 261
scrollTo() 261
Seitenelemente 758
Seitengliederungen 104
Seitentitel 29
Selektor 322
self 408
Sequenz 681
serif 321
Server 502
    Apache 503
    FolkWeb 503
    für Linux 503
    für Windows 503
    Omni HTTPd 503
    Xitami 503
Server-basierende Image Map 120
Server-Einbindung 752
Serviceanbieter 120
SGML 18
Shareware 748
Shockwave 754; 764
Shockwave-Player 762
Site-Management 755
Siteverwaltung 736; 750; 751
    FrontPage 739
    HTML-Code prüfen 737
    Links prüfen 737
    Struktur 738
    Übersicht 737
SMIL 579; 585
    A-Element 589; 597
    ANCHOR 588
    ANCHOR-Element 598
    Attribute 595
    BEGIN-Attribut 595
    BODY 586
    Composer 607
    Dauer 594
    deklarativ 581
    Document Type Definition 581
    DUR-Attribut 594
    Editoren 611
    Elemente 583
    Element-Wiederholungen 596
    END-Attribut 595
    HEAD 585
    HREF-Attribut 597
    Hyperlinks 597
    Hypermedia 581
    Layout 585; 589
    Markup-Sprache 581
    Medienobjekt 587
    META-Element 586
    Meta-Informationen 584
    offenes Format 581
    PAR 586
    parallele Wiedergabe 592
    Player 605
    Präsentation 598
    Quellcode 588
    Rahmenstruktur 584
    Regionen 589
    ROOT-LAYOUT 586; 589
    SEQ-Element 587; 593
    sequentielle Wiedergabe 591
    SWITCH-Element 598
    Synchronisation 580; 597
    synchronisieren 594
    temporäre Links 598
    Testattribute 599
    Verknüpfungen 597
    verschachtelte Wiedergabe 593
    Werkzeuge 603
    Zeitmodell 591
SMS 617
Softwarepflege 747
Sonderzeichen 251
    einfügen 39
    falsche Darstellung 41
Sound 762
Sourcecodes 403
SPAN 326; 421
Speicherplatz 747
Spezialfilter 442
    Blur 448
    Chroma 450
    DropShadow 445
    FlipH 451
    FlipV 449
    Glow 444
    Gray 443
    Invert 446
    Shadow 453
    Wave 447
    XRay 452
Sprachversion festlegen 30
SQL-Applet 272
src 86
Standard-Font 697
status 259
Steinberg Cubase 699
Steuerdatei 171
Streaming 676
Streaming-Media-Daten 703
Strict 30
Strukturiert programmieren 403
style 331; 551
Stylesheet-Datei 312
substr() 292
Subtrahieren 243
Suchmaschinen 67; 497
    Blitzsuche 497
    Crawler 497
    Eule 497
    Suchabfragen 497
    Yahoo 497
Suchmaschinenregistrierung 732
    Anmeldeformulare 733
    bekannte Dienste 733
    kostenlose Dienste 733
switch 246; 247; 586

Stichwortverzeichnis

SWITCH-Element 599
Synchronisation
    diskret 580
    kontinuierlich 580

T

Tabelle
    definieren 136
    dynamisch 140
    Hintergrundgrafik 104
    Kopf-, Daten-, Fußbereich 139
    strukturieren 138
Tabellen 127; 755
    erzeugen 127
Tabular Data Control 144
Tabulatoren 33
Tag 531
    Attribute 534
    definieren 531
    Namen 531
    Tags genauer definieren 531
Tag-Beispiel 26
Tags 25
    Breitenangaben 28
    Groß-/Kleinschreibung 27
    Gültigkeitsbereich 26
    Verschachtelung 26
    Wertzuweisung 27; 28
Techniksprung 699
Telefonnummer anrufen 667
Temporary Internet Files 66
Text 695
    ändern 422
Text formatieren 37
Text um Grafiken fließen lassen 46
text-align 350
text-decoration 347
Textfeld 697
text-indent 352
Textlänge begrenzen 698
text-transform 349
TGA 762
TIF 762
TIFF 763
Tinte 689
Titel der HTML-Seite 29
title 263
Ton-Steuerung 743
toString() 292
Transitional 30
Transparenter Hintergrund 72
Transparenz 73
true 241; 246
TrueType-Font 696
TWAIN 764

U

Überschrift 26
Überschriften
    ausrichten 35
    einfügen 34

Überschriften-Tags 34
Übersicht Doctype-Einträge 30
Übersicht Textformatierungen 37
Übersichtliche Listings 27
UltraEdit 294
Umlaute einfügen 39
Umrandung und Hintergrund zeichnen 698
undefined 241
unescape() 293
Untergruppen 379
Unterklassen 328
URL 230; 263; 337
Usenet 66

V

Validator 767; 768
value 421
var 429
Variable 234; 698
Variablentyp prüfen 244
VBA 752
VBScript 752
Vektorgrafik 697; 755; 765
Vererbung 322; 379
Verknüpfungen 747
Verlaufspalette 756
Verschachtelte Frames 177
Verschachtelung von Tags 26
vertical-align 348
Verzeichnisstruktur 750
Video 579
Videosteuerung 743
view-source: 420
Virtual Reality 708
Virtuelle Verzeichnisse 720
    durchsuchen 721
    hinzufügen 720
    Inhalt 721
Visual Basic 399
Visual Basic für Applikationen 752
Visuelles Arbeiten 755
VRML 708; 709; 761
    97 708
VRML-Browser 709

W

W@P .... Siehe WAP
W3C 86
W3-Consortium 19
Wahrnehmung-Palette 111
WAP 617
    auf dem Palm 648
    Browser 647
wap3.de 668
WAP-Seiten
    anwählen 662
    auf dem PC 650
    Entwicklungstools 633
    interaktiv gestalten 629
WAPtor 655
Wasserzeichen 51

Stichwortverzeichnis

Wasserzeichen als Hintergrund 51
Web 216 694
Webbrowser, Plug-In 671
Webeditorscript 462
Weblint 768
Web-Publishing-Assistent 716
Webseite
   benötigte Arbeitsmittel 25
   erste Webseite erstellen 63
   erstellen 25
   Grundgerüst 31
Webseite strukturieren 62
Webseiten
   planen 62
Webseitengenerierung 743
Webseitengestaltung 675
Webserver 120
Website
   framebasiert 171
Website-Verwaltung 747
Webspace 722
   Onlinequellen 722
Werkzeugleiste 681; 683
Wert übergeben 429
width 259
Window.closed 253
window.defaultStatus 254
window.location 420
window.locationbar 255
window.open() 419
Windows 3.x 528
Wireless Application Protocol 617
Wireless Markup Language 617
Wizard 749; 764
WMF 762
WML 617
   Aufbau 618
   Browser 647
   Grafiken einbinden 626
   Links setzen 626
   Struktur 624
   Textdarstellung 620
WMLScript 634; 657
   Datenaustausch 643
   Funktionsbibliothek WMLBrowser 643
   Grundlagen 640
   Konventionen 635
   Sonderzeichen 635
   Variablen 643
Wohlgeformt 43; 535
Word 753
word-spacing 345
Workflow 752
World Wide Web 17
write() 264
writeln() 264
WS_FTP Pro .... Siehe FTP
   Automatic detect 725
   Connect 724
   Log-Datei 727
   lokale Dateistruktur anzeigen 726
   Quick connect 724

wtai 667
WWW-Server .... Siehe Server

X

XHTML 23
   Aufbau der Listings 27
   Auslegung der Syntax 26
   Basisdokument 44
   DTD-Arten 44
   erweitern der Sprache 24
   grundlegende Regeln 43
XHTML, Einhaltung der Syntax 749
XLINK 559
   actuate 564
   Auslösungsvariationen 563
   einfacher Hyperlink 560
   E-Mail-Verweis 561
   embed 563
   erweiterte Hyperlinks 567
   erweiterter Link 568
   Grafiken als Links 564
   MAILTO 562
   Name zuweisen 560
   new 563
   Positionen 566
   replace 563
   show=embed 563
   simple 560
   user 564
   Verhalten des Verweisziels 562
   xml:link 560
XML 20; 527
   Dateninsel 568
   DOCTYPE 531
   Doctype Document Definition 532
   Dokumentstruktur 530
   DTD 532
   encodin 576
   externe DTD 533
   fähige Betriebssysteme 528
   Fehlermeldung 530
   HTML einsetzen 542
   Hyperlinks 559
   im Browser 529
   Instanzen transformieren 547
   internen DTD 534
   Namenspace 543
   Namensraum 543
   Parset Character Data 532
   PCDATA 532
   Vergleich zu HTML 528
   Voraussetzungen 528
   Wurzelement 549
   XLINK 559
   Zeichensatz 575
XML Linking Language .... Siehe XLINK
XML Notepad 540
XML Tools
   EitML Pro 541
   Swish XML Editor 541
   XENA 541

869

Stichwortverzeichnis

XMetal 541
XML Instance 541
XML-Tags 756
XML-Tools 541
XSL 547
   @ 556
   DIV 552
   for-each select 549
   Formatting Objects 547
   im Browser anzusehen 548
   IMG 555
   Inhalte auslesen 549
   Instanzen transformieren 547
   mehrere Tags definieren 548
   Möglichkeiten 547
   Multimedia einbinden 555
   Namensraum 547
   position:absolute 554
   position:relative 554
   position:static 554
   Reihenfolge der Angaben 549
   Schriftfarbe festlegen 552
   Schriftgröße festlegen 552
   SPAN 552
   src 556
   Stile ändern 552
   STYLE 551
   Stylesheet-Definition 547
   Syntax 547
   Tags positionieren 553
   template 548
   unterschiedliche Stile 550
   value-of select 549
   Zeilenumbruch 553

Y

Yahoo 309
Yourwap 659

Z

Zauberstab 689
Zeichenabstände zwischen
   Wertzuweisungen 28
Zeichencode 39
Zeichengenau 240
Zeichensatz 696
   festlegen 41
Zeichensatznamen 321
Zeilenhöhe 353
Zeilenumbruch 698
Zeilenumbrüche im Quelltext 33
Zentriert 350
Z-INDEX-Attribut 589
ZIP 762
Zoom 695
Zugehörigkeiten von Tags 27
Zugriffsrecht 756
Zugriffsstatistik 507
   Counter 507
   Suchmaschinen 511
   verwendete Suchbegriffe 511
Zwiebelschicht 765

▶▶▶ Wenn Sie an dieser Seite angelangt sind ...

▶▶▶ Ihre Ideen sind gefragt!

Vielleicht möchten Sie sogar selbst als Autor bei DATA BECKER mitarbeiten?
Wir suchen Buch- und Software- Autoren. Wenn Sie über Spezial-Kenntnisse in einem bestimmten Bereich verfügen, dann fordern Sie doch einfach unsere Infos für Autoren an.

Bitte einschicken an:
DATA BECKER GmbH & Co. KG
Postfach 10 20 44
40011 Düsseldorf

Sie können uns auch faxen:
(02 11) 3 19 04 98

dann haben Sie sicher schon auf den vorangegangenen Seiten gestöbert oder sogar das ganze Buch gelesen. Und Sie können nun sagen, wie Ihnen dieses Buch gefallen hat. **Ihre Meinung interessiert uns!**

Uns interessiert, ob Sie jede Menge „Aha-Erlebnisse" hatten, ob es vielleicht etwas gab, bei dem das Buch Ihnen nicht weiterhelfen konnte, oder ob Sie einfach rundherum zufrieden waren (was wir natürlich hoffen). Wie auch immer – schreiben Sie uns! Wir freuen uns über Ihre Post, über Ihr Lob genauso wie über Ihre Kritik! Ihre Anregungen helfen uns, die nächsten Titel noch praxisnäher zu gestalten.

Was mir an diesem Buch gefällt: _____
_____
_____

Das sollten Sie unbedingt ändern: _____
_____
_____

Mein Kommentar zum Buch: _____
442 105 _____
_____

☐ Ja   Ich möchte DATA BECKER Autor werden. Bitte schicken Sie mir die Infos für Autoren.

☐ Ja   Bitte schicken Sie mir Informationen zu Ihren Neuerscheinungen.

Name, Vorname _____

Straße _____

PLZ, Ort _____

▶▶▶ Apropos: die nächsten Versionen. Wollen Sie am Ball bleiben?
Wir informieren Sie gerne, was es Neues an Software und Büchern von **DATA BECKER** gibt.

DATA BECKER
Internet: http://www.databecker.de

▶▶▶ Windows 2000 Server von A bis Z!

Sie suchen konzentriertes Expertenwissen für die effiziente Installation und Konfiguration von Windows 2000 Server in heterogenen Netzwerken?

Das große Buch Windows 2000 Server liefert schnell und zielgenau das notwendige Know-how: von der konzeptionellen Planung über die Implementation bis hin zur Konfiguration sowie der Administration des Servers. Sicherheitsstrategien, Internet- und Intranet-Dienste werden hierbei ebenso behandelt, wie Test und Fehlerbehebung im laufenden Serverbetrieb. Nutzen Sie das praxistaugliche Know-how zum effektiven Einsatz von Windows 2000 Server in Verbindung mit Win 9x-Clients, Novell NetWare- und UNIX-Diensten.

- *Installation, Konfiguration und Administration in einem übergeordneten Netzwerk*
- *Test und Fehlerbehebung im laufenden Serverbetrieb*
- *Gruppenrichtlinien, Benutzerprofile und Serververwaltung*
- *Windows 2000 Server in Verbindung mit Win 9x-Clients, Novell NetWare- und UNIX-Diensten*

Lindemann, Immler, Götz
Das große Buch Windows 2000 Server
1056 Seiten, inkl. CD-ROM
DM 79,95
ISBN 3-8158-1186-4

nur DM 79,95

DATA BECKER

Versandkostenfrei bestellen im Internet: www.databecker.de

▶▶▶ Profi-Aufbau von Windows-Netzwerken

In diesem topaktuellen Buch finden Administratoren und Netzwerkspezialisten das komplette Know-how zur gekonnten Planung, dem richtigen Aufbau und der optimalen Konfiguration eines Netzes unter Windows. Inklusive Hintergrundwissen, mühelos nachvollziehbaren Lösungsvorschlägen und Praxisbeispielen.

Das in die Tiefe gehende Werk beginnt bei der Netzwerkplanung, beschäftigt sich ausführlich mit dem perfekten Einbau und der Konfiguration der nötigen Hardware, räumt aber auch der Einrichtung spezieller Netzwerkdienste und der gekonnten Ressourcenverwaltung ausreichend Platz ein. Ein umfassendes Troubleshooting-Kapitel steht Ihnen darüber hinaus mit zahlreichen Lösungsvorschlägen auch in der täglichen Praxis hilfreich zur Seite.

Fordermaier/Stolz
**PC intern
Netzwerke unter Windows**
528 Seiten, DM 69,95
ISBN 3-8158-2032-4

- **Konzeption des Netzwerks**
- **Einbau und Konfiguration der Hardware**
- **Server-/Client-Einrichtung**
- **Datentransfer mit Routing / RAS**
- **Datenmanagement mit DFS**
- **Netzwerk-Troubleshooting**

DATA BECKER
Versandkostenfrei bestellen im Internet: www.databecker.de

nur DM 69,95

▶▶ **Wissen ohne Limits: Grenzenlos gut informiert!**

Das große DATA BECKER Lexikon 2001

unverb. Preisempfehlung:
4 CD-ROMs, DM 69,95
ISBN 3-8158-6849-1

Systemvoraussetzungen:
Pentium® 200, Windows 2000/98/95,
32 MByte RAM, Festplattenbedarf: ca. 200 MByte, optional: Drucker, Internetzugang

nur DM 69,95

Diese fantastische Multimedia-Enzyklopädie geht mit der Zeit und wächst mit Ihrem Wissen! Monatliche Updates halten das Lexikon immer auf dem neuesten Stand. Eine Erweiterungsoption ermöglicht Ihnen die Integration eigener Artikel, Bilder und Sounds im Lexikon-Stil.

Dabei liefert schon die Grundversion aktuelle Informationen zu mehr als 125.000 Stichwörtern quer durch alle Wissensgebiete, 15.000 Bilder und über elf Stunden Sound & Video. Sämtliche Einträge sind nicht nur untereinander erstklassig vernetzt, sondern auch mit 100.000 Internet-Links. Einzigartig sind über 1.000 Erlebnisseiten mit überraschenden Animationen, 360°-Panoramabilder und eine Time-Line, die Ihnen einen grandiosen Überblick der kompletten Weltgeschichte verschafft.

- *125.000 aktuelle Stichwörter*
- *100.000 Internet-Links*
- *15.000 Bilder*
- *Eigene Domain mit PlugIns, Downloads, News, Workshops, etc: www.mein-lexikon.de*

DATA BECKER
Versandkostenfrei bestellen im Internet: www.databecker.de

▶▶▶ Bringen Sie neue Dynamik auf Ihre Website!

**Pein
PC PraxisBuch
JavaScript**

447 Seiten, DM 39,95
ISBN 3-8158-2050-2

nur DM 39,95

Mit diesem PC Praxisbuch erlernen Sie schnell die ersten Schritte mit der leistungsfähigen Programmiersprache. Nach nur zehn Minuten sind Sie bereits locker in der Lage, Ihr erstes JavaScript zu erstellen.

Dank vieler Praxisworkshops und wertvoller Tipps & Tricks gehören Sie in der Entwicklung von interessanten und dynamischen Internetseiten bald zu den Profis. Von den Grundlagen über die Erweiterung eines bereits vorhandenen HTML-Grundgerüsts um interaktive JavaScripts erfahren Sie praxisnah und kompetent alles über Anweisungen, Variablen, Ausdrücke und Datentypen und lernen, wie Sie von nun an in Objekten und Arrays denken. Und falls doch einmal Probleme auftreten sollten, helfen Tipps zur Fehlerbehebung und die übersichtliche JavaScript-Kurzreferenz.

- *Das kompetente, anschauliche Wissen rund um JavaScipt*
- *Eigene komplexe JavaScripts entwickeln und einbinden*
- *Visual QuickGuide für den Schnellstart*

DATA BECKER

Versandkostenfrei bestellen im Internet: www.databecker.de

▶▶▶ # Der leichte Weg zur eigenen Homepage!

Sie haben noch keine Homepage? Und Ihnen fehlt die Zeit, sich mit der Programmierung einer eigenen Website zu beschäftigen? Dann ist dieses Paket genau das Richtige für Sie. Denn hier finden Sie mehr als 1.500 fix und fertige Homepages für den Soforteinsatz. Einfach die Passende aussuchen, anpassen und ab damit ins Netz.

Unendlich viele Kombinationsmöglichkeiten und jede Menge erstklassiges Material fürs Web (Gästebücher, Members-Only-Bereiche, Fotoalben, Bannergeneratoren, Java-Spiele etc.) sorgen für eine Site ganz nach Ihrem Geschmack. Links, Tabellen und eigene Bilder lassen sich schnell, einfach und ohne umständliche Programmierung auf Ihrer Site integrieren. Für Ungeduldige gibt es ein Videotutorial, das Ihnen zeigt, wie Sie in 10 Minuten zur eigenen Homepage gelangen.

● *1.500 fix und fertige Homepages für jeden Geschmack*
● *Personalisierungs-Assistent*
● *Komfortable Auswahl mit speziellem Homepage-Viewer*

Meine Homepage 2
unverb. Preisempfehlung:
CD-ROM, DM 29,95
ISBN 3-8158-6231-0
Systemvoraussetzungen:
Pentium® 133, 32 MByte RAM,
Windows 95/98 (SE)/NT4 mit Service Pack 5,
Festplattenbedarf ca. 90 MByte, Netscape 4.x
oder Internet Explorer 4.x

nur **DM 29,95**

DATA BECKER
Versandkostenfrei bestellen im Internet: www.databecker.de

▶▶▶ Praxisnah zur anspruchsvollen Homepage!

**Bauer
Das große Buch
Dreamweaver 3**

831 Seiten, inkl. CD-ROM
DM 69,95
ISBN 3-8158-1434-0

nur DM 69,95

Wenn Sie sich praxisnah und zeiteffizient die professionelle Erstellung anspruchsvoller Webseiten aneignen möchten, greifen Sie am besten zum großen Buch Dreamweaver 3. Leicht nachvollziehbar und praxisnah erfahren Sie alles über die Gestaltung hochwertiger, browserunabhängiger Websites.

Erschließen Sie sich auf eigene Faust das souveräne Handling von CSS, Layern, Cascading Style Sheets, Fireworks und anderen starke Tools für attraktive Resultate im Webpublishing. Heben Sie sich von der Flut langweiliger Webdesigns erfolgreich ab! Nutzen Sie die mächtigen Features von Dreamweaver 3, um die Erstellungszeit kompletter Webpräsenzen im einheitlichen, attraktiven Design drastisch zu verkürzen

- *Aufbau und Arbeitsweisen*
- *Optimale Seitenstruktur, Site- und Linkmanagement*
- *Perfektes Design und Layout*
- *Style Sheets im Praxiseinsatz*
- *Dynamische Effekte mit Timelines, Layern und JavaScript*

DATA BECKER

Versandkostenfrei bestellen im Internet: www.databecker.de

▶▶▶ **Das Powerhandbuch zur neuesten Palmgeneration!**

Immler/Salomon
Das große Buch Palm
597 Seiten, inkl. CD-ROM
DM 49,95
ISBN 3-8158-2098-7

nur DM 49,95

Ob Datenaustausch mit Office, Outlook & Co., Sprachaufzeichnung oder Programmierung eigener Anwendungen: Mit diesem aktuellen Standardwerk nutzen Sie die fast unbegrenzten Möglichkeiten der neuesten Palm-Generation effektiv. Die komplett überarbeitete dritte Auflage lässt auch zu älteren Palm-Versionen keine Anwenderfragen offen.

Der praxisnahe Ratgeber hilft beim effektiven professionellen Umgang mit den mobilen Organizern und zeigt Erstanwendern sowie erfahrenen Nutzern praktikable Lösungen für häufig auftretende Probleme. So wird die Synchronisation und Konfiguration von Daten ebenso zum Kinderspiel wie das Handling der vielfältigen Zubehörfunktionen. Die im Preis enthaltene CD mit einer Auslese aktueller Free- und Shareware kurbelt das Potenzial Ihres Palms auf ein Maximum.

- *SMS, WAP und E-Mails*
- *Erweiterungen und Upgrades*
- *Datenaustausch mit Word, Excel, Office & Co.*
- *Tipps und Praxisanleitungen*

DATA BECKER
Versandkostenfrei bestellen im Internet: www.databecker.de